UN265338

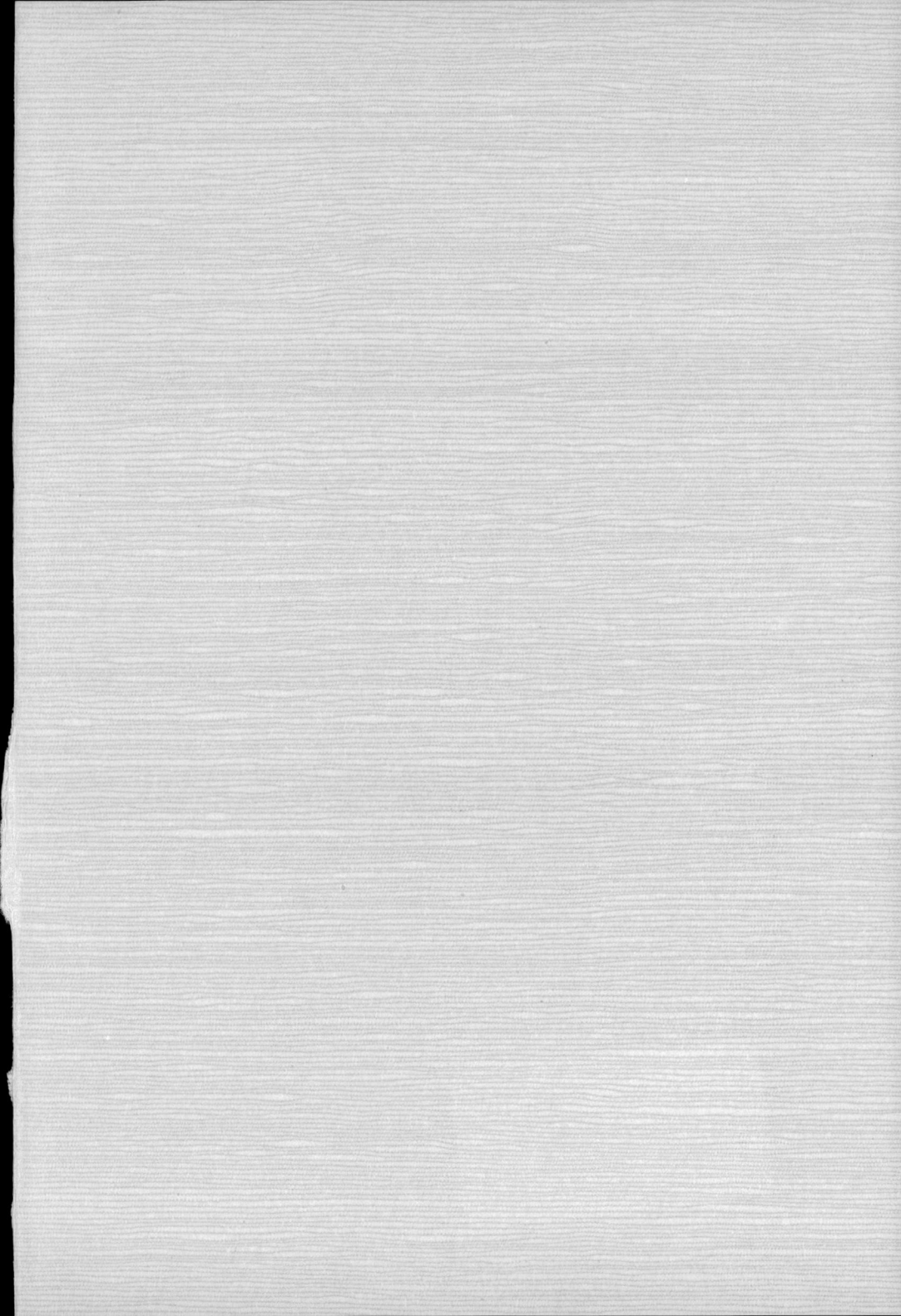

山城喜憲著

河上公章句『老子道德經』の研究

慶長古活字版を基礎とした本文系統の考索

汲古書院

凡　例

一　参照或いは引用した諸文献の所用テキスト、刊行・発表年月等の記述は、行文中に於いては煩瑣を厭い概ね省略し、「参考文献目録」として後に一括し、概略を誌しておいた。適宜参照されたい。

一　本論に於いて〔慶長〕古活字版『老子道德經』の字句を指示、或いは引載するに当たっては、附載翻印の各行頭に冠した葉数、表裏、行次数（ａｂは注の右行左行を示す）の標記に準じて、（　）内に同本中の所在個処を表示した。

例：（序４オ５）―老子経序の第四丁表、第五行の字句。

例：（上３ウ５）―巻上第三丁裏、第五行の経文の字句。

例：（下11オ6b）―巻下第一一丁表、第六行注文左行の字句。

一　右標記の行次数下に、「諸本異同表」の通番号を添えて、対照参考に備えた場合もある。

例：（上12ウ3b 628）―巻上第一二丁裏、第三行左行の注文で、「諸本異同表」上の628に掲出された字句であることを示す。

一　本論に頻出する諸本間の異同表記は、「諸本異同表」の表記法に準ずるが、対照比較しやすいように本文を並列させ、各本文の下に同文の諸本を簡称（次次項を参照）で示した。例示すれば次の如くである。

川谷■與江海■〔活Ⅰ・陽Ⅰ・書陵・龍門・慶Ⅰ・大東・慶Ⅱ・武内・東大・東洋・斯Ⅰ・宋版・世徳〕
□□之□□□■〔活Ⅱ・無窮・足利・筑波・弘文・斯Ⅱ・梅沢・東急・杏Ⅰ・天理〕
□□■□□□之〔道蔵〕

□符は、右端標出字句経注文と同字、■符は、該当文字が無い状態を示す。従って、この場合、活Ⅰ等の本文は「川谷與江海」、活Ⅱ等は「川谷之與江海」、道蔵は「川谷與江海之」であることを示している。

一　諸本の本文字句の引載に当っては、特に問題とすることが無ければ、異体字は、通行の字体に改める。

一　本論中で言及する『老子道徳経』諸本等は、原則として以下の略称で標記する。

活Ⅰ　〔慶長〕刊古活字版
活Ⅱ　〔慶長〕刊古活字版　異植字版
陽Ⅰ　陽明文庫蔵〔室町末近世初〕写本二冊
書陵　宮内庁書陵部蔵〔室町〕写至徳三年（一三八六）識語本二冊
龍門　阪本龍門文庫蔵〔室町中期〕写本存首一巻一冊
無窮　無窮会図書館蔵（井上頼圀旧蔵）〔近世初〕伝写天文五年（一五三六）書写清家本一冊
足利　足利学校遺蹟図書館蔵〔室町〕写本二冊
杏Ⅱ　杏雨書屋蔵（内藤湖南旧蔵）〔室町中期〕写本存巻下徳経一冊
筑波　筑波大学附属図書館蔵天文二一年（一五五二）写本一冊
弘文　戸川濱男旧蔵〔室町末〕写元和五年（一六一九）付与識語本合一冊
斯Ⅱ　斯道文庫蔵（伊藤有不為斎・戸川濱男旧蔵）天文一五年（一五四六）写本二冊
梅沢　梅沢記念館蔵（戸川濱男旧蔵）應安六年（一三七三）写本二冊
慶Ⅰ　慶應義塾図書館蔵（戸川濱男旧蔵）天正六年（一五七八）足利学校南春写本一冊
大東　大東文化大学図書館蔵天正六年（一五七八）足利学校真瑞写本一冊　宝素堂旧蔵経籍訪古志著録本

慶Ⅱ　慶應義塾図書館蔵大永五年（一五二五）写本存巻上道経一冊
武内　瀧川君山・武内義雄旧蔵〔室町〕写本一冊
東大　東京大学総合図書館蔵（南葵文庫旧蔵）〔室町末〕写本一冊
東洋　東洋文庫蔵〔室町末〕写本一冊
聖語　正倉院聖語蔵〔鎌倉〕写本存巻下一軸
東急　大東急記念文庫蔵〔室町〕写本二冊
斯Ⅰ　斯道文庫蔵〔南北朝〕写康應二年（一三九〇）施入識語本二冊
杏Ⅰ　杏雨書屋蔵（内藤湖南旧蔵）〔鎌倉末南北朝初〕写存巻上道経零巻一軸
六地　六地蔵寺蔵〔室町末〕写単経本一冊
陽Ⅱ　陽明文庫蔵〔近世初〕写単経本一冊
仁和　仁和寺蔵〔室町末近世初〕写本一冊
宋版　北京図書館蔵（常熟瞿氏鐵琴銅劍樓旧蔵）〔南宋〕建安虞氏家塾刊本
世徳〔明嘉靖一二年（一五三三）〕世徳堂顧春刊本
道蔵　明正統刊道蔵本（道德眞經註四巻）道蔵洞神部玉訣類知字号
敦Ⅰ　大英図書館蔵〔唐〕写零巻（存第三章～二十章、首尾欠）敦煌出土スタイン蒐集本（S四七七）
敦Ⅱ　大英図書館蔵〔唐〕写零巻（存第三十九章～八十一章、首欠）敦煌出土スタイン蒐集本（S三九二六）
敦ⅢA大英図書館蔵〔唐〕写零巻（存第三十八章、後半欠）敦煌出土スタイン蒐集本（S四六八一）
　B国立パリ図書館蔵〔唐〕写零巻（存第三十八章～七十七章首尾欠）敦煌出土ペリオ蒐集本（P二六三九）

治要　羣書治要巻卅四所収本　宮内庁書陵部蔵〔鎌倉〕写金沢文庫本
天理　天理図書館蔵『老子道徳經河上公解〔抄〕』寛永四年（一六一八）写本存道経三十七章掲出経注文
通考　漢河上公章句明陳元贇注闕名者点『老子道德經』（題簽・序題「老子經通考」）四巻　延寳八年（一六八〇）京板木屋久兵衛刊本　和大四冊

諸本の書誌事項等についての詳細は、緒論七「対校諸本略解題」を、主として依拠使用する本については、附載の「諸本異同表凡例」を参照されたい。尚、「通考」については本論第四章第二節一において詳述する。

一　同類性の諸本を連続併記する場合は、纏まりを明示するために〔　〕で括って表示した。単独一本の表記の場合も、それに準じている。

一　参照頻度の高い諸氏作成の校勘資料に就いては次の略称を使用する。

鄭校―鄭成海『老子河上公注斠理』
王校―王卡『老子道德經河上公章句』
島校―島邦男『老子校正』
朱校―朱謙之『老子校釋』
蔣校―蔣錫昌『老子校詁』

（使用テキストの書誌事項については「参考文献目録」を参照されたい）

河上公章句『老子道德經』の研究　目次

各　論——伝本の現状……383

河上公章句『老子道德經』の研究

慶長古活字版を基礎とした本文系統の考索

緒論

序言

彼我においてこれまでに撰述された恐らくは数百に及ぶ『老子』の注釈書の中で、河上公注は、王弼注とともに最も古くより、中国において、また日本においても、歴代王朝社会各層に亙って広範に利用参照されてきた注釈であり、難解な『老子』を理解する上で欠く事の出来ない指南書であったと考えられる。河上公注が伝存した事によって『老子』解釈の一つの典型が定着し、それを基盤として、時にはそれに対峙するが如くして、時代に即した新たな疏注が生成し、学術思想の変遷を促して来たとも言えよう。王弼注本には古鈔本、古刊本といった善本が殆ど伝わらないのに対して、河上公注本には、敦煌出土唐写本、唐碑、宋元版、日本古鈔本が少なからず現存しており、本文研究にとって有益貴重な資料が潤沢である。従来よりこれらの資料を利用した校勘の試みがなされている。早くは主として経文を対象とするものであったが、近時は経注に亙る校合校勘の成果もいくつか公表されている。しかしながら、私見によれば随所に不備を認めざるを得ない。その主たる原因は古鈔本の本文の扱いが難しく、校勘資料として充分な利用がなされないまま、結果としてその本文価値が相対的に軽視されていることにあるように思われる。

我が国中世以前に在っては、『老子』を考え学ぶ者が常用した基本テキストは、当代では通常『老子経』と称されているが、それは河上公章句『老子道徳経』であった。上古以来の日本において瀰漫普遍する道家的、老荘的思惟を潤す源泉の如く、学術文芸思想諸方面への影響を深層から促してきた、思想史また学術史上看過できない古典籍である。その本文受容の経緯については本著序章に、史乗に見る事例を通して少しく叙述するところである。同書の隆昌を証するように、二十本を超える多くの古鈔本が伝来遺存している。そしてそれら伝来の古鈔本は、唐鈔本に最も近接する本文を持つ善本として唱道されてきたのであるが、各伝本間の異同が甚だしく、学術上依拠本としての利用が阻害されているのが現状であろう。

慶長刊古活字版『老子道德經』は、古鈔本の系統にあると考えられており、河上公注本享受史の観点から、同書盛行の掉尾を飾る刊本と見做される。その本文の実態の解明の為に、伝来諸本との異同を検証し系統を勘えることは、過去における同書享受の実相を顕かにすることに通じ、また今後における通行善本を整定確立するために避けて通れない課題と考えられる。

本著は、河上公章句『老子道徳経』諸伝本のうちで、本邦においては初めての刊本である慶長古活字版[1]に注目して、其の本文と、河上公本と称される諸本との関繫を検証し、伝本系統上における相対位置を明らかにしようとするものである。検証の過程で諸本間の本文上の同異の実態が明確となり、古活字版本文の秀逸性が確信されるであろう。此の本が、現今善本として通行する四部叢刊影印宋版よりも遙かに優れ、最も依拠されるに足るテキストであること、その事実を顕彰して弘通を促し、微少なりとも学界に裨益あればと、此れも拙稿に込めた密かな願いである。

一、考索の対象

考察の対象として表題に掲げる『老子道德經』とは、言う迄もなく、古代中国において「老子」なる人物が書き遺したとされる五千字余りの詞章に付与された書名であるが、別に『老子』『老子経』『道徳経』[2]『道徳真経』『老子道徳真経』の名があり通用されている。また、雅名として「猶龍録」[3]「換鵝経」[4]とも称された。名称の違いに伴う実態の相違は無く、此処で「老子道徳経」の名を用いるのに、特別な意図は無い。ただ、河上公本、河上公注本、河上公章句本と称される伝本は、例外はあるとして、此の書名を題する場合が多いようである。しかし、此の書題そのままの内題を有する現存伝本は存在しないと言ってよく、実際には、小論で対象とする古活字版を含め、巻上を「老子道経」、巻下を「老子徳経」とする伝本が殆どである。此の『老子道德經』なる書名標記は、巻頭内題に書名を採る目録法の常識からはやや逸脱した例外的な措置と言えよう。そのことを認識した上で、本論題の標記としては、通例に従い、『老子道德經』を書名として採択した。行論中の書名標記、目録標記も原則としてそれに従っている。

「河上公章句」とは、「河上公」は該本の編注者名、「章句」は章節を分かち、字句を句切り、訓詁を施し字義音義を考証し、文意を鮮明すること、通常、注釈とほぼ同義と理解されている。即ち、河上公章句『老子道徳経』とは、「河上公」なる人物が校訂し注釈を加えた『老子』を意味する。河上公本伝本の多くには、巻頭内題の書名に接して、編注者名として「河上公章句」と題されている。

「河上公」を『隋書經籍志』は「漢文帝時」の人とする。爾来、目録上では撰注者名「河上公」に「漢」字を冠して同注の成立を漢代に懸けて著録するのが慣行となっている。『四庫全書総目』も「詳其詞旨、不類漢人、殆道流之所依託歟」と其の漢時成立を疑い撰者名に朝代を冠せずに「老子注二巻　舊本題河上公撰」と標記しながらも「道徳指歸論六巻　舊本題漢嚴遵撰」「老子註二巻　魏王弼撰」に先んじて著録している（緒論注15参照）。

近時、歴史上における「河上公」なる人物の実在は殆ど否定されていると言っていいであろう。漢の文帝が河上公から『老子章句』を伝授されたという故事は、本邦伝来の古鈔本及び古活字版に冠する「老子經序」、四部叢刊影印宋版に冠する「老子道德經序」、『老子道德經序訣』（本論第三章注4参照）第二・三段、晋葛洪撰『神仙伝』巻三河上公伝、或いは唐陸德明『經典釋文』叙録及び巻二十五老子道經音義冒頭に見える。しかし、その故事は、後漢から魏晋以後南北朝にかけて、若しくは唐初に及んで、道教の発展拡充にともない教団の機構教理教典が整備されていく過程で、葛玄・葛洪、その後の靈寳派等道士によって段階的に虚構された説話とされる。河上公注の編撰者、成立時期についても武内義雄は「葛玄が注せる老子節解に本づき、葛洪が玄洞經と対照して比正整理してこれを河上公に仮託せるものにして葛玄・鄭思遠・葛洪を経て成れるに似たり[5]」とし、島邦男は「斉時に処士九嶽に成る[6]」として馬敍倫の説を補足し、楠山春樹博士は二段階成立説を提唱し「現行の河上公注は、おそらくは梁代以後、従来からあった原本に獨特の養生説を増補して、二次的に形成せられた」「原本河上公注とは、おそらく、梁代まではあった『河上』丈人注であろうと思われる」「成立の年代は明らかでないが、その内容からして後漢時代に遡る可能性をもつ[7]」とし、王卡氏は「河上公章句應成書於西漢之後、魏晋之前、大約在東漢中後期[8]」と看做し、諸説定まらないが、前漢時成立説は一顧だにされないのが現状であろう。武内義雄に始まる諸碩学の論証は、詳密を尽くし周到にして説得力に富む。しかし、今日我々が所見し得る河上公説話が南北六朝時代の道士による虚構であったとしても、姓名不詳の隠者河上公に纏わる漢代からの記録伝承が湮滅している可能性を否定はできないのではなかろうか。そして、その失われた伝承の背後に撰者名不詳の道徳経章句の実像を想定することも可能なのではなかろうか。敢えて言うならば、その湮滅した記録が将来顕現する僥倖を期待してもよいのではなかろうか。此の老子の注釈が河上公章句として古来伝承されてきた事実が、注釈内容によって浮かび上がる「河上公」なる人格を、歴史上に存在させ得る可能性を遺していると も言えよう。つまり、諸家の論証するところは知見の文献資料を駆使した高察に裏付けされてはいるが、あくまで推論の域を出ていないと言わざるを得ないのではないか。窃かに、現今の諸説をもってしては、目録著録における撰者名標記を変更し、成立年代を後代に引き下げる必要はなかろうと考える。

ともあれ、小論が対象とする河上公章句『老子道徳経』は、「河上公」と呼称された姓氏不詳の漢代の黄老道家者、或いは時代は降って魏晋六朝頃、「河上公」の名に仮託され姓名不詳の道士によって撰述された『老子』の注釈書であろう、と漠然と曖昧に捉え、その成立の時期も漢、三国、晋、南北朝のうち何時なのかとの推定考察は意図的に回避したい。重要なことは、遅くとも六朝末には成立し、『隋書經籍志』に著録され、歴代、政治史、思想史、宗教史、学術史上の諸事象とさまざまな形で深く係わり影響を与えながら、現代に至ってなお諸方面の関心を呼び、考察の対象となり得る本文であることへの認識であろう。

中国では六朝、隋唐と写本で資承され、五代宋朝の間には初めての刊行をみたであろう。刊本出現後は宋、元、明、清と時代の要請に呼応して重刊され、各代の諸層に広く伝播流通していったと思われる。我が国へは奈良平安朝には唐写本が齎され、伝写が重ねられて、鎌倉、南北朝、室町、近世初に至り、朝廷、博士家、武家、山門、神道家に及んで浸透普及し学術思想に甚大な影響を与えている。現存する古写本は二十本を超えている。この数は、経部書の易・書・論語・孝経、集部書の白氏文集・文選には及ばないものの史部書の貞観政要、子部書の六韜・三略、或いは蒙求に匹敵するか寧ろそれを上回っている(9)。此のことからも、古代中世の文運に及んだ影響の深さと広範さとが窺われよう。そして、我が国においては近世初頭に至って、初めて本書の刊本が出現するのであるが、それが、古活字版『老子道德經』なのである。

此の古活字版の刊行年、刊行者或いは編集者、また出版の経緯に関わる確かな情報は皆無と言ってよい。刊行年代は、使用活字の字体、字形の様態・種別に基づく諸版との比較から慶長年間と推定されている。しかし、充分な古活字の編年が成されていない現状では、調査熟練者の経験と天才の鑑識に依存される面が多分にあり、全面的に納得のいく科学的鑑定とは言い難い。慶長と元和の別を論証することは至難であろう。しかし、当面は先学の鑑識に従って、矛盾撞着することは無いようである。詳細は後論に譲るが、実は、此の〔慶長〕古活字版には同種活字を用いた版が、少なくとも三種有るらしいことが判明している。即ち異植字版が存在する。「らしい」と言わざるを得ないのは、其の一版は現所在が明らかでなく巻頭半葉の書影でしか、対照できないからである。小論では、現存伝本数の多い一版を主とし、他の一版を異植字版として扱う。所在未詳の一版については、其の存在を指摘するに止め、詳細は将来遭遇する僥倖を願い後攷を俟たなければならない。

小論での考索の対象の中核となるのは、その〔慶長〕古活字版二版の本文テキストである。其の本文の実態を把捉する為には、古鈔本、宋版、道蔵本、敦煌写本等河上公章句本諸本との校合校勘作業を経る必要がある。従って考索の対象にはこれら諸本の本文も当然含まれる。冒頭に述べたように、古活字版の本文系統上の位置を明らかにすることが、小論の目的である。具体的には、古活字版の底本が何本であったかを論証することに眼目が置かれるが、結論を先取りして言えば、対象を現存する諸本に限るならば、二十本に上る古鈔本と雖も底本として特定できる本を示すことは難しく、古活字版と同類系の失われた伝本群を想定せざるを得ないことが明らかとなった。小論は、其の煩雑な校合校勘の過程をも重視して、紙面の多くをその為に割いている。此の経緯を公表することは、今後の本文研究にとって、決して贅肬となるものではないと信じる。副題に用いた「考索」とは此の過程での模索に重きを置くという思いを添えて選択した語である。

尚、河上公本、河上公注本、河上公章句本と称する時、注文を含めず、正文のみを指す場合と、正文注文双方を指す場合とが有るであろう。小論においても、文脈により両義兼ね用いているが、本論における検証、考察の対象には正文、注文の双方を含める。

次に、本論に入るに先立ち、河上公本に関しての従来の研究について、回顧確認しておきたい。

二、従来の研究—河上公章句の成立について

河上公注の成立に関する主要な学説については概略前節で触れておいた。此処で更めて、楠山春樹博士の『老子傳説の研究』前編「老子河上公注の研究」に拠って、先学の研究を振り返っておきたい。河上公に仮託された作注者の問題、其の年代、成立の経緯等、古来様々に論じられてきたが、そのなかで、此の博士の論考が近時最も説得力があり斬新な見解として、注目される。博士は、その序章を「先人の研究と私見」と題して、先ず、初唐の僧法琳・玄嶷が主唱した河上公注伝授説話の虚妄、捏造説[10]に始まり、唐劉知幾の河上公注排斥論、司馬貞の河上公王弼両注倶行論[11]、宋晁公武[12]、王應麟[13]、黄震[14]、又『四庫全書総目提要』[15]の漢文帝時作否定論、清盧文弨の王弼以後作説[16]、民国馬敍倫の王弼以後張道陵学者所為南斉時成立説[17]、武内義雄の晉代葛氏一族逓造葛洪完成説[18]、饒宗頤が提唱し、大淵忍爾、アンナ・ザイデル氏に継承される後漢代成立説[19]、それを否定する島邦男、内藤幹治氏の説[20]、後漢代作説に立って島説を批判された吉岡義豊博士[21]に至る先学の論説、研究について概観され、個々に対して検討批判を加えられた。その上で河上公注の内容には異なる二つの側面が有り、それに対応して注成立には二段階が認められるとし、自論の見通しを述べられている。その見解に沿って、本論第一章を「老子河上公注の二側面」と題し、現行の河上公注には、内容上、同一作者の手になるとは考え難い二側面が認められることを指摘される。その両側面とは、主たる一面としての「『老子』の註解に託して、道家的君主のあり方を説く」「道家的養生説（心的態度としての養生説）」であり、それとは明らかに異なる別の側面として、「求道の士」を対象とし長生不死そのものを目的とした「道教的養生説（長生のために術を用いる養生説）」とされる。そして、第二章「河上公注の特殊相」に亙って、両側面が認められる河上公注本文を

挙例し、文辞に込められた意味内容を比較分析し、逐一検討論証されている。第三章「河上公注の成立」では、前章の考察を承け、前者「道家的養生説」に対応して「原本河上公注」を措定し、その成立は後漢代に遡る可能性があると推察され、さらに『隋書經籍志』所引『梁録』の「河上丈人注」が「原本河上公注」に当たるのではないかと憶測された。また、現行本は、後者の「道教的養生説」を附益し、多少の改変を被り、六朝末頃に二次的に形成され成立したものと推察されている。

此の、博士の二段階成立説が提唱されて已に四半世紀を経ているのであるが、今もって反論も、それに替るべき新たな所説も聞こえてこないようである。[22] 砂山稔氏『隋唐道教思想史研究』第一部序章に河上公注成立についての言及があるが、[23] 楠山説を祖述するに止まっている。近年、楠山博士は坂出祥伸氏の批判[24]に応じる形で「再論　老子河上公注の成立」(『東方學會創立五十周年記念東方學論集』所収)を公表され、前論を補足強化されている。また、中国では、王卡氏の「河上公章句之作者與年代」(王卡點校『老子道徳經河上公章句』前言一)がある。氏は饒宗頤、王明の説を承け、東漢中後期頃の成立と看做す。ただ、現存伝本には魏晋以後の増益された文字が含まれるとの付言を添えてある。

河上公注成立の時期、現行河上公注本の形成過程、本文の確立時期については、未だ定説は無いと言わざるを得ない。今後は恐らく、楠山博士の二段階成立説を踏まえた、宗教史、特に道教史、思想史学に立脚した論議が深められていくであろう。

しかし、従来の研究状況を望見する立場に在る者の所感として、限られた資料を如何に読み解くかという先学研鑽の成果に対して心服する一方で、そこで取り扱われる資料本文の信頼性について不安と疑念を抱かざるを得ない。或いは学界の実情に疎い門外漢の杞憂であろうか。文献批判が重要であることは、諸方面より耳にし、斯学に携わる研究者の常々意を用いるところであろう。だが、その基盤となるべき本文の整理作業が充分に行われる環境は果たして備わっているのであろうか。また、その整理研究はどれほど進捗しているのであろうか。

例えば、河上公注成立に関わる研究でしばしば利用される道教経典の本文は全面的に信頼してよいものなのであろうか。民国十二年（一九二三）から十五年（一九二六）にかけて上海涵芬樓から明正統刊『道蔵』が影印刊行されたことによって、その後の道教研究は急速に進んだと言われ、敦煌写本との比較で『道蔵』経典の信頼性が高まり資料価値は更めて認識されたとも言われる。しかしながら、如何なる善本を底本とした影印本であってもその本文を盲信することの危険性は今や周知のことであり、実際その陥穽に陥る事例も稀ではないと思われる。従って、敦煌写本が対校本として注目されるのも理解できる。しかし、それよりも先ず、本邦に伝わり、宮内庁書陵部に所蔵される明正統刊本との校合校勘が成されて然るべきであろう。早く、大蔵出版社によって完全な『道蔵』の刊行を目指して対校事業が進められ、昭和二十年には全体の五分の三までもが終了していたにもかかわらず、諸事情があって未公表のまま中絶した由、窪徳忠博士の報告[25]に窺うことができる。その後博士は書陵部本について調査した上で、全真経関係資料を中心として対校結果を報告[26]され、影印本を使用するに当たっては慎重な用意が必要であると警告されてもいる。博士の報告にもあるように書陵部本は清道光二十五年（一八四五）重修本を底本とする涵芬樓影印本に比し、明萬暦二十六年（一五九八）の印造といわれ、テキストとして遙かに優れている（後述、「対校諸本略解題」28参照）。『道蔵』が今後の東洋学、或いは東西の枠を超えて思想・文化史の研究に欠かせない基本的な文献資料であることは明らかである。その本文の整備は、此の学問を支えるためには断じて疎かにされるべき問題ではないであろう。当面は個々の研究者の責任において、当該の資料に限ってでも慎重に対応されることを期待するしかない。しかし、実情はそれにも限界があるのである。『道蔵』両本の校勘の仕事は緊急を要していよう。大蔵出版社の計画が途絶したことからも窺われるように、この事業は個人では勿論、出版社であってもその営利が絡んでは遂行することは難しい。何らかの対応が迫られていると考える。

この難題は、なにも『道蔵』に限った問題ではなく、古文献に就いて普遍的に言えることであろう。日本では特に漢籍の調査整理が遅れている。各地に眠っていた漢籍が徐々に発掘調査され、個々に目録が公表されてきてはいるが、それと並行して、伝本研究、本文研究が成されていくべきであろう。その上で、伝本の相違による本文の違いを明らかにし、よりよいテキストが提供されていくことが要められる。

論旨が大きく横道にそれてしまったが、要するに、河上公注成立に就いての論議を深め、より信頼のおける成果を得る為には、基となるべき現行河上公注本の実相について、文献学書誌学からの検討が疎かにされてはならないであろう。つまり、河上公注本として現存する、敦煌本、宋刊本、道蔵本、本邦伝来の古鈔本、古活字版等各本間に認められる異相についてより緻やかな配慮が必要なのである。(27)

三、従来の研究と私見―河上公注本のテキストと校勘について

(一) 武内義雄の伝本研究

近代に於ける『老子』の伝本・本文研究の礎を築かれたのは武内義雄博士である。(28) 博士は、本文復元という古典研究の宿望とも言える課題に取り組まれ、目録学、考証学の学殖識見を駆使した、当時としては画期的な業績を遺されている。特に、テキスト系統の考察に意を用いられ、その後の研究の道筋を開く幾つかの貴重な成果を示された。一端は『老子の研究（上）』第五章「道徳経の研究方針」に窺うことができる。博士は、『道徳経』を本来の姿に復元する為には、戦国道家説を紹述した後学による混入文辞を除去すべきであり、それには先ず、異同の多い現行伝本を比

較して、出来るだけ正確なテキストを定めなければならないと考え、「経本校訂の必要」を唱えられた。その必要の為の代表的なテキストとして「王弼本」「河上公本」「傅奕本」「開元本」の四種に注目し、それぞれについて伝系と伝本状況を概観されている。そのうち「傅奕本」「開元本」は、「王弼本」「河上公本」を対照参校して審定された本であり、概ね元の本文に基づいているのであるから、現存する諸テキストは、畢竟「王弼本」「河上公本」の二本に淵源すると看做された。その見解に基づいて、王弼本は『老子の研究（下）』道徳経析義、河上公本は岩波文庫『老子』として、両本の校定善本を作成して提供されている。

河上公本についての考察は、大正八年（一九一九）『藝文』第十年四号誌上に発表された「河上公老子唐本攷」を初めとして、大正十一年（一九二二）『支那学』第二巻五号誌上の「唐広明元年刻老子道徳経に就いて」、その後も『老子原始』第二章「老子伝本攷上」（二　河上公本の来歴・三　河上公本の二種・四　二種河上公本の関係）、第三章「老子伝本攷下」（四　河上公本と王弼本との関係）、『老子の研究（上）』第五章「道徳経の研究方針」（三　河上公注の経本）及び岩波文庫『老子』「はしがき」に見える。

「河上公老子唐本攷」では、当時知られていた伝本の系統について考証整理されている。先ず宋元版を取り上げ、『郘亭知見伝本書目』（巻十一子部十四道家類）に見える「宋建安虞氏本」「纂図互注本」「元六子本」「宋巾箱本」の四本について、諸序跋解題を検証することに拠って、「宋建安虞氏本」系、「纂図互注本」系の二系に分けられた。次いで、明代の刊本にも宋元刊本の二系に繋がる二種を確認され、「世徳堂六子本」を「宋建安虞氏本」系、「中都四子集本」を「纂図互注本」系と看做された。其の考証は自身による明版両本の校勘と『古文旧書考』（巻第四）等諸家の解題に基づいている。また、本邦伝来の諸本として、当時大阪府立図書館に保管されていた伊藤有不為斎収蔵の天文十五年（一五四六）写本（現斯道文庫蔵）、内藤湖南蔵（現杏雨書屋蔵）、京都大学附属図書館保管近衛家蔵（現陽明文庫蔵）の旧鈔本三本（後述、「対校諸本略解題」11・8・3参照）、古活字版、明人陳元贇撰『道徳経通考』[29]を挙げて、これら諸本はほぼ同系であり、中国の伝本とは異なる点が多いことを指摘され、その上で、「世徳堂本（即ち建安虞氏本系）と吾が邦伝本とは元来同一系統の出にして、世徳堂本は上梓の際に助辞を省略し、他本によりて校改せられしものなるべし」と推察されている。更に、河上公本とされる唐廣明元年建道徳経残幢、及び易州景龍二年道徳経碑の両唐碑について、後者もまた河上公本と想定した上で、両碑文の詳略に顕著な相違が見られる事に注目され、唐初傅奕が古本を校定したときに目にした字数が異なる二種の河上公本[30]は、此の二碑の系統に属するのではないかと想察された。且つ、我が邦伝本、明世徳堂六子本、中都四子集本を比較して、我が邦伝本は廣明幢系に属し、最もよく唐の旧形を遺していることを明らかにされた。最後に『西域考古圖譜』下巻（經籍⑽唐鈔古書断片〈吐峪溝出土〉）所載の唐鈔断片（所載三片の内の一片、第六十一章の一部分[31]）を検証することで、注文をも含めて、如上の本邦伝本と唐本との親近な関係について確認されている。此の論文が発表された大正八年当時は未だ、四部叢刊影印宋建安虞氏刊本も上海涵芬樓影印道蔵も出版されておらず、敦煌出土写本もまだ充分に利用できる環境にはなかった。従って、伝本考証に利用可能な資料には、今に比べれば格段に厳しい制約があったはずである。その状況の下で博士は、唐代河上公本に詳略二本が存在したこと、宋元以後の刊本には建安虞氏本系と纂図互注本系の二系統があること、我が国伝来の旧本は中国に伝存する版本とは異同が多く、伝存諸本の中では最も唐詳本の面目を伝えていることを論証されたのである。

　次いで「唐広明元年刻老子道徳経に就いて」では、河上公本に詳略二種の本が生じた原因について、南北朝ころの河北と江左との言語風俗の差異[32]と、景龍碑と廣明幢との立地の違いに注目された。そして、助字が少ない略本の河北本、助字が多い詳本の江南本という概念を導入し、景龍碑と廣明幢の本文の相違、傅奕の言う河上公本二種の字数の差異は、此の河北本と江南本両系の違いに因るものと想定された。更に、廣明幢に近い我が国伝本は江南本の系統であり、世徳堂本等が我が国伝本とも景龍碑とも合わないのは、宋明以後の上梓の際、本来は助字が多い江南本に拠りながら、その助字を刪略したためであろうと推測されている。

その後、博士は「瀧川本」（瀧川君山翁仙台書肆に得る所と。後博士に贈られ、現東北大学蔵カ、後述、「対校諸本略解題」16参照）及び「聖語蔵本」（大正十三年佐々木信綱影印正倉院聖語蔵〔鎌倉〕写本存巻下、後述、「対校諸本略解題」19参照）の両古鈔本を経目され、『老子原始』第二章「老子伝本攷上」に「三　河上公本の二種」「四　二種河上公本の関係」と題して前論を補足しておられる。さらに、『老子の研究（上）』第五章「道徳経の研究方針」「三　河上公注の経本」において、新たに得られた知見に基づいて従来の持論を修正補強されている。即ち、中国での版本系統として「宋建安虞氏本」系、「纂図互注本」系の二系に道蔵本の一系を加え三系統とされ、その中では道蔵本が最も古い形を存しているとされたのは従来なかった新説である。また、古活字版に冠せられた序は、中国の版本の序とは内容が異なるが、古鈔本の序とは同じである事に注目され、古鈔本、古活字版に見える書入れの内容から考えれば「本邦旧鈔本は皆賈大隠述義本から摘出した河上公本で慶長活字本も旧鈔本を襲ったものであろう」と推察され、唐代の面目を伝えている我が国の鈔本は、宋以後の校刻者の改定を経た中国の版本に比べ最も信用のおける正しいテキストであるとの見解を提示された。

昭和十三年（一九三八）に刊行された岩波文庫『老子』の「はしがき」では、以上の所論を集約して示され、新たに、内藤湖南蔵（現杏雨書屋蔵）の旧鈔残本（〔鎌倉末〕写存巻上道經零巻、後述、「対校諸本略解題」22参照）及び経見された敦煌写本四通（P二三二九、P二五九九、P二四一七、中村不折蔵巻下残巻）について補足記述されている。『老子』経本の校定には、底本として博士所有の旧鈔本（上記瀧川君山旧蔵本）を採用された。その本文を略本とされる敦煌写本と対照し、敦煌写本の欠けた部分は景龍碑と遂州碑で補い、詳略二本の相違を明らかにされている。更に校注には宋本（即ち建安虞氏本）を参照して河上公本の精善なるテキストを提供することを意図されたもので、博士の河上公本研究の精華と言えよう。

博士の本文研究は、老子本来の思想解明を究極の目的として、『道徳経』原形の復元を目指されたものである。復元する為には現行『道徳経』に混入している老子の後学、諸子の言辞を排除する必要がある。しかし、漢魏六朝以来の道家学者等に由る注釈書の数は夥しく、また、その経文は転々伝写され、或いは翻刻が重ねられて、本文の異同もまた甚だしい。その為に、竄入した文を削るより前に、まず諸本を比較して出来るだけ正確なテキストを定めなければならない。整定すべきテキストとして、まず伝本の内で最も由来の古い王弼本を、次いで、河上公本についても研究されたのであった。主たる関心は「経本」の如何に向けられ、「注文」は老子本来の思想との関わりは薄いとして考証の対象から殆ど除外されている。旧鈔本を底本とし河上公本の精善なるテキストとして提供された岩波文庫『老子』も、校勘は「経本」のみに止まり、訳註は河上公注を殆ど無視して成されている。この所に博士のテキスト研究の一つの限界を見ることが出来るのではなかろうか。また、景龍碑を河上公本と断定し、それを唐初傅奕が見た二本の河上公本のうち、字数の少ない一本に比定し略本と称され、詳略二系が生じた原因を中国河北と江南の言語環境の相違に求められたことに就いては、再考の必要があろう。岩波文庫『老子』で景龍碑と同系の略本として扱われた敦煌本四本は、近年、五千字本或いは葛本と呼ばれている諸本の類に入り、道教の授戒儀礼に用いられた経典であることが明らかになっている。[33] 現行本と比較する限り異同は単に助字の多寡に止まるものではなく、刪削改字は数字句に及ぶ場合も有る。此の五千字本に類似する景龍碑を河上公本と看做すのは適切ではなく、寧ろ別系と見られる。傅奕の言う両系本の関係については五千字本或いは想爾本を含めた更に精細な比較検討が必要であろう。

現在から見れば、以上のような首肯し難い点があるとしても、それは、当時の学問環境の未成に因るもので、博士の業績は、河上公本テキストの問題に限っても、その後の研究に指針を与えた点において大きく評価されなければならない。唐代河上公本に二系統の本が存在したこと、宋元以後の刊本には道蔵本、建安虞氏本系と纂図互注本系の三系統があること、我が国伝来の旧鈔本が伝存諸本の中では最も唐本の面目を伝えて優れていること、以上を論証され、さらに、古活字版については、旧鈔本に基づいていると洞察されたのであった。

(二) 内藤幹治氏の伝本研究

武内博士以後、河上公本の伝本研究はしばらく停滞していたように思われる。近時、この研究に先鞭を着けられたのは内藤幹治氏であり、その成果の一端は「老子河上公注の校本について」(『集刊東洋學』第一九號、一九六八)に窺う事が出来る。氏は道教研究の進展に伴う河上公注への関心の高まりを察知され、河上公本の校勘復元の作業を進められた。此の論文はその校勘のために使用された校本を中心に、伝本系統を概観されたものである。

まず底本とされた上海涵芬樓影印道蔵本道徳眞經註四巻について詳述されている。その中で、涵芬樓影印本を重印した台湾版道蔵には妄改が認められること、また、書陵部蔵明正統刊道蔵との対校結果を示し、涵芬樓影印本自体にも若干の誤脱があることを報告されている。氏は影印本の底本が書陵部蔵明正統刊本と同版であり、清道光年間の重修本であることに気づいておられないようであるが、通行道蔵本の本文上の欠陥を指摘され、利用に当たっては慎重な用意が必要である旨、喚起を促された。

次いで河上公章句本である敦煌写本四種即ちS四七七、P二六三九、S四六八一、S三九二六について、東洋文庫収蔵のマイクロフィルムに拠って本文の残存状況、書誌的要項について詳記されている。これら敦煌写本は武内博士は見ておられず、河上公章句本の校本として注目し紹介されたのは氏が最初ではなかろうか。

中国刊本として四部叢刊影印の宋建安虞氏刊本、それと同系の明嘉靖刊世徳堂六子本、二種の纂図互注本即ち内閣文庫蔵明弘治十八年仁實書堂重刊本と、無求備齋老子集成初編所収本、及び京都大学人文科学研究所蔵の明萬暦七年序刊中都四子集本についてテキストの概要と系統を述べておられる。その中で纂図互注本の二種のうち、無求備齋老子集成初編所収本が世徳堂本の系統にあることを明らかにされ、世徳堂本が纂図互注本より出たとする旧説に一顧を向けておられるのは、正鵠を射た新たな識見として注目すべきである。[34]

最後に、本邦所伝の旧鈔本四種即ち天文鈔本(伊藤有不爲斎・戸川濵男遞蔵、斯道文庫現蔵)、陽明文庫蔵近衛公爵家本、武内氏所蔵本、正倉院聖語蔵巻下残巻を紹介し、陽明文庫蔵本を除く三本について内容形態、書誌事項のやや詳細な解題を誌されている。特に巻題、章名の異同に注目され相互の関繫を勘えておられるのは系統を論ずる上での重要な視点であろうかと思われる。この点については、小論においても少しく考察を試みたい(本論第二章第一節)。惜しむらくは、同系本として慶長古活字版を挙げられなかった。如何なる理由によるのか、残念に思われる。

以上、武内博士の所論を踏まえて新知見を示されたもので、河上公注本校勘の指針として参考すべき所説が多い。校勘記を公表できる段階にまで至っておられたようであるが未発表のままであることが惜しまれる。

(三) 島邦男の『老子校正』

島邦男博士の本文研究の成果は、著書『老子校正』(一九七三年刊)に集成されてる。博士は老子書の系統を嚴遵本・想爾本・王弼本・傅奕本・河上公本・玄宗本の六系統と看做し、各系統に主要伝本を選び其の経文を掲出して異同を校勘し、六系それぞれに「校正本」を作成してある。その内、河上公本については、対校本として魏徴群書治要子鈔老子(光緒刊本・南葵文庫本)、馬總意林老子(明刊正統道藏本)、廣明碑(鎮江焦山道德碑、唐廣明元年)、景福碑(河北易縣龍興観碑、唐景福二年)、敦煌河上公註本(斯坦因四七七號・三九二六號)、道德眞經註河上公章句(道藏本）、奈良聖語藏老子河上公註（日本南都祕笈）の七本の経文を挙げ、宋建安虞氏刊本、經典釋文老子音義、また強思齊道德眞經纂疏・顧歡述道德眞經注疏・張公道德眞經集註・李霖道德眞經取善集・劉惟永道德眞經集義等を参校して校正本文を定め、また別に「注解」の項を設け、想爾、王弼、河上公の三家注の全文を掲出し、若干の校勘を加えてある。また、景龍碑を河上公本ではなく想爾本とされ、武内博士以来の通説を正されている。諸本に亙り注文の校勘にまで及んだ大変な労作であるが、底本の取り扱いと校本の選択に関して幾つかの不適切な処方を認めざるを得ない。以下、その点について指摘しておきたい。

本文の校勘に際しては通常、通行善本を底本と定め、その本文を基準にして諸本との同異が勘案されるのであるが、その底本が明らかでない、というより定められていない。その為に、校勘の基準が明確でなく、異文の取捨に恣意性が感じられ、校正された本文と対校諸本、或いは対校諸本相互の親疎の関係には全くと言っていいほどに意を用いられていない。著者の主眼が老子原本の復元にあるために、末端の考証として捨象されたのであろう。

校勘の態度としては、何よりもまず、虚心に字句の異同を勘案することが必要と思われるが、博士は持論である河上公注南斉以後成立説に拠って、想爾本、王弼本より後に成った本であるという前提の下に、本文の異同を勘えられている。つまり、六系統各本の経文の同異に同時に目を注がれ、各系本の成立の先後をまず念頭に置いて、字句の改易削除増益等本文遷移の跡を辿ろうとする意志が窺われる。河上公本の成立、想爾本或いは王弼本との関係については未だ定説は無いのであって、本文を整定するに当たっては、かかる本人持論に拠る操作は先入見として無用であり、危険である。ややもすれば、事実を捏造することになりかねない。「通説に拘泥せず、獨自の説によって論述を展開し、特に想爾本と河上本に關する説は著者の創見に成る」（『老子校正』序）とする著者の恃む独創性が寧ろ禍しているように思われる。

対校本は、と言っても底本が定められていないのであるから、対照本とでも呼ぶことになろうが、宋刊本より以前に遡ると自ら考えられたテキストを、選択されているようである。道蔵本『道德眞經註』も唐蔵所収本と看做しておられる。[35] しかし、博士が選択される対照本の大半が零本或いは不全本であり、伝本としては特殊な本で占められている。明刊道蔵本を採るのであれば、ここはやはり一応通行善本である宋建安虞氏刊本を加えるべきであろう。宋刊本の底本も元をたどれば当時伝来の唐本系であったと思われるからである。

また、使用各本のテキストが明らかにされていないか、若しくは適切でない。『群書治要』と『意林』とは雑編、雑纂の書であって、そこに収録されている『老子』『道徳経』は節略本である。『意林』に至っては経文について言えば字数六百字余りに過ぎない。本来伝来の事情が異なる本文であり、『群書治要』と『意林』それぞれについて独立した伝本考証と本文校勘が必要であって、当該の老子本文も各書の校定を経た上で使用されるべきである。現状においてそれが叶わなければ、利用可能な最善本を使用すべきであろう。『群書治要』の「清光緒刊本」とは『求實齋叢書』所収の『羣書治要子鈔』[36] 本であろうが、ここは宮内庁書陵部所蔵の金沢文庫本の影印本乃至は翻印本を利用すべきである。『意林』については唐馬總撰とされ、成立は確かに唐代に在るとしても、明蔵編纂刊行時に至るまでの伝承の経緯は不明であり、唐時の本文を果たしてどれだけ伝えているものなのか甚だ疑問である。参校本として扱うに止めるべきと思われる。また、両唐碑については、原拓に拠るのでなければ所用のテキストを明記すべきであろう。敦煌本についても同様である。道蔵本を多く利用され、上海涵芬樓影印本を使用されたと思われるが、その底本は清道光中の重修本であり、また、影印に際して潤筆修正された事実も認められ、そのままの利用は危険であること、上記、内藤氏の所説にも見える所である。宮内庁書陵部所蔵の明版と対校した上で使用すべきであろう。最後に奈良聖語蔵本は、書写年代は鎌倉時代と推定され本邦旧鈔本中最も古い伝本であり、此の本を選択された事は首肯できる。

しかし、巻下のみの零巻である。伝本中唐鈔本の面目を最もよく伝える旧鈔本としては、完本を加えるべきであろうと思われる。或いは、本文のみの校勘であれば、家蔵の旧鈔本を底本とされた武内博士の岩波文庫『老子』を利用するのも正当な一法である。

以上のような理由から、折角作成された校正本文であるが、河上公本であることの信頼性を乏しくし、校定本としての利用には些か躊躇を余儀なくされる。他の五系の校正も同断であろう。しかし、二十本に余る伝本の本文に加え、諸書に引用された老子本文を並列して対照させ、諸本間の同異を眼下に示されたことは、校勘所見に如上の難点が窺われるものの、本文研究にとって有用な工具書であることには相違ない。労作『老子校正』の利用価値は相応に存しているものと認められよう。

㈣ 藤原高男氏の鈔本集成・校勘記

藤原高男氏の「老子河上公注鈔本集成」上下、「同校勘記」上下（『高松工業高等専門学校研究紀要』第八〜十一号、一九七三〜七六）は、専ら河上公章句本本文を対象とした、日本では最初の校勘成果として注目される。殊に、旧鈔本の本文に直接取り組まれたことの意義は大きい。校勘の底本とされた「足利学校遺蹟図書館本」（後述「対校諸本略解題」7参照）は、当時は未だ周知されてはいなかったと思われる。その本文を異体字までも忠実に翻字して提供されたことは、それだけでも意味のあることであったであろう。また、「應安六年写本」（後述「対校諸本略解題」12参照）は、国語学界においてはすでに訓読語資料の面からの研究が進んでいたようであるが、中国学、道教学の方面での関心は未だ薄かったはずである。この両本を紹介し、本文の利用を可能にされた功績も、また少なくはないと考える。上述の如く、内藤氏による試みがあったが、主要伝本の紹介に止まり本文校勘復元の具体的な結果は未発表のままであった。藤原氏も恐らく道教学界の趨勢に敏感に反応され、河上公注解明の必要性を痛感されたものと思われる。

「集成」は「足利学校遺蹟図書館本」の経文を付注句毎に掲出し、その下に同本及び「應安六年写本」「正倉院聖語蔵本」の古鈔本三本に、「老子經通考」「敦煌本」三種（S四七七、S四六八一、S三九二六）「四部叢刊本河上公注老子」を合わせ、凡そ六本の河上公注を原本の字形のまま忠実に書写して併記一覧し、比較対照に便ならしめてある。「校勘記」は「足利学校遺蹟図書館本」を底本とし、「集成」に一覧された六本に加え、「道蔵本老子河上公注」「音註河上公老子道徳経」[37]（『天祿琳琅叢書』之一）「顧春世徳堂刊六子本」の三本、参校本として南齊顧歡述『道徳真経註疏』、唐強思齊撰『道徳真経玄徳纂疏』、宋王雱撰『道徳真経集註』（以上道蔵本）の計十二本を校合し、その間の経文、注文の異同を章次を追って示してある。校記は字句の異同を指摘するに止められ、その適否の判断は一切控え、独断に陥ることを避けたと言明されている。前述の島博士の姿勢とは対照的で、校勘に当たっての傾聴すべき識見であろう。

校勘後の所見として武内博士以来の江南本、河北本の概念に基づいて対校本を四分類され、「足利学校遺蹟図書館本」「應安六年写本」「老子經通考」を江南本系統、「敦煌本」を河北本系統、「四部叢刊本河上公注老子」「音註河上公老子道徳経」「顧春世徳堂刊六子本」『道徳真経集註』を同系と看做され中間型、「正倉院聖語蔵本」「道蔵本老子河上公注」『道徳真経註疏』『道徳真経玄徳纂疏』はそれぞれ独自の系統であって中間型に近いとされた。助字「也」字の多寡を指標とした考察で、留目すべきと所説と思われるが、此処に認められた伝系の相違が、直ちに江南、河北の地域差に因るものか否かは、更なる研討と考証が必要であること、前節において指摘した通りである。

また、本邦伝来本の四種について、章名記入の状況を分析し「記入無し」「記入開始」「記入完了」の三段階に分け、伝本の推移を跡付けられた。旧鈔本の系統を考える新たな視点として参考すべきと思われる。

校本の選択と取り扱いに関して、幾つかの問題点を指摘しておきたい。先ず、底本については、通行善本に拠るのが原則であること上述した通りである。「足利学校遺蹟図書館本」は旧鈔本としても確かに無類の善本に属する。しかし、異体字の多い写本であり、写本であるからには誤写衍脱は免れないはずで、一部ではあるが欠けた部分もあり、伝本としては、やはり特殊な本と見做される。旧鈔本集成の意図が先ずあっての選択と察せられるが、平常使用できる本との対照検索が容易であることが校勘記作成の要件であろう。

次に、影印本使用に当たっては慎重な配慮が必要である。後に詳述することであるが（「対校諸本略解題」26・緒論注46参照）四部叢刊には初次印本と重印本とがあり、重印に際して一部の収載図書は底本を新出の善本と差し替えてある。しかし『老子道徳経』の底本は初次印、重印共に同本であって、影印本であるからにはどちらを使用しても変わりないはずであるが、実際には、僅かであるが字句に異同が存在する。重印時に無用な操作が施されたことが原因のようである。従って本来は初次印本に拠るべきであろうが、一般には重印本が流布しており、此の「集成」「校勘記」も異同字に当たってみる限り重印本が使用されている。ここは、重印本に従った旨明記するべきである。同様のことが、道蔵本にも言える。先に内藤氏が指摘されたように、上海涵芬樓影印本と、それをさらに影印した台湾版とではやはり、文字に異同が認められる。その個所を「校勘記」に当たってみると、台湾版を使用されていると判明する。やはり、依拠テキストを明示すべきであり、可能ならば書陵部蔵明正統刊本と対校した上で校本とすべきであろう。また、「顧春世徳堂刊六子本」の使用テキストも不明である。明嘉靖十二年跋刊の原刊本を使用されたのか、民国三年上海右文社刊行の影印本なのか、民国五十四年台北藝文印書館影印の無求備齋老子集成初編所収本なのか明らかにしておく必要がある（後述「対校諸本略解題」27参照）。瑣末なことで揚げ足を取るようであるが、校勘という作業の性格上、文字の異同の如何が考察の基礎になり、底本が同一の影印本であっても、かかる相違がある以上、それに対処すべく細心の用意を尽くさざるを得ないであろう。

また、繰返しになるが、調査環境上の事情に因るものか、氏の見識に因るものなのか、何故か古活字版を採用されなかったのは、やはり、残念に思われる。

㈤　鄭成海氏の『老子河上公注斠理』

鄭成海氏の『老子河上公注斠理』（一九七一年刊）は河上公章句本の数少ない本格的な校勘記で、単行市販されていることもあって、参照には便宜を得る。宋建安虞氏家塾刊本を底本とし、付注句ごとに経文を大字で、注文には「注…」符を冠し、すべて句読を付して掲出し、先人諸家の注説校記がある場合には、掲出句毎にそれを列記する。次に「謹案…」以下に諸本との校異、及び異同字句の是非、衍脱、正誤、優劣を勘案して、底本及び諸本の譌脱を校正し、さらに諸家注説の当否にも言及されているが、断案にはまま当を失すると思われる個所が認められる。

対校本は巻頭に「本書所據版本書目」と題して計三十三本を簡称とともに列記してある。以下の如くである。

「1宋刊河上公注老子道德經（底本）」「2意林（唐・馬總）」「3羣書治要（唐・魏徵等）」「4説郛（明・陶宗儀纂・民国十六年張宗祥重編本）」「5伯希和二三四七號（唐景龍三年寫本殘巻）」「6伯希和二五八四號（唐開元二年索洞玄寫本殘巻）」「7伯希和二四一七號（唐天寶十年寫本殘巻）」「8斯坦因六四五三號（唐天寶十年寫本殘巻）」「9斯坦因四七七號（唐寫本河上公注殘巻）」「10斯坦因三九二六號（唐寫本河上公注殘巻）」「11日本鎌倉時代舊鈔河上公注殘巻（奈良聖語藏本）」「12日本天文十五年河上公注舊鈔本」「13日本近衛公爵舊鈔河上公注本」「14老子道德經殘巻（日本中村不折藏存沙州諸子廿六種）」「15道德眞經玄德纂疏（唐・強思齊）」「16道德眞經注疏（舊題顧歡撰、疑係唐・張君相撰）」「17道德篇章玄頌（宋・宋鸞）」「18道德眞經藏室纂微篇（宋・陳景元）」「19道德眞經集注（唐明皇・河上公・王弼・王雱註）」「20河上公道德眞經註本（道藏河上公本）」「21道德眞經取善集（宋・李霖）」「22音註河上公老子道德經（宋・麻沙本・呂祖謙重校正）」「23道德眞經集注（宋・彭耜）」「24纂圖互注老子道德經（宋・龔士高）」「25老子道徳經古本集註（宋・范應元）」「26道徳眞經疏義（宋・趙至堅）」「27道徳眞經集義（元・劉惟永）」「28道徳眞經註（元・林至堅）」「29道徳眞經集義（明・危大有）」「30河上公注老子道徳經（明・世徳堂刊）」「31老子道徳經（明・許宗魯）」「32道徳經評論（明・歸有光批閲・文震孟訂正）」「33老子經通考（明・陳元贇）」。

以上、三十三本の内で純粋に河上公章句本と称し得る本は9・10の敦煌写本、11・12・13の日本旧鈔本、20の道蔵本、22音註河上公老子道徳經、24纂圖互注老子道徳經、30明世徳堂刊本と底本を含めて十本である。5～8の敦煌写本は無注の所謂五千字本、15道徳眞經玄徳纂疏等は諸家注と併せて引用収載された河上公本経注文であり、2意林・3羣書治要・4説郛は節略本である。

以上の校勘依拠本について、使用テキストの説明、書誌事項の記述を欠き、伝本系統についての所見が無いのは遺憾である。底本「宋刊河上公注老子道徳經」とは即ち宋建安虞氏家塾刊本で、異同字を検証したところによれば四部叢刊影印重印本が使用されており、15～21、23、25～29は道蔵本と想われ、涵芬樓影印本を重印せる台湾版が用いられたものの様である。

三十三本に上る対校本に加え、『經典釋文』以下四十六家に及ぶ諸家注説を引用参照され、通行本文の譌謬を校正された非常な労作であり、並々でない研鑽の跡が窺える。嚴靈峯氏の贈序に嘉賞されている如く、河上公注を扱う研究者にとっては、有用必備の工具書であろう。ただ、同序に、対校本から除外された古活字版について、「刻欠精」との約言を吐いておられるのは如何なる論拠があってのことであろうか。

㈥　王卡氏の校定本

比較的近年の成果として王卡氏點校『老子道徳經河上公章句』（一九九三年刊）があり、現時点では、最も信頼のおける利便性も備わった校定本であろう。惜しまれるのは、日本伝来の古鈔本をはじめ古活字本も利用されず、校本の選択がなお十分ではないことである。

同本も、四部叢刊影印の宋建安虞氏家塾刊本を底本としているが、章句末に付された音釈と、竄入した王弼・唐明皇注は全て削除されている。対校本は、巻末「附録三　老子道德經河上公章句版本提要」の前半に、簡稱を付し、校勘資料と称して以下の二十二本が挙げられている。

『老子道德經幢』（唐廣明元年刻）、『老子道經河上公章句』（敦煌唐寫本、S四七七號）、『老子德經河上公章句』（敦煌唐寫本、S四六八一—P二六三九號）、『老子德經河上公章句』（敦煌唐寫本、S三九二六號）、『老子道德經注』殘片（敦煌唐寫本、日本四天王寺大學藏本・『西域考古圖譜』收録本）、『老子道德經河上公章句』（四部叢刊影印常熟瞿氏鐵琴銅劍樓藏宋建安虞氏刊本）、『音注河上公老子道德經』（『天禄琳瑯叢書』影印宋劉氏刊本）、『道德眞經注』（明正統道藏本）、『道德眞經注疏』（題顧歡疏、明正統道藏本）、『道德眞經玄德纂疏』（唐強思齊纂、明正統道藏本）、『道德眞經集注』（唐明皇・河上公・王弼・王雱注、明正統道藏本）、『道德眞經集義』（元劉惟永編、明正統道藏本）、『經典釋文』（四部叢刊本）、『羣書治要』（四部叢刊本）、『意林』（道藏本・四部叢刊本）、『養性延命録』（梁陶弘景、一説唐孫思邈撰、道藏本）、『老子道德經開題序訣義疏』（唐成玄英疏、蒙文通輯本）、『老子道德經古本集注』（宋范應元撰、『續古逸叢書』影宋本）、『道德眞經取善集』（題宋李霖集、明正統道藏本）、『道德眞經集注釋文』（南宋彭耜撰、明正統道藏本）、『道德眞經藏室纂微篇』（宋陳景元撰、明正統道藏本）、『道德眞經集義』（明危大有撰、明正統道藏本）。

各本には簡略ながら解題が添えられ、依拠したテキストの記述もあり、相応の配慮が払われている。ただ、道藏諸本の依拠テキストは明記されていない。原刻本に直接あたられたのであろうか。異同字を検証する限りでは、上海涵芬樓影印本を重印せる台湾版と合致している。また、底本宋建安虞氏刊本は四部叢刊影印重印本が使用されているようである。

「凡例」によれば、以上二十二本の対校本のうち、主に使用されたのは底本の他には敦煌唐寫本、道蔵諸本、天禄琳瑯叢書影宋本で、その他は、唐宋明代成立の典籍中に摘録或いは引用された河上公注文であって、参校の資料とするに止められた由である。道蔵諸本とは『道德眞經注疏』（題顧歡疏）、『道德眞經玄德纂疏』（唐強思齊纂）、『道德眞經集注』（唐明皇・河上公・王弼・王雱注）、『道德眞經集義』（元劉惟永編）の河上公注のほぼ全文を引載する諸本を含むと思われるが、本来は個々に校定を経た上で用いるべき本で、直接対校するには異同本文への慎重な配慮が必要である。その他『經典釋文』以下の引用摘録文献については言わずもがなであろう。

経文の校勘では、対象を河上公章句本に限定し、馬王堆帛書本、王弼本、傅奕本等別系統の諸本との対校は意図的に行われていない。河上公本の原状を保持するための当然の措置ではあるが、校勘学上の見識が示されている。校定本文は、経文を大字、注文を改行低格小字にて標出し、校勘記を各章末に配し、整然とした構成で編纂されており、本文の検索利用には極めて便利なテキストとなっている。しかし、異同字の是非優劣の鑑定については、諸家の校語、跋語を参照し慎重を期してあるが、日本伝来本との校合が皆無であるなど、異同事例の不足に拠ると思われるやや強引な校勘がまま認められる。

日本の旧鈔本と古活字版については「前言三　河上公章句之傳世版本」及び「附録三　老子道德經河上公章句版本提要」に若干触れられてはいるが、『經籍訪古志』或いは武内義雄の所説を襲用するに止まって、本文は実見されてはいないようである。日本の旧鈔本を含めた、より広い、更に緻密な校勘の成果が須められよう。

㈦　敦煌写本の校勘

河上公注本の敦煌写本は、内藤、島、藤原、鄭、王諸氏共に対校本として利用されている。この他に、敦煌写本に限って考証し異同を勘えられたものとして、王重民氏と大淵忍爾氏の業績が有る。

王氏は『敦煌古籍叙録』巻四子部下に、P二六三九、S四七七、S三九二六を著録し、P二六三九については、道蔵本と対校した校記を付してある。

大淵忍爾著『敦煌道經－目録編－』（一九七八年刊）は、S四七七、四天王寺大学蔵本A二六、S四六八一・P二六三九、S三九二六を著録し、詳細な解題と共に各本ごとに道蔵本と対校した精密な校勘記が添えられている（P二六三九の第三十九章中間以下は、S三九二六と対校）。

以上、従来の研究を概観してきたが、いずれも河上公注本の伝本研究、本文研究に尖鋭特化した研究とは言い難い。武内博士の研究は『道徳経』経文の復元のための過程として意義づけられ、関心は主として河上公本の経本に向かい、注文の考証校勘は回避された憾がある。島博士の校正も経文復元のための一環として、諸系本文の中で、河上公本を王弼本より後出であるとの相対的位置づけを意図されたもののように理解される。内藤、藤原、大淵、王卡氏は、道教研究の進展に伴う河上公注内容の研究の必要から、より正しいテキストを求めて経注本文の校正を試みられたものであろう。鄭成海氏の校勘は、道教研究との直接の繋がりは無いようであるが、通行本文の誤脱を訂して、校定本文を提供することに主眼が置かれている。王重民、大淵氏の考察は当然ながら敦煌写本に限定された解題報告であり、一部道蔵本との校異は示されているが、諸本との関係を視野においての伝本研究ではない。

四、課題と目的

(一) 河上公注本整定の必要

戦国時代末期或いは漢代初期に現行本とほぼ近い形で定着した『老子』本文に対して、史上、恐らくは数百種に及ぶ注釈書が著述されている。その多くが長い歴史の変遷の内に散逸を余儀なくされてきたが、一方で亡失を免れて伝存しているものも少なくはない。その中にあって、河上公注は、遅くとも南北朝梁代以来という伝来の古さと、普及の広範さ、老子解釈に及ぼした影響の甚大さにおいて、王弼注と双璧をなしていること、先学によって屢々指摘されてきた通りであろう。此の河上公注を備えた『老子』は、諸本の中で最も弘通し、それ以後簇出する諸本の依拠するところとなったテキストであり、其の本文は、彼我における『老子』の伝習、利用、理解に比類ない影響を及ぼしてきた。

然るに、河上公本とは、王弼本等、其の他の諸本と対峙類別して称される本の名称であるが、其の本文の実態に就いては充分に理解されているとは言えないのではなかろうか。河上公本と他本との区別は、其の注文の有無相違によって明白なようであるが、実は正文本文の様態の別は明確には周知されていないのが実状であるように思われる。つまり、河上公本と、例えば王弼本との本文上の相違を顕示することが、現状では果たして可能なのであろうか。本来、河上公本とは、河上公が注釈するに際して採択した『老子』、或いは注撰述に伴って撰述者によって整定された『老子』に淵源し、それから滋生した伝本群の総称と考えられよう。そして、現実には、伝来し現存する限られた伝本、或いは諸書に引用伝承されて現在する河上公本文の片鱗を集積することに拠って、其の本文の如何を知悉できる可能性が生じる。

また、当然のことながら、これらの伝本の多くには、河上公撰述の注釈文が備わる。其の内容如何の検討は、撰述者の人物像、注釈の成立過程、思想傾向、さらに文化史上政経学術文藝に及ぼした影響を考察する為に欠かせないこと、云うまでもない。しかしながら、その注文本文についても、限られた伝本の中に、信頼するに足る本を選択することは現状では不可能に近い。ここに本文の整定は必須の要務として、早急な対応が求められる。

これまでに、二三の校定本文作成の試みはあったが、なお充分な成果が上がってはいないこと、上述した通りである。従来の諸本対校の作業は、諸氏それぞれの立場で最善を尽くされていること窺測されるのであるが、多くの古鈔本が未着手のまま遺されており、古活字版に至っては、武内博士の称揚にも関わらずその後は殆ど省みられることがなかった。本文校定の作業は、未だ充分に行われたとは言えず、日本伝来本を加えた校勘の成果が待望されている。

㈡　伝本の多様性への対応

本文を校勘するに当たっては、衆本を集め、各本が伝承されてきた間に生じた字句の異同が勘案されなければならないのであるが、その前段階として、諸本を類別し系統立てる必要がある。河上公注諸伝本の伝系については、武内博士、藤原氏の所説に窺われ、経文字数、或いは助字の多寡に基づく南北両系論が提唱された。しかし、諸本の間の本文の異同は、助字の多寡に止まるものではなく、多く本文辞句にまで及んでいる。此の多岐にわたる異同が生じた原因の一つには、道教教典として伝承された本と、それ以外の伝本との異相が、本文系統上に反映しているためとも考えられる。

河上公注本の本来の姿に復元し、精確な本文内容の把握を目指すとともに、成立以来の本文の変遷の跡を辿り、その時々、或いは南北両系論に見るような地域差による本文の同異如何を追究し、そこで使用されたテキストを明かにすることもまた甚だ重要である。伝存する本は、それが書写或いは刊刻された時点地点で、ある需要の下に誦習に供されたはずであり、その時点地点での本文を伝えている。伝本の本文の異相は此の差異を反映していると考えることが出来るであろう。伝本の考察、本文の校勘は、此の観点から成される必要もあろう。言うなれば、直ちに諸伝本の淵源である原本一本の復元に走るのではなく、原一本から種々の状況の下で派生したであろう幾つかの系統に特徴的な本文を、現存伝本の内に考究する必要がある。そこに、それぞれ異なった状況の下で存続し伝承されてきた本文の異相が垣間見えて来ることが期待される。

㈢　古鈔本校勘の難しさ

日本には、河上公本として、古鈔本の一群が伝来している。後に詳述する事であるが、二十本にのぼるそれら伝来本は、日本の古代から中世にかけて通行した唐鈔系本、或いはそれに緊密する本文であって、四部叢刊子部の内に影印され現在最も普及している宋建安虞氏刊本、及びその宋刊本を祖本とする元明清刊本と対峙してみれば、明らかに別系群類の伝本と認識される。しかし、それら古鈔本各本の間に認められる本文の異同、構成上の相違に着目するならば、それを押し並べて単一系の伝本群として扱うことには慎重にならざるを得ない。元来は、恐らくは既に唐の時代において、複数系の河上公本が存在し、日本に舶載された本も其れと対応していたはずである。現在知られている最古の古鈔本は、正倉院聖語蔵〔鎌倉〕写の存巻下であり、次いで杏雨書屋蔵〔鎌倉末〕写存巻上道経残簡、梅沢記念館蔵應安六年（一三七三）写本、斯道文庫蔵〔南北朝〕写康應二年（一三九〇）施入識語本が古い。しかし現存本の多くは室町或いは近世初に下る伝写本であって、これらを以て、平安時代以来の本文継受或いは遷移の実相を、具体的に捉えることはけっして容易いことではない。

本文の諸相を窺える点において、別して校合の書入れが注目される。諸本に散見する「江本」「中本」の標記は、大江家本、中原家本が存在し、それが、異本として認識されていたことを物語る。此の校異を含む書入れは、大江家、中原家以外の家説と看做され、従って清家相承の注説と認められる。清原家相伝の証本が存在したことは、後述するように、遺存する累代の奥書によっても、また、無窮会図書館蔵〔近世初〕写本の「天文五年八月十二日以清原家蔵本書寫了亦朱墨／圏點讀校畢九月五日　藤原□（花押）」との本奥書からも明らかである。この様に、『老子道徳経』も家毎に証本が存在した。しかしながら、本文において、それぞれの家本を識別することは今や困難を極める。梅沢記念館蔵應安六年写本の附訓は中原家の訓法とされるが、その本文に就いて中原家本としての徴証は確認されていない。また、宮内庁書陵部蔵〔室町〕写至徳三年（一三八六）識語本に付された訓説は、清原家説とされるが、この本についても清家本であるか否かはまた別の問題である。

書陵部蔵本には内題「老子道經」の左旁に「此章名家古本无」との書入れがある。此の本は内題の次行から直ちに本文が始まり、章名は題していない。従ってこの書入れは、此の本自体の書入れとしては意味を成しておらず、章名を題する別本（この書入れが清家説であれば清家本）から移写されたものと考えなければならない。と同時に、章題の有無に限って言えば此の本は「家古本」と一致しているが、本文全体を「家古本」と即断することは危ぶまれる。同意と想われる書入れが杏雨書屋蔵〔鎌倉末〕写巻上残簡に見える。此の本も章名を題せず、巻頭内題と本文第一行の行間に「〔道可道章〕第一　以後此勘物无古本」と書入れがある。同本は遺存する本奥書から清家本とされるが、そうであれば章題が無い古本と看做さなければならない。然るに同様に章題が無い書陵部蔵本と対校すると、第一章経文「無名天地之始」下注「無名者謂道」の「者」字が書陵部本には無く、第六章冒頭句において此の本は「谷神不死」に作るのに対して書陵部本は「浴神不死」に作る等、両本間の異同は二・三に留まらない。また、東洋文庫蔵〔室町末〕写本にも書陵部本と同文の書入れが見られる。此の本は、内題次行に「躰道章第一（隔六格）道可道章」と両様の章題が併記され、下の題右旁に「此章名家古本无」とあって、書陵部本とは異なり此の本の書入れとして意味を成している。しかしながら、同本のこの類の一連の書入れは、本文より後れる別筆で、明らかに別本から移写されたものであり、東洋文庫本が清家本である保証は何も無いのである。同本には、併記された章題の上方眉上に「□□宣賢本无下倣之」ともあり、これは「躰道章第一」に見消ちが付されていることから、宣賢所持の本にはその章題が無いことを意味すると理解される。

以上の様に、家古本、家本、宣賢本と称され、清家本と言っても決して単一の本では無かったことが明らかである。他家においても事情は異ならず、累代相伝の間に本文に少なからざる変遷があったと察せられ、家本相互の交雑した関係も想定される。殊に、杏雨書屋蔵〔鎌倉末〕写残巻、宮内庁書陵部蔵〔室町〕写本、東洋文庫蔵〔室町末〕写本等に摺本との校合の書入れが認められるように、新たに舶載された宋刊本の本文も参照されている。師資相承の間に、新渡刊本の本文が漸次採り込まれていった可能性も考慮されなければならない。

中古以来の博士家を中枢とし公卿地下山門に於ける伝習の間に、各系の本文は漸次交錯し本来系の純粋さは損なわれていったのであろう。現存する古鈔本は、これらの本文上の変遷をそれぞれに具現した本であり、諸本相互の関係は、極めて複雑に錯綜した様相を呈し、家本を弁別することはおろか、各本の本文の実態を諸本との関連において把握することは甚だ困難な実状にある。其処に本来系の復原を図るのは至難ではあるが、一隅を垣間見、本文様態の傾向を捉えることは可能であろう。その為には、各伝本についての精細な校勘の作業が前提となる。

しかしながら、此の本文研究は殆ど進捗していないと言わざるを得ない。その原因として、一つには、各本ともそれぞれに稀覯性が高く、研究の対象とするには多大の困難が伴うことによるものであろう。二十本に余る貴重本を、主立った本を選択し複製を利用したとしても、一堂に会して対校することは容易では無かったであろう。或いはまた、宋刊本、道蔵本また唐碑との校勘を急ぐあまり、古鈔本相互間の異同を把握する必要性に就いて、認識が希薄であった嫌いも感じられる。しかしそれよりも、更に大きな理由は、校勘の基準となる底本の選択が、技術的に甚だ難しいことにあるように思われる。写本の性格として、誤脱は当然少なくないのに加え、諸本間に異同が多く、また使用字体も繁簡まちまちで統一性に欠けて異体字も多い。どの本を採ってみても本文の安定性定着性に欠け底本としての要件を満たせず、底本を定め難いが為に、対校作業は捗らず、異同の実態は捉えられず、諸本の間の関係は依然として模糊としたままなのである。

前節で述べたように、鄭成海氏に、宋建安虞氏刊本を底本とした、古鈔本若干本を含む諸本との校勘の成果があるが、それは、宋刊本との懸隔を認識し、幾ばくかの誤脱を糾す意味において有効なものの、古鈔本各本の本文の実態と相互の関係を捉えるには効果は殆ど期待出来ない。藤原氏も旧鈔本に注目され、諸本との異同を示されたのであるが、扱われたのは三本に止まり、本文の諸相を窺うには充分ではない。

早く、狩野直喜[38]、武内義雄によって、テキストとしての優秀性について唱道され、大正十三年には現存最古の古鈔本である正倉院聖語蔵〔鎌倉〕写本の影印複製本が刊行された。古鈔本が、宋刊本に比べて遙かに優れていると周知されながら、現在も尚、通行善本として専ら四部叢刊影印の宋建安虞氏刊本が流布している。テキストとして学界一般に普及しない理由も、所述のように、本文に異同が多いにも係わらず校勘の手続きが遅滞しているためと考えられる。古鈔本の典型として、流布するに相応しい一本を選定することは不可能に近く、通行本として利用出来る状況には無いのである。或いは、利用される事があっても、単一の伝本の使用に止まり、諸本間の淆雜した異同について過不足無く顧慮する事は殆ど不可能なのが現状であろう。

(四) 古鈔本と古活字版

この様な状況の下にあって、懸案とも言える古鈔本の本文校勘の為の底本として、〔慶長〕刊古活字版『老子道德經』が注目されてしかるべきと、考えられるのである。

古活字版が、本邦所伝の旧本に拠って翻印されたとする見解は、上述の如く、夙に、武内義雄博士によって提示されている。博士は、「天文鈔本」「近衛公爵家本」「寳左盦本」を、後に「瀧川本」「聖語蔵本」の五本の古鈔本を経目し、中国に伝来した宋建安虞氏刊本系の諸本と比べ本文の相違が甚だ多い事実を指摘し、特に巻首の序文が異なる点に着眼して、古鈔本と同じ葛洪の序文を冠する古活字版は、旧鈔本を襲っていると洞察された[39]。

古活字版の本文が、伝来の古鈔本の系統にあることは、古鈔本、宋刊本、道蔵本等と通校してみれば、明らかとなるはずである。古活字版と古鈔本との異同は、古鈔本相互間の異同と同等のレベルにあり、宋版或いは道蔵本との異同に比較して、遙かに少ない。本文上、古鈔本の一異本と言えるであろう。古活字版は、累次の伝写を経、授受伝承されて来た河上公注本の、言うならば収束期の様相を呈し、微妙複雑に揺動し変遷推移して来た古鈔本の本文を、収斂し定着させた本と言うことも可能であろう。

(五) 古活字版の態様解明と本文の顕彰

現存する古鈔本相互間の錯綜した関係、雜糅した本文の紛綸を解きほぐすためには、此の古活字版の本文を底本とした諸本の校勘が何よりも有効且つ堅実な方法であると予想される。

古活字版と古鈔本との関係に就いて、伝本状況と部分的な若干の対比結果を根拠として、如上の想定が可能なのであるが、古活字版本文の詳細については周知されているとは言い難い。〔慶長〕古活字版『老子道德經』が、日本に於ける『老子』刊行の嚆矢であることは、漢籍受容史の一齣としても記憶されてしかるべきであろう。にも拘らず、古鈔本の偏重と、宋建安虞氏刊本への通行善本としての過当な評価が禍して、古活字版の本文に対する扱いは不当に冷淡で、関心は希薄であったように思われる。

この古活字版の態様を諸本と比較校勘する事によって、古鈔本の系統にあるとされる想定を立証確認すること、そしてその本文を顕彰し周知通用せしめることが、本稿の主たる目的である。

態様には、形態と、内容即ち本文が含まれる。形態面では、分巻、分章次第の相違、章題の有無、題名題署の異相が問題となり、特に宋建安虞氏刊本との関係においては異なった序文の由来に就いて更めて検討されなければならない。内容面で言えば、先ず古活字版本文の実相を把握した上で、諸本との同異が確認されなければならない。特に古鈔本及び宋建安虞氏刊本と比校し両本の間に認められる異同について質と量の両面から検証することで、親疎の関係、是非優劣が勘考されなければならない。しかして、懸案である古鈔本の本文考察に必要な校勘のための底本として、その信頼性も更めて認識されるはずである。

五、研究の方法

(一) 古活字版全文の翻印

古活字版の本文を取り扱うのであるから、其の全文を提示して参照引証に備えておく必要がある。現存が確認されている伝本は八本に過ぎず（その内、一は下巻を欠く零本、一は異植字版である、後述「各論」参照）、どの本も、貴重書として所蔵各位の秘蔵する所で、研究者であっても閲覧利用することは必ずしも容易ではない。影印複製本の刊行が期待されるのであるが、伝本の殆どが、訓点をはじめ書入れが多く、使用活字に磨耗が目立ち印字の状態も良好とは言えず、本文テキストを得るための影印には適さない。従って、私に翻字して、後に掲出した。

行字数は、原本の通りとし、字体も、可能な限り古活字の字形に従っている。直接使用した底本は、斯道文庫所蔵の本であるが、異植字版を除けば、諸伝本間で相違する字句は認められない。

(二) 伝本調査と蒐集

諸所に散在する伝本を博捜調査し、実物が叶わなければ可能な限りその副本を蒐集することが、文献研究の常道であり鉄則であろう。しかし、その常道を踏むことの難しさもまた一入である。諸先人による校勘の業績に飽き足らなさが感じられるのは、偏に、此の難しさに起因するものと思われる。幸いに斯道文庫には書誌学の研究所として創設以来の蒐集善本副本の蓄積が有り、また、其処に籍を置くものとして、相当数の現物に直接接して調査に従うことが出来た。所在の知られている古活字版は全て経見することが許され、蒐集された老子旧鈔本は副本を含めれば二十本に上る。調査蒐集は小論の作成に入る前の準備段階に位置する作業であろうが、文献の処理には、この備えが充分であるか否かが、結果の如何に大きく関わることは言う迄もない。もとより、博捜、蒐集にも限度が有り、完璧は期しがたく、新資料の出現は常に論旨の修正を余儀なくさせるものである。それはやむを得ない事として、現状では可能な限りの最善の態勢が整ったと言っても過言ではないと考える。

㈢ 諸本異同表の作成

古活字版本文を論ずるに当たって、先ず、蒐集された諸本との字句の同異を経本注本の全文に亙って確認しておかなければならない。その結果があって、異同の量と質、両面からの対比検証が可能となる。古活字版を底本とし、同系とされる古鈔本諸本と対校し、並行して、別系統と見做される道蔵本、敦煌本、宋建安虞氏刊本・明世徳堂刊本、及び節略本ではあるが唐鈔本本文に近いと考えられる『群書治要』巻三十四所収本等を参校し、別に校異表を作成した。その校異表に基づいて、諸本間で異同のある箇所を全て抽出して一覧としたのが、附載した「諸本異同表」である。本稿での異文の検討は、基本的に此の表を参照して行われる。

㈣ 異同の数量化

古活字版の本文と諸本の本文との異同の程度を対比するために、個々の異文に対し、一定の基準で相応の数量を付与し、各本毎にその量数の総和を得て、多寡を比較する方法を採ってみた。古活字版と対校諸本との親疎の関係を数量化して、相対的可視的に把握しようとの試みである。

「諸本異同表」の各異文頭に①②等を冠し、その異文に付与された異同量数を示す。付与する数量は、原則として、次の基準に拠った。

①−異体字（俗字・譌字・略字・通用字等）使用、及び誤写に因る文字の異同

②−単字の有無・相違、熟語等文字の転倒等に因る異同

③−複字句の有無・異字句異文

④−複数句にわたる異文

この基準が、果たして妥当であるのか否か、順当性を保証する科学的根拠を求めることは難しい。例えば、単字の有無或いは相違一つを見ても、その字が「也」「之」等の助字であるか、そうではなく実字であるかで、異同の重みは異なるであろうし、同じ助字の有無に因る異同であっても、文脈によってその意味合いは異なる。それらを、一律に量数②として扱うことに合理性が有るのかどうか甚だ疑問である。只、諸本を対校する作業を通して、印象として受けた本文上の乖離の程度に付帯する感覚に、漠然と基づくものであって、古活字版と諸本との隔たりを相対的に緩慢に比較する上で、必ずしも不適切な基準ではないものと信ずる。また、これはあくまでも原則としての基準であって、同一個所に複数の異文が有る場合など、最少限量の按配を加えた所もある。さらに、以上の四段階では律しきれない異同、例えば、章題の有無相違、注の配置の違い、脱文脱簡等当然存在し、個々に裁量した量数を当ててある。何れも、恣意を伴う措置であって、合理性は保し難いと言わなければならない。しかし、総合し大観してみれば、不確かな要素は合算された大数のもとに捨象され、結果の確からしさと、信頼性は概ね保たれていると考える。

(五) 異同量

個々の異文に与えられた量数を、対校各本について章毎に集計し、其の数を巻毎に累計した（附表1・2）。更に、

全巻具わった本については、上下巻毎の累計を通計してみた（附表3）。その累計ないし通計の数量を、古活字版に対する対校各本の異同量と呼ぶこととする。

㈥ 異同量より窮た諸本との親疎の認定

この異同量の多少によって、古活字版との親疎の関係が視覚的に表示される。しかし、前項で表明したように、個々に与えられた量数は、一応の基準に従うとはいえ、数値そのものに論理的な根拠が認められる訳ではない。浮動的な傾向は免れ得ず、異同量の少数の差は殆ど意味を成さないと考えるべきである。しかし、大数を以て概観するならば、乖離の度合いの比較は充分に可能であり、諸本との親疎の関係は概略的相対的傾向として認識することが可能である。但し、これは、古活字版から看た諸本の親疎の関係を表すものであって、此処に示された異同量が近いからと言って、当該諸本が相互に近親な関係にあるとは言い得ないこと勿論である。

㈦ 異文の検証

異同量の多少を比較することに拠って、古活字版と諸本との径庭の傾向を相対的概括的に捉えることは出来ても、此の数量そのものが、本文系統上の親疎の関係の内実を具体的に顕しているわけではない。数量として単純化抽象化されて示されたに過ぎず、異同の諸相は数字の中に埋もれている。個々の異文について具に対比検証して初めて、異同量に反映された異同の実相が把握され、本文に於ける親密、疎遠に関わる諸相が、本文系統に関わる問題として明確になる可能性が生じるであろう。異同量に投影された異文の検証が適切に行われなければならない。

六、本論の構想

如上の方法に則って、古活字版『老子道德經』の本文と河上公注本諸本との関係について検証考察を行う。果たして、古活字版が本邦所伝の旧鈔本の系統に在ると言えるのかどうか。現存伝本の状況から看ればその蓋然性は高く、既に先学によって提唱された命題でもある。更めての考証の必要性は無いと言われるかもしれない。しかし、実際の本文に即した論証がなされたわけではなく、状況的証左に依存した通説であり、納得のいく合理的な考証がなされる必要があろう。本論に入るに当たって、行論の構想と進行次第についての概略を要述しておく。

序章において、小論で主たる対象とする慶長古活字版の伝本系統上、学術史上における相対的な位置を大局的に認識把捉するために、彼我における河上公注本の伝流と、日本における老子河上公注受容の経緯及び享受の諸相について概観しておきたい。第一節では、六朝から唐代にかけての河上公注流行の消長を辿り、六朝時の遺文、僅かに現存する唐代写本本文・遺文を確認し、唐写本と現行の道蔵本・宋刊本との関繋を考えてみる。第二節では、我が国における河上公注『老子道徳経』の受容について、奈良朝から室町時代にかけての、書物の伝来、将来された書物の利用の実態という面から、諸事例を通して概要を記しておく。さらに、多数現存する古鈔本に注目し、特にその書入れに拠って、中古以来博士家を中心に相承されてきた旧学と、林希逸注に傾斜していく新学の交錯した状況を窺い、古活字版の刊行を旧学の収束点として捉えてみた。

第一章では、古活字版本文の実態について考察を行う。先ず、第一節で古活字版とその異植字版両版の書誌事項の概要を誌す。第二節で両版印行の先後関係について、異植字版とされる一版を後出本と仮定し、異同量が僅少であることを論拠として両版の同本性を確認する。第三節では両版に認められる異同の事例を検証し、異同が発生した事由として、別本文が参照された可能性があることを指摘しておいた。そして異植字版は、無窮会図書館蔵〔近世初〕伝写天文五年（一五三六）書写本、延寳八年（一六八〇）刊『老子經通考』、天理図書館蔵寛永四年（一六一八）写『老子道徳經河上公解〔抄〕』（存道経三十七章）に掲出された経注文と多くが一致することが認められた。第四節では異植字版の版行の経緯について推考し、両版ともに同一の写本が底本とされ、異植字版は底本に書き入れてあった校異を取り入れ、その異文が本文として定着したものと憶測してみた。さらに、異植字版の印出は単に増刷が目的とされたのではなく、相応の考勘の所為が認められることから、異文両存の意図が窺えるとの所見を提示しておいた。

第二章では古鈔本との関係について考える。古活字版刊行当時の伝本状況から、祖本としては古鈔本以外に想定できないにも関わらず、古鈔本間、或いは古活字版と古鈔本の間には、その近縁性の認識を阻害するような本文上の異同が認められ、現今知られている古鈔本の内には、直接の祖本と見做し得る程に接近した伝本は存在しないと言わざるを得ない。そこで、第一節で古活字版を含め古鈔本諸本の間に認められる分巻、分章、章題等本書構成上の相違を、第二節では異同量数よりみて最も古活字版に近い陽明文庫蔵〔室町末近世初〕写本との本文の相違、第三節では先行する諸写本の全てと相違する古活字版に孤立した本文について検証し、その孤立した本文の多くが『老子經通考』また『老子道徳經河上公解〔抄〕』に標出された経注本文と一致していることを明らかにする。その結果、古活字版の底本としては『老子經通考』『老子道徳經河上公解〔抄〕』所掲経注本文及びその底本、又古活字版、更に現在は逸失した同類の古鈔本を包摂する伝本の群類と伝系が想定され、その中の或る本を古活字版の底本と推定することが可能であろうことを述べる。

第三章では、宋版（宋建安虞氏刊本）との関係について考察し、古活字版との本文上の隔たりを顕かにする。第一節で先ず宋版と古鈔本系諸本との間に認められる内容編成面での違い、具体的には、序文の相違、音釈の有無、王弼注・唐玄宗注の竄入、章句注文の配置の相違の四点を確認する。第二節では、宋版の本文が管見のどの古鈔本とも相違する異文を、一　誤脱・衍文、二　文末の助字の有無・相違、三　その他助字の有無・相違、四　通用別体字使用に因る相違、五　其の他の異文の五類に分け、それぞれ章次を追って挙例し、その総数四七三事例を検証する。此の検証の結果、宋版と古鈔本と一致しない本文が、同系とは認め難い程に、甚だ多いことが指摘され、宋刊本の本文と、古鈔本の本文とは系統が異なるという命題が立証され、更に、古鈔本の本文を襲う古活字版の本文は、宋版系ではない事実が確認されるはずである。また、以上の検証の過程で、斯道文庫蔵〔南北朝〕写本は宋刊本と近接する特異な本である事、古活字版の本文は古鈔本に比べれば幾分宋版に近親した様相が窺われる事実を指摘する。

本章末に補説として、古活字版及び古鈔本等本邦伝来本に有って、現存する中国の伝本には見られない「老子経序」の由来について考察し、武内博士の旧説、及び楠山博士の成立説を補足修正する。此の序文は、唐貫大隠在世時以前、唐土において知られていたこと、また、此の序を有つ河上公注『老子道徳経』が嘗て中国にも存在し、宋代までは伝存していたであろうことが、古鈔本の書き入れを研討することに拠って明らかとなるはずである。

第四章では、古活字版が刊行されて以後、本邦所伝の河上公本『老子道徳経』の経注本文がどのように伝えられ通行したか、或いは変容したのかとの関心の下に、寛永四年（一六一八）成立の『老子道徳經河上公解〔抄〕』と延寳八年（一六八〇）に刊行された陳元贇撰『老子經通考』の両注釈書に掲出されている経注本文との関係について考察する。第一節では『老子道徳經河上公解〔抄〕』を対象とする。先に公表した拙稿「天理大学附属天理図書館蔵『道徳經河上公解〔抄〕』翻印並に解題（下）」での論証結果を追認し、古活字版との異同の実態を諸本との関係をも視野において再度検証した上で、前稿の証例を補訂確認し、同書所掲の経本注本の底本如何について推察する。第二節では、『老子經通考』の書誌事項、伝本としての性格を概説し、所掲経本注本と古活字版本文との同異を検証し同本の底本について推考する。両本の底本として先ず第一に古活字版が想起されるのであるが、以上の検証の結果として、共に古活字版との近接した関係が認められる反面、底本とは考え難い程の異同例もまた少なく無い事が判明する。この事実に拠って、本邦伝来本の系統上に、古活字版の本文、『老子道徳經河上公解〔抄〕』また『老子經通考』所掲の経本注本を含む同類の伝本群が当時存在したことが想定され、両本が本邦伝来本の系統にあること、また、古活字版とは極近縁な関係にあることが更めて確認されるであろう。

本論に次いで各論では、管見の伝本、即ち、陽明文庫蔵本（近衛家旧蔵本）、御茶の水図書館成簣堂文庫蔵本（經籍訪古志巻五著録本）、斯道文庫蔵本、宮内庁書陵部蔵本、東洋文庫蔵本（二本、和田維四郎旧蔵本、清家点注説等書入本）、大東急記念文庫蔵本（存巻下）、天理図書館蔵本（異植字版）の八本について現状を報告する。刊行されて以後、江戸時代を通して、どのように利用され、学修されてきたかは、その印面に加えられた伝領者の染筆に一端を窺う事が出来る。利用の実態をより具体的に把握する為に、特に書入れの様態と性格内容について、詳述しておいた。殊に、東洋文庫蔵の一本は清家点注説等書入本として注目され、旧来の古鈔本に見られる書入れと対比しつつ内容の検討分析に紙幅を費やした。陽明文庫本、成簣堂文庫本に見られる古鈔本との校合書入れ、またその東洋文庫蔵本の清家説書入れに鑑みるならば、古活字版は王朝以来の旧学を後世に伝えた受け皿としての役割を果したと言えるであろうし、宮内庁書陵部蔵本、東洋文庫蔵本に見える、世徳堂本との校異の書入れは異本への認識を促し、更めて伝来のテキストへの関心を生起させたと言え、斯道文庫蔵本の慮齋口義の書入れは当代に於ける古活字版の利用と老子講習の実態を物語るものであろう。

末に、本論論述の資料となる「諸本異同表」と「附表」、及び古活字版『老子道徳經』の翻印を附載する。

以上の構想のもと本論に入るに先立ち、本文対校に使用した諸本を挙げて、書誌事項の概略を誌しておく。

七、対校諸本略解題

「諸本異同表」作成に当たって使用した比校本は以下の諸本である。底本の〔慶長〕刊古活字版については、本論で詳述する。掲出の順序は、古鈔本を先にし、宋版等別系本は後とした。古鈔本の排列は、概ね、異同量から看て古活字版に近接する順としたが、少量の差には拘泥せず、幾分の按配をし、零本及び対校未了の本は後方に配した。標題の冊数の下に、本論以下において使用する略称を記す。各本それぞれに、伝来、伝系、本文内容、訓点、書入れ等に渡って考察すべき点が多い。多くは別稿に譲り、書誌的事項を主とした説明に留める。

1　老子道德經二巻　旧題漢河上公章句　〔慶長〕刊　古活字　大二冊（底本、略称　活Ⅰ）

2　同　〔慶長〕刊　古活字（異植字版）　天理大学附属天理図書館蔵　大二冊（略称　活Ⅱ）

3　陽明文庫蔵〔室町末近世初〕写本　大二冊（略称　陽Ⅰ）

香色覆表紙（二七・八×二一・七糎）、書題簽「老子　古鈔本　巻上（下）」。元表紙は栗皮表紙、元題簽剥落。反故紙を使用して扉となし、左上に「老子經　上」と題署、此の扉の右半部分に老子経の経注文三行（反朴第二十八の経文「爲天下谷常徳乃足」下の注「止於已也」より、経文「聖人用之則爲官長」下注「聖人升用爲百」まで）が残存、下冊の扉にも一行半弱（愛已第七十二の冒頭経文「民不畏威大威至矣」及び下注、但、注の一部欠）が残存、筆跡は本写本書写者と同筆である。

首に「老子經序」（題下五字を隔て「葛洪」と題署）を冠す。

巻頭、「老子道經上　　河上公章句」、第二行に「體道第一」と章題を掲す。下巻内題は「老子德經　　河上公章句」（題下に巻次の「下」無し）。尾題は「老子道經上」「老子德經下」と。

無辺無界、字面高さ約二〇・五糎、毎半葉八行、毎行十四字、注小字双行行十四字に書写、柱題署無し。墨筆の返点、送り仮名、縦点、声点及び朱の句点・ヲコト点を付す。ヲコト点は紀伝点、明経点が混用されている。奥書、識語の類無し。「近衛蔵」（朱長方）、「陽／明／蔵」（朱方）の印記有り。

鄭成海『老子河上公注斠理』対校本。

4　宮内庁書陵部蔵〔室町〕写　至徳三年（一三八六）識語本　　大二冊（略称　書陵）

縹色古覆表紙（二四・五×一九・八糎）、古題簽に「老子經道　上」、「□子經德　下」と墨書。一部に裏打ち補修が施される。

首に「老子經序」（題下隔四格に「葛洪」と題署）を冠す。

上巻内題は序末に接して「老子道經上　　河上公章句第一」と題され、下巻は「老子德經下　　河上公章句」と「第幾」の次数が無い。尾題は首題に同じ。章題は無く、各章首に於いて改行し、経文第一字頭に朱の「〇」を冠す。

烏糸欄単辺、高さ一八・一糎、有界、界幅二・七糎、毎半葉六行、行十三字、注小字双行行十三字、柱に「老子經幾丁――」と、細筆で題署してある。朱のヲコト点、墨筆の訓点・声点・濁点・連続符・音訓合符が施されている。ヲコト点は明経点、朱点墨訓は清原家の訓法とされる。

巻下尾題後隔一行に本文同筆の次の識語が有る。

至徳三年五月十二日　主慶秀生年三七歳（小字は朱筆）

また、下冊後表紙見返しに「文主玄頊」と墨署がある。

行間眉上等に墨筆の書入れが多い。「家古本云々」「江本」「イ本」「才」「述」等諸本との異同校合及び、「賈云」「述幾」と標記された唐賈大隠の老子述義、「王云」の引用引証の書入れは別本からの移写であろう。その他に反切音注、章名標記、朱筆の誤字訂正等の書入れが見られ、序首の「葛洪」両字の下に「活版」とあることから、後代、古活字版刊行後の書入れも混入しているものとみられる。

「鈴鹿氏」（朱長方）、「吉田神社／社司中臣隆啓／朝臣之章」（朱方）、「御府／図書」（朱方）の印記がある。なお、両冊とも首第一葉の古印記一顆が朱で塗抹されている。

宮内省圖書寮編『圖書寮漢籍善本書目』、宮内廳書陵部編『圖書寮典籍解題　漢籍篇』著録。また、訓法については小林芳規『平安鎌倉時代に於ける漢籍訓讀の國語史的研究』第四章第四節第六項老子經の古訓法を参照。尚、この本の影写本斯道文庫蔵（林泰輔旧蔵）特大二冊が存する。

5　阪本龍門文庫蔵〔室町中期〕写本　存首一巻　大一冊（略称　龍門）

後補香色艶出し布目表紙（二六・〇×一九・二糎）、左肩に「老子」と打付けに墨書。料紙は斐楮交漉紙、遊び紙一丁を添える。

首に「老子經序」（題下、撰序者名の題署無し）を冠す。

本文巻頭は序末行に直接し、「老子道經上（隔一格）河上公章句第一」と題せらる。尾題は首題に同じ。章題、章次標記共に無く、各章頭に於いて改行（但、第二章にのみ冒頭右旁行間に「天下皆章第二」と墨記がある）。

四周単辺（二一・四×一六・二糎）、有界、界幅約二一・四糎。但し、第十五丁には辺欄、界線が無い。毎半葉七行行十四字、注小字双行十四字に書写。柱題署無し。各葉喉近くの下方に、表裏の二カ所に丁付け（一～三十七）がある。ただ、末葉は後表紙に糊付けされ、第一行に尾題のみが記され、丁付けは無い。

首序及び第一章には朱のヲコト点（明経点）、墨筆の返点・送り仮名・振り仮名・声点・濁点（：）・連続符・音訓合符が施され、音義注の書入れが有り、左旁訓には所々「中」の符が見られるが、これは中原家訓を示しているのであろう。第二章以下には、訓点の書入れは殆ど無く、まれに返点、送り仮名、音訓合符、連続符が見られ、所々に、才本との校異また音注の書入れがある。また、移行符、挿入符を以て、誤写の訂正がなされている。

「龍門文庫」（朱長方）の印記あり。

川瀬一馬編『龍門文庫善本書目』著録。

6　無窮会図書館蔵〔近世初〕写　伝鈔天文五年（一五三六）書写並加点奥書本　大一冊（略称　無窮）

香色表紙（二七・五×一九・五糎）、書題簽「老子經　全」。

首に「老子經序」（隔五格「葛洪序」と題署）を冠す。

本文巻頭「老子道經上　河上公章句第一品」と題す。下巻首は「老子徳經下　河上公章句」と。尾題は「老子道經上」「老子徳經巻下」。章題は無く、各章首において改行、章首第一字頭に朱圏を冠してある。

無辺無界、字面高さ約二〇・五糎、毎半葉七行行十五字、注小字双行行十五字。柱題署無し。朱のヲコト点、濁点、声点、鉤点、音訓合符、連続符、振り仮名、墨の訓点を施す。章首眉上には「體道一」等の章題の標記が見られ、処々音義注の書入れがあり、行間或いは眉上に、「イ本」「一本」との校異、又、「述義」の引用が散見する。

下巻尾題前の余白に、次の奥書を存す。

天文五年八月十二日以清原家藏本書寫了亦朱墨
圏點讀校畢九月五日　　藤原□（花押）

「井上／氏」（朱方）、「井上頼圀蔵」（朱長方、双郭）、「無窮會／神習文庫」（朱長方）の印記がある。

尚、東北大学附属図書館蔵の大一冊（函架番号乙A1・3・2－25）は、此の本と祖を同じくするか、此の本の転写である。但、朱筆の書入れは移写されていない。

7　足利学校遺蹟図書館蔵〔室町〕写本　欠巻下首一葉　　半二冊（略称　足利）

後補薄茶色表紙（二二・五×一四・八糎）、書題簽「老子経　上（下）」。元表紙は欠落。

首に「老子經序」（題下撰序者名の題署無し）を冠す。

本文巻頭は序末行に直接し「老子道經上　　河上公　　章句第一」と、巻下首一葉欠落し下巻内題は不明。尾題は「老子經上終」「老子經下」と題す。章題は不題、毎章首に於いて改行せらる。

四周単辺（一七・七×一二・四糎）、有界、毎半葉八行行十六字、注小字双行。柱中央に細字で「老子経上（下）」と題してある。墨筆（希に朱を交える）の返点・送り仮名、朱のヲコト点を施す。

各章頭の眉上に、両様の章題が併記され（一方のみの場合もある）、天地行間に墨の校字、また「述」「李」「或」「一本」「江本」等との校異、「述曰」「賈云」「王弼曰」と標記のある注説の書入れが散見する。

下巻首一葉、即ち第三十八章経文「夫禮者忠信之薄」句下の注迄を缺く（此の注末字の「也」以下を存す）。

長澤規矩也編『足利學校秘本書目』、同編『足利學校貴重特別書目解題』、同編『足利學校善本圖録』著録。

藤原高男「老子河上公注鈔本集成」「同校勘記」底本。

8　杏雨書屋蔵〔室町中期〕写本　存巻下徳経　　半一冊（略称　杏Ⅱ）

後補褐色表紙（二三・四×一四・九糎）、書題簽「古本老子河上公章句徳経」。裏打ち補修が施され、原料紙は高さ約二〇・二糎。

巻頭「老子徳經下　四十四章　河上公章句」、第二行低二格「上徳章第卅八　論徳章」と題す。尾題は「老子徳」の三字が残るがその下四字分程料紙破損して不明。

四周単辺（一六・一×一一・一糎）、有界、界幅約一・二糎、毎半葉九行行廿字、注小字双行。柱題署無し。墨の訓点、朱句点、朱引が施される。

眉上、行間に本文と同筆と思われる墨筆で、述義、盧齋口義等の注説、「述本」「江本」「或本」「一本」等との校合、字訓音義注の書入れが周密である。

「炳卿珍蔵旧／槧古鈔之記」（朱長方）、「藤／虎」（朱方）の印記有り。内藤湖南旧蔵。

大阪府立圖書館編『恭仁山荘善本書影』、杏雨書屋編『新修恭仁山荘善本書影』著録。

9　筑波大学附属図書館蔵天文二十一年（一五五二）写本　　大一冊（略称　筑波）

褐色空押し雷紋繋ぎ渋引き表紙（二六・二×一七・八糎）、室町期のものと思しき茶褐色の古題簽に「老子經全」と。

首に「老子𢀖序」（題下二字を隔てて「葛洪序　見述義二」と題署、第二行に「述曰凡五千三百二言　道𢀖二千三百八十二字　悳𢀖二千九百十二字」と記す）、及び「老子經口義發題」（題下隔二格「盧齋林希逸」と題署）を冠す。巻末、冒頭「九変」と題する老子変現生誕等の異伝、「論語發題」の孔子生年没年の記事、「史記老子傳」注引く『列仙傳』等に見る関令尹喜の所伝、「紹運圖」の周平王より霊王に至る記事を輯めて書写せる一葉を附す。

巻頭、「老子道經上（格隔八）河上公章句」、第二行低二格に「道可道章第一　（休道章）」と章題がある。下巻内題は「老子德經下（格隔八）河上公章句」、尾題は「老子道經上」「老子經之下終」と。

烏糸欄単辺（二〇・一×一三・九糎）、有界、毎半葉九行、界幅約一・五糎、但し、第三－五葉、即ち葛洪序末葉及び口義発題の三葉、計三葉は無辺無界、毎行廿字、注小字双行行廿字に書写、柱題署無し。墨筆の返点、送り仮名、縦点及び朱の句点・朱引が附される。

尾題後の余白末行、後付けより前に、次の書写識語が存する。

天文竜集壬子　林鐘七日於[illegible]州書之

また、最終葉末行左辺欄に沿って、本文とは別筆で、次の伝授識語がある。

旹慶長十七年　正月下旬傳授之権少僧都清尊

その外、第三葉裏の余白に、また別筆で、

此本何国（ニ）来（?）候共此方へ（?）御遍（?）可被下候／此主知等

との識語が見える。

「東京文理／科大学附／属図書館／図書之印」（朱方）の印記がある。『筑波大学和漢貴重図書目録稿－旧分類の部－』著録。

10　戸川濱男旧蔵〔室町末〕写本　現所在未詳　大合一冊（略称　弘文）

原本未見。昭和三十五年斯道文庫撮影のマイクロフィルム及び『弘文荘善本目録』（『弘文荘待賈古書目』第三十號）の解説による。

淡灰色表紙（二六・三×二〇・六糎）、外題無し。総裏打ち補修が施される。

首に「老子〈經序〉」（下二字虫損、題下撰者名題署無し）を冠す。

本文巻頭は第一行に低一格「老子道經□（隔五格）河上公章句第一」、第二行に章題があり、低二格「道可道章第一　一本云時通第一」と題す。下巻首は低四格「老子經下　河上公章句第三」。尾題は「老子經上」「老子經□終」（□は虫損）。

烏糸欄単辺（二二・三×一七・三糎）、有界、毎半葉十行廿字、注小字双行。墨の返点送り仮名、朱引を施す。

末に、後の別筆で次の付与識語がある。

　元和五?年己未穀?雨十六蓂此抄?□仰仁海令／附与之了法印竪者□海叟?

「残花書屋」（長円）、「賓／南」（方）、「寶玲文庫」（長方）、「月明莊」（長方）の印記。

11　斯道文庫蔵天文十五年（一五四六）写本　大二冊（略称　斯Ⅱ）

丹表紙（二五・三×一八・四糎）、白地の古題簽に「老子道經天」「老子德經地」と題署。料紙は斐楮交漉紙。

首に「老子經序」（撰者名題署無し）を冠す。

本文巻頭「老子道經上（隔五格）河上公　章句第一」、下巻内題は「老子德經下（隔五格）河上公　章句第三」と題す。

尾題は首題に同じ。章題は無く、章頭において提行、但、第二章頭のみは第一章末字に直接し改行は無い。

四周単辺（一九・八×一四・九糎）、有界、毎半葉八行十八字、注小字双行十八字、高さ約三・四糎の層格

を設ける。柱は、層格部分の上端に黒魚尾を冠して「道平　上（丁付）」「德平　下（丁付）」と題してある。層格には、各章頭に「道可道第一／（一本）體道才一」等と両様の章題を標記する。墨筆の返点、送り仮名また処々に朱句点朱引、まれに朱の返点が付されている。

本文末尾題に続けて、小字双行本文同筆にて「老子者元氣之宗天地之根也伏犧氏時降居／田野号鬱華子云々」と老子変現の記事等を十四行に亙って転写し、末に「菊地」の朱円形古印を捺してある。

末尾に、次の書写奥書がある。

天文十五（丙午）十月上澣　守梁軒圭韵六十五載昏之

守梁軒圭韵の事跡は未考。

「有不／為斎」（朱方）、「伊藤／龢印」（白方）、「永／夫」（朱方）、「永夫／氏」（朱方）、「賓／南」（白方）、「賓／南」（朱方）、「残花書屋」（朱長円）、「月明／荘」（朱長方）の印記。伊藤有不為斎、戸川濱男旧蔵書。

大正から昭和初年頃にかけて、一時大阪府立図書館に保管され(40)、当時経眼された武内義雄は、「河上公老子唐本攷」また『老子原始』、『老子の研究』、さらに岩波文庫『老子』の「はしがき」に於いて此の本について言及されている。

『弘文荘待賈古書目』第十四號、同第十七號所載。『〔斯道文庫〕創立十周年記念近蒐善本展観書目録』、『慶應義塾大学附属研究所斯道文庫貴重書蒐選図録解題』著録。

鄭成海『老子河上公注斠理』対校本。

12　梅沢記念館蔵應安六年（一三七三）写本　重文　　大二冊（略称　梅沢）

原本未見。昭和三十五年斯道文庫製作焼き付け写真及び昭和五十三年梅沢記念館刊（雄松堂書店制作發賣）影印複製本（原装影印古典籍覆製叢刊）に拠る。

淡香色表紙（二五・五×一九・〇糎）、「老子經上（下）」と打付け書き。

首に「老子經序」（撰者名題署無し）を冠す。

本文巻頭「老子道經（隔七格）河上公章句」と題し、第二行「體道第一」と章題がある。下巻首は「老子德經下（隔七格）河上公章句」と。尾題は首題に同じ。第六十二章より第六十九章までは、章頭前行を空けてあるが、章題は未写。

無辺無界、字面高さ約二三糎、毎半葉八行行十六字、注小字双行。柱題署無し。朱のヲコト点、句点、墨の訓点、声点、濁点が附される。朱のヲコト点は紀伝点で、この本の本訓は中原家の訓法とされる。行間眉上に音注、イ本との校合、また、述義からの引用等の書入れが見られる。

後見返しに次の書写奥書がある。

應安六年癸丑九月廿六日於播州弘山以一筆書

両巻訖（以下細字は朱）同閏十月十六日比校畢

桑門（花押）

巻下第三十八章経文「夫禮者忠信之薄」下注の末尾一字より、第三十九章経文「神無以靈將恐歇」下注首三字までの、ほぼ一葉を缺く。

「今出／河／蔵書」（朱方）、「残花書屋」（朱長円）の印記。尚、訓法については小林芳規『平安鎌倉時代に於ける漢籍訓讀の

國語史的研究』第四章第四節第六項老子經の古訓法を参照。

覆製本の別冊として米山寅太郎「梅澤記念館所藏老子道德經（河上公注）解説釋文」がある。

藤原高男「老子河上公注鈔本集成」「同校勘記」対校本。

13　慶應義塾図書館蔵天正六年（一五七八）足利学校南春写本　大一冊（略称　慶Ⅰ）

本文共紙表紙（二八・一×二〇・八糎）、仮綴、「老子経上下」と打付けに墨書、右下方に「南春」と墨署。首に「老子經口義發題」（隔四格に「鬳齋林希逸」と題署）、次ぎに、老子の異聞変現等の記事（上掲9の筑波大学附属図書館蔵天文二十一年写本巻末附載文と同文）、その末に接して「老子經序」（隔九格「葛洪序見述義二」と、次行低一格「述云凡五千三百二言」と書される）を冠す。

本文巻頭「老子道經上（隔九格）河上公章句」と題し、第二行低一格に「道可道章第一」（下方に「休道章」と小書、各章首体式同）と章題がある。下巻首は「老子徳經下（隔九格）河上公章句」と。尾題は「老子道（徳）經上（下）」。

烏糸欄単辺（一九・六×一六・四糎）、有界、界幅約一・八糎、毎半葉九行行廿字、注小字双行、欄外上端に横線を引いて上層を設け、其の高さ約四・三糎。柱題署無し。朱の句点、圏点及び墨の訓点を附す。

上層或いは行間に「述義」等の旧来の注説の他に、「新」と標記して鬳齋口義の移写書入れが多く、また「江本」等諸家本の異訓、異本との校合等の書入れが周密である。

下巻尾題後隔一行に、本文と同筆の次の奥書を存す。

　長享元年丁未八朔於埜之下州利陽鱣堂之倚
昏旃盖雌霓弄麞之呼訛草章焉馬之差舛句ゝ

有之庶幾乎俟質正於儒林之臣擘者也海棠窠
中之棠菴識旃
於足利学校
　于時天正六戊寅三月廿八日南春書之

「残花書屋」（朱長円）、「賓南／過眼」（朱長方）の印記、戸川濱男旧蔵。

14　大東文化大学図書館蔵天正六年（一五七八）足利学校真瑞写本　大一冊（略称　大東）

宝素堂旧蔵経籍訪古志著録本。後補白色艶出し覆表紙（二七・一×一七・六糎）、左端に「天正六年足利學校鈔本老子道徳經」と墨書、裏打ち修補された改装本。元は本文共紙表紙。原料紙の高さ約二六・一糎。

首に「老子經口義發題」（隔四格に「鬳齋林希逸」と題署）、次ぎに、「九変伏羲時」に始まる老子の異聞変現等の諸文があり、その後に改頁して「老子經序」（隔九格に「葛洪序見述義二」と書され、次行低一格「述云凡五千三百二言」とある）を冠す。

本文巻頭「老子道經上（隔八格）河上公章句」と題し、第二行低一格に「道可道章第一」（下方に「休道章」と小書、各章首体式大同）と章題がある。下巻首は「老子德經下（隔十格）河上公章句」、尾題は「老子道經上」「老子經之下終」と。

烏糸欄単辺（一八・二×一四・〇糎）、有界、毎半葉九行、行廿字、注小字双行。欄外上端に横線を引いて上層を設け、其の高さ約四・三糎。柱題署無し。朱の句点、圏点及び墨の訓点を附す。

上層、行間に述義等諸注説の抄録、「新」と標記せる鬳齋口義の移写、また、「江本」等諸家本の異訓、異本との校異等の書入れが詳密である。

末に、本文と同筆の次の奥書がある。

于時天正六戊寅季孟夏下旬寫之関東下野州足利之内学校下　真瑞

「尚質／之印」（白方）、「字／学古」（朱方）、「小嶋氏／図書記」（朱長方）、「森／氏」（朱方）、「高島蔵書」（朱長方）の印記がある。槐安高島菊次郎（明治八年〈一八七五〉生、昭和四十四年〈一九六九〉没）旧蔵書。

此の本は、首序、書写の体式、更には書入れの内容に至るまで、前掲13慶應義塾図書館蔵天正六年足利学校南春写本と殆ど同じで、体式上相違するのは僅かに、「老子經序」が改頁して起筆され、巻下の尾題の形式に小異が見られる程度である。両本の藍本は同本と看做される。しかし、本文には、少ないながらもやはり異同は認められる。

15　慶應義塾図書館蔵大永五年（一五二五）写本　存首一巻　大一冊（略称　慶Ⅱ）

後補縹色表紙（二四・八×一七・一糎）、元表紙欠落。

首に「老子經序」（撰序者名不題）を冠す。

本文巻頭「老子經上道（隔七格）河上公章句第一」、第二行「道可道章第一」と章題がある。第二以下章題は一格を低す。尾題は「老子道經上終」と。

烏糸欄単辺（一九・一×一三・五糎）、無界、毎半葉八行行十九字内外不等、注小字双行。柱題署無し。墨筆の返点、送り仮名、縦点及び朱の句点、圏点、朱引を附す。

眉上、行間に墨筆の書入れが周密である。述義等の引用の他、「新」と標記して鬳齋口義の抄録も見られる。

末に、次の書写識語を存す。

于旼大永五乙酉七月八日上野新田莊泉瀧院書之

首に添えられた副葉の右側に「明治卅／六月　楓莊散人脩之（右旁に「浅井」の朱小円印を捺）」と、左端に「老子（元「孝経」と題されそれを墨で消し右旁に書さる）上　寫本　大永五年所寫」の墨書がある。

16 瀧川君山武内義雄遞蔵〔室町〕写本　現所在未詳　大一冊（略称　武内）

原本未見。斯道文庫蒐集紙焼写真副本に拠る。

後補刷毛目紋の覆表紙、「舊鈔本河上公注道德經」の書題簽を添える。元表紙には「老子道德經」と打付書き。首に「老子經序」（隔一格に「葛洪序　見述義」と題署）を冠す。序本文前即ち序題次行、低一格に「述曰凡五千三百二言道經二千三百八十二字德經二千九百二十字也」と書す。

巻上本文巻頭は序末に接し、低一格「躰道章第一（隔五格）河上公章句」と直ちに章題を題し、書名題署を缺く。下巻首は「老子德經下　河上公章句」と題せらる。尾題は「老子道德經巻上」「老子德經下」とある。「養身章第二」以下各章題の下方には「天下章」等と別題を並書す。

烏糸欄単辺、有界、毎半葉九行行廿字、注小字双行。返点、送り仮名を附す。眉上、行間等余白に字義語訓音釈、諸家注説抄録の書入れが周密である。引証注説は、述義、師説等の旧説に加え、新注鬳齋口義の引用が多い。特に、第二章から第五章にかけての眉上には、「老子經口義發題」の全文が書入れられ、引き続き「九変」以下の、老子変現生誕等の異伝、「論語發題」「紹運圖」等の諸文が移写されて第十章眉上に及んでいる。これらは、上掲9筑波大学附属図書館蔵天文二十一年写本、13慶應義塾図書館蔵天正六年足利学校南春写本、14大東文化大学図書館蔵天正六年足利学校真瑞写本の巻首或いは巻末に付された内容と殆ど同文で、当時の老子講学の傾向が窺われるとともに、これら諸文の伝写をめぐって、本書本文自体の書承関係も想定されるように思われるが、足利学校写本の二本間の親近さは別として、本文上、その関係を裏付ける証例を見出すことは難しい。

「瀧川氏／図書記」（長方）の印記。末に「明治乙巳五月　君山手釘装」の墨書が見え、また覆表紙見返しの押紙に「宜卿博士研鑽老子有年／偶見此書以為珍籍其著作／中数次言之今将去仙臺留／以為贈人固擇書、亦或擇人／予為此書喜得好主人也／昭和五年六月上浣　瀧川資言」と。武内義雄は『老子原始』及び『老子の研究』で此の本に触れ、受贈後、岩波文庫『老子』の底本として使用された。その後の帰趨は明らかでない。東北大学附属図書館に収められたようであるが、(41) 同館目録には著録されていない。

17　東京大学総合図書館蔵〔室町末〕写本　大一冊（略称　東大）

後補淡橙色布目覆表紙（二五・四×一九・八糎）、金切り箔散し白地の題簽を添え「老子　河上公註」と題署。元表紙は朽葉色、唐草紋の空押しがあり、「老子河上公註」と打付けに墨書せらる。

首に、老子変現の説を表示せる一葉（表葉に表示、裏面は余白、上辺欄外に「老子変現之圖乎」と右から左へ横書きに題し、太古、三皇、五帝、三代、列國の五段に画し、各段に老子変現異称を記す）を掲し、次ぎに「老子經序」（隔七格「葛洪序　見述義二」と題さる、序題と撰序者名の間の七格分の余白に「述云凡五百(ママ)三百二言／道二千三百八十二字／徳二千九百二十字」と三行に小書されている）を冠す。

巻頭「老子道經上（隔十格）河上公章句」と題し、次行低二格「體道章第一　道可道章」と、両様の章題を併記する。下巻首は「老子經巻之下（隔七格）河上公章句」、尾題は「老子經巻之上（下）」と。

四周単辺（二二・〇×一六・四糎）、有界、毎半葉七行行廿字、注小字双行。柱題署無し。墨訓点を附す。眉上、行間に字訓音釈、王弼、口義等の注説の書入れが見られ、また、下巻尾題後隔一行より、約一葉半、二十一行に渡り、本文と同筆で『莊子』の經注疏文が抜粋移写されている（訓点付）。
「梅宇蔵」（朱長方）、「陽春／盧記」（朱長方）、「南葵／文庫」（朱方、双郭）の印記。伊能穎則（文化二年〈一八〇五〉生、明治十年〈一八七七〉没）、小中村清矩（文政四年〈一八二一〉生、明治二十八年〈一八九五〉没）遁蔵本。

18 東洋文庫蔵〔室町末〕甲州七覚山釈亮信令写本　大一冊（略称　東洋）

後補水色布目表紙（二七・〇×一九・七糎）、外題無し。

首に「老子經序」（題下およそ七字分を隔て「葛洪序」と題署、第二行低二格に「述云凡五千三百二言（道經二千三百八十二字 徳經二千九百二十字）」と記す）を冠す。此の序末行に直接し、以下小字双行で「老子經口義發題」（題下隔六格「鬳齊(ママ)林希逸」と題署）及び、老子変現生誕等の異伝以下「紹運圖」の引用至る上掲9筑波大学附属図書館蔵天文二十一年写本の巻末、13慶應義塾図書館蔵天正六年足利学校南春写本及び14大東文化大学図書館蔵天正六年足利学校真瑞写本の巻首、16瀧川君山武内義雄遁蔵〔室町〕写本の眉上書入れと同文の記事が有り、此の本には、更に続けて釈家者流以下九流の説、「拾遺記」の孔子に纏わる異伝が移写されている。

本文巻頭「老子道經上（隔六格）河上公章句」と題し、第二行低一格に「躰道章第一（隔六格）道可道章」と両様の章題を掲して本文に入る。下巻首は「老子德經下（隔六格）河上公章句」、尾題は「老子道經之終」「老子德經下之終」と題せらる。

四周単辺（一九・〇×一五・八糎）、有界、毎半葉八行、界幅約一・九糎の烏糸欄を設け、毎行廿字、注小字双行行廿字に書写、料紙上端に横線を引き、高さ約四・七糎の上層を設けてある。柱題署無し。本文と同墨筆の返り点、送り仮名、やや後筆と思われる朱の句点、合点、朱引が施されている。
上層及び行間には墨筆・青筆両様の書入れが周密で、墨は本文・訓点と同筆の如くで、青は明かに後の別筆である。墨筆は、述義、盧斎口義（「新」「亲」と標記）等諸書諸注説を抄録した書入れが多く、青は校異音注の書入れが主で、「宣賢本」の標記が注目を引く。最終葉裏面に、本文とは異なる筆跡で、次の墨識語がある。

右老子經甲州七覚山暫息旼以佗筆寫之
　法印亮信生歳四十六戒臈三十五（「亮信」に重ねて朱円印、印文不詳）
天正八季庚辰七月日修補之

また、両巻末に、青筆の次の本奥書がある。

本云承安二年九月五日授主水正畢
　　　　　　　　　　御判
正應二年暮春七日相傳之家書紛失於道經重課
微躬之下愚早點養性之方術而已
　　　書博士清原教有
永正七年七月十一日終書寫之功即加朱墨訖

少納言清原朝臣

（以上巻上末）

本云正應第二暦暮春二十六日相傳之秘書紛失於徳経重課

微躬之下愚早點養性之方術而已　書博士清原教有

永正八年四月廿三日遂書寫之功即加朱墨而已

少納言清原朝臣

（以上巻下末）

両巻末の青筆の奥書は、本文中の青筆の書入れと同筆と認められる。従って、此の奥書は、此の本の本文とは直接に関係するものではなく、別本の奥書を後の所持者が移写したものと看做すべきである。奥書の内容から、その本は清家伝来の本と密接に繋わる本であるに相違ない。承安二年の奥書は、後掲22杏雨書屋蔵〔鎌倉末〕写存巻上残簡にも見え、後述のように、伝授者は清原頼業に比定され、主水は嫡子近業であろう。又、正應、永正の奥書を有する本は、この本の他には知られず、清家における、『老子』の相伝事相の一端を具体的に伝える史料として注目される。教有は清家庶流教隆の長子有隆の子。少納言清原朝臣は宣賢その人に相違ない。

此の本は、上記書写奥書に拠れば、法印亮信が四十六の年、甲州七覚山（修験道の古刹七覚山円楽寺が知られ、「七覚」は中世戦国期に見える地名として、山梨県東八代郡中道町右左口字七覚に比定されている）に於いて書写させたものと解される。『慈眼大師御年譜』（『慈眼大師全集』所収）元亀二年（一五七一）の条の義厳付説に拠れば、亮信は天文四年（一五三五）の生、天正十九年（一五九一）五十七歳の卒とする。此れに従えば、此の本が書写された四十六歳の年は天正八年（一五八〇）に当たり、天正八年七月「修補之」とあることから、此の年の内七月以前に書写されたのであろう。後表紙見返しには、近時の張紙が有り、「慈眼大師傳記」と題して『武州東叡開山慈眼大師傳』中より、亮信の行実を覗う一文九行が移写されている。

「雲邨文庫」（朱長方）の印記、和田維四郎旧蔵書。『岩崎文庫貴重書書誌解題Ⅰ』著録。

19　正倉院聖語蔵〔鎌倉〕写本　存巻下　　一軸（略称　聖語）

原本未見。大正十三年（一九二四）佐々木信綱刊影印複製本に拠る。

原本、首の部分巻頭第一行に及んで破損があるようで、内題は欠けて明らかでない。存巻の首行は、一格を低して「河上公章句第三」、次行低二格「論徳第三十□」（料紙破損し「八」字を缺く）と題してある。巻尾も傷損し、尾題も又不明である。居位第六十首前一行に低一格「河上公章句第四」と題され、四巻本の体裁をとる。章題は、為道第六十二まで同様の体式で題されているが、第六十三章以下は、章題の在るべき章前の一行が空行のままとなっている。

烏糸欄、有界、行十五字、注小字双行。巻末、料紙傷損して、第八十一章に缺字が目立つ。

古鈔本の内で書写年代が最も古く、最善本と言えるが、惜しむらくは前半の道経部分を缺く。影印刊行されたのも早く、諸氏校勘に利用され学界に裨益する所が多い。複製本には、巻末に狩野直喜の解題、また同氏の「舊鈔本老子河上公注跋」（内容は巻末解題と同じ、但、彼は漢文、此れは和文）を印刷した一紙を添えてある。(42)

鄭成海『老子河上公注斠理』及び、藤原高男「老子河上公注鈔本集成」「同校勘記」対校本。

20　大東急記念文庫蔵〔室町〕写本　　大二冊（略称　東急）

後補濃縹色表紙（二五・七×一六・七糎）、古題簽に「換鵝經　上（下）」と題署、此の題簽は元表紙の外題と認められる。

首第一行低一格に「老子經」と題し、所謂葛洪序を冠す。題下に「序」字が無く、又、撰者名の題署も無い。

本文巻頭「老子道經（隔六格）河上公章句」と題し、章題を掲さずに直ちに本文に入る。下巻首は「老子徳經下　河上公章句第三」。また、巻下中間第十四葉第五行（第六十章首直前の一行）に「老子徳經（隔五格）河上公章句第四」と題され、四巻本の体裁を留める。尾題は「老子道經上」「老子徳經下」と。

無辺無界、字面高さ約二〇・五糎、毎半葉八行毎行十七字、注小字双行に書写、柱題署無し。章毎の分段改行は無く、本文は各巻首尾連続して書写され、章頭に当る文字に朱の円圏が冠してある。経文に墨筆の訓点（返り点、送り仮名、音訓合符、和訓）を附す。又、首の序には、朱句点、朱引、本文にも希に朱引がみられる。眉上或いは行間に処々誤字脱文を訂正した加筆がある。

各巻最終葉末行下方に、「寶幢寺和集軒」と、下冊後遊紙裏左端下方に「大仙常住」との墨書が存す。

外題の「換鵝經」とは、晋の王羲之が老子経を書して、道士の鵝と交換したという故事に拠る（緒論注4参照）。

21　斯道文庫蔵〔南北朝〕写　康應二年（一三九〇）施入識語本　大二冊（略称　斯Ⅰ）

後補黄檗色艶出し古表紙（二三・四×一八・三糎）、左上に「道徳經乾（坤）」と墨書。料紙、斐楮交漉紙。裏打ち補修が施される。

首に「老子經序」（撰序者名不題）を冠し、巻下尾題後隔一行に「老子道徳經序／（低六格）眞人葛玄」と題する序文を附す。

上巻巻頭は首序末に接して「老子道經」、次行低一格に「河上公章句第一」、第三行低一格「體道第一」の章名を題して本文に入る。巻下首内題は「老子經下／　河上公章句第三」、尾題は「老子經道德上」、「河上公老子德經下」。上下二巻であるが、十七章及び六十章首前の一行に、それぞれ「河上公章句第二（四）」の小題があり、四巻本の体式を留めている。

無辺無形、字面高さ約一八・九糎、毎半葉六行行十一字、注小字双行行十一字。柱に「▲　老子一（二）之（丁付）（丁付下に墨縦線）」と、版本版心の様式で題記せらる。首序には朱句点、朱引、墨訓点を、経注本文には墨筆の句点、返点、送り仮名、振仮名、連続符、音訓合符、声点、人名符を付し、行間にまま反切音注、希に王弼注、明皇注を抄録した書入が見られる。

次の本奥書及び識語がある。即ち上巻尾題後に、

康應二年正月十九日施入之聖山
不可出寺中

本云
丁酉之歳仲夏十八日一見了
了弌　判

また尾の葛玄序末隔一行に、

本云
有㆓言之過當者君子之所㆑宜㆑潜㆓其心㆒
本云
一見了　了弌判

焉也此經曰絶聖棄智又絶仁棄義
者是其言之過當也楊子曰及搥提仁
義絶滅禮樂吾無取焉耳者是亦
雄言之過當也盍以意逆志乎學者
若欲觀一老之過當之所者試取雲漢
之詩而熟參矣云

不可出寺中

康應二年正月十九日　　施入聖山之

康應二年の施入識語の筆跡は、本文及び本奥書よりやや後の、別筆と見られる。本文は、他の古鈔本と比べ、建安虞氏家塾刊本に近く、古活字版との乖離の程度も大きい。古鈔本の中ではテキスト上やや特異な性格を持ち、当時伝存した宋刊本若しくは元刊本の本文が影響していると考えられる。末に付された葛玄撰と題する「老子道德經序」は他の古鈔本には見えないもので、敦煌出土の五千字本系道德經に冠せられた、『老子道德經序訣』全五段中の第二段の内容に相当し、また、宋版系本の「老子道德經序」の後半部分と同類であるが、互いに措辞文句に異同が見られる。

「雲／闕」（白方）、「大／慆」（朱鐔形）の古印、「月明／莊」（朱方）の印記がある。

『弘文荘待賈古書目』第十二號所載。『〔斯道文庫〕創立十周年記念近蒐善本展観書目録』、『〔慶應義塾大学附属研究所〕斯道文庫貴重書蒐選図録解題』著録。

22　杏雨書屋蔵〔鎌倉末宋銭塘呉氏〕写本　存巻上残簡　一軸（略称　杏Ⅰ）

後補梨子地色金銀雲霞文表紙（二七・三×二一・二糎）、書題簽「大燈國師」。見返し、金紙。料紙、楮斐交漉黄紙。

表紙を除き全八紙、一紙の長さはもと約五一・二糎、各紙十九行、しかし大半が切り去られ、原状を残すのは第二紙から第五紙の四紙である。各紙の長さと書写次第は次の如し。欠脱、錯簡が甚だしい。

第一紙（三九・三糎）十四行　第一章（尾欠）
第二紙（五一・二糎）十九行　第三十二章末二行～三十四章（尾欠）
第三紙（五一・二糎）十九行　第三章（首欠）～第四章
第四紙（五一・二糎）十九行　第五章～第六章（尾欠）
第五紙（五一・〇糎）十九行　第八章末一行～第十章（尾欠）
第六紙（四・九糎）　二行　第三十六章末二行
第七紙（三・四糎）　一行　尾題
第八紙（二〇・六糎）　奥書

本文巻頭「老子道經（隔五格）河上公章句第一」と題す。尾題は首題に同じ。章題は題さず章頭にて提行する。烏糸欄、界高、二一・六糎、界幅、二・七糎。毎行十四字、注小字双行に書写。朱の句点、ヲコト点、音訓合符、連続符、声点、濁点（⌐。⌐。）、墨の送り仮名（少しく朱を交える）を附す。ヲコト点は紀伝点である。

末に、本文とは別筆で次の如く奥書がある。

本奥書云
正嘉二年四月廿七日書寫畢　外史清原在判
同年五月廿六日加點了　権少外記直隆
古本奥云（擦消）
承安二年九月五日授主水了　在御判大外記殿
加一見了　前参河守在判
以彼秘本書寫了　于時文永十年孟春八日　沙弥
文永十二年二月六日授申黒田武衛禅了　音儒清原在判

本奥書に拠れば、此の本の藍本は、正嘉二年（一二五八）清原直隆（教隆の三子）が書写加点した本である。「古本奥云」の「古本」（現状では「古」字に擦り消しの痕跡が認められるが、後人による妄挙であろう）とは、その藍本とは別に従前より清家に伝鈔された家本と想われ、本書校異の書入れに見える「古本」或いは「家古本」に当たるものと考えられる。その本は承安二年（一一七二）清原頼業（大外記殿）が主水（嫡子近業か）に授け、教隆（前参河守）が一見を加え、文永十年（一二七三）に秘本として伝写され、同十二年音儒清原某（教隆の四子俊隆か）が黒田某に授けた、清家相伝の証本であったと認められる。そして、此の本自体は、その書写識語を逸失しているが、正嘉二年の直隆点本を書写し、「古本」に施された訓義注説を移写した本と考えられる。[43] 乎古止点は清家常用の明経点ではなく紀伝点が使用されている。博士家として他家訓説をも兼修されたのであろう。

章頭の眉上に、墨筆で「道冲章第四」等と、また、朱で「一本云虚用第五」等と両様の章題が併記書き入れられ

（第四は一方のみ）、眉上行間に墨の校異、音義注又、「賈云」「述」「述義」「王弼」「厳遵」「顧云」「簡文云」「陸云」「師云」等諸家注説の書入れが周密である。校異には「中」「中本」「江本」「古本」「家古本」「陸本」「王」「李」「才」「イ」「或本」「一本」「本」等の標記が見られる。更に紙背には、述義の引証二条、及び問答難答の二件九行が書写されている。此の問答論議は頼業「論議十帖」断章の可能性が期待され、若しそうであるならば、藤原頼長私邸での講筵の片鱗を窺い得る貴重な資料となろう（後述99頁参照）。

筆跡は、宮内庁書陵部蔵永仁五年（一二九七）宋銭塘呉三郎入道写『古文孝経』と同筆と認められる(44)。同本はその奥書によれば清原教有（教隆の長子有隆の子）が当時宋より渡来した呉氏に経伝文を書写させ、永仁七年に教有自ら秘説に拠って墨点を加えたもので(45)、校語音義等の書入れが頼業、教隆以来の家説である点でこの本と軌を一にする。上掲18東洋文庫蔵〔室町末〕写本に存する正應二年書博士清原教有の本奥書が聯想され、此の本の写功にも教有が係わった可能性も考えられよう。

「藤／虎」（朱方）、「炳卿珍蔵舊／槧古鈔之記」（朱長方）の印記あり。内藤湖南旧蔵。『恭仁山荘善本書影』、『新修恭仁山荘善本書影』著録。

なお、本軸には、古筆了意の極札二枚が添えられ「大燈國師老子道経墨斎禅師外題[琴山]（墨印、以下同様）」（裏書「紙数五枚半戊辰八[了意]」）、「大燈國師　道可道[琴山]」（裏書「紙数五枚半丙戌七[了意]」）とある。九代古筆了意の没年は天保五年（一八三四）。従って戊辰は文化五年（一八〇八）、丙戌は文政九年（一八二六）に当たる。

了意の極めは俄には信ずべくもないが、伝大燈国師筆の同書断簡佐保切四枚が知られ、また、近時市場に出た佐保切三枚（一は『潮音堂書蹟典籍目録』第五号収載、佐藤道生氏蔵、一は『ＡＢＡＪ創立40周年記念世界の古書・日本の古書展』〈平成一七年一月刊〉収載中尾松泉堂出展の軸装一枚、また一は佐藤道生氏所蔵）も同切と認められ、以上七枚の切は本写本とは行字数が一致し、界高、界幅が符合し、その筆致またオコト点等書き入れが酷似しており同筆と看做される。恐らくは本軸のつれと見てよいように思われる。ただ、佐藤氏家蔵分を除く五枚には校異、音義注、諸家注説の書入れが全く見えないことは不審を懐かせるが、恐らくは大燈国師筆との極めに適さないものとして擦り消されたものであろう。

切に遺る本書該当個所の様態は次のようである。

① 断簡（存序五行）一枚『翰墨城』（MOA美術館蔵）所収
「或言二百」より「太后好老」まで

② 断簡（存第十章中間五行）軸装一枚 中尾松泉堂ABAJ創立40周年記念世界の古書・日本の古書展出展
経文「天門開闔」下注「天門謂北極」より経文「生之畜之」下注「而畜養也」まで
本切は本軸の第五紙に接続する。行間及び眉上に遺る汚れは墨筆の振り仮名校異等の書入れが擦り消された痕跡と認められる。

③ 断簡（第十五章首三行）『手鑑（石川県美術館蔵）』所収
経文「古之善為士者」より経文「故強爲」まで

④ 断簡（第十六章中間三行）『藻塩草』（京都国立博物館蔵）所収
経文「吾以觀」より経文「歸根曰静」下注「根安」まで

⑤ 断簡（第二十三章尾二行二十四章首一行計三行） 佐藤道生氏蔵
経文「信不足焉」下注末「應君以不信也」より経文「跂者不立」下注「不可久立身行」まで

⑥ 断簡（第二十六章尾三行）『手鑑（京都・観音寺蔵）』所収

経文「而以身輕於天下」下注文「其身行輕躁乎」より本章末注文「則失其精神也」まで

⑦断簡（第三十一章中間三行）　佐藤道生氏蔵

経文「可以得志於天下矣」より経文「偏將軍居左」下注文「偏將軍卑而居」まで

以上の断簡本文も、掲出写本と同本と看做し校勘の対象として取り扱う。

23　六地蔵寺蔵〔室町末〕写本　単経　半一冊（略称　六地）

原本未見。昭和四十二年斯道文庫撮影紙焼写真副本に拠る。『六地蔵寺善本叢刊』第六巻（中世国語資料）所収の影印本参照。

縹色覆表紙（二三・〇×一五・〇糎）、外題朱書「老子經上下」、中央に「林印」と墨書。元表紙は本文共紙、中央に「老子經上下」、その下方に、中、右、左とそれぞれ「六蔵寺」、「孝賢之」、「佛陁院」と本文と同筆で墨署されている。扉が有り、その左肩には、「〻老子德經 上巻下巻」と題してある（別筆か）。首に「老子經序」（撰序者名不題）を冠す。

本文巻頭は、序の末行より一行を隔て、「老子道經上　河上公章句」と題し、章題章次数は無く、直ちに本文に入る。下巻首は上巻尾題に直接し「老子德經下　河上公章句」と題され、尾題は「老子道經上」「老子德經下」で首題と変わらない。章頭にて改行分段されている。

無辺無界、字面高さ約一八・八糎、毎半葉七行行十四字。朱のヲコト点（明経点）、墨の返点、送り仮名、声点等が施されている。

阿部隆一「六地蔵寺法寳蔵典籍について」（『斯道文庫論集』第五輯所収）著録。また、上記影印本は小林芳規博士による解題を載す。

24　陽明文庫蔵〔室町末近世初〕写本　単経　枡形一冊（略称　陽Ⅱ）

第三十九章以下校合未了。

素表紙（二二・二×一九・〇糎）、「老子經　全」と打付けに墨書。仮綴。

首に「老子經序」（撰者名は題さず）を冠す。

本文巻頭「老子道經上　河上公章句」と題し、章題章次数は無い。下巻首は「老子徳經下　河上公章句第三」とあって、四巻本の形式の名残が認められる。尾題は「老子道經」、「老子徳經下　河上公章句」と。

無辺無界、字面高さ約一八・五糎、毎半葉十行行十六字。柱題無し。章毎に改行する。墨筆の返点、送り仮名、振り仮名、声点、音訓合符、連続符を附す。序の一部には朱筆の返点、送り仮名、朱引が見られる。

巻上、巻下でそれぞれ筆跡が異なるが、ほぼ同じ頃の書写であろう。

「陽／明／蔵」（朱方）の印記。

25　仁和寺蔵〔室町末近世初〕写本　大一冊（略称　仁和）

第二章以下校合未了。

香色表紙（二七・二×一九・三糎）、「猶龍録」と題され、その下に細字で「亡父筆痕」と墨書。

首行低二格、「漢河上公老子序」と題し、諸本には見えない序文を冠す。此の序の出処内容については後攷に委ねる。なお、此の序文は、以下の序及び本文とは筆跡が違っている。次ぎに「老子經序」（題下に直接して「葛洪序　述曰凡五千三百二言道經二千三百八十二字悳經二千九百二十字」と）がある。

本文巻頭「老子道經巻上（隔六格）河上公章句」と題し、次行低一格「道可道章第一体道章」と章題がある。小書きの題は書入れと看做すべきか。下巻首は「老子徳經下巻」。尾題は「老子道經巻之上終」「老子徳經下巻」。

四周単辺（二〇・二×一四・七糎）毎半葉七行行廿字、注小字双行。柱題無し。返点、送り仮名を附す。行間に字訓、反切音注、評語の書入れ、朱筆の句点、圏点、合点、朱引があり、眉上に墨筆の校字、また「疏可考」「正義可考」等と標記した注説の書入れが見られる。

26〔南宋〕建安虞氏家塾刊本　二冊（略称　宋版）

原本未見。民国十八年（一九一九）刊行の重印四部叢刊[46]子部所収中本一冊に拠る。原本は、明葉氏菉竹堂、清黄氏士禮居、瞿氏鐵琴銅劍樓の逓蔵を経、北京図書館現蔵。

首に、「老子道徳經序」（第二行低六格「太極左仙公葛　玄造」と撰序者名を題す）、及び「老子篇目」を冠す。巻頭首行「老子道經」、次行低一格「河上公章句第一」、第三行低三格「體道第一」と題さる。下巻首は「老子徳經下／　河上公章句第三」とあり、尾題は「河上公老子道經巻上」「河上公老子徳經終」。淳風第十七、居位第六十の章頭前行低一格にそれぞれ「河上公章句第二」「河上公章句第四」とあり、四巻本の体裁を残している。

四周双辺、有界、毎半葉十行行十七字、注小字双行行廿四字。版心、線黒口、双黒魚尾「老上（下）（丁付）」、左郭外上方に耳格（無郭）があり、章名が刻されている。注末処々、主として『経典釈文』に拠る反切音を附す。首の「老子篇目」の尾題の後二行を隔てた位置に「建安虞氏／刊于家塾」と双行刊記が有る。匡恒貞徴愼字に欠筆が見られ、南宋孝宗朝以後の刊行にかかる。『宋元版刻図釈』（南宋　私、坊刻）著録。

鄭成海『老子河上公注斠理』、王卡『老子道徳經河上公章句』の底本、藤原高男「老子河上公注鈔本集成」「同校勘記」の対校本。

27〔明嘉靖十二年（一五三三）〕世徳堂顧春刊本　大一冊（略称　世徳）

世徳堂刊『六子書』の一。世徳堂原刻本としては陽明文庫、大阪府立中之島図書館、尊経閣文庫及び京都大学人文科学研究所（村本文庫、『六子書』零本）所蔵本が管見に入るが[47]、原刻と思われた内閣文庫蔵の林龍潭書入れ本等は修本で、一部字句に校改の痕が認められる[48]。諸所架蔵の内には修本或いは桐陰書屋等の覆刻本があって注意を要し、覆刻本には当然のこととして誤刻が目に付く[49]。影印本に民国三年（一九一四）〔上海〕右文社刊『六子全書』所収本があり、四部叢刊景印宋刊本が刊行される以前は善本として通行したようで伝本は多い。その底本の現所在については未考であるが未修の原刻本である。また、同五十四年（一九六五）台北藝文印書館刊の無求備斎老子集成初編所収本（底本は右文社刊本と同一本）がある。校合には便宜此の無求備斎老子集成初編所収中本一冊を使用した[50]。以下の書誌事項は原刻本に拠る。

首に、「老子道徳經序」（「景定改元蒲節前三日石廬龔士卨序」）、「道徳經序」（「太極左仙公葛玄譔」）及び「老子道徳經篇目」を冠す。

本文巻頭首行「老子道經巻上」、次行低二格「河上公章句第一」、第三行低四格「體道第一」と題す。下巻首は「老子徳經巻下／　河上公章句第三」とあり、尾題は「老子道（徳）經巻終」。淳風第十七、居位第六十の章頭前行低二格に「河上公章句第二（四）」とあり、四巻本の体式を遺している。

四周双辺（一九・一×一三・五糎）、有界、毎半葉八行行十七字、注小字双行、行十七字。版心、白口単白魚尾、「世徳堂刊　道（徳）經巻上（下）（丁付）」。注末に○で画し処々音注を附すが、主として直音或いは声調表記で、〔南宋〕建安虞氏家塾刊本に見る反切注記とは相違する。

刊年は『六子書』末の顧春撰「刻六子書跋」[51]に拠った。鄭成海『老子河上公注斠理』、藤原高男「老子河上公注鈔本集成」「同校勘記」の対校本。また、澁谷康海「老子河上公注の叢刊本と世徳堂本について－主として音釋を中心に－」は四部叢刊宋建安虞氏刊本と世徳堂刊六子本との相違を分類一覧し、異同発生の理由、音釋の標記法・

内容を分析して世徳堂本が叢刊本の系統にあることを明確にされた論考である。但、使用された底本が明瞭でなく、恐らくは叢刊本は四部叢刊重印本、世徳堂本は影印本を用いられたために、異同表示に些少の不備が生じている。

28　道徳眞經註四巻　明正統十年（一四四五）内府刊道藏本　道藏洞神部玉訣類知字号所収（略称　道蔵）

明成祖の勅命により道士張宇初等によって編纂が始められ、英宗正統十年に完成した『正統道藏』五三〇五巻は、同十二年北京白雲観等に頒賜され、以後各所の宮観に貯有された由、記録に残るが、多くは亡失し、早印伝本の所在は知られておらず、後刷の本を含めても伝本は極めて少ない(52)。従って明萬暦二十六年（一五九七）の印造とされる(53)毛利高標（寶暦五年〈一七五五〉生、享和元年〈一八〇一〉没）旧蔵の宮内庁書陵部蔵本は無類の稀覯本と言える。流布している民国十三年（一九二四）上海涵芬樓刊影印本の底本である北京白雲観蔵本（現北京図書館蔵(54)）は清道光二十五年（一八四五）の重修本(55)であって、両本間に所々異同が認められ、利用には注意が必要である。本書『道徳眞經註』四巻についても、影印本に拠って観る限り、底本には版木四枚程の改版差換えのあとが窺え、またそれに伴う誤刻が認められる(56)。対校本として直接には此の上海涵芬樓影印北京白雲観蔵本を用いたが、誤刻の箇所は宮内庁書陵部蔵本の原本文に拠った。以下、書陵部本に拠って書誌事項を誌す。

道徳眞經註　四巻　旧題〔漢〕河上公章句
〔明正統一〇（一四四五）刊〔後印〕（内府）〔道藏經〕第一三四函所収
毛利高標旧蔵　唐　大四帖（四六一ー一一）

後補縹色表紙（三二・四×一二・八糎）、黄色地の題簽（子持ち枠印刷）に「道徳真經註　知一（一四）一（一四）」と墨書。総裏打ち修補が施されている。

序跋無く、巻頭内題は「道徳眞經註巻之一（隔八格）知一」と題し、第二行低四格「河　上　公　章　句」

と小字で題署、第三行低三格「體道第一」と章題が有る。各巻首とも体式は同じ。天地双辺、辺欄高さ二七・一糎、無界、毎見開面十行行十七字、注小字単行行十七字。見開面中央、即ち第五行と六行の行間に周期的に千字文字号及び版木の順次数が「知一（―四）（版次数）」の如く題してある。毎版の行数は二十五行。版木一枚の印面幅に合わせ、毎紙五行分の別紙を貼り継いで一紙とし印刷されている。

所々、特に下方部分に断版の痕跡があるが、字画に磨滅決壊した箇所は少ない。ただ、裏打ち修補の不備による欠字或いは判読不能の箇所が稀に見られる。

四巻に巻立され、巻二は淳風第十七に、巻四は居位第六十に始まる。此の本には、分章の次第が諸本と相違するところがある。諸本では玄符第五十五章末に在る経文「物壯則老、謂之不道、不道早巳」の三句及び其の注文を玄徳第五十六章首に配し、淳風第五十七章首の経文「以正治國、以竒用兵、以無事取天下、吾何以知天下之然哉以此」四句及び注を第五十六章尾に配している。従って、玄徳第五十六は「物壯則老謂之不道」に始まり、淳風第五十七は「天下多忌諱而民彌貧」で始まっている。

上海涵芬樓影印本の底本は同版であるが、上述の如く一部に改版に伴う異同がある。近年は、此の上海涵芬樓本を更に重印した一九六二年台湾藝文印書館刊本が流布している。(57) その重印本には更に妄改が加わっていることは、既に内藤幹治氏が指摘された通りである（19頁参照）。

鄭成海『老子河上公注斠理』、王卡『老子道德經河上公章句』、藤原高男「老子河上公注鈔本集成校勘記」は上海涵芬樓影印本の重印所謂台湾版を対校本とした為に、損版修改に伴う誤刻字及び重印に際しての妄補字を道蔵本本来の異文と見做している。

29　敦煌出土唐写本

現在知られている河上公注本五点四種の内、次の三種を対校。[58] 大淵忍爾『敦煌道經－図録篇－』所収写真版に拠り、同『敦煌道經－目録篇－』を参照。

Ⅰ　S四七七　存第三章（前半缺）－二十章（後半缺）〔唐〕写（略称　敦Ⅰ）

第三章経文「弱其志」下の注「讓不處權」より、第二十章経文「如春登臺」まで。首十七行は上半部十字分程を残し、下半は欠損している。二百四行目第十七章首前行に「老子道経　河上公章句第二品」と題される。章題章次数は無く、各章頭で改行。全二四八行、行十八字内外不等。注大字単行、経注文字の大きさは同じで、経文、注文の間に一字分を空けて区別している。

Ⅱ　S三九二六　存第三十九章（前半缺）－八十一章　〔唐〕写（略称　敦Ⅱ）

第三十九章経文「王侯無以貴高將恐蹷」下注「言侯王當屈已」より以下巻末までを存し、第一行は上半を缺く。二八六行目の、第六十章章頭前行に「老子徳經下（隔四格）河上公章句第四」と題す。尾題は「老子徳經下河上公章句」と。章題章次数は無く、各章頭で改行、或いは改行もせず連続して書写されている場合も多い。全五六四行、行廿字内外不等。注大字単行。経注文は両者の間に一格を空けて区別し、この書写の体式はS四七七と同じである。

Ⅲ　①S四六八一　存第三十八章（後半缺）

②P二六三九　存第三十八章（前半缺）－七十七章（後半缺）〔唐〕写（略称　敦Ⅲ）

①②は、①尾②首に於いて完全に接合する僚巻である。首部は損壊しているが下巻内題を存し「老子徳經下巻上　河上公章句」と題す。また、第五十九章本文末尾下方の余白に「老子徳經下」と尾題がある。章題章次数は無く、各章頭に於いて改行、一行廿四字内外、注小字双行、行卅字内外不等。第七十七章経文「能以有餘奉天

下唯」までを存するが、普及している写真版の映りが良くなく校勘は困難で、第三十九章後半以降は対校未了。鄭成海『老子河上公注斠理』、王卞『老子道德經河上公章句』、藤原高男「老子河上公注鈔本集成」「同校勘記」の対校本。

30 羣書治要巻三十四所収本　　　（略称　治要）

抜粋本であり、収載本文に一部削略された所も見られるようであるが、改修された字句は認められない。唐鈔本本文の原様を窺測し得る意味で、校勘上欠かせないテキストである。宮内庁書陵部蔵金沢文庫旧蔵〔鎌倉〕写本の影印複製本（昭和十六年宮内省図書寮刊）に拠る。

同本巻三十四末の識語に、

文應之冬參洛之次、申出蓮華王院御本、校點了、直講清原（教隆花押）

とあり、同巻所収の「老子」も、文應元年（一二六〇）清原教隆が上洛した際、北条実時の委嘱により、蓮華王院宝蔵の御本と校合写点された本である。尚、御本は長寛二年（一一六四）に藤原敦周、敦綱、敦経、清原頼業等が点進した本であることが判明している。小林芳規『平安鎌倉時代に於ける漢籍訓讀の國語史的研究』第四章第四節第六項老子經の古訓法を参照。

鄭成海『老子河上公注斠理』、王卞『老子道德經河上公章句』対校本。但、鄭氏所用のテキストは明らかでなく、王氏は四部叢刊本に拠っている。

31 『老子道德經河上公解〔抄〕』掲出経注文　寛永四年（一六一八）写本　存道経三十七章　（略称　天理）

同書は、天理大学附属天理図書館蔵大一冊、河上公注老子の注釈書で、老子経文、河上公章句の全文を掲出している。注者未詳。

後補茶色空押し卍繋ぎ牡丹紋表紙（二七・二×二〇・〇糎）、外題「道德經抄上（下）」と打付に墨書。元表紙は本文共紙で、現状では後補表紙の見返しに張り付けられている。上冊の元表紙には、右肩に「寛永四年八月十一日」、中央に「老子道經河上公解／自一至五」（この「五」は、もと「六」とあったものを墨で抹消し右に加筆して訂正されている）と、また下冊には中央に「道德經河上解／自十八至／二十八」と墨書されている。序跋の類は無い。巻頭、「老子道經上」と本文よりやや大きめの文字で題され、一格を空け、直ちに本文注釈に入る。

無辺無界、字面高さ約二二・三糎、毎半葉十三乃至十七行、章題及び経文は大字、河上公章句は「注」字を冠して改行、経文よりやや小さめの文字で書写、行廿三字内外、或いは改行せずに経文下一格を空けて連書される場合も多い。注は低一格、「僕考」「私云」等の撰者按語は二格低げの所もある。また、小字注、小字双行注が混在している。柱題署無し。墨筆の返点、送り仮名、音訓合符、連続符があり、朱の句点、圏点、合点を付し、地名、人名、書名に朱引を施す。經文頭には、朱の「〇」を、章句の一部には朱で「△」の箋符を冠し、章句の全文、或いは注に引用された経文章句の字句の左旁には朱の傍線が施されている。処々に衍字脱字の訂正、行間眉上等には追補の加筆が見られ、小圏、細線で挿入箇所が指示されている。

道経為政第三十七に止まって、第三十八章より八十一章迄の徳経部分を欠く。

掲出された本文は、諸本に比し古活字版に最も近いが、異同も少なくない。詳細は、拙稿「天理大学附属天理図書館蔵『老子道德經河上公解〔抄〕』翻印並に解題」並びに本論第四章第一節参照。

本論

序章　河上公注本の伝流と受容

第一節　唐鈔本の前後

一、現行河上公注本の系類

今日通行している河上公注本『老子道德經』は、大掴みに云えば、道蔵本系、宋刊本系、及び本邦伝来の古鈔本系の三系統に部類できるであろう。この他にやや特殊な伝本として敦煌出土の唐写本五点四種（S四七七・四天王寺大学蔵本A二六・S四六八一・P二六三九・S三九二六）及び吐峪溝出土の唐鈔断片「大谷文書No.八一一〇」（緒論注31参照）が現存し、以上の三系本を遡る祖本として注目されるのであるが、最も長いものでも全本文の半ばにも満たず、何れも零本断簡である（上記、緒論七「対校諸本略解題」29参照）。また、唐廣明元年（八八〇）建刻の江蘇鎮江焦山道徳経幢は、単経本ではあるが河上公本と想定されている。(1)

上の三系とは別に中国刊本の一系として、巻首に「河上公章句註釋」と題する所謂纂圖互註本が知られ、元明の間に重刊され通行している。(2) その本は、首に「混元三寶之圖」等圖三種を冠し、河上公注の配分の仕方を異にし、「解曰」「互註」等の箋を冠して新たな注釈を付増するなど、内容上、また構成面でも様態が大きく相違し、テキスト系統上は、別本と認めなければならない。この事については、夙に武内博士が指摘された通りである（緒論三(一)武内義雄の伝本研究参照)。

各系統、相互の間の伝流関係については、概ね、次の様に図式化することが可能であろう。

纂圖互註本↓
廣明幢
…〔唐写本〕…………道蔵本↓
(経典釋文)　敦煌写本
中国　注成立⇩〔六朝写本〕↓〔唐写本〕↓宋建安虞氏刊本⇩明世徳堂刊本↓
←〔宋元刊本〕
日本　〔唐写本〕⇩古鈔本←
古鈔本⇩古活字版↓

ごく大雑把な理解に基づく表示であり、各系、各本、各項の実相は必ずしも明確に認識把握されているわけではない。それぞれが、今後尚、検討追究されなければならない難題である。

ここでは、この表に沿いながら、先ず、古鈔本に至るまでの河上公注本の伝流について、知見の及ぶ範囲で概観しておきたい。

二、六朝写本の残影

河上公注の成立に就いては、河上公に仮託された作成者の問題、作成年代、成立の経緯等に互って旧来諸説があって、未だ定説は得られていないこと、緒論で述べた通りである。

六朝写本は、勿論未だ発見されてはいないのであるが、注成立より唐写本に至る間に、当然、転々伝写されたはずの多くの本の存在が想定されなければならない。楠山博士の所謂「原本河上公注」の伝承と、現行河上公注の形成は、此の経緯の中に立証されなければならないであろうが、伝本の出現という僥倖を待ち望むより外は無く、現状では、研究の成果は余り期待は出来ないであろう。今、六朝写本を彷彿させる吉光として挙げ得る資料は、『論語義疏』巻七 子路第十三 南人有言章「不恒其德、或承之羞」句下に皇侃注が引く第四章注、[3]梁元帝撰『金樓子』巻四 立言篇下に引く河上公序、[4]隋蕭吉撰『五行大義』巻五 第二十三論諸人 一論人配五行に引く第一章注、同巻三 第十四論雑配 四論配藏府に引く第六章注等[5]の数条に過ぎない。その他に、『經典釋文』巻第二十五 老子德經音義「歙歙」下の校記に「簡文云河上公作怵」と見えるのが注目される。「簡文」とは梁簡文帝撰『老子私記』[6]の簡称と考えられ、僅々一字ではあるが、明らかに梁時の河上公本本文を伝えている。

また、『經典釋文』老子音義は、河上本との校勘記或いは同本の音義注等五十余条を採集記録している。これに由って当時の河上公注本本文の一端を窺い得るのであるが、今本と符応しない校記が有り、また、現行諸本には無い音注が引かれ、陸徳明が目睹した河上公本は、今本とは異なる音釈を附載した本であったらしい。[7]また、対校本表記に「河上本作」「河上本又作」「古本河上作」「河上一本直云」とあるように、陸氏所用の河上公本は単一ではなかったようでもあり、[8]当時既に河上公本に複数系の伝本が伝承されていたと考えられよう。

『混元聖紀』及び『老君實録』に引く唐傅奕の言に拠れば、傅氏が考覈した衆本の内に河上公本として「五千五(或いは三)百五十五字」本と「五千五百九十字」本との両本が有ったという(緒論注6参照)。これによっても、唐初以前に於ける異本の存在が推知されるのであるが、恐らくは、その数は傅奕が挙げる二本に止まるものではなかったであろう。

三、唐朝の老子尊崇と河上公本

唐朝歴代の皇帝が、同じ李姓である老子を国祖皇宗として仰ぎ、儒仏道三教の融合、「合三帰一」を建前としながらも、ほぼ一貫して道教を上位に置いて国家宗教に準じた保護政策を維持し続けたことは史家の説く所であり[9]、その施策遂行に伴い『老子道德經』が殊更に尊重されたこともまた史乗に顕明である。高宗上元元年（六七四）十二月二十七日の天后即ち則天武后の上表に、王公以下百官は皆『老子道德經』を習読すべきこと、明経科は『孝經』『論語』と同様、『老子』も策試を施行すべきとの建言が見え、翌上元二年には明経科に老子策二条、進士科に試帖三条が加えられ[10]、さらに儀鳳三年（六七八）の勅により『孝經』と並んで上経とされた[11]。武周政権が確立した長壽二年（六九二）若しくは三年には、貢挙人は武后自撰の『臣軌』の習業を命ぜられて『老子』習業は一時停止されたが[12]、政権が崩壊した直後、神龍元年（七〇五）或いは二年には速やかに復活される[13]。開元七年（七一九）の唐令では国子監での教授科目として『周易』『尚書』『周禮』『儀禮』『禮記』『毛詩』『春秋左氏傳』『公羊傳』『穀梁傳』の九経の他に、兼習科目として『孝經』『論語』とともに『老子』が挙げられている[14]。開元二十年（七三二）には集賢院において左常侍崔沔が勅を奉じ道士王虚貞等と『老子疏』を修撰し[15]、次いで玄宗自撰の『道德經注』及び『同疏義』八巻が成り、開元二十一年（七三三）には士庶の家毎に一本を所蔵させ、貢挙人の尚書・論語策を減じ老子策を加増する旨、詔勅が発せられた[16]。殊に同二十九年（七四一）正月の制により、京師に崇玄学、諸州に道学を設置し、『道德經』『莊子』『文子』『列子』を習わしめ、翌天寶元年（七四二）の勅で、教科目に『庚桑子』を加え、両京の崇玄学にそれぞれ博士助教各一員、学生一百人が配属され、毎年明経科に準じて課試が行われる事となる。[17] 所謂、道挙の創設である。此の道挙の制は、天寶十三年（七五三）には『道德經』に替えて『周易』が加えられたこともあり、安史の乱後には制度そのものが一時廃されるなど、幾分の消長をみながらも、[18] 唐代末に及んで施行されたと言われる。

この様な、国家皇帝による老子尊崇の政策は、当然士大夫層の『老子』との関わりを助長したに相違ない。両唐志道家類に著録された、搢紳学者文人道士の手になる『老子』注釈書は相当の数量にのぼっている。此の時代の学術の傾向が如何に道教、道家老荘思想、そして『老子』に傾いていたかを示しているように思われる。

玄宗御注が頒布される以前は、唐朝が公認拠用した道徳経テキストは河上公本であった。それは『大唐六典』巻二十一、国子監国子祭酒司業之職条下の「諸教授正業云々」にはじまる注文の内にみる「孝經老子、並開元御注、舊令孝經孔安國鄭玄注、老子河上公注」との記載、或いは開元七年（七一九）の劉知幾上義に込められた河上公注の排斥論、それに対する司馬貞の議文に述べる河上公、王弼両注倶行論によっても明らかであろう（緒論注11参照）。玄宗注施行後においても、士大夫、庶民の間に親しまれ幅広く流通していたテキストは、治国治身養生を説く河上公注本であったろうと考えられる。国子監で使用されたテキストは公認の定本であったと思われるが、その本の弘通する過程で、伝写が繰り返され種々の異本が生じたであろう事もまた容易に想像される。しかし、それらの殆どは湮滅して、唐に遡ると認め得る現存する伝本は、次に挙げる如き、寥々たる数のそれも不全残簡であり、或いは、唐時に成立した典籍に引用されて僅かに伝わる零残文辞に過ぎない。

現存する唐代書写の河上公注本は、敦煌写本五点四種及び吐峪溝出土断片の他には知られていない。本章冒頭において触れたように何れも零巻或いは細片ながら、誠に貴重な本文資料である。書写年次を確する徴証は無いが、出土状況、書写様式から何れも唐写本と推定されている。

唐廣明元年（八八〇）建刻江蘇鎮江焦山道徳経幢が、無注河上公本と想定されていることは、上述の通りである（本章注1参照）。

貞觀五年（六三一）魏徵等が編撰上進した『群書治要』巻三十四収載の『老子』は河上公注本で、抜萃本ではあるが本文字句には節略に伴う改更は認められない。我が国に伝存する金沢文庫本〔鎌倉〕写本は船載された唐写本の面目を保持し、『老子』についても、唐初の本文内容の原状を彷彿させるテキストとして貴重である（緒論七「対校諸本略解題」30参照）。

唐初頃の遺文として、法琳撰『辯正論』巻第二、三教治道篇第二下に『老子』数条の引用がある。それは第一章注（引句頭に「河上公云」とある）、第十二、二十六、二十七、三十章の経文句、第二十九章の経注文句と判明し、第二十九章引句下の割注は河上公注と認められ、以上の引用文は河上公注本と知られる[19]。

その他に、『周礼疏』地官師氏・考工記輪人の賈公彦疏、或いは『後漢書』瞿輔伝章懐太子注等に引かれた零句が知られる。諸注疏注釈引用の文辞を博捜するならば、さらに多くの唐代遺文が蒐集されるであろう。しかし、これらの遺文は、引用された典籍そのものが伝写され重刊改版されて伝えられているのであって、その伝写重刊に伴う本文の変移は免れ得ないはずである。この点で、引用本文の取り扱いには充分慎重でなければならない。

四、刊本の出現

『老子道德經』刊行の記録は、史乗に拠る限り、『舊五代史』晉書高祖紀の記事が嚆矢のように思われる。五代晉天福五年（九四〇）、高祖石敬瑭が道士張薦明に命じて道・徳二経を「雕上印板」し、学士和凝に撰せしめた新たな序文を冠して天下に頒行させたとの記述が見える。[20] 刊行に道士が関与していることから王弼本よりは河上公本であったようにも考えられるが、此の五代刊本は伝わらず、他に資料も乏しく、其の刊本がどういう本であったかは明らかでない。また、北宋真宗咸平六年（一〇〇三）に、崇文院検討直祕閣杜鎬等の校勘を経て国子監より『道德經』が刊行されている。[21] しかし、これもテキストについては不明である。五代前蜀武成二年（九〇九）より永平三年（九一三）までの五年を費やして任知玄が職俸を投じて唐杜光庭撰『道德經廣聖義』を雕板印造し、宋初には道士王洞應がそれを重刊しており、[22] 北宋神宗熙寧年間（一〇六八－一〇七七）に王雱自ら自注の道德経を刊行し、[23] 南宋紹興乾道間（一一三一－一一七三）に熊克が両度に亙って王弼注本を刊刻したこと[24] 等記録に伝わる。恐らく河上公本も唐末には既に刊本が存在し、五代より宋朝にかけて幾度か重刊され、或いは校訂が加えられた事であろう。しかしながら、伝本は南宋末頃の私刻と思われる現存両三種の他には一切失われて現存せず、校訂に関わる文献史料も殆ど遺されていない。従って、現存宋刊本と唐鈔本との本文上の隔絶は、唐末から起算しても三百年に及ぶ年数の隔たりを思えば、当然のこととして予想しなければならないであろう。中国本土においては、其の宋刊本を祖本として刊刻が重ねられ、後代に弘通流伝することとなる。

五、唐写本と道蔵本・宋刊本

道蔵本、宋刊本、古鈔本の何れも、そのルーツを辿れば唐写本であることに変わりないであろう。しかし、それぞれ、現存伝本について相互に比校してみると、巻立て、章立て、序文等、構成体式の形態上の違いに止まらず、本文の異同も少なくない。宋刊本と世徳堂刊本、或いは古鈔本の一本と古活字版との異同の程度と比較すれば、道蔵本、宋刊本、古鈔本三者間の本文上の乖離は瞭然と明らかである。その乖異を生むに至った第一の要因は、上述した如く唐代既に複数の異本が存在し、それぞれの祖本が同一ではなかったことにあると考えられる。

現行の道蔵本は、明正統刊本であるが、此の正統道蔵の資料的基礎は宋徽宗の万寿道蔵にあり、また万寿道蔵は唐蔵の正系を継ぐとされている。[25] しかし、唐末、五代宋初にかけて各蔵の集散は激しく、この間再三に亙り編纂校訂の試みがなされている。宋元、元明の交においても類似の事情があったであろう。累次の編纂開版に際しての校訂作業は、祖本である唐写本からの隔たりを多方向へと広め、そのことがテキスト上の乖張を促したと推測されよう。

宋刊本についても同様の経緯が考えられる。唐以来写本として伝えられた本書が初めて上梓されて後、現存宋版が刊行されるまでには恐らく数次に亙る版行が果されたと推測され、その都度、編刊者による校改が重ねられて本文には少なからぬ変化が生じるに至ったものであろう。唐土に於ける河上公注本の伝流、変遷の様相については明らかでない点が多い。敦煌写本又、碑幢本とともに、日本の古鈔本を視野に置いた伝本研究並びに本文考察が要められる。

第二節　我が国に於ける河上公注『老子道德經』の受容

伝来の古鈔本は、宋刊本、道蔵本が開版に際して被った変改の程度に比べれば、渡来した唐鈔本が概ね忠実に伝鈔され、本文上差ほど変移することは無かったものと考えてよいようである。この点において、宋刊本より以前の唐写本に直結するテキストとして注目されて来た。しかし、飛鳥奈良朝以後、一度となく将来されたであろう唐鈔本はもとより、平安時代に遡る書写本も発見されていない。従って、唐写本伝来の事実を確認し、古代から中世初期における河上公注本の利用享受の実態を捉えようとすれば、現存する古鈔本の諸相にその徴証を索めるとともに、当代の史乗、目録、諸家の日録随筆等を隈なく繙くことが必要であり、或いはさらに、その本文如何を窺い知ろうとするならば、古辞書、類書、諸注釈書また書入れ等に引かれた同本文辞を捜索し、その本文を校勘検証する作業が須められる。この手続きの成果の一斑は、特に道教、道家或いは老荘思想受容の問題に関する先学諸氏の論考の内に覘うことが出来る。それら諸家の研究成果を據り所に、些かの鄙見を淆えて、河上公注本『老子道德經』の我が国の文運に遺した痕跡を掬っておきたい。(26)

一、奈良朝以前に於ける受容の事例

聖徳太子撰『維摩經義疏』に引用された経文三条（巻中一　弟子品第三に一条、巻下一　菩薩行品第十一に二条）は、(27)唐写本を遡る本文として別格であって、それが何本に拠る引用なのかについての考察は、河上公注本のみならず、王弼注本を肇とする諸本の伝流と、その本文が明らかになって初めて可能である。今後の検討課題であろう。『維摩經義疏』が聖徳太子の自撰であるか否か論議の余地は有るにしても、同書の成立時期は太子生存中の推古朝（五九三－六二八）であることは疑いないものとされており、中国では隋後半唐極初の時代に相当する。僅か三条の引用ではあるが、隋以前の『老子』テキストの日本への流入を示す具体的事例として注目に値する。

『老子』が初めて日本に伝わったのは何時なのかという問題は、記紀に見える『論語』『千字文』に象徴される典籍の将来と同じレベルで考えて差し支えないであろう。即ち推古朝以前の度重なる大陸或いは朝鮮との往来交渉の間に漸次文物文化の流入があったのであって、其の過程において儒家・道家を始めとする諸子の思想も伝播したのであろう。『老子』も『論語』と同様に伝えられたものと想われる。仏教が伝来する以前に、中国古来の学問思想が我が国に於いて知られていなかったとは、考えにくい。後節（107頁）で触れるが、鎌倉称名寺の学僧湛睿（文永八年〈一二七一〉生、貞和二年〈一三四六〉没）は「和國流傳老子經者、初自百濟以河公注」（『華厳演義鈔纂釋』巻三十五）と明弁しており、本邦初伝の老子経は百済より渡った河上公注本であるとの見解があった。確かな伝承或いは資料に基づく所論なのか、湛睿の想察に過ぎないのか、また此れが当時の通説であったのか、詳しい事情は不明であるが、少なくとも湛睿はその様に考えていたのであり、河上公注本が推古朝以前に百済経由で渡ってきた可能性を否める論拠も今のところ見当たらない。

後代の記録になるが瑞溪周鳳（明徳二年〈一三九一〉生、文明五年〈一四七三〉没）は『善隣國寶記』巻上推古十五年の条において隋使裴世清持参の国書について論じ、元永元年（一一一八）宋商が齎した宋国皇帝からの書簡に接した鳥羽院の対応事例を挙げている。その中で、旧例は如何との下問に対する同年四月廿五日の中原師安等の奏答文中『經籍後傳記』（逸伝、著者成立年次等不詳）に拠ったと見られる「以小治田朝今按推古天皇、十二年歳次甲子正月朔、始用二暦日一、是時、國家書籍未レ多、爰遣二小野臣因高於隋國一、買二求書籍一、兼聘二隋天子一、其書曰、日出處天皇、致二書日没處天子一」（引文は田中健夫編『善隣国宝記・新訂続善隣国宝記』に拠る）という件を書き留めている。大庭脩氏は此の一文を重視し遣隋使の重要な目的として書籍の購求があったと指摘された（『古代中世における日中関係史の研究』附篇第一章第二節遣隋使・遣唐使と典籍）。「是時、國家書籍未レ多」とあるのに鑑みるならば、当時既に幾分かの伝来漢籍の蓄積があったと認めるのが自然であろう。その後も遣隋・遣唐使によって齎された漢籍は相当の量数に上り充実していったに違いない。『老子道德經』及びその注釈書類についても具体的な記録は史乗には見出せないが、道教の流入を極力阻止しようとする国家の施策を余所に、一度と無く舶載されたとは考え得る事のように思われる。『日本國見在書目録』が二十種にのぼる老子関連書籍を著録していることはその推測を可能にするものであろう。

第九次遣唐使副使中臣名代は天平七（唐開元二十三）年（七三五）閏十一月、帰朝するに当たり唐朝に対して老子経本・天尊像等の下賜を請い許された。事は『冊府元龜』巻九百九十九 外臣部 請求の条に明らかである。[28] この賜物は当然本国へ持ち帰られたものと考えられる。名代等一行は翌八年五月十八日太宰府に帰着、八月二十三日に入京拝朝している。其の「老子経本」とは、請賜の時期が玄宗御注義疏が天下に頒示された直後に当たることを考慮すれば、玄宗御注本であったと推察されるが、もとより明証があるわけではない。ただ、この時齎されたのが玄宗御注本であれば、河上公注本は既に本邦において周知の老子テキストであったと理解するのが当然であろう。

大和元興寺三論宗の智光（和銅二年〈七〇九〉頃生、宝龜年間〈七七〇～七八〇〉没）の撰になる『浄名玄論略述』に王弼注の他に河上公注二条の引用が確認される。二条とも同書巻二本に見え、一条は第七十九章の経注文、又一条は注に節略があるが第二章の経注文である。『浄名玄論略述』は、同人撰の『般若心經述義』が天平勝寶四年（七五二）の著作であることから、それと同じ頃に撰述されたものと考えられている。従って、その時以前には既に河上公注本の唐写本が齎されていたことの明証となり、伝来の時期の下限を画する貴重な引文である。零句ではあるが唐本に至近すること明らかで、特に第七十九章の引用個所は現行諸本の間で異同が多く、校勘に資すべき遺文としても注目される。[29]

南都興福寺法相宗の学僧、秋篠寺の開山として知られる善珠（養老二年〈七二三〉生、延暦十六年〈七九七〉没）の遺した二十余書にのぼる教典注釈書の内、管見の及ぶところ、『因明論疏明燈抄』六巻（天應元年〈七八一〉成立）、『成唯識論述記序釋』、『唯識義燈増明記』四巻に道家老荘思想に及ぶ言説が認められ、そこで引用される『老子』本文の多くは河上公注本に拠っている（他に「王弼注」「老子述義」の引用も見える）。例えば、『因明論疏明燈抄』巻第一疏第一本、及び『成唯識論述記序釋』に見える「所㆓以二㆒（『序釋』は「二」字下に「篇」字が有る）者取㆓象天地㆒。

先レ道而後レ德。所以（『序釋』は「所以」二字無し）經云二道之尊德之貴一。天爲レ上。地爲レ下。天以二四時一生。地以二五行一成也」なる文辞は河上公注本に冠する「老子経序」中の文と殆ど同文であり（「老子経序」が「二」の上に「分爲」二字が有り、「天爲上地爲下」を「尊故爲上」に作る他には異同は無い）、其の序文からの借用であることは、間違いないと思われる。また両書ともに「道者術也」句下に見える「謂經術政教之道也」との釈義は體道第一冒頭経文「道可道」句下の河上公注と全くの同文である。また、『唯識義燈増明記』巻一「文問佛説一至老莊説故者」段下には「老子云」「道經云」「德經云」と標記して経文を引用するほかに、「河上公注云」を冠し「道可（「道」一字を脱）謂經術政教云（云は「之」の譌）道也。云々」「道生一。謂道始所生者一也。云々」「人法地。謂人當地安靜和柔也。云々」と三条のやや長文の引用が続き、字句に若干の譌脱異同が認められるが、それぞれ體道第一、道化第四十二、象元第二十五の経注文であることは明白である(30)（以上引文は便宜『大正新脩大藏經』巻六十五續論疏部三所収本に拠る）。奈良時代は鎮護国家の祈願に奉仕する護国仏教全盛の時代であり、南都六宗の教学は隆盛を極め、教典注釈学が盛行した。その成果として日本人僧侶による多くの経疏・疏抄の著述が遺されている。注釈に利用された外典はけっして少ない数ではなく、引用書、本文の実態について、漢籍伝流史の面からもさらに注目検討されてよいように思われる。平安時代初期にかけての経疏の学に於いて、参考外典の一書としての『老子』に河上公注本が利用されることは希なことではなかったこと、上の事例に拠って明らかであろう。

『經國集』巻一に収める石上宅嗣の「小山賦」（寶龜年間〈七七〇～七八〇〉の作）に見える「我若遺兮委命」「信夫不出戸牖而知矣」「爲而不恃兮、孰知其德」「燕處超然兮、唯道是則」の麗句の典故は『老子』にある。殊に「燕處超然兮、唯道是則」の句は第二十六章経文の「雖有榮觀燕處超然」に拠るが、「燕處」は王弼本・傅奕本・經典釋文等では「宴處」に作り、「燕處」に作るのは河上公本であることから、宅嗣が使用した『老子』は河上公本系のものであったと推定されている[31]。宅嗣の書院、芸亭には恐らくは『老子』が、それも河上公注本が備わっていたのであろう。

宇多天皇寛平年間（八九一～八九七）の編撰とされる『日本國見在書目録』は道家四百五十八巻の書目を列ね、その冒頭に「老子二（月柱下史李耳撰 漢文時河上公注）」（「月」は「周」の譌）を著録する。同書に著録された二十種を超える『老子』注疏注釈は飛鳥・奈良時代を通し平安時代初期にかけて舶載された典籍と認められるが、その多くが失われたのと対照的に、河上公注本のみは、現存古鈔本の多さに端的に示されるように、中古中世を通じて永く授受伝習されていった。

二、平安時代に於ける受容の事例

貞觀十七年（八七五）、菅原是善が清和天皇に奉授した『羣書治要』紀伝諸子の文[32]には、『老子』も含まれていたと想われる。『羣書治要』所収の『老子』は河上公注である。

六国史薨卒伝を繙けば、安倍真勝[33]（天長三年〈八二六〉卒）、和気貞臣[34]（仁寿三年〈八五三〉卒）、名草豊成[35]（齊衡元年〈八五四〉卒）、僧由蓮[36]（仁和二年〈八八六〉卒）、滋野安成（貞觀十年〈八六八〉卒）等老荘を好み学んだという貴人学者が散見する。また、滋野安成が天安二年（八五八）三月、文徳天皇の勅命により侍従所にて老荘を講義した記事も窺える。但、彼らが準用した『老子』が何本であったか明らかにしない。しかし、河上公注本であった蓋然性は高いと考えられよう。安成の講義には文章生・学生等五人の聴講が聴されている。日本の古代学制では唐制と異なり大学寮の正式な教科目として『老子』は含まれていないが、学生が『老子』を学ぶ機会はこのような形でも設けられていたと言えるのではなかろうか。安成はまた老荘教育の私塾を営んでいたと言われている[37]。現存する古鈔本に認められる「師説」を冠する書入れは、かかる折りでの講義筆録に由来していると考えられ、その「師説」が河上公注文にまで及んでいたことは、書入れの内容に照らして疑えない事実である（後述、114頁参照）。

源順が醍醐天皇の第四皇女勤子内親王の命によって編纂した『倭名類聚抄』（承平年間〈九三一～九三八〉成立）の「霧」「赤子」「輻」の都合三つの項目下に「老子經」と標記し典拠とする文例を引載している。その引文は狩谷棭齋の指摘するように実は経文では無く河上公注である。[38] 此の事例だけでの憶測であるが、当時「老子経」と言えば、その実は河上公注本だったと考えてよいように想われる。河上公注本はそれ程に『老子』の基本テキストとして準用されていたと言えよう。

具平親王撰『弘決外典鈔』（正暦二年〈九九一〉序）に引用された『老子』も、河上公注本であり、「老子經云」「老子云」の標記に続く「河上公注云」の引文が巻二に一箇所、巻三に二箇所認められる。その外「河上公云」あるいは「河云」の標記を伴う河上公注単独の引用が巻三に二箇所ある。[39] 特に、巻三の引文「河上公云一元氣也道之子一本云一無爲也」は、法本第三十九冒頭経文「昔之得一者」の河注に一本との校異を付加した注で、具平親王当時「一元氣也」に作る本と「一無爲也」に作る本が両存していた事実を確認出来る点において重要である。此の異文はそれぞれ後代に及んで現存古鈔本にまで継承されている。

文章博士大江維時（應和三年〈九六三〉卒）は醍醐・村上両帝に『老子經』を授け奉り、匡衡（長和元年〈一〇一二〉卒）が一条帝の『老子道德經』御読に近侍したこと、匡衡『江吏部集』巻中 人倫に収める詩序に拠って知られる。[40] 江家代々の証本も、河上公本であったに違いない。現存する古鈔本の内、宮内庁書陵部蔵〔室町〕写至徳三年（一三八六）識語本、足利学校遺蹟図書館蔵〔室町〕写本、杏雨書屋蔵〔室町中期〕写本（存巻下徳経）、慶應義塾図書館蔵天正六年（一五七八）足利学校南春写本、大東文化大学図書館蔵天正六年（一五七八）足利学校真瑞写本、杏雨書屋蔵〔鎌倉末〕写存巻上残簡或いは東洋文庫蔵古活字版等の書入れに散見する「江本」「江説」の標記はこの推測を可能にしている。

菅家に在っても、証本が存在し家説として独自の訓説が相承されたらしく、その証本も河上公本であったこと、諸記録に徴するを得ないが古鈔本の書入れに拠って知られる。例えば、守微第六十四経文「學不學」句下の河上公注「聖人學治身守道真也」の「守道真」について、杏雨書屋蔵（室町中期）写本の眉上の書入れに「守字以下三字菅家ニ不レ読レ之道真（ミチサ子）之二字ヲ忌故也」とあることによって明らかであろう。(41)

源為憲が藤原頼通の為に編纂した『世俗諺文』（寛弘四年〈一〇〇七〉自序、三巻の内巻上一巻のみ現存）に、「大器晩成」の項目下、出典に「老子」を挙げ義注として河上公章句（第四十一章）を引く。(42) 公卿の教養書である同書に引用されていることは、上記『和名類聚抄』の事例とも相まって、河上公注が平安中期に於ける公家社会一般へ流布弘通していた事実を物語るものであろう。

法相宗関係僧侶の撰述になり永保元年（一〇八一）以後一一世紀末頃に成立したとされている『類聚名義抄』原撰本（宮内庁書陵部蔵、平安時代末期写）は「湊集」「紛」「結」「挻埴」「埏主」「沖」「壅」「希」の標字の下に「老子」「老子巠」の箋符を付し『老子經』の古訓を引いている（『平安鎌倉時代に於ける漢籍訓讀の國語史的研究』第四章第四節第六項老子經の古訓法 参照）。経注本文の引文は無く、片仮名和訓のみの引用であるが、当時『老子經』の訓点本が存在したことの明証となる。その内「湊」「壅」の両字は経文では無く、河上公注文に見える文字で、それぞれ、第十六章経文句「公乃王」下の「湊己躬也」の「湊」の訓「アツマル」を、第八章経文句「夫唯不争」下の「壅之則止」の「壅」の字訓「フサク」を引くもので、『類聚名義抄』が依拠した『老子經』訓点本は河上公注本であったことが判明する。

釈成安撰『三教指歸注集』（寛治二年〈一〇八八〉成立）に引用された「老子曰（云）」に続く「注云」とは河上公注と確認される。『三教指歸』巻上本文「夫汝之為性上侮二親无告面孝下凌万民隠恤慈」下、巻中冒頭文「虚亡隠士先在座側詳愚論智和光示狂」下（二条）、及び「蹶千金以如蔕芥臨萬乗而如脱躧」下に、計四条それぞれ「慈」「和光」「同其塵」「萬乗」の典拠義注として引用されている。その他巻上「屢事多言不鑒三緘之誡」下に「多言」の注として引く「老子云」も実は河上公注であり、「子云」間にあるべき「注」一字の脱落であろう。さらに、『指歸』序の「聃篇」句に付された「老子序云」以下の二百字に及ぶ長文の注釈は、本邦伝来の古鈔本に特有の「老子經序」から引用されたものである。『老子』からの引用は以上の他には認められず（ただ、別に『老子述義』の引用が二条有る）、成安が『三教指歸注集』作成に際し主として参照した『老子』のテキストは河上公注本であったと考えられる。[43]

藤原敦光（天養元年〈一一四四〉没、又説康治元年〈一一四二〉没）撰『三教勘注抄』六巻（巻一・二・五が現存）に引く『老子』も河上公注本である。『三教指歸』巻中の本文「長生久存」「扣天門」、巻下の「誰子誰資」「萬乗寶姿」「廻風」の義注として計五条の『老子』経文、四条の河上公注文の引用が確認できる。[44]

釈覚明撰『三教指歸注』（承安頃〈一一五八～一一七四〉成立）は先行の成安、敦光の両注を采輯して編纂されたとされる。従って、上記両注引用の『老子』経文及び河上公注文は殆どそのままに収載されている。上記以外の引文として、僅かに第七章経文第二・三句及び第三句下の河上公注文の一条が見出される。[45]

慈円によって「日本第一大学生」と評された藤原頼長（保安元年〈一一二〇〉生、保元元年〈一一五六〉没）は、大学制度の修復に努め、釈奠晴儀を復活し、また孔子を崇拝したとも言われる。[46]しかし、一方で『老子』を好み生涯に亙り繙読熟考に努めたことも事実である。頼長が初めて本格的に『老子』を学んだのは保延六年（一一四〇）であろう。二十一歳の年に当たる。『台記』康治二年（一一四三）九月三十日の条に「所見之書目六〔録〕載左」として挙げられた経家三百六十二巻の内に「老子二巻抄　保延六年受夫子説始之　十一月十二日同十二月六日終之」との記述が見える。

その後も天養元年（一一四四）の所学書目には「老子經二反四巻加今度三反」と、久安元年（一一四五）の所学書目に「老子經二遍四巻加今度五反其一反見三深老子首付其反合述義見之本註何註」（「何註」は「河註」の訛であろう）、「老子述義十巻首付懸勾自筆抄出論議詳見也」と記録され、両年の間に四度の精読を果たしている。度毎に使用されたテキストは必ずしも明らかではないが（「三深老子」とは「王注老子」の譌ではなかろうか[47]）、少なくとも久安元年の一遍は、『老子述義』を参考にして河上公注を学んだものと思われる。『述義』が河上公注を敷衍した注釈であることは、古鈔本の書入れに見られる断片的な佚文に照らしても明らかである。頼長は『述義』を併読し[48]、河上公注の理解を深めたのであろう。

また、『台記』に拠れば、頼長第宅において庚子日恒例の經筵が開かれる一方で、庚申日を例として、『老子』の講筵が催されている[49]。天養二年（一一四五）正月十四日を初回とするこの老子講は、現存する『台記』に拠る限り、久壽二年（一一五五）十一月十六日を最後とするが、久安四年（一一四八）の元日庚申も欠かさず、政務多忙な中、十一年間に渡り、連綿と継続されている。この間、庚申日の日記で、明らかに「講老子」の記載を欠くのは、久壽二年（一一五五）五月十四日庚申の一日に過ぎない。

天養二年正月十四日庚申の初回の記事に「守二三尸一、懸二老子影一、講二老子經一、講師友業、問者實長三重上巻、孝能二重下巻、據二庚申一、經二夜半已後一、余及客皆向二正南一、再拝呪曰、彭侯子、黄帝子、命兒子、悉入二窈冥之中一、去離二我身一三度唱之、鶏鳴後就寝」とあれば、庚申信仰が浸潤していた当時の世相を窺う資料としても注目されるのであるが[50]、此の庚申老子講が、頼長の個人的な信条によるものなのか、当時の公卿に一般的な行事であったのか、詳らかではない。それはともかく、此の老子講筵では頼長自らも「講師」或いは「問者」を勧め、友業（講1問2）、實長（問1）、孝能（講1問2）、成佐（講3問2注3）、俊通（講5問6）、顯業（問1）、頼業（講6問5注1）、登宣（講6問7）、敦任（講2問6）、孝善（講3問5注1）、廣季（講3問4）、遠明（問4）、師元（講1注1）、敦綱（問4）、頼兼（問1）、憲孝（講6問8）、頼佐（問1）、親佐（問2）、敦佐（問1）、師長（講1）、師尚（講1問1）等、近習儒士をはじめ多くの学者が「講師」「問者」「注記」として参会している（人名下の括弧内は『台記』に記載された老子講全四二回において、講師、問者、注記を勤めた回数を示す）。そして、講筵毎に講論の記録として「論義」が作成されていたようである。(51)

上記の参会者の中で、現存『老子』古鈔本との関連で、頼業の名が注目される。頼業は、久安四年（一一四八）五月（三日庚申）の記に「依例講老子、講師敦任、問俊通、頼兼、又頼業、作彼論義十帖」（頼兼は或いは頼業の譌か）と、また同年十月六日庚申にも「講老子、講師廣季、問余及憲孝、朝隆朝臣聽之、頼業造進論義」と見えるように論義作成者としても特に記録され、老子講に於ける中心的な存在であったと察せられる。そして、其の「論義」と、杏雨書屋蔵〔鎌倉末〕写存巻上零巻の紙背等に存する問答難答の書入れ(52)との関繋の存立に、関心がそそられる。

清原頼業（保安三年〈一一二二〉生、文治五年〈一一八九〉没）は、清家明経道中興の祖として、その経業は周知である。清原家に於いて、経書の講習とともに『老子經』も兼修された事実を傍証する意味でも、この『台記』の老子講筵の記録は注重に値しよう。その講筵において、頼業が講論に使用した本は、間違いなく、河上公注本であったであろう。現存する『老子』古鈔本で、博士家授受相承の証跡を辿り得る奥書を有つ本は少ないが、その少ない中で最も古い内容を伝えるのは、頼業伝授の奥書である。上記、杏雨書屋蔵〔鎌倉末〕写本に遺存する奥書に「古本奥云（「古」一字擦り消し）」として、

承安二年（一一七二）九月五日授主水了　在御判大外記殿

と見える一条がそれで、「大外記殿」は永萬二年（一一六六）以来其の職にあった頼業に比定される。「主水」とは嫡子近業であろう。尚、同文の奥書が東洋文庫蔵〔室町末〕写本にも相承移写されている。上記、緒論七「対校諸本略解題」22・18参照。

三、中世に於ける河上公注享受の諸相

その後の、清原家における『老子』講学伝授の経緯を窺い得る奥書識語として、次の八件を経目する。年次を追って示してみる。

(1) 加一見了　　　　　　　　　　　　　前参河守在判

(2) 正嘉二年（一二五八）四月廿七日書寫畢　　　外史清原在判

(3) 同年五月廿六日加點了　　　権少外記直隆

(4) 文永十二年（一二七五）二月六日授申黒田武衛禅了　音儒清原在判

(5) 正應二年（一二八九）暮春七日相傳之家書紛失於道經重課微躬之下愚早點養性之方術而已　書博士清原教有

(6) 正應二暦暮春二十六日相傳之秘書紛失於徳経重課微躬之下愚早點養性之方術而已　書博士清原教有

(7) 永正七年（一五一〇）七月十一日終書寫之功即加朱墨訖　少納言清原朝臣

(8) 永正八年四月廿三日遂書寫之功即加朱墨而已　少納言清原朝臣

前四条は、杏雨書屋蔵〔鎌倉末〕写本に本奥書として見え、以下は、東洋文庫蔵〔室町末〕写本に別本より移写された奥書である。これら奥書の書写の様態等は上記、緒論七「対校諸本略解題」18・22を参照されたい。

(1)は紀年を欠くが、「前参河守」は、北条実時の師として鎌倉幕府の文教の興隆に尽くし、当代第一の碩儒と称された教隆その人であろう。仲隆の第三子、頼業の孫である。音博士、参河守、直講、大外記を歴任し、文永二年（一二六五）七月十九日、六十七歳で卒した。教隆はまた金沢文庫本『群書治要』所収「老子」（河上公注本）の校点者

でもあった。「老子」を含む巻三十四の末尾の奥書に「文應之冬参洛之次、申出蓮華王院御本、校點了、直講清原〈教隆花押〉」と見え、文應元年（一二六〇）の上洛の際、蓮華王院宝蔵の御本と校合写点されたものと判明する。上記、緒論七「対校諸本略解題」30参照。

(3)の直隆は、教隆の第三子、少外記、助教を経て、後宇多天皇の侍講となり又鎌倉に仕えた。正安元年[53]（一二九九）八月七日、年六十六歳で卒している。弟俊隆とともに清家相伝の『春秋經傳集解』を書写校点し、北条篤時に伝授したことで知られる。前条の「外史清原某」も恐らくは直隆自身であろう。その『春秋經傳集解』（金沢文庫旧蔵現宮内庁書陵部蔵）巻二十に次のごとく直隆の奥書が見える。

正嘉二年二月十八日以家／證本書寫了／　外史直隆

正嘉二年三月廿七日以家秘／説手身書點了／　權少外記清原在判

紀年署名の形式が概ね類似し、(2)の識語主を直隆に比定する傍証となろう。

(4)の「音儒清原某」は、教隆の四子俊隆であろう。[54]俊隆は少外記、直講、音博士に任じ、鎌倉幕府評定衆となる。正應三年（一二九〇）二月十七日卒、年五十。北条顕時の師として上記『春秋經傳集解』を伝授している。

(5)(6)の書博士教有は、教隆の長子有隆の子である。神宮徴古館蔵松平忠房奉納『古文尚書』の本奥書、また宮内庁書陵部蔵『古文孝經』（永仁五年〈一二九七〉銭塘呉氏鈔本）の奥書に校点秘説奉授者としてその名を留めている。その『古文孝經』は教有が宋人呉三郎入道に書写させたもので、杏雨書屋蔵（鎌倉末）写本の書写者も同人と認められた。『古文孝經』と同様に『老子道德經』の家説伝承者として教有の関与が想到されること、上述したごとくである（緒論七「対校諸本略解題」22参照）。

(7)(8)の「少納言清原朝臣」は言う迄もなく、宣賢である。宣賢の書写加点本が存在したことは、此の奥書に拠って、また同本或いは東洋文庫蔵古活字版の一本に移写された書入れに「宣賢本」の標記が見える（各論六(二)(1)〈清原家本との校異〉、(6)その他の書入れ⑦参照）ことによっても明白であるが、未だその所在は知られていない。ただ、宣賢撰述とされる『老子經抄』が遺存する。その講述は、河上公注に沿ってなされており、累代の家説を祖述集約しながら、宋林希逸の新注さらに「一睦」「自牧」等当代諸家の注説をも斟酌修正し補述敷衍した内容を持つ。[55]

僅少且つ断片的で、伝授に関わる具体的内容に乏しいが、これらの奥書によっても、平安末の頼業以来、清原家において河上公注本が証本として存在し、代々相承されたことが確認出来るであろう。

一方、鎌倉時代以後の禅林において、経史、文学に止まらず、老荘或いは道家の思想へと関心が昂揚して行った。特に『老子』の受容に関連しては、大休正念、一山一寧、宗峰妙超、規庵祖円、夢窓疎石、虎関師錬、乾峰士曇、夢巖祖應、中巖円月、春屋妙葩、絶海中津、義堂周信、愚中周及、岐陽方秀、一曇聖瑞、江西龍派、天隠龍沢、桃源瑞仙、万里集九、景徐周麟ら学僧の語録、日記、詩文或いは抄物に基づいた具体的な指摘がなされている。[56] 老荘道家の学は、中世においては朝廷博士家よりは寧ろ叢林の間に盛んであり、修禅と密着した教養的日常において受け入れられていたように想われる。

嘉禎元年（一二三五）に入宋し、仁治二年（一二四一）帰国した円爾弁円（建仁二年〈一二〇二〉生、弘安三年〈一二八〇〉没）は内典・外典数千巻を持ち帰っている。その請来典籍は、開山として迎えられた京都東福寺の普門院に納められ、国師自ら編纂し示寂の年弘安三年六月六日に成った『三教典籍目録』に著録されたに相違ないが、その目録は佚して現存しない。しかし、後年南北朝頃に成った大道一以（東福寺住持二十八代、正應五年〈一二九二〉生、應安三年〈一三七〇〉没）筆とされる『普門院經論章疏語録儒書等目録』、及び明徳三年（一三九二）七月十三日東福寺在住知有禅師改編の『普門蔵書明徳目録』にその内容を窺うことが出来る。両目は「晦庵大学一冊」等朱子学関係図書を多く含むため、従来より宋学伝来の問題に関わる資料として注目されてきた。著録された外典百部は、爾後の禪門における漢籍研究の置礎となり得た典籍であろう[57]。その内にあって「直解道徳經三冊」が両方の目に、「老子経一部二冊」が前者『儒書等目録』に著録されている（『明徳目録』には欠失部分があり、「老子経一部二冊」も明徳当時既に失われていたとは限らないであろう）ことは、此の二部の書物も鎌倉南北朝期に普門院に所蔵され山内の教学に供されていたことを物語る。「直解道徳經」には『明徳目録』に「合三冊唐」との注記が見られ、宋人撰述書の宋版であったと思しい[58]。「老子経」についてはやはり河上公注本と想われる。著録からは刊写の別も不明であるが、本邦に伝来した本とは別系統の宋刊本であった可能性も考慮されてよいであろう。

　大陸の新しい学問思想の動向に最も敏感で、享受しやすい環境にあった五山叢林の間で、経学においては朱子学への理解とともに宋学が弘布していったことが知られている。儒学における宋学の受容と応じるように、老荘道家の学にも新学摂取の動向が認められる。宋林希逸撰『莊子鬳齋口義』が惟肖得巖（正平一五・延文五年〈一三六〇〉生、永享九年〈一四三七〉没）以来講読伝習され、また五山版の刊行をみ、旧来の郭象注を凌いで流行した。五山版『列子鬳齋口義』の刊行も南北朝頃と推定されている。『老子』の学修について観ても、鬳齋口義等の新注に関心が向かい新風を醸したであろうことは、この様な学問状況に照らして想像に難くない[59]。しかし、その事実を証する記録、資料は未だ十分に発掘確認されてはいないようである。この問題について、住吉朋彦氏が、岐陽方秀（正平一六年〈一三六一〉生、應永二一年〈一四二四〉没）の『碧岩録抄』及び『中峰和尚広録抄』の内にそれぞれ一条ずつではあるが、宋林希逸の『老子鬳齋口義』からの引用を指摘された[60]ことは、斯学にとって貴重な功績であろう。應永年間に遡る早い時期の林注採用の事例として、重視される。また、芳賀幸四郎氏が夙に注目された[61]万里集九（正長一年〈一四二八〉生、没年不詳）の『梅花無尽蔵』第三下「三教吸酢之圖」前文の「子細探其理者、河上之仙翁、及潁浜遺老蘇子由二人而已」

なる一文に拠るならば、宋蘇轍撰『道德經註』が既に舶載され、新注として受容されていた可能性も考慮に入れなければならない。しかし、現在のところ当時からの伝来本は知られていない。

宋人によって撰述された老子注釈書の受容は室町前期までを限れば、管見では以上の僅かな事例を認め得るに止まる。住吉氏は、岐陽方秀の両抄における『老子』注の引用は、示された二条を除けば、他は何れも河上公注に拠るとの備考を周到に添えられている。此の指摘も又傾聴に値する。また、『梅花無尽蔵』の一文は『老子』の玄理を釈する者として、蘇轍とともに、或いは寧ろ蘇轍よりも先んじて第一には河上公を推奨するものであり、当時にあっても、河上公注に依拠するのが、禅林に於ける老子講学での共通した認識であったと見做すべきであろう。林希逸の『老子鬳齋口義』が『老子』講読の上で、新注として一般的に参照準用されるようになるのは、室町時代も半ばを過ぎてからのようである。[62] そして、河上公注に代わって、『老子』理解の指南書として確立し普及するのは、近世の到来を待たなければならない。

老荘への関心は禅門に限られていた訳ではなく、広く釋氏一般に及んでいた。先ず律・天台・禅三宗兼学の学僧、京都泉涌寺の開山俊芿（仁安元年〈一一六六〉生、安貞元年〈一二二七〉没）の事績に注目される。[63] 弟子信瑞が著した『泉涌寺不可棄法師傳』には、建久十年（一一九九）四月に渡宋し、在宋十三年、建暦元年（一二一一）帰朝するに際し、仏舎利、仏画、法帖碑文等とともに「律宗大小部文三百二十七巻、天台教觀文字七百一十六巻、華嚴章疏百七十五巻、儒道書籍二百五十六巻、雜書四百六十三巻」の膨大な量の内外典籍を将来したことが記されているが、それらは泉涌寺「教蔵」内に僧衆研鑽の資として安置収蔵されたものと考えられる。[64] ここで、「儒道書籍二百五十六巻」の記載が注目を引く。その内には宋学儒学書とともに道家老子の旧注或いは唐宋注釈書類が含まれ、その多くは宋刊本であって、当然、河上公注本も混在していたと憶測され、具体的な書目が伝わらないのが惜しまれる。また在宋の間、広く三宗の学を修めつつ「孔父老荘之教、相如楊雄之文、天文地理之籍、診脈漏刻之方」を兼修し「洞達深致」したと記され、朱子学の伝来者、日本における宋学の首唱者と目されてもいるが、老荘道家の学にも通暁し、帰朝後の教学の動向に微小ならぬ影響を及ぼしたものと考えられる。(65)

鎌倉中期の書写とされる『高山寺聖教目録』（建長目録）に「老子經二巻」を著録する。(66) 此の目録は建長二年（一二五〇）、後嵯峨院（承久二年〈一二二〇〉生、文永九年〈一二七二〉没、在位仁治三年〈一二四二〉－寛元四年〈一二四六〉）の命により、義淵房靈典（治承四年〈一一八〇〉生、建長七年〈一二五五〉没）が撰進したものとみられている。当時における華厳教学を中心とした高山寺所蔵の典籍の実態を伝え、聖教の他に多数の外典、漢籍や国書が蔵せられていた。収蔵されるに至った経緯について知ることは困難とされるが、山内外に現存する諸籍との照合によれば、書写本は唐写本以下我が国の鎌倉初期写に及び、版本には南宋版が認められ、院政期以降鎌倉時代初期頃に集められたようである。「老子經二巻」は現存しないようで、書写本であったのか、宋刊本であったのか、また、河上公注本だったのか否か、知るよしもないが、書名表記から想えば旧来より伝写された河上公本と見るのが、穏当であるように想われる。外典特に漢学兼修を奨励した明恵上人の学風は高山寺に於ける教学に大きく影響し、聖教経典の読解のため、また教養として、山内僧侶の修学の資として活用されものであろう。江戸初期には高山寺聖教の総合的調査整理と書目の改修が行われたと言われ、その時に編纂された寛永十年（一六三三）写『高山寺聖教目録』一軸に拠れば、当時既に伝を失していたことが判明する。他の多くの漢籍と同様、室町時代、特に天文年間の堂塔荒廃の折に亡失したか、或いは山外に流出したものであろう。

教典章疏の修得理解の為に外典の素養が須められ、そのための典故出典についての更なる注釈がなされたことは、先に指摘したように具平親王の『弘決外典鈔』に既に見られるが、鎌倉時代においても、論疏引用の外典の研究として金沢称名寺の学僧智照（建長六年〈一二五四〉生、没年不詳）、湛睿（文永八年〈一二七一〉生、貞和二年〈一三四六〉没）の学績が知られる。[67] その内には当然老子関連の典籍が含まれ、仏家受容の一端を示す事例として注目されよう。奈良東大寺凝然の高足として、華厳教学を初めて東国にもたらしたとされる智照は澄観の『大方廣佛華嚴經随疏演義鈔』所引外典の注釈として『演義鈔外典鈔』を著している。現存するのは一巻一軸の残簡であるが、納富常天氏に拠れば『老子道徳經』五回、『老子述義』五回の引用が見られるという。智照の緒業を継ぎ東国華厳教学を確立した称名寺三世湛睿撰述の『華嚴演義鈔纂釋』は『大方廣佛華嚴經随疏演義鈔』総論部の注釈であり、引用外典について典拠の指摘、内容上関連する典籍からの本文の録出が詳密になされている。納富氏の調査に拠れば老子関係の引用が五七回と、他の外典を圧倒している（因みに、周易関係が三三回と此れに次ぐ）。澄観が引く『老子』が王弼注本に拠っているのに対して、湛睿は河上公章句を典拠とし、河注の引用が圧倒的に多く且つ周密である。[68] 外典の素養、特に老子書に関する該博な知識に裏付けされた注釈であること、既に納富氏が『華厳演義鈔纂釋』巻三十五に見える次の問答注を引載紹介して指摘されされている。

問。今云注者。何注乎　答。魏王弼注也。其故者。前漢河上公加注釋來至于唐朝。總有六十二家之子注。然隨代代帝意。所用亦不同。且唐朝太宗高宗兩代立弘文館。安置十三經之時。各以勅被定可爲宗崇之注釋中。今老子經以河公注可爲指南云云仍賈太隱作述義一十三卷。弘河公宗致。即和國相承以此述義爲依憑。故雖時有不安。或是容有釋。或傍正釋。如是會通之云云然第七帝玄宗皇帝背先祖勅定。自裁用魏王弼注有二巻也即加疏解有六巻也廣德先生亦作廣正義四十卷。故玄宗已後數代帝王皆順此迹。然玄宗御即位明年。改先天號開元。總經二十九年。清涼大師開元十六年誕生。其後至第十帝德宗御宇。興元元年撰今大疏。其時清涼年四十七。故今亦引用王弼注也。但和國流傳老子經者。初自百濟以河公注。經相副博士送進之。其後吉備大臣入唐。即當開元第四年。在唐十八年。所學十三

道。雖可傳當代所弘之王弼注等。而和國既先傳得河公注經。故今亦重渡同注經云云（『大正新脩大藏經』第五十七巻、三四三頁下）

清涼大師澄観がその著『演義鈔』に引く『老子』注は何の注であるかとの問いに対して、王弼注であると答え、以下王弼注が採用されている理由について論述したものである。その中で彼我に於ける河上公注本伝流受容の経緯が王弼注本との関連において述べられているところに、答者湛睿の蘊蓄の程が察せられる。玄宗が先帝の定めたところに背反して王弼注を基に疏解を加え、それ以後歴代の帝王によって王注が重用されたとの理解は現今の常識とは反するが、河上公注が百済経由で渡来したと考えられていたことは注視に値し、本邦においては王注を圧してもっぱら先伝の河上公注が弘通してきたことが窺測せられる。引用された本文と合わせ河上公注受容の一面が具体的に示されている。当代に遡り得る旧鈔伝本としては僅かに聖語蔵存巻下の零本及び杏雨書屋蔵巻上殘簡しか知られていない現在、湛睿の引用本文は鎌倉当時の河上公本を伝えており、校勘学上無視できない遺文である。

現存する古鈔本に目を向ければ、所在、書写伝領の経緯において、寺社桑門と関わりのある本が少なくない。六地蔵寺蔵〔室町末〕写本、仁和寺蔵〔室町末近世初〕写本の他、例えば梅沢記念館蔵應安六年（一三七三）写本（重文）、慶應義塾図書館蔵大永五年（一五二五）写本存巻上、斯道文庫蔵天文一五年（一五四六）写本、東洋文庫蔵〔室町末〕写本、慶應義塾図書館蔵天正六年（一五七八）写本、大東文化大学図書館蔵天正六年（一五七八）写本の書写者は、何れも僧徒と認められ、又、康應二年（一三九〇）の施入識語を有つ斯道文庫蔵〔南北朝〕写本をはじめ、宮内庁書陵部蔵〔室町〕写本、大東急記念文庫蔵〔室町〕写本、筑波大学附属図書館蔵天文二一年（一五五二）写本、現所在未詳の戸川濱男旧蔵〔室町末〕写本等は、桑門僧徒の間で授受伝領された経緯が各本の奥書識語に拠って明らかである。僧門に於いて『老子經』が修学の対象となったであろうことは想像に難くないが、そこで使用されたテキストも一般に河上公注本であったことは、かかる伝本が現存する事実によって推知される。

河上公注受容の問題で、いま一つ、見逃すことが出来ないのは、神道との関係であろう。殊に、伊勢神道の論理形成に道家思想が本質的とも言える影響を及ぼしている。この点については夙に、高橋美由紀氏が『大元神一秘書』の引用典籍、『伊勢二所太神宮神名秘書』及び所謂「神道五部書」の文辞の検証を踏まえて明らかにされた(69)。その検証の過程で、『大元神一秘書』では、河上公注の引用が『老子述義』とともに圧倒的に多いこと、『神名秘書』及び「神道五部書」では、神観に関わる根幹の部分において、『老子』、なかんずく河上公注の道の観念の影響が顕著である点を指摘されている。其の指摘は、河上公注が、教養的修辞、講学学問という表層より、深く日本的思惟の基層にまで浸透して影響を及ぼしている事実を顕かに示し、思想史上の深刻な問題として深重な関心と興味を抱かざるを得ない。そして又、このように神道社家にあっても、依用された『老子』のテキストは河上公注本にほかならなかったと言えるのである。

所述のように日本においては、中古中世を通じ河上公注本が『老子道德經』の殆ど唯一のテキストとして、公卿地下又禅林緇流の間で広く通用され、また博士家を中心とした師資相承の老子講学を全面的に担って来た。更に、日本的思惟の淵源の一つとも言える神道思想、特に伊勢神道の基本理念の形成に甚大な影響を及ぼしている。延いては、文学芸能の面で、それが断章主義の傾向が濃厚であったとしても、老荘、或いは道家の思想を伴って瀰漫浸潤して行ったのである。河上公注受容に因る影響は、歴史的に連綿と、学芸面では広範に、思想面でも深層にまで及んでいたと言えるであろう。

四、古鈔本に見る享受の実相

『老子道德經』享受の諸相がその講述誦習を介していることを思えば、その伝授受講の過程で作成された書写筆録本が当然その表象として注目される。そこに書き留められた本文、また訓点注説等の書入れ、或いは口述注釈は受容の内実を具体的に示しているはずである。幸いに、伝来の数多の古鈔本が現存している。此の古鈔本こそ、中古中世において使用された本文をほぼその儘に、講習された内容の一端を書入れとして忠実に伝えるもので、往時の享受の在り方を具現する遺籍として重視されるべきは言う迄もない事であろう。

古鈔本の本文については、その淵源は舶載の唐鈔本に求められ、現今通行している宋建安虞氏刊本系の諸本とは明らかに異なる別系の一類を成している。しかし、飛鳥・奈良、平安時代初期の間に唐鈔本が渡来したのは一度とは限らないであろうし、当然複数の本が将来されていたと想察せられる。写本であれば異同の全くない同一本であったとは考えられず、早くから異本と認めうる伝本が存在していたこと、具平親王撰『弘決外典鈔』に河上公注を引き一本との同異を注記していることによって窺える（96頁参照）。さらには、博士家における伝授に伴い、藤原家[70]、大江家、菅原家、中原家、清原家等諸家に証本が伝えられ、同じ家にあっても伝写相伝の間に一再と無く本文上の遷移を来し、また家間の交流もはかられたようでもあり、現存伝本を閲する限りにおいてはどの本も諸家本混交雑糅した様相を呈するに至っている。学術の交流は博士家釈家社家の間で不断になされていたのであって、本文の変易は釈家学侶或いは神道家によって用いられたテキストにも通じて言えることであろう。加えて、遣唐使廃絶後も渤海使の来朝は引続き、入唐・入宋僧、来朝帰化僧、唐商・宋商の往来、元明との交流の間に新たな鈔本或いは宋元明刊本が将来されたことは容易に想像でき、これら新来の諸本本文の影響も窺われる。従って、古鈔本と汎称して単一のテキストとは看做し難いこと、上述した如くである（緒論 四課題と目的 ㈢古鈔本校勘の難しさ）。しかしながら、大局的に見れば、唐鈔本に緊密する河上公本のテキストが老子を解釈する基盤としてあった。本邦に於ける老子受容に関しては此の事実を先ず銘記しておかなければならない。

ここで、現在知られている古鈔本を一覧しておきたい。本稿で便宜使用する略称と緒論七「対校諸本略解題」で冠した番号を下段に付記する。

正倉院聖語蔵〔鎌倉〕写本　存巻下一軸	聖語	19
杏雨書屋蔵（内藤湖南旧蔵）〔鎌倉末〕写　存巻上道経零巻一軸	杏Ⅰ	22
梅沢記念館蔵（戸川濱男旧蔵）應安六年（一三七三）写本二冊	梅沢	12
斯道文庫蔵〔南北朝〕写康應二年（一三九〇）施入識語本二冊	斯Ⅰ	21
宮内庁書陵部蔵〔室町〕写至徳三年（一三八六）識語本二冊	書陵	4
足利学校遺蹟図書館蔵〔室町〕写本二冊	足利	7
瀧川君山・武内義雄旧蔵〔室町〕写本一冊	武内	16
大東急記念文庫蔵〔室町〕写本二冊	東急	20
阪本龍門文庫蔵〔室町中期〕写本　存首一巻一冊	龍門	5
杏雨書屋蔵（内藤湖南旧蔵）〔室町中期〕写本 存巻下徳経一冊	杏Ⅱ	8
慶應義塾図書館蔵大永五年（一五二五）写本　存首一巻一冊	慶Ⅱ	15
無窮会図書館蔵（井上頼圀旧蔵）〔近世初〕伝写天文五年（一五三六）書写清家本 一冊	無窮	6

伝本	略称	番号
斯道文庫蔵（伊藤有不爲齋・戸川濱男旧蔵）天文一五年（一五四六）写本二冊	斯Ⅱ	11
筑波大学附属図書館蔵天文二一年（一五五二）写本一冊	筑波	9
慶應義塾図書館蔵（戸川濱男旧蔵）天正六年（一五七八）足利学校南春写本一冊	慶Ⅰ	13
大東文化大学図書館蔵天正六年（一五七八）足利学校真瑞写本一冊　宝素堂旧蔵経籍訪古志著録本	大東	14
東洋文庫蔵〔室町末〕甲州七覚山釈亮信令写本一冊	東洋	18
東京大学総合図書館蔵（南葵文庫旧蔵）〔室町末〕写本 一冊	東大	17
戸川濱男旧蔵〔室町末〕写元和五年（一六一九）付与識語本合一冊	弘文	10
陽明文庫蔵〔室町末近世初〕写本二冊	陽Ⅰ	3
仁和寺蔵〔室町末近世初〕写本一冊	仁和	25
諫早市立図書館蔵〔近世初〕写本一冊[71]		
六地蔵寺蔵〔室町末〕写単経本一冊	六地	23
陽明文庫蔵〔近世初〕写単経本一冊	陽Ⅱ	24

伝本間の系統関係は、〔慶Ⅰ〕〔大東〕が殆ど同本と認められることを除いては、詳細は判明せず、ほぼ書写年次にしたがって羅列したままである。書承系統関係の解明は今後の大きな課題であろう。

鎌倉時代を遡る伝本は知られていないが、諸本の内には、往々諸家の訓法、注説、校異の書入れが見られ、それを収集整理比較することによって王朝以来の本書享受の実態を具体的に辿ることが可能であろう。かかる研究の成果として、訓法に特化されたものではあるが、小林芳規氏の業績が優れて貴重である。氏は、訓読資料として圖書寮本類聚名義抄所載老子訓、金澤文庫本羣書治要巻三十四所収老子、梅澤彦太郎氏蔵應安六年本老子（即ち〔梅沢〕）、書陵部蔵老子經至德三年點本（即ち〔書陵〕）を取り上げ、清原家、中原家、藤原（式）家、大江家の老子訓法の系統と特色を顕かにされた（『平安鎌倉時代に於ける漢籍訓讀の國語史的研究』第四章第四節第六項老子經の古訓法 参照）。しかし、その諸家訓説の対象となりそれを体現したテキスト如何と言うことになれば、管見古鈔本に拠る限り、本文と書入れ内容との関係において、整合性が認められないなど不審不明な点が少なくない。この事についても、本文の複雑さと校勘の必要性に関連して上述した通りである（緒論 四課題と目的 ㈢古鈔本校勘の難しさ）。

書入れについては、同文若しくは同意の注説が複数の古鈔本に通じて所見される。この事はとりもなおさず旧説相伝弘通の結果であり、その出自伝写の経緯は個々の書写情況を踏まえた仔細な検討整理が必要であろう。古鈔本を媒体とした書入れは、室町時代を通して累増移変し、或いは一部旧説の亡逸も有ったであろうが、古活字版の誦読にまで承受されている（古活字版への書入れについては「各論」に於いて詳述する）のであって、本文系統とは切り離した書承関係が考えられなければならず、今後の考察が俟たれる。此処では、訓法の書入れを除いて一般的に通じて言えることについて概略を述べ、本書受容の側面を窺う為の手だてとしたい。

先ず、校異の書入れが注目されよう。古鈔本の多くに「才本」「摺本」「唐本」「江本」「中本」「古本」「家古本」「一本」「或本」「イ本」等の標記のもとに校異の書き入れが見られる。「才本」「摺本」「唐本」とは、此の校異が行われた当時（室町以前からの累次の比校が反映されていると考えられる）既に舶載され見存していた宋刊本或いは元明刊本を指すであろう。「江本」の標記は言う迄もなく大江家証本を指し〔杏Ⅰ・梅沢・書陵・足利・武内・杏Ⅱ・大東・慶Ⅰ・東洋〕の諸本に見え、「中本」とは中原家本で〔杏Ⅰ・書陵・東洋〕に見える。「古本」「家古本」とは清原家説に見える標記で、〔杏Ⅰ・書陵・足利・慶Ⅱ・東洋〕に認められ、書き入れがなされた当時の今本清家本に対する古本そのものか、或いは古本本文に関する相承記録が存在したものと解される。また〔東洋〕には「宣賢本」との標記も見られる。「一本」「或本」「イ本」等は諸本に頻出し、また対校本を示さない異文の書入れも多い。中古中世を通じて本書誦読に当たって異本異文には細心な注意が払われていたものと言えるであろう。

次いで諸家諸書注説の引用が、本書享受の実相を具体的に伝え重要であろう。上述したように諸家説の甄別は現状では困難であるが、〔杏Ⅰ・書陵〕の書入れと〔東洋〕に見る墨筆青筆両書入れの内の青筆は、東洋文庫蔵小津桂窓旧蔵古活字版への書入れ（「各論」六にて詳述）と其の内容の多くが重複し、内に「江本」「中本」「家古本」「古本」「宣賢本」等の標記が見えることから代々の清原家説と考えて誤らないと思われる。平安時代以来折々の清家講説が累加相承され或いは捨象されて書入れとして集約伝写されていったものであろう。そして、その内には、少ないながら異説として大江、中原、菅家説への言及が認められる。

また、例は少ないが〔東洋〕の書入れに見られる「師説」の標記が注目される。例えば、第四十章経文句「有生於無」下の河上公注「本勝於葉」の「葉」字（但、古活字版他「華」に作る本もある）に就いて、「師説ｌハ末也」とあり、第八十章経文句「人之器而不用」の「之」字を釈して「師説ｌ付也」との書入れをみる。また、第一章経文「無名天地之始」句下の注「天地始者道吐氣布化出於虚無爲天地本始也」冒頭の「天地」両字について〔武内〕眉上に「師云天地異本或无天地両字述義同レ之无キ者為レ優マサレリ何者句末有天地不レ可二重出一也」の講説が存し、殆ど同文の書入れが〔杏Ⅰ・慶Ⅱ・大東・慶Ⅰ〕にも見える。此の「師云」も「師説」と同意に解してよいように思われる。「師説」とは大学寮での講説内容を伝えるものとされている。[72]『老子』はそこでの教科には含まれておらず、講述の具体的な場を想定することは難しいが、或いは上述した滋野安成の侍従所での講義に連なるものなのかとも推量される。何れにしても平安時代初期に遡る旧時の教授内容が相承されたものであろう。そして、その講説が注文にまで及んでいる事実は当時の公卿学者の間での老子講読には河上公注本が準用されていたことを証するものであろう。

その他「述」「述云」「述本」「述作」「述義」「賈大隠云」「賈云」、「嚴遵本」「嚴遵作」、「王本」「王作」「王弼云」「王弼本」「王弼作」「王弼注」、「顧云」「顧作」、「梁武」「簡文云」「簡文作」「梁簡」「梁氏作」、「陸」「陸云」「陸作」「陸本」、「疏云」「疏」、「玄宗注云」、「王云」「王雱云」、「新」「亲」「口義」等の略符を冠して老子末書の引用或いは異文注記が散見する。河上公注本本文に疎通するために研修考覈された果実であって、教授講習の内実の一端を具体的に示している。

先ず、「述」「述云」「述本」「述作」「述義」「賈大隠云」「賈云」等と標記されて〔杏Ⅰ・梅沢・書陵・足利・武内・杏Ⅱ・慶Ⅱ・大東・慶Ⅰ・東洋〕の諸本に亙って頻出する唐賈大隠撰『老子述義』[73]が注目されよう。『日本國見在書目録』に「老子述義十賈大隠撰」と著録される同書は、早くは、善珠撰『唯識義燈増明記』に引証され（93頁参照）、具平親王撰『弘決外典鈔』、成安の『三教指帰注集』、覚明の『三教指帰注』、信瑞の『浄土三部經音義集』、智照の『演義鈔外典鈔』、湛睿撰『華嚴演義鈔纂釋』、『台宗三大部外典要勘鈔』に、また『大元神一秘書』『類聚神祇本源』及び所謂「神道五部書」等仏書、神道書に引文が認められ、また、藤原頼長が河上公注とともに合わせ精読したらしいこと（本章注48参照）等、先に少しく触れておいた通りであり、従来より諸氏の注目指摘するところで、逸文の蒐輯が進められている。湛睿が「賈太隠作述義一十三巻。弘河公宗致。即和國相承以此述義爲依憑。」と述べているように（107頁参照）、河上公注に基づいてそれを祖述敷衍した注釈書として、奈良時代末から平安鎌倉時代を通じてよく用いられた。注釈内容は音釈、義釈、嚴遵本・王弼本との異同に及び、『老子』特にその河上公注の修得には欠かせない恰好の参考図書であったようで、古鈔本の書入れに多見するのもそのことを裏付けている。しかし、現存している古鈔本の内その大半が書写された室町中期には、既に逸書であった[74]。〔武内〕の「老子經序」首題下には「葛洪序　見述義」とあるが、その右旁に「述義」を釈して「賈大隠作今世ニハナシ」との書入れがあることに拠って明らかであろう。伝を佚した後も口述・書入れを通して、上代以来受容されてきた「述義」の注説が依然と行われていたのである。

「嚴遵本」「嚴遵作」は、後漢の嚴遵撰『老子指歸』所掲経文との同異を示しており、〈杏Ⅰ・梅沢・武内・慶Ⅱ・大東・慶Ⅰ・東洋〉の諸本に亙って計九条が認められるが、いずれも「述云（曰）」を冠する引文の内にあり『述義』の所校に拠っている。『日本國見在書目録』に「老子指歸十三 後漢嚴尊撰（尊當作遵）」と著録され平安時代初期に本邦に伝存していたことは明らかであるが、同書と直接対校された校記ではない。

「王本」「王作」「王弼云」「王弼本」「王弼作」「王弼注」等の標記は魏王弼の注説及びその所用経本との校異である。『日本國見在書目録』には「老子一 王弼注」「老子義疏八 王弼」が著録され平安時代初期までには請来され、受容されている。しかし、古鈔本に遺された書入れ文（管見の限りで〈杏Ⅰ・梅沢・斯Ⅰ・足利・杏Ⅱ・慶Ⅱ・大東・慶Ⅰ・東洋・弘文〉の諸本に亙り凡そ四十条を認める）が直接原書に依拠した校異注釈を含んでいるのかどうか明証は得られない。引用の殆どが河上公本との校異注又は音釈であり釈義に亙る内容は極少数で(75)、多くは、「述義云」或いは「賈云」以下『述義』を引いた文中に含まれる。単独であるように見える引用も注記様式は類同し、全てが『述義』校注からの転借でないとは、言い切れず、尚検証を必要とする。

「顧云」「顧作」を冠した書入れが〈杏Ⅰ・梅沢・足利・武内・杏Ⅱ・大東・慶Ⅰ・慶Ⅱ・東洋〉の諸本に見え、校異、音釈、義釈等凡そ十五条程が確認される。「顧」の標記からは、『隋書經籍志』著録の「老子義綱一巻　顧歡撰」及び「老子義疏一巻　顧歡撰」が思い浮かぶが共に佚書である。これまでに蒐輯されている「顧歡注」逸文一六九条(76)の内には一致する文辞は見出せず、また、顧姓の老子注家として六朝末の顧越(77)〈斉永明一一年〈四九三〉生、陳太建一年〈五六九〉没〉が知られ、唐人注疏家に王顧(78)の名も伝わり、「顧」即ち「顧歡」と直ちに断定することは危ぶまれる。しかし、これが顧歡注であって、『日本國見在書目録』には載らないものの、はやく本邦へ伝来し受容された可能性について考慮に入れておく必要はあろうと想われる。そうであれば「顧歡注」逸文十五条が新たに加えられることになる。顧歡[79]（劉宋永初元年〈四二〇〉生、齊永明元年〈四八三〉没）、字は景怡、呉郡鹽官の人。『夷夏論』の著書で知られる南朝の道士である。

「梁武」は『日本國見在書目録』著録の「老子義疏八梁武帝撰」の引用であろう。『隋書經籍志』の「老子講疏六巻梁武帝撰」と同書と想われるが、逸書であり明証は得られない。〔慶Ⅱ・東洋〕にそれぞれ一条計二文を認め、いずれも反切音注である。藤原高男「輯佚老子古注篇」（『高松工業高等専門学校研究紀要』第一号）には『經典釋文』から音注校異四条の「梁武帝注」を輯めているが、此の引文によって僅少ながら二条が補充される。

「簡文云」「簡文作」「梁簡」とは、『隋書經籍志』に亡書として載る「老子私記十巻　梁簡文帝撰」と考えられ『日本國見在書目録』にも巻数、撰者名を佚して著録されている。総て四条〔杏Ⅰ・梅沢・足利・慶Ⅱ・大東・慶Ⅰ〕に亙って見える。唯、「梁簡」の一条は「賈云」に続く文で『述義』からの引載である。「輯佚老子古注篇」は『經典釋文』から音義注二十条の「梁簡文帝注」を輯めるが、新たに此の四条を補充することが出来る。「梁氏作」の一条は梁武・梁簡何れであるか或いは両本同文の意であるのか判別しかねる。

「陸」「陸云」「陸作」「陸本」は唐陸徳明撰『經典釋文』老子音義からの音注・義注・校異注の引用である。〔杏Ⅰ・足利・武内・慶Ⅱ・大東・慶Ⅰ・東洋〕の諸本の内に二十条足らずが確認できる。その他「陸」を標しない音釈の書入れで『釋文』に一致する場合も数多く、同書からの引用は此の数を遙かに超えるものと思われる。しかし、異なる事例も少なくなく、音注書入れの出所についてはなお検証を要しよう。

「疏云」「疏」を冠する書入れは〔梅沢・書陵・杏Ⅱ・大東・慶Ⅰ・東洋〕に十七条ほどが認められる。その引文は唐強思齊編『道德眞經玄德纂疏』二十巻或いは、「呉郡顧歡述」と題する『道德眞經注疏』八巻、宋李霖編『道德眞經取善集』十二巻収載の唐成玄英の疏文中に見え、敦煌出土の成玄英撰『老子道德經義疏』存巻五殘巻（P二五一七）の文辞とも一致する。従って、此の「疏」を標する書入れは成玄英の義疏であることは疑いない。同人撰の『莊子疏』が『日本國見在書目録』に著録をみて平安時代初期以来受容され、郭象注を祖述敷衍する好個の注釈書として中古中世に亙ってよく利用されたことは周知であろう。伝来本も金沢文庫本〔鎌倉〕写『南華眞經注疏』を筆頭に古鈔本数部が現存し、また金沢文庫本〔南宋〕刊本も知られる。[80] しかし、玄英撰『老子道德經義疏』の伝来本は未だ確認されていない。此の書入れ注の存在は、同書も早く本邦に舶載され、遅くとも南北朝頃には受容されて河上公注本の誦読に参用されていた事実を証するものである。敦煌本零巻（P二五一七）の他には伝本は佚失して伝わらず[81]、逸文校勘資料としても注目されよう。成玄英、字は子実、西華法師と称し、陝州の人。唐高宗貞觀中に活躍した道士である。[82]

「玄宗注云」と標記する書入れは、第六十二章の経文「雖有拱璧以先駟馬不如坐進此道」の釈義として、「玄宗注云三公輔佐以合拱之璧先道駟乗之馬以献之猶不如坐進此無為之道於君以他人爾」の引文一条が〔杏Ⅱ・大東・慶Ⅰ〕に遺存する。『日本國見在書目録』著録「老子二（玄宗御注）」の伝来本は知られていないが、中世までの間に受容され参勘利用されていた具体的な事例として注目されてよいであろう。

「王雱云」は〔武内・慶Ⅱ・大東・慶Ⅰ・東洋〕の諸本に通じて計六条が存する。また「王云」を標する書入れ凡そ三十条を上の同じ諸本及び〔杏Ⅱ〕に認めるが、此れは宋人の編纂した『道德真経集註』十巻（元符元年〈一〇九八〉十月一日前權英州軍事判官梁迵の後序を付す、編撰者名不詳）に収載される「雱曰」に続く注解と一致することに拠って、王弼注ではなくして、王雱説と判明する。宋王雱（慶曆四年〈一〇四四〉生、熙寧九年〈一〇七六〉没）は王安石の子、字は元澤。『宋史』巻三百二十七王安石伝に付す雱伝には、『老子訓傳』を著し、父安石と謀り「注道德經」を刊行したことが見える。[83] 北宋神宗熙寧年間（一〇六八－一〇七七）のことである。「老子訓傳」「注道德經」は同書と思われるが彼我において佚して伝わらない。王雱老子注は僅かに道蔵中に収められて伝わる上記『道徳真経集註』採録の同注に拠って知られるのみである。入宋僧に由ってか、或いは搢紳学者の求めに応じた宋商に由って齎されたものなのか、同書渡来の事情について未だ諸記録に徴するを得ないが、此の古鈔本への伝承書入れの存在は、嘗て日本に伝来し、老子講学に利用された事実を確実に証するものである。老子享受史の面からも、漢籍受容史の一齣としてみても看過できない史実であろう。

「新」「亲」「新注」「口義」の標識を冠する書入れは、宋林希逸撰『老子鬳齋口義』からの引文であり、〔足利・武内・杏Ⅱ・慶Ⅱ・慶Ⅰ・大東・東洋・東大〕の諸本に亙って凡そ三十五条ほどが認められる。そのうちの〔慶Ⅰ・大東・東洋〕と〔筑波〕には、巻首に林希逸自撰の解題を兼ねた序文「老子経口義発題」が置かれ、また、〔武内〕には、巻首部分の書眉に此の「発題」の全文が数葉にわたって移写されている。室町中後期以後の書写本に認められる「老子経口義発題」の採録と希逸注説の書入れは、当時における老子注釈学問の潮流の変容を示しているようである。林希逸鬳齋口義への関心の高まりは、上に瞥見したように鎌倉末南北朝頃の恐らくは禅林に曙光をみるものと想われ(104頁、本章注59・60参照)、その後漸然と諸方面へ浸潤してゆき、『老子』習読の上で、新注としてより広く参照準用されるに至ったのであろう。「亲」、「新」或いは「新注」との略符は、旧注即ち河上公章句に対する、新しい釈注であるとの含意が明らかに窺え、室町期当時に於ける新学の趨勢を端的に示している。しかし、この段階では未だ旧注修読の為の参勘資料としての受容に留まるものであった。

五、『老子經抄』

中古より以来、博士家、禪門釋氏、社家に於いて、河上公注本に依拠した『老子』の修学講述が重ねられてきたはずである。その具体的な講述内容は殆ど失われて伝わらないが、古鈔本の書入れによって僅かに窺測出来るほかには抄物として唯一、清原宣賢撰とされる『老子經抄』が知られている。此の『老子經抄』については、既に別稿に紹介し、また先に少しく言及したところでもあるが（103頁、本章注55参照）、河上公注老子の受容という見地から、再度見つめ直しておきたい。詳細については前稿を参照して頂きたい。

『老子經抄』二巻は、「老子道徳經二巻　旧題漢河上公章句」の講述聞書体による注釈書、所謂仮名抄である。邦人が撰述せる同書の注釈書としては、現存する同類諸書の内、成立時期が最も早く、中世期の老子解釈の典型を示す稀少な文献資料として属目される。次の伝存三本が管見に入る。

老子經抄　二巻　〔室町末近世初〕写　一冊　船橋秀相手択本　京都大学附属図書館蔵清家文庫
同　　　　　　　〔室町末近世初〕写　二冊　近衛信尹所持本　財団法人陽明文庫蔵
同　　　　　　　〔近世初〕写　　　一冊　竹中重門旧蔵本　京都大学文学部国文学研究室蔵

この他、現在所在は明らかでないが、武内義雄博士が嘗て所見された大阪図書館蔵の慶長古活字版（現所在不詳、第一章注1参照）欄外への書入れは、此の『老子經抄』に拠るものと推測される。少なくとも『老子經抄』の一部が移写されたものであることは間違いないであろう。(84)

本注釈は室町期に成立したものではあるが、その時期より以前に於いて累積されて来た、博士家を中心とする伝来の訓説解釈を「先儒」の説、「家ノ点」として相承踏襲している。相承された旧来説は悉く河上公注本に応じるものであって、このことに拠っても室町以前における老子学が河上公注本を基盤として成り立っていたことが確認されるであろう。その一方で新たな弁正を加える等、旧説には拘泥しない講述者の態度も伺われる。

本抄には、「句義」と称し林希逸の口義注説を異説として引証するところが散見し、本旨は河上公注本の疏釈でありながら、希逸注が新注として参勘採用されており「鬳齋口義」流行の萌芽を認め得る。上述したように、「鬳齋口義」は室町中後期以後書写の老子古鈔本に書入れとして見られるようになるが、此の『老子經抄』に於いても、比較的早い時期の新注受容の一端をはっきりと確認できる。しかし此れも、河上公注本を介しての受容であった。

また、学僧とおぼしき一睦、自牧、則圓、王德等、その事跡経歴は未だ詳らかにしないが、本抄講述者と略同時代の諸家の注説に言及、批判するところがある。その他に、説者の名は明記しないが「或説」「或人」「遠侍者」「遠者」の解釈、異説別解異訓を参勘批評するところも見られる。これらの事から、今は伝わらない当時の講説或いは注釈書が思いの外多数存在した事が想察されるのであり、室町期における老子講筵の盛況を垣間見る事が出来るであろう。そして本抄講述者が批評するこれら諸家説の多くが、河上公注説に言及している。

本書は、中世以前に於ける老子学の蓄積を集約するとともに、近世に隆昌する新たな学問潮流の機兆を孕み、老子注釈の遷移の具体を示す好個の資料と言う事が出来るであろう。

室町期の老子解釈は、本流として尚、旧来の河上公章句に拠りながら、宋学に誘発されて新生した林希逸の注説を参取導入し、やがてその新注に主流が移行していく過渡期の様相を呈している。このことは、他の經書解釈の変遷移行、即ち宋学の流入興隆とほぼ揆を一にし、当代の学問の動向と密接に関連した現象であると認識されるであろう。

以上見てきたように、河上公注本の講習修読には平安朝以来、主として唐賈大隠の『老子述義』が依用され、直接間接に漢嚴遵、魏王弼、南斉顧歡、梁武帝・簡文帝、唐陸徳明、玄宗等諸家の注説が参照利用され、その講説が鎌倉南北朝室町へと時代を超えて相承されていたと考えられる。唐成玄英、宋王雱注説の伝来の時期は明らかではないが、王雱注に関しては先の諸注より遅れること明らかで、平安末から鎌倉時代にかけての頃であろう。室町期には新注として林希逸口義への関心の昂まりをみるが、依然として河上公本経注本文の理解の為に受容されたもので、新注受容の基盤には河上公注本が存在していたと言える。室町時代は旧注新注共修へ嚮かった時代として位置づけることが可能であろうと想われる。

やがて新注本そのものが講習の対象とされるようになり、慶長元和の近世初期には鬳齋口義の古活字版が四種五版も印行され、林羅山の啓蒙に助長されるように、近世前期に向けて諸版の刊行が相継ぎ一大隆盛の時期を迎えるに至る。[85]一方中古以来相承されてきた旧注の専修は衰微に向かい、本論で対象とする〔慶長〕古活字版の刊行で恰も終止符を打たれるが如き印象を遺している。近世初期という時代は老子学における旧学新学交替の時期と位置づけることが出来るであろう。

扨、〔慶長〕古活字版『老子道德經』の刊行は、我が国における老子学旧学の掉尾を飾る快挙と言ってもよいであろう。日本に於ける『老子』刊行の嚆矢であること、漢籍受容史の一齣としても記憶されてしかるべきとは上述したところである。本序章で概見してきたように、河上公注本には伝来の過程において既に異本が生じており、現存する古鈔本も相互間に錯綜雜糅した本文関係が認められる。その紛綸を解きほぐすためには、此の古活字版の本文を底本とした諸本の校勘が何よりも有効且つ堅実な方法であると予察される。これまた、既述の通りである。この古活字版の態様を諸本と比較校勘する事によって、古鈔本の系統にあるとされる想定を立証確認しその本文を顕彰し周知通用せしめることが、本稿の主たる目的である。先ず本論第一章に於いて、古活字版本文の実相如何について研討しなければならない。

第一章　古活字版本文の実態

第一節　書誌概要

老子道德經（題簽・序・版心題「老子經」）二巻　旧題漢河上公章句〔慶長〕刊　古活字

大本二冊、縹色空押し雷文唐草艶出し表紙（二九・一×二〇・四糎）、印刷題簽（枠内辺一八・一×三・一糎）、「老子經　上（下）」と草体で題さる（陽明文庫蔵本に遺存する元表紙に拠る）。（図版Ⅰ参照）

首に「老子經序」（隔九格に「葛洪」と題署）を冠す。尾跋等後付け無し。

本文巻頭「老子道經上（隔六格）河上公章句」、第二行低二格「體道第一」と章名章次数を題して本文に入る。巻下首は「老子德經下（隔六格）河上公章句」。尾題は首題に同じ。

四周双辺（二〇・九×一五・二糎）、有界、毎半葉七行、行十七字、注小字双行行十七字。版心粗黒口双黒魚尾「老子經上（下）（丁付）」。刊語、刊記、奥付等、出版事情を示す記載は無い。

上下二巻、上巻三十七章、下巻四十四章、通して八十一章分章の構成を取る。各章の章名次数の標記は以下の如くである。

老子道經上

體道第一、　養身第二、　安民第三、　無源第四、　虚用第五、　成象第六、　韜光第七、

図版Ｉ（陽明文庫蔵本表紙）

易性第八、　運夷第九、　能爲第十、　無用第十一、
撿欲第十二、　猒耻第十三、　賛玄第十四、　顯德第十五、
歸根第十六、　淳風第十七、　俗薄第十八、　還淳第十九、
異俗第二十、　虚心第二十一、　益謙第二十二、　虚無第二十三、
苦恩第二十四、　象元第二十五、　重德第二十六、　巧用第二十七、
反朴第二十八、　無爲第二十九、　儉武第三十、　偃武第三十一、
聖德第三十二、　辨德第三十三、　任成第三十四、　仁德第三十五、
微明第三十六、　爲政第三十七

老子德經下

論德第三十八、　法本第三十九、　去用第四十、　同異第四十一、
道化第四十二、　徧用第四十三、　立戒第四十四、　洪德第四十五、
儉慾第四十六、　鑒遠第四十七、　亡知第四十八、　任德第四十九、
貴生第五十、　養德第五十一、　歸元第五十二、　益證第五十三、
修觀第五十四、　玄符第五十五、　玄德第五十六、　淳風第五十七、
順化第五十八、　守道第五十九、　居位第六十、　謙德第六十一、
爲道第六十二、　恩始第六十三、　守微第六十四、　淳德第六十五、
後巳第六十六、　三寶第六十七、　配天第六十八、　玄用第六十九、
知難第七十、　知病第七十一、　愛己第七十二、　任爲第七十三、

制惑第七十四、貪損第七十五、戒強第七十六、天道第七十七、任信第七十八、任契第七十九、獨立第八十、顯質第八十一、

版心部材は二本であったことが、印面より確認され、それが概ね交互に現れている事から、植字台二台を使用し、植字組版、刷印、解体が繰り返されたものと推測される。但、序第一丁から、巻上第七丁迄の首十一丁は一方の版心部材が連続して使用されている。

大小二種の活字を使用、使用された活字の延数は、大字が序八一四字、巻上二、六二八字、巻下三、二〇九字、総数六、六五一字、小字は、巻上七、二七九字、巻下八、三九五字、総数一五、六七四字である。磨滅のやや進行した活字と、新たに作製されたと思われる字画明晰な活字とが混在している。版式と、使用活字の様態から見て、慶長年間後半期の刊行と推定されている。東洋文庫蔵本に加点識語「元和八年二月十一日加朱墨点訖／清家門弟道順」が存し、この紀年から元和八年（一六二二）を下らない事は明らかである。

以下の伝本が知られる。陽明文庫蔵二冊（原装元表紙遺存）、東洋文庫蔵合一冊（和田維四郎旧蔵）、東洋文庫蔵合一冊（小津桂窓旧蔵、清家點書入本）、お茶の水図書館成簣堂文庫蔵二冊（經籍訪書志巻五著録本）、斯道文庫蔵合一冊、宮内庁書陵部蔵合一冊、大東急記念文庫蔵存巻下一冊（稲田福堂旧蔵）。『増補古活字版之研究』著録の菊亭家旧蔵大阪府立図書館所蔵本は現所在不詳。(1)

本版には、以下の明らかな謬字が指摘される。掲出字句中、字の右旁に私に傍点を付して示す。

（老子經序）　①上無所擧（序4オ5 74）　「擧」當作「攀」

（顯德第十五）　②無所不包客也（上12ウ3b 628）　「客」當作「容」

（還淳第十九）　③反初守無（上15オ3a 789）　「無」恐らくは譌、當作「元」

（還淳第十九）④塞貧路閉權門也（上15オ6a805）「貧」當作「貪」
（偃武第三十一）⑤樂教人者（上26オ4a1435）「教」當作「殺」
（知難第七十）⑥吾所言者而易知（下27ウ5a1339）「者」當作「省」
（任信第七十八）⑦愛不祥之殃（下33ウ1a1637）「愛」當作「受」

①②④⑤⑥⑦の誤字は、字形の類似に起因し、③は「元」を「无」と誤認した上で「無」字を使用した事は明らかで、同じく字形の類似から派生した誤りである。しかし、全てが、現存諸本の何れとも一致しないという理由で、本版植工による誤植と見做す事は適当でない。後に詳述する如く、底本としては、後代失われた当時の伝写本が想定されるが、其の底本の書損譌字がそのまま踏襲された可能性も念頭に入れておくべきであろう。例えば③の事例に就いて見れば、〔陽Ⅰ〕の当該字は「元」と見るよりは「无」字と判じざるを得ない。底本が「無」に作っていたとも考えられる。

本古活字版の誤植は、多くとも此の七例に過ぎない。使用総字数に比して、意外に少なく、出版に際しての校勘校正の作業は、思いの外、厳密周到に行われた事実が察せられる。

同　〔慶長〕刊　古活字　異植字版

前掲古活字版とは異植字版の関係にあり、行款程式は殆ど同じである。但、この方は匡郭内辺縦二一・〇糎、横一五・九糎、版心粗黒口双花口魚尾。本版伝本は天理大学附属天理図書館架蔵の大本二冊一本が知られるのみである（図版Ⅱ・Ⅲ参照）。此の版も、二種の版心部材が確認され、交互に解組を繰り返して印行されたと推測される。

なお、行格字数は基本的に前掲版と同じであるが、以下の如く、若干の変動が認められる。任契第七十九経文「而

図版 II

老子經序　葛洪
老子者盖上世之真人也其欲見於世則解
形還神入婦人胞中而更生示有所始當周
之時因母氏楚苦縣厲郷曲仁里李氏女妊
之八十一歳應天太陽暦數而生生有老徵
人皆見其老不見其少欲謂之嬰兒年已八
十矣欲謂之老父又且新生故謂之老子名
重耳字伯陽仕周爲守藏室史孔子適周問
禮於老子老子曰子之所言其人骨已朽矣
獨其言在耳且君子得其人則嘉祥不得其
人則蓬累而行吾聞之良賈深藏若虚君子
盛德容貌若不足去子之驕氣與多欲態色
與淫志是皆無益於子之身也吾所以告子
若是而已孔子去謂諸弟子曰鳥吾知其能

陽明文庫蔵本

老子經序　葛洪
老子者盖上世之真人也其欲見於世則解
形還神入婦人胞中而更生示有所始當周
之時因母氏楚苦縣厲郷曲仁里李氏女妊
之八十一歳應天太陽暦數而生生有老徵
人皆見其老不見其少欲謂之嬰兒年已八
十矣欲謂之老父又且新生故謂之老子名
重耳字伯陽仕周爲守藏室史孔子適周問
禮於老子老子曰子之所言其人骨已朽矣
獨其言在耳且君子得其人則嘉祥不得其
人則蓬累而行吾聞之良賈深藏若虚君子
盛德容貌若不足去子之驕氣與多欲態色
與淫志是皆無益於子之身也吾所以告子
若是而已孔子去謂諸弟子曰鳥吾知其能

天理図書館蔵本（異植字版）

図版 Ⅲ

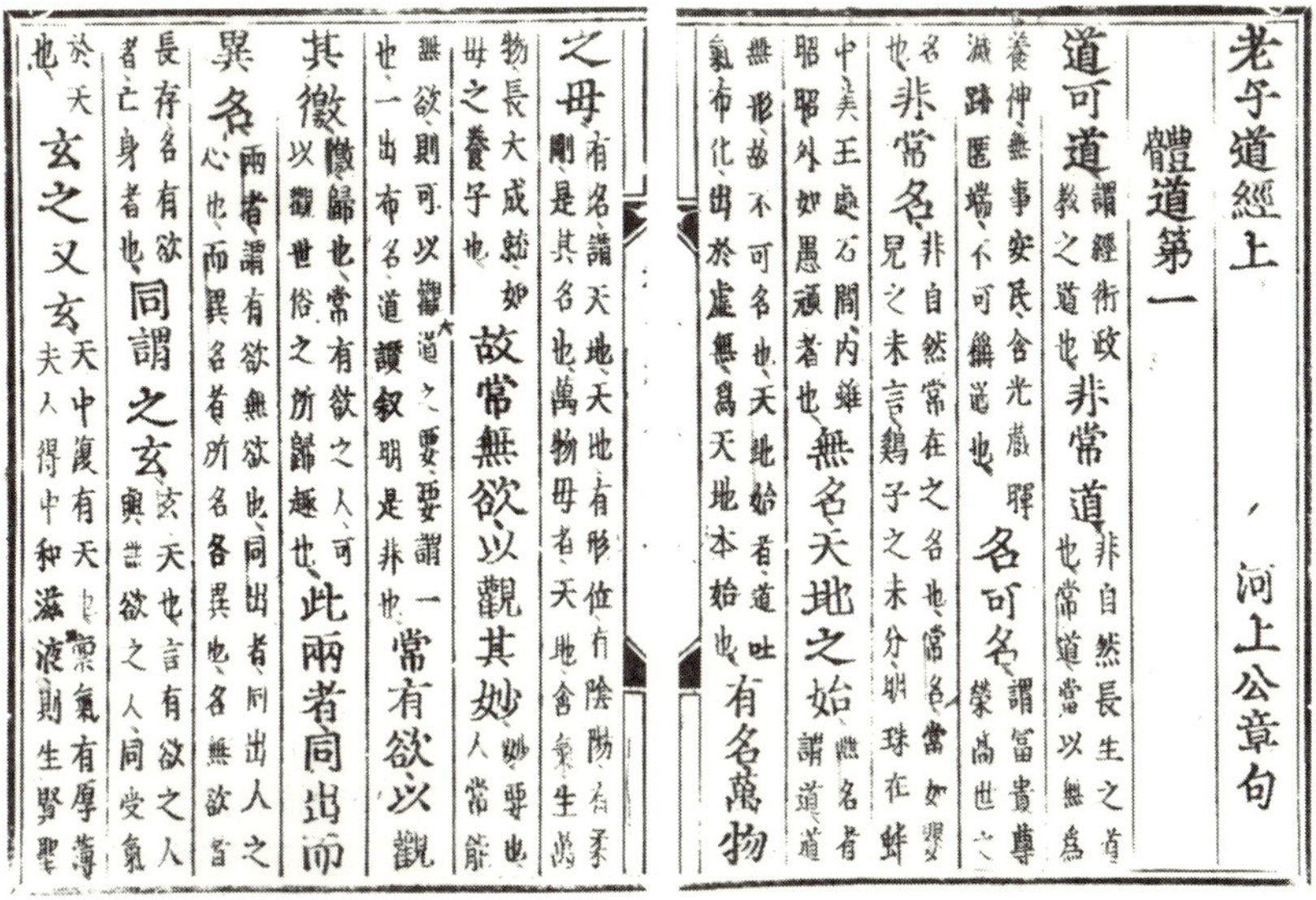

老子道經上
河上公章句
體道第一
道可道謂經術政教之道也非常道非自然長生之道也常道當以無爲
養神無事安民含光藏暉滅跡匿端不可稱道也名可名謂富貴尊榮高世之
名也非常名非自然常在之名也常名當如嬰兒之未言鷄子之未分明珠在蚌
中美玉處石間内雖昭昭外如愚頑者也無名天地之始無名者謂道道
無形故不可名也天地始者道吐氣布化出於虚無爲天地本始也有名萬物
之母有名謂天地天地有形位有陰陽有柔剛是其名也萬物母者天地含氣生萬
物長大成熟如母之養子也故常無欲以觀其妙妙要也人常能
無欲則可以觀道之要要謂一也一出布名道讀叙明是非也常有欲以觀
其徼徼歸也常有欲之人可以觀世俗之所歸趣也此兩者同出而
異名兩者謂有欲無欲也同出者同出人之心也而異名者所名各異也名無欲者
長存名有欲者亡身者也同謂之玄玄天也言有欲之人與無欲之人同受氣
於天也玄之又玄天中復有天也稟氣有厚薄夫人得中和滋液則生賢聖

陽明文庫蔵本

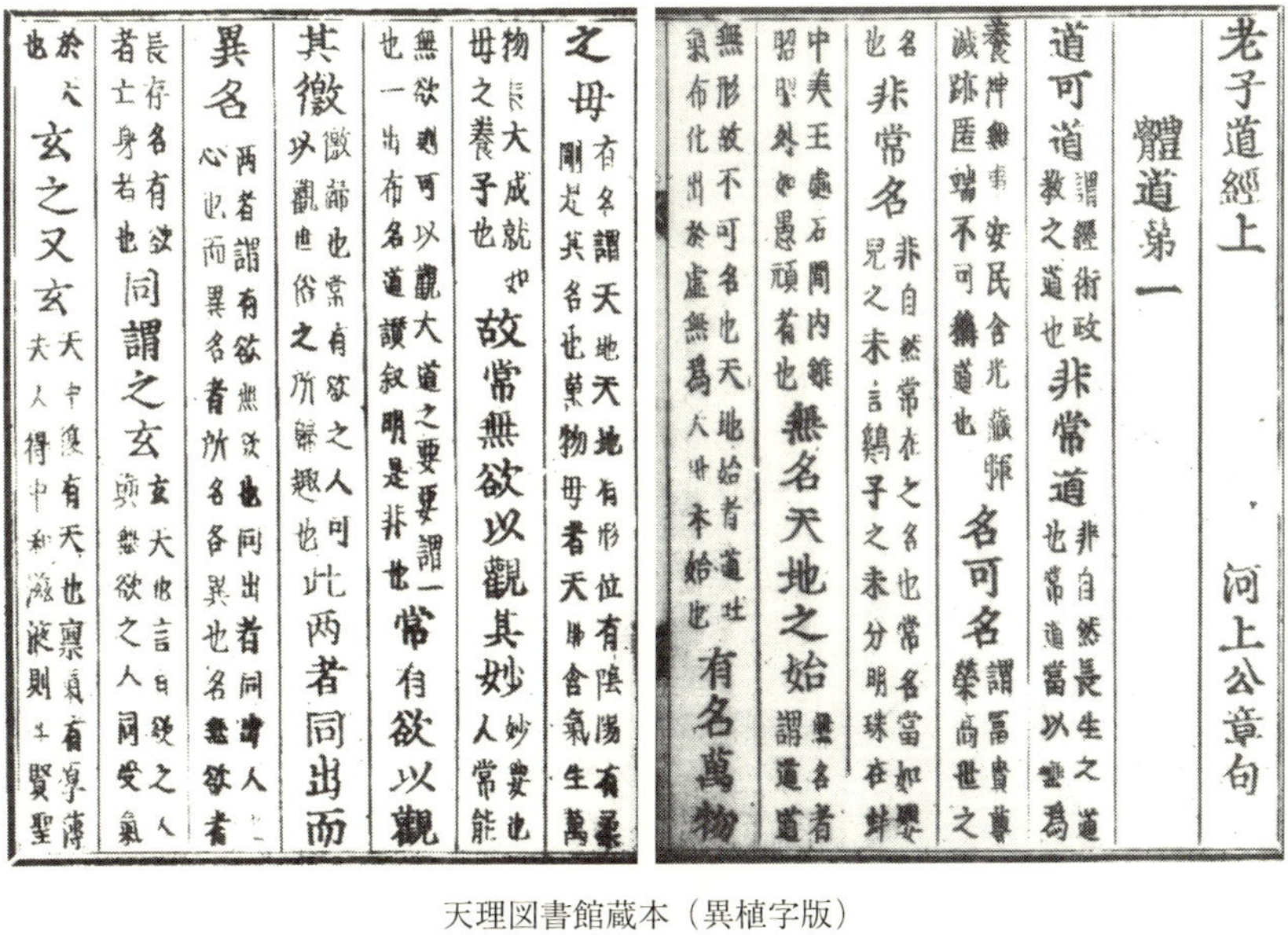

老子道經上
河上公章句
體道第一
道可道謂經術政教之道也非常道非自然長生之道也常道當以無爲
養神無事安民含光藏暉滅跡匿端不可稱道也名可名謂富貴尊榮高世之
名也非常名非自然常在之名也常名當如嬰兒之未言鷄子之未分明珠在蚌
中美玉處石間内雖昭昭外如愚頑者也無名天地之始無名者謂道道
無形故不可名也天地始者道吐氣布化出於虚無爲天地本始也有名萬物
之母有名謂天地天地有形位有陰陽有柔剛是其名也萬物母者天地含氣生萬
物長大成熟如母之養子也故常無欲以觀其妙妙要也人常能
無欲則可以觀大道之要要謂一也一出布名道讀叙明是非也常有欲以觀
其徼徼歸也常有欲之人可以觀世俗之所歸趣也此兩者同出而
異名兩者謂有欲無欲也同出者同出人之心也而異名者所名各異也名無欲者
長存名有欲者亡身者也同謂之玄玄天也言有欲之人與無欲之人同受氣
於天也玄之又玄天中復有天也稟氣有厚薄夫人得中和滋液則生賢聖

天理図書館蔵本（異植字版）

図版 Ⅳ

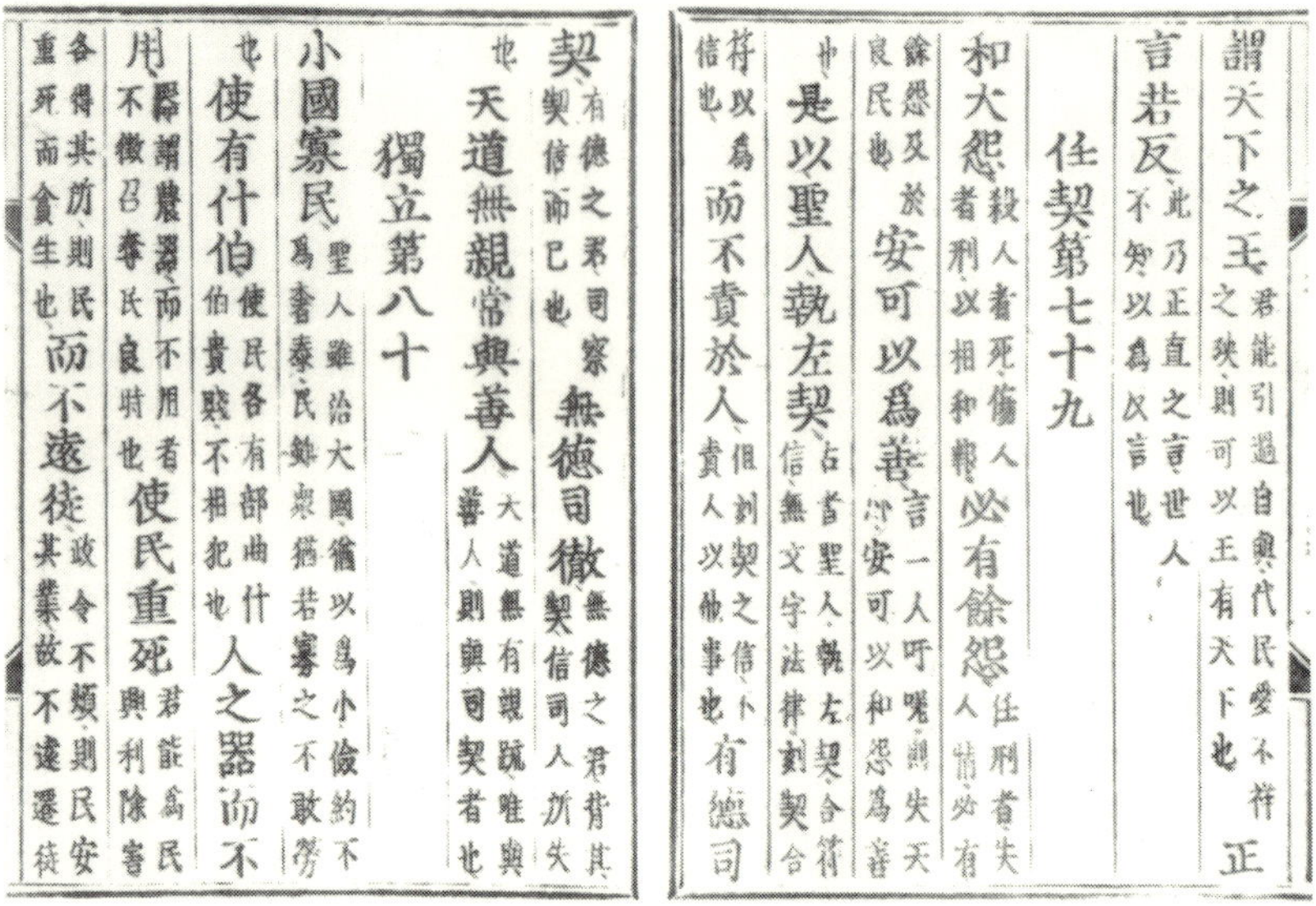

謂天下之王君能引過自與代民受不祥正
言若反此乃正直之言世人不知以爲反言也
任契第七十九
和大怨殺人者死傷人者刑以相和報必有餘怨任刑者失人情必有
餘怨及於良民也安可以爲善言一人吁嗟則失天心安可以和怨爲善
也是以聖人執左契古者聖人執左契合符信無文字法律刻契合
符以爲信也而不責於人但刻契之信不責人以他事也有德司
契有德之君司察契信而已也無德司徹無德之君背其契信司人所失
也天道無親常與善人天道無有親疏唯與善人則與司契者也
獨立第八十
小國寡民聖人雖治大國猶以爲小儉約不爲奢泰民雖衆猶若寡之不敢勞
也使有什伯使民各有部曲什伯貴賤不相犯也人之器而不
用器謂農器而不用者不徵召奪民良時也使民重死君能爲民興利除害
各得其所則民重死而貪生也而不遠徙政令不煩則民安其業故不遠遷徙

陽明文庫蔵本

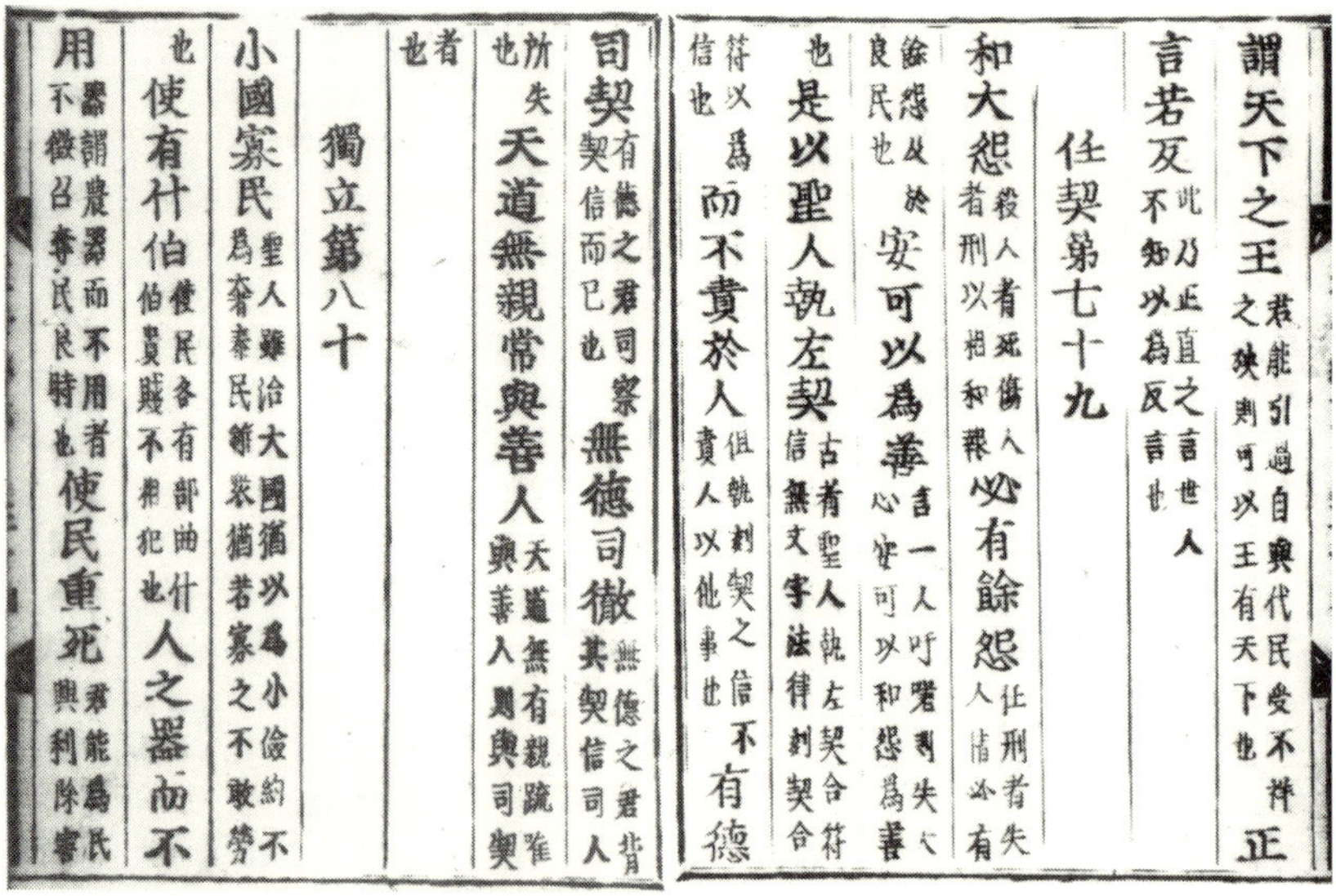

謂天下之王君能引過自與代民受不祥正
言若反此乃正直之言世人不知以爲反言也
任契第七十九
和大怨殺人者死傷人者刑以相和報必有餘怨任刑者失人情必有
餘怨及於良民也安可以爲善言一人吁嗟則失天心安可以和怨爲善
也是以聖人執左契古者聖人執左契合符信無文字法律刻契合
符以爲信也而不責於人但執刻契之信不責人以他事也有德
司契有德之君司察契信而已也無德司徹無德之君背其契信司人
所失也天道無親常與善人天道無有親疏唯與善人則與司契
者也
獨立第八十
小國寡民聖人雖治大國猶以爲小儉約不爲奢泰民雖衆猶若寡之不敢勞
也使有什伯使民各有部曲什伯貴賤不相犯也人之器而不
用器謂農器而不用者不徵召奪民良時也使民重死君能爲民興利除害

天理図書館蔵本（異植字版）

図版 V

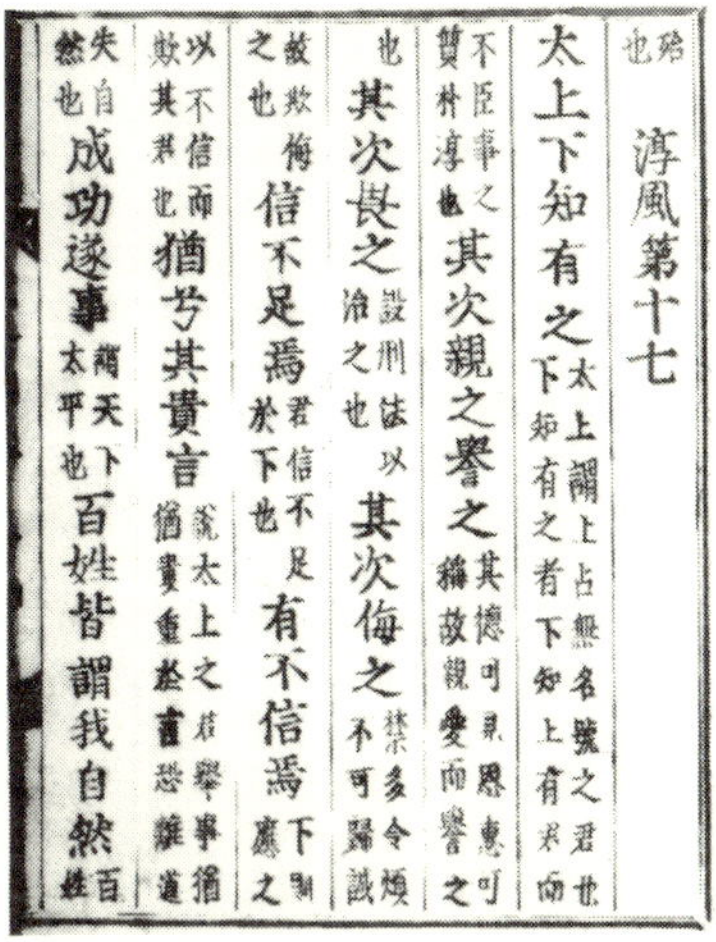
殆也
淳風第十七
太上下知有之太上謂上古無名號之君也下知有之者下知上有君而不臣事之質朴淳也其次親之譽之其德可見恩惠可稱故親愛而譽之也其次畏之設刑法以治之也其次侮之禁多令煩不可歸誠故欺侮之也信不足焉君信不足於下也有不信焉下則應之以不信而欺其君也猶兮其貴言說太上之君舉事猶猶貴重於言恐離道失自然也成功遂事謂天下太平也百姓皆謂我自然百姓

天理図書館蔵本（異植字版）

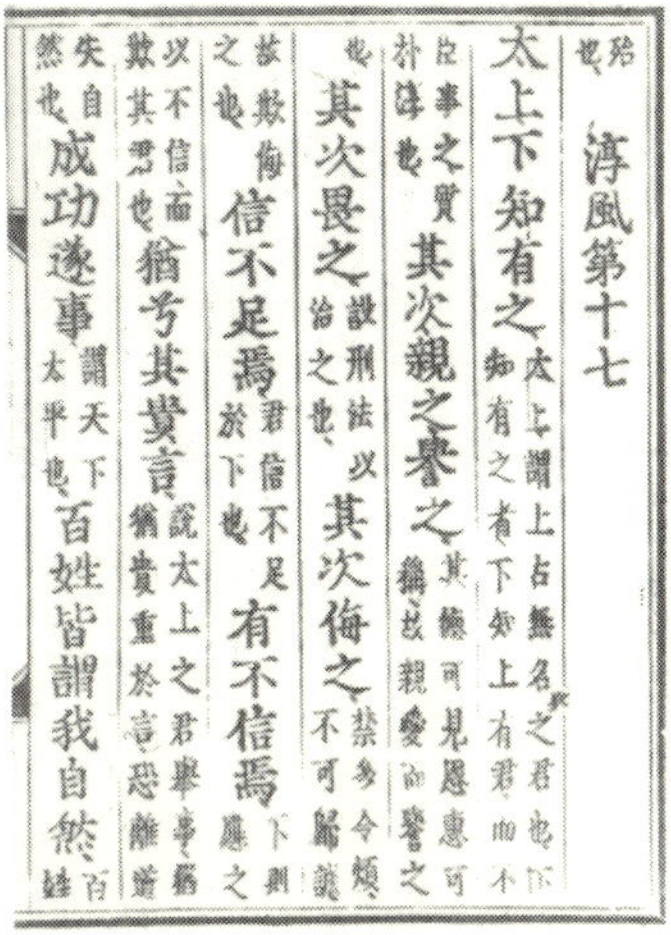
殆也
淳風第十七
太上下知有之太上謂上古無名之君也下知有之者下知上有君而不臣事之質朴淳也其次親之譽之其德可見恩惠可稱故親愛而譽之也其次畏之設刑法以治之也其次侮之禁多令煩不可歸誠故欺侮之也信不足焉君信不足於下也有不信焉下則應之以不信而欺其君也猶兮其貴言說太上之君舉事猶猶貴重於言恐離道失自然也成功遂事謂天下太平也百姓皆謂我自然百姓

陽明文庫蔵本

不責於人」句下注「但刻契之云々」の「但」字下（下33ウ7a）に「執」一字が増入されたためにこの章が一行増え、従って獨立第八十以下、即ち下巻第三四葉表第三行より末尾までの二葉弱が、一行送りとなっている（図版Ⅳ参照）。その外（序3ウ2、「故世四」、「世」損）・（上1ウ3a、「觀道」間「大」増）・（上14オ2a、「名之」間「號」増）（図版Ⅴ参照）・（上15オ5a、「巧詐」間「言」増）・（上19ウ5a、「見所」間「其」増）・（上20ウ7b、「王大」間「亦」増）・（上22ウ5b、「以給」間「爲」増）・（上26ウ1b、「禮上右」、「上」損）・（上27オ7b、「谷與」間「之」増）・（上27ウ3b、「以盛力」、「盛」損）・（下8オ1a、「辨知」間「者」増）・（下8ウ2b、「能自」間「知」増）・（下10オ7b、「用耳」間「其」増）・（下11オ6b、「害也」間「人」増）・（下18ウ3b、「不放」間「爲」増）・（下18ウ7b、「之窮」間「所」増）・（下23オ7a、「不眩」間「欲」増）に文字の増損が有るために、（上1ウ3a）は一字分字間が詰まり（図版Ⅲ参照）、その外は、部分的に順送り或いは繰り上げの状態になっている。

又、上記古活字版と同一個所に同一の活字が使用されている例が意外に多い。例えば、序の第一葉（図版Ⅱ参照）では、「洪」

図版 VI

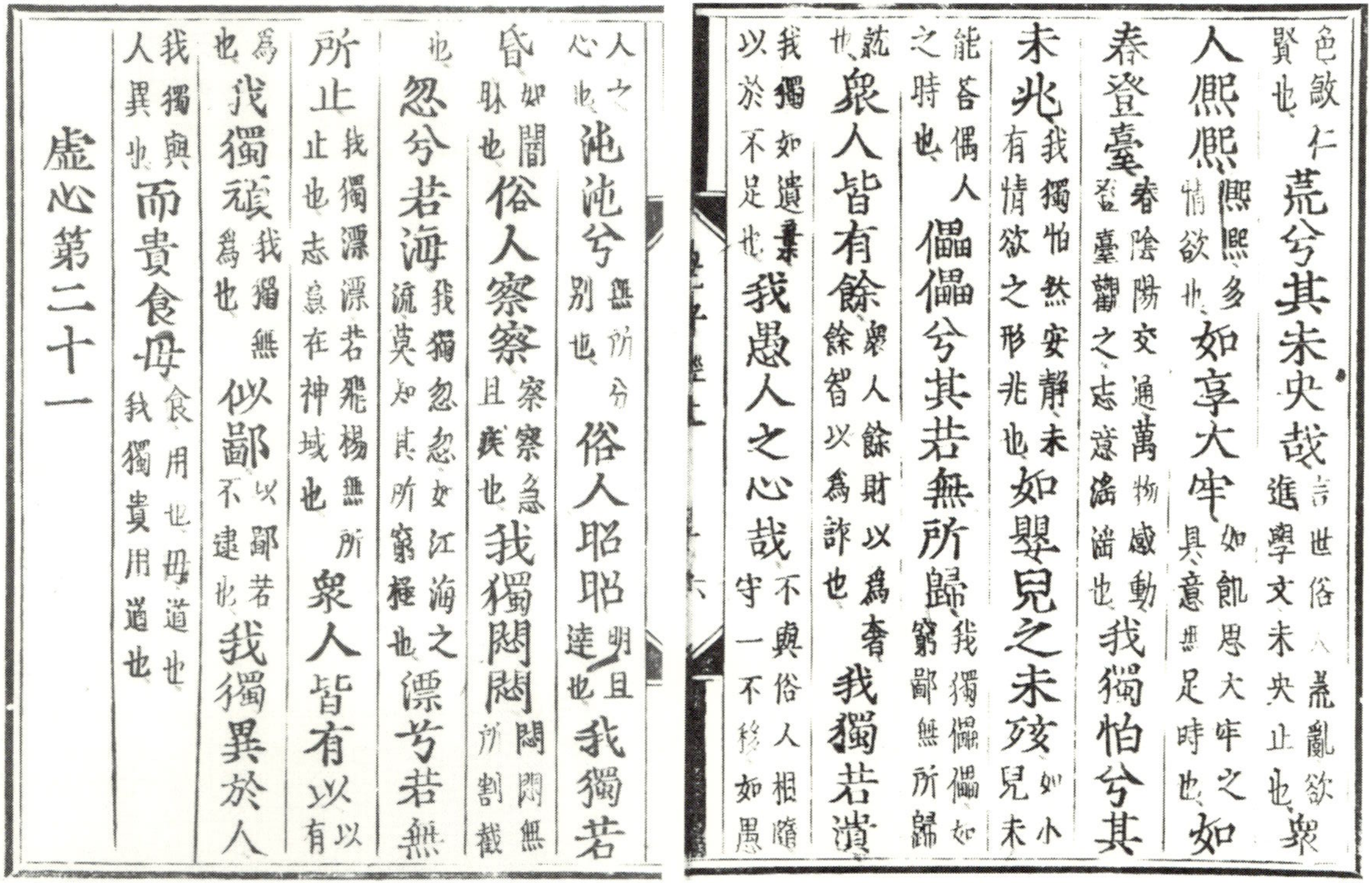
色歛仁賢也荒兮其未央哉言世俗人荒亂欲進學文未央止也衆
人熙熙熙熙情欲多也如享大牢如飢思大牢之具意無足時也如
春登臺春陰陽交通萬物感動登臺觀之志意淫淫也我獨怕兮其
未兆我獨怕然安靜未有情欲之形兆也如嬰兒之未孩如小兒未
能答偶人之時也儡儡兮其若無所歸我獨儡儡如窮鄙無所歸
就也衆人皆有餘衆人餘財以爲奢餘智以爲詐也我獨若遺
我獨如遺棄以於不足也我愚人之心哉不與俗人相隨守一不移如愚
人之心也沌沌兮無所分別也俗人昭昭明且達也我獨若
昏如闇昧也俗人察察察察急且疾也我獨悶悶悶悶無所割截
也忽兮若海我獨忽忽如江海之流莫知其所窮極也漂兮若無
所止我獨漂漂若飛揚無所止也志意在神域也衆人皆有以以有
爲也我獨頑我獨無爲也似鄙以鄙若不達也我獨異於人
我獨與人異也而貴食母食用也母道也我獨貴用道也
虛心第二十一

陽明文庫蔵本

図版 VII

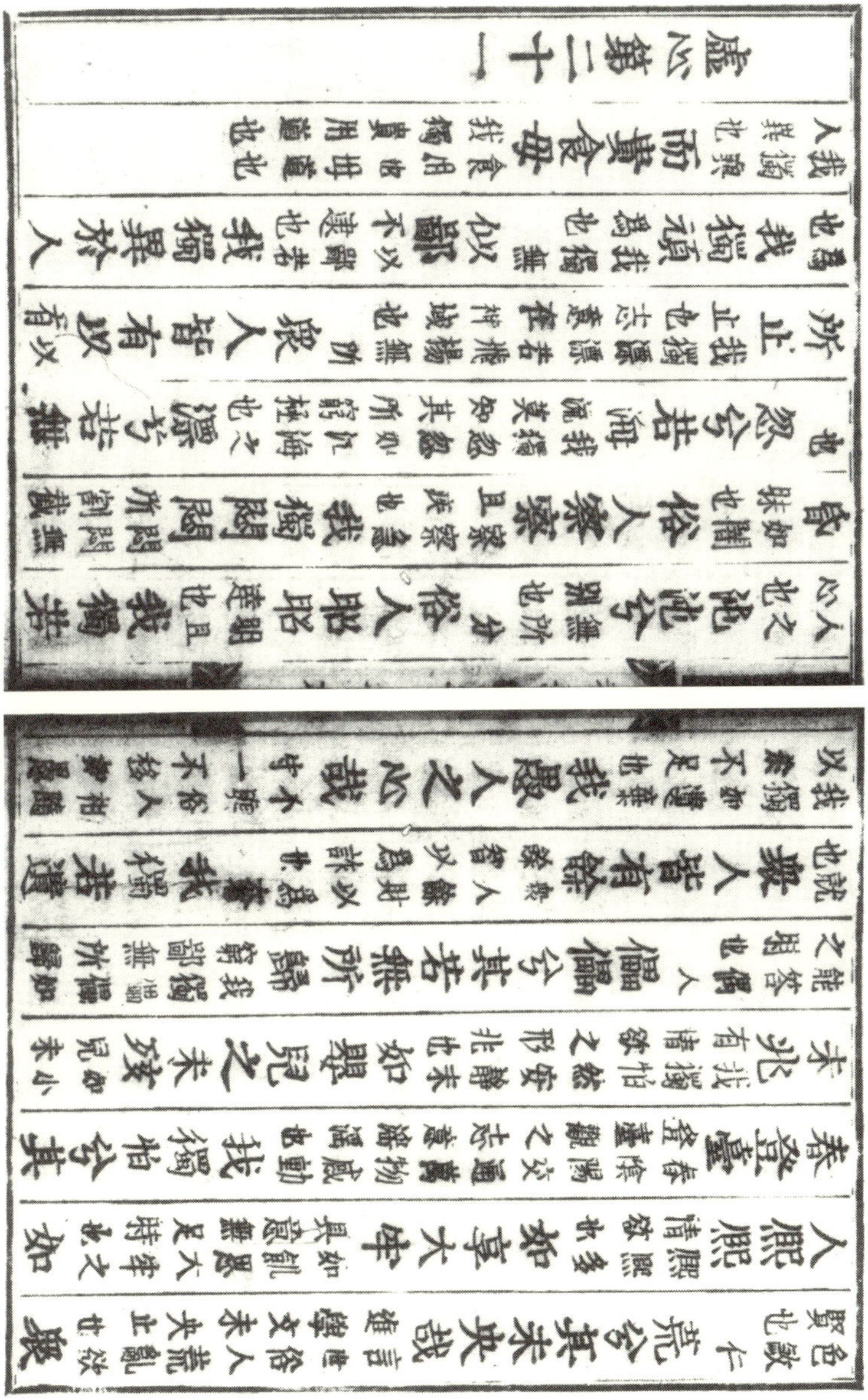

天理図書館蔵本（異植字版）

（オ1、以下同様に本葉の表裏行次数を示す）、「中」（オ3）、「卿」（オ4）、「徼」（オ5）、「少」（オ6）、「名」（オ7）、「字」（ウ1）、「骨巳朽」（ウ2）、「且」（ウ3）、「良」（ウ4）、「戚」「貌」「去」「驕氣」「態」（ウ5）、「淫」「皆」（ウ6）、「若」「謂」（ウ7）の二二字が指摘され、此れは此の葉の総字数二二七の殆ど一割に近い。多寡の違いはあるが、この事象は全巻に亙りほぼ毎葉に、と言うより、所によっては寧ろ毎行と言えるほどの多さで認められる。更に一例を示すならば、巻上第一六葉（図版Ⅵ・Ⅶ参照）では、「敍」（オ1a）、「熈熈」（オ2）、「熈熈」（オ2a）、「享」「牢」（オ2）、「兮」（オ3）、「如」「殘」（オ4）、「儡儡」（オ5）、「沌沌兮」「獨」（ウ1）、「昏」「察」（ウ2）、「急」（ウ2a）、「悶悶」（ウ2）、「忽」（ウ3）、「皆」（ウ4）、「獨」「鄙」（ウ5）の諸字が両版同じ個所で同じ活字が使用されている。組版に際して、意識的に使用されたのではなく、成り行きとして生じた現象と想われるが、例えば、初版の刊行に使用された活字駒の揃いが、他書の刊行に利用された後に、異植字版の版組が行われたのであれば、この様な現象はおこり得ないのではなかろうか。初版刊行後殆ど時を置かず、文選された活字の揃いを崩さずに植字印行されたものと考えられる。

両版の何れが先行したのか論定することは、非常に難しい。同一活字の磨滅の進行の度合いを比較しても、印行時が近接している事でもあり、肉眼では刷りの前後の判定は難しい。此の版の方が、字画の尖鋭さに於いて劣るような印象を受ける個所もある。（上3ウ5）の「沖」、（上8ウ7）の「埏埴」「當」、（上9オ1）の「有」、（同2b）の「視」、（同3）の「以」、（同ウ7）の「厭」等々の字においてその感が強い。しかしながら、墨付き、料紙面の状態、植字版組の良否で印面の微妙な差異は当然生じる事であろうし、印字状態に拠る予断は控えるべきであろう。（上5オ5a）の「性」、（上7ウ1）の「營」、（上8ウ2）の「謂」を比較すれば、或いは逆かと迷わされるのである。相対的に、この方の使用活字が、特に細字駒において、鮮明さを欠き、磨滅が進行していると見てよい様に思われる。しかし、古い活字が使用されたのであれば、先に刷られても、印面は劣るわけであり、印行の前後を判断する指標とは必ずしもなり得ない。この様に、断定は難しいのであるが、先に示した通り、(上1ウ3a)に於いて、字間が詰まり所定の字数が一字増えた状態にある事、及び、誤植と認められる個所が、前掲版に比べてやや多いことから、暫く、此の方が後出であろうと想定しておきたい。

以下の謬字が認められる。

(虚用第五) ①必有禍忠也(上4ウ6b 212) 「忠」當作「患」
(成象第六) ②徙鼻入蔵於心(上5オ4b 226) 「徙」當作「從」
(韜光第七) ③奪人以自輿也(上5ウ6b 259) 「輿」當作「與」
(運夷第九) ④夫富當賑貪(上7オ4a 324) 「貪」當作「貧」
(顯德第十五) ⑤無所不包客也(上12ウ3b 628) 「客」當作「容」
(淳風第十七) ⑥謂上占無名之君也(上14オ2a 730) 「占」當作「古」
(還淳第十九) ⑦塞貧路閉權門也(上15オ6a 805) 「貧」當作「貪」
(虚心第二十一) ⑧大德之人無所不客(上17オ1b 912) 「客」當作「容」
(儉武第三十) ⑨果而勿代(上25オ4 1379) 「代」當作「伐」
⑩甲死也(上25ウ1b 1398) 「甲」當作「早」

何れも、字形の類似から生じた誤字と見做される。本版が後出であるとすれば、前版誤植の五字即ち「畢」「無」「教」「者」「愛」がそれぞれ「攀」「元」「殺」「省」「受」と訂正され、⑤「客」、⑦「貧」の二字がそのままに踏襲され、新たに誤字八字が生じた事となる。本版を先行と見做せば、八字が訂正され、二字がそのままに踏襲され、五字

図版Ⅷ

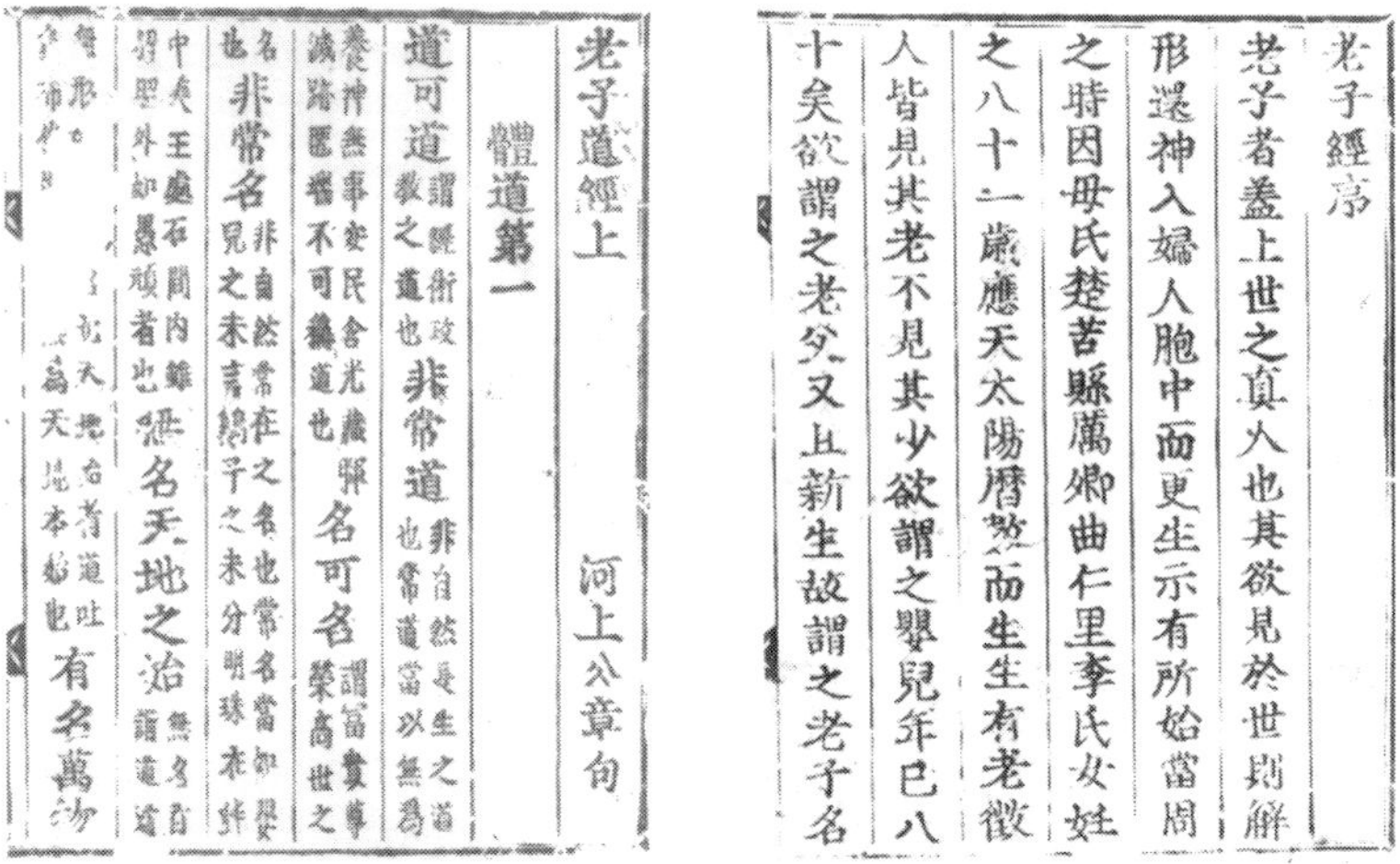

老子經序
老子者蓋上世之眞人也其欲見於世踰解
形還神入婦人胞中而更生示有所始當周
之時因母氏楚苦縣厲鄉曲仁里李氏女姓
之八十一歲應天太陽曆數而生生有老徵
人皆見其老不見其少欲謂之嬰兒年已八
十矣欲謂之老父又且新生故謂之老子名

老子道經上
體道第一　　河上公章句
道可道 謂經術政教之道也 非常道 非自然長生之道也常道當以無爲養神無事安民含光藏暉滅跡匿端不可稱道也 名可名 謂富貴尊榮高世之名也 非常名 非自然常在之名也常名當如嬰兒之未言鷄子之未分明珠在蚌中美玉處石間內雖昭昭外如愚頑者也 無名天地之始 無名者謂道 …… 有名萬物

別種異植字版（弘文荘待賈古書目より）

の誤りが新たに生じた事になる。訂正された字数が多い方が、校訂が行き届いた結果と見て、後出と考える事も出来ようが、此処ではやはり、版を重ねるに伴い誤植が増えるとの一般的傾向に拠り、此の版を後出と考えておきたい。⑥の誤植を見るとき、前版の「古」字の印字状態は、一見「占」字と見紛う程に、第一の横画の左半の大部分が欠けており、本版の植字工が其の状態を見誤ったことに拠って生じた誤植字とも考えられるのである。

両版の間には、只、誤字脱字による違いにとどまらず、本文上に少なからざる異同が認められる。個々については後に詳述する所であるが、此の異植字版が、偏に増刷を図って版行された訳ではないらしい点に注目したい。異植字版全般に渡って言える事か否かは別として、本異植字版の場合、再版に当たり、本文一部改訂の企図があったものと想察される。

別種異植字版の存在

『補増古活字版の研究』等によって従来周知せられている本書の古活字版は、以上の二版である。しかし、所在を確認できず未だ実見する機会を得ないのであるが、更に別種の古活字版が存在している（図版Ⅷ参照）。それは、『弘文荘古活字版目録』（『弘文荘待賈古書目』第四十二号　昭和四七年一月）、『弘文荘古版本目録』（『弘文荘待賈古書目第四十五号』昭和四九年一月）、及び『弘文荘善本目録』（『弘文荘待賈古書目第五十号』昭和五二年一月）に収載された一本で、此の三つの目録に掲載された「老子經序」首葉表、及び『弘文荘古活字版目録』掲載の巻上第一葉表の書影を以て上記両種の版と比較すれば、少なくとも此の部分に限っては、同種の活字を使用し版式も酷似しているが、明らかに異版である。殊に、序題下の「葛洪」の両字が見えないことは、大きな相違である。此の三目録の解説及び書影に拠れば、同本は、大本二冊、栗皮表紙（二八・〇×一九・六糎）、首に「老子經序」（題下の撰者名の題署無し）計四葉を冠す。本文巻頭「老子道經上（隔六格）河上公章句」、第二行低二格「體道第一」と題し、巻下内題は「老子徳經」、尾題は内題に同じ。四周双辺、印刷面縦二一・五糎、横一七・一糎、有界、毎半葉七行、行十七字、注小字双行行十七字。版心黒口双花口魚尾「老子經上（下）（丁付）」。紙数上巻（序共）三十四枚、下巻三十五枚、厚手料紙。虫損多く、裏打ちが加えてあると。宮内庁書陵部、大阪府立図書館、近衛家陽明文庫蔵本と同種とあるが、上記の如く、此の鑑定は当たらない。異植字版であるのか、部分的な改修であるのかは、両書影のみの比較では判定は不可能で、同本の探求と後攷を竢たねばならない。

第二節　両種古活字版の関係

諸本と古活字版との系統関係を考察するための前提として、先ず、両種古活字版の関係を確認しておく必要がある。以下、前に概述した陽明文庫等蔵の古活字版を甲版、それと異植字版の関係にあって唯一天理大学附属天理図書館に架蔵される本を乙版と称して叙述を進める事とする。又、諸本との関連に於いて言及する場合、適宜〈活Ⅰ〉〈活Ⅱ〉の略称も併用する。

一、両版印行の先後関係

両版の関係において、先ず確認を求められる要件として、版行の先後の問題がある。しかし、この点について何れが先か判定する事は、実証するに足る確かな証例を見出せず、殆ど困難な現状にある。使用活字駒の磨滅の進行度合いを比較しても、俄には甲乙決し難いこと上述した通りである。現段階での断定には慎重にならざるを得ない。

只、甲版が先で乙版が後と見る事の妥当性を示唆する印面上の事象として、乙版の（上1ウ3a）に見られる一字分の字間の詰まりと、乙版に僅かではあるが誤植が多い点に注目してよいように思われる。字間の詰まりは、一字が插入されなければならないことによって、他の部分の字詰めに影響が及ばないよう、局部において部分的に処理すべく配慮された結果と考えられる。

また、（上14オ2a）の誤植「占」は、上述したように甲版「古」の印字の不良に影響された為と看做しても、あながち牽強付会とは言えないのではないか。

或いはまた、後に詳述する事であるが、両版の異同個所において、乙版には、古活字版に先行すると見られる現存諸本の何れとも一致しない文が、少なからず存する。更に、其の全てが、後に成立し延寶八年（一六八〇）に刊行される『老子經通考』（以下、「通考」の略称を使用する）と合致し、また、〈天理〉と一致すること、諸本と比較して際立って多い点が指摘される。諸本を通じて、本文の推移を大局から観れば、甲版が先行諸本に近く、乙版が後行の本により接近していると見做されよう。

論拠としてやや薄弱ではあるが、以上の事由に拠り、断定は保留しつつも、当面は甲版先行、乙版後行であるとの認識に沿って、以下の叙述を進める事としたい。

二、両版の近縁関係－同本性

異植字版

甲版と乙版は上記の如く、版式行格等の体式に殆ど差異は無く、同種活字を使用した異植字版の関係にある。一般的には、先行の版を底本として本文はそのままに再版されたと考えられるであろう。（上12ウ3b）の「客」、（上15オ6a）の「貧」の如く、甲版乙版同じ個所に、諸本には見られない同字の誤植が存することは、此の両版に直接の継承関係がある事を裏付ける証左と言えよう。従って、基本的には本文の相違は無く、有るとすれば誤植譌脱による字句の異同に過ぎないものと予想されるのであるが、果たしてそうなのであろうか。この件について確認する為には、両版の本文を逐一校対することによって異文の有無とその様態を照合してみなければならない。その対校の結果は、附載の「諸本異同表」に反映されている。

異同量からみた、両版の近縁性

異同表から導かれる、甲版即ち〔活Ⅰ〕からみた諸本との異同量累計の数値は、（附表1～3）に示した通りである。表示のように、乙版即ち〔活Ⅱ〕との異同量は、巻上、巻下通計して七〇と、他の古鈔本を含む諸本と比較して極端に少ない。古鈔本の内、甲版に最も近接する〔陽Ⅰ〕の六二二に比しても一割強の数字である。このことから、甲版、乙版の本文上の隔たりは、甲版と〔陽Ｉ〕の隔たりの一〇分の一程と概ね理解され、甲版と〔斯Ｉ〕との隔たりを比較するならば、其の三〇分の一程に甲・乙版は近い関係にあると承知して良いと思われる。乙版から見た甲版及び諸本との関係も、殆ど同じ様態である事が示される（附表4参照）。従って、甲版乙版の本文は、古鈔本を始めとする諸本に比べて、同一本と認めても差支えない程に極端に近接した関係にあると言える。古活字版本文の実態を把握するための手続きとして、両版の異同を考量するに当り、先ず此の事実を認識しておく必要がある。

第三節　両種古活字版本文の相違―異同の諸相

甲版と乙版とは、相対的に極めて近い関係にありながら、七十の異同量に示されるように、本文字句に於いて次の如き相違が認められる（「己」「已」「巳」は混用される事が多く、字形或いは印字の状態によって、いずれとも判断出来かねる場合もしばしばなので、此の三字間の異同は問題としない。又、異体字による違いに就いても不問とする）。此の異同の様態を確認し、異同が生じた事由について個々に検証しておく必要があろう。

一、異同の確認

先ず、甲乙両版の異同個所を示す。甲版の字句を異同のある字に傍点を付して掲出し、其の下に乙版の異文、及び若干の校語を記す。

（老子經序）	①故世、四十五（序3ウ2 62）	無「世」
	②上無所舉、（序4オ5 74）	作「攀」、諸本並作「攀」、〔活Ⅰ〕譌
（體道第一）	③可以觀道之要（上1ウ3a 39）	觀道之間有「大」
（虛用第五）	④必有禍患、也（上4ウ6b 212）	作「忠」、譌
（成象第六）	⑤從、鼻入藏於心（上5オ4b 226）	作「徙」、譌
（韜光第七）	⑥五性、濁辱（上5オ6a 233）	作「味」
（運夷第九）	⑦奪人以自與、也（上5ウ6b 259）	作「輿」、譌
	⑧恃、而盈之（上7オ1 313）	作「特」
	⑨夫富當賑貧、（上7オ4a 324）	作「貪」、譌
（淳風第十七）	⑩謂上古、（上14オ2a 730）	作「占」、譌
	⑪無名之君也（上14オ2a 731）	名之之間有「號」
（還淳第十九）	⑫反初守無、（上15オ3a 789）	作「元」、諸本作「元」、但、〔陽Ⅰ〕作「无」
	⑬蒼頡、作書（上15オ3b 793）	作「造」
	⑭絶巧詐偽亂真也（上15オ5a 803）	巧詐之間有「言」
	⑮當見、其質朴（上15ウ2a 820）	作「抱」
（虛心第二十一）	⑯大德之人無所不容、（上17オ1b 912）	作「客」、譌
（益謙第二十二）	⑰枉則直、（上17ウ5 950）	作「真」、諸本作「直」、但「通考」亦作「眞」
（苦恩第二十四）	⑱自見所行（上19ウ5a 1057）	見所之間有「其」

（象元第二十五）　⑲王大者無不制也（上20ウ7b 1136）　王大之間有「亦」、諸本無「亦」、但「通考」有「亦」

⑳勞而不怨（上21オ2b 1148）　作「榮」、譌カ、但「通考」亦作「榮」

（巧用第二十七）　㉑聖人獨教導（上22ウ5b 1236）　作「猶」、諸本作「猶」、但、〔陽I〕作「独」、〔治要〕無此一字

㉒得以給用也（上22ウ5b 1238）　以給之間有「爲」

（儉武第三十）　㉓果而勿伐（上25オ4 1379）　作「代」、譌

㉔早死也（上25ウ1b 1398）　作「甲」、譌

（偃武第三十一）　㉕樂教人者（上26オ4a 1435）　作「殺」、諸本並作「殺」、〔活I〕譌

㉖喪禮上右（上26ウ1b 1454）　無「上」、〔斯I・宋版・世徳・道蔵〕作「尚」、其他諸本有「上」、但「通考」亦無「上」

（聖德第三十二）　㉗如川谷與江海（上27オ7b 1507）　谷與之間有「之」

（辨德第三十三）　㉘不過以盛力也（上27ウ3b 1516）　無「盛」、〔天理〕「通考」亦無、其他諸本有「盛」或「威」

（爲政第三十七）　㉙侯王而能守道（上30オ3a 1649）　作「若」

（道化第四十二）　㉚廻心始就日也（下5ウ5b 244）　作「如」

（洪德第四十五）　㉛大辨知無疑也（下8オ1a 360）　辨知之間有「者」

（儉欲第四十六）　㉜不能自禁止也（下8ウ2b 391）　能自之間有「知」、「通考」又同、〔無窮・道蔵〕自禁之間有「知」

（任德第四十九）　㉝皆用耳目（下10オ7b 476）　用耳之間有「其」

（貴生第五十）　㉞何故不害也（下11オ6b 521）　害也之間有「人」、「通考」又同、〔無窮〕有「之人」二字

（玄符第五十五）　㉟攫鳥不搏（下15オ2 682）　作「摶」

（玄德第五十六）　㊱不爲亂世主（下16オ6a 747）　作「事」、〔無窮〕「通考」又作「事」

（淳風第五十七）　㊲我無傜役徵召之事（下17オ7a 797）　作「倕」、「通考」又作「倕」

（守道第五十九）　㊳不放逸也（下18ウ3b 868）　不放之間有「爲」

㊴德之窮極也（下18ウ7b 882）　之窮之間有「所」

（守微第六十四）　㊵不爲殘賤（下23オ1b 1080）　作「賊」

㊶聖人不眩晃爲服（下23オ7a 1105）　不眩之間有「欲」

（知難第七十）　㊷吾所言者而易知（下27ウ5a 1339）　作「省」、諸本並作「省」、〔活Ⅰ〕譌

（任信第七十八）　㊸愛不祥之殃（下33ウ1a 1637）　作「受」、諸本並作「受」、〔活Ⅰ〕譌

（任契第七十九）　㊹但刻契之信（下33ウ7a 1656）　但刻之間有「執」、〔無窮〕「通考」又同

以上、凡そ、四四カ所の異同が指摘される。

次ぎに、以上の個所に於ける諸本の様態と、両版異文とを個々に比較検討する事によって、これらの異同が生じた事由を諸本との関繫において考えてみたい。

二、異同の検証

(一) 両版の誤植に起因する異同

異同四四カ所の内、④⑤⑦⑨⑩⑯㉓㉔は、既述した乙版版行に際して新たに生じた明らかな謬字であって（135頁参照）、甲版初め諸本は総て正しく作ってあり、乙版の誤植と見做される。

②㉕㊷㊸は、甲版の譌字が、乙版によって訂正された結果生じた異同であって、諸本は尽く乙版に等しい。以上の十二条は、古活字版刊行に際しての誤植に起因する異同と認められ、現存する諸伝本と対比した限りでは、両版間に孤立的限定的に生じている相違である。従って、諸本との本文上の関繋に於いて、更めての検討は要しない。

此の十二条を除く三十二条は、旧来伝承されてきた伝本本文上の異同が、両版によって、それぞれ、両様に継承された結果、生じた異同と見做される。

㈡　伝本間の異文に起因する異同

Ⅰ、両版各々が現存伝本の何れかと一致している事例

①③⑥⑧⑪⑬⑭⑮⑱㉒㉗㉙㉚㉛㉝㉟㊱㊳㊴㊵㊶㊹の異同は、甲版、乙版のそれぞれの字句が、現存の古写本の何れかと一致している。従ってこれらは、両種古活字版の刊行に際して単独、孤立的に発生した異同ではなく、版行以前に既に生じていた本文の違いが、両版に引き継がれたものと理解される。此の異同例に就いて、諸本の異文とも対照しながら、その発生した事由を検証しておかなければならないであろう。甲版乙版の異文を、同文を有する諸本とともに対比掲出し、研討してみる。

①（序3ウ2 62）（老子經序）

故世四十五〔活Ⅰ・足利・弘文・斯Ⅱ〕

□世□□□□〔活Ⅱ・陽Ⅰ・書陵・龍門・無窮・慶Ⅱ・東洋・斯Ⅰ・六地〕

□■■冊□□〔筑波・梅沢・慶Ⅰ・大東・東大・武内・東急・陽Ⅱ〕

甲版の他、〔足利・弘文・斯Ⅱ〕の三本に「世」字が認められ、その外の大半の古写本には乙版同様この字が無い。

〔斯Ⅱ〕の加点に従って此の前後を訓み下して示せば、

四ヲ以（テ）九ヲ乘（ス）・故（ニ）卌六以ヲモテ禽獸萬物之剛柔ニ應ス・五ヲ以（テ）九ヲ乘（ス）故（ニ）世ノ四十五・以（ヲモテ）九宮五方四維九州ニ應ゾ・法リ備ハレリ因テ〔而〕之（ヲ）九ニス・故ニ九々八十一數ノ〔之〕極ナリ〔也〕

となり、「世」字の訓みにやや無理が感じられるが、文脈上大きな不都合が生じることは無いとも言える。なお、〔足利・弘文〕の両本は「世」に「ヨ、」の振り仮名が見られ、〔足利〕には「世古本无」と校異の書入れがある。また、〔慶Ⅱ〕は、もとは「故」字を脱して「世四十五」に作り、「世」を塗抹し、右旁に、「故」字を加筆して訂正されている。「世」字と「卌」字との字形の相似に起因した本文の乱れと見做すことも出来よう。ともあれ、当時伝存した古鈔本諸本に、「世」字を有する一類が有った事は間違いなく、甲版はそれに従い、乙版は別の類の写本に従ったものと考えられよう。

③（上1ウ3a39）（體道第一）

可以觀■道之要〔活Ⅰ・陽Ⅰ・書陵・龍門・足利・筑波・弘文・慶Ⅱ・東大・東洋・梅沢・東急・仁和・斯Ⅰ・宋版・世徳・道蔵〕

□□□大□□□〔活Ⅱ・無窮・斯Ⅱ・慶Ⅰ・大東・武内・杏Ⅰ・天理〕

経文「故常無欲以觀其妙」句下の章句「人常能無欲則可以觀道之要要謂一也」内の一句で、〔斯Ⅰ〕の加点に従って此の章句全文を訓読するならば、

人常ニ能ク无欲ナルトキハ・〔則〕以テ道ノ〔之〕要（ヲ）觀（ル）可（シ）・要ト云ハ・一ヲ謂（フ）〔也〕

となる。「大」字の有無について〔杏Ⅰ〕には左旁に「才无」と、〔慶Ⅱ〕は「道」の右旁に「大－」との校異の書入れが見られる。本字句に於いて両様の本文が伝承されたのであって、甲版乙版はそれぞれ一方を継承している事が明

らかである。尚、鄭校は、「大」を非とするが、根拠は示されていない。

⑥（上5オ6a 233）（成象第六）

五性濁辱〔活Ⅰ・陽Ⅰ・書陵・龍門・足利・筑波・弘文・斯Ⅱ・慶Ⅰ・大東・慶Ⅱ・斯Ⅰ・杏Ⅰ・宋版・世徳〕
□味□□〔活Ⅱ・無窮・梅沢・武内・東大・東洋・敦Ⅰ・東急・道蔵・天理〕

経文「是謂玄牝」句下の章句「地食人以五味從口入蔵於腸五性濁辱爲形體骨肉血脉六情其鬼曰魄魄者雌也主出入於人口與地通故口爲牝也」中の一句である。〔斯Ⅰ〕の点に従って訓み下してみる。

地ハ人ヲ食（ヤシ）ナウニ五味ヲ以ス・口従リ入テ〔於〕胃ニ蔵ム五性濁滓ニシテ・形骸骨肉血脉六情ト為（ル）・其ノ鬼ヲ魄ト曰（フ）・魄ハ〔者〕・雌ナリ〔也〕。〔於〕人ノ口ヨリ出入シテ地與（ト）通スルコトヲ主トル故ニ口ヲ牝ト為（ス）〔也〕

鄭校、王校ともに、〔敦Ⅰ・道蔵〕等に拠って「味」を正と見做す。其の是非は暫く置き、此の異同も旧来より存し、古活字両版は其の一方に従った事によって、本文上の異同を生じたものである。

⑧（上7オ1 313）（運夷第九）

恃而盈之〔活Ⅰ・書陵・龍門・足利・筑波・慶Ⅰ・大東・武内・東洋・杏Ⅰ・六地〕
特□□□〔活Ⅱ・弘文・斯Ⅱ・慶Ⅱ〕
持□□□〔陽Ⅰ・無窮・梅沢・東大・東急・斯Ⅰ・陽Ⅱ・宋版・世徳・敦Ⅰ・道蔵・天理〕

第九章冒頭経文「恃而盈之不如其巳」の上句である。此の経文は〔武内〕の加点に拠れば、

恃（タノ）ンデ〔而〕盈（ミ）ツルハ〔之〕・其ノ巳ニハ如不（シカシ）

と訓まれる。「恃」「持」「特」について古鈔本の訓点をみれば、「恃」の訓は「タノン（テ）」〔武内・慶Ⅰ・大東・筑波・足利・東洋・杏Ⅰ等〕、「タノミ（テ）」〔書陵〕であり、「持」の訓は「タノン（テ）」〔東急・斯Ⅰ別訓〕、「タノ

ム（テ）」〈陽Ⅰ・無窮・梅沢〉、「タモ（テ）」〈天理・東大〉、「ーシ（テ）」〈無窮別訓・斯Ⅰ〉であり、「特」の訓は「タノン（テ）」〈慶Ⅱ・弘文・斯Ⅱ〉である。この三字に字義解釈面での大きな違いはない。

また、〈杏Ⅰ〉「恃」字の左旁に「持才乍」と、東洋文庫蔵甲版の一本及び〈東洋〉の同字左旁には「持或本」と、〈大東〉の左旁に「持イ」の書入れが見られる。従って、早くより、本文に「恃」「持」の異同があった事が判明する。両字は通用字であり、文意そのものに違いが生じる訳では無い。「特」「持」は字形の類似によって混用されたものと思われ、それが伝写の際の誤写に起因するのか、或いは通常的に混用されたものなのかは同例の知見を欠き予断は控えざるを得ない。鄭校は「古通」と見ている。何れにしても、乙版が「特」に作る事は、乙版自体の誤植と見做すべきではなく、此の両字についても、先行伝本の異文が継承されたために生じた異同と考えるべきであろう。

⑪（上14オ2a731）（淳風第十七）

無名■之君也〈活Ⅰ・陽Ⅰ・書陵・龍門・足利・弘文・斯Ⅱ・梅沢・慶Ⅰ・大東・慶Ⅱ・武内・東大・東急・宋版・世徳・治要〉

□□號□□□〈活Ⅱ・無窮・筑波・東洋・斯Ⅰ・道蔵・天理〉

第十七章冒頭経文「太上下知有之」下の章句冒頭文の後半句である。同注文は「太上謂上古無名之君也」であり、〈武内〉の加点に従えば、

太上トハ・上古ノ無名ノ〔之〕君ヲ謂（フ）〔也〕

と訓まれ、諸本殆ど同様で、「號」字を有つ本はこの所を「名號無ノ君」と訓じている。「號」字の有無によって文意が大きく変わる事はない。〈慶Ⅱ〉は「名之」両字の間に小圏を施し右旁に「号」字が加筆されており、此の異同も古活字版版行以前より留意されていた事が分かる。両版のこの字の有無についても、伝写本間の異同が反映継承された結果と考えられる。尚、鄭校は〈道蔵〉の「號」字のみを指摘し、後人旁記の竄入と看做すが推測の域を出ない。

⑬（上15オ3b793）（還淳第十九）

蒼頡作書〔活Ⅰ・陽Ⅰ・書陵・龍門・筑波・梅沢・慶Ⅱ・武内・東大・東洋・東急・斯Ⅰ・宋版・世徳・敦Ⅰ・道蔵〕
□□造□〔活Ⅱ・無窮・足利・弘文・斯Ⅱ・慶Ⅰ・大東・天理〕

第十九章経文冒頭句「絶聖」下の章句「絶聖制作反初守無五帝畫象蒼頡作書不如三皇結繩無文也」（守無、諸本作「守元」）中の句で、此の全文を〔斯Ⅰ〕の点によって訓めば次の如くである。

聖ノ制作ヲ絶テ・初ニ反リ元ヲ守ルハ（別訓「レハ」）・五帝ノ畫像モ・蒼頡カ作書モ・三皇ノ繩ヲ結テ文無(ナカ)シニハ如（カ）不〔也〕

〔武内〕の「作」字右旁書入れに「造也」とある如く、「作」「造」字義通用することに起因する異同であろう。古活字両版はそれぞれにその一方の本文を継承している。

⑭（上15オ5a803）（還淳第十九）

絶巧■詐僞亂真也〔活Ⅰ・陽Ⅰ・龍門・足利・弘文・斯Ⅱ・慶Ⅱ・東急・敦Ⅰ〕
□□言□□□□□〔活Ⅱ・書陵・無窮・筑波・梅沢・慶Ⅰ・大東・武内・東大・東洋・天理〕
□□者□□□□□〔斯Ⅰ・宋版・世徳・道蔵〕

第十九章経文「絶巧」句下の章句である。〔斯Ⅰ・宋版・世徳〕は次文「棄利」下に在って、次の章句へ連接している。古鈔本の訓読は、大凡次の四類が認められる。

イ、〔斯Ⅱ〕巧ノ詐偽ニソ真ヲ乱ヿヲ絶（ツ）〔也〕　（〔足利・弘文・慶Ⅱ・無窮〕大同、〔無窮〕は「言」に見消ちを付し不読）

ロ、〔梅沢〕巧言・詐偽にシて真を乱（コトヲ）絶ツ〔也〕　（〔慶Ⅰ・大東・武内〕大同）

ハ、〔筑波〕巧言詐偽ノ真ヲ乱ヿヲ絶ツ〔也〕　（〔東大・東洋・天理〕大同）

二、〔斯Ⅰ〕巧ヲ絶ト云ハ（者）・詐偽ハ真ヲ乱（ルソ）（也）　（〔陽Ⅰ〕類同「巧を絶ヿハ」と訓読）

「絶巧」の解釈としてはイが解り易いと思われるが、その優劣はともかく、「言」或いは「者」字の有無に伴って、訓読においても異読を派生している。〔無窮〕は、「言」に見消ちを付し、右旁に「イ无」との書入れが有り、〔慶Ⅱ〕は「詐」字を塗抹し右旁に「言」字を、下の字間余白に更めて「詐」字を加筆する等、本文伝承の過程での、混乱が窺われる。此の場合も、先行諸本間の本文の異同を反映して、甲版は「言」が無い本文を、乙版は「言」字が有る本文を継承したものであって、改版に当たって恣意的に改められたのでは無いことは明らかである。鄭校は〔宋版〕に従い、「者」が無いのは非、「言」は伝写者の妄増と疑う。俄には従い難い。

⑮（上15ウ2a820）（還淳第十九）

當見其質朴〔活Ⅰ・陽Ⅰ・書陵・龍門・宋版（質作篤）・世徳（質作篤）・道蔵・治要（無當字）〕
□抱□□□〔活Ⅱ・無窮・足利・筑波・弘文・斯Ⅱ・梅沢・慶Ⅰ・大東・慶Ⅱ・武内・東大・東洋・東急・斯Ⅰ・敦Ⅰ・天理〕

第十九章経文「見素抱朴」下の章句の「抱朴」の注釈に見える。其の全文は「抱朴者當見其質朴以示下法則也」であり、例えば〔陽Ⅰ〕では次の如く訓読されている。

朴を抱とは（者）・當（ニ）其質朴を見（シ）以て下に法則を示す「當」し（也）　（〔書陵〕類同）

「抱」に作る諸本は、概ね「質樸ヲ抱テ」と訓む。〔梅沢〕は「抱」に作るが、「當抱」両字の間に「見」字の加筆が認められる。従って南北朝以前から、此の両文が併存し、後世双方ともに伝わって、古活字版にまで継承されたものである。鄭校は、「抱」を正とし、王校も〔敦Ⅰ〕等に拠り〔宋版〕の「見」を改め「抱」に作る。

⑱（上19ウ5a1057）（苦恩第二十四）

自見■所行〔活Ⅰ・陽Ⅰ・書陵・龍門・足利・筑波・弘文・斯Ⅱ・梅沢・慶Ⅰ・大東・慶Ⅱ・武内・東大・東洋・

東急・斯Ⅰ・宋版・世徳・治要︺
□□其□□ ︹活Ⅱ・無窮・道蔵・天理︺

経文「自見者不明」下の章句「人自見其形容以爲好自見所行以爲應道」中の一句である。此の注文は、︹無窮︺の訓点に従えば、

人自（ラ）其ノ形容を見（テ）以て好《ヨシ》と爲シ自（ラ）其の行《オコナ・ユク》ウ所を見《ミ》テ以て道に應セリト爲す

と訓む。前句「自見其形容」に対応して、此の句の「其」字が期待されるのであるが、伝本の大勢は此の字を欠いている。但、︹無窮・道蔵︺には有り、後出本ではあるが、︹天理︺「通考」にも「其」字が見られる。︹活Ⅱ︺即ち乙版の恣意による増入ではなく、︹無窮・道蔵︺系類の本文を継承していると見做すべきである。鄭校は、︹道蔵︺「通考」を証として「其」字が有るのを是とする。王校も、同じく︹道蔵︺に従い「其」字を補入する。

㉒（上22ウ5b 1238）（巧用第二十七）

得以■給用也 ︹活Ⅰ・陽Ⅰ・書陵・龍門・慶Ⅱ・東急・宋版・世徳・道蔵︺
□□為□□□ ︹活Ⅱ・無窮・足利・筑波・弘文・斯Ⅱ・梅沢・慶Ⅰ・大東・武内・東大・東洋・斯Ⅰ・治要・天理︺

第二十七章の経文「不善人者善人之資也」下の章句「人行不善者聖人獨教導使爲善得以給用也」の末句である。︹陽Ⅰ︺の加点に従ってこの全文を読みくだしてみる。

人の不善を行者をは聖人・独リ教へ導て善を爲（サ）使（メ）以て給用とスル（ヲ）得︹也︺

「為」字の有無による文義の上の違いは殆どないと言えるが、諸本は、この字の有無によって二分され、甲版、乙版はそれぞれ一方を継承している。鄭校は︹斯Ⅱ︺「通考」の「為」字を衍と看做す。

㉗（上27オ7b 1507）（聖徳第三十二）

川谷■與江海■〔活Ⅰ・陽Ⅰ・書陵・龍門・慶Ⅰ・大東・慶Ⅱ・武内・東大・東洋・斯Ⅰ・宋版・世徳〕
□□之□□□■〔活Ⅱ・無窮・足利・筑波・弘文・斯Ⅱ・梅沢・東急・杏Ⅰ・天理〕
□□■□□□□之〔道蔵〕

第三十二章経文末「譬道之在天下猶川谷之與江海」句下の章句「譬言道之在天下與人相應和如川谷與江海流相通也」中間の句で、此の注の全文は〔斯Ⅰ〕の訓点に従えば、

譬ヘハ道ノ〔之〕天下ニ在テ・人与ト相應和スルコト・川谷ト江海与トノ・流レテ相通スルカ如キノコトヲ言（フ）〔也〕

と訓め、当該部分の訓は、〔杏Ⅰ〕を始めとして「之」字がある諸本も不読であって同じである。〔杏Ⅰ〕には此の「之」字左旁に「中ナ」の書入れが有る。従って、早くから伝本によって相違があった事が明らかである。甲、乙両版は、此処でもそのそれぞれを受け継いでいる。鄭校は〔斯Ⅱ〕「通考」の「之」字を示し「文義較完」とみる。

㉙（上30オ3a1649）（爲政第三十七）

侯王而能守道〔活Ⅰ・陽Ⅰ・書陵・龍門・無窮・弘文・斯Ⅱ・慶Ⅰ・大東・慶Ⅱ・道蔵・治要〕
□□若□□□〔活Ⅱ・足利・筑波・梅沢・武内・東大・東洋・東急・斯Ⅰ・宋版・世徳・天理〕

経文「侯王若能守之萬物將自化」下の章句「言侯王而能守道萬物將自化效於巳也」内の一文である。章句全文は〔慶Ⅰ〕の加点に従えば、

言ハ侯王而モ能ク道ヲ守ラバ・万物將ニ自化ヲ〔於〕己ニ效ナラハントス「將」（ス）〔也〕

と訓まれる。「而」は「シカモ」と、「若」は「モシ」と訓まれ、〔慶Ⅱ〕には「而能モ」字間に「若シ」と加筆がみられ、本字に混乱が認められる。此の両字の異同も、伝写継承され、それぞれが古活字版に引き継がれている。

㉚（下5ウ5b244）（道化第四十二）

始■就日〔活Ⅰ・陽Ⅰ・書陵・無窮・足利〕
■如□□〔活Ⅱ・杏Ⅱ・筑波・慶Ⅰ・大東・武内・東大・斯Ⅱ・東洋・東急・聖語・斯Ⅰ〕
而■□□〔宋版・世徳・敦Ⅱ・道蔵〕
而如□□〔梅沢〕

経文「萬物肩陰而抱陽」句下章句「萬物無不負陰而向陽廻心始就日也」の一句で有る。〔弘文〕は該字部分の虫損で不明であるが、「始」「如」「而」「而如」と、諸本間に異同が多い。此の章句全文は、例えば〔斯Ⅰ〕では次の様に訓まれている。

万物・陰ヲ負(ソムイ)テ〔而〕陽ニ向ハ不ト云コト无(シ)・心ヲ廻ラソ日ニ就(ク)カ如シ

〔梅沢〕も「而」字が多いが大同である。他に〔東大〕(〔武内・杏Ⅱ・筑波・東洋〕大同)の如きは、

万物ハ陰ヲ負テ〔而〕陽ニ向テ心ヲ廻ラソ日ニ就(ク)カ如(クナラ)不(ト)云ヿ无(シ)〔也〕

と訓まれる等、「無不」の係る範囲の捉え方で、伝本により異訓があるが、「如」の訓には変わりは無い。「始」の訓については「ハシメテ」と訓むしかないのであろうが、〔陽Ⅰ〕初め加点が判然としない。〔陽Ⅰ〕に就いて、敢えて読み下せば、

万物・陰を負(テ)〔而〕陽に向ヒ心を廻シて始日に就(カ)不と云コト无(シ)〔也〕

となろう。〔書陵〕は「就」に「クカ」の送り仮名が付され、直前の「始」字に繋がらない。本文と点とに齟齬が有る様である。鄭校も指摘するように、「始」は字形の類似による「如」の誤伝と疑われるが、ともかく、章句本文のこの部分に於いて、二様或いは三様の伝本があって、その内「始」に作る本文を甲版が、「如」に作る本文を乙版が引き継いでいる。

(31)(下8オ1a360)(洪徳第四十五)

大辨■〔活Ⅰ・陽Ⅰ・書陵・足利・弘文・斯Ⅱ・梅沢・東急・治要〕
□□者〔活Ⅱ・杏Ⅱ・無窮・筑波・慶Ⅰ・大東・武内・東大・東洋・聖語・斯Ⅰ・宋版・世徳・敦Ⅱ・道蔵〕

經文「大辨若訥」下の章句「大辨（者）知無疑也如訥者無口辭也」の冒頭字句である。此処では、「辨」「弁」「辯」の違いは問わない。〔東洋〕には此の「者」字に見消ちが有る。「者」字の有無による文義の相違は生じないが、両様の本文が伝承され、其の両方が古活字版に引き継がれている。

㉝（下10オ7b 476）（任徳第四十九）

皆用■耳目〔活Ⅰ・陽Ⅰ・書陵・弘文・東急〕
□□其□□〔活Ⅱ・杏Ⅱ・無窮・足利・筑波・斯Ⅱ・梅沢・慶Ⅰ・大東・武内・東大・東洋・聖語・斯Ⅰ・宋版・世徳・敦Ⅱ・道蔵〕

経文「百姓皆注其耳目」下の章句「百姓皆用（其）耳目爲聖人視聽也」内の字句である。〔東洋〕には此の「其」字に見消ちが有る。この字の有無も文義に於いてさしたる影響はない。両様の本文が伝承されたことは明らかで、古活字版はそれぞれ其の一方を継承している。鄭校は、〔陽Ⅰ〕に「其」字が無いのを非と疑い、補うべしとする。

㉟（下15オ2 682）（玄符第五十五）

攫鳥不摶〔活Ⅰ・筑波・慶Ⅰ・武内・東急〕
□□□搏〔活Ⅱ・陽Ⅰ・書陵・杏Ⅱ・無窮・足利・弘文・斯Ⅱ・梅沢・大東・東大・東洋・聖語・六地〕
□□□搏〔斯Ⅰ・宋版・世徳・道蔵〕
□□□慱〔敦Ⅱ〕

経文「猛獸不據攫鳥不摶」の下半句。「摶」「搏」は本来は別字であるが混用されるのが通例のようである。「摶」は「搏」の俗字と認めるべきであろう。管見の古鈔本は全て字形の異同に関わり無くは「ウタ（ス）」と訓んでいる。〔活Ⅱ〕の誤植ではなく所拠の底本に従ったものと考えられる。尚、第二章第二節二㈢⑳（194頁）参照。

㊱（下16オ6a 747）（玄德第五十六）

不爲亂世主〔活Ⅰ・陽Ⅰ・書陵・杏Ⅱ・足利・筑波・弘文・斯Ⅱ・梅沢・慶Ⅰ・大東・武内・東大・東洋・聖語・東急・斯Ⅰ・宋版・世徳・敦Ⅱ・道蔵〕
□事□□□〔活Ⅱ・無窮〕

経文「不可得而貴」下の章句「不爲亂世主不處闇君位也」の前半句である。〔無窮〕を除く諸本尽く「爲」に作る。鄭校は「通考」が「事」に作るのを「疑非」としているが、〔活Ⅱ・無窮〕両本が同文であれば、非として退ける事は難しくなる。「爲」に作る伝本の他に、「事」に作る伝本も存在したのであって、乙版は、其の本文に従って甲版の字を改めたと見做すべきであろう。

㊳（下18ウ3b 868）（守道第五十九）

不■放逸〔活Ⅰ・陽Ⅰ・書陵・杏Ⅱ・足利・筑波・弘文・斯Ⅱ・梅沢・慶Ⅰ・大東・武内・東大・東洋・東急・宋版・世徳〕
□爲□□〔活Ⅱ・無窮・聖語・斯Ⅰ・敦Ⅱ・道蔵〕

経文「莫若嗇」下の章句「治國者當愛民財不爲奢泰治身者當愛精氣不（爲）放逸也」に見える字句である。鄭校も指摘するように、上句の「不爲奢泰」に対応する句として、「爲」が有る方が勝るとも考えられるが、無くても、文義上大きく変わる事はなく不都合は生じない。何れにしろ、本句に於いて「爲」字の有無の相違による異なった本が伝承されていたことは明らかで、この場合も、古活字版はそれぞれ一方を引き継いだものと言える。尚、王校は、〔敦Ⅱ・道蔵〕に拠って、「爲」字を補っている。

㊴（下18ウ7b 882）（守道第五十九）

■窮極〔活Ⅰ・陽Ⅰ・書陵・聖語・東急・斯Ⅰ・宋版・世徳・敦Ⅱ・道蔵〕
所□□〔活Ⅱ・杏Ⅱ・無窮・足利・筑波・弘文・斯Ⅱ・梅沢・慶Ⅰ・大東・武内・東大・東洋〕

経文「無不剋則莫知其極」下の章句「無不剋勝則莫有知已徳之（所）窮極也」内の句である。鄭校は「通考」の

「所」字を衍と見ているが、「所」字を有する伝本は多い。此処でも甲版、乙版それぞれ其の一方を伝承している。

㊵（下23オ1b 1080）（守微第六十四）

不爲殘賤〔活Ⅰ・陽Ⅰ〕
□□□賊〔活Ⅱ・書陵・足利・筑波・宋版・世徳・道蔵・大東？〕
□□□害〔無窮・東大・東洋・敦Ⅱ〕
□□□敗〔治要〕
■■■害〔聖語〕
□■□■〔梅沢・東急〕
■■■■〔杏Ⅱ・弘文・斯Ⅱ・慶Ⅰ・武内・斯Ⅰ〕

経文「聖人無爲故無敗」下の章句「聖人不爲華文不爲利色不爲殘賤故無壞敗也」内の句であるが、此の章句全般に異同が多い。〔大東〕は加墨が有る様で手元の副本では「賤」「賊」何れか判断し難いが、「賊」と見るべきか。鄭校は〔陽Ⅰ〕の「賤」を指摘し、字形の近似に拠る「賊」の譌と見るが、甲版は其の「賤」に従い、乙版は「賊」に従っている。

㊶（下23オ7a 1105）（守微第六十四）

不■眩晃〔活Ⅰ・陽Ⅰ・書陵・足利・筑波・弘文・斯Ⅱ・慶Ⅰ・大東・東急・斯Ⅰ・敦Ⅱ・道蔵〕
□欲□□〔活Ⅱ・無窮・梅沢〕
□以□□〔杏Ⅱ・武内・東大・東洋〕
□■□■〔宋版・世徳〕
玄■□□〔聖語〕

経文「不貴難得之貨」下の章句「聖人不（欲）眩晃爲服不賤石而貴玉也」内の字句である。此の注も諸本間に異同が多い。〔杏Ⅱ〕には「以」字の右旁に「无イ」の書入れが有る。鄭校は「通考」の「欲」字を指して衍と見做すが武断であろう。〔斯Ⅰ〕の点に拠れば、

聖人ハ・眩晃ソ服ヲ爲不・石ヲ賤メ〔而〕玉ヲ貴ヒ不

と、｛梅沢｝点に従えば、

聖人は眩晃ソ爲服ヲ（別訓「服ヲ爲マク」）欲セ不・石を賤（メ）〔而〕玉を貴トヒ不〔也〕

と訓まれ、｛無窮｝は本句の所を「眩晃を欲（セ）不・服ことを為（ス）」」と訓む。

異同は「欲」字の有無に止まらないのであるが、甲版、乙版それぞれ其の拠る所に従ったものと思われる。

㊹（下33ウ7a1656）（任契第七十九）

■刻契之信｛活Ⅰ・陽Ⅰ・書陵・杏Ⅱ・足利・筑波・弘文・斯Ⅱ・梅沢・慶Ⅰ・大東・武内・東大・東洋・聖語（之作「爲」）・東急（刻作「尅」）・斯Ⅰ・宋版・世徳・敦Ⅱ（刻作「剋」）・道蔵（之作「爲」）・治要（無「之」字）｝

執□□□□｛活Ⅱ・無窮｝

経文「而不責於人」下の章句「但（執）刻契之信不責人以他事也」。｛無窮｝を除く諸本には「執」が無い。鄭校は「但刻契之信」では文義不完とし、「通考」に「執」字がある事を示し、それを是としている。因に｛斯Ⅰ｝は此の章句を、

但契ヲ刻ム〔之〕信アリテ・人トニ責ルニ他事ヲ以テセ不（ル）ソ〔也〕

と訓読する。「執」字の有無の是非に就いては予断を控えるが、乙版が「但執刻契之信」に作る伝本に従ったことによって、甲版と異同をきたしていることは明らかであろう。

Ⅱ、乙版の文が現存古鈔本の全てと相違している事例

⑰⑲⑳㉖㉘㉜㉞㊲の異同に就いては、乙版｛活Ⅱ｝は、甲版｛活Ⅰ｝及び先行諸本の何れとも一致せず、ややもすれば乙版の譌字、衍脱と判断されるであろう。しかし、何れの例も、後年成立刊行される「通考」とは一致し、㉘は

〔天理〕とも一致している。

⑰は益謙第二十二経文の第二句で、乙版は「曲則全、枉則真」に作り、「通考」を除く諸本は全て「真」を「直」に作る。直ぐ下の章句に「枉屈已而申人久久自得直也」とあれば、「真」「直」字形の類似に因る譌字とも見られるが、両本同文である以上、乙版の誤植と断定するにはやはり慎重にならざるを得ない。

⑲は、象元第二十五経文「故道大天大地大王亦大」下章句中の「王亦大」三字についての注文である。乙版は「王亦大者無不制也」に作るが、諸本には「亦」字が無い。「通考」は、乙版と同じで「王亦大トハ〔者〕制（セ）不ト云ヿ無ナリ〔也〕」と訓じている。鄭校は「蓋渉經文而衍」としているが、軽々に乙版の衍字と断定するには危惧がともなう。

⑳は、同章経文「人法地」下の章句内の句で、乙版は「榮而不怨」に作るが、諸本は「榮」は「勞」に作っている。此処も「通考」は乙版に同じで、其の加点に拠れば「榮ㇱ〔而〕怨（ミ）不」と訓む。鄭校は「蓋形近而誤也」と断じているが、乙版と同文であることを考えれば、即断は慎まれる。

㉖は、偃武第三十一経文「言以喪禮處之」句下の章句、乙版は「上將軍於右喪禮右死人貴陰也」に作る。甲版の他〔陽Ⅰ・書陵・龍門・無窮・足利・筑波・弘文・斯Ⅱ・梅沢・慶Ⅰ・大東・慶Ⅱ・武内・東大・東洋・東急・治要・天理〕の諸本は「禮右」の間に「上」字が有る。また、〔斯Ⅰ・宋版・世徳・道蔵〕は此の「上」を「尚」に作る。「通考」は「於」を「居」に作るが、「禮右」の間に「上」字が無い点では乙版に一致する。「通考」の加点に従えば「上將軍右（ニ）居（リ）喪ノ禮ハ右ナルハ死人ハ陰ヲ貴ナリ〔也〕」と訓める。此れも、必ずしも乙版及び「通考」の譌脱とは言い切れない。尚、鄭校は、此の異同には言及していない。

㉜は、儉慾第四十六経文「禍莫大於不知足」下の章句、乙版は「富貴而不能知自禁止也」に作る。甲版の他、〔陽

Ⅰ・書陵・杏Ⅱ・足利・筑波・弘文・斯Ⅱ・梅沢・慶Ⅰ・大東・武内・東大・東洋・聖語・東急・斯Ⅰ・宋版・世徳・治要・敦Ⅱ）の諸本には、此の「知」字が無い。しかし、（無窮・道蔵）には「知」が有り、但、「自禁」の間に配して「冨貴不能自知禁止也」に作る。此処も「通考」は乙版と同文で「冨貴ニ〆〔而〕自（ラ）禁止（ス）ルヿ（ヲ）知ルヿ能（ハ）不〔也〕」と訓んでいる。鄭校は「通考」の「知自」は「自知」の倒誤と見て（道蔵）を是としており、指摘したように、（無窮）も（道蔵）に同じく「自知」に作っている。しかし、乙版、「通考」のように、「知自」に作る伝本が他に存在したと想定することも可能であろう。

㉞は、貴生第五十経文「夫何故哉」下の章句、乙版は「問虎兕兵甲何故不害人也」に作る。甲版他（陽Ⅰ・書陵・杏Ⅱ・足利・筑波・弘文・斯Ⅱ・慶Ⅰ・大東・武内・東大・東洋）の諸本は此の「人」字が無く、（無窮）は「不害之人也」に作り、（梅沢・聖語・斯Ⅰ）は「不害之也」に、（東急・宋版・世徳・道蔵・敦Ⅱ）は「也」字が無く「不害之」に作る等、文末に混乱が見られるのであるが、「通考」は此処も乙版と全く同文で「問フ虎兕兵甲何カ故ソ人（ヲ）害（セ）不ルヤ〔也〕」と訓む。古鈔本のうちでは（無窮）が此れに近く「人」を「之人」に作っている。「人」字は乙版の衍字では無く、此れもやはり、先行伝本の本文を継承していると考えるべきである。

㊲は、淳風第五十七経文「我無事而民自富」下章句前半の注文で、乙版は「我無倕役徵召之事」とし、諸本は「倕」を「傜」に作る（（東洋・東急）は「滛」）。「通考」は、此れも乙版と同文で「我倕役（ヲモキヤクメ）徵召ノ〔之〕事無（シ）」と訓む。鄭校は「通考」につき「誤作倕」と見るが、乙版と同文である故を以てすれば、誤字と断定するには慎重にならざるを得ない。

また㉘は、辨徳第三十三経文「勝人者有力」下の章句、乙版は「能勝人者不過以力也」と作るが、甲版及び（陽Ⅰ・書陵・龍門・無窮・足利・弘文・斯Ⅱ・慶Ⅰ・大東・杏Ⅰ）の諸本には「以力」の間に「盛」が有る。又、（筑波・

梅沢・武内・東大・東洋・東急・斯Ⅰ・宋版・世徳・治要〕は其の「盛」を「威」に作っている。「通考」及び〔天理〕は乙版と同文で、〔天理〕は「能（ク）人ニ勝（ツ）者ノ（ハ）、力ヲ以テスルニ過（キ）不〔也〕」と訓んでいる。鄭校は「通考」を示して脱字と断じているが、この例も、乙版の誤脱とは必ずしも言い切れない。

先にⅠに部類した㊱㊹の事例は、此処でⅡに部類した以上の八例に近い。㊱㊹の両例において、乙版は〔無窮〕以外の諸本とは一致せず、「通考」とは一致している。〔無窮〕の存在が知られなければ、Ⅱの八例と同類ということになる。此の事例は、諸本と対比したとき乙版〔活Ⅱ〕の使用字が孤立しているために、乙版の誤植と見做される危険性を孕んでいる。しかし、そうではなく、或る伝本の本文に依拠して甲版の字を校改した結果、生じた異同と判断される。従って、此の八例の全てが「通考」と合致し、〔天理〕が良く一致することも、「通考」、〔天理〕が乙版の誤植を襲った結果と考えるべきではない。乙版と同文を有つ伝写本が類として当時伝存し、三本ともにその本文を参校し、又採択したがために、活字、また整版として、或いは〔天理〕の如き注釈書の藍本として定着したものと、思量されるのである。

Ⅲ、甲版の文が現存古鈔本の全てと相違している事例

甲版、乙版に異同のある四四カ所に限れば、此の条件を充足する例は認められないが、此れに近い事例として、⑫㉑が挙げられる。

⑫は、還淳第十九冒頭経文句「絶聖」下の章句内の初二句「絶聖制作反初守無、」（前掲Ⅰ類⑬条下の引文及び訓読文参照）に見られる異同である。乙版は大多数の諸本と同じく「無」を「元」に作る。諸本の内〔陽Ⅰ〕は、同本内で使用されている「元」「无」の書写字体を対比すれば、この字は「无」と判読され、そうであれば、甲版〔活Ⅰ〕の「無」に通じる。この場合、〔陽Ⅰ〕の「无」を「元」の譌と見て、甲版の「無」も「无」に起因した譌と見るのが、

一般的であろう。しかし、〔陽Ⅰ〕に連なる伝本が複数存在したと仮定されるならば、「旡」を譌と即断する事は避けなければならない。文意の上からも、「旡」「元」何れが是か否か、俄には決し兼ねる面もある。因に〔陽Ⅰ〕の加点に従えば「聖の制作を絶（チ）、初メに反リ旡を守（ル）」と訓まれる。此の甲版の「無」字を、乙版は、諸本に従って「元」と校改している。尚、鄭校は〔陽Ⅰ〕のこの字は「元」と認めたようで、異同について言及していない。

㉑は、巧用第二十七経文「不善人者善人之資也」下の章句「人行不善者聖人獨教導使爲善得以給用也」の一句である。乙版は〔治要〕を除く諸本と同じく「獨」を「猶」に作る。甲版の「獨」字は「猶」に通じるための混用、或いは字形の類似に起因する誤植と、普通には判断されよう。しかし、この場合も、〔陽Ⅰ〕のみは「独」に作り「（ヒトリ）」と訓まれており（訓読文は上記Ⅰ類の㉒参照）、甲版の「獨」字を譌として、一概に退ける事は出来ない。⑫の例とともに、甲版と〔陽Ⅰ〕の近縁性を印象づける事例でもある。乙版は、此れも諸本に従い「猶」に改めている。因に、鄭校は、此の異文についても触れていない。

異同発生の事由

以上の検証の結果、両版間に異同が生じた事由として、次の二点が考えられよう。

一つは、②④⑤⑦⑨⑩⑯㉓㉔㉕㊷㊸の十二の例に見られる、甲版、乙版何れかの誤植に伴う譌字及び其の訂正に起因する異同である。誤植は図書刊行という所為には宿命的に生じる事態であって、この限りにおいては、諸本との脈絡は無いと考えられ、甲版、乙版の間で特立的に生じた乖異であると言えよう。

今一つは、伝承されてきた別本文が参照され、それに従って、校改された場合が考えられる。上の十二例を除くすべての三十二の事例が、この場合に該当する。

異同個所に於ける乙版と諸本との一致の状況

若し、此の三十二の異同例の悉くにおいて乙版と一致する古鈔本が存在するならば、其の本は、乙版が甲版を校改した際の依拠本であった可能性が極めて高いと認めなければならない。しかしながら、現存諸本の中には、乙版と三十二全て一致する伝本は存在しない。殊に、前記Ⅱに部類した八例の異同については、乙版の異文と一致する古鈔本は現存していない。

誤植に拠らない三十二の異同個所において、乙版の文に一致する諸本を表示すれば、附表5の如くである。第一行に一致する割合の高い順に伝本を掲出している（〔天理〕及び「通考」は古活字版以後の成立であるから尾に配した）。第一列は総数を示す順次数、第二列は、異同個所を示す通し番号（前記「異同の確認」の項参照）、第三列は「諸本異同表」の該当番号である。伝本下の各欄に乙版との一致を「○」で、近似を「△」で示す。「—」は欠巻、節略或いは残欠のため該当個所が無いことを示している。最下段に、各本の一致総数（△は半数とした）及び一致総数を該当個所総数で除した割合を、一致率として表示した。

現存の古鈔本の内、最も多く一致しているのは〔無窮〕であり、三十二個所中、一致個所二十一、近似個所二で、一致率66％と、他本に比しやや突出し、乙版は、甲版に比し、本文上〔無窮〕に近いと言えよう。しかし、その他の古鈔本は一致個所の割合は少なく、乙版との関係において、其の近縁性に就いて特に注意を払うべき本は無いと思われる。

注目されるのは、後出本である「通考」が、殆ど全事例において乙版と一致し、また〔天理〕が76％と相当に高い一致率を示していることである。「通考」及び〔天理〕については、古活字版以後の本文として、系統、変遷に関連し改めて検討しなければならないが、叙上のように乙版が甲版に比し「通考」及び〔天理〕により近いことは、甲版、乙版の本文の先後の関係において、乙版本文がより遷移した後出本文であることを暗示している様に想われる。

第四節　両種古活字版版行経緯の推察

一、異植字版印出状況の推定

甲版の三十二箇所の字句が、別本文に拠って校改され、乙版の本文として定着した。此の三十二の異文の出処について、推考しておかなければならない。校改に際して使用された伝本をどのように想定したらいいのであろうか。本文が校改される状況として、一つには、特定の或る一本が使用される場合、また一つには、複数の伝本が参校された場合が考えられよう。

或る一伝本に基づいて行われたと仮定するならば、異同個所三十二の悉くが乙版と同じである現存本は存在しないのであるから、其の伝本は、現存古鈔本の内では相対的に〔無窮〕と近縁な関係にある本で、当時伝存し今は逸失した一本と見なければならない。そして、その本は、此の異同箇所以外は甲版と同文なのであるから、〔無窮〕はじめ現存古鈔本よりは遙かに甲版に近く、当然、乙版とは極めて近接した関係にある伝本、或いは、乙版と同一本であったと見做さなければならない。

また、此の校改が、複数本を比較勘案した結果であると仮定しても、上記の様に、乙版の文が現存古鈔本の何れとも相違している八つの事例があることに因って、今は逸失した或る本を想定しなければならない。

何れの場合にしても、異植字版印出に当たって依用された伝本を、現存諸本の内に底本として特定する事は出来ないのであって、この三十二の異文に於いて、〔無窮〕、〔天理〕にやや近く、乙版、「通考」により近似する本文を有つ伝本が、当時別に存在したことが想定され、其の本文が乙版の内に取り込まれ定着したものと推定されるのである。

しかし、異植字版刊行という局面において、諸本を、或いは一伝本としても、対校本として、字々細部に渡って校合する暇と労力を費やす余裕があったのであろうかという、素朴な疑問が生じる。

古活字版刊行に関わる制度・機構、設備或いは機材部材等の詳細と印刷技法等、未だ明らかでない諸事が多い現状では、どのような情況の元に、どのような手順を経て再版されたのか、具体的に説明する事は不可能であろう。上述したように、本書古活字版の場合、甲版乙版の同じ個所に同一活字が使用されている例が多見している。このことは、甲版が解版された後時を置かずに、乙版の再組版が行われたと理解するのが自然ではなかろうか。その間に、異文校合の余裕があったとは考えにくいのである。想像逞しく、敢えて徒言を弄することが許されるならば、次の如き仮想が可能なのではなかろうか。

乙版が印行されるに当たって、甲版とは別の本文が参照採用されたのであれば、普通には自ずと別の底本の存在が予測される。しかし、底本として別に一本が用意されたにしては、甲乙両版の異同は余りにも少な過ぎると思われる。現存古鈔本との異同量と比較する限り、そう感じざるを得ない。この疑問を解くために、底本としては甲版、乙版共通して同一写本が使用されたものと考えてみてはどうであろうか。底本が同じであるにもかかわらず、両版に異同が生じているのは、其の底本に、異本との校異が記されていて、両版の内の一方は本文を、一方は其の校異を意図的に採用して植字、組版が行われたのではなかろうか。言う迄もなく、その校異の基いた異本は、単一本としても複数本としても、やはり、現存しない逸失した或る本を想定しなければならない。其の際、一定量を刷り上げて後、解体された組版の活字を一部再利用して、同じ版面を別の植字台に再度組み上げるという仕方で、同時並行的に、植字、組版、刷印、解版、製本が、進行したと推測できるのではなかろうか。憶測に過ぎないのであるが、一仮説として此処に付贅しておきたい。

二、異植字版印行の意義

甲乙両版の間に認められる本文の異同は、誤植に起因する若干を除けば、全て、伝承されてきた本文に依拠しそれが継承された結果生じたものである。此の事実により、乙版印出時に刊行者の恣意によって改竄された可能性は否定される。此の刊行者の姿勢は、当然、乙版に限らず甲版が印出刊行された時も同じであったはずで、その意味で古活字版本文の信頼性は、高い。

後出本がただ単に増刷を目的としたのではなく、組版に際しては先に印出された古活字版の誤植が訂正されたのみならず、結果として諸本間の同異が斟酌され、相応の考勘の成果が反映されている。異植字版ではあるが、微少とは言い難い本文上看過出来ない異同が認められるのであって、そこには異文両存の意図も窺われる。本文を取り扱う上では両版の違いは充分に認識しておく必要があろう。

また、乙版は、甲版との異同個所において、遅れて刊行される「通考」と、或いは〔天理〕と、一致する文が少なくない。本文遷移の実相を考勘する上で注目されるところでもある。此の「通考」及び〔天理〕との関係については、第四章で更めて考察したい。

以上、述べてきたように、甲版と乙版の間には、若干の異同の存在が確認された。しかしながら、第二節で指摘しておいたように、他の現存諸本との異同量を比較すれば、本文において両版は極めて緊密な様相を呈しており、相対的に見て、四十四箇所の異同に但書を付ければ、同一本として取り扱っても支障は無いと思われる。

しからば、此の古活字版の祖本を、どのように想定する事が可能なのであろうか。次ぎに、明かとなった古活字版の本文の実態を踏まえて、古鈔本の本文との関係について検証しておかなければならない。

第二章　古鈔本との系統関係

序　節　諸本系統関係の概観

古活字版の本文は、刊行以前より日本に見在していた所謂本邦伝来本を継承していると考えなければならない。其の祖本としては、版行当時、即ち近世初期慶長年間に見存していた伝写本即ち今日に言う古鈔本が、先ず想定されるであろう。

現存する河上公注本の伝本には、古鈔本系の他に、宋刊本、道蔵本及び、敦煌本の系統がある（本論序章第一節一現行河上公注本の系類　参照）。宋刊本は、遅くとも鎌倉時代末頃には既に舶載されていたことが、「杏Ⅰ」等の古鈔本に見られる「才」本との校異の書入れが存在すること等によって明らかである。しかし、本邦所伝の宋版は未だ確認されておらず、古活字版の底本である可能性は薄い。道蔵本は、其の淵源は隋唐以前に遡るであろうし、唐鈔本も存在したであろう。また、現今通行の明正統本は宋万寿道蔵に拠り、その宋蔵は唐蔵の正系を継ぐと言われる（序章注25参照）。しかし、中古中世以来の伝来本は知られておらず、当時日本に蔵本が舶載されていたとは考え難い。敦煌本は、唐写本として、本文系統上の繋がりは想定されるとしても、それは、日本伝来の古鈔本を介して明らかになることで、古活字版との直接の継承関係は考えられない。要するに、古活字版の祖本としては、古鈔本以外を想定することは難しい。只、此れは、あくまでも伝本状況の概観に基づいた、推測の域を出ない憶見と承知すべきであろう。

古活字版の本文を諸本と比較するとき、古鈔本とのより近縁な関係が際立って見える。しかし、古鈔本の一本を以て古活字版と対校すれば、両本間の相違はけっして少なくはない。又、別の一本を以て比較すれば、さらに別の異同が認められる。

「諸本異同表」に示された通り、古鈔本諸本の間でも既に多くの異同が存在している。其の異同は、伝写に伴う譌脱に起因するもの、或いは助字の有無、通用別体等異体字使用による相違に止まらず、明らかに異文と認められる事例が少なくないのである。伝写に際して異本が意識されていた事は、本文とともに相承されてきた諸家の校異の書入れによって明らかである。本文の揺れは、主として其処に、即ち、複数の異本の存在に起因していると観ぜられる。或本にとっての異本は決して単一ではなく、授受相承の間に異文が意図的に取り込まれ、又無作為の内に混入された場合もあるであろう。結果として、現存する古鈔本相互の間には、本文上、複雑に淆錯した関係が窺測されるに到っている。

古活字版と古鈔本との関係にも同様の事態が認められ、数多の異同個所に於いて、一致する本としない本がそれぞれに異なり、交雑した様相を示している。さらには、古活字版のみが孤立し、何れの伝本とも異なる本文も見られる。現存する古鈔本の限りでは、古活字版の直接の祖本と見做し得る程に接近した伝本は、存在しないと言わなければならない。

しかしながら、古活字版は伝来の古鈔本を襲う、という武内義雄の洞察について、現在の伝本状況を以てしても、疑義の介入する余地は無いと言える。繰り返し述べるが、祖本としては、古鈔本をおいては考えられないのである。

しからば、祖本と想定されるにも関わらず、其の想定に不審を生み、或いは否定的要因ともなり得る、古活字版と諸古鈔本との間に介在する数多の異同を、如何に説明すればよいのであろうか。その為にはやはり、本文異同の実態を諸本との関繋に於いて把握し、個々に検証しておくことが前提としてまず必要であろう。

第一節　内容構成面での異同の諸相

〔東急〕を例外として、古活字版と古鈔本諸本とは、内容構成面での大きな違いは無く、諸伝本の淵源は、一所に存すると言えよう。即ち、「老子経序」を冠し、道経を上、徳経を下とする二巻に仕立てられ、上巻三十七、下巻四十四に分章し、通じて八十一章とする（〔東急〕は分章せず章毎の改行段落も無い）。河上公注は、経文を適宜に分句し句下に割注として配分されている。此の構成は古活字版、古鈔本共に同じである。しかし、仔細に比較すれば、古鈔本諸本の間、或いは古活字版と古鈔本との間に、必ずしも微少とは言えない形式上の差異が認められる。本文字句の検討に先立ち、本書構成上の異同を明らかにし、諸伝本の中での古活字版の異相を確認しておきたい。

一、分巻の次第

古活字版は「老子道經上」「老子德經下」の二巻としている。上下二巻の構成は、四巻本の〔道蔵〕を除けば諸本同じであるが、伝本の内には各巻を更に二分する構成をとる本がある。〔斯Ｉ〕はその顕著な例で、巻上巻頭内題「老子道經」の次行に「河上公章句第一」と題し、第十七章章題前行に「河上公章句第二」と、巻下内題「老子經下」次行に「河上公章句第三」と、第六十章章題前行に「河上公章句第四」と題され、第一章から第十六章、第十七章から第三十七章、第三十八章から第五十九章、第六十章から第八十一章と全巻が四分されている。此の巻立区分の次第は〔宋版・世徳〕と一致し、四巻本〔道蔵〕の区分次第とも符合している。〔敦Ⅰ・敦Ⅱ・敦Ⅲ〕も殘簡部分の様態から同じ体式と推定される。此の各巻二分の体式を、一部崩れた形で部分的に継承している古鈔本が伝存している。〔聖語〕（存巻下、一軸）は、冒頭第一行に「河上公章句第三」と題され、又、第六十章首は章題「居位第六十」の前に一行を取り、「河上公章句第四」と題署してある。これは〔斯Ⅰ〕の体式と同じである。同軸は、首尾料紙が欠損しているようで巻頭題、尾題は不明であるが、上下二巻の内の下巻であることは明白である。従って、各巻を二分する形式の伝本と認められる。

また、〔東急〕は、上巻は首に「老子道經（隔六格）河上公章句」と題し、第十七章首には小題は無く、二分されてはいない。しかし、下巻は、首「老子德經下（隔三格）河上公章句第三」と、第六十章首は「老子德經（隔四格）河上公章句第四」と題し、二分されている。上巻下巻で分巻の次第が異なっており、所拠の底本が別系本の取合わせであった可能性が考えられる。

この様に、〔斯Ⅰ〕及び〔聖語〕、〔東急〕の巻下は、〔道蔵〕等の四巻本の原状を彷彿させる伝本として、古鈔本の中でもやや特異な様相を示している。現存する各巻二分構成の古鈔本は以上の三本に止まるが、〔梅沢〕の淳風弟十七章題右旁の「老子道經　河上公章句弟二ィ」との書入れ、又〔無窮〕の第六十章首行右側行間に見える「老子德經　河上公章句第四イ本」との書入れが注目され、異本として、当時、必ずしも希な存在では無かったものと推察される。

更に、〔弘文・斯Ⅱ〕は、各巻二分されてはいないが、巻上巻頭に「河上公章句第一」、巻下巻頭には「河上公章句第三」と題し、〔杏Ⅰ・書陵・龍門・足利・慶Ⅱ〕は、巻上巻頭に「河上公章句第一」と題し（〔足利〕は巻下首部分が欠落、〔慶Ⅱ・龍門〕は下巻を欠き、〔杏Ⅰ〕は上巻の一部を存する零本であり、いずれも下巻巻頭の原状は不明）、〔無窮〕は巻上巻頭「河上公章句第一品」と題している。この「第一（品）」「第二」という小題下の次数標記は、各巻を二分する伝本の形式の残影と見做されよう。

この「第一」或いは「第二」の標記の有無に就いて、複数の古鈔本に校異の書入れが見られ、早くから異本、別本の認識を伴って、双方共に相承されたことは明らかである。〔杏Ⅰ〕には「第一」の右旁に「已上二字家古本无又或本／第一下有品字」の書入れが有る。同様の書入れが〔足利・慶Ⅱ・書陵・東洋（青筆）〕及び東洋文庫蔵古活字版両本の内の一本に見られる。〔杏Ⅰ〕の奥書に拠れば、その本は清家相伝の本であり、〔東洋〕に移写された本奥書も清家の書写識語であることは上記（緒論七「対校諸本略解題」18・22）の通りで、此の書入れは清原家家説として伝えられた校異の注説であろう。そうであれば、「家古本」とは清原家の旧本ということになり、その本には「第一」の二字は無かったことが明らかとなる。旧本に対して当然、「第一」の二字が加えられた新本が存在しなければならず、その本が、取りもなおさず〔杏Ⅰ〕等の本文ということになろう。尚、此の書入れに見える「品」字を有する「或本」は〔無窮〕と吻合し、又〔敦Ⅰ〕第十七章頭の「老子道經　河上公章句第二品」との題書（緒論七「対校諸本略解題」29）とも符応し、敦煌唐写本との関繋が窺測され、傾注に値する。

又、「第二」に就いて、〔東洋〕及び東洋文庫蔵古活字版には「句」字下に小圏を付し「第二中本」と、〔弘文〕は「第二」下に「二字無古本」との書入れが見える。〔弘文〕書入れの由来は明らかでないが、「第二中本」の校異注は、前例同様清家相伝の注説と考えられる。字面通りならば、中原家本には「第二」の両字が有り、清原家本には無いという事になろう。

そして、〔陽Ⅰ・筑波・杏Ⅱ・梅沢・慶Ⅰ・大東・武内・東大・東洋〕諸本及び古活字版は、「第一」「第二」の次数は無く、純然とした二巻の巻立構成を取っている。

以上、分巻の次第について、諸本を概観したのであるが、現存古鈔本の様態を整理すれば、

A、各巻二分した構成を持つ本〔斯Ⅰ・聖語・東急（巻下）〕、

B、二分されない本〔陽Ⅰ・書陵・杏Ⅰ・龍門・無窮・筑波・斯Ⅱ・足利・弘文・梅沢・慶Ⅰ・大東・慶Ⅱ・武内・東大・東洋・東急（巻上）〕に大別され、Bには、

BA、各巻二分構成の体式を一部残存した本、即ち、「第一」「第三」の次数標記を残す〔書陵・龍門・杏Ⅰ・無窮・斯Ⅱ・足利・弘文・慶Ⅱ〕の諸本と、

BB、純然とした二巻本の形式に整えられた「第一」「第三」の次数標記の無い〔陽Ⅰ・梅沢・筑波・東大・慶Ⅰ・大東・東洋・東急（巻上）〕の諸本が含まれ、古活字版は此のBBの形式を持つ。

BA諸本が存在することで、伝本の形態上の推移としてA⇩BA⇩BBの変遷過程が図式的に捉えられるように思われる。しかしながら、先に指摘した〔杏Ⅰ〕等の清家の書入れから明らかなように、実際の伝写の経緯は、BB⇩BAである場合も認められ、個々の現存伝本に即して見るとき、本文内容に及んで、A⇩BA⇩BBの系統が確認される訳ではない。

河上公注本の原初の形態がどの様な巻立であったのか、原本或はそれに近い本が発見されない限り、推測の域を出ず論証は難しい。ただ、『經典釋文敍録』が「河上公章句四巻」を著録し〔道蔵〕が四巻であることは、唐以前より四巻本が存在したことを裏付ける。一方で、『隋書經籍志』『舊唐書經籍志』『唐書藝文志』は何れも二巻と著録し、唐代には二巻本が主流であったことも、また想像に難くない。我が国では、『日本國見在書目録』に「老子二〈周柱下史李耳撰 漢文時河上公注〉」と著録され、平安時代初期以降二巻本が伝承されたことは疑いないが、遣唐使以来、日宋、日元の交流の間に四巻本等が新たに将来された経緯も充分に予想される。二巻本、四巻本、或は、各巻二分構成の本が、平安時代か

ら併存し、主に博士家において相伝されたのであろう。大江、中原、清原等博士家に、証本が授受相承されていたことは、古鈔本に写し継がれた書入れに、「江本」「中本」或いは「宣賢本」と標記された校異が存することに拠って明らかである（序章第二節 四古鈔本に見る享受の実相 参照）。諸家本の実態は、その寥々たる書入れに拠って窺知されるに過ぎず、全貌を窺うことは不可能に近い。家間の交流に伴い、訓説音義等の家説のみならず、各家本の本文も、混淆交雑した様相を累加して行ったように想われ、現存する古鈔本の殆どが、本文においても錯綜しており、伝本間の関繫は極めて複雑である。

巻立構成の相違について部類した、A、B、あるいはBA、BBの類別も、必ずしも本文上の親疎の関係を反映してはおらず、古活字版と共にBBに含まれる諸本間でも、例えば古活字版と〔東洋〕との関係は〔陽Ⅰ〕と比較して著しい隔たりが認められ、又、BAに属する〔書陵〕との関係より遙かに疎遠である。

二、八十一分章

道徳経八十一章の章立ては河上公章句に始まる、と言われてきた。近時の見解として、八十一分章の起源は河上公章句の成立とともに後漢時代に遡る可能性があるとの所説も聞こえる。しかし、八十一章の章立てが河上公によってなされたとする伝承の起こりと其の真偽については、未だ充分に納得のいく説明はなされていないと言える(1)。

我が国往時に於いて、この説が行われた証跡は具にし難いが、一つに宋林希逸撰の『老子鬳齋口義』の影響を指摘することが出来るであろう。同書の首に序説として冠せられた「發題」には「然河上公分爲八十一章、乃上經法天、天數奇、其章三十七、下經法地、地數偶、其章四十四」とあり(2)、『鬳齋口義』が普及し始めた室町期当時には通説として周知されていたものと思われる。清原宣賢講とされる『老子經抄』には「然トモ、河上公分テ、八十一章ニスル也、天数奇卅七也、故ニ道經卅七章ニ分也、地数偶四十四也、故ニ徳經四十四章ニ分也」と、又、「河上公ハ、八十一章ニ分テ、註ヲ作也」と見え、『鬳齋口義』を踏まえた講述であることは明らかであろう。

此の通説を以てすれば、河上公章句本は当然八十一章分章本のはずであり、事実、古活字版はもとより伝本の殆どは此の構成を取っている。しかし、本邦伝来の現存古鈔本の中で、〔東急〕のみは此れと異なり、各章間には章次数標記も段落改行も無く連続して書写されている。かかる形態の伝本が八十一分章本と並んで、古くより伝承されてきたのか、八十一章本が伝写の過程で章立てを廃し改編された本なのか、立証に資する論拠として思い至る材料は無い。しかし、この形式が、敦煌出土の河上公注本（S三九二六）に近似している点には、諸本の伝流を考察する上で特に留意されてしかるべきであろう。

本邦伝来本の内〔東急〕に、古活字版等とは径庭した本文構成面での特異性が認められる点を、此処に指摘しておきたい。

三、章題の有無と標記程式の相違

古鈔本には、各章頭に於いて、章題章次数を標記する本としない本があり、章名標記の有る本には、二字句を以て章題とする本と、章頭の字句を取って章題とする本がある。第一章について諸本章題の程式を表示すれば以下の如くである（上1オ23）。

A體道■■第一〔活Ⅰ・活Ⅱ・天理・陽Ⅰ・梅沢・斯Ⅰ・宋版・世徳・道藏〕

A′□□■章□□〔武内・東大・東洋〕
B道可道章□□〔慶Ⅰ・大東・仁和・筑波・弘文・慶Ⅱ〕
C■■■■■■〔書陵・龍門・無窮・足利・斯Ⅱ・東急・杏Ⅰ・六地・陽Ⅱ〕

下巻のみを存する〔聖語〕はA、〔杏Ⅱ〕はCの体式である。

〔筑波〕は、多くはB式の章題であるが、皈根章第十六、淳風章第十七、俗薄章第十八、還淳章第十九、異偽章第廿、反朴章第二十八の如きはA′の形式で、混乱が認められる。

〔弘文〕は、第七十五章以下はA′形式の章題に変わっている。〔梅沢〕は、第六十二から第六十九までは章頭前一行を空白にしたまま未題、〔聖語〕も第六十三以下、同様に空行のまま未題である。

B式に従う諸本の章題は、採用する章頭字句に長短詳略が有って一様で無い。第二章に於いて、〔慶Ⅰ・大東〕が「天下章第二」とし、〔筑波・弘文・慶Ⅰ〕が「天下皆章第二」と題する如くで、その外、詳細は「異同表」に示した通りである。

現存伝本に因る限り、此の、三様或いは四様の形式が、河上公注本の本文系統を端的に反映しているとは言えない。A類に属する古活字版は、同類の〔梅沢・斯Ⅰ・聖語〕よりも、遥かにC類の〔書陵・龍門・無窮〕に近く、本文上径庭の最も甚だしい〔宋版・世徳・道蔵〕と同形式であることは、伝本系統の複雑さ、それを解明することの困難さを象徴している。

此の章題の有無、或いは形式の相違についても、伝写の過程において早くから異本として認識されていたことは、次の書入れによって明らかである。

C体式即ち章題を標さない〔杏Ⅰ〕には、本文冒頭第一句の右旁、眉上より行間にかけて「□□□□第一」（後の例に拠り欠字部分は「道可道章」の四字である）と墨書され、其の下に「以後此勘物无古本」との注説が見え、又、左旁には「一本云體道第一」と朱の校異注が有る。此の両様の章題は、〈杏Ⅰ〉零巻中に残存する章頭部分に同じ様に標記されている。〈足利〉にも〈杏Ⅰ〉と殆ど同様に「道―章一以後此勘物无」「一本云體道才一」の書入れが見られる。

また、同意の書入れとして、〈書陵〉も同所に「此章名家古本无」と（〈書陵〉は章名を題しないので「此章名」に対応する本文は無いが、次章以下章頭句右旁にB式の章名が書き入れられていることから、「道可道章第一」六字書入れの脱落と判明する）あり、同文の書入れ（青筆）が〈東洋〉にも見られる。更に、東洋文庫蔵古活字版（清家点注説等書入本）の経文第一句「道可道」右旁に「道可道章第一イ中」と有って、その右に接して「此章名家古本无」と〈書陵・東洋〉と同文の書入れが存する。これらの書入れは清原家説と見られ、清家古本には章題標記は無く、章頭句を章題とするのはイ本、また中原家本であり、別に「體道」等二字句を章題とする一本も存在した。古活字版は其の一本を形式上踏襲したと言える。ABCの各体式が、平安時代より長期間にわたって併存し伝写相承されてきたのであり、その間に本文の交雑が進行し、章題標記の相違に符応した本文上の特徴は湮滅して行ったものと考えられる。

古活字版が襲用しているA、或はA′型二字句の題名で、諸本によって以下の如く若干の異同が見られる。

第十二章「撿欲」を〈陽Ⅰ〉が「撿慾」に作り（上9オ6 448）、第十六章「歸根」を〈天理・筑波〉が「皈根」に作り（上13オ2 657）、第三十三章「辨徳」を〈斯Ⅰ・宋版・世徳・道蔵〉が「辯徳」に作り（上27ウ1 1509）、第四十三章「徧用」を〈梅沢・道蔵〉が「偏用」に作り（下6ウ1 283）、第四十六章「儉慾」を〈梅沢・武内・東大・東洋・聖語・斯Ⅰ・宋版・世徳・道蔵〉諸本が「儉欲」に作り（下8オ5 378）、第四十八章「亡知」を〈梅沢・東大・東洋・聖語・斯Ⅰ・宋版・世徳・道蔵〉が「忘知」に作る（下9オ6 419）等の異同は、何れも通用字の使用によるもので、題意において相違は無い。

第二十章「異俗」を〔筑波〕が「異偽」に作り（上15ウ3 828）、第二十五章「象元」を〔陽Ⅰ〕が「象無」に作り（上20オ4 1084）、第五十二章「歸元」を〔陽Ⅰ〕が「滞無」に作る（下12オ4 557）。これらは、書写字体の近似に因り、伝写に伴って生じた異同と見做されよう。しかし、第二十章章題については、〔慶Ⅱ〕眉上に標記された別題は、行草体で判読に苦しむが「異俗」よりは「異偽」と読め、〔筑波〕と同じ「異偽」と題する本も行われていたと考えられる。また、第二十五章の「象元」「象無」の異同も、〔梅沢〕の「元」字右旁に「无イ」の書入れが存し、「象无」或いは「象無」と題する本が室町期以前から行われていたことが判明する。更に、〔弘文〕の章題「有物混成章第廿五」下に「一本云象無第廿五」と墨書され、〔大東〕題下に「象无章」と、〔慶Ⅱ〕眉上に「象无―」との書入れが有り、〔筑波〕は題下に「或象無元章」と別題を記し「無」字に見消ちを付している。また、清原宣賢講とされる『老子經抄』の清家文庫本は「象無」とし、同書京都大学文学部蔵本は「象元」に作る如く、近世初に及んで題名標記に混乱が認められる。五十二章の「滞無」についても、清家文庫本『老子經抄』に「題号ヲ、皈元ト云ハ、ナク〆、滞無トシタル本、在之」（京都大学文学部蔵本には此の文は無い）の一文が見え、「滞無」と題する本が行われていたに相違なく、此れも、〔陽Ⅰ〕に限った誤写とは考えられない。

第四十八章で〔武内〕が「志知」に作る（下9オ6 419）のは「忘」を「志」に誤ったのであろう。

第二十四章「苦恩」を〔梅沢・武内・東大・東洋〕は「善思」と題している（上19ウ2 1041）。此れも、元来は書写字体の近似に起因する異同と考えられる。しかし、古活字版の他〔陽Ⅰ・天理・斯Ⅰ・宋版・世徳・道蔵〕が「苦恩」と題しているが、何れが本来の章題なのか明らかでない。清家文庫本『老子經抄』は、該章頭「善思章第二十四」と題し、其の左行間に「本経ニハ、苦恩章トアリ、以異本ニ勘也」の注記が見られる（京都大学文学部蔵本には無い）。

異本の「善思」を是として採用したのであろうか。何れにしても、「苦恩」「善思」の両題名が、併存して行われていたことは確かである。

第五十七章「淳風」を｛東洋｝だけが「淳朴」としている（下16ウ2 755）。他に「淳朴」を章題とする伝本は無く、普通であれば｛東洋｝の誤写と見做されておかしくはない。しかし、｛東洋｝には毎章首に章題の由来についての注説書入れが有るが、本章には「此章者、真人无為道者、明㆘以質素淳朴㆒為㆖徳ヿヲ也、然則道素ニ〆而徳朴ナルハ者、非天徳ノ哉、故以淳朴㆒次玄徳ニ㆒者也」と、前章「玄徳」に次いで「淳朴」を配する所以が述べられ、此の書入れに従うならば誤写とは認め難い。因に、第十七章章名も「淳風」であり、同名の章題が使用されていることは不審である。むしろ「淳朴」が本来の題名と観るべきなのかもしれない。

その外、B、C型章題の諸本で、本題に旁記された別題、或いは校異の書入れとして記された章題には、古活字版等と異なる二字句の名号が認められる。

第一章の「體道」は｛弘文｝に「時通」と見え、第六章「成象」は｛斯Ⅱ｝に「故象」と、第十三章「猒耻」は｛大東｝に「猒取」と、第十四章「賛玄」は｛弘文・大東｝に「替玄」と、第二十二章「益謙」は｛筑波・慶Ⅱ｝に「尽謙」と、第二十四章「苦恩」は｛斯Ⅱ｝に「吉恩」と、第二十七章「巧用」は｛慶Ⅱ｝に「功用」と、第三十六章「微明」は｛弘文｝に「微妙」と、第三十七章「爲政」は｛弘文｝に「若政」と、第四十四章「立戒」は｛大東｝に「玄戒」と、第四十五章「洪德」は｛筑波｝に「洪聴」と、第四十八章「亡知」は｛筑波｝に「玄知」と、第五十五章「玄符」は｛筑波｝に「玄府」と、第五十八章「順化」は｛弘文｝に「顕化」と、第五十九章「守道」は｛慶Ⅰ｝に「守人」と、第六十章「居位」は｛杏Ⅱ｝では本題の下に「君位章／居位章」と両題が併記され、第六十三章「恩始」は｛弘文｝に「恩徳」、｛大東・杏Ⅱ｝に「思始」と、第六十四章「守微」は｛無窮｝に「玄微」と、第六十六章

「後己」は〔弘文〕に「後也」と、第七十四章「制惑」は〔弘文・大東〕に「制或」、〔無窮〕に「制戒」と記されている。

これらの異同は、第五十九章の「道」「人」の違いを除けば、何れも字形の近似、或は音通に因る誤写の蓋然性が高い。しかし、此処に挙げた異題を尽く伝写の譌として不問に付すのは危険であり、やはり検証が必要である。

第二十二章は「益」「盡」(尽)の字形の類似が認められる。しかし、〔梅沢〕は、「益謙」と題し、「益」字右旁にイ本との校異の書入れが有る。その校字は判読が難しいが「盡」或は「盖」、恐らくは「盡」と看取される。とすれば、「益謙」「盡(尽)謙」共に章題として並存していたことになる。

第六十三章の「恩始」「思始」の異同も「恩」「思」字形の近似に因るとは容易に推測がつく。しかし、どちらが本来の題名であるか、判定することは難しい。現存の古鈔本のうちに「思始」と題した本が無いという理由で、「恩始」を是とし、「思始」を誤写として排除することは危険である。『老子經抄』では「思始章」の題を掲し「始ハ道也、思ㇾ道」との講述がある。従って、「恩始」「思始」の両題が併存していた事が確認される。

第五十九章の「道」「人」の顕著な相違は別題が行われたことを示唆する。事実〔杏Ⅱ〕には、本題下に添記された二字句題「守道章」の「道」字左旁に「人イ」と校異の書入れが見られ、「守人」が異文と認められていた事は確かであろう。

以上、二字句章題の異同の実態について検証した結果、管見の古鈔本に限っても多くの異題が確認され、それが同時或は通時的に併存して伝えられた実状が判明した。古活字版は、この異文併存の状況に在った伝来本の章題を選択踏襲したと想定される。しかし、同じA型として部類される諸本の内には〔宋版・世徳・道蔵〕が含まれ、B・C型の古鈔本よりも寧ろ古活字版に近い様相が認められる。此の事実をどのように理解すべきか、現存伝本に制約された検証では、説明する事は困難である。只、古活字版の各章個々の章題は尽く既に古鈔本に存した名号であり、本邦に於ける河上公注本伝流の過程で、摺本即ち宋刊本の本文が介在した事実も知られている。従って、本文上部分的に宋刊本により近い古鈔本が存在していたと仮定してもよいのではないか。この場合、章名題署の体式に於いて、〔宋版〕に極近い古鈔本が嘗て存在したと想定し、古活字版は、その古鈔本の章題を襲用したと考えるのが最も妥当であろう。

第二節　本文の異同

一、異同量から見た、諸本との親疎の関係

附表1～3は、〔活Ⅰ〕から見た諸本の異同量の一覧である。附表1・2の各枡は各本章毎の異同量の総計を、列最下段に各章の量数を累計し本毎の総量を表し、下方欄外に、異同総量をグラフ化して、視覚的に比較対照し易いようにしてみた。

附表1は、巻上部分（第一章至第三十七章、「老子經序」部分の異同は除外した）の異同量を示す。対校本は、表の最上行に掲出した通り、〔活Ⅱ・天理（存巻上）・陽Ⅰ・書陵・無窮・龍門（存巻上）・足利・斯Ⅱ・慶Ⅰ・大東・慶Ⅱ（存巻上）・弘文・筑波・梅沢・武内・東大・東急・東洋・斯Ⅰ・世徳・宋版・道蔵・杏Ⅰ・敦Ⅰ・六地・陽Ⅱ・治要〕の二十七本である。〔杏Ⅰ・敦Ⅰ〕は零本、〔治要〕は節略本、〔六地・陽Ⅱ〕は無注本であるので、巻上経注全文に就いての比較は出来ない。残りの二十二本の内〔活Ⅱ〕即ち異植字版との関係は上述した通りであり、〔天理〕は、寛永四年成立書写の注釈書で、祖本如何が問われる此処での対象からは除外されよう。〔天理〕「通考」の両後出

本との関繋については第四章に「古活字版以後の本文」として更めて詳述する。

〔活Ⅱ〕〔天理〕を除いた二十本〔陽Ⅰ・書陵・無窮・龍門・足利・斯Ⅱ・慶Ⅰ・大東・弘文・慶Ⅱ・筑波・梅沢・武内・東大・東急・東洋・斯Ⅰ・世徳・宋版・道蔵〕を比較すれば、古鈔本諸本に比べ〔世徳・宋版〕の異同量は遙かに大きく、〔道蔵〕は更に突出した量数を示している。此の事実は、古活字版の本文は〔世徳・宋版・道蔵〕と径庭乖離し、逆に古鈔本諸本とは近接した関係にある事を、明瞭に示している。

古鈔本の中では〔陽Ⅰ〕が最も古活字版に近く、〔書陵〕がそれに次いで近く、〔斯Ⅰ〕が最も疎遠である様相を呈している。

附表2は、巻下部分（第三十八章至第八十一章）の異同量を表している。掲出した対校本は、〔活Ⅱ・陽Ⅰ・書陵・足利・杏Ⅱ（存巻下）・筑波・弘文・武内・無窮・梅沢・斯Ⅱ・慶Ⅰ・大東・東大・斯Ⅰ・東洋・聖語（存巻下）・東急・世徳・宋版・道蔵・敦Ⅱ（存巻下首欠）・六地・治要〕の二十四本である。〔陽Ⅱ・敦Ⅲ〕は対校未了の為に割愛し、〔六地・治要〕は巻上と同様の理由で本項での比較対象から除外する。残りの二十二本に就いて、〔活Ⅰ〕との比較が可能である。只、〔足利〕は第三十八章、〔梅沢〕は第三十八章及び第三十九章の一部に欠損があり、また、〔敦Ⅱ〕は第三十八章と、三十九章の前半が失われているために、その分、量数は少なくなっているが、総量に対する割合は小さく、異同量への影響は相対的に微少である。比較の結果は、巻上の場合とほぼ同じで、〔世徳・宋版・道蔵・敦Ⅱ〕との乖離、〔陽Ⅰ〕との近接した様相が明らかである。また、古鈔本のうちでは、〔斯Ⅰ・東洋・聖語・東急〕が他本に比べ、古活字版とは可成疎遠な関係にあることが窺知される。

附表3は、巻上下通じての異同量の総計を表示している。掲出本は巻上下両巻具備する〔活Ⅱ・陽Ⅰ・書陵・無窮・足利・筑波・弘文・斯Ⅱ・慶Ⅰ・大東・梅沢・武内・東大・東洋・東急・斯Ⅰ・世徳・宋版・道蔵〕の十九本であるが、附表1、附表2に示された結果がその儘反映され、〔世徳・宋版・道蔵〕と乖離し、〔陽Ⅰ・書陵〕と近接し、〔東洋・東急・斯Ⅰ〕とやや疎隔した関係が、如実に顕れている。

この様に、異同量の対比の結果判明する事実として、古活字版と諸本との関係において少なくとも次の二点が指摘される。一つは、古鈔本各本は、それぞれ相応の異同量を示しながらも、〔世徳・宋版・道蔵〕或いは敦煌本と比較するとき、古活字版と相対的により近接した関係にある。この事実は、先に、伝本状況から推察し、古活字版の祖本は古鈔本であるとした想定を、輔翼するものと言えよう。

二、古活字版と〔陽Ⅰ〕との近接した関係

第二点として、管見の古鈔本の内では、〔陽Ⅰ〕が古活字版と最も近接した関係にあると認められるであろう。六二三という異同量は、〔足利〕の一二二六の約半数、〔東洋〕の一八二一の約三分の一に当たり、古活字版と〔陽Ⅰ〕との隔たりは、それぞれの、二分の一、或いは三分の一程に少ない事を示唆している。此の近親性を裏付ける本文として、以下の事例が注目される。即ち、古活字版が、古鈔本の内〔陽Ⅰ〕とのみ一致する本文である。

① 能爲第十経文「專氣致柔」下注「形體能應物而柔順也」の「物」、〔書陵・龍門・無窮・足利・筑波・弘文・斯Ⅱ・梅沢・慶Ⅰ・大東・慶Ⅱ・武内・東大・東洋・杏Ⅰ・東急・斯Ⅰ〕は「之」に作り、〔敦Ⅰ・宋版・世徳・道蔵〕も同じ。但、〔天理〕「通考」は、古活字版〔陽Ⅰ〕に同じで「物」に作る（上7ウ 5b 360）。

② 無用第十一経文末句「無之以爲用」下注「故曰虚無能制有形」の「能」、〔書陵・龍門・無窮・梅沢・慶Ⅱ・武内・東大・東洋・斯Ⅰ〕はこの字を欠き、〔足利・筑波・弘文・斯Ⅱ・慶Ⅰ・大東・東急〕は「者」に作る。〔敦Ⅰ〕、

また王校も指摘しているように唐強思齊編『道德眞經玄德纂疏』(3)所録の河上公注は〔書陵〕等と同じで「能」「者」共に無い。〔宋版・世德・道藏〕及び〔天理〕「通考」は古活字版〔陽Ⅰ〕と同じで「能」字が有る（上9オ 5a 446）。鄭校は、〔敦Ⅰ〕の無「能」、〔斯Ⅱ〕の作「者」を指摘し「皆非」と。是非については暫く慎重を期したい。

③　賛玄第十四経文末句「能知古始是謂道紀」の「能」、〔書陵・龍門・無窮・足利・筑波・弘文・斯Ⅱ・梅沢・慶Ⅰ・大東・慶Ⅱ・武内・東大・東洋・東急・斯Ⅰ・六地・陽Ⅱ〕は「以」に作り、〔敦Ⅰ・宋版・世德・道藏〕も同じ。此処も、〔天理〕「通考」は古活字版、〔陽Ⅰ〕に同じで「能」に作る（上11ウ 7 591）。なお、現行の王弼注本、(4)慮齋口義本は「能」に作っている。島校は河上公注本を「能」に、王弼注本を「以」に校正している。馬敍倫説も同じ。しかし、「能」「以」の異同は、河・王・林各本の別とは関わり無く認められ、伝本系統と関連付けることは、現在知られている諸本に拠る校勘だけでは難しい。

④　歸根第十六経文「王乃天」下注「能王則德合神明與天通也」の「與」字の上に〔書陵・龍門・無窮・足利・筑波・弘文・斯Ⅱ・梅沢・慶Ⅰ・大東・慶Ⅱ・武内・東大・東洋・東急・斯Ⅰ〕には「乃」が有り、〔敦Ⅰ・道藏・宋版・世德〕も同じ。此処も〔天理〕「通考」は古活字版・〔陽Ⅰ〕と一致し「乃」が無い（上12ウ 5b 714）。鄭校は脱字と見做している。

⑤　任成第三十四冒頭経文「大道氾兮」下注「言大道氾氾若浮若沈若有若無視之不見説之難殊也」の「若浮若沈」を〔書陵・龍門・無窮・足利・筑波・弘文・斯Ⅱ・梅沢・慶Ⅰ・大東・慶Ⅱ・武内・東大・東洋・東急・斯Ⅰ・杏Ⅰ〕は「若沈若浮」に作り、〔道藏〕も同じ。〔宋版・世德〕〔天理〕「通考」は、古活字版・〔陽Ⅰ〕と同じである（上28オ 3a 1541）。

⑥　亡知第四十八経文「取天下常以無事」下注「治天下常當以無事不當勞煩也」の下句、諸本間で次のように異同が

多い。

不當勞煩■也〔活Ⅱ・陽Ⅰ・道蔵〕
□□□□民□〔書陵・杏Ⅱ・足利・筑波・弘文・斯Ⅱ・梅沢・慶Ⅰ・大東・武内・東大・東洋・治要〕
□□□□之□〔無窮・東急〕
□□煩勞■□〔宋版〕
□畜煩勞■□〔世徳〕
□□煩勞■■〔聖語・斯Ⅰ・敦Ⅱ〕

〔書陵・杏Ⅱ・足利・筑波・弘文・斯Ⅱ・梅沢・慶Ⅰ・大東・武内・東大・東洋・治要〕は「勞煩」下に「民」、〔無窮・東急〕は、「之」の一字が多い。〔聖語・斯Ⅰ〕は「勞煩」を転倒して「煩勞」とし、「也」字が無い。「通考」及び〔道蔵〕は、古活字版・〔陽Ⅰ〕と同じである。〔宋版〕は「不當煩勞也」に、〔世徳〕は「不畜煩勞也」に作り、〔敦Ⅱ〕は「不當煩勞」とあって〔聖語・斯Ⅰ〕と一致する（下9ウ4b440）。鄭校は、〔斯Ⅱ〕の「民」を指摘し衍と見做している。

⑦ 守微第六十四経文「學不學」下の注文「聖人學人所不學」の「不」字下に〔書陵・無窮・杏Ⅱ・足利・筑波・弘文・斯Ⅱ・梅沢・慶Ⅰ・大東・武内・東大・東洋・聖語・東急・斯Ⅰ・治要〕は「能」字が有って「不能學」に作り、〔慶Ⅰ〕は「學」が無く「不能」に作る。〔宋版・世徳・道蔵〕は〔書陵〕等に同じ。また、〔敦Ⅱ〕は「能」字を「不學」の下に置いている。但、「通考」は古活字版・〔陽Ⅰ〕と同文である（下23オ7a1107）。鄭校は、「通考」・〔陽Ⅰ〕を正とし「能」を衍字と見做す。

以上七例は異同字句として比較的顕著な事例であるが、その他、通用字、或いは字形の類似に起因する諸本間の異同で、古活字版が〔陽Ⅰ〕とのみ一致する例を挙げるならば、虚用第五経文「天地之間」下の注文「清五臟」（上4ウ4b202）、成象第六経文「谷神不死」下の注文「神謂五臟之神也」（上5オ2b218）及び「五臟盡傷」（上5オ3b221）、無用第十一経文「三十輻共一轂」下の注文「使五臓空虚」（上8ウ5a 417）の「臓」字は、諸本全て「蔵」に作っている。但、「清五臓」の例だけは、｛道蔵｝が古活字版・｛陽Ⅰ｝と一致する。尚、｛天理｝「通考」は全て古活字版・｛陽Ⅰ｝と同じである。

又、成象第六経文「是謂玄牝」下の注文「爲形體骨肉」の「體」字は、諸本並びに「骸」字に作る。但、｛天理｝・「通考」は、古活字版・｛陽Ⅰ｝に同じ（上5オ6a 235）。

又、異俗第二十経文「如嬰兒之未㱾」の「㱾」字を｛書陵・龍門・無窮・足利・筑波・弘文・斯Ⅱ・梅沢・慶Ⅰ・大東・慶Ⅱ・武内・東大・東洋・東急・斯Ⅰ・六地・陽Ⅱ｝は「咳」に作り、｛宋版・世徳・道蔵｝は「孩」に作る。｛天理｝・「通考」は、古活字版・｛陽Ⅰ｝と同字である（上16オ4 863）。

又、象元第二十五経文「周行而不殆」下注文「在陽不燋」の「燋」は、｛書陵・龍門・無窮・足利・筑波・弘文・斯Ⅱ・梅沢・慶Ⅰ・大東・慶Ⅱ・武内・東大・東洋・東急・斯Ⅰ｝は「焦」字に作り、｛宋版・世徳・道蔵｝も同じ。｛天理｝・「通考」は、古活字版・｛陽Ⅰ｝に一致する（上20オ7b 1098）。

又、爲政第三十七経文「無名之樸亦將不欲不欲以靜」の「樸」を、｛書陵・龍門・無窮・足利・筑波・弘文・斯Ⅱ・梅沢・慶Ⅰ・慶Ⅱ・武内・東大・東洋・陽Ⅱ・六地・東急・斯Ⅰ｝（｛大東｝はこの部分脱落）は「朴」に作る。｛天理｝・「通考」は、古活字版・｛陽Ⅰ｝に同じである。｛宋版・世徳｝は｛書陵｝等に同じく「朴」、｛道蔵｝は古活字版と同じで「樸」に作っている（上30オ5 1663）。

又、淳風第五十七経文「人多技巧奇物滋起」及び注文の「多技巧」の「技」字、｛書陵・杏Ⅱ・無窮・足利・筑波・弘文・斯Ⅱ・梅沢・慶Ⅰ・大東・武内・東大・東洋・聖語・東急・斯Ⅰ・六地・治要｝は「伎」に作る。「通考」は古活字版・｛陽Ⅰ｝と同じである。｛宋版・世徳｝は｛書陵｝等と、｛道蔵・敦Ⅱ｝は古活字版と一致する（下17オ2

774）（下17オ2b776）。

さらに、先に指摘した二字句章題標記の異同で古活字版と〔陽Ⅰ〕とのみ一致する題名を挙げるならば、第四十六章の「儉慾」と、第四十八章の「亡知」がある。「儉慾」は〔梅沢・武内・東大・東洋・聖語・斯Ⅰ・宋版・世徳・道蔵〕諸本は「慾」を「欲」に作り（下8オ5 378）、「亡知」は〔梅沢・東大・東洋・聖語・斯Ⅰ・宋版・世徳・道蔵〕が「亡」を「忘」に、〔武内〕が「志」に作っている（下9オ6 419）。

〔陽Ⅰ〕が、他の古鈔本と比較し、異同量において際立って近接した関係を示していることは、以上のような本文上の一致が反映された結果といえる。此の近接した関係に着目し、現存伝本の内に古活字版の底本を想定しようとするならば、その候補として〔陽Ⅰ〕が最も期待されよう。しかし一方で、相対的に少ないとは言いながら相当数の異同量が計測されている。次の問題として、此の〔陽Ⅰ〕を以て、古活字版の直接の底本、或いは古活字版の底本と緊密な関係にある同系本と見做す事が可能なのかどうか、考証が要請される。その為には、六二三という量数に示された異同の実態について、個々に検証する必要があろう。その検証に拠って、古活字版と古鈔本との関繫の傾向一般がより具体的に把握されるはずである。

三、〔活Ⅰ〕と〔陽Ⅰ〕の異同の実態

両本間の本文異同の要因は、概ね以下の六類に分けられる。

Ⅰ、〔活Ⅰ〕の誤植に起因する異同

Ⅱ、〔陽Ⅰ〕の誤写、衍脱に起因する異同

Ⅲ、異体字、通用字使用に起因する異同
Ⅳ、助字の有無、通用に起因する異同
Ⅴ、其の他、本文字句の異同
Ⅵ、内題、章題の異同

異同個所の全てを此の六類に分け、各類毎の異同量数とともに、個々の異同字句を具体的に示し、両本文の相違の実相を確認する。「老子經序」部分の異同も取り上げてあるが、附表1～3に対応させるため量数の計上は行わない。掲出本文は〔活Ⅰ〕に拠り、必要に応じて、〔陽Ⅰ〕の異文を示した。

㈠ 〔活Ⅰ〕の誤植に起因する異同　異同量五

先に指摘した（第一章第一節書誌概要126頁）〔活Ⅰ〕の誤植七例の内、③（上15オ3a789）の「無」字は〔陽Ⅰ〕は「无」に作る。此れを除く（序4オ5 74）（上12ウ3b628）（上15オ6a805）（上26オ4a1435）（下27ウ5a1339）（下33ウ1a1637）の「擧」「客」「貧」「教」「者」「愛」の字形の類似に起因する誤字で、〔陽Ⅰ〕を肇め諸本は「攀」「容」「貪」「殺」「省」「受」と全て正しく作る。此の六例は諸本とは無関係に古活字版の誤謬として孤立的に生じた異同である。従って、〔陽Ⅰ〕との親疎の関係を検討するに際し、本文系統上特に問題とする事例とはなり得ない。此の類の異同が総量六二三の内に占める量は五と僅少である。

㈡ 〔陽Ⅰ〕の誤写、衍脱に起因する異同　異同量十九

養身第二　（上2ウ3b94）　不辭謝而逆止也　止、作「上」
安民第三　（上3オ4b124）　珠玉捐於淵也　淵、作「関」
無源第四　（上3ウ6a156）　道淵深不可知也　深、作「除」

易性第八　（上6ウ5b 307）　壅之則止　止、作「上」
猒恥第十三　（上10オ2a 477）　問何謂寵　寵、重写、衍
顯德第十五　（上13オ1b 656）　謂貴功名者也　貴、作「責」
淳風第十七　（上14オ2a 732）　上古無名之君　君、作「若」
異俗第二十　（上15ウ7b 843）　畏不絶學之君　君、作「若」
偃武第三十一　（上26ウ2b 1459）　害無辜之民　辜、作「事」
辨德第三十三　（上27ウ7a 1531）　目不妄視　目、作「日」
法本第三十九　（下3オ4a 105）　王相囚死休廢　休、作「体」
同異第四十一　（下4ウ3a 183）　聞道治身以長存　聞、作「開」
偏用第四十三　（下6ウ2 284）　馳騁天下之至堅　馳、重写、衍
玄德第五十六　（下16オ1a 731）　結恨不休　休、作「体」
順化第五十八　（下18オ3b 845）　失正以來　失、作「矢」
守微第六十四　（下23オ1b 1081）　故無壞敗也　壞、作「懐」
玄用第六十九　（下27ウ1b 1323）　侵取不休　休、作「体」
制惑第七十四　（下30オ4b 1463）　治身者　治、作「活」
獨立第八十　（下34オ6b 1683）　不徵召奪民良時　召、作「占」

以上、衍字の二例を除けば、何れも、字形の相似、行草書写字体の近似に因る誤写と見做した。しかし、休、作「体」の如きは、本書所出の「休」字は全てで四字有り、其の内の三字迄が「体」に作ってある。書写者の筆癖で誤

写と見るべきでは無いのかもしれない。止上、君若、失矢、召占等も、同様に考えるべきであろうか。

此の類の異同も、諸本との本文系統上の関連は無く〔陽Ｉ〕に孤立的に生じた譌字であり、前類と同様の意味で、あらためて検討するには及ばないであろう。

(三) 異体字、通用字使用に起因する異同　異同量二七九

校勘の作業において文字の異同を問題とする場合、異体字の取り扱いに腐心するのが常である。写本の場合、往々にして字形の弁別に苦しみ、現今、異体字として認識通用されている字形との比定が困難なことも少なくない。また、本文の同異を検討する上で、異体字使用に伴う字義文義の相違は通常は生じないわけで、苦労昏迷して煩瑣な作業を行うだけの効用が有るのか否か、疑念も生じる。殊に、写本と刊本の対比においては、文字表記の手段が根本的に異なり、古活字版の場合は、当然活字種の字形の制約を受け、底本の字形にどれだけ忠実であったのか疑わしく、写本に対して、異体、別体字を異同字として扱うことは意味を成さないようにも思われる。しかしながら、逆の場合、即ち、古活字版の伝写本であれば、転写に際して古活字版の字形に影響されることは充分に考えられることであろう。写本間の関係においても、伝写者の底本に対する忠実さの度合いによっては、異体字もその儘に伝写され、伝本系統を考察する上での肯綮ともなり得るであろう。伝存する古写本には、異体字を異本の異文とする校異の書入れが少なくなく、古人の異字に接する態度は決して疎かではない。従って、異体字を一律に校合の対象外に置くことは慎まざるを得ない。

附載の「諸本異同表」は、凡例に記したように、極一般的に現今使用されている略体、正体等の異体字は取り上げていない。しかし、上記したところに鑑みて、異同字として扱い量数①を与えた場合も有る。「浄」「淨」、「静」「靜」の違いは無視したが「浄」「静」は異同字と見做した如くである。古活字版と〔陽Ｉ〕との間において、異体字、通

用字使用に起因する異同として、以下の事例を認めた。

① **浄**、作「静」(序3オ1 53)

「老子經序」の「無爲自化清浄自正」句内の一字で、諸本の中〔武内〕のみは古活字版に同じく「浄」に作り、〔陽Ⅰ〕初めその他の古鈔本は「静」に作る。此れを、古活字版、〔武内〕の譌とは言えないであろう。「淨」「瀞」、「淨」「瀩」、「靜」「竫」の通用は諸字典に載るが、「浄」「静」も字義通用する場合を認めて良いのではなかろうか。古活字版の「浄」字の使用は、この箇所に限られるが、「静」或いは「靜」を古鈔本が「浄」「淨」に作る例は他見する。(上3オ4b 125)(上13オ3b 663)(上13オ4a 666)(上21オ4a 1157)(上30オ6b 1668)(下8オ3 373)(下9オ1a 403)(下29オ1b 1402)(下34ウ1a 1694)は其の例である。唯、何れも古活字版の「清静」を「清浄」に作る場合で、〔陽Ⅰ〕は全て古活字版に同じく「清静」とする。従って、古活字版が標記の箇所において「清浄」に作るのは異例に属し、まさに、その所において、〔陽Ⅰ〕との異同が生じている。

② **太**、作「大」(序3オ2 54)

「太史公」を〔陽Ⅰ〕は「大史公」に作る。〔筑波・慶Ⅰ・大東〕が〔陽Ⅰ〕に同じ。〔書陵・龍門・無窮・足利・弘文・斯Ⅱ・梅沢・慶Ⅱ・武内・東大・東洋・東急・斯Ⅰ・六地・陽Ⅱ〕は古活字版に同じで「太」に作る。

③ **庵**、作「菴」(序4オ1 68)

「草庵」を「草菴」に作る。〔無窮・足利・斯Ⅱ・梅沢・慶Ⅰ・大東・東大・東洋・東急・斯Ⅰ・陽Ⅱ〕が〔陽Ⅰ〕に同じ。〔書陵・龍門・筑波・弘文・慶Ⅱ・武内・六地〕は古活字版に同じく「庵」に作る。尚、〔書陵〕は「庵」字で、眉上に「本作菴」の書入れがあり、異文として認識されている。

④ **階**、作「陛」(序4オ3 70)

「階下」を「陛下」に作る。｛武内｝は古活字版に同じ。他の古鈔本は｛陽Ⅰ｝に同じ。「階」「陛」は字義通じ、｛慶Ⅰ・大東｝の「陛」字左旁には「階也」の書入れが有る。

⑤ **楊**、作「揚」（上16ウ4a 896）

異俗第二十経文「漂兮若無所止」下注「我獨漂漂若飛楊無所止也」の「飛楊」を｛陽Ⅰ｝は「飛揚」に作る。「楊」「揚」は字義においても通用される。｛書陵・龍門・筑波・弘文・斯Ⅱ・慶Ⅰ・慶Ⅱ・東大・東洋・東急・斯Ⅰ・天理｝が｛陽Ⅰ｝に同じ。｛無窮・足利・梅沢・大東・武内｝は古活字版と同じで「楊」に作る。此の通用字の使用例として他に一例（上2オ4a 74）「自揚已美」（養身第二経文「天下皆知美之爲美」下注）が認められる。そこでは両本共に「揚」字であり、古活字版は「楊」「揚」混用している。

⑥ **辯**、作「辨」（上3オ2a 115）

養身第二経文「不尚賢」下注「辯口明文」の「辯口」を｛陽Ⅰ｝は「辨口」に作る。｛龍門・無窮・足利・筑波・弘文・斯Ⅱ・梅沢・大東・慶Ⅱ・斯Ⅰ｝が｛陽Ⅰ｝に同じ。｛書陵・慶Ⅰ・東急・宋版・世徳・道蔵・天理｝は古活字版と同じ。｛武内・東大・東洋｝は「弁」に作っている。尚、「辨口」の語は（下35オ4a）にも見え（顯質第八十一経文「辨者不善」下注）、そこでは古活字版、｛陽Ⅰ｝とも「辨」字で、古活字版は両字混用している。

⑦ **辨**、作「辯」（下7ウ7 359）

洪徳第四十五経文「大辨若訥」の「大辨」を｛陽Ⅰ｝は「大辯」に作る。｛杏Ⅱ・慶Ⅰ・大東・聖語・東急・斯Ⅰ・六地・宋版・世徳・道蔵・敦Ⅱ｝が｛陽Ⅰ｝に同じ。｛書陵・無窮・足利・筑波・弘文・斯Ⅱ・梅沢・武内・東大・東洋・治要｝は古活字版に同じく「辨」に作る。しかし、直下の注文では古活字版、｛陽Ⅰ｝ともに「大辨」に作り、｛陽Ⅰ｝は混用している。「辯」「辨」は字義字音において通用。「辯」「辨」の使用例は他に（上27ウ1 1509）の「辨徳」

（第三十三章章題）、（下25ウ2a 1221）（同2b 1222）（同3a 1227）の「辨惠」、（下35オ2 1726）（同2b 1729）の「不辨」、（同3 1731）（同3a 1732）の「辨者」が有るが、古活字版、｛陽Ⅰ｝とも全て「辨」字で、異同は無い。

⑧　**欲**、作「慾」（上9オ6 448）

第十二章章題「撿欲」を｛陽Ⅰ｝だけが「撿慾」に作る。古活字版の「欲」の使用箇所は一二〇を越え、「慾」は（下4ウ4b 190）の「多慾」、（下8オ5 378）の「儉慾」（第四十六章章題）の二例と少ないが、其の何れも｛陽Ⅰ｝との異同は無い。

⑨　**隳**、作「隓」（上24ウ2a 1344）

無爲第二十九経文「或載或隳」下注「隳危也」の「隳」字で、諸本間で次のように異同が多い。

隳危也｛活Ⅰ・活Ⅱ・梅沢・東大・六地・宋版・世徳・道蔵・天理｝
隓□□｛陽Ⅰ・無窮・足利・筑波・弘文・斯Ⅱ・慶Ⅱ・武内｝
隳□□｛慶Ⅰ・大東・東洋・斯Ⅰ｝
隳□□｛書陵｝
堕□□｛東急｝
隨□□｛龍門｝

「隓」は略体であろうが、「隳」「隳」「堕」等の異同字との関連で立項した。伝写に伴う字形の混乱が窺われる。尚、経文「或載或隳」の同字は古活字版・｛陽Ⅰ｝共に正体を使用するが、｛書陵｝は「隳」に作り、左旁に「隳イ」の書入れを見る。

⑩　**榭**、作「榭」（上24ウ4a 1349）

第二十九章経文「是以聖人去甚去奢去泰」下注「泰謂宮室臺榭也」の「臺榭」、｛陽Ⅰ｝は「臺榭」に作る。｛慶Ⅱ｝を除く諸本は全て「榭」に作り｛陽Ⅰ｝と同じ。｛慶Ⅱ｝は「擻」に作る。手偏と木偏は、校・挍、楊・揚、捷・楗の如く混用される。書写字体、特に行草体では判別は難しいが、此処では古活字版は明らかに手偏に作る。誤植と見做す必要は無いと判断した。

⑪ **戴**、作「載」（下25オ1a 1187）

後己第六十六経文「是以聖人處上而民不重」下注「故民戴仰不以爲重也」の「戴」、〔陽Ⅰ〕の他、〔書陵・武内〕が「載」に作る。〔書陵〕は「イタヽキ」の訓を付し、眉上に「戴」字の加筆が有る。「戴」「載」は字義において通用される。

⑫ **身**、作「躬」（下25ウ7a 1241）

三寶第六十七経文「儉故能廣」下注「身能節儉」の「身」字、〔陽Ⅰ〕の他に〔書陵・杏Ⅱ・足利・筑波・弘文・斯Ⅱ・梅沢・慶Ⅰ・大東・武内・東大・東洋〕等「躬」に作る。只、〔梅沢〕は「躬能」を「能躬」と転倒。〔無窮・聖語・東急・斯Ⅰ・宋版・世徳・道蔵・敦Ⅱ・治要〕は古活字版に同じ。「身」「躬」は、同義にして通用。

⑬ **踈**、作「疏」（下30オ1 1453）

任爲第七十三経文「天網恢恢踈而不失」の「踈」字、〔陽Ⅰ〕は「疏」に作り、〔書陵・東急・聖語・六地・敦Ⅱ・治要〕が同じ。〔杏Ⅱ・無窮・足利・筑波・弘文・斯Ⅱ・梅沢・慶Ⅰ・大東・武内・東大・東洋・斯Ⅰ・宋版・世徳・道蔵〕等諸本の多くは古活字版に同じ。「踈」は「疎」の譌字、「疎」「疏」は同字。只、同経文下の注「雖踈遠」、制惑第七十四経文「常有司殺者」下注「踈而不失者」の「踈」は古活字版に同じく「踈」に作り、「踈」「疏」は同写本内で混用されている。

⑭ **吁**、作「呼」（下33ウ5a 1648）

任契第七十九経文「安可以爲善」下注「一人吁嗟」の「吁」字。〔陽Ⅰ〕は「呼」に作る。〔書陵・足利・斯Ⅱ・梅沢・慶Ⅰ・東急・聖語・斯Ⅰ・敦Ⅱ〉が〈陽Ⅰ〉に同じ。〈杏Ⅱ・無窮・筑波・弘文・大東・武内・東大・東洋・宋版・世徳・道蔵〉は古活字版と同じ。「吁」「呼」は近音同義にて通用、「吁嗟」「呼嗟」両語も同義である。

⑮ **耶**、作「邪」（序2オ3 27）（上6オ2 269）

序の「吾今日見老子其猶龍耶」の「耶」字、〈陽Ⅰ〉の他〈梅沢・東急・六地・陽Ⅱ〉が「邪」、また、韜光第七経文「非以其無私耶」の「耶」は〈六地・宋版・世徳〉が「邪」で〈陽Ⅰ〉に同じ。「耶」「邪」は疑問・不定の助辞で通用。古活字版は、法本第三十九経文では「此非以賤爲本邪」と「邪」字が使用され、「耶」「邪」混用している（下3ウ5 140）。

⑯ **師**、作「帥」（上2ウ2a 90）（下6ウ5a 302）

（上2ウ2a 90）は、養身第二経文「行不言之教」下注「以身師導之也」の「師」字。〈陽Ⅰ〉の他〈弘文・東大・斯Ⅱ〉が「帥」に作る。〈東洋〉は「師」に見消ちを付し字旁に「帥」字を加筆。（下6ウ5a 302）は、徧用第四十三経文「不言之教」下注「法道不言師之以身也」の「師」、〈陽Ⅰ〉と〈無窮・筑波・弘文・斯Ⅱ・武内・東大〉が「帥」に作る。しかし、任成第三十四経文「故能成其大」下注「聖人以身師導」では〈陽Ⅰ〉も古活字版と同様「師」に作っており、「師」「帥」混用されている。「師」「帥」は字義において通用。

⑰ **特**、作「恃」（上2ウ4 97）（同4b 98）

養身第二経文「爲而不特」及び其の注「道所施爲不特望其報也」の「特」字、〈陽Ⅰ〉は「恃」に作る。伝本の多くは〈陽Ⅰ〉の如く「恃」であるが、〈大東・慶Ⅱ〉の経文、〈書陵・弘文・慶Ⅰ・大東・慶Ⅱ〉の注文は「特」で、古活字版と同じで、古活字版の誤植、或いは〈大東・慶Ⅱ〉等の誤写とは考え難い。「爲而不特」「爲而不恃」の両様が、相伝されていたと判断される。「特」「恃」両字の字義通用説は聞かないが、説文には「特牛也、从牛寺聲」とあり音通と考えられる。鄭校は「通考」の「特」字を指摘し「特與恃、古通」と見做している。

⑱ **恃**、作「持」（上7オ1 313）（同1a 315）

運夷第九経文「恃而盈之不如其已」及び其の注「恃満必傾不如止也」の「恃」字、〔陽Ⅰ〕は「持」に作る。また、異植字版〔活Ⅱ〕は経文の「恃」を「特」に作る。経注共に〔書陵・龍門・足利・筑波・慶Ⅰ・大東・武内・東洋・杏Ⅰ〕が〔活Ⅰ〕と同じ「恃」、〔無窮・梅沢・東大・東急・斯Ⅰ・宋版・世徳・敦Ⅰ・道蔵・天理〕が〔陽Ⅰ〕に同じで「持」、〔弘文・斯Ⅱ・慶Ⅱ〕は「特」に作る。尚、経文「恃」字の左旁に〔杏Ⅰ〕は「持才乍」、〔東洋〕は「持或本」、〔大東〕は「持イ」との書入れが有り、「持」字が異文として認識されている。鬳齋口義本は「持」に作るが、これら書入れの「才」「或本」「イ」共に、鬳齋口義本を意味するのではあるまい。清原宣賢撰とされる『老子經抄』は此の字に就いて「恃ト云ヲ、句義ニハ、テヘンニカク、余本ニハ、リツシンヘンニ書、イツレカ、善ナルヘキトハ、不分明也」と、鬳齋口義本との異同に注目しているが、指摘したように、河上公注諸本の間でも同様の異同が見られる。経文の異同については、第一章第三節両種古活字版本文の相違 二異同の検証 ㈡伝本間の異文に起因する異同として既に検討した（146頁参照）。

⑲ **轂**、作「穀」（上8ウ4 410）（同6a 424）

無用第十一冒頭経文「三十輻共一轂」及び経文「當其無有車之用」下注「轂中空虚」の「轂」字、〔陽Ⅰ〕は「穀」に作る。「轂」「穀」は通用。（上8ウ4 410）では、「穀」に作るのは〔陽Ⅰ〕一本、（同6a 424）は、他に〔東洋〕だけであるが、誤写と看るわけにはいかない。同じ経文「三十輻共一轂」下注の「共一轂者」「轂中有孔」では〔陽Ⅰ〕も古活字版等諸本と同じで「轂」に作り、「轂」「穀」は混用されている。

⑳ **摶**、作「搏」或「摶」（上11オ2 531）（下15オ2 682）

賛玄第十四経文「搏之不得名曰微」の「搏」字を、｛陽Ⅰ｝は「摶」に作り、｛世徳・道蔵｝が同じ。｛龍門・無窮・足利・弘文・斯Ⅱ・梅沢・慶Ⅱ・東大・東洋・斯Ⅰ・六地・陽Ⅱ・敦Ⅰ・宋版・天理｝は「摶」字で、共に「搏」の俗字と見られる。｛書陵・筑波・慶Ⅰ・大東・武内・東急｝は、古活字版と同じ「搏」に作る。「搏」「摶」は別字であるが通用される。古活字版は此の経文下の注では「不可搏持而得之也」と｛陽Ⅰ｝と同じく「摶」字を用い、「搏」「摶」混用されている。

本章経文の「搏」「摶」の異同について予てより論議がある。易順鼎は、「摶」は「搏」の誤とし、馬叙倫はその説を輔翼し、蔣錫昌は否定、朱謙之は肯定補足している。鄭校は｛宋版｝の「摶」に従い、易、馬、蔣の説を並録、「摶」に作る元林志堅撰『道徳眞經註』及び「通考」の校異を示す。王校は、底本｛宋版｝の「摶」を改め「搏」字に作る。今、両字の正否の判断は保留し異文として両存させるのが穏当であろう。古鈔本の訓点は「搏」「摶」「摶」の異同に関わり無く、どの本も「トレドモ」であり、異文に拠る解釈上の相違は生じていない。

玄符第五十五経文「攫鳥不搏」の「搏」字、｛陽Ⅰ｝は「摶」に作る。｛活Ⅱ｝は｛活Ⅰ｝と異なり、｛陽Ⅰ｝に一致（第一章第三節二㈡Ⅰ㉟参照）、また｛書陵・杏Ⅱ・無窮・足利・弘文・斯Ⅱ・梅沢・大東・東大・東洋・聖語・六地｝が｛陽Ⅰ｝に同じ。｛斯Ⅰ・宋版・世徳・道蔵｝は「摶」に作る。｛筑波・慶Ⅰ・武内・東急｝は「搏」に作り｛活Ⅰ｝に同じ。此処も、管見の古鈔本は全て異同字に関係なく「ウタス」と訓んでいる。

㉑　**漂**、作「瀃」（上16ウ3 893）（同4a 895）

異俗第二十経文「漂兮若無所止」及び其の注「我獨漂漂」の「漂」字を、｛陽Ⅰ｝は「瀃」に作る。諸本経文の異同を表示すれば次のようである。

漂兮　｛活Ⅰ・活Ⅱ・筑波・武内・東大・東洋・宋版・世徳・道蔵・天理｝

⿰氵⿰票寸□〈陽Ⅰ・書陵・龍門・無窮・足利・弘文・斯Ⅱ・梅沢・慶Ⅱ・東急・斯Ⅰ・六地・陽Ⅱ〉
⿰氵剽□〈慶Ⅰ・大東〉

注文「漂漂」の場合も同じ（無注の〈六地・陽Ⅱ〉を除く）。「漂」「⿰氵剽」は同字。「⿰氵剽」「⿰氵⿰票寸」も「罰」「罸」と同例で同字別体と見做される。此の両三字の相違には、伝写相承にともない早くより注意が払われていた事が諸本の書入れによって明らかである。〈書陵〉の経文「⿰氵⿰票寸」字左旁に「音漂又乍漂」と、〈東洋〉の同「漂」字左旁に「匹摽反又作潭音票又曰飄兮」、眉上に「⿰氵⿰票寸／匹遥反述乍漂」と、又、〈大東〉「⿰氵剽」字右旁に「漂与同也」、〈慶Ⅰ・大東〉左旁に「輕之皃」、眉上に「⿰氵剽才乍飃述作―匹遥切匹摽切王乍膠音力出切梁氏乍飄矣」等の校異の書入れが有り、伝写の過程において、「漂」字と「⿰氵⿰票寸」若しくは「⿰氵剽」とが、異文として意識されていた事が判明する。伝来の河上公注本は、「漂」字と、「⿰氵⿰票寸」若しくは「⿰氵剽」字に作る本とが並行していたと推察される。又、賈大隠の『老子述義』所載の河上公本本文は〈東洋〉の眉上書入れに拠れば「漂」、〈慶Ⅰ・大東〉眉上の書入れに拠れば「⿰氵剽」であったことになる。才本即ち後に舶載される宋元刊本は「飃」に作り、王本（恐らく王弼注本と思われる）は「膠」に（現行本は「飃」に作る）、「梁氏」は（『日本國見在書目録』著録の「老子義疏八梁武帝撰」或いは「老子私記〈十巻　梁簡文帝撰〉」と推測される）「飄」に作る等、河上公本以外の所伝諸本との異同も指摘されている。此の字に、渡来する以前既に唐土において異同が有ったことは、『經典釋文』老子道經音義の「梁作飄」「河上淵兮」との校記から明らかであり、傅奕本は「飄」、景龍碑は「漂」、開元幢、唐強思齊撰『道德眞經玄德纂疏』は「寂」（所引の河上公注文は「我獨漂漂」に作る）、現存敦煌出土五千字文系諸本（P二五八四・P二二五五・P二三二九・S六四五三・S七九八）も「寂」に作る等、異体通用の範囲を越え、顕著な異同が認められる。我が国においては、「漂」字と、「⿰氵⿰票寸」若しくは「⿰氵剽」の両異文が伝写相承された。しかして、「漂」に作る古活字版と、「⿰氵⿰票寸」に作る〈陽Ⅰ〉とには、此の字句に由る限り、伝本系列上別系本としての要素を認めなければならない。

㉒ **掘**、作「堀」（上21オ2b 1145）（下7オ5b 326）（下35オ3b 1735）

象元第二十五経文「人法地」下注「掘之得甘泉」の「掘」字、〔無窮・足利・筑波・弘文・斯Ⅱ・慶Ⅰ・大東・武内・東大・東洋・東急・斯Ⅰ・宋版・世徳・道蔵・天理〕は古活字版に同じ。〔書陵・龍門・梅沢・慶Ⅱ〕が〔陽Ⅰ〕と同じで「堀」に作る。

立戒第四十四経文「多藏必厚亡」下注「死有發掘之患也」の「掘」字、〔無窮・筑波・武内・東大・東洋・東急・斯Ⅰ・聖語・宋版・世徳・敦Ⅱ・道蔵・治要〕は古活字版に同じ。〔書陵・足利・梅沢〕が〔陽Ⅰ〕と同様「堀」字に作る。〔慶Ⅰ・斯Ⅱ〕は「拙掾」に作る。諸本この字の前後で異同が激しいが古活字版と〔陽Ⅰ〕とは、此の通用字以外に相違は無い。尚、〔東洋〕には「掘」の右旁に「堀」字の書入れ（青筆）が有る。

顯質第八十一経文「辨者不善」下注「土有玉掘其山」の「掘」、〔杏Ⅱ・無窮・筑波・弘文・斯Ⅱ・梅沢・東大・東急・東洋・聖語・斯Ⅰ・宋版・世徳・道蔵〕は古活字版と同じ。〔陽Ⅰ〕は「堀」に作り〔書陵・足利・慶Ⅰ〕が同じ。此処も〔東洋〕の「掘」の左旁に「堀」の書入れ（青筆）が有る。〔大東・武内〕は「握」に作る。「掘」「堀」は同音同義にて通用。

㉓ **倡**、作「唱」（下20オ6b 936）（下25ウ6b 1236）（下27オ3a 1297）

謙德第六十一経文「天下之牝」下注「柔和而不倡也」の「倡」字、〔杏Ⅱ・足利・筑波・弘文・斯Ⅱ・慶Ⅰ・大東・道蔵〕は古活字版と同じ。〔書陵・無窮・梅沢・武内・東大・東洋・聖語・東急・斯Ⅰ・敦Ⅱ〕が〔陽Ⅰ〕と同じで「唱」に作る。〔宋版・世徳〕は「昌」に作っている。

三寶第六十七経文「三曰不敢爲天下先」下注「執謙退不爲倡始也」の「倡」、〔書陵・杏Ⅱ・足利・筑波・弘文・斯

Ⅱ・慶Ⅰ・大東・東大・斯Ⅰ・宋版・世徳・道蔵〉は古活字版と同じ。〈無窮・梅沢・武内・東洋・聖語・東急・敦Ⅱ・治要〉が「唱」に作り〈陽Ⅰ〉と一致する。〈梅沢〉「唱」字左旁には「倡」の加筆が見られる。

玄用第六十九経文「而爲客」下注「和而不倡」の「倡」、〈書陵・足利・筑波・弘文・斯Ⅱ・慶Ⅰ・大東・東大・宋版・世徳・道蔵〉は古活字版に同じ。〈杏Ⅱ・無窮・梅沢・武内・東洋・東急・斯Ⅰ・敦Ⅱ・治要〉が〈陽Ⅰ〉と同じで「唱」に作る。此処も〈梅沢〉には「唱」字左旁に「倡」の加筆が有る。

「倡」「唱」は同音にて通用。古活字版は、養身第二「音聲之相和」の注では「上唱下必和也」と、能爲第十「能爲雌乎」の注でも「和而不唱也」と「唱」字が使用され、「倡」「唱」両字混用している。

㉔　罸、作「罰」（下30オ5a 1467）（同6a 1469）（下30ウ1b 1481）

制惑第七十四経文「奈何以死懼之」下注「人君不寛其刑罸教人去情欲奈何設刑罸法以死懼之也」及び、同経文「而爲奇者吾得執而殺之孰敢矣」下注「傷時王不先道德化之而先刑罸也」の都合三箇所の「罸」字、〈書陵・足利・筑波・弘文・武内・無窮・梅沢・斯Ⅱ・慶Ⅰ・大東・東大・斯Ⅰ・東洋・聖語・東急・敦Ⅱ・治要〉は古活字版と同じく「罸」に作る（〈斯Ⅰ〉だけは、「而先刑罸」の「罸」は「罰」に作っている）。〈杏Ⅱ・宋版・世徳・道蔵〉は「罰」で〈陽Ⅰ〉と同じ。古鈔本の多くは「罸」が使用され（但、〈聖語・宋版・世徳・道蔵・敦Ⅱ〉は、「設刑罸法」の「罸」字が無い）、本により使用字体の傾向が窺われるが、此れによって本文系統を云々できる訳ではない。しかし、伝写に際しての底本の字体の影響もまた窺測される。もっとも、〈斯Ⅰ〉の様に同一本の中で混用されてもおり、〈陽Ⅰ〉でも同章「民不畏死」下の注では「刑罸酷深」と古活字版と同じ「罸」に作っている。「罸」は俗字とされる。

㉕　**嬰**、作「攖」或「孾」（上1オ5a 13）（上7ウ6 362）（同6a 363）（上16オ4 862）（上23オ5 1263）（同5a 1266）（下9ウ2a 431）

體道第一経文「非常名」下注「如嬰兒之未言」の「嬰」、〔陽Ⅰ〕は「攖」に作る。〔斯Ⅰ〕及び〔宋版〕が〔陽Ⅰ〕に同じで、その他の諸本は古活字版と同様「嬰」に作る。〔杏Ⅰ〕の「嬰」字左旁に「攖才」の書入れがある。

能爲第十経文「能如嬰兒乎」及び其の注「能如嬰兒」の「嬰」、〔陽Ⅰ〕は「攖」に作り、〔杏Ⅰ・斯Ⅰ〕及び〔宋版・世德〕が同字。その他の諸本は「嬰」で古活字版に同じ。

異俗第二十経文「如嬰兒之未孩」の「嬰」、〔陽Ⅰ〕は「攖」に作り、〔斯Ⅰ〕及び〔宋版・世德〕が同字。その他の諸本は「嬰」で古活字版に同じ。

反朴第二十八経文「復歸於嬰兒」及び其の注「復當歸志於嬰兒」の「嬰」字、〔陽Ⅰ〕は「孆」に作る。〔宋版〕が同字で、〔世德〕は「攖」に作る。〔斯Ⅰ〕は経文は「攖」、注は「嬰」に、その他の諸本は古活字版と同様全て「嬰」に作る。

亡知第四十八経文「以至於無爲」下注「當恬如嬰兒無所造爲也」の「嬰」、〔書陵・杏Ⅱ・無窮・筑波・弘文・武内・東大・東洋・聖語・東急・斯Ⅰ〕は古活字版に同じ。〔陽Ⅰ〕は「孆」に作る。〔足利・梅沢・大東〕が〔陽Ⅰ〕に同じく「孆」、〔慶Ⅰ・斯Ⅱ〕及び〔宋版・世德〕は「攖」に作る。

此の七箇所において、古鈔本の多くは古活字版に同じで「嬰」に作り、〔陽Ⅰ〕の異体字は古鈔本としては異例の感がある。〔武内・慶Ⅰ・大東〕眉上に「王云（略）孆於盈反」との書入れが見える。「王云」とは此の三本の書入れ内容から「王弼」或いは「王雱」と考えられるが検討を要する。ともあれ、往時伝来の宋刊本、又、河上公注本以外の別系本の影響が窺測され、伝写の過程の或る段階において、藍本の字体が影響し、それが書承された可能性は否定できない。〔陽Ⅰ〕書写者が恣意的に選択した字体とは考えにくい。此の異同字に拠っても、古活字版とは別系本の要素が窺える。「嬰」「攖」は同字、「孆」は「攖」の別体字と見做される。

㉖無、作「无」（上2ウ7b112）（上3オ4b126）（上4オ1b164）（上4ウ5a207）（上5ウ2b250）（上6オ2 269）（同3a270）（同3b273）（上6ウ6b310）（上7ウ5b358）（同6a364）（上8オ2a376）（同2b378）（同6a395）（同7a401）（上8ウ6a422）（同7 428）（上9オ5a445）（上9ウ1b454）（上10ウ2a501）（同2b503）（同6b521）（上11オ1a523）（同1a524）（同2a527）（同2a529）（同3a532）（同3a533）（同4b538）（同4b539）（同4b540）（同7b552）（上11ウ2b562）（同3a565）（同4a568）（同5a577）（同6a581）（上12ウ1a613）（同2b623）（同3b627）（上13オ5a672）（同6a678）（上13ウ3b699）（同4b704）（同4a708）（同7b720）（同7b721）（上14オ2a731）（上14ウ7b781）（上15オ3a789）（同3b794）（同4b796）（同4b798）（同6b810）（上15ウ4b832）（上16オ2b856）（同5b869）（上16ウ2a887）（同4a897）（同5a901）（上17オ1a912）（同4a924）（同4a925）（同6a931）（上18オ7b989）（上18ウ2b999）（上19ウ6 1065）（上20オ2b1080）（同5a1087）（同6a1090）（同6b1092）（同6b1094）（同7a1097）（上20ウ1a1099）（同4a1114）（同4b1115）（同4b1116）（同5b1120）（同5b1121）（同6a1122）（同7a1130）（同7a1132）（同7b1134）（上21オ1a1137）（同3b1154）（同5a1160）（上22オ2b1194）（同3 1196）（同3b1199）（同6 1214）（上22ウ2 1225）（同6a1240）（同6a1241）（上23オ5b1268）（同7a1274）（上23ウ1 1284）（同2b1289）（上24オ1a1313）（上25ウ4b1405）（上26ウ2b1459）（同5b1471）（同6a1475）（上27オ3a1491）（同3b1493）（上27ウ3a1513）（同4a1518）（上28オ1a1534）（同4b1546）（同7 1561）（同7b1566）（上29オ4a1605）（同6b1613）（上30オ2 1645）（同2a1646）（同4a1653）（下1オ3a4）（同3b5）（同7b19）（同7a21）（下1ウ2a27）（同3b31）（同4b38）（下2ウ5b84）（下3オ2a98）（同3b102）（同3 104）（同4b106）（同4 108）（同5b110）（同6 112）（下3ウ6 147）（同7b152）（下4オ7a176）（同7a177）（下4ウ7b203）（下5オ5 220）（同7 227）（同7 229）（同7b231）（下5ウ5a242）（下6ウ3b288）（同3a292）（同3b293）（同4a294）（同4b298）（同5b300）（同6a305）（同7a311）（同7b312）（下7ウ4b344）（同5b351）（下8オ1a361）（同3b377）（同7b385）（下8ウ4a395）（下9オ5a415）（同5a416）（下9ウ2 430）（同2b432）（同3 434）（同3b436）（同3b437）（同4 438）（同4b439）（同7 445）（同7b447）（下11オ5 515）（同5 516）（同6a517）（同6b518）（下11ウ4a534）（下12オ7b565）（下12ウ6b586）（同6 587）（下13オ3b597）（同7b616）（下13ウ1a623）（同7b642）（下

14オ4b 652）（同5b 656）（下15オ2b 685）（下16オ1a 727）（同4a 742）（同4b 743）（下16ウ4a 763）（下17オ5 789）（同5b 791）（同7 796）（同7a 797）（下17ウ1 800）（同1a 802）（下18オ1 834）（同1a 835）（同1a 836）（下18ウ5 875）（同6b 878）（同6 879）（下19オ4a 892）（下19ウ2a 910）（下20オ5a 948）（同6b 949）（下20ウ5b 966）（下21オ3b 986）（下21ウ1a 1006）（同1b 1008）（同4a 1013）（下22オ5a 1041）（下23オ1 1075）（同1 1076）（同1b 1081）（同2b 1085）（同2b 1086）（下25オ2a 1191）（同3b 1195）（同4a 1198）（同5a 1202）（下25ウ1b 1216）（下26ウ2b 1271）（下27オ6b 1309）（同6b 1312）（下27ウ7b 1346）（下28オ1b 1355）（下28ウ1a 1377）（下29オ3a 1408）（下30オ2b 1458）（下30ウ4b 1495）（下31オ7a 1538）（下33オ3a 1615）（下33ウ6b 1653）（下34オ1a 1661）（同2 1664）（同2a 1666）（下34ウ1a 1695）（同3b 1703）（下35オ7b 1751）（下35ウ1b 1754）

〔陽Ⅰ〕に限らず古鈔本及び〔宋版〕を含め伝本の殆どは「無」「无」両字が混用されているが、古活字版では「无」字の使用例は皆無である。「無」字に統一しようとした方針ないしは意図が窺われる。古活字版の底本或いはその同系本に混在していたであろう両字の別は全て無視されたと考えられる。従って、「無」「无」の一致不一致の多寡は、古活字版と諸本との親疎の実相を正しく反映してはいないと見られる。勿論、古活字版の如く「无」字を使用しない写本が嘗て存在し、同様の伝本が底本とされた可能性が完全に否定される訳ではない。只、此の異同字について個々の検証は要しないと思われる。

此の両字に因って生じた異同量数は二三六と全量の三分の一を遙かに越えている。個々に最低量数①を与えた結果であるが、異同の実相を表す数量として相当であるか甚だ疑わしい。しかし、緒言で述べたように、本来、量数そのものに合理性を期待するものではなく、相対的比較おいて、其の量数の内実が把握されていれば、諸本間の関係を理解する上で有効性は充分に保証されると考える。此処の場合、古活字版と〔陽Ⅰ〕との異同量の内、「無」「无」の異同に因る量数が三分の一を優に越えている事実の認識が重要であり、諸本との対比に際して、この認識が有功に作用する筈である。

(四) 助字の有無、通用に起因する異同　異同量一五八

河上公本が、使用助字の多少によって詳略二系統に分けられること(5)は、早く武内義雄博士によって提唱された。略本、詳本が派生したのは、中国南北朝時代の風俗言語の地理的な差によるもので、語気が急な北方河北では助語辞が刊落され、緩やかな南方江南では逆に加増されて、二種のテキストが生じたという提言を基に、敦煌出土本は北方系の略本であり、此れに対して本邦所伝の旧鈔本は南方系の詳本と見做された。此の大局的図式的な理解が正鵠を射たものであるか否かは、個々の伝存本に即して、さらに詳密な検証が必要と思われるが、助字の有無多少が、テキスト系統に深く関わる問題であることに留意される。しかし、助字使用の実態は、詳本とされる古鈔本の間でも一様ではなく、諸本間の相違は少なくない。古鈔本系とされる古活字版と〔陽Ⅰ〕との間でも次のような異同が指摘される。諸本の異同字句と対比させて表示し、〔陽Ⅰ〕の異文上に当該異同字に対する量数を冠した。標出字句内での当該字以外の異体字・誤字等の異同字については、原則として不問とする。

(1) 文末の助字「也」「之也」「者也」等の有無異同

也－古活字版に有り、〔陽Ⅰ〕に無い例

養身第二経文「萬物作焉」下注（上2ウ3b92）

各自動作也〔活Ⅱ・書陵・龍門・無窮・足利・筑波・弘文・斯Ⅱ・梅沢・慶Ⅰ・大東・慶Ⅱ・東大・斯Ⅰ・天理〕
□□□□□〔宋版・世徳〕
□□□■□〔陽Ⅰ・武内・東洋・東急・治要・道蔵〕
②□□□□■

〔龍門〕及び東洋文庫蔵古活字版の「也」字左旁に「オナ」、〔東洋〕の「作」字の左下旁に「也」の書入れが有る。

同、経文「而不辭」下注（上2ウ3b94）

②
不辭謝而逆止也■〔活Ⅱ・無窮・足利・弘文・斯Ⅱ・慶Ⅰ・大東・慶Ⅱ・東大・天理〕
□□□□□上■■〔陽Ⅰ〕
□□□□□□■■〔書陵・龍門・武内・東洋・東急・斯Ⅰ・宋版・世徳・道藏〕
□□□□□□之■〔筑波〕
□□□□□□□之〔梅沢〕
□□□□□□之也〔治要〕

東洋文庫蔵古活字版の「也」字右旁に「オナ」、〔東洋〕「止」字下旁に「也ォナ」と、〔武内〕同字下旁に「之也」と書入れ有り。

安民第三経文「使夫知者不敢爲也」下注（上3ウ2b143）

②
不輕言也■〔活Ⅱ・無窮・足利・筑波・弘文・斯Ⅱ・慶Ⅰ・大東・慶Ⅱ・東大・杏Ⅰ・東急・天理〕
□□□■■〔陽Ⅰ・書陵・龍門・武内・東洋・敦Ⅰ・斯Ⅰ・宋版・世徳・道蔵・治要〕
□□□□之〔梅沢〕

〔杏Ⅰ〕「也」字左旁に「中ナ」の書入れがある。此れによって中原家証本には「也」字が有ったことが判明し、「也」字の無い他家の本との別が確認される。

無源第四経文「同其塵」下注（上4オ2b171）

②
不當自別殊■也〔活Ⅱ・無窮・足利・筑波・弘文・斯Ⅱ・慶Ⅰ・大東・杏Ⅰ・天理〕
□□□□□之□〔東急〕
□□□□□■■〔陽Ⅰ・書陵・龍門・梅沢・慶Ⅱ・武内・東大・東洋・斯Ⅰ・宋版・世徳〕
□□□殊別■■〔道蔵〕

〔杏Ⅰ〕「也」字左旁に「才无」、〔梅沢〕「殊」字下旁に「也ィ」の書入れが有る。

成象第六経文「綿綿乎若存」下注（上5ウ2b250）

復若■無有■也〔活Ⅱ・書陵・龍門・無窮・足利・筑波・弘文・斯Ⅱ・慶Ⅰ・大東・慶Ⅱ・武内・東大・東洋・杏Ⅰ・東急・斯Ⅰ・天理〕
□□■□□之□〔梅沢〕

②□□■无□■■〔陽Ⅰ・宋版・世徳・敦Ⅰ〕
□□可□□■■〔道蔵〕

〔杏Ⅰ〕「也」字左旁に「才无中ナ」、東洋文庫蔵古活字版には「才ナ」の書入れが有る。管見の古鈔本の内〔陽Ⅰ〕のみ「也」が無い。しかし、誤脱と見做すわけにはいかない。

易性第八経文「故幾於道矣」下注（上6ウ1b286）

幾■與道同也〔活Ⅱ・無窮・足利・筑波・弘文・斯Ⅱ・梅沢・慶Ⅱ・東急・天理〕
□于□□□□〔慶Ⅰ・大東〕
②□■□□□■〔陽Ⅰ・書陵・龍門・武内・東大・東洋・斯Ⅰ・宋版・世徳・敦Ⅰ・道蔵〕

猒耻第十三経文「寵爲上」下注（上10オ3b483）

寵爲尊榮也〔活Ⅱ・筑波・弘文・天理〕
②□□□□■〔陽Ⅰ・書陵・龍門・無窮・足利・斯Ⅱ・梅沢・慶Ⅰ・大東・慶Ⅱ・武内・東大・東洋・東急・斯Ⅰ〕

〔敦Ⅰ・宋版・世徳・道蔵〕は此の経注文を欠く。〔梅沢〕は、此の経注文は本行に脱して行間に書写され、挿入符を以て次経文の上に補入されている。

同、経文「辱爲下」下注（上10オ3b484）

辱爲下賤也■〔活Ⅱ・書陵・龍門・無窮・足利・筑波・弘文・斯Ⅱ・慶Ⅰ・大東・慶Ⅱ・武内・東大・東急・天理〕
□□□□□之〔梅沢〕
②□□□□■■〔陽Ⅰ・東洋・斯Ⅰ・宋版・世徳・敦Ⅰ・道蔵〕

賛玄第十四経文「復歸於無物」下注（上11ウ2b562）

於無質也〔活Ⅱ・無窮・足利・筑波・弘文・斯Ⅱ・慶Ⅰ・大東〕
□□實□〔天理〕
②□□□■〔陽Ⅰ・書陵・龍門・梅沢・慶Ⅱ・東大・東洋・東急・斯Ⅰ・宋版・世徳・敦Ⅰ〕
无於□■〔武内〕

以□□■〔道蔵〕

顯徳第十五経文「孰能濁以静之徐清」下注（上12ウ5b640）

自清也■〔活Ⅱ・書陵・龍門・足利・筑波・弘文・斯Ⅱ・慶Ⅰ・大東・慶Ⅱ・武内・東大・東洋・東急・斯Ⅰ・宋版・世徳・天理〕

②□□□之〔梅沢〕

□□■■〔陽Ⅰ・敦Ⅰ・道蔵〕

□□■之〔無窮〕

淳風第十七経文「信不足焉」下注（上14オ5b745）

君信不足於下■也〔活Ⅱ・無窮・慶Ⅰ・大東・東大・東洋・天理〕

②□□□□□■■〔陽Ⅰ・書陵・龍門・足利・筑波・弘文・斯Ⅱ・慶Ⅱ・武内・東急・斯Ⅰ・敦Ⅰ・道蔵〕

□□□□□之□〔梅沢〕

■■■■■■■〔宋版・世徳・治要〕

異俗第二十経文「我獨悶悶」下注（上16ウ3a887）

無所割截也〔活Ⅱ・書陵・龍門・無窮・足利・弘文・斯Ⅱ・梅沢・東急・慶Ⅰ・大東・慶Ⅱ・武内・東大・東洋・天理〕

②□□□■〔陽Ⅰ・筑波・斯Ⅰ・宋版・世徳〕

□□截割■〔道蔵〕

益謙第二十二経文「不自矜故長」下注（上18オ6b986）

不危也〔活Ⅱ・書陵・龍門・無窮・足利・筑波・弘文・斯Ⅱ・梅沢・慶Ⅰ・大東・慶Ⅱ・武内・東大・東洋・東急・斯Ⅰ・天理・治要〕

②□□■〔陽Ⅰ・宋版・世徳・道蔵〕

管見の古鈔本で「也」字が無いのは〔陽Ⅰ〕だけであるが、此処も〔陽Ⅰ〕の誤脱と見るのは控えたい。

偃武第三十一経文「物有悪之」下注（上25ウ4b1406）

不悪之■也〔活Ⅱ・武内・書陵・龍門・無窮・足利・筑波・弘文・斯Ⅱ・慶Ⅰ・大東・慶Ⅱ・東大・梅沢・天理〕

□□□者□〔東洋・東急〕
②□□□■■〔陽Ⅰ・斯Ⅰ・宋版・世徳・道蔵〕

聖徳第三十二経文「天亦將知之」下注（上27オ5b 1500）

將自知之■也〔活Ⅱ・書陵・龍門・無窮・足利・筑波・弘文・斯Ⅱ・梅沢・慶Ⅰ・大東・慶Ⅱ・東大・天理〕
□□□□者□〔東洋〕
②□□□□■■〔陽Ⅰ・武内・東急・斯Ⅰ・宋版・世徳・道蔵〕

仁徳第三十五経文「視之不足見」下注（上29オ4b 1607）

可得見之也〔活Ⅱ・天理〕
□□□□■〔陽Ⅰ・龍門・弘文・斯Ⅱ・慶Ⅱ〕
②□□□■□〔書陵・無窮・足利・筑波・梅沢・慶Ⅰ・大東・武内・東大・東洋・東急・斯Ⅰ・宋版・世徳・道蔵〕

〔足利〕は「也」字に見消ち、左旁に「之」字を加筆。文末「之也」に作るのは古活字版と〔天理〕「通考」のみ。諸本の多くは「也」に作り、〔陽Ⅰ・龍門・弘文・斯Ⅱ・慶Ⅱ〕は「之」の一字で「也」は無い。〔足利〕の書入れからも両様の本が相伝されていたことが明らかである。此の異同については次節において、古活字版に孤立した特異な異文として後述する。

論徳第三十八経文「而無以爲」下注（下1ウ1a 21）

無以名號爲也〔活Ⅱ・杏Ⅱ・無窮・筑波・弘文・斯Ⅱ・梅沢・慶Ⅰ・大東・武内・東大・東洋・聖語・東急・斯Ⅰ・道蔵・治要〕
②□□□□□■〔陽Ⅰ・書陵・宋版・世徳・敦Ⅲ〕

同異第四十一経文「明道若昧」下注（下4ウ7b 203）

無所見■也〔活Ⅱ・杏Ⅱ・無窮・足利・筑波・弘文・斯Ⅱ・梅沢・慶Ⅰ・大東・武内・東大・聖語・斯Ⅰ〕
□□□知□〔道蔵〕
无□□者□〔東洋〕
②□□□■■〔陽Ⅰ・書陵・東急・宋版・世徳・敦Ⅱ〕

道化第四十二経文「三生萬物」下注（下5ウ5b240）

天施地化人長養之也〔活Ⅱ・書陵・無窮・足利・筑波・弘文・斯Ⅱ・梅沢・慶Ⅰ・大東・武内・聖語・斯Ⅰ・宋版・世徳〕

②
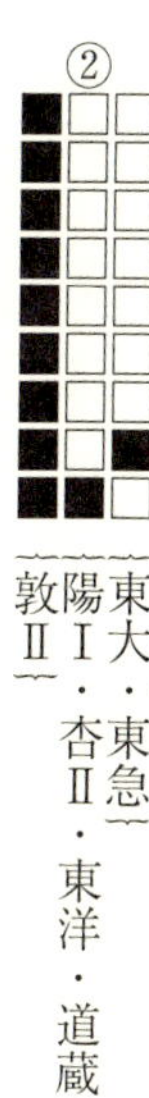
〔東大・東急〕
〔陽Ⅰ・杏Ⅱ・東洋・道蔵〕
〔敦Ⅱ〕

〔東洋〕は「之」字下に小圏を施し、其の左旁に「也」字を加筆（青筆）。

洪徳第四十五経文「大成若缺」下注（下7ウ3a339）

謂道徳大成之君也〔活Ⅱ・無窮・聖語・斯Ⅰ・治要〕

②
□□□□□□□■〔陽Ⅰ・書陵・杏Ⅱ・足利・筑波・弘文・斯Ⅱ・梅沢・慶Ⅰ・大東・武内・東大・東洋・東急・宋版・世徳・道蔵・敦Ⅱ〕

同、経文「大直若屈」下注（下7ウ6a353）

正直如一也〔活Ⅱ・無窮・聖語・斯Ⅰ・宋版・世徳・道蔵・治要〕

②
□□□□■〔陽Ⅰ・書陵・杏Ⅱ・足利・筑波・弘文・斯Ⅱ・梅沢・慶Ⅰ・大東・武内・東大・東洋・東急・敦Ⅱ〕

益證第五十三経文「是謂盜夸」下注（下13ウ2b629）

親戚并隨之也〔活Ⅱ・無窮・梅沢・武内・治要〕

②
□□□□■□〔杏Ⅱ・筑波・東大・東洋・聖語・斯Ⅰ・宋版・世徳・道蔵〕
□□□□□■〔陽Ⅰ・書陵・足利・弘文・斯Ⅱ・慶Ⅰ・大東・東急・敦Ⅱ〕

〔杏Ⅱ〕の「也」字左旁に「之イ」、〔東洋〕は左旁に見消ち及び「之」の校異書入れ（青筆）が有る。

玄徳第五十六経文「言者不知」下注（下15ウ6a723）

多言多患■也〔活Ⅱ・杏Ⅱ・無窮・足利・弘文・斯Ⅱ・梅沢・慶Ⅰ・大東・武内・東大〕

②
□□□□之□〔東洋〕
□□□□■■〔陽Ⅰ・書陵・筑波・聖語・東急・斯Ⅰ・宋版・世徳・敦Ⅱ・道蔵〕

〔大東〕の「也」字は「患」字下の小書であり、書写者自らの脱字補入か、後の加筆か、判別は難しい。

同、経文「解其忿」下注（下16オ1a 731）

不休也〔活Ⅱ・道蔵〕
□■也〔書陵・杏Ⅱ・無窮・足利・筑波・斯Ⅱ・梅沢・慶Ⅰ・大東・武内・東大・東洋・聖語・東急・斯Ⅰ・宋版・世徳・敦Ⅱ〕
②□体■〔陽Ⅰ・弘文〕

淳風第五十七経文「以無事取天下」下注（下16ウ5a 764）

②使取天下爲之主也〔活Ⅱ・杏Ⅱ・無窮・足利・筑波・弘文・斯Ⅱ・梅沢・慶Ⅰ・大東〕
□□□□□□□■〔陽Ⅰ・書陵・武内・東洋・聖語・東急・斯Ⅰ・宋版・世徳・道蔵・敦Ⅱ〕
取使□□□□□■〔東大〕

爲道第六十二経文「有罪以免邪」下注（下21オ7b 1003）

②妄行刑誅也〔活Ⅱ・無窮・斯Ⅰ〕
□□□□■〔陽Ⅰ・書陵・杏Ⅱ・足利・筑波・弘文・斯Ⅱ・梅沢・慶Ⅰ・大東・武内・東大・東洋・聖語・東急・宋版・世徳・道蔵・敦Ⅱ〕

三寶第六十七経文「不敢爲天下先」下注（下26オ1b 1243）

不敢爲天下首先也〔活Ⅱ・書陵・杏Ⅱ・無窮・足利・筑波・弘文・斯Ⅱ・梅沢・慶Ⅰ・大東・武内・東大・東洋・聖語・東急〕
②□□□□□□□■〔陽Ⅰ・斯Ⅰ〕
□■□□□□□■〔宋版・世徳〕
□□□□■□□■〔敦Ⅱ〕
〔道蔵〕には、此の注文は無い。

同、経文「舎後且先」下注（下26オ3b 1255）

爲人先也〔活Ⅱ・杏Ⅱ・無窮・筑波・梅沢・大東・東大・聖語〕
②□□□■〔陽Ⅰ・書陵・足利・弘文・斯Ⅱ・慶Ⅰ・武内・東洋・東急・斯Ⅰ・宋版・世徳・敦Ⅱ・治要〕

務先人■〔道蔵〕

戒強第七十六経文「是以兵強則不勝」下注（下31ウ7b 1561）

故不勝也〔活Ⅱ・杏Ⅱ・無窮・足利・筑波・弘文・斯Ⅱ・梅沢・慶Ⅰ・大東・聖語・道蔵〕
②□□■〔陽Ⅰ・書陵・武内・東大・東洋・東急・斯Ⅰ・宋版・世徳・敦Ⅱ〕

任契第七十九経文「有徳司契」下注（下34オ1b 1659）

司察契信而已也〔活Ⅱ・無窮・梅沢〕
□□□■□〔弘文〕
②□□□□□■〔陽Ⅰ・書陵・杏Ⅱ・足利・筑波・斯Ⅱ・慶Ⅰ・大東・東大・東洋・東急・斯Ⅰ・宋版・世徳・道蔵・敦Ⅱ・治要〕
□□□□□耳■〔武内〕

〔聖語〕はこの部分料紙が破損しているため不明。

顯質第八十一経文「美言不信」下注（下35オ2a 1722）

孳孳■華辭也〔活Ⅱ・無窮〕
②□□■□■〔陽Ⅰ・書陵・杏Ⅱ・足利・筑波・弘文・斯Ⅱ・梅沢・慶Ⅰ・大東・武内・東大・東洋・聖語・東急・敦Ⅱ〕
□□■□詞■〔斯Ⅰ・宋版・世徳〕
□□之美□■〔道蔵〕

也―古活字版に無く、〔陽Ⅰ〕に有る例

體道第一経文「無名天地之始」下注（上1オ7a 24）

始者道■■■〔活Ⅱ・書陵・龍門・無窮・足利・筑波・弘文・斯Ⅱ・梅沢・慶Ⅰ・大東・慶Ⅱ・武内・東大・杏Ⅰ・仁和・天理〕
②□□□■■也〔陽Ⅰ・東洋・東急・斯Ⅰ〕
□□□■本也〔宋版・世徳〕
□□□之本也〔道蔵〕

〔杏Ⅰ〕には、「道」字下左旁に「本也オナ」の校異の書入れが、〔東洋〕の「也」字左旁には見消ちが有る。

偃武第三十一経文（上26オ2 1426）

　勝而不美■　〔活Ⅱ・無窮・梅沢・東洋・東急・斯Ⅰ・陽Ⅱ・宋版・世徳・道蔵・天理・治要〕
② □□□也　〔陽Ⅰ・書陵・龍門・足利・筑波・弘文・斯Ⅱ・慶Ⅰ・大東・慶Ⅱ・武内・東大・六地〕

〔梅沢〕は「美」字下に「也」を小書、校異の書入れと見做した。〔東洋〕は「美」字下字間に小圏、左旁に「也オ」と書入れ（青筆）が有るが〔宋版〕とは一致しない。

聖徳第三十二経文（上27オ7 1504）

　猶川谷之與■江海■　〔活Ⅱ・無窮・慶Ⅰ・大東・東洋・東急・斯Ⅰ・杏Ⅰ・宋版・世徳・道蔵・天理〕
　□□□□□■海江■　〔東大〕
　□□□■□■□□■　〔梅沢・陽Ⅱ〕
② □□□□□■□□也　〔陽Ⅰ・書陵・龍門・足利・筑波・斯Ⅱ・慶Ⅱ・武内・六地〕
　□□□□□於□□也　〔弘文〕

〔杏Ⅰ〕「海」字の下左旁に「也オ」と、東洋文庫蔵古活字版の同字下右旁に「也オナ」と校異の書入れが有るが、前例と同様〔宋版〕と一致しない点注目される。〔陽Ⅰ〕等の「也」は、逸失した船載宋刊本の影響を彷彿させる事例でもあろう。

之也－古活字版の「也」を、〔陽Ⅰ〕が「之也」に作る例

韜光第七経文「天地所以能長且久者以其不自生」下注末句（上5ウ 6b 259）

　奪人以自與也■　〔活Ⅱ（與譌作輿）・無窮・足利・弘文・斯Ⅱ・大東・天理〕
　□□□與自□■　〔東急〕
② □□□□□之也　〔陽Ⅰ・書陵・龍門・筑波・慶Ⅰ・慶Ⅱ・武内・東大・東洋〕
　□□□□□□之　〔梅沢〕
　□□□□□矣■　〔道蔵〕
　□□□□□■■　〔斯Ⅰ・宋版・世徳・敦Ⅰ〕

東洋文庫蔵古活字版には「與也」の字間に「之」字、其の左旁に「本有」と、「也」字左旁に「一本ナ」と朱書入れ、また〔東洋〕「也」字左旁にも「一本ナ」の書入れが見られる。

苦恩第二十四経文「跨者不行」下注（上19ウ4b 1054）

②
使不得行■也〔活Ⅱ・梅沢・武内・東大・東洋・東急・天理〕
□□□□之□〔陽Ⅰ・書陵・龍門・無窮・足利・筑波・弘文・斯Ⅱ・慶Ⅰ・大東・慶Ⅱ・斯Ⅰ〕
□□□□■■〔宋版・世徳・道蔵〕

同異第四十一経文「建言有之」下注末句（下４ウ6b 201）

②
當如下句■也〔活Ⅱ・無窮・聖語・東急・斯Ⅰ・道蔵〕
□□□□之□〔陽Ⅰ・書陵・足利・筑波・弘文・斯Ⅱ・梅沢・慶Ⅰ・大東〕
□□□□■■〔杏Ⅱ・武内・東大・東洋・宋版・世徳・敦Ⅱ〕

同、経文「夷道若類」下注末句（下５オ1b 208）

若多比類■也〔活Ⅱ・杏Ⅱ・無窮・足利・筑波・弘文・斯Ⅱ・慶Ⅰ・大東・武内・東大・東洋・聖語・東急・斯Ⅰ・宋版・世徳〕
②
□□□□之□〔陽Ⅰ・書陵・梅沢〕
□□□□■■〔道蔵・敦Ⅱ〕

道化第四十二経文「故物或損之而益」下注（下６オ2b 260）

必還■也〔活Ⅱ・杏Ⅱ・無窮・足利・筑波・弘文・斯Ⅱ・慶Ⅰ・大東・武内・東大・東洋〕
②
□□之□〔陽Ⅰ・書陵・梅沢〕
□□■■〔聖語・東急・斯Ⅰ・宋版・世徳・道蔵・敦Ⅱ・治要〕

〔東洋〕は「還也」字間に小圏を付し其の左旁に「之」字の書入れ（青筆）が有る。

任徳第四十九経文「不善者吾亦善之」下注末（下10オ2b 454）

使■善■也■〔活Ⅱ・無窮・武内・東大・東洋・聖語・斯Ⅰ・宋版・世徳・道蔵〕
②
□■□之□■〔陽Ⅰ・書陵・足利・筑波・弘文・斯Ⅱ・慶Ⅰ・大東〕

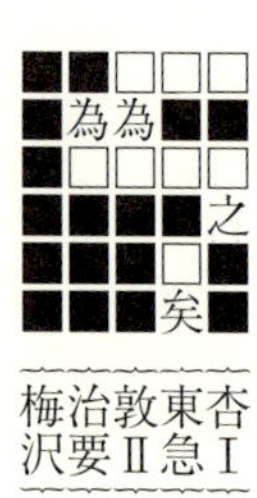

〔東洋〕は「善也」字間に小圏を付し、右旁に「之」字の書入れ（青筆）が有る。

同、経文「不信者吾亦信之」下注末句（下10オ4b464）

使■信■也　〔活Ⅱ・無窮・梅沢・武内・東大・聖語・東急・斯Ⅰ・宋版・世徳・道藏・治要〕
②□■□之□　〔陽Ⅰ・書陵・足利・筑波・弘文・斯Ⅱ・慶Ⅰ・大東〕
□■□者□　〔東洋〕
□■□之■　〔杏Ⅱ〕
□為□■■　〔敦Ⅱ〕

〔東洋〕は「者」左旁に見消ち、右旁に「之」字の書入れ（青筆）が有る。

同、経文「德信矣」下注（下10オ5b467）

聖人爲信■也　〔活Ⅱ・杏Ⅱ・無窮・斯Ⅰ〕
②□□□□之□　〔陽Ⅰ・書陵・足利・筑波・弘文・斯Ⅱ・梅沢・慶Ⅰ・大東・武内・東大・東洋〕
□□□□之■　〔聖語〕
□□□□■■　〔東急・宋版・世徳・道藏・敦Ⅱ〕

養德第五十一経文「德畜之」下注（下11ウ2b529）

一主布氣而畜養■也　〔活Ⅱ・無窮・聖語・斯Ⅰ〕
②□□□□□□□之□　〔陽Ⅰ・書陵・杏Ⅱ・足利・筑波・弘文・斯Ⅱ・慶Ⅰ・大東・武内・東大・東洋〕
□□□□□□□之■　〔梅沢・東急・敦Ⅱ〕
□□□□□□□■■　〔宋版〕
□生□□□□□■■　〔世徳・道藏〕

王校は、〔敦Ⅱ〕等に拠り、「之」一字を補う。

同、経文「是謂玄徳」下注（下12オ3a 556）

不可得見■也｛活Ⅱ・杏Ⅱ・武内・東大・聖語・斯Ⅰ・治要｝

②
□□謂□■□｛無窮｝
□□□□之□｛陽Ⅰ・書陵・足利・筑波・弘文・斯Ⅱ・梅沢・慶Ⅰ・大東・東洋｝
□□□□■■｛東急・宋版・世徳・道蔵・敦Ⅱ｝

歸元第五十二経文「終身不勤」下注（下12ウ2b 572）

不勤苦■也｛活Ⅱ・杏Ⅱ・無窮・足利・筑波・弘文・斯Ⅱ・慶Ⅰ・大東・聖語・斯Ⅰ｝

②
□□□之□｛陽Ⅰ・書陵・梅沢・武内・東大・東洋｝
□□□■■｛東急・宋版・世徳・敦Ⅱ・道蔵｝

淳風第五十七経文「我無爲而民自化」下注（下17オ6b 792）

而民自化成■也｛活Ⅱ・無窮・足利・筑波・弘文・斯Ⅱ・慶Ⅰ・大東・聖語・東急・斯Ⅰ・宋版・世徳｝

②
□□□□□之□｛陽Ⅰ・書陵・杏Ⅱ・梅沢・武内・東大・東洋｝
□□□□□■■｛道蔵・敦Ⅱ・治要｝

同、経文「我好静而民自正」下注（下17オ7b 795）

民皆自忠正■也｛活Ⅱ・杏Ⅱ（無自）・無窮・足利・筑波・弘文・斯Ⅱ・梅沢・慶Ⅰ・大東・武内・東大・聖語・東急・斯Ⅰ・宋版・世徳・道蔵・治要｝

②
□□□□□之□｛陽Ⅰ・書陵｝
□□□□□者□｛東洋｝
□□□□□■■｛敦Ⅱ｝

｛東洋｝は「者」左旁に見消ち、右旁に「之」を加筆（青筆）。

淳徳第六十五経文末句「乃至大順」下注（下24ウ1b 1167）

■順■天■理■也｛活Ⅱ・杏Ⅱ・無窮・足利・筑波・弘文・斯Ⅱ・梅沢・慶Ⅰ・大東・武内・東大・東洋・斯Ⅰ・宋版・世徳｝

②
■□■□■□之□｛陽Ⅰ・書陵｝
■□■□■□■■｛敦Ⅱ｝

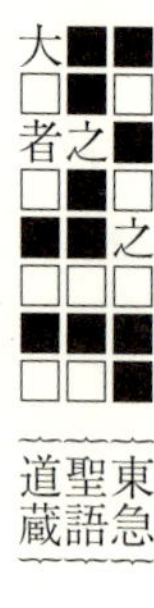

〔東洋〕は、「理也」の字間に小圏を施し、左旁に「之」字を加筆（青筆）。

玄用第六十九経文「而爲客」下注（下27オ3b 1299）

②
而後動■也 〔活Ⅱ・杏Ⅱ・無窮・梅沢・東大・聖語・東急・治要〕
□□□之■ 〔筑波〕
□□□之□ 〔陽Ⅰ・書陵・足利・弘文・斯Ⅱ・慶Ⅰ・大東・武内〕
□□□者□ 〔東洋〕
□□□■■ 〔斯Ⅰ・宋版・世徳・道蔵・敦Ⅱ〕

〔東洋〕は「者」左旁に見消ち、右旁に「之」を加筆（青筆）。

制惑第七十四経文「希有不傷其手矣」下注（下30ウ6b 1506）

②
還受其殃■也 〔活Ⅱ・書陵・杏Ⅱ・無窮・足利・梅沢・武内・東大・東急・聖語・斯Ⅰ・宋版・世徳〕
□□□□之□ 〔陽Ⅰ・筑波・弘文・斯Ⅱ・慶Ⅰ・大東〕
□□□□者□ 〔東洋〕
□□□□■■ 〔敦Ⅱ〕
反□□□■■ 〔道蔵〕

〔東洋〕は「者」左旁に見消ち、右旁に「之」を加筆（青筆）。

之也－古活字版の「之也」を、〔陽Ⅰ〕が「也」に作る例

賛玄第十四経文「視之不見名曰夷」下注（上11オ1b 526）

②
不可得視而見之也 〔活Ⅱ・無窮・足利・弘文・斯Ⅱ・慶Ⅰ・大東・武内・東大・東洋・天理〕
□□□□□□■□ 〔陽Ⅰ・書陵・龍門・筑波・梅沢・慶Ⅱ・東急〕
□□□□□□□■ 〔斯Ⅰ・宋版・世徳・敦Ⅰ〕
□□□而視■□矣 〔道蔵〕

同、経文「聴之不聞名曰希」下注（上11オ2b 530）

不可得聴而聞之也〔活Ⅱ・無窮・天理〕

② □□□□□□■□〔陽Ⅰ・書陵・龍門・足利・筑波・弘文・斯Ⅱ・梅沢・慶Ⅰ・大東・慶Ⅱ・武内・東大・東洋・東急〕

□□□□□□□■〔斯Ⅰ・宋版・世徳〕

□□□□□□■■〔敦Ⅰ〕

□■□□□□□矣〔道蔵〕

同、経文「此三者不可致詰」下注（上11オ5b 543）

顯徳第十五経文「猶兮若畏四隣」下注（上12オ7b 610）

問而■得之也〔活Ⅱ・無窮・東急・斯Ⅰ・宋版・世徳〕

□□■□□■〔慶Ⅱ・天理〕

② □□■□■□〔陽Ⅰ・書陵・龍門・足利・筑波・弘文・斯Ⅱ・梅沢・慶Ⅰ・大東・武内・東大・東洋〕

□□能□■□〔道蔵〕

□□■□■■〔敦Ⅰ〕

任徳第四十九経文「以百姓心為心」下注（下10オ1b 449）

畏四隣知之也〔活Ⅱ・無窮・梅沢・東洋・斯Ⅰ・宋版・世徳・天理〕

② □□□□■□〔陽Ⅰ・書陵・龍門・足利・弘文・斯Ⅱ・慶Ⅰ・大東・慶Ⅱ・武内・東大〕

□□□□□■〔敦Ⅰ・東急〕

□□□□己■〔筑波〕

□□鄰之知■〔道蔵〕

守微第六十四経文「執者失之」下注（下22ウ7b 1073）

因而從之■也〔活Ⅱ・杏Ⅱ・無窮・足利・筑波・弘文・斯Ⅱ・梅沢・慶Ⅰ・大東・武内・東大〕

② □□□■■□〔陽Ⅰ・斯Ⅰ〕

□□□□者□〔東洋〕

□□□□■■〔書陵・聖語・東急・宋版・世徳・敦Ⅱ・道蔵・治要〕

〔東洋〕「之者」両字の左旁には見消ち（青筆）が有る。

推讓反還之也〈活Ⅱ・無窮・東洋〉
②□□□□■□〈陽Ⅰ・書陵・杏Ⅱ・足利・弘文（反作返）・斯Ⅱ・梅沢・慶Ⅰ・武内・東大・聖語・東急〉
□□□返■□〈大東〉
□□□■■□〈筑波〉
□□□□■■〈斯Ⅰ・宋版・世徳・敦Ⅱ・治要〉
□□還及■■〈道蔵〉

〈東洋〉は「之」字左旁に見消ち（青筆）有り。

任爲第七十三経文「孰知其故」下注（下29ウ4a 1430）

不犯之也〈活Ⅱ・書陵・杏Ⅱ・無窮・足利・筑波・弘文・梅沢・慶Ⅰ・大東・東大・東洋・道蔵〉
②□□■□〈陽Ⅰ・斯Ⅱ〉
□□□■〈武内・東急・敦Ⅱ〉
□□□由〈聖語〉
□□■■〈斯Ⅰ・宋版・世徳〉

王校は〈敦Ⅱ〉に拠り「之」字を補う。

者也－古活字版の「也」を〈陽Ⅰ〉が「者也」に作る例

苦恩第二十四経文「日餘食贅行」下注末句（上20オ2b 1078）

爲貪行■也〈活Ⅱ・無窮・筑波・武内・東大・東急・天理〉
②□□□者□〈陽Ⅰ・書陵・龍門・足利・弘文・斯Ⅱ・梅沢・慶Ⅰ・大東・慶Ⅱ・東洋〉
□□□■■〈斯Ⅰ・宋版・世徳・道蔵〉

同異第四十一経文「道隱無名」下注（下5ウ1b 232）

無能指名■也〈活Ⅱ・杏Ⅱ・無窮・足利・梅沢・慶Ⅰ（指作旨）・大東（指作旨）・武内・東大・東洋・東急・聖語・斯Ⅰ・宋版・世徳〉
②□□□□者□〈陽Ⅰ・書陵・弘文・斯Ⅱ（指作旨）〉
□□□□■■〈筑波・道蔵・敦Ⅱ〉

之者也－古活字版の「之也」を〈陽Ⅰ〉が「之者也」に作る例

苦恩第二十四経文「物或悪之」下注（上20オ3b 1081）

②故物無有不畏悪之■也 〔活Ⅱ・無窮・東急・天理〕
□□□□□□□□者□ 〔陽Ⅰ・書陵・龍門・足利・筑波・弘文（無有）・斯Ⅱ・梅沢・慶Ⅰ・大東・慶Ⅱ・武内・東大・東洋〕
□□□□□□□■■□ 〔斯Ⅰ・世徳〕
□□□□□□□□■■ 〔道蔵〕
□□□□□□□地■■ 〔宋版〕

東洋文庫蔵古活字版は、「之」字下に小圏、其の右旁に「者」字を加筆。又「也」字下旁に「オナ」と。王校は『道徳眞經玄德纂䟽』に拠って「地」を「之者」に校改。

矣―古活字版に無く〔陽Ⅰ〕に有る例

倹武第三十経文（上25オ3 1370）

②善者果而已■ 〔活Ⅱ・無窮・梅沢・武内・東大・東洋・東急・斯Ⅰ・陽Ⅱ・宋版・世徳・道蔵・天理・治要〕
□□□□□矣 〔陽Ⅰ・書陵・龍門・足利・筑波・弘文・斯Ⅱ・慶Ⅰ・大東・慶Ⅱ・六地〕

〔梅沢〕は「已」字と下注頭の間の余白に「矣」字が小書され、校異の加筆と見られる。此の句末の「矣」字は、現行の王弼注本には無く、盧齋口義本には有る。しかし、武英殿版王弼注本の紀昀の校注に拠れば、『永楽大典』所載本には「矣」が有り、王弼注本も此の字が有る本と無い本があったらしい。島校は「故善者果而已矣」と校正している。古鈔本の「矣」字は、盧齋口義本の影響とも考えられるが、恐らくはそうではなく、河上公注本自体にこの字が有る本と無い本の二系が伝承されていたのであろう。従って、此の「矣」字の有無は、古活字版と〔陽Ⅰ〕との異本性を示す異同と考えられる。

(2) 其の他の助字の有無[6]

者―古活字版に有り、〔陽Ⅰ〕に無い例

厭耻第十三経文「故貴以身爲天下者則可以寄於天下矣」（上10ウ3 505）

爲天下者〔活Ⅱ・無窮・足利・筑波・斯Ⅱ・梅沢・慶Ⅰ・大東・慶Ⅱ・武内・東大・東洋・東急・斯Ⅰ・陽Ⅱ・宋版・世徳・敦Ⅰ・道蔵・天理〕

②□□■〔陽Ⅰ・書陵・龍門・弘文・六地〕

東洋文庫蔵古活字版の書入れは「者」字右旁に「イ无」と。現行の王弼本は「者」が無く、P二三七〇、P二五八四、S六四五三等敦煌出土五千字本系諸本にも無い。河上公本は「者」字の有無に因って両系が想定される。

同、経文「愛以身爲天下者乃可以託於天下矣」（上10ウ4 513）

爲天下者〔活Ⅱ・書陵・龍門・無窮・足利・筑波・弘文・斯Ⅱ・梅沢・慶Ⅰ・大東・慶Ⅱ・武内・東大・東洋・東急・斯Ⅰ・陽Ⅱ・六地・宋版・世徳・敦Ⅰ・道蔵・天理〕

②□□□■〔陽Ⅰ〕

〔陽Ⅰ〕以外の管見の本には全て「者」が有るが、唐強思齊『道德眞經玄德纂䟽』所引、P二三七〇、S六四五三等の敦煌出土五千字本系諸本また王弼注本には無い。前句とも対応し〔陽Ⅰ〕の誤脱と見ることは出来ないであろう。河上公注本にも「者」字が無い系類の伝本群が存在したものと想定される。

顯質第八十一経文「美言不信」下注（下35オ2a 1723）

不信者〔活Ⅱ・杏Ⅱ・無窮・筑波・弘文・梅沢・大東・武内・東大・東洋・聖語・東急・斯Ⅰ・宋版・世徳・道蔵・敦Ⅱ〕

②□□■〔陽Ⅰ・書陵・足利・斯Ⅱ・慶Ⅰ〕

〔東洋〕には「者」字左旁に見消ち（青筆）がある。

者－古活字版の「者」を〔陽Ⅰ〕が「則」に作る例

守微第六十四経文「爲者敗之」（下22ウ6 1066）

爲者■敗之〔活Ⅱ・杏Ⅱ・無窮・梅沢・武内・東大・東洋・東急・聖語・宋版・世徳・道蔵・敦Ⅱ・治要〕

②□■則□□〔陽Ⅰ・書陵・足利・筑波・弘文・斯Ⅱ・慶Ⅰ・大東・六地〕
□□則□□〔斯Ⅰ〕

鄭校は〔陽Ⅰ・斯Ⅱ〕の「則」字を「蓋音近而誤也」と見ているが、「則」に作る古鈔本は此の一本に限らず、また〔斯Ⅰ〕の如く「者則」に作る本もある。次句「執者失之」との対応を重く見れば「者」が勝ると言えるが、誤写との予断は慎まれる。順接の助字として文義上の相違は生じない。この句において、標出のように両三様の異文が伝承されたことは明らかで、古活字版と〔陽Ⅰ〕とに別系の異本性が認められる。

之―古活字版に有って、〔陽Ⅰ〕に無い例

顯徳第十五経文「孰能濁以静之徐清」下注（上12ウ5a 637）

水之濁止〔活Ⅱ・斯Ⅰ・宋版・世徳・道蔵・天理〕
②□■□□〔陽Ⅰ・書陵・龍門・無窮・足利・筑波・弘文・斯Ⅱ・梅沢・慶Ⅰ・大東・慶Ⅱ・武内・東大・東洋・東急〕

任徳第四十九経文「故聖人之在天下怵怵焉」（下10オ5 468）

聖人之在天下〔活Ⅱ・無窮・梅沢〕
②□□■□□□〔陽Ⅰ・書陵・杏Ⅱ・足利・筑波・弘文・斯Ⅱ・慶Ⅰ・大東・武内・東大・東洋・聖語・東急・斯Ⅰ・六地・宋版・世徳・道蔵・敦Ⅱ〕

伝本の多くは「之」字が無い。現行の王弼本にも無いが、紀昀校に「人下各本有之字」とあり、武内義雄「道徳經析義」は傅奕本に拠って「之」字を補入している。河上公注本にもこの字が有る本と無い本の両系があって、古活字版と〔陽Ⅰ〕はそれぞれ別系を襲っている。

守微第六十四経文「民之從事常於幾成而敗之」下注（下23オ3a 1089）

民人之爲事〔活Ⅱ・無窮・聖語〕
②□□■□□〔陽Ⅰ・書陵・杏Ⅱ・足利・筑波・弘文・斯Ⅱ・梅沢・慶Ⅰ・大東・武内・東大・東洋・東急・宋版・

世德・敦Ⅱ・治要}
□■□□□ {斯Ⅰ・道蔵}

鄭校は、「人」は字形の近似に因る「之」字の譌と見ている。王校は{宋版}の「人」を{道蔵}等に拠って「之」に校改している。しかし、古活字版等の様に「人之」に作る伝本が存在している事実を考慮して、今暫く慎重であるべきであろう。

之―古活字版に無く、{陽Ⅰ}に有る例

偏用第四十三経文「天下希及之」下注（下6ウ7a311）

② 道■無爲 {活Ⅱ・杏Ⅱ・無窮・梅沢・武内・東大・東洋・東急・聖語・斯Ⅰ・宋版・世德・道蔵・治要}
□之□□ {陽Ⅰ・書陵・筑波・足利・弘文・斯Ⅱ・慶Ⅰ・大東}
■■无□ {敦Ⅱ}

守微第六十四経文「復衆人之所過」下注（下23ウ2a1115）

{東洋}には、「道无」の間に小圏を付し其の左旁に「之」の書入れ（青筆）が有る。

② 復■者 {活Ⅱ・杏Ⅱ}
□之□ {陽Ⅰ・書陵・無窮・足利・筑波・弘文・斯Ⅱ・梅沢・慶Ⅰ・大東・武内・東大・東洋・聖語・東急・斯Ⅰ・宋版・世德・道蔵・敦Ⅱ・治要}

鄭校は「通考」に「之」が無いのを「脱」と見ているが、古活字版・{杏Ⅱ}の例から断定は慎まれる。

於―古活字版に有って、{陽Ⅰ}に無い例

偃武第三十一経文「戰勝以喪禮處之」下注（上26ウ3b1464）

比於喪也 {活Ⅱ・書陵・龍門・無窮・足利・筑波・弘文・斯Ⅱ・梅沢・慶Ⅰ・大東・慶Ⅱ・武内・東大・東洋・東急・宋版・世德・道蔵・天理・治要}
② □■□□ {陽Ⅰ}
□□□■ {斯Ⅰ}

鄭校は、〔陽Ⅰ〕の譌脱と見る。或いは従うべきか。

爲政第三十七経文「侯王若能守之萬物將自化」下注（上30オ3b 1650）

效於己也〔活Ⅱ・無窮・足利・筑波・斯Ⅱ・梅沢・慶Ⅰ・大東・慶Ⅱ・武内・東大・東洋・東急・斯Ⅰ・宋版・世徳・道蔵・天理・治要〕

②□□□■〔弘文〕

□■□□〔陽Ⅰ〕

□■■□〔書陵・龍門〕

〔東洋〕は「於己」二字に見消ち（青筆）が有る。鄭校は、〔陽Ⅰ〕の譌脱とする。しかし、〔東洋〕の書入れと〔書陵・龍門〕の例と合わせ考えれば、断言は危ぶまれる。

於―古活字版に無く、〔陽Ⅰ〕に有る例

微明第三十六経文（上29ウ5 1633）

魚不可脱■淵〔活Ⅱ・天理〕

②□□□□於□〔陽Ⅰ・書陵・龍門・無窮・足利・筑波・弘文・斯Ⅱ・梅沢・慶Ⅰ・大東・慶Ⅱ・武内・東大・東洋・東急・斯Ⅰ・六地・陽Ⅱ・宋版・世徳〕

□□■□於□〔道蔵〕

此の異同も、古活字版に孤立した特異な異文として、次の第三節で取り上げる。

玄用第六十九経文「輕敵幾喪吾寶」下注（下27ウ2b 1329）

近喪■身〔活Ⅱ・杏Ⅱ・無窮・足利・筑波・弘文・斯Ⅱ・梅沢・慶Ⅰ・大東・武内・東大・東洋・東急・斯Ⅰ・宋版・世徳・道蔵・治要〕

②□□於□〔陽Ⅰ・書陵・敦Ⅱ〕

□□吾□〔聖語〕

〔東洋〕は、「喪身」の間に小圏を施し左旁に「於」と校異の書入れ（青筆）が有る。〔敦Ⅱ〕に〔陽Ⅰ・書陵〕と同じく「於」字が有ることは注目される。本邦での伝写の間に生じた異同ではなく、唐写本に遡源する可能性を示唆

している。

任契第七十九経文「而不責於人」下注（下33ウ7b 1657）

②
不責■人〔活Ⅱ・無窮・梅沢・慶Ⅰ・聖語・東急・斯Ⅰ・宋版・世徳・敦Ⅱ・道蔵・治要〕
□□於□〔陽Ⅰ・書陵・杏Ⅱ・足利・筑波・弘文・斯Ⅱ・大東・武内・東大・東洋〕

而―古活字版に有って、〔陽Ⅰ〕に無い例

養身第二経文「生而不有」下注（上2ウ4a 96）

②
生萬物而不有也〔活Ⅱ・無窮・足利・筑波・弘文・斯Ⅱ・慶Ⅰ・大東・武内・東大・東洋・天理〕
□□□□□□■〔東急・斯Ⅰ・宋版・世徳・道蔵・治要〕
□□□■□□□〔陽Ⅰ・書陵・龍門・梅沢・慶Ⅱ〕

鄭校は、〔陽Ⅰ〕の脱字とする。

以―古活字版に有って、〔陽Ⅰ〕に無い例

同異第四十経文「弱者道之用」下注（下4オ5a 170）

②
所以常用〔活Ⅱ・無窮〕
□■□□〔陽Ⅰ・書陵・杏Ⅱ・足利・筑波・弘文・斯Ⅱ・梅沢・慶Ⅰ・大東・武内・東大・東洋・聖語・東急・斯Ⅰ・宋版・世徳・敦Ⅱ・道蔵〕

以―古活字版に無く、〔陽Ⅰ〕に有る例

爲道第六十二経文「美言可以市」下注（下20ウ7a 975）

②
獨■可■於市〔活Ⅱ・無窮・聖語・東急・斯Ⅰ・宋版・世徳〕
□以□■□□〔杏Ⅱ・足利・筑波・弘文・斯Ⅱ・慶Ⅰ・大東・武内・東大・東洋〕
□□■□以□〔陽Ⅰ・書陵・梅沢・敦Ⅱ（無獨）〕
■■□以■□〔道蔵〕

東洋文庫蔵古活字版には「可於」間に「以」字の校異の書入れが見られる。

以―古活字版の「以」を〔陽Ⅰ〕が「乃」に作る例

知病第七十一経文「夫唯病病是以不病」下注（下28ウ1a 1375）

是以■不自病〔活Ⅱ・東急・斯Ⅰ・宋版・世徳・敦Ⅱ〕
②□■乃□□□〔陽Ⅰ・書陵・杏Ⅱ・筑波・弘文・梅沢・慶Ⅰ・大東・武内・東大・東洋・聖語〕
以是乃□□□〔足利・斯Ⅱ〕
□則■□□□〔無窮〕
■■■■■■〔道蔵〕

〔無窮〕は「則」に作り、〔足利・斯Ⅱ〕は「是以」を「以是乃」三字に作る。鄭校は「以是」は誤倒と見做す。

〔道蔵〕にはこの句無し。

(五)　其の他、本文字句の異同　異同量一五七

老子經序「謂諸弟子曰」（序1ウ7 23）

〔陽Ⅰ〕は「諸」が無く、諸本と異なる。或いは誤脱か。

同、「乗風雲而上」（序2オ3 25）

乗風雲而上〔活Ⅱ・無窮・足利・筑波・弘文・斯Ⅱ・慶Ⅰ・大東・慶Ⅱ・武内・東洋・斯Ⅰ〕
□雲風□□〔陽Ⅰ・書陵・龍門・梅沢・東大・東急・六地・陽Ⅱ〕

〔足利〕の「風雲」左旁には「雲風本作」との校異、又、東洋文庫蔵古活字版の左旁には「下上」と転倒符の書入れが有る。

同、「吾今日見老子」（序2オ3 26）

〔陽Ⅰ〕は「吾」が無く、諸本と異なる。或いは誤脱か。

同、「以五乗九故世四十五」（序3ウ2 62）

故世四十五〔足利・弘文・斯Ⅱ〕
□■□□□〔陽Ⅰ・活Ⅱ・書陵・龍門・無窮・慶Ⅱ・東洋・斯Ⅰ・六地〕
□■冊　□〔筑波・梅沢・慶Ⅰ・大東・武内・東大・東急・陽Ⅱ〕

「世」字の有無による伝本間の相違については〔活Ⅰ〕と〔活Ⅱ〕の異同を検証した際に既述した（第一章第三節二(二)Ⅰ144参照）。

同、「故法備因而九之」（序3ウ3 63）

故法備〔活Ⅱ・慶Ⅰ・大東・武内〕
■□□〔陽Ⅰ・書陵・龍門・無窮・足利・筑波・弘文・斯Ⅱ・梅沢・慶Ⅱ・東大・東洋・東急・斯Ⅰ・六地・陽Ⅱ〕

同、「忽然而擧上高七百餘丈而止」（序4オ4 73）

高七百餘丈〔活Ⅱ・無窮・筑波・弘文・斯Ⅱ・梅沢・慶Ⅰ・大東・慶Ⅱ・武内・東大・東洋・陽Ⅱ〕
□■□□□〔陽Ⅰ・書陵・龍門・足利・東急・斯Ⅰ・六地〕

〔梅沢〕は、「七」字右旁に「イ无」と、〔東大〕は「イニナシ」との書入れがあり、〔東洋〕はこの字を□で囲んでいる。此の校異の書入れは「七」の無い異本の存在を示す。「七」字の有無で伝本は二分され、古活字版は〔陽Ⅰ〕とは別系の本文を継承している。

體道第一経文「有名萬物之母」下注（上1ウ1b 31）

天地含氣〔活Ⅱ・書陵・龍門・無窮・足利・筑波・弘文・斯Ⅱ・梅沢・慶Ⅰ・大東・慶Ⅱ・武内・東大・東洋・東急・杏Ⅰ・斯Ⅰ・仁和・宋版・世徳・道藏・天理〕
①□□合□〔陽Ⅰ〕

諸本並びに「含」に作り、或いは〔陽Ⅰ〕の誤写か。只、唐強思齊『道德眞經玄德纂疏』所引は「合」に作っている。鄭校は「形近而譌也」と断じているが、「合」に作る一類の本が存在した可能性は否定できない。

同、経文末句「衆妙之門」下注（上2オ1a70）

②
稟氣〔活Ⅱ・大東・慶Ⅰ・武内・東大・東洋・宋版・世徳・道蔵・天理〕
天□〔陽Ⅰ・書陵・龍門・無窮・足利・筑波・弘文・斯Ⅱ・梅沢・東急・斯Ⅰ・仁和〕
■□〔慶Ⅱ〕

鄭校は「誤作天氣」と記すが、古鈔本は「天氣」に作る本がむしろ多く、誤写とは見做し難い。〔東洋〕は「稟」字左旁に見消ち、字下欄脚に「天」字の校異書入れが有る。

養身第二経文末句「是以不去」下注（上2ウ6b108）

不言不可知〔活Ⅱ・無窮・梅沢・大東・東洋・宋版・世徳・道蔵・天理〕
② □□□□和〔陽Ⅰ・書陵・龍門・足利・筑波・弘文・斯Ⅱ・慶Ⅰ・慶Ⅱ・武内・東大・東急・斯Ⅰ〕

〔梅沢〕はもと「和」に作り、「知」字を重書きしているようである。右旁に「和江家本也」と書入れが有って注目される。〔大東〕は「知」左旁に「和イ」の書入れが有る。『老子經抄』には「不レ言ハ不レ知（和の誤写と思われる）者也、知ルト云本モアリ、イツレモヨキ也」との講述が見える。

易性第八経文「而不争處衆人之所惡」下注（上6オ7b282）

水獨靜流居之〔活Ⅱ・慶Ⅱ・武内・東大・東洋・斯Ⅰ・宋版・世徳・敦Ⅰ・道蔵・天理〕
② □□争□□□〔陽Ⅰ・無窮・梅沢・東急〕
□□弾□□□〔書陵・龍門・足利・筑波・斯Ⅱ〕
□□殫□□□〔弘文・慶Ⅰ・大東〕

〔梅沢〕は、「争」右旁に「静イ」、〔筑波〕は「弾」左旁に「静也」、〔大東〕は「殫」左旁に「静イ」の書入れが有る。鄭校は、「弾」は「非也」、「争」は「誤作」と看做し「静」を是とする。しかし、古鈔本にはこの句において三様或いは四様の伝本が有り、「静」は「シツカニ」、「争」は「アラソヒ」、「弾」「殫」は「コトコトク」（〔書陵〕の別訓は「ヒキ」）と訓まれて、本句の解釈に影響が及んでいる。此の異文にも古活字版と〔陽Ⅰ〕との異本性が認められる。

同、経文末句「故無尤」下注（上6ウ6b311）

②無有怨尤水者也〔活Ⅱ・慶Ⅰ・無窮・足利・梅沢・大東・杏Ⅰ・斯Ⅰ・宋版・世徳・敦Ⅰ・道蔵・天理〕
□□悪□□□□〔陽Ⅰ・書陵・龍門・筑波・弘文・斯Ⅱ・慶Ⅱ・武内・東大・東洋・東急〕

〔杏Ⅰ〕は「怨」字左旁に「悪本乍」の書入れが有る。鄭校は、「怨」を是とし、「悪」は「疑形近而誤也」としているが、「悪」に作る伝本の系統が認められ、誤写ではあるまい。

運夷第九経文「功成名遂身退天之道」下注（上7オ6b335）

②樂極則哀〔活Ⅱ・天理〕
□□□哀〔陽Ⅰ・書陵・龍門・無窮・足利・筑波・弘文・斯Ⅱ・梅沢・慶Ⅰ・大東・慶Ⅱ・武内・東大・東洋・杏Ⅰ・東急・斯Ⅰ・宋版・世徳・敦Ⅰ・道蔵・治要〕

此の異同字に就いては、古活字版に孤立した特異な異文として次節において言及する。

能爲第十経文「天門開闔」下注（上8オ3b383）

③■■■天門謂鼻孔〔活Ⅱ・無窮・慶Ⅰ・大東・天理〕
治身■□□□□□〔陽Ⅰ・書陵・龍門・杏Ⅰ・足利・筑波・弘文・斯Ⅱ・梅沢・慶Ⅱ・武内・東大・東洋・敦Ⅰ・斯Ⅰ・宋版・世徳〕
於身■□□□□□〔東急〕
治身之□□□□□〔道蔵〕

〔活Ⅱ・無窮・慶Ⅰ・大東・天理〕は「天門」上の「治身」の二字が無い。「通考」にも無く、鄭校は「奪」と看做す。しかし、〔陽Ⅰ〕等とは異なった「治身」二字の無い本が伝承されていたことは明らかで、古活字版は其の本文を継承している。

厭耻第十三経文「及吾無身吾有何患乎」下注（上10ウ2a502）

體■道自然〔活Ⅱ・無窮・足利・筑波・弘文・梅沢・慶Ⅰ・大東・慶Ⅱ・武内・東大・東洋・東急・斯Ⅰ・道蔵・天理〕

②□■□□□〔陽Ⅰ・書陵・龍門〕
□通■□□〔斯Ⅱ〕
□得□□□〔宋版・世徳・敦Ⅰ〕

〔陽Ⅰ〕は〔書陵・龍門〕と同じで「道」が無い。〔斯Ⅱ〕は「體通道自然」に、〔宋版・世徳・敦Ⅰ〕は「體得道自然」に作る。鄭校は底本〔宋版〕に従い、〔陽Ⅰ〕を「得道」の脱と看做す。しかし、〔書陵・龍門〕の例から「體自然」に作る伝本が存在したことは明らかで、〔陽Ⅰ〕はその本に従い、別に「體道自然」に作る伝本も有って、古活字版はそれに拠っている。此の異文も〔陽Ⅰ〕と古活字版との乖離を示している。

賛玄第十四経文「迎之不見其首」下注（上11ウ6a582）

末不可〔活Ⅱ・斯Ⅰ・宋版・世徳・道蔵・天理〕

②■□□〔陽Ⅰ〕
□■□〔弘文・斯Ⅱ・武内・東大〕
未■□〔書陵・龍門・無窮・足利・筑波・梅沢・慶Ⅰ・大東・慶Ⅱ・東洋・東急・敦Ⅰ〕

注文「一無端末不可預待也」中の両三字であるが、〔陽Ⅰ〕には「末」字が無い。〔弘文〕等は「不」が無く、〔書陵〕等は、「末」無く、「不」を「未」に作る。未末の字形の近似、未不の字義の相似に因り、次句の「預」「須」の異同も加わり諸本間で本文の混乱が顕著である。しかし、此の注文は〔陽Ⅰ〕の加点では「一（ハ）・端无（シ）。預メ待ツ可（カラ）不〔也〕」と訓読され〔斯Ⅰ・天理〕との訓みの違いは「端无（シ）」が「端末無（シ）」となるに過ぎず文義の上での隔たりは無い。因みに「未」に作る〔書陵〕等諸本は「未」は下句に付き、上句は「一ハ端無シ」と訓まれ、その限りで〔陽Ⅰ〕と一致する。〔陽Ⅰ〕の此の句は、「末」字の脱落と見ることも出来ようが、豫断を慎んで、異文の一つと見做しておきたい。尚、鄭校には此の異同についての言及は無い。

同、経文「執古之道以御今之有」下注（上11ウ7b589）

②　以御■物　〔活Ⅱ・斯Ⅰ・宋版・世徳・天理〕
　　□□■■　〔陽Ⅰ・書陵・龍門・無窮・足利・筑波・弘文・斯Ⅱ・梅沢・慶Ⅰ・大東・慶Ⅱ・武内・東大・東洋・東急・敦Ⅰ〕
　　□□萬□　〔道蔵〕

鄭校は、「物」字が無いのは「非也、當據補」と言うが、古鈔本の殆どにこの字が無く、〔敦Ⅰ〕にも無い。本句に於いて「物」字の無い伝本の一系を認めるべきであろう。

顯徳第十五経文「孰能濁以静之徐清」下注（上12ウ5a635）

③　孰誰也　〔活Ⅱ・宋版・世徳・道蔵・天理〕
　　■■■　〔陽Ⅰ・書陵・龍門・無窮・足利・筑波・弘文・斯Ⅱ・梅沢・慶Ⅰ・大東・慶Ⅱ・武内・東大・東洋・斯Ⅰ・東急・敦Ⅰ〕

此の三字、〔陽Ⅰ〕は経文次句「孰能安以久之徐生」下注の冒頭に在る。〔書陵〕等の古鈔本諸本も同じである。

同、前掲注文に連接（上12ウ5a636）

③　誰能知　〔活Ⅱ・宋版・世徳・天理〕
　　□□如　〔道蔵〕
　　■■■　〔陽Ⅰ・書陵・龍門・無窮・足利・筑波・弘文・斯Ⅱ・梅沢・慶Ⅰ・大東・慶Ⅱ・武内・東大・東洋・斯Ⅰ・東急・敦Ⅰ〕

此の三字、古鈔本諸本には無い。次の第三節古活字版に孤立した特異の本文のうち、二古鈔本諸本と相違し、且つ〔宋版・世徳〕とは一致する事例として後述。

同、経文「孰能安以久之徐生」下注（上12ウ6a643）

③　■■■　〔活Ⅱ・宋版・世徳・道蔵・天理〕
　　孰誰也　〔陽Ⅰ・書陵・龍門・無窮・足利・筑波・弘文・斯Ⅱ・梅沢・慶Ⅰ・大東・慶Ⅱ・武内・東大・東洋・東急・斯Ⅰ・敦Ⅰ〕

前々項で指摘したように、古活字版と〔陽Ⅰ〕等古鈔本諸本とは此の注文三字の配置が異なる。以上の三項は、古活字版に孤立した特異な本文として次節で検討するが、此処では、古活字版と〔陽Ⅰ〕との異同としてのみ注目しておく。

帰根第十六経文（上13ウ3 696）

①
知常曰容〔活Ⅱ・東大・陽Ⅱ・敦Ⅰ・天理〕
□□日□〔陽Ⅰ・書陵・龍門・無窮・足利・筑波・弘文・斯Ⅱ・梅沢・慶Ⅰ・大東・慶Ⅱ・武内・六地〕
□□■□〔東洋・東急・斯Ⅰ・宋版・世徳・道蔵〕

「曰」「日」の字形を判別することは困難な場合が多い。この箇所古活字版は明らかに「曰」であり、〔陽Ⅰ〕はこの句の前行及び前々行の経文「知常曰明」「復命曰常」の「曰」字と比較すれば「日」と判断され、加点に従えば「常を知（レ）は日に容ナリ」と訓まれ、「日」字であることは間違いない。又、〔大東〕の「日」字左旁には「曰イ」と、右旁には「｜レ｜曰レ｜イ」と書入れが有り、〔無窮〕は「日」に見消ちを付し右旁に「曰」字が傍書されている。これらの書入れからも、「曰」「日」の両文がそれぞれに相承されていたことが明らかであろう。古活字版が「曰」に従い、〔陽Ⅰ〕が「日」に従うところに、両本の伝系の相違が窺われる。

淳風第十七経文「有不信焉」下注（上14オ5a 748）

③
■■■■■■〔活Ⅱ・無窮・天理〕
君信不足於下〔陽Ⅰ・書陵・龍門・足利・筑波・弘文・斯Ⅱ・梅沢・慶Ⅰ・大東・慶Ⅱ・武内・東大・東洋・東急・斯Ⅰ・宋版・世徳・敦Ⅰ・道蔵・治要〕

此の経注文と直前の経文句「信不足焉」及び其の注文は、諸本間で異同が甚だしい。本文の遷移の実相を窺い系統関係を考察する上で、この部分の雑糅交雑した本文の解明は重要で、別に改めて検証を必要とする。此処では古活字版と〔陽Ⅰ〕の異同を指摘するに留める。尚、〔宋版〕は此の経文四字を脱し、此の六字以下の注は前経文「信不足焉」下注に接続している。

異俗第二十経文「我獨若遺」下注末句（上16オ7b 876）

②以於不足也〔活Ⅱ〕
似□□□□〔陽Ⅰ・書陵・龍門・無窮・筑波・弘文・斯Ⅱ・梅沢・慶Ⅰ・大東・慶Ⅱ・武内・東大・東急・斯Ⅰ・宋版・世徳・道蔵・天理〕
似□□□者〔東洋〕
似我□□□〔足利〕

古活字版のみ「以」に作り、〔陽Ⅰ〕等管見の古鈔本は全て「似」に作っている。只、「通考」は古活字版に同じで「以」に従い、鄭校は此れを「蓋形近而譌也」とするが、「以」に作る伝本系を想定することも可能であろう。此の異文は古活字版に孤立した特異の本文として次節で改めて詳述したい。

虚心第二十一経文「道之爲物唯怳唯忽」下注（上17オ3a 919）

獨怳忽〔活Ⅱ・無窮・足利・筑波・弘文・斯Ⅱ・梅沢・慶Ⅰ・大東・武内・東大・東洋・東急・斯Ⅰ・宋版・世徳・道蔵・天理〕
②独恍急〔慶Ⅱ〕
■□□〔陽Ⅰ・書陵・龍門（怳作恍）〕

〔陽Ⅰ〕には「獨」字が無く〔書陵・龍門〕が同じである。鄭校は脱字と見て非と見做している。しかし「獨」字の無い伝本の群類を想定することも許されよう。

同、経文「怳兮忽(ママ)兮其中有物」下注（上17オ5a 929）

道唯怳忽〔活Ⅱ・無窮・梅沢・武内・東大・東洋・東急・斯Ⅰ・宋版・世徳・道蔵・天理〕
②□□忽怳〔陽Ⅰ・書陵・龍門・足利・筑波・弘文・斯Ⅱ・慶Ⅰ・大東・慶Ⅱ（怳作恍）〕

鄭校は〔陽Ⅰ・斯Ⅱ〕の「忽怳」を「疑非」とするが、〔梅沢〕の「怳忽」右旁に「忽怳ィ」と校異の書入れが有る。両様の伝本が存在していたことは明らかである。

益謙第二十二経文「夫唯不争故天下莫與之争」（上18オ6 988）

② 莫■與之争〔活Ⅱ・慶Ⅱ・世徳・天理〕
　□能□□□〔陽Ⅰ・書陵・龍門・無窮・足利・筑波・弘文・斯Ⅱ・梅沢・慶Ⅰ・大東・武内・東大・東洋・東急・斯Ⅰ・六地・陽Ⅱ・宋版・道蔵・治要〕

「能」字の有無に就いて、〔東洋〕該行眉上、及び東洋文庫蔵古活字版該句左旁の書入れに「能一本有之清中二家无之」とあり注目される。清原、中原両家本には「能」字が無かった事が判明し、古活字版と〔慶Ⅱ〕が此れと吻合している。伝本の多くは「能」字が有り、両家本以外の本文を継受していると見なければならない。尚、〔慶Ⅱ〕は「莫與」の字間に小圏を付し、右旁行間に「能」字を傍書している。

虚無第二十三経文末句「有不信」下注冒頭（上19ウ1a 1036）

③ ■■■■■■■■〔活Ⅱ・宋版・世徳・道蔵・天理〕
　下即應君以不信也〔陽Ⅰ・書陵・龍門・無窮・足利・筑波・弘文・斯Ⅱ・梅沢・慶Ⅰ・大東・慶Ⅱ〕
　下則應君以不信也〔武内・東大・東洋〕
　下則應君以不信■〔斯Ⅰ〕
　下■應君以不信■〔東急〕

直前の経文「信不足焉」下に、諸本並びに「下則應君以不信也」と同文の注があり、鄭校は此の注文を衍文と見做している。管見の古鈔本の全てが重出していることを考えれば、一概に衍文とするには慎重にならざるを得ない。此の異同に就いても、古活字版に孤立した特異の異文として改めての検討が必要であろう。

苦恩第二十四経文「自是者不彰」下注（上19ウ6a 1062）

② 衆人共蔽之〔活Ⅱ・無窮・足利・筑波・弘文・斯Ⅱ・梅沢・慶Ⅱ・武内・東大・東洋・天理・治要〕
　□■□□□〔陽Ⅰ・書陵・龍門・慶Ⅰ・大東・東急・斯Ⅰ・宋版・世徳・道蔵〕

「人」字の有無で伝本は二系に分かれる。古活字版には有り、〔陽Ⅰ〕には無く、此の異同において両本には別系の要素を認めうる。

象元第二十五経文「周行而不殆」下注末句（上20ウ1b 1100）

②不危■殆〔活Ⅱ・斯Ⅰ・宋版・世徳・道蔵・天理〕
□□不□〔陽Ⅰ・書陵・龍門・無窮・足利・弘文・斯Ⅱ・慶Ⅱ・梅沢・東大・東洋・東急〕
□殆不危〔筑波・慶Ⅰ・大東・武内〕

〔陽Ⅰ〕は「危殆」の間に「不」が有って、古活字版と異なる。東洋文庫蔵古活字版の書入れは両字の間に小圏を付し左旁に「不」を傍書してある。鄭校は衍字としているが、〔斯Ⅰ〕以外の古鈔本には「不」が認められ、衍字とは認め難い。

同、経文「遠曰反」下注（上20ウ6a 1125）

②不超絶〔活Ⅱ・筑波・武内・東洋・天理〕
□起□〔陽Ⅰ・書陵・龍門・斯Ⅱ・慶Ⅰ・大東〕
□越□〔無窮・足利・弘文・梅沢・慶Ⅱ・東大・東急・斯Ⅰ・宋版・世徳・道蔵〕

鄭校は「通考」の「超」は「越」と同義とし、〔陽Ⅰ・斯Ⅱ〕の「起」字は「蓋形近而誤也」と看做している。〔書陵〕等が同文であり、誤字とは認め難い。少なくとも誤写とは考えられず相承された異文が伝写されたものと見るべきであろう。

同、経文「故道大天大地大王亦大」下注（上20ウ7a 1130）

無■不容〔活Ⅱ・書陵・龍門・無窮・足利・筑波・弘文・斯Ⅱ・慶Ⅰ・大東・梅沢・慶Ⅱ・武内・東大・東洋・東急・天理・治要〕
②无所□□〔陽Ⅰ・斯Ⅰ・宋版・世徳・道蔵〕

「不」上に「所」字が有るのは、古鈔本としては異例である。〔治要〕を含め諸本に「所」は無い。両様の伝本が有ったことは確かで、鄭校の如く「所」の脱と断定するのは穏当ではない。

同、経文「天法道」下注（上21オ4a 1156）

③
天當法道以清静〔活Ⅱ・天理〕
■道□■■□□〔陽Ⅰ・書陵・龍門・無窮・足利・弘文・斯Ⅱ・慶Ⅰ・大東・慶Ⅱ・武内・道蔵〕
■■■□■□□〔梅沢・東大・東洋・東急・斯Ⅰ・宋版・世徳〕
■■■■■□□〔治要〕

〔陽Ⅰ〕は「道法清静」に作る。此の事例についても、古活字版に孤立した特異の異文として次節で詳述する。

反朴第二十八経文「爲天下式常德不惑」（上23オ7 1278）

②
常德不惑〔活Ⅱ・天理〕
□□□惑〔陽Ⅰ・書陵・龍門・無窮・筑波・弘文・斯Ⅱ・慶Ⅰ・大東・慶Ⅱ・武内・東急・斯Ⅰ・六地・陽Ⅱ・治要〕
□□□惑〔梅沢
□□□忒〔東洋
□□□戚〔東大〕
□□□忒〔宋版・世徳・道蔵〕

同、経文「爲天下式常德不惑」下注（上23ウ1b 1282）

②
差惑也〔活Ⅱ・天理〕
□忒□〔陽Ⅰ・書陵・龍門・無窮・筑波・弘文・斯Ⅱ・慶Ⅰ・大東・慶Ⅱ・武内・東急・斯Ⅰ・治要〕
□戚□〔東大
□惑□〔梅沢
□忒■〔東洋〕
□忒■〔宋版・世徳・道蔵〕

同、経文「復歸於無極」下注（上23ウ1a 1286）

②
不差惑〔活Ⅱ・足利・天理〕
□□忒〔陽Ⅰ・書陵・龍門・無窮・筑波・弘文・斯Ⅱ・慶Ⅰ・大東・武内・東急・斯Ⅰ〕
□□忒〔東洋
□□惑〔梅沢
□□戚〔東大〕

□□戎〔慶Ⅱ〕
□□弌〔宋版・世徳・道蔵〕

鄭校は、「通考」の「惑」を「非也、蓋形近而譌也」とする。しかし「惑」に作る伝本の系類が存在していたことは明らかで、〔陽Ⅰ〕は、この異同字からみても古活字版とは別系である。

無爲第二十九経文「執者失之」下注（上24オ7b 1331）

失其情■實〔活Ⅱ・無窮・足利・筑波・弘文・斯Ⅱ・梅沢・慶Ⅰ・大東・慶Ⅱ・武内・東大・東洋・斯Ⅰ・世徳・天理・治要〕
□■精■□〔道蔵〕
□□倩■□〔宋版〕
□□□欲□〔東急〕
②□□■■□〔陽Ⅰ・書陵・龍門〕

〔陽Ⅰ〕には「情」字が無く、鄭校は誤脱と見做している。しかし、「失其實」に作る〔陽Ⅰ・書陵・龍門〕と同類の伝本が他にも存在したことは十分に予想される。

同、経文「執者失之」下注（上24オ7b 1333）

「生詐偽也」の「詐偽」を〔陽Ⅰ〕は「姧偽」に作る。諸本の同異は、以下の如くである。

詐偽〔活Ⅱ・宋版・世徳・道蔵・天理〕
□譌〔治要〕
②姧□〔陽Ⅰ・書陵・龍門・無窮・足利・筑波・弘文・斯Ⅱ・梅沢・慶Ⅰ・大東・慶Ⅱ・武内・東大・東急・斯Ⅰ〕
姦□〔東洋〕

東洋文庫蔵古活字版の校異の書入れに「姧イ」とある。

儉武第三十経文「大軍之後必有凶年」下注（上25オ2b 1367）

「五穀盡則傷人也」の「五穀」、〔陽Ⅰ〕には「五」字が無い。鄭校は脱としている。諸本間の同異は次の如し。

②五穀〔活Ⅱ・無窮・筑波・弘文・斯Ⅱ・梅沢・慶Ⅰ・大東・武内・東大・東洋・東急・宋版・世徳・道蔵・天理〕
■□〔陽Ⅰ・書陵・龍門・足利・慶Ⅱ・斯Ⅰ〕

〔治要〕は此の注文句は無い。〔足利〕は上句「害五穀」の「穀」字を受けて畳字「ゝ」に作るが、此の「穀ゝ」の字間の空所に更に「ゝ」が加筆されている。

偃武第三十一経文末句「戰勝以喪禮處之」下注（上26ウ3a 1461）

②居喪主■之位〔活Ⅱ・書陵・龍門・無窮・足利・筑波・弘文・斯Ⅱ・梅沢・慶Ⅰ・大東・慶Ⅱ・天理・治要〕
□□■礼□□〔陽Ⅰ・武内・東大・東洋・東急・斯Ⅰ〕
□□禮□□〔宋版・世徳・道蔵〕

〔梅沢〕は「主」字の右旁に「礼」字を傍書。鄭校は〔宋版〕等を是として〔陽Ⅰ〕に「主」、〔斯Ⅱ〕に「禮」字が無いのを「並非、當據補」としているが、予断は慎みたい。

任成第三十四経文「愛養萬物而不爲主」下注（上28オ7a 1560）

②有所収取〔活Ⅱ・足利・筑波・杏Ⅰ・斯Ⅰ・道蔵・天理〕
□□□聚〔陽Ⅰ・書陵・龍門・無窮・弘文・斯Ⅱ・慶Ⅰ・大東・慶Ⅱ・武内・東大・東洋・東急〕
□□□集〔梅沢〕
□□放□〔宋版・世徳〕

〔杏Ⅰ〕は「取」字左旁に「集中本乍聚」と、又眉上に「本乍聚」と書入れが有る。また、〔梅沢〕「集」字左旁には「聚イ」とあり、中原家本は「集」に作り、他に「取」「聚」に作る本が異本として認知されていたことが判明する。古活字版と〔陽Ⅰ〕とは、此の「取」「聚」両字の違いからも、別系の要素が認められる。鄭校は、〔宋版〕の「放」は「收」に作るべしと、王校は〔道蔵〕等に拠って「收」に校改している。

同、経文「萬物歸焉而不爲主」下注（上28ウ1b 1571）

人主有所禁止〔活Ⅱ・無窮・足利・筑波・弘文・梅沢・東大・東急・斯Ⅰ・杏Ⅰ・宋版・世徳・道蔵・天理〕

②□■□□□□ ｛陽Ⅰ・書陵・龍門・斯Ⅱ・慶Ⅰ・大東・武内・東洋｝
■■□□□□ ｛慶Ⅱ｝

｛杏Ⅰ｝は「主」字の左旁に「本无」と校異の書入れが有り、｛大東｝は「人有」字間に小圏を施し左旁に「主」字を傍書する。｛慶Ⅱ｝には右旁に「人主」二字が加筆されている。

仁徳第三十五経文末句「用之不可既」下注（上29オ6a1612）

③
國富民昌 ｛活Ⅱ・書陵・無窮・筑波・斯Ⅱ・梅沢・慶Ⅰ・大東・慶Ⅱ・武内・東大・東洋・道藏・天理｝
□安□□ ｛斯Ⅰ・宋版・世徳｝
□■■□ ｛陽Ⅰ・龍門・足利・東急｝
富民国□ ｛弘文｝

｛足利｝は「昌」を塗抹し右旁に「富民昌」と加筆する。鄭校は｛陽Ⅰ｝に「富民」両字が無いのを「非、當據補」とするが、「國昌」二字に作る別系異本の存在が確認される。

論徳第三十八経文「上徳無爲」下注（下1オ7b19）

無所改爲 ｛活Ⅱ・杏Ⅱ・無窮・筑波・弘文・梅沢・慶Ⅰ・大東・武内・東大・東洋・聖語・東急・斯Ⅰ・宋版・世徳・敦Ⅲ・道藏・治要｝
①□□攻□ ｛陽Ⅰ・書陵・斯Ⅱ｝

｛無窮｝は「改」字左旁に「政ィ」の書入れが有る。鄭校は｛斯Ⅱ｝の「攻」（｛陽Ⅰ｝の同字には触れない）を非とし、「蓋形近而譌也」と言う。｛陽Ⅰ・書陵｝は「オサメ」の訓を付し、「攻」に作る伝本が相承されていた事は明らかである。

同、経文「失義而後禮」下注（下2オ2a54）

言義衰則 ｛活Ⅱ・杏Ⅱ・無窮・筑波・弘文・斯Ⅱ・梅沢・慶Ⅰ・大東・武内・東洋・聖語・斯Ⅰ・宋版・世徳・道藏・敦Ⅲ｝
②■□□□ ｛陽Ⅰ・書陵・東大・東急｝

鄭校は「言」が無いのは「疑非」とするが、根拠は不明。

法本第三十九経文「天得一以清」下注（下2ウ3a79）

③言天得一故能垂象清明也

此の注文の配置に相違がある。即ち〔陽Ⅰ〕は経文次句「地得一以寧」下の注文「地得一故能安静不動揺也」の前にある。従って、経文「天得一以清」「地得一以寧」の両句は分断されずに連続している。〔書陵・杏Ⅱ・足利・筑波・弘文・斯Ⅱ・慶Ⅰ・大東・武内・東大・東洋・聖語・東急・斯Ⅰ・宋版・世徳・道蔵・敦Ⅲ・治要〕の諸本が〔陽Ⅰ〕と同じで、古活字版と一致するのは〔無窮〕の一本に過ぎない。只、王校は古活字版と同じに分断、校改されているが、依拠本は明らかでない。

同、経文「地得一以寧」下注（下2ウ4a82）

②言地得一故能安静〔活Ⅱ・無窮・聖語・斯Ⅰ〕
■□□□□□□□〔陽Ⅰ・書陵・杏Ⅱ・筑波・弘文・斯Ⅱ・慶Ⅰ・大東・武内・東大・東洋・東急・宋版・世徳・道蔵・敦Ⅲ・治要〕

〔足利〕は、この部分の料紙が破損し、何れか不明。

同、経文「萬物無以生將恐滅」下注（下3オ6b114）

②但欲常生〔活Ⅱ・無窮・筑波・大東〕
□□■□〔宋版・世徳・道蔵〕
□□當□〔弘文・慶Ⅰ〕
■■□□〔陽Ⅰ・書陵・杏Ⅱ・足利・斯Ⅱ・梅沢・武内・東大・東洋・聖語・東急・斯Ⅰ・敦Ⅲ・治要〕

「但欲」二字の有無に由って諸本は二分され、古活字版と〔陽Ⅰ〕とは別類に属している。鄭校は、〔陽Ⅰ・斯Ⅱ・聖語〕に就いて、二字の脱落と見ている。

同、同上経文下注（下3オ6b115）
③■無已時〔活Ⅱ・無窮・東洋・宋版・世徳・道蔵〕
■■■〔陽Ⅰ・書陵・杏Ⅱ・足利・筑波・弘文・斯Ⅱ・梅沢・慶Ⅰ・大東・武内・東大・聖語・東急・斯Ⅰ・敦Ⅲ・治要〕

鄭校は「無已時」三字の無い〔斯Ⅱ・陽Ⅰ〕を「非、當據補」と校勘する。しかし、同じ対校本の内〔聖語・敦Ⅲ〕にも無いにもかかわらず、此の両本については校記を欠く。

同異第四十一経文「上士聞道勤而行之」下注（下4ウ2b181）
竭■力而〔活Ⅱ・杏Ⅱ・無窮・筑波・斯Ⅱ・慶Ⅰ・大東・武内・東大・東洋・聖語・東急・斯Ⅰ・宋版・世徳・敦Ⅱ〕
②□■功□〔梅沢〕
□■□■〔道蔵〕
□心□□〔陽Ⅰ・書陵・足利・弘文〕

東洋文庫蔵古活字版には「竭力」の右旁に「心ｲ」と校異書入れが有る。鄭校は〔陽Ⅰ〕の「心」字を衍字と見ている。

道化第四十二経文「或益之而損」下注（下6オ3a262）
■貪富■者〔活Ⅱ・杏Ⅱ・無窮・筑波・弘文・梅沢・慶Ⅰ・大東・東大・東洋・聖語・東急・斯Ⅰ・宋版・世徳・敦Ⅱ・治要〕
■□□■■〔斯Ⅱ・武内〕
■□富貴□〔道蔵〕
②故□□■□〔陽Ⅰ・書陵・足利〕

東洋文庫蔵古活字版は「貪」上に小圏を施し右旁に「故」字を傍書。鄭校は〔陽Ⅰ〕の「故」字を衍字と見做す。

同、経文「強梁者不得其死」下注（下6オ6a276）
■兵刃所伐〔活Ⅱ・無窮・斯Ⅱ・慶Ⅰ・大東・聖語・東急・斯Ⅰ・宋版・敦Ⅱ・治要〕

②■□刀□□〔世徳〕
　■□□□加〔道蔵〕
　為□□□□〔陽Ⅰ・書陵・杏Ⅱ・足利・筑波・弘文・梅沢・武内・東大・東洋〕

「為」字の有無によって伝本はほぼ二分され、伝写相承された異文と見做される。鄭校は衍字と見ている。

洪徳第四十五経文「大巧若拙」下注（下7ウ7b 358）

　亦不敢見其能〔活Ⅱ・東大・聖語・東急・斯Ⅰ・宋版・世徳・道蔵〕
②示□□□□□〔陽Ⅰ・書陵・杏Ⅱ・無窮・足利・筑波・弘文・斯Ⅱ・慶Ⅰ・大東・武内・東洋・治要〕
　■□□□□□〔梅沢・敦Ⅱ〕

東洋文庫蔵古活字版は「亦」右旁に「示イ」の書入れが有る。鄭校は〔陽Ⅰ・斯Ⅱ〕及び『道德眞經玄德纂疏』所引の「示」字を指摘し「蓋形近而誤也」とし「亦」に従い、王校は『道德眞經玄德纂疏』所引及びP二六三九に従い底本〔宋版〕の「亦」を改めて「示」に作っている。「亦」或いは「示」に作るか、字が無いか、三様の本が早くから存在していたことは明らかで、何れが是か非か、文義よりしても俄には決し難い。

任德第四十九経文「爲天下渾其心」下注（下10オ6b 472）

　渾■濁其心〔活Ⅱ・杏Ⅱ・無窮・足利・筑波・斯Ⅱ・梅沢・慶Ⅰ・大東・武内・東大・東洋・聖語・東急・斯Ⅰ・宋版・世徳・道蔵〕
②□ゝ□□□〔陽Ⅰ・書陵・弘文〕
　□■■□□〔敦Ⅱ〕

〔東洋〕の書入れ（青筆）は「渾濁」両字間に小圏、其の右に「渾」字を傍書する。鄭校は此の畳字を、「非、當刪」とするが、〔書陵・弘文〕も同様であり、直ちには従えない。

同、経文末句「聖人皆孩之」下注（下10ウ1a 479）

　孩育■■赤子〔活Ⅱ〕
　□弃■■□□〔無窮〕

□攖■■□□〔宋版・世徳〕
□兒■■□□〔敦Ⅱ〕
攖孩■■□□〔聖語・斯Ⅰ〕
嬰孩■■□□〔道蔵〕
③■■蠕虫□□〔陽Ⅰ・書陵・杏Ⅱ・足利・筑波・弘文・斯Ⅱ・慶Ⅰ・大東・武内・東大・東洋・東急〕
□□蠕虫□□〔梅沢〕

東洋文庫蔵古活字版には「孩育」右旁に「蝡（セン）虫」との書入れが有る。諸本間で異同が多いが、古鈔本の多くは〔陽Ⅰ〕に同じで「蠕虫」に作る。「蠕虫」に作るのは本邦伝来本に限られるのではなく、『道徳眞經玄徳纂疏』所引が同じで、王校に拠ればP二六三九も同じ。従って、両字の由来は古く唐鈔本に淵源していると言える。古活字版の「孩育」が何本に基づいたか不明であるが、両本の疎隔は明らかであろう。此の異同は、古活字版に孤立した特異の異文として次節でも検討する。

貴生第五十経文「人之生動皆之死地十有三」下注（下11オ1 502）

反之十■三死地〔活Ⅱ・杏Ⅱ・無窮・筑波・斯Ⅱ・慶Ⅰ・大東・聖語・東急・斯Ⅰ・敦Ⅱ〕
②□□□有□□□〔陽Ⅰ・書陵・足利・弘文・梅沢・武内・東大・東洋・道蔵〕
□□□■□□■〔宋版・世徳〕

東洋文庫蔵古活字版は「十三」間に小圏を付し左旁に「有」の書入れが有る。「有」の有無で伝本は二系に分かれ古活字版と〔陽Ⅰ〕は別類に属する。〔宋版・世徳〕は「地」字が無く誤脱であろう。王校は〔敦Ⅱ・道蔵〕に拠って「地」を補う。

歸元第五十二経文「復歸其明」下注（下12ウ6 586）

無使精神洩外〔活Ⅱ・書陵・杏Ⅱ・筑波・弘文・斯Ⅱ・慶Ⅰ・大東〕
□□□□泄□〔無窮・足利〕
□□□□外洩〔武内〕
②□□□□□■〔陽Ⅰ・梅沢・東大・東洋・敦Ⅱ〕

□□□□泄■〔聖語・東急・斯Ⅰ・宋版・世德・道蔵〕

伝本は「外」字の有無によって二系に分かれる。掲出本の限りでは、「外」が有るのは古活字版と古鈔本であるが、『道德眞經注疏』(7)巻五所引は「泄」下に「於外」二字が有る。此れも唐鈔本に既に生じていた異同と考えられる。

益證第五十三経文「大道甚夷」下注（下13オ5 603）

③
夷平■■■易也〔活Ⅱ・宋版・世德・道蔵・敦Ⅱ〕
□□也■■□□〔武内・聖語・斯Ⅰ〕
□□也■大□□〔陽Ⅰ・書陵・杏Ⅱ・無窮・足利・筑波・斯Ⅱ・梅沢・慶Ⅰ・大東・東大・東洋・東急〕
□□也高大□□〔弘文〕

東洋文庫蔵古活字版には、「平易」字間右旁に「也大」の書入れが有る。古活字版が管見の古鈔本の何れとも一致しない点で注目されよう。此の異同も、古活字版に孤立した特異の異文として後に検討する。尚、鄭校は〔宋版〕に従い、〔陽Ⅰ・斯Ⅱ〕及び『道德眞經玄德纂疏』所引が「夷平也大易也」に作るのを「疑並非、當據正」としているが、根拠は示されていない。

同、経文「而民好徑」下注（下13オ5b 608）

②
而民好從邪徑〔活Ⅱ・梅沢・聖語・斯Ⅰ・宋版・世德・道蔵〕
□□□□耶俓〔無窮・敦Ⅱ〕
□□□□□■〔陽Ⅰ・書陵・杏Ⅱ・筑波・弘文・斯Ⅱ・慶Ⅰ・大東・武内・東大・東洋〕
□□□□耶■〔足利〕
□□也□□■〔東急〕
□人□□耶■〔治要〕

「徑」字の有無によって、伝本は二類に分かれ、古活字版と〔陽Ⅰ〕とは、別類に属している。

修觀第五十四経文「故以身觀身」下注（下14ウ1b 664）

孰存孰亡也〔活Ⅱ・杏Ⅱ・無窮・足利・筑波・弘文・斯Ⅱ・慶Ⅰ・大東・聖語・斯Ⅰ〕

②□亡□存□ 〔陽Ⅰ・書陵・梅沢・武内・東大・東洋・東急・宋版・世徳・道蔵〕
　熟□■■■ 〔敦Ⅱ〕

〔敦Ⅱ〕を除き、伝本はこの句においても二類に分かれ、古活字版と〔陽Ⅰ〕とは別類である。

淳風第五十七経文「以奇用兵」下注（下16ウ4b 761）

②■用兵 〔活Ⅱ・杏Ⅱ・足利・筑波・弘文・斯Ⅱ・梅沢・慶Ⅰ・大東・武内・東大・東洋・聖語・斯Ⅰ〕
　使□□ 〔陽Ⅰ・無窮・東急・宋版・世徳・道蔵〕
　必□□ 〔書陵〕
　令□□ 〔敦Ⅱ〕

〔東洋〕は「用」字上の字間に小圏を付し左旁に「使」の書入れ（藍筆）が有る。東洋文庫蔵古活字版の書入れも同じ。

同、経文「我無事而民自富」（下17オ7 796）

我無事而 〔活Ⅱ・書陵・杏Ⅱ・無窮・足利・筑波・弘文・慶Ⅰ・大東・斯Ⅱ・梅沢・東大・武内・東洋・聖語・東急・斯Ⅰ・六地・宋版・世徳・敦Ⅱ・道蔵・治要〕
②□□爲□ 〔陽Ⅰ〕

〔陽Ⅰ〕のみ「事」を「爲」に作る。右旁に「事」の加筆が有るのは、異文の旁記と考えられ、誤写とは見做し難い。『大明太祖高皇帝御註道徳真經』(8)（巻下第四十九章）も「爲」に作ること、既に蒋校に指摘がある。

守道第五十九経文「莫若嗇」下注（下18ウ3a 863）

②嗇愛也 〔活Ⅱ・杏Ⅱ・筑波・斯Ⅱ・慶Ⅰ・大東・道蔵〕
　□貪□ 〔陽Ⅰ・書陵・無窮・足利・弘文・梅沢・武内・東大・東洋・聖語・東急・斯Ⅰ・宋版・世徳・敦Ⅱ〕

〔杏Ⅱ〕は「愛」右旁に「貪イ」と、又、〔足利〕は眉上に「愛イ」と書入れが有る。鄭校は「疑當作愛」と、王校は『道德眞經注疏』巻六所引により「嗇愛惜也」と校改している。しかし、此処は、二様の伝本の相承を認め、両存させるべきであろう。

同、経文「有國之母可以長久」下注（下19オ2a 886）

人■能保身中之道〔活Ⅱ・杏Ⅱ・無窮・筑波・弘文・斯Ⅱ・梅沢・慶Ⅰ・武内・東大・東洋・聖語・東急・斯Ⅰ・宋版・世徳・道蔵・敦Ⅱ〕

②

□■□□□□■□〔大東〕

□常□□□□□□〔陽Ⅰ・書陵・足利〕

〔東洋〕は「人能」字間に小圏を付し右旁に「常」の書入れ（青筆）が有る。鄭校は「常」を衍字と見るが、此の字の有る本、無い本の両様が伝抄されていたことは明らかである。

居位第六十経文「非其神不傷人聖人亦不傷人」下注（下19ウ3a 915）

非■鬼神不能傷害■人〔活Ⅱ・杏Ⅱ・無窮・足利・筑波・弘文・斯Ⅱ・慶Ⅰ・大東・武内・東洋・東急・宋版・世徳・治要〕

②

□■□□□□□□於□〔道蔵〕

□其□□□□□□■□〔敦Ⅱ〕

□■■□□□□□■□〔陽Ⅰ・書陵・梅沢・東大・聖語・斯Ⅰ〕

〔東洋〕は「鬼」左旁に見消ち、「神」右旁に「或乍鬼神」の書入れ（青筆）が有る。鄭校は〔陽Ⅰ・聖語〕に「鬼」字が無いのを「疑非、當據補」と見る。此処も両三様の異文が伝抄されてきたものと承知すべきであろう。

顯德第六十一経文末句「各得其所欲大者宜爲下」（下20ウ1 958）

■■■〔活Ⅱ・書陵・杏Ⅱ・無窮・足利・筑波・弘文・斯Ⅱ・梅沢・慶Ⅰ・大東・武内・東大・東洋・聖語・東急・斯Ⅰ・六地・敦Ⅱ〕

③夫兩者〔陽Ⅰ・宋版・世徳・道蔵〕

〔陽Ⅰ〕は此の経文句頭に「夫兩者」三字が有る。〔宋版・世徳・道蔵〕の他、現行の王弼注本、P二三四七・P二三七五・P二三五〇・P二四一七・S六四五三等五千字文系の敦煌写本が同文であるが、管見の限りでは古鈔本としては異例である。本邦伝来本の本文系統の複雑な側面が窺われる。

同、同上経文下注（下20ウ2a 961）

各欲得其所■｛活Ⅱ・書陵・無窮・筑波・梅沢・大東・武内・東大・東洋・聖語・東急・斯Ⅰ・宋版・世徳・敦Ⅱ｝
□□□□処■｛杏Ⅱ｝
□□□□□欲｛足利・弘文・斯Ⅱ・慶Ⅰ・道蔵｝
②□□■□□■｛陽Ⅰ｝

諸本には「得」が有り、鄭校は｛陽Ⅰ｝を脱字と見る。しかし、｛東洋｝の「得」左旁には見消ち（青筆）が有り、この字の無い本が異本として知られていた事は明らかである。

爲道第六十二経文「善人之寳」下注（下20ウ6b 969）

不敢違失也｛活Ⅱ・杏Ⅱ・無窮・足利・筑波・弘文・斯Ⅱ・慶Ⅰ・大東・斯Ⅰ｝
□□□之□｛東洋｝
□□□■□｛陽Ⅰ・書陵・梅沢・武内・東大・道蔵｝
□□□■■｛東急・宋版・世徳・敦Ⅱ・治要｝
②□□建■■｛聖語｝

｛杏Ⅱ｝は「失」右旁に「无イ」と校異の書入れ、｛東洋｝は「之」左旁に見消ち（青筆）が有る。古鈔本は「失」字の有無によって二分され、有「失」字本は掲出本の範囲では古活字版及び｛杏Ⅱ｝等の古鈔本に限られるが、『道德眞經注疏』巻六引河上公注も同文である。従って、此の異同も唐鈔本に淵源すると考えられる。

守微第六十四経文「爲者敗之」下注（下22ウ6b 1068）

廢於仁恩｛活Ⅱ・無窮・足利・筑波・弘文・斯Ⅱ・梅沢・慶Ⅰ・大東｝
□□□思｛東洋｝
□□□■｛陽Ⅰ・書陵・武内・東大・聖語・東急・斯Ⅰ・道蔵・敦Ⅱ｝
□□化■｛杏Ⅱ｝
②反□□■｛宋版・世徳｝

〔東洋〕は「思」左旁に見消ち（青筆）、〔杏Ⅱ〕は「化」上字間に小圏を標し、行間に「異ニハ有二仁恩ノ二字一无二化字一」の書入れが有る。古鈔本には「廢於仁恩」「廢於仁思」「廢於仁」「廢於化」の四様の異同があり、古活字版は「廢於仁恩」、〔陽Ⅰ〕は「廢於仁」に作って異なる。尚、『道德眞經注疏』巻六所引は「廢於慈仁」に作り、鄭校は此れを是とし、王校はP二六三九の「廢於仁慈」に従って〔宋版〕を校改している。

同、経文「聖人無爲故無敗」（下22ウ7 1074）

■■聖人〔活Ⅱ・杏Ⅱ・無窮・筑波・弘文・斯Ⅱ・梅沢・大東・武内・東大・東洋・聖語・東急・斯Ⅰ・宋版・世徳・道蔵・敦Ⅱ・治要〕

③是以□□〔陽Ⅰ・書陵・足利・慶Ⅰ・六地〕

〔杏Ⅱ〕の「聖人」左旁に「聖人之上ニ有二是以二字一非也」、眉上に「是以二字无異本也」と、〔慶Ⅰ〕眉上にも「是以二字異本无也」と、また東洋文庫蔵古活字版は「聖」字上辺に小圏を標し左旁に「是以イ」と書入れが有る。P二三四七・P二三七五・P二三五〇・P二四一七・S六四五三の敦煌写本また、現行の王弼注本にも「是以」が有り、此れも唐鈔本以来伝承された異文と考えられる。

淳徳第六十五経文「民之難治以其智多」（下24オ1 1135）

以其智多〔活Ⅱ・無窮・武内・東大・東洋・聖語・東急・宋版・世徳・道蔵・敦Ⅱ〕

□□知□〔杏Ⅱ・治要〕

②□□多智〔陽Ⅰ・書陵・足利・筑波・弘文・斯Ⅱ・梅沢・慶Ⅰ・大東・六地・斯Ⅰ〕

〔東洋〕は「其智」字間に小圏、右旁に「多」の書入れが有り、その左旁に見消ちを付す（何れも青筆）。標出本の限りでは「多智」に作るのは古鈔本の他に無いが、P二三四七、また景龍碑も同じで、此れも唐鈔本以来の異同と考えられる。

後己第六十六経文「以其不争」下注（下25オ4a 1198）

無厭聖人■■〔活Ⅱ〕
②□□□□■時〔陽Ⅰ・書陵・杏Ⅱ・無窮・足利・筑波・弘文・斯Ⅱ・梅沢・慶Ⅰ・大東・武内・東大・東洋・東急・聖語・斯Ⅰ・宋版・世徳・敦Ⅱ〕
□□□□之時〔道蔵〕

東洋文庫蔵古活字版は「人」下の字間に小圏、右旁に「時」の書入れがある。古活字版にだけ「時」が無い。此れも古活字版に孤立した特異の異文として次節で検討する。鄭校は「通考」に「時」が無いのを脱字と見ているが、今は異文と見て従わない。

三寶第六十七経文「儉故能廣」下注（下25ウ7b 1242）

民曰用寛廣〔活Ⅱ〕
□日□□□〔無窮・聖語〕
③□日□■□〔斯Ⅰ・宋版・世徳・道蔵・治要〕
□用日□□□〔陽Ⅰ・書陵・杏Ⅱ・足利・筑波・弘文・斯Ⅱ・慶Ⅰ・大東・武内・東急〕
□用日■□〔東大・東洋・敦Ⅱ〕
□用日□■〔梅沢〕

此の異同も、古活字版に孤立した本文として後に検討する。此処では、古活字版と〔陽Ⅰ〕の本文系統上の相違を示唆する一異文と見做し挙例するに留める。

玄用第六十九経文「仍無敵」下注（下27オ6a 1311）

雖欲■仍引之■〔活Ⅱ〕
②□□■□□□心〔陽Ⅰ・杏Ⅱ・無窮・足利・筑波・弘文・斯Ⅱ・梅沢・慶Ⅰ・大東・武内・東大・東洋・聖語・東急・斯Ⅰ・宋版・世徳・敦Ⅱ〕
□□■扔□□心〔書陵〕
□□行□□□心〔道蔵〕

古活字版だけに「心」字が無いが、誤脱とは見做せない。東洋文庫蔵古活字版は「之」下字間に小圏、右旁に「心」の旁記が有る。此れも古活字版に孤立した異文として後に検討する。

同、経文「禍莫大於輕敵」下注（下27ウ1b 1324）

輕戰■貪財■ 〔活Ⅱ・書陵・杏Ⅱ・無窮・足利・筑波・斯Ⅱ・梅沢・慶Ⅰ・大東・武内・東大・聖語・東急・斯Ⅰ・宋版・世徳・敦Ⅱ・治要〕

③
□□■□□者 〔東洋〕
□□■□賤■ 〔弘文〕
□□而□□寶 〔道蔵〕
■■■□□■ 〔陽Ⅰ〕

〔陽Ⅰ〕にのみ「輕戰」の二字が無い。鄭校は「非、當據補」とする。しかし、異文とも見做し得る。因みに、〔陽Ⅰ〕の訓点に従い、此の章句全文「夫禍乱之害莫大於欺輕敵家侵取不休貪財也」を読み下せば、「夫（レ）・禍乱（ノ）〔之〕害は敵の家を欺キ輕シ（・）侵シ取ルこと休ャマ不（・）財を貪（ル）より大ナルは莫シ」であり、文脈上甚だしい破綻は生じていない。

知難第七十経文「天下莫能知莫能行」下注（下27ウ6a 1342）

②
人悪■柔弱 〔活Ⅱ・杏Ⅱ・無窮・梅沢・武内・東大・東洋・東急・斯Ⅰ・宋版・世徳・敦Ⅱ〕
□慈■□□ 〔聖語〕
□不好□□ 〔道蔵〕
悪人■□□ 〔陽Ⅰ・書陵・足利・筑波・弘文・斯Ⅱ・慶Ⅰ・大東・治要〕

鄭校は〔陽Ⅰ・斯Ⅱ〕の「悪人」を誤倒と見ている。しかし、王校によれば、P二六三九は「悪人」に作り、標示のように〔治要〕も同様であり、唐写本以来の異文と考えられる。

同、経文「知我者希則我者貴矣」下注（下28オ2b 1360）

③
則知我者爲貴也 〔活Ⅱ〕
故■■■□□□ 〔陽Ⅰ・書陵・杏Ⅱ・無窮・足利・筑波・弘文・斯Ⅱ・梅沢・慶Ⅰ・大東・武内・東大・東洋・聖語・東急・斯Ⅰ・宋版・世徳・道蔵・敦Ⅱ・治要〕（文末助字の異同は不問）

古活字版だけが「則知我者」に作る。「通考」も同じで、鄭校は「此四字疑係傍記之詞、傳寫者誤入注文也」と校勘している。しかし誤写と断定することは控えたい。此の異同も古活字版に孤立した異文として後に検討する。

知病第七十一経文「聖人不病以其病」の下半句（下28ウ1 1376）

② 以其病■ 〔活Ⅱ・弘文〕
□□□之 〔筑波〕
□□□病 〔陽Ⅰ・書陵・杏Ⅱ・無窮・足利・斯Ⅱ・梅沢・慶Ⅰ・大東・武内・東大・東洋・聖語・東急・斯Ⅰ・六地・宋版・世徳・道蔵・敦Ⅱ〕

東洋文庫蔵古活字版は「病」字下の余白に小圏を記し右旁に「病」の書入れが有る。伝本の多くは「以其病病」に作り、「病」一字の脱落とも見做されるが、〔活Ⅰ・活Ⅱ・弘文〕を含む「以其病」に作る同系伝本を想定することも可能であろう。

制惑第七十四冒頭経文「民不畏死」下注（下30オ5a 1466）

② 民不■■畏 〔活Ⅱ〕
□□知■□ 〔陽Ⅰ・書陵・杏Ⅱ・無窮・足利・筑波・弘文・斯Ⅱ・梅沢・慶Ⅰ・大東・武内・東大・聖語・東洋・東急・斯Ⅰ・宋版・世徳・敦Ⅱ〕
□□知所□ 〔道蔵〕
■□知■□ 〔治要〕

諸本は「不畏」の間に「知」字が有る。只、「通考」は古活字版と同じであって、鄭校は脱字と見做している。此の異同も古活字版に孤立した異文として後に検討する。

同、経文「而爲竒者吾得執而殺之孰敢矣」下注（下30ウ1a 1478）

乃應王法 〔活Ⅱ・書陵・杏Ⅱ・無窮・足利・筑波・弘文・斯Ⅱ・梅沢・慶Ⅰ・大東・武内・東大・東洋・聖語・東急・斯Ⅰ・宋版・世徳・道蔵・敦Ⅱ・治要〕
② □□平□ 〔陽Ⅰ〕

諸本「王」に作り、管見では〔陽Ⅰ〕のみが「平」に作る。或いは誤写か。鄭校は「乎」字と見做して「疑係王之壊字」と。

貪損第七十五経文「是以飢」下注（下31オ2a 1517）

②
化上■爲貪〔活Ⅱ・杏Ⅱ・無窮・足利・筑波・弘文・斯Ⅱ・慶Ⅰ・大東・武内・東大・聖語・東急・道蔵・敦Ⅱ〕
□□■■□〔梅沢・東洋・斯Ⅰ〕
□□■□矣〔宋版・世徳〕
□□生□□〔陽Ⅰ・書陵〕

東洋文庫蔵古活字版は「上爲」字間に小圏を標し右旁に「生」（乎古止点付）の書入れが有る。鄭校は衍字と見ているが、伝写相承された異文と考えてよいと思われる。此の章句「人皆化上生爲貪叛道違德故飢也」を〔陽Ⅰ〕は、「人皆・上に化シ、生して貪を爲シ道を叛イ（て）德に違（フ）（。）故に飢フ〔也〕」と訓み、〔書陵〕も概ね同様である。

㈥ **内題、章題の異同　異同量七**

内題、章題の体式及び題名に、古活字版と〔陽Ⅰ〕との基本的な相違は無いが、僅かに以下の如き異同が指摘される。

① 巻下首の内題は、古活字版は「老子德經下」と題しているが、〔陽Ⅰ〕には「下」一字が無い。諸本間の異同を対照して標示すれば次の如くである。

老子德經■■下〔活Ⅱ・書陵・杏Ⅱ・無窮・筑波・斯Ⅱ・梅沢・慶Ⅰ・大東・武内・東洋・六地・陽Ⅱ・東急・宋版・世徳・敦Ⅲ〕
□□□□■■■〔陽Ⅰ〕
□□■□■■□〔弘文・斯Ⅰ〕
□□■□巻之□〔東大〕
■■■■■■■〔聖語〕
道德眞經註巻之三〔道蔵〕

伝本の殆どに「下」字が有る。しかし、その故を以て〔陽Ⅰ〕の誤脱と決めつけることはやはり危険であろう。

② 第十二章章題「撿欲」を〔陽Ⅰ〕は「撿慾」に作る。先に㈢異体字、通用字使用に起因する異同 で指摘した通りである。

③ 第二十五章章題は、〔活Ⅰ〕等は「象元」であるが、〔陽Ⅰ〕は「象無」に作り（上20オ4 1084）、同題の伝本は他に無い。此の異同については本章第一節三で既述した通りで、「元」「无」の字形の類似による〔陽Ⅰ〕の誤写とは見做されない。

④ 第五十二章章題は、〔活Ⅰ〕は「歸元」である。此れを〔陽Ⅰ〕は諸本とは異なり「滞無」と題している（下12オ4 557）。「歸」「滞」の草体の類似、「元」「无」の字形の類似に起因する異同と思われるが、この異文に就いても、〔陽Ⅰ〕に限った誤写とは見做されないこと、先述した如くである。

以上、異同量六百余という量数に示された〔活Ⅰ〕と〔陽Ⅰ〕との異同の全容を、諸本の本文をも視野に入れて条列した。その内、㈠、㈡に部類した誤植、誤写に伴う異同は、諸本とは関繋なく孤立した状況で生じており、伝本系統上の問題は無く、検証は要しない。只、他の異同例と選別する意味で挙例した。量数は合わせて二四、全体からすれば少数である。

㈢に挙げた異体字、通用字使用に起因した異同は、殊に写本と刊本との対比であれば、本文の系統関係とは関わりなく生じる場合が予想され、「無」「无」の異同例等、書写者或いは刊行者の恣意の関与が窺測された。しかし、それは蓋然性に基づく予断として慎重に対処すべきであろう。その一方で、先行伝本の影響下にあって選択使用され、その結果生じたと想定される異同例も存在した。（上7オ1 313）（同1a 315）の「恃」「持」、（上16ウ3 893）（同4a 895）の

「漂」「澍」、（上1オ5a13）（上7ウ6 362）（同6a363）（上16オ4 862）（上23オ5 1263）（同5a1266）（下9ウ2a431）の「嬰」「攖」「⿰歹嬰」の異同に就いて、個々に指摘した通りである。伝鈔者の別体字に対する用意と、其の異字を異文とする認識は、異なった伝本系の存在を裏付ける。両本間の異体字使用に因る異同は、その伝本系が複雑に錯綜関連した状態の下に顕在し、そこに両本の異本性が窺知される。異同量数二七九は「無」「无」の相違に因る量数を勘案しても、相応の意味内容を孕んでいよう。

さらに、㈣の助字の有無、㈤に挙例した字句の異同に就いてみれば、其の殆どが、諸本との複雑に淆錯した関繫を内包しつつ、古活字版との関繫において、乖離した実相を顕かに示している。一五〇を上回る異同例と三〇〇を越える異同量は古活字版と〔陽Ⅰ〕の本文の懸隔を示すに少ない数とは言えない。

此の異同の実態を注視すれば、両本の同本性は希薄となり、その間の径庭は、異本としての認識を助長する。古活字版の底本を、管見の古鈔本の内に求めようとするならば、諸本に比し遙かに近接した本文を有する〔陽Ⅰ〕を置いて他に無い。然るに、其の同本性が否定されれば古活字版の底本を特定することは当面見合わせざるを得ない。

再三述べるように、古活字版が本邦所伝の古鈔本を継承するのであるならば、本文における諸本との異同は、基本的には、古活字版に孤立した異文ではあり得ず、何れかの古鈔本とは必然的に一致を示すはずである。しかし、実際には、古活字版に孤立した特異の本文が少なからず見受けられるのである。次に、此の特異と見られる本文について検証されなければならない。

第三節　古活字版に孤立した特異の本文

古活字版の本文は、「異同表」に明らかなように諸本間の異同に於いて、殆どの場合何れかの古鈔本と一致している。此の事実は、とりもなおさず、古活字版と古鈔本との近接した関係を保証するものであろう。しかし、個々の伝写本に即して、異同文辞を対比校讐すれば、両本間には、軽視出来ない隔たりがある事実も、認めなければならない。古活字版と〔陽Ⅰ〕との異同の検証によって顕かに示された如くである。

更に、注意を引くのは、古活字版には刊行に先行すると見られる伝本の何れとも相違する異文が認められ、又、対校古鈔本の全てと相違しながら〔宋版・世徳〕とは一致している本文が認められる点である。此の言わば古活字版に孤立した異文は、古鈔本が古活字版の祖本と想定されることに対して、否定的な要因となろう。従って、斯かる本文に就いては個々に検証し、異同を生起した事由を明かにする必要がある。当然ながら、此処で挙例する異文は全て、前述した〔活Ⅰ〕と〔陽Ⅰ〕との異同の内に含まれるが、視点を変えて改めて検討したい。

一、先行諸本の全てと相違する事例

該当する全異文を章次を追って掲出し、異文字句には傍点を施した。全巻通じて以下の十二条の異文が確認される。同系先行と推定される管見諸本全てと相違する異文であり、誤植或いは衍脱、又、恣意による改変に因ると予測され

る異同もある。しかし、予断は慎むべきで、やはり、個々に検証しておかなければならない。

(1) 運夷第九経文「功成名遂身退天之道」下注「樂極則衺也」（上7オ6b335）活字字形は「衺」、諸本並作「哀」

章句全文は「譬如日中則移月満則虧物盛則衰樂極則衺也」とあって、「衺」は「哀」の異体字と見られる。先行の諸本は全て「哀」に作る。例えば〔斯I〕の加点に従えば、

譬へハ日中ニシテ〔則〕移リ・月満テハ〔則〕虧ケ・物盛ニシテハ〔則〕衰へ・樂極マリテ〔則〕哀フカ如シ〔也〕

と訓まれる。「哀」の訓点は諸本間で一定しないが、概ね「カナシフ」或いは「カナシム」の訓点が見られる（〔武内〕は「ウレイシム」）。「衺」「哀」は字形が近似し、また送り仮名「フ」が混同を誘発したとも考えられ、文義上「衺」は「哀」の譌とみなされよう。しかし、〔天理〕「通考」が共に古活字版と同文であることに注意される。〔天理〕は振り仮名送り仮名が無く、どう訓読されたのかは明かでないが、「通考」は、

譬ハ日ノ中ル（寸ハ）〔則〕移リ月ノ満ル寸ハ〔則〕虧ル（カ）如シ、物盛（ル寸）ハ〔則〕衺フ樂極テ〔則〕衺フナリ〔也〕

と訓まれ「衺」字が本文として落ち着き収まった感がある。〔天理〕「通考」の事例により、古活字版の此の「衺」字は、譌字であったとしても、直ちに誤植と見做すのは適切ではない。現在は伝わらないが、古活字版と同文を有った先行伝本の譌字をその儘に踏襲した結果と考えられる。

(2) 異俗第二十経文「我獨若遺」下注「以於不足也」（上16オ7b876）諸本並作「似」

章句「我獨如遺棄以於不足也」の下半句で、章句全文は〔書陵〕の点に従えば、

我（れ）獨・遺（レ）棄てたる如し〔於〕足（ラ）不ルに似たり〔也〕

と訓まれる。諸本も大差なく、「似」は字義通りに「ニタリ」或いは「ノレリ」と訓まれている。この異同も字形の近似に因ると考えられる。しかし、「通考」は「以」字に作り、

我獨リ遺（レ）棄（テタルカ）如シ〔於〕不足ヲ以テナリ〔也〕

と訓んでいる。鄭校は「通考」の「以」字について「蓋形近而譌也」と見做しているが、古活字版と同文であることを考慮に入れれば、敢えて「以」字を譌と断定するのは憚られる。

(3) 象元第二十五経文「天法道」下注「天當法道以」（上21オ4a1156）

諸本の異文を対比して挙げれば、

天當法道以〔活Ⅰ・活Ⅱ・天理〕
■道□■■〔陽Ⅰ・書陵・龍門・無窮・足利・弘文・斯Ⅱ・慶Ⅰ・大東・慶Ⅱ・武内・道蔵〕
■■■□■〔梅沢・東大・東洋・東急・斯Ⅰ・宋版・世徳〕
■■■■■〔治要〕

の如くである。古活字版の章句全文は「天當法道以清靜不言陰行精氣萬物自成也」であって、下半句は〔治要〕が「陰行精氣」の四字と末の「也」字を欠き、〔道蔵〕が末句を「萬物自然生長」に作る他は諸本間に於いて違いは無い。此の上半句の異同は、本章句全文の解釈に甚大な影響を及ぼしている。

標示の如く〔陽Ⅰ〕等は「道法清靜不言」に作り、〔梅沢〕等は「道清靜不言」に作る（尚、〔武内・東大・斯Ⅱ・宋版・世徳・道蔵〕は「靜」を「浄」に作る）。前者、例えば〔慶Ⅰ・大東〕は、

道ハ清靜ニメ言ハ不ルニ法ル・陰（ヒソカ）ニ精氣ヲ行フ・万物自成（ヲナ）レリ〔也〕

と、訓んでいる（〔慶Ⅱ〕大同）。同じ前者でも〔武内〕は「道ノ清浄ニメ言（イ）ハ不ルニ法ル」と、〔斯Ⅱ〕は「道清浄ニ法テ言（モノイ）ハ不」（〔無窮〕大同）と、解釈に相違が認められ、「法」字の主客の捉え方、即ち主格を「天」と見る

か「道」と見るかに於いて加点者の苦慮が窺える。後者は「法」字が無いために〔斯Ⅰ〕の如き「道ハ清静ニメ言（ハ）不」と、経文「天法道」の「道」の注釈として下文にも連繋して整った文脈となっている。そこで「法」を衍字とする見方があり、鄭校は「疑涉経文天法道而衍」とする。しかし、此処で古活字版の本文が注目される。諸本の中で特異な本文であるが、〔天理〕「通考」とは同文である。両本とも、此の章句を経文「天法道」全文意の注釈と捉えて、「道」字の義注とは見做していない。「通考」は、

天ハ當ニ道ニ法（ル）「當」シ以テ清静ニメ言（ハ）不メ陰《ヒソカ》ニ精氣（ヲ）行テ万物自（ラ）成レリ〔也〕

と訓じ、〔天理〕は、

天ニメ當ニ道ノ以テ清静ニメ言《モノイ》ハ不陰《ヒソカ》ニ精氣ヲ行テ万物自《ヲ》（ラ）成（ル）ニ法ル「當」（シ）〔也〕

と訓じている。「通考」は「以テ清静ニメ」以下の主格が曖昧であるが、〔天理〕は、訓読に詰屈した憾みが残るものの全文に対して理路は通り、苦心の跡が認められる。

更に〔梅沢〕の字旁書入れが注目される。本行は上記の如く「道清静不言」であるが、「道」の上に挿入符の小圏を施し右旁に「天」字を、又、同字の下にも小圏があり、右に「法」字が加筆されている。此の書入れに執着すれば、「法」を衍字と見做すのは躊躇され、又、「天」字の存在によって、古活字版本文との脈絡が窺われる。此れは古活字版の衍文ではなく、先行本文が継承されたか、それに影響されて生じた異文と考えられる。本文の諸相を考察する上で、看過出来ない異文である。

(4) 仁徳第三十五経文「視之不足見」下注「可得見之也」（上29オ4 1607）諸本作「之」或「也」

章句「道無形非若五色有青黄白黒赤可得見之也」の句末の助字の用法の相違で、諸本間の異同は次の如くである。

可得見之也〔活Ⅰ・活Ⅱ・天理〕

□□□□■〔陽Ⅰ・龍門・弘文・斯Ⅱ・慶Ⅱ〕
□□□■□〔書陵・無窮・足利・筑波・梅沢・慶Ⅰ・大東・武内・東大・東洋・東急・斯Ⅰ・宋版・世徳・道蔵〕

〔天理〕「通考」は、此処も古活字版と一致する。〔足利〕は「也」に見消ち、左旁に「之」の加筆が有ることについては、先に〔陽Ⅰ〕との異同の指摘に伴い既述した。「之」若しくは「也」の衍字では無く、此の文末を「之也」に作る古活字版等を含む伝本の一群類を想定すべきであろう。

(5) 微明第三十六経文「魚不可脱淵」(上29ウ5 1633)「脱淵」之間諸本並有「於」字

魚不可脱■淵〔活Ⅰ・活Ⅱ・天理〕
□□□□於□〔陽Ⅰ・書陵・龍門・無窮・足利・筑波・弘文・斯Ⅱ・梅沢・慶Ⅰ・大東・慶Ⅱ・武内・東大・東洋・東急・斯Ⅰ・六地・陽Ⅱ・宋版・世徳〕
□□■□於□〔道蔵〕

〔天理〕「通考」は、此処も古活字版と同じで「於」字が無い。蔣校、島校等並びに「於」の無い本の指摘は無いが、譌脱と見做す根拠はない。古活字版とともに〔天理〕「通考」を含む同類の諸本が、一伝本系として想定される。

(6) 任徳第四十九経文末句「聖人皆孩之」下注「孩育赤子」(下10ウ1a 479)

章句の全文は「聖人愛念百姓如孩育赤子長養之而不責望其報也」であるが、特に此の「孩育」の二字は諸本間に異同が多い。其の異文を対比して挙げれば、次の如くである。

孩育■■赤子〔活Ⅰ・活Ⅱ〕
□弃■■□□〔無窮〕
□攖■■□□〔宋版・世徳〕
□兒■■□□〔敦Ⅱ〕
攖孩■■□□〔聖語・斯Ⅰ〕
嬰孩■■□□〔道蔵〕
■■蠕虫□□〔陽Ⅰ・書陵・杏Ⅱ・足利・筑波・弘文・斯Ⅱ・慶Ⅰ・大東・武内・東大・東洋・東急〕

□□蠕虫□□〔梅沢〕

〔無窮〕の「弁」は「育」の誤写と見られ、〔梅沢〕には「孩育」の二字が認められる。従って、現今では古活字版に特異と映る此の異同も、同文の先行伝本が曾て存在し、その本文が継承された結果と考えられる。又、「通考」は、此処でも古活字版と同文である。

(7) 玄德第五十六経文「解其忿」下注「忿結恨不休也」（下16オ1a731）諸本無「也」字

「忿結恨不休也當念道恬怕以解釋之也」の前半句句末の助字「也」は、〔道蔵〕を除く諸本には此の字が無い。しかし、「通考」は、此れも古活字版に同じで「也」字が認められる。

(8) 後己第六十六経文「以其不争」下注「天下無厭聖人」（下25オ4a1198）「人」字下諸本並有「時」字

無厭聖人■■〔活Ⅱ〕
□□□□■時〔陽Ⅰ・書陵・杏Ⅱ・無窮・足利・筑波・弘文・斯Ⅱ・梅沢・慶Ⅰ・大東・武内・東大・東洋・東急・聖語・斯Ⅰ・宋版・世徳・敦Ⅱ〕
□□□□□之時〔道蔵〕

章句「天下無厭聖人是由聖人不與民争先後也」の上句で、諸本は「人是」の間に「時」字が、〔道蔵〕には「之時」の二字が有る。〔斯Ⅰ〕の加点に従えば、

天下聖人ヲ厭フ時无（キ）コトハ是（レ）聖人ノ・民與ト先後ヲ争ハ不（ル）ニ由テナリ〔也〕

と訓まれるが、〔東洋〕は「天下聖人ノ時ヲ厭（フ）ヿ无シ」と訓み、〔斯Ⅱ〕は「天下聖人ヲ厭（フ）ヿ無シ・時ニ是レ云々」と「時」字を下文に繋げて訓む等「時」の訓み方に乱れがある。「通考」は此れも古活字版に同じで、

天下聖人ヲ厭ヿ無（キ）ハ是レ聖人民與ト先後（ヲ）争（ハ）不ルニ由ル〔也〕

と訓む。鄭校は「通考」に就いて「脱時字」と断定しているが、「時」字の無い異本が嘗て相伝されていたとも考

え得る。

(9) 三寶第六十七経文「儉故能廣」下注「民曰用寛廣也」（下25ウ7b 1242）「曰用」、諸本作「日用」或「用日」章句「身能節儉故民曰用寛廣也」（〔聖語・斯Ⅰ・宋版・世徳・敦Ⅱ・道蔵〕は文頭に「天子」二字が有る）内の字句である。此の注文も諸本間に異同が多い（諸本異同表下1240－1242参照）。「曰用」両字に就いても「日用」或いは「用日」の異文が認められる。諸本対比して挙げれば次の如くである。

曰用〔活Ⅰ・活Ⅱ〕
日用〔無窮・聖語・斯Ⅰ・宋版・世徳・道蔵・治要〕
用日〔陽Ⅰ・書陵・杏Ⅱ・足利・筑波・弘文・斯Ⅱ・梅沢・慶Ⅰ・大東・武内・東大・東洋・東急・敦Ⅱ〕

〔東洋〕右旁には、「曰（或いは日）用或本」の校異の書入れ（青筆）が見られる。此の注を〔斯Ⅰ〕は、

天子・身能節儉ナルカ（別訓「ナリ」）故ニ・民日ニ用テ廣シ（「寛」「也」の二字無し）

と訓み（〔治要〕大同）、〔書陵〕（「身」作「躬」）は、

躬能く・節儉なり（。）故に民・用て日に寛廣なり（也）

と訓む（〔陽Ⅰ〕以下諸本大同、只、〔東大〕等「用て日に」を「用ルヿ日ニ」と訓み小異有り）。さて、「通考」は、「日」は「曰」に作り、古活字版に同じであるが、「用」字が無く、

身能（ク）節儉故ニ民寛廣ナリト曰フ（也）

と訓でいる。古活字版の使用字に従えば「民・用ルヿ（或いは「用テ」）寛廣ナリト曰フ」と訓めよう。また『老子經抄』は経文の「廣」を「廣ト云ハ、如此儉約ニアル故ニ、民用テ、イカヤウニモ、寛廣ニ、ナシ申シタキト思ホトニ、廣也」と河上公注に沿った講述があるが、「申シタキ」は「曰」に対応している。従って『老子經抄』の藍本は、古活字版と同様「曰用」に作っていたと推察され、「曰用」に作る本の相承が判明する。鄭校が「曰」を

「日」の誤と見做すのは穏当ではない。

⑽　玄用第六十九経文「仍無敵」下注「雖欲仍引之」（下27オ6a 1311）「之」字下諸本並有「心」字

雖欲■■仍引之■〔活Ⅰ・活Ⅱ〕
□□■□□□心〔陽Ⅰ・杏Ⅱ・無窮・足利・筑波・弘文・斯Ⅱ・梅沢・慶Ⅰ・大東・武内・東大・東洋・聖語・東急・斯Ⅰ・宋版・世徳・敦Ⅱ〕
□□■扔□□心〔書陵〕
□□行□□□心〔道藏〕

章句「雖欲仍引之若無敵可仍也」の上半句である。「通考」は、此処においても古活字版と同じで「心」字が無い。此の章句は、次経文「執無兵」下の章句「雖欲執持之若無兵刄可持用也」と対応した構文と考えられ、「心」が無い方が、対句の関係がより明確である。鄭校は「心字疑不當有、乃與下注雖欲執持之句法一律」と指摘する。因に、〔斯Ⅰ〕の加点に従えば、

仍（キ）引（カ）マク欲スル〔之〕心アリト雖（モ）・敵ノ仍（ク）可（キ）無（キ）カ若（シ）〔也〕

と訓め、諸本多くは上句を「仍キ引クニ〔之〕心ヲ欲スト雖モ」或いは「仍キ引ク〔之〕心ヲ欲スト雖モ」と、「欲」を「心」に懸けて訓んでいるが、何れもやや牽強の憾みがある。「通考」は「之ヲ仍（キ）引（カ）ント欲スト雖モ」と、「心」字が無いために自然な訓読となっている。この場合も、古活字版自体の脱字、或いは校改ではなく、既に「心」の無い伝本が存在していて、その本文が伝承されたと考えるべきである。明危大有撰『道德眞經集義』[9]巻九引く河上公注には此の字が無く傍証となろう。王校はその本に拠り底本の「心」を刪去校改している。

⑾　知難第七十経文「知我者希則我者貴矣」下注「則知我者爲貴也」（下28オ2b 1360）諸本、「則」作「故」、無「知我者」三字

則知我者爲貴也〔活Ⅰ・活Ⅱ〕

故■■■■□□□〔陽Ⅰ・書陵・杏Ⅱ・無窮・足利・筑波・弘文・斯Ⅱ・梅沢・慶Ⅰ・大東・武内・東大・東洋・聖語・東急・斯Ⅰ・宋版・世徳・道蔵・敦Ⅱ・治要〕（文末助字の異同は不問）

章句「唯達道者乃能知我則知我者爲貴也」下半句の異同である。諸本は、「知我者」三字が無く、「故」字で結句の「爲貴也」（「也」、〔東洋〕作「之也」、〔敦Ⅱ〕作「矣」、〔杏Ⅱ・道蔵〕無「也」）を上句に接続させている。古鈔本の訓読は概ね同様で、例えば〔斯Ⅰ〕では、

唯道ヲ達スル者ノハ・乃（シ）能（ク）我ヲ知（ル）・故ニ貴トシト爲（ス）〔也〕

と訓んである。この場合、「貴」の主格は「道ヲ達スル者ノ」或いは「我ヲ知ル〔者〕」と認められる。しかし、我を知るものが道に達する、その故に我は「貴」なのであると理解すれば、「我」を主格と捉える事も可能であろう。此の構文上の曖昧さが、実は、経文「知我者希則我者貴矣」の解釈に影響を及ぼしている。即ち〔斯Ⅰ〕は、此の経文（下28オ2 1356・1357）を、

我ヲ知者ノ希ナルコトハ（別訓「スクナキコトハ」）・〔則〕我カ貴ケレハナリ〔矣〕（下の「者」字無し）

と、後者の解釈に沿って訓じ、〔東急・東大〕が此れと同類である。それに対して、〔治要〕では、

我を知レル者の・稀シ（別訓「マレナリ」）、我に則レハ・貴シ〔矣〕（同右）

と訓まれ、〔梅沢・杏Ⅱ〕が同類で、前者の解釈に沿っている。

又、「我貴」の間に「者」字が有る本、例えば〔書陵〕の如き

我を知（ル）者のは稀シ・我に則る者のは貴し〔矣〕

の訓に見られるように、前者の訓釈としてより明確で、〔斯Ⅱ・大東・東洋・慶Ⅰ・弘文・足利〕も同様である（〔大東〕の「貴」字左旁には「道ヲ知者◇也」と書入れが有る）。また〔武内〕は、右旁は後者、左旁は前者に沿っ

た加点で、双方の訓を伝えている。古活字版の異文に依り、此の注文の曖昧さは解消される。「通考」は、やはり、古活字版と同文であって、

唯道ニ達（スル）者ノ乃シ能ク我ヲ知ルトキンハ〔則〕我ヲ知ル者ヲ貴ト爲ス〔也〕

と訓む。此の異文もまた先行写本の本文が、古活字版によって伝承されたと考えるべきである。鄭校の「疑係傍記之詞、傳寫者誤入注文也」との校勘は俄かには従えない。

⑿　制惑第七十四冒頭経文「民不畏死」下注「民不畏之也」（下30オ5a 1466）「不畏」之間諸本並有「知」字

民不■■畏之也〔活Ⅰ・活Ⅱ〕
□□知■□□□〔陽Ⅰ・書陵・杏Ⅱ・無窮・足利・筑波・弘文・斯Ⅱ・梅沢・慶Ⅰ・大東・武内・東大・聖語・宋版・世徳〕
□□知■□□■〔東洋・東急・敦Ⅱ〕
□□知■□■□〔斯Ⅰ〕
□□知所□■□〔道蔵〕
■□知■□□■〔治要〕

章句後半文「治身者嗜欲傷神貪財殺身民不畏之也」の結句である。「通考」は此処も古活字版に同じで、鄭校は「脱知字」と見ているが、此の「知」の有無で文意に大きな違いは生じ無い。脱字と見る必要はなく、前掲諸条と同じく、先行伝本の異文が踏襲されたものと理解される。

⑴⑵⑼は、元来は字形の類似から生じた異同であろう。諸本使用の字がより優れていると認められるが、古活字版の使用字でも文意は疎通し、直ちに譌と断ずる事は躊躇される。

⑸⑺⑻⑽⑿は、諸本と対比すれば本版の脱字或いは衍字と見做される。しかし、何れの場合も、該字の有無に関わらず文脈は破綻無く通じている。

古活字版に孤立した異文の存在は、祖本を古鈔本とする想定を妨げる要因として懸念された。しかし、先行諸本の

何れとも相違する十二例の悉くが、「通考」とは一致若しくは近似している。また、巻上部分では、〔天理〕と符合する場合が多い。「通考」の底本は明らかではないが、古活字版が直接の底本ではないことについては、後述する所である。とすれば、古活字版、〔天理〕、「通考」と同様の異文を有する現在では失われた伝本の群類を想定せざるを得ないであろう。其の群類の一伝写本が古活字版の底本であったと仮定すれば、異文の孤立性と共に危惧された阻害要因は消滅する。

二、古鈔本諸本と相違し、且つ〔宋版・世徳〕と一致する事例

管見の何れの古写本とも相違しながら、〔宋版・世徳〕とは一致している個所が見られる。それらの異文は、古鈔本との疎遠な関係、〔宋版〕との近縁な関係を印象づけ、古活字版が古鈔本系であるとの命題を否定する要因とも成りかねない。従って、其の本文についても、同様に検証しておく必要がある。

(1)　顯徳第十五経文「孰能濁以静之徐清」下注（上12ウ5a 635・636）

孰誰也誰能知〔活Ⅰ・活Ⅱ・天理・宋版・世徳・道蔵（知作如）〕
■■■■■■〔陽Ⅰ・書陵・龍門・無窮・足利・筑波・弘文・斯Ⅱ・梅沢・慶Ⅰ・大東・慶Ⅱ・武内・東大・東洋・斯Ⅰ・敦Ⅰ・東急〕

章句「孰誰也誰能知水之濁止而靜之徐徐自清也」冒頭の六字で、上三字は経文「孰」字の義釈である。古鈔本はこの三字を次の経文「孰能安以久之徐生」下に配している。実は、上の経文に「孰能」の二字が有る本と、無い本とが存在し（異同表上633参照）、此の異同が下の注文と関連して本文に顕著な相違が生じている。〔書陵・龍門・無窮・筑波・梅沢・慶Ⅰ・大東・武内・東洋・東急・敦Ⅰ〕には経文に「孰能」の二字が無く、従って、「孰誰也」

の注を含む此の六字が無くて当然である。〔陽Ⅰ・足利・弘文・斯Ⅱ・慶Ⅱ・東大・斯Ⅰ〕はこの二字が有るにも関わらず、注の上三字が無いが、次の経文下に具わっているのであるから、両経文の「孰能」を合わせての注釈とみれば、この三字に関しては過不足は無い。但、接続する「誰能知」三字の有無と、注文の配置の相違をともなう異同は、伝本系統を考えるとき、古活字版と古鈔本とのテキスト上の隔たりを印象づける。しかし、此の異同についても、〔天理〕及び「通考」は古活字版と完全に一致しているのである。従って、此の異文に於いて、古活字版の如く〔宋版〕と一致する古鈔本の群類が、曽て存在したものと想定される。

(2) 虚無第二十三経文末句「有不信」下注冒頭（上19ウ1a 1036）

■■■■■■■■〔活Ⅰ・活Ⅱ・天理・宋版・世徳・道蔵〕
下即應君以不信也〔陽Ⅰ・書陵・龍門・無窮・足利・筑波・弘文・斯Ⅱ・梅沢・慶Ⅰ・大東・慶Ⅱ〕
下則應君以不信也〔武内・東大・東洋〕
下則應君以不信■■〔斯Ⅰ〕
下■應君以不信■〔東急〕

古鈔本には「下即應君以不信也」（本により幾分異同が認められる）の一文が有る。古活字版は〔宋版〕等と同じで、この文が無い。実は、直前の経文「信不足焉」下の注文が「君信不足於下下則應君以不信也」で、その後半は此の注と同文である（但、〔宋版・世徳〕は「信」を「足」に作る）。従って、鄭校も指摘する如く古鈔本の衍文とも考えられる。しかし、この文が無ければ、続く「此言物類相歸同聲相應云々」第一字の「此」が示す対象が、経文「信不足焉有不信」が章句の配置によって分断されているために曖昧になる。管見の古写本全て同じであり、衍文と断定するには慎重にならざるを得ない。〔天理〕「通考」は、この場合も古活字版と同じである。

(3) 無為第二十九経文「執者失之」下注（上24オ7b 1333）

生詐偽■也〔活Ⅰ・活Ⅱ・天理・宋版（生字下有「於」）・世徳（同上）〕

□□譌■□ 〔治要（生字下有「於」）〕
□□□■■ 〔道藏（生字下有「於」）〕
□姧□■□ 〔陽Ⅰ・書陵・龍門・無窮・足利・筑波・弘文・斯Ⅱ・梅沢・慶Ⅰ・大東・慶Ⅱ・武内・東大・東急・斯Ⅰ〕
□姦□者□ 〔東洋〕

章句「強執教之則失其情實生詐偽也」の結句である。古鈔本は「詐」を「姦」或いは「姧（姧）」に作る。〔天理〕「通考」は、これも古活字版等と同じで「詐」に作っている。

(4) 益證第五十三経文「大道甚夷」下注（下13オ5a603）

夷平■■■易也 〔活Ⅰ・活Ⅱ・宋版・世徳・敦Ⅱ・道藏〕
□□也■■□□ 〔武内・聖語・斯Ⅰ〕
□□也■大□□ 〔陽Ⅰ・書陵・杏Ⅱ・無窮・足利・筑波・斯Ⅱ・梅沢・慶Ⅰ・大東・東大・東洋・東急〕
□□也高大□□ 〔弘文〕

〔活Ⅰ・活Ⅱ〕は「夷平易也」に作り〔宋版〕等と同文である。〔武内〕等は「夷平也易也」、〔陽Ⅰ〕等は「夷平也大易也」と、〔弘文〕は「夷平也高大易也」に作り、管見の古鈔本は何れも古活字版と相違している。此の異同が生じた理由として、一つには、本来「夷平也易也」とすべきところを、誤って中間の「也」字を刊落し、たまま〔宋版〕等と一致したと考えられよう。また一つには、古活字版と同文の伝本が当時存在したと想定する事も可能である。実は、後者である事が『老子經抄』の講述内容から推定される。同書に、

夷ハ平也、大易也(イナリ)トアルヲ、夷ハ平ニメ、大ニ易(タイラカ)ナリトヨム、余本ニ、中ナル也ノ字ハ、ナキト也、一睦ハ大易也ト云三字ハ、心得ヌトテ、アソバサヌ也

と見え、文面通りであれば、余本は「夷平大易也」に作っていた事になるが、実は、古活字版と同文であったのではなかろうか。余本とは、清家或いは宣賢所持の一本と考えられるが、そのような伝本は未だ管見に入らない。然

るに、「通考」は又、古活字版と同文で「夷ハ平「易也」と訓んでいる。

以上、少ない事例ではあるが、所見の古鈔本の全てと相違し、且つ、〔宋版〕とは一致するという、古活字版と古鈔本との近接した関繋が否定され兼ねない本文の実態が窺知される。しかし、どの例も「通考」とは一致し、巻上の範囲では〔天理〕とも一致している。更に、(4)の事例では、『老子經抄』の講述内容から、古活字版と同文の伝鈔本が曾て伝存した事実が判明した。従って、先に示した、先行諸本の全てと相違する十二の例と同様に、古活字版、〔天理〕「通考」を包摂する同類の伝本群が想定され、その内の、現在は失われた或る伝写本の本文が古活字版に伝承された結果生じた異文と理解することが可能である。さすれば、古鈔本から古活字版へと繋がる伝本系統に抵触するかに思えるこれら異文に因って生じる表面上の矛盾撞着は悉く解消されるであろう。

要　約

古活字版と古鈔本とは、それ以外の伝存する河上公章句諸本、即ち宋刊本、道蔵本、敦煌本各系伝本と伝流状況に照らして対比すれば、系統上、相対的に最も緊密な関係に在り、古活字版の底本は古鈔本の内に求められると予察された。しかし、一方で古活字版を含め古鈔本各本の間で、本書構成上、分巻・分章の次第、章題標記の形式に於いて、同系との認識を妨げかねない乖反する諸異相が認められた。此れには、波状的に齎されたであろう唐鈔本が本来単一のテキストではなかったこと、また後れて舶載された宋刊本の影響、更に伝存古鈔本相互の複雑な書承関係が反映されていると思われる。

本文の同異についても、「異同表」に導かれた異同量数の所見から、相対的に古鈔本との近親な関係が窺測される。古鈔本の内では〔陽Ⅰ〕に最も近接し、管見の伝本の内に底本を期待するのであれば〔陽Ⅰ〕が先頭候補と見做され、両本の本文同異の検証が要請された。両本の近親な関係を印象づける〔陽Ⅰ〕とのみ一致する本文が所見されると共に、異体字使用、助字、その他字句において両本背反する異文も少なくはなく、また、此の異同には、管見諸本の全てと異なる古活字版に孤立した特異な本文、古鈔本諸本とは相違しながら逆に〔宋版・世徳〕とは一致している本文も含まれる。この異文全条の検証の結果、両本の同本性は希薄と判断され、其れによって〔陽Ⅰ〕が古活字版の直接の底本であることは否定された。

しかし、古活字版に孤立した特異な本文、〔宋版・世徳〕と一致する本文の殆ど全条が「通考」と一致し、巻上部分では〔天理〕とも一致し、又、その他の異文も此の両本と吻合する場合が多い。従って、「通考」〔天理〕及びその底本、又古活字版、更に現在は逸失した同類の古鈔本を包摂する伝本の群類と伝系が想定され、その中の或る本を古活字版の底本と推定することが可能であろう。

古活字版と個々の古鈔本の間には、系統関係が否定されかねない種々の異相が指摘された。しかし、此の仮設に拠れば、古活字版の本文は古鈔本の本文を襲うとの命題は生きる。勿論その前提として、古活字版を含め古鈔本間に存在する雑糅した本文同異の実態と淆錯した伝本系統関係への周到な認識が無くてはならない。

第三章　宋版との関係—通行本〔宋版〕との乖離の諸相

序　節　古活字版の本文・古鈔本の本文・宋刊本の本文

古活字版の本文は、古鈔本の本文を襲う、という命題は、古活字版の本文は、宋刊本とは系統が異なる、との命題を、通念として内包する。しかし、此の命題の前提として、古鈔本の本文と宋刊本の本文とは系統が異なる、との命題が必要である。そして、これらの命題を立証する為には、古活字版の本文、古鈔本の本文、宋刊本の本文とはどういうものであるのか、それぞれに明らかにされておかなければならない。

古活字版の本文については、第一章に於いて既述した通り、異植字版が存するものの、その間の限られた異同を考慮に入れれば、現存伝本に即して認識把握することは比較的容易である。

古鈔本の本文と言えば、些か事情が異なる。伝存する各本が、それぞれに異文を有ち、伝本として固有の特徴を示している。一異文について、或本が〔宋版〕に一致し、或本は一致しないという例は少なくなく、別の異文においては、其の或本と或本の関係が逆転することも屢々認められる。「古鈔本の本文」という概念には、諸伝本の異文が外延として含まれ、古鈔本は単一の本文ではあり得ない。現存古鈔本の一本を以てしては、例えその本が由緒正しい伝本であっても、古鈔本の本文を代表させることは無理である。「古鈔本の本文」が伝本系として実体を有つ為には、対峙する別の伝本系が確認されなければならない。別系本と認められる為には、古鈔本諸本間の異同とは別に、形態上の差異とともに、相当量の異文の存在が要件となろう。其の別系本として、宋刊本の本文が先ず想起されるのである。

宋刊本の本文は、古鈔本と対比する場合、現状では虞氏建安刊本即ち〔宋版〕に限られてよい[1]。実は、此の〔宋版〕に先行する宋刊本の存在が想定されるが、未だ確認されていない。鎌倉時代には渡来したであろう宋刊本が〔宋版〕その物なのか、或いは別宋版なのか明らかにする事は難しいが、〔杏Ⅰ〕に見える摺本との校合書入れは、〔宋版〕の本文に吻合する場合が多い。〔宋版〕は先行宋刊本の本文を継承する本であると仮定し、当面はこの本を宋刊本の本文として扱っても、支障となる問題は生じないと思われる。

一般に、宋刊本は、それ以後の通行諸本の祖本であるという意味で、伝本史上のみならず、広く学術文化史の面から重要視される。中国においては、宋代以降、出版事業の隆盛に伴い刊本の普及はめざましく、写本が諸書の本文を担う役割は殆ど亡くなったと言える。『老子道徳經』についても例外ではなく、明世徳堂刊本をはじめとし、後代の刊本は全て宋刊本を祖とし、時代の需要と用途に応じて重校再刊或いは改編された本である。その刊行に際して、宋刊本以前の本に拠る校勘の作業が行われた形跡は窺われない。従って、本書においても本文伝承に関わって、宋刊本の果たした役割は甚大であったと言えよう。

しからば、本書宋刊本の本文は、どの様にして整定され刊行されたのであろうか。通常、宋刊本は新校本と見做され、それ以前の写本時代の伝本とは一線を劃して扱われる。此の一般的な認識があって、古鈔本の本文は宋刊本の本文とは系統が異なる、との命題の存立が可能となる。しかし、宋刊本刊行に際して行われた校勘作業の具体的な経緯内容については、使用底本、対校本、校訂の方針態度等、一切明らかではない。ただ、幸いにして〔宋版〕そのものが現存し、その校勘の成果として整定本文の全貌が伝わっている。宋刊本が、古鈔本諸本とは系統が別であることを明らかにする方法としては、此の〔宋版〕本文を古鈔本と対比検証して、相互に隔絶した本文の実相を把握する以外に無い。そうする事によって、新校宋刊本の校訂の是非優劣も窺知されるであろう。

此処で、注意を要するのは、幸いにして伝存する〔宋版〕は、本書宋刊本の内の一本に過ぎないのであって、宋校訂刊本の精善さを必ずしもその儘に伝えるものではない可能性がある点である。〔宋版〕は虞氏建安刊本として、其の本文の優劣は、宋刊本一般とは別の水準で、特殊性が考慮されなければならない面もある。しかしながら、先に述べたように、古鈔本と対比するに相応しい宋刊本としては現状では〔宋版〕が最善であり、当面はこの本を宋刊本の本文として代表させせざるを得ない。

〔宋版〕は、現在最も普及通行しているテキストとして、その本文の諸般に与える影響は極めて深長である。従って、本文の是非優劣の論定は緊要な課題である。しかし、本論は、古活字版本文の実態の解明を目的とし、〔宋版〕本文の評価については更めて別途に考察したい。ただ、行論の過程での本文の比較に伴い、本邦所伝の諸本に比べ〔宋版〕は必ずしも優れているとは言えない様相が、自ずと顕かになるであろう。

古活字版の本文は古鈔本の本文を襲う、という命題が成り立つ要件として、諸本間に異同が有る場合、刊行者の私意による改変が無い限り、誤植を除き所伝の何れかの古鈔本との一致が需められよう。管見の伝本を比較した結果、古活字版に孤立した本文一六例が認められる事は既述の通りであるが、逸伝した或本を想定することで、其の矛盾は解消された。

此の要件が満たされた上で更に、古活字版の本文が、現今通行している宋版系ではなく、古鈔本の系統である事実を立証する為には、宋刊本の本文が古鈔本の本文とは系統が異なる実相を、明らかにする必要がある。その為には、〔宋版〕には、古活字版及び古鈔本の何れとも一致しない本文が、同系とは認め難い程に、甚だ多い事実を指摘すれば、充分のはずである。

第一節　本書編成上の異相

〔宋版〕と古鈔本系諸本との間に認められる、内容構成上或いは編成面での違いとして次の四点が確認される。

一、巻首の序文が相違している。この点については従来論議があることでもあり、鄙見としては更めて後述したい。

一、注末に、音釈を付す。[2] 古鈔本には、本文中の音注は一切無く、〔宋版〕編校者の用意による増入と見做される。多くは、『経典釈文』老子音義と符合するが、第五章経文「多言數窮」下注尾には「數王弼注音雙遇反謂理數也明皇注音朔」の音義注が見え、王弼注、唐玄宗注も引載されている。

一、音釋以外にも、王弼注を混入している。第二十五章経文「域中有四大」下に、「四大道天地王也凡有稱有名則非其極也言道則有所由有所由然後謂之爲道然則是道稱中之大也不若無稱之大也無稱不可得而名曰域也天地王皆在乎无稱之内也故曰域中有四大者也」の長文の注は明らかに王注の竄入である（現行の王弼注本とは異同が有る。現行本は「凡有」の間に「物」、「也天」の間に「道」が有り、「内也故」の「也」が無い）。古活字版、古鈔本、〔道蔵〕諸本には此の注文は無く、一方、現存宋刊別本二種（本章注1参照）をはじめ〔世徳〕以下、〔宋版〕系統の通行本は此の誤竄を踏襲している。

一、次のように、章句注文の配置に相違が見られる。

(1)　還淳第十九（上15ウ2）

古活字版及び古鈔本諸本は、経文「少私」下に注「正無私也」を、次の経文「寡欲」下に注「當知足也」を配している（但、〔斯I〕は「少私」下の注を欠く）。

〔宋版・世徳〕は、経文は「少私寡欲」と連続し、両注文は其の下に纏められ、各文頭に「少私者」「寡欲者」の主格を置き「少私者正無私也寡欲者當知足也」の十四字に作っている。

尚、〔道蔵〕は〔宋版〕に同じく、〔敦I〕は古活字版等に同じ（但、両「也」字は無い）。

(2) 異俗第二十（上15ウ6〜16オ1）

古活字版及び古鈔本は、経文「人之所畏」下に注「人謂道人也人之所畏者畏不絶學之君也」を、次経文「不可不畏」下に注「近令色斂仁賢也」を配す（掲出文は古活字版に拠る）。

〔宋版・世徳〕は、経文両句連続し、両注は其の下に合わせられ、下文頭に「不可不畏」の経文同文の四字を主格として加増している。尚、〔道蔵・敦I〕は古活字版・古鈔本と同じ。

(3) 爲政第三十七（上30オ2）

〔宋版・世徳〕は、経文「道常無爲」句下に注「道以無爲爲常也」を配する。古活字版及び古鈔本諸本は、次経文「而無不爲」句下に配し、経文両句は連続している。〔道蔵〕は古活字版・古鈔本に同じである。

以上の四件の編成上の相違は、本文系統の隔たりを示唆し、諸本の伝系を考察する上で、重要な視点となり得るであろう。しかし、風袋は違っても、中身は大同である可能性も大いにあり得る。更に、本文内容の異同の実態を検証する必要がある。

第二節　本文字句の異同

古活字版と〔宋版〕との本文上の隔たりは、「異同表」から導かれた古活字版と諸本間の異同量において、諸本と比較して〔宋版〕が突出して多い事実に拠り推知される。其の実態を検証する事で、系統上の疎隔の実相を確認する事が可能であろう。その為には、古活字版を含む何れの古鈔本とも相違している〔宋版〕に特異な本文を明示しておく必要がある。

然るに、異同量の比較から容易に察知される事であるが、其の〔宋版〕に特異な本文は、決して少数ではない。現今の通行本文は、四部叢刊影印本の普及もあって、事実上〔宋版〕本文そのものと言え、古鈔本、或いは古活字版との異同の多さに直面してみれば、河上公注本の未整定で不備な現状を慨嘆せざるを得ない。此の不確かな本文字句を逐一指摘しておくことは、今後の本文研究にとって、回避できない須要な手続きと思われるので、煩を厭わず異同の全条を整理して掲出しておきたい。

異文を、一、〔宋版〕の誤脱・衍文、二、文末の助字の有無・相違、三、その他助字の有無・相違、四、通用別体字使用に因る相違、五、其の他の異文の五類に分け、各々章次を追って列挙する。

掲出経注文句は、古活字版に拠る。従って、個々の古鈔本の本文とは一致しない場合がある。掲出句下（　）内に異文の箇所及び、「異同表」該条の通し番号を示し、〔宋版〕の異同字を記す。また、〔杏Ⅰ〕等古鈔本に見られる摺本との校合書入れを付記した。

一、〔宋版〕の誤脱・衍文

〔宋版〕の誤文、脱文、衍文に因る異同の多くは字形字音の類似に起因する譌字、或いは不用意の衍脱である。伝抄者の誤写等先行写本の誤脱の継承と、刊行時に新たに生じた譌謬が考えられる。いずれにせよ校訂の不備が露顕したものと言える。

誤文、衍脱と見做す要件は、第一に〔宋版〕の字句が孤立して諸本全てと異なる本文、第二に、本文上〔宋版〕と極めて近い関係にあると認められる〔世徳〕を除く全ての諸本と相違する異文である。此の二件の何れかを満たす異文を候補とし、文義の齟齬不通、是非優劣を考慮して判断した。〔宋版〕に孤立した異文であっても、古鈔本に見える摺本との校異の書入れに吻合する場合は、誤文とはせず、並行して伝承された異文と見做し、五、其の他の異文として扱う。

上巻

體道第一　①外如愚頑者也（1オ6b18）　「愚頑」誤作「愚頭」　四部叢刊初次印本は「愚頑」に作る。

無源第四　②當挫止之（3ウ7b160）　「止」誤作「上」

虚用第五　③不責望其報也（4ウ1b193）　「責」誤作「貴」

成象第六　④主出入於人口與地通（5オ6b241）　「與地」間有「天」、衍、〔世徳〕同

韜光第七　⑤施不求報（5ウ5b257）　「求」誤作「榮」

易性第八　⑥在草木之上即流而下（6ウ2a288）　脱「在」字、〔世徳〕同

運夷第九　⑦夫富當賑貧（7オ3a 323）「夫」誤作「大」（或いは影印の不良に起因か）

能爲第十　⑧腐人肝肺（7ウ2a 344）「肝」誤作「[月韋]」

⑨言道明白（8オ5a 390）「道」誤作「達」、〔世德〕同

無用第十一　⑩弱共扶強也（8ウ5b 420）「扶」誤作「使」、〔世德〕同

厭耻第十三　⑪何故畏大患至身也（10オ6b 493）「大患至身」誤作「人若身」、〔世德〕同

顯德第十五　⑫渾者守本真（12ウ4a 629）「本」誤作「擧」、〔世德〕同

歸根第十六　⑬不知常妄作凶（13ウ2 692）「妄」誤作「萎」、〔世德〕同

⑭能知道之所常行則去情欲（13ウ3a 698）脱「則」字、〔世德〕同

⑮德合神明與天通也（13ウ5b 714）「天通」誤作「天子」、〔世德〕同

⑯能公能王通天合道（13ウ7a 718）「能王」誤作「能天」、〔世德〕同

淳風第十七　⑰禁多令煩不可歸誠（14オ4a 741）「煩」誤作「須」　四部叢刊初次印本作「煩」

⑱有不信焉（14オ5 747）脱此経文四字

⑲擧事猶猶貴重於言（14オ6b 753）脱「猶」一字、〔世德〕同

俗薄第十八　⑳六紀廢絶親戚不和（14ウ6a 772）「六紀廢絶」誤作「六絶絶」

異俗第二十　㉑善者稱譽惡者諫諍也（15ウ6a 837）「稱譽」誤作「和譽」、〔世德〕同

益謙第二十二　㉒人謙下德歸之也（17ウ6b 957）「謙」誤作「則」

虛無第二十三　㉓下則應君以不信也（19オ7b 1034）「不信」誤作「不足」、〔世德〕同

苦恩第二十四　㉔日賦斂餘祿食（20オ2a 1076）「日賦」誤作「曰然」、〔世德〕同

象元第二十五　㉕物無有不畏惡之也（20オ3a 1081）「之也」誤作「地」

㉖強曰大大者高而無上（20ウ4a 1113）脱「大」一字、〔世德〕同

㉗乃復反在人身也（20ウ6b 1126）脱「反」字、〔世德〕同

重德第二十六　㉘王者輕淫則失其臣（21ウ6a 1184）「淫」誤作「滔」

㉙欲以救人性命也（22ウ1b 1220）「性」誤作「在」、〔世德〕同

巧用第二十七　㉚是謂襲明大道也（22ウ3a 1228）脱「是」字、〔世德〕同

反朴第二十八　㉛去雄之強梁（23オ3a 1252）脱「雄」字

無爲第二十九　㉜失其情實生詐偽也（24オ7b 1331）（〔陽Ⅰ・龍門・書陵〕無「情」、東急「情」作「情欲」）「情」誤作「倩」

儉武第三十　㉝勿自伐取其美也（25オ5a 1380）「勿」誤作「乃」

偃武第三十一　㉞居右者以其主殺也（26オ7b 1451）「以」誤作「言」、〔世德〕同

聖德第三十二　㉟從於德化也（26ウ7b 1480）脱「化」字、〔世德〕同

㊱與天地相應合（27オ1a 1481）脱「地」字、〔世德〕同

㊲人能法道行德（27オ5a 1499）「法」誤作「去」、〔世德〕同

㊳譬言道之在天下（27オ7a 1505）「譬」誤作「言」

任成第三十四　㊴不如人主有所収取也（28オ7a 1560）「収」誤作「放」、〔世德〕同

㊵故可名於大也（28ウ2b 1574）「可名」誤作「不若」、〔世德〕同

任德第三十五　㊶足得也（29オ4a 1604）「得」誤作「德」

微明第三十六　㊷將欲弱之必固強之（29ウ1 1620）　「欲」誤作「使」、〔世徳〕同

下巻

論徳第三十八　㊸其仁無上（1ウ2a 27）　「無」誤作「爲」、〔世徳〕同

同異第四十一　㊹若愚頑不足也（5オ3b 214）　「頑」誤作「須」、〔世徳〕同

道化第四十二　㊺天地人共生萬物也（5ウ4a 239）　脱「人」字、〔世徳〕同

鑒遠第四十七　㊻天人相通精氣相貫（8ウ7b 402）　「天」誤作「大」

貴生第五十　㊼情欲出於五内（10ウ4a 483）　「於五」誤作「无」一字

㊽精不妄施（10ウ7a 498）　「精不」間有「神」、衍、〔世徳〕同

㊾反之十三死地也（11オ1b 502）　脱「地」字、〔世徳〕同

㊿入軍不被甲兵（11オ4 512）　「被」誤作「避」、〔世徳〕同

(51)兕無所投其角（11オ4 514）　脱「所」字

(52)虎無所措其爪（11オ5 515）　脱「其」字

益證第五十三　(53)大道甚平易（13オ5a 607）　「甚」誤作「世」

(54)貴外華也（13オ7b 619）　「外」誤作「内」

(55)百姓不足而君有餘者（13ウ2a 625）　脱「不足」二字

修觀第五十四　(56)其徳如是乃爲普博也（14オ7b 661）　「博」誤作「傳」

(57)吾何以知天下之然（14ウ3 670）　脱「吾」字

(58)吾何以知天下修道者昌（14ウ4a 671）　脱「以」字、〔世徳〕同

玄符第五十五　㊾赤子不害於物（15オ2a 683）　「子」誤作「鳥」

　　　　　　　㊿人無貴賤皆有仁心（15オ2b 686）　脱「皆有」二字

　　　　　　　(61)以其意專心不移也（15オ4b 691）　脱「專」字、〔世德〕同

　　　　　　　(62)物壯則老（15ウ3 716）　「則」誤作「將」

玄德第五十六　(63)塞閉之者欲絶其源也（15ウ7a 724）　「閉」誤作「門」

　　　　　　　(64)以解釋之也（16オ1b 733）　「解釋」誤作「挫止」

　　　　　　　(65)志静無欲（16オ4a 742）　「欲」誤作「故」、〔世德〕同

淳風第五十七　(66)民則隨我爲質朴也（17ウ1b 804）　「爲質」間有「多」、衍、〔世德〕同

順化第五十八　(67)人遭禍而能悔過責己（17ウ6a 826）　「人」誤作「天」

守道第五十九　(68)當愛民財不爲奢泰（18ウ3a 865）　「財」誤作「則」

　　　　　　　(69)樹根不深則拔（19オ3b 889）　「拔」誤作「枝」、〔世德〕同

居位第六十　(70)邪不入正（19ウ2a 911）　「邪」誤作「非」

謙德第六十一　(71)以其安静不先求也（20オ3b 940）　「静」誤作「盡」

爲道第六十二　(72)道者不善人之所保倚（20ウ6b 971）　脱「所」字、〔世德〕同

　　　　　　　(73)可以自別異於凡人（21オ2a 983）　「自別異」誤作「凡異」

守微第六十四　(74)有爲於義廢於仁恩（22ウ6b 1068）　「廢」誤作「反」、〔世德〕同

　　　　　　　(75)人欲於色聖人欲於德也（23オ6b 1102）　脱上「於」字、〔世德〕同

　　　　　　　(76)不眩晃爲服（23オ7a 1105）　脱「晃」字、〔世德〕同

淳德第六十五　(77)説古之善（23ウ6a 1124）「説」誤作「治」

(78)深不可測（24オ7a 1162）「測」誤作「則」

(79)玄德欲施與人也（24オ7b 1164）脱「欲」字、〔世德〕同

後己第六十六　(80)江海以卑下故衆流歸之（24ウ4a 1172）脱「下」字、〔世德〕同

(81)欲在民之上也（24ウ5b 1179）脱「之」字、〔世德〕同

(82)人皆爭有爲無與吾爭無爲（25オ5a 1201）上「爭」、誤置「與」上、作「人皆有爲無爭與吾爭無爲」、〔世德〕同

三寶第六十七　(83)以慈仁故能勇於忠孝也（25ウ6a 1238）「慈」誤作「爲」、〔世德〕同

(84)使能自營助也（26オ6b 1265）「營」誤作「當」、〔世德〕同

知難第七十　(85)事有君臣上下（27ウ7a 1345）「上下」誤作「天下」

(86)心與我反也（27ウ7b 1347）「心」誤作「不」、〔世德〕同

(87)夫唯世人也（28オ1a 1351）「世人」誤作「聖人」、〔世德〕同

(88)匿寶藏德不以示人也（28オ4a 1365）「德」誤作「懐」、〔世德〕同

知病第七十一　(89)以此非人也（28ウ2a 1379）「此」誤作「比」

貪損第七十五　(90)人皆化上爲貪（31オ2a 1517）「貪」誤作「矣」、〔世德〕同

戒強第七十六　(91)故堅強也（31ウ4b 1546）「故」誤作「欲」

天道第七十七　(92)匿功不居榮名（32ウ5b 1602）脱「名」字、〔世德〕同

任信第七十八　(93)而攻堅強者莫之能勝（33オ2 1609）「之」作「知」、〔世德〕同

㊾人君能受國之垢濁者（33オ6b 1630）　「受」誤作「愛」

任契第七十九　㊿背其契信（34オ1b 1662）　「信」誤作「言」

顯質第八十一　○96信言者如其實也（35オ1a 1717）　脱「言」字、〈世徳〉同

以上、凡そ九十六条が指摘され、その内五十三条は〈世徳〉に継承されている。善本とされる〈宋版〉〈世徳〉が必ずしも信頼されるテキストとではないことは、古活字版の誤植の少なさと対照的に明らかであろう。但、この多くは、鄭校或いは王校によって校勘されており、〈宋版〉使用に際し、両校の成果を参考すれば、衍脱誤文の弊害は一応回避することは出来る。

二、文末の助字の有無・相違

上巻

體道第一　①有欲者亡身者也（1ウ6b 59）　無下「者」字、〈杏Ｉ〉書入「才无」、〈世徳〉同

②謂知道要之門戸者也（2オ2b 72）　「者也」作「也」、〈世徳〉同

安民第三　③珠玉捐於淵也（3オ4b 124）　無「也」字、〈杏Ｉ〉書入「才无」、〈世徳〉同

無源第四　④其用在中者也（3ウ5b 152）　無「者也」二字、〈杏Ｉ〉書入「二字才无」、〈世徳・道蔵〉同

成象第六　⑤所從往來也（5ウ1b 247）　無「也」字、〈杏Ｉ〉書入「才无」、〈世徳・敦Ｉ・道蔵〉同

韜光第七　⑥先人而後己也（5ウ7b 262）　「也」作「者也」、〈世徳〉同

能爲第十

⑦抱一能無離乎（7ウ2 348）　無「乎」字、〔杏Ⅰ〕書入「才无」、〔世德〕同

⑧能如嬰兒乎（7ウ6 362）　無「乎」字、〔杏Ⅰ〕書入「才无」、〔世德〕同

⑨能無疵乎（7ウ7 370）　無「乎」字、〔杏Ⅰ〕書入「才无」、〔世德〕同

⑩能無知乎（8オ2 374）　無「乎」字、〔世德〕同

⑪能爲雌乎（8オ4 387）　無「乎」字、〔世德〕同

⑫能無知乎（8オ6 394）　無「乎」字、〔世德〕同

無用第十一

⑬弱共扶強也（8ウ5b 420）　無「也」字、〔世德〕同

⑭故得有所盛受也（9オ1b 430）　無「也」字、〔世德・敦Ⅰ・道藏〕同

⑮是其用也（9オ3b 436）　無「也」字、〔世德・敦Ⅰ〕同

撿欲第十二

⑯不能聽無聲之聲也（9ウ1b 455）　無「也」字、〔世德・敦Ⅰ・道藏〕同

⑰泄精於外也（9ウ5b 470）　無「也」字、〔世德・敦Ⅰ・道藏〕同

⑱取此腹之養性也（9ウ6b 472）　無「也」字、〔世德・敦Ⅰ・道藏〕同

厭耻第十三

⑲故皆驚也（10オ2b 476）　無「也」字、〔世德・敦Ⅰ・道藏〕同

⑳富不敢奢也（10オ4b 487）　無「也」字、〔世德・敦Ⅰ・道藏〕同

㉑吾有何患乎（10ウ1 500）　無「乎」字、〔世德・道藏〕同

㉒當有何患也（10ウ2b 504）　無「也」字、〔世德・敦Ⅰ・道藏〕同

㉓乃可以託於天下矣（10ウ5 514）　無「矣」字、〔世德・敦Ⅰ・道藏〕同

贊玄第十四

㉔不昧昧有所闇冥也（11オ7b 550）　無「也」字、〔世德・敦Ⅰ・道藏〕同

顯徳第十五　㉕新成者謂貴功名者也（13オ1b 656）　無「者也」二字、〔世徳・敦Ⅰ〕同

歸根第十六　㉖至於虚極也（13オ3b 664）　無「也」字、〔世徳・敦Ⅰ〕同

㉗無不皆歸復其本（13オ5b 673）　「其本」下有「也」字、〔世徳・道藏〕同

㉘衆邪莫當也（13ウ4b 706）　無「也」字、〔世徳・敦Ⅰ・道藏〕同

㉙與天通也（13ウ5b 714）　無「也」字、〔東洋〕書入「才无」、〔世徳・敦Ⅰ〕同、〔道藏〕作「矣」

㉚乃能長久也（13ウ6b 716）　無「也」字、〔東洋〕書入「才无」、〔世徳・敦Ⅰ・道藏〕同

俗薄第十八　㉛可傳道也（14ウ4b 766）　無「也」字、〔世徳・道藏〕同、〔敦Ⅰ〕作「耳」

㉜以爲大僞姧詐也（14ウ5b 770）　無「也」字、〔世徳・敦Ⅰ・道藏〕同

㉝衆星失光者也（15オ1b 786）　無「者也」二字、〔世徳・敦Ⅰ・道藏〕同

還淳第十九　㉞農事修公無私也（15オ4b 798）　無「也」字、〔世徳・敦Ⅰ・道藏〕同

㉟棄義之尚華言也（15オ5b 801）　無「也」字、〔世徳・敦Ⅰ・道藏〕同

㊱文不足以教民也（15オ7b 813）　無「也」字、〔世徳・敦Ⅰ・道藏〕同

虚心第二十一　㊲因気立質也（17オ5b 930）　無「也」字、〔世徳・道藏〕同

㊳非道不然也（17ウ3b 947）　無「也」字、〔世徳〕同

益謙第二十二　㊴故彰顯於世也（18オ4b 978）　無「也」字、〔世徳〕同

虚無第二十三　㊵有不信（19ウ1 1035）　「信」下有「焉」字、〔世徳・道藏〕同

㊶火就燥也（19ウ1b 1039）　無「也」字、〔世徳・道藏〕同

苦恩第二十四　㊷使不得行也（19ウ4b 1054）　無「也」字、〔世徳・道蔵〕同

㊸使不得彰明也（19ウ6b 1063）　無「也」字、〔世徳・道蔵〕同

㊹故有道者不處（20オ3 1082）　「不處」下有「也」、〔世徳〕同

象元第二十五　㊺化有常也（20オ7b 1095）　無「也」字、〔世徳・道蔵〕同、〔東洋〕書入「オナ」、〔宋版〕と不合

㊻勞而不怨（21オ2b 1149）　「不怨」下有「也」、〔世徳〕同

㊼有功而不宣者也（21オ3b 1150）　無「者」字、〔世徳・道蔵〕同、尚、「宣」は「制」に作り、〔道蔵〕は「置」に作る

重徳第二十六　㊽萬乘之主謂王者也（21ウ5b 1180）　無「者也」二字、〔世徳〕同

反朴第二十八　㊾則可以爲天下法式也（23オ7b 1276）　無「也」字、〔世徳・道蔵〕同

無爲第二十九　㊿則敗其質性也（24オ6b 1328）　無「也」字、〔世徳・道蔵〕同

(51)謂服飾飲食也（24ウ4a 1348）　無「也」字、〔世徳・道蔵〕同

倹武第三十　(52)田不修也（25オ1b 1362）　無「也」字、〔世徳・道蔵〕同

(53)不敢以取強焉（25オ3 1373）　無「焉」字、〔世徳・道蔵〕同

下巻

論徳第三十八　(54)謂上禮之君其禮無上也（1ウ5a 38）　無「也」字、〔世徳・道蔵〕同

法本第三十九　(55)將恐分裂不爲天也（3オ2b 99）　無「也」字、〔世徳〕同

(56)將恐枯竭不爲谷也（3オ6a 111）　無「也」字、〔世徳・敦Ⅲ〕同

(57)以曉人也（3ウ6b 144）無「也」字、〔世德〕同

(58)故能成其貴也（4オ1b 1555）無「也」字、〔世德・敦Ⅱ〕同

道化第四十二

(59)去柔爲剛也（6オ3b 265）無「也」字、〔世德・敦Ⅱ・道藏〕同

洪德第四十五

(60)熱者生之源也（8オ3b 372）無「也」字、〔世德・敦Ⅱ〕同

儉欲第四十六

(61)常足矣（8ウ4 394）無「矣」字、〔世德・敦Ⅱ〕同

亡知第四十八

(62)所以漸去之也（9ウ2b 429）（「之也」〔東急・聖語・斯Ⅰ〕作「也」、〔東洋〕作「之」）無「之也」二字、〔世德〕同

(63)無所造爲也（9ウ2b 432）無「也」字、〔世德・敦Ⅱ・道藏〕同

任德第四十九

(64)德善矣（10オ2 455）無「矣」字、〔世德・敦Ⅱ・道藏〕同

(65)而不責望其報也（10ウ2a 481）無「也」字、〔世德・敦Ⅱ・道藏〕同

貴生第五十

(66)精神勞惑故死也（10ウ5b 488）無「也」字、〔世德・敦Ⅱ〕同

養德第五十一

(67)一主布氣而畜養也（11ウ2b 529）（「也」、〔梅沢・東急〕作「之」、〔陽Ⅰ・書陵・杏Ⅱ・足利・筑波・弘文・斯Ⅱ・慶Ⅰ・大東・武内・東大・東洋〕作「之也」）無「也」字、〔世德・道藏〕同

(68)無不盡驚動尊敬之也（11ウ4b 535）無「之也」二字、〔世德・道藏〕同

歸元第五十二

(69)是謂習修常道也（12ウ7b 590）無「也」字、〔世德・敦Ⅱ・道藏〕同

益證第五十三

(70)躬無爲之化也（13オ3b 597）無「也」字、〔世德・敦Ⅱ〕同

修觀第五十四

(71)及於來世子孫也（14オ3b 649）無「也」字、〔世德・敦Ⅱ〕同

(72)乃爲普博也（14オ7b 661）無「也」字、〔世德・敦Ⅱ〕同

玄符第五十五　(73)謂含懐道徳之厚者也（14ウ7b 677）　無「者」字、〔世徳〕同

(74)物亦不害之也（15オ2a 684）　無「也」字、〔世徳・敦Ⅱ・道蔵〕同

(75)老不得道者也（15ウ4b 718）　無「者也」二字、〔世徳・敦Ⅱ〕同

玄徳第五十六　(76)不使曜亂人也（16オ2b 736）　無「也」字、〔世徳・敦Ⅱ・道蔵〕同

守道第五十九　(77)無使泄漏也（19オ4a 892）　作「使無漏泄」、無「也」字、〔世徳・道蔵〕同

居位第六十　(78)鮮魚也（19オ6a 900）　無「也」字、〔世徳〕同

(79)精氣散去也（19オ7b 905）　無「也」字、〔世徳・敦Ⅱ・道蔵〕同

謙徳第六十一　(80)不先求也（20オ3b 941）　「也」作「之也」、〔世徳〕同

(81)使爲臣僕也（20ウ1b 957）　無「也」字、〔世徳・敦Ⅱ・道蔵〕同

爲道第六十二　(82)猶知自悔卑下也（20ウ7b 973）　無「也」字、〔世徳・敦Ⅱ〕同

淳徳第六十五　(83)兩者謂智與不智也（24オ4a 1151）　「也」作「者」、〔世徳〕同

後己第六十六　(84)若民歸就王者也（24ウ4b 1174）　無「者也」二字、〔世徳〕同

(85)無有厭之者也（25オ3b 1196）（〔杏Ⅱ・筑波・梅沢・慶Ⅰ・大東・武内・東大・東洋〕無「之」、〔足利〕無「之」「也」両字、〔無窮・東急・斯Ⅱ〕作「無有厭足者也」、〔弘文・斯Ⅱ〕作「無有厭足者」）　無「之者」二字、作「無有厭也」、〔世徳〕同、〔道蔵〕「無有厭之也」に、〔敦Ⅱ〕「無有厭之者」に作る、王校は〔敦Ⅱ〕等に従い「無有厭之者」に校改。

(86)無與吾争無爲者也（25オ5b 1203）　無「者也」二字、〔世徳〕同

三寶第六十七　⑰民曰用寛廣也（25ウ7b 1242）　「也」作「矣」、〔世徳・道蔵〕同

愛己第七十二　⑱取此自知自愛也（29オ6b 1417）　無「也」字、〔世徳・敦Ⅱ・道蔵〕同

任爲第七十三　⑲殺身爲害也（29ウ3b 1427）　無「也」字、〔世徳・敦Ⅱ・道蔵〕同

天道第七十七　⑳唯有道之君能行之耳（32ウ3b 1595）（「之耳」、〔聖語〕作「之也」、〔東洋・梅沢〕作「之耳也」）

「之耳」作「也」一字、〔世徳〕同、王校、〔敦Ⅱ〕等に拠り

「之」字を補う

任信第七十八　㉑以爲反言也（33ウ2b 1640）　無「也」字、〔世徳・敦Ⅱ・道蔵〕同

獨立第八十　㉒不敢勞也（34オ5a 1674）　「也」作「之也」二字、〔世徳〕同

文末の助字に限っても以上の九十二箇所に異同が認められる。上巻⑥（5ウ7b 262）、㉗（13オ5b 673）、㊵（19ウ1 1035）、㊹（20オ3 1082）、㊻（21オ2b 1149）、下巻⑳（20オ3b 941）、㉓（24オ4a 1151）、㉗（25ウ7b 1242）、㉒（34オ5a 1674）の九例以外は、助字が無いか、「者也」を「也」一字に作る等少ない例である。宋版系本文の特徴として、古鈔本系と比較し文末の助字が少ない点が明瞭に顕れている。

三、その他助字の有無・相違

上巻

養身第二　①難易之相成（2オ6 80）　無「之」字、〔世徳〕同

安民第三　②是以聖人之治（3オ6 130）　無「之」字、〔世徳〕同、〔杏Ⅰ〕書入「才无」

無源第四　③不知其誰之子（4オ3 176）　無「其」字、〔世徳〕同、〔杏Ⅰ〕書入「才无」

成象第六　④是謂天地之根（5オ7 243）　無「之」字、〔世徳〕同、〔杏Ⅰ〕書入「才无」

韜光第七　⑤人所以爲私者（6オ3a 271）　無「所」字、〔世徳・敦Ⅰ・道蔵〕同

厭耻第十三　⑥可以寄於天下矣（10ウ3 506）　無「以」、〔世徳〕同

賛玄第十四　⑦而能爲萬物設形象也（11ウ4a 569）　無「能」、〔世徳・敦Ⅰ・道蔵〕同、王校は『道德眞經注疏』引河上公注に拠り「能」を補う

歸根第十六　⑧此乃道之所常行也（13ウ1a 688）　無「此」字、〔世徳・敦Ⅰ・道蔵〕同

⑨公正無私則（13ウ4a 708）　無「則」字、〔世徳〕同、王校〔敦Ⅰ〕等に拠り「則」を補入

⑩可爲天下王（13ウ4b 709）　「可」字下有「以」字、〔世徳・道蔵〕同

俗薄第十八　⑪大道廢焉有仁義（14ウ3 760）　無「焉」字、〔世徳・敦Ⅰ・道蔵〕同

⑫智惠出焉有大僞（14ウ4 767）　無「焉」字、〔世徳・敦Ⅰ・道蔵〕同

象元第二十五　⑬天大者無不蓋（20ウ7a 1132）　「無不」間有「所」字、〔世徳・道蔵〕同

⑭地大者無不載（20ウ7b 1134）　「無不」間有「所」字、〔世徳・道蔵〕同

⑮王大者無不制也（21オ1a 1137）　「無不」間有「所」字、〔世徳・道蔵〕同

巧用第二十七　⑯善行者無轍跡（22オ2 1191）　無「者」字、〔世徳〕同

⑰善言者無瑕讁（22オ3 1195）　無「者」字、〔世徳・道蔵〕同

⑱善計者不用籌策（22オ4 1201）　無「者」字、〔世徳・道蔵〕同

⑲善閉者無關楗而不可開（22オ5 1207） 無「者」字、〔世徳〕同

⑳善結者無繩約而不可解（22オ6 1213） 無「者」字、〔世徳〕同

儉武第三十

㉑不以兵強於天下（24ウ6 1356） 無「於」字、〔世徳〕同

偃武第三十一

㉒夫餝兵者不祥之器（25ウ3 1400） 無「者」字、〔世徳〕同、王校〔道藏〕等に拠り「者」を補入

任成第三十四

㉓故成其大也（28ウ4b 1578） 「故成」間有「能」字、〔世徳・道藏〕同

巻下

法本第三十九

㉔屈已下人（3オ7b 119） 「已下」間有「以」字、〔世徳〕同

道化第四十二

㉕強梁者謂不信玄妙（6オ5a 270） 無「者」字、〔世徳〕同、王校〔道藏〕等に拠り「者」字を補入

偏用第四十三

㉖無有入於無間（6ウ3 290） 無「於」字、〔世徳〕同、王校〔治要〕等に拠り「於」字を補入

立戒第四十四

㉗財利不累於身（7オ6b 330） 無「於」字、〔世徳〕同、王校〔道藏〕等に拠り「於」字を補入

鑒遠第四十七

㉘不出戸以知天下（8ウ6 397） 無「以」字、〔世徳〕同、王校〔治要〕等に拠り「以」字を補入

㉙不闚牖以見天道（8ウ7 401） 無「以」字、〔世徳・道藏〕同、王校〔治要〕等に拠り「以」字を補入

歸元第五十二　㉚已知其一（12オ7a 564）　無「其」字、〔世德・敦Ⅱ〕同

順化第五十八　㉛其日固久也（18オ4a 846）　「日固」間有「巳」字、〔世德〕同

居位第六十　㉜以道莅天下者（19オ7 906）　無「者」字、〔世德・道藏〕同

㉝夫兩不相傷則人得治於陽（19ウ5a 921）　無「則」字、〔世德・道藏〕同、王校〔敦Ⅱ〕等に拠り「則」字を補入

謙德第六十一　㉞女所以能屈男（20オ3a 938）　「能」作「勝」、〔世德〕同、王校〔敦Ⅱ〕等に拠り「能」字に校改

爲道第六十二　㉟欲使教化不善人也（21オ4b 988）　「善人」間有「之」、〔世德・道藏〕同

三寶第六十七　㊱不敢爲天下首先也（26オ1a 1243）　無「敢」字、〔世德〕同、王校は『道德眞經注疏』引河上公注に拠り「敢」を補う

配天第六十八　㊲善用人者爲之下（26ウ3 1278）　無「之」字、〔世德・敦Ⅱ・道藏〕同

制惑第七十四　㊳希有不傷其手矣（30ウ5 1497）　無「其」字、〔世德〕同

任信第七十八　㊴其無以能易之（33オ3 1613）　無「能」字、〔世德・敦Ⅱ〕同

獨立第八十　㊵而不用者（34オ6a 1682）　無「者」字、〔世德〕同、王校〔敦Ⅱ〕等に拠り「者」字を補う

古鈔本系本文と比較すれば、〔宋版〕本文の特徴として総じて助字が少ない点が指摘される。特に経文において、この傾向が顕著である。文末の助字を除くその他の助字について、古活字版に比べ〔宋版〕に助字が少ない例を字毎に纏めてみる。

「之」字が無い例　上巻①（2オ6 80）、②（3オ6 130）、③（5オ7 243）、下巻㊲（26ウ3 1278）

「其」字が無い例　上巻③（4オ3 176）、下巻㉚（12オ7a 564）、㊳（30ウ5 1497）

「所」字が無い例　上巻⑤（6オ3a 271）

「以」字が無い例　上巻⑥（10ウ3 506）、下巻㉘（8ウ6 397）、㉙（8ウ7 401）

「能」字が無い例　上巻⑦（11ウ4a 569）、下巻㊴（33オ3 1613）

「此」字が無い例　上巻⑧（13ウ1a 688）

「則」字が無い例　上巻⑨（13ウ4a 708）、下巻㉝（19ウ5a 921）

「焉」字が無い例　上巻⑪（14ウ3 760）、⑫（14ウ4 767）

「者」字が無い例　上巻⑯（22オ2 1191）、⑰（22オ3 1195）、⑱（22オ4 1201）、⑲（22オ5 1207）、⑳（22オ6 1213）、㉒（25ウ3 1400）、下巻㉕（6オ5a 270）、㉜（19オ7 906）、㊵（34オ6a 1682）

「於」字が無い例　上巻㉑（24ウ6 1356）、下巻㉖（6ウ3 290）、㉗（7オ6b 330）

「敢」字が無い例　下巻㊱（26オ1a 1243）

逆の例が無い訳ではない。上巻⑩（13ウ4b 709）、⑬（20ウ7a 1132）、⑭（20ウ7b 1134）、⑮（21オ1a 1137）、㉓（28ウ4b 1578）、下巻㉔（3オ7b 119）、㉛（18オ4a 846）、㉟（21オ4b 988）は〔宋版〕に助字が多い。しかし、この中には經文は含まれず、また挙例された四十項の内の八例と、無い例三十一に比べればはるかに僅少である。

〔宋版〕に助字が少ない傾向は実は、此処に示された以上に顕著である。古鈔本の何れか一本に〔宋版〕と同様に助字が無い場合には、挙例されていない事に因る。第二章及び第十八章の経文を例として、助字の有無による諸本間の違いを対比してみれば、此の傾向はより明白に示されよう。

養身第二（上2オ5～2ウ1）

(1) 故有無之相生難易之相成長短之相形高下之相傾音聲之相和前後之相隨
(2) □□□□□□□□□□□□□□□□□□□□□□□■□□□□□□□
(3) □□□■□□□□□□□□□□□□□□□□□□□□□□□□■□
(4) □□□■□□□□□□□□□■□□□□■□□□□■□□□□■□
(5) □□□■□□□□■□□□□■□□□□■□□□□■□□□□■□

(1)は、〔活Ⅰ・活Ⅱ・陽Ⅰ・書陵・龍門・無窮・足利・筑波・弘文・斯Ⅱ・梅沢・慶Ⅰ・大東・慶Ⅱ・武内（成誤作生）・東洋・六地・陽Ⅱ・東急・天理〕の本文で、全六句の全て、「相」字の上に「之」が有る。(5)は、〔宋版・世徳〕の本文で、六句の全てに「之」字が無い。(2)は〔道蔵〕で第二句から五句に「之」が有り、第一、第六句には無い。(2)は〔東大〕で第五句に「之」が無いのは伝写の際の脱落であろう。(4)は〔斯Ⅰ〕で、第二句を除いて「之」字が無い点で〔宋版・世徳〕に近く古鈔本としては特異な様態にあり、この為に先の一覧では「難易之相成」の①一例だけが示され、他の五句の事例は挙がっていない。(2)(3)(4)を除き、(1)(5)を対照させてみれば、古鈔本と〔宋版〕の本文の違いが、助字の有無に関してより明白である。

俗薄第十八（上14ウ3～14ウ6）

(1) 大道廢焉有仁義智惠出焉有大僞六親不和焉有孝慈國家昏亂焉有忠臣
(2) □□□□□□□□□□□□□□□□□□□□□□□□□□■□□□
(3) □□□□□□□□□□□□□□□□□□■□□□□□□□□□□□
(4) □□□□□□□□□□□□□□□□□□■□□□□□□□■□□□
(5) □□□■□□□□□□■□□□□□□□■□□□□□□□■□□□

(1)は〔活Ⅰ・活Ⅱ・陽Ⅰ・書陵・龍門・無窮・足利・筑波・弘文（和作知）・斯Ⅱ・慶Ⅰ・大東・慶Ⅱ・武内・東洋（和作知）・天理〕の本文。(5)が〔宋版・世徳〕の本文で、〔敦Ⅰ・道蔵〕も同じである。(2)は〔六地〕、(3)は〔斯Ⅰ〕、(4)は〔梅沢・東急・陽Ⅱ〕で、古鈔本の間で異同があり、この為に先の一覧では⑪⑫の二例だけが示され、他の二例は挙がっていない。(1)(5)を直接対比すれば、此の経文四句の各句「有」字上の「焉」字の有無は、古鈔本と〔宋版〕の本文の相違を対照的に顕示している。

僅か二例の提示であるが、このような〔宋版〕に助字が少ない傾向は、全本文に亙る特徴として捉えることが出来る。古鈔本と〔宋版〕の本文系統の別を証する、有効な論拠となるであろう。助字の多寡による著しい懸隔は、伝写、或いは刊行に際しての脱落に因るのではなく、両種本の伝系の別に起因していると考えられる。(3)

四、通用字別体字使用に因る相違

上巻

體道第一　①含光蔵暉滅跡匿端（1オ4b 9）　「跡」作「迹」、〔世徳〕同

②得錯亂濁辱則生貪淫也（2オ1a 68）　「濁」作「汚」、〔世徳〕同

養身第二　③夫唯弗居（2ウ5 104）　「唯」作「惟」、〔世徳・道蔵〕同、〔東洋〕書入「惟才作」

④夫唯功成不居其位也（2ウ5a 105）　「唯」作「惟」、〔世徳・道蔵〕同

無源第四　⑤淵兮似萬物之宗（3ウ6 155）　「兮」作「乎」、〔世徳〕同、〔杏Ⅰ〕書入「乎才乍」

⑥人欲鋭情（3ウ7a 159）　「情」作「精」、〔世徳〕同、〔杏Ⅰ〕書入「精才乍」

⑦湛兮似或存（4オ2 172）　「或」作「若」、〔世徳・道蔵〕同、〔杏Ⅰ〕書入「若才乍」

⑧至今存者（4オ5a 183）　「存」作「在」、〔世徳・敦Ⅱ〕同

成象第六　⑨不當急疾勤勞也（5ウ2b 252）　「勤」作「懃」、王校は〔道蔵〕等に拠り「勤」に校改

能爲第十

⑩當洗其心使潔清也（7ウ7a 367）「清」作「淨」、〔世德〕作「靜」

撿欲第十二

⑪爽妄也（9ウ1a 457）「妄」作「亡」、〔世德・敦Ⅰ・道藏〕同

⑫人嗜於五味則口妄言（9ウ2b 459）「妄」作「亡」、〔世德・敦Ⅰ・道藏〕同

厭耻第十三

⑬問何謂寵（10オ2a 477）「謂」作「爲」、〔世德〕同、王校〔道藏〕等に拠り「謂」に校改

⑭解上得之而驚（10オ5b 490）「而」作「若」、〔世德・道藏〕同

⑮失之而驚也（10オ6a 491）「而」作「若」、〔世德・道藏〕同

賛玄第十四

⑯是謂忽恍（11ウ4 571）「謂」作「爲」、〔世德〕同

顯德第十五

⑰水之濁止而靜之（12ウ5b 638）（〔東大〕「靜」作「清」）「靜」作「淨」、王校〔道藏〕等に拠り「靜」に校改

⑱故能弊不新成（12ウ7 649）「弊」作「蔽」、〔世德〕同

⑲能守弊不爲新成（13オ1a 651）「弊」作「蔽」、〔世德〕同

還淳第十九

⑳上化公正（15オ6a 808）「正」作「政」、〔世德〕同、王校〔道藏〕等に拠り「正」に校改

異俗第二十

㉑惡者諫諍也（15ウ6a 838）「諍」作「爭」、〔世德・道藏〕同、王校〔敦Ⅰ〕等に拠り「諍」に校改

㉒如嬰兒之未𣨙（16オ4 863）（〔書陵・龍門・無窮・足利・筑波・弘文・斯Ⅱ・梅沢・慶Ⅰ・大東・慶Ⅱ・武内・東大・東洋・東急・斯Ⅰ・六地・陽Ⅱ〕「𣨙」作「咳」、〔書陵〕書入「咳イ」）「𣨙」作「孩」、〔世德・道藏〕同

虚無第二十三

㉓所爲與道同也（19オ3a 1019）　「爲」作「謂」、〔世徳〕同、王校〔道蔵〕等に拠り「爲」に校改

㉔所爲與徳同也（19オ3b 1023）　「爲」作「謂」、〔世徳〕同、王校〔道蔵〕等に拠り「爲」に校改

㉕所爲與失同也（19オ4b 1027）　「爲」作「謂」、〔世徳〕同、王校〔道蔵〕等に拠り「爲」に校改

苦恩第二十四

㉖所爲輙自伐取其功美（19ウ6b 1066）　「爲」作「謂」、〔世徳〕同、王校〔道蔵〕等に拠り「爲」に校改

偃武第三十一

㉗吉事上左（26オ5 1439）　「上」作「尚」、〔世徳・道蔵〕同、〔杏Ⅰ〕書入「才尚」、〔書陵〕書入「尚才乍」

㉘凶事上右（26オ6 1441）　「上」作「尚」、〔世徳・道蔵〕同、〔杏Ⅰ〕書入「才尚」

聖徳第三十二

㉙天則下甘露善瑞也（27オ1b 1482）　「則」作「即」、〔世徳〕同

任成第三十四

㉚萬物皆待道而生也（28オ4b 1551）（〔弘文・斯Ⅱ〕「待」作「得」）「待」作「恃」、〔世徳〕同、王校〔道蔵〕等に拠り「待」に校改

爲政第三十七

㉛萬物已化（30オ4b 1655）　「已」作「以」、〔世徳・道蔵〕同、王校〔武内〕等に拠り「已」に校改

下巻

法本第三十九

㉜猶築墻造功因卑成高（3ウ3a 131）　「墻」作「牆」、〔世徳・敦Ⅱ・道蔵〕同

同異第四十一　㉝惑於情欲（4ウ4a 186）　「惑」作「或」、〔世徳・敦Ⅱ〕同、王校〔道蔵〕等に拠り「惑」に校改

㉞若可揄引使空虚也（5オ4b 217）　「揄」作「偷」、〔世徳・道蔵〕同、王校〔敦Ⅱ〕等に拠り「揄」に校改

洪徳第四十五　㉟大辨知無疑也（8オ1a 361）　「知」作「智」、〔世徳・道蔵〕同

鑒遠第四十七　㊱不爲而成（9オ4 414）　「不」作「無」、王校〔治要〕等に拠り「不」に校改

養徳第五十一　㊲乃復養長成熟（11ウ7b 544）（「熟」、〔武内・無窮・東急〕作「就」）「熟」作「孰」

歸元第五十二　㊳閉其門（12ウ1 569）　「閉」作「閑」、王校〔道蔵〕等に拠り「閉」に校改

淳風第五十七　㊴使詐僞之人用兵也（16ウ4a 760）　「僞」作「爲」、〔世徳〕同、王校〔敦Ⅱ〕等に拠り「僞」に校改

謙徳第六十一　㊵柔和而不倡也（20オ2b 936）（「倡」、〔陽Ⅰ・書陵・無窮・梅沢・武内・東大・東洋・聖語・東急・斯Ⅰ・敦Ⅱ〕作「唱」）　「倡」作「昌」、〔世徳〕同、王校〔敦Ⅱ〕等に拠り「唱」に校改

恩始第六十三　㊶由避害深也（22オ5b 1042）　「由」作「猶」、〔世徳〕同、王校〔敦Ⅱ〕等に拠り「由」に校改

後己第六十六　㊷是以聖人欲上人（24ウ5 1178）　「上人」作「上民」、〔世徳・敦Ⅱ・道蔵〕同

㊸視民若赤子（25オ3a 1193）　「若」作「如」、〔世徳・道蔵〕同

三寶第六十七　㊹賦歛若取之於已也（25ウ5a 1234）　「歛」作「儉」、王校〔敦Ⅱ〕等に拠り「歛」に校改

知難第七十　㊺今舍慈且勇（26オ2 1248）（〔筑波・大東・弘文・六地・道藏〕「舍慈」之間有「其」字）「舍」作「捨」、〔世德〕同、王校〔敦Ⅱ〕等に拠り「舍」に校改

㊻夫唯世人也（28オ1a 1350）「唯」作「惟」、王校〔道藏〕に拠り「唯」に校改

㊼唯達道者（28オ2a 1359）「唯」作「惟」、〔世德〕同

知病第七十一　㊽託於不智者（28ウ3a 1383）「智」作「知」、〔世德・敦Ⅱ・道藏〕同

愛己第七十二　㊾以有精神（29オ1a 1400）「以」作「爲」、〔世德〕同、王校〔道藏〕等に拠り「以」に校改

㊿喜清靜（29オ1b 1402）（〔筑波・弘文・斯Ⅱ・慶Ⅰ・大東・斯Ⅰ〕「靜」作「浄」）「靜」作「浄」、〔世德〕同、王校〔道藏〕等に拠り「靜」に校改

(51)恬怕無欲（29オ3a 1408）（「恬怕」〔武内〕作「䩞泊」、〔聖語〕作「恬怡」）「怕」作「泊」、〔世德・道藏〕同

任信第七十八　(52)壅之則止（33オ1b 1606）「壅」作「擁」、〔世德・道藏〕同、王校〔敦Ⅱ〕等に拠り「壅」に校改

獨立第八十　(53)不徵召奪民良時也（34オ6b 1683）「民」作「人」、〔世德〕同、王校〔敦Ⅱ〕等に拠り「民」に校改

(54)不好出入遊娯也（34ウ2a 1697）「遊」作「游」、〔世德〕同、王校〔敦Ⅱ〕等に拠り「遊」に校改

以上、五十四箇所に亙って、假借、別体等通用字使用に因る異同が見られる。其の使用字の是非優劣については、

個々の文脈に沿って検討されなければならないが、此処では其の異同の多さを指摘するに留める。〔宋版〕使用字が〔世徳〕等後代の通行刊本に継承されるに伴い、古鈔本系の本文とは隔離した宋版系本文としての特徴を生起している事が察知される。

五、其の他の異文

上巻

體道第一　①當如嬰兒之未言（1オ 5a 13）　「當」作「愛」、〔世徳〕同、〔杏Ⅰ〕書入「愛才作」、王校〔道蔵〕等に拠り「當」に校改

②天地始者道（1オ 7a 24）　「道」下有「本也」二字、〔世徳〕同、〔杏Ⅰ〕書入「本也才ナ」

③有陰陽有柔剛（1ウ 1a 27）　無上「有」字、〔世徳・道蔵〕同、〔杏Ⅰ〕書入「才无」、王校は『道徳眞經注疏』引河上公注に拠り「有」を補う

④除情欲守中和（2オ 1b 71）　「除情欲」作「除情去欲」、〔世徳〕同

養身第二　⑤各自動作也（2ウ 3b 92）　無「作」、〔世徳〕同、王校〔道蔵〕等に拠り「各自動作」に校改

安民第三　⑥言人君不御好珎（3オ 4a 122）　「珎」下有「寶」、〔世徳・道蔵〕同、〔杏Ⅰ〕書入「寶才ナ」

⑦治國猶治身也（3オ 6b 132）　作「治國與治身同也」、〔世徳〕同、王校〔道蔵〕等に拠り

「同」字を削る、〔杏Ⅰ〕書入「與才乍」「同才ナ」

無源第四

⑧紛結恨也（4オ 1a 163）

「恨」作「根」、〔世徳〕同、〔杏Ⅰ〕書入「根才乍」、王校〔敦Ⅰ〕等に拠り「恨」に校改

⑨雖有獨見之明當如闇昧（4オ 1b 167）

「如」作「知」、〔世徳〕同、〔杏Ⅰ〕書入「知才乍」、王校〔道蔵〕等に拠り「如」に校改

⑩不當以曜亂人也（4オ 2a 168）

「曜」作「擢」、〔杏Ⅰ〕書入「擢才乍」、王校〔道蔵〕等に拠り「曜」に校改

⑪道湛然安静（4オ 3a 173）

「道」作「當」、〔世徳〕同、〔杏Ⅰ〕書入「當才乍」

⑫道似存天帝之前（4オ 4a 179）

「似存」作「自在」、〔世徳・道蔵〕同、〔杏Ⅰ〕書入「自才乍」「在才乍述乍」、王校〔敦Ⅰ〕に拠り「似在」に校改

虚用第五

⑬故能有聲氣也（4ウ 4b 206）

「故」作「人」、〔杏Ⅰ〕書入「人才乍」、王校〔敦Ⅰ〕等に拠り「故」に校改

⑭時揺動之益出聲氣也（4ウ 5b 208）

「揺動」作「動揺」、〔世徳〕同、〔杏Ⅰ〕書入「動揺才乍」

成象第六

⑮言不死之道在於玄牝（5オ 3a 223）

「道」作「有」、〔世徳〕同、〔杏Ⅰ〕書入「有才乍」、王校〔敦Ⅰ〕等に拠り「道」に校改

⑯主出入於人口（5オ 6b 240）

無「人」、〔世徳・道蔵〕同、王校〔敦Ⅰ〕等に拠り「主出入人口」に校改

韜光第七

⑰先以爲官長也（6オ 1a 264）

無「官」字、〔世徳・道蔵〕同、王校〔敦Ⅰ〕等に拠り「官」

字を補入

能爲第十

⑱魄安修德延年也（7ウ2b 346）　「修德」作「得壽」、〔世德・道藏〕同、〔杏I〕書入「得壽才乍」

⑲一之爲言至一無二也（7ウ5b 357）　「至」作「志」、〔世德・道藏〕同、〔杏I〕書入「志才乍」

⑳專精氣使不亂（7ウ5a 359）　「專精」之間有「守」、〔世德・道藏〕同、〔杏I〕書入「守才ナ」

㉑治國者布德施惠（8オ2b 377）　「布德施惠」作「布施惠德」、〔世德〕同、〔杏I〕書入「惠」下「德才ナ」

㉒能爲雌乎（8オ4 387）　「爲」作「無」、〔世德・道藏〕同、王校〔敦I〕等に拠り「爲」に校改

無用第十一

㉓輪得轉行（8ウ6a 425）　作「車得去行」、〔世德〕作「車得其行」、王校〔敦I〕等に拠り「輪得轉行」に校改

㉔人得載其上也（8ウ6b 426）　「得」作「能」、〔世德〕同、王校〔敦I〕等に拠り「得」に校改

㉕物利於形（9オ3a 437）　作「利物也利於形用」、〔世德〕同、〔道藏〕作「利物也利形於用」

撿欲第十二

㉖人嗜於五味（9ウ2a 458）　「於五味」作「五味於口」、〔世德〕同、王校本〔敦I〕等に従い「人嗜於五味」に作る

㉗口妄言失於道也（9ウ2b 460）　「道也」之間有「味」、〔世徳・道蔵〕同、王校〔敦Ⅰ〕等に拠り「味」を衍として刪去

厭耻第十三

㉘如臨危也（10オ4a 486）　「臨危」之間有「深」、〔世徳〕同、〔梅沢〕書入字間右旁に「深ィ」

㉙坐吾有身（10オ7b 495）　「坐」作「爲」、〔世徳・道蔵〕同

㉚體道自然（10ウ2a 502）（〔陽Ⅰ・龍門・書陵〕無「道」字）　「體道」之間有「得」、〔世徳・敦Ⅰ〕同

㉛人君自貴其身（10ウ3a 508）　無「自」、〔世徳・道蔵〕同

贊玄第十四

㉜不可強詰問而得之也（11オ5b 542）　無「強」、〔世徳・敦Ⅰ・道蔵〕同

㉝一非色也（11ウ1a 553）　「一非」作「非一」、〔世徳・敦Ⅰ・道蔵〕同

㉞一非聲也（11ウ1b 555）　「一非」作「非一」、〔世徳・敦Ⅰ・道蔵〕同

㉟一非形也（11ウ1b 557）　「一非」作「非一」、〔世徳・敦Ⅰ・道蔵〕同

㊱言一無物質（11ウ4a 568）　無「言」、〔世徳・道蔵〕同、王校〔敦Ⅰ〕等に拠り「言」字を補入校改

㊲言一忽忽（11ウ4a 572）　無「言」、〔世徳〕同、王校〔敦Ⅰ〕等に拠り「言」を補入

㊳不可得而隨也（11ウ5b 579）（〔書陵・龍門・無窮・筑波・慶Ⅱ・東大・東洋・東急〕無「不」）　「隨也」作「看」、〔世徳・敦Ⅰ〕同、〔道蔵〕作「見」

㊴一自歸己也（11ウ6b 586）　「己」作「之」、〔世徳・道蔵〕同

㊵執守古道主一（11ウ7a 588）　「主」作「生」、〔世徳・敦Ⅰ・道蔵〕同

顯德第十五

㊶若客因主人（12オ7a 612）「因」作「畏」、〔世德〕同

㊷外無彩文也（12ウ2b 624）（〔東急〕「彩」作「采」）「彩文」作「文采」、〔世德〕同、〔道藏〕作「文彩」

㊸無所不包容也（12ウ3b 628）（古活字版「容」誤作「客」）無「容」字、〔世德・道藏〕同

㊹新成者謂貴功名者也（13オ1b 656）無「謂」字、〔世德・道藏〕同

歸根第十六

㊺道人捐情去欲（13オ3a 660）「道人」作「得道之人」、〔世德〕同

㊻萬物無不皆歸復其本（13オ5b 673）（〔武内・梅沢・東大・東洋〕「歸復」作「復歸」）無「復」字、〔世德・敦Ｉ・道藏〕同

㊼静曰復命（13オ7 683）「静曰」作「是謂」、〔世德・敦Ｉ〕同

淳風第十七

㊽君信不足於下也（14オ5a 745）無此七字、〔世德〕同

㊾反以爲自當然也（14ウ1b 758）「爲自」之間有「只」字、〔世德〕同、〔道藏〕「只」作「己」、王校〔道藏〕等に拠り「只」を「己」に校改

㊿匡救其君（14ウ7a 778）「匡救」作「匡正」、〔世德〕同

俗薄第十八

51各自潔已不知貞（15オ1a 782）無「自」字、〔世德・道藏〕同、王校〔敦Ｉ〕等に拠り「自」字を補入

52大道之世仁義没（15オ1a 783）「世」作「君」、〔世德〕同、王校〔敦Ｉ〕等に拠り「世」字に校改

53猶日中盛明衆星失光者也（15オ1b 785）「明」作「時」、〔世德〕同、王校〔敦Ｉ〕等に拠り「明」字

に校改

還淳第十九

(54)五帝畫象（15オ3a 791）「畫象」作「垂象」、〔世德〕同、王校〔敦I〕等に拠り「畫象」に校改

(55)棄義之尚華言也（15オ5b 801）「華言」作「華信」、〔世德〕同、王校〔敦I〕等に拠り「華言」に校改

(56)當見其質朴（15ウ2b 821）「質朴」作「篤朴」、〔世德〕同、王校〔敦I〕等に拠り「質朴」に校改

(57)以示下法則也（15ウ2b 823）（〔斯I〕「下法」之間有「故下」二字）「下法」之間有「故可」二字、〔世德・敦I〕同、〔道藏〕有「可」一字

異俗第二十

(58)言世俗人荒亂（16オ1a 847）「言」上有「或」、〔世德〕同、王校〔敦I〕等に拠り「或」字を刪去

(59)欲進學文（16オ1b 849）「學文」間有「爲」字、〔世德〕同

(60)儡儡兮其若無所歸（16オ5 865）「儡儡」作「乗乗」、〔世德・道藏〕同

(61)我獨儡儡（16オ5a 868）「儡儡」作「乗乗」、〔世德・道藏〕同

(62)若飛揚無所止也（16ウ4a 896）「飛揚」間有「若」字、〔世德・道藏〕同

(63)似鄙若不逮也（16ウ5a 902）「似鄙」作「鄙似」、〔世德・道藏〕同、王校は『道德眞經注疏』所引に従い「似鄙」に校改

虛心第二十一

(64)忽怳無形無形之中（17オ4a 925）無「無形」二字、〔世德・道藏〕同（〔道藏〕「之」作「其」）、

⑮獨爲萬物設法象也（17オ4b 926）
王校〔道蔵〕に拠り「忽怳無形其中」に校改
無「設」字、〔世徳・道蔵〕同、王校〔道蔵〕に拠り「獨有萬物法象」に校改

⑯言道精氣（17オ6a 933）
「道」作「存」、〔世徳〕同、王校〔道蔵〕等に拠り「道」に校改

⑰神妙甚真（17オ6b 934）
「神妙」作「其妙」、〔世徳〕同、王校〔道蔵〕等に拠り「神妙」に校改

⑱人動作起居（17ウ3b 946）
無「人」字、〔世徳〕同

⑲不自専則全也（17ウ5b 949）（〔慶Ⅱ・斯Ⅰ〕「全」下有「身」）「全也」之間有「其身」二字、〔世徳〕同、〔梅沢〕「其身」二字加筆

⑳自得少則得多也（17ウ7a 962）（〔梅沢・武内・東大・東洋・東急〕上「得」作「受」）「得少」作「受取少」、〔世徳〕同

㉑財多者惑於守身（18オ1a 966）
「守身」作「所守」、〔世徳・道蔵〕同

㉒故能長久不危也（18オ6b 985）
無「長」字、〔世徳〕同、王校〔道蔵〕等に拠って「長」字を補入

㉓正言非虚空也（18ウ1b 992）（〔筑波・弘文・大東・武内・東大・東洋・天理〕「空」作「言」）「虚空」作「虚妄」、〔世徳〕同

㉔實全其肌體（18ウ2a 997）
無「全」字、〔世徳・道蔵〕同

益謙第二十二

虚無第二十三　(75)希言謂愛言也（18ウ4a 1002）「謂」作「者是」、〔世徳〕同、王校〔道蔵〕等に拠り「是」を「謂」に校改

(76)同於失者失亦樂得之（19オ6 1032）「得之」作「失之」、〔世徳〕同

(77)與失同者失亦樂得之也（19オ7b 1033）「得之」作「失之」、〔世徳〕同

苦恩第二十四　(78)失功於人也（19ウ7b 1069）「失功」間有「有」字、〔世徳・道蔵〕同

(79)不可以久長也（19ウ7b 1072）「久長」作「長久」、〔世徳〕同

(80)其於道也日餘食贅行（20オ1 1074）「日」作「曰」、〔世徳・道蔵〕同

象元第二十五　(81)人當法地安靜和柔也（21オ2a 1143）「和柔」作「柔和」、〔世徳〕同、王校〔道蔵〕等に拠り「和柔」に校改

重徳第二十六　(82)是以君子終日行不離輜重（21ウ2 1169）「君子」作「聖人」、〔世徳・道蔵〕同

(83)君子終日行道（21ウ2a 1172）「君子」作「聖人」、〔世徳〕同

(84)王者躁疾則失其君位（21ウ7a 1188）「者躁」間有「行」、〔世徳・道蔵〕同

巧用第二十七　(85)所以常教民順四時者（22ウ2a 1222）無「常」字、〔世徳・道蔵〕同（〔道蔵〕無「教民」二字）、王校は『道德眞經注疏』引河上公注に拠り「常」字を補入

反朴第二十八　(86)雖自知其尊顯（23オ2b 1250）「自知」作「知自」、〔世徳〕同、王校〔道蔵〕等に拠り「自知」に校改

(87)復當歸志於嬰兒（23オ5a 1264）（〔斯Ⅰ〕「當」作「常」）「復當」作「常復」、〔世徳〕同、王校は『道德眞經注疏』引河上公注に拠り「當復」に校改

⑧⑧雖自知昭昭明達（23オ6b 1271）「明達」作「明白」、〔世徳〕同

⑧⑨徳乃常止於己也（23ウ4b 1295）無「常」字、〔世徳・道蔵〕同、王校は『道徳眞經玄徳纂疏』引河上公注に従い「常」字を補入

儉武第三十

⑨⓪行善者（25オ3a 1371）「行善」作「善兵」、〔世徳〕同、王校〔道蔵〕に拠り「用」字を補い「善用兵者」に校改

⑨①強者不可以久也（25オ7b 1395）「久也」作「壯」、〔世徳〕同、王校〔道蔵〕等に拠り「久」に校改

偃武第三十一

⑨②遭衰逢亂（26オ1a 1420）「逢」作「逆」、〔世徳〕同

⑨③不以爲利美也（26オ2b 1428）「利美」作「利己」、〔世徳〕同、王校は『道徳眞經集注』所引に拠り「己」を「美」に校改

⑨④而居左者（26オ6a 1445）「左」作「陽」、〔世徳〕同

⑨⑤將軍居喪主之位（26ウ3a 1461）〔梅沢〕「主」字旁に「礼」字を加筆、〔陽I・武内・東大・東洋・東急・斯I〕「喪主」作「喪礼」

⑨⑥（26ウ3b 1465）「主之」間有「禮」、〔世徳・道蔵〕同

〔宋版〕本章注末に「知後世用兵不已故悲痛之」の一文十一字が有る。〔世徳・道蔵〕同（〔道蔵〕は「悲痛」の間に「而」、末に「矣」が有る）。古鈔本、古活字版には無し。

聖徳第三十二

⑨⑦如川谷與江海流相通也（27オ7b 1508）「流相通」作「相流通」、〔世徳・道蔵〕同

辨徳第三十三

⑨⑧是智也（27ウ2b 1510）「是智」間有「爲」、〔世徳〕同

(99)則可以長久也（27ウ7b 1529）　無「長」字、〔世徳・道蔵〕同、王校『道徳眞經注疏』引河上公注等に拠り「長」字を補入

任成第三十四

(100)道可左可右（28オ4a 1545）　作「道可左右」、〔世徳〕同、王校〔道蔵〕等に拠り「可」字を補入

(101)怕然無爲（28オ7a 1565）　「怕然」作「恒然」、〔世徳〕同

仁徳第三十五

(102)國家安寧而太平矣（29オ1a 1588）　「國家安寧」作「國安家寧」、〔世徳〕同

(103)五味有酸鹹甘苦辛也（29オ3b 1603）　「甘苦」作「苦甘」、〔世徳〕同

微明第三十六

(104)魚脱入於淵（29ウ5a 1634）　無「入」字、〔世徳・道蔵〕同

(105)利器者謂權道也（29ウ6a 1637・1638）　無「者謂」二字、〔世徳〕同、王校〔道蔵〕等に拠り「者謂」二字補入

爲政第三十七

(106)天下將自正（30オ7 1670）　「正」作「定」、〔世徳〕同

(107)將自正安定也（30オ7b 1671）　無「安」字、〔世徳・道蔵〕同

下巻

論徳第三十八

(108)言法道安静（1オ7a 18）　「言」作「謂」、〔世徳〕同

法本第三十九

(109)侯王得一爲天下正（2ウ7 89）（〔杏Ⅱ・無窮・足利・筑波・弘文・斯Ⅱ・慶Ⅰ・大東・武内・東大・東洋・聖語・東急・斯Ⅰ・陽Ⅱ〕「一爲」之間有「以」字）「爲天下正」作「以天下爲正」、王校〔敦Ⅲ〕等に拠り「以爲天下正」に校改

(110)萬物當隨時死生（3オ6a 113）　「死生」作「生死」、〔世徳・道蔵〕同

⑪不可但欲常生（3オ6b 114）（〔陽Ⅰ・書陵・杏Ⅱ・足利・斯Ⅱ・梅沢・武内・東大・東洋・聖語・東急・斯Ⅰ〕無「但欲」二字、〔慶Ⅰ・弘文〕「常」作「當」）　無「常」字、〔世徳・道蔵〕同、王校は『道德眞經注疏』引河上公注に拠り「長」字を補い「不可但欲長生」に作る

⑫不可但欲貴髙於人（3ウ1a 121）　無「貴」字、〔世徳〕同、王校〔敦Ⅲ〕等に拠り「貴」字を補入

⑬故貴必以賤爲本（3ウ1 124）　無「必」字、〔世徳〕同、王校〔敦Ⅲ〕等に拠り「必」字を補入

⑭是以王侯自稱孤寡不轂（3ウ4 134）　「稱」作「謂」、〔世徳〕同、王校〔治要〕等に拠り「稱」字に校改

去用第四十

⑮（3ウ7a 148）　〔宋版〕経文「故致數車無車」下注文冒頭に「致就也」三字有り、〔世徳・敦Ⅱ・道蔵〕同、古鈔本、古活字版は三字無し。

⑯人致就車數之（3ウ7a 149）　無「致」字、〔世徳・敦Ⅱ・道蔵〕同

⑰道之所以動生萬物（4オ4b 168）　「動」下重有「動」字〔世徳・道蔵〕同

同異第四十一

⑱故能久長也（4オ5b 171）　「久長」作「長久」、〔世徳・道蔵〕同

⑲不足名以爲道也（4ウ6b 196）　「名以」作「以名」、〔世徳〕同

⑳質直若渝（5オ4 218）　「直」作「眞」、〔世徳・道蔵〕同、〔書陵〕書入「述乍真」、王校〔敦Ⅱ〕等に従い「直」に校改

道化第四十二　㉑陰陽生和清濁（5ウ4a237）（「和清濁」〔聖語・斯Ⅰ〕作「和氣清濁」）「和清濁」作「和氣濁」、〔世徳〕同、王校〔敦Ⅱ〕等に従い「和清濁」に校改

㉒廻心始就日也（5ウ5b244）（「始」、〔活Ⅱ・杏Ⅱ・筑波・斯Ⅱ・慶Ⅰ・大東・武内・東大・東洋・東急・聖語・斯Ⅰ〕作「如」、〔梅沢〕作「而如」）「始」作「而」、〔世徳・敦Ⅱ・道蔵〕同

㉓推讓必還也（6オ2b259）（「推讓」〔聖語・斯Ⅰ〕作「推讓之」）「推讓」作「推之」、〔世徳・道蔵〕同

㉔増高者速崩（6オ3a261）無「速」字、〔世徳・敦Ⅱ〕同、王校〔道蔵〕等に拠り「増高者致崩」に校改

偏用第四十三　㉕無爲之治治身治國也（6ウ7b312・313）無「無爲之治治」五字、〔世徳・敦Ⅱ〕同

立戒第四十四　㉖則終身不危殆也（7オ7a332）無「終」字、〔世徳〕同、王校〔治要〕等に拠り「終」字を補入

洪徳第四十五　㉗能清能静則爲天下長（8オ3a374）「能清能静」作「能清静」、〔世徳〕同、王校〔治要〕等に拠り「能」一字を補入

儉欲第四十六　㉘好色淫也（8ウ2a389）（「色淫」〔東急〕作「婬色」）「色淫」作「淫色」、〔世徳〕同

鑒遠第四十七　㉙所知益少也（9オ2b408）（「知」〔無窮〕作「見知」二字）「知」作「見」、〔敦Ⅱ・道蔵〕同、〔世徳〕作「用」

亡知第四十八　㉚當恬如嬰兒無所造爲也（9ウ2a431）「恬」下有「惔」字、〔世徳・道蔵〕「惔」作「淡」

任徳第四十九　㉛如孩育赤子（10ウ1a479）（「孩育」〔陽Ⅰ・杏Ⅱ・足利・筑波・弘文・斯Ⅱ・慶Ⅰ・大東・武内・東

大・東洋・東急〕作「蠕虫」、梅沢作「孩育蠕虫」）「孩育」作「孩孾」、〔世徳〕同

貴生第五十

⑬2 鼻不妄臭（10ウ6b 494）（「臭」〔無窮・東急〕作「香」）「臭」作「香臰」、〔世徳・敦Ⅱ〕作「臰」、王校は『道德眞經注疏』引河上公注等に拠り「鼻不妄嗅」に校改

⑬3 口不妄言（10ウ6b 495）「言」作「言味」、〔世徳・敦Ⅱ・道蔵〕同、王校は『道德眞經注疏』引河上公注等に拠り「口不妄言」に校改

⑬4 動皆之死地十有三（10ウ7 500）無「皆」字、〔世徳・道蔵〕同

⑬5 以其不犯上十三之死地也（11オ7a 523）無「上」字、〔世徳・道蔵〕同、王校〔敦Ⅱ〕等に拠り「上」字を補う

⑬6 此物不敢害人也（11オ7b 526）無「人也」二字、〔世徳・敦Ⅱ・道蔵〕同

養徳第五十一

⑬7 復養長成熟（11ウ7b 543）「養長」作「長養」、〔世徳・敦Ⅱ・道蔵〕同

⑬8 以爲利用也（12オ3a 554）無「用」字、〔世徳・道蔵〕同

歸元第五十二

⑬9 既知得道（12オ6a 562）無「得」字、〔世徳・道蔵〕同

益證第五十三

⑭0 民好從邪徑不平正也（13オ5b 609）無「不平正」三字、〔世徳・敦Ⅱ・道蔵〕同

⑭1 農事廢不耕治失時也（13オ6b 613）無「失時也」三字、〔世徳・敦Ⅱ〕同

玄符第五十五

⑭2 知常日明（15ウ1 705）「日」作「曰」、〔世徳・道蔵〕同、〔書陵〕書入「曰ィ」、王校は南宋劉氏刊『音註河上公老子道德經』に拠り「日」に校改

⑭3 心當專一爲和柔（15ウ2a 712）無「爲」字、〔世徳・道蔵〕同

⑭4 而神氣實内（15ウ2b 713）無「神」字、〔世徳〕同、王校〔道蔵〕等に拠り「神」字を

補う

玄德第五十六　(145)當念道恬怕（16オ1b 732）

「恬怕」作「無爲」、〔世德〕同、王校〔敦Ⅱ〕等に拠り「恬怕」に校改

(146)不使曜亂人也（16オ2b 736）

無「人也」二字、〔世德・道藏〕同、王校〔敦Ⅱ〕等に拠り「人也」二字を補入

淳風第五十七　(147)以正之國（16ウ3 756）

「之」作「治」、〔世德・道藏〕同

(148)之至也（16ウ3a 757）

「之」作「以」、〔世德・道藏〕同

(149)多技巧（17オ2a 776）

「多技」間有「知」、〔世德・敦Ⅱ〕同、王校〔治要〕に拠り「知」を刪去

(150)刻畫宮觀（17オ2b 777）

「刻」上有「謂」字、〔世德・道藏〕同

(151)彫琢章服（17オ2b 778）

「章服」作「服章」、〔世德〕同、王校〔敦Ⅱ〕等に拠り「章服」に校改

(152)日以滋起也（17オ3b 782）

「滋起」作「滋甚」、〔世德・道藏〕同

順化第五十八　(153)正已以割人清已以害人也（18オ5b 851）（〔東急〕無「清已以」三字）

無「割人清已以」五字、〔世德・道藏〕同、〔敦Ⅱ〕無「割人」二字

守道第五十九　(154)無使泄漏也（19オ4a 892）

作「使無漏泄」、〔世德・道藏〕同、〔敦Ⅱ〕作「无使漏泄」、王校〔敦Ⅱ〕に拠り「無使漏泄」に校改

居位第六十　(155)治身煩則精氣散去也（19オ7b 905）

「精氣散去也」作「精散」二字、〔世德・道藏〕同

爲道第六十二

(156)聖人亦不傷人（19ウ3 914）　無下「人」字、王校〔敦Ⅱ〕等に拠り「人」字を補入

(157)欲使教化不善人也（21オ4b 988）　「不善人」作「不善之人」、〔世徳・道蔵〕同

恩始第六十三

(158)豫設備除煩省事也（21ウ4a 1015）　「設」作「有」、〔世徳〕同、王校は『道徳眞經注疏』所引等に拠り「豫有備」を「不預設備」に校改

淳徳第六十五

(159)明知姧巧也（23ウ7b 1130）　「姧巧」作「巧詐」、〔世徳・道蔵〕同

(160)以其智大多（24オ1a 1137）　無「大」字、〔世徳〕同、王校〔敦Ⅱ〕等に拠り「太」字を補入

(161)常能知智者爲賊（24オ4b 1152）　無「知」字、〔敦Ⅱ〕同、王校〔道蔵〕等に拠り「知」字を補入

後己第六十六

(162)以其善下之故（24ウ3 1170）　無「故」字、〔世徳・道蔵〕同

(163)不以尊貴虐下（24ウ7b 1186）　「虐」作「虚」、〔世徳〕同、王校〔敦Ⅱ〕等に拠り「虐」に校改

(164)民戴仰不以爲重也（25オ1a 1187・1188）　作「民戴而不爲重」、〔世徳〕同、王校は『道徳眞經取善集』引河上公注に従い「民戴仰而不以爲重」に校改

(165)無有欲害之者也（25オ2b 1191）　「者」作「心」、〔世徳・道蔵〕同

三寶第六十七

(166)夫獨名徳大者（25ウ1a 1212）　「夫獨」作「唯獨」、〔世徳〕同

(167)動入死道也（26オ4a 1257）　「死道」作「死地」、〔世徳〕同

配天第六十八

(168)善勝敵者不與（26ウ2 1272）　「敵」作「戰」、〔世徳〕同、王校〔道蔵〕等に拠り「敵」に

校改

(169)不與敵戰（26ウ3b 1275）「戰」作「争」、〔世德・道藏〕同

(170)是乃不與人争闘之道德也（26ウ5a 1283）無「闘」字、〔世德〕同

(171)極約要道也（26ウ6b 1291）（〔斯Ⅰ〕作「約要道」、〔聖語〕作「極道」）作「極要道」、〔世德・道藏〕同

玄用第六十九

(172)愍不忍喪之痛也（27オ7b 1321）無「不」字、〔世德・敦Ⅱ・道藏〕同

(173)欺輕敵家近喪身也（27ウ2b 1328）「敵家」作「敵者」、〔世德〕同、王校〔敦Ⅱ〕等に拠り「敵家」に校改

知難第七十

(174)窮微極妙故無知也（28オ1b 1354）「窮微極妙」作「窮極微妙」、〔世德〕同、王校〔敦Ⅱ〕等に拠り「窮微極妙」に校改

愛己第七十二

(175)當愛精養神（28ウ7a 1392）無「養」字、〔世德〕同、王校〔敦Ⅱ〕等に拠り「養」字を補う

(176)洗心垢濁（29オ3a 1407）「垢濁」作「濯垢」、〔世德〕同

任爲第七十三

(177)萬物自動以應時也（29ウ6b 1441）「以應」作「應以」、〔世德〕同、王校〔敦Ⅱ〕等に拠り「以應」に校改

(178)天所羅網恢恢甚大（30オ1a 1454）「羅網」作「網羅」、〔世德〕同

制惑第七十四

(179)踈而不失者是也（30ウ2b 1487）無「者是」二字、〔世德〕同

(180)天道至明司殺有常（30ウ3b 1489）（「有」〔斯Ⅰ〕作「者有」）「有」作「者」、〔世德〕同、王校〔敦

Ⅱ〕等に拠り「有」字に校改

(181) 春生夏長秋成冬藏（30ウ4a 1490）「成」作「收」、〔世德・道藏〕同

貪損第七十五

(182) 人民所以飢寒者（31オ1a 1511）「寒」作「深」、〔世德〕同、王校〔敦Ⅱ〕等に拠り「寒」字に校改

(183) 人民所以輕犯死者（31オ5a 1529）無「所以」二字、〔世德・道藏〕同、王校〔敦Ⅱ〕等に拠り「所以」二字を補入

天道第七十七

(184) 天地之道也（32オ6b 1580）無「地」字、〔世德・敦Ⅱ・道藏〕同

(185) 不恃望其報也（32ウ4b 1598）無「望」字、〔世德〕同、王校〔敦Ⅱ〕等に拠り「望」字を補う

任信第七十八

(186) 知柔弱者久長（33オ5a 1621）「久長」作「長久」、〔世德〕同、王校〔敦Ⅱ〕等に拠り「久長」に校改

(187) 人君能受國之垢濁者（33オ6a 1629）無「人」字、〔世德〕同、王校〔敦Ⅱ〕等に拠り「人」字を補う

任契第七十九

(188) 必有餘怨及於良民也（33ウ5a 1646）無「餘」字、〔世德〕同、王校〔敦Ⅱ〕等に拠り「餘」字を補う

獨立第八十

(189) 民雖衆猶若寡之（34オ4b 1673）（「之」〔無窮・斯Ⅰ〕作「小」）「之」作「少」、〔世德・敦Ⅱ〕同

(190) 民至老死不相往來（34ウ6 1714）無「死」字、王校〔敦Ⅱ〕等に拠り「死」字を補う

顯質第八十一

(191) 美言者（35オ1a 1721）（〔斯Ⅰ〕作「滋美言者」）作「滋美之言者」、〔世德・道藏〕同、王校〔敦Ⅱ〕

等に拠り「美言者」に校改

以上、その他の異文として、百九十一箇所に及ぶ異同が認められた。中には、〔宋版〕の衍脱譌字かと疑われる字句も少なからず含まれている。例えば、上巻①（1オ5a 13）、④（2オ1b 71）、⑤（2ウ3b 92）、⑦（3オ6b 132）、⑧（4オ1a 163）、⑨（4オ1b 167）、⑩（4オ2a 168）、⑪（4オ3a 173）、⑫（4オ4a 179）、⑬（4ウ4b 206）、⑮（5オ3a 223）、⑰（6オ1a 264）、⑱（7ウ2b 346）、㉒（8オ4 387）、㉓（8ウ6a 425）、㉕（9オ3a 437）、㉖（9ウ2a 458）、㉗（9ウ2b 460）、㉛（10ウ3a 508）、㊱（11ウ4a 568）、㊲（11ウ4a 572）、㊸（12ウ3b 628）、㊻（13オ5b 673）、㊼（13オ7 683）、㊽（14ウ1b 758）、(51)（15オ1a 782）、(52)（15オ1a 783）、(55)（15オ5b 801）、(56)（15ウ2b 821）、(58)（16オ1a 847）、(60)（16オ5 865）、(61)（16オ5a 868）、(63)（16ウ5a 902）、(65)（17オ4b 926）、(66)（17オ6a 933）、(70)（17ウ7a 962）、(72)（18オ6b 985）、(74)（18ウ2a 997）、(75)（18ウ4a 1002）、(76)（19オ6 1032）、(77)（19オ7b 1033）、(85)（22ウ2a 1222）、(86)（23オ2b 1250）、(89)（23ウ4b 1295）、(91)（25オ7b 1395）、(93)（26オ2b 1428）、(100)（28オ4a 1545）、(105)（29ウ6a 1637・1638）、(106)（30オ7 1670）、下巻(109)（2ウ7 89）、(111)（3オ6 114）、(112)（3ウ1a 121）、(121)（5ウ4a 237）、(124)（6オ3a 261）、(125)（6ウ7b 312・313）、(126)（7オ7a 332）、(132)（10ウ6b 494）、(133)（10ウ6b 495）、(142)（15ウ1 705）、(144)（15ウ2b 713）、(148)（16ウ3a 757）、(149)（17オ2a 776）、(151)（17オ2b 778）、(158)（21ウ4a 1015）、(161)（24オ4b 1152）、(163)（24ウ7b 1186）、(164)（25オ1a 1187・1188）、(166)（25ウ1a 1212）、(170)（26ウ5a 1283）、(173)（27ウ2b 1328）、(175)（28ウ7a 1392）、(177)（29ウ6b 1441）、(179)（30ウ2b 1487）、(180)（30ウ3b 1489）、(182)（31オ1a 1511）、(185)（32ウ4b 1598）、(187)（33オ6a 1629）、(188)（33ウ5a 1646）、(191)（35オ1a 1721）の七十九例に就いては、鄭校は〔宋版〕の譌脱と見做すか、〔宋版〕を疑い別本に従うべき旨校勘している。此れを先に掲出した一、〔宋版〕の誤脱・衍文と併せれば百七十五条に昇る。又別に、王校が校改している字句も有り、各条下に一々示した通りである。そして鄭校、王校の校勘は往々にして一致せず、両校の校譌を合わせれば、更に多くの箇所を誤脱と認めなければならないであろう。〔宋版〕本文に対する信頼性は保し難く、善本と言うにはほど遠い実態を

認識せざるを得ない。只、両校の校勘結果の個々については疑義もあり、なお検討の余地があろう。

従って此処では、〔宋版〕が〔世徳〕を除く〔道蔵〕〔敦Ⅰ〕〔敦Ⅲ〕〔敦Ⅱ〕〔治要〕の何れかと同文である場合、経文については河上公本以外の何れかの本と一致する場合、また、文意に破綻が生じていない場合、或いは確証が得られない場合は、正否の判断を留保して、其の他の異文として掲出した。

逆に、古鈔本系の譌字脱文かと疑われる例も存する。しかし、個々の伝写の誤りを捨象すれば、総体としての古鈔本の譌脱は、〔宋版〕と比較すれば僅少と言ってよかろう。

古鈔本の譌脱と疑われる字句として、例えば、(57)の還淳第十九（上15ウ2b823）が挙げられる。鄭校は〔斯Ⅱ・陽Ⅰ〕及び「通考」に就いて「故可」二字の奪と校勘している。因みに掲出の字句は経文「抱朴」に対する章句「抱朴者當見其質朴以示下法則也」の下半句である。此の章句全体では、上半句の「見」を「抱」に作る本〔無窮・足利・筑波・弘文・斯Ⅱ・梅沢・慶Ⅰ・大東・慶Ⅱ・武内・東大・東洋・東急・斯Ⅰ・敦Ⅰ・天理〕、「質」を「篤」に作る本〔宋版・世徳〕、下半句でも他に、「下」を「天下」に作る本〔書陵・梅沢・道蔵〕、「也」字の無い本〔武内・東洋・斯Ⅰ・宋版・世徳・道蔵・敦Ⅰ〕等と異同が多く、全て古活字版と一致するのは〔陽Ⅰ・龍門〕である。今、〔陽Ⅰ〕の加点に従って全文を訓読すれば、

朴を抱とは〔者〕・當（に）其（の）質朴を見（シ）（・）以て下に法則を示す「當」シ〔也〕

と訓める。しかし、字句の異同とは別に、諸本に訓読の違いも認められる。「當」字の支配を上句に限り「當（ニ）其（ノ）質朴ヲ抱（ク）「當」（シ）」と訓む本〔斯Ⅱ〕、下句の「下」乃至「天下」また「法則」の解釈を異にし「以テ下ノ法則ヲ示スベシ」と訓む本〔弘文・東洋・天理〕がある。〔天理〕は「下法則者、少私寡欲」、即ち「下ノ法則」とは経文次句の「少私寡欲」と注釈している。「以示下法則」の難解さに因る異読と思われる。〔宋版〕の如く「下法」

の間に「故可」が有れば、

朴ヲ抱トハ〔者〕・當ニ其ノ篤朴ヲ見シ、以テ下ニ示スベシ。故ニ法則トス可シ。

と訓読されようが、依然「故可法則」句の曖昧さは払拭しきれない。「故可」二字の有無の優劣は俄には決め難いように思われる。尚、〔斯Ⅰ〕は「故可」を「故下」に作り、

朴ヲ抱ト云ハ〔者〕・當ニ其ノ質朴ヲ抱テ・以テ下ニ示ス。故ニ下法リ則ル

と訓んでいる。或いは此れを最も穏当とすべきかも知れない。

また、(78)の苦恩第二十四（上19ウ7b1069）の事例では、鄭校は〔斯Ⅱ・陽Ⅰ〕及び「通考」について、「有」字の譌脱と見做す。該句は、経文「自伐者無功」下の章句「所爲輙自伐取其功美則失功於人也」の末句で、全文は〔陽Ⅰ〕に拠れば、

爲（ス）所輙チ・自ラ其（ノ）功美を伐リ取（ル）ときは・〔則〕功を〔於〕人に失（フ）〔也〕

と訓まれ、諸本の訓点も殆ど変わりない。必ずしも「功」の上に「有」が在る必要は無く、何れが優るかの判定は難しい。

又、(155)居位第六十（下19オ7b905）の例は、鄭校は旁記書入れの字句が本文に竄入した衍文と見做す。問題の句は、冒頭経文「治大國若烹小鮮」の章句末句で、古活字版は標出の如く「治身煩則精氣散去也」とある。此れは、上句「治國煩則下亂」と対応し、上句の「下亂」二字に対しては「精氣散去」の四字よりは、〔宋版〕等の様に「精散」二字に作るほうが対句としてより明瞭である。但、〔治要〕は「精去」、〔敦Ⅱ〕は「氣散」に作り、此の三様の二字句から一句を正と断定するのは困難である。〔東急〕は又異なって「精散去」と三字に作っている。〔聖語〕以下の古鈔本の殆どが「精氣散去」四字に作り、古鈔本によって独自に伝承された異文として注目され、此処は寧ろ〔宋版〕と

の異同相として捉えることの方が肝要であろう。

また、五、その他の異文の内には、同義類義の異字異句の使用に因る異同が含まれる。上巻㉓（8ウ6a 425）の「輪得轉行」と「車得去行」、(94)（26オ6a 1445）の「居左」と「居陽」、(106)（30オ7 1670）の「自正」と「自定」、下巻(108)（1オ7a 18）の「言」と「謂」、(114)（3ウ4 134）の「稱」と「謂」、(129)（9オ2b 408）の「所知」と「所見」、(158)（21ウ4a 1015）の「設備」と「有備」、(159)（23ウ7b 1130）の「姧巧」と「巧詐」、(167)（26オ4a 1257）の「死道」と「死地」、(169)（26ウ3b 1275）の「戰」と「爭」、(181)（30ウ4a 1490）の「秋成」と「秋收」等の異同はその事例として挙げられる。

同類の異同として、二字句が上下転倒して使用されている例がある。⑭「揺動」と「動揺」（上4ウ5b 208）、㊷「彩文」と「文采」（上12ウ2b 624）、(79)・(118)・(186)の「久長」と「長久」（上19ウ7b 1072）（下4オ5b 171）（下33オ5a 1621）、(81)「和柔」と「柔和」（上21オ2a 1143）、(103)「甘苦」と「苦甘」（上29オ3b 1603）、(110)「死生」と「生死」（下3オ6a 113）、(128)「色滛」と「滛色」（下8ウ2a 389）、(137)「養長」と「長養」（下11ウ7b 543）、(151)「章服」と「服章」（下17オ2b 778）、(178)「羅網」と「網羅」（下30オ1a 1454）等がその例である。

更に、四字句の配字が異なる例として㉑「布德施惠」と「布施惠德」（上8オ2b 377）、(102)「國家安寧」と「國安家寧」（上29オ1a 1588）、(174)「窮微極妙」と「窮極微妙」（下28オ1b 1354）等が認められる。

これらの異同例は、文意に於いて殆ど同義であり、解釈上齟齬を生じることは無いが、諸本の系統関係を考察するに当たっては、古鈔本系本文と対峙する異文として検討の対象となろう。

その外、文義に於いて微妙な、時には微妙とは言えない乖差を生じている異文も多い。上巻②（1オ7a 24）、③（1ウ1a 27）、⑥（3オ4a 122）、⑦（3オ6b 132）、⑫（4オ4a 179）、⑳（7ウ5a 359）、㉘（10オ4a 486）、㉙（10オ7b 495）、㉚（10ウ2a 502）、㉜（11オ5b 542）、㉝（11ウ1a 553）、㉞（11ウ1b 555）、㉟（11ウ1b 557）、㊳（11ウ5b 579）、㊴（11ウ6b 586）、㊶

（12オ7a612）、㊹（13オ1b656）、㊿（14ウ7a778）、(53)（15オ1b785）、(54)（15オ3a791）、(59)（16オ1b849）、(62)（16ウ4a896）、(67)（17オ6b934）、(71)（18オ1a966）、(73)（18ウ1b992）、(75)（18ウ4a1002）、(82)（21ウ2 1169）、(83)（21ウ2a1172）、(84)（21ウ7a1188）、(87)（23オ5a1264）、(88)（23オ6b1271）、(90)（25オ3a1371）、(95)（26ウ3a1461）、(96)（26ウ3b1465）、(98)（27ウ2b1510）、(104)（29ウ5a1634）、(107)（30オ7b1671）、下巻(113)（3ウ1 124）、(116)（3ウ7a149）、(117)（4オ4b168）、(120)（5オ4 218）、(122)（5ウ5b244）、(123)（6オ2b259）、(130)（9ウ2a431）、(131)（10ウ1a479）、(134)（10ウ7 500）、(135)（11オ7a523）、(136)（11オ7b526）、(138)（12オ3a554）、(139)（12オ6a562）、(140)（13オ5b609）、(141)（13オ6b613）、(143)（15ウ2a712）、(145)（16オ1b732）、(146)（16オ2b736）、(147)（16ウ3 756）、(149)（17オ2a776）、(150)（17オ2b777）、(152)（17オ3b782）、(153)（18オ5b851）、(160)（24オ1a1137）、(162)（24ウ3 1170）、(165)（25オ2b1191）、(171)（26ウ6b1291）、(172)（27オ7b1321）、(176)（29オ3a1407）、(183)（31オ5a1529）、(184)（32オ6b1580）、(189)（34オ4b1673）、(190)（34ウ6 1714）の異文は、軽重の差はあっても本文の解釈に影響を及ぼす。個々について、是非、或いは優劣の比較検証が必要となろう。しかし、一概に、一方は採って一方を棄てることは慎み、各伝本を特徴づける異文として両存、相承されるべきである。〔宋版〕と、古鈔本系の本文との相違を顕然と示す事例として注目される。

以上、一〔宋版〕の誤脱・衍文、二 文末の助字の有無・相違、三 その他助字の有無・相違、四 通用別体字使用に因る相違、五 其の他の異文に亙って、古鈔本と〔宋版〕の異同を挙例してきた。総数四七三条に及ぶ。

此処で挙げた異同例は、〔宋版〕の本文が、現存古鈔本及び古活字版のどの本とも相違している例である。従って、大半の古鈔本と相違が有っても、何れかの一本とさえ一致していれば取り上げていない。特に〔斯Ⅰ〕は、〔宋版〕と一致する場合が多く、古鈔本の内で特異な本文をもつ。此の〔斯Ⅰ〕の存在によって、選出された異文の総数は結果として大きく減少している。個々の一本、或いは古活字版とのみ対比した時には、異同個所の数量は殆ど倍増するであろう。

〔宋版〕と諸本との懸隔の度合いを数量化して比較する為に、視点を転換し、〔宋版〕から見た諸本の異同量を計測してみた。その数量の概数を考量することによって図式的な理解が可能である。附表6－8（宋版と諸本との異同量巻上、巻下、巻上下）を参照されたい。異同量の計測は、先に行った〔活Ⅰ〕から見た諸本の異同量と同様の方法を用い、各異同個所に於いて、付与するポイント数の基準も統一した。従って、〔活Ⅰ〕から見た〔宋版〕の異同量と、〔宋版〕から見た〔活Ⅰ〕の異同量は当然同量となる。ただ、一部の異文において諸本との関係でポイント数を調整した為に総量において微少の差異が生じている。しかし、諸本の比較において細数は捨象しても概数への影響は無い。附表8の比較対象諸本は、上下両巻ほぼ具備している本を選択した。〔梅沢〕〔足利〕は巻下首部分に僅かながら脱簡があり、その部分が計上されない為に、附表7・8に於いて本来より少ない数量となっているが、大局的な理解に支障を及ぼす程ではない。

此の附表から理解される事として以下の五事が挙げられよう。

(1)〔世徳〕が、諸本に比し極端に〔宋版〕と近接している。

(2)古鈔本の内、〔斯Ⅰ〕が、顕著に〔宋版〕に近い。

(3)〔斯Ⅰ〕を除く古鈔本諸本は、ほぼ同程度に〔宋版〕と懸隔している。

(4)古活字版は〔斯Ⅰ〕を除く諸古鈔本より幾分〔宋版〕に近い。〔聖語・陽Ⅰ〕が古活字版に次いで〔宋版〕に近接している。

(5)〔宋版〕と〔道蔵〕との隔たりは、〔斯Ⅰ〕を除く古鈔本との隔たりと量的に格段の開きはない。

(1)に就いて、更に敷衍して言える事は、〔宋版〕と〔世徳〕の異同量三八三は、〔活Ⅰ〕と古鈔本との異同量、例えば、最も近い〔陽Ⅰ〕との六二三に比較しても顕著に少なく（附表3参照）、〔宋版〕と〔世徳〕とは、〔活Ⅰ〕と古鈔本との関係より遙かに近接した関係にある。従って、〔活Ⅰ〕が古鈔本を襲うと言えるならば、此の異同量の較差は、〔世徳〕が〔宋版〕を襲う同系上の本である事を立証する為の論拠と成り得よう。

〔世徳〕と、〔斯Ⅰ〕を除く古鈔本諸本との異同量の較差を(3)を前提として考えるならば、〔宋版・世徳〕が宋刊本系であるとすれば、古鈔本諸本は其れとは別系統と判断される。其の懸隔の程度は、〔道蔵〕と〔宋版〕との隔たりと同程度である事が(5)に拠って瞭然と明らかであろう。

要約

本章での考察の目的は、宋刊本の本文が、古鈔本の本文とは系統が異なることを論証することにあった。そのために、両本系の乖離の諸相について、「編成上の相違」を明らかにし、「本文字句の異同」を、一〔宋版〕の誤脱・衍文、二 文末の助字の有無・相違、三 その他助字の有無・相違、四 通用別体字使用に因る相違、五 其の他の異文 の五類に分けて挙例指摘してきた。その結果数多くの異文と、助字使用の多寡に見られるようにテキスト性格上の較差が確認された。更に、〔宋版〕から見た諸本の異同量を比較し、〔世徳〕の異同量が諸本に比し格段に少ないことから〔宋版・世徳〕の同本性が認められ、それに伴って、古鈔本諸本は〔宋版〕とは別系と判断された。以上の検証の結果を以て、本章冒頭において提言した〔宋版〕と古鈔本と一致しない本文が、同系とは認め難い程に、甚だ多いことの立証は果たされたと考えたい。依って、宋刊本の本文と、古鈔本の本文とは系統が異なるという命題が成り立つ。

此の命題に因って、古鈔本の本文を襲う古活字版の本文は、宋版系ではない事実が確認される。故に、古活字版の本文は、現今通行している宋版系ではなく、古鈔本系の本文であるという命題が証明された。

此処では専ら、〈宋版〉と古鈔本とが相違する面を指摘してきた。しかし、各古鈔本の間でも〈宋版〉との異同量に等差があるのであって、或る一本を基準にしてみれば、より〈宋版〉に近い本が恒常的に存在する。宋刊本が我が国へ舶載されて以後、其の本文が、旧来の古鈔本系本文の内に漸々と浸潤して行った結果と想察されよう。古活字版の本文が、古鈔本に比べて〈宋版〉にやや近接した様相を示すのは、宋刊本系本文の影響をより多く被ったが為の現象と考えられる。

尚、〈斯Ⅰ〉が古活字版及び他の古鈔本諸本と比較して、極端に異同量が少ない事実は、〈斯Ⅰ〉が、古鈔本としては宋刊本と近接する特異な伝本である事を示唆している。本邦伝来本としての古鈔本本文の性格と特徴を考察する上で、此の特異性の由来と、本文同異の検証は、避けられない課題であるが、更めての検討必要事項として、後攷に委ねたい。

補説―「老子経序」について

本章第一節において〈宋版〉との編成上の相違として指摘した通り、古活字版首に冠せられた、葛洪を撰者名として題する「老子經序」は、我が国所伝の本に特有の序文として、早くから注目されてきた。〈宋版・世徳〉にも首序があるが、この「老子經序」とは内容が全く異なっている。

〈宋版・世徳〉の首序は『老子道德經序訣』の前半部分と一致していることが明らかにされている。〈宋版〉は、序題を「老子道德經序」とし、次行に「太極左仙公葛　玄造」とあって、内容は『老子道德經序訣』全五段の内の第一段・第二段と吻合する[4]（〔南宋〕劉通判宅仰高堂刊『音註河上公老子道德經』二巻〈緒論注37参照〉、及び〔南宋建安刊『纂圖附釋文重言互註老子道德經』二巻〈本章注1参照〉も同じ）。〔世徳〕は、宋景定元年龔士卨撰「老子道德經序」に続き、「道德經序」を載せ、此れは〔宋版〕序文の前半、即ち『序訣』の第一段と同文で、末に「太極左仙公葛玄譔」と題している。〔宋版〕に冠せられた序文が、元来、河上公注老子道德經の序文として存在し、それがその儘の形で宋代にまで伝えられたのか、従って本来の序文が後に『序訣』の第一・二段として編入されたものなのか、或いは逆に『老子道德經序訣』が部分的に河上公注老子道德經の序文として採用されて〔宋版〕の如き伝本が生じたものなのか、葛玄撰と題し河上公注老子道德經の序として冠せられるに至った経緯は詳らかではない。

日本に伝来した同書古鈔本或いは古活字版に冠せられた序文は、〔宋版・世徳〕の葛玄序とは全く別文であって、中国所伝の老子諸本には、此の所謂葛洪序を有する本は無いと言われ、或いは邦人による仮託の序かとの疑惑すら生じていた。

従って、本古活字版が此の序を冠する事実は、伝来の古鈔本を底本と推定する恰好の論拠とされる。しかしながら、この序の由来、或いは掲載伝本との関連につては不明な面が多い。諸本の伝系を考える上で、序文の有無、内容は重大な意味を持つ。暫くこの件について詮索し、鄙見を整理しておきたい。

本邦所伝の古鈔本に特有の「老子經序」が、やはり唐土での作であり、その成立は唐代より古く、『老子道德經序訣』に先行して河上公章句本に具わっていたであろうことに就いて、楠山春樹氏による論考がある。[5]氏は、先ず、梁元帝撰『金樓子』、唐陸徳明撰『經典釋文敘録』、敦煌本『玄言新記明老部』等の記事佚文を論拠として、六朝末から唐代にかけて「現在は失われている『河上公注』序が、実は幾らも有ったらしい」と推定された。次いで、此の序に道德經分章に関して、上篇三十六章、下篇四十五章との叙述が見えることが、古鈔本を含む現行本の三十七章、四十四章と食い違うことに注目された。此の矛盾について、宋董思靖『道德眞經集解』序、宋謝守灝『混元聖紀』の所述及び敦煌文書S四六八一・P三二七七「老子李栄注」殘簡の記事に拠り、唐代のある時期、上篇三十六章下篇四十五章とするテキストが行われていた事実を明らかにされ、その事実を本序の記述に関連づけることで、「鈔本序の、嘗ては中国の地で行われていた序であることが、ここに明らかに知られる」と結論された。

更に氏は、本序の河上公伝の内容を『老子道德經序訣』第二段及び『神仙伝』河上公伝と比較検証することによって「鈔本序は、『河上公注』序としては、「序訣」に先行する古さをもつものではなかろうか」との提言をされている。

此の指摘は正鵠を射たものと思われるが、氏の「嘗ては中国の地で行われていた序である」との推論を補翼し得る徴証が伝来の古鈔本自体に存在している。

その一つは、是れも夙に武内義雄が経見の古写本及び古活字本の書入れに拠って指摘された事実である。氏は、瀧川君山所蔵の写本即ち〔武内〕には、序首に「老子經序　葛洪序　見述義」とあること、また、大阪図書館所蔵の古活字版（此の本は現在所在が明らかでない。第一章注1参照）の欄外書入れの「此ノ序ヲ葛洪ノ書トスルハ義述ニ見ユ、然ルトキ序ニアラザルカ發題ニ似タリ」との所述に留目され、この序は賈大隠の述義から取ったものらしいと推定された。更に、「本邦旧鈔本は皆賈大隠述義本から摘出した河上公本で慶長活字本も旧鈔本を襲ったものであろう」と推論されている。(6)

此の指摘推定に就いては、新たに加わった資料に拠って、些か補足並びに修正が必要である。

現在知られている本書古鈔本の内、完本及び巻上を存する諸本の総てが、此の「老子經序」を冠している。その内に、序題下に「葛洪」と題する本〔活Ⅰ・活Ⅱ・陽Ⅰ・書陵〕と、「葛洪序」と題する本〔無窮・筑波・慶Ⅰ・大東・武内・東大・東洋〕、及び撰序者名を題しない本〔龍門・足利・弘文・斯Ⅱ・梅沢・慶Ⅱ・東急・斯Ⅰ・六地・陽Ⅱ〕

とが存在している。其の「葛洪序」と題する本には、「序」字の下に大字で「見述義」と書された本〔武内一、及び「見述義二」と書かれた本〔筑波・慶Ⅰ・大東・東大〕が存する。「異同表」（序１オ１２・３）を参照されたい。また、〔無窮〕は、「序」字下に小書きで「見述義二」とある。〔慶Ⅱ〕は、撰序者名を題しないが、「斯序者葛仙公作也見于述義」との書入れが有る（同文の書入れは〔慶Ⅰ・大東〕にも見える）。

更に、清原宣賢撰とされる『老子經抄』の冒頭に、

老子經序、此序ハ、葛洪カ書ト云義ハ、義述（ママ）ニ見タリ、雖然、序サウニモナイソ、多クハ、發題ニ似タリ、然トモ、義述（ママ）ニ見タルホドニサコソアルラメト也、（略）義述（ママ）ト云ハ、老子經ノ末書也、葛洪ハ葛稚川也、仙人也、義述（ママ）ノ二ノ巻ニ見タリ、葛ハ氏也、是レハコガキ也、故ニ葛洪序スト、下ニ書也

との講述が見える（武内義雄所引の大阪図書館蔵古活字本の書入れはこの『老子經抄』からの移写なのであろう。上述、序章注84参照）。唐賈大隠撰『老子述義』十巻は、周知の如く『日本國見在書目録』に著録され、平安鎌倉時代を通じ、儒道釈家、神道家に及んで河上公注老子の末書として盛んに受用されている（序章 第二節 四 古鈔本に見る享受の実相 参照）。中国本土では宋末以後逸失し、日本でも室町期には既に伝を逸していたようで、同書の全貌は明らかでない（序章注74参照）。

序文の冒頭撰序者名下に大字で書かれた「見述義二」については、二通りの解釈が可能であろう。一は、此の序文全体を指して、其の全文が述義の巻二に見えている事を示した注記と理解される。いま一は、直前の「葛洪序」三字の説明であって、この序は葛洪の作であるという注説が、述義に見えていることを示す注釈と解される。武内博士は、前者の如く解されたようであり、『老子經抄』の講者は、「此序ハ、葛洪カ書ト云義ハ、義述ニ見タリ」とあれば、後者の解釈を伝えたものと言えよう。

「見述義二」の四字は、諸本の書写の様態、及び関連する書入れの意味内容を勘案すれば、次のように理解する事が可能ではなかろうか。先ず〔無窮〕で、此の四字が「序」字下に小字で書かれているのは、元来は、何れかの家説を承けた書入れであったと考えられる。〔武内〕のこの句左旁の「小書也」との書入れは、それを裏付けているように思われる。更に、「葛洪」或いは「葛洪序」の題署も、〔慶Ⅱ・慶Ⅰ・大東〕に見られるような「斯序者葛仙公作也見于述義」との注説の書入れが相伝されていることに鑑みれば、元はこの題署は無く、撰序者が不明であったところに、述義の此の説が容認されるに至り、後に、氏名が題されるようになったと解されよう。『老子經抄』の「葛洪ハ葛稚川也、仙人也、義述ノ二ノ巻ニ見タリ、葛ハ氏也、是レハコガキ也、故ニ葛洪序スト、下ニ書也」という文脈は、字句に脱落が有るようで判然としないのであるが、この間の事情を伝えているように理解される。即ち、葛洪について、義注の書入れ「コガキ」がある、その説は述義の巻二に見えていて信頼出来る、それで、「葛洪序」と書かれている、とこの様に解読されるのではなかろうか。

　要するに、当初は〔龍門・足利・弘文・斯Ⅱ・梅沢・慶Ⅱ・東急・斯Ⅰ・六地・陽Ⅱ〕の様に、撰序者名は無く、後に、述義の説が取り入れられて〔陽Ⅰ・書陵〕の様に「葛洪」と、或いは〔無窮・筑波・慶Ⅰ・大東・武内・東大・東洋〕の様に「葛洪序」と題した本が生じ、更に〔武内・筑波・慶Ⅰ・大東・東大〕に見られるように、元来は書入れとしてあった「見述義」或いは「見述義二」の三・四字が誤って大字本文として定着したと推察されるのである。

　古活字版は、撰序者氏名を題署し氏名下の「序」字が無い点において、現存古写本の内〔陽Ⅰ・書陵〕に近接する。此れは、「異同表」の異同量累計から導かれた結果とも吻合している。

　何れにしても、賈大隠の『老子述義』巻二に、其の全文が載せられていたか否かは別として、該書該巻においてこの序の注釈が成されていた事は確かであろう。従って、此の序文は、賈大隠在世時以前、唐土において知られていたことは明らかで、また、此の序を備えた河上公注『老子道徳經』が存在したことも殆ど疑えない事実であろう。邦人の仮託かとの疑念を差し挟む余地は皆無と言えよう。其の序を具備した河上公注本は、中国においては佚伝したのにひきかえ、唐より舶載された我が国において伝写相承され、古鈔本として現在にまで伝えられた。

「老子經序」の伝承に関連して、もう一つ考えておかなければならない問題がある。此の序文の本文は、諸本間で些少異同が有る。伝写に伴って生じた異同と解される場合が多いが、「異同表」（序4オ7 80）の序文末字「焉」の有無に関しては、単なる伝写の譌脱と見做すことは出来ず、一考を要する。

諸本の多く〔活Ⅰ・活Ⅱ・陽Ⅰ・書陵・龍門・無窮・筑波・斯Ⅱ・梅沢・慶Ⅰ・大東・武内・東大・東洋・東急・斯Ⅰ・六地・陽Ⅱ〕には「焉」字が有り、〔足利・弘文・慶Ⅱ〕には無い。この字の有無について、〔書陵・龍門・東洋〕及び、東洋文庫蔵古活字版の一本（各論六参照）には、字旁に「オナ」と校異の書入れが存する。古鈔本の書入れの由来につては、別途に考察されなければならないが、〔書陵〕の書入れは清家家説を伝えるとされている。他本も同説を相伝したものであろう。「才」とは当然摺本、即ち当時舶載された宋刊本である。という事は其の宋刊本に此の「老子經序」が具わっていたと解さざるを得ない。従って、此の序は、中国においても宋代にまで伝存していたと理解されなければならない。

尚、古鈔本の書入れには「才本」との校異の書入れが少なくなく、それが現在通行の〔宋版〕と符合しない場合がある。宋代、現存の〔宋版〕とは異なる河上公注『老子道徳經』が刊行された事実と、それが日本に舶載され、同書誦読の資に供され、相伝の本文に影響を及ぼした事実、ともに看過出来ない面である。此の「焉」字に限ってみるならば、諸本の内大半が「才」に従っているのであって、唐写本系とされる本邦所伝の古写本の本文に与えた宋刊本の存在は思いの外大きい。其の宋刊本は彼我に失われて現存せず、全容を窺い知る事は出来ない。古写本に散見する校異の書入れは、其の片鱗ながらも推知するに極めて重要である点を、併せて指摘しておきたい。師資相承されてきた注説として古鈔本によって伝承された書入れの価値は大きい。其の系統的な整理と内容の解明は今後の重要な課題であろう。

更めて、古活字版の伝本系統について触れておかなければならないが、如上の宋刊本の存在が想定されるのであれば、「老子經序」を冠する故のみを以て、本邦所伝の古鈔本を襲うものと直ちに断言する事は出来ない事態が生じる。此処で述べた事からも了解されたと思うが、古鈔本諸本間において既に本文の異相が確認される。古活字版は、此の異相とどのように対応するのか、或いは関繫するのか、限られた現存諸本の実相の究明とともに、上記の如き宋刊本をはじめ伝を逸した諸本も視野に入れ、本文の異同の実態に即した更に細やかな対処が要請されるであろう。

第四章　古活字版以後の本文

序　節　近世に於ける諸本流通の概観

本書古活字版の刊行の時期と相前後して、宋林希逸『老子鬳齋口義』の古活字版が四種五版も刊行されている事実は、本邦に於ける老子受容史上の転機を象徴している。慶長元和の近世初期を機に『老子道德經』は、旧来の河上公注を墨守することなく、林希逸の注釈を取り入れそれを咀嚼することによって、より広く士庶の間に普及していったと言えよう。林羅山の加点と『諺解』はその趨勢を大いに助長したものと想われる(1)。

鬳齋口義本の弘通に伴って、河上公注本が利用される機縁は急激に減少したと見られる。古活字版に継ぐ和刻本漢籍としては陳元贇の注を附増した『老子經通考』(2)以外には遂に刊行されることがなかった事実がそのことを雄弁に物語っていよう。しかし、河上公章句本の伝承が途絶えた訳ではないであろう。一部旧学を重んじる学者縉紳の間では、旧来通り伝来本の相承と伝写が重ねられたであろうし(3)、また、明清刊本も舶載され、相応に通行していた事情が、伝本の現存状況から窺測される(4)。

学問の普及浸透に伴う需要の拡大に因って、新たな明清刊本の舶載と、相次ぐ和刻本の刊行を誘発し、近世日本に於ける漢籍の流布状況を一変させた。明何道全注『太上老子道德經』、明釋德清撰『老子道德經解』、明焦竑撰『老子翼』、明陳繼儒撰『老子辯』、清畢沅撰『老子道德經攷異』等明清刊本の覆刻ないし翻刻(5)は、此の時代の趨向を反映している。明清の清新な学問が流入する一方で、鬳齋口義も旧説と化し本流としての優位から離脱して行った。そして、新来の典籍に触発され、或いは其処に盛られた新知識を摂取醸成するように、日本人学者による独自の校訂注釈評論の述作が輩出した。其の多くが上梓刊行されて和刻本漢籍とともに都鄙の間に流通し、老子学の水準を引き上げ、思想の理解を広く促したものと概言することが出来よう。

この様な近世という時代状況の下で、河上公注への関心と執着は、相対的に薄れて行ったであろう。新たに齎来された明嘉靖一二年（一五三三）世徳堂顧春刊六子全書本（即ち〔世徳〕）は、善本とされながら遂にその和刻本は刊行されるに至らなかった。江戸時代末期に渡来した清嘉慶九年（一八〇四）姑蘇王氏聚文堂刊『九子全書』或いは『十子全書』所収の『道徳經評註』[6]もまた同様である。しかし、上に一言したように、わが国において河上公注本の伝系が途絶したわけではない。

近世に通行した河上公注本の伝本は、大きく二系に分けられるはずである。一系は、〔世徳〕等新渡の明刊本の系統で、これは当然中国伝来の宋刊本を継承する。各所に伝存する明清刊本は此の一系が流通利用された事実を証明する。別の一系は、言うまでもなく日本伝来の古鈔本系でなければならない。

近世以後、新たに出現した河上公注本本文は、新渡の明清刊本を除くならば、〔天理〕と、「通考」即ち『老子經通考』以外には知られていない。両書は、古活字版刊行以後の我が国に於いて編撰された、河上公注を対象とした注釈書である。其処に標出された經本注本が、明刊本系であるのか、古活字版に継承された古鈔本系であるのか、此の両書の伝本系統の解明は、本邦伝来テキストの命運に関わって重要な課題であると言える。

これまでの、古活字版・古鈔本と〔宋版〕との関係の検証に於いて、〔天理〕、「通考」の本文がしばしば参勘され、古活字版との近接した関係が窺われた。従って、此の両書掲出の本文が、古活字版或いは旧鈔本の旧来の本文を継承していることは殆ど明白であり、殊更の論証は要しないとも思われる。しかし、殊に、「通考」は河上公注の全容を伝える道徳経和刻本として、唯一、江戸時代を通じて流布した本でありながら、其の底本如何に就いての論究は未だ充分になされていない(7)。此の両書の底本として、先ず想起され、検証を要請されるのは、古活字版であろう。古活字版との本文同異の様相を確認し、改めて継承関係の有無を考察することで、両書に依って端なくも命脈が保たれたとも言える古鈔本系河上公注本の隠微に変異した内実が、古活字版以後の本文として明らかになる筈である。

第一節　{天理}と古活字版との近接した関係

{天理}については、拙稿「天理大学附属天理図書館蔵『老子道徳經河上公解〔抄〕』翻印並に解題（下）」（以下、「前稿」と略）において概述した通りであるが、改めて古活字版との関係を確認しておきたい。該書に標掲された經注本文即ち{天理}の底本如何を考察する過程で、次の様な結果が得られた。

標掲された経本注本は、書写当時に通行していたと考えられる諸本の内、古活字版、特に其の異植字版と最も近接した関係にあることが第一点。諸本と比べ、古活字版と咫尺しているのであるが、両本の異同個所の検証の結果、古活字版本文とは相違するテキストが参校されたか、或いは、古活字版と近似する別の或本を底本としたものと考えられ、古活字版からの直接の転写では無いと判断された事の二点である。

第一の点に関しては、前稿では{天理}からみた諸本との親疎の関係を、各異同箇所に一律に量数①を付与して数量化し、その総数を以て比較したのであるが、本稿での基準でみても、相対関係においては殆ど同様の結果が導かれる（附表9天理と諸本との異同量 参照）。また、附表1（活Ⅰと諸本との異同量 巻上）に拠っても、古活字版からみて、管見の古鈔本のどの本と比較しても〈天理〉が最も近いテキストであることは明らかである。即ち、異同量数の計測の結果として、附表9に拠り〈天理〉から見て古活字版が最も近い事実が示され、附表1に拠り古活字版から見て〈天理〉が最も近い事実が示された。因って、〈天理〉は、他のどの古鈔本よりも古活字版と近い関係に在ることが確認される。

此の関係を明瞭に示す同異の事例として、〈天理〉が古活字版とのみ一致している335・1156・1607・1633（以下、異同事例は「諸本異同表」巻上の通し番号で示す）が指摘されよう。

335は、運夷第九章句の末句「樂極則衰也」（上7オ6b）で、「衰」字は、古活字版と〈天理〉とを除く諸本は、何れも「哀」に作っている。

1156は、象元第二十五の経文「天法道」下章句冒頭の「天當法道以」（上21オ4a）で、諸本は「道法」の二字、或いは「道」一字に作る。

1607は、仁德第三十五経文「視之不足見」下章句末「可得見之也」（上29オ4b）の「之也」二字を諸本は「之」或いは「也」の一字に作る。

1633は微明第三十六経文「魚不可脱淵」（上29ウ5）で、諸本は「脱淵」の間に「於」字が有る。

異同内容の詳細と諸本との関係については、上記、第二章第三節古活字版に孤立した特異の本文、一 先行諸本の全てと相違する事例の⑴、⑶、⑷、⑸を参照されたい。

古活字版との近親な関係は章題標記にも顕れている。本邦所伝の古鈔本の間で、章題標記の体式また題名に相違が見られることは上述した通りであるが（第二章第一節三 参照）、〈天理〉は体式・題名共に全て古活字版と一致している。

又、古活字版の内でも特に異植字版〔活Ⅱ〕と、より緊密な関係に在ることが、附表9に拠って明らかであろう。此の事実は附表5（活Ⅰ活Ⅱの異同箇所における活Ⅱと諸本との一致の状況）にも反映されている。其れを象徴する異同例として、1516の事例、即ち辨徳第三十三経文「勝人者有力」の注「能勝人者不過以盛力也」に於いて、〔活Ⅱ〕は〔活Ⅰ〕と異なり「盛」一字が無いが、諸本の内〔天理〕のみが〔活Ⅱ〕に同じであることが指摘されよう（詳細は後述）。

更に、附表1及び附表9から、両本の親近さの程度は、諸本に比し相当に極端であることが窺測される。此の事実に属目するならば、〔天理〕を標掲する『老子道徳經河上公解（抄）』が寛永四年（一六一八）の書写本という古活字版の刊行から差程時を隔てずして成立した注釈書であることを念頭に置くならば、〔天理〕が古活字版からの直接の転写本文である可能性も充分考慮されなければならない必要が生じる。

第二の点については、前稿では凡そ九十八個所の〔活Ⅰ〕との異同箇所を検証することで、〔天理〕が、古活字版からの直接の転写ではないとの結論を得た。此処では、その結論を追認するために、その後に校合を済ませた〔龍門〕〔大東〕を含めて、異同の有る箇所について再度検証し、前稿での証例を補訂しつつ確認しておきたい。掲出辞句は〔天理〕本文に拠り、古活字版の該当箇所を補記する。

一、〔天理〕と古活字版との異同

〔活Ⅰ〕との異同は以下の一〇二箇所一〇三字句が認められる。数が前稿と合わないのは主として異同項目の立てかたに起因し、内実に変わりは無い。

11 12 39 69 97 98 100 104 125 174 196 197 233 313 315 403 416 418 426 427 434 443 455 475 511 543 545 559 561 562 586 592 611 628 657 673 677 681 717 723 731 742 743 762 789 793 803 805 818 820 821
846 867 870 876 896 915 958 992 994 997 998 1004 1029 1031 1033 1057 1088 1162 1173 1174 1188 1236 1238 1255 1262 1265 1283 1288 1293 1296 1298 1311 1329 1349 1369 1433 1435 1507 1516 1559 1568 1569 1583 1585 1587 1616 1619 1628 1631 1649 1672

（427は二つの異同字句を含む）

此の内、39 233 731 789 793 803 820 1057 1236 1238 1435 1507 1516 1649の一四の箇所では、〔活Ⅱ〕とは一致している。

逆に、以上の他、212 226 259 324 730 912 950 1136 1148 1379 1398 1454の一二の箇所は、〔活Ⅰ〕とは一致しているが、〔活Ⅱ〕とは異同が有る。

以上の古活字版と〔天理〕との乖離を示す要素としての異文の中で、〔天理〕が古活字版の転写でない事実を実証するに足る異同例が認められるか否か、検証されなければならない。その為には、本文系統上の問題に関わりの薄いと思われる異同を消去し、残りの異文に就いて考量する方法が有効であろう。

両本間に異同が生じるに至った原因として、

Ⅰ　〔活Ⅰ〕の誤植

Ⅱ　〔活Ⅱ〕の誤植

Ⅲ　〔天理〕の書写の誤り

Ⅳ　異体字・別体字・通用字等使用字の相違

Ⅴ　〔天理〕が古活字版を底本とした場合の別本参校

Ⅵ　〔天理〕と古活字版の底本の相違

が考えられる。この内ⅠⅡⅢの場合、〔天理〕は古活字版の転写本であるとの想定を否定する要因とはならない。明らかな誤字は転写に際して訂正されるのが一般的であり、伝写に誤写が伴うのは必定と考えられる。次に古活字版との異同一〇三字句のについて、㈠誤植・誤写に因る異同、㈡別系本文の影響と想定され得る異文に大別し、個々の異同の様態を諸本の本文との関連において検証しておく。

㈠　誤植・誤写に因る異同

(1)　古活字版の誤植

Ⅰ〔活Ⅰ〕の誤植に拠って生じている異同として、628 789 805 1435が指摘される。これは巻上の範囲での〔活Ⅰ〕の誤植の全てで、〔天理〕は何れも正しく書されている。但、789は、〔活Ⅰ〕の誤植と見做すには疑問が残る（第一章第三節二㈡Ⅲ甲版の文が現存古鈔本の全てと相違している事例159頁、又後述348頁参照）。628 805は次のⅡの場合と重複する。尚、〔活Ⅰ〕の誤植字に就いては第一章第一節126頁を参照されたい。

Ⅱ〔活Ⅱ〕の誤植に因る異同例として、212 226 259 324 628 730 805 912 1379 1398が挙げられ、〔活Ⅱ〕の誤植字全てが正しく書写されている。〔活Ⅱ〕の誤植字に就いては第一章第一節135頁参照。

(2)　〔天理〕の誤写

Ⅲ〔天理〕の書写の誤りとの認定が可能な箇所として、前稿では、古活字版を含め対校旧鈔本全てと相違する二十六の異同を示した。しかし、その殆どの場合、文義文脈の上で齟齬破綻は無く、一概に誤写と断定するのは武断に過ぎるのではとの危惧を伴う。唯、誤写誤脱の可能性がある以上、これらの異同からは、古活字版の転写であるとの仮設を積極的に否定はできないのであり、また古活字版以外の本が参校された可能性を期待することも難しい。誤写の可能性が大きい異同例として、前稿では古鈔本以外と一致する場合は含めたが、此処ではそれも除外して、対校諸本の全てと相違している事例を、暫定的に〔天理〕の誤写と見做しておく。以下の二十の事例が認められる。

㈠ 文末「也」字の欠落—11 1031 1033 1311

體道第一経文「名可名」下注（1オ5b 11）

①謂冨貴尊栄高世之名—諸本、文末に「也」字が有る。

虚無第二十三経文「徳亦樂得之」下注（19オ6b 1031）

②徳亦樂得之—〈道蔵〉を除く諸本、本句末に「也」字が有る。〈道蔵〉は此の句無し。但、鄭校も指摘するように、『道徳眞經玄徳纂疏』巻六引、『道徳眞經注疏』巻三引、『道徳眞經取善集』巻四引は〈天理〉と同じく「也」字が無い。

同、経文「失亦樂得之」下注（19オ7b 1033）

③失亦樂得之—〈道蔵〉を除く諸本、本句末に「也」字が有る。〈道蔵〉は此の句無し。此れも鄭校指摘のように、『道徳眞經玄徳纂疏』引、『道徳眞經注疏』引、『道徳眞經取善集』引は〈天理〉と同じ。

反朴第二十八経文「聖人用之則為官長」下注（23ウ7b 1311）

④百官之元長—諸本、此の句末に「也」字有り。『道徳眞經注疏』巻三引は〈天理〉と同じく「也」字が無い。これも既に鄭校指摘するところである。

㈡ 其の他文字の欠落—174 403 592 1173 1174 1619

無源第四経文「湛兮似或存」下注（4オ3b 174）

⑤故長存不亡也—諸本「故長」の間に「能」字有り。

能為第十「為而不恃」下注（8ウ1b 403）

⑥不恃其報也—諸本「其」字の上に「望」字が有る。

贊玄第十四経文「是謂道紀」下注（12オ1b 592）

⑦謂道之綱紀也－諸本「謂道」両字の間に「知」字有り。

重徳第二十六経文「君子終日行不離輜重」下注（21ウ3a 1173）

⑧君子終日行－諸本並びに「行」字下に「道」字が有る。

同、同文下注（21ウ3a 1174）

⑨不離静與重也－「静」字の上、〔活Ⅰ・活Ⅱ・陽Ⅰ・無窮・書陵・龍門・慶Ⅱ・足利・筑波・弘文・斯Ⅱ・慶Ⅰ・大東・斯Ⅰ・宋版・世徳・道蔵〕各本は「其」字が、〔武内・東大・東洋・梅沢・東急〕各本は「於」字が有る。〔天理〕の誤脱であろう。但、鄭校、王校の指摘の如く『道德眞經注疏』巻三引には「其」字無し。

微明第三十六経文「将欲翕之必固張之」下注（29ウ1a 1619）

⑩先開張之者極其奢淫也－諸本「極」字の上に「欲」字が有る。

㈢　衍字－1004

虚無第二十三「飄風不終朝驟雨不終日」下注（18ウ5b 1004）

⑪言疾則不能長－諸本「則」字無し。〔天理〕の誤衍か。

㈣　二字句の転倒－434 1559 1631

無用第十一経文「當其無有室之用」下注（9オ2a 434）

⑫人以得出入観視－「以得」諸本並びに「得以」に作る。

任成第三十四経文「愛養万物而不為主」下注（28オ6b 1559）

⑬不如主人有所収取也－諸本並びに「主人」を「人主」に作る。

微明第三十六経文「柔弱勝剛強」下注（29ウ5a 1631）

⑭柔弱者長久―諸本並びに、「長久」を「久長」に作る。

㊄ 譌字―443 562 1162 1188 1329 1628

無用第十一経文「無之以為用」下注（9オ4a 443）

⑮言虚無者、乃可用盛受物也―「虚無」、〔活Ⅰ・活Ⅱ・陽Ⅰ・書陵・龍門・弘文・斯Ⅱ・梅沢・武内・東大・東急・斯Ⅰ・宋版・世徳・敦Ⅰ・道蔵〕各本は「虚空」に作る。〔無窮・足利・筑波・慶Ⅱ・東洋〕各本は「空虚」に作り、〔慶Ⅰ・大東〕は「室虚」に作る。〔天理〕のみ「虚無」に作る。

賛玄第十四経文「復皈於無物」下注（11ウ2b 562）

⑯復當皈之於無實也―諸本並びに「實」字を「質」に作る。字形字音共に近似する為の誤写であろう。

重徳第二十六経文「重為輕根」下注（21オ7a 1162）

⑰治身不重則去神―「去」字、諸本並びに「失」に作る。

同「躁則失君」下注（21ウ7b 1188）

⑱王者躁失、則失其君位―上「失」字、諸本並びに「疾」に作る。但、〔斯Ⅱ〕は此の経注文句無し。

無為第二十九経文「執者失之」下注（24オ7a 1329）

⑲強執取之、失其情實―「取」字、諸本並びに「教」に作る。

微明第三十六経文「将欲奪之必固與之」下注（29ウ4a 1628）

⑳先與之者、欲使其貪心也―諸本並びに「使」字を「極」に作る。〔天理〕は直前の経文両句下の注「先強大之者、欲使遇禍患也」「先興之者、欲使其驕危也」の「使」字に影響されたための誤写と考えられよう。但、鄭校、王校

ともに指摘する如く、『道徳眞經玄德纂疏』巻十所引は「欲使極其貪心也」に作る。

始めに危惧されたように、此の二十の異同例について、直ちに〔天理〕の誤写と見做す事は猶躊躇される。㊀11 1031 1033 1311の「也」字の欠落は、〔天理〕の傾向として諸本に比し文末「也」字の使用例が少なく、そこには伝写者の意図も窺われ、必ずしも譌脱とは言えない面があろう。又、⑨1174の「其」字の欠落は『道徳眞經注疏』所引の河上公注も同じであり、⑳1628の「欲使」を「欲極」に作る例は『道徳眞經玄德纂疏』所引の「欲使極」との近似に注目され、〔天理〕と同文の伝本が存在していた可能性を否定は出来ないであろう。此の二十の異文のどれを取り上げても、〔天理〕の誤写と断言できる例は無いとも言える。強いて挙げるならば、⑩1619の「欲」字の欠落、⑯562の「實」、⑱1188の「失」の譌字であろうか。しかし、本論で校異の対象としている諸本の何れとも不一致である故を以て、誤写である蓋然性もやはり無くはない。従って、〔天理〕が古活字版の転写である可能性を否定する要因として認知する根拠にはならないと言えよう。諸本との書承関係を考索する上では、これらの異文について、これ以上の検討の必要性は無いものと考える。

ⅠⅡⅢが原因と見られる異同は以上の通りであって、此れによって〔活Ⅰ〕との異同一〇二箇所の内二四箇所、〔活Ⅰ〕とは一致しながら〔活Ⅱ〕とは異同がある一二の箇所の内の八箇所が今後の検討対象から除外される。

(二) 別系本文の影響と想定され得る異文

(1) 異体字・別体字・通用字使用に因る異同

古活字版との異同の原因として考えられる、Ⅳ異体・別体・通用字等使用字の相違について検討する場合、所拠の底本の字体をどの程度反映しているかが問題となり、此れは伝写者の書写の態度に多く左右されることであろう。

〈天理〉の如き注釈書に掲出された本文の場合、字体にまで忠実に従っているとは必ずしも言えない。従って、異体字使用による異同が多いという理由では、古活字版が底本であるとの想定、或いは、その転写の可能性を否定は出来ない。しかしながら、底本の字体の影響が全くないとも断言できない。古活字版とは別の本が底本であって、その字体をその儘襲った結果生じた異同と考えることも可能である。異体・別体・通用字等使用に因る異同として、次の事例が指摘される。

皈歸－418 559 561 586 657 673 677 681 742 867 870 958 994 998 1255 1262 1265 1283 1288 1293 1296 1298 1568 1569 1583 1587

　巻上三七章の範囲で「歸」又は「皈」字が使用されるのは二九箇所であるが、古活字版はその全てが「歸」であり、「皈」を使用する例は無い。〈天理〉は混用されているが、此の二六箇所は「皈」である。「歸」の使用例は體道第一経文「常有欲以観其徼」下章句「徼帰也、常有欲之人可以観世俗之所帰趣也」内の両字と、虚無第二十三経文「有不信」下章句「此言物類相帰、同声相應、雲従竜、風従虎、水流湿、火就燥也」内の一字である。第一章の二字は「指趣」の義とし、第二十三章の一字は「ヨリ」の振り仮名があり、次句の「應」字とほぼ同義と解され、先の二六例の「帰還」の意とは字義に於いて異なり、使い分けられている。「帰」「皈」の混在は恣意的な乱用に因るのではないと言える。しかし、底本の用字を忠実に襲った結果なのか、〈天理〉編撰者の趣意に出るものなのかは明らかではない。唯、古活字版の単純な転写では無い事が窺測される。

恃特持－97 98 313 315

　「恃」「特」の通用は通常では考えられず、従って前稿では、97 98は其の他通例の異文と同様に取り扱った。しかし、古活字版、古鈔本では「恃」「持」字の所で「特」字が使用される場合が見られる。もとは字形の類似に発した誤用ではあろうが、通用されている実情に従った。尚、鄭校は「特與恃古通」と断じているが、その証例を聞かない。

「恃」「持」の通用は定説であろう。

養身第二経文（2ウ4 97）

為而不恃〔天理・陽Ⅰ・書陵・龍門・無窮・足利・筑波・弘文・斯Ⅱ・梅沢・慶Ⅰ・武内・東大・東洋・東急・斯Ⅰ・六地・陽Ⅱ・宋版・世徳・道蔵・治要〕

□□□特〔活Ⅰ・活Ⅱ・大東・慶Ⅱ〕

古活字版と同じく「特」に作る本は稀である。河上公本以外でも「特」に作る本は聞かない。只、「通考」は「特」である。〔天理〕は古活字版とは異なる。しかし、〔大東・慶Ⅱ〕共に「不特」の和訓は「タノマス」（〔大東〕別訓「タモタス」）で、〔天理・陽Ⅰ〕等「不恃」の訓（〔東急〕及び〔慶Ⅰ〕別訓は「タモタス」、他は「タノマス」）と変わりない。

同、経文「為而不恃」下注（2ウ4b 98）

不恃望其報也〔天理・陽Ⅰ・龍門・無窮・足利・筑波・斯Ⅱ・梅沢・武内・東大・東洋・斯Ⅰ・宋版・世徳・治要〕

□特□□□□〔活Ⅰ・活Ⅱ・書陵・弘文・慶Ⅰ・大東・慶Ⅱ〕

□■□□□■〔道蔵〕

□□■□□■〔東急〕

此の経注文句は能為第十及び歸元第五十二に重見する。両所共に、古活字版は「恃」に作り（「異同表」上402 403、下550 551参照）、能為第十では〔天理〕との異同は無い。しかし、古鈔本には「特」に作る本も有り、〔梅沢〕は、能為第十経文は「為而不時」に作り、「時」字右旁に「特イ」の書入れが有る。「恃」「特」が混同混用されてきた様相が窺われる。

運夷第九経文（7オ1 313）

持而盈之不如其已〔天理・陽Ⅰ・無窮・梅沢・東大・東急・斯Ⅰ・陽Ⅱ・宋版・世徳・敦Ⅰ・道蔵〕

恃□□□□□□□〔活Ⅰ・書陵・龍門・足利・筑波・慶Ⅰ・大東・武内・東洋・杏Ⅰ・六地〕
特□□□□□□□〔活Ⅱ・弘文・斯Ⅱ・慶Ⅱ〕

〔杏Ⅰ〕の「恃」字旁に「持才乍」と、〔東洋〕に「持或本」と、〔大東〕に「持イ」と校異の書入れが有る。王校、島校共に「恃」「特」の異文を採録せず、鄭校は〔斯Ⅱ〕の「特」について「持」と古通とのみ記して「恃」字には触れ得ず、只、蒋校は宋司馬光『道徳眞經論』が「恃」に作ることを指摘する。この意味で、古鈔本の三様の異文は本邦伝来テキストの複雑さを象徴する異同例として看過出来ない。〔天理〕が次の注文も同様「持」に作り古活字版とは異なることは、其の一系を継承する爲と考えるべきであろう。また、此の経文は〔活Ⅰ〕〔活Ⅱ〕の間に異同があり、且つ、〔天理〕がその何れとも相違している点において注目される。尚、此の異文は、第一章第三節二㈡Ⅰで既に取り上げている（146頁）。又、第二章第二節三㈢（194頁）を参照されたい。

運夷第九経文「持而盈之不如其已」下注（7オ1a 315）

持満必傾〔天理・陽Ⅰ・無窮・梅沢・東大・東急・斯Ⅰ・宋版・世徳・敦Ⅰ・道蔵〕
恃□□□〔活Ⅰ・活Ⅱ・書陵・龍門・足利・筑波・慶Ⅰ・大東・武内・東洋・杏Ⅰ〕
特□□□〔弘文・斯Ⅱ・慶Ⅱ〕

不弗ー100 104

養身第二経文（2ウ4 100）

功成而不居〔天理・無窮・足利・弘文・斯Ⅱ〕
□□□弗□〔活Ⅰ・活Ⅱ・陽Ⅰ・書陵・龍門・筑波・梅沢・慶Ⅰ・大東・慶Ⅱ・武内・東大・東洋・東急・斯Ⅰ・六地・陽Ⅱ・宋版・世徳・道蔵〕

同、経文（2ウ5 104）

夫唯不居〔天理・道蔵〕
□□弗□〔活Ⅰ・活Ⅱ・陽Ⅰ・書陵・龍門・無窮・足利・筑波・弘文・梅沢・慶Ⅰ・大東・慶Ⅱ・武内・東大・

東洋・東急・斯Ⅰ・六地・陽Ⅱ・宋版・世徳〕（〔斯Ⅱ〕は此の経文を欠く、「唯」「惟」の同異は不問）

此の経文両句の「不」「弗」の異同は経文であることもあって従来より注目されている。河上公本以外の経本は両句共に「不」に作る本が多く、P二三七〇・P二五八四・P二五九六・貞一・P二三二九等敦煌写本も「不」に作る。蒋校は本書内での「不居」の用例で、他に「弗」字を使用するところが無い理由から、老子原本は「不」字であったと考證しているが、今は其の是非は問わない。〔天理〕が、底本に忠実であったために「不」に作ったのかどうか、鑑別は難しいが、古活字版とは異なっていることに注目される。

芻蒭―196 197

虚用第五経文（4ウ2 196）

以百姓為芻狗〔天理・梅沢・武内・東大・東洋・東急・斯Ⅰ・陽Ⅱ・宋版・世徳〕
□□□□蒭□〔活Ⅰ・活Ⅱ・陽Ⅰ・書陵・龍門・無窮・足利・筑波・弘文・斯Ⅱ・慶Ⅰ・大東・慶Ⅱ・杏Ⅰ・六地・敦Ⅰ・道蔵・治要〕

同、経文「以百姓為芻狗」下注（4ウ2b 197）

如芻草狗畜〔天理・梅沢・武内・東大・東洋・東急・斯Ⅰ・宋版・世徳〕
□蒭□□□〔活Ⅰ・活Ⅱ・陽Ⅰ・書陵・龍門・無窮・足利・筑波・弘文・斯Ⅱ・慶Ⅰ・大東・慶Ⅱ・杏Ⅰ・敦Ⅰ・道蔵・治要〕

直前の経文で〔天理〕は「以万物為蒭狗」と、又、其の注文も「如蒭草狗畜」と「蒭」字が使用され、そこでは古活字版と一致する。所拠の底本の字の通りに伝写されたとは考えにくい。もとの字体には頓着せず「蒭」「芻」両字が併用されているようである。唯、掲出の両句は古活字版と異なっている。

歿没―717 723

皈根第十六経文（13ウ6 717）

歿身不殆〔天理・無窮・筑波・梅沢・慶Ⅰ・大東・陽Ⅱ〕
没□□□〔活Ⅰ・活Ⅱ・陽Ⅰ・書陵・龍門・足利・弘文・斯Ⅱ・慶Ⅱ・武内・東大・東洋・東急・斯Ⅰ・六地・宋版・世徳・敦Ⅰ・道蔵〕

〔梅沢〕には「歿」字旁に「没ィ」の書入れが見られる。

同、経文「歿身不殆」下注（13ウ7b 723）

乃與天地倶歿〔天理・無窮・慶Ⅰ・大東〕
□□□□□没〔活Ⅰ・活Ⅱ・陽Ⅰ・書陵・龍門・足利・筑波・弘文・斯Ⅱ・梅沢・慶Ⅱ・武内・東大・東洋・東急・斯Ⅰ・宋版・世徳・敦Ⅰ・道蔵（倶作同）〕

「歿」「没」両字も混用されながら、〔梅沢〕の書入れに見られるように異文として認識され、錯綜した本文系統に在って、それぞれに継受伝承されている。〔天理〕の「歿」字も、依拠本の同字が書承されたものと考えられる。

若如—611

顕徳第十五経文（12オ7 611）

儽兮其若客〔天理・筑波・梅沢・武内・東大・東洋・東急・斯Ⅰ・陽Ⅱ・宋版・世徳・敦Ⅰ・道蔵〕
□□□如□〔活Ⅰ・活Ⅱ・陽Ⅰ・書陵・龍門・無窮・足利・弘文・斯Ⅱ・慶Ⅰ・大東・慶Ⅱ・六地〕

〔天理〕は始め「如」と書し、それを塗抹して「若」を加筆している。「如」字に従うのは古活字版と標出した古鈔本に限られ、王弼注本を始め河上公本以外の経本でも「如」に作る本は知られていないようである。本邦伝来本に特異な異文として注目される。此れに因って伝本は二系に分かれる。古活字版に同じ「如」字から「若」に改められた理由は推知し難いが、伝写に際して複数の本が参照されたことが具体的に知られ、古活字版の転写本との想定を否定し得る証例となろう。

樸朴—821

還淳第十九経文「見素抱朴」下注（15ウ2b 821）

當抱其質樸〔天理・梅沢・東急・敦Ⅰ〕

□□□朴〔活Ⅰ・活Ⅱ・陽Ⅰ・書陵・龍門・無窮・足利・筑波・弘文・斯Ⅱ・慶Ⅰ・大東・慶Ⅱ・武内・東大・東洋・斯Ⅰ・宋版・世徳・道蔵・治要〕（「抱」「見」、「質」「篤」の異同は不問）

経文は「見素抱朴」と〔天理〕も「朴」を用い、古活字版と同字である。〔梅沢〕は注文と同じく「樸」に作り「朴ィ」の書入れが有る。〔天理〕の混用は底本の如何とは関わりは無いのかもしれないが、注文のこの字は古活字版と異なる。

殺煞―846

異俗第二十経文「不可不畏」下注（16オ1a 846）

近令色殺仁賢也〔天理・龍門・筑波・斯Ⅱ・大東・慶Ⅱ・武内・東大・東洋・梅沢・東急・宋版・世徳・道蔵（仁賢作賢人）〕

□□□煞□□□〔活Ⅰ・活Ⅱ・陽Ⅰ・書陵・足利・弘文・慶Ⅰ・斯Ⅰ・敦Ⅰ〕

□□□移□□■〔無窮〕（文末助字の同異は不問）

「煞」は俗字また同字とされ、古活字版は「殺」「煞」併用されている。ただ巻上の範囲では「煞」字が使用されるのは此の注文に限られ、この一字に於いて〔天理〕と相違している。

揚楊―896

異俗第二十経文「漂兮若無所止」下注（16ウ4a 896）

若飛■揚〔天理・陽Ⅰ・書陵・龍門・筑波・弘文・斯Ⅱ・慶Ⅰ・慶Ⅱ・東大・東洋・東急・斯Ⅰ〕

□□■楊〔活Ⅰ・活Ⅱ・無窮・足利・梅沢・大東・武内〕

□□若□〔宋版・世徳〕

□□若場〔道蔵〕

「揚」「楊」は音・義に渡って通用される。古活字版も養身第二経文「天下皆知美之爲美」下注では「自揚巳美」と

「揚」を使用し〔天理〕と一致するが、本句に於いては異なる。第二章第二節三㈢（190頁）を参照。

榭⿰扌射—1349

無為第二十九経文「是以聖人去甚去奢去泰」下注（24ウ4a 1349）

謂宮室臺榭也〔天理・陽Ⅰ・書陵・龍門・無窮（無臺）・足利・筑波・弘文・斯Ⅱ・梅沢・慶Ⅰ・大東・武内・東大・東洋・東急・斯Ⅰ・宋版・世徳・道蔵・治要〕（也字の有無は不問）

□□□□⿰扌射□〔活Ⅰ・活Ⅱ・慶Ⅱ（作撖）〕

手偏と木偏の混同は常例であるが、古活字版は手偏に作り、〔天理〕と異なる。なお、第二章第二節三㈢（191頁）を参照。

太大—1585

仁徳第三十五経文（28ウ7 1585）

往而不害安平太〔天理・龍門・無窮・筑波・弘文・斯Ⅱ・梅沢・慶Ⅰ・大東・斯Ⅰ・六地・宋版・世徳〕

□□□□□□大〔活Ⅰ・活Ⅱ・陽Ⅰ・書陵・足利・慶Ⅱ・武内・東大・東洋・東急・陽Ⅱ〕

□□□□□□泰〔道蔵〕

「太」「泰」は音通、「太」「大」は義通。此の三字の異同は、河上公注本に限らず、諸経本に渡って認められる。古鈔本は標示の如く「太」「大」両字でほぼ二分されるが、〔天理〕は「太」に作り、古活字版等とは異なる。

翕噏—1616

微明第三十六経文（29ウ1 1616）

將欲翕之必固張之〔天理・書陵・龍門・無窮・足利・筑波・弘文・斯Ⅱ・梅沢・慶Ⅰ・大東・慶Ⅱ・東洋・六地・陽Ⅱ・道蔵〕

□□噏□□□□□〔活Ⅰ・活Ⅱ・陽Ⅰ・武内・東大・東急・斯Ⅰ・宋版・世徳〕

此の異同も河上公本以外の諸経本に及んでいる。現行の王弼注本は「歙」に作る。異同の由来は古く『經典釋文』

は「㒓」字を標出し「箇作歙、又作給、河上本作噏也、許及反、顧云閉塞也」と注す。また、〔東洋〕の該部の眉上には「王作レ歙、顧作レ噏、陸作喻、一本作給、河上公作翕、々合也、盛也、歙ハ国名也」（句点は私設）の書入れが見られる（〔慶Ⅱ〕の書入れもほぼ同文）。〔大東〕の書入れには「給河」の間に「箇文乍歙」も見える。管見の古鈔本は「翕」或いは「噏」に作り、〔天理〕は古活字版とは異なって「翕」に作っている。この字の訓義に就いては早くから諸説がある。清原宣賢撰とされる『老子經抄』の「将欲レ翕レ之必固張之ト云ハ、譬ヘハ、箱ニ先ツ蓋ヲセンスルト思フ時ハ、必ス蓋ヲ開ク者也、如此人ヲ滅スヘキト思時ハ、先ツ奢淫極メサセル也、奢極ル時ンハ、必ス滅ル也、是皆国ヲ治ヘキ、謀リ支也、亦翕トモヨム也、翕トヨムハ凶也、非学者ノ注ニ開張ト云ヲ、見アヤマツテ、ヒラクト点ヲ仰ル也、」との講述はその間の事情を示していよう。

「噏」に作る〔東大・東急・斯Ⅰ〕は「ヒラカント」と訓み、武内は「キフセント」と音読している（〔陽Ⅰ〕はこの部分には附訓が無い）。また、「翕」字は「ヒラカン」（〔書陵・無窮・斯Ⅱ・梅沢・慶Ⅰ・大東・慶Ⅱ・六地〕）、「ヒカラン」（〔弘文〕、誤写であろう）、「ハラン」（〔無窮〕別訓）、「アワセント」（〔無窮〕別訓・〔大東〕別訓）、「トチント」（〔東洋〕）、「ユルヘル」（〔無窮〕別訓）、「スヘント」（〔梅沢〕別訓）等と訓まれ、『老子經抄』の講説を裏付ける。〔天理〕は「ユルヘント」と訓んで林希逸注の「翕、斂也、弛也」を引く。字訓の別が「噏」「翕」の異同字に起因している訳ではないが、〔天理〕編撰者が旧来の訓と古活字版の別字に無頓着であったとは考え難い。此の字の異同からも、〔天理〕古活字版の書承関係は希薄であるとの心証が強まる。

以上、同字・略字・古字・通用字等異体字使用の範囲と思われる異同箇所に就いて検証を試みた。前稿では〔天理〕の「経注文が古活字版からの転写であることを否定する積極的な証拠とはなりえない」として、異同箇所を指摘するに止めて、個々の検討は怠った。しかし、如上のように、異体字といえども、諸本間の伝系を考察する上で、無視できない要件となり得る。

次に、〔天理〕と古活字版との異同の原因としての、Ｖ〔天理〕が古活字版を底本とした場合の別本参校、及びⅥ〔天理〕と古活字版の底本の相違、の検証が要請される。実は、Ｖに関しては、〔天理〕の底本が古活字版か否かの問題が未決である限り、該当異文の選択は不可能である。〔天理〕の底本如何の問題は、更に幾段かの手続きを経て、最終的に結論されるであろう。従って、以下の検証ではＶⅥの可能性を考慮しながら、これまでのⅠⅡⅢⅣで扱われなかった異文が全て検討されなければならない。実際にはⅠⅡⅢⅣで取り上げられた異文も此処での対象として緩やかに包摂されることは当然である。しかしなおＶⅥに関連して、古活字版が〔天理〕の底本として想定される余地が有るのかどうかに就いて、先ず、〔天理〕が〔活Ⅰ〕とは相違しながら〔活Ⅱ〕とは一致している例と、逆に〔活Ⅰ〕とは一致しているが〔活Ⅱ〕とは相違している例に就いての検証が必要であるように思われる。此の両例に該当する異文は、〔活Ⅰ〕と〔活Ⅱ〕とが相違するところと当然ながら符合する。従って、第一章第三節「両種古活字版本文の相違」(140頁)において、異文として既に検討された。更に、視点を変えて再度掲出し整理しておきたい。只、313は、〔天理〕が〔活Ⅰ〕〔活Ⅱ〕のどちらとも異なる為に、此処での事例からは除かれている(本節一㈡異体字・別体字・通用字使用に因る異同　参照、339頁)。

(2)〔活Ⅰ〕と相違し、〔活Ⅱ〕と一致する事例

本節冒頭(332頁)において指摘したように、〔活Ⅰ〕と相違し、〔活Ⅱ〕とは一致している事例として、39 233 731 789 793 803 820 1057 1236 1238 1435 1507 1516 1649の一四例が認められる。この内、1435は、上記㈠(1)〔活Ⅰ〕の誤植の為に生じた異同に含まれる。〔活Ⅱ〕は正しく植字されており、〔天理〕と一致する(333頁参照)。

體道第一経文「故常無欲以観其妙」下注(1ウ3a39)

可以観大道之要〔天理・活Ⅱ・無窮・斯Ⅱ・慶Ⅰ・大東・武内・杏Ⅰ〕
□□□■□□□〔活Ⅰ・陽Ⅰ・書陵・龍門・足利・筑波・弘文（道下有々）・梅沢・慶Ⅱ・東大・東洋・東急・斯Ⅰ・仁和・宋版・世徳・道蔵（無可）〕

〔杏Ⅰ〕は「大」字左旁に「才无」と、〔慶Ⅱ〕は「道」の右旁に「大ー」との校異の書入れが見られる。また、鄭校、王校の指摘のように『道德眞經注疏』所引には「大」が有る。本字句に於いて両様に伝承されたのであり、〔天理〕が〔活Ⅱ〕等の諸本と同じく、其の一方を相承している事は疑いなく、〔天理〕の底本或いは参校本を限定することの可能な異文として注目されよう。「大」字の有無について、衍脱の判断は難しい。

成象第六経文「是謂玄牝」下注（5オ6a233）

五味濁辱〔天理・活Ⅱ・無窮・梅沢・武内・東大・東洋・敦Ⅰ・東急・道蔵〕
□性□□〔活Ⅰ・陽Ⅰ・書陵・龍門・足利・筑波・弘文・斯Ⅱ・慶Ⅰ・大東・慶Ⅱ・斯Ⅰ・杏Ⅰ・宋版・世徳〕

王校は〔敦Ⅰ・道蔵〕に拠り〔宋版〕の「性」を「味」に校改し、鄭校は上句「天食人以五氣」「五氣清微」の対応から、「地食人以五味」に応じては「五味濁辱」に作るべしと校勘している。正論と思われるが、古鈔本の多くが〔宋版〕と同じく「性」に作っていることに注意される。〔天理〕はそれと異なり〔活Ⅱ〕及び〔無窮〕等の古鈔本と同じく「味」に作り、「五ー味有テレ體而重シ、故ニ曰二濁辱一ト」との注釈を添えている。此の異文についても、所拠の底本に従った為で、其の底本は〔活Ⅰ〕等とは別系の要素を有った伝本と考えられる。

淳風第十七経文「太上下知有之」下注（14オ2a731）

無名號之君也〔天理・活Ⅱ・無窮・筑波・東洋・斯Ⅰ・道蔵〕
□□■□□□〔活Ⅰ・陽Ⅰ・書陵・龍門・足利・弘文・斯Ⅱ・梅沢・慶Ⅰ・大東・慶Ⅱ・武内・東大・東急・宋版・世徳・治要〕
无為■□□■〔敦Ⅰ〕　（无無の同異、也の有無については不問）

鄭校、王校の指摘のように、『道德眞經玄德纂疏』巻五所引にも「號」字が有る。〔慶Ⅱ〕は「名之」字間に小圏を施し右旁に「号」字を加筆する。「號」字の有無で伝本はほぼ二分され、〔天理〕は〔活Ⅰ〕等とは別系類の本を襲うと考えられる。鄭校は、「號」は後人旁記の誤竄とするが、根拠は示されていない。

還淳第十九経文「絶聖」下注（15オ3a 789）

反初守元〔天理・活Ⅱ・書陵・龍門・無窮・足利・筑波・弘文・斯Ⅱ・梅沢・慶Ⅰ・大東・慶Ⅱ・武内・東大・東洋・東急・斯Ⅰ・宋版・世徳・敦Ⅰ・道蔵〕
□□□无〔陽Ⅰ〕
□□□無〔活Ⅰ〕

先に〔活Ⅰ〕の誤植と見做したが、〔陽Ⅰ〕の例から必ずしもそうとは言えず、「無」に作る伝本系が想定されることについては既述した（第一章第三節二(二)Ⅲ甲版の文が現存古鈔本の全てと相違している事例、159頁）。〔天理〕は〔活Ⅰ〕の「無」には従わず、〔活Ⅱ・書陵〕等諸本と同じく「元」に従っている。

同、経文「絶聖」下注（15オ3b 793）

蒼頡造書〔天理・活Ⅱ・無窮・足利・弘文・斯Ⅱ・慶Ⅰ・大東〕
□□作□〔活Ⅰ・陽Ⅰ・書陵・龍門・筑波・梅沢・慶Ⅱ・武内・東大・東洋・東急・斯Ⅰ・宋版・世徳・敦Ⅰ・道蔵〕（倉蒼の同異に就いては不問）

鄭校が指摘の、宋彭耜撰『道德眞經集註』巻五引く碧虚子陳景元所引の河上公注、王校が指摘する宋陳景元『道德眞經藏室纂微篇』巻三所引はともに「造」に作る。〔武内〕の「作」字右旁には「造也」の書入れがある。「作」「造」同義で文意に変わりは無いが、伝本は此の両字に従って二分され、〔天理〕は、〔活Ⅱ・無窮〕等と同系に在ると見做される。

同、経文「絶巧」下注（15オ5a 803）

絶巧言詐偽乱真也〔天理・活Ⅱ・書陵・無窮・筑波・梅沢・慶Ⅰ・大東・武内・東大・東洋〕
□□■□□□□□〔活Ⅰ・陽Ⅰ・龍門・足利・弘文・斯Ⅱ・慶Ⅱ・東急・敦Ⅰ〕

□□者□□□□□□ ｛斯Ⅰ・宋版・世徳・道蔵｝
（也字の有無、本注の配置の相違に就いては不問）

鄭校、王校指摘のごとく、『道徳眞經玄徳纂疏』巻五所引、『道徳眞經注疏』巻二所引は｛活Ⅰ｝等に同じく「言」「者」何れも無い。｛無窮｝は「言」に見消ちを付し、右旁に「イ无」の書入れが有り、｛慶Ⅱ｝は「詐」を塗抹し右旁に「言」を、下の字間余白に更めて「詐」を加筆する。此の異文において、解釈と本文伝承上の混乱が窺われることに就いては既述した（第一章第三節二㈡Ⅰ、148頁）。｛天理｝は「巧言詐偽ノ真ヲ乱ルヲ絶（ツ）（也）」と訓む。｛斯Ⅰ｝を例外として、古鈔本は「言」の有無に拠って両類に分かれ、各々に其の伝系が窺われる。｛天理｝は｛活Ⅱ・書陵｝等と「言」字の有る類系に属く。

同、経文「見素抱朴」下注（15ウ 2a 820）

當抱其質樸 ｛天理・活Ⅱ・無窮・足利・筑波・弘文・斯Ⅱ・梅沢・慶Ⅰ・大東・慶Ⅱ・武内・東大・東洋・東急・斯Ⅰ・敦Ⅰ｝
□見□□□ ｛活Ⅰ・陽Ⅰ・書陵・龍門・宋版・世徳・道蔵｝
■見□□□ ｛治要（本注上文「當」字まで無し）｝
（朴樸、質篤の異同は不問）

鄭校、王校の指摘の如く『道徳眞經玄徳纂疏』所引、『道徳眞經注疏』所引共に「抱」に作る。鄭校は「抱」を是とし、王校は｛宋版｝の「見」を「抱」に校改している。経文「見素抱朴」の注として上句「當見素守真（貞）」に照応し、「當抱其質樸」とあって然るべく、両校の校勘に無理は感じられない。しかし、｛梅沢｝の「當抱」字間に「見」の加筆が有り、また｛大東｝の経文「抱」字左旁に「本乍見」と、｛慶Ⅰ｝の眉上に「抱字本作見」との書入れが見える。｛大東・慶Ⅰ｝の書入れの出所は同源と思われるが、経文「抱」字を「見」に作る伝本は管見に入らず不審である。或いは、注文「抱」字との混同とも考えられる。何れにしても、わが国において「見其質樸」に作る本が伝承されてきたことは明らかである。｛天理｝はその本とは別系で｛活Ⅱ・無窮｝等と同系の本文に従う。

苦恩第二十四経文「自見者不明」下注（19ウ 5a 1057）

自見其所行以為應道〔天理・活Ⅱ・無窮・道蔵（應作人）〕
□□■□□□□□□〔活Ⅰ・陽Ⅰ・書陵・龍門・足利・筑波・弘文・斯Ⅱ・梅沢・慶Ⅰ・大東・慶Ⅱ・武内・東大・東洋・東急・斯Ⅰ・宋版・世徳・治要〕

鄭校、王校も指摘するように、『道德眞經注疏』巻三所引は「所」字が無く「其」字は有る。鄭校は「其」が有るのを是とし、王校もこの字を補っている。古鈔本の多くは「其」が無いが、〔天理〕は〔活Ⅱ・無窮〕等と同じく「其」の有る伝本系を継承する。

巧用第二十七経文「不善人者善人之資也」下注（22ウ 5b 1236）

聖人猶教導使為善〔天理・活Ⅱ・書陵・龍門・無窮・足利・筑波・弘文・斯Ⅱ・梅沢・慶Ⅰ・大東・慶Ⅱ・武内・東大・東洋・東急・斯Ⅰ・宋版・世徳〕
□□獨□□□□□□〔活Ⅰ・陽Ⅰ〕
□□■道□□□□□〔治要〕
■■□□□□□□□〔道蔵〕（獨独、導道の異同は不問）

〔活Ⅰ〕は「獨」、〔陽Ⅰ〕は「独」に作り、両本のみ諸本と異なるが、此れが、誤植或いは誤写と認められないことは既述した（第一章第三節二㈡Ⅲ、160頁）。本句に於いて「獨」に作る伝本の群類の存在が窺知される。〔天理〕は初め書写されていた文字を塗抹し、右旁に加筆訂正して「猶」に作る。塗抹下の元の文字の判読は困難であるが「獨」字が期待される。

同、経文「不善人者善人之資也」下注（22ウ 5b 1238）

得以為給用也〔天理・活Ⅱ・無窮・足利・筑波・弘文・斯Ⅱ・梅沢・慶Ⅰ・大東・武内・東大・東洋・斯Ⅰ・治要〕
□□■□□□〔活Ⅰ・陽Ⅰ・書陵・龍門・慶Ⅱ・東急・宋版・世徳・道蔵〕（也字の有無不問）

「為」字の有無で伝本は二系に分かれる。〔天理〕には「為」字が有り〔活Ⅱ・無窮〕等の伝系を引く。鄭校は「爲」

は衍字と見做しているが、従えない。

聖徳第三十二経文「猶川谷之與江海」下注（27オ 7b 1507）

如川谷之與江海■流相通也 〔天理・活Ⅱ・無窮・足利・筑波・弘文・斯Ⅱ・梅沢・東急・杏Ⅰ〕
□□□■□□□■□□□□ 〔活Ⅰ・陽Ⅰ・書陵・龍門・慶Ⅰ・大東・慶Ⅱ・武内・東大・東洋・斯Ⅰ・宋版・世徳〕
□□□■□□□□之相流□■ 〔道蔵〕 （下半句の異同については不問）

〔杏Ⅰ〕には「川谷」下の「之」字左旁に「中ナ」の書入れが有り、中原家証本には「之」字が有ったことが知られる。管見の伝本は此の字の有無に因って二分される。〔天理〕は〔活Ⅱ・無窮〕等の伝本に属し〔活Ⅰ〕とは別系に在る。

辨徳第三十三経文「勝人者有力」下注（27ウ 3b 1516）

不過以■力也 〔天理・活Ⅱ〕
□□□盛□□ 〔活Ⅰ・陽Ⅰ・書陵・龍門・無窮・足利・弘文・斯Ⅱ・慶Ⅰ・大東・杏Ⅰ〕
□□□威□□ 〔梅沢・武内・東大・筑波・東洋・東急・斯Ⅰ・宋版・世徳・治要・慶Ⅱ?・〕
□□有威□■ 〔道蔵〕 （也字の有無は不問）

〔杏Ⅰ〕「盛」字左旁に「威一本」と、〔書陵〕に「威イ」と書入れが有り、〔足利〕は見消ちを付し「威」字を旁記する。又、〔東洋〕の「威」左旁に「一本盛」とある。此の句に於いて「不過以盛力也」「不過以威力也」の両異文が相承されたことが知られるが、〔天理・活Ⅱ〕には「盛」「威」何れも無い。両本孤立した感があり、誤脱と見做されかねない。しかし、「通考」は此れと同文であり、やはり、伝承された一異文と認めるべきであろう。鄭校は「通考」の脱字と見做している。

為政第三十七経文「侯王若能守之万物将自化」下注（30オ 3a 1649）

言侯王若能守道 〔天理・活Ⅱ・足利・筑波・梅沢・武内・東大・東洋・東急・斯Ⅰ・宋版・世徳〕

□□□而□□□〔活Ⅰ・陽Ⅰ・書陵・龍門・無窮・弘文・斯Ⅱ・慶Ⅰ・大東・慶Ⅱ・道蔵・治要〕

鄭校、王校ともに指摘するように『道德眞經玄德纂疏』巻十所引、『道德眞經注疏』巻四所引は「而」に作る。〔東洋〕は「若」に見消ちを付け左に「而」字を旁記し（青筆）、また〔慶Ⅱ〕は「而能」字間に本文同筆で「若」の加筆が有り、伝写に伴う混乱が生じている。此の注文も、「若」「而」の違いに因って伝本ははっきりと二分され、本文系統の異相が窺われる。〔天理〕は〔活Ⅰ〕とは異なり〔活Ⅱ・足利〕等の系列に属している。

この様に、〔天理〕は、巻上の範囲での〔活Ⅰ〕と〔活Ⅱ〕との誤植を除いた異文一八例の内、一三例までが〔活Ⅱ〕と一致し、〔活Ⅰ〕との本文上の乖離を示している。〔活Ⅰ〕が〔天理〕の底本である可能性を否定する証例として注目されよう。

(3) 〔活Ⅱ〕と相違し、〔活Ⅰ〕と一致する事例

次に、〔活Ⅱ〕と相違し、〔活Ⅰ〕と一致している事例について検証しておきたい。

先に示したように、この事例としては、一二の箇所が認められるが、その内、212 226 259 324 730 912 1379 1398の八箇所は、既に本節一㈠⑴「古活字版の誤植」（333頁）で指摘した〔活Ⅱ〕の誤植の為に生じた異同で、此処での検証の対象からは除外される。残りの950 1136 1148 1454の四例が問題となる。

益謙第二十二経文（17ウ5 950）

枉則直〔天理・活Ⅰ・陽Ⅰ・書陵・龍門・無窮・足利・筑波・弘文・斯Ⅱ・梅沢・慶Ⅰ・大東・慶Ⅱ・武内・東大・東洋・東急・斯Ⅰ・六地・陽Ⅱ・宋版・世徳・道蔵・治要〕

□□真〔活Ⅱ〕　（枉杠狂の異同は不問）

象元第二十五経文「道大天大地大王亦大」下注（20ウ7b 1136）

王■大者無不制也〔天理・活Ⅰ・陽Ⅰ・書陵・龍門・無窮・足利・筑波・弘文・斯Ⅱ・梅沢・慶Ⅰ・大東・慶Ⅱ・

□亦□□□□□□□ ｛武内・東大・東洋・東急・斯Ⅰ・宋版・世徳・道蔵・治要｝｛活Ⅱ｝ （下句の同異は不問）

同、経文「人法地」下注（21オ2b1148）

労而不怨 ｛天理・活Ⅰ・陽Ⅰ・書陵・龍門・無窮・足利・筑波・弘文・斯Ⅱ・梅沢・慶Ⅰ・大東・慶Ⅱ・武内・東大・東洋・東急・斯Ⅰ・宋版・世徳・道蔵・天理・治要｝

榮□□□ ｛活Ⅱ｝

偃武第三十一経文「言以喪禮處之」下注（26ウ1b1454）

喪禮上右 ｛天理・活Ⅰ・陽Ⅰ・書陵・龍門・無窮・足利・筑波・弘文・斯Ⅱ・梅沢・慶Ⅰ・大東・慶Ⅱ・武内・東大・東洋・東急・治要｝

□□尚□ ｛斯Ⅰ・宋版・世徳・道蔵｝

□□■□ ｛活Ⅱ｝

此の四例は共に、第一章第三節「両種古活字版本文の相違」に於いて「二㈡伝本間の異文に起因する異同」の内、「Ⅱ、乙版（即ち｛活Ⅱ｝）の文が現存古鈔本の全てと相違している事例」として取り上げ、何れも「通考」とは一致し、同類の伝本が存在した可能性は否定できないとし、誤植と見做すことを躊躇した異文である（156頁参照）。｛活Ⅱ｝と「通考」との近接した関係を示す異文として注目されるが、｛活Ⅱ｝の誤脱と判断されても許容される範囲であろう。従って、書写者が底本の譌字或いは衍字脱字と見做し、別本に拠り校改した為に生じた異同と考えることは可能である。してみれば、此の四例は、｛活Ⅱ｝が底本であることを否定する根拠としては薄弱である。

以上、｛天理｝が｛活Ⅰ｝｛活Ⅱ｝の何れか一方と相違している異文の検証からは、｛天理｝が｛活Ⅰ｝の転写であるとの想定は殆ど成立しないと言えるが、｛活Ⅱ｝が底本である可能性は猶否定することは出来ない。

⑷ 其の他の異文

次に「Ⅵ｛天理｝と古活字版との底本の相違」を原因とする異文が有るのかどうか、残りの異同について検証されなければならない。対象となる異文は、12 69 125 416 426 427 455 475 511 543 545 743 762 818 876 915 992 997 1029 1088 1369 1433の二二箇所である。

㈠ 文末助字の有無相違

その内、12 69 426 427 455 475 511 543 743 1029 1088の一一箇所は文末の「也」字の有無、或いは「也」「之」「之也」「者也」等の異同である。どれも、管見の諸本の少なくとも一本とは一致する場合で、別系本文の影響と想定され得る異文として、先の誤写欠落の四事例と区別した。しかし、一致する本の有無を基準にしたあくまでも便宜的な措置で、蓋然性の高さを期待しての推断に過ぎない。誤写と見做した四例と、一本とのみ一致を示す12 511 543 1029とを区別する論拠は求め難い。他の七例も程度の差であって大同小異である。そうであってもなお、依拠本の様態を相承している可能性は、先の四例よりも大きいと考えられる。此の異同は、古活字版の転写とする想定を否定するに論拠としてやや薄弱であるが、軽視はできないであろう。

體道第一経文「非常名」下注（1オ 5a 12）

非自然常在之名■〔天理・道蔵〕
□□□□□□□也〔活Ⅰ・活Ⅱ・陽Ⅰ・書陵・龍門・無窮・足利・筑波・弘文・斯Ⅱ・梅沢・慶Ⅰ・大東・慶Ⅱ・武内・東大・東洋・東急・杏Ⅰ・斯Ⅰ・仁和・宋版・世徳〕

鄭校指摘のように、『道徳眞經玄徳纂疏』巻一所引は「也」字が無い。前稿では脱字と見做したが、異文と考えることも可能であろう。

同、経文「玄之又玄」下注（2オ 1b 69）

則生貪淫■〔天理・筑波・道蔵〕
□□□□也〔活Ⅰ・活Ⅱ・陽Ⅰ・書陵・龍門・無窮・足利・弘文・斯Ⅱ・梅沢・慶Ⅰ・大東・慶Ⅱ・武内・東大・東洋・東急・斯Ⅰ・仁和・宋版・世徳〕

無用第十一経文「當其無有車之用」下注（8ウ 7a 426）

人得載其上■〔天理・武内・足利・敦Ⅰ・道蔵〕
□□□□也〔活Ⅰ・活Ⅱ・陽Ⅰ・書陵・龍門・無窮・筑波・弘文・斯Ⅱ・梅沢・慶Ⅰ・大東・慶Ⅱ・東大・東洋・東急・斯Ⅰ〕
□能□□□也〔宋版・世徳〕

鄭校指摘のように、『道徳眞經注疏』巻一所引、『道徳眞經玄徳纂疏』巻三所引は共に「也」字が無い。

同、経文「埏埴以為器」下注（8ウ7b427）

為飲食之器■〔天理・斯Ⅰ・宋版・世徳・道蔵〕
□食飲□□■〔敦Ⅰ〕
□食飲□□也〔活Ⅰ・活Ⅱ・陽Ⅰ・書陵・龍門・無窮・足利・筑波・弘文・斯Ⅱ・梅沢・慶Ⅰ・大東・慶Ⅱ・武内・東大・東洋・東急〕

鄭校指摘のように、前項とは逆に『道徳眞經注疏』引、『道徳眞經玄徳纂疏』引は古活字版等に同じく「也」字が有る。

欲第十二経文「五音令人耳聾」下注（9ウ1b455）

不能聴無声之声■〔天理・宋版・世徳・敦Ⅰ・道蔵〕
□□□□□□□也〔活Ⅰ・活Ⅱ・陽Ⅰ・書陵・龍門・無窮・足利・筑波・弘文・斯Ⅱ・梅沢・慶Ⅰ・大東・慶Ⅱ・武内・東大・東洋・東急・斯Ⅰ〕（無无の異同は不問）

鄭校指摘のように『道徳眞經注疏』巻二所引には「也」字が有る。前稿では、一致する古鈔本が無い故を以て誤脱と見做した。

猒耻第十三経文「寵辱若驚」下注（10オ1b475）

身辱亦驚■〔天理・筑波・斯Ⅱ・宋版・世徳・敦Ⅰ・道蔵・弘文?〕
□□□□也〔活Ⅰ・活Ⅱ・陽Ⅰ・書陵・龍門・無窮・足利・梅沢・慶Ⅰ・大東・慶Ⅱ・武内・東大・東洋・東急・斯Ⅰ〕

〔東洋〕の「也」字左旁には「オナ」の書入れが有る。此れは〔宋版〕とは合わない。

同、経文「則可以寄於天下矣」下注（10ウ4b511）

不可以■久■〔天理・敦Ⅰ〕
□□□■□也〔活Ⅰ・活Ⅱ・陽Ⅰ・書陵・龍門・梅沢・武内・東大・東洋・東急・斯Ⅰ・宋版・世徳〕
□□□長□也〔無窮・足利・筑波・弘文・斯Ⅱ・慶Ⅰ・大東・慶Ⅱ〕
□□■■託也〔道蔵〕

鄭校指摘のように、『道德眞經玄德纂疏』巻四所引、『道德眞經注疏』巻二所引共に「也」字は無い。前稿では誤脱の蓋然性に従ったが、ここでは〔敦Ⅰ〕等との一致を考慮した。

贊玄第十四経文「此三者不可致詰」下注（11オ5a543）

問而■得之■〔天理・慶Ⅱ〕
□□■□□也〔活Ⅰ・活Ⅱ・無窮・東急・斯Ⅰ・宋版・世徳〕
□□■□■也〔陽Ⅰ・書陵・龍門・足利・筑波・弘文・斯Ⅱ・梅沢・慶Ⅰ・大東・武内・東大・東洋〕
□□■□■■〔敦Ⅰ〕
□□能□■也〔道蔵〕

鄭校も指摘するように、『道德眞經注疏』巻二所引には「也」字が無く〔天理〕と同じである。鄭校は宋范應元撰『老子道德經古本集註』巻上該所に引く河上公注にも「也」字が無いと記すが、誤校である。同本は「問而得也」とあり、〔陽Ⅰ〕等と同文である。但、續古逸叢書所収本は字詰の関係で「得也」の二字が小字双行となっている。

淳風第十七経文「其次侮之」下注（14オ5 743）

故欺侮之■■〔天理・斯Ⅰ・宋版・世徳・敦Ⅰ・道蔵〕
□□□□■也〔活Ⅰ・活Ⅱ・陽Ⅰ・書陵・龍門・無窮・足利・筑波・弘文・斯Ⅱ・梅沢・慶Ⅰ・大東・慶Ⅱ・武内・東大・東急・治要〕
□□□□者也〔東洋〕

東洋文庫蔵古活字版の一本には「也」字旁に「才无」との書入れが見られる。

虚無第二十三経文「道亦樂得之」下注（19オ5b1029）

道亦樂得之■〔天理・斯Ⅱ〕
□□□□也〔活Ⅰ・活Ⅱ・陽Ⅰ・書陵・龍門・無窮・足利・筑波・梅沢・慶Ⅰ・大東・慶Ⅱ（無道亦）・武内・東大・東洋・東急・斯Ⅰ・宋版・世徳〕（〔道蔵〕は此の注文無し）
□□□□■也〔弘文〕

鄭校指摘のように『道德眞經玄德纂疏』巻六所引、『道德眞經注疏』巻三所引、『道德眞經取善集』巻四所引には「也」字が無い。

象元第二十五経文「先天地生」下注（20オ5b1088）

在天地之前■〔天理・慶Ⅰ・大東・東急・斯Ⅰ・宋版・世徳・道蔵〕
□□□□□也〔活Ⅰ・活Ⅱ・陽Ⅰ・書陵・龍門・無窮・足利・筑波・弘文・斯Ⅱ・梅沢・慶Ⅱ・東大・東洋〕
□□□■□也〔武内〕

(二) 其の他助字等（而・之・以・共・故）の有無

賛玄第十四経文「故混而為一」下注（11オ6b545）

名之■為一也〔天理・敦Ⅰ〕
□□而□□□〔活Ⅰ・活Ⅱ・陽Ⅰ・書陵・龍門・無窮・足利・筑波・弘文・斯Ⅱ・梅沢・慶Ⅰ・大東・慶Ⅱ・武内・東大・東洋・東急・斯Ⅰ・宋版・世徳〕
□合而□□■〔道蔵〕（文末助字の異同は不問）

〔敦Ⅰ〕の他、南宋劉氏刊『音註河上公老子道德經』は「而」字が無い。前稿では誤脱として扱ったが、異文と見做す。

虚心第二十一経文「唯道是従」下注（17オ2b915）

不随世俗之所行〔天理・武内・東大・東洋〕
□□□□■□□〔活Ⅰ・活Ⅱ・陽Ⅰ・書陵・龍門・無窮・足利・筑波・弘文・梅沢・慶Ⅰ・大東・慶Ⅱ・東急・斯Ⅰ・宋版・世徳・道蔵〕
□□□□■□■〔斯Ⅱ〕

偃武第三十一経文（26オ4 1433）

不可■得志於天下矣　〔天理・慶Ⅰ・大東〕
□□以□□□□□□□　〔活Ⅰ・活Ⅱ・陽Ⅰ・書陵・龍門・杏Ⅰ・無窮・足利・筑波・弘文・斯Ⅱ・梅沢・慶Ⅱ・武内・東大・東洋（無矣）・東急・斯Ⅰ・六地・陽Ⅱ・宋版・世徳・道蔵・治要〕

P二三七五、S七八三、P二五八四、S二二六七、貞二、P二二五五、S六四五三、S七九八は共に「以」字が無い。又、〔大東〕の本句左旁には「或可字ノ下ニ以字アリ」と、〔慶Ⅰ〕にもほぼ同文の書入れが有る。従って、〔天理〕の譌脱とは言えない。「以」字の有無によって伝本は二系に分かれ、〔天理〕は古活字版とは別系の本文を継承している。

無用第十一経文「三十輻共一轂」下注（8ウ5b 416）

故衆輻■湊之　〔天理・道蔵〕
□□□共□□　〔活Ⅰ・活Ⅱ・陽Ⅰ・書陵・龍門・無窮・足利・筑波・斯Ⅱ・梅沢・慶Ⅰ・大東・慶Ⅱ・武内・東大・東洋・東急・宋版・世徳・敦Ⅰ〕
□□■共□□　〔弘文〕
□□□共□也　〔斯Ⅰ〕

鄭校に言う如く、宋宋鸞『道徳篇章玄頌』巻上所引にも「共」字が無い。前稿では、古鈔本諸本から孤立している故に、鄭校に倣い誤脱と見做したが、その確証は求め難い。古活字版等とは別系の本に従って生じた異同と見ることも出来る。

倹武第三十経文（25オ2 1369）

故善者果而已　〔天理・無窮・足利・筑波・弘文・斯Ⅱ・梅沢・慶Ⅰ・大東・慶Ⅱ・武内・東大・東洋・陽Ⅱ・東急〕
■□□□□□　〔活Ⅰ・活Ⅱ・陽Ⅰ・書陵・龍門・斯Ⅰ・六地・宋版・世徳・道蔵・治要〕

S七八三、P二五八四、S二二六七、貞二、P二二五五、S六四五三、S七九八は並びに「故」字が有る。「故」

の有無に拠って、諸伝本が両系に分かれ、〔天理〕は古活字版の類とは別の類の伝本と一致している。

㈢ 字形類似字

安民第三「使民不為盗」下注（3オ4b125）

上化清淨〔天理・東大・弘文・斯Ⅰ・宋版・世徳・道蔵〕

□□□静〔活Ⅰ・活Ⅱ・陽Ⅰ・書陵・龍門・無窮・足利・筑波・斯Ⅱ・梅沢・慶Ⅰ・大東・慶Ⅱ・武内・杏Ⅰ・東急・東洋・治要〕

鄭校、王校の指摘のように宋闕名者編『道徳眞經集註』巻一所引は「静」に作る。〔杏Ⅰ〕は「静」左旁に「浄ォ乍」の書入れが有る。字形の近似のため伝写の過程で夙に生じた乖反が、それぞれに継承された結果と考えられる。伝本は両字によって二類に分かれ、〔天理〕は古活字版を含む伝本系とは別系類の伝本に一致している。

還淳第十九経文「見素抱朴」下注（15ウ1b818）

見素守貞〔天理・無窮・筑波・慶Ⅱ・武内・東洋〕

□□□真〔活Ⅰ・活Ⅱ・陽Ⅰ・書陵・龍門・足利・弘文・斯Ⅱ・梅沢・慶Ⅰ・大東・東大・東急・斯Ⅰ・宋版・世徳・敦Ⅰ・道蔵・治要〕

元来は、字形の近似から生じた譌字と考えられるが、古鈔本には「貞」に作る一系の存在が認められる。〔慶Ⅱ〕はもとの「真」字を「貞」に訂正し「テイ」の振り仮名を付している。〔天理〕は古活字版と異なり〔無窮・筑波〕等の伝系に属す。

異俗第二十経文「我獨若遺」下注（16オ7b876）

似於不足也〔天理・陽Ⅰ・書陵・龍門・無窮・足利（於作我）・筑波・弘文・斯Ⅱ・梅沢・慶Ⅰ・大東・慶Ⅱ・武内・東大・東洋（也作者）・東急・斯Ⅰ・宋版・世徳・道蔵〕

以□□□□〔活Ⅰ・活Ⅱ〕

「以」に作るのは古活字版だけであるが、「通考」がそれと同文であり、「以」に従う伝本系の存在が想定される。

第二章第三節「古活字版に孤立した特異の本文」一(2)（253頁）参照。

益謙第二十二経文「誠全而皈之」下注（18ウ5a997）

實全其飢體〔天理・斯Ⅱ・宋版（無全）〕
□□肌□〔活Ⅰ・活Ⅱ・陽Ⅰ・書陵・龍門・無窮・足利・筑波・弘文・梅沢・慶Ⅰ・大東・慶Ⅱ・武内・東大・東洋・東急・斯Ⅰ・世徳（無全）・道蔵（無全）〕

鄭校は「飢」は音が近い為の譌字と見做し、王校は〔道蔵〕等に拠って「肌」に校改している。しかし「飢」に作る〔天理・斯Ⅱ〕等の伝本系を想定することも可能であろう。尚、〔梅沢〕「肌」には「肥ィ」の書入れが見えるが、「肥」に作る伝本は未だ管見に入らない。

㈣ 字音類似字

俗薄第十八経文「大道廢焉有仁義」下注（14ウ3b762）

戸有忠臣〔天理〕
□□□信〔活Ⅰ・活Ⅱ・陽Ⅰ・書陵・龍門・無窮・足利・筑波・弘文・斯Ⅱ・梅沢・慶Ⅰ・大東・慶Ⅱ・武内・東大・東洋・東急・斯Ⅰ・宋版・世徳・敦Ⅰ〕
國□□信〔道蔵〕

「臣」字は諸本並びに「信」に作る。前稿では、同音に拠る〔天理〕の誤写と考えた。しかし、鄭校は『道德眞經玄德纂疏』巻五所引が「國有忠臣」に作るのを是としている。〔道蔵〕が「國有忠信」に作り、「通考」が〔天理〕と同じく「戸有忠臣」と作っている等、この句の伝承に混乱が認めらる。〔天理〕の該章句に対する注釈は「大‐道之時、渾‐然トシテ樸未レタ散、家‐々戸‐々、子不レハ勉而孝、臣不レハ慮而忠、仁‐義在二テ大‐道之中一ニ而不レ見云々」とあり、明らかに「臣」字が意識されており、「臣」を「信」の誤写と見做すことは出来ない。「通考」との一致も考慮され、古活字版はじめ掲出諸本以外の、未だ管見に入らない伝本の本文が参校された可能性を考えるべきである。

㊄ 二字句の転倒他

無用第十一経文「埏埴以為器」下注（8ウ 7b 427）

為飲食之器■ 〔天理・斯Ⅰ・宋版・世徳・道蔵〕
□食飲□□也 〔活Ⅰ・活Ⅱ・陽Ⅰ・書陵・龍門・無窮・足利・筑波・弘文・斯Ⅱ・梅沢・慶Ⅰ・大東・慶Ⅱ・武内・東大・東洋・東急・敦Ⅰ（無也）〕

鄭校も指摘するように、『道德眞經注疏』巻一所引、『道德眞經玄德纂疏』巻三所引は古活字版等に同じで「食飲」に作る。

益謙第二十二「豈虚言哉」下注（18ウ 1b 992）

正言非虚言也 〔天理・筑波・弘文・大東・武内・東大・東洋〕
□□□□空□ 〔活Ⅰ・活Ⅱ・陽Ⅰ・書陵・龍門・無窮・足利・斯Ⅱ・梅沢・慶Ⅰ・東急・斯Ⅰ〕
□□□空虚□ 〔慶Ⅱ〕
□□□□妄□ 〔宋版・世徳〕
□□□□■□ 〔道蔵〕

「虚言」と、「虚空」或いは「空虚」の字句の不同によって、旧鈔伝本が両系類に分かれ、〔天理〕は古活字版を含む系類とは別系と見られる〔筑波・弘文〕等の伝本と一致している。「通考」も「虚言」に作る。

二、〔天理〕の底本

以上、古活字版との異同量数一六二、或いは一五〇に反映された一〇二の異同箇所について、その異文の実態と諸本との関係について個々に検証してきた。古活字版の誤植、〔天理〕の誤写に因る異同を除けば、古活字版に対する〔天理〕の異文の多くは、諸伝本間で生じた何れかの異文を継承している実態が顕かになった。文末助字の有無、異体字使用による異同は、書写者の志向態度に左右され、伝承された諸本の本文の様態とは無関係に、孤立して生じる場合があり、伝本系統との関わりは希薄な面があろう。しかし、個々の異同の実態を集積総合し大観してみるならば、異文を介する諸伝本との系統関係は、複雑に淆錯し脈絡を辿ることは難しいが、慥に垣間見えている。

(二)(1)異体字・別体字・通用字使用に因る異同として挙例した顕徳第十五経文（12オ7 611）の「若」「如」異同の実相は、恐らくは底本に従って書された「如」が、同筆で「若」に書き改められている。これは、底本とは別の本が参校された事を意味していよう。また、写本としては、誤写衍脱が非常に少ない。誤写の事例として二〇例を挙げたが、それは、可能性を指摘したのであって、562・1188・1619の三例を除けば、必ずしも誤写とは言い切れない点、該所において添言した通りで、掲出本文の写定は思いの外厳格慎重になされた事実が窺われる。此の書写態度の厳格さを考慮するならば、所拠の底本は相当忠実に移写されたと考えてよいであろう。此の見解に立つならば、古活字版が底本とされたと仮定すれば、〔天理〕の誤写として挙げた二〇例の存在は矛盾する。また、その他の異同が生じることも考えにくい。写本が藍本の場合には、書写字体の判読の難しさから誤読誤写も往々にして生じるが、古活字の判読の誤りは起こり得ないと思われる。従って、古活字版が底本であるとの仮説は成立しない。

〔天理〕と古活字版との異同は、古活字版を底本として其の本文が校改された為に生じたのではなく、或いはまた著者の見解に基づいた改訂に因るのでも無く、古活字版とは別に存在した底本に忠実に従った為と考量される。此処で取り上げた異同は、主として、依用された底本の相違に求められ、〔天理〕が古活字版の転写であるとの想定は、成立しないと考えなければならない。よって、〔天理〕の経注本文の底本は、古活字版とは別に求められる。

其の底本を特定することは、現状では不可能である。縷々指摘したように、管見の限りでは、古活字版以上に〔天理〕と近接する本文を持つ古鈔本は現存せず、その範囲の中で底本を特定しようとするならば、古活字版以外には考えられなかった。それが否定されれば、未だ知られていない｛天理｝とより近接する伝本の存在が想定されなければならないであろう。

上古以来連綿として継続されてきた河上公注『老子道德經』の伝写の営みは、旧来の異文を伝承し、或いは新たな異同を生起し、又、取捨を繰り返しながら、雑糅混淆したテキストが形成されていった。結果として古活字版に近い伝本を孳生したものと推察される。｛活Ⅰ｝、｛活Ⅱ｝、及び｛天理｝を含み、そして失われた｛活Ⅰ｝｛活Ⅱ｝の底本、また｛天理｝の底本、その他、現在は逸失した伝写本と、諸本と対比して顕かに古活字版の本文に近接した伝本の群類を想定することが可能であろう。此の群類に包摂される諸伝本は、個々に旧来の伝本との繋がりを保ちつつ、相対的に微小ではあるが、｛活Ⅰ｝、｛活Ⅱ｝、及び｛天理｝の間に見られたような異同を相互に示していたものと考えられるのである。此の推論は、先に第一章第四節一（162頁）に於いて記した、異植字版の校改の経緯についての考察において、当時伝存し現在は逸失している｛天理｝「通考」に近似する本文を持つ伝本が想定されたことと軌を一にする。

要するに、｛天理｝の底本は、近接した同群類の伝本の中の現在は逸失したか未発見の一本である、という結論に導かれる。そして、その本は、｛活Ⅰ｝と｛活Ⅱ｝との異同に於いて、｛天理｝は｛活Ⅱ｝とより多く一致している故に、｛活Ⅰ｝より｛活Ⅱ｝により近く、その他誤植誤写を除く古活字版との異文、さらには、｛天理｝の誤写として扱った異文の多くもその本文として含まれた伝本でなければならない。

｛天理｝と古活字版がこの同じ群類内の伝本であるという意味において、更めて、両者の近接した関係、特に｛天理｝と｛活Ⅱ｝との近親な関係が慥に確認されるであろう。さらに、次に取り上げる「通考」も、｛天理｝と同様、同群類内の一本として、古活字版との近接した関係が認められる。

第二節　「通考」と古活字版との関係

「通考」所掲の経本注本は、古活字版以後に刊定された本文として、また本邦に於ける河上公注本の伝流史上、言わば掉尾を飾る近世唯一の流布版本として注目されるのであるが、其の本文の実相は未だ明らかにされていない。古活字版本文との関係の考察は、「通考」所掲経注本文の系統と底本如何を顕かにする肯綮となり、我が国所伝の河上公注本の諸相と、近世を通じて行われた流布本文の実態を窺う上で重要と思われる。

一、『老子經通考』書誌解題

先ず、初印本と思われる慶應義塾図書館所蔵本に拠って、書誌事項について概要を記しておく。伝本状況については、本章注8を参照されたい。

老子道德經（題簽・序題「老子經通考」）四巻　漢河上公章句　明陳元贇注　闕名者点　延寶八（一六八〇）刊（京　板木屋久兵衛）　和大四冊

濃縹色表紙（二七・二×一九・五糎）、原題簽「河上公章句老子經通考」。見返し中央に大字で「道德經」、その左右にそれぞれ二行、計四行にわたり「大聖祖高上大道金闕／玄元天皇大帝素言／漢孝文帝受持李老／君變號河上公章句」の題辞を刻す。

首に、「老子經通考序」（「庚戌〔寛文十年〈一六七〇〉〕之西候／大明　武林　既白山人陳　元贇拜撰」）及び「老子經序」（題下方に「葛洪」と題す、注釈付）を冠し、末に、闕名者撰の加点書跋一葉を附す。

本文巻頭「老子道經上（隔一〇格）河上公章句」と題し、第二行低二格に「體道第一」と章題がある。各巻内題は以下「老子道經上之末」「老子德經下之本」「老子德經下之末」と。尾題は各巻「老子道經上之本終」「老子道經上之末終」「老子德經下本終」「老子道經終」と題され、最終尾題は「道」字下「德」一字の誤脱であろう。

四周単辺（二一・六×一五・八糎）、無界、毎半葉十行行二十一字、章句低一格中字単行行二十字、注低一格小字双行行二十字。版心大黒口、魚尾無し。但、下象鼻黒口は上部に魚尾状の窪みがある。中縫の版心題「老子經一（巻次は第二十丁以下「上本」、「上末」「下本」「下末」と）（丁付）」。返点縦点送り仮名附刻。

加点書跋末次行低一格に、「延寶八庚申暦／　九月日」とあり、その下余白に「下立賣通千本西へ入町／　板木屋／　　久兵衛板行」の刊記がある。「延寶八庚申暦　九月日」の紀年は、題署されている位置と、字様の相似から、跋文の撰述年月ともとれ紛らわしいが、刊行年月と見做して良いと思われる。

「□□／小川郁文堂／書林」（朱長円）、「讃州丸亀書林／小川屋萬五郎」（朱長方）の印記有り。

本書書名は、一般には外題或いは序題に従って「老子經通考」とされるが、後印本の外題は「老子道德經通考」とあり混乱が生じることを虞れる。拠って原則通り、内題に従った。

巻数は、上下二巻とする見解もあろうが、内題尾題の数、及び内題題署に伴い四度丁付けが改まるに拠り、四巻と見做す。

注者陳元贇は、名を珦、字を義郁、又士昇と言い、碧雲軒、菊秀軒、昇庵、芝山、既白山人等と号す。明萬暦十五年（一五八七）の生、元和五年（一六一九）に渡日、長崎、京洛、防長、江戸と流寓を経、尾張藩の招聘に応じ、義直、

光友両藩主に仕えた。同藩藩学の振興に寄与し、寛文十一年（一六七一）八十五歳で名古屋自邸にて没した。(9)

本書は、先ず經文を、章題を冠し八十一章に分かち大字を以て掲出する。従来経文句下に小字双行で分置挿入されていた河上公注は、毎章経文後に中字を以て纏められている。経文中に挿入されていた注文を連綴し、前後文章の脈絡を保つため、適宜、経文の字句を主格として補い、或いは、逆に、重複する主語を省き、また、別の語句に変換し、更には接続辞を増損するなど、編撰者の私意による多少の改変が見られるが、章句本文は基本的には原状が保たれている。此の章句の後に、小字双行で陳氏の評注が付され、本来の河上公注本の体式とは大きく相違し、従って、陳氏編纂に係る老子注釈書と見做され、テキスト上、純然たる意味では河上公注本とは言えない。

しかし、古活字版刊行以後、江戸時代を通じて河上公注本の和刻本は存在せず、河上公章句の全容を備える通行本としては、本書以外には無い。逆に言えば、幕末に及んで河上公注の流布を担ったのは本書であり、この意味で、陳氏の功績は甚大であったと言えよう。自序に「道德之遺教凡五千余言、明乾坤之微妙、不少錙銖兮、盡萬境之事、爲大毫端、是故註家雖幾于百、猶不證實理矣、舊有河上公之章句、公是老子也、閣河公章句、而用希逸口義、是則非庸士理學之昏昧乎、初學爲欲求多解者、録于評論附註後、因題曰老子經通考」（句点は私設）と本書撰述の意図が示されているように、陳氏は、当時盛行していた林希逸鬳斎口義を貶め、河上公注の舊に拠るべきと主張する。注後に付された氏の長文にわたる評注も、諸家説を批判し、河上公注を顕彰し其れを敷衍するものである。

二、「通考」と古活字版との近接した関係

此れまでの本文検証の過程において、屡々古活字版と「通考」との近似が指摘された。これは「通考」が現存古鈔本のどの本よりも古活字版と近い関係にある事実を示唆している。従って「通考」所掲経注本文の底本として本邦伝来の本が想定されるのであれば、先ず古活字版がその候補と目されるであろう。

古活字版との形式上の類似として、次の二点が指摘される。第一点は、「老子經序」が同一であることである。此の序が宋刊本系諸本の所謂葛玄序と相違し、わが国伝来本に特有の序であることは上述した。其の序が冠せられていることは、「通考」所掲本文が本邦伝来本の系統である論拠とされる。

第二点は、標出された章題の体式、題名は、末二章を除き尽く一致している。末二章の相違は、題名下の「第」字が無いだけの微少な違いである。本邦所伝の古鈔本の間でも、章題標記の体式に三様ないしは四様の異相が見られる事については既述した通りである。古活字版と「通考」は共に、上述のA式の章題を掲し題名も全て一致し、両本の近縁な関係が窺われる。

経注本文を巡っても両本の近接した関係は顕著である。

先ず、第二章第三節で指摘した通り、「古活字版に孤立した特異な本文」として挙げた十六条の全てが、「通考」とは一致若しくは近似している（252〜265頁参照）。

又、古鈔本中、本文上最も古活字版に近い〔陽Ⅰ〕と〔活Ⅰ〕との異同として、第二章第二節三(五)「其の他、本文字句の異同」で挙げられた七十九例（当然先の十六例が含まれる）の内、老子経序（序3ウ2 62）、益證第五十三（下13オ5b 608）、三寶第六十七（下25ウ7b 1242）、知病第七十一（下28ウ1 1376）の四例を例外として、尽く〔活Ⅰ〕の文と一致している（223〜249頁参照）。

更に、〔活Ⅰ〕、〔活Ⅱ〕間で異同の有る本文については、両版の誤植に因らない三十二の異同の内三十一例までが、

〔活Ⅱ〕と一致し、残りの一例運夷第九（上7オ1 313）は、〔活Ⅰ〕「恃」、〔活Ⅱ〕「特」の相違で、「通考」は〔天理〕〔陽Ⅰ〕等諸本に同じく「持」に作り、〔活Ⅱ〕との差異は極微小と言えよう。特に、〔活Ⅱ〕が管見の古鈔本の全てと相違している八例が、悉く本書と一致している事から、〔活Ⅱ〕と本書との極めて緊密な本文上の関係が窺われる（第一章第三節二(二)Ⅱ、156〜159頁、及び附表5参照）。

三、「通考」と古活字版との異同

しかし、両本字字対校すれば、やはり一致しない字句が少なからず指摘される。編撰に伴って改変増損された字句は別として、多くは、異体字、通用字、誤字脱字脱文、衍字衍文の範囲にあるが、古活字版と相違し、他の本とは一致している次の異同例の如きは、明かに古活字版以外の本文の影響を認め得る。

①易性第八経文「居善地」下注（上6ウ2b 292）

有似於牝動而■下人■也〔活Ⅰ・活Ⅱ・陽Ⅰ・書陵・足利・弘文・斯Ⅱ・慶Ⅰ・大東・慶Ⅱ・武内・東大・東洋・東急・斯Ⅰ・宋版・世徳・道蔵・天理〕

□□□□□□■□□者□〔筑波・梅沢〕

□□□□□□■□□■■〔龍門・敦Ⅰ〕

□□□□□□従□□■□〔無窮〕

（上句「有似於牝動」の異同は不問）

「通考」は「而下」の間に「従」が有り、〔無窮〕と一致している。その他の伝本は古活字版と同じで「従」は無い。鄭校は衍字と見ているが、〔無窮〕との一致は無視できない。

②無用第十一経文「無之以爲用」下注（上9オ4a 443）

言虚空者〔活Ⅰ・活Ⅱ・陽Ⅰ・書陵・龍門・弘文・斯Ⅱ・梅沢・武内・東大・東急・斯Ⅰ・宋版・世徳・敦Ⅰ・

□□無□〔道蔵 天理〕
□室虚□〔慶Ⅰ・大東〕
□空虚□〔無窮・足利・筑波・慶Ⅱ・東洋〕

「通考」は「虚空」を「空虚」に作り〔無窮〕等と一致する。鄭校は誤とするが、「空虚」に作る伝本系の存在を考慮すべきである。

③同、同文下注（上9オ5a444）

乃可用盛受■物也〔活Ⅰ・活Ⅱ・陽Ⅰ・書陵・龍門・無窮・足利・筑波・弘文・斯Ⅱ・梅沢・慶Ⅰ・慶Ⅱ・東洋・東急・斯Ⅰ・天理〕
□□□□万□□〔大東・武内・東大・敦Ⅰ・宋版・世徳〕
謂■■□萬□■〔道蔵〕　（「也」字の有無、「万」「萬」の相違は不問）

「通考」は「受物」の間に「万」字が有り、〔大東〕等と一致している。

④撿欲第十二経文「五味令人口爽」下注（上9ウ2a458）

人嗜於五味■■〔活Ⅰ・活Ⅱ・陽Ⅰ・書陵・龍門・無窮・足利・筑波・弘文・斯Ⅱ・梅沢・慶Ⅰ・大東・慶Ⅱ・武内・東大・東洋・東急・斯Ⅰ・敦Ⅰ・天理・治要〕
□□■□□■■〔道蔵〕
□□■□□於口〔宋版・世徳〕　（「嗜」「耆」の違いは不問）

「通考」は「於」字が無く〔道蔵〕と一致している。古鈔本諸本は古活字版と同じで「於」があり、〔宋版・世徳〕はこの句を「人嗜五味於口」に作る。鄭校は、注前句の「貪淫好色」「好聴五音」の句法と一律とみて「於」は衍字とし、王校は逆に〔敦Ⅰ・治要〕に従い「人嗜於五味」と校改している。この句において伝本は三系に分かれ、「通考」は古活字版とは別系統に属すと見做すことが可能であろう。

⑤厭耻第十三経文「是謂寵辱若驚」下注（上10オ6a491）

失之而驚也〔活Ⅰ・活Ⅱ・陽Ⅰ・書陵・龍門・足利・筑波・弘文・斯Ⅱ・梅沢・慶Ⅰ・大東・慶Ⅱ・武内・東大・東洋・東急・敦Ⅰ・天理〕

□□■□□〔無窮・斯Ⅰ〕

□□若□■〔宋版・世徳・道蔵〕

（文末助字の異同は不問）

「通考」は「而」字が無く、〔無窮・斯Ⅰ〕と同じ。他の古鈔本は古活字版に一致し「而」が有る。同注上句「得之而驚」との対応から、「通考」等の誤脱とも考えられるが、〔斯Ⅰ〕は上の「而」も無い。文義上、優劣は別として、両「而」字は無くとも疎通し、鄭校の如く一概に脱字と見るのは躊躇われる。

⑥賛玄第十四経文（上11オ7 551）

繩繩■不可名〔活Ⅰ・活Ⅱ・陽Ⅰ・書陵・龍門・足利・弘文・斯Ⅱ・梅沢・慶Ⅰ・大東・慶Ⅱ・東大・東洋・東急・斯Ⅰ・六地・陽Ⅱ・宋版・世徳・天理〕

□□兮□□□〔無窮・筑波・武内・敦Ⅰ・道蔵〕

「通考」は、「繩繩」下に「兮」字が有り〔無窮〕等と一致し、古活字版等と異なる。此の経文句に於いて、河上公注本にも「兮」字が有る本と無い本の両系が認められる。此の「兮」字の有無は、河上公本と王弼本との相違として注目されているが、必ずしも両本を特徴づける異同とは見做し難い(10)。

⑦俗薄第十八経文「大道廢焉有仁義」下注（上14ウ3b 762）

戸有忠信〔活Ⅰ・活Ⅱ・陽Ⅰ・書陵・龍門・無窮・足利・筑波・弘文・斯Ⅱ・梅沢・慶Ⅰ・大東・慶Ⅱ・武内・東大・東洋・東急・斯Ⅰ・宋版・世徳・敦Ⅰ〕

國□□信〔道蔵〕

□□□臣〔天理〕

「通考」は「忠信」を「忠臣」に作り、〔天理〕と一致。諸本は「忠信」に作り古活字版に同じ。字音の近似による譌と見做されるが、〔道蔵〕は「戸」を「國」に作り、「國」に対応するのであれば「忠臣」が優る。鄭校は、唐強思斎『道德眞經玄德纂疏』巻五所引の河上公注が「國有忠臣」に作るを是としている。上記本章第一節〔天理〕との近接した関係㈡別系本文の影響と想定され得る異文⑷㊃字音類似字（360頁）参照。

⑧益謙第二十二「豈虚言哉」下注（上18ウ1b 992）

正言非虚空也〔活Ⅰ・活Ⅱ・陽Ⅰ・書陵・龍門・無窮・足利・斯Ⅱ・梅沢・慶Ⅰ・東急・斯Ⅰ〕
□□□□言□〔天理・筑波・弘文・大東・武内・東大・東洋〕
□□□空虚□〔慶Ⅱ〕
□□□□妄□〔宋版・世徳〕
□□□□■□〔道蔵〕

「通考」は「虚空」を「虚言」に作り、〔天理・筑波〕等と一致している。〔陽Ⅰ・書陵・龍門・無窮・足利・斯Ⅱ・梅沢・慶Ⅰ・東急・斯Ⅰ〕は古活字版に同じ。〔慶Ⅱ〕は「空虚」に、〔宋版・世徳〕は「虚妄」に、〔道蔵〕は「虚」一字に作る等異同が多い。鄭校は、〔宋版〕の「虚妄」に従い、他は皆非と見做しているが根拠は明らかでない。此の異同も上記本章第一節〔天理〕との近接した関係㈡別系本文の影響と想定され得る異文⑷㊄二字句の転倒他（361頁）に於いて既に言及している。

⑨偃武第三十一経文「言以喪禮處之」下注（上26ウ1a 1452）

上将軍於右〔活Ⅰ・活Ⅱ・陽Ⅰ・書陵・龍門・無窮・足利・筑波・弘文・斯Ⅱ・梅沢・慶Ⅰ・大東・慶Ⅱ・武内・東大・東洋・東急・斯Ⅰ・宋版・世徳・天理〕
□□□居□〔道蔵〕

「通考」は「於」を「居」に作り〔道蔵〕と一致する。その外の諸本は、「於」に作っており、古活字版に同じ。伝本に両系が有ることを認めるべきであろう。鄭校指摘のように、『道徳眞經注疏』所引も「居」に作り、王校は『道徳眞經注疏』巻三所引と〔道蔵〕に従って「居」に校改している。

⑩爲政第三十七経文「天下將自正」下注（上30オ7b 1671）

天下將自正安定也〔活Ⅰ・活Ⅱ・陽Ⅰ・書陵・龍門・無窮・足利・筑波・弘文・斯Ⅱ・慶Ⅰ・大東・慶Ⅱ・武内・

（文末助字の異同は不問）

□□□□■□□□｛東大・東洋・東急・斯Ⅰ・天理｝
□□□□□■□□｛梅沢（「自安」の字間に「正」字加筆）｝｛宋版・世徳・道蔵｝

「通考」は「安」字が無く、｛宋版｝等に一致する。古活字版とも古鈔本のどの本とも相違している点で異例である。しかし、当時、「安」の無い伝写本が存在したと想定すべきで、明刊本である｛世徳｝に直接従って校改されたのではあるまい。「安」字の有無によって伝本に二系統が認められる。

⑪養徳第五十一経文「長而不宰」下注（下12オ3a 554）

以為利用｛活Ⅰ・活Ⅱ・陽Ⅰ・書陵・無窮・足利・筑波・弘文・斯Ⅱ・梅沢・慶Ⅰ・大東・武内・東大・東洋・聖語・東急・斯Ⅰ・治要｝
□□□養｛杏Ⅱ｝
□□□■｛宋版・世徳・道蔵｝
□□器□｛敦Ⅱ｝

「通考」は「利用」を「利養」に作り、｛杏Ⅱ｝と一致し、古活字版及び｛陽Ⅰ｝等その他の古鈔本は「利用」に作る。｛宋版・世徳・道蔵｝は「利」一字に作り、鄭校はそれに従い、他は皆非としている。しかし、「養」は「通考」に限った誤刻では無く、｛杏Ⅱ｝等と同類伝本との関連を想定すべきである。

⑫守道第五十九経文（下19オ4 893）

長生久視之道■｛活Ⅰ・活Ⅱ・陽Ⅰ・書陵・杏Ⅱ・足利・弘文・斯Ⅱ・梅沢・慶Ⅰ・武内・東大・東洋・聖語・東急・斯Ⅰ・六地・宋版・世徳・道蔵・敦Ⅱ｝
□□□□□□也｛無窮・筑波・大東｝

「通考」は「道」下に「也」字が有り｛無窮｝等と一致し、古活字版他の諸本と異なる。鄭校は「也」は衍字と見ている。

⑬知病第七十一経文（下28ウ1 1376）

聖人不病以其病■〔活Ⅰ・活Ⅱ・弘文〕
□□□□□□之〔筑波〕
□□□□□□病〔陽Ⅰ・書陵・杏Ⅱ・無窮・足利・斯Ⅱ・梅沢・慶Ⅰ・大東・武内・東大・東洋・聖語・東急・
斯Ⅰ・六地・宋版・世徳・道蔵・敦Ⅱ〕

「通考」は「其病病」に作り、〔陽Ⅰ〕等諸本と一致し、「其病」に作る古活字版・〔弘文〕と異なる。

⑭愛己第七十二経文「無厭其所生」下注（下29オ1a 1400）

以有精神■〔活Ⅰ・活Ⅱ・陽Ⅰ・書陵・杏Ⅱ・足利・筑波・斯Ⅱ・梅沢・慶Ⅰ・大東・武内・東大・東洋・聖語・
東急・斯Ⅰ・道蔵・敦Ⅱ〕
■□□□〔弘文〕
爲□□■〔宋版・世徳〕
□□□也〔無窮〕

「通考」は句末に「也」字が有って〔無窮〕と一致し、古活字版等其の他の諸本と相違する。

⑮同、同文下注（下29オ2b 1405）

■爲伐本厭神〔活Ⅰ・活Ⅱ・陽Ⅰ・書陵・杏Ⅱ・足利・筑波・弘文・斯Ⅱ・梅沢・慶Ⅰ・大東・武内・東大・東
洋・聖語・東急・宋版・世徳・敦Ⅱ〕
■□□木□□〔斯Ⅰ〕
此□□□□□〔無窮〕
爲此□命散□〔道蔵〕

「通考」は句頭に「此」字が有り〔無窮〕と一致し、古活字版等諸本と異なる。〔道蔵〕は、爲字下に「此」が有る。

⑯任爲第七十三経文「繟然而善謀」下注（下29ウ7b 1449）

善謀■慮人事〔活Ⅰ・活Ⅱ・陽Ⅰ・書陵・杏Ⅱ・足利・筑波・弘文・斯Ⅱ（慮作盧）・梅沢・慶Ⅰ・大東・武内・
東大・東洋・聖語・東急・斯Ⅰ・宋版・世徳・道蔵・敦Ⅱ・治要〕
□□修□□□〔無窮〕

「通考」は「謀」字下に「修」字が有り〔無窮〕と一致し、古活字版等諸本と異なる。鄭校は「修」は衍字と見る。

⑰同、同文下注（下30オ1a 1450）

■修善行悪｛活Ⅰ・活Ⅱ・陽Ⅰ・書陵・杏Ⅱ・足利・筑波・弘文・斯Ⅱ・梅沢・慶Ⅰ・大東・武内・東大・東洋・聖語・斯Ⅰ・宋版・世徳・道蔵・敦Ⅱ・治要｝

故□□□□｛無窮・東急｝

「通考」は句頭に「故」字が有り、｛無窮・東急｝と一致。古活字版等諸本には此の字は無い。鄭校は此れも衍字と見做す。

⑱同、同文下注（下30オ1b 1451）

各蒙其報■也｛活Ⅰ・活Ⅱ・陽Ⅰ・書陵・杏Ⅱ・足利・筑波・弘文・斯Ⅱ・梅沢・慶Ⅰ・大東・武内・東大・東洋・聖語・東急・斯Ⅰ・宋版・世徳｝

□□□□者□｛無窮｝

□□□□■■｛道蔵・敦Ⅱ・治要｝

「通考」は文末「者也」に作り｛無窮｝と一致し、古活字版等諸本と相違する。

⑲制惑第七十四経文「而爲奇者吾得執而殺之孰敢矣」下注（下30ウ1b 1481）

而先■刑罸■也｛活Ⅰ・活Ⅱ・陽Ⅰ・書陵・無窮・足利・筑波・弘文・斯Ⅱ・梅沢・慶Ⅰ・大東・武内・東大・東洋・聖語・東急・斯Ⅰ・宋版・世徳・敦Ⅱ・治要｝

■□■□罰■□｛杏Ⅱ｝

□□以□罰者□｛道蔵｝（罸罰の異同、文末助字の異同は不問）

「通考」は「而」字無く、｛杏Ⅱ｝と一致し、古活字版等諸本と相違する。鄭校は脱字と見做す。

⑳同、経文「夫代大匠斲希有不傷其手矣」下注（下30ウ6a 1499）

猶■拙■人代大匠斲■■｛活Ⅰ・活Ⅱ・陽Ⅰ・足利・筑波・弘文・斯Ⅱ・大東・東急・斯Ⅰ・宋版・世徳｝

□■□夫■□□□□■■｛杏Ⅱ・慶Ⅰ・武内・東大・東洋｝

□■□■□□□□□木■｛書陵・無窮・梅沢｝

□■□夫■□□□□木■｛敦Ⅱ｝

□代□夫□□□□□木■｛聖語｝

□■□夫■□□□□木也〔道蔵〕

「通考」は「斲」下に「木」字が有り、〔書陵・無窮・梅沢・聖語・敦Ⅱ・道蔵〕と一致し、古活字版等と異なる。鄭校は〔宋版〕の「猶拙人代大匠斲」（古活字版同文）を文義不完とし、〔敦Ⅱ〕「通考」等を根拠に「猶拙夫代大匠斲木」に作るべしとする。王校も〔敦Ⅱ〕等に拠り「木」字を補っている。

㉑同、同文下注（下30ウ6a 1503）

■代天殺者〔活Ⅰ・活Ⅱ・陽Ⅰ・足利・筑波・弘文・斯Ⅱ・慶Ⅰ・大東・東洋・聖語・東急・斯Ⅰ・宋版・世徳・道蔵・敦Ⅱ〕
■□□殺□〔書陵・杏Ⅱ・梅沢・武内・東大〕
夫□□□□〔無窮〕

「通考」は、句頭に「夫」字が有り、〔無窮〕と一致し、古活字版等諸本と異なる。鄭校は、衍字と見做す。

㉒同、同文下注（下30ウ6b 1504）

■失■紀綱〔活Ⅰ・活Ⅱ・陽Ⅰ・書陵・杏Ⅱ・足利・筑波・弘文・斯Ⅱ・梅沢・慶Ⅰ・大東・武内・東大・東洋・聖語・斯Ⅰ・宋版・世徳・敦Ⅱ〕
則□■綱〔無窮〕
■□其□綱〔東急〕
■■■■■〔道蔵〕

「通考」は、句頭に「則」字が有り、〔無窮〕と一致し、古活字版等諸本とは異なる。鄭校は此の異同について言及していない。

㉓貪損第七十五経文「民之飢以其上食税之多」下注（下31オ1b 1512）

以其君上税食下■太多也〔活Ⅰ・活Ⅱ・陽Ⅰ・書陵・杏Ⅱ・無窮・足利・筑波・弘文・斯Ⅱ・梅沢・慶Ⅰ・大東・武内・東大・聖語・東急・斯Ⅰ・宋版・世徳・敦Ⅱ・治要〕
□□□□□□之□□□〔東洋〕
□□□□食税□■□□□□〔道蔵〕
（大太の異同、文末「也」字の有無は不問）

「通考」は「下太」の間に「之」が有り、〔東洋〕と一致し、古活字版等と相違する。鄭校は、此の異同にも触れていない。

㉔同、経文「是以難治」下注（下31オ4b 1525）

情僞■難治■也〔活Ⅰ・活Ⅱ・陽Ⅰ・書陵・杏Ⅱ・足利・筑波・弘文・梅沢・慶Ⅰ・大東・武内・東大・東急・治要〕
□□有□□■□〔斯Ⅱ〕
□□■□□■■〔聖語・斯Ⅰ・宋版・世徳・道蔵・敦Ⅱ〕
□□■□□之□〔東洋〕
□□■□□者□〔無窮〕

「通考」は句末「者也」に作り、〔無窮〕と一致する。古活字版等は「者」字が無い。〔東洋〕の「之」左旁には見消ち（青筆）が有る。

㉕任信第七十八経文「正言若反」下注（下33ウ2b 1640）

以■爲反言也〔活Ⅰ・活Ⅱ・陽Ⅰ・書陵・杏Ⅱ・足利・筑波・弘文・斯Ⅱ・梅沢・慶Ⅰ・大東・武内・東大・東洋・聖語・斯Ⅰ〕
□■□□□■〔宋版・世徳・道蔵・敦Ⅱ〕
□所□□□□〔無窮・東急〕

「通考」は「以爲」間に「所」が有り、〔無窮・東急〕と一致し、古活字版等とは異なっている。鄭校は「所」を衍字と見做している。

㉖獨立第八十経文「小國寡民」下注（下34オ4a 1670）

■猶以爲小〔活Ⅰ・活Ⅱ・陽Ⅰ・書陵・杏Ⅱ・無窮・足利・斯Ⅱ・梅沢・武内・東大・東洋・聖語・東急・斯Ⅰ・宋版・世徳・道蔵・敦Ⅱ・治要〕
■□□□少〔筑波・弘文・大東〕
獨□□□□〔慶Ⅰ〕

「通考」は「猶」を「獨」に作り、古活字版等諸本と異なる。鄭校は字形の近似に因る譌とするが、〔慶Ⅰ〕が「獨猶」と連書している事例を考えれば、断定は躊躇される。

㉗同、同文下注（下34オ4b 1673）

猶若寡之〔活Ⅰ・活Ⅱ・陽Ⅰ・書陵・足利・筑波・弘文・斯Ⅱ・慶Ⅰ・大東・聖語?・〕
□□□乏〔道蔵・治要〕
□□□少〔宋版・世徳・敦Ⅱ〕
□□□小〔無窮・斯Ⅰ〕
□□□■〔杏Ⅱ・梅沢・武内・東大・東洋・東急〕

「通考」は「之」を「小」に作り、〔無窮・斯Ⅰ〕と一致し、古活字版等と相違する。〔東洋〕は「寡」字下に小圏を施し左旁に「之」字を加筆する（青筆）。鄭校は〔宋版〕の「少」に従い、「小」は其の壊字、「乏」は字形の近似に因る誤字、「之」も誤と見做しているが、断定は慎まれる。

㉘同、経文「使民重死」下注（下34オ6b 1685）

興利除害〔活Ⅰ・活Ⅱ・陽Ⅰ・書陵・杏Ⅱ・足利・筑波・弘文・斯Ⅱ・梅沢・慶Ⅰ・大東・武内・東大・東洋・聖語・東急・斯Ⅰ・宋版・世徳・道蔵・敦Ⅱ・治要〕
与□□□〔無窮〕

「通考」は「興」字を「與」に作り、古活字版等〔無窮〕を除く諸本と相違する。〔無窮〕は「与」で同字である。鄭校は字形の近似に因る譌と校勘しているが、此れも断定は慎まれる。

㉙同、経文「雖有舟轝無所乗之」下注（下34ウ1a 1694）

清靜無爲〔活Ⅰ・活Ⅱ・陽Ⅰ・書陵・杏Ⅱ・無窮・足利・斯Ⅱ・梅沢・慶Ⅰ・武内・東洋・聖語・東急・斯Ⅰ・宋版・道蔵・敦Ⅱ・治要〕
□浄□□〔東大・世徳〕
静清□□〔筑波・弘文・大東〕

「通考」は「清靜」を「清淨」に作り、︹東大・世徳（浄作浄）︺と一致し、古活字版等諸本と異なる。

㉚顯質第八十一経文「美言不信」下注（下35オ2b 1724）

■鎊僞多空虚也︹活Ⅰ・活Ⅱ・陽Ⅰ・書陵・杏Ⅱ・足利・筑波・弘文・斯Ⅱ・梅沢・慶Ⅰ・大東・武内・東大・東洋・聖語・東急・斯Ⅰ・宋版・世徳・道蔵・敦Ⅱ・治要︺

好□□□□□□︹無窮︺

「通考」は「鎊」字の上に「好」字が有り、︹無窮︺と一致し、古活字版等諸本と相違する。鄭校は、「好」は衍字と見做す。︹無窮︺との一致を考慮すれば、断定は慎まれる。

㉛同、経文「博者不知」下注（下35オ5a 1740）

博者■多見聞■︹活Ⅰ・活Ⅱ・陽Ⅰ・書陵・杏Ⅱ・足利・筑波・弘文・斯Ⅱ・梅沢・慶Ⅰ・大東・武内・東大・東洋・聖語・東急・斯Ⅰ・宋版・世徳・道蔵・敦Ⅱ︺

□□謂□□□也︹無窮︺

「通考」は「者多」の間に「謂」が有り、︹無窮︺と一致し、古活字版等諸本とは相違している。

以上のように、三十一箇所に及ぶ古活字版との異同が認められる。どれも古活字版以外の何れかの本とは一致しており、「通考」の単純な誤刻とは考えられず、別本文との継承関係が想定され得る異同と判断される。

上述した通り「通考」經注本文は、古活字版、特に︹活Ⅱ︺と非常に近い関係にある。其の一致吻合する側面を捉えれば、底本として︹活Ⅱ︺を想定することが最も妥当と思える。しかし、此処で示されたように、古活字版と相違し他の本とは一致している異文も少なくはないという、背反した側面にも留意しなければならない。此の事実に則すれば、古活字版のみに専ら依拠した本ではないことは明らかであろう。また、三十一の異同個所において、「通考」と全て一致する伝本も存在しない。但、︹無窮︺との一致が際立っていることに留目される。

四、「通考」所掲経本注本の底本

『老子經通考』に標掲された経本注本の底本が何本であったのかは、陳氏自序にも、闕名撰の加点跋文にも記されておらず、序跋等記事文面から直接的には窺知することはできない。しかし、本書が撰述された江戸前期寛文年間当時行われた河上公注本として、伝写本、古活字版、及び舶載の明刊本があげられ、藍本は、当然、その何れかに求められる。

渡来明人の撰述ではあるが、在日殆ど半世紀を経た著者最晩年の所為であり、著者が拠用した河上公注本として、本邦に於ける伝来本が想定されても支障は無い。本書に冠せられた「老子經序」が、本邦所伝の本に特有の序文であることは、此の想定を存立させる有力な根拠となろう。そして、刊本としての普及性を念頭に置くならば、其の内で古活字版が、最も可能性の有る候補と考えらる。管見の限りではあるが諸本の異同を検証した結果として、明刊本〔世徳〕との較差は大きく、伝来の古鈔本諸本と比較しても、予想に違わず古活字版と極めて近接した関係にあることが明らかになった。

「通考」の経注本文が整定されるに際して、或る特定の一本に依拠したのか、或いは複数の本が参校されたのか、或る一本を主底本として、別の一本若しくは数本が参校されたのか、種々推測されるが、管見伝本の範囲で校勘した限りでは、何れの場合であったのか論証することは難しい。古活字版の内、特に異植字版〔活Ⅱ〕と極緊密な関係に在ることは慥かとなったが、一方で両本間の異同も少なくはなく、古活字版とは相違しながら、別の伝本と一致している三十一の異文の事例が指摘された。本書「通考」と一致する伝本は異文に拠ってまちまちであるが、特に〔無窮〕

と同文である場合が二〇例と群を抜いて多い事が注目される。また、⑩の異同は古活字版、古鈔本の伝来本とは相違し、〔宋版・世徳・道蔵〕との一致を示している点で異例である。此れは、明刊本〔世徳〕が参校されたのではなく、当時、〔世徳〕等と同文の古鈔本が伝存し、その文が採られたと考えるべきであろう。以上の事例を含め総合して推量するならば、少なくとも〔活Ⅱ〕が底本である可能性は否定され、古活字版以外の本が参照されたことは認めなければならない。或る特定の一本が底本であったと仮定すれば、古活字版に極めて近似した、現存する古鈔本の内では〔無窮〕に近い伝写本が、嘗て存在したことが想定されなければならない。

要するに、「通考」所掲の經注本文は、古活字版、特にその異植字版とごく近接した関係にありながらも、それを直接の底本とするのではなく、当時遺存していた伝写本の影響を受けた本文である。その影響を及ぼした本の中には、〔無窮〕に近い、現在失伝している本が含まれなければならないであろう。若し、特定の一本が底本とされたのであれば、その本は、古活字版に近く、且つ〔無窮〕にも親近な関係にある伝写本でなければならない。従って、古活字版以後の本文として、「通考」もまた〔天理〕と同様に、古活字版及びそれと親近な関係にある伝本群内の一本として位置づけることができるであろう。

要約

古活字版以後の河上公注本として、〔天理〕及び「通考」、即ち闕名者撰『老子道德經河上公解〔抄〕』（存道經三十七章）、明陳元贇注『老子道德經』（序題『老子經通考』）両書の標掲経注本文を取り上げ、古活字版本文との関係を検討してきた。前者は、寛永四年（一六二七）の成立書写にかかり、古活字版刊行後、差程年代の開きは無く、後者は寛文一〇年（一六七〇）の自序成書、延寳八年（一六八〇）の刊行で、古活字版の稀覯性が未だ生じていないと思われる江戸前期に当たる。その故に、何れも、古活字版が底本である蓋然性は高いと予想された。それと共に、実は、古活字版との関係如何の問題と関連し、河上公注本伝流史にあって、本邦伝来の古鈔本の系統を引く本文であることの立証が、期待されていたのである。

　本文異同の検証の結果、予想通り、両本ともに、他の伝来諸本と比較して、古活字版、特にその異植字版との極めて近い関係が顕かとなった。しかし、一方で、底本あるいは直接の祖本とは見做し得ない程の異同も確認された。此の事実に拠り、古活字版、〈天理〉、「通考」を含み、古活字版、〈天理〉、「通考」それぞれの底本をも含み、さらに現在は逸失した類似の本文を持つ伝写本をも含み、本邦伝来本の伝系の中に在って、錯綜した本文系統を集約するかの如き互いに近接した本文を持つ伝本の群類が想定された。其の伝本群に内包される本として、古活字版と〈天理〉、「通考」との近縁な関係が改めて認識されるのである。更に言うなれば、「通考」は、近世唯一の河上公注本の流布本として、本邦所伝本文の命脈を保ち、後世に繋いだ。『老子』伝流史に於ける特筆すべき事実であり、その意義については更めて認識されて然るべきものと考えられる。

各論——伝本の現状

序言

河上公章句『老子道德經』古活字版の本文如何について贅言を重ねてきたが、拙論を結ぶに当たり伝本の現存状況を報告しておかなければならない。現存する伝本は、管見の限りでは陽明文庫蔵（近衛家旧蔵本）、御茶の水図書館成簣堂文庫蔵（經籍訪古志巻五著録本）、斯道文庫蔵、宮内庁書陵部蔵、東洋文庫蔵（和田維四郎旧蔵本）、同蔵（清家点注説等書入本）、大東急記念文庫蔵の七本、及び天理図書館蔵の異植字版一本で、その内の一本、大東急記念文庫所蔵本は巻上を欠く。その他に、近時遺存していたことが確かでありながら、現在その行方が分からない本として『増補古活字版之研究』著録の菊亭家旧蔵大阪府立図書館所蔵本（これは昭和初年に武内博士が披見された本と想われる。序章注84、第一章注1参照）と、『弘文荘古活字版目録』等に著録された別種異植字版の二本が認められた。詳細は第一章第一節「書誌概要」（136頁）を参照して頂きたい。現存する同版伝本の数は古活字版としては多いほうであろう。

刊行後に於ける本版の流布流伝の状況を跡づけるには、見聞利用した諸家所見の記録をそれぞれの年代を辿りつつ博捜する必要があり、今後の緻密な調査が要請される。其の記事の蒐集とともに、現存する各個伝本に纏わる歴世伝領の実情が明らかになれば、本書古活字版の利用の実態をより具体的に把握することが可能であると考えられる。特に、印面に付加された後の加筆、即ち種々の書入れは、伝領者の本書内容への対処の姿勢を示し、惹いては本古活字版を媒介とした老子学の諸相を如実に伝えている筈である。伝本と共に残された此の書入れ内容の解明は、本邦老荘学の伝流史において、古活字版の担った重要な役割を闡明することになるであろう。

伝本の現状は、必ずしも悉くは期待通りの情報を提供してはいないが、以下、各個の特殊相について、特に書入れの様態と性格内容について記述しておきたい。本書古活字版として共通する書誌事項については、上記第一章第一節「書誌概要」を参照されたい。

一、陽明文庫蔵本－近衛家旧蔵本　　大二冊（函架番号　近ロ二七）

縹色空押し雷文唐草文艶出し表紙（二九・一×二〇・四糎）、元題簽（内辺一八・一×三・一糎）を存し、「老子經上（下）」と草体で題せらる。古活字版で、元表紙原題簽が遺存する例は少ない（125頁図版Ⅰ参照）。

朱句点が付され、章句行文中に見える経文の字句に朱引が施されている。又、希に、墨筆で校異、校語を極小の付箋に記し、該当字の右旁に貼り付けたところが見られる。

「近衛蔵」（朱長方）、「陽／明／蔵」（朱方）の印記が捺される。

剥落した箇所もあろうかと思われるが、小付箋に遺された校異の書入れは以下の八件が確認される。付箋の校異字句を標出し、その下に其れと一致する諸本を略称を以て挙げ、次に付箋箇所（行数下に該当「諸本異同表」番号を付記）を示す。

①「大」〔活Ⅱ・無窮・斯Ⅱ・慶Ⅰ・大東・武内・杏Ⅰ・天理・通考〕
（體道第一）上1ウ3a39「可以觀道之要」「觀道」字間右旁

②「號」〔活Ⅱ・筑波・無窮・東洋・斯Ⅰ・道蔵・治要・天理・通考〕
（淳風第十七）上14オ2a731「無名之君也」「名之」字間右旁

③「之」〔活Ⅱ・無窮・足利・筑波・弘文・斯Ⅱ・梅沢・東急・杏Ⅰ・天理・通考〕
（聖徳第三十二）上27オ7b 1507「川谷與江海」「谷與」字間右旁

④「威」〔筑波・梅沢・武内・東大・東洋・東急・斯Ⅰ・宋版・世徳・道蔵・治要〕
（辨徳第三十三）上27ウ3b 1516「不過以盛力也」「盛」字右旁

⑤「無或元気」〔無窮・東急・敦Ⅲ〕（法本第三十九）下2ウ3a 76「一無也」「無」字右旁

⑥「稼」〔無窮・足利・弘文・斯Ⅱ・聖語・斯Ⅰ・宋版・世徳・道蔵・敦Ⅱ・治要〕
（法本第三十九）下3ウ2b 126「禹稷躬耕」「耕」字右旁

⑦「采」〔治要〕（益證第五十三）下13オ7 617「服文繡」「繡」字右旁

⑧「省」〔諸本並作「省」〕（知難第七十）下27ウ5a 1339「吾所言者而易知」「者」字右旁

①②③の付箋の校字は異植字版である〔活Ⅱ〕等と一致し、諸本の同異については第一章第三節「両種古活字版本文の相違」二㈡Ⅰにおいて、両版各々が現存伝本の何れかと一致している事例として既述した（145・147・150頁）。

④の異同についても、異植字版には「盛」「威」の何れの字も無い点に於いて、本版初め諸本と異なるので、同節二㈡Ⅱに於いて、乙版（即ち異植字版）の文が現存古鈔本の全てと相違している事例として上述したところである（158頁）。

⑤は、法本第三十九冒頭経文「昔之得一者」の注「昔往也一無也道之子也」の第二句に生じた異同である。第二・三句について諸本の相違を対比して示せば次の如くである。

一無■也道之子也〔活Ⅰ・活Ⅱ・陽Ⅰ・書陵・杏Ⅱ・弘文・斯Ⅱ〕
□无■□□□□□〔慶Ⅰ・大東〕
□□■為□□□□〔聖語・斯Ⅰ・宋版・世徳・道蔵〕

□无■為■■■■〔治要〕
□亡■□□□□□〔足利〕
□元■□□□□□〔筑波・武内・東大・東洋〕
□元氣□□□□□〔無窮〕
□元氣■□□□□〔東急〕
□元氣爲□□□■〔敦Ⅲ〕

〔東洋〕には第二句右旁に「述一無也或元氣義亦通」と（青筆）、〔無窮〕にも行間余白に「一無也或元氣義亦通」と、〔杏Ⅱ〕の眉上に「无或作元気義通也」と、〔大東〕の眉上には「無或乍ㇾ无ㇾ気義通也」と、〔慶Ⅰ〕には「無或作二无気一義通也」と書入れが有り、〔東洋〕の「元」字旁に「无」と、〔足利〕の「亡」字右旁に「元」と校異の加筆が、又〔慶Ⅰ〕の「无」字には「ケン」と振り仮名が有る。〔無窮〕には「氣」字旁に「御本無之」の書入れが見られ、「無」「元氣」の異同と同時に字形の近似に因る「无」「亡」「元」字の伝写に伴う混乱錯雑した様相が窺える。尚、『老子經抄』は「注ニ昔ハ往也ト云ハ、往古ト云テ、往ノ字ヲ、ムカシトヨム也、元ハハシメ也」との講述があり、依拠の本は〔筑波・武内・東大・東洋〕の如く「一元也」であったことが判明する。更に、次句に連繋し、〔聖語・斯Ⅰ・宋版・世德・道藏〕及び〔敦Ⅲ〕は「也」字が無く、その位置に「為」字が有り、〔東急〕は、「也」「為」両字とも無く、〔治要〕は第三句が無く第二句を「一無為」としている。鄭校は、『道德眞經玄德纂疏』巻十一、及び『道德眞經注疏』巻四所引河上公注が「爲」字下に「也」字が有るのに拠って其の一字を補い「一無爲也道之子也」とするのが完好と見ている。しかし、〔聖語・斯Ⅰ・道藏〕及び〔治要〕の例に照らせば従い難い。ともあれ、経文「昔之得一者」の「一」の訓詁として「無」「元」「元氣」「無爲」の四様の釋文が伝承されている。此の付箋はその「元氣」に作る本との校異であり、管見の古鈔本では〔無窮・東急〕と符合する。

⑥は、同じく法本第三十九経文「故貴必以賤爲本」下の章句「言必欲尊貴當以薄賤爲本若禹稷躬耕舜陶河濱周公下

白屋也」の「耕」字に対する校異である。〈活Ⅱ・陽Ⅰ・書陵・杏Ⅱ・筑波・梅沢・慶Ⅰ・大東・武内・東大・東洋・東急〉が「耕」に作り、〈無窮・足利・弘文・斯Ⅱ・聖語・斯Ⅰ・宋版・世徳・道蔵・敦Ⅱ・治要〉が「稼」に作る。〈杏Ⅱ〉の眉上に「耕或作稼」と、〈大東〉同字左旁に「或乍稼也」と、〈東洋〉字旁に「稼ィ本」（青筆）、〈書陵〉字旁に「稼イ」と校異の書入れが見られる。「耕」「稼」は農作の義として通用し文意上異なることはないが、伝本はこの本文の異同に伴って二類に分かれる。此の付箋の文字は〈無窮〉等同類本と対校されたことを表している。

⑦は、益證第五十三経文「服文繡」の「繡」字の校異を示している。諸本の異同の様態を表示すれば次の如くである。

服文繡〈活Ⅱ・陽Ⅰ・書陵・梅沢・六地〉
□□綵〈杏Ⅱ・無窮・筑波・斯Ⅱ・慶Ⅰ・大東・武内・東大・東洋・聖語・東急・斯Ⅰ・宋版・世徳・敦Ⅱ〉
□□絑〈足利〉
□□彩〈弘文・道蔵〉
□□采〈治要〉

〈書陵〉は字旁に「或乍綵述」と、〈六地〉は字旁に「或本綵」と、〈大東〉「綵」字には「亦乍繡也」と、〈東洋〉の同字右旁に「繡」、左旁に「述乍綵」（共に青筆）と校合書入れが見える。河上公注本の多くが「繡」字或いは「綵」字に作り、〈書陵・東洋〉の書入れに拠って『老子述義』所掲の経本は「綵」に作っていたことが判明する（後記六東洋文庫蔵本㈡⑶〈賈大隠述義〉㉖項参照）。〈足利〉の「絑」は誤写であろう。付箋の校字の如く「采」に作るのは、「異同表」で扱った本では〈治要〉の他には無い。しかし、河上公本以外の本では、盧齋口義本が「采」に作り、島校或いは蔣校また朱校に拠れば、宋范應元『老子道德經古本集註』、唐陝西樓觀臺道德經碑等「采」に作る本も少なくない。此の付箋に示された校異が何本に拠ってなされたのか明らかにし難いが、「服文采」に作る伝来の古鈔本が当時存在し、其の本に拠る校異である可能性は否定できない。

⑧は、〔活Ⅰ〕の誤植「者」字の訂正で、諸本は当然付箋に同じく「省」字に作っている。

以上の、付箋に記された校合が何本に拠ってなされたのかは、明記されておらず、諸本と対査してみても上記の如くで、特定することは困難である。〔無窮〕と最も多く一致するが、しかし、④は合わず、⑦も「釆」「綵」の違いがある。〔宋版・世徳〕とのみ一致する校異字は無く、新渡の明刊本とではなく旧来の古鈔本と対校されたものと考えられ、此の校読の時期は江戸時代初期頃、前期は下らないと思われる。〔無窮〕に近い一本、或いは複数の本が参照されたのであろうか。

また、誰によってなされた校異なのかも不明である。同文庫主管名和修氏の所見では近衛家歴代の筆跡ではないとの事である。ただ、「近衛蔵」の蔵印は家煕（寛文七年〈一六六七〉生、元文元年〈一七三六〉歿）蒐集以前の蔵書に多く捺され、同本の同家への入蔵は江戸時代前期以前に遡るものと考えられる。

二、お茶の水図書館成簣堂文庫蔵本―經籍訪古志巻五著録本　大二冊

後補朱色表紙（二七・九×一九・五糎）、書題簽「老子經　道（徳）」、川瀬一馬博士は小島寶素の手書かと（『新修成簣堂文庫善本書目』）。刊行後間もない頃施されたと思われる墨筆の返点、送り仮名、縦点及び校異の書入れがある。また、第三十八章から六十章迄を除く、序及び各章に朱の句点、朱引、朱圏点が見られる。

徳富蘇峰手筆の題跋を記す紙箋を存し、「經籍訪古志云　活字刊本　寶素堂藏／首有葛洪序巻首題老子道経河上公章句／次行題體道第一毎半板七行行十七字注双行不記／梓行歳月巻首有大應寺印／蘇峰案此書乃是也大正四年一月念五／　蘇峰五十三誕辰自記之」。又、帙の内側に「是経籍訪古志所掲所謂寶／素堂藏儲活字本老子経也／後人須弥惜

云尓／　大正四年一月念五／　蘇峰自記」との墨書がある。尚、帙の外題は、金切り箔散らし白地題簽に「老子經于水草堂弥藏 得菴題簽」と題署されている。「大應寺」（墨長方）、「小島氏／圖書記」（朱長方）、「子／敬」（朱方）、「聖雨／居士」（白方）、「干水／艸堂／之印」（白方）、「素石／園印」（朱方）、「苔香／山房／之印」（朱方）、「洒竹文庫」（朱長方）、「徳富氏／圖書記」（朱長方）の印記が捺される。「大應寺」については未詳、寶素堂に入蔵した経緯は明らかでない。小島寶素、木村素石、大野洒竹[1]の逓蔵を経て大正四年徳富氏成簣堂に帰した。『成簣堂善本書目』『新修成簣堂文庫善本書目』著録。

　校合の書入れは訓点等の書入れと一筆の如くで、当時の異本の具体相を窺う上で重要と思われる。脱字は字間に小圏を、異同字には字旁或いは字に重ねて墨点を付け、字旁または眉上に校異が示されている。その全条は次の通りである。箇所、「異同表」該当項番号及び校異に一致する諸本等表示の体例は上例に準じる。

①「ヒ」（見せ消）〔活Ⅱ・陽Ⅰ・書陵・龍門・無窮・筑波・梅沢・慶Ⅰ・大東・慶Ⅱ・武内・東大・東洋・東急・斯Ⅰ・六地・陽Ⅱ・通考〕

序3ウ2 62「以五乗九故世四十五」「世」字左旁

②「大イ」〔活Ⅱ・無窮・斯Ⅱ・慶Ⅰ・大東・武内・杏Ⅰ・天理・通考〕

（體道第一）上1ウ3a 39「可以觀道之要」「觀道」の間右旁

③「號」〔活Ⅱ・無窮・筑波・東洋・斯Ⅰ・治要・天理・通考〕

（淳風第十七）上14オ2a 731「無名之君」「名之」の間右旁

④「元」〔活Ⅱ・書陵・龍門・無窮・足利・筑波・弘文・斯Ⅱ・梅沢・慶Ⅰ・大東・慶Ⅱ・武内・東大・東洋・東急・斯Ⅰ・宋版・世徳・敦Ⅰ・道蔵・天理・通考〕

（還淳第十九）上15オ3a 789「反初守無」「無」字右旁

⑤「造」〔活Ⅱ・無窮・足利・弘文・斯Ⅱ・慶Ⅰ・大東・天理・通考〕

（還淳第十九）上15オ3b793「蒼頡作書」「作」字左旁

⑥「言」〔活Ⅱ・書陵・無窮・筑波・梅沢・慶Ⅰ・大東・武内・東大・東洋・天理・通考〕

（還淳第十九）上15オ5a803「絶巧詐偽」「巧詐」の間右旁

⑦「抱テ」〔活Ⅱ・無窮・足利・筑波・弘文・斯Ⅱ・梅沢・慶Ⅰ・大東・慶Ⅱ・武内・東大・東洋・東急・斯Ⅰ・敦Ⅰ・天理・通考〕

（還淳第十九）上15ウ2a820「當見其質朴」「見」字右旁

⑧「其」〔活Ⅱ・無窮・道蔵・天理・通考〕

（苦恩第二十四）上19ウ5a1057「見所行」「見所」の間右旁

⑨「亦」〔活Ⅱ・通考〕

（象元第二十五）上20ウ7b1136「王大者」「王大」の間右旁

⑩「之」〔活Ⅱ・無窮・足利・筑波・弘文・斯Ⅱ・梅沢・東急・杏Ⅰ・天理・通考〕

（聖徳第三十二）上27オ7b1507「川谷與江海」「谷與」の間左旁

⑪「威」〔筑波・梅沢・武内・東大・東洋・東急・斯Ⅰ・宋版・世徳・道蔵・治要・慶Ⅱ？〕

（辨徳第三十三）上27ウ3b1516「不過以盛力」「盛」字の右旁

⑫「若」〔活Ⅱ・足利・筑波・梅沢・武内・東大・東洋・東急・斯Ⅰ・宋版・世徳・天理・通考〕

（爲政第三十七）上30オ3a1649「侯王而能守道」「而」字の右旁

⑬「元気」〔無窮・東急・敦Ⅲ〕

（法本第三十九）下2ウ3a76「一無也」「無」字の右旁

⑭「稼」〔無窮・足利・弘文・斯Ⅱ・聖語・斯Ⅰ・宋版・世徳・道蔵・敦Ⅱ・治要〕

（法本第三十九）下3ウ2b126「禹稷躬耕」の「耕」、眉上

⑮「者」〔活Ⅱ・杏Ⅱ・無窮・筑波・慶Ⅰ・大東・武内・東大・東洋・聖語・斯Ⅰ・宋版・世徳・道蔵・敦Ⅱ・通考〕

（洪徳第四十五）下7ウ7b360「大辨知無疑也」「辨」字の左旁

⑯「其」〔活Ⅱ・杏Ⅱ・無窮・足利・筑波・斯Ⅱ・梅沢・慶Ⅰ・大東・武内・東大・東洋・聖語・斯Ⅰ・宋版・世徳・道蔵・敦Ⅱ・通考〕

（任徳第四十九）下10オ7b 476「用耳目」「用耳」の間右旁

⑰「為」〔活Ⅱ・無窮・聖語・斯Ⅰ・道蔵・敦Ⅱ・通考〕

（守道第五十九）下18ウ3b 868「不放逸也」「不放」の間右旁

⑱「賊」〔活Ⅱ・書陵・足利・筑波・宋版・世徳・道蔵・通考・大東？〕

（守微第六十四）下23オ1b 1080「不爲殘賤」「賤」の左旁見せ消、眉上

⑲円圏を重書き、送り仮名「テ」を加筆

（知難第七十）下27ウ5a 1339「吾所言者而易知」「者」字

以上の校異の内、①〜⑩、⑫、⑮〜⑱は、異植字版〔活Ⅱ〕と吻合し、従って諸本間の異同の様態については第一章第三節「両種古活字版本文の相違」二㈡Ⅰ（144頁）に於いて既述した。⑪は、前項、陽明文庫蔵本の校合書入れ④と同意で、且つ、〔活Ⅱ〕は「盛」「威」の両字共に無い点において〔活Ⅰ〕と異なり、従って此の異同についても第一章第三節「両種古活字版本文の相違」二㈡Ⅱに於いて触れた所である（158頁）。⑬⑭も、陽明文庫蔵本の付箋書入れ⑤⑥と同意で、諸本の同異の様態は上述した通りである。⑲は、〔活Ⅰ〕の誤植の訂正で、陽明文庫蔵本の付箋書入れ⑧と同義である。

此れらの校異は何本に拠ってなされたのであろうか。①〜③、⑤〜⑩、⑬⑰の〔宋版・世徳〕との不一致は、宋版系明刊本に拠る校異ではないことを示していよう。従って、伝来の古鈔本系本との校合と考えられる。最も多く一致するのは一九条の内、一六条が符合する〔活Ⅱ〕であるが、⑪⑬⑭に於いて相違する。次に〔無窮〕の一五条であるが、⑨⑪⑫⑱で一致しない。管見の伝本の内では完全に此の校異と一致する本は存在しない。古鈔本系の或る特定の一本を以て対校されたと仮定するならば、当時存在し、現在失われたか、未発見の古鈔本を想定しなければならない。

或いは、複数の本に拠ってなされた校異であるならば、例えば〔活Ⅱ・無窮・筑波〕の三本を以てすれば、此の一九条全条の校異は可能といえる。

しかし、〔無窮・筑波〕と古活字版との異同は此処に指摘された数条に止まるものではない。古活字版の底本として、「通考」〔天理〕及びその底本、更に現在は逸失した同類の古鈔本を包摂する伝本の群類と伝系が想定され、その中の或る本が推定された。その推定に鑑みるならば、此の校合書入れの対校本として、それと同類の古鈔本の一本を想定することが妥当と考えられる。

三、斯道文庫蔵本

大合一冊（函架番号　〇九一―ト九一）

後補栗皮表紙（二六・七×一八・七糎）、外題無し、題簽剥落した痕跡がある。栗皮表紙が添えられる前の素表紙が現状では扉となっている。其の左肩に「老子河上公章句全」と墨書、右下方に「酒井誠師」と墨署あり。次に護葉一葉を附す。天地裁断されやや小振りとなっている。

眉上行間に朱墨の書入れが施される。墨筆は誤植の訂正、希に字句の釈義、また一本・異本・イとの校合の書入れで、特に、第二十三章を除く毎章題下に「一本作」として章頭初句を題名とする別系本（林希逸鬳齋口義本によると思われる）の章題を墨記す。また、序の前半、第一章の全文及び第十一章等に部分的に返点・送り仮名の書入れが散見する。朱筆は、句点・圏点及び墨筆訓点の訂正で、首より第十三章迄と、第十八・十九・五十五・五十六・五十八の各章に見られる。また『鬳齋口義』、『老子翼』等の注説或いは校異釈義を書き留めたメモの紙片大小計十枚が挿入されている。「月明荘」（朱長方）、「慶應義塾大学／斯道文庫蔵書」（朱長方）の印記あり。『創立十周年記念近蒐善本展観書目

録』（慶應義塾大学附属研究所斯道文庫編　昭和四十五年）著録。『弘文荘待賈古書目第三十七号』（昭和四十五年六月）収載本。

墨筆の書入れの全条（訓点を除く）を以下、所出の順に抄出しておく。上段に所出箇所と対象字句を、下段に書入れの文辞、括弧内に其の位置を示した。

①上1オ2　體道第一　　一本作道可道章（題下）
②　2オ3　養身第二　　一本作天下皆知章（題下）
③　3オ1　安民第三　　一本作不尚章（題下）
④　3ウ4　無源第四　　一本作道冲章（題下）
⑤　4オ6　虚用第五　　一本作天地不仁章（題下）
⑥　5オ1　成象第六　　一本作谷神不死章（題下）
⑦　5ウ3　韜光第七　　一本作天長地久章（題下）
⑧　6オ5　易性第八　　一本作上善若水章（題下）
⑨　6ウ7　運夷第九　　一本作持而盈之章（題下）
⑩　7オ1　恃　　一本作持（眉上）
⑪　7オ7　能爲第十　　一本作載營魄章（題下）
⑫　8ウ3　無用第十一　　一本作三十輻章（題下）
⑬　9オ6　撿欲第十二　　一本作五色章（題下）
⑭　9ウ7　猒耻第十三　　一本作寵辱章（題下）
⑮　10ウ7　賛玄第十四　　一本作視之不見章（題下）

⑯ 11オ7 繩繩 繩々ハ多也（眉上）
⑰ 11ウ4 怳 〔一〕本作恍（眉上）
⑱ 12オ2 顯德第十五 一本作古之善士章（題下）
⑲ 12オ5 與 與一作豫（眉上）
⑳ 12ウ3b 客 容（眉上）
㉑ 13オ2 歸根第十六 一本作至虛極章（題下）
㉒ 13オ3 至 至一作致（眉上）
㉓ 14オ1 淳風第十七 一本作太上章（題下）
㉔ 14ウ2 俗薄第十八 一本作大道廢章（題下）
㉕ 14ウ5 六親 父子兄弟夫婦（左旁）
㉖ 15オ2 還淳第十九 一本作絶聖棄智章（題下）
㉗ 15オ7b 謂上三事 聖智仁義巧利三者（右旁）
㉘ 15ウ3 異俗第二十 一本作絶學無憂章（題下）
㉙ 15ウ4 唯之與阿相去 翼 唯上聲阿烏何反皆應声唯／恭而阿慢也（紙箋①、烏は烏の譌）
㉚ 16オ4 殀 一本作孩（眉上）
㉛ 16オ5 儡儡 〔一〕本作乘乘（ハラハヒユク）（眉上）
㉜ 16ウ6 而貴食母 〔一〕本作貴求食於母（眉上）
㉝ 16ウ7 虛心第二十一 一本作孔德之容章（題下）

㉞　17オ2　悅　一本作恍／下同（眉上）

㉟　17ウ4　益謙第二十二　一本作曲則全章（題下）

㊱　19ウ2　苦恩第二十四　一本作跂者不立章（題下）

㊲　20オ1　於　イニ在（右旁）

㊳　20オ1　日　イニ曰（右旁）

㊴　20オ4　象元第二十五　一本作有物混成章（題下）

㊵　21オ6　重德第二十六　一本作重爲輕根章（題下）

㊶　22オ1　巧用第二十七　一本作善行無轍章（題下）

㊷　22オ2　者　イニナシ（右旁）

㊸　22オ3　者　イニナシ（右旁）

㊹　22オ4　者　イニナシ（右旁）

㊺　22オ5　者　イニナシ（右旁）

㊻　22オ6　者　イニナシ（右旁）

㊼　22ウ6　智　智一作知（眉上）

㊽　23オ1　反朴第二十八　一本作知其雄章（題下）

㊾　24オ2　無爲第二十九　一本作將欲取天下章（題下）

㊿　24ウ1　呴　一作嘘（眉上）

51　24ウ5　儉武第三十　一本作以道佐人主章（題下）

⑤② 25ウ2 偃武第三十一 一本作夫佳兵章（題下）

⑤③ 25ウ3 餝 イニ佳（右旁）

⑤④ 25ウ4 有悪 一本作或悪（眉上）

⑤⑤ 26ウ4 聖徳第三十二 一本作道常無名章（題下）

⑤⑥ 27オ2 焉 イニナシ（右旁）

⑤⑦ 27オ6 猶 猶一作由（眉上）

⑤⑧ 27オ6 與 與一作於（眉上）

⑤⑨ 27ウ1 辨徳第三十三 一本作知人者智章（題下、智字初筆は脱、同手で右旁に加筆）

⑥⓪ 27ウ7 妄 一本作亡（眉上）

⑥① 28オ2 任成第三十四 一本作大道汎兮章（題下）

⑥② 28オ3 汜 一本作汎（眉上）

⑥③ 28ウ5 仁徳第三十五 一本作執大象章（題下）

⑥④ 28ウ7 大 大一作泰（眉上）

⑥⑤ 29オ1 餌 逸註餌飲食也（紙箋②）

⑥⑥ 29オ3 口 口一作言（眉上）

⑥⑦ 29オ7 微明第三十六 一本作將欲噏之章（題下）

⑥⑧ 29ウ5 脱淵の間 イニ於（右旁）

⑥⑨ 30オ1 爲政第三十七 一本作道常無爲章（題下）

(70)	下1オ2	論德第三十八	一本作上德不德章（題下）
(71)	2オ2b	聘	聘（ヘイ）匹正切僻去声訪也／問也[公羊傳]大夫来／曰聘[周禮]衆来曰頫／持来曰聘（紙箋③）
(72)	2ウ2	法本第三十九	一本作昔之得一章（題下）
(73)	4オ3	去用第四十	一本作反者道之動章（題下）
(74)	4ウ1	同異第四十一	一本作上士聞道章（題下）
(75)	5オ3	揄	揄一作偸（眉上）
(76)	5ウ2	道化第四十二	一本作道一章（題下）
(77)	6ウ1	徧用第四十三	一本作天下之至柔章（題下）
(78)	7オ1	立戒第四十四	一本作名與身章（題下）
(79)	7ウ2	洪德第四十五	一本作大成若缺章（題下）
(80)	8オ5	儉欲第四十六	一本作天下有道章（題下）
(81)	8ウ5	鑒遠第四十七	一本作不出戸章（題下）
(82)	9オ6	亡知第四十八	一本作爲學日益章（題下）
(83)	9ウ6	任德第四十九	一本作聖人心章（題下）
(84)	10オ2	德	德一作得（眉上）
(85)	10オ4	德	德一作得（眉上）
(86)	10オ5	怵怵	怵々一作惵々（眉上）
(87)			一本作惵々不自安之意（紙箋④）

⑧⑧　10ウ3　貴生第五十　一本作出生入死章（題下）

⑧⑨　10ウ6a　四闕　四闕　兩肩　兩膝（紙箋④）

⑨⓪　11ウ1　養德第五十一　一本作道生之章（題下）

⑨①　12オ4　歸元第五十二　一本作天下有始章（題下）

⑨②　12オ5　知　異本作得（右旁）

⑨③　12ウ7　習　習一本作襲（眉上）

⑨④　13オ1　益證第五十三　一本作使我介然章（題下）

⑨⑤　13オ2　介然　介　希逸注介然固而不化之意（紙箋⑤）

⑨⑥　13オ6　除　除　希逸注治也（紙箋⑤）

⑨⑦　13オ7　文繡　〔一〕本作文采（眉上）

⑨⑧　13ウ1　夸　異本作誇（欄脚）

⑨⑨　13ウ4　修觀第五十四　一本作善建不拔章（題下）

(100)　14ウ6　玄符第五十五　一本作含德之厚章（題下）

(101)　15オ6　不啞　一本作嗌／不嗄（眉上）

(102)　15ウ1　日祥　一本作曰祥（眉上）

(103)　15ウ2　日強　日強一作／曰強（眉上）

(104)　15ウ5　玄德第五十六　一本作知者不言章（題下）

(105)　16オ1　忿　忿一作紛（眉上）

⑯ 16ウ2 淳風第五十七 一本作以正治國章（題下）

⑰ 16ウ3 之 イニ治（右旁）

⑱ 17オ3 物 イニ令（右旁）

⑲ 17ウ1 朴 朴一本作／樸（眉上）

⑩ 17ウ2 順化第五十八 一本作其政悶悶章（題下）

⑪ 18オ1 無正 無正一本／作無止（眉上）

⑫ 18オ5 廉 廉 稜也（紙箋⑥）

⑬ 18オ5 不害 不害一本作／不レ劌(ヤブラ)（眉上）

⑭ 18ウ1 守道第五十九 一本作治人事天章（題下）

⑮ 18ウ4 服 服一作復（眉上）

⑯ 19オ3 蔕 蔕一作柢（眉上）

⑰ 19オ5 居位第六十 一本作治大國章（題下）

⑱ 19ウ7 謙德第六十一 一本作大國者下流章（題下）

⑲ 20ウ4 爲道第六十二 一本作道者萬物之奥章（題下）

⑳ 21オ4 拱璧 拱 可ニ以手散-抱一（紙箋⑦）

㉑ 拱璧 一尺マワリノ玉也（紙箋⑧）

㉒ 21オ6 日 日一作曰（眉上）

㉓ 21ウ3 恩始第六十三 一本作爲無爲章（題下）

⑫④ 21ウ6 報怨以徳 論語七子路才十三十九丁／○或曰以徳報怨如何子曰／何以報徳以直報怨以徳／報徳
（紙箋⑨）

⑫⑤ 22オ6 守微第六十四 一本作其安易持章（題下）

⑫⑥ 23ウ5 淳徳第六十五 一本作古之善爲道章（題下）

⑫⑦ 24ウ2 後巳第六十六 一本作江海爲百谷王章（題下）

⑫⑧ 25オ6 三寶第六十七 一本作天下皆謂章（題下）

⑫⑨ 26オ7 配天第六十八 一本作善爲士章（題下）

⑬⓪ 26ウ2 敵 イニナシ（右旁）

⑬① 27オ1 玄用第六十九 一本作用兵有言章（題下）

⑬② 27ウ4 知難第七十 一本作吾言甚易知章（題下）

⑬③ 28オ5 知病第七十一 一本作知不知章（題下）

⑬④ 28ウ1 以其病 一本作以其／病病（眉上）

⑬⑤ 28ウ5 愛己第七十二 一本作民不畏威章（題下）

⑬⑥ 29オ7 任爲第七十三 一本作勇於敢章（題下）

⑬⑦ 29ウ7 繟 繟一作坦（眉上）

⑬⑧ 30オ1 恢恢 恢々匀會大也（左旁）

⑬⑨ 30オ3 制惑第七十四 一本作民不畏死章（題下）

⑭⓪ 30ウ7 貪損第七十五 一本作民之飢章（題下）

⑭¹ 31ウ2 戒強第七十六 一本作人之生章（題下）
⑭² 32オ3 天道第七十七 一本作天之道章（題下）
⑭³ 32ウ7 任信第七十八 一本作天下柔弱章（題下）
⑭⁴ 33オ3 能 イニナシ（右旁）
⑭⁵ 33オ7 國不の間 イニ之（右旁）
⑭⁶ 33ウ3 任契第七十九 一本作和大怨章（題下）
⑭⁷ 34オ3 獨立第八十 一本作小國寡民章（題下）
⑭⁸ 34オ5 什伯 什伯 翼漢書／詔天下吏舎／無得置什器顔師古／注曰五人爲伍十人／爲什則共器物故通／謂什伍之具爲什物（紙箋⑩）
⑭⁹ 34オ7 徒 一本作徒（眉上）
⑮⁰ 34ウ7 顯質第八十一 一本作信言不美章（題下）
⑮¹ ？ 虜 郎古切音魯掠也獲也／漢書晉灼注生得曰虜／斬レ首ヲ曰獲又服也（紙箋⑪）

末尾に掲出した紙箋⑪の「虜」字は、『老子』の経文及び河上公注文には見当たらず、林希逸注にも見えないようである。書入れ者が参照した他の注釈書等に所出の語なのであろうか。

以上の書入れについて些かの所見を誌しておきたい。
⑳㉗㉛⑧⑨及び⑮¹不明の紙箋⑪の五条を除けば、すべて経文の字句が対象とされている。この五条の内⑳は、古活字版の明らかな誤植を指摘したもので、他の書入れとは性格が異なる。㉗は注文「謂上三事」の右旁に書されているが、寧ろ其の直前の経文「此三者」に対する書入れと解される。又、㉛（紙箋③）の書入れは第六十二章林希逸注文「拱璧以先駟馬聘賢之禮」の「聘」字を釈したものとも考えられ

る。従って、一本或いはイ本との校異、また紙箋の書入れで、確かに河上公注文に及ぶ書入れは㊾（紙箋④）の「四闕」の義注一件に限られる。

校異の書入れの大半は、「一本」の別体式章題の注記である。此の「一本」の如く章頭の一両句を章題とする本は、〔筑波・弘文・慶Ⅰ・大東・慶Ⅱ・杏Ⅱ・仁和〕である。しかし、第二章を例に挙げれば〔慶Ⅰ・大東〕は「天下章」、〔筑波・弘文・慶Ⅱ〕は「天下皆章」であって、書入れの「天下皆知章」とは一致しない。同類の章題を有する何れの古鈔本とも合わない例は、第二章の他にも、第三、第五、第八、第九、第十五、第二十七、第二十九、第三十四、第四十二、第四十九、第五十四、第五十七、第六十五の各章に認められる。その他の章では〔筑波・弘文・慶Ⅰ・大東・慶Ⅱ・杏Ⅱ・仁和〕の何れかと一致しているのであるが、各本毎にみれば符合しない例は更に増える。

此の古鈔本との不一致の様態と比較すれば、同様の章題を標する鬳齋口義本との一致が注目されよう。第三、第十五、第十六、第二十七、第四十二、第四十九章を除けば全て書入れの題と完全に一致している。相違する章題に就いて見てみれば、書入れは③「不尚章」、⑱「古之善士章」、㉑「至虚極章」、㊶「善行無轍章」、㊻「道一章」、及び㊽「聖人心章」であり、通行本鬳齋口義[2]（通行本として、以下寛永四年京安田安昌刊本を使用する）の章題はそれぞれ「不尚賢章」、「古之善爲士章」、「致虚極章」、「善行無轍迹章」、「道生一章」、「聖人無常心章」であって、違いは微小である。これらは第二十三章にのみ章題表記の書入れを欠くのと相俟って、不用意の脱字或いは誤写か、若しくは故意の省略と認めてよいのではなかろうか。即ち、此の別体式章題を有つ「一本」とは鬳齋口義本と考えられる。

又、その外の校異の書入れに就いて見れば、

⑩は、第九章経文「恃而盈之不如其巳」の「恃」字の校異で、書入れ「一本作持」に符合する河上公本は〔陽Ⅰ・無窮・梅沢・東大・東急・斯Ⅰ・陽Ⅱ・宋版・世徳・敦Ⅰ・道蔵・天理〕であるが、鬳齋口義本とも符合する。

⑰は、第十四章経文「是謂忽怳」の「怳」字で、書入れの如く「恍」に作る河上公本は〔東大・敦Ⅰ・宋版・世徳〕であるが、鬳齋口義本も「恍」に作る。

⑲は、第十五章経文「與兮若冬渉川」の「與」字、〔東急・敦Ⅰ〕が書入れの如く「豫」に作っているが、鬳齋口義本もまた「豫」に作る。

㉒は、第十六章経文「至虚極也」の「至」、河上公本では〔道蔵〕が此の校異と一致し「致」に作る。鬳齋口義本もまた「致」に作る。

㉚は、第二十章経文「如嬰兒之未⿰歹亥」の「⿰歹亥」、〔宋版・世徳・道蔵〕が書入れと同じ「孩」に作るが、その他の河上公本は「⿰歹亥」或いは「咳」で異なる。鬳齋口義本は「孩」で書入れに一致している。

㉛は、同章経文「儡儡兮其若無所歸」の「儡儡」、書入れの如く「乘乘」に作るのは河上公本では〔宋版・世徳・道蔵〕、鬳齋口義本も其れと一致する。

㉜は、同章経文末句「而貴食母」、校異の如く「貴求食於母」に作る河上公本は無く、鬳齋口義本とは符合する。

㉞は、第二十一章経文「道之爲物唯怳唯忽」「忽兮怳兮其中有象」及び「怳兮忽(ママ)兮其中有物」の「怳」、校異の如く「恍」に作る河上公本は〔龍門・慶Ⅱ・六地〕で、他は「怳」である。鬳齋口義本は「恍」に作る。

㊲㊳は、第二十四章経文「其於道也日餘食贅行」の「於」及び「日」で、書入れ「イ」本の如く「於」を「在」に作る本は、河上公本には無く、「日」を「曰」に作るのは〔宋版・世徳・道蔵〕であって、古鈔本は「日」である。鬳齋口義本は両字共に書入れと吻合する。

㊷〜㊻は、第二十七章経文「善行者無轍跡」「善言者無瑕讁」「善計者不用籌策」「善閉者無關楗而不可開」「善結者無縄約而不可解」各句、対校「イ」本の如く「者」字が無いのは河上公本では〔宋版・世徳〕、鬳齋口義本も同じで

ある。

㊼は、同章経文句「雖智大迷」の「智」、校異の如く「知」に作る河上公本は〔道蔵〕のみで他は「智」に作る。鬳齋口義本は此れも校異と一致し「知」である。

㊿は、第二十九章経文「或呴或吹」の「呴」字、書入れの如く「嘘」に作る河上公本は管見に入らない。此の「嘘」字も、鬳齋口義本とは吻合する。
(53)は、第三十一章経文「夫餝兵者不祥之器」の「餝」字、「イ」の如く「佳」に作るのは河上公本では〔東急・斯Ⅰ・宋版・世徳・道蔵〕、鬳齋口義本も此れと一致する。
(54)は、同章経文「物有悪之」の「有」、〔梅沢・武内・東大・東洋・斯Ⅰ・宋版・世徳・道蔵〕が「一本」と一致し「或」に作るが、鬳齋口義本も此れと一致する。
(56)は、第三十二章経文「民莫之令而自均焉」句末の「焉」、〔斯Ⅰ・宋版・世徳・道蔵〕にこの字が無く「イ」と符合するが、鬳齋口義本もまた此れと一致する。
(57)は、同章経文「譬道之在天下猶川谷之與江海」の「猶」、書入れの如く「由」に作る河上公本は管見に入らない。鬳齋口義本は「由」に作っており校異と吻合する。
(58)は、同経文の「與」、此れも、校異の如く「於」に作る河上公本は管見に入らず、鬳齋口義本は「於」で吻合する。
(60)は、第三十三章経文「死而不妄者壽」の「妄」、〔斯Ⅰ・宋版・世徳・道蔵・治要〕が「一本」と符合し「亡」に作る。鬳齋口義本もまた同じである。
(62)は、第三十四章経文「大道汜兮」の「汜」、「一本」の如く「汎」に作る河上公本は〔弘文・道蔵〕で、他は「汜」

である。盧齋口義本は此処も「一本」と一致する。

64は、第三十五章経文「往而不害安平大」の「大」、校異の如く「泰」に作る河上公本は〔道蔵〕の他に知られず、盧齋口義本は「泰」でこれも一致する。

66は、同章経文「道之出口淡兮其無味」の「口」、書入れの如く「言」に作る河上公本は管見に入らない。盧齋口義本は「言」で吻合する。

68は、第三十六章経文「魚不可脱淵」の「脱淵」両字間の「於」字の有無についての校異であるが、「於」字が無いのは古活字版と〔天理〕「通考」で、その他の河上公本には「イ」本の如く「於」が有る。盧齋口義本も同じである。

75は、第四十一章経文「建徳若揄」の「揄」の校異、〔梅沢・宋版・世徳・道蔵〕が書入れの如く「偷」に作る。盧齋口義本も同様である。

84は、第四十九章経文「徳善矣」の「徳」、管見の河上公本では〔敦Ⅱ〕だけが「得」に作るが、盧齋口義本は「得」で此の校異に一致する。

85は、同章経文「徳信矣」の「徳」、84に同じく、〔敦Ⅱ〕が「得」、盧齋口義本も「得」で書入れと符合する。

86 87は、同章経文「故聖人之在天下怵怵焉」の「怵怵」、管見の河上公本には校異の如くに「惵惵」に作る本は無い。盧齋口義本は「惵惵」に作り、「一本」と吻合する。

92は、第五十二章経文「既知其母又以知其子」の上の「知」字、河上公本では〔敦Ⅱ〕が「異本」と同じ「得」に作る。盧齋口義本も「得」で其れと一致する。

93は、同章経文末句「是謂習常」の「習」字、書入れの如く「襲」に作る河上公本は管見に入らない。盧齋口義本は「一本」に吻合し「襲」に作る。

(97)は、第五十三章経文「服文繡」の「繡」字、河上公本は「繡」或いは「綵」「彩」に作り、〔治要〕だけが「采」、鬳齋口義本は此処も「一本」と一致し「采」である。上記一陽明文庫蔵本付箋⑦（389頁）参照。

(98)は、同章経文「是謂盜夸」の「夸」字、「誇」に作る河上公本は〔道蔵〕の他に無く、鬳齋口義本は此処も「異本」と符合し「誇」に作っている。

(101)は、第五十五章経文「終日號而不啞和之至也」の「不啞」二字、河上公本では〔道蔵〕が「一本」と一致し「嗌不嗄」の三字に作る。鬳齋口義本は此処もまた同じである。

(102)は、同章経文「益生日祥」の「日」、河上公本では「曰」に作る伝本は無く、鬳齋口義本は「曰」で「一本」と吻合している。

(103)は、同章経文「心使氣日強」の「日」、〔無窮〕が書入れに一致し「曰」に作るが、その他の河上公本は「日」である。鬳齋口義本はこれも校異と符合し「曰」に作っている。

(105)は、第五十六章経文「解其忿」の「忿」字、〔杏Ⅱ・無窮・武内・東大・東洋・聖語・斯Ⅰ・宋版・世德・道蔵〕が校異の如く「紛」に作るが、鬳齋口義本もまた同じである。

(107)は、第五十七章経文冒頭句「以正之國」の「之」、〔宋版・世德・道蔵〕は「イ」本に同じく「治」に作るが、〔敦Ⅱ〕及び伝来の古鈔本は悉く「之」に作っている。鬳齋口義本は此処も「イ」に一致し「治」に作る。

(108)は、同章経文「法物滋彰盜賊多有」の「物」、「イ」の如く「令」に作る河上公本は管見に入らない。鬳齋口義本は「令」で「イ」と吻合している。

(109)は、同章経文末「我無欲而民自朴」の「朴」、〔道蔵・治要〕が「樸」で「一本」と符合。鬳齋口義本も又同じである。

(113)は、第五十八章経文「廉而不害」の「不害」、「一本」の如く「不劌」に作る本は河上公本には無い。鬳齋口義本は「一本」と吻合する。

(115)は、第五十九章経文「夫唯嗇是謂早服」及び「早服謂之重積徳」の両「服」字、管見の河上公本は全て「服」に作り、「一本」と一致する本は無い。鬳齋口義本は「一本」と吻合し「復」に作る。

(116)は、同章経文「是謂深根固蔕」の「蔕」、校異の如く「柢」に作る河上公本は管見に入らない。鬳齋口義本は此処も校異と符合し「柢」に作る。

(122)は、第六十二章経文「古之所以貴此道者何不日求以得」の「日」、管見の河上公本は全て「日」で、「一本」とは合わない。鬳齋口義本は「曰」に作り校異と吻合する。

(130)は、第六十八章経文「善勝敵者不與」の「敵」、「イ」本の如く「敵」字が無い河上公本は管見に入らない。鬳齋口義本には無く吻合している。

(134)は、第七十一章経文「聖人不病以其病」の「其病」、古活字版と〔弘文・筑波〕を除く河上公本は、「一本」と同じで「病」字下に又「病」字が有る。鬳齋口義本も同じである。

(137)は、第七十三章経文「繟然而善謀」の「繟」字、校異の如く「坦」に作る河上公本は管見に入らない。鬳齋口義本は其れと吻合し「坦」に作る。

(144)は、第七十八章経文「其無以能易之」の「能」、〔宋版・世徳・敦Ⅱ〕は「イ」本の如くで「能」字が無い。鬳齋口義本も同じである。

(145)は、同章経文「受國不祥是謂天下之王」、〔杏Ⅱ・弘文・斯Ⅰ・宋版・世徳〕が「イ」本と同じで「國」字下に

「之」字がある。盧齋口義本も又同じである。

⑭9は、第八十章経文「而不遠徒」の「徒」字、河上公本では︹書陵・杏Ⅱ・無窮・斯Ⅱ・梅沢・慶Ⅰ・東大・東洋・斯Ⅰ・六地・宋版・世徳・道蔵・敦Ⅱ・治要︺が「一本」と一致し「徙」に作る。盧齋口義本は、寛永四年刊本、正保四年刊本は「徒」であるが、明暦三年刊本は「徙」で書入れと一致する。

章題表記の異同を除く校異の書入れは全て五十三条であるが、その内一条を除く五十二条が盧齋口義本と吻合している。特に㉜㊲㊿(57)(58)(66)(86)(93)(108)(113)(116)(122)(130)(137)の十四の例は管見の何れの河上公本とも一致しておらず、河上公注本以外の本と対校されていることは殆ど疑いない。対校本「一本」「異本」「イ」本が盧齋口義本である可能性は極めて高いと言えよう。

不一致の一例は(111)、第五十八章経文「其無正」の「正」字の校異で、書入れの「一本」の如く「止」に作る伝本は未だ管見に入らず不審である。「正」の第一画が欠けた後印本が使用されたのかと疑われる。

校異の他に、字義注説の書入れが有り、此れも林希逸注或いは盧齋口義首書本の標注と符合する場合が多い。

⑯は、第十四章経文「繩繩不可名」の「繩繩」の語釈で「繩々ハ多也」とは、林希逸注に見える。

㉕は、第十八章経文「六親不和焉有孝慈」の「六親」の義注で「父子兄弟夫婦」とは王弼注に見え、また、『老子翼』(3)注に「六親王輔嗣云父子兄弟夫婦也」と引く。此の注は、正保四年（一六四七）刊『老子盧齋口義』の林羅山首書に「翼云六親王嗣云父子兄弟夫婦也」と引かれ、更に明暦三年（一六五七）刊『老子盧齋口義』の徳倉昌堅首書(4)に継承されている。

㉗は、第十九章経文「此三者」の釈注で「聖智仁義巧利三者」の八字は林希逸注と同文である。

㉙は、第二十章経文「唯之與阿相去幾何」の「唯」「阿」両字の義釈で、書入れ標記の通り『老子翼』の「唯上聲

阿烏何反皆應声唯恭而阿慢也」を引く。しかし此の義注は明暦刊本徳倉昌堅首書に引かれ、直接にはそれに拠ったものと考えられる。

⑹は、第三十五章経文「樂與餌過客止」の「餌」字の釈義で、書入れの「逸註」の標記の通り「餌飲食也」は、林希逸注の字句である。

⑻は、第四十九章経文「故聖人之在天下怵怵焉」の「怵怵焉」を鬳齋口義本「惵惵」に作る。その「惵惵」の義釈として林希逸は「不自安之意」と注し、この文句は紙箋④書入れの小書きに一致する。

⑼は、第五十三章経文「使我介然有知行於大道」の「介」字の解で、紙箋⑤書入れ標記の如く林希逸口義の本章冒頭の文「介然固而不化之意」と一致する。

⑼は、同章経文「朝甚除」の「除」字を釈す。此れも紙箋⑤書入れ標記の通りで、林希逸注「除治也」を引用する。

⒀は、第五十八章経文「廉而不害」の「廉」の字釈、『老子翼』に「廉稜也」と注す。此の注も徳倉堅昌首書に引かれ、それに拠ったのであろう。

⒀は、第六十三章経文「報怨以德」の注釈であるが、紙箋⑨の書入れの「或曰以德報怨如何子曰何以報德以直報怨以德報德」は、羅山首書、また徳倉昌堅首書引く論語憲問篇の文と一致する。

⒁は、第八十章経文「使有什伯」の「什伯」の義注、書入れ標記の如く『老子翼』の注文であるが、徳倉昌堅首書が同文を引く。直接には明暦刊『老子鬳齋口義』からの引用であろう。

以上書入れ内容の検証から、章題表記、その他の校異の書入れが鬳齋口義本との対校であることはほぼ疑いなく、また字義注説の書入れも⑯「繩々ハ多也」、㉗の「聖智仁義巧利三者」、⑹の「餌飲食也」、⑻の「不自安之意」、⑼の「介然固而不化之意」、⑼の「除治也」は林希逸注と吻合し、主に鬳齋口義に基づいた校異注説と判断される。

しかし、出所が明らかでない書入れが若干存在する。(138)は第七十三章経文「天網恢恢踈而不失」の「恢恢」の義釈で、書入れ標記に「匀会」とあるよう『古今韻會擧要』の引文「説文大也」と合致し、(71)の「聘」の字釈も概ね同書と符合しているが、(89)の「四關」、(120)の、「拱」字の解、(121)の「拱璧」の和訓については拠るところは明らかでない。鬳齋口義本の他にも『古今韻會擧要』等辞書類が利用されたのであろう。

鬳齋口義本の内どのテキストが使用されたのかは、同本諸本の対校校勘を経なければ確実なことは言えないが、敢えて予断を述べるならば、和刻本が利用された可能性が高いと言える。『老子鬳齋口義』の和刻本としては、寛永四年（一六二七）京安田安昌刊本（覆〔元和〕刊古活字版）、寛永六（一六二九）年刊本（覆寛永四年安田安昌刊本）、林羅山点並首書正保四年（一六四七）京林甚右衛門刊本、同正保五年（一六四八）〔京〕豊興堂〔中野小左衛門〕刊本（覆正保四年京林甚右衛門刊本）、林羅山点〔徳倉昌堅〕首書明暦三年（一六五七）京上村次郎右衛門刊本（増補首書本）、同延寶二年（一六七四）跋京上村次郎右衛門刊本（翻明暦三年刊本）が知られる（序章注85参照）。その内で明暦三年刊、若しくは延寶二年刊の徳倉昌堅首書本に拠ったであろうことが以下の事例によって推測される。

一は、(113)の「不害一本作不ㇾ剿(ヤフラ)」の訓点を含む書入れが見えることである。以上の和刻本の中、寛永四年刊本は、「剿」の振り仮名を「サカレ」と刻してあり、正保四年刊本以下の振り仮名「ヤフラ」と相違している。

又一は、(149)の「一本作徙」についてみれば、寛永四年刊本、正保四年刊本は共に本古活字版と同じく「徒」に作り、「徙」に作るのは、明暦三年刊本及び延寶二年刊本である。

更に、㉕「父子兄弟夫婦」、㉙「翼　唯上聲阿烏何反皆應声唯恭而阿慢也」、(112)「廉稜也」、(124)「或曰以徳報怨如何子曰何以報徳以直報怨以徳報徳」、(148)「什伯　翼漢書詔天下吏舍無得置什器顔師古注五人爲伍十人爲什則共器物故通謂什伍之具爲什物」の五条の注説は、明暦、延寶両刊本に見える羅山首書を増補した徳倉昌堅首書と同文であって、特に、㉙⑫⑭は正保刊の羅山首書には見えない。両条の「翼」からの引用は、直接『老子翼』についてなされたものではなく、此の首書本よりの間接引用と看做すべきであろう。

以上の諸例に拠って、本書校読に参照利用されたテキストは主として『老子鬳齋口義』明暦三年刊或いは延寶二年刊の徳倉昌堅増補首書本と推定される。従って、本書の書入れは、明暦三年を降る江戸前期以後、或いは中期頃になされたものと考えられ、それ以前には遡り得ない。

書入れに関する所見は、以上に尽きるが、上述したように、明版、朝鮮版、古活字版との、校勘審定を経なければより確実な事は言えない。「正」「止」の同異の問題は、大きな疑点であり、訓点を含んだ校異の字句も、必ずしも和刻本に拠ったものとも言えず、明版、朝鮮版或いは古活字版へ書き入れられた訓点の影響があるのかも知れない。本書に限らず、漢籍漢学の受容の実状を究明するためには、残された諸伝本の校勘審定という迂遠愚直な作業が必須である。其の作業を経た上での後考に期するものである。

本斯道文庫蔵本が伝来本として注目されるのは、河上公本である古活字版が、江戸時代前期以後に及んで、なお、精読されている事実を証する点にある。句点、訓点の書入れは、全文に及ぶものではないけれども、注文への加点も散見し、読者の河上公注への関心も窺うことが出来る。校読には、当時通行の『老子鬳齋口義』流布本が参照され、行間眉上に施された校異の書入れは同本との校合の成果である。系統の異なるテキストとの対校は、校勘学の鉄則から外れ、本文の是非同異如何の考察にとって資する所は少ない。しかし、その当否はともかく、此処に示された校合の行為は、林鬳齋注説の引照とともに、もっぱら本文理解を得るための所為で、時勢に即応した真摯な読書の姿勢と察せられる。古来のテキスト内容を、近世初頭以来普及してきた当時通行のテキスト注説を軸に理解しようとする、受容史上言わば加上重層した性格を帯びた伝本と理解されよう。

四、宮内庁書陵部蔵本　　大合一冊（函架番号　五五六―四〇）

香色表紙（二八・一×一九・六糎）、「老子經河上公註　全」と打ち付けに墨書。第一章より十六章にかけて、江戸時代前期ころと思われる朱墨の書入れが有る。第一章より六章迄の眉上及び行間には墨筆の校合書入れが見られ、対校本標記は行間には「イ」、眉上には「唐刊」とある。「イ」本に無い文字には字旁に小圏が付され概ね「イニナシ」との校記が添えられているが、省かれて小圏のみの所も多い。また、所々に墨訓点、朱の句点圏点、朱引が施されている。朱は墨筆書入れにも及んでいるが、さほど時を置かずに同一人によって加えられたもののようである。第六章より第十六章にかけては、注文に朱の句点が施されている。これもやや筆致が異なるが用筆の違いに拠るもので同筆と考えたい。

後表紙見返し左下方に「祖禪」と朱識あり。『圖書寮漢籍善本書目』、『圖書寮典籍解題　漢籍篇』著録。

校異の書入れは次の如し。上段に所出箇所及び「異同表」番号と対象字句（右旁に丶点を付す）を含む本文語句を掲げ、下段に校異墨書およびその書き入れ位置を示す。

①1オ4a8	含光蔵暉	「光ィニ」〔輝〕（暉字の偏日の左旁）
②1オ4b10	不可稱道也	「イニナシ」（左旁）
③1オ5a13	當如嬰兒之未言	「猶ィ」（右旁）
④1オ6b18	外如愚頑者也	「二字イニナシ」（右旁）
⑤1オ7a23 24	天地始者道	「始者道本也ィニ」（右旁）

⑥ 1ウ 1a 27 有、陰陽 「イニナシ」（右旁）

⑦ 1ウ 1b 29 是其名也 「有イ」（「其名」字間左旁、挿入指示）

⑧ 1ウ 2a 32 長大成就、 「熟イ」（左旁）

⑨ 1ウ 2b 33 如母之養子也、 「イニナシ」（左旁）

⑩ 1ウ 3b 43 44 一、出、布、名、道、讃、叙、明、是、非、也、 「已下十一字イニナシ」（「一出布」右旁）

⑪ 1ウ 4 常有欲以觀其徼 「徼音呌又古吊切反／即竅字唐刊注趣也下」（眉上）

⑫ 1ウ 5a 55 同出人之、心也 「イニナシ」（右旁）

⑬ 1ウ 6b 59 亡身者、也 「イニナシ」（左旁）

⑭ 1ウ 7b 64 受氣於天也、 「イニナシ」（左旁）

⑮ 1ウ 7b 66 夫、人、得中和滋液 「二字イニナシ」（左旁）

⑯ 2オ 1a 68 錯亂濁、辱 「汚イニ」（右旁）

⑰ 2オ 1b 71 除情欲守中和 「去イ」（「情欲」字間左旁、挿入指示）

⑱ 2オ 2b 72 謂知道要之門戸者、也 「イニナシ」（左旁）

（以上體道第一）

⑲ 2オ 6 78 有無之、相生 「イニナシ」（左旁）

⑳ 2オ 6 80 難易之、相成 「イニナシ」（左旁）

㉑ 2オ 6 81 長短之、相形 （左旁に小圏）

㉒ 2オ 6 「唐刊六句共無／之字」（眉上）

㉓ 2オ 7 83 高下之、相傾 （左旁に小圏）

㉔ 2オ7 85 音聲之、相和 （左旁に小圏）

㉕ 2ウ1 87 前後、之相隨 （左旁に小圏）

㉖ 2ウ3b 92 各自動、作也 「イニナシ」（左旁）

㉗ 2ウ3b 94 不辭謝而逆止也、 「イニナシ」（左旁）

㉘ 2ウ4b 96 生萬物而不有也、 「イニナシ」（左旁）

㉙ 2ウ4 97 爲而不恃、 「忄」（恃）（特字の偏牛の左旁）

㉚ 2ウ4b 98 不、特望其報也 「忄」（恃）（特字の偏牛の左旁）

㉛ 2ウ5b 103 不居其位也、 「イニナシ」（左旁）

㉜ 2ウ5 104 夫唯、弗居 「忄イ」（惟）（唯字の偏口の左旁）

㉝ 2ウ5a 105 夫、唯功成 「忄イ」（惟）（唯字の偏口の左旁）

㉞ 2ウ5b 105 不居其位也、 「イニナシ」（左旁）

㉟ 2ウ6b 109 疾、上六句 「即イニ」（左旁）

㊱ 2ウ7a 110 君、開一源 「君」字の第四画に加墨し「若」に訂正、右旁に「モシ」と付訓

㊲ 2ウ7b 112 無不動亂也、 「イニナシ」（左旁） （以上養身第二）

㊳ 3オ2b 118 不尚者不、貴之以祿 「富イ」（左旁）

㊴ 3オ3a 119 不尊、之 「貴イ」（右旁）

㊵ 3オ3b 120 以官也、 「イニナシ」（右旁）

㊶ 3オ3b 121 反、自然也 「返イ」（左旁）

㊷	3オ4a	122	不御好珎	「寶イ」（「珎」下字間右旁、挿入指示）
㊸	3オ4b	124	珠玉捐於淵也、	「イニナシ」（左旁）
㊹	3オ4b	125	上化清靜、	「淨イニ」（右旁）
㊺	3オ5b	126	下無貪人也、	「イニナシ」（左旁）
㊻	3オ5b	128	遠美人也、	「イニナシ」（左旁）
㊼	3オ5b	129	不邪滛也	「不惑亂イニ」（「滛也」両字間左旁、三字挿入指示）
㊽	3オ6	130	是以聖人之治	「イニナシ」（左旁）
㊾	3オ6a	131	謂聖人治國猶治身也	「説イ」（右旁）
㊿	3オ6b	132	猶、	「與イ」（左旁）
51	3オ6b	132	治身也	「同イ」（「身也」両字間左旁、一字挿入指示）
52	3オ6b	134	去亂煩也	「イニナシ」（左旁）
53	3オ7	135	實其暵、	「腹」（左旁）、「日」に加墨し「月」に訂正
54	3オ7		強其骨	「彊」（左旁）
55				「彊平／聲イノ注」（下注末余白）
56	3ウ1b	138	髓滿骨堅也、	「イニナシ」（左旁）
57	3ウ1b	141	反朴守淳也、	「イニナシ」（左旁）
58	3ウ2	142	使夫知者不敢爲也	「夫扶知／音智イ注」（下注末余白）
59	3ウ2b	143	不輕言也、	「イニナシ」（左旁）

(60) 3ウ2b 145 不造作動因循也、 「イニナシ」（左旁）
(61) 3ウ3 146 則無不治矣、 「イニナシ」（左旁）
(62) 3ウ3b 148 德化厚百姓安也、 「イニナシ」（左旁）
(63) 3ウ5 150 道沖、而用之 「冲音虫イニ」（下注末尾「者也」右旁）
(64) 3ウ5b 152 其用在中者、也、 「二字イニナシ」（左旁）
(65) 3ウ6b 154 道常謙虚不盈満也、 （左旁に小圏）
(66) 3ウ6 155 淵、兮似萬物之宗 「乎イ」（右旁）
(67) 3ウ6b 158 似爲萬物宗祖 「之イ」（「物宗」字間右旁、挿入指示）
(68) 3ウ7b 158 宗祖也、 （左旁に小圏）
(69) 3ウ7 挫其鋭 「挫子臥反鋭音睿／唐刊注同也下入」（眉上）
(70) 3ウ7b 161 不自、見、也 「二字イニ作ㇾ同字」（左旁）、「ㇾ同」（右旁）
(71) 4オ1a 163 紛結恨、也 「根」（右旁）
(72) 4オ1b 165 以解釋之、也、 （左旁に小圏）
(73) 4オ2b 171 不當自別殊也、 （左旁に小圏）
(74) 4オ2 172 湛兮似、或存 「若イ」（右旁）
(75) 4オ3a 173 道、湛然安静 「當イ」（右旁）
(76) 4オ3b 175 能長存不亡、也 「忘イ」（右旁）
(77) 4オ3b 175 能長存不亡也、 （左旁に小圏）

（以上安民第三）

(78) 4オ4b 177　不知道所從生也、　（左旁に小圏）

(79) 4オ4a 179　道似、存、天帝之前　「自在イニ」（右旁）

(80) 4オ5a 183　至今存者以能安靜　「在イ」（右旁）　（以上無源第四）

(81) 4オ7 189　以萬物爲蒭、狗　「蒭イ」（左旁）

(82) 4ウ1b 192　如蒭、草狗畜　「蒭イ」（左旁）

(83) 4ウ2b 195　行自然者也、　（左旁に小圏）

(84) 4ウ2 196　以百姓爲蒭、狗　「蒭」（左旁）

(85) 4ウ2b 197　如蒭、草狗畜　「蒭」（左旁）

(86) 4ウ3b 198　不責望其禮意也、　（左旁に小圏）

(87) 4ウ4　其猶橐、籥、乎　「橐音托／籥音藥イニ」（下注末「也」字下余白）

(88) 4ウ5b 206　故能有聲氣也、　（左旁に小圏）

(89) 4ウ5b 208　時揺、動、之益　「下上イ」（転倒符、左旁）、「揺動　唐刊作動揺」（眉上）

(90) 4ウ6　多言數、窮　「數王弼注去聲謂理／数也明皇注音朔イニ」（下注末余白左旁、挿入指示）

(91) 4ウ7b 213　育養精神愛氣希言也、　（左旁に小圏）　（以上虚用第五）

(92) 5オ3b 222　五臓盡傷則五神去也、　「矣イ」（左旁）

(93) 5オ3a 223　言不死之道、在於玄牝　「由イ」（右旁）

(94) 5オ5a 230　主出入於、人鼻與天通　「イニナシ」（右旁）

(95) 5オ6a 232　從口入藏於腸、　「胃」（右旁）

(96) 5オ6a 234　五性濁辱　「厚」（右旁）
(97) 5オ6a 235　爲形體　「骸イ」（右旁）
(98) 5オ6b 240　主出入於人口與地通　「イニナシ」（左旁）
(99) 5ウ1a 246　是乃天地之元氣　「通イ」（「天」上に挿入指示、右旁）
(100) 5ウ1b 247　所從往來也　（左旁に小圏）
(101) 5ウ1 248　綿綿乎若存　「イニナシ」（左旁）
(102) 5ウ1a 249　鼻口呼吸喘息　「噏ィ」（右旁）
(103) 5ウ2b 250　復若無有也　（左旁に小圏）
（以上成象第六）

以上の校合は何本を以ってなされたのであろうか。江戸前期に於いて見在した河上公注本は、古活字版の外に、伝来の古鈔本、及び寛文十年成立延寶八年（一六八〇）刊行の『老子經通考』がある（第四章第二節参照）が、書入れが第一章から始まり、其の前の「老子經序」には全く校異が無いこと、また「イ」本との異同の多さに鑑み、これら同系本が対校本であったとは考えられない。

眉上書き入れの⑪㉒(69)(89)の「唐刊」の標記から、唐本が対校本の一つとして使用されたことは明らかであるが、問題は「イ」本もまた唐本なのかどうかである。

先ず、「唐刊」について検討する。

⑪「徼」字音義についての眉上書入れの小書「唐刊注趣也下」は、「徼音叫又古吊切即竅字」（「切」字中央に朱点を打ち左に「反」字を旁記訂正）なる注文が「唐刊」の経文「常有欲以觀其徼」の章句「徼歸也常有欲之人可以觀世俗之所歸趣也」の下に在るとの意味の注記である。これは管見の伝本の内では〔世徳〕とのみ殆ど完全に一致する（但、〔世

徳〉は「切」を「反」に作っている、しかしこれも本書入の朱訂と符応する)。

㉒は「有無之相生」「難易之相成」「長短之相形」「高下之相傾」「音聲之相和」「前後之相隨」の経文六句、「唐刊」には全て「之」字が無いとの校異記である。此の校異についても〈世徳〉とは悉く吻合している。

(69)は経文「挫其鋭」の「挫」「鋭」の音注「挫子臥反鋭音睿」七字が此の経文下の章句末「同也」の下に在るとの校異注記である。これも〈世徳〉とのみ吻合している。因みに〈宋版〉の同注は「挫子臥反鋭悦歳反」で「鋭」音の表記が異なる。

(89)は第五章経文「虚而不屈動而愈出」下注の句「揺動」を「唐刊」は「動揺」に作るとの校異である。管見の伝本では〈宋版・世徳・道蔵〉が「唐刊」と一致している。

僅かに四例に過ぎないが、特に⑪(69)に拠って「唐刊」が〈世徳〉である蓋然性は非常に高い。

次に「イ」本である。注目されるのは(55)(58)(63)(87)の音注書入れで、注下に「イノ注」「イ注」「イニ」とあって、其の音注は「イ」本の注文と判明する。

(55)は経文「彊其骨」((54)の校記に拠れば「イ」本は「強」を「彊」に作る)の「彊」字に対する四声注記であるが、この「彊平聲」三字は〈世徳〉の同経文下章句「愛精重施髓満骨堅」尾に付す注記と一致している。因みに〈宋版〉同所は「強其良反」の反切注で別文である。

(58)は経文「使夫知者不敢爲也」の「夫知」各字に対する音注であるが、〈世徳〉同経文下章句尾に接する「夫音扶知音智」なる音注と相応ずる。「音」一字の脱落と看做せば一致と認められよう。因みに〈宋版〉同所は「夫音符知音智」で「夫」の直音使用字に相違がある。

(63)は、「イ」本には第四章冒頭経文「道沖而用之」の「沖」字に対する音注「沖音虫」三字が下注末尾に在るとの校異である。此れも｛世徳｝とのみ一致する。因みに｛宋版｝同所の同字についての音注は異なり「冲直隆反」の反切である。

(87)は第五章経文「其猶槖籥乎」の「槖籥」両字の音注「槖音托籥音藥」六字が下注末尾に在るとの校異である。此れも｛世徳｝とのみ吻合する。｛宋版｝同所の「槖」字の音注は「他各反」で相違する。

また、⑩㉟(70)(76)(96)の校異は「異同表」で扱った管見伝本の内では｛世徳｝とのみ一致しており、且つ、其の他の校異書入れも殆ど全てが｛世徳｝と符合している。これらの校合結果に拠るならば、「イ」本即ち｛世徳｝と断定されても不審は生じないように思われる。

しかし、一方で、少ない事例であるが①③㊳(93)の「イ」の文は、｛世徳｝とは相違している。此の四字についての対校本も他の「イ」本と同一本であったと仮定するならば（恐らく此の仮定は事実に近いと思われる）、「イ」本は現行の｛世徳｝とは別本と看做さなければならない。しかしながら、同系同類の極めて近似した本であったに違いないであろう。

実は、｛世徳｝、即ち明嘉靖世徳堂顧春刊本の現存する伝本は思いの外少ない（本稿では専ら無求備斎影印本を使用、其の底本の所在は不詳である）。緒論七「対校諸本略解題27」（74頁）に於いて触れたように、管見に入った伝本は陽明文庫、大阪府立中之島図書館、尊経閣文庫及び京都大学人文科学研究所（村本文庫、『六子書』零本）蔵の四本に過ぎず、原刻と思われていた内閣文庫蔵の林龍潭書入れ本（函架番号三一一・一八九）には一部字句に校改の痕が認められ、既に修が加わっている事実が判明している（緒論注48参照）。また、同本には覆刻別版が存し（緒論注49参照）、内閣文庫（函架番号三七〇・六）、宮内庁書陵部、名古屋市蓬左文庫所蔵の伝来本は其の別版と認められ（三部同版であるが、当然逓修の事実が想定されなければならない。しかし、調査はその事実を確認するには至っておらず、当面、同伝本に異同は無いものと考えておく)、当時は寧ろ此の本が六子書本として普及していたように窺われる。従って、〔世徳〕と相違している①③㊳(93)について原刻と覆刻両本の同異の検証が必要となる。内閣文庫所蔵本との対校の結果、予想に違わず①の「輝」、③の「猶」、㊳の「富」、(93)の「由」の「イ」本の文は全てその覆刻別版と吻合している。更に、「音」字の誤脱と思われた(58)「夫扶知音智」の「イ注」もこのまま同本と一致している。その他の校異の箇所については両本間の異同は認められない。従って、此の校異書入れによって示された「イ」本また「唐刊」の文は全て覆刻本と一致する。

以上の検証に拠り、本書入れの対校本「イ」本即ち「唐刊」は、内閣文庫等に伝来する明覆世徳堂刊本とみて殆ど間違いないと考えられる。

〔世徳〕は『六子書』の第一書として刊行された。明嘉靖一二年(一五三三)の初刊以後、重印、修印、重刊が一再となく行われたようである(緒論注49)。しかし、それらの内どの本が舶載されたのか、またその時期経緯についても詳らかではない。ただ、『御文庫目録』[5]利の部寛永一七年(一六四〇)の項に著録されている「六子全書」は恐らくは同種本であろう。陽明文庫蔵『六子書』は蠟牋表紙を付す家熙公の改装所持本であるが、舶載されたのは江戸前期に遡るのではないかと見られる。また、内閣文庫所蔵の『〔六子書〕』は明覆世徳堂刊本で林讀耕齋靖(萬治四年〈一六六一〉没)の旧蔵書である(第四章注4参照)。江戸初期以来わが国において河上公注の良本として同書校読の用に供されたはずで、当時なお鬳齋口義本が隆盛であった中、其の利用の実態を具体的に示す資料の一つとして本書入れ本が注目される。校合は周密で、「異同表」と対しても校異の脱落は少なく、異体別体字に及び寧ろ精緻である。その所為が、第六章に止まったことは、新渡来の本文を享受する側の諸般の事情を反映するものと、想像に難くない。

惜しむらくは書入れ主が不詳である。「祖禅」の朱署との関連が期待されるが、同人筆と断定する徴証は見当たらない。

五、東洋文庫蔵—和田維四郎旧蔵書　　大合一冊（函架番号　三Aa23）

新補梨子地唐草羅綾表紙（二五・七×一九・〇糎）、近時に添えられた書題簽「河上註老子經　全」、新たに護葉一紙が副えられ、元表紙は欠失。序首より巻上第二葉裏第一行（第二章前半）まで墨筆の訓点の書入れがなされる。訓点は「蓬累」を「カシラカ、ヘテ」「ミダリガハシウ〆」と読むが如き古訓を存しているが、移写の年代は江戸前期以降に下ると思われる。「山渓寺」（墨長方）、「守山蔵書」（朱長方）、「江風山／月荘」（朱方、稲田福堂）、「雲邨文庫」（朱長方）の印記。和田維四郎『訪書餘録　圖録篇』、『岩崎文庫貴重書書誌解題Ⅲ』著録。

六、東洋文庫蔵—清家点注説等書入れ本　　大合一冊（函架番号　三Aa34）

小豆色細格子縞文覆表紙（二七・三×一九・三糎）、元は栗皮表紙、「老子經全」と打ち付けに墨書、その「老」字の下に濃墨の「道經」二字が認められることから、元来は「徳經」部分を分かった二分冊本であったのを、一冊に合冊したものと推量される。右肩に「西荘文庫」（朱長方、双郭）印を押捺した紙箋が貼付されている。首に世徳堂本より「左仙公葛玄譔」の「道徳經序」を移写した薄葉二紙が補綴される。

全巻に亙って朱のヲコト点（明経点）、墨筆の返り点・縦点・声点・濁点（:）・振り仮名が施され、行間に同筆で訓説、字音注記、或本・イ・一本・才・唐本・江本・中本・古本・家古本等との校合、眉上或いは行間に「述」「賈」

「疏」と標した字義異文等の注記が見られる。「述」「賈」の標記は逸書である唐賈大隠撰『老子述義』を示し、佚文の若干を補輯可能な点で重要である。校合書入れは僅かではあるが朱筆を淆える。また、第十章前半までには、訓点等の書入れに一見別筆かと疑われるやや肉太の筆致を交えるが、別と断じる確証は無く、寧ろ用筆の違いに拠る異相で同一人異時の手と看做すべきであろう。

下巻尾題次行に、

元和八年二月十一日加朱墨点訖

清家門弟道順（道字ニ重ネテ捺サレタ印影ヲ朱デ塗抹）

との加点識語を存し、以上の書入れは、清家点及び同家相伝の説を元和八年（一六二二）に移写したものである。加点者の「道順」なる人物については未詳。尚、元和八年の年紀は本古活字版刊行年の下限を画し注目される。

また別に、藍筆で世本（世徳堂本）との校合書入れがなされ、尾の副葉に宋晁公武『郡齋讀書志』の当該解題が移写され、末に接して、

文化丁卯二月朔訂　　藤原憲

と藍筆の識語がある。「世本」との校合、及び葛玄序、晁氏解題の移写は文化丁卯四年（一八〇七）藤原憲の手写するところであろう。

藤原憲は、即ち佐野山陰。寛延四年（一七五一）生、文政元年（一八一八）歿。名は憲、また之憲。字は元章。山陰、或いは靖恭先生と号す。阿波助任の人。清原佩蘭の門人、徳島藩儒員として主に京都に住した。藩命により『阿波志』

の編纂に従事し文化一二年（一八一五）に完成している。小津桂窓旧蔵慶應義塾図書館蔵〔慶長元和間〕刊魏何晏集解『論語』一〇巻（『慶應義塾圖書館藏和漢書善本解題』参照）には、同人の手による清家証本からの加点、校合の移写書入れが見られ、その本の巻末に「永正十七年九月廿三日　給事中清原宣賢／寛政己未季夏以清家點本再校藤原之憲」（藍墨）との識語がある。書入れは、朱墨藍筆を以って周密で、そのうち藍筆は主として、「才」「寫」「正」「清」本等との校異を示し、様式は、本帙「世」本との校異書入れと相似している。尚、文化三年（一八〇六）刊『文中子中説』一〇巻(6)の校点者山陰先生とは即ち此の人であろう(7)。

「西荘文庫」（朱長方、双郭）、「桂窗」（朱楕円、双枠）の印記、他に、不明の印記一顆、原印を擦り消して重捺されているようであるが、両印文共に判読不能。伊勢の蔵書家小津桂窓の旧蔵書である。

天地行間の朱墨の書入れの全条は後に掲出し、各条の内容については部類分けして更めて検討を加えたい。此処では、この本の書入れに就いて、老子伝習史上、留目しておくべき点について、聊か梗概を記しておきたい。

先ず、此の本の加点及び書入れの多くの条項が、清家相伝の家説であることに注目される。清原家証本、或いはその転写本、若しくは清家家説の移写書入れ本から移写されたものであろう。「清家門弟道順」の加点奥書が有力な根拠であり、また、巻下首の「宣賢」との書入れ、清家点本とされている〔書陵〕の書入れと一致する条項が少なくない点もそれを裏付ける。更に〔東洋〕の青筆の書入れは、其の奥書によって清家本からの移写と認められるのであるが（緒論七「対校諸本略解題」18、62頁参照）、本書入れと符合する箇条が頗る多いものの互いに些少の増損が認められ、両本によって相補足することが可能である。本書入れに拠って、累代に蓄積されてきた清原家家説を窺測し得ることの意義は大きい。

全巻に亙り謹直丁寧に施されているヲコト点は典型的な明経点であり、行間の和訓読、字音読、読添え等の書入れと共に、清家点と看做される。此の加点が、清家本からの移点であるのならば、其の清家本と此の古活字版との本文に相違がある場合、当然そのままには移点できないわけで、古活字版に不足する字句があれば、本文ごと移写される事になろう。事実、以下の事例が指摘される。

① 能爲第十経文「天門開闔」句下の注「謂終始五際也」（上8オ3a）の「也」字下に挿入符の小圏を施し、地脚に「治(オイ)レ身」（朱ヲコト点付「身に治(オイ)て」）の二字を加筆する。

② 虚無第二十三経文末句「有不信」下注初句「此言」（上19ウ1a）の上に小圏を施し、右旁「下即應レ君・以二不一信也」（ヲコト点付「下即（チ）君に應するに・不‐信（ヲ）以（テ）す」）の八字を加筆する。

③ 貪損第七十五経文「是以飢」下の注「上爲」（下31オ2a）両字の間に挿入符の小圏を施し、右旁「生」（朱ヲコト点付「生して」）字を加筆する。

各々の加増された字句に一致する古鈔本は、①は〔陽Ⅰ・書陵・龍門・杏Ⅰ・足利・筑波・弘文・斯Ⅱ・梅沢・慶Ⅱ・武内・東大・東洋・斯Ⅰ〕、②は〔陽Ⅰ・書陵・龍門・慶Ⅰ・大東・慶Ⅱ・筑波・弘文・足利・斯Ⅱ・無窮・梅沢〕、③は〔陽Ⅰ・書陵〕であって、①②③の何れにも一致するのは〔陽Ⅰ・書陵〕の二本である。この点でも清家点本とされる〔書陵〕との近似が認められ、本点が清家点本系の或る本からの移点とする傍証となろう。

(一) 書入れの所出順総覧

訓点を除く書入れを序冒頭より本文行文に従って順次条列する。条頭に章毎の順序数を冠し、後述の引照に備えた。先ず書入れ文を標出し、次に書入れ箇所（巻次、丁数・表裏・行次数）、対象字句、書入れ位置の順で表示する。送り仮名、振り仮名、字訓の書入れは家名等特に標記があるものを除き、原則として省略した。

①「述一二」　序1オ1「老子經序」、眉上
②「頼」　序1オ4「厲鄉曲仁里」の「厲」字左旁
③「九々八十一名也」　序1オ5「天太陽暦數」の「暦數」左旁
④「二段」　序1ウ1「孔子適周問禮於老子」の「孔」字右旁
⑤「カシラカヽヘミタリカハシフメ」　序1ウ4「蓬累」右旁
⑥「カシラカヽヘテ」　序1ウ4「蓬累」左旁
⑦「江本无」　序1ウ7「若是而已」の「而已」左旁
⑧「力多反」　序2オ2「走者可爲羅」の「羅」字左旁
⑨「能ィ」　序2オ2「走者可爲羅游者可爲緡」の「羅游」字間小圏、挿入符を施し
眉上
⑩「上下」（転倒符）　序2オ3「乗風雲而上」の「風雲」左旁
⑪「三段」　序2オ3「老子修道」の「老」字右旁
⑫「四段」　序2ウ4「老子之子名宗」の「老」字右旁
⑬「所名」　序2ウ4「封於段干」の「段干」左旁
⑭「餘招反」　序2ウ5「宗子瑶」の「瑶」字左旁
⑮「故迦反」　序2ウ5「宮子瑕」の「瑕」字左旁
⑯「五剛」　序2ウ6「膠西王卬太傅」の「卬」字左旁
⑰「豆」　序2ウ7「竇太后」の「竇」字左旁

⑱「自古列傳至于之／謂卅三字者為／為(ママ)異本今案此三十三字江本皆／讀之仍存耳」　序3オ3「古列傳著｜」、眉上

⑲「イヘル中」　序3オ5「其斯之謂」の「謂」字左旁

⑳「五段」　序3オ5「所以分爲二篇者取象天地」の「所」字右旁

㉑「コレヲモテ中」　序3オ6「以經云道之尊德之貴」の「以」字左旁

㉒「賨六貴或本乍貴」　序3オ7「道之尊德之貴」、眉上

㉓見せ消　序3オ7「尊故爲上」の「尊」字左旁

㉔「ナル中」　序3オ7「地以五行成」の「成」字左旁

㉕「古郎反」　序3ウ1「萬物之剛柔」の「剛」左旁

㉖「六段」　序3ウ4「河上公者居河上」の上「河」字右旁

㉗「之石反」　序3ウ5「蹠履爲業」の「蹠」字左旁

㉘「セラシム中」　序3ウ6「有不誦老子經不得居官」の下「不」字左旁

㉙「乚諳小草舍」　序4オ1「公在草庵中」の「庵」字左旁

㉚「ニモ中」　序4オ3「上不累天」の「天」字左旁

㉛「ニモ中」　序4オ3「下不累地」の「地」字左旁

㉜「ニモ中」　序4オ3「中不累人」の「人」字左旁

㉝「オナ」　序4オ7「號曰河上公焉」の「焉」字左旁

（體道第一）

①「賈云道經卅七／章」　上1オ1「老子道經上」、眉上

②「此上字古本ナ中本无」　上1オ1「老子道經上」の「上」字左旁

③「第一　二字家古本无／或本第一下有／品字」　上1オ1「河上公章句」の「句」字下小圏、其の右旁

④「道可道章第一イ中」　上1オ3「道可道」右旁

⑤「此章名家古本无」　上1オ3「道可道」右旁

⑥「述三」　上1オ3「道可道」、眉上

⑦「ハマクリ中」　上1オ5b「明珠在蚌中」の「蚌」字左旁

⑧「熟一本」　上1ウ2a「長大成就」の「就」字左旁

⑨「古吊反」　上1ウ4「常有欲以觀其徼」の「徼」字左旁

⑩「二字一本ナ」　上1ウ7b「夫人得中和滋液」の「夫人」右旁

⑪「六茲」　上1ウ7b「夫人得中和滋液」の「滋」字左旁

⑫「倉客反」　上2オ1a「錯亂濁辱」の「錯」字左旁

⑬「而蜀反」　上2オ1a「錯亂濁辱」の「辱」字左旁

⑭「六終」　上2オ1「衆妙之門」の「衆」字左旁

（養身第二）

①「天下皆章第二」　上2オ4「天下皆知美之爲美」の「天下」右旁

②「天下之人皆知下イ」　上2オ4a「自揚巳美」の「自」字上挿入

③「故悪スルレ已イ」　上2オ4a「有危亡也」の「有」字上挿入

④「皆知リ下已カイ」　上2オ5a「有功名也」の「有」字上挿入

⑤「為上レ善ヲイ」　上2オ5b「有功名也」の「也」字下挿入

⑥「才无」　上2オ6「故有無之相生」の「之」字左旁

⑦「以豉反」　上2オ6「難易之相成」の「易」字左旁

⑧「胡臥反」　上2ウ1「音聲之相和」の「和」字左旁

⑨「オナ」　上2ウ3b「各自動作也」の「也」字左旁

⑩「也オナ」　上2ウ3b「不辭謝而逆止也」の「也」字左旁

⑪「惟才乍」　上2ウ5「夫唯弗居」の「唯」字左旁

（安民第三）

①「不尚賢章第三」　上3オ2「不尚賢」右旁

②「翼宣反」　上3オ4b「珠玉捐於淵也」の「淵」字左旁

③「丨甚也肯也」　上3オ5「不見可欲」の「可」字左旁

④「常利反」　上3オ6a「除嗜欲」の「嗜」字左旁

⑤「述乍人」　上3ウ1「常使民無知無欲」の「民」字左旁

⑥「述作撲六白」　上3ウ1a「反朴守淳也」の「朴」字左旁

⑦「才无」　上3ウ2b「不造作動因循也」の「也」字下旁

⑧「无レ所レ不レ治ト云イ本」　上3ウ3b「德化厚百姓安也」の「也」字下挿入

（無源第四）

①「道沖章第四」　上3ウ5「道沖而用之」の「道沖」右旁

②「直隆反」　上3ウ5「道沖而用之」の「沖」字左旁
③「オナ」　上3ウ6b「道常謙虚不盈満也」の「也」字下旁
④「七歳反」　上3ウ7「挫其鋭」の「鋭」字左旁
⑤「古解反」　上3ウ7「解其紛」の「解」字左旁
⑥「芳云反」　上4オ1「解其紛」の「紛」字下旁
⑦「｜憤也」　上4オ1「解其紛」の「紛」字左旁
⑧「六苟」　上4オ2a「當與衆庶同垢塵」の「垢」字左旁
⑨「直減反」　上4オ2「湛兮似或存」の「湛」字左旁
⑩「若」　上4オ2「湛兮似或存」の「或」字左旁見消ち「ヒ」、地脚
⑪「オナ」　上4オ3b「能長存不亡也」の「也」字下旁

（虚用第五）

①「天地章第五」　上4オ7「天地不仁」の「天地」右旁
②「生（スレトモ）イ本」　上4オ7a「天施地化」の「化」字に見消ち、右旁
③「初倶反又測于反」　上4オ7「以萬物爲芻狗」の「芻」字左旁
④「芻中」　上4オ7ab「天地生萬物」の「天地」二字印字不良重書
⑤「イ无」　上4ウ2b「法天地行自然者也」の「行」字左旁
⑥「イ无」　上4ウ2b「法天地行自然者也」の「者」字左旁
⑦「報イ」　上4ウ3b「不責望其禮意也」の「也」字左下旁

⑧「他各反又六託」　上4ウ4「其猶橐籥乎」の「橐」字左旁

⑨「以灼反又六藥」　上4ウ4「其猶橐籥乎」の「籥」字左旁

⑩「木切反又其月反」　上4ウ5「虚而不屈動而愈出」の「屈」字左旁

⑪「六朔」　上4ウ6「多言數窮」の「數」字左旁

（成象第六）

①「谷神不死章第六」　上5オ2「谷神不死」右旁

②「六浴」　上5オ2「谷神不死」の「谷」字左旁

③「六信」　上5オ3a「腎藏精」の「腎」字左旁

④「六嗣」　上5オ4a「天食人以五氣」の「食」字左旁

⑤「六謂」　上5オ6a「從口藏於胃」の「胃」字左旁

⑥「骸ィ」　上5オ6a「形體骨肉」の「體」字右旁

⑦「六莫」　上5オ6a「血脉六情」の「脉」字左旁

⑧「才无」　上5ウ1「綿綿乎若存」の「乎」字左旁

⑨「許及反」　上5ウ1a「呼吸喘息」の「吸」字左旁

⑩「叱遠反」　上5ウ1a「呼吸喘息」の「喘」字左旁

⑪「オナ」　上5ウ2b「復若無有也」の「也」字下旁

（韜光第七）

①「天地長久章第七」　上5ウ3「韜光第七」左旁

②「述四」　上5ウ4「天長地久」、眉上
③「本无」（朱）　上5ウ5b「以其安静施不求報」の「其」字右旁
④「之／本有」（朱）　上5ウ6b「奪人以自與也」の「與也」字間・左旁
⑤「一本ナ」（朱）　上5ウ6b「奪人以自與也」の「也」字左旁
⑥「オナ」　上6オ2b「故身常存也」の「也」字左旁

（易性第八）

①「上善如水章第八」　上6オ5「易性第八」左旁
②「如イ本」　上6オ6「上善若水」の「若」字左旁
③「衆一本」　上6オ7b「在地爲泉源也」の「泉」字左旁
④「烏路反」　上6オ7「而不爭處衆人之所悪」の「悪」字左旁
⑤「彈」　上6オ7b「水獨静流居之也」の「静」字朱見消ち、左旁
⑥「六機」　上6ウ1「故幾於道矣」の「幾」字左旁
⑦「オ无」　上6ウ2b「水性空虚淵深清明也」の「也」字左旁
⑧「オ无」　上6ウ5b「不失天時也」の「也」字左下旁
⑨「悪」　上6ウ6b「無有怨尤水者也」の「怨」字左旁

（運夷第九）

①「恃而盈之章第九」　上6ウ7「運夷第九」左旁
②「持或本」　上7オ1「恃而盈之」の「恃」字左旁

③「丁果反初委反」　上7オ1「揣而鋭之」の「揣」字左旁

④「哀」　上7オ6b「樂極則衰也」の「衰也」下余白

（能爲第十）

①「載營魄章第十」　上7ウ1「載營魄」右旁

②「本无」　上7ウ1a「營魄」の「魄」字右旁

③「本无」　上7ウ1a「魂魄也」の「魄」字右旁

④「本无」　上7ウ1a「人載魂魄之上」の「人」字右旁

⑤「許紀反」　上7ウ1b「喜怒亡魂」の「喜」字左旁

⑥「二字无本」　上7ウ5a「一之爲言至一無二也」の「一之」右旁

⑦「在斯反」　上7ウ7「能無疵乎」の「疵」字左旁

⑧「治(オイ)ㇾ身ィ」（朱ヲコト点付「身に治(オイ)て」）　上8オ3a「謂終始五際也」の「也」字下挿入符小圏、地脚

⑨「二字一本ナ」　上8オ4b「治國當如應變」の「如」字左旁

⑩「一本ナ」　上8オ6b「無有能知道満於天下者也」の「者」字左旁

⑪「許六反」　上8オ6「生之畜之」の「畜」字左旁

（無用第十一）

①「三十輻章第十一」　上8ウ4「三十輻共一轂」の「三十輻」右旁

②「空イ」　上9オ2a「謂作室屋也」の「室」字右旁

③「イ无」　上9オ5a「故曰虚無能制有形」の「能」字右旁

（撿欲第十二）

①「五色章第十二」　上9オ7「五色令人目盲」の「五色」右旁

②「直離反」　上9ウ2「馳騁田獵令人心發狂」の「馳」字左旁

③「丑郢反」　上9ウ2「馳騁田獵令人心發狂」の「騁」字左旁

（厭耻第十三）

①「寵辱章才十三」　上10オ1「寵辱若驚」の「寵辱」右旁

②「オナ」　上10オ1b「身辱亦驚也」の「也」字左旁

③「オナ」　上10オ3b「以曉人也」の「也」字左旁

④「イ无」　上10ウ3「故貴以身爲天下者則」の「者」字右旁

⑤「者」　上10ウ4a「欲爲天下主則」の「主則」字間に小圏、右旁

⑥「若才」　上10ウ4「乃可以託於天下矣」の「乃」字左旁

⑦「才无」　上10ウ5「乃可以託於天下矣」の「於」字左旁

（賛玄第十四）

①「視之不見章才十四」　上11オ1「視之不見名曰夷」の「視之不」右旁

②「虚衣反」　上11オ2「聽之不聞名曰希」の「希」字左旁

③「彊イ」　上11オ5b「不可強詰問而得之也」の「強」字左旁

④「六曉」　上11オ6「其上不皦」の「皦」字左旁

⑤「六服」　上11ウ2「復歸於無物」の「復」字左旁

⑥「虚性反」　上11ウ4「是謂忽恍」の「恍」字左旁
⑦「以イ」　上11ウ7「能知古始是謂道紀」の「能」字右旁

（顯徳第十五）

①「古之善為士章第十五」　上12オ3「古之善爲士者」の「古之善」右旁
②「魚撿反」　上12オ7「儼兮其如」の「儼」字左旁
③「六喚」　上12ウ1「渙兮若氷之將釋」の「渙」字左旁
④「普角反」　上12ウ2「敦兮其若樸」の「樸」字左旁
⑤「胡本反或作混」　上12ウ3「渾兮其若濁」の「渾」字左旁
⑥「オナ」　上12ウ4b「與衆合同不自尊也」の「也」字下旁
⑦「濁イ以イ」　上12ウ4「孰能濁以静之徐清」の「孰能」両字左旁

（歸根第十六）

①「至虚極章才十六」　上13オ3「至虚極也」の「至虚極」右旁
②「損一本」　上13オ3a「損情去欲」の「損」字左旁
③「オナ」　上13オ4b「守清静行篤厚也」の「也」字下旁
④「オナ」　上13オ5b「人當念重本也」の「也」字下旁
⑤「オ无」　上13ウ5b「合神明與天通也」の「也」字下旁
⑥「オ无」　上13ウ6b「與道合同乃能長久也」の「也」字下旁

（淳風第十七）

①「大上章才十七」　上14オ2「太上下知有之」の「太上下」右旁

②「アリトイフコトヲノミ／タモツトイフコトヲ」　上14オ2「太上下知有之」の「有」字左旁

③「才无」　上14オ5b「故欺侮之也」の「也」字下旁

④「故才」　上14オ5「信不足焉」の「信不」両字中間左旁

⑤「曰才」　上14オ7「百姓皆謂我自然」の「謂」字左旁

（俗薄第十八）

①「大道廢章才十八」　上14ウ3「大道廢焉有仁義」の「大道廢」右旁

（還淳第十九）

①「絶聖棄智章才十九」　上15オ3「絶聖」右旁

②「述五」　上15オ3「絶聖」、眉上

③「戸結反」　上15オ3b「蒼頡作書」の「頡」字左旁

④「六燭」　上15ウ1「故令有所属」の「属」字左旁

⑤「戸遍反」　上15ウ1「見素抱朴」の「見」字左旁

⑥「普角反」　上15ウ1「見素抱朴」の「朴」字左旁

⑦「飾イ」　上15ウ2a「不尚文餝也」の「餝」字右旁

（異俗第二十）

①「絶学无憂章才二十」　上15ウ4「絶學」右旁

②「羊癸反」　上15ウ4「唯之與阿相去幾何」の「唯」字左旁

③「普庚反」　上16オ2「如享大牢」の「享」字左旁
④「力刀反」　上16オ2「如享大牢」の「牢」字左旁
⑤「普百反」　上16オ3「我獨怕兮其未兆」の「怕」字左旁
⑥「力追反述力廻反」　上16オ5「儡儡兮其若無所歸」の「儡儡」左旁
⑦「唐本才／皆作我」　上16オ6「我獨若遺」の「我」、地脚
⑧「徒混反徒損反述云如闇昧」　上16ウ1「沌沌兮」左旁
⑨「六門」　上16ウ2「我獨悶悶」の上「悶」字左旁
⑩「匹遥反述乍漂」　上16ウ3「漂兮若無所止」の「漂」字左旁

（虚心第二十一）

①「孔德之容章才廿一」　上17オ1「孔德之容」右旁
②「况往反又呼廣反」　上17オ2「道之爲物唯怳唯忽」の「怳」字左旁
③「焉了反」　上17オ5「窈兮冥兮其中有精」の「窈」字左旁
④「飾イ」　上17オ7b「非有餝也」の「餝」字左旁
⑤「布錦反兵錦反」　上17ウ1a「閲稟也」の「稟」字左旁

（益謙第二十二）

①「曲則全章第廿二」　上17ウ5「曲則全」右旁
②「才ナ」　上17ウ5a「枉屈已而申人」の「而」字左旁
③「烏花反」　上17ウ6「窪則盈」の「窪」字左旁

④「オナ」　上18オ1b「學多者惑於所聞也」の「也」字下旁
⑤「古練反」　上18オ2「不自見故明」の「見」字左旁
⑥「義イ」　上18オ5b「不自取其美」の「美」字右旁
⑦「オナ」　上18オ5b「故有功於天下也」の「也」字下旁
⑧「居淩反」　上18オ5「不自矜故長」の「矜」字左旁
⑨「一本有之清中二家无之」　上18オ6「夫唯不争」左旁
⑩「六羈」　上18ウ2a「實全其肌體」の「肌」字下旁

（虚無第二十三）

①「希言自然章才廿二(ママ)」　上18ウ4「希言自然」右旁
②「毗遥反」　上18ウ4「飄風不終朝」の「飄」字左旁
③「仕救反」　上18ウ4「驟雨不終日」の「驟」字左旁
④「三字本ナ」　上18ウ6a「孰誰也」右旁
⑤「倉骨反」　上19オ1b「欲爲暴卒乎」の「卒」字左旁
⑥「六洛」　上19オ5「道亦樂得之」の「樂」字左旁
⑦「五孝反」　上19オ5b「道亦樂得之也」の「樂」字左旁
⑧「下即應ㇾ君・以二不‐信一也」（ヲコト点付「下即（チ）君に應するに・不‐信（ヲ）以（テ）す」）
上19ウ1a「此言」の上、挿入符小圏、右旁

（苦恩第二十四）

①「跂者不立章第二十四」　上19ウ3「跂者不立」右旁
②「口花反又口化反」　上19ウ3「跨者不行」の「跨」字左旁
③「オナ」　上19ウ7b「則失功於人也」の「也」字下旁
④「居淩反」　上19ウ7「自矜者不長」の「矜」字左旁
⑤「直良反」　上19ウ7「自矜者不長」の「長」字左旁
⑥「六駟」　上20オ1「餘食贅行」の「食」字左旁
⑦「専税反」　上20オ1「餘食贅行」の「贅」字左旁
⑧「者」　上20オ2b「爲貪行也」の「行也」字間挿入符小圈、右旁
⑨「オナ」　上20オ2b「爲貪行也」の「也」字下旁
⑩「烏路反」　上20オ2「物或惡之」の「惡」字左旁
⑪「者」　上20オ3a「故物無有不畏惡之也」の「之」字下挿入符小圈、右旁
⑫「オナ」　上20オ3b「故物無有不畏惡之也」の「也」字下旁

（象元第二十五）

①「有物混成章才廿五」　上20オ5「有物混成先天地生」の「有物混成」右旁
②「胡本反」　上20オ5「有物混成先天地生」の「混」字左旁
③「徒損反」　上20オ5a「無形混沌」の「沌」字左旁
④「オナ」　上20オ7b「不改化有常也」の「也」字下旁
⑤「不」　上20ウ1b「不危殆也」の「危殆」字間挿入符小圈、左旁

⑥「其丈反」　上20ウ3「強爲之名曰大」の「強」字左旁

（重德第二十六）

①「重為輕根章オ廿六」　上21オ7「重爲輕根」右旁

②「祖到反」　上21ウ1「静爲躁君」の「躁」字左旁

③「側其反」　上21ウ2「是以君子終日行不離輜重」の「輜」字左旁

④「直勇反」　上21ウ3b「不離其静與重也」の「重」字左旁

⑤「古喚反」　上21ウ3「雖有榮觀燕處超然」の「觀」字左旁

⑥「扵見反」　上21ウ3「雖有榮觀燕處超然」の「燕」字左旁

⑦「食證反」　上21ウ4「柰何萬乘之主」の「乘」字左旁

⑧「才无」　上21ウ4b「疾時主傷痛之也」の「也」字左旁

（巧用第二十七）

①「善行章オ廿七」　上22オ2「善行者無徹跡」の「善行者」右旁

②「六衡」　上22オ2「善行者無徹跡」の「行」字左旁

③「下加反」　上22オ3「善言者無瑕讁」の「瑕」字左旁

④「六擇」　上22オ3「善言者無瑕讁」の「讁」字左旁

⑤「讁以三／本校之」　上22オ3「善言者無瑕讁」の「讁」字、地脚

⑥「直由反」　上22オ4「善計者不用籌策」の「籌」字左旁

⑦「必計反」　上22オ5「善閉者無關楗而不可開」の「閉」字左旁

⑧「其堰反」　上22オ5「善閉者無關楗而不可開」の「楗」字左旁
⑨「於妙反六要」　上22オ6「善結者無繩約而不可解」の「約」字左旁
⑩「六章」　上22ウ2b「以救萬物之殘傷也」の「傷」字左旁
⑪「辞立反」　上22ウ3「是謂襲明」の「襲」字左旁
⑫「オナ」　上22ウ4「故善人者不善人之師也」の「者」字左旁
⑬「オナ」　上22ウ5「不善人者善人之資也」の「者」字左旁
⑭「猶イ」　上22ウ5b「聖人獨教導使爲善」の「獨」字右旁

（反朴第二十八）

①「知其雄章才廿八」　上23オ2「知其雄守其雌爲天下谿」の「知其雄」右旁
②「於盈反」　上23オ5「復歸於嬰兒」の「嬰」字左旁
③「他得反六得」　上23オ7「爲天下式常德不惑」の「惑」字左旁
④「オナ」　上23ウ1b「不復差惑也」の「也」字下旁
⑤「如欲反」　上23ウ2「知其榮守其辱爲天下谷」の「辱」字左旁
⑥「六烏」　上23ウ3a「辱以喩汙濁也」の「汙」字左旁
⑦「本乍朴」　上23ウ5「復歸於樸」の「樸」字左旁
⑧「中本以之為科始」（朱）　上23ウ6「聖人用之則爲官長」左旁
⑨「オナ」　上24オ1b「以大道制情欲不害精神也」の「也」字下旁

（無爲第二十九）

①「将欲章才廿九」	上24オ3「將欲取天下」の「將欲」右旁
②「オナ」	上24オ4b「人心悪多欲也」の「也」字下旁
③「オナ」	上24オ6b「則敗其質性也」の「也」字下旁
④「姧イ」	上24オ7b「失其情實生詐僞也」の「詐」字左旁
⑤「オナ」	上24オ7b「失其情實生詐僞也」の「也」字下旁
⑥「許具反」	上24ウ1「或呴或吹」の「呴」字左旁
⑦「劣皮反」	上24ウ1「或強或羸」の「羸」字左旁
⑧「羌呂反」	上24ウ3「聖人去甚」の「去」字左旁
(儉武第三十)	
①「以道佐人主章才三十」	上24ウ6「以道佐人主者」右旁
②「紀力反」	上25オ1「師之所處荊棘生焉」の「棘」字左旁
③「オナ」	上25オ1b「農事癈田不修也」の「也」字左旁
④「故　イナ唐ナ」	上25オ2「善者果而巳」の前注末「人也」下余白・「善」字左旁
⑤「オナ」	上25オ7b「勿以強兵堅甲侵凌人也」の「也」字下旁
⑥「非才」	上25ウ1「是謂不道」の「不」字左旁
⑦「述巳猶死也」	上25ウ1「不道早巳」の「巳」字左旁
(偃武第三十一)	
①「夫佳兵章三十一」	上25ウ3「夫筋兵者不祥之器」の「夫筋兵」右旁

②「佳中本」
③「烏路反」
④「オナ」
⑤「徒嗛反徒濫反」
⑥「失證反」
⑦「也オ」
⑧「オナ」
⑨「五孝反」
⑩「殺イ」
⑪「オナ」

(聖德第三十二)

①「道常无名章オ三十二」
②「述乍人」
③「六鬼」
④「徒改反」
⑤「由オ」
⑥「也オナ」

(辨德第三十三)

上25ウ3「夫餝兵者不祥之器」の「餝」字左旁
上25ウ4「物有惡之」の「惡」字左旁
上25ウ6b「所貴者異也」の「也」字下旁
上26オ1「恬憺爲上」の「恬憺」左旁
上26オ2「勝而不美」の「勝」字左旁
上26オ2「勝而不美」の「美」字下に挿入符小圏、左旁
上26オ2b「不以爲利美也」の「也」字下旁
上26オ3「而美之者是樂殺人也」の「樂」字左旁
上26オ4a「樂教人者」の「教」字右旁
上26オ6b「陰道殺人也」の「也」字下旁

上26ウ5「道常無名」右旁
上27オ2「民莫之令」の「民」字左旁
上27オ4b「扳道離德故身毀辱也」の「毀」字左旁
上27オ5「知之所以不殆」の「殆」字左旁
上27オ6「譬道之在天下猶川谷之與江海」の「猶」字左旁
上27オ7「譬道之在天下猶川谷之與江海」の「海」字下小圏、右旁

①「知人智章才三十三」 上27ウ1「知人者智」右旁
②「オナ」 上27ウ2b「能知人好悪是智也」の「也」字下旁
③「威本」 上27ウ3b「能勝人者不過以盛力也」の「盛」字左旁
④「オナ」 上27ウ4b「故爲強也」の「也」字下旁
⑤「彊イ」 上27ウ5「強行者有志」の「強」字左旁
⑥「オナ」 上28オ1b「無怨悪於天下故長壽也」の「也」字下旁

（任成第三十四）

①「大道汜章才三十四」 上28オ3「大道汜兮」右旁
②「孚釼反」 上28オ3「大道汜兮」の「汜」字左旁
③「オナ」 上28オ4b「道可左可右無所不宜也」の「也」字下旁
④「オナ」 上28オ6b「道不名有其功也」の「也」下旁
⑤「朩」を補筆し「聚」字となす 上28オ7a「有所収取也」の「取」字下辺
⑥「六魄」 上28オ7a「道匿徳藏名怕然無爲」の「怕」字左旁
⑦「オナ」 上28オ7b「似若微小也」の「也」字左旁
⑧「下孟反」 上28ウ2a「萬物横來」の「横」字左旁
⑨「オナ」 上28ウ2b「故可名於大也」の「也」字下旁

（仁徳第三十五）

①「執大象章才三十五」 上28ウ6「執大象天下往」の「執大象」右旁

②「六洛又六岳」　上29オ1「樂與餌過客止」の「樂」字左旁
③「如志反」　上29オ1「樂與餌過客止」の「餌」字左旁
④「人イ」　上29オ2a「能樂美於道則一留止也」の「能」字の上字間小圏、左旁
⑤「言才」　上29オ3「道之出口」の「口」字左旁
⑥「徒監反」　上29オ3「淡兮其無味」の「淡」字左旁
⑦「六咸」　上29オ3b「有酸鹹甘苦辛也」の「鹹」字左旁

（微明第三十六）

①「將欲翕章才三十六」　上29ウ1「將欲噏之必固張之」の「將欲噏」右旁
②「坐活反」　上29ウ5「魚不可脱淵」の「脱」字左旁
③「於」　上29ウ5「魚不可脱淵」の「脱淵」間に挿入符小圏、右旁

（爲政第三十七）

①「道常無為章才三十七」　上30オ2「道常無爲而無不爲」の「道常無爲」右旁
②「故イ」　上30オ6b「民亦將不欲改當以清靜導化之也」の「改」字右旁

（論德第三十八）

①「宣賢」　下1オ　匡郭外右下方
②「徳経四十四章中本」　下1オ1「老子德經下」題下
③「第三中本」　下1オ1「河上公章句」の「句」字下小圏、右旁
④「述七」　下1オ3「上德不德」、眉上

⑤「上徳不徳章第三十八」　下1オ3「上徳不徳」右旁

⑥「六巡」　下1オ4a「因循自然」の「循」字下旁

⑦「食二反」　下1オ5a「下徳謂號謚之君」の「謚」字左旁

⑧「无レ化ヒイ」　下1オ6b「以有名號及其身故也」の「故」字下小圏、地脚

⑨「教令」を「施」字の下に「政事」を「爲」字の下に移行　下1ウ1a「爲教令施政事也」の「爲教」「施政」の各両字間に挿入符

⑩「中ナ」　下1ウ2b「爲之者爲仁恩也」の「也」字下旁

⑪「ー對之ー於證反注ー」　下1ウ5「而莫之應」の「應」字左旁

⑫「若羊反」　下1ウ6「則攘臂而仍之」の「攘」字左旁

⑬「字書仍引学徒扔」　下1ウ6「則攘臂而仍之」の「仍」字左旁

⑭「以」　下1ウ6a「煩多不可應」の「可應」字間右旁

⑮「分」を「義」字の上へ移行　下2オ1b「仁衰而義分明也」の「分」字に移行符

⑯「ウスキニシテ／ウスラカニシテ／已上中」　下2オ2「夫禮者忠信之薄」の「薄」字、眉上

⑰「六花下ー」　下2オ4「前識者道之華」の「華」字左旁

⑱「オナ」　下2オ4b「失道之實得道之華者也」の「者」字左旁

⑲「唱一本乍」　下2オ5b「前識之人愚闇之倡始也」の「倡」字左旁

⑳「才乍處或乍居」　下2オ6「不居其薄」の「居」字左旁

㉑「才作居」　下2オ7「不處其華」の「處」字左旁

㉒「乞呂反」　下2オ7「故去彼取此」の「去」字左旁
㉓「或乍敦」　下2ウ1b「去彼華薄取此淳厚也」の「淳」字左旁

（法本第三十九）

①「昔之得一章才三十九」　下2ウ3「昔之得一者」右旁
②「述一無也或元氣義亦通」　下2ウ3a「一無也道之子也」の「一無」右旁
③「為ィ」　下2ウ3b「一無也道之子也」の上「也」字右旁
④「以」　下2ウ7「侯王得一爲天下正」の「一爲」字間に挿入符小圏、眉上
⑤「貞中本乍唐貞」　下2ウ7「侯王得一爲天下正」の「正」字左旁
⑥「イ本摺本咸／作貞」　下2ウ7「侯王得一爲天下正」の「正」字、眉上
⑦「六列」　下3オ1「天無以清將恐裂」の「裂」字左旁
⑧「安静也」　下3オ2「地無以寧將恐發」の「寧」字左旁
⑨「息列反」　下3オ3b「將恐發泄不爲地也」の「泄」字左旁
⑩「虚渇反竭也」　下3オ4「神無以靈將恐歇」の「歇」字左旁
⑪「イ本皆／侯王」　下3オ7「王侯無以貴高」の「王侯」、地脚
⑫「侯王述本乍」　下3オ7「王侯無以貴高」の「王侯」左旁
⑬「居月反僵也／廣雅云敗也」　下3オ7「將恐蹷」の「蹷」字左旁
⑭「六給」　下3ウ1a「當屈已下人汲汲求賢」の「汲汲」左旁
⑮「稼イ本」　下3ウ2b「禹稷躬耕」の「耕」字左旁

⑯「無篣故曰ーー」　下3ウ2b「周公下白屋也」の「白屋」右旁

⑰「六竹」　下3ウ3a「猶築墻造功因卑成高」の「築」字左旁

⑱「述ー始也」　下3ウ3b「猶築墻造功因卑成高」の「造」字左下旁

⑲「侯王才」　下3ウ4「是以王侯自稱狐寡不轂」の「王侯」左旁

⑳「曰本乍」　下3ウ4「是以王侯自稱孤寡不轂」の「稱孤」字間に小圏、右旁

㉑「無父曰ー」　下3ウ4「是以王侯自稱孤寡不轂」の「孤」字左旁

㉒「無夫曰ー」　下3ウ4「是以王侯自稱孤寡不轂」の「寡」字左旁

㉓「經家作穀訓善今／為轂亦失助之意」　下3ウ4「是以王侯自稱孤寡不轂」の「轂」、眉上

㉔「梁武色負反」　下3ウ6「故致數車無車」の「數」字左旁

㉕「碌ロク中本」　下4オ1「不欲琭琭如玉落落如石」の「琭琭」左旁

㉖「述云嚴遵本作若玉／若石義亦通」　下4オ1「不欲琭琭如玉落落如石」、眉上

㉗「力各反作硌六洛又乚歷」　下4オ1「不欲琭琭如玉落落如石」の「落落」左旁

（去用第四十）

①「反者道之動章才四十」　下4オ4「反者道之動」右旁

②「許縁反」　下4オ6b「蜎飛蠕動」の「蜎」字左下旁

③「而兗反」　下4オ7a「蜎飛蠕動」の「蠕」字左下旁

（同異第四十一）

①「上士聞道章才四十一」　下4ウ2「上士聞道勤而行之」の「上士聞」右旁

②「心イ」　下4ウ2b「竭力而行也」の「竭力」字間に小圏、右旁

③「賈云王本之下有曰字」　下4ウ6「建言有之」の「之」字右旁

④「六節」　下4ウ6a「建設也」の「設」字左旁

⑤「以本」　下4ウ6a「已有道」の「已」字左旁

⑥「類」　下5オ1「夷道若類」の「類」字下旁

⑦「平道者大道也」　下5オ1a「夷平也」の「平也」右旁

⑧「引也」　下5オ3「建德若揄」の「揄」字左旁

⑨「翼朱反變也」　下5オ4「質直若渝」の「渝」字左旁

⑩「疏丨猶无也」　下5オ6「大音希聲」の「希」字右旁

⑪「霆毛詩音庭如雷／霆雷之光或電也」　下5オ6a「大音猶雷霆」の「霆」、眉上

⑫「尓雅疾雷為霆／蒼頡篇霹靂也」　下5オ6a「大音猶雷霆」の「霆」、眉上

⑬「賈六吐載反」　下5ウ1「夫唯道善貸且成」の「貸」字左旁

（道化第四十二）

①「道生一章才四十二」　下5ウ3「道生一」右旁

②「丨背也」　下5ウ5「萬物肩陰而抱陽」の「肩」字左旁

③「述丨向也」　下5ウ5「萬物肩陰而抱陽」の「抱」字左旁

④「故」　下6オ3a「増高者速崩貪富者致患也」の「崩貪」字間に墨小圏、右旁

⑤「亦我才乍」　下6オ4「我亦教人」の「我亦」左旁

（徧用第四十三）

①「天下之至柔章才四十三」　下６ウ２「天下之至柔馳騁天下之至堅」の「天下之至」右旁

②「丑領反」　下６ウ２「天下之至柔馳騁天下之至堅」の「騁」字左旁

③「才无」　下６ウ４「吾是以知無爲之有益」の「吾」字左旁

④「也／才ナ」　下６ウ４「吾是以知無爲之有益」の「益」字下「也」加筆、左旁「才ナ」

⑤「矣才」　下６ウ７「天下希及之」の「之」字左旁

（立戒第四十四）

①「名與身章才四十四」　下７オ２「名與身孰親」の「名與身」右旁

②「｜无也」　下７オ３「得與亡孰病」の「亡」字左旁

③「芳味反」　下７オ３「甚愛必大費」の「費」字左旁

④「在郎反」　下７オ４「多藏必厚亡」の「藏」字左旁

⑤「徒改反危也」　下７オ６「知止不殆」の「殆」字左旁

（洪德第四十五）

①「大成若缺章才四十五」　下７ウ３「大成若缺」右旁

②「頎悦反説文／破也蒼頡虧」　下７ウ３「大成若缺」の「缺」字左旁

③「述王弼作大滿義｜」　下７ウ４「大盈若沖」の「大盈」右旁

④「示イ」　下７ウ7b「如拙者亦不敢見其能也」の「亦」字左旁

（儉慾第四十六）

①「天下有道章才四十六」　下8オ6「天下有道」右旁

②「弗問反」　下8オ6「却走馬以糞」の「糞」字左旁

（鑒遠第四十七）

①「述八」　下8ウ6「不出戸以知天下」、眉上

②「不出戸章才四十七」　下8ウ6「不出戸以知天下」の「不出戸」右旁

③「起規反」　下8ウ7「不闚牖以見天道」の「闚」字左旁

④「羊久反」　下8ウ7「不闚牖以見天道」の「牖」字左旁

⑤「六官」　下9オ1a「天人相通精氣相貫」の「貫」字左旁

（亡知第四十八）

①「為學日益章才四十八」　下9オ7「爲學日益」右旁

（任德第四十九）

①「聖人無常心章才四十九」　下9ウ7「聖人無常心」右旁

②「ヲモ中」　下10オ2「不善者吾亦善之」の「者」字左旁

③「ヨカラ中」　下10オ2b「聖人化之使善也」の「善」字左旁

④「六黜ーー猶協々抝説文字林恐懼也」　下10オ5「故聖人之在天下怵怵焉」の「怵怵」左旁

⑤「故本反」　下10オ6「爲天下渾其心」の「渾」字左旁

⑥「質喩反又之樹反」　下10オ7「百姓皆注其耳目」の「注」字左旁

⑦「胡来反又乍咳／礼父咳而名之是憐育之意」　下10ウ1「聖人皆孩之」の「孩」字左旁

⑧「蝡（セン）｜虫」　下10ウ1a「如孩育赤子長養之而不責望其報也」の「孩育」右旁

（貴生第五十）

①「出生入死章才五十」　下10ウ4「出生入死」右旁

②「五蔵在内故曰五内」　下10ウ4a「謂情欲出於五内」の「五内」右旁

③「六恭」　下10ウ4b「謂情欲入於胷臆」の「胷」字左旁

④「六嶠」　下10ウ6a「謂九竅四關也」の「竅」字左旁

⑤「六官」　下10ウ6a「謂九竅四關也」の「關」字左旁

⑥「有」　下11オ1b「反之十三死地也」の「十三」字間に小圏、左旁

⑦「不期而會曰｜」　下11オ3「陸行不遇兕虎」の「遇」字左旁

⑧「兕徐李反尓雅｜／角青色重千斤説／文如野牛而青皮／堅厚可以為鎧」　下11オ3「陸行不遇兕虎」の「兕」、眉上

⑨「王弼乍戈」　下11オ4「入軍不被甲兵」の「兵」字右旁

⑩「七路反」　下11オ5「兕無所投其角虎無所措其爪」の「措」字左旁

（養德第五十一）

①「道生之章才五十一」　下11ウ2「道生之」右旁

②「香六反」　下11ウ2「德畜之」の「畜」字左旁

③「クシテ中」　下11ウ5「道之尊德之貴夫莫之命而常自然」の「莫」字左旁

④「述曰嚴遵王弼等並乍爵」　下11ウ5「道之尊德之貴夫莫之命而常自然」の「命」字左旁

⑤「佛冨反」　下11ウ7「養之覆之」の「覆」字左旁

（歸元第五十二）

①「天下有始章才五十一（ママ）」　下12オ5「天下有始」右旁

②「丨是身後之名也」　下12オ7「没身不殆」の「没」字左旁

③「徒改反」　下12オ7「没身不殆」の「殆」字左旁

④「徒外反」　下12ウ1「塞其兌」の「兌」字左旁

⑤「丨是竟身之称」　下12ウ3「終身不救」の「終」字左旁

⑥「述六越一云仁實反」　下12ウ4「見小曰明」の「曰」字左旁

（益證第五十三）

①「使我介然章才五十三」　下13オ2「使我介然有知行於大道」の「使我介」右旁

②「六界也」　下13オ2「使我介然有知行於大道」の「介」字左旁

③「設（マウケ）言（イ）」　下13オ3a「故設此言使我介然」の「言使」字間に小圏、右旁

④「也」　下13オ5a「夷平易也」の「平」字下に小圏、右旁

⑤「大丨」　下13オ5b「夷平易也」の「易」字上に小圏、右旁

⑥「人述乍」　下13オ5「而民好徑」の「民」字左旁

⑦「直居反」　下13オ6「朝甚除」の「除」字左旁

⑧「或乍修」　下13オ6「朝甚除」の「除」字下旁

⑨「土高曰丨有木曰丨」　下13オ6a「臺榭宮室修也」の「臺榭」右旁

⑩「其イ」　下13オ6「倉甚虚」の「甚」字右旁

⑪「述乍綵」　下13オ7「服文綵」の「綵」字左旁

⑫「於艶反飽也」　下13ウ1「厭飲食財貨有餘」の「厭」字左旁

⑬「六化」　下13ウ1「是謂盗夸」の「夸」字左旁

⑭「夸唐／本乍誇」　下13ウ1「是謂盗夸」の「夸」、地脚

（修觀第五十四）

①「善建者不抜章才五十四」　下13ウ5「善建者不抜」の「善建者」右旁

②「吐活反」　下13ウ6「善抱者不脱」の「脱」字左旁

③「張劣反」　下13ウ6「子孫以祭祀不輟」の「輟」字左旁

④「疏ｌ絶也」　下13ウ6「子孫以祭祀不輟」の「輟」字左旁

⑤「中本无」　下14オ2「修之於家其徳乃有餘」の「有」字左旁

⑥「述云脩之於郷其徳乃／長者今案江本無所／見如述義可讀上声／欤可考他本」　下14オ3「修之於郷其徳乃長」、眉上

⑦「六香」　下14オ3「修之於郷其徳乃長」の「郷」字左旁

（玄符第五十五）

①「含徳之厚章才五十五」　下14ウ7「含徳之厚」右旁

②「徒谷反」　下15オ1「毒虫不螫」の「毒」字左旁

③「失亦反」　下15オ1「毒虫不螫」の「螫」字左旁

④「芳封反」	下15オ1a「蜂蠆虵虺不螫」の「蜂」字左旁
⑤「勅邁反」	下15オ1a「蜂蠆虵虺不螫」の「蠆」字左旁
⑥「六鬼」	下15オ1a「蜂蠆虵虺不螫」の「虺」字左旁
⑦「倶縛反搏也説文爪持也」	下15オ2「猛獸不據攫鳥不搏」の「攫」字左旁
⑧「六博」	下15オ2「猛獸不據攫鳥不搏」の「搏」字左旁
⑨「七賜反」	下15オ3a「有刺之物還返其本」の「刺」字左旁
⑩「居勤反」	下15オ3「骨弱筋柔而握固」の「筋」字左旁
⑪「戸刀反」	下15オ6「終日號而不啞和之至也」の「號」字左旁
⑫「一邁反又乍嗄」	下15オ6「終日號而不啞和之至也」の「啞」字左旁
⑬「述六越」	下15オ7「知和曰常」の「曰」字右旁
⑭「日(ヒ、)ニ一本」	下15オ7「知和曰常」の「曰」字左旁
⑮「曰才六越」	下15ウ1「知常日明」の「日」字左旁
⑯「曰才」	下15ウ2「心使氣日強」の「日」字左旁
⑰「｜猶死也」	下15ウ4「不道早巳」の「巳」字左旁
（玄德第五十六）	
①「知者不言章才五十六」	下15ウ6「知者不言」右旁
②「祖臥反」	下15ウ7「挫其鋭」の「挫」字左旁
③「七歳反」	下15ウ7「挫其鋭」の「鋭」字左旁

④「芳云反」　下16オ1「解其忿」の「忿」字左旁
⑤「ヒトシウシ一本」　下16オ1「和其光」の「和」字左旁

（淳風第五十七）

①「以正治国章才五十七」　下16ウ3「以正之國」右旁
②「其宜反」　下16ウ3「以竒用兵」の「竒」字左旁
③「使」　下16ウ4b「天使詐僞之人用兵也」の「人用」字間小圈、左旁
④「中无」　下16ウ4b「天使詐僞之人用兵也」の「也」字左旁
⑤「二字才无」　下16ウ5「吾何以知其然哉以此」の「以此」左旁
⑥「人才」　下16ウ7「民多利器國家滋昏」の「民」字左旁
⑦「本乍雕」　下17オ2b「彫琢章服竒物滋起」の「彫」字右旁
⑧「陟角反」　下17オ2b「彫琢章服竒物滋起」の「琢」字左旁
⑨「呼報反」　下17オ6「我好静而民自正」の「好」字左旁
⑩「撲才」　下17ウ1「我無欲而民自朴」の「朴」字左旁

（順化第五十八）

①「其政悶々章第五十八」　下17ウ3「其政悶悶」右旁
②「六門不明皃」　下17ウ3「其政悶悶」の「悶悶」左旁
③「時倫反親厚皃」　下17ウ3「其民醇醇」の「醇醇」左旁
④「嚴急皃」　下17ウ4「其政察察」の「察察」左旁

⑤「民才」　下18オ3「人之迷其日固久矣」の「人」字左旁

⑥「害一本」　下18オ5b「正已以割人清已以害人也」の「割」字左旁

⑦「山鼓反」　下18オ6「直而不肆」の「肆」字左旁

⑧「ヒカリ中」　下18オ6「光而不曜」の「光」字左旁

⑨「燿才」　下18オ7「光而不曜」の「曜」字左旁

⑩「見中」　下18オ7a「雖有獨知之明常如闇昧」の「知」字左下旁

（守道第五十九）

①「治人事天章第五十九」　下18ウ2「治人」右旁

②「｜獨也」　下18ウ3「夫唯嗇是謂早服」の「唯」字左旁

③「才乍復」　下18ウ4「夫唯嗇是謂早服」の「服」字左旁

④「直容反」　下18ウ5「早服謂之重積德」の「重」字左旁

⑤「克才」　下18ウ6「重積德則無不尅」の「尅」字左旁

⑥「克才」　下18ウ6「無不尅則莫知其極」の「尅」字左旁

⑦「｜道也」　下19オ1「有國之母可以長久」の「母」字左旁

⑧「下計反」　下19オ3「是謂深根固蔕」の「蔕」字左旁

（居位第六十）

①「治大国章才六十」　下19オ6「治大國若烹小鮮」の「治大國」右旁

②「魄彭反」　下19オ6「治大國若烹小鮮」の「烹」字左旁

③「里仁反」　下19オ6b「不去腸不去鱗不敢撓」の「鱗」字左下旁

④「胡皮反」　下19オ6b「恐其糜也」の「糜」字左旁

⑤「力二反」　下19オ7「以道莅天下者其鬼不神」の「莅」字左旁

⑥「或乍鬼神」　下19ウ3a「非鬼神不能傷害人」の「神」字右旁

⑦「丨猶會也」　下19ウ5「故德交歸焉」の「歸」字左旁

（謙德第六十一）

①「大国者下流章才六十一」　下20オ1「大國者下流」右旁

②「疏交作郊大国即万／乗之邦郊郭外也之／徃也」　下20オ1「天下之交」、眉上

③「疏乍聚」　下20オ4「故大國以下小國則取小國」の「取」字左旁

④「中无」　下20オ5b「能謙下之則常有之也」の「之」字左旁

⑤「亡候反尔雅在家曰丨」　下20ウ1b「兼幷人國而牧畜之也」の「牧」字左旁

（爲道第六十二）

①「道者万物之奥章才六十二」　下20ウ5「道者萬物之奥」右旁

②「也オナ」　下20ウ5「道者萬物之奥」の「奥」字下字間

③「室中西南謂之奥々／是深義処里盧可／以蔵物故以奥為義／也」　下20ウ5「道者萬物之奥」、眉上

④「所寳オ乍」　下20ウ5「善人之寳」の「寳」字左旁

⑤「説文珠玉謂之為丨」　下20ウ5「善人之寳」の「寳」字右旁

⑥「保小城曰丨賊寇至／可依倚之名也」　下20ウ6「不善人之所保」の「保」、眉上

⑦「オナ」　下20ウ6b「道者不善人之所保倚」の「保倚」左下旁
⑧「以」　下20ウ7a「美言者獨可於市耳」の「可於」字間
⑨「下孟反」　下21オ1「尊行可以加人」の「行」字左旁
⑩「后勇反／乚恭」　下21オ4「雖有拱璧以先駟馬不如坐進此道」の「拱」字左旁
⑪「也奢反張似嗟反」　下21オ7「有罪以免邪」の「邪」字左旁

（恩始第六十三）

①「為無為章才六十三」　下21ウ4「爲無爲」右旁
②「所景反」　下21ウ4b「豫設備除煩省事也」の「省」字左旁
③「所味者無滋美味也」　下21ウ4「味無味」右旁
④「乃旦反」　下22オ4「故終無難」の「難」字左旁
⑤「矣才ナ」　下22オ4「故終無難」の「難」字下旁

（守微第六十四）

①「其安易持才六十四」　下22オ7「其安易持」右旁
②「治述」　下22オ7「其安易持」の「持」字左旁
③「理述」　下22ウ3a「治身」の「治」字右旁
④「戸高反」　下22ウ4「合抱之木生於豪末」の「豪」字左旁
⑤「堅一本」　下22ウ7a「妄持不得推讓反還之也」の「妄」字左旁
⑥「是‐以イ」　下22ウ7「聖人無爲故無敗」の「聖」字上辺に挿入符小圏、左旁

⑦「聖人一本有」
⑧「疏幾近也六機?」
⑨「矣／オナ」
⑩「營盻反」
⑪「胡廣反」
⑫「能イ」
⑬「扶福反」
⑭「胡臥反」

（淳徳第六十五）

①「古之善為道章オ六十五」

（後巳第六十六）

①「江海為百谷章オ六十六」
②「王往也言江海所以百／川之所往以其善居／窪下之地也」
③「人才」
④「直勇反」
⑤「人述」
⑥「時上」

下23オ1「無執故無失」の「無」字上辺に小圏、左旁
下23オ3「民之從事常於幾成而敗之」の「幾」字左旁
下23オ4「愼終如始則無敗事」の「事」字下
下23オ7a「聖人不眩晃爲服」の「眩」字左旁
下23オ7a「聖人不眩晃爲服」の「晃」字左旁
下23オ7a「聖人學人所不學」の「不學」字間小圏、右旁
下23ウ1「復衆人之所過」の「復」字左旁
下23ウ1「復衆人之所過」の「過」字左旁

下23ウ6「古之善爲道者」の「古之善」右旁

下24ウ3「江海所以能爲百谷王者」の「江海所」右旁
下24ウ3「江海所以能爲百谷王者以其善下之故」、眉上
下24ウ6「欲先民」の「民」字右旁
下24ウ7「是以聖人處上而民不重」の「重」字左旁
下25オ1「處前而民不害」の「民」字左旁
下25オ4a「天下無厭聖人」の「人」字下字間に小圏、右旁

⑦「曲」	下25オ4a「由聖人不與民爭先後也」の「由」字左下旁
（三寶第六十七）	
①「天下皆謂章才六十七」	下25オ7「天下皆謂我大似不肖」の「天下皆」右旁
②「丨獨也」	下25ウ1「夫唯大故似不肖」の「唯」字左旁
③「述小也」	下25ウ3「其細也」の「細」字左旁
④「寶オ」	下25ウ4「夫我有三寶持而寶之」の「持」字左旁
⑤「持オ」	下25ウ4「夫我有三寶持而寶之」の下「寶」字左旁
⑥「其オナ」	下26オ2「今舍慈且勇」の「舍慈」字間に小圈、左旁
⑦「其」	下26オ2「舍儉且廣」の「舍儉」字間に小圈、右旁
⑧「其オナ」	下26オ3「舍後且先」の「舍後」字間に小圈、左旁
（配天第六十八）	
①「善為士章才六十八」	下26ウ1「善爲士者不武」の「善爲士」右旁
②「クタル中」	下26ウ3「善用人者爲之下」の「下」字左旁
（玄用第六十九）	
①「用兵有言才六十九」	下27オ2「用兵有言」右旁
②「疏進取也退捨也」	下27オ4「不敢進寸而退尺」左旁
③「人羊反」	下27オ5「攘無臂」の「攘」字左旁
④「而證反強牽引也」	下27オ6「仍無敵」の「仍」字左旁

⑤「心⺀」　下27オ6a「雖欲仍引之若無敵可仍也」の「之若」字間に小圏、右旁

⑥「王弼同疏乍相若々當也」　下27ウ3「故抗兵相加」の「相加」左下旁

⑦「シフ中」　下27ウ3「哀者勝矣」の「哀」字左旁

⑧「初忽反」　下27ウ3a「士卒不遠於死也」の「卒」字左旁

（知難第七十）

①「吾言甚易知章オ七十」　下27ウ5「吾言甚易知甚易行」の「吾言甚」右旁

②「吾イ」　下28オ1「夫唯無知是以不我知」の「我」字右旁

③「也」　下28オ1「夫唯無知是以不我知」の「知」字下

④「疏｜法也」　下28オ2「知我者希則我者貴矣」の「則」字左旁

⑤「戸葛反」　下28オ3「聖人被褐懐玉」の「褐」字左旁

（知病第七十一）

①「知不知章オ七十一」　下28オ6「知不知上」右旁

②「ヨノヒト中」　下28オ7「夫唯病病是以不病」の「夫唯」左旁

③「病ヒ」　下28ウ1「聖人不病以其病」の下「病」字下に小圏、右旁

（愛己第七十二）

①「民不畏威章オ七十二」　下28ウ6「民不畏威大威至矣」の「民不畏」右旁

②「胡夾反」　下28ウ7「無狭其所居」の「狭」字左旁

③「於艶反」　下29オ1「無厭其所生」の「厭」字左旁

④「乞呂反」　下29オ5「故去彼取此」の「去」字左旁

（任爲第七十三）

①「勇於敢章才七十三」　下29ウ1「勇於敢則煞」右旁

②「胡括反」　下29ウ1「勇於不敢則活」の「活」字左旁

③「烏路反」　下29ウ3「天之所惡」の「惡」字左旁

④「乃旦反」　下29ウ4「是以聖人猶難之」の「難」字左旁

⑤「昌善反」　下29ウ7「繟然而善謀」の「繟」字左旁

⑥「苦回反」　下30オ1「天網恢恢踈而不失」の上「恢」字左旁

（制惑第七十四）

①「民不畏死章才七十四」　下30オ4「民不畏死」右旁

②「ソリ中」　下30オ6「若使民常畏死」の「畏」字左旁

③「在寒反」　下30オ6a「除已之所殘尅」の「殘」字左旁

④「六克」　下30オ6a「除已之所殘尅」の「尅」字右旁

⑤「丁角反説文斫也孔安国注尚書云ｌ削也」　下30ウ3「夫代司殺者是謂代大匠斲」の「斲」字左旁

（貪損第七十五）

①「民之飢章才七十五」　下31オ1「民之飢以其上食税之多」の「民之飢」右旁

②「イヒニウフ中／イヒウヘス中」　下31オ2「是以飢」の「飢」字左旁

③「生」（朱ヲコト点付、「生して」）　下31オ2a「人皆化上爲貪」の「上爲」字間に小圏、右旁

④「カランコトヲ中」　下31オ4「人之輕死以其求生之厚也」の「厚」字左旁

⑤「丨善也」　下31オ6「夫唯無以生爲者是賢於貴生也」の「賢」字左旁

（戒強第七十六）

①「人之生章才七十六」　下31ウ3「人之生也柔弱」の「人之生」右旁

②「カレヌルトキハ中」　下31ウ5「其死也枯槁」の「死」字左旁

③「苦老反」　下31ウ5「其死也枯槁」の「槁」字左旁

④「式孕反」　下31ウ7「是以兵強則不勝」の「勝」字左旁

⑤「其用反」　下31ウ7「木強則共」の「共」字左旁

（天道第七十七）

①「天之道章才七十七」　下32オ4「天之道其猶張弓乎」の「天之道」右旁

②「古練反或戸練反義亦通」　下32ウ5「其不欲見賢」の「見」字左旁

（任信第七十八）

①「天下柔弱章才七十八」　下33オ1「天下柔弱莫過於水」の「天下柔」右旁

②「カツ中」　下33オ2「而攻堅強者莫之能勝」の「勝」字左旁

③「乚亦」　下33オ3「其無以能易之」の「易」字左旁

（任契第七十九）

①「和大怨章才七十九」　下33ウ4「和大怨」右旁

（獨立第八十）

①「小国寡民章才八十」　下34オ4「小國寡民」右旁

②「十家長為什百家長／為伯有道之君不家／到戸至」　下34オ5「使有什伯」、眉上

③「述ー就」　下34オ5「人之器而不用」の「之」字左旁

④「復イ」　下34ウ3b「甘其蔬食不漁食百姓也」の「漁」字左旁

⑤「六洛」　下34ウ5「樂其俗」の「樂」字左旁

⑥「莊云犬不以善吠為／良人不以善言為／賢也」　下34ウ5「隣國相望雞狗之聲相聞」、眉上

（顯質第八十一）

①「信言不美章才八十一」　下35オ1「信言不美」右旁

②「六茲」　下35オ1b「美言者孶孶華辭也」の上「孶」字左旁

③「其忽反」　下35オ3b「土有玉掘其山水有珠濁其淵」の「掘」字左旁

④「羊主反」　下35オ6「旣以爲人巳愈有」の「愈」字左旁

⑤「疏ー盡也」　下35オ7「既以與人巳愈多」の「既」字左旁

⑥「羊汝反」　下35オ7「既以與人巳愈多」の「與」字左旁

(二)　書入れの内容部類別一覧

以上、全て六百二十八条の書入れが存する。此れを内容によって更めて整理部類し、若干の補足と所見を示しておきたい。部類次第は以下の項目に従う。

(1)　校異の書入れ〈「才」「摺本」との校異〉〈「唐本」との校異〉〈「江本」との校異〉〈「中本」との校異〉〈清原

家本との校異（Ⅰ「古本」「家古本」、Ⅱ清家本）〉〈「經家」本との校異〉〈「一本」との校異〉〈「或本」「或」との校異〉〈「本」との校異〉〈「又」作〉〈「イ」「イ本」との校異〉〈対校本不標記の校異〉〈章題の校異〉

(2)　訓説書入れ〈中原家訓説〉〈一本〉〈其の他〉

(3)　諸家注釈書所掲本文との校記及び注説引用等〈嚴遵〉〈王弼〉〈梁武〉〈疏〉〈賈大隠述義〉

(4)　諸書引証書入れ〈孔安国注尚書〉〈毛詩〉〈尓雅〉〈廣雅〉〈説文〉〈蒼頡篇〉〈字林〉〈字書〉〈莊子〉

(5)　音注義注書入れ

(6)　その他の書入れ

此の部類分けに沿って書入れの文辞を標掲し、その下（　）内に、先に掲出した所出順総覧との対照符（一②とは、第一章の第二条であることを表す）、当該字句の所出箇所、校異を示す書入れの場合は「異同表」該当番号（無番号は「異同表」に不出）、其の字句を含む本文、書入れ位置を示す。次に、同文或いは同義の書入れが見える諸本を指摘する。

上述した事であるが、本書入れは、〔東洋〕の青筆の書入れと同文同義である場合が非常に多く、両書入れが緊密な関係にあることは明らかである。しかし、完全に一致しているわけではなく、互いに増損が有り異文も認めらる。また〔書陵・龍門〕、零本であるが〔杏Ⅰ〕の書入れにも同文が目立ち、伝存するその他の古鈔本にも同義同文の書入れが散在している。これら同義同文の書入れの諸伝本に亙る分布の様態と異相を把握することは、室町末近世初以前に於ける老子伝習の実相を垣間見る関鍵である様に思われる。本書入れの場合、諸本への分布の事実は、清原家注説として、その時々において普及拡散したことを示すものなのか、或いは、諸家所説が代々受容され、清原家説として集約された果実であるのか、或いは其の両面を考えるべきなのか。書入れの由来内容とその相承経緯についての考察は今後の大きな課題である。此処で、本書入れと同文同義の書入れを諸書入れ本の内に指摘しておくことは、近世以往に於ける諸説相承の実相を覗う上で、無意味ではないと考える。

(1) 校異の書入れ

対校本は、「才（摺本）」「唐本」「江本」「中本」「古本」「家古本」「イ本」「一本」「或本」「本」等の標記で示され、書入れは、清家歴代に於ける誦習講述に際してなされた校合の実態と、波状的に累加された校勘の成果を伝えている。

＜「才」「摺本」との校異＞

「才」と標記された校異の書入れは以下の八十七条にのぼる。「才」とは摺本即ち、此の書入れがなされた当時、日本に見存していた宋刊本或いは元刊本と考えられよう。其の校異の〔宋版〕との合不合は「才」本の本文如何を覗う指標となるであろう。

① 「才ナ」（序㉝4オ7 80「號曰河上公焉」の「焉」字左旁）〔書陵・龍門〕の同所、〔東洋〕の右旁に同文の書入れ（〔東洋〕は青筆）が有る。第三章「宋版との関係」補説325頁参照。

② 「才无」（二⑥上2オ6 78「有無之相生」の「之」字左旁）〔大東・慶Ⅰ〕に「才无也」と同義の書入れが有る。

③ 「才ナ」（二⑨上2ウ3b 92「各自動作也」の「也」字左旁）〔龍門〕の同所に同文の書入れが有る。〔東洋〕本文は「也」字が無く、「作」字の左下に「也」字を加筆（青筆）。

④ 「也才ナ」（二⑩上2ウ3b 94「不辭謝而逆止也」の「也」字左旁）〔東洋〕の同所に同文の書入れ（青筆）が有る。〔宋版〕は「也」は無く此の「才」とは合わない。

⑤ 「惟才乍」（二⑪上2ウ5 104「夫唯弗居」の「唯」字左旁）〔東洋〕右旁に同文の書入れ（青筆）が有る。尚、〔慶Ⅱ〕眉上には「唯或作惟也」の校語書入れが見られる。

⑥「才无」（三⑦上3ウ2b145「不造作動因循也」の「也」字下旁）〔東洋〕の同所には「才本无」との傍書（青筆）が有り、本校異と符合する。尚、〔杏Ⅰ〕の同所には「中ナ」とあり「才」との校異は見えない。

⑦「オナ」（四③上3ウ6b154「道常謙虚不盈満也」の「也」字下旁）〔東洋〕は「也」字が無く「満」字下に「也ナオナ」と青筆の書入れが有り、本校異と符合する。〔杏Ⅰ〕該所には「才无」と見え、相反している。〔宋版〕は「也」が無く、〔杏Ⅰ〕の校異に一致する。

⑧「オナ」（四⑪上4オ3b175「能長存不亡也」の「也」字下旁）〔東洋〕は「也」字が無く「亡」字下に青筆で「也オナ」と同義の書入れが有る。〔杏Ⅰ〕の同字左旁には「才无中ナ」の校記が有って、前項と同様に本校異とは相反する。また、〔宋版〕は「也」が無く、此れも〔杏Ⅰ〕の書入れと吻合する。

⑨「才无」（六⑧上5ウ1 248「綿綿乎若存」「乎」字左旁）〔杏Ⅰ〕の同所に同文の書入れが有る。

⑩「オナ」（六⑪上5ウ2b250「復若無有也」の「也」字下旁）〔杏Ⅰ〕の同所には「才无中ナ」とあって本校異とは矛盾する。〔宋版〕には「也」字は無く〔杏Ⅰ〕の校記と合う。

⑪「オナ」（七⑥上6オ2b268「故身常存也」の「也」字左旁）〔東洋〕の同所に同文の書入れ（青筆）が有る。〔宋版〕には「也」字は無く、此の「才」本とは符合しない。

⑫「才无」（八⑦上6ウ2b295「水性空虚淵深清明也」の「也」字左旁）〔東洋〕の同所に同文の書入れ（青筆）が有る。

⑬「才无」（八⑧上6ウ5b306「不失天時也」の「也」字左下旁）〔龍門〕の同所に同文の書入れが有る。

⑭「オナ」（一三②上10オ1b475「身辱亦驚也」の「也」字左旁）〔東洋〕の同所に同文の書入れ（青筆）が有る。

⑮「オナ」（一三③上10オ3b481「以暁人也」の「也」字左旁）〔東洋〕の同所に同文の書入れ（青筆）が有る。

⑯「若才」（一三⑥上10ウ4 514「乃可以託於天下矣」の「乃」字左旁）〈宋版〉は「乃」に作り、此の「才」本とは一致しない。

⑰「才无」（一三⑦上10ウ5 514「乃可以託於天下矣」の「於」字左旁）〈宋版〉には「於」が有り、此れも「才」本とは合わない。

⑱「才ナ」（一五⑥上12ウ4b 631「不自尊也」の「也」字下旁）〈宋版〉には「也」字が無く此の「才」本とは一致しない。

⑲「才ナ」（一六③上13オ4b 667「守清靜行篤厚也」の「也」字下旁）〈宋版〉には「也」字が無く此の「才」本とは符合しない。

⑳「才ナ」（一六④上13オ5b 674「人當念重本也」の「也」字下旁）〈東洋〉の同所に同文の書入れ（青筆）が有る。

㉑「才无」（一六⑤上13ウ5b 714「合神明與天通也」の「也」字下旁）〈東洋〉の同所に同文の書入れ（青筆）が有る。

㉒「才无」（一六⑥上13ウ6b 716「與道合同乃能長久也」の「也」字左旁）〈東洋〉の同所に同文の書入れ（青筆）が有る。

㉓「才无」（一七③上14オ5b 743「欺侮之也」の「也」字下旁）

㉔「故才」（一七④上14オ5 744「信不足焉」の「信不」両字中間左旁）〈東洋〉の同所に同文の書入れ（青筆）が有る。〈宋版〉には「故」字は無く「才」本とは符合しない。〈宋版〉のみならず、河上公本で「故」字の有る伝本は管見に入らない。鬳齋口義本が「故信不足焉」に作っており、島校に拠れば「道藏傅奕本」「范應元本」が其れと同文であるが、「才」本の実態はなお明らかでない。

㉕「曰才」（一七⑤上14オ7「百姓皆謂我自然」の「謂」字左旁）〈宋版〉は他の河上公本諸本と同様「謂」に作っ

ている。鬳齋口義本が、また島校に拠れば「道藏傅奕本」「范應元本」が「曰」に作っている。

㉖「唐本才／皆作我」（二〇⑦上16オ6 874「我獨若遺」の「我」地脚）〔龍門〕が「或」に作るのを除けば諸本は〔宋版〕を含め皆「我」に作る。〔龍門〕の「或」は字形の近似に因る誤写と見做されよう。「我」とは別字に作る伝本が、他に存在したのであろうか。鄭校、王校、島校、蔣校何れも、河上公本以外の諸本を含め此の「我」字についても異文を持つ伝本の指摘は無い。或いは「我」字の上に「而」字の有る〔書陵・龍門・無窮・足利・筑波・弘文・斯Ⅱ・梅沢・慶Ⅰ・大東・慶Ⅱ・武内・斯Ⅰ・六地・陽Ⅱ・宋版・世徳・道藏〕等諸本に対しての「而」字の有無を問題とした校異とも考えられるが、此の書入れの文辞と書写の状況からは何れと断ずることは難しい。

㉗「オナ」（二二②上17ウ5a 952「狂屈已而申人」の「而」字左旁）対校底本には「而」字が無かったと解されるが、そのような伝本は管見に入らない。

㉘「オナ」（二二④上18オ1b 967「學多者惑於所聞也」の「也」字下旁）〔東洋〕本行には「也」字が無く、青筆で加筆されている。〔宋版〕には「也」は無く、「才」本とは符合しない。

㉙「オナ」（二二⑦上18オ5b 982「故有功於天下也」の「也」字下旁）〔宋版〕には「也」は無く、此れも「才」本と合致しない。

㉚「オナ」（二四③上19ウ7b 1069「則失功於人也」の「也」字下旁）

㉛「オナ」（二四⑨上20オ2b 1078「爲貪行也」の「也」字下旁）〔宋版〕には「也」は無く、「才」本とは合わない。

㉜「オナ」（二四⑫上20オ3b 1081「故物無有不畏惡之也」の「也」字下旁）〔宋版〕は「之也」を「地」一字に作っている。誤刻であろう。

㉝「オナ」（二五④上20オ7b 1095「不改者化有常也」の「也」字下旁）〔東洋〕の同所に同文の校異書入れ（青筆）が

有る。〔宋版〕には「也」は無く、「才」本とは合わない。

㉞「才无」（二六⑧上21ウ4b 1179「疾時主傷痛之也」の「也」字左旁）〔東洋〕は「也」を「辞」に作り、其の右旁に「也才无」と校異の書入れ（青筆）が有り、此れは本校異と同出であろう。

㉟「才ナ」（二七⑫上22ウ4 1230「故善人者不善人之師也」の「者」字左旁）〔東洋〕本行には「者」字が無く、「人」字下に小圏を施して左旁に加筆され、其の左に「才无」との校記（青筆）が有る。即ち、本書入れとは矛盾している。〔東洋〕の他に「者」の無い河上公本は知られず〔宋版〕は本書入れと符合するのであるが、どちらかが誤伝と考えられる。

㊱「才ナ」（二七⑬上22ウ5「不善人者善人之資也」の「者」字）〔東洋〕の同所には「才无」とあり（青筆）、此れも本書入れとは矛盾する。前項と同様に〔宋版〕を含め管見の河上公本には全て「者」が有る。

㊲「才ナ」（二八④上23ウ1b 1282「不復差惑也」の「也」字下旁）〔東洋〕本行には「也」が無く該所に青筆で加筆、其の左旁に同文の校異注記を付す。本書入れと同義である。〔宋版〕には「也」字は無く「才」とは符合しない。

㊳「才ナ」（二八⑨上24オ1b 1316「以大道制情欲不害精神也」の「也」字下旁）〔東洋〕の同所に同文の書入れ（青筆）が有る。〔道蔵〕を除く諸本〔宋版〕を含め此の「也」字が有る。

㊴「才ナ」（二九②上24オ4b 1322「人心悪多欲也」の「也」字下旁）〔宋版〕には「也」は無く、「才」本とは合わない。

㊵「才ナ」（二九③上24オ6b 1328「則敗其質性也」の「也」字下旁）〔宋版〕には「也」は無く、「才」本と符合しない。

㊶「才ナ」（二九⑤上24オ7b 1333「失其情實生詐偽也」の「也」字下旁）〔道蔵〕を除き、〔宋版〕を含め諸本並びに

此の「也」字が有る。

㊷「オナ」（三〇③上25オ1b 1362「農事廢田不修也」の「也」字左旁）書入れの位置は「修」字に近いが「也」字に就いての校異と考えられる。｛東洋｝にも同所に同文の書入れ（青筆）が有る。｛宋版｝には「也」は無く、「オ」本と符合しない。

㊸「オナ」（三〇⑤上25オ7b 1391「勿以強兵堅甲侵凌人也」の「也」字下旁）｛東洋｝には同字右旁に同文の書入れ（青筆）が有る。｛宋版｝を含め管見の伝本には全て「也」字が認められ、この字が無い対校本の実態は不明である。

㊹「非オ」（三〇⑥上25ウ1「是謂不道」の「不」字左旁）｛東洋｝の同所に同文の書入れ（青筆）が有る。河上公本で「非」に作る伝本は管見に入らない。島校に拠れば「想爾本」諸本及び「傅奕本」が「非」に作り、また鬳齋口義本も「非」に作っている。

㊺「オナ」（三一④上25ウ6b 1413「所貴者異也」の「也」字下旁）｛東洋｝の同所に同文の書入れ（青筆）が有る。｛武内｝が「之」に作る他は、管見の伝本には全て「也」が存する。此の校異の対校底本も不明である。

㊻「也オ」（三一⑦上26オ2 1426「勝而不美」の「美」字下に小圏、左旁）｛東洋｝の同所に同態同文の書入れ（青筆）が有る。｛宋版｝には「也」は無く、此の校異とは符合しない。

㊼「オナ」（三一⑧上26オ2b 1428「不以爲利美也」の「也」字下旁）｛東洋｝の同所に同文の書入れ（青筆）が有る。

㊽「オナ」（三一⑪上26オ6b 1442「陰道殺人也」の「也」字下旁）｛宋版｝には「也」字は無く、此の校異とは符合しない。なお、｛杏Ｉ｝の同字左傍には「中ナ」とある。或いは伝写の譌か。

㊾「由オ」（三二⑤上27オ6 1504「譬道之在天下猶川谷之與江海」の「猶」字左旁）｛東洋・杏Ｉ｝の同所に同文の書入れ（｛東洋｝は青筆）が有る。｛宋版｝は「猶」に作っており、校異とは符合せず、その他管見の河上公本も全て

「猶」に作る。虞齋口義本は「由」に作り、また蔣校は「宋邵若愚道徳真經直解」等数種を指摘するが、本校異の校本は明らかでない。

㊿「也オナ」(三二⑥27オ7 1504「譬道之在天下猶川谷之與江海」の「海」字下小圏、右旁)〔杏Ｉ〕は同字下に朱の小圏を施し左旁に「也才」の校異が有る。此の書入れと同意である。〔宋版〕には「也」字は無く、此の「才」本とは相応しない。

51「オナ」(三三②上27ウ2b 1510「能知人好悪是智也」の「也」字下旁)〔東洋〕の同所に同文の書入れ(青筆)が有る。〔杏Ｉ〕の同所には「中ナ」とあって矛盾する。〔宋版〕には「也」字は無く此の「才」とは一致しない。

52「オナ」(三三④上27ウ4b 1520「故爲強也」の「也」字下旁)〔東洋〕の同所に同文の書入れ(青筆)が有る。〔杏Ｉ〕には「也」が無く同所には「也中ナ」とあって相違する。〔宋版〕は「也」字は無く、此れも「才」とは一致しない。

53「オナ」(三三⑥上28オ1b 1535「無怨悪於天下故長壽也」の「也」字下旁)〔東洋〕の同所に同文の書入れ(青筆)が有る。〔杏Ｉ〕の同所には「中ナ」とあって相違する。〔宋版〕は「也」字は無く、此処も「才」とは一致しない。

54「オナ」(三四③上28オ4b 1547「道可左可右無所不宜也」の「也」字下旁)〔東洋〕の同所に同文の書入れ(青筆)が有る。〔宋版〕には「也」は無く、此処も「才」とは一致していない。〔杏Ｉ〕の同所には此の校異は無い。

55「オナ」(三四④上28オ6b 1557「道不名有其功也」の「也」下旁)〔東洋〕の同所に同文の書入れ(青筆)が有る。〔杏Ｉ〕には無い。

56「オナ」(三四⑦上28オ7b 1567「似若微小也」の「也」字左旁)〔東洋〕の同所に同文の書入れ(青筆)が有る。〔杏Ｉ〕の同所には「中ナ」とあって相違する。

(57)「オナ」（三四⑨上28ウ2b1574「故可名於大也」の「也」字下旁）〔東洋〕の同所に同文の書入れ（青筆）が有る。〔杏Ⅰ〕同所の校異旁記は「中ナ」で相違する。

(58)「言才」（三五⑤上29オ3「道之出口」の「口」字左旁）〔東洋〕の同所に同文の書入れ（青筆）が有る。河上公本で「言」に作る伝本は管見に入らない。慮齋口義本が「言」に作り、島校に従えば「想爾本」諸本、「道蔵傅奕本」「范應元本」が「言」に作る。本校異の対校本は明らかでない。

(59)「オナ」（三八⑱下2オ4b62「失道之實得道之華者也」の「者」字左旁）〔宋版〕には「者」字は無く、此の「才」とは一致しない。

(60)「才乍處或乍居」（三八⑳下2オ6 69「不居其薄」の「居」字左旁）〔東洋〕の同所に同文の書入れ（青筆）が有る。〔宋版〕は「居」字に作っており、此の「才」とは合わず、「或」本と符合する。

(61)「才作居」（三八㉑下2オ7 72「不處其華」の「處」字左旁）〔東洋〕の同所に同文の書入れ（青筆）が有る。

(62)「イ本摺本咸／作貞」（三九⑥下2ウ7 89「侯王得一爲天下正」の「正」字、眉上）〔東洋〕の同所に同文の書入れ（青筆）が有る。〔宋版〕は「正」字に作り、此の「摺本」とは符合しない。下記〈「唐本」との校異〉③、〈「中本」との校異〉⑧、〈「イ」「イ本」との校異〉㉝参照。

(63)「侯王才」（三九⑲下3ウ4 133「是以王侯自稱孤寡不轂」の「王侯」左旁）〔東洋〕の同所に同文の書入れ（青筆）が有る。

(64)「亦我才乍」（四二⑤下6オ4「我亦教人」の「我亦」左旁）〔宋版〕は「我亦」に作り、此の「才」本とは符合しない。河上公本、通行王弼本並びに「我亦」に作る。慮齋口義本は「亦我」に作っている。しかし、同本には「我」下に「義」字があり、「才」とは同本を指すのでは無かろう。島校に拠れば「厳遵本」「玄宗本」及び「龍興觀碑本」を除く「想爾本」が「亦我」に作っている。

(65)「才无」（四三③下6ウ4 296「吾是以知無爲之有益」の「吾」字左旁）〔東洋〕の同所に同文の書入れ（青筆）が有る。〔宋版〕には「吾」字が有り、此の「才」本とは符合しない。管見の河上公本、王弼本等には並びに「吾」字が有る。鬳齋口義本には無く、島校に拠れば「想爾本」にこの字が無い。

(66)「也／オナ」（四三④下6ウ4 297「吾是以知無爲之有益」の「益」字下に「也」加筆、左旁）此の校異書入れは他に見えない。〔書陵・足利・弘文・斯Ⅱ・慶Ⅰ・大東・六地〕に「也」が有るが、〔宋版〕には無く、此の「才」本とは一致しない。鬳齋口義本には有る。

(67)「矣才」（四三⑤下6ウ7 309「天下希及之」の「之」字左旁）〔東洋〕の同所に同文の書入れ（青筆）が有る。〔杏Ⅱ・筑波・慶Ⅰ・大東〕が「矣」に作っているが、〔宋版〕は「之」字に作り、此の「才」本とは符応しない。

(68)「曰才六越」（五五⑮下15ウ1「知常日明」の「日」字左旁）〔東洋〕の同所に同文の書入れ（青筆）が有る。〔宋版〕は「曰」字に作り、此の「才」本と一致する。下記⑸音注義注書入れ(199)（574頁）に重出。

(69)「曰才」（五五⑯下15ウ2 711「心使氣日強」の「日」字左旁）〔東洋〕の同所に同文の書入れ（青筆）が有る。〔宋版〕は「日」字に作り、此の「才」本とは一致しない。尚、〔書陵〕同所には「曰イ」とある。

(70)「二字才无」（五七⑤下16ウ5「吾何以知其然哉以此」の「以此」左旁）〔東洋〕の同所に同文の校異書入れ（青筆）有る。管見の河上公本は全て「以此」二字が有る。〔宋版〕も同じで「才」本とは一致しない。島校に拠れば「嚴遵本」に此の両字が無い。

(71)「人才」（五七⑥下16ウ7「民多利器國家滋昏」の「民」字左旁）〔東洋〕の同所に同文の書入れ（青筆）が有る。管見の河上公本は全て「民」字に作り、〔宋版〕も同じで「才」本とは一致しない。鬳齋口義本は「人」に作っている。島校に拠れば「敦煌李榮本」「次解本」「龍興観碑本」が「人」に作る。

(72)「撲才」（五七⑩下17ウ1 801「我無欲而民自朴」の「朴」字左旁）〔東洋〕の同所に同文の書入れ（青筆）が有る。管見の河上公本では〔治要〕が「撲」に、〔道蔵〕が「樸」に作るが、其の他の諸本は「朴」で、〔宋版〕も此の「才」本とは一致しない。尚、鬳齋口義本は「樸」に作っている。

(73)「民才」（五八⑤下18オ3 842「人之迷其日固久矣」の「人」字左旁）〔東洋〕の同所に同文の書入れ（青筆）が有る。管見の河上公本では〔世徳〕が「民」に作るが、其の他の諸本は「人」で、〔宋版〕も此の「才」本とは一致しない。尚、鬳齋口義本は「民」に作っている。

(74)「耀才」（五八⑨下18オ7 856「光而不曜」の「曜」字左旁）〔東洋〕の同所に同文の書入れ（青筆）が有る。管見の河上公本では〔道蔵〕が「耀」に作るが、其の他の諸本は「曜」で、〔宋版〕も此の「才」本とは一致しない。尚、鬳齋口義本は「耀」に作っている。

(75)「才乍復」（五九③下18ウ4「夫唯嗇是謂早服」の「服」字左旁）〔東洋〕の同所に同文の書入れ（青筆）が有る。管見の河上公本は全て「服」に作り、〔宋版〕も同じで此の「才」本とは一致しない。尚、鬳齋口義本は「復」に作っている。

(76)「克才」（五九⑤下18ウ6 875「重積徳則無不尅」の「尅」字左旁）〔東洋〕の同所に同文の書入れ（青筆）が有る。管見の河上公本では〔弘文・敦Ⅱ〕が「克」に作るが、〔宋版〕は「剋」で此の「才」本とは一致しない。尚、鬳齋口義本は「克」に作っている。

(77)「克才」（五九⑥下18ウ6 879「無不尅則莫知其極」の「尅」字左旁）〔東洋〕の同所に同文の書入れ（青筆）が有る。諸本の使用字は前項(76)に同じ。

(78)「也オナ」（六二②下20ウ5 964「道者萬物之奥」の「奥」字下字間）〔足利・筑波・弘文・斯Ⅱ・慶Ⅰ・大東・六地〕が「奥」字下に「也」字が有るが、〔宋版〕には無く、此の「才」本とは一致しない。

(79)「所寶才乍」（六二④下20ウ5 967「善人之寶」の「寶」字左旁）〔東洋〕の同所に同文の書入れ（青筆）が有る。〔書陵〕の同所には「才乍所宝」と有り、同義であろう。管見の河上公本には何れも「所」字は無く、従って〔宋版〕も此の「才」本とは一致しない。島校に拠れば「道藏傅奕本」「范應元本」に「所」字が有る。

(80)「オナ」（六二⑦下20ウ6b 971「道者不善人之所保倚」の「保倚」左下旁）此の書入れは、古活字版の本文に対しては意味が通らない。〔東洋〕本文には「倚」字下に「也」が有り、其の左旁に青筆で「小ナ」の旁記がある。此の「小」は「才」の訛筆で、両書入れは同源と考えられ、本来「也」字の有るテキストに記された傍書がそのまま転記されたのであろう。因みに〔宋版〕には「也」字が有り、此の「才」本と一致している。

(81)「矣才ナ」（六三⑤下22オ4「故終無難」の「難」字下）〔東洋〕の同所には「矣才无」の書入れ（青筆）があるが、諸例に鑑みて同義で有るべきで、「ナ」「无」何れかの誤伝であろう。〔筑波・慶Ⅰ・大東・武内・六地〕に「矣」字が有る。〔宋版〕には無い。

(82)「矣／オナ」（六四⑨下23オ4 1095「愼終如始則無敗事」の「事」字下）〔東洋〕は「事」字下に小圏を施し其の右旁に「矣才无」（青筆）とあって、本校異とは矛盾する。どちらかの伝写の誤りであろう。〔足利・筑波・弘文・斯Ⅱ・慶Ⅰ・大東〕に「矣」字が有り、〔宋版〕には無い。

(83)「人才」（六六③下24ウ6「欲先民」の「民」字右旁）〔東洋〕同所に同文の書入れ（青筆）が有る。また、〔梅沢〕の同字左旁に「人」と校字の書入れが見られるが、管見の河上公本で「人」に作る本は無い。〔宋版〕も「民」であり、此の「才」本とは一致しない。島校に拠れば「次解本」「龍興観碑本」「玄宗本」が「人」に作る。

(84)「寶才」（六七④下25ウ4 1231「夫我有三寶持而寶之」の「持」字左旁）
(85)「持才」（六七⑤下25ウ4 1231「夫我有三寶持而寶之」の下「寶」字左旁）右両条、〔東洋・書陵〕の同所に同文の書入れ（〔東洋〕は青筆）が有る。此の校異に拠れば「才」本は「寶而持之」に作っていたことになるが、河上公本ではかかる伝本は管見に入らず、〔宋版〕も「才」本とは異なる。島校に拠れば、「想爾本」諸本が、また慮齋口義本が「才」本と一致している。

(86)「其才ナ」（六七⑥下26オ2 1248「今舍慈且勇」の「舍慈」字間に小圏、左旁）〔東洋〕同所に同文同様の書入れ（青筆）が有る。〔筑波・弘文・大東・六地・道蔵〕に「其」字が有るが、〔宋版〕には無く、此の「才」本とは符合しない。

(87)「其才ナ」（六七⑧下26オ3 1254「舍後且先」の「舍後」字間に小圏、左旁）〔東洋〕同所に同文同様の書入れ（青筆）が有る。〔足利・筑波・弘文・斯Ⅱ・大東・斯Ⅰ・道蔵〕に「其」字が有るが、〔宋版〕には無く、此の「才」本とは符合しない。

「才」本との校異書入れ八十七条の内、①③〜⑧⑪⑫⑭⑮⑳〜㉒㉔㉘㉝㉞㊲㊳㊷〜㊼㊾(51)〜(58)(60)(61)〜(63)(65)(67)〜(77)(79)(80)(83)〜(87)の五十八条という多くが〔東洋〕の青筆の書入れと同文乃至同義である。此の事実は、両書入れが極めて近親な関係に在ることを示し、双方の対校本「才」は同本と見做して良いであろう。他に①(79)(84)(85)が〔書陵〕、①③⑬が〔龍門〕、⑨㊾㊿が〔杏Ⅰ〕の書入れと同文乃至同意である。一方で⑩⑯〜⑲㉓㉕〜㉗㉙〜㉜㉟㊱㊴〜㊶㊽(59)(64)(66)(78)(81)の二十四条は本書入れにだけ見える校異で注目される。此れによって「才」本の本文をより詳細に窺うことが可能である。

「才」とは、摺本即ち、此の校異が行われた当時（其の時期を限定することは困難であるが、室町以前と考えてよいと思われる）既に舶載され見存していた宋刊本或いは元明刊本と考えられる。そして校異が注文に及んでいるのであるから、河上公章句を具備した刊本であった筈である。さすれば、管見の現存する唐本の内では〔宋版〕との一致が期待される。しかし、以上の校異各条を〔宋版〕と対比してみれば、④⑦⑧⑩⑪⑯～⑲㉔㉕㉘㉙㉛～㉝㊲㊴㊵㊷㊻㊽～(54)(58)～(60)(61)(64)～(67)(69)～(79)(81)(83)～(87)の五十三条において符合せず、「才」は〔宋版〕系とは別系本と認めなければならない。従って現今周知されている宋版とは別の宋元版が、嘗て日本に存在していたと考えざるを得ない。

更に、諸本に見える、同条の摺本との校異書入れと比校したとき、例えば、清家相伝の〔鎌倉末〕写本である〔杏Ⅰ〕（存巻上第一、第三－六、八－十、三十二－三十四、三十六章の零本、及び佐保切れ断簡）の書入れとは⑦⑧⑩に於いて「也」の有無に就いて相反し、⑥㊽(51)(52)(53)(56)(57)各条の校異は「中」を対校本としている。此れを何れかの過誤とは看做さずに、正しく摺本本文の実状を伝えているものと考えるならば、其の対校「才」本は別本と看做され、別種の宋元或いは明版が伝来していたと想定しなければならない。ただ、此の古活字版への書入れが、累次の転写を経たのであれば、当然、その間に生じた取捨増損、誤写僞伝を考慮に入れる必要もあろう。㉟㊱(81)(82)の〔東洋〕の青筆書入れとの矛盾は誤伝の事実を示していよう。本書本文の校勘と共に、諸本の書入れの各条に就いても、慎重な対校考察が要請される。

殊に、往時舶載された宋元刊本に関連して、「老子經序」末の「焉」字（①序4オ7 80）に対する「オナ」の書入れが注目された。同じ書入れが〔東洋・書陵・龍門〕にも見え、間違いなく摺本の本文を伝えるものと見做して良い。此の校異があるという事は、対校された渡来の摺本に、本邦伝来本に特有とされてきた此の葛洪の序文が存していた事実を明示している。古鈔系統の本のみに存して、宋版以来中国本土に於いて伝わる諸本の何れにも見えない故に、従来論議されてきた此の序の出自の問題に関連して看過出来ない校異であろう。詳細は第三章「宋版との関係」補説

325頁を参照されたい。

〈「唐本」との校異〉

「唐本」或いは「唐」と標記された校異の書入れは、以下の四条である。

① 「唐本才／皆作我」（二〇⑦上16オ6 874「我獨若遺」の「我」、地脚） 異俗第二十経文「我獨若遺」の「我」に就いての校異の書入れであるが、この字以外に作る伝本は管見に入らない。上記〈「才」「摺本」との校異〉㉖参照。

② 「故 イナ唐ナ」（三〇④上25オ2 1369「善者果而已」前注末「人也」下余白・「善」字左旁） 儉武第三十経文「善」字の上の割り注末一字分の余白に書入れらる。同文の書入れが〔東洋〕の「故」字左旁に見える（青筆）。〔無窮・足利・筑波・弘文・斯Ⅱ・梅沢・慶Ⅰ・大東・慶Ⅱ・武内・東大・東洋・陽Ⅱ・東急・天理〕の諸本は此の経文「善」の上に「故」字が有る。只、〔慶Ⅱ〕は前句下の割り注右行末格の位置に小振りに「故ニ」と書され、従って注文の配字が変則となっている。古活字版の他、〔陽Ⅰ・書陵・龍門・六地・斯Ⅰ・宋版・世徳・道蔵・治要〕の各本には「故」字が無い。後述〈「イ」「イ本」との校異〉㉖参照。

③ 「貞中本乍唐貞」（三九⑤下2ウ7 89「侯王得一爲天下正」の「正」字左旁） 此れと同文同体式の書入れ（青筆）が〔東洋〕の同じ箇所に見える。また、上記〈「才」「摺本」との校異〉⑥②、下記〈「中本」との校異〉⑧、〈「イ」「イ本」との校異〉㉝参照。なお、〔六地〕「正」字右旁に「或本貞イ」と、〔杏Ⅱ〕の「正」字左旁に「貞イ」、また〔杏Ⅱ・慶Ⅰ〕の眉上に「貞異本作正字意同」と、〔大東〕の「貞」字右旁に「｜異本乍正字意同」と同字についての校異の書入れが見える。「貞」に作るのは〔無窮・足利・弘文・斯Ⅱ・慶Ⅰ・大東・東急・聖語・斯Ⅰ・治要〕の諸本で、その他の古鈔本〔陽Ⅰ・書陵・杏Ⅱ・筑波・武内・東大・東洋・六地・陽Ⅱ〕、又〔道蔵・敦Ⅲ〕及び〔宋版・世徳〕は古活字版と同じく「正」に作る。尚、清原宣賢撰とされる『老子經抄』は「正」に従い、王

弼注本、盧齋口義本は「貞」に作っている。

④「夸唐／本乍誇」（五三⑭下13ウ1 624「是謂盗夸」の「夸」、地脚）〔東洋〕にも同所に同文の書入れ（青筆）が見える。「異同表」に拠れば「誇」に作るのは〔道蔵〕のみで、他の諸本は全て「夸」に作っている。島校、蔣校に拠れば、河上公本以外で「敦煌李榮本」「古観楼道徳經碑」等「誇」に作る本は少なくない。また、S六四五三等敦煌出土五千字文道徳經は多く「誇」に作っている。しかし、日本古鈔本への書入れとの関連において、対校本としては盧齋口義本が注目されるが、同本は此の「唐本」と同じ「誇」に作っている。

以上、四条の内②～④が、〔東洋〕青筆の書入れと同文である。両書入れの出所は同源であると考えられよう。「唐本」も、才本と同様、唐土から舶載された宋元或いは明刊本と考えられるが、①の「唐本才／皆作」という記述に鑑みれば、才本とは、別本として扱われている事は明白である。僅か此の四条を以て、「唐本」を特定することは出来ないが、本書入れに限っての印象として、「才」に比し「唐」の方が、新渡来の本との含みが感じられる。また、四条は何れも老子経文に就いての校異であり、「唐本」を河上公本と限定する必要は無いであろう。因に、②③④は、〔宋版・世徳〕とは符合せず、「唐本」は此の両本では有り得ない。当時、日本に存在した唐本として、現在伝わっていないが盧齋口義本が想定され、①～④の全てが、近時通行の同本と一致している。「唐本」とは即ち盧斎口義本である可能性も考えられる。

以上は、新たに渡来した宋元明刊本を対校本とした校異書入れであり、校合がなされた時点に於ける本邦伝来の鈔本と唐土からの新来刊本との対峙の図式が伺われる。それに対して、次に挙げる江本・中本・古本・家古本等との校合書入れは、少しく趣を異にしていると言えよう。即ち本邦において上代以来授受伝承され実在した異本の諸相と、伝本相互の関繋を窺う関鍵として、極めて有効且つ留目される校異である。

〈「江本」との校異〉

大江家家本の本文を窺うことの可能な書入れ資料は極めて少ない。此の本では次の三箇条を認め得る。

①「江本无」（序⑦1ウ7 22「若是而已」の「而已」字左旁）〔東洋・書陵・足利〕の同所に同文の書入れ（〔東洋〕は青筆）が認められる。此の「而」字が無く「江本」と一致する本は、〔無窮・梅沢・東急・陽Ⅱ〕で、〔陽Ⅰ・書陵・龍門・足利・筑波・弘文・斯Ⅱ・慶Ⅰ・大東・慶Ⅱ・武内・東大・東洋・斯Ⅰ・六地〕の諸本は、古活字版と同じで「而」字が有る。

②「自古列傳至于之／謂卅三字者為／為（ママ）異本今案此三十三字江本皆／讀之仍存耳」（序⑱3オ3「古列傳著－」、眉上）同文の書入れが〔東洋〕の欄脚（青筆）及び〔足利〕の眉上（「案」誤作「桊」、「存」作「在」）に認められる。問題とされている三十三字は、『老子經抄』に言う所の「老子經序」第四段、その末に見える「古列傳著孔子師事老子者以禮記曾子問禮於孔子孔子曰吾聞之老聃其斯之謂」（〔陽Ⅰ〕に拠る訓読、「古の列‐傳に孔‐子（・）老‐子に師とし事（フ）と著（シルセル）ことは〔者〕以（オモミル）に禮‐記に曾‐子礼を〔於〕孔‐子に問（フ）。孔子曰（の）（ク）・吾レ之を老‐聃（タン）に聞（ト云）其れ斯（コレ）を〔之〕謂（フ）か。」）なる一文である。管見の伝本には全てこの文が備わり〔書陵〕に「聞之」の「之」字を脱する他には異同も無い。

此の書入れの文意は伝本の現状に照らして判然としない。此処で云う「異本」とは、テキスト本文の別を示した標記では無いのではないか。つまり、此の三十三字が無い本が嘗て伝承されていたと考えるよりは、「異なる書物、或いは注説の本文」の老子経序への竄入を指摘した校異記と考えた方が良いのではないだろうか。本来ならば、その三十三字は削除してしかるべきなのであるが、大江家をはじめ本文として読むのが従来からの慣習である為に、清家においてもその因襲に従うとの意味なのであろうか。因みに、〔書陵〕の「著」字に「アラハセル中家」と、

「謂」字に「イヘルカ中家」との訓説の書入れが見えることで中原家本にも此の三十三字が存していたことが明らかである。しかして管見の現存伝本全てに此の三十三字が本文として備わっている。

確かに、老子の子孫についての叙述に始まり孔子称龍に及ぶ序第四段において、「列伝」の孔子師事の典故を「礼記」の曾子問に関連づける説明は、其の結末の文としては行文上やや唐突の憾を受け、文脈断絶した違和感がある。注家所説の竄入と考えるのが自然であろう。「老子經序」の構成出自来歴の問題にかかわる書入れとして注目される。

③「述云脩之於郷其徳乃／長者今案江本無所／見如述義可讀上声／欤可考他本」（五四⑥下14オ3「修之於郷其徳乃長」、眉上）〔東洋〕にも同所に同文の書入れ（青筆）が有る。此の書入れも、『述義』の引用が略されたか脱落しているようで難解である。「江本無所見」とは、下文「如述義可讀上声欤」に照らして、「長」字の訓説が大江家説として示されていないことを言っているようである。下記(3)諸家注釈書所掲本文との校記及び注説引用等〈賈大隠述義〉㉗項参照。

以上、僅々三条に過ぎない[8]が、逸伝した大江家証本の片鱗を窺い得る書入れとして貴重であろう。此の三条も全て〔東洋〕青筆の書入れと符合する。

〈「中本」との校異〉

次の一三条に「中本」或いは「中」の標記が認められ、中原家相伝証本との校異と看做される。

①「此上字古本ナ中本无」（一②上1オ11「老子道經上」の「上」字左旁）〔書陵・東洋〕の同所にも同文の書入れ（〔東洋〕は青筆）が見られる。また〔杏Ⅰ〕は、「上」字が内題「老子道經」題下傍に小書され、その様態から判断すれば下述の〔慶Ⅰ・大東〕とは異なり、小字本文では無く書入れと認められる。其の下に接して「此字中本

无古本ナ」と同義の校語を付している。管見の古鈔本で「上」字が無く「中本」と一致する本は〔梅沢・東急・杏Ⅰ・斯Ⅰ〕で、〔陽Ⅰ・東大・斯Ⅱ・足利・筑波・無窮・東洋・龍門・書陵・六地・陽Ⅱ〕は古活字版と同じく「古本」と一致する。また、〔慶Ⅰ・大東〕は題下右寄りに小字で書されている。〔弘文〕は虫損が有るようで紙焼き写真では何れか判断することは困難である。下記〈清原家本との校異〉①参照。

② 「道可道章第一イ中」（一④上1オ33「道可道」右旁） 掲出の校語は此の古活字版にのみ存し、他に見えない。本書入れに拠って、「イ」本および中原家本には「道可道章第一」の章題があったことが判明する。同所に併記された「此章名家古本无」の書入れ（下記〈清原家本との校異〉③参照）から、「家古本」と中原家本との相違も明らかとなる。尚、〔慶Ⅱ〕の章題「道可道章第一」の「一」字左下に「中本古本」の旁記が存し、掲出章題の有無についての校異と考えられるが、此の「古本」は本書入れの「イ」本に当たり、「家古本」とは別本と解される。その中原家本と一致し、該章題を掲する管見伝本は〔筑波・弘文・慶Ⅰ・大東・慶Ⅱ・仁和〕である。尚、第二章以降の章頭にも同体式の章名の傍書が見られるが、「イ中」の付箋が無い。以下は略されているものと考えるべきであろう。後述〈章題の校異〉及び第二章第一節三「章題の有無と標記の相違」（173頁）を参照されたい。

③ 「一本有之清中二家无之」（二二⑨上18オ6 988「夫唯不争」左旁） 〔東洋〕の該所眉上に同文の書入れ（青筆）が有る。此の本の書入れの位置から、「夫唯」二字或いは「夫唯不争」四字の有無についての校異と看做され、清原、中原両家本には両字或いは四字が無かったと考えなければならない。しかし、それと吻合する伝本は管見に入らない。但、清原宣賢撰とされる『老子經抄』該所の講述には此の字句への言及が無く、確かに清原家本に「夫唯」或いは「夫唯不争」の句が無かったことの傍証となるようにも思われる。また〔東洋〕には同書入れの前に接して「宣賢本夫唯以下為別章」との書入れ（青筆）も有るが、そのような伝本も又管見に入らない。家本相承の実態は

複雑に紛糾し、其の実相の解明の難しさを痛感させられる。清原家本とされる〔書陵〕、中原家本とされる〔梅沢〕も含め、管見の伝本の悉くに両家家本の系統から乖離した様相を認めざるを得ない。純然たる中原家、清原家本の伝本の存在は未だ確認できない。

④「佳中本」（三一②25ウ3 1400「夫餝兵者不祥之器」の「餝」字左旁）偃武第三十一冒頭経文「夫餝兵者」の「餝」字左旁に有り、〔東洋〕にも同所に同文の書入れ（青筆）が有る。また、〔梅沢〕の同字右旁に「佳」の校字が見える。「佳」字に作る本は〔東急・斯Ⅰ・道蔵・宋版・世徳〕で、古活字版をはじめ〔陽Ⅰ・書陵・龍門・無窮・足利・筑波・弘文・斯Ⅰ・梅沢・慶Ⅰ・大東・慶Ⅱ・武内・東大・東洋・六地・陽Ⅱ・天理〕の諸本は「餝」に作っている。また、『老子經抄』は「飾」に従っている。此の書入れに拠って、中原家本本文を継承する現存伝本が思いの外少ない事実が知られる。

⑤「徳経四十四章中本」（三八②下1オ1「老子徳經下」題下）〔東洋〕にも同所に同文の書入れ（青筆）が見える。中原家本は巻下内題下に「徳経四十四章」の六字が本文として存在していた事実が判明する。そのような伝本は未だ管見に入らない。

⑥「第三中本」（三八③下1オ12「河上公章句」の「句」字下小圏、右旁）〔東洋〕同所に同文同様の書入れ（青筆）が有る。「河上公章句第三」と題する本は〔弘文・斯Ⅱ・聖語・東急・斯Ⅰ・陽Ⅱ・宋版・世徳〕で中原家本と符合する。古活字版の他〔陽Ⅰ・書陵・杏Ⅱ・無窮・筑波・梅沢・慶Ⅰ・大東・武内・東大・東洋・六地・道蔵・敦Ⅲ〕の諸本には「第三」の二字が無い。なお、〔弘文〕は「第三」下に「二字無古本」と、〔梅沢〕には「句」字左旁に「弟三」と校異が見える。此の両字の有無は、本書構成上の問題、即ち各巻二分の構成であるのか否かの問題を孕み、本文系統如何に関わる論拠ともなり得る。此の書入れは、中原家本が、各巻二分構成の本であったとの

推定を可能とする校異として注目される。第二章第一節「内容構成上の同異の諸相」一「分巻の次第」（168頁）参照。

⑦「中ナ」（三八⑩下1ウ2b29「爲之者爲仁恩也」の「也」字下旁）論徳第三十八経文「上仁爲之」の下注文末字。此の書入れは、諸本には見えず、本古活字版伝本にのみ認められる。文末「也」字の有無を示すに過ぎないが、中原家本本文を窺うことが出来る意味で無視できない。其の中原家本に一致して「也」字の有る本は古活字版の他に〔陽Ⅰ・杏Ⅱ・無窮・道蔵〕であり、〔東急・宋版・世徳・敦Ⅲ〕には此の字は無い。但、〔書陵・筑波・弘文・斯Ⅱ・梅沢・慶Ⅰ・武内・東大・東洋・聖語・斯Ⅲ〕の古鈔本の多くは「之也」に作っている。此の「ナ」の意味する所「之也」に作る伝本が含まれるのかどうかは明らかではない。

⑧「貞中本乍唐貞」（三九⑤下2ウ7 89「侯王得一爲天下正」の「正」字左旁）〔東洋〕にも同所に同文同様の書入れ（青筆）が有る。中本と同じく「貞」に作る本は〔無窮・足利・弘文・斯Ⅱ・慶Ⅰ・大東・聖語・東急・斯Ⅰ・治要〕で、〔梅沢〕はこの部分前後欠損し何れに作るか明らかでない。上記〈「才」「摺本」との校異〉(62)、〈「唐本」との校異〉③、下記〈「イ」「イ本」との校異〉㉝を参照。

⑨「碌ロク中本」（三九㉕下4オ1 156「不欲琭琭如玉落落如石」の「琭琭」左旁）〔東洋〕同所には、経文の「琭」字を指示し「中本」と、右旁には校字「琢」の書入れ（共に青筆）が有り、同じ「中本」が、本書入れに拠れば「碌」、〔東洋〕のそれに拠れば「琭」となり矛盾している。或いは、本書入れは「碌ロク」「中本」の二文と見做し、「中本」とは古活字版本文と同文であることを示した校記と理解すべきなのかもしれない。さすれば〔東洋〕の校異と撞着はしない。因みに、〔無窮・道蔵〕は「碌」に作り、〔書陵・六地〕は「琢」に作り、その他古活字版をはじめ〔陽Ⅰ・杏Ⅱ・足利・筑波・弘文・斯Ⅱ・慶Ⅰ・大東・武内・東大・東洋・聖語・東急・斯Ⅰ・宋版・世徳・

敦Ⅱ〉の諸本は「琭」に作っている。〈梅沢〉は同字の偏部分が重書きされているようで、複製本では判読できかねる。

⑩「中本无」（五四⑤下14オ2 646「修之於家其徳乃有餘」の「有」字左旁）此の校異も本古活字版伝本にのみ見え、中原家本本文の片鱗を窺いうる書入れとして注目される。これと一致し此の「有」字が無い古鈔本として〈無窮〉が認められ、その他〈世徳・道蔵・治要〉がそれと同じである。〈陽Ⅰ・書陵・杏Ⅱ・足利・筑波・弘文・斯Ⅱ・慶Ⅰ・大東・武内・東大・東洋・東急・六地・敦Ⅱ〉等諸本の多くは古活字版と同文で「有」が有る。尚、〈梅沢・聖語・斯Ⅰ・宋版〉は「有」は有るが、「乃」字が無い。

⑪「中无」（五七④下16ウ4b 761「天使詐僞之人用兵也」の「也」字左旁）〈東洋〉にも同所に同文の書入れ（青筆）が有る。此の「也」字の無い古鈔本は管見に入らず、僅かに〈敦Ⅱ〉が此れと一致する。中原家本はもとより、過去において忘失隠滅し去った伝本が少なくない事実に思いを致すべきであろう。

⑫「見中」（五八⑩下18オ7a 857「雖有獨知之明常如闇昧」の「知」字左旁）〈東洋〉の同字右旁に同文の書入れ（青筆）が、〈書陵〉の左旁に「見中本」と同意の書入れが有る。中本の如く「見」に作る古鈔本は管見では〈無窮・東急〉が知られ、その他〈道蔵〉が此れと一致している。古活字版をはじめ〈陽Ⅰ・書陵・杏Ⅱ・足利・筑波・弘文・斯Ⅱ・梅沢・慶Ⅰ・大東・武内・東大・東洋・聖語・斯Ⅰ・宋版・世徳・敦Ⅱ〉の伝本の多くは「知」に作っている。尚、清原宣賢撰とされる『老子經抄』のこの所の口述には「聖人ニハ、獨見ノ明アルホトニ、光ハアル者ナリ」とあり、依用されたテキストは「見」に作っていたことが判明する。当時清原家で使用されていた本は既に中原家本と交雑した本文であったと推測される。

⑬「中无」（六一④下20オ5b 946「能謙下之則常有之也」の「之」字左旁）謙徳第六十一経文「故大國以下小國則取

小國」の注文。〔東洋〕にも同字右旁に同文の書入れ（青筆）が有る。しかし、此の「中本」の如く「之」字の無い本は管見に入らない。従って、此の校異の書入れも失われた中原家本の原姿を伝える貴重な情報と言える。

以上十三条の内、①③〜⑥⑧⑨⑪〜⑬の十条までが〔東洋〕の青筆の書入れと同文或いは同義であり、両書入れの近親な関係は明らかである。また①が〔書陵・杏Ｉ〕、⑫が〔書陵〕、④⑥が〔梅沢〕の書入れと同文乃至同義である。①が〔杏Ｉ〕と同義であることから、これらの書入れが清家に於いて代々相承された家説であることを物語る。

此の校異の検証によって明らかなように、現存する古鈔本のなかで中原家本と確認できる伝本は存在しない。①④⑥⑧⑫で〔東急〕が、⑦⑧⑨⑩⑫で〔無窮〕が「中本」の本文と一致する。此の両本がやや中原家本に近いと言えようか。「中本」との校異は、逸伝した中原家家本本文の片鱗を彷彿できる意味で貴重であろう。校異の他に、同家の訓説、家説と見られる書入れがある。それについては、後に改めて言及する。

＜清原家本との校異＞

本書入れは、清家点本からの転写であるから、其の内容は当然清家家説を示している。その中で、特に、他家本と対比して自家本の同異が明示されている場合が有る。

Ｉ　「古本」「家古本」

「古本」「家古本」とは、〔杏Ｉ〕に遺存する古本奥書に拠れば承安二年（一一七二）清原頼業が主水（嫡子近業か）に伝授した清家相伝の本と考えられる（緒論七「対校諸本略解題」22　69頁参照）。しかし、現存伝本の内にその「古本」系統と認めうる本は見出せない。清原家に相伝された道徳経本文は累代伝授の間に、他家相伝本或いは新渡の宋元刊本の影響を被り、緩やかながら変容して行った如くである。

「古本」「家古本」の標記が清家旧本を意味するのであれば、此の古本に対して別に新本が想定されるであろう。そして、此の書入れは其の新本に対してなされたと考えるのが自然であろう。「古本」「家古本」の標記を掲げる書入れは次の三条である。

①「此上字古本ナ中本无」（一②上1オ11「老子道經上」の「上」字左旁） 此の書入れについては＜「中本」との校異＞①において既述した。〔書陵・東洋〕の該所に同文（〔東洋〕は青筆）、〔杏Ｉ〕に同意の書入れが認めらる。「此上字」の表記に拘泥するならば「古本」に対する清家新本は「古本」に従って「老子道經上」を内題としていたと考えなければならない。しかし、其の本文が清家新本として定着し、其の本文のままに後代に相承されたか否かはまた別の問題であろう。

正嘉二年（一二五八）清原直隆の書写加点本を藍本とする〔杏Ｉ〕に「上」字が無いことに鑑みるならば、〔鎌倉末〕書写とされる〔杏Ｉ〕は既に「古本」では無かったと判断され、そうであるならば「上」字の無い新本も想定される。

また、〔東洋〕の両巻末に移写されている清原教有奥書（青筆）の「正應二年暮春七日相傳之家書紛失於道經重課」「正應二暦暮春二十六日相傳之秘書紛失於徳經重課」との記述が注目される（緒論七「対校諸本略解題」18　62頁参照）。正應二年（一二八九）当時紛失していた「相伝之家書（秘書）」が「家古本」に相当するのであろうか。しかし、此の「古本」との校異の書入れが行われた当初には当然「古本」が対校本として存在していたはずであり、もし、紛失した「相伝之家書（秘書）」が「家古本」であるのならば、其の対校の時期は正應二年を遡り、また、当時既に、古本に対する新本が存在していたことになろう。そうであるならば、「相伝之家書（秘書）」は逆にその新本であったとも考えられる。

累代の伝写の間に校異の営為に付随して諸本の本文が交雑混入し時時本文に変容を来したと察せられ、使用された校本の実態を把捉することは殆ど不可能であるのが実状である。此の「上」字の有無に関して「古本」に一致する古鈔本は｛陽Ⅰ・書陵・龍門・無窮・足利・筑波・斯Ⅱ・東大・東洋・六地・陽Ⅱ・天理｝であり、古活字版も同じである。

② 「第一　二字家古本无／或本第一下有／品字」（一③上1オ12「河上公章句」の「句」字下小圏、其の右旁）「第一」二字を加筆しその下に標出の校異の書入れが有る。｛東洋・書陵｝の同所に同文（但、｛書陵｝は「本无」二字転倒）の書入れ（｛東洋｝は青筆）が有る。また、｛杏Ⅰ・慶Ⅱ｝の同所に見える書入れもほぼ同文であるが、両本は「第一」の二字が本行に存し、書入れ文頭に「已上」の両字がある。従って、其の書入れが旁記で、特に｛慶Ⅱ｝は書き出しの位置が「章」字の右旁にあるために「已上二字」がどの字を指すのか曖昧である。さらに、｛足利｝は「河上公」と「章句第一」の間に二字分の空格が有り、その位置に「已上字家古本无云々」（「二」一字を欠く）とあって、此の様態では「河上公」の三字が無いと理解しなければならない。しかし、本書入れ及び｛東洋・書陵｝に拠るならば「二字」が「第一」両字であることは明らかであろう。此の対校に使用された「家古本」に対する底本（清家新本と考えることも可能であろう）には「第一」の二字が存していたことが判明する。管見の伝本では｛書陵・龍門・足利・弘文・斯Ⅱ・慶Ⅱ・杏Ⅰ・斯Ⅰ・宋版・世徳｝が相応する。此れに対して「家古本」に一致して「第一」二字が無い古鈔本は｛陽Ⅰ・筑波・梅沢・慶Ⅰ・大東・武内・東大・東洋・東急・仁和・六地・陽Ⅱ・道蔵・天理｝で、古活字版も同じである。

③ 「此章名家古本无」（一⑤上1オ33「道可道」右旁）　経文「道可道」の右旁に上記「道可道章第一イ中」の書入れが有り、其の右に並記されている。「此章名」とは、「道可道章第一」の章題六字を意味する。従って本書入れは本来同章題を有つ本に施された校異である。同文の書入れが｛書陵・東洋｝に、同義の書入れが｛足利・杏Ⅰ｝

に見える（〔東洋〕は青筆）。この内〔書陵・足利・杏Ⅰ〕の本文には章題が無く、〔東洋〕は古活字版と同類の「躰道章第一」を標し、その下方本行にやや小字で「道可道章」の別題四字が添記されている。

〔杏Ⅰ〕は内題「老子道經」と本文第一行の間に眉上から行間にかけて、「□□□□第一　以後此勘物无古本」と、〔足利〕も同所に「道｜章一以後此勘物无」との書入れが認められ、〔杏Ⅰ〕の欠字部分は同零本に存する章頭部分の同類の書入れの様態から見ても「道可道章」の四字であることが明らかである。

〔書陵〕は同所行間に「此章名家古本无」とのみ見え、章題を掲げない同本への書入れとしては文義が通らず、別本からの機械的な転写である実態が判明する。〔東洋〕は、添記された章題「道可道章」の左に同文（青筆）が傍書され文意は通じている。

以上の書入れからは〔足利・杏Ⅰ〕に云う「古本」と此の「家古本」とが同本であるのか、また何本であるのか判然としないのであるが、これと関連して、此の古活字版に併記された書入れ「道可道章第一イ中」が注目される。即ち、イ本および中原家本には「道可道章第一」の章題があったことが明らかであり、「古本」、「家古本」は少なくとも中原家本ではないことが判明し、清原家古本との推測を容易にする。上記〈「中本」との校異〉②を参照。伝本には他に別体式二字句の章題を標する本と、章題の無い本が有る（第二章第一節三「章題の有無と標記の相違」参照）。従って、此処に言う「家古本」が「體道」等二字句の章題を掲していたのか、或いは章題が無かったのかは本書入れからは判断できない。此の第一章において章名の無い古鈔本は〔書陵・龍門・無窮・足利・斯Ⅱ・東急・杏Ⅰ・六地・陽Ⅱ〕で、「體道」或いは「體道章」と題する本は古活字版の他〔陽Ⅰ・梅沢・斯Ⅰ・武内・東大・東洋・天理〕であり〔宋版・世徳・道蔵〕も「體道第一」と題している。

本書入れに関連して〔東洋〕の同行眉上に見える「章名宣賢本无下倣之」なる書入れ（青筆）が注目される。〔東洋〕本行の章題「躰道章第一」の各字左旁に青筆で見せ消が施され、「養身章第二」以下も同様である（第七章以下には見せ消が無いが、煩を避けての省筆と看做される）が、添記された「道可道章」等の章頭句章題には時折校異の旁記（青筆）が見られる。従って〔東洋〕眉上の書入れに言う「章名」とは本行の二字句章題を意味し、「宣賢本」には其れが無かったものと解される。且つ、第四章等、添記の章頭句章題に施された校異に校本の標記が一切無いことから（下述〈章題の校異〉参照）、其の青筆の校異は対校底本である清原家書入れ本と同系写本との校合結果と理解することが可能であろう。若しそうであるならば、其の清原家本は、「古本」「家古本」と相違し、章頭句を章題としたテキストであったと考えなければならない。其れが即ち「宣賢本」であるのかどうか、従って「宣賢本」が章頭句を章題としたテキストであったのかどうかは、予断は許されないが、その可能性は考慮に入れておく必要があるように思われる。

Ⅱ　清家本

本書入れは本来清原家家本に施された書入れと看做される。従って、他本との校異の場合通常であれば「清本」等の標記は現れないはずであろう。次の校異は稀な事例である。

④「一本有之清中二家无之」（二二⑨上18オ6 988「夫唯不争」左旁）〔東洋〕の該所眉上に同文の書入れ（青筆）がある。上記〈「中本」との校異〉③参照。

尚、上述の通り〔東洋〕には此の眉上の書入れ前行に「宣賢本夫唯以下為別章」と併記（青筆）されているが、以下を別章とする伝本は管見に入らない。しかし、此の古活字版には各章冒頭句頭に朱の円圏を冠してあるが、それと同じ符標を此の「夫」字頭に冠する。〔東洋〕上記の書入れと同意と見做して良いであろう。同じ清原家本であっても「古本」「宣賢本」等と称され、其の本文は一様ではなく、伝本系統の複雑さを改めて痛感させられる。

僅かに四条ではあるが、清家家本と他本との相違の一端を明示する校異として注目されよう。

〈「經家」本との校異〉

「經家」と冠する校異の書入れが存する。次の一条である。

①「經家作穀訓善今／為轂亦失助之意」（三九㉓下3ウ4 135「是以王侯自稱孤寡不轂」の「轂」、眉上）〔東洋〕の同所に同文の書入れ（青筆）が見える。〔東大・足利・道蔵〕が「穀」に作り、此の「經家」本と一致している。〔足利〕の眉上には「轂經家乍／善本為轂／亦失助之意」の書入れが有るが、前半、文意は通じ難い。「乍」下「穀訓」二字の脱落と考えられる。下記⑸音注義注書入れ(144)参照。「經家」とは「明經家」の意か。「今為轂」とあるから、往時一時期、中原、清原家証本は「穀」に従っていたと解すべきなのであろうか。

〈「一本」との校異〉

①「熟一本」（一⑧上1ウ2a32「長大成就」の「就」字左旁）〔東洋〕の同所に同文の書入れ（青筆）が有る。〔無窮・足利・弘文・斯Ⅱ・梅沢・東急・杏Ⅰ・宋版・世徳〕が「熟」に作り此の「一本」と一致する。尚、〔杏Ⅰ〕は本文は「熟」に作り左旁に「就本乍」と、〔慶Ⅱ〕は本文は古活字版と同じ「就」であるが、眉上「就本作」と標記され〔杏Ⅰ〕と同文である。〔書陵〕は本文は「⿱就火」で、眉上に「⿱就火就／一本」の標記が有り、並びに校異として同義である。

②「二字一本ナ」（一⑩上1ウ7b66「夫人得中和滋液」の「夫人」右旁）〔東洋〕の同所に同文の書入れ（青筆）、〔書陵〕の両字左旁に「二字本ナ」の書入れが有る。古活字版の他〔陽Ⅰ・書陵・龍門・筑波・慶Ⅰ・大東・武内・東大・東洋・仁和・天理〕に「夫人」二字が有り、此の「一本」と符合する。

③「一本ナ」（七⑤上5ウ6b259「奪人以自與也」の「也」字左旁〈朱〉）〔東洋〕の同所に同文の書入れ（青筆）が

有る。管見の殆どに「也」字が有るが、この書入れが存在することで当時無い本が知られていたことが明らかである。管見では〔斯Ⅰ・宋版・世徳・敦Ⅰ〕に「也」字が無い。

④「衆泉一本」（八③上6オ7b280「在地爲泉源也」の「泉」字左旁）〔東洋〕は「泉」字に見せ消を付し、地脚に「衆泉一本」との書入れ（青筆）が有る。〔書陵・龍門〕が「衆」字に作り、〔書陵〕の同字左旁には「泉イ」の書入れが見える。

⑤「二字一本ナ」（一〇⑨上8オ4b388「治國當如應變」の「如」字左旁）「如」字から次の「應」字に懸けて傍書されているが、本来は「當如」二字に対する書入れである。〔東洋・書陵〕の該所に同文の書入れ（〔東洋〕は青筆）が有り、〔東急・斯Ⅰ・宋版・世徳・敦Ⅰ・道蔵〕には此の両字が無い。「一本」に一致するのは古活字版の他〔陽Ⅰ・書陵・龍門・筑波・慶Ⅱ・武内・東大・東洋・天理〕である。〔無窮・足利・弘文・斯Ⅱ・梅沢・慶Ⅰ・大東・杏Ⅰ〕には「如」一字が無い。

⑥「一本ナ」（一〇⑩上8オ6b396「無有能知道満於天下者也」の「者」字左旁）〔足利・弘文・斯Ⅱ・慶Ⅰ・大東・杏Ⅰ・道蔵〕は「者」が無く、古活字版と〔陽Ⅰ・書陵・龍門・無窮・筑波・慶Ⅱ・武内・東大・東洋・東急・天理・斯Ⅰ・宋版・世徳・敦Ⅰ〕に「者」字が有り、「一本」と符合する。

⑦「捐一本」（一六②上13オ3a661「損情去欲」の「損」字左旁）〔東洋〕は「損」左旁に見せ消を付し、右旁に「捐」字を加筆、其の下旁に「捐一本」と同文の書入れ（青筆）が有る。〔筑波・弘文・斯Ⅱ・梅沢・慶Ⅰ・大東・武内・東大・東洋・東急・斯Ⅰ・宋版・世徳・道蔵・敦Ⅰ〕が「捐」に作り「一本」と一致する。

⑧「一本有之清中二家无之」（二二⑨上18オ6 988「夫唯不争」の「夫唯」左旁）〔東洋〕の該所眉上に同文の書入れ（青筆）が有る。管見の伝本は悉く此の「一本」と一致する。〈「中本」との校異〉③、〈清原家本の校異〉④参照。

⑨「唱一本乍」（三八⑲下2オ5b66「前識之人愚闇之倡始也」の「倡」字左旁）｛東洋｝は「唱」に作り左旁に見せ消、眉上に「倡」を標記し、本文「唱」字右旁に「一本乍」と、同意の書入れ（青筆）が有る。｛杏Ⅱ・武内・東洋・東急・聖語・斯Ⅰ・治要｝が「唱」字に作り「一本」と一致している。

⑩「日ニ一本」（五五⑭下15オ7 701「知和曰常」の「曰」字左旁）｛東洋｝同所に同文の書入れ（青筆、振り仮名は無い）が見える。｛書陵・足利・弘文｝が「日」に作り此の「一本」と一致する。

⑪「害一本」（五八⑥下18オ5b851「正已以割人清已以害人也」の「割」字左旁）｛東洋｝の同所に同文の書入れ（青筆）が有る。該字を含む前後の文章は「正已以割人清已以害人也」であるが、此の「割」字を「害」に作る古鈔本は管見に入らない。但、｛宋版・世徳・道蔵｝は「割人清已以」の五字が無く、「正已以害人也」に作り、この｛宋版｝等の文は「清已以害人」の五字が無く「割」を「害」に作ると理解することも可能であろう。また｛敦Ⅱ｝は、「正已以割人」の五字が無く「清已以害人」に作っており、此れも「正」を「清」に、「割」を「害」に作るとの解釈も成り立つ。古鈔本のうち｛東急｝のみが異例で「清已以」の三字が無く「正已以割人害人也」に作っている。これは古活字版等と｛宋版｝等との中間的な様相を示す文と看做されよう。此の書入れに拠れば、曾て｛宋版｝等と同文乃至それに近い本文を持つ伝来の一本が存在したものと想定しなければならない。

⑫「堅一本」（六四⑤下22ウ7a 1072「妄持不得推讓反還之也」の「妄」字左旁）｛東洋｝は本文「堅」字に作り其の左に「一本」と傍書、右旁に「妄」字の加筆が有り（共に青筆）本書入れと同意である。｛杏Ⅱ・筑波・梅沢・慶Ⅰ・大東・武内・東大・東洋・宋版・世徳・道蔵・敦Ⅱ｝が「堅」に作り此の「一本」と一致する。尚、｛斯Ⅰ｝は「妄堅」、｛聖語｝は「堅妄」の二字に作っている。また、｛杏Ⅱ・慶Ⅰ｝の該所眉上に「堅或作妄也」と、｛大東｝の右旁に「□乍妄也」と、｛足利｝は「妄」に見せ消を付し眉上に「堅ィ」の書入れが有る。

⑬「聖人一本有」（六四⑦下23オ1 1082「無執故無失」の上「無」上辺に小圏、左旁）〔東洋・書陵〕の同所に同文同様の書入れ（〔東洋〕は青筆）が有る。〔無窮・足利・弘文・斯Ⅱ・慶Ⅰ・聖語・東急・斯Ⅰ〕が経文本句に「聖人」二字を冠しており、此の「一本」と符合する。尚、〔筑波・大東〕は「是以聖人」の四字を冠し、〔大東〕には「聖人」の右旁に「二字イ无」の書入れがあり、校異として本書入れと同義である。

「一本」と標記された校異の書入れは、以上の十三条であるが、その⑥を除く十二条が〔東洋〕青筆の書入れと同文乃至同義である。両書入れの緊密な関係が顕著であり、ソースは同所と看做されよう。また、②⑤⑬は〔書陵〕の書入れとも一致し緩やかながら両者の繋累が窺われる。

此の僅少の事例を以てしても、「一本」と全て吻合する伝本は管見に入らず、巻下を欠く〔龍門〕が八例中六例、〔書陵・東洋・武内〕が十三例中八例と一致する割合が多いが、対校本としての「一本」に比定することは難しい。「一本」とは所用の底本に対して特定された本ではなく、異文を有する本を概括した標記と考えるべきであろう。此の「一本」との校異も歴代の家説相伝に伴い加上累増され或いは逆に脱略されてきたものと看做される。

〈「或本」「或」との校異〉

①「賓六貴或本乍貴」（序㉒3オ7「道之尊徳之貴」、眉上）〔東洋〕の該所地脚に同文同式の書入れ（青筆）が有り、〔書陵〕眉上にも同様の書入れ、又〔足利〕には左旁に「明貪六貴或本乍貴」の旁記が有る（「明貪」とは不通で恐らくは「賓」の譌であろう）。「賓」は「貴」の本字とされ、これらの書入れに拠って「賓」字を使用した伝本が曽て存在したと考えなければならない。しかし、そのような伝本は未だ管見に入らない。

②「第一　二字家古本无／或本第一下有／品字」（一③上1オ12「河上公章句」の「句」字下小圏、其の右旁）〔東洋・書陵・杏Ⅰ・慶Ⅱ・足利〕にほぼ同文の書入れ（〔東洋〕は青筆）が見える。〔杏Ⅰ・慶Ⅱ・足利〕は「或

本」の上に「又」字が有る。管見の伝本では〔無窮〕一本が此の「或本」と一致している。其の「品」字左旁には「一イ无」の校異の書入れが見られる。前半の校異については〈清原家本との校異〉②で既述した通りである。

③「持或本」（九②上7オ1 313「恃而盈之」の「恃」字左旁）〔東洋〕の同所に同文の書入れ（青筆）が見られる。尚、〔杏Ⅰ〕には「持才乍」、〔大東〕には「持イ」とありほぼ同義であろう。〔陽Ⅰ・無窮・梅沢・東大・東急・斯Ⅰ・陽Ⅱ・宋版・世徳・敦Ⅰ・道蔵・天理〕が「持」に作り此の「或本」と符合する。

④「胡本反或作混」（一五⑤上12ウ3「渾兮其若濁」の「渾」字左旁）〔書陵〕の同所に同文の注記が有る。〔東洋〕の眉上には墨筆で「渾或作混胡本反」と、その「或作混胡本反」の各字左旁に青筆で小圏を施す。其の青筆に従えば、両句前後転倒しているが本書入れと同義である。古鈔本はじめ諸本並びに「渾」に作る。現行の王弼本が「混」に作り、島校は想爾本もまた「混」に作ると指摘する。しかし、本書入れの対校本とは考えられない。下記⑸音注義注書入れ57に重出。

⑤「才乍處或乍居」（三八⑳下2オ6 69「不居其薄」の「居」字左旁）〔東洋〕は本文「處」に作り、左旁に見せ消を付し右旁に「居」字を旁記し、左旁に同文の書入れ（共に青筆）が有る。古活字版の他〔陽Ⅰ・書陵・足利・筑波・弘文・斯Ⅱ・慶Ⅰ・大東・聖語・東急・斯Ⅰ・宋版・世徳〕が「或」本と符合し「居」に作っている。

⑥「或乍敦」（三八㉓下2ウ1b 74「去彼華薄取此淳厚也」の「淳」字左旁）〔東洋〕は本文を「敦」に作り其の右旁に「或作」と、左旁に見せ消が有り「淳」字が旁記されている（何れも青筆）。此の古活字版の書入れと同意であろう。〔杏Ⅱ・武内・東大・東洋・東急〕が「敦」字に作り此の「或」本と符合する。

⑦「或乍修」（五三⑧下13オ6 610「朝甚除」の「除」字下旁）〔書陵・東洋〕の同所に同文の書入れが見られる（〔東洋〕は青筆）。〔梅沢〕が「修」字に作り此の「或」本と一致している。また、〔斯Ⅱ〕はこの句を「朝甚除修」

の四字句に作っている。

⑧「或乍鬼神」（六〇⑥下19ウ3a915「非鬼神不能傷害人」の「神」字右旁）〔東洋〕本文は「鬼神」に作り「鬼」字に見せ消を付し、「神」字右旁に同文の書入れ（青筆）が有る。古活字版本文も「鬼神」であり、此の校異は其の本文に即した書入れでは有り得ない。此の条も清家注説の移写であれば、其の清家本には「鬼」字が無かったと考えなければならない。〔陽Ⅰ・書陵・梅沢・東大・聖語・斯Ⅰ〕に「鬼」字が無い。〔杏Ⅱ・無窮・足利・筑波・弘文・斯Ⅱ・慶Ⅰ・大東・武内・東洋・東急・宋版・世徳・治要・道蔵・敦Ⅱ〕の諸本が「鬼神」に作り「或」本と一致する（第二章第二節三㈤、243頁参照）。

以上、「或本」または「或」と標記された校異の書入れが、八条認められる。管見の伝本の中で一致するのは〔東急〕が③⑤⑥⑧の四条で最も多いが、此の「或本」「或」と特に近いと認めうる本は存在しない。「或本」とは、所用の底本に対して特定された本ではなく、「一本」の場合と同じように異文を有する本を概括した標記と考えられる。底本（即ち恐らくは清家本）とは異なる本文が明確に認識されていた事実が確認され、其の異同は現存する古鈔本に反映し複雑に交錯して今に伝承されている。諸本間の脈絡を捉えることは困難であるが、これらの異文は本文系統を問題とするとき、無視できない指標として期待されよう。又、此の八条全てが〔東洋〕の青筆の書入れと同文或いは同義であり、①②⑤は〔書陵〕の書入れとも符合している。それぞれの書入れ注説は源を同じくし、当時において周知されていた実情が窺われる。本文異同の実態は相応の広範な場に於いて認識されていたと考えられよう。

〈「本」との校異〉

①「本无」（七③上5ウ5b256「以其安静施不求報」の「其」字右旁〈朱〉）〔梅沢〕の同所に「イ无」の書入れが有る。〔龍門・慶Ⅱ・武内・東大〕に「其」字が無い。

②「之／本有」（七④上5ウ6b259「奪人以自與也」の「與也」字間・左旁〈共に朱〉）字間に「之」を加筆し、その左旁に「本有」とある。〔陽Ⅰ・書陵・龍門・筑波・慶Ⅰ・慶Ⅱ・武内・東大・東洋〕が「以自與之也」に作り此の「本」と一致する。

③「本无」（一〇②上7ウ1a337「營魄」の「魄」字右旁）

④「本无」（一〇③上7ウ1a337「魂魄也」の「魄」字右旁）「營魄魂魄也」の両「魄」字の右旁に各々「本无」の書入れが有る。即ち「本」は「營魂也」に作っていたことになり、〔書陵・龍門・足利・筑波・弘文・斯Ⅱ・梅沢・慶Ⅱ・東大・東洋・東急・杏Ⅰ・斯Ⅰ・敦Ⅰ〕が其れと符合する。〔杏Ⅰ〕は字間両所に小圏を施し左にそれぞれ「魄オナ」の旁書が有る。尚、〔大東〕本文は古活字版等と同文であるが、其の右旁に「異本ニ営ハ魂也トハカリアル也」と旁記さる。

⑤「本无」（一〇④上7ウ1a338「人載魂魄之上」の「人」字右旁）〔書陵・龍門〕に「人」字が無く、此の「本」と一致する。

⑥「二字无本」（一〇⑥上7ウ5a356「一之爲言至一無二也」の「一之」右旁）〔書陵・龍門〕は此処も「本」と一致し、此の両字が無い。

⑦「三字本ナ」（二三④上18ウ6a1007「孰誰也」右旁）〔東洋〕の同所にも同文の書入れ（青筆）が有る。古活字版の他〔陽Ⅰ・書陵・龍門・無窮・足利・筑波・弘文・斯Ⅱ・梅沢・慶Ⅰ・大東・慶Ⅱ・武内・東大・東洋・宋版・世徳・天理・治要〕と管見の伝本の多くは「本」の如く「孰誰也」の三字が有り、無いのは〔東急・斯Ⅰ・道蔵〕の三本である。当時此の三字の無い伝本が異本として知られていた事実が判明する。

⑧「本乍朴」（二八⑦上23ウ5 1303「復歸於樸」の「樸」字左旁）〔東洋〕の本文は「朴」に作るが、見せ消を付し眉

上に「樸」字を標記、その左旁に同文の校異書入れ（青筆）が見える。〔梅沢〕は「撲」に作りその右旁に「朴」の校字がある。〔武内・東大・東洋・斯Ⅰ・宋版・世徳〕が「朴」に作り此の「本」と符合している。

⑨「威本」（三三③上27ウ3b1516「能勝人者不過以盛力也」の「盛」字左旁）〔杏Ⅰ〕の同所に「威一本」、〔書陵〕に「威イ」と校異としてほぼ同意の書入れが見られる。〔東洋〕は「威」に作り左旁「一本盛」の書入れ（青筆）が有る。〔筑波・梅沢・武内・東大・東洋・東急・斯Ⅰ・宋版・世徳・道蔵・治要〕が「威」で「本」と一致している。

⑩「曰本乍」（三九⑳下3ウ4134「是以王侯自稱孤寡不轂」の「稱孤」字間小圏、右旁）〔東洋〕同所に同文同様の書入れ（青筆）が有る。〔無窮・筑波・弘文・六地〕に「稱」字下に「曰」が有り、此の「本」と一致する。尚、〔足利・斯Ⅱ・慶Ⅰ・大東・敦Ⅱ〕は「稱」を「曰」に作り、〔宋版・世徳〕は「謂」に作り、〔道蔵〕は「謂曰」に作っている。

⑪「以本」（四一⑤下4ウ6a200「已有道」の「已」字左旁）〔書陵〕の同所に同文の書入れが見られる。〔杏Ⅱ・筑波・梅沢・慶Ⅰ・大東・武内・東大・東洋・聖語・斯Ⅰ・宋版・世徳・道蔵〕が「以」字に作り此の「本」と一致している。

⑫「本乍雕」（五七⑦下17オ2b778「彫琢章服奇物滋起」の「彫」字右旁）〔東洋〕の本文は「雕」字に作り、左旁に見せ消を付して地脚に「彫」字を書し、其の旁に「本乍雕」と同文の校異を記す（何れも青筆）。〔書陵〕同所には「才乍雕」とある。〔杏Ⅱ・武内・東大・東洋・道蔵・治要〕が「雕」であり、此の「本」と一致している。〔宋版〕は古活字版と同じく「彫」字に作っており〔書陵〕書入れの「才本」とは符合しない。

以上十二条の「本」との校異の書入れは、⑦⑧⑩⑫が〔東洋〕の青筆と、⑪が〔書陵〕、⑧はまた〔梅沢〕の書入れと同文または同意である。一方、①～⑥⑨は本書入れにのみ確認される校異として注目される。

この書入れは、古活字版本文を対校底本とした校合結果では無く、旧時ある本を底本として作成された校異記が相承伝写されたものであろう。当初の時点で拠用された底本は清原家本と推察される。しかし、「本」の実態は、先ずもって字義の上からも把握することが難しい。「一本」「イ本」「或本」とほぼ同義の不特定多数の異本を意味するとも考えられるが、或いは、当時書写された清家本を、諸本を斟酌して部分的に改められた新校本と仮定して、その本に対しての相伝された元の本と理解すべきなのかも知れない。後者の理解に立つならば、先の「古本」「家古本」と同列或いは同系の本と考えられよう。従って特定の一本を想定することも可能であるかもしれない。知見の伝本では〔龍門〕が此の「本」と最も近く、九例中七例（〔龍門〕は下巻を欠く）が一致している。次いで〔東大〕が十二事例の内九例、〔武内〕が八例と近い関係が窺われよう。

＜「又」作＞

次の一箇所だけであるが、「又乍」と標記する校異がある。

① 「一邁反又乍嗄」（五五⑫下15オ6 695「終日號而不啞和之至也」の「啞」字左旁）〔東洋・書陵〕の右旁に同文の書入れが有る。〔東洋〕本文は「嗄」に作り左旁見せ消を付し、右旁に「啞」字を旁記し、其の下旁に同文の書入れ（青筆）が見える。〔杏Ⅱ・梅沢・武内・東大・東洋・敦Ⅱ・道蔵〕が「嗄」に作っている。「又」とは校本を特定しない標記であろう。〔東洋・書陵〕に同文の書入れが見えることによって、清家において相承された校記と認められる。下記⑸音注義注書入れ198（574頁）に重出。

＜「イ」「イ本」との校異＞

① 「能ィ」（序⑨2オ2「羅游」の字間に小圏、挿入符を施し眉上）同文或いは同義の書入れは他には見えず、また此の「イ」本に一致する本は管見に入らない。前後「走者可爲羅、游者可爲綸、飛者可爲罾」の文脈からは「能」

字は無いのが妥当であろう。しかし、此の書入れに拠るならば「能」字を衍する伝本が曾て見存していたと考えなけばならない。

② 「道可道章第一イ中」（一④上1オ33「道可道」右旁） 此の書入れも本書に限って存し、他に見えない。以下特に指摘しない場合は本書にのみ認められる書入れである。先に〈「中本」との校異〉②において既述した。尚、〔慶Ⅱ〕の章題「道可道章第一」「一」字左下の「中本古本」の旁記は、掲出章題の有無についての同類の校異と考えられるが、その「古本」は本書入れの「イ」本に当たると解される。此れにより「イ」本は、中原家本と同じく「道可道章第一」の章題を有つ本であったことが判明する。此の「イ」本と一致する伝本は〔筑波・弘文・慶Ⅰ・大東・慶Ⅱ・仁和〕である。

③ 「天下之人皆知下イ」（二②上2オ4a「自揚已美」の「自」字の上に挿入） 此の六字は、『纂圖互註老子道德經』に見え、古活字版を含む本邦伝来の古鈔本・〔宋版〕同類系本には無く、本来別系統の本文と考えられる（序章注2、第三章注1参照）。恐らく、宋末元初頃に、先行の『纂圖附釋文重言互註老子道德經』（第三章注1参照）に依倣し改編された際に加増された字句と思われる。以下の三事例も同類である。

④ 「故悪スレ已イ」（二③上2オ4a「有危亡也」の「有」字の上に挿入） 此の三字も古鈔本、〔宋版〕系本には無く、「纂圖互註本」に見える。

⑤ 「皆知リ下已カイ」（二④上2オ5a「有功名也」の「有」字の上に挿入） 此の三字も古鈔本、〔宋版〕系本には無く、「纂圖互註本」に見える。

⑥ 「為ヲ上レ善イ」（二⑤上2オ5b「有功名也」の「也」字の下に挿入） 此の二字も「纂圖互註本」と符合する。但、同本は「也」を「之」に作っている。

⑦「无レ所レ不レ治イ本ト云」（三⑧上3ウ3b「徳化厚百姓安也」の「也」字下に挿入）此の四字は「纂圖互註本」とも合わず校本は明らかでない。

⑧「生スレトモイ本」（五②上4オ7a「天施地化」の「化」字に見消ち、右旁）「生」に作る伝本は管見に入らない。前項と同じく、逸失したか未だ発見せられざる伝本を想定せざるを得ない。

⑨「イ无」（五⑤上4ウ2b 195「法天地行自然者也」の「行」字左旁）管見の伝本で「行」字が無い本は〔東急〕一本であるが、〔東急〕には「行」字に替わって「之」字が有る。此の対校「イ」本も逸伝した本と考えられる。

⑩「イ无」（五⑥上4ウ2b 195「法天地行自然者也」の「者」字左旁）〔東洋〕の同字右旁には「一本ナ」の書入れがある（青筆）。表記は異なるが校異として矛盾は無い。〔足利・梅沢・慶Ⅰ・大東・杏Ⅰ・無窮・東急・斯Ⅰ・治要〕の古鈔本及び〔宋版・世徳・敦Ⅰ・道蔵〕には「者」字が無く、此の「イ」本と符合する。

⑪「報イ」（五⑦上4ウ3b「不責望其禮意也」の「也」字左下旁）書入れの位置がやや隔たり、他に同類の校記を見ないが、「禮意」に就いての校異と考えられる。上の経文「以萬物爲芻狗」下注の「不責望其報也」と対応する。但、「禮意」を「報」に作る伝本は管見に入らない。

⑫「骸イ」（六⑥上5オ6a 235「形體骨肉」の「體」字右旁）〔書陵・龍門・無窮・足利・筑波・弘文・斯Ⅱ・梅沢・慶Ⅰ・大東・慶Ⅱ・武内・東大・東洋・杏Ⅰ・東急・斯Ⅰ・宋版・世徳・敦Ⅰ・道蔵〕の管見の伝本の殆どが「イ」本と一致している。「體」に作るのは古活字版と〔陽Ⅰ・天理〕とである（第二章第二節二「古活字版と〔陽Ⅰ〕との近接した関係」184頁参照）。

⑬「如イ本」（八②上6オ6 277「上善若水」の「若」字左旁）〔東洋〕の同所に同文の書入れ（青筆）がある。〔無窮・足利・弘文・斯Ⅱ・梅沢・慶Ⅰ・大東〕が「イ」本に符合する。

⑭「治（オイ）レ身イ」（朱ヲコト点付「身に治（オイ）て」）（一〇⑧上8オ3a 383「謂終始五際也」の「也」字下に小圏、地脚）〔陽Ⅰ・書陵・龍門・杏Ⅰ・足利・筑波・弘文・斯Ⅱ・梅沢・慶Ⅱ・武内・東大・東洋・敦Ⅰ・斯Ⅰ・宋版・世徳〕の諸本に「治身」二字が有り、〔龍門〕は「治」字に「オイ」の振り仮名を付す。また、〔東急〕は「於身」に〔道蔵〕は「治身之」に作っている。尚、此の書入れが清家本との校異であること上記の通りである。427頁参照。

⑮「空イ」（一一②上9オ2a 431「謂作室屋也」の「室」字右旁）〔書陵・龍門〕が「室」を「空」に作り、「イ」本と一致している。

⑯「イ无」（一一③上9オ5a 446「故曰虚無能制有形」の「能」字右旁）〔書陵・龍門・無窮・梅沢・慶Ⅱ・武内・東大・東洋・斯Ⅰ・敦Ⅰ〕に「能」字が無く、此の「イ」本に一致する。

⑰「イ无」（一三④上10ウ3 505「故貴以身爲天下者則」の「者」字右旁）〔陽Ⅰ・書陵・龍門・弘文・六地〕に「者」字が無く、「イ」本と一致している。〔大東〕は同字左旁に「置字也」の書入れが有る。

⑱「彊イ」（一四③上11オ5b 542「不可強詰問而得之也」の「強」字左旁）〔書陵・龍門・梅沢・慶Ⅱ〕が「彊」に作り「イ」本と一致する。

⑲「以イ」（一四⑦上11ウ7 591「能知古始是謂道紀」の「能」字右旁）〔書陵・龍門・無窮・足利・筑波・弘文・斯Ⅱ・梅沢・慶Ⅰ・大東・慶Ⅱ・武内・東大・東洋・東急・斯Ⅰ・六地・陽Ⅱ・宋版・世徳・敦Ⅰ・道蔵〕の管見の伝本の多くは「以」に作り「イ」本と一致している。古活字版及び〔陽Ⅰ・天理〕が「能」に作っている（第二章第二節二「古活字版と〔陽Ⅰ〕との近接した関係」182頁参照）。

⑳「濁イ以イ」（一五⑦上12ウ4 633「孰能濁以静之徐清」の「孰能」左旁）経文「孰能濁以静之徐清」の「孰能」二字、〔書陵・龍門・無窮・筑波・梅沢・慶Ⅰ・大東・武内・東洋・東急・六地・陽Ⅱ・敦Ⅰ〕には無い。其の下

の二字は諸本並びに「濁以」と異同は無いから、此の「イ」本との校異の書入れは「濁以」二字の重複を言うのでは無く、掲出諸本の如く「孰能」二字が無い本文を示していると考えられる。

㉑「飾イ」（一九⑦上15ウ2a「不尚文餝也」の「餝」字右旁）「飾」「餝」の異同はごく一般的な異体字として「異同表」の対象から除外したが、管見の古鈔本では〔龍門・梅沢・東大・東洋〕が「飾」に作り「イ」と一致している。

㉒「飾イ」（二一④17オ7b「非有餝也」の「餝」字左旁）〔陽Ⅰ・龍門・慶Ⅰ・大東・東大・東洋・斯Ⅰ〕が「飾」に作り「イ」と符合する。

㉓「義イ」（二二⑥上18オ5b 981「不自取其美」の「美」字右旁）〔書陵・龍門〕が「義」に作り「イ」と符合する。

㉔「猶イ」（二七⑭上22ウ5b 1236「聖人獨教導使爲善」の「獨」字左旁）〔陽Ⅰ〕が「独」に作り、〔治要〕には「獨」「猶」の何れも無い。その他、古活字異植字版をはじめ〔書陵・龍門・無窮・足利・筑波・弘文・斯Ⅱ・梅沢・慶Ⅰ・大東・慶Ⅱ・武内・東大・東洋・東急・斯Ⅰ・宋版・世徳・道蔵・天理〕の諸本は「猶」に作り「イ」本と一致する（第一章第三節「両種古活字版本文の相違」二㈡Ⅲ 160頁参照）。

㉕「姧イ」（二九④上24オ7b 1333「失其情實生詐僞也」の「詐」字左旁）〔陽Ⅰ・書陵・龍門・無窮・足利・筑波・弘文・斯Ⅱ・梅沢・慶Ⅰ・大東・慶Ⅱ・武内・東大・東急・斯Ⅰ〕の管見古鈔本の殆どが「イ」本に同じく「姧」に作り〔東洋〕は「姦」に作っている。「詐」に作る古活字版は〔宋版・世徳・道蔵〕及び〔天理〕「通考」と一致する（第二章第三節「古活字版に孤立した特異の本文」二 263頁参照）。

㉖「故　イナ唐ナ」（三〇④上25オ2 1369「善者果而已」の前の注末「人也」下余白・「善」字左旁）〈「唐本」との校異〉②において既述した。〔東洋〕にも同文の書入れ（青筆）が見える。〔無窮・足利・筑波・弘文・斯Ⅱ・梅沢・

慶Ⅰ・大東・慶Ⅱ・武内・東大・東洋・陽Ⅱ・東急・天理〕の諸本が本経文句頭に「故」字が有り、「イ」本と一致している。

㉗「殺イ」（三一⑩上26オ4a 1435「樂教人者」の「教」字右旁）古活字版の此の「教」字は誤植と認められる。諸本並びに「殺」に作っている。

㉘「彊イ」（三三⑤上27ウ5「強行者有志」の「強」字左旁）「彊」「強」両字の異同は「異同表」では対象から除外したが、〔慶Ⅱ・龍門〕が「彊」に作り「イ」本と符合する。

㉙「人イ」（三五④上29オ2a 1594「能樂美於道則一留止也」の「能」字上に小圏、左旁）〔東洋〕にも同所右旁に「人」の校字（青筆）が見られ、同義であろう。〔書陵・龍門・無窮・足利・筑波・弘文・斯Ⅱ・梅沢・慶Ⅰ・大東・慶Ⅱ・武内・東急・斯Ⅰ〕の古鈔本〔宋版・世徳・道蔵〕の諸本の同所に「人」字が有り「イ」と符合する。〔陽Ⅰ・東大・東洋・天理〕には「人」字は無く古活字版と一致している。

㉚「故イ」（三七②上30オ6b 1667「民亦將不欲改當以清靜導化之也」の「改」字右旁）〔東洋〕は「改」字に見せ消を付し、左旁に「政故イ」の書入れ（青筆）が有る。〔書陵〕が「故」に作り「イ」本と吻合する。なお、〔龍門〕が「政」に作る。

㉛「无レ化イ」（三八⑧下1オ6b「以有名號及其身故也」の「故」字下に小圏、地脚）「无徳」二字の有る伝本は未だ管見に入らない。

㉜「為イ」（三九③下2ウ3b 77「一無也道之子也」の上「也」字右旁）「無」字下に連続符が付され、書入れの様態からは「一無為也」或いは「一無為」の異文を示したものと解され、〔聖語・斯Ⅰ〕の本文が「一無為道之子也」であるのに符合する。また、〔治要〕は「道之子也」の一句四字が無く「一无為」に作る。その他〔宋版・世徳・

道蔵〕が「無也」を「無為」に作り〔聖語・斯Ⅰ〕と同文である。なお、〔敦Ⅲ〕の該文は「一元氣爲道之子」と更に異なり、「為」は下文に掛っている。

㉝「イ本摺本咸／作貞」（三九⑥下2ウ7 89「侯王得一爲天下正」の「正」字、眉上）〔東洋〕の同所に同文の書入れ（青筆）が有る。別に、本文同字左旁に「貞中本乍唐貞」との校異書入れが有ることについては既述した。〔無窮・足利・弘文・斯Ⅱ・慶Ⅰ・大東・東急・聖語・斯Ⅰ・治要〕が「イ」本等に同じく「貞」に作る。上記〈「才」「摺本」との校異〉62、〈「唐本」との校異〉③、〈「中本」との校異〉⑧参照。

㉞「イ本皆／侯王」（三九⑪下3オ7 117「王侯無以貴高」の「王侯」、地脚）〔東洋〕は本文は「侯王」、其の両字左旁に見せ消を付し、右旁に「王侯イ本皆侯王」と同義の書入れ（青筆）がある。尚、此の本及び〔東洋〕の同句左旁には「侯王述本乍」の書入れも見える（〔東洋〕は青筆）。後記(3)〈賈大隠述義〉⑮参照。〔杏Ⅱ・足利・筑波・弘文・斯Ⅱ・梅沢・慶Ⅰ・大東・東洋・宋版・世徳・道蔵・敦Ⅲ・治要〕が「侯王」に作り「イ」本と一致する。

㉟「稼イ本」（三九⑮下3ウ2b 126「禹稷躬耕」の「耕」字左旁）〔東洋〕同所に同文の書入れ（青筆）が有り、また、〔書陵〕には「稼イ」と、〔杏Ⅱ〕眉上には「耕或作稼」と、〔大東・慶Ⅰ〕の同字右旁に「稼也」、〔大東〕左旁に「或乍稼也」、〔慶Ⅰ〕眉上に「耕或乍稼也」等と同義の書入れがある。〔無窮・足利・弘文・斯Ⅱ・聖語・斯Ⅰ・宋版・世徳・道蔵・敦Ⅱ・治要〕が「稼」に作り、「イ本」と一致している。

㊱「心イ」（四一②下4ウ2b 181「竭力而行也」の「竭力」字間に小圏、右旁）〔陽Ⅰ・書陵・足利・弘文〕に「心」字が有り、此の「イ」本と符合する。

㊲「示イ」（四五④下7ウ7b 258「如拙亦不敢見其能也」の「亦」字左旁）〔足利・筑波・斯Ⅱ・慶Ⅰ・大東・武内・東洋〕が「示」に作り「イ」本と一致する。

㊳「其イ」（五三⑩下13オ6「倉甚虚」の「甚」字右旁）「其」に作る伝本は未だ管見に入らないが、島校に拠れば「敦煌李榮本」が「其」に作る。

㊴「是-以イ」（六四⑥下22ウ7 1074「聖人無爲故無敗」の「聖」上辺に挿入符小圏、左旁）〔慶Ⅰ・杏Ⅱ〕眉上に「是以二字異本无也」（〔杏Ⅱ〕は「異本无」を「无異本」に作る）との校語が有り、〔杏Ⅱ〕の該経文の左には「聖人之上ニ有二是以二字一非也」と校勘旁記が見える。〔陽Ⅰ・書陵・足利・慶Ⅰ・六地〕に「是以」二字が有り此の「イ」本と一致する（第二章第二節三「〔活Ⅰ〕と〔陽Ⅰ〕の異同の実態」㈤245頁参照）。

㊵「能イ」（六四⑫下23オ7a 1107「聖人學人所不學」の「不學」字間に小圏、右旁）此の校異は他に同例を見ない。管見の伝本の内、古活字版及び〔陽Ⅰ〕を除く全てに「能」字が有る（第二章第二節二「古活字版と〔陽Ⅰ〕との近接した関係」183頁参照）。

㊶「吾イ」（七〇②下28オ1 1349「夫唯無知是以不我知」の「我」字右旁）〔書陵・六地〕が「吾」に作り、此の「イ」本と一致している。

㊷「復イ」（八〇④下34ウ3b 1705「甘其蔬食不漁食百姓也」の「漁」字左旁）〔東洋〕には「漁」字左旁に見せ消を付し、右旁に「復」の校字書入れが有る（青筆）。管見の伝本の内「復」に作るのは〔書陵〕の一本のみである。

以上、「イ」或いは「イ本」と標記された校異の書入れが四十二条認められた。「イ」或いは「イ本」は、多くは古活字版と同類系統の本との校異を示す一方で、③④⑤⑥の如き纂圖互註本との異同が含まれ、また⑭の事例に見るように、清家本との異同も示されていることから、特定の一本で有り得ない。最も多く符合する本は〔書陵〕が四十二例のうち十八例、巻下を欠く〔龍門〕が三十例中十六例が一致し、⑭の事例に見られるように、清家本との校異が含まれていることは明らかであるが、管見の伝本の内には、「イ」或いは「イ本」と同本と認めうる程に多く一致する本は存在しない。また、⑬㉖㉙㉚㉝㉞㊷は〔東洋〕に、㉟は〔東洋・書陵・杏Ⅱ・大東・慶Ⅰ〕に、㊴は〔慶Ⅰ・杏Ⅱ〕に同文或いは同類同義の書入れが有り、累代相承された校異と看做され、「イ」「イ本」との校異は経年加増された書入れと考えるべきであり、㉗に見られるように古活字版の誤植字に対する校異を含む事実に鑑みるならば、其の営為は古活字版刊行後に及んでいると看做さなければならない。他の事例と比較して〔東洋〕青筆の書入れと一致する例が少ないのもそのことを裏付ける。また、①⑦⑧⑨⑪㉛㊳は現在在所不明の異文との校異として注目され、未発見の伝本が存在することを想定しておかなければならないであろう。

＜対校本不標記の校異＞

① 「上下」（転倒符）（序⑩2オ3 25「風雲」左旁）〔足利〕には同所に「雲風本作」と同義の書入れが有る。〔陽Ⅰ・書陵・龍門・梅沢・東大・東急・六地・陽Ⅱ〕が「雲風」に作り、此の書入れと符合する。

② （見せ消）（序㉓3オ7 59「尊故爲上」の「尊」字左旁）〔書陵・龍門・弘文・慶Ⅱ〕に「尊」字が無く、此の書入れと符合する。

③ 「若」（四⑩上4オ2 172「湛兮似或存」の「或」字左旁に見消ち「ヒ」、地脚）〔杏Ⅰ〕の同字左旁に「若才乍」と「才」との校異が有るが、直接の相承関係は希薄であろう。尚、河上公本では〔宋版・世徳・道蔵〕が「若」に作っているが、何れも本校異の対校本と看做すには無理が有る。鬳齋口義本が「若」に作っており、或いは其れによるか。

④ 「芻屮」（五④4オ7 ab「天地生萬物」の「天地」二字に重書）「天地」両字の印刷が不良で、その箇所に重書されている。しかし、「天地」を「芻屮」に作る伝本の例を聞かない。重書の意図は理解し難く、文義通ぜず誤写と看做されよう。

⑤「彈」（八⑤上6オ7b 282「水濁靜流居之也」の「靜」字に朱見消ち、左旁）〔書陵・龍門・足利・筑波・斯Ⅱ〕が「彈」に、〔弘文・慶Ⅰ・大東〕は「殫」に作る。〔筑波〕は「彈」字旁に「静也」、〔大東〕は「殫」字旁に「静イ」との書入れがある。

⑥「惡」（八⑨上6ウ6b 311「無有怨尤水者也」の「怨」字左旁）〔杏Ⅰ〕の同字左旁に「悪本乍」の書入れがある。〔陽Ⅰ・書陵・龍門・筑波・弘文・斯Ⅱ・慶Ⅱ・武内・東大・東洋・東急〕が「惡（悪）」に作っている。

⑦「哀」（九④上7オ6b 335「樂極則哀也」の「衰也」下余白）古活字版及び〔天理〕を除く諸本並びに「哀」に作る。

⑧「者」（一三⑤上10ウ4a 509「欲爲天下主則」の「主則」間に小圈、右旁）古活字版及び〔陽Ⅰ・東急・天理〕を除く〔書陵・龍門・無窮・足利・筑波・弘文・斯Ⅱ・梅沢・慶Ⅰ・大東・慶Ⅱ・武内・東大・東洋・斯Ⅰ・宋版・世徳・敦Ⅰ・道蔵〕の諸本に「者」字が有る。

⑨「下即應㆑君・以㆔不㆒信㆓也」（ヲコト点付「下即（チ）君に應するに・不信（ヲ）以（テ）す」）（一三⑧上19ウ1a 1036「此言」の上、挿入符小圈、右旁）本書入れの移写に際して拠用された底本は清家点本であり、其の本に標出の文が存していたと判明する。（上記427頁参照）。此の八字を具備する伝本には〔陽Ⅰ・書陵・龍門・無窮・足利・筑波・弘文・斯Ⅱ・梅沢・慶Ⅰ・大東・慶Ⅱ〕が有る。

⑩「者」（二四⑧上20オ2b 1078「爲貪行也」の「行也」字間に挿入符小圈、右旁）〔陽Ⅰ・書陵・龍門・足利・弘文・斯Ⅱ・梅沢・慶Ⅰ・大東・慶Ⅱ。東洋〕の諸本に「者」字がある。

⑪「者」（二四⑪上20オ3a 1081「故物無有不畏悪之也」の「之」字下に小圈、右旁）〔陽Ⅰ・書陵・龍門・足利・筑波・弘文・斯Ⅱ・梅沢・慶Ⅰ・大東・慶Ⅱ・武内・東大・東洋〕の諸本に「者」字が有る。

⑫「不」（二五⑤上20ウ1b 1100「不危殆也」の「危殆」字間に小圏、左旁）〔陽Ⅰ・書陵・龍門・無窮・足利・弘文・斯Ⅱ・慶Ⅱ・梅沢・東大・東洋・東急〕の諸本が此の校字書入れと符応する。

⑬「謫以三／本校之」（二七⑤上22オ3 1196「善言者無瑕讁」の「讁」字、地脚）同経文下注22オ3b 1199にも「讁」字が有り、或いは両方を対象とした校語であるかもしれない。経文「謫」に作るのは〔道蔵〕以外に無く、注文は〔斯Ⅱ・道蔵〕が「謫」に作っている。対校本の内三本が「謫」字であったという意味なのであろうか。或いは対校した三本の内、一本がそうであったのか。いずれにしても〔道蔵〕が三本の一本であったとは考えにくく、此の書入れの内実は明らかでない。しかし、「謫」に作る校本が使用された事実は疑えない。

⑭「取」に加筆し「聚」字となす（三四⑤上28オ7a 1560「有所収取也」の「取」字下辺）「取」字の下辺に「乑」を添書し「聚」字とする。「取」に作るのは古活字版の他〔足利・筑波・杏Ⅰ・斯Ⅰ・宋版・世徳・道蔵・天理〕で、〔陽Ⅰ・書陵・龍門・無窮・弘文・斯Ⅱ・慶Ⅰ・大東・慶Ⅱ・武内・東大・東洋・東急〕が「聚」に作っている。また〔梅沢〕は「集」に作る。〔杏Ⅰ〕は同字左旁に「集中本乍聚」と、眉上に「本乍聚」と、〔梅沢〕の「集」字左旁には「聚イ」と校異が存する。

⑮「於」（三六③上29ウ5 1633「魚不可脱淵」の「脱淵」字間挿入符小圏、右旁）〔陽Ⅰ・書陵・龍門・無窮・足利・筑波・弘文・斯Ⅱ・梅沢・慶Ⅰ・大東・慶Ⅱ・武内・東大・東洋・東急・斯Ⅰ・六地・陽Ⅱ・宋版・世徳・道蔵〕の諸本がこの書入れと符応して「魚不可脱於淵」に作る（〔道蔵〕には「可」字が無い）。「於」字が無いのは古活字版と〔天理〕だけである。此の異同については第二章第三節「古活字版に孤立した特異の異文」一(5)で既述した（256頁参照）。

⑯「教令」を「施」字の下に、「政事」を「爲」字の下に移行（三八⑨下1ウ1a「爲教令施政事也」の「爲教」「施

政」の各両字の間に挿入符） 此の校記に従えば此の注文は「爲政事施教令也」となるが、かかる本文を持つ伝本は未だ管見に入らない。

⑰「以」（三八⑭下1ウ6a「煩多不可應」の「可應」字間右旁）「可」字の下に「以」字を加え、「不可以應」とする伝本は管見に入らない。

⑱「分」を「義」字の上へ移行（三八⑮下2オ1b52「仁衰而義分明也」の「分」字に移行符）〈斯Ⅱ・宋版・世徳・敦Ⅲ〉が「分義明也」に作り、此の書入れと一致する（但、〈敦Ⅲ〉は「也」が無い）。また、〈無窮〉は「分義分明也」に作っている。〈陽Ⅰ・書陵・杏Ⅱ・筑波・弘文・梅沢・慶Ⅰ・大東・武内・東大・東洋・聖語・斯Ⅰ・東急・道蔵〉の管見の伝本の多くは古活字版と同じで「義分明也」としている（〈東急・道蔵〉は「也」が無い）。

⑲「以」（三九④下2ウ7 89「侯王得一爲天下正」の「一爲」字間に小圈、眉上）「一爲」字間に小圏を付し、挿入符を施す。〈無窮・杏Ⅱ・筑波・足利・弘文・斯Ⅱ・慶Ⅰ・大東・武内・東大・東洋・聖語・東急・斯Ⅰ・治要・陽Ⅱ・世徳・道蔵・敦Ⅲ〉等管見伝本の多くは該位置に「以」字が有り、此の校異と符合する。古活字版と一致するのは〈陽Ⅰ・書陵・六地〉で、〈宋版〉は「侯王得一以天下爲正」に作っている。

⑳「纇」（四一⑥下5オ1「夷道若類」の「類」字下旁）河上公本は何れも「類」に作っており、王弼本、嚴遵本、范應元本等が「纇」に作る。此の書入れは王弼本との校異であろうか。武内義雄は河上公本の誤りとし、朱謙之は「類」「纇」古通と看ている(9)。

㉑「故」（四二④下6オ3a262「増高者速崩貪冨者致患也」の「崩貪」字間に小圈、右旁）〈陽Ⅰ・書陵・足利〉に「故」字が有る。〈杏Ⅱ・無窮・筑波・弘文・梅沢・斯Ⅱ・武内・慶Ⅰ・大東・東大・東洋・聖語・東急・斯Ⅰ・宋版・世徳・道蔵・敦Ⅱ・治要〉の諸本には古活字版と同じく「故」字は無い。

㉒「蝡（セン）虫」（四九⑧下10ウ1a479「如孩育赤子長養之而不責望其報也」の「孩育」右旁）〔陽Ⅰ・書陵・杏Ⅱ・足利・筑波・弘文・斯Ⅱ・慶Ⅰ・大東・武内・東大・東洋・東急〕が「孩育」を「蠕虫」若しくは「蝡虫」に作り本書入れ校異と符合する。尚、〔梅沢〕は「孩育蠕虫」と両語共に本文としている（第二章第二節三「〔活Ⅰ〕と〔陽Ⅰ〕の異同の実態」㈤239頁、同三節「古活字版に孤立した特異の本文」一(6)256頁参照）。

㉓「有」（五〇⑥下11オ1b502「反之十三死地」の「十三」字間に小圏、左旁）〔陽Ⅰ・書陵・足利・弘文・梅沢・武内・東大・東洋・道蔵〕諸本に「有」字が有り此の校異に符合する（第二章第二節三「〔活Ⅰ〕と〔陽Ⅰ〕の異同の実態」㈤240頁参照）。

㉔「設（マウケ）言（イ）」（五三③下13オ3a954「故設此言使我介然」の「言使」字間下に小圏、右旁）此の句に於ける諸本間の異同は、次の如く三様が確認される。古活字版と同じく「故設此言」に作る〔陽Ⅰ・無窮・弘文・斯Ⅱ・慶Ⅰ・大東・東急・宋版・世徳・敦Ⅱ〕、「此」字が無く「故設言」に作る〔杏Ⅱ・筑波・梅沢・武内・東大・東洋・聖語・斯Ⅰ・道蔵〕、及び「故設此言設言」に作る〔書陵・足利〕である。表示すれば次の如くである。

故設此言■■〔活Ⅱ・陽Ⅰ・無窮・弘文・斯Ⅱ・慶Ⅰ・大東・東急・宋版・世徳・敦Ⅱ〕
□□■□■■〔杏Ⅱ・筑波・梅沢・武内・東大・東洋・聖語・斯Ⅰ・道蔵〕
□□□□設言〔書陵・足利〕

書入れは「故設此言設言」に作る本との校異であることは明らかで、〔書陵・足利〕と一致している。尚、〔東洋〕は「故設言」に作るが、その「故設」の字間に小圏を加え、右に「設此言」の旁記（以上青筆）が有る。従って、〔東洋〕の書入れは〔書陵・足利〕と同本文「故設此言設言」との校異注記であり、此の本の書入れと同義と認められる。

㉕「也」（五三④下13オ5a603「夷平易也」の「平」字下に小圏、右旁）

㉖「大ｰィ」（五三⑤下13オ5b 603「夷平易也」の「易」字上に小圏、右旁）此の両条の校異に従えば、対校本の本文は「夷平也大易也」であり、〔陽Ⅰ・書陵・杏Ⅱ・無窮・足利・筑波・斯Ⅱ・梅沢・慶Ⅰ・大東・東大・東洋・東急〕の諸本と一致している（第二章第二節三「〔活Ⅰ〕と〔陽Ⅰ〕の異同の実態」(五) 241頁）、同第三節「古活字版に孤立した特異の本文」二(4) 264頁参照）。

㉗「使」（五七③下16ウ4b 761「天使詐僞之人用兵也」の「人用」字間に小圏、左旁）〔東洋〕にも同様の書入れ（青筆）が見られる。〔陽Ⅰ・無窮・東急・宋版・世徳・道蔵〕が「用」字の上に「使」字が有り、此の校異の書入れと符合する（第二章第二節三「〔活Ⅰ〕と〔陽Ⅰ〕の異同の実態」(五) 242頁参照）。

㉘「以」（六二⑧下20ウ7a 975「美言者獨可於市耳」の「可於」字間に加筆）〔陽Ⅰ・書陵・梅沢・敦Ⅱ〕が「可於」字間に「以」字が有り、此の校異の書入れと符合する（第二章第二節三「〔活Ⅰ〕と〔陽Ⅰ〕の異同の実態」(四)(2) 222頁参照）。

㉙「時上」（六六⑥下25オ4a 1198「天下無厭聖人」の「人」字下に小圏、右旁）古活字版と「通考」を除き、管見の伝本は全て「時」字が有る（第二章第二節三「〔活Ⅰ〕と〔陽Ⅰ〕の異同の実態」(五) 245頁、同第三節「古活字版に孤立した特異の本文」一(8) 257頁参照）。

㉚「曲」（六六⑦下25オ4a「由聖人不與民爭先後也」の「由」字左下旁）「由」を「曲」に作る伝本は管見に入らない。又、「曲」では文義が通らない。返り点「四」の誤写と考えられる。

㉛「其」（六七⑦下26オ2 1252「舍儉且廣」の「舍儉」字間に小圏、右旁）〔東洋〕の同所に同様の書入れ（青筆）が有る。〔書陵・足利・斯Ⅰ・六地・道蔵〕に「其」字が有り、此の書入れに符合する。

㉜「心ﾆ」（六九⑤下27オ6a 1311「雖欲仍引之若無敵可仍也」の「之若」字間に小圏、右旁）古活字版、「通考」を除

く諸本に「心」字が認められる。古活字版の誤脱とは看做せないこと、既述した通りである（第二章第三節「古活字版に孤立した特異の本文」一⑽259頁参照）。

㉝「也」（七〇③下28オ1 1349「夫唯無知是以不我知」の下「知」字下に加筆）〔東洋〕は下「知」字の下に小圏を付し、左旁に「也」字を旁記する（並びに青筆）。校異の書入れとして同義である。〔書陵・足利・弘文・斯Ⅱ・六地〕に「也」字が有る。

㉞「病ヒ」（七一③下28ウ1 1376「聖人不病以其病」の下「病」字下に小圏、右旁）〔陽Ⅰ・書陵・杏Ⅱ・無窮・足利・斯Ⅱ・梅沢・慶Ⅰ・大東・武内・東大・東洋・聖語・東急・斯Ⅰ・六地・宋版・世徳・道蔵・敦Ⅱ〕の伝本の多くは「以其病病」に作る。僅かに〔弘文〕が古活字版に同じく「以其病」で下の「病」字が無い。尚、〔筑波〕は「以其病之」としている（第二章第二節三「〔活Ⅰ〕と〔陽Ⅰ〕の異同の実態」㈤248頁参照）。

㉟「生」（朱ヲコト点付、「生して」）（七五③下31オ2a 1517「人皆化上爲貪」の「上爲」字間に小圏、右旁）〔陽Ⅰ・書陵〕に「生」字が存し、加点も同じ。その他の管見諸本には此の「生」字は無い（第二章第二節三「〔活Ⅰ〕と〔陽Ⅰ〕の異同の実態」㈤249頁参照）。

この様に、対校本を明示しない校異の書入れが三十五条認められる。その内③④⑬は記入の様態から見れば、他の条とはやや異質であるようにも感じられるが、此れらを「一本」「或本」「イ本」の標記のある校異と類別することの意義を抽出論証することは難しい。しかし、此処に類別された書入れは、㉔㉗㉛㉝の四条が〔東洋〕の青筆の書入れと符応しているものの、其れを除けば他の書入本には認められない。即ち、本書入れだけに存する校異記が殆どである。

また、⑨㉒㉔㉖㉙㉜㉞㉟の八条には加点を含み、その対校本は点本であったと推知される。

更に、其処に示された異文は諸本と対比して〔書陵・龍門〕と一致する文が顕著に多い。〔書陵〕は①②⑤～⑫⑭⑮㉑㉒～㉖㉘㉙㉛～㉟の二十五条、〔龍門〕は巻上部分十五条の内、①②⑤～⑫⑭⑮の十二条が符合している。

此の三点に鑑みれば、対校本を標記しない校異の書入れの多くは、書入れ移写に際して拠用された清家点本と本古活字版との校異であるとの見方が可能であろう。従って旧来相承されてきた校異では無く、新たに加増された書入れと看做される。〔書陵・龍門〕との一致が多いのは、その原本たる点本が両本と近親な関係に在ることを証し、〔書陵〕が清家点本とされることと矛盾しない。

〈章題の校異〉

毎章の冒頭句の右旁に、別名章題の書入れある。本文第一句両三字を題名とする体式で、第二章第一節三「章題の有無と標記程式の相違」(173頁)で述べたところのB式に相当する。そこで言及したように、此れと同じ形式の章題でも採択する字句の長短によって諸本に異同が有る。従って、此の書入れ章題と同名同形式の章題を掲する伝本を指摘することは、対校本と諸本との繋累関係を窺う上で無意味ではない。また、第一章章題については先に、〈「中本」との校異〉②(486頁)、〈清原家本との校異〉③(492頁)及び〈「イ」「イ本」との校異〉②(504頁)において既述した。其処での検証に基づいて類推するならば、「中本」「イ本」と同様に清原家の「古本」に対する言わば新本も、此の形式の章題を有つ本であったと考えられる。且つ、〔東洋〕青筆の校異標記に見える「宣賢本」(後述「其の他の書入れ」⑦参照)も此れと同一或いは同類本であるとの推定が可能であろう。

なお、〔東洋〕の本行章題下に添え書きされた別題は、此の書入れ章題と多くは同名であるが、一部に異同も認められる。異なる場合には青筆で校異の加筆がなされ、其れが悉く本書入れと吻合している。両校本本文の緊密な関係が想察される。以下〔東洋〕の添記章題と同名の場合は各条下での言及は省略した。

「道可道章第一イ中」（一④上1オ3 3「道可道」右旁）〔筑波・弘文・慶Ⅰ・大東・慶Ⅱ・仁和〕が同名同体式の章題を有つ。上記参照。

「天下皆章第二」（二①上2オ4 73「天下皆知美之爲美」の「天下」右旁）〔書陵・龍門〕の同所に同名同体式の章題の旁記が有る。第一章には「イ中」の付箋が有るが、第二章以下も恐らくは同義で、此の二字が省略されているものと解される。〔東洋〕は「養身章第二」の章題を掲し、その下に「天下皆知章」の別章名を添記し、「養身章第二」の各字及び「知」字の左旁に青筆で見せ消を付す。従って青筆の校意は本書入れと符合する。同名同体式の章題を有する伝本は〔筑波・弘文・慶Ⅱ〕である。

「不尚賢章第三」（三①上3オ2 113「不尚賢」右旁）〔書陵〕の同所に同式章題の書入れが有る。同体式の章題を掲する古鈔本は〔筑波・弘文・慶Ⅰ・大東・慶Ⅱ〕である。

「道沖章第四」（四①上3ウ5 149「道沖而用之」の「道沖」右旁）〔書陵〕の同所に同体式章題の書入れが有る。〔東洋〕は「無源章第四」の章題を掲し、その下にやや小字で「道沖而用章」の別章名を併記し、「無源章第四」及び「而用」の各字左旁に青筆で見せ消を付す。従って青筆の校意は本書入れと符合する。尚、〔杏Ⅰ・慶Ⅱ〕は同式章題を眉上に標記。但、〔杏Ⅰ〕は〔東洋〕と同じく「沖」を「冲」に作る。〔筑波・弘文・慶Ⅰ・大東・慶Ⅱ〕が同体式の章題を掲する（〔筑波・弘文・慶Ⅱ〕は「沖」を「冲」に作る）。

「天地章第五」（五①上4オ7 187「天地不仁」の「天地」右旁）〔書陵〕の同所に同体式章題の書入れが有る。〔東洋〕は「虚用章第五」の章題を掲し、その下にやや小字で「天地不仁章」の別章名を記し、「虚用章第五」及び「不仁」の各字左旁に青筆で見せ消を付す。従って青筆の校意は本書入れと符合する。尚、〔杏Ⅰ〕は此れと同式章題を眉上に標記する。同体式の章題を掲する古鈔本は〔筑波・弘文・慶Ⅱ・慶Ⅰ・大東〕である。

「谷神不死章第六」（六①上5オ2 214「谷神不死」右旁）〈書陵〉の同所、〈杏Ⅰ〉の眉上に同体式章題の書入れが有る。同体式の章題を掲する古鈔本は〈筑波・弘文・慶Ⅱ〉である。

「天地長久章第七」（七①上5ウ3 253「韜光第七」左旁）〈梅沢〉の章題「韜光第七」の右旁、〈書陵〉の本文冒頭句「天長地久」の右旁に、同体式章題の書入れが有る。此の章題は〈筑波・弘文・慶Ⅱ〉と符合する。

「上善如水章第八」（八①上6オ5 276「易性第八」左旁）〈書陵〉の本文冒頭句「上善若水」の右旁、〈梅沢〉の章題「易性弟八」の右旁に、同名同体式章題の書入れが有る（〈梅沢〉は「如」を「若」に作る）。此の章題は〈筑波・弘文・慶Ⅱ〉と符応する。

「恃而盈之章第九」（九①上6ウ7 312「運夷第九」左旁）〈書陵〉の本文冒頭句「恃而盈之」の右旁、〈杏Ⅰ〉の眉上に同体式章題の書入れが有る。同体式の章題を掲する古鈔本は〈筑波・弘文・慶Ⅱ〉である。但、〈弘文・慶Ⅱ〉は「恃」を「特」に作っている。

「載營魄章第十」（一〇①上7ウ1 336「載營魄」右旁）〈書陵〉の同所、〈杏Ⅰ〉の眉上に同体式章題の書入れが有る。但、〈書陵〉には「第」字が無い。同体式の章題を掲する古鈔本は〈筑波・弘文・慶Ⅱ〉である。

「三十輻章第十一」（一一①上8ウ4 409「三十輻共一轂」の「三十輻」右旁）〈書陵〉の同所に同体式章題の書入れが有る。〈東洋〉は「無用章第十一」の章題を掲し、その下にやや小字で「卅輻章」の別章名を添記し、青筆で「卅」右旁に「三十」の二字を加筆する。従って青筆の校字に従えば本書入れ章名と吻合する。同じ章題を掲する古鈔本は〈筑波・弘文・慶Ⅱ・慶Ⅰ・大東〉である。

「五色章第十二」（一二①上9オ7 448「五色令人目盲」の「五色」右旁）〈書陵〉の同所に同体式章題の書入れが有る。〈筑波・弘文・慶Ⅱ・慶Ⅰ・大東〉が同体式の章題を掲する。

「寵辱章才十三」（一三①上10オ1 473「寵辱」右旁）〔書陵〕の同所、〔梅沢〕の章題右旁に、同体式同名章題の書入れが有る。此の章題は〔筑波・弘文・慶Ⅱ・慶Ⅰ・大東〕と符合する。

「視之不見章才十四」（一四①上11オ1 522「視之不見名曰夷」の「視之不」右旁）もと「不」字を脱し、「之見」字間に小圏を施し右旁に加筆訂正されている。〔書陵〕同所の章題書入れは「不」字を欠く。此の章題は〔筑波・弘文・慶Ⅱ・慶Ⅰ・大東〕と符合する。

「古之善為士章第十五」（一五①上12オ3 593「古之善爲士者」の「古之善」右旁）〔東洋〕は「謙徳章第十五」を掲し、その下にやや小字で「古之善章」の別章名を記し、青筆で「善章」字間に小圏を施し左旁に「為士」二字を加筆。従って青筆の校意に従えば本書入れ章名と符合する。此の章題は〔弘文・慶Ⅱ〕と同じである。なお、〔書陵〕の書入れ章題はこれと異なり、「為士」二字が無い。

「至虚極章才十六」（一六①上13オ3 657「至虚極也」の「至虚極」右旁）〔書陵〕の同所に、同体式同名章題の書入れが有る。此の章題は〔慶Ⅱ〕と符合する。

「大上章才十七」（一七①上14オ2 727「太上下知有之」の「太上下」右旁）〔書陵〕の同所に、同体式章題の書入れが有る。但、「大」は「太」に作っている。同体式の章題を掲する古鈔本は〔慶Ⅱ・弘文・慶Ⅰ・大東〕であるが、此の内〔弘文・慶Ⅰ・大東〕は「太」に作り、此の章名と完全に一致するのは〔慶Ⅱ〕である。

「大道廢章才十八」（一八①上14ウ3 759「大道廢焉有仁義」の「大道廢」右旁）〔書陵〕の同所、〔梅沢〕の章題「俗薄弟十八」の右旁に、同体式同名章題の書入れが有る。此の章題は〔弘文・慶Ⅱ〕と符合する。

「絶聖棄智章才十九」（一九①上15オ3 787「絶聖」右旁）〔書陵〕の同所に同体式同名章題の書入れが有る。〔東洋〕は章題「還淳章第十九」を掲し、その下に小字で「絶聖章」の別題を記し、青筆で「聖章」の間に小圏を施し、右旁に「棄智」二字を加筆。従って青筆の校字に拠れば本書入れと符合する。〔弘文・慶Ⅱ〕が同体式の章題を掲する。

「絶学无憂章才二十」（二〇①上15ウ4 828「絶學」右旁）〔東洋〕は「異俗章第二十」の章題を掲し、その下にやや小字で「絶學章」の別章名を併記し、青筆で「學章」の間に小圏を施し左旁に「无憂」二字を加筆。従って青筆の校意に従えば本書入れ章名と符合する。同体式の章題を掲する古鈔本は〔弘文・慶Ⅱ〕である。尚、〔書陵〕同所の章題書入れは「絶學章第二十」で「无憂」二字が無い。

「孔徳之容章才廿一」（二一①上17オ1 910「孔徳之容」右旁）〔書陵〕の同所、〔梅沢〕の章題「虚心弟廿一」の下旁に、同体式同名章題の書入れが有る。此の章題は〔筑波〕と符合する。

「曲則全章第廿二」（二二①上17ウ5 948「曲則全」右旁）〔書陵〕の同所に同体式同名章題の書入れが有る。同体式の章題を掲する古鈔本は〔弘文・慶Ⅱ〕である。

「希言自然章才廿二（ママ）」（二三①上18ウ4 1001「希言自然」右旁）〔書陵〕の同所に同体式同名章題の書入れが有る。〔東洋〕は「虚無章第廿三」と掲し、その下に小字で「希言章」の別題を併記、青筆で「言章」字間に小圏を施し右旁に「自然」二字を加筆。従って青筆の校字に拠れば本書入れ章名と符合する。〔筑波・弘文・慶Ⅱ〕が同体式の章題を掲する。

「跂者不立章第二十四」（二四①上19ウ3 1041「跂者不立」右旁）〔杏Ⅰ・書陵〕の同所に同体式同名章題の書入れが有る。同体式の章題を掲する古鈔本は〔弘文・慶Ⅱ〕である。

「有物混成章才廿五」（二五①上20オ5 1084「有物混成先天地生」の「有物混成」右旁）〔書陵〕の同所に同体式同名章題の書入れが有る。同体式の章題を掲する古鈔本は〔筑波・弘文・慶Ⅱ〕である。

「重為輕根章才廿六」（二六①上21オ7 1161「重爲輕根」右旁）〔書陵〕の同所に同体式同名章題の書入れが有る。同体式の章題を掲する古鈔本は〔筑波・弘文・慶Ⅱ〕である。但、〔慶Ⅱ〕は「才」字無し。

「善行章才廿七」（二七①上22オ2 1190「善行者無徹跡」の「善行者」右旁）〔書陵〕の同所に同体式同名章題の書入れが有る。〔東洋〕は「巧用章第廿七」の章題下にやや小字で「善行者章」の別章名を併記、青筆で「者」字左旁に見せ消を付す。其の青筆に従えば本書入れ章名と符合する。〔筑波・弘文・慶Ⅱ・慶Ⅰ・大東〕が同体式の章題を掲する。

「知其雄章才廿八」（二八①上23オ2 1246「知其雄」右旁）〔書陵〕の同所に同体式同名章題の書入れが有る。同体式の章題を掲する古鈔本は〔弘文・慶Ⅱ〕である。

「将欲章才廿九」（二九①上24オ3 1317「將欲取天下」の「將欲」右旁）〔書陵〕の同所に同体式同名章題の書入れが有る。〔東洋〕は「無為章第廿九」の章題下にやや小字で「將欲取章」の別章名を添記、青筆で「取」字左旁に見せ消を付す。其の青筆に従えば本書入れ章名と符合する。同体式の章題を掲する古鈔本は〔筑波・弘文・慶Ⅱ・慶Ⅰ・大東〕である。

「以道佐人主章才三十」（三〇①上24ウ6 1352「以道佐人主者」の「以道佐」右旁）同体式同名の章題を掲するのは〔筑波・弘文・慶Ⅱ〕である。〔書陵〕同所の章題書入れは「以道章第三十」と本題とは異なる。

「夫佳兵章三十一」（三一①上25ウ3 1399「夫餝兵者不祥之器」の「夫餝兵」右旁）〔東洋〕は「偃武章第卅一」の章題下にやや小字で「夫飾兵章」の別章名を添記、青筆で「飾」字左旁に見せ消を付し右旁に「佳」字を加筆。其の青筆に従えば本書入れ章名と符合する。〔慶Ⅱ〕一本が同体式同名の章題を掲する。なお〔書陵〕書入れは「夫餝兵章第三十一」と、第二字が異なる。

「道常无名章才三十二」（三二①上26ウ5 1466「道常無名」右旁）〔書陵〕の同所に同体式同名章題の書入れが有る。

但、「无」を「無」に作り、「三」を「二」に誤る。同体式の章題を掲する古鈔本は〔筑波・弘文・慶Ⅱ〕である。

「知人智章才三十三」（三三①上27ウ1 1509「知人者智」右旁）〔東洋〕は「辨德章第卅三」の章題下にやや小字で「知人者智章」の別章名を添記、青筆で「者」字左旁に見せ消を付す。此の青筆に従えば本書入れ章名と符合する。同体式同名の章題を掲する古鈔本は〔慶Ⅱ〕の一本である。なお、〔書陵〕の章題書入れは「知人章第三十三」、〔杏Ⅰ〕は「知人者知章第三十三」で小異が有る。

「大道氾章才三十四」（三四①上28オ3 1536「大道氾兮」右旁）〔書陵〕の同所に同体式同名章題の書入れが有る。〔杏Ⅰ〕の眉上に同式章題の書入れが有るが「氾」を「汎」に作っている。同体式の章題を掲する古鈔本は〔筑波・弘文・慶Ⅱ〕である。但、〔弘文〕は「氾」を「汎」に作る。

「執大象章才三十五」（三五①上28ウ6 1580「執大象天下往」の「執大象」右旁）〔書陵〕の同所に同体式同名章題の書入れが有る。〔筑波・弘文・慶Ⅱ・慶Ⅰ・大東〕が同体式の章題を掲する。

「將欲翕章才三十六」（三六①上29ウ1 1615「將欲噏之必固張之の「將欲噏」右旁）〔書陵〕の同所に同体式同名章題の書入れが有る。〔東洋〕は「微明章第卅六」の章題下にやや小字で「将欲翕之章」の別章名を併記、青筆で「之」字左旁に見せ消を付す。此の青筆に従えば本書入れ章名と吻合する。同体式の章題を掲する古鈔本は〔慶Ⅱ〕一本である。

「道常無為章才三十七」（三七①上30オ2 1642「道常無爲而無不爲」の「道常無爲」右旁）〔書陵〕の同所に同体式同名章題の書入れが有る。〔筑波・慶Ⅱ〕が同体式同名の章題をを有つ。

「上德不德章第三十八」（三八⑤下1オ33「上德不德」右旁）〔書陵〕同所の章題書入れは「上德章第三十八」とあって本章名とは異なる。同体式の同名章題を掲する古鈔本は〔筑波・弘文〕である。

「昔之得一章才三十九」（三九①下2ウ3 75「昔之得一者」右旁）〔書陵〕の同所に同体式同名章題の書入れが有る。〔筑波・弘文〕が同体式同名の章題を有つ。

「反者道之動章才四十」（四〇①下4オ4 165「反者道之動」右旁）〔弘文〕が同体式同名の章題をを有つ。〔筑波〕も同名であるが「才」字が無い。〔書陵〕の書入れ章題は「之動」二字が無い。

「上士聞道章才四十一」（四一①下4ウ2 180「上士聞道勤而行之」の「上士聞」右旁）〔書陵〕の同所に同体式同名章題の書入れが有る。〔筑波・弘文〕が同名の章題を有つ。

「道生一章才四十二」（四二①下5ウ3 234「道生一」右旁）〔書陵〕の同所に同体式同名章題の書入れが有る。〔杏Ⅱ・筑波・弘文〕が同体式同名の章題を有つ。

「天下之至柔章才四十三」（四三①下6ウ2 283「天下之至柔馳騁天下之至堅」の「天下之至柔」右旁）〔東洋〕は本行章題下にやや小字で「天下之章」と別章題を添記し、青筆で「之章」の間に小圏を施し右旁に「至柔」を旁記。従って青筆の校意に従えば、本書入れ章題と同名である。〔弘文〕が同名の章題を有つ。〔書陵〕の書入れ章題は「至柔」二字が無く、〔東洋〕の加筆前と同名である。

「名與身章才四十四」（四四①下7オ2 315「名與身孰親」の「名與身」右旁）〔書陵〕の同所に同体式同名章題の書入れが有る。〔杏Ⅱ・筑波・弘文・慶Ⅰ・大東〕が同体式同名の章題を有つ。

「大成若缺章才四十五」（四五①下7ウ3 337「大成若缺」右旁）〔東洋〕は本行章題下にやや小字で「大成章」と別章題を添記し、青筆で「成章」の間に小圏を施し左旁に「若缺」二字を旁記する。従って青筆の校意に従えば、本書入れ章題と同名である。〔弘文〕が同名の章題を有つ。〔書陵〕の書入れ章題は「若缺」二字が無く、〔東洋〕の加筆前と同名である。

「天下有道章才四十六」（四六①下8オ6 378「天下有道」右旁）〔書陵〕の同所に同体式同名章題の書入れが有る。〔弘文〕が同体式同名の章題を有つ。

「不出戸章才四十七」（四七②下8ウ6 396「不出戸以知天下」の「不出戸」右旁）〔書陵〕の同所に同体式同名章題の書入れが有る。〔杏Ⅱ・弘文・慶Ⅰ・大東〕が同体式同名の章題を有つ。〔筑波〕は同名であるが「才」字が無い。

「為學日益章才四十八」（四八①下9オ7 419「爲學日益」右旁）〔書陵〕の同所に同体式同名章題の書入れが有る。

〔東洋〕は「忘知章第四十八」の章題下にやや小字で「為学章」の別題を添記、青筆で「学章」字間に小圏を施し右旁に「日益」二字を旁記する。此の青筆に従えば本書入れ章名と吻合する。同体式の章題を掲する古鈔本は〔弘文〕一本である。

「聖人無常心章才四十九」（四九①下9ウ7 444「聖人無常心」右旁）〔書陵〕の同所に同体式同名章題の書入れが有る。〔筑波・弘文〕が同体式同名の章題を有つ。

「出生入死章才五十」（五〇①下10ウ4 482「出生入死」右旁）〔書陵〕の同所に同体式同名章題の書入れが有る。〔杏Ⅱ・弘文・慶Ⅰ・大東〕が同体式同名の章題を有つ。〔筑波〕の章題も同名であるが、「才」字が無い。

「道生之章才五十一」（五一①下11ウ2 527「道生之」右旁）〔書陵〕の同所に同体式同名章題の書入れが有る。〔筑波・弘文・慶Ⅰ・大東〕が同体式同名の章題を有つ。

「天下有始章才五十一（ママ）」（五二①下12オ5 557「天下有始」右旁）〔書陵〕の同所に同体式同名章題の書入れが有る。〔筑波・弘文〕が同体式同名の章題を有つ。

「使我介然章才五十三」（五三①下13オ2 591「使我介然有知行於大道」の「使我介」右旁）〔書陵〕の同所に同体式同名章題の書入れが有る。〔筑波・弘文〕が同体式同名の章題を有つ。

「善建者不抜章才五十四」（五四①下13ウ5 635「善建者不抜」の「善建者」右旁）〔筑波・弘文〕が同体式同名の章題を有つ。また、〔東洋〕題下の添記章題も同名である。尚、〔書陵〕の書入れ章題は「善建者章第五十四」で「不抜」二字が無く異なる。

「含徳之厚章才五十五」（五五①下14ウ7 676「含徳之厚」右旁）〔書陵〕の同所に同体式同名章題の書入れが有る。〔筑波・弘文〕が同体式同名の章題を有つ。

「知者不言章才五十六」（五六①下15ウ6 720「知者不言」右旁）〔書陵〕の同所に同体式同名章題の書入れが有る。〔弘文〕が同体式同名の章題を有つ。〔筑波〕も同名であるが「才」字が無い。

「以正治国章才五十七」（五七①下16ウ3 755「以正之國」右旁）〔東洋〕は本行二字句章題下にやや小字で「以正之國章」と別題を併出し、青筆で「之」に見せ消を附し右旁に「治」を加筆する。〔弘文〕の章題が同名であるが「才」字が無い。〔書陵〕同所の章題書入れは「以正之国章第五十七」で「治」を「之」に作り相違し、青筆加筆前の〔東洋〕の書入れ章題と一致する。

「其政悶々章第五十八」（五八①下17ウ3 807「其政悶悶」右旁）〔書陵〕の同所に同体式同名章題の書入れが有る。〔筑波・弘文〕が同体式同名の章題を有つ。

「治人事天章第五十九」（五九①下18ウ2 860「治人」右旁）〔書陵〕の同所に同体式同名章題の書入れが有る。〔東洋〕は本行の二字句章題下に「治人章」と別題を墨筆添記、青筆で「人章」字間に小圏、其の右旁に「事天」二字を加筆、此の青筆に従えば本書入れ章題と符合する。〔弘文〕が同体式同名の章題を有つ。

「治大国章才六十」（六〇①下19オ6 898「治大國若烹小鮮」の「治大國」右旁）〔書陵〕の同所に同体式同名章題の書入れが有る。〔杏Ⅱ・筑波・弘文・大東〕が同体式同名の章題を有つ。

「大国者下流章才六十一」（六一①下20オ1 926「大國者下流」右旁）〔筑波・弘文〕が同体式同名の章題を有つ。〔書陵〕の同所の書入れは「大国者下章第六十一」で、「流」字が無い。

「道者万物之奥章才六十二」（六二①下20ウ5 963「道者萬物之奥」右旁）〔書陵〕の同所に同体式同名章題の書入れが有る。〔筑波・弘文〕が同体式同名の章題を有つ。

「為無為章才六十三」（六三①下21ウ4 1010「爲無爲」右旁）〔書陵〕の同所に同体式同名章題の書入れが有る。〔筑波・弘文・大東〕が同体式同名の章題を有つ。

「其安易持才六十四」（六四①下22オ7 1043「其安易持」右旁）他の例に鑑みれば「持」字下「章」字が有るはずで、誤脱であろう。〔書陵〕に同体式の章題書入れが有るが「持」を「特」に作る。〔筑波・弘文〕が同体式同名の章題を有つ。

「古之善為道才六十五」（六五①下23ウ6 1123「古之善爲道者」の「古之善」右旁）此の書入れも「章」字の誤脱であろう。〔東洋〕は本題下に「古之善章」と別題を併記し、青筆を以て「善章」字間に小圏を付し、右旁に「為道」二字を加筆、此れに従えば本書入れ章題と符合する。此れと完全に一致する章題を有つ伝本は管見に入らず〔弘文〕に「古之善爲道者章第六十五」とあるのが最も近いが「者」一字が多い。〔書陵〕の章題書入れは「古之善章才六十五」で「為道」二字が無い。

「江海為百谷章才六十六」（六六①下24ウ3 1168「江海所以能爲百谷王者」の「江海所」右旁）〔東洋〕は本行の二字句章題の下に「江海章」と別題を添記し、青筆を以て「海章」字間に挿入符の小圏を付し、左に「為百谷」三字を旁記、従って其の加筆に従えば本書入れの章題と一致する。〔弘文〕が同体式同名の章題を有つ。〔書陵〕同所の書入れは「江海所以章第六十八」と相違する。

「天下皆謂章才六十七」（六七①下25オ7 1204「天下皆謂我大似不肖」の「天下皆」右旁）〔書陵〕の同所に同体式同名章題の書入れが有る。〔筑波・弘文〕が同体式同名の章題を有つ。

「善為士章才六十八」（六八①下26ウ1 1266「善爲士者不武」の「善爲士」右旁）〔書陵〕の同所に同体式同名章題の書入れが有る。〔筑波・弘文・大東〕が同体式同名の章題を有つ。

「用兵有言才六十九」（六九①下27オ2 1290「用兵有言」右旁）「言」下「章」字の誤脱と思われる。〔書陵〕の同所に同名章題の書入れが有り、此れには「章」字が有る。〔筑波・弘文〕が同体式同名の章題を有つ。

「吾言甚易知章才七十」（七〇①下27ウ5 1335「吾言甚易知甚易行」の「吾言甚」右旁）〔書陵〕の同所に同体式同名章題の書入れが有る。〔筑波・弘文〕が同名の章題を有つ。

「知不知章才七十一」（七一①下28オ6 1367「知不知上」右旁）〔書陵〕の同所に同体式同名章題の書入れが有る。〔東洋〕は本題「知病章第七十一」下に「知不知上章」と添記し其の「上」字左旁に青筆で見せ消を付す。従って此れと同名である。〔杏Ⅱ・弘文・慶Ⅰ・大東〕が同名の章題を有つ。

「民不畏威章才七十二」（七二①下28ウ6 1388「民不畏威大威至矣」の「民不畏」右旁）〔書陵〕の同所に同体式同名章題の書入れが有る。〔筑波・弘文・大東〕が同体式同名の章題を有つ。

「勇於敢章才七十三」（七三①下29ウ1 1418「勇於敢則敎」右旁）〔書陵〕の同所に同体式同名章題の書入れが有る。〔東洋〕は本行章題「任爲章第七十三」下にやや小さく「勇於敢則敎章」と別題を添記し「則敎」左旁に見せ消を付す。此の青筆に従えば本書入れ章題と同名である。〔弘文・大東〕が同体式同名の章題を有つ。

「民不畏死章才七十四」（七四①下30オ4 1459「民不畏死」右旁）〔書陵〕の同所に同体式同名章題の書入れが有る。〔筑波・大東〕が同式同名の章題を有つ。なお、〔東洋〕本題下の墨筆の添記章題は「民不畏死章」と同名であるが、青筆で「不畏死」三字に見せ消を付し、右旁に「之飢」の二字が加筆されている。しかし、「民之飢章」は次章の章名で伝鈔の誤りと考えられる。〔東洋〕青筆の章題書入れと相違するのは此の一例だけである。

「民之飢章オ七十五」（七五①下31オ1 1507「民之飢以其上食税之多」の「民之飢」右旁）〔書陵〕の同所に同体式同名章題の書入れが有る。〔筑波・大東〕が同体式同名の章題を有つ。

「人之生章オ七十六」（七六①下31ウ3 1540「人之生也柔弱」の「人之生」右旁）〔書陵〕の同所に同体式同名章題の書入れが有る。〔筑波・大東〕が同体式同名の章題を有つ。

「天之道章オ七十七」（七七①下32オ4 1571「天之道其猶張弓乎」の「天之道」右旁）〔書陵〕の同所に同体式同名章題の書入れが有る。〔筑波・慶Ｉ・大東〕が同体式同名の章題を有つ。

「天下柔弱章オ七十八」（七八①下33オ1 1604「天下柔弱莫過於水」の「天下柔」右旁）〔書陵〕の同所に同体式同名章題の書入れが有る。〔筑波〕が同体式同名の章題を有つ。

「和大怨章オ七十九」（七九①下33ウ4 1641「和大怨」右旁）〔書陵〕の同所に同体式同名章題の書入れが有る。〔筑波〕が同体式同名の章題を有つ。

「小国寡民章オ八十」（八〇①下34オ4 1668「小國寡民」右旁）〔書陵〕の同所に同体式同名章題の書入れが有る。〔筑波〕が同体式同名の章題を有つ。

「信言不美章オ八十一」（八一①下35オ1 1716「信言不美」右旁）〔書陵〕の同所に同体式同名章題の書入れが有る。〔筑波〕が同体式同名の章題を有つ。

全八十一章に亙る章名の書入れは、対校本所掲の章題が移写されたものである。そして、其の本は主たる対校本と看做される清家本の可能性が大きい。更に、〔東洋〕の青筆の校異によって復元される題名は、本書入れ章名と悉く一致している。従って双方の校合に際して使用された対校本は、同一本で同じ清家本であった蓋然性が極めて高いと思量される。

また、〔書陵〕の書入れ章題と一致することも多い。しかし、第十五、二十、三十一、三十三、三十八、四十、四十三、四十五、五十四、五十七、六十一、六十五、六十六の十四章において異なっており、両書入れの対校本が同系同類本ではあるが、同一本ではないことを示唆していよう。

また、管見の伝本では〔筑波・弘文・慶Ⅱ〕の章題と符合する場合が多い。しかし、〔筑波〕とは、第十五～二十、二十二、二十四、二十八、三十一、三十三、三十六、四十三、四十五、四十六、四十八、五十七、五十九、六十五、六十六、七十一、七十三の二十二章において異なり、〔弘文〕とは第十六、二十一、三十一、三十三、三十六、三十七、七十四～八十一の十四章で異なっている。ただ、〔慶Ⅱ〕は巻下を欠くが、上巻三十七章の内、第二十一を除く全ての章で完全に一致している。第二十一章も〔慶Ⅱ〕は「孔徳容章第廿一」で「之」一字の誤脱と看做せば本来は同名とも考えられる。本書入れの対校本と〔慶Ⅱ〕の極めて近縁な関係も覗われる。

(2) 訓説書入れ

朱オコト点、墨返り点送り仮名等とともに和訓の書入れが少なくない。本行右旁が主訓、左旁が別訓として扱われているようである。多くは家別の標記は無く、清原家訓説と看做される。その他に「中」字を標した附訓の書入れが散見する。左旁訓の多くはこの標記の脱落或いは省筆とも考えられ、「中」とはとりもなおさず中原家の訓説を示している。以下、標記のある訓に限って掲出し、それ以外の附訓に就いては、清家点復元の為の貴重な資料でもあり、後攷を期して此処では割愛に従う。

〈中原家訓説〉

①「イヘル中」（序⑲3オ5「其斯之謂」の「謂」字左旁）｛書陵｝の同所には「イヘルカ中家」とあり、本書入れは「カ」字の脱落、或いは省略であろう。

②「コレヲモテ中」（序㉑3オ6「以經云道之尊徳之貴」の「以」字左旁）｛書陵・龍門｝の同所に同訓の書入れが有る。但、｛書陵｝は「中」の標字を欠く。

③「ナル中」（序㉔3オ7「地以五行成」の「成」字左旁）｛書陵｝の同所に同訓の書入れが有る。但、「中家」と標記。

④「セラシム中」（序㉘3ウ6「有不誦老子經者不得居官」の下「不」字左旁）｛書陵・龍門｝の同所に同訓の書入れが有る。但、｛書陵｝は「中家」と標記。

⑤「ニモ中」（序㉚4オ3「上不累天」の「天」字左旁）｛書陵｝の同所には「モ中家」とあるが、「ニ」字の脱落或いは省略で同義同訓と看做される。

⑥「ニモ中」（序㉛4オ3「下不累地」の「地」字左旁）｛書陵｝の同所に「モ中家」と、前項と同様である。

⑦「ニモ中」（序㉜4オ3「中不累人」の「人」字左旁）｛龍門｝の同所に同文、また｛書陵｝には前項同様「モ中家」と同義の書入れが有る。

⑧「ハマクリ中」（一⑦上1オ5b「明珠在蚌中」の「蚌」字左旁）｛書陵・龍門｝の同所に同文の書入れが有る。｛杏I｝は、眉上に「蚌」字を標出し「中ハマクリ也／六放」と音義を付すが、和訓については本書入れと符合する。尚、『老子經抄』に「蚌ト云ハ、ハマクリ也」との講述があるのは、清家による中原家訓説の受容と考えるべきであろう。

⑨「ウスキニシテ／ウスラカニシテ／　已上中」（三八⑯下2オ2「夫禮者忠信之薄」の「薄」字、眉上）

⑩「ヲモ中」(四九②下10オ2「不善者吾亦善之」の「者」字左旁)〔書陵〕の同所に同文の訓説書入れが有る。

⑪「ヨカラ中」(四九③下10オ2b「聖人化之使善也」の「善」字左旁)

⑫「クシテ中」(五一③下11ウ5「道之尊徳之貴夫莫之命而常自然」の「莫」字左旁)

⑬「ヒカリ中」(五八⑧下18オ6「光而不曜」の「光」字左旁)〔書陵〕の同所に同文の訓説書入れが有る。

⑭「クタル中」(六八②下26ウ3「善用人者爲之下」の「下」字左旁)

⑮「シフ中」(六九⑦下27ウ3「哀者勝矣」の「哀」字左旁)

⑯「ヨノヒト中」(七一②下28オ7「夫唯病病是以不病」の「夫唯」左旁)

⑰「ソリ中」(七四②下30オ6「若使民常畏死」の「畏」字左旁)〔書陵〕の同字左旁には「ヲソリ中」とある。本書入れは「ヲ」の脱落であろう。

⑱「イヒニウフ中／イヒウヘス中」(七五②下31オ2「是以飢」の「飢」字左旁)

⑲「カランコトヲ中」(七五④下31オ4「人之輕死以其求生之厚也」の「厚」字左旁)

⑳「カレヌルトキハ中」(七六②下31ウ5「其死也枯槁」の「死」字左旁)

㉑「カツ中」(七八②下33オ2「而攻堅強者莫之能勝」の「勝」字左旁)

以上二十一例中、①~⑧⑩⑬⑰の十一例が〔書陵〕と符合し、両書入れの疎遠ならざる関係が窺われる。一方、〔東洋〕には中原家訓説の書入れは一例も無く、諸例に反して特徴的である。同書青筆の書入れが本書入れとごく近しい関係にありながら、明らかに相違する一面が知られる。

中原家家本そのものは、現在伝わらない。〔梅沢〕が中原家本とされていて、その訓説について見れば、確かに本書入れとも符合するところが数多く認められるのであるが、一方で、特に本文については、上述の〈「中本」との校異〉書入れと一致しないところが少なくない。更に、尚、精確な校勘が必須であって、条挙した中原家本との校異、同家訓説の書入れは、同本の実相を窺う上で、看過できない校勘資料である。特に以上の訓説において、⑨⑪⑫⑭～⑯⑱～㉑は本書入れ本に拠って始めて中原家の訓であることが確認できるのであって、訓点資料として貴重であろう。

〈一本〉

①「ヒトシウシ一本」（五六⑤下16オ1「和其光」の「和」字左旁）〈東洋〉は同字左旁に墨筆で「ヒトシウ〆」と訓説を附し、其の下に「一本」と青筆の加筆が有る。掲出の字訓書入れと同源同意と認められる。

〈其の他〉

①「カシラカ、ヘミタリカハシフ〆」（序⑤1ウ4「蓬累」右旁）〈東洋・大東・慶Ⅰ〉の左旁に同訓の書入れ（〈東洋〉は青筆）が有る。〈大東〉は「ヘ」を「エ」に作るが訓義に変わりは無い。尚、『老子經抄』に「家ノ点ニハ、蓬累カシラカ、ヘ、ミタリカハシフ〆、ユクトヨム也」との講述が見え、同訓説は清家訓と判明する。

②「カシラカ、ヘテ」（序⑥1ウ4「蓬累」左旁）〈無窮・大東・慶Ⅰ〉の右旁に同訓の書入れが有る。

③「アリトイフコトヲノミ／タモツトイフコトヲ」（一七②14オ2「太上下知有之」の「有」字左旁）

(3) 諸家注釈書所掲本文との校記及び注説引用等の書入れ

〈嚴遵〉

「嚴遵」本との校異二条が見える。『日本國見在書目録』に「老子指歸十三後漢嚴尊撰」（「尊」は「遵」の譌）と著録され嚴遵本は平安時代初めには渡来していたことが明らかであるが、此の二条は何れも唐賈大隠撰『老子述義』校注からの引用である（序章第二節四、116頁参照）。

①「述云嚴遵本作若玉／若石義亦通」（三九㉖下4オ1「不欲琭琭如玉落落如石」、眉上）現行の嚴遵『老子指歸』

は「如玉」「如石」に作り河上公本と変わりない。賈大隠当時の本とは異なると認めなければならない。因みに蔣校・島校にも指摘があるように、唐傅奕撰『道德經古本篇』、宋范應元撰『道德經古本集註』が両「如」を「若」に作っている。下記〈賈大隠述義〉⑰項参照。

②「述曰嚴遵王弼等並乍爵」（五一④下11ウ5「道之尊德之貴夫莫之命而常自然」の「命」字左旁）下記〈王弼〉④に重掲。〈賈大隠述義〉㉓項参照。

〈王弼〉

王弼注本も『日本國見在書目録』に「老子一王弼注」また「老子義疏八王弼」と著録され、本邦への舶載の時期は平安初期以前に遡る。しかし、伝来通行の実相は明らかでない。以下の①②④は明らかに賈大隠『述義』からの引用であり、③⑤もその可能性を孕んでいると考えられる（序章第二節四、116頁参照）。

①「賈云王本之下有曰字」（四一③下4ウ6「建言有之」「之」字右旁）現行王弼本は河上公本と同じく「曰」字は無い。下記〈賈大隠述義〉⑱項参照。

②「述王弼作大満義ー」（四五③下7ウ4「大盈若沖」の「大盈」右旁）現行王弼本は河上公本と同じく「大盈」に作る。下記〈賈大隠述義〉㉑項参照。

③「王弼乍戈」（五〇⑨下11オ4「入軍不被甲兵」の「兵」字右旁）〔東洋・梅沢〕の同所に同文の校異の書入れ（〔東洋〕は青筆）が見られる。現行王弼本は河上公本と同じく「兵」に作っており、管見の限りであるが「戈」に作る本は現存しないようである。しかし、此の書入れに従えば古王弼本には今本と異なり「戈」に作る本があったと考えなければならない。

④「述曰嚴遵王弼等並乍爵」（五一④下11ウ5「道之尊德之貴夫莫之命而常自然」の「命」字左旁）下記〈賈大隠

述義〉㉓項参照。上記〈嚴遵〉②に重掲。

⑤「王弼同疏乍相若々當也」（六九⑥下27ウ3「故抗兵相加」の「相加」左下旁）〔東洋・杏Ⅱ・慶Ⅰ・大東〕に類似の書入れが見られる。〔東洋〕は同所に「王相加作二相若一々當也」と墨筆で旁記され、「作相若々當」五字の右旁に青の小圏が加えられ、さらに此の墨書の左に「疏王弼同」と青筆の旁記が有る。青筆は本書入れと同義で、元は同じと考えるべきであろう。〔杏Ⅱ・慶Ⅰ・大東〕には眉上に「王云相加乍相若若當也」とあって、「疏」の記述が無く、書入れ伝鈔の経緯がやや異なると思われる。掲出の文辞からは、王弼本と疏が同じく「相若」に作ると云うのか、王弼本は此の本文と同じで「相加」に作るが疏本は「相若」に作っているとの意味なのか判然としない。〔東洋〕他の書入れ文を考慮すれば前者の如くに理解される。但、現行の王弼本は「相加」に作っている。尚、武内義雄は「加」は「如」の譌と看做し「相如」と校改している。島校は「相若」に校正しているが其の論拠は不当である。王注の「若當也」に拠るとのことであるが、今本は盡く「加當也」に作っており、そのような本は管見に入らない。下記〈疏〉⑦に重掲。

〈梁武〉

一例であるが「梁武」を標記した書入れが存する。「梁武」とは『日本國見在書目録』著録の「老子義疏八梁武帝撰」に相当すると考えられるが、佚書で同書の実態は明らかでない。しかし、本邦に於ける享受の事実が確認できる意味で、また僅少三字の反切注記ではあるが逸文として貴重である（序章第二節四、117頁参照）。

①「梁武色負反」（三九㉔下3ウ6「故致數車無車」の「數」字左旁）〔東洋〕の同所に同文の反切書入れ（青筆）が有る。また、〔六地〕同字左旁にも「梁武」の標記は無いが同文反切の旁記が見える。

尚、「梁武」の標記をもつ書入れは、他にも例は少なく、僅かに〔慶Ⅱ〕の第三十一章眉上に、本文「憺」字の注として「陸作儋又作／惔梁武苦廻反」の反切注記が管見に入る。

〈疏〉

「疏」と標記する音義校注の書入れ九条が存する。古鈔本に散見する「疏」を冠する書入れが唐成玄英の『老子道徳經義疏』の参照引用であることについては既述した。同書は『日本國見在書目録』には著録されず、伝来本も知られていないが、早くに舶載され、遅くとも南北朝頃には受容されていたと考えられる（序章第二節四、117頁参照）。同書内容の一端を彷彿させる逸文として、復元本文（序章注81参照）校勘資料としても貴重であろう。

①「疏ー猶无也」（四一⑩下5オ6「大音希聲」の「希」字右旁）〔東洋〕の同所に同文の書入れ（青筆）が見られる。其の左旁には、又別に墨筆で「疏ー无」の書入れが存するが、助字が無いだけで殆ど同義、出自を同じくし、伝写の過程で助字が脱落、或いは省略され変易したものと思われる。

②「疏ー絶也」（五四④下13ウ6「子孫以祭祀不輟」の「輟」字左旁）〔東洋・書陵〕の同所にほぼ同文の字義書入れ（〔東洋〕は青筆）が有る。（〔書陵〕は「ー」符が無く、〔東洋〕は「也」字が無い）。尚、〔杏Ⅱ・大東・慶Ⅰ〕の眉上には「輟長劣切疏云絶也」と同義の書入れが見える。

③「疏交作郊大国即万／乗之邦郊郭外也之／往也」（六一②下20オ1「天下之交」、眉上）〔東洋〕の同所にも同文の書入れ（青筆）が見られる。河上公本は並びに「交」に作り、此の文字ついて異同は無い。島校、蔣校、朱校、高明等諸家「成玄英道徳經開題序訣義疏」「遂州道徳經碑（道徳真經次解）」が「郊」に作ることを指摘する。その他、S六四五三・P二四一七・P二三五〇・P二三七五・P二三四七等敦煌出土五千字文系本が「郊」字に作っている。

④「疏乍聚」（六一③下20オ4「故大國以下小國則取小國」の「取」字左旁）〔東洋〕の同所に同文の書入れ（青筆）

が有る。この校異に符合する伝本の存在は知られていない。しかし、下の「則取大國」句また「或下而取」句の「取」を「聚」に作る伝本は「成玄英道徳經開題序訣義疏」等少なしとしない。島校、蔣校等の指摘が有る。或いは書入れ伝鈔の間に、対象字の取り違えが生じた可能性も考えられるが、予断は慎まなければならない。

⑤「疏幾近也六機」（六四⑧下23オ3「民之従事常於幾成而敗之」の「幾」字左旁）完全に一致する書入れは他本に確認できないが、〔杏Ⅱ〕の眉上に「疏幾近也」、〔大東〕の欄脚に「疏乍近也」と、〔書陵〕の同所に「近也」とあり、出自は同じと思われる。

⑥「疏進取也退捨也」（六九②下27オ4「不敢進寸而退尺」左旁）〔東洋〕の同所に同文の字義書入れ（青筆）が有る。また、〔杏Ⅱ・大東・慶Ⅰ・武内〕の眉上にも同文（〔武内〕は末の「也」が無い）の書入れが存する。

⑦「王弼同疏乍相若々當也」（六九⑥下27ウ3「故抗兵相加」の「相加」左下旁）〔東洋〕青筆の書入れと同義である。蔣校は「成玄英道徳經開題序訣義疏」及び「傅奕道徳經古本篇」、島校はその他に「敦煌李榮本」「唐景龍写本」「天宝神沙本」が「相若」に作ると指摘する。上記〈王弼〉⑤参照。

⑧「疏丨法也」（七〇④下28オ2「知我者希則我者貴矣」の「則」字左旁）〔東洋〕の同所に同文の書入れ（青筆）が有る。

⑨「疏丨盡也」（八一⑤下35オ7「既以與人巳愈多」の「既」字左旁）〔東洋・書陵〕の同所に同文の字義書入れ（〔東洋〕は青筆）が有る。但、〔書陵〕には「疏丨」の標記が無い。

「疏」を標する書入れ、即ち唐成玄英撰『老子道德經義疏』に拠る書入れは、この他にも古鈔本に所見する。「老子經序」の「数」について〔慶Ⅱ〕に「注云歴数列次也疏云列次謂五行金水木火土更々次也」と、第五十二章経文「兊」について〔足利〕に「徒外切疏台也五門也」と、同経文「遺」について〔梅沢〕に「疏云遺与也」（〔杏Ⅱ・大東・慶

Ｉ〉同類、但「与」を「無」に作る）、第五十五章経文「皴」について〈杏Ⅱ・大東・慶Ｉ・東洋〉に「疏史開切」と、第五十六章経文「忿（紛）」について〈杏Ⅱ・武内・大東・慶Ｉ〉に「紛芳云切結也疏釈志云怒紛則可読上声」と、第五十七章経文「以正之国」の「以」について〈大東・慶Ｉ〉に「疏以用也」と、第七十章経文「不我知」について〈杏Ⅱ・武内・大東・慶Ｉ〉に「疏不我知猶不知吾也」と、第七十二章経文「厭」について〈杏Ⅱ・足利・大東・慶Ｉ・東洋〉に「疏厭捨也」（〈足利〉は「疏」字下に「云」字有り）と、何れも中古、遅くとも南北朝以来伝写相承されてきた書入れと看做される。

＜賈大隠述義＞

「述」「賈」の標記は、唐賈大隠撰『老子述義』を示す。同書との引照、注説の引用、所載河上公注本との校異等の書入れが随所に認められる。『日本國見在書目録』には「老子述義十賈大隠撰」と著録され、中世以前において、老子誦読に最も依用された注釈書であり、此の書入れは同書弘通の事実内容を具体的に伝えている。また、夙に逸失した同書本文を窺う上で、片文といえども重要であろう。(10)

① 「述一二」（序①1オ1「老子經序」、眉上）〈東洋〉にも同所に同様の書入れ（青筆）が見られる。本書の「老子經序」は『老子述義』では巻一、巻二に当たるとの意味に解されよう。以下の「述三」「述四」等との書入れから容易に類推される。(11)〈書陵・足利〉の同所には「述三」とあるが「一二」を「三」に見誤って伝写された誤記と考えるべきである。因みに〈無窮〉の序題下の選者名題書「葛洪序」の下旁に「見述義一ィ无」の書入れが有り、〈筑波〉は此の「見述義一」四字を「葛洪序」の下隔一格に本文と一様に大字で書写している。また、『老子經抄』首部の当該個所には「葛洪ハ葛稚川也、仙人也、義述(ママ)ノ一ノ巻ニ見タリ」との講述が有る。

② 「賈云道經卅七／章」（一①上1オ1「老子道經上」、眉上）〈東洋・書陵・足利〉の同所、〈杏Ｉ・無窮・梅沢・

慶Ⅱ〉の内題右旁、〈東大・大東・慶Ⅰ〉の内題下、〈武内〉の章題下（〈武内〉は内題を欠く）に同文の書入れ（〈東洋〉は青筆）が有る。〈足利〉眉上に「七章」とあるのは「賈云道經卅」の上五字の脱落と看做されよう。〈無窮〉には又別に題下注者名右旁に「述云道經有卅七章」と同義の書入れが見られる。

③「述三」（一⑥上1オ3「道可道」、眉上）序①1オ1の書入れと同類で、〈東洋・杏Ⅰ・書陵・足利・無窮・梅沢〉に同文の書入れ（〈東洋〉は青筆）が有る。本書本文冒頭は『老子述義』では巻三首に該っていたと推察される。

④「述乍人」（三⑤上3ウ1「常使民無知無欲」の「民」字左旁）〈東洋・杏Ⅰ〉の同所に同文の書入れ（〈東洋〉は青筆）が有る。「民」字は唐諱で『述義』はそれを避けて「人」に作ったと思われるが、管見の古鈔本で「人」に作る伝本は無い。蔣校に拠れば「開元御注道徳經幢」「唐李約道徳真經新註」「唐王真道徳真經論兵要義述」は「人」に作る。

⑤「述作撲六白」（三⑥上3ウ1a「反朴守淳也」の「朴」字左旁）「六白」は或いは『述義』の注では無いのかもしれない。〈東洋〉には此れと同文の書入れ（青筆）が有るが、〈杏Ⅰ〉は本文は「樸」に作り其の左旁に「六白」、眉上に「李作朴／述作撲」[12]と、〈足利〉眉上にも「李作朴述／作樸」とある。また、〈大東・慶Ⅰ〉の「撲」字旁には「六百」と見える。

⑥「述四」（七②上5ウ4「天長地久」、眉上）〈東洋・書陵〉にも同様の標記があり（〈東洋〉は青筆）、第一章から第六章までが『述義』巻三、巻四は第七章から始まっていたことが判明する。

⑦「述五」（一九②上15オ3「絶聖」、眉上）〈東洋〉にも同様の標記があり（青筆）、此れによって『述義』巻四は第七章に始まり第十八章までで、巻五は第十九章から始まっていたことが明らかとなる。此の本の書入れには「述

六」の標記は認められないが、〔梅沢〕の巧用第二十七冒頭に「述六」と見え、『述義』巻五は第二十六章までであったと推定される。

⑧「力追反述力廻反」（二〇⑥上16オ5「偪偪兮其若無所歸」の「偪偪」左旁）〔書陵〕の同所、〔東洋〕の右旁に同文の反切注記（〔東洋〕は青筆）が有る。下記⑸音注義注書入れ(66)に重出。

⑨「述云如闇昧」（二〇⑧上16ウ1「沌沌兮」左旁）〔書陵〕の同所、〔東洋・武内・大東・慶Ⅰ〕の眉上に同義の書入れ（〔東洋〕は青筆）が有る。下記⑸音注義注書入れ(67)参照。

⑩「匹遥反述乍漂」（二〇⑩上16ウ3 893「漂兮若無所止」の「漂」字左旁）〔東洋〕の眉上に同文の標記（青筆）が有る。反音表記は『述義』所注なのかは明らかでない。河上公本は「漂」字の他「澍」或いは「⿰氵剽」の異体字を用いる。「述」本との校異はこれら異体字に対しての異同を云うのでは無いのであろう。〔大東〕該所の眉上書入れに「⿰氵剽方乍飂述作ー」「王乍膠」「梁氏乍飄」等の校記が見えるが、これら別本別字を意識した注記と考えられる。下記⑸音注義注書入れ(69)に重出。第二章第二節三「〔活Ⅰ〕と〔陽Ⅰ〕の異同の実態」㊂㉑、195頁参照。

⑪「述已猶死也」（三〇⑦上25ウ1「不道早已」の「已」字左旁）〔慶Ⅱ・慶Ⅰ〕の眉上に同文の書入れ、〔東洋〕の地脚には「述云已猶／死也」（旁圏は青）と、〔武内〕の眉上には「述云已猶死也」と、〔大東〕左旁には「述ー猶死ヌ」とある。

⑫「述乍人」（三二②上27オ2 1484「民莫之令」の「民」字左旁）『述義』は唐諱を避けて「人」に作っていたのであろう。古鈔本では〔梅沢・陽Ⅱ〕が「人」に作り〔梅沢〕の同字右旁には、「民イ」の校異の書入れが有る。

⑬「述七」（三八④下1オ3「上徳不徳」、眉上）〔東洋・書陵〕の同所に同文（〔東洋〕は青筆）、また、〔梅沢〕の該所行間に「述義弟七」と同義の書入れが有る。此れにより『述義』巻六は第二十七章から第三十七章で、巻七は

第三十八章に始まることが知られる。

⑭「述一無也或元氣義亦通」（三九②下2ウ3a76「一無也道之子也」の「一無」右旁）〔東洋〕同所に同文の書入れ（青筆）が有る。但、〔東洋〕本文は「無」を「元」に作り、右旁に「无」と校異の書入れ（青筆）が有る。又、〔杏Ⅱ〕眉上に「无或作元気義通也」と、〔大東〕眉上に「無或乍レ无レ気義通也」と、〔慶Ⅰ〕眉上に「無或乍二无気一義通也」と類似の書入れが見え、「无」「元」用字の混乱が窺えるが、累次の伝写の間に生じた異同で、もとは同文同意の注説であったろうと考えられる。上記一陽明文庫蔵本（387頁）参照。

⑮「侯王述本乍」（三九⑫下3オ7117「王侯無以貴高」の「王侯」左旁）〔東洋〕は本文は「侯王」に作り其の左旁に同文の書入れ（青筆）が有る。此の校記により『述義』引河上公本は「侯王」に作っていたことが明らかである。なお、上記⑴〈「イ」「イ本」との校異〉㉞参照。

⑯「述ー始也」（三九⑱下3ウ3b「猶築墻造功因卑成高」の「造」字左下旁）〔書陵〕の同字左旁に同文の義注書入れが有る。

⑰「述云嚴遵本作若玉／若石義亦通」（三九㉖下4オ1「不欲琭琭如玉落落如石」、眉上）〔東洋・杏Ⅱ・武内・大東・慶Ⅰ〕にほぼ同文の書入れが有る（〔東洋〕は青筆）。但、〔大東・慶Ⅰ〕は作字下の「若」を「者」に作り、〔杏Ⅱ・大東・慶Ⅰ〕には末に「歟」が有り、また〔大東〕は「若石」を「苦石」とし、〔慶Ⅰ〕には「苦ィ」との校異が見える等、伝写に伴う若干の異同混乱が認められる。上記〈嚴遵〉①参照。

⑱「賈云王本之下有曰字」（四一③下4ウ6「建言有之」の「之」字右旁）〔東洋・足利〕に同文の書入れ（〔東洋〕は青筆）が見える。「王本」とは王弼注本を指すと考えられるが、現行の本には河上公注本と同じく「曰」字は無い。但、紀昀の校記に「之下一本有曰字」と、また、武内義雄校訂王弼本、島校王本校正共に范應元本及び同注に

従い「之」下に「曰」を加えている。(13) しかし、此の書入れ逸文には未だ言及されていない。王弼本の原姿を窺い、また武内、島両氏の校正の妥当性を証する意味で此の『述義』の逸文は注目される。上記〈王弼〉①項に重出。

⑲「賈六吐載反」(四一⑬下5ウ1「夫唯道善貸且成」の「貸」字左旁)〔東洋〕同所に同文の書入れ(青筆)が有る。また〔書陵〕にも同文の反切書入れを存するが「賈六」の二字が無い。尚、〔東洋〕には別に墨筆で「吐代反」の反切旁記も見える。

⑳「述ー向也」(四二③下5ウ5「萬物屓陰而抱陽」の「抱」字左旁)〔東洋〕の同所に同文の書入れ(青筆)が有る。〔書陵・六地〕の同所にも同義の旁記が有るが「述」の標記が無い。(5)音注義注書入れ(152)、568頁参照。

㉑「述王弼作大満義ー」(四五③下7ウ4「大盈若沖」の「大盈」右旁)〔東洋〕は左旁に「王弼作満也」と墨筆の書入れが有り、其の書入れに青筆で「王」字上に「述」、「作満」間右旁に「大」、「也」字右旁に「義」と、また「王弼作満」右旁に小円圏を加筆、従って青筆に沿えば此の古活字版への書入れと同文である。尚、現行の王弼本は河上公本と同じく「盈」に作り、賈大隠所見の古本とは相違している。武内・島・波多野諸家は宋范應元が見た王弼本が「満」に作っていたと指摘はするが「盈」を可とし、勿論此の『述義』の校記には触れていない。上記〈王弼〉②参照。

㉒「述八」(四七①下8ウ6「不出戸以知天下」、眉上)〔東洋・書陵〕の同所に同文の書入れ(〔東洋〕は青筆)が有る。此れによって、『述義』巻七は論徳第三十八より倹欲第四十六まで、巻八は鑒遠第四十七に始まっていたことが判明する。此の本には以下「述九」「述十」の書入れは無いが、〔慶I〕の淳風第五十七(同本章題は「以正章第五十七」)冒頭眉上に「述九」の標記が有り、『述義』巻八は玄徳第五十六で終わり、巻九は淳風第五十七に始まっていたと分かる。惜しむらくは巻十の開始章は明らかに出来ないが、経注文残余の字数に鑑みれば三寶第六十七或

いは配天第六十八以下であったであろうと推考される。

㉓「述曰嚴遵王弼等並乍爵」（五一④下11ウ5「道之尊徳之貴夫莫之命而常自然」の「命」字左旁）〔東洋〕の同所に同文（但、「遵」を「導」に誤る）の書入れ（青筆）が有る。また、〔武内〕の該字左旁に「爵」と校字書入れが存する。現行の王弼本は河上公本と同じで「命」に作るが、此の書入れに拠れば唐時の古本は「爵」に作っていたと考えられる。[14] 上記〈嚴遵〉②、〈王弼〉④に重出。

㉔「述六越一云仁實反」（五二⑥下12ウ4「見小曰明」の「曰」字左旁）〔東洋〕の同所に同文の書入れ（青筆）が有る。

㉕「人述乍」（五三⑥下13オ5「而民好徑」の「民」字左旁）〔東洋〕の同所に同文の校異書入れ（青筆）が有り、〔書陵〕には「述乍人」とあって同義であろう。「人」に作る本は島校に拠れば「敦煌李榮本」「次解本（遂州龍興観碑）」「龍興観碑本（唐景龍二年易州龍興観碑）」、蒋校に拠れば他に「約本」即ち「唐李約道徳真經新註」が知られるが、河上公本はもとより、王弼本等管見の諸本は全て「民」に作る。しかし、此の書入れに従えば、『述義』引く所の河上公本は「人」に作っていたと判明する。尚、奚侗『老子集解』は下文との関連から「人」は「人主」と解すべきで「民」字は譌と断じ、蒋校、高亨『重訂老子正詁』は其の見解に従い、また朱校は景龍碑本を底本とするため「人」に作っている。しかしながら、帛書老子は甲本乙本共に「民」に作る。「人」「民」古来互用に因って生じた異同と看做すのが妥当であろう。

㉖「述乍綵」（五三⑪下13オ7 617「服文繡」の「繡」字左旁）〔東洋〕は本文は「綵」に作り左旁に見せ消、右旁に「繡」字を加筆し、左旁に同文の校異書入れが有る。以上全て青筆である。また〔書陵〕の該所には「或乍綵述」と旁記が有る。同義であろう。〔杏Ⅱ・無窮・筑波・斯Ⅱ・慶Ⅰ・大東・武内・東大・東洋・聖語・東急・斯Ⅰ・

宋版・世徳・敦Ⅱ〉の諸本が「綵」字に作っており『述義』引く河上公本と同文である。上記一陽明文庫蔵本（389頁）参照。

㉗「述云脩之於郷其徳乃／長者今案江本無所／見如述義可讀上声／欤可考他本」（五四⑥下14オ3「修之於郷其徳乃長」、眉上）〈東洋〉の同所にも同文の書入れ（青筆）が有る。『述義』の文は前半「長者」までで、経文の掲出に止まり、恐らくは、下文の「如述義」に相応ずる「長」の義釈の文が略されているか、脱落したものと考えられる。上記〈「江本」との校異〉③参照。

㉘「述六越」（五五⑬下15オ7「知和曰常」の「曰」字右旁）〈東洋〉の同所に同文の書入れ（青筆）が見られる。

㉙「治述」（六四②下22オ7「其安易持」の「持」字左旁）〈東洋〉の同所に同文の書入れ（青筆）が見える。校異の書入れと看做され、『述義』引載の河上公本文は「持」を「治」に作っていたと考えられる。しかし、そのような伝本は確認できない。或いは字義説と見るべきか。

㉚「理述」（六四③下22ウ3a「治身」の「治」字右旁）〈東洋〉の同所に同文の校異（青筆）が有る。前条と同例で「治」を「理」に作る伝本は確認されない。

㉛「人述」（六六⑤下25オ1「處前而民不害」の「民」字左旁）〈東洋・書陵〉の同所に同文の書入れ（〈東洋〉は青筆）が見られる。此の「民」字を「人」に作る本は未だ管見に入らない。

㉜「述小也」（六七③下25ウ3「其細也」の「細」字左旁）〈梅沢〉の同所に同文の義注書入れが有る。また、〈杏Ⅱ・大東・慶Ⅰ〉の眉上には「述細者小也」と、〈東洋〉の眉上にも「述曰細小也」（墨筆）と同義の書入れが存するが、本書入れとは伝鈔の経緯が異なると考えられ、〈東洋〉は青圏点の付け落しなのかもしれない。

㉝「述—就」（八〇③下34オ5「人之器而不用」の「之」字左旁）〈東洋〉の同字右旁に同文の義注書入れ（青筆）

が有る。また、〔書陵〕同所の書入れも「述云ー就也」と同義である。

「述」「賈」を標する書入れは諸古鈔本に多見する。『述義』は中古以来、儒釋神道諸家の間で弘通利用された。本書への書入れはその一端の反映であろう。だが何故か、中世半ばには同書は伝を逸したようである。しかし、その後も、博士家等に於いて書入れの移写伝授というかたちで歴世相承され、此の本の如き清原家説として近世に及んでいる。其の集成は『老子述義』復元の為に欠かせない作業であると思われるが、別稿に譲らなければならない。但、古鈔本を含めた本書への書入れとして、他書に引用された逸文からは窺いえない幾つかの側面を指摘しておきたい。

一つには、『老子述義』十巻の構成の概略が判明することである。①③⑥⑦⑬㉒に拠って巻立て分巻の次第がほぼ明らかとなり、②から道経、徳経に大別され道経が三十七章であったことが分かり、従って徳経は四十四章とされていたと推察がつく。また、一つには④⑤⑩⑫⑮㉕㉖㉙㉚㉛㉜の「述」との校異各条に拠れば、河上公注本の経注本文の恐らくは全文が収載されていたと考えられる。更に、⑰⑱㉑㉓から、其の本文と嚴遵、王弼注本との校勘が行われていた事実が確認される。

以上のように、諸家注釈書所掲本文との校記及び注説引用等に就いても、〔東洋〕青筆の書入れと殆どが一致している。重出を除いた全四四項の内〈疏〉⑤及び〈賈大隱述義〉⑫⑯以外の四一項が同文乃至は同義同類であって、両書入れの近縁な関係が更めて認識される。次いで〔書陵〕が一八項において同文或いは同義と認められ、両書入れの関係も浅からず看過出来ない。

(4) 諸書引証書入れ

〈孔安国注尚書〉

①「丁角反説文斫也孔安国注尚書云ー削也」（七四⑤下30ウ3「夫代司殺者是謂代大匠斲」の「斲」字左旁）〔東洋〕

は本文「劉」字に作り左旁に見せ消、右旁に「斲」字を標し、其の下に同文の書入れが有る（並びに青筆）。〔梅沢〕の同字左旁には「孔安国註尚書云削也」との傍書が見えるが、此の尚書注引用書入れと殆ど同文である。下記〈説文〉⑥項、⑸音注義注書入れ(252)項に重出。

〈毛詩〉

①「霆毛詩音庭如雷／霆雷之光或電也」（四一⑪下5オ6a「大音猶雷霆」の「霆」、眉上）〔東洋〕の該所欄脚に同文の書入れ（青筆）が有る。同本には此の青筆とは別に墨筆で、眉上に「霆詩雷之光也或／電也」と殆ど同文同意の標記がみえる。此の墨筆書入れは伝写の系統経緯を異にするものと考えられる。

〈尓雅〉

①「尓雅疾雷為霆／蒼頡篇霹靂也」（四一⑫下5オ6a「大音猶雷霆」の「霆」、眉上）〔東洋〕の該所欄脚に上記毛詩の引証に続いて、此れと同文の書入れ（青筆）が有る。〔武内〕眉上の書入れも殆ど同文、但、「為」字が無い。尚、〔東洋〕眉上にはさらに青筆とは別の墨筆で、「尓雅曰疾雷為霆／蒼頡篇霹靂／為霆」と殆ど同文同意の標記がみえる。また、〔杏Ⅱ・大東・慶Ⅰ〕眉上にも「尓雅雷霆蒼頡篇霹靂也」と「疾」「為」の両字が無いがほぼ同文の書入れが存する。しかし〔東洋〕墨筆以下の書入れは伝写の経緯を異にしているようである。〈蒼頡篇〉①項に重出。

②「兕徐李反尓雅｜／角青色重千斤説／文如野牛而青皮／堅厚可以為鎧」（五〇⑧下11オ3「陸行不遇兕虎」の「兕」、眉上）〔東洋〕の該所眉上に墨筆で「兕徐李反尓雅曰｜／一角青色獣重／千斤也／説文｜如野牛而青皮／堅厚可以為鎧也」と殆ど同義の書入れが見られ、此の冒頭字右旁に青細筆で「冠注同」の傍書が、また「曰」「一」「獣」「也」「｜」「也」各字の左旁に青筆の見せ消が有る。見せ消を付された六字を除けば、本書入れと完全に吻合する。旁記

の「冠注」とは、所拠の底本の書入れが行間にではなく眉上になされていたことを注記したものと思われる。そうであれば、此の本の書入れの様態とも符合し、〔東洋〕の青筆の書入れが元来は同一所に出、緊密な関係に有ることを証している。また、〔杏Ⅱ・大東・慶Ⅰ〕の眉上、〔梅沢〕の該所行間にも殆ど同文の書入れが存する。『爾雅』の文は、〔杏Ⅱ・大東・慶Ⅰ〕は「尓雅兕一角青色重千斤」、〔東洋〕墨筆は「尓雅曰ｌ一角青色獣重千斤也」と、〔梅沢〕は「尓雅曰兕一角青色重千斤」で、何れも「角」字上に「一」が有る。本書入れはその「一」字が脱落している。下記〈説文〉③項参照、(5)音注義注書入れ(172)項に重出。

③「亡候反尓雅在家曰ｌ」（六一⑤下20ウ1b「兼并人國而牧畜之也」の「牧」字左旁）〔東洋〕は該所眉上に「牧亡候反尓雅曰在／家曰畜ｌ馬即畜也馬／若在野ｌ即使人牧之／故以牧解畜也」と墨書入れが有り、「亡候反尓雅曰在家曰畜」の各字右に青筆で小円圏を附す。此の十字は「尓雅」下に「曰」一字が多いが本書入れとほぼ吻合する。下記(5)音注義注書き入れ(220)項重出。尚、此の「尓雅」の引用は〔杏Ⅱ・大東・慶Ⅰ〕の書入れにも見え、「雅」下の「曰」を「云」に作り、〔杏Ⅱ・慶Ⅰ〕は「使」を「徔（徳）」に作るなどの微小の異同が有る。

〈廣雅〉

①「居月反僵也／廣雅云敗也」（三九⑬下3オ7「將恐蹷」の「蹷」字左旁）〔東洋〕の同所、〔書陵〕の右旁に同文の書入れが有る（〔東洋〕は青筆）。前半の音義注には小異が見られる。下記(5)音注義注書入れ(138)項参照。

〈説文〉

①「傾悦反説文／破也蒼頡斷」（四五②下7ウ3「大成若缺」の「缺」字左旁）〔東洋〕は眉上に同文の音義書入れ（青筆）が有り、文頭右寄せに小字で「傍注」と注記が見え、その書入れは本来行間同所に在ったと看做される。同本該字右旁には別に墨筆で「説文ｌ破也」の旁記も有る。下記〈蒼頡篇〉②項及び(5)音注義注書入れ(158)に重出

す。

②「六黜ーー猶協々拠説文字林恐懼也」（四九④下10オ5「故聖人之在天下怵怵焉」の「怵怵」左旁）〔東洋〕右旁に同文の書入れ（青筆）、〔大東・慶Ⅰ・杏Ⅱ〕の眉上に殆ど同文同義の書入れが見られる。下記⑸音注義注書入れ(163)項を参照。〈字林〉①に重出。

③「兕徐李反尓雅ー／角青色重千斤説／文如野牛而青皮／堅厚可以為鎧」（五〇⑧下11オ3「陸行不遇兕虎」の「兕」、眉上）上記〈尓雅〉②項参照。下記⑸音注義注書入れ(172)項に重出。所引の『説文』の文は、〔杏Ⅱ・大東・慶Ⅰ・梅沢〕及び〔東洋〕の墨筆共に「兕」字を標出し、〔大東・慶Ⅰ〕及び〔東洋〕の墨筆は末に「也」字が有る。〔梅沢〕には「而青」の二字が無い。

④「倶縛反搏也説文爪持也」（五五⑦下15オ2「猛獣不據攫鳥不搏」の「攫」字左旁）下記⑸音注義注書入れ(193)項参照。

⑤「説文珠玉謂之為ー」（六二⑤下20ウ5「善人之寳」の「寳」字右旁）〔東洋〕の同所に同文の書入れ（青筆）が見られる。

⑥「丁角反説文斫也孔安国注尚書云ー削也」（七四⑤下30ウ3「夫代司殺者是謂代大匠斲」の「斲」字左旁）上記〈孔安国注尚書〉①参照。下記⑸音注義注書入れ(252)項に重出。

〈蒼頡篇〉

①「尓雅疾雷為霆／蒼頡篇霹靂也」（四一⑫下5オ6a「大音猶雷霆」の「霆」、眉上）上記〈尓雅〉①項参照。

②「頎悦反説文／破也蒼頡虧」（四五②下7ウ3「大成若缺」の「缺」字左旁）上記〈説文〉①項参照。下記⑸音注義注説書入れ(158)項に重出。

〈字林〉

①「六黜――猶協々抛説文字林恐懼也」（四九④下10オ5「故聖人之在天下怵怵焉」の「怵怵」左旁）上記〈説文〉②項に既出。下記(5)音注義注説書入れ⑯項を参照。

〈字書〉

①「字書仍引学徒扔」（三八⑬下1ウ6「則攘臂而仍之」の「仍」字左旁）〔書陵・東洋〕の同所に本来は同文と思われる書入れが有る（〔東洋〕は青筆）。「学徒扔」とは通じ難く、〔書陵〕は「字作扔」、〔東洋〕は「字徒扔」に作る。〔書陵〕の如く「字作扔」、或いは「字従扔」とあるべきか。〔大東・慶Ⅰ〕は「字書仍字従扔也」とし「引」字が無く文意やや異なるが、此の書入れも本来は同源であろう。

〈莊子〉

①「莊云犬不以善吠為／良人不以善言為／賢也」（八〇⑥下34ウ5「隣國相望雞狗之聲相聞」、眉上）〔東洋〕の同所に同文の引証書入れ（青筆）が見える。但し、直下の本文の引証としては文義上相応しない。〔東洋〕には此の青筆の書入れとは別に、次章冒頭の眉上に墨筆で「莊子曰」以下同文句が標記されており、対応経文「信言不美美言不信」に関連する文辞としてふさわしい。本来は此の位置にあるべき書入れが、伝写の間に移動したものと思われる。尚、所掲の文は『莊子』雑篇徐無鬼篇第二十四からの引用である。

此処に諸書引証として部類した書入れは『尚書』、『毛詩』注家の字義説、『爾雅』『説文』等字書類、及び『莊子』からの引用である。重出を除けば凡そ十二条、其の全条が〔東洋〕の青筆の書入れにも見えて殆ど同文であり、〈尓雅〉②の「冠注」、〈説文〉①の「傍注」との注記に鑑みれば、両書入れの底本の様態も同様であったと推察される。両底本の同本性が重ねて確認される。

また、各条はそれぞれ、〔東洋〕青筆の書入れの他、幾つかの古鈔本にも散見している。同文である場合も有り、一部字句に異同が認められ、或いは誤写譌伝と看做される場合も有るが、同注説とし伝写継承されてきた経緯は単路では無かったことを物語る。その原発が清家説なのか、それより遡り清家が採択した伝注であるのか、現状では詳らかにし得ないが、清家の枠を超え、より広く諸家に亙って伝習され周知されていた注説と考えられる。

(5) 音注義注書入れ

①「頼」(序②1オ4「厲郷曲仁里」の「厲」字左旁)〔東洋・書陵・無窮・足利・武内〕の同所に「六頼」(〔東洋〕は青筆)と、〔慶Ⅰ〕の同所には「六頼也」と、同義の書入れが見られる。

②「九々八十一名也」(序③1オ5「天太陽暦數」の「暦數」左旁)〔龍門〕の同所に同文の書入れが有る。

③「力多反」(序⑧2オ2「走者可爲羅」の「羅」字左旁)〔東洋・梅沢・大東・慶Ⅰ〕の同所に同反切書入れ(〔東洋〕は青筆)が有る。但、〔大東・慶Ⅰ〕は「反」を「切」に作り「網也」の義注を付す。また、〔無窮〕は眉上に「羅」字を掲し同文の反切を標記している。

④「所名」(序⑬2ウ4「封於段干」の「段干」左旁)〔東洋・書陵〕の同所に同文の書入れ(〔東洋〕は青筆)が有る。『老子經抄』には「段干ト云ハ、所也」と同義の講述が見える。

⑤「餘招反」(序⑭2ウ5「宗子瑶」の「瑶」字左旁)〔東洋・書陵・梅沢・慶Ⅱ〕の同所、〔大東・慶Ⅰ〕の右旁に同文の反切書入れ(〔東洋〕は青筆)が有る。

⑥「故迦反」(序⑮2ウ5「宮子瑕」の「瑕」字左旁)〔東洋・書陵・足利・梅沢・慶Ⅱ・慶Ⅰ・大東〕の同所に同文の反切書入れ(〔東洋〕は青筆)が有る。尚、〔無窮〕の反切注記は「切胡加反」とあり、用字が異なる。

⑦「五剛」(序⑯2ウ6「膠西王卭太傅」の「卭」字左旁)〔東洋〕は左旁に「五剛反亦与昂同也我也高也挙也」と

墨筆で音義の書入れがあり、「五剛」二字に青筆で圏点を付す。青の加筆は此の音注書入れと符合する。また、〔龍門・書陵・梅沢・大東・慶Ⅰ・武内・無窮・筑波・足利〕の該所に同文の反切注記が有る。但、〔書陵・梅沢・大東・無窮・筑波・足利〕は下に「反」字、〔慶Ⅰ〕には「切」字が有り、〔無窮〕は頭に「切」、〔足利〕は「名」と義注を冠し、〔武内〕は「五剛之反魚両反」と別字表記を付す。また、〔筑波〕は、本行内に割注として挿入している。

⑧「豆」（序⑰2ウ7「竇太后」の「竇」字左旁）〔東洋・書陵・龍門・足利・梅沢・無窮〕の該所に同字の直音注記（〔東洋〕は青筆）が有る。但、何れも「六」字を冠し（〔梅沢〕は「乚」）、また、〔書陵〕は続けて「徒修?反」の反切標記を付す。

⑨「賫六賁或本乍賁」（序㉒3オ7「道之尊德之貴」、眉上）〔東洋・書陵・足利〕の該所（〔東洋〕は地脚、〔足利〕は左旁）に同文の書入れ（〔東洋〕は青筆）が有る。

⑩「古郎反」（序㉕3ウ1「萬物之剛柔」の「剛」字左旁）〔東洋・書陵・無窮〕の同所に同文の反切書入れ（〔東洋〕は青筆）が有る。

⑪「之石反」（序㉗3ウ5「蹠履爲業」の「蹠」字左旁）〔東洋・書陵・筑波〕の該所に同文の反切書入れが有る。〔東洋〕は左に、墨筆で「之石切」と旁記し、青筆で「之石」の右旁に小圏を、「切」字の右旁に「反」字が加筆され、此の青筆が本書入れと吻合している。〔筑波〕は本行に割注として挿入。尚、『老子經抄』に「蹠セキノ音也」とあり、此の音注と符応する。

⑫「乚諳小草舎」（序㉙4オ1「公在草庵中」の「庵」字左旁）〔東洋・書陵・無窮・足利〕の該所に同音義の書入れ（〔東洋〕は青筆）が有る。但、〔足利〕は右旁に記され「乚」の標字が無く、〔無窮〕も右旁に書され、「乚」を

「六」と記し末に「也」字が有る。

⑬「古吊反」（一⑨上1ウ4「常有欲以観其徼」の「徼」字左旁）〔東洋・書陵・龍門・杏Ⅰ・足利〕の同所に同文の反切書入れ（〔東洋〕は青筆）が有る。

⑭「六茲」（一⑪上1ウ7b「夫人得中和滋液」の「滋」字左旁）〔東洋・書陵〕の同所に同文の音注（〔東洋〕は青筆）が有る。

⑮「倉客反」（一⑫上2オ1a「錯亂濁辱」の「錯」字左旁）〔東洋・書陵〕の同所に同文の反切注記（〔東洋〕は青筆）が有る。

⑯「而蜀反」（一⑬上2オ1a「錯亂濁辱」の「辱」字左旁）〔東洋〕の同所に同文の反切書入れ（青筆）が有る。但、本文は「溽」に作っている。なお、〔書陵〕の同所には「而蜀反又乍辱」（本文は「溽」に作る）と、〔東洋〕の眉上にも青筆とは別に墨筆で「而蜀反又乍辱」と、〔慶Ⅱ・大東・慶Ⅰ〕（本文は何れも「溽」に作る）の眉上には「溽而蜀切又作辱」との書入れが有り、本書入れとの関連が覗われる。

⑰「六終」（一⑭上2オ1「衆妙之門」の「衆」字左旁）〔東洋・書陵〕の同所に同文の音注（〔東洋〕は青筆）が有る。

⑱「以豉反」（二⑦上2オ6「難易之相成」の「易」字左旁）〔東洋〕の同所には墨筆で「以致反」と旁記され、各字左旁に青筆の小圏を付す。「豉」「致」と下字が異なるが韻母は同じで、両反切は同音を表す。しかし、字形が類似し何れかの伝写の譌と見るべきかもしれない。

⑲「胡臥反」（二⑧上2ウ1「音聲之相和」の「和」字左旁）〔東洋・書陵〕の同所、〔大東・慶Ⅰ〕の右旁に同文の反切注記（〔東洋〕は青筆）が有る。

⑳「翼宣反」（三②上3オ4b「珠玉捐於淵也」の「淵」字左旁）〔東洋・杏Ⅰ・龍門〕の同所に同文の反切注記（〔東洋〕は青筆）が有る。

㉑「丨甚也肯也」（三③上3オ5「不見可欲」の「可」字左旁）〔慶Ⅱ・大東〕の「可」字右旁に「甚也」とあり、上半と同文である。「肯也」の義注は他に見られない。

㉒「常利反」（三④上3オ6a「除嗜欲」の「嗜」字左旁）〔東洋・書陵・杏Ⅰ・梅沢〕の該所に同文の反切注記（〔東洋〕は青筆）が有る。

㉓「直隆反」（四②上3ウ5「道沖而用之」の「沖」字左旁）〔東洋・書陵・杏Ⅰ〕の同所に同文の反切書入れ（〔東洋〕は青筆）が有る。但、〔杏Ⅰ〕本文は「沖」を「冲」に作り此の反切下に「本乍沖」の校記を付す。

㉔「七歳反」（四④上3ウ7「挫其鋭」の「鋭」字左旁）〔東洋・書陵・杏Ⅰ・大東・慶Ⅰ〕の同所に同文の反切注記（〔東洋〕は青筆）が有る。但、〔大東・慶Ⅰ〕は「反」は「切」字に作る。

㉕「古解反」（四⑤上3ウ7「解其紛」の「解」字左旁）〔東洋〕の同所に同文の反切注記（青筆）が有る。〔杏Ⅰ〕同所には「古蟹反」とあり、下字が異なるが同音であろう。

㉖「芳云反」（四⑥上4オ1「解其紛」の「紛」字下旁）〔東洋・書陵・杏Ⅰ〕の左旁に同文の反切注記（〔東洋〕は青筆）が有る。但、〔書陵・杏Ⅰ〕は次の義注を連書する。

㉗「丨憤也」（四⑦上4オ1「解其紛」の「紛」字左旁）〔書陵・杏Ⅰ〕は前項の音注に続けて同文の義注が有る。〔東洋〕は眉上に「説文・紛ハ憤也」と墨筆の標記が有り、「憤也」両字の右旁に青筆の小圏を付す。青筆の校意に従えば此の義注書入れと同文である。

㉘「六苟」（四⑧上4オ2a「當與衆庶同垢塵」の「垢」字左旁）〔杏Ⅰ〕の同所及び〔東洋〕の右下旁に同文の直音

注記（〔東洋〕は青筆）が見られる。

㉙「直減反」（四⑨上4オ2「湛兮似或存」の「湛」字左旁）〔東洋・杏Ⅰ〕の同所に同文の反切注記（〔東洋〕は青筆）が有る。なお、〔書陵・梅沢〕の同所の反音書入れも同音であるが、下字は「咸」を用いる。

㉚「初倶反又測于反」（五③上4オ7「以萬物爲芻狗」の「芻」字左旁）〔東洋〕の右旁に同文の反切注記（青筆）が有る。また、〔杏Ⅰ〕の同所の音注も反切用字は同じであるが、「又」を「述」に作る。下半の反音は本来『述義』からの引証なのであろう。〔書陵〕の同所には上半の反音注記のみが存する。

㉛「他各反又六託」（五⑧上4ウ4「其猶橐籥乎」の「橐」字左旁）〔東洋・杏Ⅰ〕の該所に同文の音注書入れ（〔東洋〕は青筆）が有る。尚、〔書陵〕同所の音注は又音を欠くが反音は同文である。

㉜「以灼反又六藥」（五⑨上4ウ4「其猶橐籥乎」の「籥」字左旁）〔東洋・杏Ⅰ〕の同所に同文の音注記（〔東洋〕は青筆）が有る。尚、〔書陵〕右旁には「六藥」と直音のみ同文の注記が有るが、反音を欠く。

㉝「木切反又其月反」（五⑩上4ウ5「虛而不屈動而愈出」の「屈」字左旁）〔東洋・杏Ⅰ〕の同所、〔慶Ⅱ〕の眉上にほぼ同文の反切書入れが有る。〔東洋〕は「求勿反其月反」に作り、青筆で各字右旁に小圏を付し、「反其」の間に「又」を加筆する。「切」字は三本共に「勿」に作る。本書入れの誤写であろう。〔慶Ⅱ〕は「木」字を脱す。また、〔書陵〕同所には下半の反音だけ旁記され、「木切反又」の四字が無い。

㉞「六朔」（五⑪上4ウ6「多言數窮」の「數」字左旁）〔東洋〕の同所に同文の直音注記（青筆）が有る。

㉟「六浴」（六②上5オ2「谷神不死」の「谷」字左旁）〔東洋・杏Ⅰ〕の該所に同文の音注書入れ（〔東洋〕は青筆）が有る。但、〔杏Ⅰ〕には続けて「又古沃反」の又音注が有る。

㊱「六信」（六③上5オ3a「腎藏精」の「腎」字左旁）〔東洋・杏Ⅰ〕の同所、〔梅沢・足利〕の右旁に同文の音注

書入れ（〔東洋〕は青筆）が有る。

㊲「六嗣」（六④上5オ4a「天食人以五氣」の「食」字左旁）〔東洋・杏Ⅰ〕の同所に同文の音注書入れ（〔東洋〕は青筆）が有る。

㊳「六謂」（六⑤上5オ6a「從口藏於⿰月胃」の「⿰月胃」字左旁）〔杏Ⅰ・書陵・龍門〕の同所、〔東洋〕の右旁に同文の音注書入れ（〔東洋〕は青筆）が有る。但、〔東洋・杏Ⅰ〕の本文は「胃」に作り、〔杏Ⅰ〕は同字に「本乍⿰月胃述乍」の校異が存し、それに接続して此の音注が在る。此の直音注も『述義』の注説に淵源すると思われる。

㊴「六莫」（六⑦上5オ6a「血脉六情」の「脉」字左旁）〔東洋・杏Ⅰ〕の同所に同文の音注旁記（〔東洋〕は青筆）が有る。

㊵「許及反」（六⑨上5ウ1a「呼吸喘息」の「吸」字左旁）〔東洋・杏Ⅰ〕の同所に同文の反切注記（〔東洋〕は青筆）が有る。

㊶「叱遠反」（六⑩上5ウ1a「呼吸喘息」の「喘」字左旁）〔東洋〕の同所に同文の反切旁記（青筆）が有る。

㊷「烏路反」（八④上6オ7「而不爭處衆人之所惡」の「惡」字左旁）〔東洋〕の同所に同文の反切旁記（青筆）が有る。

㊸「六機」（八⑥上6ウ1「故幾於道矣」の「幾」字左旁）〔東洋・書陵〕の同所に同文の音注旁記（〔東洋〕は青筆）が有る。

㊹「丁果反初委反」（九③上7オ1「揣而鋭之」の「揣」字左旁）〔東洋〕の同所に同文の反切旁記（青筆）が有る。

㊺「許紀反」（一〇⑤上7ウ1b「喜怒亡魂」の「喜」字左旁）〔杏Ⅰ・書陵・大東・慶Ⅰ〕の同所、〔東洋〕の右旁に同文の反切注記（〔東洋〕は青筆）が有る。

㊻「在斯反」（一〇⑦上7ウ7「能無疵乎」の「疵」字左旁）〔東洋・書陵〕の同所に同文の反切旁記（〔東洋〕は青筆）が有る。

㊼「許六反」（一〇⑪上8オ6「生之畜之」の「畜」字左旁）〔東洋〕の同所に同文の反切旁記（青筆）が有る。

㊽「直離反」（一二②上9ウ2「馳騁田獵令人心發狂」の「馳」字左旁）〔東洋・書陵〕の同所に同文の反切旁記（〔東洋〕は青筆）が有る。

㊾「丑郢反」（一二③上9ウ2「馳騁田獵令人心發狂」の「騁」字左旁）〔東洋・書陵〕の同所に同文の反切旁記（〔東洋〕は青筆）が有る。

㊿「虚衣反」（一四②上11オ2「聽之不聞名曰希」の「希」字左旁）〔東洋〕の同所に同文の反切旁記（青筆）が有る。

51「六曉」（一四④上11オ6「其上不皦」の「皦」字左旁）〔東洋・書陵〕の同所に同文の音注旁記（〔東洋〕は青筆）が有る。

52「六服」（一四⑤上11ウ2「復歸於無物」の「復」字左旁）〔東洋・書陵〕の同所に同文の音注旁記（〔東洋〕は青筆）が有る。

53「虚往反」（一四⑥上11ウ4「是謂忽怳」の「怳」字左旁）〔東洋・書陵・慶Ⅱ〕の同所に同文の反切旁記が有る。〔東洋〕は各字左旁に青筆の小圏を付す。

54「魚換反」（一五②上12オ7「儼兮其如」の「儼」字左旁）〔書陵〕の同所に同文の反切旁記が有る。〔東洋〕の同所には墨筆で「魚換切」と、青筆で「魚換」の左旁に小圏、「切」の左旁に「反」字を加筆する。其の青筆に従えば本書入れと同文である。

(55)「六喚」（一五③上12ウ1「渙兮若氷之將釋」の「渙」字左旁）｛東洋｝の同所に同文の音注旁記（青筆）が有る。

(56)「普角反」（一五④上12ウ2「敦兮其若樸」の「樸」字左旁）｛東洋・書陵・梅沢｝の同所に同文の反切旁記（｛東洋｝は青筆）が有る。但、｛東洋・書陵｝の本文は「樸」を「朴」に作る。

(57)「胡本反或作混」（一五⑤上12ウ3「渾兮其若濁」の「渾」字左旁）｛書陵｝の同所に同文の注記が有る。｛東洋｝の眉上には墨筆で「渾或作混胡本反」と、青筆で「或作混胡本反」の各字左旁に小圏を施す。其の青筆に従えば、両句前後転倒しているが本書入れと同義である。上記〈「或本」「或」との校異〉④に既述。

(58)「戸結反」（一九③上15オ3b「蒼頡作書」の「頡」字左旁）｛東洋｝の同所に同文の反切旁記（青筆）が有る。

(59)「六燭」（一九④上15ウ1「故令有所属」の「属」字左旁）｛東洋｝の同字右旁に同文の直音注記（青筆）が有る。

(60)「戸遍反」（一九⑤上15ウ1「見素抱朴」の「見」字左旁）｛東洋｝の同所に同文の反切注記（青筆）が有る。

(61)「普角反」（一九⑥上15ウ1「見素抱朴」の「朴」字左旁）｛東洋｝の同所に同文の反切注記（青筆）が有る。

(62)「羊癸反」（二〇②上15ウ4「唯之與阿相去幾何」の「唯」字左旁）｛東洋・書陵・梅沢｝の同所に同文の反切旁記（｛東洋｝は青筆）が有る。

(63)「普庚反」（二〇③上16オ2「如享大牢」の「享」字左旁）｛東洋｝の同所に同文の反切旁記（青筆）が有る。

(64)「力刀反」（二〇④上16オ2「如享大牢」の「牢」字左旁）｛東洋・書陵｝の同所に同文の反切旁記（｛東洋｝は青筆）が有る。但、「牢」、｛東洋｝は「窂」に作っている。

(65)「普百反」（二〇⑤上16オ3「我獨怕兮其未兆」の「怕」字左旁）｛東洋・書陵｝の同所に同文の反切旁記が有る。｛東洋｝は各字右旁に青筆の小圏を加える。

(66)「力追反述力廻反」（二〇⑥上16オ5「儡儡兮其若無所歸」の「儡儡」左旁）｛書陵｝の同所、｛東洋｝の右旁に同文の反切注記（︹東洋︺は青筆）が有る。上記〈賈大隠述義〉⑧に既出。

(67)「徒混反徒損反述云如闇昧」（二〇⑧上16ウ1「沌沌兮」左旁）︹東洋︺の眉上に同文が標記され（青筆）、其の文頭右脇には「傍注」と細書されており、所用の底本には本書入れと同じく行間に在ったのであろう。︹書陵︺の同所の旁記には「徒損反」の三字が無い。︹武内︺の眉上にも同文の書入れが見えるが、頭に「沌才乍純」、尾に「尓雅偶／愚也」の別注を加増している。また、︹大東・慶Ⅰ︺の同所には「徒損反徒混反」と、反切注記が逆の順に旁記され、眉上には「沌才乍純述如闇／昧也」と、「述云」以下の同文の義注に「才作」の校異を加増した標記が有る。︹慶Ⅱ︺は同所に「徒損反徒混反才乍純」の旁記が有るが、「述云」以下の五字が無い。書入れ文伝承の間に混交変易した事実が窺われる。上記〈賈大隠述義〉⑨に既出。

(68)「六門」（二〇⑨上16ウ2「我獨悶悶」の上「悶」字左旁）︹東洋・書陵︺の同所に同文の音注旁記（︹東洋︺は青筆）が有る。

(69)「匹遥反述乍漂」（二〇⑩上16ウ3「漂兮若無所止」の「漂」字左旁）︹東洋︺の眉上に同文の書入れ（青筆）が有る。上記〈賈大隠述義〉⑩参照。

(70)「況往反又呼廣反」（二一②上17オ2「唯怳唯忽」の「怳」字左旁）︹東洋︺の同所に同文の反切旁記（青筆）が有る。但、︹東洋︺は「況」字を「決」に作っているが、何れかが字形の類似による譌伝と思われる。

(71)「焉了反」（二一③上17オ5「窈兮冥兮其中有精」の「窈」字左旁）︹東洋・書陵︺の同所に同文の反切旁記（︹東洋︺は青筆）が有る。また、︹梅沢︺は本文は「[illegible]」字に作るが其の右旁に「窈」を加筆し、下に同文の反音注記を付す。

(72)「布錦反兵錦反」（二一⑤上17ウ1a「閲禀也」の「禀」字左旁）︹書陵︺の同所に「布錦反」とあり、上半と同文であるが、「兵」以下の三字は無い。

(73)「烏花反」（二二③上17ウ6「窪則盈」の「窪」字左旁）〔東洋・梅沢〕の同所に同文の反切旁記が有る。〔東洋〕は各字右旁に青の小圏を付す。〔書陵〕同所にも反切が見られるが下字の判読が困難である。或いは同文か。

(74)「古練反」（二二⑤上18オ2「不自見故明」の「見」字左旁）〔東洋〕の同所に同文の反切旁記（青筆）が有る。

(75)「居淩反」（二二⑧上18オ5「不自矜故長」の「矜」字左旁）〔東洋・梅沢〕の同所に同文の反切注記（〔東洋〕は青筆）が有る。但、〔梅沢〕は「大也」の義注を付す。

(76)「六羈」（二二⑩上18ウ2a「實全其肌體」の「肌」字下旁）〔東洋〕の同所に同文の音注旁記（青筆）が有る。

(77)「毗遥反」（二三②上18ウ4「飄風不終朝」の「飄」字左旁）〔東洋・書陵〕の同所に同文の反切旁記（〔東洋〕は青筆）が有る。

(78)「仕救反」（二三③上18ウ4「驟雨不終日」の「驟」字左旁）〔東洋〕の同所に同文の反切旁記（青筆）が有る。

(79)「倉骨反」（二三⑤上19オ1b「欲爲暴卒乎」の「卒」字左旁）〔東洋〕の同所に同文の反切旁記（青筆）が有る。

(80)「六洛」（二三⑥上19オ5「道亦樂得之」の「樂」字左旁）〔東洋〕の同所に同文の音注旁記（青筆）が有る。

(81)「五孝反」（二三⑦上19オ5b「道亦樂得之也」の「樂」字左旁）〔東洋〕の同所に同文の反切注記（青筆）が有る。

(82)「口花反又口化反」（二四②上19ウ3「跨者不行」の「跨」字左旁）〔東洋〕の同所に同文の反切注記（青筆）が有る。

(83)「居淩反」（二四④上19ウ7「自矜者不長」の「矜」字左旁）〔東洋・書陵・梅沢〕の同所に同文の反切旁記（〔東洋〕は青筆）が有る。

(84)「直良反」（二四⑤上19ウ7「自矜者不長」の「長」字左旁）〔東洋〕の同所に同文の反切旁記（青筆）が有る。

㊽「六駟」（二四⑥上20オ1「餘食贅行」の「食」字左旁）〔東洋〕の同所に同文の音注旁記（青筆）が有る。

㊾「専税反」（二四⑦上20オ1「餘食贅行」の「贅」字左旁）〔東洋・書陵〕の同所に同文の反切旁記（〔東洋〕は青筆）が有る。

㊿「烏路反」（二四⑩上20オ2「物或悪之」の「悪」字左旁）〔東洋〕の同所に同文の反切注記（青筆）が有る。

「胡本反」（二五②上20オ5「有物混成先天地生」の「混」字左旁）〔東洋〕の同所に同文の反切注記（青筆）が有る。

「徒損反」（二五③上20オ5a「無形混沌」の「沌」字左旁）〔書陵〕の同所、〔東洋・梅沢〕の右旁に同文の反切注記（〔東洋〕は青筆）が有る。

「其丈反」（二五⑥上20ウ3「強爲之名曰大」の「強」字左旁）〔東洋〕の同所に同文の反切旁記（青筆）が有る。

「祖到反」（二六②上21ウ1「静爲躁君」の「躁」字左旁）〔東洋・書陵・六地〕の同所に同文の反切旁記（〔東洋〕は青筆）が有る。

「側其反」（二六③上21ウ2「是以君子終日行不離輜重」の「輜」字左旁）〔東洋・書陵〕の同所に同文の反切旁記（〔東洋〕は青筆）が有る。但、〔書陵〕は「ー静也」の義注を付す。

「直勇反」（二六④上21ウ3b「不離其静與重也」の「重」字左旁）〔東洋〕の同所に同文の反切旁記（青筆）が有る。

「古喚反」（二六⑤上21ウ3「雖有榮觀燕處超然」の「觀」字左旁）〔東洋・書陵〕の同所に同文の反切旁記（〔東洋〕は青筆）が有る。

「於見反」（二六⑥上21ウ3「雖有榮觀燕處超然」の「燕」字左旁）〔東洋・書陵〕の同所に同文の反切書入れ

（〔東洋〕は青筆）が有る。

(96)「食證反」（二六⑦上21ウ4「柰何萬乗之主」の「乗」字左旁）〔東洋〕同所の反切書入れ（青筆）は「食乗反」とある。「乗」は「證」の訛であろう。

(97)「六衡」（二七②上22オ2「善行者無徹跡」の「行」字左旁）〔東洋〕の同所に同文の音注旁記（青筆）が有る。

(98)「下加反」（二七③上22オ3「善言者無瑕讁」の「瑕」字左旁）〔東洋・書陵〕の同所及び〔武内〕眉上に同文の反切注記（〔東洋〕は青筆）が有る。〔武内〕は文頭に「瑕」字を冠す。

(99)「六擇」（二七④上22オ3「善言者無瑕讁」の「讁」字左旁）〔東洋〕の同所及び〔武内〕の眉上に同文の直音注記（〔東洋〕は青筆）が有る。

(100)「直由反」（二七⑥上22オ4「善計者不用籌策」の「籌」字左旁）〔東洋・書陵・大東・慶Ⅰ〕の同所に同字反切の旁記（〔東洋〕は青筆）が有る。但、〔大東・慶Ⅰ〕は「反」を「切」に作る。

(101)「必計反」（二七⑦上22オ5「善閉者無關楗」の「閉」字左旁）〔東洋・書陵・梅沢〕の同所に同字反切の旁記（〔東洋〕は青筆）が有る。但、〔梅沢〕は「反」字が無い。

(102)「其堰反」（二七⑧上22オ5「善閉者無關楗」の「楗」字左旁）〔東洋〕同所の反切は「其偃反」（青筆）と下字を「偃」とし異なる。伝写の間の変移で元は同源と思われる。

(103)「於妙反六要」（二七⑨上22オ6「善結者無繩約而不可解」の「約」字左旁）〔東洋〕の同所に同文の音注旁記（青筆）が有る。

(104)「六章」（二七⑩上22ウ2b「以救萬物之殘傷也」の「傷」字左旁）〔東洋〕の同所に同文の音注旁記（青筆）が有る。

(105) 「辞立反」（二七⑪上22ウ3「是謂襲明」の「襲」字左旁）〔東洋・書陵・梅沢〕の同所に同字反切の旁記（〔東洋〕は青筆）が有る。但、〔梅沢〕は「辞」字上に「似」字を冠す。また、〔東洋〕眉上には別に墨筆で「襲辞立反ー蔵也」と音義の書入れが見える。

(106) 「於盈反」（二八②上23オ5「復歸於嬰兒」の「嬰」字左旁）〔東洋・書陵〕の同所、〔武内・大東・慶Ⅰ〕の眉上に同文の反切注記（〔東洋〕は青筆）が有る。

(107) 「他得反六得」（二八③上23オ7「爲天下式常徳不惑」の「惑」字左旁）〔東洋〕本文は「忒」に作るが、同所に同文の音注旁記（青筆）が有る。また眉上には墨筆で「戓他得反六得 忒又吐得反」の標記が存する。〔慶Ⅱ・書陵・大東・慶Ⅰ〕の本文は「戓」字で、〔慶Ⅱ〕は眉上に「忒」字を標して同文の音注を記し、〔書陵〕は左旁に「他得反」と反切注記のみ、〔大東・慶Ⅰ〕は同所に「六得」の直音注のみ旁記さる。何れも釋音注記として源は同じで、伝写の間に取捨され変移したものと思われる。古活字版の他〔足利・天理〕が「惑」に作っているが、本注はその字には相応しない。

(108) 「如欲反」（二八⑤上23ウ2「知其榮守其辱爲天下谷」の「辱」字左旁）〔東洋〕の同所に同文の反切旁記（青筆）が有る。

(109) 「六烏」（二八⑥上23ウ3a「辱以喩汙濁也」の「汙」字左旁）〔東洋・書陵〕の同所に同文の音注旁記（〔東洋〕は青筆）が有る。

(110) 「許具反」（二九⑥上24ウ1「或呴或吹」の「呴」字左旁）〔書陵〕の同所に同文の反切旁記が有る。〔東洋〕は本文「喣」に作り左旁に見せ消、眉上に「呴」字を標し同文の反切を記す（青筆）。

(111) 「劣皮反」（二九⑦上24ウ1「或強或羸」の「羸」字左旁）〔東洋〕の同所に同文の反切注記（青筆）が有る。

⑫「羌呂反」（二九⑧上24ウ3「聖人去甚」の「去」字左旁）〔東洋〕の同所に同文の反切注記（青筆）が有る。

⑬「紀力反」（三〇②上25オ1「師之所處荊棘生焉」の「棘」字左旁）〔東洋〕の同所に同文の反切注記（青筆）が有る。

⑭「烏路反」（三一③上25ウ4「物有惡之」の「惡」字左旁）〔東洋・梅沢〕の同所に同文の反切注記（〔東洋〕は青筆）が有る。

⑮「徒嗛反徒濫反」（三一⑤上26オ1「恬憺爲上」の「恬憺」左旁）〔東洋・書陵〕同所の反切旁記（〔東洋〕は青筆）には微小な相違が認められる。〔東洋〕は「徒嗛反」下に「靜也」二字の義注が有り、〔書陵〕は「濫」を「監」に作る。

⑯「失證反」（三一⑥上26オ2「勝而不美」の「勝」字左旁）〔東洋〕の同所に同文の反切旁記（青筆）が有る。

⑰「五孝反」（三一⑨上26オ3「而美之者是樂殺人也」の「樂」字左旁）〔東洋・書陵〕の同所に同文の反切旁記（〔東洋〕は青筆）が有る。

⑱「六鬼」（三二③上27オ4b「叛道離徳故身毀辱也」の「毀」字左旁）〔東洋・書陵〕の同所に同文の音注旁記（〔東洋〕は青筆）が有る。

⑲「徒改反」（三二④上27オ5「知之所以不殆」の「殆」字左旁）〔東洋〕の同所に同文の反切旁記（青筆）が有る。

⑳「孚釼反」（三四②上28オ3「大道汜兮」の「汜」字左旁）〔東洋・書陵〕の同所に同文の反切旁記（〔東洋〕は青筆）が有る。〔杏Ｉ〕の同字左旁には「賈孚釼反浮也」との音義注の書入れがあり、この反切注は『述義』に由来すると看做される。

⑿「六魄」（三四⑥上28オ7a「道匿德藏名怕然無爲」の「怕」字左旁）〔東洋・杏Ⅰ〕の同所に同文の音注旁記（〔東洋〕は青筆）が有る。

⑿「下孟反」（三四⑧上28ウ2a「萬物横來」の「横」字左旁）〔東洋・杏Ⅰ〕の同所に同文の反切旁記（〔東洋〕は青筆）が有る。

⑿「六洛又六岳」（三五②上29オ1「樂與餌過客止」の「樂」字左旁）〔東洋〕の同所に同文の反切旁記（青筆）が有る。

⑿「如志反」（三五③上29オ1「樂與餌過客止」の「餌」字左旁）〔東洋〕は右旁に「如志反説文餅也」の音義の書入れがあり、「如志反」の各字右旁に青の小圏を付す。此の三字が本書入れと一致する。

⑿「徒監反」（三五⑥上29オ3「淡兮其無味」の「淡」字左旁）〔東洋・書陵〕の同所に同文の反切旁記（〔東洋〕は青筆）が有る。

⑿「六咸」（三五⑦上29オ3b「有酸鹹甘苦辛也」の「鹹」字左旁）〔東洋・足利〕の同所に同文の音注旁記（〔東洋〕は青筆）が有る。

⑿「坐活反」（三六②上29ウ5「魚不可脱淵」の「脱」字左旁）〔東洋・書陵〕の同所に同文の反切旁記（〔東洋〕は青筆）が有る。

⑿「六巡」（三八⑥下1オ4a「因循自然」の「循」字下旁）〔東洋・書陵〕の同所に同文の音注旁記（〔東洋〕は青筆）が有る。

⑿「食二反」（三八⑦下1オ5a「下德謂號謚之君」の「謚」字左旁）〔東洋・書陵〕の同所に同文の反切旁記（〔東洋〕は青筆）が有る。

(130)「｜對之｜於證反注｜」（三八⑪下1ウ5「而莫之應」の「應」字左旁）〔東洋〕の同所に同文の音義注旁記（青筆）が有る。

(131)「若羊反」（三八⑫下1ウ6「則攘臂而仍之」の「攘」字左旁）〔書陵〕の同所、〔東洋・六地〕の右旁に同文の反切注記（〔東洋〕は青筆）が有る。

(132)「六花下｜」（三八⑰下2オ4「前識者道之華」の「華」字左旁）〔東洋〕の同所に同文の書入れ（青筆）が有る。〔書陵〕の同所には「六花」と直音注のみ傍書されている。

(133)「乞呂反」（三八㉒下2オ7「故去彼取此」の「去」字左旁）〔東洋〕の同所に同文の反切旁記（青筆）が有る。

(134)「六列」（三九⑦下3オ1「天無以清將恐裂」の「裂」字左旁）〔東洋・書陵〕の同所に同文の音注旁記（〔東洋〕は青筆）が有る。

(135)「安静也」（三九⑧下3オ2「地無以寧將恐發」の「寧」字左旁）〔東洋〕の同所に同文の義注旁記（青筆）が有る。

(136)「息列反」（三九⑨下3オ3b「將恐發泄不爲地也」の「泄」字左旁）〔東洋・書陵〕の同所に同文の反切旁記（〔東洋〕は青筆）が有る。

(137)「虚渇反竭也」（三九⑩下3オ4「神無以靈將恐歇」の「歇」字左旁）〔東洋〕の同所に同文の音義注旁記（青筆）が有る。〔書陵〕同所の書入れは「虚渇反」の反切注のみで、「竭也」の義注は無い。

(138)「居月反僵也／廣雅云敗也」（三九⑬下3オ7「將恐蹷」の「蹷」字左旁）〔東洋〕の同所、〔書陵〕の右旁にほぼ同文同義の音義書入れ（〔東洋〕は青筆）が有る。但、〔東洋〕は「居」を「其」に作り、〔書陵〕は「僵也」を「｜（蹷）僵」に作っている。元来は同文で伝写の間に遷移異同を生じたものであろう。上記〈廣雅〉①項参照。

139 「六給」（三九⑭下3ウ1a「當屈已下人汲汲求賢」の「汲汲」左旁）〔東洋〕の同所に同文の音注旁記（青筆）が有る。

140 「無篣故曰｜｜」（三九⑯下3ウ2b「周公下白屋也」の「白屋」右旁）〔東洋・書陵・大東〕の左旁、〔杏Ⅱ・慶Ⅰ〕の眉上にほぼ同文同意の義注書入れがある。〔東洋〕は各字右旁に青筆の圏点を加筆する。但、〔書陵・杏Ⅱ・大東・慶Ⅰ〕には末に「也」字が有り、〔大東〕は「曰」を「云」に作っている。

141 「六竹」（三九⑰下3ウ3a「猶築墻造功因卑成髙」の「築」字左旁）〔書陵〕の同所に同文の音注旁記が有る。

142 「無父曰｜」（三九㉑下3ウ4「是以王侯自稱孤寡不轂」の「孤」字左旁）〔東洋・書陵〕の同所に同文（〔書陵〕は「無」を「无」に作る）の義注書入れ（〔東洋〕は青筆）が有る。

143 「無夫曰｜」（三九㉒下3ウ4「是以王侯自稱孤寡不轂」の「寡」字左旁）前項同様に、〔東洋・書陵〕の同所に同文（〔書陵〕は「無」を「无」に作る）の書入れ（〔東洋〕は青筆）が有る。

144 「經家作轂訓善今／為轂亦失助之意」（三九㉓下3ウ4 135「是以王侯自稱孤寡不轂」の「轂」、眉上）〔東洋〕の同所に同文の標記（青筆）が見える。〔東大・足利・道蔵〕が「穀」に作り、「經家」本と一致している。上記〈「經家」本との校異〉①参照。〔足利〕は「轂經家乍／善本為轂／亦失助之意」に作り「乍」字下「穀訓」二字の脱落と考えられるが、字義説に就いては殆ど同文である。

145 「力各反作硌六洛又乚歷」（三九㉗下4オ1「不欲琭琭如玉落落如石」の「落落」左旁）〔東洋〕の同所に同文の書入れ（青筆）が見える。「作硌」の主格は明らかでない。因みに、管見の河上公本では〔敦Ⅱ〕が、島校に拠れば「李榮本」「景福碑」が「硌」に作っている。

146 「許緣反」（四〇②下4オ6b「蜎飛蠕動」の「蜎」字左下旁）〔東洋〕の同所、〔書陵〕の右旁に同文の反切旁記

（〔東洋〕は青筆）が有る。

(147)「而兗反」（四〇③下4オ7a「蜎飛蠕動」の「蠕」字左下旁）〔東洋〕の同所に同文の反切旁記（青筆）が有る。

(148)「六節」（四一④下4ウ6a「建設也」の「設」字左旁）〔東洋・梅沢〕の同所に同文の音注旁記（〔東洋〕は青筆）が有る。

(149)「平道者大道也」（四一⑦下5オ1a「夷平也」の「平也」右旁）〔東洋・足利〕の同所に同文（但、〔足利〕は「大」を「元」に作る。其の「元」字或いは「天」か）の義注（〔東洋〕は青筆）が有る。

(150)「引也」（四一⑧下5オ3「建徳若揄」の「揄」字左旁）〔書陵〕の同所に同文の旁記がある。尚、〔杏Ⅱ・武内・大東・慶Ⅰ〕の該所眉上に「揄賈云踰陸顧云音独瞿反又音踰説文揄引也」と、〔東洋〕眉上には「賈曰揄踰也陸曰獨瞿反引也」との書入れ（墨筆）が存する。掲出の義注の書入れは音注出典等を含む〔杏Ⅱ・武内・大東・慶Ⅰ・東洋〕の書入れとは出自伝鈔の経緯が異なるようである。

(151)「翼朱反變也」（四一⑨下5オ4「質直若渝」の「渝」字左旁）〔東洋・書陵〕の同所に同様の書入れ（〔東洋〕は青筆、〔書陵〕は「變也」二字無し）が有る。また、〔東洋〕眉上には同文が別墨筆で標記され、〔杏Ⅱ・大東・慶Ⅰ・武内〕眉上にも同じ書入れが存する（〔大東・慶Ⅰ〕は反を「切」に作る）。

(152)「｜背也」（四二②下5ウ5「萬物屓陰而抱陽」の「屓」字左旁）〔東洋〕の同所に同文の書入れ（青筆）が有る。但、本文「屓」は「負」に作る。〔書陵〕には同所に「背也賈本也」とあり、次句「抱」字の義注と共に、『述義』所説に従った書入れとして同源であろう。上記〈賈大隠述義〉⑳参照。

(153)「丑領反」（四三②下6ウ2「天下之至柔馳騁天下之至堅」の「騁」字左旁）〔東洋〕の同所に同文の反切旁記（青筆）が有る。尚、〔梅沢・大東・慶Ⅰ・六地〕は「勑領反」（〔六地〕は「反」字無し）と。

(154)「｜无也」（四四②下7オ3「得與亡孰病」の「亡」字左旁）〔東洋〕は同所に同文の書入れが有り、「无也」両字に青筆で小円圏を附す。〔書陵〕右旁には「无イ」と校異の書入れが見えるが、「亡」を「无」に作る伝本は河上公本以外の諸本に及んでも管見に入らない。此の字義の旁記が伝写の間に校記と誤ったと考えられる。

(155)「芳味反」（四四③下7オ3「甚愛必大費」の「費」字左旁）〔東洋・書陵〕の同所に同文の反切旁記（〔東洋〕は青筆）が有る。〔梅沢〕左旁の注記は「芳米反」で下字が異なる。

(156)「在郎反」（四四④下7オ4「多藏必厚亡」の「藏」字左旁）〔東洋・六地〕の同所に同文の反切旁記（〔東洋〕は青筆）が有る。〔六地〕の下字は判読に苦しむが恐らくは同じ「郎」字であろう。

(157)「徒改反危也」（四四⑤下7オ6「知止不殆」の「殆」字左旁）〔東洋〕の同所に同文の音義注記（青筆）が有る。〔書陵〕は同所に反切のみ旁記、「危也」の義注は欠く。

(158)「頎悦反説文／破也蒼頡斷」（四五②下7ウ3「大成若缺」の「缺」字左旁） 上記⑷諸書引証書入れ〈説文〉①項、〈蒼頡篇〉②項参照。

(159)「弗問反」（四六②下8オ6「却走馬以糞」の「糞」字左旁）〔東洋・書陵・六地〕の同所に同文の反切書入れ（〔東洋〕は青筆）が有る。尚、〔杏Ⅱ・大東・慶Ⅰ〕の眉上に同じ反切注の書入れ（文頭共に「糞」字を標し、「反」は共に「切」に作る）が有るが、その文に続けて「治田也」の義注が加わっている。〔梅沢〕該字左には「弗問反治田反(ママ)」の旁記が有る。

(160)「起規反」（四七③下8ウ7「不闚牖以見天道」の「闚」字左旁）〔東洋・梅沢〕の同所に同文の反切注記（〔東洋〕は青筆）が有る。

(161)「羊久反」（四七④下8ウ7「不闚牖以見天道」の「牖」字左旁）〔東洋・書陵・梅沢〕の同所に同文の反切旁

記（〔東洋〕は青筆）が有る。〔梅沢〕は虫損で下字の一部が欠けているが残存する墨痕から「久」と判読される。

(162)「六官」（四七⑤下9オ1a「天人相通精氣相貫」の「貫」字左旁）〔東洋・梅沢〕の同所に同文の直音注記（〔東洋〕は青筆）が有る。

(163)「六黜｜｜猶協々挹説文字林恐懼也」（四九④下10オ5「故聖人之在天下怵怵焉」の「怵怵」左旁）〔東洋〕は同句右に「六黜｜｜猶協々挹／説文｜恐懼也」と両行の旁記が有る。右行は青筆。左行は墨筆で「｜」符左旁に青筆で見せ消及び「字林」二字の加筆が見られる。従って〔東洋〕青筆は此の書入れと同文となり、所拠の注説は同源と考えられる。また、〔大東・慶Ⅰ・杏Ⅱ〕の眉上にも「怵六黜猶協々挹／説文字林恐懼也」（〔杏Ⅱ〕は「々」字無し）と首書され殆ど同文である。なお、〔梅沢・書陵〕は「怵」字左旁に音注のみ同文の書入れが有るが、義注は無い。⑷諸書引証書入れ〈説文〉②項、〈字林〉①に既出。

(164)「故本反」（四九⑤下10オ6「爲天下渾其心」の「渾」字左旁）〔東洋・書陵〕の同所に同文の反切注記（〔東洋〕は青筆）が有る。

(165)「質喩反又之樹反」（四九⑥下10オ7「百姓皆注其耳目」の「注」字左旁）〔東洋・書陵〕の同所に同文の反切旁記（〔東洋〕は青筆）が有る。

(166)「胡来反又乍咳／礼父咳而名之是憐育之意」（四九⑦下10ウ1「聖人皆孩之」の「孩」字左旁）〔東洋〕の同所に同文の音義注書入れ（青筆）が有る。また、〔杏Ⅱ・大東・慶Ⅰ・武内〕の眉上には「孩ハ胡来切憐育也戈作咳礼文咳而名之是憐也」（〔武内〕、「切」を「反」に作り、「育」を「云日」に誤る、「文」は「父」、「戈」は「才」とすべきか）とほぼ同様同義の標記が見られる。

(167)「五蔵在内故曰五内」（五〇②下10ウ4a「謂情欲出於五内」の「五内」右旁）〔東洋・足利・杏Ⅱ・大東・慶Ⅰ〕

の同所に同文（〔杏Ⅱ・大東・慶Ⅰ〕は末に「也」字が有る）の義注の旁記（〔東洋〕は青筆）が見られる。

(168)「六恭」（五〇③下10ウ4b「謂情欲入於胷臆」の「胷」字左旁）〔東洋〕の同所に同文の直音注記（青筆）が有る。

(169)「六嶠」（五〇④下10ウ6a「謂九竅四關也」の「竅」字左旁）〔東洋〕は同字右旁に同文の書入れ（青筆）有る。

(170)「六官」（五〇⑤下10ウ6a「謂九竅四關也」の「關」字左旁）〔梅沢・書陵〕の同所、〔東洋〕の右旁に同文（〔梅沢〕は「六」を「乚」に作る）の書入れ（〔東洋〕は青筆）が有る。

(171)「不期而會曰ー」（五〇⑦下11オ3「陸行不遇兕虎」の「遇」字左旁）〔東洋・梅沢〕の同所に同文の義注の書入れ（〔東洋〕は青筆）が有る。

(172)「兕徐李反尓雅ー／角青色重千斤説／文如野牛而青皮／堅厚可以為鎧」（五〇⑧下11オ3「陸行不遇兕虎」の「兕」、眉上）上記⑷諸書引証書入れ〈尓雅〉②、〈説文〉③項参照。

(173)「七路反」（五〇⑩下11オ5「兕無所投其角虎無所措其爪」の「措」字左旁）〔東洋・梅沢・六地〕の同所に同文の反切旁記（〔東洋〕は青筆）が有る。

(174)「香六反」（五一②下11ウ2「徳畜之」の「畜」字左旁）〔東洋・梅沢〕の同所に同文の音注書入れ（〔東洋〕は青筆）が有る。

(175)「佛冨反」（五一⑤下11ウ7「養之覆之」の「覆」字左旁）〔東洋・書陵・梅沢〕の同所に同文の反切旁記（〔東洋〕は青筆）が有る。

(176)「ー是身後之名也」（五二②下12オ7「没身不殆」の「没」字左旁）〔東洋・梅沢〕の同所に同文の書入れ（〔東洋〕は青筆）が有る。

(177)「徒改反」（五二③下12オ7「没身不殆」の「殆」字左旁）〔東洋・梅沢〕の同所に同文の反切旁記（〔東洋〕は

青筆）が有る。

(178) 「徒外反」（五二④下12ウ1「塞其兊」の「兊」字左旁）〔東洋・書陵〕の同所に同文の反切旁記（〔東洋〕は青筆）が有る。また、〔足利〕該字右旁に「徒外切疏台也五門也」の書入れが有るが、其の冒頭の反切用字は同文である。

(179) 「｜是竟身之称」（五二⑤下12ウ3「終身不救」の「終」字左旁）〔東洋〕の同所に同文の字義注記（青筆）が見られる。

(180) 「六界也」（五三②下13オ2「使我介然有知行於大道」の「介」字左旁）〔東洋〕の同所に同文の音注書入れ（青筆）が有る。

(181) 「直居反」（五三⑦下13オ6「朝甚除」の「除」字左旁）〔東洋・書陵〕の同所に同文の反切注記（〔東洋〕は青筆）が有る。

(182) 「土高曰｜有木曰｜」（五三⑨下13オ6a「臺榭宮室修也」の「臺榭」右旁）〔東洋・梅沢〕の同所及び〔杏Ⅱ・大東・慶Ⅰ・足利〕の眉上に同文の字義注記（〔東洋〕は青筆）が有る。

(183) 「於艶反飽也」（五三⑫下13ウ1「厭飲食財貨有餘」の「厭」字左旁）〔書陵〕の同所には「於艶反」の反切のみ旁記され、「飽也」の二字は無い。

(184) 「六化」（五三⑬下13ウ1「是謂盗夸」の「夸」字左旁）〔東洋・梅沢〕の同所に同文の直音注記（〔東洋〕は青筆）が有る。〔書陵〕は「化」を「花」としている。

(185) 「吐活反」（五四②下13ウ6「善抱者不脱」の「脱」字左旁）〔東洋・書陵〕の同所に同文の反切旁記（〔東洋〕は青筆）が有る。〔東洋〕地脚にはまた別墨筆で「脱吐活反／离也」と音義注記が、〔杏Ⅱ・大東・慶Ⅰ〕の眉上にもそれと同文（但、「反」は「切」に作る）の書入れが見られる。

⑱6「張劣反」（五四③下13ウ6「子孫以祭祀不輟」の「輟」字左旁）〔東洋・書陵〕の同所に同文の反切旁記（〔東洋〕は青筆）が有る。

⑱7「六香」（五四⑦下14オ3「修之於郷其徳乃長」の「郷」字左旁）〔東洋・書陵〕の同所に同文の直音注記（〔東洋〕は青筆）が有る。

⑱8「徒谷反」（五五②下15オ1「毒虫不螫」の「毒」字左旁）〔東洋・六地〕の同所に同文の反切旁記（〔東洋〕は青筆）が有る。但、〔六地〕は上字は同字、下字は虫損の為不明であるが、恐らくは同文であろう。

⑱9「失亦反」（五五③下15オ1「毒虫不螫」の「螫」字左旁）〔東洋・書陵〕の同所に同文の反切旁記（〔東洋〕は青筆）が有る。

⑲0「芳封反」（五五④下15オ1a「蜂蠆虵虺」の「蜂」字左旁）〔東洋〕の同所に同文の反切旁記（青筆）が有る。

⑲1「勅邁反」（五五⑤下15オ1a「蜂蠆虵虺」の「蠆」字左旁）〔東洋・大東〕の同所、〔慶Ⅰ〕の右旁、〔杏Ⅱ〕の該所眉上に同文の反切注記が有る（〔東洋〕は青筆）。但、〔杏Ⅱ〕は「蠆」字を標出し、「反」を「切」に作る。

⑲2「六鬼」（五五⑥下15オ1a「蜂蠆虵虺」の「虺」字左旁）〔書陵〕の同所、〔東洋・大東・慶Ⅰ〕の右旁に同文の直音注記（〔東洋〕は青筆）が有る。

⑲3「倶縛反搏也説文爪持也」（五五⑦下15オ2「猛獸不據攫鳥不搏」の「攫」字左旁）〔東洋〕は同字左旁に青筆で「倶愽反Ｉ」と、地脚に墨筆で「玃／鑃匀作攫々／搏也説文／爪持也／匀府爪取／曰攫翼取／曰搏也」（送り仮名は省略）の書入れが有り、地脚墨筆の「搏也説文爪持也」の「文」字を除く六字の右側に青筆で旁圏が付されている。此の七字を左旁青筆の反切注記に連続させれば、掲出の本書入れと同文（「愽」は「縛」の誤写であろう）

となる。また、〔大東〕の右旁、〔慶Ⅰ〕の眉上の書入れも殆ど同文（「反」を切に作り、「也」を「世」に誤る）であり、〔書陵・梅沢〕の同字左旁に「倶縛反」とあり、音注三字については同文である。上記⑷諸書引証書入れ＜説文＞④に既出。

194 「六博」（五五⑧下15オ2「猛獸不據攫鳥不搏」の「搏」字左旁）〔東洋・梅沢〕の同所に同文（但、〔東洋〕は「六」を「音」に作る）の直音注記が有り、〔東洋〕には青筆の旁圏が付されている。

195 「七賜反」（五五⑨下15オ3a「有刺之物還返其本」の「刺」字左旁）〔東洋・書陵〕の同所に同文の反切旁記（〔東洋〕は青筆）が有る。

196 「居勤反」（五五⑩下15オ3「骨弱筋柔而握固」の「筋」字左旁）〔東洋・梅沢〕の右旁、〔六地〕の左旁にも同文の反切旁記（〔東洋〕は青筆）が有る。

197 「戸刀反」（五五⑪下15オ6「終日號而不啞和之至也」の「號」字左旁）〔梅沢・六地〕の同所に同文の反切旁記が有る。

198 「一邁反又乍嗄」（五五⑫下15オ6「終日號而不啞和之至也」の「啞」字左旁）〔東洋・書陵〕の右旁に同文の書入れが有る。〔東洋〕の本文は「嗄」に作るが、青筆を以て見せ消を付し、旁に「唖」字を加筆、其の下に同文を録す。上記⑴校異の書入れ＜「又」作＞①（503頁）参照。

199 「曰才六越」（五五⑮下15ウ1「知常日明」の「日」字左旁）〔東洋〕の同所に同文の書入れ（青筆）が有る。上記⑴校異の書入れ＜「才」「摺本」との校異＞(68)（477頁）に既出、参照。

200 「｜猶死也」（五五⑰下15ウ4「不道早巳」の「巳」字左旁）〔東洋〕の同所に同文の義注旁記（青筆）が有る。〔書陵〕同所には「猶死反」とあるが「反」は「也」の訛と看做される。

201「祖臥反」（五六②下15ウ7「挫其鋭」の「挫」字左旁）｛東洋｝の同所に墨筆で同文の反切が有り、其の各字右に青筆で旁圏を附す。

202「七歳反」（五六③下15ウ7「挫其鋭」の「鋭」字左旁）｛東洋｝の同所にも同文の反切旁記（青筆）が有る。

203「芳云反」（五六④下16オ1「解其忿」の「忿」字左旁）此の反切音注の書入れは｛杏Ⅱ・大東・慶Ⅰ・武内｝の眉上にも見えるが、いずれも、反切に続けて「結也疏釈志云怒紛則可読上声」と義注を加える。書入れ伝写の系統は別と考えられる。

204「其宜反」（五七②下16ウ3「以奇用兵」の「奇」字左旁）｛東洋・書陵・梅沢｝の同所に同文の反切旁記（｛東洋｝は青筆）が有る。

205「陟角反」（五七⑧下17オ2b「彫琢章服奇物滋起」の「琢」字左旁）｛東洋｝の同所、｛書陵｝の右旁に同文の反切旁記（｛東洋｝は青筆）が有る。また、｛杏Ⅱ・大東・慶Ⅰ｝の眉上には「琢陟角切」と同義の書入れが見える（但、｛大東・慶Ⅰ｝は「角」を「甬」に誤る）。

206「呼報反」（五七⑨下17オ6「我好静而民自正」の「好」字左旁）｛東洋｝の同所に同文の反切旁記（青筆）が存する。

207「六門不明皃」（五八②下17ウ3「其政悶悶」の「悶悶」左旁）｛東洋｝同句右には墨筆で「不明皃」と旁記があり、其の頭に青筆で「六門」二字を冠し、同じ青筆で続く「不明皃」各字右に旁圏を附す。従って青筆に沿って連読すれば、本書入れと同文である。｛杏Ⅱ・大東・慶Ⅰ｝の眉上には「悶」字を標出し以下同文の書入れが有る。尚、「不明皃」三字は｛六地｝同句左旁、｛杏Ⅱ｝右旁にも見えている。

208「時倫反親厚皃」（五八③下17ウ3「其民醇醇」の「醇醇」左旁）｛東洋｝は同句右に墨筆で「親厚皃」と旁記、

此の三字に青筆で旁圏を附す。さらに其の右旁に青筆で「時倫反」とある。此れも右から連読すれば掲出の書入れと同文である。〔杏Ⅱ・大東・慶Ⅰ〕眉上には「醇々親厚皃時倫切」と音義注逆順になっているが同義である（〔杏Ⅱ・慶Ⅰ〕は「親」字旁に「敦イ」と旁記）。尚、〔六地〕の「醇」字左旁には「時倫反」とあって反切に就いては同文である。

⑳⑨ 「嚴急皃」（五八④下17ウ4「其政察察」の「察察」左旁）〔東洋〕の同所に同文の義注（青筆）が存する。

⑳⑩ 「山鼓反」（五八⑦下18オ6「直而不肆」の「肆」字左旁）〔東洋〕の同所に同文の反切書入れ（青筆）が有る。

⑳⑪ 「｜獨也」（五九②下18ウ3「夫唯嗇是謂早服」の「唯」字左旁）〔東洋・書陵・梅沢〕の同所に同文の字義注記（〔東洋〕は青筆）が有る。

⑳⑫ 「直容反」（五九④下18ウ5「早服謂之重積德」の「重」字左旁）〔東洋〕の同所に同文の反切旁記（青筆）が有る。

⑳⑬ 「｜道也」（五九⑦下19オ1「有國之母可以長久」の「母」字左旁）〔書陵〕の同所に同文の義注書入れが有る。

⑳⑭ 「下計反」（五九⑧下19オ3「是謂深根固蔕」の「蔕」字左旁）〔東洋〕の同所に同文の反切旁記（青筆）が有る。但、上字は「丁」の譌であろう。〔大東〕の該所には「蔕一乍柢丁計反」とある。しかし、此れと同文であるはずの〔慶Ⅰ・杏Ⅱ〕の書入れは「丁」を「下」に作っており、〔梅沢〕同字左旁の反切は「十計反」とある。伝写にともなう誤写訛伝の様相が窺える。

⑳⑮ 「魄彭反」（六〇②下19オ6「治大國若烹小鮮」の「烹」字左旁）〔東洋・書陵〕の同所に同文の反切旁記（〔東洋〕は青筆）が有る。

⑳⑯ 「里仁反」（六〇③下19オ6b「不去膓不去鱗不敢撓」の「鱗」字左旁）〔書陵〕の同所、〔東洋〕の右旁に同文の

反切注記が有る。〔東洋〕は諸例と異なり墨筆であるが、恐らくは青旁圏の付け落しとであろう。

(217) 「胡皮反」（六〇④下19オ6b「恐其糜也」の「糜」字左旁）〔東洋〕は右欄外に「糜　胡皮反」と墨書され、「胡皮反」三字に青筆の旁圏が附される。〔大東〕左旁には「胡皮切」、〔杏Ⅱ・慶Ⅰ〕眉上に「糜胡皮切」と同義の標記が有り、又、〔書陵〕左旁には「古皮反」とあり同音と思われるが、上字「古」「胡」は不審である。〔筑波〕の同所には「忙皮反」とあり、此の反切音が一般であろう。

(218) 「力二反」（六〇⑤下19オ7「以道莅天下者其鬼不神」の「莅」字左旁）〔東洋〕は同所に「力二反臨」と墨書、「力二反」三字に青の旁圏を附す。〔書陵・六地〕同所には「力二反臨也」と〔梅沢〕は「臨也／力二反」と旁記、〔東洋〕の墨書入れと同列である。

(219) 「丨猶會也」（六〇⑦下19ウ5「故徳交歸焉」の「歸」字左旁）〔東洋〕の同所に同文（但、「也」無し）の書入れ（青筆）がある。〔書陵〕の同所には「猶會反也」と有るが「反」は衍字であろう。

(220) 「亡候反尓雅在家曰丨」（六一⑤下20ウ1b「兼并人國而牧畜之也」の「牧」字左旁）上記⑷諸書引証書入れ＜尓雅＞③項（548頁）参照。尚、〔書陵〕にも同文の反切注記が見える。但、同本は本文「牧」を「牡」に作っている。

(221) 「室中西南謂之奥々／是深義処里廬可／以蔵物故以奥為義／也」（六二③下20ウ5「道者萬物之奥」、眉上）〔東洋〕の同所に同文の義注（青筆）が見える。〔杏Ⅱ・大東・慶Ⅰ〕の眉上にも殆ど同文の書入れが有るが、頭に「奥馬報切」の反切注を冠し、「廬」を「虚」に作るなど字句にも些少の異同が認められ、本書入れとは伝鈔の経緯が異なるようである。

(222) 「保小城曰丨賊寇至／可依倚之名也」（六二⑥下20ウ6「不善人之所保」の「保」、眉上）〔東洋〕の同所に「小城曰保故賊寇至可／依倚之名也」と墨書書入れが有り、「故」字を除く各字の右旁に青筆の小圏を附す。此の青圏が施された文句は本書入れと一致する。尚、〔杏Ⅱ・大東・慶Ⅰ〕の該所眉上には「所保一才作所実小城曰保賤寇所依倚也」の標記があり、其の後半「小城」以下の文は此れと類似するが、「賊」を「賤」とし、「之名」二字が無いなど小異が認められる。

(223)「下孟反」（六二⑨下21オ1「尊行可以加人」の「行」字左旁）〔東洋・書陵〕の同所に同文の反切旁記（〔東洋〕は青筆）が有る。

(224)「后勇反／乚恭」（六二⑩下21オ4「雖有拱璧以先駟馬不如坐進此道」の「拱」字左旁）〔東洋〕の同字右旁に同文の音注書入れ（青筆）が有る。

(225)「也奢反張似嗟反」（六二⑪下21オ7「有罪以免邪」の「邪」字左旁）〔東洋〕の同字右旁に同文の音注書入れ（青筆）が有る。

(226)「所景反」（六三②下21ウ4b「豫設備除煩省事也」の「省」字左旁）〔東洋〕は該行欄脚に墨筆で「省　所景反」と同義の書入れが有り、「所景反」三字右旁に青筆の円圏を付す。此の円圏を付された三字は本書入れと吻合する。

(227)「所味者無滋美味也」（六三③下21ウ4「味無味」の「味無」右旁）此の義注の書入れは、管見の限りでは諸本には見えず、清家注説の一として注目される。

(228)「乃旦反」（六三④下22オ4「故終無難」の「難」字左旁）〔東洋・書陵・梅沢〕の同所に同文の反切旁記（〔東洋〕は青筆）が有る。

(229)「戸高反」（六四④下22ウ4「合抱之木生於豪末」の「豪」字左旁）〔東洋〕の同所、及び〔書陵〕の同字下方の欄脚に同文の反切注記（〔東洋〕は青筆）が有る。

(230)「疏幾近也六(?)機」（六四⑧下23オ3「於幾成而敗之」の「幾」字左旁）これと一致する書入れ他本に確認できな

い。「六」字下文字の旁部分の判読は難しいが、「機」と見做した。梅沢の同字左旁に直音書入れがあるが、それも判読困難である。或いは「六幾」と見るべきか。前半部の義注については、(3)諸家注釈書所掲本文との校記及び注説引用等の書入れ〈疏〉⑤を参照（538頁）。

(231)「營盱反」（六四⑩下23オ7a「聖人不眩晃爲服」の「眩」字左旁）〔東洋〕の同所には「營盱反」（青筆）、〔書陵〕の同所には「營眩反」（下字は恐らくは訛）とあり出自は同じであろう。また〔杏Ⅱ・慶Ⅰ・大東〕の眉上にそれぞれ「営[目+雩]切」「營盱切」「営盱切」と反切注記が見える（何れも「眩」字を冠す）。下字の相違は、異体字、訛字、伝写の過程での誤写に拠るもので本来は同字と思われる。

(232)「胡廣反」（六四⑪下23オ7a「聖人不眩晃爲服」の「晃」字左旁）〔東洋・書陵〕の同所に同文の反切旁記（〔東洋〕は青筆）が有る。また、〔杏Ⅱ・慶Ⅰ・大東〕眉上に「晃胡廣反」（〔大東〕は「反」を「也」に誤る）と同音注記が見える。

(233)「扶福反」（六四⑬下23ウ1「復衆人之所過」の「復」字左旁）〔東洋〕の同所に同文の反切旁記（青筆）が有る。

(234)「胡臥反」（六四⑭下23ウ1「復衆人之所過」の「過」字左旁）〔東洋〕の同所に同文の反切旁記（青筆）が有る。

(235)「王徃也言江海所以百／川之所徃以其善居／窪下之地也」（六六②下24ウ3「江海所以能爲百谷王者以其善下之故」、眉上）〔東洋・杏Ⅱ・大東・武内〕の同所に同文の書入れ（〔東洋〕は青筆）が有る。但、〔杏Ⅱ・大東・武内〕は「百」を「衆」に作り、「下」字下の「之」字が無いなどの小異が認められる。

(236)「直勇反」（六六④下24ウ7「是以聖人處上而民不重」の「重」字左旁）〔東洋〕の同所に同文の反切旁記（青

筆）が有る。

(237)「｜獨也」（六七②下25ウ1「夫唯大故似不肖」の「唯」字左旁）〔東洋・書陵〕の同所に同文の字義注書入れ（〔東洋〕は青筆）が有る。

(238)「人羊反」（六九③下27オ5「攘無臂」の「攘」字左旁）〔東洋・書陵・梅沢〕の同所に同文の反切注記（〔東洋〕は青筆）が有る。

(239)「而證反強牽引也」（六九④下27オ6「仍無敵」の「仍」字左旁）〔東洋〕は「仍」字左旁に青筆で見せ消を付し「扔」字を加筆、其の左に「説文加手也而證反強牽引也」（「加」は「从」の譌カ）と墨の書入れが有り、「而」字以下の七字左旁に青の小圏を付ける。此の七字は本書入れと符合する。又、〔杏Ⅱ・大東・慶Ⅰ・武内〕の眉上には「仍而證切強牽引也」の標記が有り殆ど同文である（〔武内〕は「切」を「文」に作るが「反」或いは「切」の譌であろう）。

(240)「初忽反」（六九⑧下27ウ3a「士卒不遠於死也」の「卒」字左旁）〔書陵〕の同所に同文の反切旁記が有る。

(241)「戸葛反」（七〇⑤下28オ3「是以聖人被褐懐玉」の「褐」字左旁）〔東洋・書陵・六地〕の同所に同文の反切旁記（〔東洋〕は青筆）が有る。

(242)「胡夾反」（七一②下28ウ7「無狭其所居」の「狭」字左旁）〔東洋・書陵〕の同所に同文の反切旁記（〔東洋〕は青筆）が有る。尚、〔六地〕同所にも反切が見えるが、下字は「夷」と認められる。字形の近似に拠る誤写であろう。

(243)「於艶反」（七一③下29オ1「無厭其所生」の「厭」字左旁）〔東洋〕の同所に同文の反切旁記（青筆）が有る。

(244)「乞呂反」（七一④下29オ5「故去彼取此」の「去」字左旁）〔東洋〕の同所に同文の反切旁記（青筆）が有る。

(245)「胡括反」（七三②下29ウ1「勇於不敢則活」の「活」字左旁）｛梅沢｝の同所に反切旁記が有り、上字及び下字の右半旁部分は同じであるが、下字左半に虫損が有り、何偏か判読できない。同文である可能性は大きい。また、｛書陵｝の該所右旁の反切は「括」を「活」に作る。伝写の誤りであろう。

(246)「烏路反」（七三③下29ウ3「天之所悪」の「悪」字左旁）｛東洋｝の同所に同文の反切旁記（青筆）が有る。

(247)「乃旦反」（七三④下29ウ4「是以聖人猶難之」の「難」字左旁）｛東洋・書陵｝の同所に同文の反切旁記（｛東洋｝は青筆）が有る。

(248)「昌善反」（七三⑤下29ウ7「繟然而善謀」の「繟」字左旁）｛東洋・書陵・筑波・六地｝の同所に同文の反切旁記（｛東洋｝は青筆）が有る。｛梅沢｝同所の旁記も判読に苦しむが同文と思われる。但、其の上に「音闡」の直音注記が併記されている。また、｛杏Ⅱ・大東・慶Ⅰ｝の眉上には「繟昌善反或乍坦或乍闡」等とあり、同文の反切注記を含むが、相承伝写の経緯の相違が窺われる。

(249)「苦回反」（七三⑥下30オ1「天網恢恢踈而不失」の上「恢」字左旁）｛東洋・書陵｝の同所に同文の反切旁記（｛東洋｝は青筆）が有る。｛筑波｝は同文の反切に「天也」二字を冠す。｛梅沢｝は下字を「迴」に作る。また、｛杏Ⅱ・大東・慶Ⅰ｝の眉上にも「恢苦回反本乍恠」等とあり同文の音注記を含むが、前項と同じく伝写の系列は同一ではなかろう。

(250)「在寒反」（七四③下30オ6a「除已之所殘尅」の「殘」字左旁）｛東洋｝の同所に同文の反切旁記（青筆）が有る。

(251)「六克」（七四④下30オ6a「除已之所殘尅」の「尅」字右旁）｛東洋｝の同字下旁に同文の直音注記（青筆）が有る。

(252)「丁角反説文斫也孔安国注尚書云｜削也」（七四⑤下30ウ3「夫代司殺者是謂代大匠斲」の「斲」字左旁）上記⑷諸書引証書入れ〈孔安国注尚書〉①（546頁）参照。〈説文〉⑥項に重出。

(253)「｜善也」（七五⑤下31オ6「夫唯無以生爲者是賢於貴生也」の「賢」字左旁）〔梅沢〕の同所に同文の字義注書入れが有る。

(254)「苦老反」（七六③下31ウ5「其死也枯槁」の「槁」字左旁）〔書陵・梅沢〕の同所に同文の反切旁記が有る。

(255)「式孕反」（七六④下31ウ7「是以兵強則不勝」の「勝」字左旁）〔東洋・梅沢〕の同所に同文の反切旁記（〔東洋〕は青筆）が有る。

(256)「其用反」（七六⑤下31ウ7「木強則共」の「共」字左旁）〔東洋・書陵・梅沢〕の同所に同文の反切旁記（〔東洋〕は青筆）が有る。

(257)「古練反或戸練反義亦通」（七七②下32ウ5「其不欲見賢」の「見」字左旁）〔東洋〕の同所に同文の音義注の書入れ（青筆）が有る。

(258)「乚亦」（七八③下33オ3「其無以能易之」の「易」字左旁）〔東洋〕の同所に同文の直音注記（青筆）が有る。

(259)「十家長為什百家長／為伯有道之君不家／到戸至」（八〇②下34オ5「使有什伯」、眉上）〔東洋〕の同所に同文（但、「伯」は「佰」に作る）の義注書入れ（青筆）が見える。なお、〔杏Ⅱ・慶Ⅰ・大東〕の眉上書入れも殆ど同文であるが、字句に若干の異同がある。三本共に「至」を「主」、〔杏Ⅱ〕は「到」を「致」に作る。また末尾に「伯六百又作佰」の音義を付す（〔杏Ⅱ〕は「又作佰」三字無く、〔慶Ⅰ〕は「又」は「中」に作っている）。

(260)「六洛」（八〇⑤下34ウ5「樂其俗」の「樂」字左旁）〔東洋・梅沢〕の同所に同文の直音注記（〔東洋〕は青筆）が有る。

(261)「六茲」（八一②下35オ1b「美言者孳孳華辭也」の上「孳」字左旁）〔東洋・書陵〕の同所、〔梅沢〕の右旁に同文の音注旁記（〔東洋〕は青筆）が有る。

(262)「其忽反」（八一③下35オ3b「土有玉掘其山水有珠濁其淵」の「掘」字左旁）〔東洋・梅沢〕の同所に同文の反切旁記（〔東洋〕は青筆）が有る。

(263)「羊主反」（八一④下35オ6「既以爲人已愈有」の「愈」字左旁）〔東洋・書陵〕の同所に同文の反切旁記（〔東洋〕は青筆）が有る。

(264)「羊汝反」（八一⑥下35オ7「既以與人已愈多」の「與」字左旁）〔東洋〕の同所に同文の反切旁記（青筆）が有る。

音注義注の書入れとして凡て二六四項が挙例された。その内②㉑(72)(141)(150)(183)(197)(203)(213)(227)(230)(240)(245)(253)(254)の十五項を除く二四九項が〔東洋〕の青筆の書入れと符応し、(96)(102)(115)等伝写によって生じたと思われる誤写或いは部分的な脱落の為に生じた僅かな相違は有るが、殆どは同文乃至は同義であって、特に㉞㊶㊷㊹㊼㊿(55)(58)～(61)(63)(69)(70)(74)(76)(78)～(82)(84)(85)(87)(88)(90)(93)(96)(97)(102)～(104)(108)(111)～(113)(116)(119)(123)(124)(130)(133)(135)(139)(145)(147)(153)(158)(168)(169)(179)(180)(190)(199)(201)(202)(206)(209)(210)(212)(224)～(226)(233)(234)(236)(243)(244)(246)(250)(251)(257)(258)(264)諸項は、本書入れと、〔東洋〕青筆の書入れ以外には見えない音義注説である。両書入れの基となった書入れ本は同じ本と見なしても支障ない程に緊密な関係が伺われる。

また、〔鎌倉末〕書写である〔杏Ｉ〕の書入れとの一致に注目する必要がある。〔杏Ｉ〕は巻上の一部を存する零巻であり、書入れの全貌は窺い知れないが、其の残存部分に対応する条項は、⑬⑳～㊶㊹～㊻(120)～(122)の二九項である。その内㉑㉞㊶㊹㊻を除く二四条という多数が本書入れと同文或いは同義として符合している。此の事実によって、本書入れ及び〔東洋〕青筆の書入れの大半が遅くとも南北朝以来伝承されてきた清家注説と言えるであろう。

〔東洋〕青筆に見えない十四項は、書入れ移写者の不用意の為の譌脱に拠るものと看做して問題は無い様に思われる。十四項の内②は〔龍門〕に、⑭⑮㉑㉔（141・150・213・240）は〔書陵〕に、197は〔梅沢・六地〕に、245・254は〔書陵・梅沢〕に、253は（或は230も）〔梅沢〕にそれぞれ同文の書入れが有り、㉑㉗（21・72）183・203は部分的に一致する書入れが〔慶Ⅱ・大東・書陵〕等他の古鈔本にも見えるが、227は本書入れ以外に未だ見ない。本書入れによって清家説の片鱗なりとも補完し得る点において注目される。

清家点本によって伝えられたこれらの音義注説は、勿論、博士家として歴代の研鑽に因る成果であろうが、依拠使用された参考典籍が存在したはずである。㉚㊳120の〔杏Ⅰ〕の書入れ、152の〔書陵〕書入れに鑑みれば、出処表記の無い条項も多くが『述義』注説の引用であろうと推量される。

(6) 其の他の書入れ

①「一段」（序④1ウ1「孔子適周問禮於老子」の「孔」字右旁）〔東洋・慶Ⅰ・大東・東大〕の同所に同文の旁記が有る。但、〔慶Ⅰ〕は「段」字無し。〔東洋〕は続けて「言孔子師㆓老子㆒也」の一文を付す。『老子經抄』の「孔子ト云ヨリ、二段也、此段ニハ、孔子ノ義云也」との講述と符応する。

②「三段」（序⑪2オ3「老子修道」の「老」字右旁）〔東洋・東大〕の同所に同文の旁記が有る。但、〔東洋〕は続けて「言老子道之傳」と付記する。『老子經抄』には「老子修ㇾ道ト云ヨリ、三段也」と同意の講述が有る。尚、〔慶Ⅰ・大東〕の書入れは此処より以下は四段とし、前文「孔子去謂諸弟子曰」（序1ウ7）以下を三段としている。

③「四段」（序⑫2ウ4「老子之子名宗」の「老」字右旁）〔東大〕の同所に同文の旁記が有る。『老子經抄』には「老子之子ト云ヨリ、四段也」と同義の講述が見える。

④「五段」（序⑳3オ5「所以分爲二篇者取象天地」の「所」字右旁）〔東大〕の同所に同文の旁記が有る。『老子

經抄』に「所｜以分爲二二篇一ト云ヨリ、五段也」とあるのに符合する。

⑤「六段」（序㉖3ウ4「河上公者居河上蹠履爲業」の上「河」字右旁）『老子經抄』の「河上公ト云ヨリ、六段也」との講述に符合する。

⑥「中本以之為科始」（朱）（二八⑧上23ウ6「聖人用之則爲官長」左旁）〔東洋・書陵〕の同所に同文の注説書入れ（〔東洋〕は青筆）が有る。官吏登用制の濫觴であるとの所説か、中原家説であろう。

⑦「宣賢」（三八①下1オ　匡郭外右下方）〔東洋〕の同所に同文の書入れ（青筆）が有る。此の本の書入れの主体は宣賢本からの移写と看做され、その根拠を示す貴重な書入れである。〔東洋〕青筆の書入れには、「老子經序」の「楚縣今陳國苦縣是也」（同本序4オ2）下旁に「宣賢本／九字本文連續上下」と、同本序末に接して移写されている「老子經口義發題」首（同4ウ4a）の眉上に「以下小字八十八行宣賢本无」と、「體道章第一」冒頭眉上に「章名宣賢本无下倣之」と、「益謙章第廿二」の経文「夫唯」に就いて、眉上に「宣賢本夫唯以下為別章／云一本有之清中二家无之」と、「宣賢本」の標記が都合四カ所に見えている。本書入れとの近縁な関係が窺われる。上記、⑴校異の書入れ<清原家本との校異>③④参照。

これまで、訓点を除く書入れの全条にわたり、其の内容を部類し、特に諸古鈔本に見える同文の書入れに着目して、相互の関繫如何について検討してきた。その結果、〔東洋〕青筆の書入れと同文或いは同義である条項が圧倒的に多い事実が明らかになった。両書入れは疑いなく密接に関繫している。

それぞれが移写された際に使用された元の本の書入れは、殆ど同一と見做してよいように思われる。文辞に若干の同異が認められるが、それは、移写するに当って使用された本（即ち此の方は古活字版、他方は〔室町末〕写本）の本文の違いに文意照応させるため、特に校異記など、表記の変更を余儀なくされたのであろう。また、条項の増損も主として両本間の異同に伴う意図的な取捨か、或いは不用意による誤脱に起因すると考えられる。

これら両書入れに共通する校勘注説は、清原家に於ける師資相承の間に、時々加増されてきた家説と考えられる。個々の条項は〔杏Ⅰ・書陵・龍門〕或いは〔梅沢・大東・慶Ⅰ・慶Ⅱ・東大・武内〕等諸書入れ本にも散見し、家説が拡散周知され、また逆に諸家説が清家説として集約して行った様相が窺測される。校異の書入れに拠って、逸失した伝本本文の一端を伺うことが可能であり、また諸家注説の引用書入れに拠って、『老子述義』等逸書の片鱗を後代に伝えた意義は少なくない。

一方で、〔東洋〕青筆には無い書入れの類が混在している。「中」符が標された中原家和訓の書入れ二十一例は、その過半が〔書陵〕の書入れと符合するにもかかわらず、〔東洋〕青筆には省略された為か一例も見えない。そして半数近くが他には未だ所見を得ず、本書入れに拠って初めて同家訓と判明する。

また、「イ」本との校異四十一条の内、〔東洋〕青筆と符合するのは七条と、諸例に比して極端に少ない。「イ」本との校異の多くは、相承漸増されてきた校異の書入れに、新渡来の纂圖互註本等との異同が新たに書加えられたものと考えられる。

更に、対校本不標記の校異として部類した書入れは、その殆どが〔東洋〕青筆には見えない。且つ、その他の書入れ本にも見えないことから、新たに加増された、古活字版と清原家本との校異であると明らかになった。

本書入れは清原家証本、若しくは其の伝写本からの移写である。従って、其の元の書入れ本のテキストは、古活字版ではまず有り得ない。そのために、相違する本文は此の古活字版本文に新たな書入れとして挿入され、或いは見せ消等で訂正また加筆されている。その挿入、訂正された本文はとりもなおさず清原家本と認められる。清原家本の復元にとっても重要な情報を提供する貴重な資料である。

更に、全編に施された訓点の書入れは、当然清原家の『老子道徳經』の訓説を余すところ無く伝え、江戸時代初期元和寛永期の清家訓の解明に資するところ甚大である。清原家証本は家説とともに時代に応じて変易したであろうが、歴代の学績の多くの部分が受け継がれているはずである。特に「宣賢」との署名書入れを残す本書は、清原宣賢の訓説の多くを継受した伝本として貴重であろう。訓読文を示すことは出来なかったが、懸案として後察を期したい。

清原家説を伝える資料であるが、書入れには大江家説、中原家説も採録されている。両家説の一端をも伺い得る書入れ資料として尚、更に重宝されるべきであろう。

詳しくは触れなかったが、如上の江戸時代初期の清家門弟道順なる人物による清家訓説移写書入れに加え、文化四年（一八〇七）佐野山陰の青筆による〔世徳〕との校異の書入れが謹直丁寧に施されている。清家点注説が書き入れられた古活字版を使用し、〔世徳〕と対校しつつ河上公注本の校読がなされている。このことに由って、江戸時代後期において古活字版がなお実用に供され、利用されていた事実が具体的に顕かとなる。老子伝習史上留目すべき事象として特に付言しておきたい。

七、大東急記念文庫蔵本　存巻下　大一冊（三五　三二　五七七）

新補香色表紙（二七・六×一九・七糎）、題簽を添え「河上公老子經　古活字板」と墨書、「河上公」の三字には近時の鉛筆で双線の消し線が付される。内題或いは通称書名を意識しての所為と思われる。確かに「河上公」と「老子經」と直結させて書題とするのは憚られる。

全丁に亙って、江戸前期頃と見られる、墨筆の返り点・送り仮名・縦点・振り仮名の書入れがあり、又、第五十五章後半から第六十章迄を除き、朱筆の句点、朱引、また注文中に見える経文の字句左旁に朱線が施されている。

僅か三条ではあるが、次の校異の書入れ（墨筆）が見られる。校異字を掲出し、其の下に書入れ箇所を示す。

①「者(トハ)」－洪徳第四十五経文「大辨若訥」下注「大辨知無疑也」の「辨」字下（7ウ7b360）に挿入符の小圏を付し、其の右旁

②「其」－仁徳第四十九経文「百姓皆注其耳目」下注「百姓皆用耳目爲聖人視聽也」の「用耳」の間（10オ7b476）に挿入符の小圏を付し、其の左旁

③「為」－守道第五十九経文「莫若嗇」下注「治身者當愛精氣不放逸也」の「不放」の間（18ウ3b868）

①の如く「大辨」の下に「者」字が有る本は〔活Ⅱ・無窮・筑波・武内・東大・東洋・杏Ⅱ・慶Ⅰ・大東・聖語・斯Ⅰ・宋版・世徳・道蔵・敦Ⅱ〕で、〔陽Ⅰ・書陵・足利・弘文・斯Ⅱ・治要・梅沢・東急〕は本古活字版と同じで「者」は無い。

②の如く「耳目」の上に「其」字が有るのは、〔活Ⅱ・杏Ⅱ・無窮・足利・筑波・斯Ⅱ・慶Ⅰ・大東・武内・東大・東洋・梅沢・聖語・斯Ⅰ・宋版・世徳・道蔵・敦Ⅱ〕の諸本で、〔陽Ⅰ・書陵・弘文・東急〕には「其」は無い。

③の如く「放逸」の上に「為」字が有るのは、〔活Ⅱ・無窮・聖語・斯Ⅰ・道蔵・敦Ⅱ〕で、〔陽Ⅰ・書陵・足利・筑波・弘文・斯Ⅱ・梅沢・慶Ⅰ・大東・杏Ⅱ・武内・東大・東急・東洋・宋版・世徳〕には無い。

以上、「諸本異同表」該当項を参照されたい。此の三つの校異字全てと符合する伝本は、古活字異植字版、〔無窮・聖語・斯Ⅰ〕の古鈔本及び〔道蔵〕である。従って、此の校異対校本として、これらの諸本、或いは其れと同類同系の当時の伝存本が想定される。但、江戸前期に於ける〔道蔵〕の利用は考えにくい。

「稲田／福堂／図書」（朱方）、「江風山／月荘」（朱方）、「學校」（朱長方）の印記がある。

八、天理図書館蔵本

大二冊（一二六・一―イ1）

異植字版、現在知られている唯一の伝本である。書誌事項、本文の同異については第一章第一節「書誌概要」を参照されたい。

栗皮表紙（二七・四×一九・六糎）、外題無し。旧蔵者を示す印記三顆が認められ、一顆は印文不明の朱文方印、一は、「妙安蔵書」（朱長方、双郭）で妙安の両字は胡粉で塗抹されている。一は「木印／惟祥」（白方）で前印妙安二字の上から重ねて押捺されている。他に印文不明の朱方印一顆が存す。「天理図／書館蔵」（朱長方）の印記、昭和十五年六月同館受け入れ。『天理図書館稀書目録二』著録。

本書古活字版の所在が明らかな伝本は、以上に尽きる。大阪府立図書館所蔵本は、担当係員に直接問い合わせてみたが、所蔵を確認することが出来なかった（第一章注1参照）。その外、『弘文荘待賈古書目第二十一号』（昭和二六年一一月）所載本が知られるが、現所在未詳。図版がなく、上記何れの植版に属するか不明である。二冊、朱点付、「觀生廬」の朱印があると。また、別種異植字版の存在の可能性については既述した。第一章第一節「書誌概要」を参照されたい。

要約

伝本の現状と題して、第一章第一節「書誌概要」で既述した書誌事項を除いて、個々の伝本に特殊な様態、特に書入れに着目して縷述してきた。現状を可能な限り精確に把握し、細大漏らさず記録しておけば、其の情報は今後の諸方面の考察に必ずや資するところがあろうと考えたからである。

しかし、関心は自ずと、現状に至った経緯の如何に向かうものである。またしかし、遺漏を恐れて張り巡らせた筈のアンテナにも、掛かる情報には所詮限界があり、アンテナの精度も感度も期待にそい得るほどには精巧高度なものでは無い。原状より現状に至る間に存在したに相違ない授受伝領に纏わる諸々のドラマは遂に模糊として明らかにはなりえなかった。

慶長刊古活字版としては現存する伝本の数は少ない方ではない。しかし其れも実際に印刷された本数の一割には達するであろうか。刊行当初より可なりの程度普及流通し、誦読に利用されたと考えるべきであろう。陽明文庫蔵本の付箋の校異、お茶の水図書館蔵本に残された加点校異等の書入れは江戸初期頃と推定され、東洋文庫蔵の一本には元和八年（一六二二）の清家門弟道順の加点奥書が存し、相伝の清家点注説の書入れに加え、新たな校異の書入れが認められる。当時に於ける古活字版校読利用の事実を具体的に伝えている。

宮内庁書陵部所蔵の本には、江戸時代初期頃には舶載されていたと想定される明覆世徳堂嘉靖刊本との校合書入れがある。その書入れの時期は江戸前期は下らないと認められ、旧来本とは異なる新来のテキストへの当代に於ける関心と享受の事実を示している。

斯道文庫蔵本の書入れは、明暦三年（一六五七）刊老子鬳齋口義の徳倉昌堅首書に拠ったと判明し、古活字版の伝本は江戸前期以後中期に及んで講習に利用されていた形跡が窺える。

しかし、その後の流通はどうであったか。時代を経るとともに古活字版としての稀覯性が増して行ったはずである。其の状況でなお、校読に使用された例として、また上記東洋文庫蔵の江戸初期道順書入れ本が存在する。その本には文化四年（一八〇七）年佐野山陰による周密なる明世徳堂刊本との校合書入れが加えられ、江戸時代後期に於ける古活字版本文への関心を如実に体現した伝本として注目してよいであろう。

古活字版がどのように読まれたか。陽明文庫、成簣堂文庫本に見られる、旧来のテキスト即ち古鈔本との校合の書入れ、また、東洋文庫蔵の一本に見られる、旧本によって代々伝えられてきた清家説等諸注の書入れに鑑みるならば、古活字版はそれ自体として本邦伝来のテキストを集約して、博士家等に伝えられた旧学の受け皿となり、結果的に其れを後代に残した。さらに同時に、宮内庁書陵部蔵本に見られる〈世徳〉との校異の書入れから推量するならば、当時既に渡来していた明版テキストとの異同に就いての認識を促し、更めて伝来のテキストへの関心を生起させたと言えるかもしれない。江戸後期において世徳堂本との校合を完遂した佐野山陰は、古活字版本文の秀逸性を確信していたはずである。

注釈

緒論注

（1） 古活字版『老子』には、河上公注本と鬳齋口義本との両本がある。前者は、内題を「老子道經上」「老子德經下」と題し、書名として通常『老子道德經』と著録されている。後者は、四種五版が知られ、「老子鬳齋口義」或いは「句解道德經」を内題とする。本稿では、言う迄もなく前者即ち、『老子道德經』が対象となる。後者は、殆ど時を同じくして刊行されたのであるが、成立伝承の事情を異にし、本文系統を考察する上では、別途に検討すべき対象である。但、本邦における『老子道徳経』受容史の問題に関連して小論でも若干触れるところがある。本論序章第二節三・四・五、第四章序節、序章注59・60・62・85、第四章注1参照。

（2） 老子五千言の書を「道徳」乃至は「道徳経」と称することの由来は古い。目録上では『隋書經籍志』の「老子道德經二巻 周柱下史李耳撰、漢文帝時河上公注」の著録が初見のようであるが、『史記』に「於是老子迺著書上下篇、言道德之意五千餘言而去」（巻六十三 老子韓非列伝第三）とあり、周知である。更に、帛書『老子』乙本両篇それぞれの末尾には「德三千四十一」「道二千四百廿六」との字数が記され、「徳」「道」の両義を以て上下に二分する篇立ては漢初には既に行われていたようである。しかし注釈の意で使用される「伝」「説」に対する正文の意、或いはそれを尊称する意での「経」字を付して「徳経」「道経」或いは「道徳経」と称される例は『史記』には見えず、西漢の末になってからであろうとされる。波多野太郎「老子序説―諸子百家へのアプローチ―㈥道徳経の名称」（『老子道德經研究』所収）、馬敍倫「老子稱經及篇章考」（『老子校詁』所収）参照。

（3） 「猶龍録」の名称は、仁和寺蔵（室町末近世初）写本一冊の墨書外題に遺る。言うまでもなく、老子に礼を問うた孔子が弟子たちに老子について「吾今日見老子、其猶龍邪」と評したという、『史記』以来の伝承に由来する。

（4） 「換鵝経」の名は、大東急記念文庫蔵（室町）写本二冊の後補表紙に遺存する古題簽に認められる。『晋書』巻八十列傳第五十 王羲之伝の故事「性愛鵝（略）又山陰有一道士、養好鵝、羲之往觀焉、意甚悦、固求市之。道士云「爲寫道德經、當舉羣相贈耳。」羲之欣然寫畢、籠鵝而歸、甚以爲樂」に基づく称謂であろう。換鵝の故事は梁虞龢撰「論書表」（『御覧書苑菁華』巻十四）にも見え「羲之性好鵞、山陰曇礦（一作釀）村有一道士、養好鵞十餘、右軍淸旦乘小艇故往意大願樂、乃告求市易、道士不與、百方譬説不能得、道士乃言、性好道德、久欲寫河上公老子、縑素早辨、而無人能書、府君若能自屈書道德經各兩章、便合羣以奉、羲之便住半日爲寫畢、籠鵞而歸」とやや委細である。別に換鵝の対価を『黄庭經』とする伝承もあり、後世、その真偽について論議の対象とされている。宋黄伯思撰『東観餘論』巻下「跋黄庭經後」、宋張淏撰『雲谷雜紀』巻一等参照。また、清原宣賢撰とされる『老子經抄』にも「換鵝經ト云ハ、王義之ト云者ノ、山陰ト云処ニ、道士二人アツテ、鵝ト云鳥ヲ飼ケルヲ、王義之所望シケレハ、彼ノ道士云、老子經ヲ書テクレタラハ、鳥ヲ可レ出ト云ケリ、其時、王義之、老子經ヲ書テ出シテ、此鳥ヲ得ルホトニ、換レ鵝經ト云也、王義之ハ、勝レタル、手書ナル故也、道士ハ仙人也」（京都大学文学部国語学国文学研究室蔵〔近世初〕写本に拠る、句点は私設、拙稿「「京都大学附属図書館蔵清家文庫『老子經抄』翻印並びに校異・解題」参照）との講述が見え、当時、『老子経』の異称として通用されていたことが分かる。

（5）武内義雄『老子原始』（『武内義雄全集　第五巻　老子篇』所収）第二章老子伝本攷上　二河上公本の来歴参照。同意の見解は同撰『老子の研究』（『武内義雄全集　第五巻　老子篇』所収）第五章道徳経の研究方針　三河上公注の経本、及び第七章道徳経の注釈書解題の該当項、また『老子』（岩波文庫）「はしがき」にも示されている。

（6）島邦男『老子校正』序二老子の諸本 ㈤河上公注本 参照。同じ見解を「馬王堆老子からみた河上公本」（『集刊東洋學』第二六號）で補足されている。宋謝守灝撰『混元聖紀』巻三に載る唐傅奕の言に注目し、河上公注を南斉処士仇嶽撰と看做したのは馬叙倫に始まる。所説は馬叙倫「老子校詁序」（『老子校詁』巻頭所載）に見える。但、馬氏は当該の傅奕の事績を「彭耜老子集註引老子實録」（宋彭耜編『道徳眞經集注雜説』巻下に引く『老君實録』のことと思われる）に採る。尚、島説に対しては吉岡義豊博士の駁正が有る。後述参照。『混元聖紀』及び『老君實録』に引く傅奕の所言は次の如し。両本には少しく字句の異同が見られる。異同字に傍点を付す。

・唐傅奕考覈衆本勘數其字云、項羽妾本齊武平五年彭城人開項羽妾塚得、望安丘之本魏太和中道士寇謙之得、河上丈人本齊處士仇嶽傳家之本、有五千七百二十二字、與韓非喩老相參、又洛陽有官本五千六百三十五字、王弼本有五千六百八十三字、或五千六百一十字、河上公本有五千五百五十五字、或五千五百九十字、幷諸家之註多少參差、然歴年既久、各信所傳、或以他本相參、故舛戻不一（句点は私設）

（『混元聖紀』巻三第二十葉、上海涵芬樓影印道藏本第五五一冊）

・觀復髙士謝守灝曰、道德經唐傅奕考覈衆本勘數其字云、項羽妾本齊武平五年彭城人開項羽妾塚得之、安丘望之本魏太和中道士寇謙之得之、河上丈人本齊處士仇嶽傳之、三家本、有五千七百二十二字、與韓非喩老相參、又洛陽有官本五千六百三十五字、王弼本有五千六百八十三字、或五千六百一十字、河上公本有五千三百五十五字、或五千五百九十字、幷諸家之注多少參差、然歴年既久、各信所傳、或以佗本相參、故舛戻不一（句点は私設）

（『道德眞經集注雜説』巻下第三十葉引『老君實録』、上海涵芬樓影印道藏本第四〇三冊）

（7）楠山春樹『老子傳説の研究』前篇　老子河上公注の研究　第三章河上公注の成立　参照。

（8）王卡『老子道德經河上公章句』（道教典籍叢刊）前言　一河上公章句之作者與年代。

（9）阿部隆一「本邦現存漢籍古写本類所在略目録」（『阿部隆一遺稿集 第一巻 宋元版篇』所収）参照。

（10）法琳の河上公説話虚妄説は『辯正論』巻第二 三教治道篇第二下の次の記述に拠る。

・漢文詣河上之遊。絶無蹤迹。案潘嶽關中記嵆康皇甫謐高士傳班固漢史文帝傳及訪父老等無河上公結草爲菴現神變處事。並虚謬焉可憑乎（『大正新脩大藏經 第五十二巻 史傳部四』四九八－九頁）

玄嶷の説は『甄正論』巻下冒頭に見える。葛玄の老子経序を挙げ、その中の文帝河上親幸の事実は『漢書』に見えないこと、また「吾注此書以來、經今千七百餘年」との記述について、河上公注に「舜陶河濱周公下白屋」とみえるのであるから、その注が出来たのは周公以後のこととなり、此の書に注して千七百餘年が経ったと言うのは矛盾している、等と葛玄序文の捏造であることを指摘し、「僞飾此詞誑惑江左」と述べる。（『大正新脩大藏經 第五十二巻 史傳部四』五六七－八頁）

（11）劉知幾の河上公注排斥論、及びそれに応じて司馬貞が河上公王弼両注兼行を求めた史実は、『舊唐書』巻一百二 列傳第五十二 劉子玄（司馬貞の事績は不載）、『唐書』巻百三十二列傳第五十七劉子玄、『唐會要』巻三十六修撰、同巻七十七論經義に見える。その内、記事簡要な『唐書』と、劉氏上義文を収載して最も詳細な『唐會要』巻七十七の関連文を引載しておく。

・開元初、遷左散騎常侍。嘗議孝經鄭氏學非康成注、擧十二條左證其謬、當以古文爲正。易無子夏傳、老子書無河上公注、請存王弼學。宰相宋璟等不然其論、奏與諸儒質辯。博士司馬貞等阿意、共黜其言、請二家兼行、惟子夏易傳請罷。詔可。

（『唐書』巻百三十二 列傳第五十七劉子玄）

・其年〔開元七年（七一九）〕四月七日、左庶子劉子元上孝經註議曰、謹按今俗所行孝經、題曰鄭氏註（略）又（『唐會要』巻三十六修撰は「五月」とする）今俗所行老子、是河上公注、其序云、河上公者、漢文帝時人、結草庵於河曲、乃以爲號、所注老子、授文帝、因沖空上天、此乃不經之鄙言、流俗之虚語、按漢書藝文志、注老子者三家、河上所釋、無聞焉爾、豈非注者欲神其事、故假造其説耶、其言鄙陋、其理乖訛、豈如王弼所著、義旨爲優、必黜河上公、升王輔嗣、在於學者、實得其宜（略）臣竊以鄭氏孝經、河上公老子、二書訛舛、不足流行、孔王兩家、實堪師授、每懷此意（略）國子祭酒司馬貞議曰、今文孝經、是漢河間王所得顔芝本、（略）又注老子河上公、蓋憑虚立號、漢史實無其人、然其注以養神爲宗、以無爲爲體、其辭近、其理宏、小足以修身絜誠、大可以寧人安國、且河上公雖曰注書、即文立教、皆旨詞明近用、斯可謂知言矣、王輔嗣雅善元談、頗深道要、窮神用於橐籥、守靜默於元牝、其理暢、其旨微、在於元學、頗是所長、至若近人立徵、修身宏道、則河上爲得、今望請王河二注、令學者俱行

（『唐會要』巻七十七貢擧下 論經義）

（12）宋晁公武撰『郡齋讀書志』巻十一 道家類に「河上公注老子二巻」を著録し、次の解題が有る。

・右河上公注、太史公稱、河上丈人通老子、再傳而至蓋公、蓋公即齊相曹參師也、而晉葛洪曰、河上公者、莫知其姓名、漢孝文時居河之濱、侍郎裴楷言其通老子、孝文詔問之、即授素書道經章句、兩説不同、當從太史公也、其書頗言吐故納新、

按摩導引之術、近神仙家、劉子元稱其非眞、殆以此歟、傅奕謂、常善救人、故無棄人、常善救物、故無棄物、四句古本無有、獨得於公耳　　（清王先謙校注『昭德先生郡齋讀書志』二〇巻に拠る、今王氏注は略す）

晁氏が葛洪の漢文帝伝授の説を否定していることは明白であるが、楠山博士のように「頗言吐故納新、按摩導引之術、近神仙家」の文辞から、河上公注の出現を六朝にまで引き下げようとする意図を読み取ることは難しいのではなかろうか。此処で言う「神仙家」とは、先秦戦国期の方技神僊と捉えるのが文脈上自然と感じられる。

（13）宋王應麟『漢藝文志考證』巻六 道 老子の項の以下の叙述を参照。

・（上略）薛氏曰、古文老子道德上下經、無八十一章之辨、今文有河上公注分八十一章、史記樂臣公本師河上丈人、教安期、再傳至于臣公、其弟子蓋公、爲曹相國師、修黄帝老子學、則丈人者乃今所謂河上公也、自晉世已言其教漢文帝、敍述尤怪誕景迂、晁氏曰、常善救人、故無棄人、常善救物、故無棄物、獨得諸河上公、古本無有也、傅奕能辨之（下略）

王應麟は今言う河上公とは『史記』樂毅列傳に見える河上丈人で、晉代に始まる漢文帝注授受説は怪誕の故事として斥ける。前項晁氏説と同様で、此の記述より、王氏の念頭には河上公注六朝成立説が有ると考えるのは牽強に過ぎるのではなかろうか。

（14）宋黄震撰『慈溪黄氏日抄分類』九七巻（原欠巻八一、八九、九二）巻五十五 讀諸子老子に次の如く見える。

・老子之書、必隱士嫉亂世而思無事者為之。異端之士私相推尊過為誣誕。如序称葛仙翁所作、謂老子出於無始之刧、以道為天地萬物母。（略）後世佛氏之説、亦不當淆入以論老子也。至八十一章之解、直謂河上公坐虚空中授漢文帝。其事發於裴楷。不知漢文帝在位二十三年、僅嘗勞軍及郊雍、未嘗幸河上。而裴楷乃晉人非漢人也。一本作裴偕。又未詳其何人。且史称河上丈人為安期生之師、六傳而至蓋公、蓋公尚在文帝之前、河上公豈當文帝之世。其説不經、全類市井小説、畧不知古辱老子之書又甚矣。姑辨其妄、而録老子書之有補於世者、因其舊分二章（内閣文庫蔵明正徳刊本に拠る、句点は私設）

黄氏も河上丈人と河上公と同一人と見なし、葛洪序に見える河上公説話が市井の小説に類する不経の譚であると指摘し、異端の士即ち道士が老子を殊更に推戴する誣誕を斥け、老子書の本然を示そうとしているのであって、楠山博士のように黄氏の胸中に河上公注晉代作説が去来するのを読み取ることは私には難しいと思われる。

（15）『欽定四庫全書總目』巻一四六 子部五十六 道家類「老子注二卷」の提要は以下の如し。

・舊本題河上公撰、晁公武讀書志曰（略）案晁氏所引、乃史記樂毅列傳贊之文、敍述源流甚悉、然隋志道家載老子道德經二卷漢文帝時河上公注、又載梁有戰國時河上丈人註老子經二卷亡、則兩河上公各一人、兩老子註各一書、戰國時河上公書在隋已亡、今所傳者實漢河上公書耳、明朱東光刻是書、題曰秦人、蓋未詳考、惟是文帝駕臨河上、親受其書、無不入祕府之理、何以劉向七略載註老子者三家、獨不列其名、且孔穎達禮記正義稱、馬融爲周禮註、欲省學者兩讀、故具載本文、後漢以來始就經爲註、何以是書作於西漢、註已散入各句下、唐書劉子元傳稱、老子無河上公註、欲廢之而立王弼、前此、陸德明作經典釋文、雖敘録之中、亦採葛洪神仙傳之説、頗失辨正、而所釋之本、則不用此註、而用王弼註、二人皆一代通儒、必非無據、詳其詞旨、不類漢人、殆道流之所依託歟、相傳已久、所言亦頗有發明、姑存以備一家可耳

提要は、劉向の『七略』、従って『漢書藝文志』に「老子河上公注」が載せられていない故を以て、漢文帝の駕臨受書、更には西漢時成立の事実を認めず、また「詳其詞旨、不類漢人、殆道流之所依託歟」と、後代の成立かと疑っているのは確かである。しかし、楠山博士の述べるように一概に後漢時代を含めた漢代作説を排斥している訳では無いように読取られる。「戰國時河上公書在隋已亡、今所傳者實漢河上公書耳」と明言されている事に注意したい。存疑のまま、目録著録上は、旧来の伝統的な理解を重んじて漢代作説を保持しているものと解される。

(16) 清盧文弨「經典釋文序録攷證」に、「河上公章句四卷」に注して「段云、此非西漢人所著、書内有詮發王弼義者、是王弼以後人作」とある。「段」は同書巻頭の「經典釋文攷證引用姓氏」に「段氏玉裁」とみえる。即ち盧氏は清段玉裁の所論に従っている。その出所未考。

(17) 民国馬敘倫「老子校詁 序」の次の所論に拠る。〈 〉内は馬氏自注。前注6参照。

・(前略)又検王本、經注相誵、頗多錯譌複重、亦有弼注譌入經中而河上乃并弼注亦注之、其題箸之尤者、則佳兵者一章是也、亦有弼注後經文始有錯譌者、而河上本亦同其錯譌、以此證之、蓋出於王本亂離錯譌之後、爲張道陵學者所爲、獨不解晉之中世、其書已行、而諸所存晉宋前籍、顧多不及、至梁元帝金樓子阮孝緒七録始録其書、皇侃論語義疏始援引其注、從可知梁世乃大行、豈高士神僊之傳、猶未可盡信乎、(注略)謝守灝謂唐傅奕考覈衆本、勘數其字、河上丈人本、齊處士仇嶽傳之〈彭耜老子集註引老子實録〉、意者河上注即嶽所爲、故其陳義頗與顧歡相類(後略)

(18) 前注5参照。

(19) 饒宗頤『敦煌六朝寫本張天師道陵著老子想爾注校箋』六 想爾注與河上公注 参照。饒氏は想爾注が河上公注を踏襲していると思われる六条を挙げて、河上公注は張陵立教以前、東漢代にはすでに流伝していたと看做す。武内説を駁する新説として当時注目された。大淵忍爾氏所説は『道教史の研究』第三篇 道教經典史の研究 第三章老子道徳經序訣の成立三 第二段の成立 の末尾、また、「老子想爾注と河上公注との関係について」(『山崎先生退官記念東洋史学論集』所収)参照。氏は饒氏後漢末以前成立説の論拠として挙げられた六条を、両注の前後関係を断定する証拠とはなし難いとしながらも、河上公注の成立は葛玄の時期或いはそれ以前、即ち三世紀の中頃以前であることは考え得られるところで、想爾注と相前後するころと看做された。アンナ・サイデル氏は「漢代における老子の神格化について」(『道教研究 第三冊』所収)一老子神化の過程 (一)黄老道の開祖としての老子 の末尾に於いて河上公章句成立について触れ、饒氏の所論を取り上げて、同じ見解に立った言及をされている。

(20) 島邦男「老子河上公本の成立」(『宇野哲人先生白寿祝賀記念東洋學論叢』所収)、また前注6参照。楠山博士は「これは河上

公注の成立を逆に唐初まで引き下げるものである」と評されているが誤解であろう。島博士は『老子道徳経序訣』の河上公注伝授故事の見える第二段、及び第四段を唐高宗時に増益されたとは論じているが、河上公注そのものが唐初に成立したと言っているのではない。河上公注本については唐傅奕の言を不易として南斉処士仇嶽に成るとする。また内藤幹治氏の所説は「河上公注老子の養生説について」（『吉岡博士還暦記念道教研究論集―道教の思想と文化―』所収）参照。

(21) 吉岡義豊「老子河上公本と道教」（酒井忠夫編『道教の総合的研究』所収）参照。尚、吉岡博士は「河上章句」の名が確認される資料として五世紀後半ころの成立と推定される『洞神太上太霄琅書』を指摘された。成立年代が推定通りであれば現在知られる最も古い資料である。

(22) ただ、小林正美『六朝道教史研究』が管見に入る。小林氏は、その第二編第二章『河上真人章句』に於いて河上公章句の成立について論じておられる。要するに劉宋時に成立したとされる『上清太極隠注玉經寶訣』の所述に拠れば、当時『河上真人章句』なる経典が存在したことが認められ、それは原本『河上公注』を道教経典として改修したものであり、現行本『河上公章句』と同じである、従ってその成立時期は劉宋時にまで遡るということであるらしい。個々の論点について参考になる面は多いが、行文に飛躍が感じられ難解である。

(23) 砂山氏所説の初出は一九八三年刊『道教　第二巻　道教の展開』所収「道教と老子」。その「二　道教と『道徳經』」に河上公注成立について述べてある。後、一九九〇年刊『隋唐道教思想史研究』第一部序章第二節「道教と『道徳經』」に、一部措辞を更め、注を添えて転載されている。

(24) 坂出祥伸「老子河上公注の身體觀」（内藤幹治編『中國的人生觀・世界觀』所収）の所論。

(25) 窪徳忠「宮内廳書陵部所藏の道藏」（『東方宗教』第七号）。

(26) 窪徳忠「涵芬樓影印本道藏校勘記―全眞經關係資料に就いて―」（『東方宗教』第十号、『窪徳忠著作集8　道教と東アジアの宗教文化』所収）。

(27) 敢えて一例を指摘するならば、楠山博士は河上公注の道教的養生説の側面を示す「治国知身併記の注解」の例として、第三章の「是以聖人治」句下の注「説聖人治國與治身同也」を引かれる。此の注文は博士が依拠される四部叢刊影印宋刊本及び明嘉靖世徳堂刊本は確かにこの通りであるが、道藏本は「説聖人治國與治身」で「同」字が無く、古活字版及び古鈔本の多くは「謂聖人治國猶治身也」に作り（梅沢記念館蔵應安六年写本は「也」が無く、斯道文庫蔵〔南北朝〕写本は「謂」を「説」に作り、大東急記念文庫蔵〔室町〕写本は「也」字無く、「謂」を「説」に作り、「猶」字下に「如」が有る）、『羣書治要』巻三十四所収本は斯道文庫蔵〔南北朝〕写本と同じである。残念ながら敦煌写本は此の部分を欠く。この様に異文があるからと言って博士の論旨に影響を及ぼすほどのことではないであろうが、仮に、古鈔本等の字句に拠るとするならば「道教的養生説を附会することに意図があり、『治國與治身同也』という注は、そのために加えられた、かなり強引な注である」（『東方學會創立五十周年記念東方學論集』五四五頁）というような行文には些か修正が必要となるのではなかろうか。影印本の字句を正しいと看做し、且つ此の字句を重視して論ずるからには「道蔵本、本邦旧鈔本によって校訂を加えた」（『老子傳説の研究』凡例）のであれば、異文には従えない旨を明らかにするべきであろう。些細なことをあげつらって非難する意図など毛頭無い。今の学界には、未だ、貴重な本文を充分に活用できるだけの環境が整ってはいないことを、もっぱら文献の整理に携わっているものとしてその責務をなかなかに果たせないことの自戒の思いをこめて、述べさせて頂いたまでである。

（28）武内義雄の業績の評価については、木村英一「武内博士の老子研究」（『武内義雄全集　第五巻　老子篇』解説）に尽くされている。

（29）老子道德經（題簽・序題「老子經通考」）四巻　漢河上公章句　明陳元贇注　延寶八（一六八〇）刊（京　板木屋久兵衛）寶永二年（一七〇五）京富倉太兵衛修本以後、重印逓修されて幕末に及んだ。影印本に、民国五四年（一九六五）台北藝文印書館刊無求備齋老子集成初編所収本及び、昭和五一（一九七六）年東京汲古書院刊和刻本諸子大成第九輯所収本がある。詳細は後述（本論第四章第二節）。

（30）武内博士は傅奕の所言を明焦竑撰『老子翼』附録に引く『老君實録』に拠って示された。後、『老子の研究（上）』第五章四「傅奕の古本篇」では宋彭耜『道德眞經集注雜説』（道蔵長字号）引く謝守灝の『老君實録』を引用してある。ほぼ同文が宋謝守灝撰『混元聖紀』巻三にも見える。前注6参照。

（31）吐峪溝出土の此の唐鈔河上公注本老子断片は大谷探検隊の将来品で、現在、龍谷大学大宮図書館（龍谷蔵）に「大谷文書No.八一二〇」として所蔵保管されている（『大谷文書集成　第三巻』図版Ⅳ漢籍　収載、図版四七、釈文を付す）。吐峪溝の発掘は野村栄三郎・橘瑞超による第二回探検の明治四十一年〈一九〇八〉十二月十五日から十七日と、吉川小一郎・橘瑞超による第三回第二次探検の明治四十五年〈一九一二〉三月二十一日に行われている（小田義久「龍谷大学図書館蔵大谷文書について」）。その何れかの発掘の際に採集されたものと思われる。

（32）論拠として『顔氏家訓』書證篇の次の文を引用されている。

・也是語已及助句之辭、文籍備有レ之矣、河北經傳悉略二此字一

（33）楠山春樹「概説　敦煌本道德経類（本文・注釈・解題）」（『道家思想と道教』所収）第一章葛本（五千字本）を参照。

（34）底本は、台北國家圖書館所蔵の〔南宋〕〔建安〕刊纂圖附釋文重言互註老子道德經二巻　巾箱本。第三章注1参照。

（35）島博士は第五十七章の末に道蔵本にのみ経文「我無情而民自清」とその注文が見え（「諸本異同表」下806・807参照）、陳景元撰『道德眞經藏室纂微篇』（巻八）に同章最末部の経文「我無爲而民自化我無事而民自富我好靜而民自正我無欲而民自樸」（「我

無事而民自富」「我好靜而民自正」の両句は現行本では先後逆順である）を掲出し、その釈義の中で「河上公本又有」以下ほぼ同文（「我無情而民自清注曰修道守眞絶去六情民自隨我而清也」）が引載されている故を以て、現行の明刊道蔵本を唐蔵所収本と考えられている（『老子校正』二五頁・一七五頁）。しかし、宋薛致玄撰『道德眞經藏室纂微開題科文疏』巻一に叙された碧虚真人即ち陳景元の略伝に拠れば、同人が宋人であることは明らかで、宋熙寧五年（一〇七二）に上進されたという「注道德經」が『道德眞經藏室纂微篇』に相当するようである。また、同書に冠する宋寶祐六年（一二五八）年の楊仲庚序に拠れば、当時すでに善本無く、蔵帙に校正を加えて刊行したと記され、その本が同書明正統道蔵所収本の祖本と言うことになろう。従って、如上の経注文は、道蔵本特有の本文として注目に値するとしても、直ちに唐道蔵以来の本文と定めることは出来ない。河上公注道德經が道教聖典として伝承されたのであれば、唐蔵に編入されたことは寧ろ自明であろう。しかし、道蔵の纂集は唐以後も宋元、明に至るまで再三行われ、その間の道典の集散は一再ならず、本文に遷移があった事は当然予想される事であろう。明正統刊道蔵の編纂校刊の経緯、所用テキスト等の解明は今後の究明に俟たなければならない。

（36）『羣書治要子鈔』の目録事項は次の通り。

羣書治要子鈔　二巻　唐魏徵等奉敕編　清蔣德鈞節編
〔清光緒〕刊（湘郷蔣氏龍安郡署）求實齋叢書所収

『求實齋叢書』は清光緒十二年（一八八六）頃より十七年（一八九一）にかけて蔣德鈞が編輯刊行したもの。曾国藩輯『經史百家簡編』（光緒十三年刊）以下十五種を収める雑叢で、首の「求實齋／叢書」と題する扉裏に「光緒十七／年湘郷／蔣氏椠」とあり、同年に取り揃えて印行されたものであろう。『羣書治要子鈔』は書題の如く『羣書治要』所収の子部書部分を抽出刊刻したものであるが藍本についての説明は無い。恐らくは天明中尾張藩刊本に拠った道光二十七年（一八四七）刊連筠簃叢書本或いは咸豊七年（一八五七）刊粵雅堂叢書三編本辺りと思われる。尚、『無求備齋老子集成初編』は「魏徵老子治要」と題して本書の老子部分のみを抽出し影印している。

（37）『音註河上公老子道德經』は台北故宮博物院蔵（玄穹宝殿原蔵）の一冊で、目録事項は次の通り。

音註河上公老子道德經　二巻　〔漢〕河上公章句　題〔宋〕呂祖謙重校
〔南宋〕刊（麻沙　劉通判宅仰高堂）

此の本の影印本に、民国二十年（一九三一）故宮博物院刊の天禄琳琅叢書所収本、同五十四年（一九六五）台北藝文印書館刊無求備齋老子集成初編所収本（天禄琳琅叢書本の重印）がある。同書は、注文音釋の配置、王弼注の竄入、誤字脱文にいたるまで尽く宋建安虞氏刊本に同じであるが、内題を異にし、巻上首に「東萊先生呂祖謙重校正」との題署がある。希に字句に異同も見られるが、經注本文上、宋建安虞氏刊本と同本と見做してよい。何れが先行するかは、俄には鑑定は難しいが、この方がやや誤刻が多いようである。また、「東萊先生呂祖謙重校正」の題署は信じ難く、書賈の仮託であろうとされている。阿部隆一『中国訪書志』及び呉哲夫「故宮善本書志」（『故宮圖書季刊』第一巻第一期）に解題がある。

（38）狩野直喜「老子河上公注」（『讀書纂餘』所収）、及び同「舊鈔本老子河上公注跋」（『支那學』第三巻第八號、『支那學文藪』収載）参照。正倉院聖語蔵〔鎌倉〕写存巻下影印本末尾の解題及び付添の別刷は同文、但小異有り、又別刷は和文。

（39）武内義雄「河上公老子唐本攷」四本邦伝来の諸本、及び『老子の研究』第五章道徳経の研究方針　三河上公注の経本（ともに『武内義雄全集　第五巻　老子篇』所収）参照。

（40）多治比郁夫「大阪府立図書館物語②伊藤家寄託本始末記」（『難波津』〈大阪府立図書館報〉四一号所収）参照。

（41）楠山春樹「本邦旧鈔本『老子河上公注』の序について」（『道家思想と道教』所収）の注1参照。尚、斯道文庫収蔵の紙焼写真の原本所蔵者は「武内義雄」であり、博士生前に蒐集されたものである。楠山博士の上掲論文は、昭和三十九年に刊行された『内野博士還暦記念東洋学論集』掲載旧稿の改訂稿で、その元の注に拠れば、当時はまだ武内博士が所持され、楠山博士は金谷治博士の高誼を得て、写真版を入手された由である。斯道文庫もその頃、東北大学蔵の貴重書数点の写真とともに蒐集したものと思われ、やはり、金谷博士を煩わせたように仄聞している。

（42）前注（38）参照。

（43）筆者は前稿「河上公章句『老子道徳経』古活字版本文系統の考索（上）」（『斯道文庫論集』第三十四輯　平成一二〈二〇〇〇〉・二）において、本軸について「以上の奥書から、此の本の藍本は、承安二年（一一七二）清原頼業（大外記殿）が主水（嫡子近業か）に授け、教隆（前参河守）が一見を加え、正嘉二年（一二五八）直隆（教隆の三子）が書写加点し、文永十二年（一二七五）音儒清原某（教隆の四子俊隆か）が黒田某に授けた、清家相伝の証本と認められる。」と記述しておいた。この度、所述の如く訂正しておく。

（44）本残巻と同筆である佐保切れ老子道徳經の書写者が宮内庁書陵部蔵永仁五年（一二九七）写『古文孝経』の書写者宋銭塘呉三郎入道と同一人であることについては『国宝手鑑　翰墨城』附別冊（緒論・解題）、『国宝　藻塩草（京都国立博物館蔵）』（『古筆手鑑大成』第四巻）及び、『重美　手鑑（京都・観音寺蔵）』（『古筆手鑑大成』第十四巻）の解説に既に指摘されている。

（45）阿部隆一「古文孝經舊鈔本の研究（資料篇）」（『斯道文庫論集』第六輯）の「引據各本目録」永仁本の項参照。同本末尾題後隔二行以下に次の清原教有自筆の奥書及び呉三郎の書写識語がある。書写識語は本文同筆。

永仁第七年暮春初二日此書者屋
壁之底石函之中得古文之字非今
文之書章篇之文雖不誤今古之字

悉以混因茲古字付今文今文付古字
于時謹蒙恩問之仰早課頑嚚之
拙朱點雖為他功墨點唯用自功
須以秘講奉授秘説而已
書博士清原教有
永仁五年（大歳丁酉）二月廿九日宋銭塘無
学老叟呉三郎入道書畢

（46）四部叢刊の出版事業は民国八年（一九一九）に始まり同十一年（一九二二）刊成頒行されたが、さらに、同十五年（一九一六）に内外の需要に応じて、重印の事業を開始、十八年（一九二九）予約を受けて頒行されている。その重印に際し、基本的には前行四部叢刊の体例が踏襲されたが、若干の改変も行われた。即ち、孝経、呉越春秋、陸宣公集等、所収書の内一九種程の底本をより善本に変更し、また、原本の脱簡欠葉等の不全箇所が増補修訂され、さらに、山海経等一部の図書については名家の校記に拠り、また衆本対校の上で新たに校勘記を付した。この間の事情は商務印書館「印行四部叢刊啓例（四部叢刊啓・四部叢刊例言・四部叢刊刊成記・重印四部叢刊啓・重印四部叢刊刊成記）」（張静廬編『中國現代出版史料　甲編』巻四所収）に詳しい。従って、重印四部叢刊は、初次印行の四部叢刊の修本と認めなければならない。

以上の事実については、既に学界では周知のはずであるが、変更されたのは、全三二三部二一〇〇冊（重印は二一一二冊）という大叢書のごく一部に限られ、殆どの底本が同一であるためか、四部叢刊所収本の取り扱いに際して、初印、重印の別について注意されることは少ないようである。しかし、重印時の改変は、上記した以外にも意外なところで行われている。製版の際の版下への加墨修整に由る改修と思われる。不鮮明な匡郭、界線の修整に止まるのであればまだしも、それが、字句に及ぶと事は重大となろう。底本の比較鑑定に支障を来し、校勘に当っては誤った結果を導き出しかねない。

本題の『老子道徳經』は、初印、重印ともに、鐵琴銅劍樓蔵の同一伝本が影印されている。従って、本来ならば相互の本文上の異同は無いはずである。しかしながら、加墨修整を危惧して、念のために双方対校してみると、果せるかな次の三字の相違が判明した。上段に初印、下段に重印の字を示し、（　）内に、古活字版と四部叢刊所収本の箇所を記す。

頑→頭（上1オ6b、上1オ6b）
米→釆（上12ウ2b、上8オ1a）
煩→須（上14オ4a、上9オ1a）

頭、須は妄改と認めざるを得ず、何故このような事態が生じうるのか、理解に苦しむ。此れは、重印時の改変であるが、このような事態は当然初印製版時にも生じていたと考えなければならず、初印影印本と底本である宋版との間に異同が無いとは言い切れない。もし、異同が有るとすれば、それは、そのまま重印本に受け繼がれていることになる。宋版の本文を対象とするのであれば、本来ならば北京図書館に現存する底本と対校した上で四部叢刊初印本を使用すべきである。しかし、今回は、不備を承知の上で此の影印本を使用せざるを得ない。初印、重印の異同を指摘した上で、宋版本文としてより通行している重印本を使用する。

尚、重印本出版以後も、再三に渡りその縮印本が刊行されて普及している。鄭成海『老子河上公注斠理』、王卡『老子道徳經河上公章句』の底本、藤原高男「老子河上公注鈔本集成」「同校勘記」所用の対校本もその重印本である。

（47）『弘文荘待賈古書目』第卌一號掲載特大二冊本（抱一上人旧蔵亀田鵬齋自筆識語）が知られるが、現所在は明らかでない。また、東洋文庫に北平図書館旧蔵『六子書』（現台北國家圖書館蔵、『國立中央圖書館善本書目增訂本』第二冊子部彙編類著録）の写真版が架蔵されている。此れは第二次大戦中米国国会図書館に寄託されていた時に撮影されたマイクロフィルムによる複製本で、その原本も原刻である。尚、『中國古籍善本書目　子部』の著録によれば中国本土には諸所に多数の伝本が存するようであるが、修本、覆刻本が混在している可能性が高いと想われる。

（48）原刻と修本との本文の異同は次の如くである。原刻は無求備斎影印本を、修本は内閣文庫蔵林龍潭書入れ本（函架番号三一一・一八九）に拠る。〔活Ⅰ〕〔宋版〕の本文を対照させ、最下段に古活字版の丁・行次数及び異同表の通番を記す。

		〔世徳〕	修	〔活Ⅰ〕	〔宋版〕	
①上10オ3a	〈贊玄第十四〉	青黄■白黒	□□赤□□	□□赤□□	□□■□□	11ウ1a 553
②上11ウ8	〈歸根第十六〉	萎作凶	妄□□	妄□□	□□□	13ウ2 692
③上20オ2b	〈巧用第二十七〉	救人在命	□□性□	□□性□	□□□□	22ウ1b 1220
④下4ウ3b	〈同異第四十一〉	愚須不足	□頑□□	□頑□□	□□□□	5オ3b 214
⑤下6ウ1b	〈立戒第四十四〉	身不危怠也	□□□殆□	□□□殆□	□□□殆□	7オ7b 332
⑥下20オ4b	〈守微第六十四〉	聖人欲伏光	□□□韜□	□□□□□	□□□□□	23オ5b 1100
⑦下20オ5a	〈守微第六十四〉	聖人不眩■	□□□□晃	□□□□晃	□□□□■	23オ7a 1105
⑧下20オ5b	〈守微第六十四〉	爲服■	□□玩	□□■	□□■	23オ7a 1105

全て別本に拠って校改されたものと思われ、誤刻妄改とは認められず校勘の痕が窺える。⑥の「韜」、⑧の「玩」は本稿対校諸本の内では〔道蔵〕にのみ見える字で、主として道蔵本が参校されたもののようである。

（49）覆世徳堂刊本として〔明〕桐陰書屋刊本が知られ、内閣文庫蔵林家本一冊、宮内庁書陵部蔵本二冊（以上『六子書』所収）、蓬左文庫蔵本一冊、東京大学総合図書館蔵本一冊が管見に入る。ただ、此の覆刻本にも累次の修改が見られるようである。

覆刻本には、原刻の毎葉版心上象鼻に刻された「世徳堂刊」の四字が無く、巻上第五葉にのみ同所に「桐陰書屋校」と刻されている。その他版式字様は原刻と相類似し、両版並べ見なければ同版修本と誤りかねない。管見の伝本は並びに白棉紙印本であり、明嘉靖中から萬暦初頃に刊行されたものと推定される。

嚴霊峰『老荘列三子知見書目』第五部老子版本目録には、明世徳堂刊「六子」本として七種が挙げられているが、相互の系統関係は分明でない。知見では伝本は次のように整理される。未見の図書に就いては当該目録等を参照し、配属は推定に従う。

老子道徳經 二巻〔漢〕河上公章句 〔明嘉靖一二（一五三三）〕跋刊（世徳堂顧春） 8行17字 六子書所収

大一冊陽明文庫蔵 二冊大阪府立中之島図書館蔵 一冊尊経閣文庫蔵 一冊京都大学人文科学研究所蔵（村本文庫、六子書零本）

（未）二冊弘文荘待賈古書目第卅一號著録（抱一上人旧蔵、亀田鵬齋自筆識語） □冊台北國家圖書館蔵（六子全書三二冊之内） □冊台北國家圖書館蔵（北平図書館旧蔵 六子全書二〇冊之内） □冊北京図書館蔵（周捐）

同 民国三（一九一四）刊（〔上海〕右文社）石印 影印明嘉靖一二跋世徳堂刊六子書本 世徳堂刊本六子全書所収

中一冊京都大学人文科学研究所蔵 一冊永青文庫蔵（坦堂文庫）

（未）京都大学文学部蔵 無窮会図書館蔵（天淵文庫） 東北大学附属図書館蔵

同 民国五四（一九六五）刊（台北 藝文印書館） 影印明嘉靖一二年跋世徳堂刊六子書本 無求備齋老子集成初編所収 底本同右 中一冊

同 〔昭和〕刊（東京 東洋文庫） 影照北平図書館旧蔵明嘉靖一二年跋世徳堂刊六子書本

一冊之内東洋文庫（LC蔵書 六子書一七冊之内）

又 修

大二冊内閣文庫蔵（林龍潭校語書入本） 二冊東洋文庫蔵（岩崎文庫、六子書零本）

同　〔明〕刊（桐陰書屋）〔修〕　覆世徳堂刊本　六子書所収

大一冊内閣文庫蔵　一冊名古屋市蓬左文庫蔵　二冊宮内庁書陵部蔵（御書籍来歴志著録本）　一冊東京大学総合図書館蔵（未）□冊台北國家圖書館蔵（六子全書二〇冊之内）　□冊台北國家圖書館蔵（六子全書三六冊之内）　傳書堂善本書志著録本

同（未見）〔明〕刊　六子書本　8行17字白口　四周双辺

□冊台北國家圖書館蔵（六子全書四〇冊之内）　一冊北京図書館蔵（翁同龢跋並録李鼎元批識）　一冊北京図書館蔵（傅増湘校並跋章鈺校）

同　明萬暦一〇（一五八二）刊（金陵胡東塘）　11行23字　六子全書所収

大一冊京都大学人文科学研究所蔵（南華眞經首二巻と合一冊）　一冊広島市立中央図書館蔵（浅野文庫）

(50)　無求備斎老子集成初編所収本にも、例によって影印に際しての妄改の痕が認められる。見栄えを佳くするために加墨して匡郭を鮮明にし、また序題下等にある底本所蔵者の印影を消去してある（巻頭題及び尾題下の原印は元のまま）。これらは本文の異同とは関わり無いのであるが、歸元第五十二の経文「閉其門」及び注文「閉口不妄言」の両「閉」字は、世徳堂刊原刻は〔宋版〕と同じく「閇」に作るのに、此の影印本では「閑」字に見える。末画に妄りに加墨し「閉」字に見せようとした爲と思われるが、此れは、先に影印された右文社刊本でも同様であり、底本に既に有った加筆と考えるべきであろう。此の両字については影印本の「閑」字は無視して原刻本に従った。

(51)　『六子書』第六に配さる『中説』末尾に見える刊書跋。以下の如し。

刻六子書跋／先刑部府君少敦仁義之學晩慕道徳／之言故於六子書無不講覈春之得於／過庭者侈矣自先君下世毎對是書未／嘗不悵然若有所慕焉而弗得也将究／其意旨而無善本脱謬不可考定嘉靖／庚寅冬因治先君墓於銅井山遂廬其／側校讐授梓參文羣籍考義多方越癸／巳夏乃成膏宵雞晨寝食爲廢匪敢言／勞用脩先君之志云爾是歳秋八月東／滄居士呉郡顧春識

顧春世徳堂刊本には他に明嘉靖十三年刊『王子年拾遺記』十巻が知られる（北京図書館に三部所蔵）。

(52)　陳國符『道藏源流考』「歴代道書目及道藏之纂修與鏤板、明清各處道藏」を参照。尚、明正統刊『道藏』の現存する伝本は『中國古籍善本書目　子部』著録するところに拠れば、北京圖書館蔵のほか、故宮博物院圖書館、上海圖書館、南陽市圖書館、及び四川省圖書館所蔵本が知られるが、何れも残欠本である。従って、各図書館所蔵本の内に『道徳眞經註』四巻が含まれているか否か、各所目録の不備もあって明らかではない。又、韓国奎章閣に所蔵されている由であるが詳細は未詳。車柱環氏は「朝鮮王朝後期（十八世紀英祖時代）に入ってきたものと思われる」と記す（『朝鮮の道教』）。

(53)『霊宝无量度人上経大法』巻五二、六四、七二、『霊宝玉鑑』巻四三等に見える「大明萬暦戊戌年七月吉日奉旨印造施行」印造記に拠る。しかし、何れも補写部分であり、後に殘缺を補ったもので、本版の印行時を規定できるものではないのかもしれない。

(54)『道藏源流考』に拠れば、北京白雲観所蔵の道蔵は一九五〇年北京図書館に移管された由である。『北京圖書館古籍善本書目』道家類に「道藏　明張宇初等編　明正統十年内府刻本　四千五百五十二冊」を著録する。尚、窪徳忠博士は一九四二年に白雲観を訪れ、その時に目睹した此の道蔵についての紹介記事を遺している。『道教史　世界宗教史叢書9』三四九頁（第六章教団道教の固定化と民衆の信仰　1教団道教の統制『道藏』の編集）及び『道教入門』一四四頁（四道教の教学と内容　1教学部門白雲観所蔵の道藏）、また『窪徳忠著作集7　道教と仏教』二八五頁（第二部一北京白雲観の現況について　4道藏）参照。

(55) 重修年は明李杰撰『道藏目録詳註』に冠する清道光二十五年鄭永祥・孟至才同識「白雲観重修道藏記」の次の記載に拠る。

此藏之存於觀中者非一日矣。閲藏者不一其人主事者弗介乎意。遂至三洞真經頗多殘缺、以前明之數核之於唐、所存者已不足十分之一矣。今而任其殘缺也、不更凋零乎。納雖久有重修之願、無如力不從心。幸本觀大檀越廷弼王公、護法叢林博施濟衆非特無德色而且紛心方外（略）乙巳歳偶言道藏殘缺重整維艱。公欣然助資願為修補。於是借諸山之経、繕本補入、數月之間、竟成完璧（略）（句点は私設）

尚、窪徳忠博士が昭和十七年に目睹された実物には、帙左上に部類名とともに「道光二十五年重修」と書されていた由である。「重修」とは、此の「重修道藏記」には「借諸山之経、繕本補入、數月之間、竟成完璧」とあるのであるから、窪博士も指摘されているように白雲觀蔵本の残欠部分に限って補修されたもののようである。それも、版木自体を改修して重刷したのではなく、諸所より借用した書本に拠って補写されたもののように理解される。しかし、両本には部分的に異版が存在することは確かで、其の修印の経緯を明らかにするにはより精細な対比調査が必要であろう。因みに『正統道藏』の版木は清朝に引き継がれて、皇城内道観の大光明殿に置かれ清末まで遺存していたが、光緒二十六年（一九〇〇）義和団事変の余燼で存版は盡く損壊したと伝えられる。

(56) 宮内庁書陵部蔵本と民国十三年上海涵芬樓刊影印本との対査に拠り、影印本底本の次の箇所は覆刻改修された別版と認められる。

⑴異俗第二十経文「如嬰兒之未孩」下の注文「偶人時」より虚心第二十一経文「自古及今其名不去」下の注文「自従也従古至今道常在不」まで、即ち知二第三版計二十五行（影印本二ウ3―4ウ5）。

(2)巻四首題「道德眞經註卷之四」より謙德第六十一経文「故大者宜爲下」下の注文「大國」まで、即ち知四第一版計二十五行（影印本四1オ1ー2オ5）。
(3)恩始第六十三経文「圖難於其易」より淳德第六十五経文「常知楷式是謂玄德」下の注文「玄天也能知治身治國之法式是謂與天同德」まで、即ち知四第三・四版計五十行（影印本四3ウ1ー5ウ10）。

此の覆刻に伴う誤刻は次の如くである。

(1)異俗第二十経文「漂兮若無所止」下注「我獨漂漂若飛若揚無所止也」の「揚」字を「場」字に誤る。
(2)守微第六十四経文「執者失之」下注「執利遇患執道全身堅持不得推讓還反」の「反」字を「及」に作る。

(57)　更に近年には、一九七七年台北藝文印書館刊、同年台北新文豊出版刊、一九八六年京都中文出版社刊、一九八八年北京文物出版社等刊等の影印複製本が流布している。何れも正統道藏とうたってあるが、利用に当たっては底本如何に留意する必要がある。

(58)　対校本として取り上げた本の他に、四天王寺大学蔵本A二六（第二十五章断片等数片）が知られている。大淵忍爾『敦煌道經ー目録篇ー』に著録。それに拠れば最大片は一〇×一〇糎、料紙は黄紙。第二十五章経文「不知其名字」（上20ウ2）より「地法天」下注「天湛泊」（上21オ3a）までで、他の断片には第二十三章の注の一部もある。注は小字双行と。

序章注

(1)　武内義雄「河上公老子唐本攷」（『藝文』第十年四号）五　唐碑の二系、及び同「唐廣明元年刻老子道德經に就いて」（『支那学』第二巻五号）を参照。ともに『武内義雄全集　第五巻　老子篇』収載。尚、武内博士は唐景龍二年（七〇八）河北易県龍興観道德経碑を河上公本とされたが、そうではなく所謂五千字本系であることについては上述した。緒論三従来の研究と私見㈠武内義雄の伝本研究、参照。

(2)　宋末に刊行され、元明にかけて覆刻が繰り返されて通行した六子本の『纂圖互註老子道德經』。知見伝本及び其の目録事項は以下の如し。台湾所蔵本は阿部隆一の調査に拠る。

纂圖互註老子道德經　二巻首一巻　題漢河上公章句註釋　〔宋〕刊（〔建安〕）　未見

同　〔元末明初〕刊〔修〕（〔建安〕）〔覆宋〕刊本　11行12字　六子書本
大一冊天理大学附属天理図書館蔵（纂圖互註南華眞經五冊と合一帙）　二冊台北國家圖書館蔵　半一冊台北

又　故宮博物院蔵（昭仁殿原蔵）　一冊台北故宮博物院蔵（序篇目欠、昭仁殿原蔵）　一冊台北故宮博物院蔵（序欠、玄穹宝殿旧蔵）　嘉業堂善本書影、舊京書影（五五一－五五四）著録本は同版

又　〔明前期〕逓修
大一冊慶應義塾図書館蔵（〔纂圖互注老荘列三子〕所収　傅増湘・戸川濵男旧蔵、文求堂善本書目著録）　鐵琴銅劍樓宋金元本書影元本書影子部著録本は同版の如し

同　〔明〕逓修　〔六子全書〕所収
大一冊静嘉堂文庫蔵（瞿氏恬祐齋・陸心源旧蔵、儀古堂續跋巻十一・皕宋樓藏書志巻六十六著録）

同　明弘治一八（一五〇五）刊〔建安〕　仁實書堂　12行26字　四子所収
大一冊名古屋市蓬左文庫蔵　一冊内閣文庫蔵（昌平坂学問所本、經籍訪古志著録）

同　〔明〕刊　11行24字　六子全書之一
大一冊静嘉堂文庫蔵（緑静堂旧蔵）

老子道德經　二巻　題秦河上公註釋　明張登雲補注　呉子玉校　朱東光編
明萬曆七（一五七九）序刊（中都郡齋）　中都四子集所収
大一冊内閣文庫蔵（紅葉山文庫本）　一冊京都大学人文科学研究所蔵

同　民国五四（一九六五）刊（台北　藝文印書館）　影印明萬曆七年序中都郡齋刊中都四子集本　無求備齋老子集成初編所収　中一冊

近年の研究では、従来元刊とされてきた伝本の殆どが〔明初〕或いは〔明前期〕刊と鑑定されている。しかしながら、管見の天理大学附属天理図書館蔵本、慶應義塾図書館蔵本、静嘉堂文庫蔵本を比較した限りでは、天理図書館蔵本と慶應義塾図書館蔵本には同版の葉が存在し天理図書館蔵本が早刷、静嘉堂文庫蔵本は慶應義塾図書館蔵本に更に修が加わっている本である。

従って三本は本来同版本と認められる。但、天理図書館蔵本も既に加修本の如くであり、静嘉堂文庫蔵本では原刻葉は殆ど失われている。同時に印行された『纂圖互註南華眞經』伝本の刊次、修次、印次を勘案すれば上記の如く著録するのが現時点での調査段階では最も妥当と考える。更に中国現存伝本との比較調査が求められる。

莫伯驥『五十萬巻樓藏書目録初編』巻十四・『五十萬巻樓羣書跋文』子二に宋刊本（明張基旧蔵）を著録するが、現所在は明らかでない。また『北京師範大學圖書館古籍善本書目』に元刻本二冊（孫星衍旧蔵、『平津館鑒藏書籍記』巻一宋版著録本カ）を著録する。これは『中國古籍善本書目　子部』道家類では明刻本として著録されている一本に相当するようで、諸本と対照比較し更めて審定する必要があろう。同目は他に中國歴史博物館、南京圖書館、重慶市圖書館蔵の明初刻本、上海圖書館蔵の明正徳十四年仁實書堂刻本、天津圖書館、上海圖書館（二部）蔵の明刻本を、總類に明刻本『纂圖互註五子』所収本として北京圖書館（二部）、上海圖書館蔵本を、明初刻本『纂圖互註六子』所収本として中國科学院圖書館蔵本を著録している。明正徳十四年仁實書堂刻本とは弘治十八年刊本の後印或いは後修本であろうか。仁實書堂は明景泰より天啓にかけての建陽書林魏氏。台北『國家圖書館善本書誌初稿』著録の明初建刊本一冊（徐乃昌旧蔵）は十二行行二十六字、黒口双黒魚尾等版式からみて同版である可能性が高い。

（3）梁皇侃注の当該引用は「老子曰、湛兮似或存、河上公注云、或常也」で、此れは第四章経文第七句及びその注文三字である。現行河上公注本では「或常也」の三字は同章經文第二句「或不盈」の下にある。又〔宋版・世徳・道藏〕各本は本句「湛兮似或存」の「或」は「若」に作っている。皇侃当時の本が、現行本と違っていた可能性も考えられる。引文は『武内義雄全集第一巻　論語篇』所収影印大正十二年〔大阪〕懐徳堂翻刊龍谷大學蔵文明九年写本に拠る。

（4）『金樓子』巻四　立言篇下に「河上公序言、周道既衰、老子疾時王之不為政、故著道徳經二篇、西入流沙」の一文を引用する。此の文は現行の河上公注本の序には見えず、梁の当時現行本とは異なる伝本が存在したと考える事が可能であろう。既に、楠山博士の指摘がある（『老子傳説の研究』第三章第一節　六朝隋唐初の資料から見た河上公注）。引文は、台北世界書局刊影印國立中央圖書館蔵清謝章鋌手校〔清〕写本に拠る。

（5）隋蕭吉撰『五行大義』巻第三　第十四論雜配　四論配藏府に次の二条の河上公注を引用する。共に第六章注で、一は第一句「谷神不死」下注、二は第二句「是謂玄牝」下注である。

・河上公注老子云、肝藏魂、肺藏魄、心藏神、腎藏精、脾藏志。五藏盡傷、則五神去矣。

・河上公章句云、五氣清微、爲精神聰明、音聲五性。其鬼曰魂、魂者雄也。主出入於鼻、與天通。五味濁辱、爲形骸骨宍、血脉六情。其鬼曰魄、魄者雌也。出入於口、與地通。

また、巻第四　第十八論情性に「河上公章句云、五性之鬼、曰魂爲雄。六情之鬼、曰魄爲雌。」とあるのは、上の六章注文を約言して引いたものと考えられる。

此の二条の他に、同第十四論雑配　三論配気味に、第四十五章注と思われる次の一条が見えるが、現行本とは意味内容において大きく異なる。

・故河上公解老子言、躁氣在上、陽氣伏於下、所以故寒。靜氣在上、陰氣伏於下、所以故熱。

その他『五行大義』には「老子云」「老子經云」を冠する引用が散見する。その中には河上公注と思われる文が含まれている。次に、条列しておく。

・老子云、天得一以清、地得一以寧。（巻一　第二論五行及生成數）〈第三十九章経文、同文が第十章経文「抱一能無離」下の河上公注に見える〉

・老子云、吉事尚左、凶事尚右。亦云五氣藏於心。五味藏於胃者、（巻三　第十四論雑配　四論配藏府）〈上文は第三十一章経文、「亦云」以下は第六章「是謂玄牝」下の注「五氣從鼻入藏於心」「五味従口入藏於胃」の約言と思われる〉

・老子云、陰陽精氣爲人。氣有厚薄、得中和滋液、則生賢智人、得錯亂濁辱、則生貪婬人。（巻五　第二十三論諸人　一論人配五行）〈「氣有」以下は第一章「玄之又玄」下の今本河上公注と殆ど一致する。但、「賢智人」を今本は「賢聖」或は「聖賢」に作る等、僅かながら異同が認められる〉

・老子經云、天以五行氣、從鼻入藏於心。（巻三　第十四論雑配　四論配藏府）〈第六章「是謂玄牝」下の今本注に「天食人以五氣從鼻入藏於心」とある。これも、蕭吉の約言であろう〉

・老子經云、地飴人以五味、從口入藏於胃。（巻三　第十四論雑配　四論配藏府）〈此の引用も第六章「是謂玄牝」下の河上公注である。「飴」は今本は「食」に作っている〉

・老子經云、魂藏肝、魄藏肺者（巻三　第十四論雑配　四論配藏府）〈第六章経文句「谷神不死」下河上公注の「肝藏魂肺藏魄」と同意と思われる〉

以上の引用文は、中村璋八『五行大義校註』に拠る。

（6）梁簡文帝撰『老子私記』十巻は『隋書經籍志』經籍三子部道家に亡書として著録されているが、『舊唐書經籍志』『唐書藝文志』にも著録を見る。また『日本國見在書目録』にも巻数撰者名を記さないが同じ書名が見え、古鈔本の書入れに「簡文」の標記が散見するのは、同書が早く舶載されたことを証している。例えば、第四章経文「道沖」の「沖」の字義について〔杏I・梅沢・足利・大東・慶I〕に「簡文云静」と、第二十六章経文「重為輕根云々」の「輕」字の音釈として〔大東・武内〕に「簡文ニ起政切（反）」と、第三十六章経文「將欲翕」の「翕」字について〔大東・慶I〕に「簡文乍歙」等と音義注校異の書入れが相承されている。

（7）例えば『釋文』に見える次の校異・音義は現行諸本のいずれとも一致しない。
・『釋文』は第十章経文「能無知乎」の「知乎」について「以知乎」と標出して「河上本又直作智」と校異を記すが、現行諸本は「知乎」或いは「知」に作っている。
・第二十章の経文「如享大牢」の「如享」について「若亭」と標出し「河上公作嚮用也」（「嚮」字、通志堂刊本は「饗」に作る）の校記があるが、現行本の多くは「如享」、〔東大・大東〕は「如亨」、〔梅沢・陽Ⅱ・東急〕は「若亨」に作る。但、夙に武内博士の指摘（『老子原始』第三章老子伝本考下　四河上公本と王弼本との関係）があるように、隋杜臺卿撰『玉燭宝典』巻三に引載する老子上下經の文には「衆人熙々若登春臺而饗太牢」（今、『古逸叢書』本に拠る）とあり、「饗」字に作っていることが注目される。
・第五十二章の「塞其兊」の「兊」字について「河上本作鋭」とある。しかし、現行本は、王弼本と同じく「兊」に作っていて、『釋文』の所言とは合わない。
・第六十二章の「道者萬物之奥」の「奥」字について「於六反暖也河上烏報反」（暖は恐らくは曖の譌カ、王弼注に「奥猶曖也」と）とある。現行諸本河上公注には此の反切は無く、但〔宋版〕にのみ「奥於六反又烏報反」の反切注が見えるが吻合しない。
・第六十四章の「其脆易破」の「脆」は「河上本作膬昌睿反」との校異記がある。しかし、現行諸本は王弼本と同じく「脆」に作っており、また音釈も〔宋版〕の「七歳反」とは異なっている。
・第八十章の「雖有舟輿無所乗之」の「輿」字について「河上曰車」の義注が有るが、今本には無い。
尚、『經典釋文』撰述の時期については陳至徳元年（五八三）とする清銭大昕、武内義雄の所言に従う。武内義雄「經典釋文をよみて」（『武内義雄全集　第四巻　儒教篇三』所収）参照。現行の『釋文』が撰述当時の原形態とは大きく異なっているとしても、上記の今本との不一致は、南北朝末頃のテキストが現行本とは微妙に異なっていた事実を明示するものであろう。

（8）武内博士は「私邪」（第七章経文）下の校注「河上直云以其無私」について、「疑ふらくは陸注は当に河上一本直云、云々に作るべし。一本とは即ち河上略本なり」と、「河上一本」を陸氏が所用する複数の河上本の内の一本であると解された。また、嚴靈峰「陸徳明「老子音義」引書考略」は河上公注本の異本として「河上公古本」「河上公別本」の二項を立てている。しかし、「一本」「古本」の標記は単独でも使用されており「河上本」「一本」の並記、即ち両本との校記と見ることが可能であろう。「古本河上作」についても同様である。そうであれば、陸氏が校勘に用いた河上本は単一であったとも考えられる。

（9）唐代に於ける国家皇帝・士大夫と道教との関係、特に道挙創設の経緯とその後の消長については藤善真澄「官吏登用における道挙とその意義」に詳しい。また窪徳忠『道教史　世界宗教史叢書9』第四章2唐代の道教信仰、砂山稔『隋唐道教思想史研究』第二部序章 道教と隋唐の歴史・社会 第一節国家＝皇帝・士大夫・民衆と道教 を参照。

（10）『唐會要』巻七十五 貢舉上 明經に「上元元年（六七四）十二月二十七日、天后上表曰、伏以聖緒出自元元、五千之文、實惟聖教、望請王公以下、内外百官、皆習老子道德經、其明經咸令習讀、一准孝經論語、所司臨時策試、請施行之、至二年正月十四日明經咸試老子策二條、進士試帖三條」と、『冊府元龜』巻六百三十九 貢舉部一條制には「高宗上元二年正月勑、明經加試老子策二條、進士加試帖三條」と見え、『新唐書』巻四十四志第三十四 選舉志上に「上元二年、加試貢士老子策、明經二條、進士三條」と志す。上元二年の加試については『新唐書』では進士科は策三条と読め『唐会要』『冊府元龜』の試帖三条と矛盾している。藤吉氏は上掲論文で『新唐書』の如く明経進士二科ともに老子策とするのを妥当と看做す。

（11）『唐會要』巻七十五 貢舉上 明経に「儀鳳三年三月勅、自今已後、道德經孝經並爲上經、貢舉皆須兼通、其餘經及論語、任依恆式」と見える。『冊府元龜』巻六百三十九 貢舉部一條制には「儀鳳三年五月勑、自今已後、道經孝經並爲上經、貢舉人並須兼通、其餘經及論語、任依嘗式」とあって「三月」を「五月」とする等字句に若干の同異がある。

（12）『通典』巻十五 選舉三 歷代制下に「長壽二年、太后自製臣軌兩篇、令貢舉習業、停老子」と、また、『唐會要』巻七十五 貢舉上 明經には「長壽二年三月、則天自製臣範兩卷、令貢舉人習業、停老子」とある。

（13）『唐會要』巻七十五 貢舉上 明經に「神龍元年二月二日、赦文、天下貢舉人、停習臣範、依前習老子」と、『通典』巻十五 選舉三 歷代制下には「神龍二年二月、制貢舉人停臣軌、依舊習老子」とある。

（14）『唐令拾遺』学令第十参照。『大唐六典』巻第二十一「國子監 國子祭酒司業之職」条下に「凡教授之經、以二周易尚書周礼儀礼礼記毛詩春秋左氏傳公羊傳穀梁傳一、各為二一經一、孝經論語老子、學者兼二習之一」とあるのに拠る。

（15）集賢院に於ける『老子疏』撰修については次の記録に拠る。池田温「盛唐之集賢院」参照。

・開元二十年九月、左常侍崔沔入院、修撰與道士王虛正・趙仙甫、并諸學士參議、修老子疏。

（『玉海』巻五十三 藝文 諸子 老子 老子經傳引集賢注記）

（16）御注御疏撰修、頒示、老子策加増の史実は『唐會要』『通典』『舊唐書』『新唐書』『冊府元龜』等の次の記載に窺える。

・其年（開元二十三年）三月二十七日、上注老子、并修疏義八卷、并製開元文字音義三十卷、頒示公卿、

（『唐會要』巻三十六 修撰）

・（開元）二十三年三月癸未、親注老子、并修疏義八卷、及至開元文字音義三十卷、頒示公卿士庶及道釋二門、

（『冊府元龜』巻五十三帝王部 尚黄老一）

・元宗開元二十一年、親注老子道德經、令學者習之、

（『封氏聞見記』巻一道教）

・（開元）二十一年、玄宗新注老子成、詔天下、每歲貢士、減尚書論語策、而加老子焉、（『通典』巻十五選舉三 歷代制下）

・〔開元〕二十一年勅、令士庶家藏老子一本、毎年貢擧人、量減尚書論語一兩條策、加老子策、
（『唐會要』巻七十五　貢擧上　帖經條例）

・〔開元〕二十一年春正月庚子朔、制令士庶家藏老子一本、毎年貢擧人量減尚書・論語兩條策、加老子策。
（『舊唐書』巻八　本紀第八　玄宗上）

・及注老子道德經成、詔天下家藏其書、貢擧人減尚書・論語策、而加試老子。
（『新唐書』巻四十四　志第三十四　選擧志上）

尚、御注道德經の頒示は天寶十四年（七五五）にも行われている。次の記録が遺る。

・其年（天寶十四載）十月八日、頒御注道德經並疏義、分示十道、各令巡内傳寫、以付宮觀、（『唐會要』巻三十六　修撰）

・〔天寶十四載〕十月、御注道德經並義疏、分示十道、各令巡内傳寫、以付宮觀、（『冊府元龜』巻五十四　帝王部　尚黄老二）

・〔天寶十四載〕冬十月（略）甲午、頒御注老子並義疏於天下。
（『舊唐書』巻九　本紀第九　玄宗下）

（17）道挙開創についての『唐會要』『通典』『新唐書』等の記載は次の様である。〈　〉内は割注。

・開元二十九年正月三日、於元元皇帝廟置崇元博士一員、令學生習道德經、莊子、文子、列子、待習業成後、毎年隨貢擧人例送至省、准明經例考試、
（『唐會要』巻六十四　史館下　崇元館）

・開元二十九年正月十五日、于元元皇帝廟置崇元學、令習道德經、莊子、文子、列子、待習成後、毎年隨擧人例送名至省、准明經考試、通者准及第人處分、其博士置一員、
（『唐會要』巻七十七　貢擧下　崇元生）

・〔開元〕二十九年正月詔曰、（略）兩京及諸州各置玄元帝帝（ママ）廟一所、毎年依道法齋醮、兼置崇玄學、於當州縣學士數内、均融量置、令習道德經、及莊子、文子、列子、待習業成後、毎年隨貢擧人例送至省、置助教一人、
（『冊府元龜』巻五十三　帝王部　尚黄老一）

・玄宗方弘道化、至〔開元〕二十九年、始於京師置崇玄館、諸州置道學、生徒有差、〈京都各百人、諸州無常員、習老莊文列、謂之四子、蔭第與國子監同〉謂之道擧、擧送課試、與明經同、
（『通典』巻十五　選擧三　歷代制下）

・〔開元〕二十九年、始置崇玄學、習老子、莊子、文子、列子、亦曰道擧。其生、京、都各百人、諸州無常員。官秩、蔭第同國子、擧送・課試如明經。
（『新唐書』巻四十四　志第三十四　選擧志上）

・其年〔天寶元年〕二月二十日、勅曰、（略）兩京崇元學、各置博士助教一員、學生一百人、資蔭正同國子學例、
（『唐會要』巻五十　尊崇道教）

・天寶元年五月、中書門下奏、兩京及諸郡崇元館學生等、准開元二十九年正月十五日制、前件擧人、合習道德南華通元沖虚等四經、又准天寶元年二月十日制、改庚桑子爲洞靈眞經、准條補、崇元學生亦合集讀、伏准舊制、合通五經、

（『唐會要』巻六十四 史館下 崇元館、巻七十七 貢擧下 崇元生もほぼ同文、但「集讀」は「習讀」に作る）

・〔天寶〕二年正月十五日、改崇元學爲崇元館、博士爲學士、助教爲直學士、置大學士二員、天下諸郡崇元學、改爲通道學、博士爲學士、（『唐會要』巻六十四 史館下 崇元館）

・〔天寶〕二年正月、追尊玄元皇帝、爲大聖祖玄元皇帝、兩京崇玄學改爲崇玄館、博士爲學士、助教爲直學士、更置大學士員、（『冊府元龜』巻五十四 帝王部 尚黄老二）

（18）道挙に於ける老子科目習業の停止、制度の一時廃止に関しては、『唐會要』『冊府元龜』『新唐書』に次の如き記載が見える。

・是歳（天寶十二載）、道擧停老子、加周易。（『新唐書』巻四十四 志第三十四 選擧志上）

・〔天寶十三載〕是月（十月）、道擧停習道德經、加周易、宜以來載爲始、（『冊府元龜』巻六百四十 貢擧部 條制第二）

・〔天寶〕十三載十月十六日、道擧停習道德經、加周易、宜以來載爲始、至寶應二年（七六四）六月二十日、道擧宜停、七月二十六日勅、禮部奏、道擧既停、其崇元生望付中書門下商量處分、（『唐會要』巻七十七 貢擧下 崇元生）

・大暦三年（七六八）七月、增置崇玄生員、滿百員、（『冊府元龜』巻五十四 帝王部 尚黄老二）

（19）唐法琳『辯正論』巻第二 三教治道篇第二下の次の両文は『老子』からの引用である。『大正新脩大藏經』第五十二巻史傳部四所収本に拠り引載する。句点は同本に従い、割注は〈 〉に入れる。

① 通人折曰（略）河上公云。大道之世無爲養神無事安民。

② 通人曰（略）故説云。五色令人目盲五音令人耳聾。五味令人口爽。騁馳畋獵令人心發狂。奈何萬乘之主。而以身輕於天下。輕則失臣躁則失君。善行者無轍迹。善言者無瑕謫。善計者不用籌策。善閉無關鍵。善結無繩約。去甚去奢云泰〈甚謂貪淫聲色。奢謂服飾飲食。泰謂宮室臺榭。言此三者須去之處。中和行無爲。則天下自化也〉果而勿矜果而勿伐。果而勿驕果而勿強者也。

①は、第一章経文第二句「非常道」下の注文と思われる。但し、今本には「大道之世」の四字は無い。

②は、「故説云」下に『老子』の次の五文句を採択し連書している。

「五色令人目盲五音令人耳聾五味令人口爽騁馳畋獵令人心發狂」（騁馳一本作馳騁）は、第十二章前半の経文である。

「奈何萬乘之主而以身輕於天下輕則失臣躁則失君」は第二十六章経文の後半である。

「善行者無轍迹善言者無瑕謫善計者不用籌策善閉無關鍵善結無繩約」（正藏校注、閉下一本有者、鍵宋作犍、元明作楗）は第二十七章前半の経文で、今本は「鍵」字下に「而不可開」、「約」字下に「而不可解」の両句が有る。

「去甚去奢云泰〈甚謂貪淫聲色奢謂服飾飲食泰謂宮室臺　言此三者須去之處中和行無爲則天下自化也〉」は第二十九章末尾の経注文で、「言此三者須去之」は今本は「去此三者」に作っている。

「果而勿矜果而勿伐果而勿驕果而勿強者也」は第三十章中間の経文、今本は「驕」字下に「果而不得已」一句が有る。今本との異同は、撰者が意図的に字句を増損改変したことに因るとも考えられ、法琳所見の河上公注本が、今本と異なる本であったのかどうか、俄に判断することは難しい。但、注文の「言此三者須去之」と「去此三者」の相違は現行諸本とはやはりやや異なる本であった可能性を示唆しているようにも思われる。

（20）『舊五代史』巻七十九 晉書五 高祖紀第五の次の記述に拠る。

・〔天福五年（九四〇）六月〕癸亥、道士崇眞大師張薦明賜號通玄先生。是時帝好道德經、嘗召薦明講説其義、帝悦、故有是命。尋令薦明以道・德二經雕上印板、命學士和凝別撰新序、冠于卷首、俾頒行天下。

また、『冊府元龜』巻五十四 帝王部 尚黄老第二に同様の記事を見る。

・〔晉高祖天福〕五年十一月、賜張薦明號通玄先生、令以道德二經雕上印板。命學士和凝別撰新序、冠于卷首、俾頒行天下。

『混元聖紀』巻九にも同文の記載があるが、「十一月」を「五月」としている。

（21）『道德經』北宋監本に関しては、『宋會要輯稿』第五十五冊 崇儒四 勘書の次の記事が管見に入る。

・〔咸平〕六年（一〇〇三）四月、詔選官校勘道德經、命崇文院檢討直祕閣杜鎬、祕閣校理戚綸、直史館劉鍇同校勘。其年六月畢、并釋文一卷送國子監刊板。

『玉海』巻四十三 藝文 景徳校諸子も同事を簡略に記載する。次の如し。

・咸平六年四月、命杜鎬等校道德經、六月畢。

（22）五代蜀永平三年（九一三）、任知玄が『道德經廣聖義』を刊行した事実は、大東文化大学図書館高島文庫の〔江戸〕伝写宋嘉定刊本（市野迷庵校合書入本）に見える杜光庭の「進道德經廣聖義狀」及び任知玄の「廣聖義印板後序」（末題「特進檢校太保前守眉州保勝軍團練使上柱國樂安縣開國子食邑五百戸任知玄敘／ 永平三年太歲癸酉二月甲戌朔八日辛巳／ 左街天長觀内殿講論大德賜紫張延光〈以下四名の銜名有り〉」）に拠って判明する。杜氏進狀に記載する所は次の如くである。

・（前略）内枢密使檢校大保任知玄、早奉眞経思弘大教、起武成己巳之歳至永平癸酉之春、自出俸錢、刋雕印版、于兹五載方畢巨功、共成四百六十餘版、便於臣本院経藏堂内、収掌供養、旋期印造、俾獲傳弘（後略）

王洞應重刊については布衣道士王洞應「再雕道德經廣聖義疏後序」及び、宋嘉定甲申四月丁卯朔二茅山華陽洞天白雲崇福観保寧大師賜紫周觀復の「道德經廣聖義序」の記載に拠る。尚、島田翰『古文舊書考』巻一 舊鈔本考 道德經廣聖義三十巻、また拙稿「天理大学附属天理図書館蔵『老子道德經河上公解〔抄〕』翻印並に解題（下）」（『斯道文庫論集』第三十一輯）参照。

（23）王雱注道德經刊行の事情は『續資治通鑑長編』巻二百二十六 神宗熙寧四年（一〇七一）八月己卯条下注引く『林希野史』政府客篇に次の如く見える。

・安石子雱、上即位初、中第、調旌德尉、恥不赴、求侍養。及安石暴進執政、用諸少年、雱欲預選、與父謀「執政子弟不可預事、惟經筵可處。」安石欲上知而自用、雱乃以所爲策及注道德經鏤板鬻於市、遂得達於上。

尚、同類の記事が『宋史』巻三百二十七 王安石伝に付す雱伝にも見える。本章注83参照。

（24）宋時熊克の王弼注本刊行のことは、明和七年（一七七〇）刊江戸須原屋平助等刊本等通行諸本の尾に付す左從事郎充鎮江府學教授熊克謹記の跋文に窺える。次の如し。

・（前略）克自此求弼所注甚力、而近世希有、蓋久而後得之、往歳攝建寧學官、嘗以刊行、既又得晁以道先生所題本、不分道德而上下之、亦無篇目、克喜其近古、繕寫藏之、乾道庚寅、分教京口、復鏤板以傳、若其字之謬訛、前人已不能證、克焉敢輒易、姑俟夫知者、

（25）吉岡義豊『道教経典史論』（『吉岡義豊著作集』第三巻所収）第一編第七章六「徽宗の万寿道藏」参照。又、王卡『老子道德經河上公章句』付録三「老子道德經河上公章句版本提要」は、明正統道藏本について「匡字減筆、避宋太祖諱、當係從北宋政和刊舊道藏翻刻、其篇第近古、勝於四部叢刊影宋本」と記す。嘗て、武内義雄は「河上公老子唐本攷」三「明刊本の二系」において明世德堂刊本の系統を論ずるなかで、世德堂本を明の道藏本に基づくと仮定し、明藏が宋藏に出るは明瞭で、宋藏は宋建安虞氏刊本と近似するはずであるから、世德堂本は宋建安虞氏刊本と同系であると述べている。後に『老子の研究』第五章道德経の研究方針三「河上公注の経本」では中国で刊行された河上公注本を道藏本、宋建安虞氏本、纂図互注本の三種に区別し、その内、道藏本が最も古い形を存していると推定した。此の想定に異論は無いが、「諸本異同表」から帰納されることは、〔宋版〕と〔世德〕との近似が明白である一方で、〔道藏〕との懸隔は、古鈔本諸本と同程度に大きい事実である（附表8参照）。〔世德〕が〔道藏〕に基づくとの仮定は成立しないと考えられる。〔道藏〕の本文系統の考察は今後の大きな課題であろう。

（26）日本に於ける河上公注の受容に就いて扱った論考に、増尾伸一郎「日本古代の知識層と『老子』―〈河上公注〉の受容をめぐって」（『豊田短期大学研究紀要』第一号、『選集 道教と日本』第二巻収載）があり、また老荘思想受容史全般に亙る論考として王廸『日本における老荘思想の受容』の労作がある。適宜参照させて頂いた。

（27）『維摩經義疏』に見える『老子』の引用文は次の三条である。本文は『大正新脩大藏經』第五十六巻 續經疏部一所収本に拠る。

① 外老子亦云。五色令二人目盲一。五音令二人耳聾一。五味令二人口爽一。難レ得之貨令二人行妨一。（巻中一 弟子品第三）

② 所以外老亦云。不善人善人之資。不レ愛二其資一不レ貴二其師一。雖レ智大迷。（巻下二 菩薩行品第十一）

③ 外老云。禍莫レ大レ於レ不レ知レ足。咎莫レ甚二於欲一レ得。知レ足不レ辱。知レ止不レ殆。（巻下二 菩薩品第十一）

①は第十二章に見える。諸伝本は「口爽」「難得」の間に「馳騁田猟令人心發狂」の八字がある。この引用に際して故意にこの八字を削ったものか、或いは原本にこの八字が無かったのか明らかでない。

②は第二十七章に見える。河上公注古鈔本の内で、〔筑波・斯Ⅰ〕は「之」字が無く、〔活Ⅰ・活Ⅱ・陽Ⅰ・武内・筑波・慶Ⅰ・慶Ⅱ・大東・弘文・足利・斯Ⅱ・無窮・書陵・六地蔵・陽Ⅱ〕の各本は上「資」字の下に「也」字がある。現在通行諸本は「不善人」「善人」の間に「者」字があり、P二五八四・P二二五五・S六四五三・S七九八・貞二には此の引文と同じく「者」字がない。此の点に限って言えば、本条は敦煌写本五千字文系本に一致する。また、通行諸本は「不愛其資、不貴其師」両句の順序が逆である。

③は第四十六章の文、末の「知足不辱、知止不殆」二句は現行本では第四十四章に見え、四十六章の当該文は「故知足之足常足矣」となっている。本引用文の如く作るテキストが過去に存在した可能性を否定は出来ない。また「甚」字は、古鈔本以来の現行河上公注本、王弼注本は「大」に作り、『韓非子』解老・喩老篇引用の該当文或いは唐傅奕校『道徳經古本篇』また宋范應元撰『老子道徳經古本集註』は「憯」に作り、清畢沅は「李約憯作甚、説文解字憯痛也、古音甚・憯同」と考証している（『老子道徳經攷異』巻下）。P二四一七・書一・P二三七五・S一八九は並びに「甚」に作り、S六四五三・S二二六七は「大甚」に作る。此の異同については朱校、蔣校等既に先学の指摘するところである。

本書引文が現行のテキストとは微妙に相違し、敦煌写本五千字文系のテキストとの近似性が窺える。引文でありどの程度原本に忠実であったのか明らかでなく、或いは先行注釈書からの引載の可能性も考える必要があろうが、その点を考慮に入れても古本を彷彿させる本文と言えよう。

（28）『冊府元龜』巻九百九十九　外臣部四十四　請求の条の名代老子経求賜の記事は次の如し。

・（玄宗開元）二十三年閏十一月、日本國遣其臣名代來朝。獻表懇求老子經本及天尊像、以歸于國、發揚聖教。許之。

当時、日本の朝廷は道教の流入を拒絶していたことを論拠として、此の記事に対して、慎重な立場をとる研究者もある。「老子経本」「天尊像」を懇求し、本国において聖教を発揚せんとの熱意の表明は、名代の本心から発せられたわけではなく帰朝の許可と便宜を得るための口実であったとする見方である（東野治之「上代文学と敦煌文献」二道教経典）。しかし、『続日本紀』に記録が見えないからといって、「老子経本」将来の事実が無かったとは断言できないであろう。朝廷への献納は見合わされたとしても、しかるべき貴人へ贈呈されたか、寺社へ奉納された等の可能性も考えられよう。『日本國見在書目録』は「老子二玄宗御注」を著録する。名代帰還の天平八年（七三六）を玄宗注伝来の初年と位置づけることも可能なのではなかろうか。

（29）釋智光撰『浄名玄論略述』巻二本に引用する河上公注は次の二条である。

①　老子德經云。是以聖人執㆓左契㆒而不㆑責㆓於人㆒。河上公注曰。古者聖人執㆓左契㆒合㆑符信㆓无文法㆒。刻㆑契合㆑符以爲㆑信也。但刻㆑契爲㆑信不㆑責㆑人。以㆓他事㆒也。（第七十九章）

②　老子道經云。故有无之相生。難易之相成。長短之相形。高下之相傾。河上公注曰。見㆑有而爲㆑无也。乃至見㆑高而爲㆑下也。

（第二章）

『日本大藏經』經藏部 方等部章疏五所収本に拠ったが、その底本は東大寺蔵建長三年顯慶書写本である。翻字の瑕疵も考慮に入れなければならないであろうが、以下の個所において現行の諸本とは異同が見られる。

②については、経文各句の「之」字が〔斯Ⅰ・宋版・世徳〕には無いという違いが有るが、その他には現行諸本との異同は認められない。しかし①については、次の如く相違する辞句が多い。

(1) 現行諸本は何れも経文を「是以聖人執左契」「而不責於人」の二句に分断し、注文前半の「古者聖人執左契合符信无文法刻契合符以爲信也」を上句の下に配している。但、此れは引用に際しての便宜に従ったまでなのかもしれない。

(2) 「執左契合符信」下に〔筑波・大東・慶Ⅰ・弘文・無窮・梅沢・斯Ⅰ・東急・宋版・世徳・道蔵〕には「也」字がある。〔治要〕には此の六字は無い。

(3) 「文法」を、〔活Ⅰ・活Ⅱ・書陵・陽Ⅰ〕は「文字法律」に、〔筑波・慶Ⅰ・大東・無窮・弘文・足利・斯Ⅱ・梅沢・聖語・斯Ⅰ・東急・治要・敦Ⅱ・宋版・世徳〕は「文書法律」に、〔道蔵〕は「文書法律刑」に、〔武内・東大・東洋・杏Ⅱ〕は「文書法律也」に作る。此の字句に関しては現行諸本の内には一致する本は無い。

(4) 「以爲信也」の「也」を〔無窮・梅沢〕は「之也」に作り、〔斯Ⅱ・敦Ⅱ〕は「也」字が無い。

(5) 「刻契爲信」は〔聖語・道蔵〕とのみ一致。〔活Ⅰ・活Ⅱ・陽Ⅰ・無窮・武内・東大・東洋・杏Ⅱ・筑波・大東・慶Ⅰ・足利・書陵・弘文・斯Ⅱ・梅沢・東急・斯Ⅰ・敦Ⅱ・宋版・世徳〕は「爲」は「之」に作り、〔治要〕には此の字が無い。また〔活Ⅱ・無窮〕は「刻」字上に「執」字が有る。

(6) 「不責人以他事也」は〔陽Ⅰ・武内・東大・杏Ⅱ・筑波・大東・弘文・足利・斯Ⅱ・書陵・東洋〕には「人」字上に「於」字があり、〔道蔵〕は「以」を「於」に作る。また、〔敦Ⅱ・治要〕には「也」字が無く、〔東洋〕には「也」下に「矣」字が有る。

僅か五十字にも満たない引文で、その本文の特徴について云々することは慎まれるが、以上の異同字句を以てすれば、現存古鈔本の内で書写年代が最も古い〔聖語〕に近接した本文と言えよう。

(30) 『唯識義燈増明記』巻二に引く河上公注本は以下の経注本文三条である。『日本大藏經』論藏部 唯識論章疏二所収本（底本は法隆寺本・大谷大学本との校合本）に拠り（但、返点・送り仮名は省略）、『大正新脩大藏經』第六十五巻續論疏部三所収本の校注を〈 〉内に挿入した（いずれも龍谷大学蔵写本との校異である）。河上公注文には私に「 」を付し、各条下に校語及び諸本との主要な異同を記しておく。

① 道可「謂經術政教云道也。」非常道〈道=法〉「謂非自然長生之道也。常道常以无常爲養神。无事安民含光藏暉。滅跡常道

不可稱道。」名可名「謂富貴尊榮高世之名也。」非常名「謂非自然常在之名也。常名當如明辨之末。言鶏子之未分。明珠在蚌中美玉處石間内雖照照外如愚類者也。」无名天地之始。「謂无名者道也。道无形故不可名也。天地始者。道吐氣布化出於虚空。无爲天地本始也。」有名萬物之母。「謂有名天地也。天地有形位有陰陽〈陰陽＝陽陰〉。有柔強是異名也。萬物母者。天地含氣生萬物。長大成熟如母之養子。」（第一章経注文）

「道可」下脱「道」。「経術政教云道也」、「云」、「之」之譌。「謂非自然長生之道也」諸本無「謂」。「常道常」、下「常」諸本作「當」。「以无常爲養神」諸本無「常」、恐衍。「滅跡常道」諸本作「滅跡匿端」。「謂非自然常在之名也」諸本無「謂」。「當如」｛宋版・世徳｝作「愛如」。「明辨之末言」諸本作「嬰児之未言」、但｛慶Ⅰ・大東・仁和｝無「之」。「愚類」諸本作「愚頑」。「者也」二字｛斯Ⅰ・世徳・宋版・道蔵｝無。「謂无名者道也」諸本作「無（无）名者謂道」。「天地始者」｛武内・東大・慶Ⅰ・大東・梅沢・東急・宋版・世徳・道蔵｝無「天地」。「道吐氣布化」、「道」下｛陽Ⅰ・東洋・東急・斯Ⅰ｝有「也」、｛宋版・世徳｝有「本也」、｛道蔵｝有「之本也」。「出於虚空」諸本無「空」。「謂有名天地也」諸本作「有名謂天地」。「有陰陽」｛宋版・世徳・道蔵｝無「有」。「柔強」諸本作「柔剛」。「是異名也」諸本作「是其名也」、但｛梅沢・宋版・世徳｝「其」下有「有」。「成熟」｛活Ⅰ・活Ⅱ・天理・陽Ⅰ・武内・東大・慶Ⅰ・大東・諫早・仁和・筑波・慶Ⅱ・東洋・龍門・斯Ⅰ・道蔵｝作「成就」。

② 道生一。「謂道始所生者一也。」一生二。「謂一生陰與陽。」二生三。「謂陰陽生和清渇〈渇＝濁〉三氣分爲天地人。」三生萬物。「謂天地人共生萬物也。天施地化。人長養之也。」（第四十二章経注文）

各注文頭「謂」字諸本並無。「和清濁」諸本作「濁」、「渇」恐譌、｛聖語・斯Ⅰ・道蔵｝作「和氣清濁」、｛宋版・世徳｝作「和氣濁」。「天地人共生萬物」｛宋版・世徳｝無「人」。「天施地化人長養之也」｛敦Ⅱ｝無此二句、｛陽Ⅰ・杏Ⅱ・東洋・道蔵｝無「也」、｛東大・東急｝無「之」。

③ 人法地。「謂人當地安靜和柔也。種種得五穀掘之得耳。衆勞而不怨。有功不宣者也。」地法天。「謂天湛細不動而不求報。生長萬物无所取也。」天法道。「謂道請清不言。陰行積氣萬物自成。」道法自然。「謂道性自然无所法也。」（第二十五章経注文）

各注文頭「謂」字諸本並無。「人當地」諸本作「人當法地」、本書脱「法」字歟。「和柔」｛宋版・世徳｝作「柔和」。「種種得五穀」、「種種」諸本作「種之」。「掘之得耳衆勞」諸本作「掘之得甘泉勞」、但「泉」｛筑波｝作「衆」、「甘」｛書陵｝作「耳」。「不宣者也」、「宣」｛斯Ⅰ・宋版・世徳｝作「制」。「湛細」諸本作「湛泊」。「而不求報」、「而」上諸本有「施」。「无所取也」、「取」諸本作「収取」。「道請清不言」、「道」下｛陽Ⅰ・武内・慶Ⅰ・大東・慶Ⅱ・弘文・足利・斯Ⅱ・無窮・龍門・書陵・道蔵｝有「法」、｛活Ⅰ・活Ⅱ・天理｝有「以」、「請清」諸本作「清静」或作「清浄」。「陰行積氣」、「積」諸本作「精」。「无所法也」｛弘文・足利・斯Ⅱ・書陵・斯Ⅰ・武内・慶Ⅰ・大東・無窮｝作「無（无）所可法也」

（31）小島憲之『上代日本文學と中國文學』第六編第二章上代に於ける賦並びに歌學 ㈠上代の賦 参照。唯、現行の王弼本は「燕處」に作り、その他五千字本系、玄宗注本も「燕處」であり、宅嗣が用いた本を河上公本と直ちに断定することは出来ないが、伝来の古鈔本が悉く河上公本であるという情況に鑑みれば、河上公本に基づいたとする小島氏の推定は許容されるであろう。

（32）『日本三代實録』巻二十七、貞觀十七年（八七五）四月廿五日丁丑の以下の記事参照。

・先レ是。天皇讀二群書治要一。參議正四位下行勘解由長官兼式部大甫播磨權守菅原朝臣是善。奉レ授下書中所二抄納一紀傳諸子之文上。

尚、『羣書治要』御読の記録は『日本紀略』後篇一、昌泰元年（八九八）二月廿八日の次の条にも見える。紀長谷雄が醍醐天皇に授け奉っているのであるが、『老子』が読まれたかどうかは明らかでない。

・廿八日戊辰。式部大輔紀長谷雄朝臣侍二清涼殿一。以二群書治要一奉レ授二天皇一。大内記小野朝臣美材爲二尚復一。公卿同預レ席。

（33）『類聚國史』巻六十六 人部 薨卒、天長三年（八二六）九月六日の記事参照。

・九月庚午。伊豫守従四位上安倍朝臣眞勝卒。（略）天資質樸。不レ好二祇媚一。學二老莊一。能口自讀如レ流。

（34）『日本文徳天皇實録』巻五、仁壽三年（八五三）四月十四日の記事参照。

・大内記従五位下和氣朝臣貞臣卒。（略）弱冠從二治部卿安倍朝臣吉人一受二老莊一。吉人奇レ之。後入二大學一。研精不レ息。廿四擧二秀才一。

（35）『日本文徳天皇實録』巻六、齊衡元年（八五四）八月二十五日の記事参照。

・散位外従五位下名草宿祢豊成卒。豊成。少學二老莊一。長讀二五經一。義理頗通。學徒多属。天長七年爲二大學博士一。

（36）『日本三代實録』巻四十九、仁和二年（八八六）七月四日の以下の記事参照。

・僧由蓮卒。由蓮俗姓源朝臣。嵯峨太上天皇之子也。（略）夙離二塵累一。歸二依佛道一。性聰明。多渉二内典一。兼好二老莊一。尤有二巧思一。所レ作究レ妙焉。

（37）滋野安成の侍従所での講義は『日本文徳天皇實録』巻十、天安二年（八五八）三月十五日の次の記事に見える。

・有レ勅。令下二相撲介従五位下滋野朝臣安成一。講中老莊於侍從所上。令下二文章生學生等五人一預中聽之上。

また、安成の私塾については『日本三代實録』巻十五、貞觀十年（八六八）六月十一日の次の卒伝を根拠とする久木幸男氏の所説に拠る（『日本古代学校の研究』第五章第三節大学寮補助機関としての私学）。

・美濃權守従五位上滋野朝臣安城卒。安城尤好二老莊一。諸道人等受二其訓説一。卒時年六十八。良幹之父也。

尚、栄原永遠男氏は、名草豊成と滋野安成との父子関係を論証され、此の私塾は二代に亙って存在したとされている（「滋野氏の家系とその学問—九世紀における改氏姓の一事例—」）。

(38) 『倭名類聚抄』が引用する河上公注文は次の三条である。狩谷棭斎撰『箋注倭名類聚抄』十巻に拠り引載し、『倭名類聚抄』の巻次部類標題、『道徳經』の章次、及び河上公注本との異同を記す。

① 老子經云、在レ天爲二霧露一、在レ地爲二泉源一、（巻一 天地部第一 風雨類 霧）（第八章）

② 老子經云、赤子不レ害レ物、（巻一 人倫部第二 男女類 赤子）（第五十五章） 諸本「害物」の間に「於」字が有る。

③ 老子經云、古車有二卅輻一、以象二月數一也、（巻三 舟車部第七 車具卅八 輻）（第十一章） 諸本「古車」の間に「者」が有り、「有」「以」両字無し。「象」は「法」に作る。

(39) 『弘決外典鈔』に引載する河上公注は次の五条である。今、寶永刊本に拠り、金沢文庫蔵鎌倉写弘安七年（一二八四）円種手校本を参照し、現存河上公注諸本との異同を示す。

(1) 老子經云道法自然河上公注云道清靜不言陰行精氣萬物自成道性自然無所可法也（巻二第二丁裏第一行）（第二十五章）

① 金沢文庫本校異書入れ、「静」字につき「靖ィ」と。

② 諸本「道清靜不言陰行精氣萬物自成」は直前の経文「天法道」下に在る。

③ 「道清靜」を〔活Ⅰ・活Ⅱ・天理〕は「天當法道以清靜」に、〔陽Ⅰ・武内・慶Ⅰ・大東・慶Ⅱ・弘文・足利・斯Ⅱ・無窮・龍門・書陵・道蔵〕は「道法清靜」に作り、〔武内・東大・斯Ⅱ・宋版・世徳・道蔵〕は「靜」を「淨」に作る。〔治要・道蔵〕を除く諸本は、「自成」下に「也」字があり、〔道蔵〕は此の二字を「自然生長」に作る。

④ 「無所可法也」の「可」字、〔活Ⅰ・活Ⅱ・天理・陽Ⅰ・東大・慶Ⅱ・龍門・東洋・梅沢・東急・宋版・世徳・道蔵・治要〕には無い。

従って、「自成」下の「也」の有無を問わなければ〔斯Ⅰ〕だけが『弘決外典鈔』の引文と一致する。

(2) 河上公云一元氣也道之子也一本玄一無爲也云云（巻三第九丁裏第一行）（第三十九章）

① 金沢文庫本、下の「也」無し、「玄」は「云」に作る、「云云」は無い。寶永刊本の「玄」は明らかに「云」の譌である。

② 〔無窮・東急〕が「元氣」に、〔聖語・斯Ⅰ・治要・宋版・世徳・道蔵〕が「無（无）爲」に作る。〔敦Ⅲ〕は「一元氣爲道之子」と上の「也」を「爲」に作り、〔活Ⅰ・活Ⅱ・陽Ⅰ・慶Ⅰ・大東・斯Ⅱ・杏Ⅱ・弘文・書陵・武内・東大・東洋・筑波〕の諸本の上句は「一無（无）也」、〔足利〕は「一亡也」で「爲」字が無く異同が多い。

(3) 老子云道可道非常道名可名非常名河上公注云謂經術政教之道也非自然長生之道也又云謂富貴尊榮高世之名也非自然常在之名也（巻三第十四丁表）（第一章）

此の引文については「也」字の有無の相違の他には諸本間に異同は無い。

(4) 老子云聖人去甚去奢去泰河上公注云甚謂貪淫聲色奢謂服飾飲食泰謂宮室臺樹也（巻三第十四丁表）（第二十九章）

① 金沢文庫本、「樹」字下に「樹」を加筆して訂正、末の「也」無し、又「聖人」二字無し。

(5) 河云治身當如雌牝安静柔弱（巻三第十四丁表）（第十章）（寶永刊本「牝」を「牧」に誤る）

(40) 『江吏部集』巻中 人倫部収録の次の老子講読詩序を参照。

・頃年以二累代詩讀之苗胤一。以二尚書一部十三巻。毛詩一部廿巻。文選一部六十巻。及禮記文集一。侍二聖主御讀一。（略）又近侍二老子道徳經御讀一。國王理政之法度爰顯。長生久視之道指レ掌。講竟之日。有レ所二感悟一。老子者。天地之魂精。神靈之總氣。變化自在。何代無レ之。老子未レ生已前。化胡已來。變爲二代々帝王師一。（略）於レ是江氏之爲レ體。一家相傳。歷二李部官之任一。十代次第。爲二蘿圖帝王之師一。有レ以哉。就レ中祖父江納言。以二老子經一奉レ授二延喜天暦二代明主一。今以二不佞之身一。侍二至尊之讀一。江家之才徳。可レ謂レ光二古今一。（略）

家經李部在二江濱一。謬課二庸才一更□眞。白髪齢傾秋雪老。玄言徳顯古風新。田成子是羲皇客。河上公非二漢帝臣一。夙夜九年爲二侍讀一。枯株花葉待二來春一。

(41) ほぼ同文の書入れが（慶Ⅰ）（大東）にも見える。次の如くである。

① 守道真三字不読避二菅家諱一也（（慶Ⅰ）眉上）

② 守道真三字不讀也避菅家諱也道真二字諱也（（大東）眉上）

③ ーー三字菅家江家ニハ不読也（（大東）左傍）

(42) 『世俗諺文』巻上「大器晩成」下の次の条参照。遠藤光正『管蠡抄・世俗諺文の索隠並びに校勘』に拠る。引文には諸本間に異同は無い。

・老子云。大器晩成。注。河上公章句云。大器之人若九鼎瑚璉不可卒成也。

(43) 釈成安撰『三教指帰注集』引く河上公注本の本文は次の如し。佐藤義寛『大谷大学図書館蔵『三教指帰注集』の研究』の影印、翻字に拠って引載する。葉次、行次表示もそれに従う。行次数の下に『三教指帰』本文の対象字句を示す。訓点は抄略し句点のみ付した。尚、高山寺蔵『三教指帰巻中』も成安注として知られ、大谷本とは異同がある（『高山寺古訓點資料　第四』所収「三教指帰巻中」参照）。但、巻中注に引用された老子経注本文(4)(5)には異なる字句は認められない。

(1) 老子序云、老子者盖上世之真人也、其欲見於世則解形還神入婦人胞中而更生、示有所始、當周之時曰母氏楚苦縣厲郷曲仁里李氏女任之八十歳應天大陽暦数而生、々有老徴皆見其老不見其少、欲謂之嬰兒年已八十矣欲謂之老父又且新生、故謂之老子、居周久、平王時見周衰乃遂去至關、々令尹喜望見東方有来人、變化無常、乃謁請之、老子知喜入道、於是留與之言、喜曰子將隱矣、強爲我著書、於是老子著上下二篇八十一章五千餘言、故号曰老子經、已而去、莫知其所終、盖老子百六十餘歳也、又二百余歳（巻上本4オ6、聃篇）（老子經序）

(2) 老子曰我有三寶一曰慈、注云愛百姓若赤子、二曰倹注云賦斂若取之於己、三曰不敢為天下先、注云執謙退不為倡始也、(巻上本39ウ1、慈)(第六十七章)

(3) 老子云多言自亡其身也(巻上末5オ1、多言)(第八十一章)

(4) 老子曰、和光注云雖有獨見之明當如闇昧不當以曜乱人又云同其塵、注云當与衆庶同垢塵不當自別殊也、(巻中1オ3、和光・同其塵)(第四章)

(5) 老子云万乗之主、注云万乗之主謂王者也(巻中16ウ4、萬乗)(第二十六章)

以下、河上公注諸本との主だった異同及び若干の所見を付贅しておく。

(1)は、「老子經序」の冒頭及び中間の文で「故謂之老子」と「居周久」の間に省略がある。「李氏女任之八十歳」の「任」、〔活Ⅰ・活Ⅱ・弘文・斯Ⅱ・無窮・東洋・書陵・慶Ⅱ・武内〕は「妊」に作る。「之」字〔梅沢〕には無い。諸本「八十」下に「一」字が有る。成安注の脱文、伝写の間の誤脱か。「皆見其老不見其少」の「皆」の上に諸本「人」字が有る。此れも成安注の誤脱であろう。

(2)は、第六十七章の経文第五～八句と、第六～八句下の河上公注文。経文第五句「我有三寶」の下の「持而寶之」四字とその注文が略されている。「不為倡始也」の「倡」字〔陽Ⅰ・武内・東洋・無窮・梅沢・東急・聖語・治要〕は「唱」に作る。

(3)は、佐藤氏は出所未詳とされているが、第八十一章経文第四句「辨者不善」下に見える河上公注文であろう。ただ、諸本には「自」字が無い。なお、「亡」字を「己」に作っているが、傍訓に「ホロホス」とあり、伝写の誤りであろう。

(4)は、第四章経文第五・六句及びその注文。成安注は「和光」両字の間、「其」字を脱している。

(5)は、字句に省文が見られるが第二十六章第五句の経注文である。

尚、佐藤氏は巻上本2ウの「天朗則垂象人感則含筆」下に引く「莊子云、象道也、聖人守大道、則天下象也」を老子仁徳経文及び河上公注とし、「莊子」と記すは誤りとされた(上記著書、資料五『三教指歸成安注』出典調査および引用書索引)。しかし、仁徳第三十五経文には一致する文辞は無く、第一句「執大象天下往」下の河上公注「象道也聖人守大道則天下萬民移心歸往之治身則天降神明往來於己也」の前半の文に符応する。此の前半の文を以て河上公注を出典と認められたのであろうが、河上公注には末の「象也」の二字が無く、以下「萬民移心云々」の文に続き、文義においても「天、下象也」と「天下萬民」とでは大きく食い違う。又、覚明注は、同所に「莊子云」以下同文を引き、末の「象也」に続けて「觀乎天文以察時變觀乎人文以化成天下」の文が加わっている。此の出典についてはなお検討を要する。

(44) 藤原敦光撰『三教勘注抄』六巻に引用される『老子』経文及び河上公注文は次の如くである。引文下に『三教勘注抄』の巻数、『三教指帰』対応巻数と対象字句を記す。

(1)　老子經曰有國之母可以長久是謂深根固蔕長生久視之道也（〔巻三〕、巻中、長生久存）（第五十九章）

(2)　老子曰、天門開闔、河上公注曰、天門謂北極紫宮、開闔謂終始五際也、治身、天門謂鼻孔、開謂喘息、闔謂呼吸也、（〔巻三〕、巻中、扣天門）（第十章）

(3)　老子曰善人者不善人之師也、不善人者善人之資也、河上公注曰、資用也、人行不善者、聖人猶教導使為善得以為給用也、（巻五、巻下、誰子誰資）（第二十七章）

(4)　老子曰、雖有榮観燕處超然奈何万乗之主而以其身行軽躁乎、注曰王者至尊、（巻五、巻下、萬乗寶姿）（第二十六章）

(5)　老子曰飄風不終朝　注云飄風疾風也言疾不能長、（〔巻六〕、巻下、廻風）（第二十三章）

(1)(5)は、覚明撰『三教指帰注』所引の「光ー」を冠せる敦光注に拠り、本文は寛永六年（一六二九）刊本に従う。(2)は、釈勝賢選抄本に拠り、その本文は太田次男・稲垣祐宣「平安末写三教指帰敦光注についてー解題と翻印ー」所収本に従う。また(3)(4)及び収載巻の推定は太田次男「東寺宝菩提院三密蔵三教勘注抄巻五〔鎌倉初〕写本についてー附・本文の翻印ー」の翻印、所論に拠った。

(1)は、第五十九章経文第九〜十一句。末の「也」字の有無の相違の他には諸本との異同は無い。

(2)は、第十章経文第八句及び其の河上公注文。〔斯Ⅰ・宋版・世徳・道蔵〕には「紫宮」の間に「微」字が有る。「治身」二字〔活Ⅰ・活Ⅱ・天理・慶Ⅰ・大東・無窮〕には無い。

(3)は、第二十七章経文第十一・十二句及び十二句下の河上公注文。「善人者」の「者」字〔東洋〕には無い。覚明注にも同文を引くが「者」字が無い。「得以為給用也」の「為」字、〔活Ⅰ・陽Ⅰ・慶Ⅱ・龍門・書陵・東急・宋版・世徳〕には無い。覚明注引文も同様である。

(4)は、第二十六章の経文第四〜六句及び六句下の河上公注文の首句。「行軽躁乎」は諸本「輕於天下」或いは「輕天下」に作る。「而以其身行軽躁乎」の文辞は下注「王者至尊」に続く河上公注文に見え『三教勘注抄』の伝写の誤りである可能性が強い。覚明注は此の敦光注を引き「老子曰雖有榮観燕處超然奈何萬乗之主而以其身輕天下　注云王者至尊而以其身行軽躁乎」とする。此れであれば諸本と殆ど一致する。

(5)は、第二十三章経文第二句の上半句及びこの句相応の河上公注文で、諸本間で異同は無い。

（45）　釈覚明撰『三教指帰注』は、本章注（43）の成安注(1)(2)(4)(5)、（44）の敦光注(1)(2)(3)(4)(5)の他に、『三教指帰』巻中本文「説汝以長生之奇密」の「長生」の義注として次の一条を引用する。しかし、太田次男氏の指摘される覚明の注釈編纂の実状に鑑みれば、此の引用も敦光注に拠った可能性がある。

(1)　老子曰天地所以能長且久者以其不自性故能長生　河上公曰以其不求生故能長生不終（第七章）

「性」は「生」字の譌であろう。〔龍門・敦Ⅰ〕を除く諸本の注末に「也」字が有る他には、諸本との異同は無い。

(46) 戸川点「院政期の大学寮と学問状況　藤原頼長の事績を中心に」（服藤早苗編『王朝の権力と表象―学芸の文化史』所収）参照。

(47) 『台記』天養二年（一一四五）正月九日の条に「見二三注老子一」、同廿七日に「入レ夜見二三注老子一了」の記がある。その「三注老子」は、同年即ち久安元年（七月改元）の所学目録冒頭の「老子經二遍四巻」下の付記に見える「三深老子」と符応するものと思われ、いずれも「王注老子」の訛と考えられる。伝写の誤りか、翻字のミスか、誤植であろう。尚、所用のテキストは橋本義彦・今江広道校訂『史料纂集　台記第一』及び増補史料大成刊行会編『台記』（影印明治三一年刊『史料大観』本）。

(48) 藤原頼長が『老子述義』を精読した事実は、『台記』天養二年三月廿五日庚午の記に「酉刻見老子述義了一部十巻、首付勾要文、抄論議、皆了、其論議抄用闕官帳裏」と見え、又、上記のように久安元年所学書目に著す同書下の「首付懸勾、自筆抄出論議、詳見也」との付記に拠って窺われる。

(49) 『台記』に見える老子講筵に関連する記事は以下の如くである（〈〉は『宇槐記抄』上に拠る）。その殆どが既に窪徳忠『新訂庚申信仰の研究　年譜篇』に採録されているが、『台記補遺』の記事が未収録である。二三を補い、老子講筵の記録として私に表示してみた。

天養二年（一一四五）

正月十四日庚申「守三尸、懸老子影、講老子經、講師友〈永〉業、問者實長三重上巻、孝能二重下巻、據庚申、經夜半巳〈之〉後、余及客皆向正南、再拝呪曰、影候〈彭侯〉子、黄帝子、命兒子、悉入窈冥之中、去離我身三度唱之、鶏鳴後就寝」

三月十五日庚申「守三尸、講老子、講師成佐、問者俊通二重、友業三重、夜半後有再拝呪等」

五月十五日庚申「守庚申、講老子、予爲講師烏帽直衣、俊通、顯業爲問者、皆二重」

七月十六日庚申「守庚申、講老子、講師頼業、問者成佐、友業」

久安元年（一一四五）

九月十七日庚申「守庚申、講老子、如常講師孝能問者頼業登宣」

閏十月十九日庚申「守庚申、講老子、講師登宣、問者余三重、敦任二重、余度々絶音、不足言、登宣又如泥」

十二月二十日庚申「守庚申今年七度守之也、講老子、講師敦任、問者孝能、登宣、問答共可謂優、就中登宣殊勝」

久安二年（一一四六）

二月廿二日庚申「守庚申、講老子、講師成佐、問者頼業、登宣、注記孝善、成佐甚拙、登宣獨歩、後生可恐々々」

四月廿一日庚申「守庚申、講老子、如常、講師廣季、問孝善、遠明、注記成佐」

六月廿二日庚申「入夜講老子、依庚申也、但講了就寝、講師俊通、問者孝善、成佐皆二重、注記師元、成佐、有失」
八月廿三日「因例講老子、但不待天明就寝、講師直講師元、問者敦綱」
十月廿四日「依例講老子、講師頼業、問者敦任、注記成佐、但講了就寝」
十二月廿五日「依庚申講老子、講師孝善、問俊通、登宣、注記頼業」

久安三年（一一四七）

二月廿六日庚申「浴潮湯畢、講老子、講師頼業、問者孝善」
四月廿七日庚申「依例講老子、講師廣季、問者頼業」
六月二十八日庚申「今夜、依例講老子、講師孝善、問者頼業、登宣、深更向或所八三」
八月廿九日庚申「依例、深更講老子、講師余、問遠明重服」
十月三十日庚申「守庚申、講老子、講師成佐、問俊通、敦綱、講了、文人相共、作老子論議十條、明日、辰刻就寝」

久安四年（一一四八）

正月一日庚申「歸家講老子、依當庚申也、余爲講師、孝善、登宣、爲問者登宣三重」
三月二日庚申「講老子、講師俊通、問廣季」
五月〔三日庚申〕「依例講老子、講師敦任、問俊通、頼兼、又頼業、作彼論義十帖」
閏六月四日庚申「依例講老子、講師頼業、俊通」
八月五日庚申「依例講老子、講師頼業、問遠明、敦綱」
八月廿一日丙子「依例定明年庚子庚申講、講師問者及詩題、庚申無詩題、了分散」
十月六日庚申「講老子、講師廣季、問余及憲孝、朝隆朝臣聽之、頼業造進論義」
十二月六日庚申「是夜依例講老子、講師登宣、問敦任、頼佐」

（久安五年日記佚亡）

久安六年（一一五〇）

二月十三日庚申「依例講老子、講師俊通、問親佐」
四月十四日庚申「依例講老子、講師憲孝所答招嘲、問敦任」
六月十五日庚申「入夜講老子、講師登宣、問敦任、憲孝」
八月十七日庚申「依例、於五條家講老子、講師孝善、問敦綱」
十月十八日庚申「依例講老子、於大炊第行之、依禪閤仰也、余不臨其筵、講師憲孝、問者敦佐、親佐」

十二月十八日庚申「依例講老子大炊亭、講師頼業、問者遠明、憲孝」
仁平元年（一一五一）
二月十九日庚申「依例講老子、講師憲孝、問敦任、廣季」
（仁平元年四月至同三年六月日記不全）
仁平二年（一一五二）
七月廿七日庚申「依例講老子、講師憲孝、問者登宣」（『台記補遺』に拠る）
九月廿九日庚申「入夜講老子、講師參議師長初度、問者憲孝」（『台記補遺』に拠る）
仁平三年（一一五三）
八月三日庚申「依例講老子、講師登宣、問者頼業」
（仁平三年十月至十二月日記欠）
仁平四年（一一五四）
一月七日庚申「今夜講老子、講師俊通、問者憲孝」
（仁平四年二月至三月日記不全）
五月八日庚申「及遅明、參行願寺、歸宅講老子須鶴鳴之前講之而依因明學遅怠」
七月九日庚申「講老子、講師憲孝、問者廣季」
九月十日庚申「講老子、講師憲孝、問者俊通、孝善」
久壽元年（一一五四）
十一月十一日庚申「深更講老子、講師登宣、問者廣季、憲孝」
久壽二年（一一五五）
（久壽二年正月至三月日記不全）
五月十四日庚申「今明兩夜、於泰親私宅、修泰山府君祭、余不臨之」
七月十五日庚申（この日の記録無し）
九月十六日庚申「入夜講老子、講師登宣、問者師尚、憲孝」
十一月十六日庚申「深更講老子、講師々尚、問者憲孝」

尚、天養二年（一一四五）二月廿四日庚子に「依レ例講二老經一、有レ詩、講師肥前介頼業説レ經、論義優美、問者俊通、敦綱共二重」と見えるが、「老經」は「老子經」ではなく、「孝經」の譌であろう。庚子日であり「有詩」とあれば經筵のはずである。

只、『台記』に於いて頼業の名が現れるのは此れが初度と思われる。

(50)『窪徳忠著作集2　新訂庚申信仰の研究　下巻』第五章日本における庚申信仰の変遷　3宮廷貴族の庚申信仰　参照。

(51)講筵毎の「論義」作成については、『台記』久安四年（一一四八）正月十四日癸酉「今夜會學徒、作老子論義、元日庚申、不作之故也」の記事にも窺われる。

(52)杏雨書屋蔵〔鎌倉末〕写存巻上零簡に存する問答難答の書入れとは、第一紙の紙背に存する次の第一章経文「名可名非常名」の「常名」についての論議である。

問名可名非常名々々者指何乎

荅常名謂道也

難此章云無名天地之始ト云リ賈大隠云下章吾不知其名字之曰道ト云リ如此等文ハ道既無名何云常名乎

荅道既無形質實不可名是如難文但河公注云常名當如嬰兒之未言鶏子未分明珠在蚌中美玉處石間ト云リ賈君釈云道有常名在中ト云リ然者常名者未著之謂也故曰无〔也(朱)〕然而道是自然比冨貴尊榮之名〔者(朱)〕是常名也故經云自古及今其名不去是含容常名仍或云常名或云無其義一也

尚、これとほぼ同文の書入れが〔慶Ⅰ・大東〕にも見える。

(53)『清原系圖』（『續群書類從』巻百七十三）は別本ともに直隆の没年を「正元元年（一二五九）」とし、足利衍述『鎌倉室町時代之儒教』もそれを踏襲している。教隆の没年享年と対して、また、諸古鈔本の奥書、例えば、金沢文庫旧蔵『春秋經傳集解』巻三十の「文永二年（一二六五）閏四月廿五日授直隆畢　大外記在判」、或いは松岡忠良氏蔵『古文孝經』の「永仁六年（一二九八）十一月廿四日以家秘説奉授越州五品左親衛閣了　助教清原眞人直隆（花押）」とも矛盾し明かな誤伝である。「正元」は「正安」の誤りと考えられる。

尚、以後、未見図書の奥書の参照引用には、足利衍述「皇朝傳本經籍奥書集」（『鎌倉室町時代之儒教』附録）及び、小林芳規「漢籍古點本奥書識語集」（『平安鎌倉時代に於ける漢籍訓讀の國語史的研究』附録）を参照する。

(54)頼業、教隆、直隆、俊隆の比定は夙に、武内義雄訳註『老子』（岩波文庫）の「はしがき」に見えている。

(55)『老子經抄』については後述、本節五参照。詳細は前稿「京都大学附属図書館蔵清家文庫『老子經抄』　翻印並びに校異・解題」（『斯道文庫論集』第二十六輯）に既述。

(56)芳賀幸四郎『中世禅林の学問および文学に関する研究』第一篇第四章老荘への関心と神仙思想、また「中世禅林における老荘への関心と神仙思想」（『選集　道教と日本』第三巻所収）を参照。

(57)聖一国師円爾の事績等については、足利衍述『鎌倉室町時代之儒教』第一編第四章第一節圓爾、大庭脩『古代中世における

日中関係史の研究』附篇第一章第三節入唐・入宋僧の典籍将来等参照。

『普門院經論章疏語録儒書等目録』は「普門院蔵書目録」として重文に指定され京都東福寺所蔵、また宮内庁書陵部に昭和写本一冊を蔵する。翻刻は『昭和法寶總目録』第三巻（『大正新脩大藏經』別巻）、『大日本史料』六編三一に見え、大庭脩『古代中世における日中関係史の研究』資料篇及び同「日本における中国典籍の伝播と影響」（『日中文化交流史叢書　第九巻　典籍』第一章）に収載されている。成立時期について足利衍述は「鎌倉末季頃の編纂と想はる」とし、一説に文和二年〈一三五三〉大道一以編とも言われているが、足利氏は退けている。

『普門蔵書明徳目録』は東福寺僧知有編、明徳三年（一三九二）の成立と見られる。国立国会図書館と内閣文庫にそれぞれ写本一冊が所蔵され、両本とも天保三年（一八三二）狩谷棭斎が京都にて所得した本を同四年小島寶素が借鈔した本の転写本と考えられるが、原本の所在は明らかでない。国会本は天保十年朝倉靖共写、尾に「右普門藏書明徳目録一巻／攷古齋小島先生今従借而字體原様縮／鈔也時天保十年歳次己亥二月十有二日功了／朝倉靖共識於墨水草菴」との書写識語がある。両本に天保四年の小島寶素の跋文を付す。次の如くである（今内閣文庫所蔵本に拠る）。句点は私設。

右東福寺普門院藏書目録一巻、明徳三年僧知有所著録、而其書則聖一國師所遺也。歳歴數百代多変遷、到今探索無復一存、深為可嘆矣。稱字號中所記、如枕中・指迷・消渇方及五蔵圖・本草單方・要穴抄諸書世無傳本、十便方今傳鈔本不完、未知名山舊刹猶藏之者乎。予曾観昌平學舎所藏呂東莱讀詩記・劉醫官家藏魏氏家蔵方・屋代輪池家藏鐔津文集、皆宋槧本、毎巻捺普門院印、實為國師舊物、則知遺書之散、恐在寛享之際

天保壬辰冬月友人狩谷望之遊京師時得此目録、今従借鈔併記數法于巻尾、時癸巳七月三日也小島質記於寶素南楼

此の目録は、大般若經十二函、五部大乗經及び書画什器等は尾に別録し、『經論章疏語録儒書等目録』と同様、所蔵典籍を千字文の函番ごとに著録した収蔵目録で、天字から菜字に至る六十一函に分けられ（但、天字から辰字までの十四号目、暑字より歳字までの十号目を脱している）、『經論章疏語録儒書等目録』が珍字号までであったのに比べ三函増加している。またある時期に配置部類分けの大幅な変更が行われたらしく、函ごとの書名内容は全く異なっている。増損の変動についてはこの目録に欠脱が見られるために明らかにすることは難しいが、各書名下の注記は唐写の別、存巻脱巻の記載等、より詳細に記されて

いる。「唐」とは多く宋刊本と考えられ、貴重な情報であろう。但、此の本は転写本で書写面からは区別は難しいが、闕字号標字下に「密庵自賛畫像　奎渓和上捨入／永享十一年（一四三九）七夕記」と見え、注記には後世書き加えられた部分も有るようである。

末函菜字号の終わりに「三教典籍目録〈開山祖師弘安三年六／月六日僉押凡十二紙一巻〉、同正安二年（一三〇〇）目録〈七月校定一冊〉、同貞治五年（一三六六）目録〈十月十七日天琢和上／及諸老宿僉押／凡二十二紙一冊〉（〈〉内は原細字注記）」の開山自編目録以来の蔵書目録が著録され、明徳三年当時尚同所に存在していたことが判明する。そして、此の『明徳目録』は、『貞治五年目録』に準じて作成されたらしいことが、本書本文末の「右書籍重校定訖假借之法見貞治目録／明徳三年壬申七月十三日　住山比丘知有〈花押〉（次行以下「退耕　霊見〈印影〉／東福　祖濬〈花押〉」の署名がある）」の識語によって明らかであろう。霊見、祖濬は編纂に参画した寺僧であろうか。不審なのは今なお同寺に伝わる『經論章疏語録儒書等目録』に相当する書名が見えないことである。現今通行の此の書名は仮題であるとして『正安二年目録』を当てるならば、大道一以自筆が確かであるのならば年代的に矛盾する。『貞治五年目録』に相応するのであれば、明徳三年の直前までに大幅な蔵書の移動配置替えが行われたことになり、知有の識語の口吻とやや齟齬するように思われる。

尚、円爾示寂後間もなく、正應元年（一二八八）に始まる東福寺版の刊行は、此の円爾請来の宋版の重刊に端を発すると言われる。

(58)「直解道徳經」を王廸氏は宋邵若愚撰『道徳真経直解』に批定されているが、書名の類似からだけでは、成立年代に矛盾が無いとしても断定は難しい。それはともかくとして「老子經」とともに、その後の行方所在を明らかに出来ないのが残念である。

(59)林注の受容が何時に始まるのか、享受伝授の実相如何に就いては別途考察されるべき重要な課題であろう。夙に、阿部隆一は「室町以前邦人撰述論語孟子注釈書考（上）」（『斯道文庫論集』第二輯）第一部　二論語発題　で、『經籍訪古志』著録宝素堂蔵本（現大東文化大学図書館蔵即ち〈大東二〉）及び戸川濱男蔵天正六年（一五七八）写本（現慶應義塾図書館蔵即ち〈慶Ⅰ〉）の口義発題を附載する旧鈔老子河上公章句本に着目し、足利学校との関連において論語発題、孝経直解、輯釈附注学庸朱序本との類型を認め、南北朝以来の口義受容の趨勢を洞察されている。また、足利学校の講学と老荘思想受容の関連については、近年、王廸氏が注目され『日本における老荘思想の受容』第三章鎌倉・室町時代における老荘受容 に指摘されている。

(60)住吉朋彦「不二和尚岐陽方秀の学績－儒道二教に於ける－」（『書陵部紀要』第四七号）を参照。氏が指摘する『鬳齋口義』の引用は次の二条である。

・老子道経、絶学無憂。唯之与阿相去幾何、善之与悪相去何若。林希逸曰、唯、阿、皆諾也。人之学者、以善為勝悪。是猶曰唯勝阿也。不若併善之名無之。（絶学無憂章第二十）　（『中峰和尚広録抄』第一下巻「示衆」第九篇引）

・老子経云、常無欲以観其妙、常有欲以観其徼、此両者同出而異名。同謂之玄。玄之又玄、衆妙之門。希逸云、玄者造化之妙也。（道可道章第一）　（『碧岩録抄』「普照序」引）

岐陽方秀が使用した『老子鬳齋口義』のテキストが如何なるものであったのか今知る由は無いが、当然、宋元或いは明初刊本、若しくは朝鮮刊本が将来されていたと推察せられる。室町以前に遡る本邦伝来本としては、唯一、台北国立故宮博物院の楊氏観海堂旧蔵（明前期）刊本が知られ、室町期の書入れがあると言う（『中国訪書志』第一編 中華民国国立故宮博物院蔵楊氏観海堂善本解題）。しかし、その他にも伝を佚した少なからざる齋來本があって利用されていたものと考えなければならないであろう。因みに此処に引用された本文は現今通行している本との相違は認められない。また、同時に掲出されている『老子』経文が鬳齋口義本に拠ったものなのか、旧来の河上公本であるのかも、僅か両条の引文では明らかにできない。引載部分は河上公本、鬳齋口義本との間に異同は認められない。ただ「老子道経」「老子経云」の標記をみれば、旧来のテキストに拠ったもののようにも思われる。

（61）前掲本章注56芳賀論文参照。

（62）『老子鬳齋口義』の受容の経緯については、武内義雄「日本に於ける老荘學　三林希逸口義の渡来と流行」（岩波文庫『老子』附録、『武内義雄全集　第六巻　諸子篇二』収載）参照。また、池田知久「日本における林希逸『莊子鬳齋口義』の受容」（『二松学舍大学論集』第三十一号）は『莊子鬳齋口義』を主題とした論考であるが『老子鬳齋口義』にも言及され参考になる。尚、拙稿「天理大学附属天理図書館蔵『老子道徳經河上公解〔抄〕』翻印並に解題（下）」（『斯道文庫論集』第三十一輯）及び「神宮文庫蔵『〔老子經抄〕』解題編」（『斯道文庫論集』第三十三輯）に於いて些か触れたところである。

（63）以下の記述は、足利衍述『鎌倉室町時代の儒教』第一編第二章第六節 俊芿法師の傳來、芳賀幸四郎『中世禅林の学問および文学に関する研究』第一篇第二章第二節 宋学の伝来と禅僧の宋学観、大庭脩『古代中世における日中関係史の研究』附篇第一章第三節 入唐・入宋僧の典籍将来 等を参照。

（64）平春生「泉涌寺版と俊芿律師」（石田充之編『鎌倉仏教成立の研究　俊芿律師』所収）参照。俊芿請来の内典外典には多くの宋刊本が含まれていたはずで、寛元四年（一二四六）道玄刊行『仏制比丘六佛図』に始まる初期の泉涌寺版は其の宋版の覆刻を主体としている。川瀬一馬「泉涌寺版について―泉涌寺藏律部七十三帖を中心として―」（『書誌學』復刊新十五號）参照。

（65）俊芿の諸学兼修について『泉涌寺不可棄法師傳』（大日本仏教全書本に拠る）は次の如く記す。

孔父老莊之教。相如楊雄之文。天文地理之籍。診脈漏刻之方。鎔㆓汰混淆㆒。洞㆓達深致㆒。不㆔啻通㆓内外㆒。兼巧㆓操觚藝㆒。左行下行之勢。眞書草書之品。筆神墨妙。人多慕玩。

俊芿の宋学首唱説に関しては福井康順「俊芿律師の宋学初伝について」（石田充之編『鎌倉仏教成立の研究　俊芿律師』所収）

に詳しい。

（66）以下の記述は、奥田勳編「高山寺聖教目録（影印・翻字　書名索引　事項索引）」・同「『高山寺聖教目録』解題」（高山寺資料叢書第十四冊『高山寺經藏古目録』所収）、小林芳規「鎌倉時代の高山寺における外典の受容について」、奥田勳「高山寺經藏の漢籍と明恵上人」（高山寺資料叢書第九冊『高山寺古訓點資料　第一』所収）に拠るところが多い。『高山寺聖教目録』には外典多数が著録され、全百一箱の内、「第九十五乙箱」以下「第九十八乙箱」まで及び「第一百一乙箱」に漢籍が多く見られ、「老子經二巻」は「第九十六乙箱」の第一に著録されている。

（67）阿部隆一「金沢文庫蔵鎌倉鈔本周易注疏其他雑抄と老子述義の佚文」（『田山方南先生華甲記念論文集』、『阿部隆一遺稿集第二巻　解題篇一』所収）及び、納富常天「東国仏教における外典の研究と受容（一）（三）」（『金沢文庫研究』第二一巻第三号・第二二巻第四号）参照。

（68）『華厳演義鈔纂釋』には、河上公注の他に「老子述義」三条の引用があり重要な逸文として、既に納富氏によって紹介されている。その他「老子疏」二条、「御製疏玄宗御作」「王弼注」「廣徳先生廣正義」（正は聖の譌か）各一条が認められる。此処に河上公注本の引用を取りまとめて掲出する。『大正新脩大藏經』第五十七巻所収本（原本は東大寺蔵古写本）に拠り各条末（　）にその巻数と頁数を、〔　〕に河上公本章次数を記す。底本の割注は〈　〉に括り単行同大並字で示す。底本本文は納富氏の指摘にもあるように善本とは言い難く、校訂の必要が痛感されるが、当面の便宜に従わざるを得ない。掲出の順次は、河上公本本文の順に従う。尚、若干の校記を付贅した。

①河上公云。無名者謂道。又云。有名謂天地。又釋同謂之玄云。玄天也。（巻第二、五七上）〔第一章〕

②同巻第一章云。玄之又玄衆妙之門（巻第二、五六中）〔第一章〕

③老子經上虚用第五云。聖人不仁已上　河上公云。聖人愛養萬民。不以仁興。法天地行自然也（巻第三十五、三四四中）

「興」は「恩」の譌であろう。

④老子上天地章第五云。多言數窮〈多事害神。多言害身。口開舌擧。必有禍患也〉不如守中〈不如守德。於中育養精神。愛氣希言也〉（巻第四、七五上）

⑤老子經上視之不見章第十四云。視之不見。名曰夷〈無色曰夷。言可無綵色不可得視而見之也〉聽之不聞。名曰希〈無音曰希。言可無音聲不可得聽而聞也〉搏之不得。名曰微〈無形曰微。言可無形體不可搏持而得之也〉此三者不可致詰〈三者謂夷希微也。不可致詰者。夫無色無聲無形。口不能言。書不能傳。當受之以靜。求之以神。不可強詰問而得也〉故混而爲一〈混合也。故合於三。名之而爲一也（巻第四、七五上）

注「無音曰希」の「音」一活Ⅰ・活Ⅱ・天理・陽Ⅰ・武内・東大・東洋・慶Ⅱ・龍門・書陵・梅沢・東急・斯Ⅰ・敦Ⅰ・

宋版・世徳・道蔵〕の諸本は「聲」に作る。本引文と一致し「音」に作るのは〔慶Ⅰ・大東・筑波・弘文・足利・斯Ⅱ・無窮〕である。又、注の三所の「言可」は諸本並びに「言一」に作り、「言可」に作る本は管見に入らない。

⑥ 老子經上視之不見章十四云。復歸於無物（巻第三十六、三五〇中）

⑦ 老子經云。大道廢焉有仁義〈大道之時家家有孝子。戸戸有忠信仁義不見也。大道廢。悪逆生。乃有仁義。可傳道也〉智慧出焉有大僞〈智恵之君賤德而貴言。賤質而貴文。下則應之。爲大僞奸詐也〉六親不和焉有孝慈○國家昏亂焉有忠信○（巻第三十六、三五〇中）〔第十八章〕

「家家」「戸戸」は諸本「家」「戸」と一字に作る。〔無窮〕に「家々」に作る例が見られるが、ともに書入れ傍記が本文に混入したのであろう。末の「信」字は諸本「臣」に作るのが正しく引文の音譌であろう。

⑧ 又云絶聖〈絶聖制作。反初守元。五畫像。蒼頡造書不如三皇結繩無文也〉棄智〈棄智慧反無爲也〉民利百倍〈農事修公無私也〉絶仁棄義〈絶仁之見恩惠也。棄之義尚花言也〉（巻第三十六、三五〇中）〔第十九章〕

「五畫像」諸本「五」字下に「帝」字有り。引文の譌脱であろう。「蒼頡造書」の「造」〔活Ⅰ・陽Ⅰ・武内・東大・慶Ⅱ・筑波・龍門・書陵・東洋・梅沢・敦Ⅰ・東急・斯Ⅰ・宋版・世徳・道蔵〕は「作」に作る。引文は〔天理・活Ⅱ・慶Ⅰ・大東・弘文・足利・斯Ⅱ・無窮〕と一致。「棄之義」諸本「棄義之」に作る。引文の倒錯であろう。

⑨ 老子經上絶聖章十九云。絶巧〈絶巧言詐僞亂眞也〉棄利〈塞貪路門權門也〉盜賊無有（巻第三十七、三五一中）

「絶巧言」の「言」字〔活Ⅰ・陽Ⅰ・慶Ⅱ・弘文・足利・斯Ⅱ・龍門・東急・治要〕には無い。引文は〔活Ⅱ・天理・武内・東大・慶Ⅰ・大東・筑波・無窮・書陵・東洋・梅沢〕と一致。「門權門也」の上の「門」字は「閉」の譌。

⑩ 老子經上巻第二十一章云。窈兮冥兮。其中有精。注云。道唯窈無形。其中有精實。同巻第一章云。玄之又玄。衆妙之門。（巻第二、五六中）

「唯窈無形」の「窈」字下に諸本及び次項⑪引文並びに「冥」字有り。此の引文譌脱。

⑪ 老子經上孔德之容章第二十一窈兮。冥兮。其中有精。〈道唯窈冥無形。其中有精。實神明相薄陰陽交會也〉其精甚眞〈言道精氣神妙甚眞。非有飾也〉其中有信〈道匿功名。其信在中也〉（巻第三十六、三四九下）

⑫ 故同注釋有物混成先天地生之文云。謂道無形混沌而成。萬物乃在天地之前也。（巻第二、五七中）〔第二十五章〕

⑬ 河公注云。謂道無形混純而成萬物。乃在天地之前也（巻第三十五、三四三中）〔第二十五章〕

⑭ 今現見河公注云。道大者無不容。天大者無不蓋等云云（巻第三十五、三四四上）〔第二十五章〕

⑮ 河上公注云。道大者無不容也。天大者無不蓋也。地大者無載也。王大者無制也（巻第三十五、三四四上）〔第二十五章〕

「地大者無載也。王大者無制也」の両「無」字下に諸本「不」字有り。引文の譌脱であろう。

⑯ 河公注釋云。八極之内有四大。王居其一也〔第二十五章〕（巻第三十五、三四四中）

⑰ 老子經上巻[家元第二十五河上公注]云。人法地〈人當地安靜和柔也。種之得五穀。掘之得甘泉。有勞而不怨。有功而不宣者也〉地法天〈天湛泊不動。施而不求報。生號下物。無所收取以也〉天法道〈道法清靜。不言陰行精氣。萬物自成也〉道法自然〈道性自然無所可法也〉（巻第三十五、三四三上）割注「家元」は「象元」の譌。

「人當地」の「當地」の間、諸本及び次項⑱引文並びに「法」字が有る。此の引文譌脱。「有勞而不怨」の「有」〔活Ⅰ・活Ⅱ・天理・陽Ⅰ・慶Ⅰ・大東・慶Ⅱ・筑波・弘文・足利・斯Ⅱ・無窮・龍門・書陵・梅沢・東急・斯Ⅰ・宋版・世德・道藏・治要〕には無い。〔武内・東大・東洋〕が引文と一致し「有」字が有る。「生號下物」は諸本「生長萬物」に作る。引文意不通。「無所收取以也」諸本「以」字無し。「無所可法也」の「可」字〔活Ⅰ・活Ⅱ・天理・陽Ⅰ・東大・慶Ⅱ・龍門・東洋・梅沢・東急・宋版・世德・道藏・治要〕には無し。〔弘文・足利・斯Ⅱ・書陵・武内・慶Ⅰ・大東・無窮・斯Ⅰ〕に「可」が有り、此れと一致する。

⑱ 河上公注云。人當法地安靜和柔也。種之得五穀。掘之得甘泉。有勞而不怨。有功不宣者也（巻第三十五、三四四中）〔第二十五章〕

「有勞而不怨」の「有」字前項参照。「有功不宣者也」の「功」下に諸本及び前項⑰「而」有り。本引文の譌脱であろう。

⑲ 老子經上[善行章二十七]云。是以聖人常善救人〈聖人所以常教人忠孝者。欲以救人性命也〉故無棄人〈使貴賤各得其所也〉（巻第三十七、三五一上）

⑳ 老子經上云。將欲取天下〈欲爲天下主也〉而爲之〈欲以有爲治民也〉吾見其不得已〈我見其不天道人心已明矣。天道惡煩惱濁。人心惡多欲也〉（巻第三十七、三五一上）〔第二十九章〕

「天道惡煩惱濁」の「惱」字諸本に無し。

㉑ 同經上巻[大道章]云。常無欲可名於小矣〈道匿德藏名恒然無爲似若微小也〉（巻第二、五七中）〔第三十四章〕

「恒然無爲」の「恒」字古鈔本諸本は「怕」に作る。此の引文の譌か。唯〔宋版・世德〕は「恒」に作り（〔宋版〕は末画を欠く）、鄭校は「恒」を是としている。

㉒ 老子經上云。道常無爲。而無不爲〈道以無爲爲常也〉（巻第三十七、三五一上）〔第三十七章〕

㉓ 老子經下云。不欲琭琭如玉。落落如石。注云。琭琭喩少。落落喩多。玉少故見貴。石多見賤。言不欲如玉爲人所貴。如石爲人所賤。當處其中也。（巻第四、七二上）〔第三十九章〕

「石多見賤」諸本「多見」の間に「故」字が有る。此の引文の譌脱であろう。

㉔ 老子經下河上公注云。落落喩多。（巻第九、一一四下）〔第三十九章〕

㉕老子經下上士聞道章第四十一云。大方無隅〈大方正之人若無委曲廉隅〉大器晩成〈大器之人若九鼎瑚璉不可卒成也〉大音希聲〈大音猶雷霆待時而動喩常愛氣希言也〉大象無形〈大法象之人質朴無形容也〉（巻第四、七四下）

㉖老子德經云。大方無隅〇已上彼河上公注云。大方正之人。無委曲廉隅。（巻第七、九八下）〔第四十一章〕

㉗老子經下巻河上公注云。道生一〈道始所生者一也〉一生二〈一生陰與陽也〉二生三〈陰陽生和清濁。三氣分爲天地人也〉三生萬物〈天地人共生萬物也。天施。地化。人長養之也〉萬物負(ソムキテ)陰而抱(ムカフ)陽〈萬物無不負陰而向陽。迴心始就日也〉沖氣以爲和〈萬物中皆有無氣。得以和氣。若胸中有藏。骨中有髓。草木之中有空虛。與氣通故得久生也〉（巻第三十五、三四四下）〔第四十二章〕

「生和清濁」〔聖語・斯Ⅰ・道蔵〕は「和清」の間に「氣」字が有り、〔宋版・世徳〕は「生和氣濁」に作る。「迴心始就日也」の「始」字〔活Ⅱ・武内・東大・杏Ⅱ・筑波・慶Ⅰ・大東・斯Ⅱ・東洋・梅沢・東急・聖語・斯Ⅰ〕は「如」字に作り、此の引文は〔活Ⅰ・陽Ⅰ・足利・書陵〕と一致。「萬物中皆有無氣」の「無」字諸本及び次項㉘引文「元」に作る。唯〔慶Ⅰ・大東〕は「无」に作っている。

㉘老子經下巻云。道生一〇三生萬物〇萬物負陰而抗陽〈萬物無不負陰而向陽迴心始就日也〉沖氣似爲和〈萬物中皆有元氣。得以和氣若胸中有藏。骨中有髓。草木之中有空虛與氣通故得久生也〉（巻第二、六三上）〔第四十二章〕

「抗陽」の「抗」諸本及び前項㉗引文は「抱」に作る。此の引文譌。「始就日也」の「始」については前項㉗参照。「沖氣似爲和」の「似」諸本及び前項㉗引文は「以」に作る。此の引文の譌。

㉙老子經下巻云。道者萬物之奥也〈奥藏也。道爲萬物之藏。無所不容也〉（巻第一、五二中）〔第六十二章〕

「奥也」の「也」〔活Ⅰ・活Ⅱ・陽Ⅰ・武内・東大・東洋・杏Ⅱ・無窮・書陵・梅沢・東急・聖語・斯Ⅰ・宋版・世徳・敦Ⅱ・道蔵・治要〕には無い。〔筑波・慶Ⅰ・大東・弘文・足利・斯Ⅱ・六地〕には此の引文と同じく「也」が有る。

㉚老子經下道者章六十二云。古之所以貴此道者。何不日求以得。注云。不日日遠求索。近得之於身也（巻第三十七、三五一中）

「何不日求以得」の「何」下に〔武内・東大・東洋・杏Ⅱ・筑波・慶Ⅰ・大東・弘文・足利・斯Ⅱ〕には「也」字が有り、〔梅沢・聖語・宋版・世徳〕は「求以」を「以求」に作る。此の引文此の句において〔活Ⅰ・活Ⅱ・陽Ⅰ・無窮・書陵・六地・東急・斯Ⅰ・敦Ⅱ〕と一致する。「不日日遠求索」は〔活Ⅰ・活Ⅱ・陽Ⅰ・武内・東大・東洋・筑波・慶Ⅰ・大東・弘文・足利・無窮・書陵・杏Ⅱ・斯Ⅱ・梅沢・東急〕には「日」一字が無く、此の引文と同じく「日日」に作るのは〔聖語・斯Ⅰ・宋版・世徳・敦Ⅱ・道蔵〕である。唯、〔聖語〕は「不日」の上に「以其」二字が有る。諸本「遠」字の下に「行」字が有り、此の引文の譌脱。

㉛老子經下云。其安易治〈治身治國。安靜者易守持也〉其未兆易謀〈情欲禍患。未有形兆時易謀止也〉其脆易破〈禍亂未動

於縣。情欲未見於色。如脆弱易破除也〉其微易散〈其未彰着微少易散去也〉（巻第三十七、三五一上）〔第六十四章〕
「其安易治」の「治」諸本「持」に作る、此の引文の譌であろう。「未動於縣」の「縣」諸本「朝」に作る、此れも引文の譌か。「微少易散去也」の「少易」の間に〔活Ⅰ・活Ⅱ・陽Ⅰ・足利・斯Ⅱ・無窮・弘文・梅沢・東急〕には「時」字が有る。〔筑波・慶Ⅰ・大東・武内・東大・東洋・杏Ⅱ・書陵・聖語・斯Ⅰ・宋版・世徳・敦Ⅱ・道蔵・治要〕は此の引文と同じで「時」は無い。

㉜ 老子經下巻其安易持章六十四云。爲者敗之。執者失之。上句注云。有爲於事廢於自然。有爲於義廢於仁息。有爲於色廢於精神也已上　下句注云。執利遇患。執道全身。竪持不得。推讓反還也已上　又經次下云。聖人無爲。故無敗。無執故無失已上　上句注云。聖人不爲花文。不爲利色。不爲殘害。故無壞敗也已上　下句注云。聖人有德。以教愚。有財以與貧。無所執藏。故無所失於人也（巻第三十七、三五一中）

「爲者敗之」の「者」〔陽Ⅰ・筑波・慶Ⅰ・大東・弘文・足利・斯Ⅱ・書陵・六地〕は「則」に、〔斯Ⅱ〕は「者則」二字に作り、此の引文と一致するのは〔活Ⅰ・活Ⅱ・武内・東大・東洋・杏Ⅱ・無窮・梅沢・東急・聖語・宋版・世徳・敦Ⅱ・道蔵・治要〕である。「廢於仁息」の「息」〔活Ⅰ・活Ⅱ・筑波・慶Ⅰ・大東・弘文・足利・斯Ⅱ・無窮・梅沢〕は「恩」に作り、〔陽Ⅰ・武内・東大・杏Ⅱ・書陵・東急・聖語・斯Ⅰ・敦Ⅱ・宋版・世徳・道蔵〕には無く、此の引文は「恩」字の伝写の譌、或いは誤植と思われる。「執利遇患」の「患」字〔杏Ⅱ・筑波・大東〕は「害」に作り、此の引文と異なる。他の諸本は「患」で同じである。「竪持不得」の「竪」字〔活Ⅰ・活Ⅱ・陽Ⅰ・弘文・足利・斯Ⅱ・無窮・書陵・東急・治要〕は「妄」に、〔武内・東大・東洋・杏Ⅱ・筑波・慶Ⅰ・大東・梅沢・宋版・世徳・敦Ⅱ・道蔵〕は「堅」に、〔斯Ⅰ〕は「妄堅」、〔聖語〕は「堅妄」に作る。本引文の「竪」は「堅」の譌であろう。「不爲殘害」の「不」字上に〔東大・東洋・無窮・梅沢・東急〕には「故」字が有り、「害」は〔活Ⅰ・陽Ⅰ〕は「賤」に、〔活Ⅱ・筑波・足利・書陵・宋版・世徳・道蔵〕は「賊」に、〔治要〕は「敗」に、此の引文と同じ「害」に作るのは〔東大・東洋・無窮・敦Ⅱ〕で、〔武内・杏Ⅱ・慶Ⅰ・弘文・斯Ⅱ・斯Ⅰ〕にはこの句が無いなど、諸本間に異同が多い。

㉝ 老子經下天下皆謂章第六十七云。天下皆謂我大。似不肖。夫唯大。故似不肖已上　上句注云。老子言。天下皆謂我德大。我則詳愚。似不肖也已上　下句注云。夫獨名德。大者爲身害。故詳愚似不肖。無所分別。無所割截。不賤人而自責也已上　又云。肖善也云云（巻第三十七、三五一中）

「天下皆謂我德大」〔活Ⅰ・活Ⅱ・陽Ⅰ・筑波・慶Ⅰ・大東・弘文・足利・斯Ⅱ・書陵・斯Ⅰ・宋版・世徳〕には「皆」字が無い。〔武内・東大・東洋・杏Ⅱ・無窮・梅沢・東急・聖語・敦Ⅱ・道蔵〕には有って此の引文と同じ。「似不肖也」の「似」字下〔武内・東大・杏Ⅱ・聖語・敦Ⅱ〕には「若」字が有る。その他の諸本は此の引文と同じく「若」字は無い。「故詳愚似不肖」の「似」字下〔敦Ⅱ〕を除く諸本に「若」字が有る。「不賤人而自責也」の「責」字、諸本並びに「貴」に作る。本引文の譌字であろう。

(69) 高橋美由紀「伊勢神道の形成と道家思想―神観を中心として―」(『東北大学日本文化研究所報告』第一三集、『伊勢神道の成立と展開』第一章第二節、『選集　道教と日本』第三巻所収)、同「伊勢神道の形成と度会行忠―『大元神一秘書』の成立をめぐって―」(『日本思想史学』第一二号)参照。

(70) 現存する伝本からは藤原家本が存在したことの徴証は得られないが、小林芳規氏は宮内庁書陵部蔵金沢文庫旧蔵〔鎌倉〕写羣書治要巻三十四所収老子の訓点は藤原式家の訓法であり、また「藤原家（日野流）でも讀んだことが「元秘抄」(岩崎文庫本尚書紙背)に「老子、資業」とあることで知られる」と指摘されている。『平安鎌倉時代に於ける漢籍訓讀の國語史的研究』第四章第四節第六項老子經の古訓法 参照。

(71) 近時知られた古鈔本で、二松學舍大學清水信子女史からのご教示による。佐川繭子・清水信子・高山節也共編「諫早市立圖書館藏諫早文庫漢籍目録」(漢籍研究会『漢籍―整理と研究』第十一号所収)著録。

(72) 『平安鎌倉時代に於ける漢籍訓讀の國語史的研究』第二章第六節訓点資料における師説について 参照。そこで、小林芳規氏は『老子』には師説は全く存しない、とされている(六七八頁)が、指摘したように、僅少ではあるが〔東洋〕等に認められる。尚、掲出の「師云」の書入れは諫早市立図書館蔵〔近世初〕写本にも認められる。

(73) 『老子述義』の老子注釈書としての性格、賈大隠の事績等については、古勝隆一「賈大隠の『老子述義』」(吉川忠夫編『唐代の宗教』所収)に詳しい。

(74) 近年『老子述義』佚文集成の試みは諸氏それぞれの知見を基に行われている。しかし、現在なお同書の全豹を窺うにはほど遠い状況にある。輯佚の成果については、前掲古勝論文注3に挙掲されているが、逸文を指摘されたものをも含め若干を補足して纏めれば以下の先行業績が挙げられる。↑符下に対象とされた引文蒐集資料を示す。

新見寛『本邦残存典籍による輯佚資料集成　續』↑『弘決外典鈔』『三教指歸注』『浄土三部経音義集』

阿部隆一「金沢文庫蔵鎌倉鈔本周易注疏其他雑抄と老子述義の佚文」(『田山方南先生華甲記念論文集』、『阿部隆一遺稿集　第二巻　解題篇一』収載)↑『演義鈔外典鈔』『華厳演義鈔纂釋』「梅沢記念館蔵（戸川濱男旧蔵）應安六年（一三七三）写本」

納富常天「東国仏教における外典の研究と受容三―称名寺湛睿を中心として―」(『金沢文庫研究』二二巻四号通巻二三九号)↑『華厳演義鈔纂釋』

高橋美由紀「伊勢神道の形成と度会行忠―『大元神一秘書』の成立をめぐって―」(『日本思想史学』一二号)↑『大元神

一秘書』『類聚神祇本源』

深野孝治「賈大隠著『老子述義』について―附『老子述義』輯佚稿―」（『大正大学大学院研究論集』第一四号）→『大元神一秘書』『類聚神祇本源』『弘決外典鈔』『演義鈔外典鈔』『華厳演義鈔纂釋』『浄土三部経音義集』『三教指歸注』「梅沢記念館蔵（戸川濱男旧蔵）應安六年（一三七三）写本」

牧野和夫「『孔子の頭の凹み具合と五（六）調子等を素材にした二、三の問題」→『聖徳太子平氏傳雑勘文』

牧野和夫「『孔子論』一巻附『台宗三大部外勘鈔』―『類雑集』という窓から(1)―」→『台宗三大部外典要勘鈔』

古鈔本に書入れとして見える『述義』逸文の蒐輯は、今までのところ、阿部隆一による梅沢記念館蔵（戸川濱男旧蔵）應安六年（一三七三）写本（即ち〔梅沢〕）を除いては、未だ果されていないようである。仏書、神道書等の釈義行論の為の引用とは異なり、古鈔本書入れは、撰者賈大隠が疏釈の対象とした書物即ち『河上公注老子』への同書修読者による最も密接適合した注釈と看做される。個々の引文の内容もさることながら、叙述構成を含めた、原本『老子述義』の復元の為に極めて貴重な逸文群と考えられ、蒐集整理校勘の成果が期待される。各論六(二)(3)〈賈大隠述義〉参照。

(75) 王弼義注としては管見の及ぶところ、次の二条が認められる。第二十八章経文「知其雄守其雌」について〔慶Ⅱ〕眉上に「王弼云雄ハ先也雌ハ後也」と書入れがあり、ほぼ同文が〔東大・武内・大東・慶Ⅰ〕に見える。また、第七十三章経文「繟然」について〔足利〕眉上に「王弼云繟然明白也」とある。

(76) 顧歡注輯佚の成果として藤原高男の業績が著しい。氏は「顧歡老子注考」（『漢魏文化』第三号）で伝顧歡述『道德眞經注疏』、宋李霖編『道德眞經取善集』、唐陸德明撰『經典釋文老子音義』、『弁正論』より計八七条の逸文を公表され、次いで「輯佚老子古注篇」（『高松工業高等専門学校研究紀要』第一号）で宋董思靖編『道德眞經集解』、『後漢書朱穆傳注』及び敦煌文献S四四三〇拠って増補し合計一六九条を輯められている。

(77) 顧越所著『老子義疏』については『南史』巻七十一 列傳第六十一 儒林、顧越伝の次の記載に拠る。既に藤原高男氏の指摘がある。

顧越字允南（「允南」、『陳書』・『冊府元龜』五九七作「思南」）、呉郡鹽官人也。所居新坂黄岡、世有鄉校、由是顧氏多儒學焉。（略）紹泰元年、復徵爲國子博士。陳天嘉中、詔侍東宮讀。除東中郎鄱陽王府諮議參軍、甚見優禮。尋領羽林監、遷給事黄門侍郎（「給事」下各本有「中」字、據『陳書』刪）、國子博士・侍讀如故。（略）及廢帝即位、拜散騎常侍、兼中書舍人、黄門侍郎如故。領天保博士、掌儀禮、猶爲帝師、入講授、甚見尊寵。（略）太建元年、卒於家、年七十七。所著『喪服』『毛詩』『老子』『孝経』『論語』等義疏四十餘巻、詩頌碑誌牋表凡二百餘篇。

(78) 王顧撰『老子疏』は宋代書目の『秘書省續編到四庫闕書目』巻二 子類道書に「王顧等撰道德經疏四巻」、宋尤袤編『遂初堂

書目』に「王顧老子疏」、『宋史藝文志』に「王顧老子道德經疏四巻」と著録されている。また宋彭耜編『道德眞經集注雜説』巻上に引く「廣川董逌藏書志」に「王顧等奉元宗命撰所注經疏」とみえる。

(79) 顧歓の伝は『南齊書』巻五十四 列傳第三十五 高逸、『南史』巻七十五 列傳第六十五 隱逸上 に見える。また堀池信夫「顧歓『老子注』の思想」(『東方宗教』第七四号)の論考がある。

(80) 唐成玄英撰『南華真経注疏』の我が国における受容と伝流及び現存伝本の系統については、阿部隆一「金沢文庫旧蔵鎌倉鈔本「南華真経注疏」考」(『かがみ』第十三号、『阿部隆一遺稿集　第二巻　解題篇一』所収)を参照。『老子道德經義疏』についても若干の言及がある。

(81) 唐成玄英撰『老子道德經義疏』の復元研究の成果として嚴靈峰輯『輯成玄英道德經開題序訣義疏』(『無求備齋老子集成初編』所収)、蒙文通「輯校成玄英《道德經義疏》」(『道書輯校十種』所収)、藤原高男『輯校賛道德經義疏』(『高松工業高等専門学校研究紀要』第二号)がある。また、藤原高男「成玄英『道德經義疏』と「河上公注」」(『東方學』第六十一輯)を参照。

(82) 成玄英の事績思想については砂山稔「成玄英の思想について—重玄と無爲を中心として—」(『隋唐道教思想史研究』第二部第四章)の論考がある。

(83) 『宋史』巻三百二十七 列傳第八十六 王雱伝に見える関連する記事は次のごとくである。

雱字元澤。爲人慓悍陰刻、無所顧忌。性敏甚、未冠、已著書數萬言。(略)雱氣豪、睥睨一世、不能作小官。作策三十餘篇、極論天下事、又作老子訓傳及佛書義解、亦數萬言。時安石執政、所用多少年、雱亦欲預選、乃與父謀曰「執政子雖不可預事、而經筵可處。」安石欲上知而自用、乃以雱所作策及注道德經鏤板鬻于市、遂傳達於上。鄧綰・曾布又力薦之、召見、除太子中允・崇政殿説書。神宗數留與語、受詔撰詩・書義、擢天章閣待制兼侍講。書成、遷龍圖閣直學士、以病辭不拜。

また、同根の記事が、『續資治通鑑長編』巻二百二十六 神宗熙寧四年(一〇七一)八月己卯条下注引く『林希野史』政府客篇に見える。本章注23参照。

(84) 武内義雄『老子の研究』第五章 三河上公注の経本に、大阪図書館蔵の慶長古活字版欄外の前人の書入れを引用する。引用の文は「此ノ序ヲ葛洪ノ書トスルハ義述ニ見ユ、然ルトキ序ニアラザルカ発題ニ似タリ」とある。此れは『老子經抄』の冒頭の文「此序ハ、洪葛カ書ト云義ハ、義述ニ見タリ、雖然、序サウニモナイソ、多クハ、發題ニ似タリ」と殆ど同文である。

(85) 〔慶長〕刊『老子鬳齋口義』の底本が何本であったのか、同書伝流史上解明されなければならない重要な課題であるが、元明刊本、朝鮮刊本との系統関係は未だ詳らかでない。管見に入れる諸伝本を以下に著録し後攷に資したい。近世に於ける『老子鬳齋口義』の刊行修印行伝写の経緯については、此の著録の〔慶長〕刊古活字版以降に明らかである。未見の伝本には(未)符を付し推定に従う。朝鮮本未見書の推定著録は韓国嶺南大学の崔在穆氏の報告「林希逸『三子鬳齋口義』の韓國版本調査」

に負うところが多い。諸本の詳細については拙稿「『老子鬳齋口義』伝本攷略」（『斯道文庫論集』第三十九輯所収）を参照されたい。

道德眞經口義　四巻　〔宋〕林希逸撰

〔明正統一〇（一四四五）〕刊（内府）　道藏洞神部玉訣類（彼一至四）所収　未見

又　〔萬暦二六（一五九八）〕印（内府）〔道藏經〕第一四四函所収

唐大四帖宮内庁書陵部蔵（有欠補写、毛利高標旧蔵）

又　〔清道光二五（一八四五）〕修（内府）　未見

唐□帖北京図書館蔵（北京白雲観旧蔵）

同　民国一三（一九二四）刊（上海　涵芬樓）　影印北京白雲観蔵明正統十年刊清道光二十五年内府修本

〔道藏〕第三八九冊（洞神部玉訣類彼上）所収　唐中一冊

又　後印（上海　涵芬樓）〔道藏擧要〕第二五冊所収　唐中一冊

老子鬳齋口義　二巻　宋林希逸撰

〔元〕刊（〔建安〕）　10行21字　未見

唐大二冊台北国立中央研究院歴史語言研究所蔵（銭曾旧蔵、群碧楼善本書録・中国訪書志著録）、□冊五十萬巻楼蔵書目録初編・五十萬巻楼羣書跋文著録本（明濮州李氏・清北平孫氏旧蔵　袁克文題記）

同　民国五四（一九六五）刊（台北　藝文印書館）　影印〔元・建安〕刊本　無求備齋老子集成初編所収

唐中一冊

同　〔明前期〕刊　白口10行18字　注低一格大字　未見

唐特大二冊台北国立故宮博物院楊氏観海堂蔵（中国訪書志著録　室町期加点書入本、山田椿庭旧蔵）□冊善本書室蔵書志著録本（明刊本）？

同

明嘉靖四（一五二五）跋刊（〔廣信府〕張士鎬）〔翻明正徳十三年賈詠銅活字〕印本　白口10行18字
三子口義所収
唐大一冊静嘉堂文庫蔵（章綬銜翼読堂・陸心源十萬巻楼遞蔵）
（未）一冊北京図書館蔵（邢捐）　北京大学図書館蔵　上海図書館蔵　河北大学図書館蔵　吉林大学図書館蔵　福建省図書館蔵　湖南師範大学図書館蔵　南京図書館（清丁丙跋）　台北市国家図書館蔵

同

二巻　宋林希逸撰　明張四維・陳以朝校
明萬暦二（一五七四）序刊（〔蒲州〕敬義堂）　10行22字　三子口義所収
唐大一冊内閣文庫蔵（林羅山旧蔵　三子口義零本）
（未）台北国立故宮博物院蔵　台北市国家図書館蔵　北京大学図書館蔵　中国科学院図書館蔵　遼寧省図書館蔵　湖南省図書館蔵　曁南大学図書館蔵

同

二巻　宋林希逸撰　明張四維校　何汝成重校
明萬暦五（一五七七）序刊　翻明萬暦二年序敬義堂刊本　10行22字　三子口義所収
唐大二冊内閣文庫蔵（紅葉山文庫本）　一冊天理大学附属天理図書館蔵（盛宣懐旧蔵）
（未）北京図書館蔵　北京大学図書館蔵（清永瑢校）　吉林大学図書館蔵　台北市国家図書館蔵

老子

二巻　宋林希逸注　明施観民校
明萬暦二（一五七四）序刊（校者）　鬳齋三子口義所収
唐大一冊京都大学附属図書館蔵
（未）北京図書館蔵　首都図書館蔵　中国科学院図書館蔵　上海図書館蔵　華東師範大学図書館蔵　延邊大学図書館蔵　浙江図書館蔵

同

〔明〕刊（東山書林）　覆明萬暦二年序刊本　鬳齋三子口義所収
唐大一冊静嘉堂文庫蔵（陸心源守先閣旧蔵）　二冊東京大学東洋文化研究所蔵（徐則恂東海蔵書楼旧蔵）

老子鬳齋口義　二巻　宋林希逸撰
明萬曆四（一五七六）刊（陳氏積善書堂）　三子口義所収　未見
鄭州大学図書館蔵　廣西壮族自治区桂林図書館蔵

道德眞經　二巻　宋林希逸注　明程兆莘校
明萬曆一四（一五八六）刊（商陽程氏）　未見
一冊台北市国家図書館蔵

同　民国六七（一九七八）刊（台北　中國子學名著集成編印基金會）　影印台北國家圖書館蔵明萬曆十四年序商陽程兆莘校刊本　中國子學名著集成（珍本初編道家子部）〇四八道德經名注選輯（三）所収
A5一冊之内東洋文庫蔵

老子鬳齋口義　二巻　宋林希逸撰
〔朝鮮世宗四（一四二二）〕刊（集賢殿）　銅活（庚子字）　四周双辺　有界　11行21字　注双行　「大黒口」　未見
韓特大一冊李謙魯山氣文庫蔵（巻一、一〜六張、下部破損）　一冊大邱金炳九氏蔵

同　朝鮮明成化一〇〔成宗五〕（一四七四）跋刊（原州　江原道觀察使李封）〔覆世宗朝〕刊庚子字印本
四周双辺　有界　11行21字　注双行　黒口　未見
韓一冊李仁栄旧蔵（清芬室書目著録、附古写陰符経一巻）　一冊李仁栄旧蔵（清芬室書目著録）

又？　朝鮮旧刊　11行21字　注小字双行　黒口本　右と同版カ　未見
韓大一冊台北国立故宮博物院蔵（楊守敬観海堂旧蔵、中国訪書志著録）　経籍訪古志巻五・留真譜二編著録本（容安書院蔵）

同　〔朝鮮仁祖朝以前〕刊　銅活（乙亥字）　四周双辺　9行20字注双行　上下三葉花紋魚尾　未見
韓特大二冊韓国精神文化研究院（「坡平世家尹會仲之印」の印記）

同　〔朝鮮宣祖朝〕刊　四周双辺　12行18字
韓特大合一冊天理大学附属天理図書館蔵（島田翰・竹添井井・三井家逓蔵本）
（未）『経籍訪古志』巻五著録本（容安書院蔵）

同　写　伝写朝鮮明隆慶四年跋刊本　未見
韓特大一冊延世大学校蔵　一冊李仁栄旧蔵（清芬室書目著録）

同　写　未見
韓特大一冊韓國精神文化研究院（附黄石公素書）

同　〔近世初〕写　14行21字
和特大一冊京都府立総合資料館蔵

同　〔内題「老子鬳齊（ママ）口義」〕〔近世初〕写　8行12字　存巻下（欠江海爲百谷王章第六十六以下）　闕名者点
元禄六年伝領識語
和大一冊阪本龍門文庫蔵

同　〔内題「句解道徳經」〕〔慶長元和〕刊　古活字　7行17字
和大二冊東洋文庫蔵（岩崎文庫）　二冊武田科学振興財団杏雨書屋蔵（内藤湖南旧蔵）
（未）一冊弘文荘旧蔵（弘文荘古活字版目録・弘文荘古版本目録著録）

同　〔内題「老子鬳齊（ママ）口義」〕〔慶長〕刊　古活字　8行18字
和特大二冊斯道文庫蔵（浜野文庫、附訓書入、野間三竹旧蔵）　二冊宮城県図書館蔵（伊達文庫）
大二冊龍谷大学図書館蔵（寫字臺文庫）　二冊仁和寺蔵　二冊尊經閣文庫蔵（附訓書入）

同　〔慶長〕刊　古活字　右の異植字版
和大一冊斯道文庫蔵（弘文荘古版本目録・弘文荘善本目録著録）　合一冊御茶の水図書館成簣堂文庫蔵（校異書入本）
（末）一冊安田文庫旧蔵（堀杏庵旧蔵本）

同　（内題「老子鬳齊（ママ）口義」）
〔元和〕刊　古活字　9行17字
和大合一冊国立国会図書館蔵（元和四年林羅山識語、国立国会図書館貴重書解題第二巻・國立國會圖書館所藏古活字版圖録著録）
（末）大島雅太郎旧蔵　一冊弘文荘旧蔵（戸川濱男旧蔵、弘文荘古活字版目録著録）

同　（内題「老子鬳齊（ママ）口義」）
〔元和〕刊　古活字　9行19字
和大二冊慶應義塾図書館蔵（星亭旧蔵、慶應義塾図書館蔵和漢書善本解題著録）
（末）二冊弘文荘旧蔵（弘文荘待賈古書目第十號・弘文荘古活字版目録著録）　若林正治蔵（存巻上）

同　二巻　宋林希逸撰　闕名者点
寛永四（一六二七）刊（京　安田安昌）　覆〔元和〕刊古活字版
和大二冊大東文化大学図書館蔵（高島蔵書）　二冊内閣文庫蔵　合一冊内閣文庫蔵（林羅山旧蔵）　二冊東京大学総合図書館蔵（南葵文庫）　二冊天理大学附属天理図書館蔵　二冊宮城県図書館蔵（養賢堂文庫、書入本）　二冊建仁寺両足院蔵（原題簽存）　合一冊筑波大学附属図書館蔵　合一冊東北大学附属図書館蔵　一冊龍谷大学大宮図書館蔵　合一冊斯道文庫蔵　合一冊京都大学附属図書館蔵（谷村文庫、巻下配寛永六年刊本）
特大二冊小浜市立図書館蔵（酒井家文庫）
（末）日光輪王寺蔵

同　昭和五一（一九七六）刊（東京　古典研究会）　影印寛永四京安田安昌刊本　和刻本諸子大成第九輯所収

又　萬治三（一六六〇）修〔京〕中野小左衛門

同

和大一冊東京大学総合図書館蔵（書入本）　一冊天理大学附属天理図書館蔵（書入本）　二冊太宰府天満宮蔵（天和三年筑前斉藤勝左衛門尉實治奉納本）

同

寛永六（一六二九）刊　覆寛永四年安田安昌刊本

和大二冊合一冊東京大学総合図書館蔵（渡部文庫）　合一冊筑波大学附属図書館蔵（高野山清浄心院旧蔵）　二冊東洋文庫蔵（書入本、上田萬年旧蔵）　一冊大阪天満宮蔵（近藤南州旧蔵）　合一冊筑波大学附属図書館蔵　合一冊叡山文庫蔵（天海蔵）　合一冊国立国会図書館蔵

（未）二冊大英図書館蔵（アーネスト・サトウ旧蔵、大英圖書館蔵日本古版本目録著録）

同

二巻　宋林希逸撰〔林羅山〕点

〔江戸初〕写　11行21字

和特大一冊内閣文庫蔵（林羅山旧蔵）

同

二巻　宋林希逸撰　林羅山点並首書

〔江戸初〕写（勝直）　9行18字　林羅山自筆識語

和大一冊大東文化大学図書館蔵（高島蔵書）

老子鬳齊（ママ）口義

（版心題「老子經」）二巻　宋林希逸撰　林羅山点並首書

正保四（一六四七）刊（京　林甚右衛門）

和大二冊神宮文庫蔵（天明四年京都勤思堂村井古巖奉納本、書入本）　二冊叡山文庫蔵（真如蔵）

又

（題簽「道春点首書老子經」）

〔修〕（京　林甚右衛門）

和大二冊金沢市立玉川図書館近世史料館蔵（古愚軒文庫）　二冊名古屋市蓬左文庫蔵（中村習齋旧蔵）　二冊斯道文庫蔵（安井文庫）　一冊新潟大学附属図書館蔵（佐野文庫）　二冊静嘉堂文庫蔵　合一冊東北大学附属図書館蔵（狩野文庫）　二冊内閣文庫蔵（昌平坂学問所本）　二冊都立中央図書館蔵（加賀文庫）　合一冊都立中央図書館蔵（加賀文庫）　合一冊神宮文庫蔵　二冊東京大学文学部蔵

同

民国五四（一九六五）刊（台北　藝文印書館）　影印正保四年京林甚右衛門刊修印本　無求備齋老子集

成初編所収　唐中二冊

同　（題簽「道春点首書老子經」）
正保五（一六四八）刊（〔京〕豊興堂〔中野小左衛門〕）　覆正保四年京林甚右衛門刊本
和大二冊天理大学附属天理図書館蔵（書入本）　二冊天理大学附属天理図書館蔵　二冊京都大学人文科学研究所蔵　二冊無窮会図書館蔵（平沼文庫）　合一冊筑波大学附属図書館蔵（戸川濱男旧蔵）　合一冊慶應義塾図書館蔵（寛文二年法橋可敬加点識語）　二冊金沢市立玉川図書館近世史料館蔵（蒼龍文庫）　合一冊大東文化大学図書館蔵（高島蔵書、書入本）　二冊京都大学文学部蔵　合一冊東洋文庫蔵　二冊都立中央図書館蔵（特別買上文庫）　二冊九州大学文学部蔵（高瀬文庫）　二冊東京大学総合図書館蔵（南葵文庫）　二冊早稲田大学中央図書館蔵　合一冊大東文化大学図書館蔵（高島蔵書、巻上配延寳二年跋刊本）　二冊大阪大学附属図書館（岡田文庫、書入本）

同　（題簽「道春点首書老子經」）二巻　宋林希逸撰　林羅山点　〔徳倉昌堅〕首書
明暦三（一六五七）刊（京　上村次郎右衛門）
和二冊筑波大学附属図書館蔵　二冊東北大学附属図書館蔵　合一冊東北大学附属図書館蔵（狩野文庫）　二冊大阪大学附属図書館蔵（懐徳堂文庫）　二冊京都大学附属図書館蔵（清家文庫）　合一冊早稲田大学中央図書館蔵（中村進午文庫）　二冊無窮会図書館蔵（平沼文庫、書入本）　二冊太宰府天満宮蔵　二冊太宰府天満宮蔵　合一冊祐徳稲荷神社蔵（中川文庫）　二冊大阪府立中之島図書館蔵　二冊刈谷市中央図書館蔵（書入本）　二冊合一冊東京大学総合図書館蔵　二冊西尾市岩瀬文庫蔵（書入本）　二冊九州大学附属中央図書館蔵（支子文庫）　二冊神宮文庫蔵　二冊神宮文庫蔵（御巫清白献納本）　合一冊神宮文庫蔵（橋村正璟献納本、書入本）　二冊東京大学文学部蔵　二冊新潟大学附属図書館蔵（佐野文庫）　合一冊国立国会図書館蔵　二冊立正大学図書館蔵　二冊都立中央図書館蔵（井上文庫）　二冊大東文化大学図書館蔵（高島蔵書）　二冊京都大学附属図書館蔵（上巻配延寳二年跋刊本）

同　民国五九（一九七〇）刊（台北　藝文印書館）　影印明暦三年京上村次郎右衛門刊本　無求備齋老子集成續編所収　唐中二冊

同　（題簽「増補首書老子經」）二巻　宋林希逸撰　林羅山点　徳倉昌堅首書
延寳二（一六七四）跋刊（京　上村次郎右衛門）　翻明暦三年刊本　増補首書本
二冊斯道文庫蔵　二冊慶應義塾図書館（日吉）蔵　二冊九州大学附属六本松図書館蔵　二冊無窮会図書館（平沼文庫、内田遠湖旧蔵）　合一冊東京大学総合図書館蔵（三条公憲旧蔵）　二冊西尾市岩瀬文庫蔵　二冊早稲田大学中央図書館蔵　二冊大東文化大学図書館蔵（前川蔵書）　二冊都立中央図書館蔵（特別買上文庫）　二冊都立中央図書館蔵（市村文庫） 二冊慶應義塾図書館蔵 二冊大阪府立中之島図書館蔵（石崎文庫） 二冊大阪府立中之島図書館蔵 二冊静嘉堂文庫蔵（中村敬宇旧蔵） 二冊西尾市岩瀬文庫蔵 二冊東北大学附属図書館蔵（狩野文庫） 二冊天理大学附属天理図書館蔵（伊藤東涯書入本） 合一冊京都大学文学部蔵 二冊小浜市立図書館蔵（酒井家文庫） 二冊新潟大学附属図書館蔵 二冊早稲田大学大学史資料センター蔵（津田文庫） 二冊早稲田大学中央図書館蔵（島田三郎旧蔵） 二冊三原市立図書館蔵（貢山文庫） 二冊新潟県立図書館蔵 合一冊祐徳稲荷神社蔵（書入本、谷口藍田・鹿洞旧蔵）） 二冊大阪大学附属図書館蔵（岡田文庫、書入本） 二冊上越市立高田図書館蔵（修道館文庫） 二冊京都府立総合資料館蔵

同　民国五九（一九七〇）刊（台北　藝文印書館） 影印延寳二年京上村次郎右衛門刊本　無求備齋老子集成續編所収　唐中二冊

又　寳永六（一七〇九）修（大坂　寳文堂大野木市兵衛）
和大二冊筑波大学附属図書館蔵 二冊合一冊東京大学総合図書館蔵（南葵文庫、島田篁村旧蔵） 合一冊斯道文庫蔵 二冊京都府立総合資料館蔵 二冊京都府立総合資料館蔵

又　（題簽「訂正鼇頭老子經」）後印（大坂　寳文堂大野木市兵衛）
和大二冊天理大学附属天理図書館蔵 二冊合一冊東京大学総合図書館蔵（永峰文庫） 二冊建仁寺両足院蔵

又　逓修（江戸　須原屋茂兵衛）
和大二冊大東文化大学図書館蔵（高島蔵書） 二冊京都大学附属図書館蔵（金原安修旧蔵） 二冊新潟大学附属図書館蔵 二冊大東文化大学図書館蔵

又　後印（大阪　河内屋卯助等）
和大二冊九州大学附属中央図書館蔵

又　〔明治〕印（京　文求堂田中治兵衛）
和大二冊慶應義塾図書館蔵　二冊天理大学附属天理図書館蔵（廣池千九郎旧蔵）　二冊天理大学附属天理図書館蔵
二冊東京大学総合図書館蔵（鷗外文庫）　二冊早稲田大学中央図書館蔵（信夫恕軒旧蔵）

又　〔明治〕修（京　田中治兵衛）
和大二冊筑波大学附属図書館蔵（林泰輔旧蔵）　二冊合一冊東京大学総合図書館蔵　二冊大阪大学附属図書館蔵
（懐徳堂文庫、書入本、明治四十三年讀書識語）　二冊東北大学附属図書館蔵　二冊大東文化大学図書館蔵（白木蔵書）

又　（題簽「鼇頭註釋林註老子道徳經」）
明治逓修（東京　松山堂藤井利八）
和大二冊無窮会図書館蔵（平沼文庫）

又　（題簽「鼇頭註釋林註老子道徳經」）
後印（東京　松山堂藤井利八、松雲堂発行）
和大二冊筑波大学附属図書館蔵　二冊京都府立総合資料館蔵

老子鬳齋口義　二巻　宋林希逸撰　釋即非如一校
〔寛文〕刊
和大二冊龍谷大学大宮図書館蔵（寫字臺文庫）　一冊慶應義塾図書館蔵　二冊新潟県立図書館蔵　一冊静嘉堂文庫
蔵（陸心源旧蔵）

同　民国五四（一九六五）刊（台北　藝文印書館）　影印〔寛文〕刊本　無求備齋老子集成初編所収　唐中
一冊

老子鬳齋口義　二巻　宋林希逸撰　劉辰翁批點　未見
〔明初〕刊（〔建安〕）〔鬳齋三子口義〕所収
唐中一冊台北市国家図書館蔵（中国訪書志著録）

老子道徳經

（扉題「劉須渓評點老子」）二巻　宋林希逸注　劉辰翁評點
明天啓四（一六二四）序刊（小築）　劉須渓評九種書所収
唐大一冊内閣文庫蔵（毛利高標本）　二冊内閣文庫蔵（紅葉山文庫本）

同

（外題「劉辰翁老子道經評點」）
民国五四（一九六五）刊（台北　藝文印書館）　影印〔明天啓〕小築刊劉須渓評點九種書本　無求備齋老子集成初編所収　唐中一冊

林氏口義老子道徳經補註

二巻　宋林希逸注　吉田利行補
明治一七（一八八四）刊（福岡　林磊落堂）
和半二冊斯道文庫蔵　二冊京都大学附属図書館蔵　二冊大阪府立中之島図書館蔵　二冊天理大学附属天理図書館蔵
二冊国立国会図書館蔵（亀田次郎旧蔵）　二冊無窮会図書館蔵（平沼文庫）　合一冊国立国会図書館蔵　二冊九州大学附属中央図書館蔵

同

民国五九（一九七〇）刊（台北　藝文印書館）　影印明治十七年福岡磊落堂刊本　無求備齋老子集成續編所収　唐中一冊

第一章注

（1）菊亭家旧蔵の本古活字版は、『大阪府立圖書館藏漢籍目録　四部之部』『同稀書解題目録　和漢書之部』には著録されておらず、館内備付けのカード目録にも見当たらない。また同館担当者備用の館蔵貴重書関係文献類をも検索させて頂いたが、所蔵を確認することは出来なかった。しかし、武内義雄『老子の研究』第五章 三河上公注の経本 に拠れば、博士は昭和初年当時、大阪図書館の慶長活字本を披見し欄外書入れを引用されている。恐らくはその本と想われる。尚、序章注84参照。

第二章注

（1）河上公章句八十一分章の起源については、楠山春樹『老子傳説の研究』前編第三章河上公注の成立 第三節原本河上公注 一を参照。

（2）『老子鬳齋口義』の引用及び対校本文は、原則として「老子鬳齋口義二巻　宋林希逸撰　闕名者点　寛永四（一六二七）刊（京　安田安昌）覆〔元和〕刊古活字版」に拠る。昭和五一年（一九七六）古典研究会刊の影印本（『和刻本諸子大成』第九輯所収）を使用した。尚、序章注85参照。

（3）道德眞經玄德纂疏二〇巻　唐玄宗注疏　漢河上公・嚴〔遵〕・唐李榮注　成玄英疏　唐強思齊編　民国一三（一九二四）刊（上海　涵芬樓）影印明正統刊道藏本　道藏第四〇七－四一三冊。同書には河上公注の全文が収載されている。以下の校勘にはこの本を使用する。

首に「道德眞經玄德纂序」（「乾德二年（九二〇）庚辰降聖節戊申日廣成先生光祿大夫尚書戸部侍郎上柱國蔡國公杜光庭序」）を冠す。各巻巻頭内題に接し「唐玄宗御註并疏／河上公　嚴君平　李榮註／西華法師成玄英疏／濛陽強思齊纂」と題してある。杜光庭序に「弘農強思齊字黙越濛陽人也（略）期以譚講之力、少報聖明之恩、手纘所講道德二經疏、採諸家之善者、明皇御註爲宗。蓋取乎文約而義該、詞捷而理當者、勒成二十巻（略）題曰太上老君道德經玄德纂疏」（句点は私設）と。序の年紀前蜀乾德二年（九二〇）を撰述書成年と考えてよいであろう。

（4）王弼注本としては、「老子道德經二巻　〔魏〕王弼注　清紀昀等校　清乾隆四〇年（一七七五）序刊（武英殿）木活　武英殿聚珍版」を通行本と見做し、その影印本である「民国五九年（一九七〇）序台北藝文印書館刊無求備齋老子集成續編所収本」を使用する。王弼本テキストの校勘は未だ充分に行われていないようで、諸本間の異同については不問に付さざるを得ない。島校の他、次の校勘成果を参照した。

武内義雄「老子の研究（下）　道德經析義」（『老子の研究』所収、『全集』第五巻老子篇収載）

波多野太郎「老子王注校正三巻同補遺・続補」（『老子道德經研究』所収）

蒋錫昌『老子校詁』

（5）武内義雄の詳略二系統論については、上記、緒論三㈠武内義雄の伝本研究　14頁以下参照。

（6）本稿で言う「その他の助字」とは、旧来的に実字に対する虚字として認識されてきた文字の内、省略可能な補助的な文字のことで、近代文法上の品詞としての厳密な定義に従うものではない。

（7）道德眞經注疏八巻　〔漢河上公〕等注　題〔南斉〕顧歡述　民国一三（一九二四）刊（上海　涵芬樓）影印明正統刊〔清道光修〕道藏本　道藏（洞神部玉訣類）第四〇四－四〇六冊。以下の校勘はこの本を使用する。同書には河上公注の全文が収載されている（但、同書現存伝本には第四章後半から第十章始め部分までの注釈文を缺いており、従ってこの間の河上公注も失われている）。毎巻頭に「呉郡徴士顧歡述」と題されているが南斉の隠士顧歡（序章注79参照）の撰述書とは考えられず、収載された諸家注釈の内には北宋人陳象古説が含まれており、同書の成立は宋代とされている。しかし、所引の河上公注が唐宋以前の旧態を留めているとは言えるであろう。栂野茂「傳顧歡『道德眞經注疏』所引の『老子注』・『老士疏』」（『汲古』第四十四号）参照。

（8）大明太祖高皇帝御註道德真經二卷　明太祖撰　民国一三（一九二四）刊（上海　涵芬樓）　影印明正統刊〔清道光修〕道蔵本道蔵（洞神部玉訣類）第三五四冊。この本に拠る。首に冠する「大明太祖高皇帝御註道德真經序」に拠れば、同書が撰述され書成したのは明洪武七年（一三七四）十二月である。

（9）道德眞經集義一〇巻　明危大有編　民国一三（一九二四）刊（上海　涵芬樓）　影印明正統刊〔清道光修〕道蔵本　道蔵（洞神部玉訣類）第四一四～四一六冊。この本に拠る。同書の成立は、危大有自序の言う所に拠れば明洪武二十年（一三八七）で、河上公、呂知常、何心山等十二家の注釈が取捨集成されている。また四十三代天師張宇初の序言に従えば洪武二十六年に刊行頒布されたものと察せられる。

第三章注

（1）河上公注老子の宋刊本には、他に次の二種が現存している。

①音註河上公老子道德經　二巻　〔漢〕河上公章句　題〔宋〕呂祖謙重校　〔南宋〕刊（麻沙　劉通判宅仰高堂）

②纂圖附釋文重言互註老子道德經　二巻　題漢河上公章句　〔南宋〕刊（〔建安〕）巾箱本

①は、緒論注37参照。

②は、台北国家図書館蔵の一冊、無求備齋老子集成初編に影印されている（同本外題に「纂圖互注老子道德經」とあり、扉裏の刊記に「宋刊纂圖互注五子本景印」とあるのは誤り）。書名冠称のとおりに、首に「老子車制圖」が冠され、章句末には『経典釈文』を取捨した音釋及び、「重言」「互註」と標記し、同書内の他の個所に見える関連文辞、又別書に見える関係記事を参照引載した、言わば新編本である。後に流布した纂圖互注六子本の先蹤をなす坊刻本であるが、章句内容、配置体裁の面で、なお旧態を保っている。『國家圖書館善本書誌初稿　子部㈢』、『中国訪書志』、清莫友芝『宋元旧本書経眼録』、清葉昌熾『滂喜斎蔵書記』に著録。

又、宋末に刊行され、元明にかけて覆刻が繰り返されて通行した六子本の『纂圖互註老子道德經』が数本現存しているが、従来、宋刊、或いは元刊とされてきた本は〔明初〕または〔明前期〕の覆元刊本と鑑定され、宋刊、元刊そのものは未だ確認されていない。此の纂圖互註本は、〔宋版〕とは、注の配置、内容にわたって、構成上でも大きく様相を異にし、「河上公章句註釋」と題してあるが、テキスト系統上は、別本と見做され、此処で一律に扱う事は適当でない。序章第一節一　現行河上公注本の系類　83頁、及び序章注2参照。

（2）『経典釈文』と〔宋版〕〔世德〕の音釈の関係については、澁谷康海「老子河上公注の叢刊本と世德堂本について－主として音釋を中心に－」（『中国学研究』一号所収）の論考がある。

(3) 助字の多寡が伝本系統の別と深く関わる点について、夙に、武内義雄の指摘が有ること前述の通りである。緒論三㈠武内義雄の伝本研究16頁以下及び本論第二章第二節三㈣202頁参照。武内は〔世徳〕等に助辞が少ないのは、江南本（河北本に対して助辞が多いとされる）に拠りながら其の助辞が刪略された結果と推定している（「唐廣明元年刻老子道徳經に就いて」）。その当否について論証するには、唐碑、敦煌写本、道蔵本を含めた更に綿密な比讐校勘が必要であろう。

(4) 『老子道徳經序訣』は『舊唐書經籍志』『唐書藝文志』に「二巻葛洪撰」として著録。佚書であったが、敦煌本の出現を機に、武内義雄によって初めて復元がなされた。其の全文が『老子原始』第二章老子伝本攷上 二節河上公本の来歴 に、後に岩波文庫『老子』の附録として掲載されている。（共に『全集』巻五に収載）。又、大淵忍爾博士は、S七五・P二五八四を底本とし、その他の出土本、道蔵資料を網羅して校合した定本を提供された（『道教史の研究』第三編三章 老子道徳經序訣の成立）。その全文は内容から五段に分けられている（武内義雄は此の第四・五段を一段とし、四段に分けられた）。武内義雄「道德經の注釈書解題」（『老子の研究』第七章）、福井康順「老子道徳經序訣の形成」（『東洋思想史研究』及び『福井康順著作集 第二巻 道教思想研究』Ⅱ道教経典の検討 所収、著作集は「老子道徳經序訣」と改題）、楠山春樹「概説 敦煌本道徳經類（本文・注釈・解題）」（『道家思想と道教』所収）参照。

(5) 楠山春樹「旧鈔本『老子河上公注』の序について」（漢魏文化研究会編『内野博士還暦記念東洋学論集』所収）・「本邦旧鈔本『老子河上公注』の序について」（『道家思想と道教』所載）を参照。

(6) 武内義雄『老子の研究』第五章 三河上公注の経本 参照。

第四章注

(1) 宋林希逸鬳齋口義の受容の経緯については、先に些か言及したところである。序章第二節三104頁、四119頁、また序章注59・60・62・85参照。近世における同書の受容については夙に、栂野茂「近世における老子口義」（『支那学研究』第三十三号）の論考がある。池田知久「日本における林希逸『莊子鬳齋口義』の受容」（『二松学舎大学論集』第三十一号）は近世思想史の動向を踏まえ林注受容の内実にまで迫った高論であろう。

『老子鬳齋口義』が、江戸初から前期にかけて、河上公章句本を圧倒して普及していった事実は、伝本の現存状況から見ても明らかである。〔室町末近世初〕書写の伝写本が伝存し、慶長から元和年間にかけて古活字版四種五版が刊行され、寛永四年（一六一八）には、京都の安田安昌が〔元和〕刊古活字版の覆刻整版訓点本を刊行、同版は翌々寛永六年には覆刻重刊されている。更に、正保四年（一六四七）に林羅山の首書点本が京の林甚右衛門から刊行され、翌五年には早くも豊興堂中野小左衛門がその覆刻本を出し、同本はその後も首書を増補して明暦三年（一六五七）、延寳二年（一六七四）と京の上村次郎右衛門から重刊され、その延寳版が幕末明治に至るまで再三重印されている。此の首書本の他にも、寛文頃と推定されるが、即非如一の校点本も刊行さた。この間の経緯については序章注85、及び拙稿「『老子鬳齋口義』伝本攷略」を参照されたい。

更に、羅山の『諺解』にはじまる鬳齋口義の注釈、或いは鬳齋口義に基づいた老子注釈書が少なからず伝存していることも、当代における、同書の流行を物語るものであろう。羅山の鬳齋口義受容については、諸氏注目されるところであり大野出「林羅山と『老子鬳齋口義』」（『日本の近世と老荘思想』第一章）によく纏められている。しかし、羅山が『老子鬳齋口義』を称揚したことは、確かにその後の同書流行に多大な影響を与えているとは思われるが、室町後期以来の博士家における新注の受容、慶長刊古活字版の存在、寛永四年（一六二七）の安田安昌に拠る加点出版の事実等を考慮に入れれば、林注顕彰の功績を専ら羅山一人に独占させることには躊躇せざるを得ない。尚、現存伝本の調査によれば、江戸時代初期から前期にかけて成立した鬳齋口義に依拠せる老子註釈書として、羅山撰述書を中心に以下の諸書諸版が伝存する。

〔老子抄〕　〔二〕巻　〔釋澤庵宗彭〕撰
〔江戸初〕写（〔自筆〕）　東海寺玄性院旧蔵　　所在不明『老子講話』に拠る

老子講話　（外題「澤庵禪師老子講話」）　附太阿記　釋澤庵宗彭撰　森大狂（慶造）参訂
明治四三（一九一〇）刊（東京　東亞堂書房）

同　（外題「僧澤庵老子講話」）不分巻
民国五九（一九七〇）序刊（台北　藝文印書館）　影印明治四十三年東京東亞堂書房刊本　無求備齋老子集成
續編所収　唐中二冊

〔老子鈔〕　不分巻（有欠）　闕名者撰
〔江戸前期〕写（寄合書）
大一冊神宮文庫蔵（林崎文庫旧蔵）

老子　二巻〔林羅山〕注
〔江戸前期〕写
大二冊静嘉堂文庫蔵（今出川家旧蔵）

老子諺解　（題簽「道春老子經諺解」）三巻　〔林羅山〕撰　林〔鵞峰〕（恕）校
〔江戸前期〕刊

大三冊叡山文庫蔵（池田史宗蔵書）　二冊山口大学附属図書館蔵（欠巻三、徳山藩毛利家旧蔵）

又　（改題「老子淺説」）
修貞享二（一六八五）印（京　富久嶋甚右衛門）
大二冊斯道文庫蔵

又　（改題「老子抄解」）
逓修（北村堂）
大三冊国立国会図書館蔵

老子經抄　（題簽・版心、内題「老子鬳齋口義發題」）三巻〔林羅山〕（道春）撰
承應二（一六五三）刊（崑山館道可處士）
大三冊合一冊東北大学附属図書館蔵　三冊合一冊東京大学総合図書館蔵（南葵文庫、大槻如電旧蔵）　三冊東京大学文学部国語研究室蔵　三冊斯道文庫蔵　三冊大東文化大学図書館（高島蔵書　真如蔵）

同　民国五九（一九七〇）序刊（台北　藝文印書館）影印承應二年崑山館道可處士刊本　無求備齋老子集成續編所収　唐中三冊

又　後印　木記削去
大三冊無窮会図書館蔵（平沼文庫）　合一冊無窮会図書館蔵（平沼文庫、内田遠湖旧蔵）　三冊筑波大学附属図書館蔵（林文庫）　合一冊都立中央図書館蔵（井上文庫）　三冊東京大学文学部国語研究室蔵　三冊大東文化大学図書館蔵（高島蔵書）
二冊叡山文庫蔵（欠巻中、池田史宗蔵書）

又　寛文九（一六六九）印（京　田原仁左衛門）
大三冊京都大学附属図書館蔵　三冊慶應義塾図書館（日吉）蔵　三冊慶應義塾図書館蔵　三冊合一冊国立国会図書館蔵
三冊天理大学附属天理図書館蔵
（未）広島大学附属図書館蔵　大阪府立中之島図書館蔵　お茶の水図書館成簣堂文庫蔵

老子鬳斎口義抄　二巻〔人見〕（栢原）卜幽撰　写　寛永十年自跋　未見
嚴霊峰氏無求備齋蔵

同　民国五九（一九七〇）序刊（台北　藝文印書館）影印嚴氏無求備齋蔵写本　無求備齋老子集成續編所収　唐中一冊

老子經諺解大成（題簽、内題「老子鬳齋口義發題」）一〇巻〔宋林希逸〕撰〔山本〕洞雲注　延寶八（一六八〇）刊
大五冊龍谷大学大宮図書館蔵（寫字臺文庫）五冊上越市立高田図書館蔵（修道館文庫）

又　修　巻二首撰者名削去
大五冊大東文化大学図書館蔵（高島蔵書）

同　民国五九（一九七〇）序刊（台北　藝文印書館）影印延寶八年刊本　無求備齋老子集成續編所収　唐中四冊

又　延寶九（一六八一）逓修〔京〕和泉屋八左衛門等
大合五冊筑波大学附属図書館蔵

又　逓修〔京〕和泉屋八左衛門等
大一〇冊早稲田大学中央図書館蔵　一〇冊大阪府立中之島図書館蔵（石崎文庫）一〇冊大東文化大学図書館蔵（高島蔵書）二冊筑波大学附属図書館蔵　五冊筑波大学附属図書館蔵　二冊神宮文庫蔵　四冊京都大学附属図書館蔵　合二冊国立国会図書館蔵　二冊斯道文庫蔵　五冊京都大学附属図書館蔵（谷村文庫）三冊岡山大学附属図書館蔵（池田文庫蔵）

又　後印〔京〕大和屋善兵衛・文臺屋次郎兵衛
大五冊九州大学文学部蔵（高瀬文庫）二冊筑波大学附属図書館蔵（林文庫）合二冊東京大学総合図書館蔵（南葵文庫）

五冊大東文化大学図書館蔵（高島蔵書）

同　存首一巻
文化一四（一八一七）写
半一冊天理大学附属天理図書館蔵

老子鬳齋口義〔抄〕　不分巻　闕名者撰
元禄三（一六九〇）写（釋榮天）
大四冊九州大学文学部蔵

（2）『老子經通考』は、日本に於ける撰述書であって、漢籍としては異例に属する。撰注者陳元贇が明人である意味で漢籍と見做されるが、陳氏は日本在住が永く、尾張藩での事績によって、帰化日本人と考えるならば、準漢籍国書と見做されよう。『國書總目録』に著録される所以であろう。

（3）江戸時代中期以後の河上公注修学を窺知できる伝本として、東北大学附属図書館蔵の写本一冊が挙げられる。同本は、〔無窮〕の転写であるか、若しくは其れと祖本を同じくする。天文五年書写並加点奥書本の伝写本で、書写奥書は無いが、書写年代は江戸時代中期以後に下ると見做される。緒論七「対校諸本略解題」6参照。また、東洋文庫蔵古活字版二本の内の一本には、元和八年（一六二二）の清家門弟道順自筆の朱墨の加点に加え、青筆で文化四年（一八〇七）藤原憲（号、山陰）自筆の〔世徳〕との校合書入れが見られる。各論六参照。また、次注に記す、舶来した明世徳堂本諸伝本への書入れに拠っても窺える。

（4）江戸時代に於ける河上公注本の舶載で、最も注目されるのは、〔世徳〕即ち明嘉靖一二年（一五三三）世徳堂顧春刊六子全書本であろう（緒論七「対校諸本略解題」27参照）。同本の舶来の事情については、以下の如き記録事例に窺うことが出来る。

『御文庫目録』（各論注5参照）利部寛永一七年（一六四〇）の項に「六子全書」が著録され、世徳堂刊本と推測されるが、その本の所在は確認出来ない。

内閣文庫蔵の林家本一〇冊は桐陰書屋の覆刻本であるが、讀耕齋靖（萬治四年〈一六六一〉没）の旧蔵で、後、享和三年（一八〇三）昌平坂学問所に収蔵されている。

『舶載書目』第八冊に「六子全書八本六十巻」が著録され、其の記載により該書が世徳堂本六子全書であり、『商舶齎来書目』の記載と合わせ考えれば、寶永七年（一七一〇）がその渡来の年である事が判明する。

宮内庁書陵部蔵の三九冊（桐陰書屋覆刻本）は明人謝肇淛（在杭）の旧蔵書で、江戸時代に於ける舶載書である。

名古屋市蓬左文庫所蔵の「老子道德經二巻南華眞經十巻」は、『老子道德經』一冊と『南華眞經』六冊の六子全書零本（桐陰書屋覆刻本）である。

内閣文庫所蔵の林家本『老子道德經』一冊は六子全書零本。それには明和七年（一七七〇）林龍潭（節）の加点並びに一本・古本との校合の書入れが見られる。

又、宮内庁書陵部蔵の古活字版の校合書入れの標記に見える「唐刊」とは、〔世徳〕のようであり（各論四参照）、東洋文庫蔵の古活字版にも〔世徳〕との校合書入れが見える（各論六参照）。

世徳堂本の他にも明萬暦一〇年（一五八二）金陵胡東塘刊六子全書（広島市立中央図書館浅野文庫蔵）の舶載が知られ、所収の『老子道德經』は河上公注である。

明天啓四年（一六二四）序刊『老莊評注』（序題、伝本少なく東洋文庫蔵の一本が管見に入る、伝来の時期については未考、恐らくは近代渡りか）所収の『道德經評註』は河上公章句本（章句全文を収載し、明歸有光批閲、文震孟訂正と題して評点、標注を付す）で、清嘉慶九年（一八〇四）姑蘇王氏聚文堂刊の『九子全書』所収本はその翻刻。『十子全書』所収本はその後印である。幕末に舶載され流布したようで、伝存本は多い。詳細は、本章注6参照。また、『諸子彙函』所収の『老子』は同書の節略本である。『諸子彙函』は明天啓五年序刊以後屢々覆刻重刊されて弘通し、江戸前期より再三船載されたようで日本における伝本も数多い。

（5）江戸時代に舶載された老子明清刊本に拠って覆刻乃至翻刻された和刻本とその底本の伝存状況は寡聞の限りでは次の如くである。

太上老子道德經　二巻附老氏聖紀圖一巻　〔明〕何道全注　〔明〕刊

唐大二冊東北大学附属図書館蔵　二冊関西大学附属図書館蔵（内藤文庫）　二冊内閣文庫蔵（毛利高標旧蔵）　二冊尊経閣文庫蔵（島田翰旧蔵）　一冊東京大学総合図書館蔵（南葵文庫、森枳園・大槻如電旧蔵）　一冊都立中央図書館蔵（井上文庫、附欠）

同　（題簽「無垢子注老子經」）　闕名者点　〔江戸前期〕刊　翻〔明〕刊本

和大五冊東京大学総合図書館蔵（書題簽）　五冊尊經閣文庫蔵　合三冊慶應義塾図書館蔵　二冊静嘉堂文庫蔵（田中頼庸旧蔵、元文二年識語、書入本）

又　（改題「老子經注解」）寶永六（一七〇八）修（大坂　野村長兵衛）
和大四冊名古屋市蓬左文庫蔵

老子道德經解　二巻　明釋德清撰
明刊（玉渓菩提庵）　未見
二冊台北国家図書館蔵（『（台北）國立中央圖書館善本書目』・『國家圖書館善本書志初稿』著録）、伝来本の所在未詳

同　（外題「老子經義解」）二巻首一巻　明釋德清撰
〔江戸前期〕刊（〔江戸〕　長谷川六兵衛）
和大四冊大東文化大学図書館蔵（高島蔵書）　二冊無窮会図書館蔵（平沼文庫、内田遠湖旧蔵、書入本）　四冊佐賀県立図書館蔵（鍋島家旧蔵）　一冊京都大学附属図書館蔵　一冊東京大学総合図書館蔵（南葵文庫、大槻如電旧蔵）　合一冊天理大学附属天理図書館蔵　合一冊都立中央図書館蔵（井上文庫、書入本）　合一冊龍谷大学大宮図書館蔵（寫字臺文庫）

又　後印（〔京〕　上村次郎右衛門）
和大四冊刈谷市中央図書館蔵（村上文庫）　合一冊無窮会図書館蔵（神習文庫）　二冊筑波大学附属図書館蔵　一冊早稲田大学中央図書館蔵

老子翼　三巻　明焦竑撰　王元貞校
明萬曆一六（一五八八）序刊
唐大三冊宮内庁書陵部蔵（紅葉山文庫本）　四冊天理大学附属天理図書館蔵（欠巻三、書入本）　三冊大阪府立中之島図書館蔵　六冊東京大学東洋文化研究所蔵（徐則恂旧蔵）　二冊名古屋市蓬左文庫蔵（莊子翼八巻四冊と合一帙、寛永六年買本）

又　修（梅墅石渠閣）
唐半三冊京都大学文学部蔵

同　〔明末〕刊　覆明萬曆十六年序刊本

同　唐大二冊静嘉堂文庫蔵　三冊都立中央図書館蔵（井上文庫、書入本）　六冊天理大学附属天理図書館蔵（書入本）　一冊無窮会図書館蔵（平沼文庫、荘子翼八巻四冊と一帙）

又　〔明末〕刊　覆明萬暦十六年序刊本

唐大三冊無窮会図書館蔵（天淵文庫、森枳園旧蔵、書入本）　三冊無窮会図書館蔵（神習文庫、井上頼圀旧蔵）　三冊無窮会図書館蔵（織田文庫）

又　修

唐大三冊京都府立総合資料館蔵（荘子翼八巻六冊と合一帙）　三冊斯道文庫蔵（荘子翼八巻六冊と合一帙、河内安福寺旧蔵）

同　老荘翼註之一

後印（長庚館）

唐大三冊尊經閣文庫蔵　三冊東京大学総合図書館蔵（南葵文庫、大槻如電旧蔵）

又　〔外題「老子翼註」〕六巻　明焦竑撰　王元貞校　〔小出永安〕点
〔承應二（一六五三）〕刊　〔京〕〔小嶋市郎右衛門〕　翻明萬暦十六年序刊本　老荘翼之一

和大六冊斯道文庫蔵（安井文庫、安井息軒自筆書入）　六冊静嘉堂文庫蔵（中村敬宇旧蔵）　六冊九州大学中央図書館蔵（逍遙文庫、書入本）　六冊京都大学人文科学研究所蔵　六冊天理大学附属天理図書館蔵　六冊大東文化大学図書館蔵（高島蔵書）　六冊早稲田大学中央図書館蔵（服部文庫）　合三冊神宮文庫蔵（宮崎文庫、老荘翼合九冊之内）　六冊尊經閣文庫蔵（老荘翼十七冊之内）　六冊国立国会図書館蔵（老荘翼十七冊之内）

又　寛延四（一七五一）修（京　梅村三郎兵衛）

和大六冊斯道文庫蔵（浜野文庫）　四冊宮城県図書館蔵（半田文庫、欠首二巻）

又　後印

又
　　和大合二冊早稲田大学中央図書館蔵（寳暦九・十年書入本）

又
　逓修
　　和大合三冊東京大学総合図書館蔵（南葵文庫、海保漁村自筆書入本）

又
　逓修
　　和大六冊慶應義塾図書館蔵（星文庫）　六冊国立国会図書館蔵　三冊大東文化大学図書館蔵（高島蔵書）　六冊東北大学附属図書館蔵（狩野文庫）

又
　後印（京　勝村治右衛門）
　　和大六冊無窮会図書館蔵（平沼文庫、内田遠湖旧蔵）　六冊早稲田大学中央図書館蔵　六冊早稲田大学中央図書館蔵

又
　逓修（京　勝村治右衛門）
　　和大六冊国立国会図書館蔵

新刻眉公陳先生評註老子雋　明陳繼儒評　張鼒校
　〔明末〕刊（師儉堂蕭氏）　鐫眉公陳先生評選莊子南華經雋四巻と合一帙
　　唐大一冊斯道文庫蔵

同
　〔明末〕刊（蕭鳴盛）　五子雋所収　覆〔明末〕師儉堂蕭氏刊本
　　唐大一冊内閣文庫蔵（高野山釈迦文院旧蔵）

老子辯
　（外題「陳眉公老子辯」）二巻　明陳繼儒撰　張鼒訂　〔小〕幡龍埜（玉斧）校
　明和七（一七七〇）刊（京　小幡宗左衛門）　翻〔明末〕蕭氏刊五子雋本
　　和大二冊慶應義塾図書館蔵　二冊京都大学人文科学研究所蔵（書入本）　二冊筑波大学附属図書館蔵（書入本）　二冊早稲田大学中央図書館蔵　一冊大阪府立中之島図書館蔵　一冊無窮会図書館蔵（平沼文庫、内田遠湖旧蔵）　合一冊

国立国会図書館蔵　一冊東京大学総合図書館蔵（南葵文庫、大槻如電旧蔵）　一冊東北大学附属図書館蔵（書入本）　一冊都立中央図書館蔵（井上文庫）

老子道德經攷異　二巻　清畢沅撰
清乾隆四八（一七八三）刊（畢氏經訓堂）〔經訓堂叢書〕所収
唐大一冊内閣文庫蔵（紅葉山文庫本）　一冊内閣文庫蔵（昌平坂学問所本、文化元年受入れ）　一冊静嘉堂文庫蔵（陸氏十萬巻樓本）　二冊都立中央図書館蔵（特別買上文庫）

又　〔後印〕　經訓堂二十一種叢書所収
唐大一冊慶應義塾図書館蔵（安西雲煙旧蔵）

同　天保四（一八三三）刊（官版）　翻經訓堂叢書本
和大二冊内閣文庫蔵（昌平坂学問所本、天保四年受入）　二冊内閣文庫蔵（昌平坂学問所本、天保五年受入）　二冊大東文化大学図書館蔵（高島蔵書、飯田藩堀氏旧蔵）

又　後印（江戸　出雲寺萬次郎）
和大二冊東京大学総合図書館蔵（南葵文庫、島田篁村旧蔵）　二冊東北大学附属図書館蔵　二冊天理大学附属天理図書館蔵　二冊早稲田大学中央図書館蔵

又　後印（江戸　山城屋佐兵衛）
和大二冊国立国会図書館蔵　二冊静嘉堂文庫蔵　二冊都立中央図書館蔵（井上文庫）

又　後印
和大二冊斯道文庫蔵（安井文庫）　二冊無窮会図書館蔵（平沼文庫、川合槃山旧蔵）　二冊大阪府立中之島図書館蔵　二冊合一冊東京大学総合図書館蔵（森鷗外旧蔵）　二冊宮内庁書陵部蔵　二冊大東文化大学図書館蔵（高島蔵書）

又　明治四二印（〔東京〕富田鐵之助等）昌平叢書所収
和　大二冊静嘉堂文庫蔵　二冊合一冊東京大学総合図書館蔵

（6）『道徳經評註』については本章注4参照。目録事項と、管見に入れる伝本は次の如くである。

道徳經評註　二巻首目一巻　漢河上公章句　明歸有光批閲　文震孟訂正
明天啓四（一六二四）序刊（竺塢蔵書）老荘評註所収
唐大一冊東洋文庫蔵（南華眞經評註一〇巻三冊と合一帙）

同　清嘉慶九（一八〇四）刊同一二（一八〇七）印（姑蘇〔王氏〕聚文堂）九子全書所収
唐大一冊内閣文庫蔵（昌平坂学問所本、嘉永六年受入）

又　〔後印〕（姑蘇〔王氏〕聚文堂）十子全書所収
唐大一冊京都大学附属図書館蔵（黄彭年手校本）一冊京都大学人文科学研究所蔵　一冊静嘉堂文庫蔵（緑静堂旧蔵）一冊無窮会図書館蔵（平沼文庫、川合槃山旧蔵）一冊大東文化大学図書館蔵（高島蔵書、単行）

同　〔清〕刊　覆清嘉慶九年姑蘇聚文堂刊本　十子全書所収
唐大一冊慶應義塾図書館蔵

渡来の年代は明らかでないが、「天保一四年（一八四三）卯臨時拂落札帳」に「十子全書　弐部／六堂各六冊／百九十匁　重野や／百八十六匁　長ヲカ／百三十八匁六分　安田や」と、弘化四歳（一八四七）未正月作成の『午壱番船書籍元賬』に「十子全書　二部各六套」、嘉永元年（一八四八）申十月作成の『申壱番船書籍元賬』に「十子全書　一部六包」、嘉永三年戌五月作成『酉五番船書籍元賬』に「十子全書　二部各四包」の記録が残っている（以上、大庭脩『江戸時代における唐船持渡書の研究』参照）。尚、内閣文庫蔵の『九子全書』一三冊は昌平坂学問所嘉永六年新収の書である。

（7）武内義雄「河上公老子唐本攷」四本邦伝来の諸本（『全集』第五巻　老子篇収載）に『老子經通考』の本文系統について、次のような簡潔な言及がある。「体裁は全く河上公本の旧形を改めたれども、其の内容は世徳堂本及び纂図互注本と同じからずして、活字本と一致せり」「元贇の拠れる底本は我邦所伝ものにして彼の土の刻本に本づくにあらず」と。以下に述べるところはこの博士の高察を、やや細部に及んで追認し、少しく補足するものである。

（8）『老子經通考』の刊行、印行の次第は、現存伝本から判明する限り、以下の如くである。

老子道德經　〔題簽・序題「老子經通考」〕四巻　漢河上公章句　明陳元贇注　闕名者点
延寶八（一六八〇）刊（京　板木屋久兵衛）
和大四冊慶應義塾大学図書館蔵　四冊神宮文庫蔵　四冊大東文化大学図書館蔵（高島蔵書）

同　附陳元贇傳（附）梁容若撰
民国五四（一九六五）刊（台北　藝文印書館）　影印延寶八年京板木屋久兵衛刊本　序並上本一四丁影印
大坂西爽堂修本　無求備齋老子集成初編所収　唐中一冊

又　寶永二（一七〇五）修（京　富倉太兵衛）
和大四冊静嘉堂文庫蔵（書入本）　四冊無窮会図書館蔵（三宅真軒旧蔵）　四冊合一冊東京大学総合図書館蔵　四冊名古屋市蓬左文庫蔵　四冊刈谷市中央図書館蔵　二冊刈谷市中央図書館蔵（書入本）　四冊筑波大学附属図書館蔵　四冊早稲田大学中央図書館蔵　二冊九州大学文学部中国哲学研究室蔵　合二冊祐徳稲荷神社蔵（書入本）　合二冊天理図書館蔵　合一冊天理図書館蔵（伊藤東涯手沢本）
（未）四冊高知大学附属図書館（小島文庫）

又　〔後印〕　加点書跋無し
二冊合一冊国立国会図書館蔵

又　〔題簽「老子道德經通考」〕
〔逓修〕（〔大坂〕西爽堂）
和大四冊無窮会図書館蔵（神習文庫　井上頼圀旧蔵、書入本）　四冊筑波大学附属図書館蔵　四冊名古屋市鶴舞中央図書館蔵

又　〔後印〕（大坂　西爽堂辻本久兵衛）

又　和大合三冊筑波大学附属図書館蔵（林泰輔旧蔵、書入本）　四冊大阪府立中之島図書館蔵　四冊大阪府立中之島図書館蔵　四冊天理図書館蔵（書入本）

又〔後印〕（大坂　星文堂浅野弥兵衛）
和大合一冊東北大学附属図書館蔵（狩野文庫）　二冊刈谷市中央図書館蔵　二冊都立中央図書館蔵（井上文庫）　四冊東洋文庫蔵

又〔題簽改刻「老子經通考」〕〔後印〕
和大四冊静嘉堂文庫蔵　合二冊叡山文庫（理性院）蔵　四冊早稲田大学中央図書館蔵

同　昭和五一（一九七六）刊（東京　汲古書院）　影印静嘉堂文庫蔵延寶八年刊寶永二年修後印本　和刻本諸子大成第九輯所収　B5

又〔逓修〕（京　天王寺屋市郎兵衛）
和大二冊筑波大学附属図書館蔵

又〔逓修〕（京　尚徳堂堺屋儀兵衛・尚書堂堺屋仁兵衛）
和大四冊合一冊東京大学総合図書館蔵（南葵文庫、大槻如電旧蔵）

その外、愛知教育大学附属図書館所蔵本が知られるが未見。

江戸時代書林の出版書籍目録を検索すると、延寶三年（一六七五）京毛利文八編刊『古今書籍題林』及びその増補改訂版である貞享二年（一六八五）京西村市良右衛門等修『改正広益書籍目録』に「三　同（老子）河上公註」と、元禄五年（一六九二）京永田調兵衛等刊『広益書籍目録』に「四　同河上公註」と、元禄一二年（一六九九）刊京永田調兵衛等刊『新版増補書籍目録』に「四　同河上公注」と、元禄九年（一六九六）河内屋利兵衛刊『増益書籍目録大全』及び其の増補版である寶永六年（一七〇九）京丸屋源兵衛修本に「四 版木ヤ久　同河上公註　四匁」（振り仮名省略）と、また、同書正徳五年（一七一五）京丸屋源兵衛修本に「四版木ヤ久　同河上公註　六匁」（振り仮名省略）と著録されている。江戸時代に刊行された老子河上公注本は「通考」以外に考えられないのであるから、これらに著録された「老子河上公注」は同書に他ならないであろう。しかし、此処に示した伝本調査の結果と相応しない著録が認められる。

その著しい矛盾は、延寶三年刊の『古今書籍題林』に著録されていることである。初印本と見られる現存伝本には巻尾の加点跋後に延寶八年九月の紀年月があり、その年を以て刊行年とされている。『古今書籍題林』の記載に従うならば、刊年は延寶三年以前に遡り、初印本と見做された伝本は延寶八年の後印ということになろう。但、所見の延寶三年刊『古今書籍題林』が延寶八年以後の後印修本である可能性も否定できない。本書の成立は、自序により寛文一〇年（一六七〇）と見做され、延寶八年刊行とすれば、その間の年月の開きが有りすぎるようにも思われるが、暫く、これまでの伝本調査の結果を尊重し、延寶八年を刊年と見做して今後の調査に期待したい。

二つ目の矛盾は、『増益書籍目録大全』の寶永六年及び正徳五年の修訂本に版元として「板木ヤ久」の名が見えることである。「通考」の第一次修本として上記の如く寶永二年修本が知られる。その管見に入れる伝本は全て、加点書跋末の紀年の「延寶八庚申」を削り、「寶永二乙酉」と、「下立賣通千本西へ入町／板木屋／久」を削り「一条通富倉太」と改修されている。従って、現在知られている伝本からは、京富倉太兵衛の寶永二年修本と判断せざるを得ない。此の判断が正しければ、寶永六年及び正徳五年の修訂本『増益書籍目録大全』の版元「板木ヤ久」との記載は、修訂の遺漏ということになろう。しかし、版行者名はその儘で紀年のみ「寶永二酉乙」と改められた本が存在すれば、版権が富倉に移行したのは正徳五年以降と考える事も出来る。この点に就いても暫く伝本調査した限りの結果に従うが、なお、博捜検討する必要性を感じる。

何れにしても、本書は江戸時代中期以後も、京都の板木屋久兵衛から富倉太兵衛へ、次いで大坂の辻本久兵衛、淺野彌兵衛、更に京都の天王寺屋市郎兵衛、堺屋儀兵衛・堺屋仁兵衛と版権者を変えながら、幕末に及び、河上公注本唯一の通行本として、その命脈を保ち続けた。

（9）陳元贇の経歴事績については、小松原濤『陳元贇の研究』に詳しい。また、梁容若「陳元贇傳」（無求備齋老子集成初編所収本末に付す）が有る。

（10）武内義雄は、河上公本と王弼本との関係を考證する中で、「縄縄不可名」の「縄」字に対する『經典釋文』の「河上本作縄」の校記を取り上げ、「縄縄」に関しては両本に違いは無い点を指摘し、「王・河の差は只だ一兮字の有無に過ぎず」と述べる（『老子原始』第三章老子伝本攷下　四河上公本と王弼本との関係）。所説は、鄭校また朱謙之『老子校釋』にも引証されている。また、島邦男『老子校正』は、「兮」字が無い現行王本を『永楽大典』に拠って「縄縄兮」と校正（武英殿版校記に「永楽大典縄縄下有兮字」と）、逆に河上公本は敦煌本、景福碑、道蔵本に「兮」字が有るのには拠らずに「縄縄」と校正している。

（1）木村素石　名は正幹、俳号は月の本素石。長門の人。幕末明治の俳人・書家。明治三十六年（一九〇三）一月二十一日歿、六十七歳。明治十四年刊岡田良策編『文明雅治鄙人名録』、明治十六年刊清水信夫編『文明雅治鄙姓名録』に載ると。蔵書家としても注目される。丸山季夫『静嘉堂文庫蔵書印譜』、中野三敏『近代蔵書印譜　初編』に小伝を付す。

大野洒竹　大正二年（一九一三）十月十二日歿、四十二歳。医学博士、大野病院長。洒竹は俳号。

（2）『老子鬳齋口義』の諸本については序章注85参照。

（3）『老子翼』三巻或いは六巻、明焦竑撰。明刊本三版が伝来し、明版の翻刻である承應二年（一六五三）京小嶋市郎右衛門刊行和刻本が知られ、修印が重ねられ幕末明治に及んでいる。目録事項及び伝本に就いては、第四章注5に既述。

（4）徳倉昌堅の事績に就いての詳細は明らかではない。大野出「道春点『老子口義』と徳倉昌堅」が参考になる。

（5）『御文庫目録』は紅葉山文庫の蔵書を、書名の以呂波別に部分けし、それぞれを寛永一六年（一六三九）から享保七年（一七二二）までの収蔵年ごとに著録した目録であると言われる。大庭脩「東北大学狩野文庫架蔵の御文庫目録」（『関西大学東西学術研究所紀要』三）参照。此処では、静嘉堂文庫蔵（喜多村槐園旧蔵）の次の写本を参勘した。

御文庫目録（楓山文庫）（いろは別年代順）三巻
〔江戸後期〕写　半三冊（函架番号　七九・五二）

（6）文化三年（一八〇六）刊『文中子中説』一〇巻、管見に入れる伝本は次の如し。

文中子中説　一〇巻附文中子補傳一巻　旧題隋王通撰（宋）阮逸注（補傳）（宋）司馬光撰　佐野山陰校点
文化三（一八〇六）刊（京　錦山堂植村藤右衛門・金花堂河南喜兵衛・星文堂石田治兵衛）覆元禄八年刊本
和大四冊神宮文庫蔵（橋村正璟奉納書）　四冊斯道文庫蔵
（未）四冊筑波大学附属図書館蔵（津藩有造館旧蔵）　二冊鹿児島大学附属図書館（玉里文庫）

又　後印（大坂　河内屋喜兵衛）
和大四冊早稲田大学中央図書館蔵　四冊刈谷市中央図書館蔵　四冊神宮文庫蔵（神苑會奉納書）

又　後印（大阪　積玉圃河内屋喜兵衛）

和大四冊国立国会図書館蔵　四冊東北大学附属図書館蔵（狩野文庫）　四冊早稲田大学中央図書館蔵

又　明治印（大阪　文榮堂前川善兵衛）

和大四冊天理大学附属天理図書館蔵　半四冊早稲田大学中央図書館蔵

又　明治印（東京　松山堂）

和大四冊東北大学附属図書館蔵　四冊天理大学附属天理図書館蔵

此の本の本文は、元禄八年（一六九五）修文堂石田鴻鈞子刊深田厚齋校点本の粗なる覆刻であるが、所々眉欄に校語が刻されているのは、山陰校勘の成果であろう。また、訓点は全面的に改められている。

（7）同本奥付の刊記の前に次の識語が見える。「此書元禄中所刊尾張儒官厚齋深田氏挍訂／尚有秋葉之憾頃者吾山陰先生一掃洗然使／観者拭目亦後死之幸也／文化乙丑古重陽日　佐野維文謹識」

佐野維文は、山陰墓碑銘文に見える嗣子姪長統と同人か。『京都名家墳墓録』参照。

（8）古鈔本に見える江家説に関する書入れ資料を、鄙見の限りで紹介しておきたい。

①序「於是老子著上下二篇八十一章五千餘言」の「上下」（序2ウ1）に就いて

・「或本云二字不讀江本ナ爲異」〔東洋・書陵〕（〔書陵〕は「二字不讀」を「不讀二字」に作る）

・「ーー二字江本ニモ不読也」〔慶Ⅰ・大東・慶Ⅱ〕（〔慶Ⅱ〕は「ーー」及び「也」字無し）

②養身第二経文「是以不去」下注「不言不可知」の「知」字（上2ウ6b）に就いて

・「和江家本也」〔梅沢〕（〔大東〕左旁には「和イ」の校異あり）

③無源第四経文「道沖而用之」の「沖」字（上3ウ5）に就いて

・「江本乍沖如注者中也顧云中也簡文云静述之道法也冲深也」〔杏Ⅰ・足利・大東・慶Ⅰ・梅沢〕（〔大東・慶Ⅰ〕は「冲如の間に「直隆切」の反切が有る、〔梅沢〕は「冲如注者中也」を「仲如字者也」に作る）

④儉慾第四十六経文「罪莫大於可欲」下注「好色淫也」の「色淫」（下8ウ2a）に就いて

・「江本淫字在色字上今案淫字在下又不劣」〔杏Ⅱ・大東・慶Ⅰ・武内〕

⑤守微第六十四経文「學不學」下注「聖人學治身守道真也」の「守道真」（下23ウ1b）に就いて

・「ーーー三字菅家江家ニハ不読也」〔大東〕（〔大東〕には別に「守道真三字不讀也避菅家諱也道真二字諱也」と、又〔杏Ⅱ〕にも其れとほぼ同文同義の書入れが見える）

⑥知難第七十経文「夫唯無知是以不我知」の「夫唯」（下27ウ7）に就いて

・「ヨヒト江説」〔梅沢〕、尚〔六地〕の左旁には「世ノ人」とある。

（9）　武内義雄「老子の研究（下）道徳経析義」第四十一章攷異に「類は平らかならざる意で、夷は平の義であって上の句明昧進退相対しているからこの句も夷と類と対すべきで、河上公本が類となっているのは誤りである」と。また、朱謙之『老子校釋』四十一章参照。

（10）『老子述義』逸文蒐輯のこれまでにおける成果については、序章注74参照。

（11）　此の古鈔本の「述三」等の書入れについては早く阿部隆一「金沢文庫蔵鎌倉鈔本周易注疏其他雑抄と老子述義の佚文　三」に指摘がある。博士は「この記入によれば、述義一〇巻中、道経の本文は巻三で始まってゐるから、恐らく巻一は総論、巻二は序文の注にあてられてゐたのであらう。」と述べておられる。加うるに、今此の序首の「述一二」の標記に着目するならば、巻一総論、巻二序文と考えるよりは、序文の注釈は巻一巻二の両巻にわたり、総論があったと仮定すれば、其れは巻前首序の内に当てられていたと推定するのが妥当と思われる。

（12）「李」とは未詳。或いは『日本國見在書目録』の「李軌撰老子音一巻」のことか。

（13）　武内は、「老子の研究（下）道徳経析義」第四十一章攷異において、「曰字は現行王弼本にも河上公本にもないが傅奕本と范應元本とにあって、范注に河上公本は曰字がないが、王弼・孫登・阮咸本皆曰字があるといっているから王弼真本には曰字があったのであろう」と、また、島は『老子校正』王本校正に「曰字、今本無、嚴本有曰字、而范應元曰王弼・孫登・阮咸同古本、則王本有曰字、嚴・王・古本均有曰字」と考証している。

（14）　島校は「爵」字について「爵字、今本作命、嚴・想及古本作爵、集註云、明皇・王弼二本命並作爵、則是原校語、可知宋時王本作爵字」と校勘している。此の述義の逸文も王弼本の原本文を窺う上で貴重である。

参考文献目録

論文

アンナ・サイデル「漢代における老子の神格化について」（『道教研究　第三冊』所収）

阿部隆一「室町以前邦人撰述論語孟子注釈書考（上）」（『斯道文庫論集』第二輯　昭和三八〈一九六三〉・三）

阿部隆一「金沢文庫蔵鎌倉鈔本周易注疏其他雑抄と老子述義の佚文」（『田山方南先生華甲記念論文集』、『阿部隆一遺稿集　第二巻　解題篇二』所収）

阿部隆一「六地蔵寺法寶蔵典籍について」（『斯道文庫論集』第五輯　昭和四二〈一九六七〉・七）

阿部隆一「古文孝經舊鈔本の研究（資料篇）」（『斯道文庫論集』第六輯　昭和四三〈一九六八〉・三）

阿部隆一「金沢文庫旧蔵鎌倉鈔本「南華真経注疏」考」（『かがみ』第十三号　昭和四四〈一九六九〉・二、『阿部隆一遺稿集　第二巻　解題篇二』所収）

阿部隆一「天理図書館蔵宋金元版本考」（『ビブリア』第七五号　昭和五五〈一九八〇〉・一〇、『阿部隆一遺稿集　第一巻　宋元版編』所収）

池田温「盛唐之集賢院」（『北海道大学文学部紀要』通巻二七号　一九七一・二）

池田知久「日本における林希逸『荘子鬳齋口義』の受容」（『二松学舎大学論集』第三十一号　昭和六三〈一九八八〉・三）

栄原永遠男「滋野氏の家系とその学問―九世紀における改氏姓の一事例―」（『和歌山県史研究』八号　一九八一・一）

太田次男・稲垣祐宣「平安末写三教指帰敦光注について―解題と翻印―」（『史学』第四十一巻第一号　三田史學會　昭和四三〈一九六八〉・六）

太田次男「〔東寺宝菩提院三密蔵〕三教勘注抄巻五〔鎌倉初〕写本について―附・本文の翻印―」（『成田山仏教研究所紀要』第二十二号　平成一一〈一九九九〉・三）

太田次男「〔高野山宝寿院蔵〕『三教勘注抄』巻一・二〔平安末鎌倉初間〕写本について―附・本文の翻印―」（『成田山仏教研究所紀要』第二十三号　平成一二〈二〇〇〇〉・三）

大野出「林羅山と『老子鬳齋口義』」（『日本の近世と老荘思想』第一章）

大野出「道春点『老子口義』と徳倉昌堅」（『近世文藝』第六九号　平成一一〈一九九九〉・一）

大庭脩　「東北大学狩野文庫架蔵の御文庫目録」（『關西大學東西學術研究所紀要』三　昭和四五〈一九七〇〉・三）
大庭脩　「日本における中国典籍の伝播と影響」（『日中文化交流史叢書　第九巻　典籍』第一章）
大淵忍爾　「老子想爾注と河上公注との関係について」（『山崎先生退官記念東洋史学論集』所収）
奥田勲　「高山寺經藏の漢籍と明恵上人」（『高山寺古訓點資料　第一』〈高山寺資料叢書第九冊〉所収）
小田義久　「龍谷大学図書館蔵大谷文書について」（『大谷文書集成　第一巻』所収）
狩野直喜　「老子河上公注」（『讀書籑餘』所収）
狩野直喜　「舊鈔本老子河上公注跋」（『支那學』第三巻第八號　一九二四・七、『支那學文藪』収載）
川瀬一馬　「泉涌寺版について－泉涌寺藏律部七十三帖を中心として－」（『書誌學』復刊新十五號　日本書誌學會　昭和四四〈一九六九〉・五）
木村英一　「武内博士の老子研究」（『武内義雄全集　第五巻　老子篇』解説）
楠山春樹　「旧鈔本『老子河上公注』の序について」（漢魏文化研究会編『内野博士還暦記念東洋学論集』所収）
楠山春樹　「本邦旧鈔本『老子河上公注』の序について」（『道家思想と道教』所収）
楠山春樹　「道徳経類―付『荘子』『列子』『文子』」（福井文雅等編『敦煌講座4　敦煌と中国道教』所収）
楠山春樹　「概説　敦煌本道徳経類（本文・注釈・解題）」（『道家思想と道教』所収）
窪徳忠　「宮内廳書陵部所藏の道藏」（『東方宗教』第七号　昭和三〇〈一九五五〉）
窪徳忠　「涵芬樓影印本道藏校勘記―全眞經關係資料に就いて―」（『東方宗教』第十号　昭和三一〈一九五六〉、『窪徳忠著作集8　道教と東アジアの宗教文化』収載）
熊原政男　「弘決外典鈔について」（『金沢文庫研究紀要』第一号　神奈川県金沢文庫　昭和三六年〈一九六一〉）
熊原政男　「弘決外典鈔について－新指定の重文－」（『金沢文庫研究』昭和三四年四・五月特輯号通巻四五号　昭和三四〈一九五九〉・五）
古勝隆一　「賈大隠の『老子述義』」（吉川忠夫編『唐代の宗教』所収）
小島憲之　「上代に於ける賦並びに歌學」（『上代日本文學と中國文學　下』所収）
小林芳規　「鎌倉時代の高山寺における外典の受容について」（『高山寺古訓點資料　第一』〈高山寺資料叢書第九冊〉所収）
坂出祥伸　「老子河上公注の身體觀」（内藤幹治編『中國的人生観・世界観』所収）
澁谷康海　「老子河上公注の叢刊本と世徳堂本について－主として音釋を中心に－」（『中国学研究』一号　大正大学中国学研究会　一九七七・三）

島邦男　「老子河上公本の成立」（『宇野哲人先生白寿祝賀記念東洋學論叢』所収）
島邦男　「馬王堆老子からみた河上公本」（『集刊東洋學』第二六號　東北大学中国文史哲研究会　昭和五一〈一九七六〉・一〇）
菅原範夫・松本光隆　「高山寺藏本三教指歸巻中解題」（『高山寺古訓點資料　第四』所収）
住吉朋彦　「不二和尚岐陽方秀の学績－儒道二教に於ける－」（『書陵部紀要』第四七号　一九九六・三）
平春生　「泉涌寺版と俊芿律師」（石田充之編『鎌倉仏教成立の研究　俊芿律師』所収）
高橋美由紀　「伊勢神道の形成と道家思想－神観を中心として－」（『東北大学日本文化研究所報告』第一三集　一九七七、『伊勢神道の成立と展開』第一章第二節及び、『選集　道教と日本　第三巻　中世・近世文化と道教』収載）
高橋美由紀　「伊勢神道の形成と度会行忠－『大元神一秘書』の成立をめぐって－」（『日本思想史学』第一二号　東北大学文学部日本思想史学研究室　昭和五五〈一九八〇〉・九）
武内義雄　「河上公老子唐本攷」（『藝文』第十年四号　一九一九・四、『武内義雄全集　第五巻　老子篇』収載）
武内義雄　「唐廣明元年刻老子道徳經に就いて」（『支那學』第二巻五号　一九二二・一、『武内義雄全集　第五巻　老子篇』収載）
武内義雄　「老子の研究（上）序説」（『老子の研究』所収、『武内義雄全集　第五巻　老子篇』収載）
武内義雄　「老子の研究（下）道徳經析義」（『老子の研究』所収、『武内義雄全集　第五巻　老子篇』収載）
武内義雄　「道徳經の注釈書解題」（『老子の研究』第七章所収、『武内義雄全集　第五巻　老子篇』収載）
武内義雄　「經典釋文をよみて」（『東方学』第二輯　一九五一・八、『武内義雄全集　第四巻　儒教篇三』収載）
武内義雄　「日本に於ける老莊學」（岩波文庫『老子』附録）
多治比郁夫　「大阪府立図書館物語②伊藤家寄託本始末記」（『難波津』〈大阪府立図書館報〉四一号　一九七〇・三）
田中健夫・石井正敏　「古代日中関係編年史料稿－推古天皇八年（六〇〇）から天平十一年（七三九）まで－」（『遣唐使研究と史料』所収）
東野治之　「上代文学と敦煌文献」（『遣唐使と正倉院』第三部唐文化の受容と選択　所収）
栂野茂　「近世における老子口義」（『支那学研究』第三十三号　広島支那学会　一九六八・一）
栂野茂　「傳顧歡『道德眞經注疏』所引の『老子注』・『老子疏』」（『汲古』第四十四号　古典研究会編　平成一五〈二〇〇三〉・一二）
戸川点　「院政期の大学寮と学問状況　藤原頼長の事績を中心に」（『王朝の権力と表象―学芸の文化史』所収）
内藤幹治　「老子河上公注の校本について」（『集刊東洋學』第一九號　東北大学中国文史哲研究会　昭和四三〈一九六八〉・五）
内藤幹治　「河上公注老子の養生説について」（『吉岡博士還暦記念道教研究論集―道教の思想と文化―』所収）

納富常天「東国仏教における外典の研究と受容（一）」（『金沢文庫研究』第二一巻第三号通巻二二六号　神奈川県立金沢文庫　昭和五〇〈一九七五〉・三）
納富常天「東国仏教における外典の研究と受容（二）」（『金沢文庫研究紀要』第一三号　神奈川県立金沢文庫　昭和五一〈一九七六〉・三）
納富常天「東国仏教における外典の研究と受容（三）－称名寺湛睿を中心として－」（『金沢文庫研究』第二二巻四号通巻二三九号　神奈川県立金沢文庫　昭和五一〈一九七六〉・六）
芳賀幸四郎「中世禅林における老荘への関心と神仙思想」（『選集　道教と日本　第三巻　中世・近世文化と道教』所収）
波多野太郎「老子王注校正三巻同補遺・続補」（『老子道徳經研究』所収）
波多野太郎「馬王堆出土老子考」（『老子道徳經研究』所収）
波多野太郎「老子序説―諸子百家へのアプローチ―㈥道徳経の名称」（『老子道徳經研究』所収）
疋田啓祐「老子河上公注について」（『九州中国学会報』第一一巻　一九六五・五）
深野孝治「賈大隱著『老子述義』について－附『老子述義』輯佚稿－」（『大正大学大学院研究論集』第一四号　一九九〇・二）
福井康順「老子道德經序訣の形成」（『東洋思想史研究』所収）
福井康順「俊芿律師の宋学初伝について」（石田充之編『鎌倉仏教成立の研究　俊芿律師』所収）
藤善真澄「官吏登用における道挙とその意義」（『史林』第五一巻第六号　昭和四三〈一九六八〉・一一）
藤原高男「顧歡老子注考」（『漢魏文化』第三号　漢魏文化研究会　昭和三七〈一九六二〉・三）
藤原高男「顧歡老子注考」（漢魏文化研究会編『内野博士還暦記念東洋学論集』所収）
藤原高男「輯佚老子古注篇」（『高松工業高等専門学校研究紀要』第一号　昭和四一〈一九六六〉・三）
藤原高男「顧歡老子注三考」（『漢魏文化』第六号　漢魏文化研究会　昭和四二〈一九六七〉・二）
藤原高男「輯校贊道徳経義疏」（『高松工業高等専門学校研究紀要』第二号　昭和四二〈一九六七〉・三）
藤原高男「輯佚老子古注篇補正」（『漢魏文化』第七号　漢魏文化研究会　昭和四三〈一九六八〉・一二）
藤原高男「老子河上公注鈔本集成（上）（下）」（『高松工業高等専門学校研究紀要』第八・九号　昭和四八〈一九七三〉・二、同四九〈一九七四〉・二）
藤原高男「老子河上公注鈔本集成校勘記（上）（下）」（『高松工業高等専門学校研究紀要』第十・十一号　昭和五〇〈一九七五〉・三、昭和五一〈一九七六〉・三）
藤原高男「成玄英『道徳經義疏』と「河上公注」」（『東方學』第六十一輯　昭和五六〈一九八一〉・一）

堀池信夫「顧歓『老子注』の思想」（『東方宗教』第七十四号　日本道教学会　平成一〈一九八九〉・一一）

牧野和夫「『孔子の頭の凹み具合と五（六）調子等を素材にした二、三の問題」（『東横国文学』第十五号　昭和五八〈一九八三〉・三、『中世の説話と学問』収載）

牧野和夫「『孔子論』一巻　附『台宗三大部外勘鈔』－『類雑集』という窓から(1)－」（『東横国文学』第十八号　昭和六一〈一九八六〉・三、『中世の説話と学問』収載）

増尾伸一郎「日本古代の知識層と『老子』－〈河上公注〉の受容をめぐって」（『豊田短期大学研究紀要』第一号　一九九一、『選集　道教と日本　第二巻　古代文化の展開と道教』収載）

矢島玄亮「弘決外典鈔索引稿　上・下」（『金沢文庫研究』第一三巻第七・八号通巻一三七・八号　神奈川県立金沢文庫　昭和四二〈一九六七〉・七－八）

矢島玄亮「「弘決外典鈔索引稿」余録」（『金沢文庫研究』第一六巻第七号通巻一七一号　神奈川県立金沢文庫　昭和四五〈一九七〇〉・七）

山城喜憲「京都大学附属図書館蔵清家文庫『老子經抄』翻印並びに校異・解題」（『斯道文庫論集』第二十六輯　平成四〈一九九二〉・三）

山城喜憲「天理大学附属天理図書館蔵『老子道徳經河上公解（抄）』翻印並に解題（上・中・下）」（『斯道文庫論集』第二十九～三十一輯　平成六〈一九九四〉・一二、同八〈一九九六〉・一、同九〈一九九七〉・一）

山城喜憲「神宮文庫蔵『（老子經抄）』解題編」（『斯道文庫論集』第三十三輯　平成一一〈一九九九〉・二）

山城喜憲「河上公章句『老子道徳経』古活字版本文系統の考索（上・中・下）」（『斯道文庫論集』第三十四～三十六輯　平成一二〈二〇〇〇〉・二、同一三〈二〇〇一〉・二、同一四〈二〇〇二〉・二）

山城喜憲「『老子鬳齋口義』伝本攷略」（『斯道文庫論集』第三十九輯　平成一七〈二〇〇五〉・二）

吉岡義豊「老子河上公本と道教」（酒井忠夫編『道教の総合的研究』所収）

馬叙倫「老子校詁序」（『老子校詁』巻頭所載、一九二四）

嚴靈峰「陸德明「老子音義」引書考略」（『老子音義』〈『無求備齋老子集成初編』所収〉附載）

蒙文通「輯校成玄英《道德經義疏》」（『道書輯校十種』所収）

梁容若「陳元贇傳」（『無求備齋老子集成初編』所収『老子經通考』末に付す）

崔在穆「林希逸『三子鬳齋口義』の韓國版本調査」（科研費「古典學の再構築」講演会レジュメ　二〇〇〇・七、『東方学会第

四十八回国際東方学者会議シンポジウムⅢ資料集「林希逸『三子鬳齋口義』と東アジア三国の近世文化」収録）

崔在穆「朝鮮時代における林希逸『三子鬳齋口義』の受容」（『東方学会第四十八回国際東方学者会議シンポジウムⅢ資料集「林希逸『三子鬳齋口義』と東アジア三国の近世文化」所収）

著書

足利衍述『鎌倉室町時代之儒教』（東京　有明書房　昭和四五〈一九七〇〉・五）影印昭和七年日本古典全集刊行會刊本

〔池田知久〕編『東方学会第四十八回国際東方学者会議シンポジウムⅢ資料集「林希逸『三子鬳齋口義』と東アジア三国の近世文化」』（東京　東方学会　二〇〇三・五）

石田充之編『鎌倉仏教成立の研究　俊芿律師』（京都　法蔵館　昭和四七〈一九七二〉・三）

宇野哲人先生白寿祝賀記念會編『宇野哲人先生白寿祝賀記念東洋學論叢』（東京　編者　一九七四・一〇）

遠藤光正『管蠡抄・世俗諺文の索隠並びに校勘』（東京　現代文化社　昭和五三〈一九七八〉・一）

大江匡衡『江吏部集』三巻（『校新羣書類従』巻第百三十二）

『大曾根章介　日本漢文学論集　第二巻』（東京　汲古書院　平成一〇〈一九九八〉・八）

王廸『日本における老荘思想の受容』（東京　国書刊行会　二〇〇一・二）

大野出『日本の近世と老荘思想』（東京　ぺりかん社　一九九七・二）

大庭脩『江戸時代における唐船持渡書の研究』（吹田　關西大學東西學術研究所　昭和四二〈一九六七〉・三）關西大學東西學術研究所研究叢刊一

大庭脩『古代中世における日中関係史の研究』（京都　同朋舎出版　一九九六・二）

大庭脩『漢籍輸入の文化史－聖徳太子から吉宗へ－』（東京　研文出版　一九九七・一）

大庭脩・王勇編『日中文化交流史叢書　第九巻　典籍』（東京　大修館書店　一九九六・五）

大淵忍爾『道教史の研究』（岡山　岡山大学共済会書籍部　昭和三九〈一九六四〉・三）

香川默識編『西域考古圖譜　上・下巻』（東京　國華社　大正四〈一九一五〉・六）

狩野直喜『讀書籑餘』（東京　みすず書房　一九八〇・六）

狩野直喜『支那學文藪』（東京　みすず書房　一九七三・四）

狩谷棭齋『箋注倭名類従抄』一〇巻（東京　朝陽會　大正一〇〈一九二一〉・七〈縮刷再版〉）

狩谷棭齋『和名抄引書』（『早稲田大学蔵資料影印叢書　国書篇　第二巻』所収）

川俣馨一編『新校羣書類従　第六巻』（東京　内外書籍　昭和六〈一九三一〉・一〇）
寛永寺編『慈眼大師全集』（東京　編者　大正五〈一九一六〉・一二）
漢魏文化研究会編『内野博士還暦記念東洋学論集』（東京　編者　昭和三九〈一九六四〉・一二）
楠山春樹『老子傳説の研究』（東京　創文社　昭和五四〈一九七九〉・二）
楠山春樹『道家思想と道教』（東京　平河出版社　一九九二・七）
窪徳忠『道教史　世界宗教史叢書9』（東京　山川出版社　一九七七・八、一九八五・一一印〈四刷〉）
窪徳忠『道教入門』（東京　南斗書房　一九八三・一二）
窪徳忠『窪徳忠著作集2　新訂庚申信仰の研究　下巻』（東京　第一書房　一九九六・一二）
窪徳忠『窪徳忠著作集3　新訂庚申信仰の研究　年譜篇』（東京　第一書房　一九九六・一二）
窪徳忠『窪徳忠著作集7　道教と仏教』（東京　第一書房　一九九八・一二）
窪徳忠『窪徳忠著作集8　道教と東アジアの宗教文化』（東京　第一書房　一九九九・一一）
黒板勝美編『新訂増補國史大系　第三巻』（東京　吉川弘文館　昭和九〈一九三四〉・一一）
黒板勝美編『新訂増補國史大系　第四巻』（東京　吉川弘文館　昭和九〈一九三四〉・七）
黒板勝美編『新訂増補國史大系　第五巻』（東京　吉川弘文館　昭和八〈一九三三〉・九）
黒板勝美編『新訂増補國史大系　第十一巻』（東京　吉川弘文館　昭和四〈一九二九〉・一二）
慶応義塾大学附属研究所斯道文庫編『阿部隆一遺稿集　第一巻　宋元版篇』（東京　汲古書院　平成五〈一九九三〉・一）
慶応義塾大学附属研究所斯道文庫編『阿部隆一遺稿集　第二巻　解題篇一』（東京　汲古書院　昭和六〇〈一九八五〉・一）
高山寺典籍文書綜合調査團編『高山寺古訓點資料　第一』（東京　東京大學出版會　一九八〇・二）　高山寺資料叢書第九冊
高山寺典籍文書綜合調査團編『高山寺古訓點資料　第四』（東京　東京大學出版會　二〇〇三・八）　高山寺資料叢書第二十三冊
小島憲之『上代日本文學と中國文學　下』（東京　塙書房　昭和四〇〈一九六五〉・三）
古典籍覆製叢刊刊行會編『老子道德經』（東京　梅澤記念館蔵版　昭和五三〈一九七八〉・五　雄松堂書店発売）
小林正美『六朝道教史研究』（東京　創文社　一九九〇・一一）
小林芳規『平安鎌倉時代に於ける漢籍訓讀の國語史的研究』（東京　東京大學出版會　一九六七・三）
小松原濤『陳元贇の研究』（東京　雄山閣　昭和三七〈一九六二〉・八）
小松茂美監修『国宝手鑑　翰墨城』附別冊（総説・解題）（東京　中央公論社　一九七九）
酒井忠夫編『道教の総合的研究』（東京　国書刊行会　昭和五二〈一九七七〉・三）

佐藤義寛　『大谷大学図書館蔵『三教指帰注集』の研究』（京都　大谷大学　平成四〈一九九二〉・一〇）
島邦男　『老子校正』（東京　汲古書院　一九七三・一〇）
釈覚明　『三教指歸注』三巻　（京　石黒勝太夫　寛永六〈一六二九〉）
釈成安　『三教指帰注集』（『大谷大学図書館蔵『三教指帰注集』の研究』所収本）
釈信瑞・高楠順次郎校　『泉涌寺不可棄法師傳』（『大日本佛教全書　遊方傳叢書第三』所収）
釈善珠　『成唯識論述記序釋』（『大正新脩大藏經　第六十五巻　續論疏部三』所収）
釈善珠　『唯識義燈増明記』四巻　（『日本大藏經　第三十三巻　論藏部　唯識論章疏二』所収）
釈善珠　『唯識義燈増明記』四巻　（『大正新脩大藏經　第六十五巻　續論疏部三』所収）
釈善珠　『因明論疏明燈抄』六巻　（『大日本佛教全書』所収）
釈善珠　『因明論疏明燈抄』六巻　（『大正新脩大藏經　第六十八巻　續論疏部六』所収）
釈湛睿　『華厳演義鈔纂釋』三八巻　（『大正新脩大藏經　第五十七巻　續經疏部二』所収）
釈智光　『浄名玄論略述』八巻　（『日本大藏經　第二十五巻　經藏部　方等部章疏五』所収）
聖徳太子　『維摩經義疏』三巻　（『大正新脩大藏經　第五十六巻　續經疏部一』所収）
瑞溪周鳳　『善隣國寶記』三巻　（田中健夫編『善隣国宝記・新訂続善隣国宝記』所収）
菅原道眞奉勅撰　『類聚國史』（『新訂増補國史大系　第五・六巻』）
砂山稔　『隋唐道教思想史研究』（東京　平河出版社　一九九〇・二）
高岡隆心編　『真言宗全書』（和歌山県高野町　眞言宗全書刊行會　昭和一〇〈一九三五〉・四）
高楠順次郎編　『大正新脩大藏經　第五十二巻　史傳部四』（東京　大正一切經刊行會　昭和二〈一九二七〉・五）
高楠順次郎編　『大正新脩大藏經　第五十六巻　續經疏部一』（東京　大正一切經刊行會　昭和四〈一九二九〉・一一）
高楠順次郎編　『大正新脩大藏經　第五十七巻　續經疏部二』（東京　大正一切經刊行會　昭和五〈一九三〇〉・一〇）
高楠順次郎編　『大正新脩大藏經　第六十五巻　續論疏部三』（東京　大正一切經刊行會　昭和四〈一九二九〉・九）
高楠順次郎編　『大正新脩大藏經　第六十八巻　續論疏部六』（東京　大正一切經刊行會　昭和五〈一九三〇〉・一）
高橋美由紀　『伊勢神道の成立と展開』（東京　大明堂　平成六〈一九九四〉・一〇）
武内紹晃等編　『大正新脩大藏經索引　第三十六巻上　續論疏部Ⅱ上』（東京　大正新脩大藏經刊行會　昭和六〇〈一九八五〉・二）
武内義雄　『老子原始』（東京　弘文堂　大正一五〈一九二六〉、『武内義雄全集　第五巻　老子篇』所収）
武内義雄　『老子の研究』（東京　改造社　昭和二〈一九二七〉、『武内義雄全集　第五巻　老子篇』所収）

武内義雄訳註『老子』（東京　岩波書店　一九三八・三刊一九八八・二印〈第五刷〉　岩波文庫）
武内義雄『武内義雄全集　第一巻　論語篇』（東京　角川書店　昭和五三〈一九七八〉・七刊同五四・八印〈再版〉）
武内義雄『武内義雄全集　第四巻　儒教篇』（東京　角川書店　昭和五四〈一九七九〉・八刊同五五・一印〈再版〉）
武内義雄『武内義雄全集　第五巻　老子篇』（東京　角川書店　昭和五三〈一九七八〉・三刊同五五・一〇印〈三版〉）
武内義雄『武内義雄全集　第六巻　諸子篇一』（東京　角川書店　昭和五三〈一九七八〉・九刊同五四・八印〈再版〉）
田中健夫編『善隣国宝記・新訂続善隣国宝記』（東京　集英社　一九九五・一）　訳注日本史料
辻村敏樹編『早稲田大学蔵資料影印叢書　国書篇　第二巻　倭名類従鈔二』（東京　早稲田大学出版部　昭和六二〈一九八七〉・一二）
寺田貞次『京都名家墳墓録附略傳並ニ碑文集覧』（京都　山本文華堂　大正一一〈一九二二〉・一〇）
東方學會編『東方學會創立五十周年記念東方學論集』（東京　東方學會　一九九七・五）
東野治之『遣唐使と正倉院』（東京　岩波書店　一九九二・七刊　二〇〇二・一二印〈第二刷〉）
具平親王『弘決外典鈔』四巻（東京　東西書房　昭和三〈一九二八〉・一）　影印金澤稱名寺蔵圓種手校〔鎌倉〕写本並寶永刊本
内藤幹治編『中國的人生觀・世界觀』（東京　東方書店　一九九四・三）
中野達慧編『日本大藏經　第二十五巻　經藏部　方等部章疏五』（東京　隆文館　大正六〈一九一七〉・九）
中野達慧編『日本大藏經　第三十三巻　論藏部　唯識論章疏二』（東京　藏經書院　大正七〈一九一八〉・五、同八・六再版）
中野三敏『近代蔵書印譜　初編』（武蔵村山　青裳堂書店　昭和五九〈一九八四〉・一二）　日本書誌学大系41（1）
中村璋八『五行大義校註』（東京　汲古書院　昭和五九〈一九八四〉・二）
中村瑞隆等編『大正新脩大藏經索引　第三十二巻　續經疏部一』（東京　大正新脩大藏經刊行會　昭和六二〈一九八七〉・二）
長澤規矩也編『和刻本諸子大成　第九輯』（東京　古典研究會　昭和五一〈一九七六〉・四　汲古書院発行）
長澤先生喜壽記念會編『長澤規矩也著作集　第四巻　藏書書目・書誌學史』（東京　汲古書院　昭和五八〈一九八三〉・一二）
南條文雄等編『大日本佛教全書　因明論疏明燈抄』（東京　佛書刊行會　大正五〈一九一六〉・六）
南條文雄等編『大日本佛教全書　遊方傳叢書第三』（東京　佛書刊行會　大正六〈一九一七〉・一〇）
仁井田陞『唐令拾遺』（東京　東方文化學院東京研究所　昭和八〈一九三三〉・三）
仁井田陞著　池田温等編『唐令拾遺補―附唐日兩令對照一覧』（東京　東京大学出版会　一九九七・三）
新美寛編　鈴木隆一補『本邦残存典籍による輯佚資料集成　續』（京都　京都大学人文科学研究所　昭和四三〈一九六八〉・三）
野口鐵郎・中村璋八編『選集　道教と日本　第二巻　古代文化の展開と道教』（東京　雄山閣　平成九〈一九九七〉・三）
野口鐵郎・窪徳忠編『選集　道教と日本　第三巻　中世・近世文化と道教』（東京　雄山閣　平成九〈一九九七〉・六）

芳賀幸四郎『中世禅林の学問および文学に関する研究』（東京　日本学術振興会　昭和三一〈一九五六〉・三）
橋本義彦『藤原頼長』（東京　吉川弘文館　昭和三九〈一九六四〉・九　同四九〈一九七四〉・四印〈二版〉）人物叢書一二〇
波多野太郎『老子道徳經研究』（東京　国書刊行会　昭和五四〈一九七九〉・一）
早川純三郎編『解題叢書』（東京　國書刊行會　大正五〈一九一六〉・一）
久木幸男『大学寮と古代儒教』（東京　サイマル出版会　一九六八・三）
久木幸男『日本古代学校の研究』（東京　玉川大学出版部　一九九〇・七）
福井康順『東洋思想史研究』（東京　書籍文物流通會　昭和三五〈一九六〇〉・三）
『福井康順著作集　第二巻　道教思想研究』（京都　法蔵館　昭和六二〈一九八七〉・六）
福井康順等監修『道教　第二巻　道教の展開』（東京　平河出版社　一九八三・四）
福井文雅等編『敦煌講座4　敦煌と中国道教』（東京　大東出版社　昭和五八〈一九八三〉・一二）
福島正義『日本上代文学と老荘思想』（東京　高文堂　昭和五八〈一九八三〉・一〇）
服藤早苗編『王朝の権力と表象―学芸の文化史』（東京　森話社　一九九八・九）叢書・文化学の越境4
藤原基經等奉勅撰『日本文徳天皇實録』（『新訂増補國史大系　第三巻』所収）
藤原時平等奉勅撰『日本三代實録』（『新訂増補國史大系　第四巻』）
『日本紀略後篇』（『新訂増補國史大系　第十一巻』所収）
藤原敦光『三教勘注抄』存巻一・二（『真言宗全書』所収）
藤原敦光『三教勘注抄』存巻五（「東寺宝菩提院三密蔵三教勘注抄巻五〔鎌倉初〕写本について―附・本文の翻印―」所収本）
藤原頼長撰　廣池千九郎等校『台記』一二巻（『史料大觀』第壹巻上）（東京　哲學書院　明治三一〈一八九八〉・五）
藤原頼長撰　藤村龜太郎等校『台記別記』八巻『宇槐記抄』三巻『台記抄』一巻（『史料大觀』第壹巻下）（東京　哲學書院　明治三一〈一八九八〉・一一）
藤原頼長撰　増補史料大成刊行会編『台記』（京都　臨川書店　昭和四〇〈一九六五〉・九刊四一・三印）影印明治三一年刊『史料大觀』本『増補史料大成』抽印本
藤原頼長撰　増補史料大成刊行会校『台記補遺』（増補史料大成刊行会編『台記』所収）
藤原頼長撰　橋本義彦・今江広道校訂『史料纂集　台記第一』（東京　続群書類従完成会　昭和五一〈一九七六〉・一二）
牧野和夫『中世の説話と学問』（大阪　和泉書院　一九九一・一一）
丸山季夫『静嘉堂文庫蔵書印譜』（武蔵村山　青裳堂書店　昭和五七〈一九八二〉・三）日本書誌学大系22

源爲憲　『世俗諺文』（『續羣書類從』卷第八百八十五〈雜部三十五〉）
茂在寅男等　『遣唐使研究と史料』（東京　東海大学出版会　一九八七・四）
桃裕之　『上代學制の研究』（東京　目黒書店　昭和二二〈一九四七〉・五）
森繁夫　『古筆鑑定と極印』（京都　臨川書店　昭和六〇〈一九八五〉・一）
山崎先生退官記念会編　『山崎先生退官記念東洋史学論集』（東京　山崎先生退官記念会　一九六七・一二）
吉岡義豊　『吉岡義豊著作集　第三巻　道教経典史論』（東京　五月書房　昭和六三〈一九八八〉・一〇）
吉岡義豊／M・スワミエ編　『道教研究　第三冊』（東京　豊島書房　昭和四三〈一九六八〉・一二）
吉岡義豊博士還暦記念論集刊行会編　『吉岡博士還暦記念道教研究論集－道教の思想と文化－』（東京　国書刊行会　一九七七・六）
吉川忠夫編　『唐代の宗教』（京都大学人文科学研究所研究報告）（京都　朋友書店　二〇〇〇・七）
米山寅太郎　『梅澤記念館蔵老子道德經（河上公注）解説釋文』（古典籍覆製叢刊刊行會編　『老子道德經』別冊）（東京　雄松堂書店　昭和五三〈一九七八〉・五）
六地藏寺編　『六地藏寺善本叢刊　第六巻（中世國語資料）』（東京　汲古書院　昭和六〇〈一九八五〉・一〇）
龍谷大学佛教文化研究所編小田義久責任編集　『大谷文書集成　第一巻』（京都　法藏館　昭和五九〈一九八四〉・三）　龍谷大学善本叢書五
龍谷大学佛教文化研究所編小田義久責任編集　『大谷文書集成　第三巻』（京都　法藏館　平成一五〈二〇〇三〉・三）　龍谷大学善本叢書二十三
『清原系圖』（『續群書類從』卷第百七十三　系圖部六十八）
『續群書類從　第七輯上　系圖部』（東京　續群書類從完成會　明治三七〈一九〇四〉・二刊　昭和一〇・一〇印〈四版〉）
『續群書類從　第參拾輯下　雜部』（東京　續群書類從完成會　昭和三〈一九二八〉・七刊　昭和一二・四印〈三版〉）
『田山方南先生華甲記念論文集』（東京　田山方南先生華甲記念會　昭和三八年〈一九六三〉・一〇）
『古筆手鑑大成』編集委員会編　『国宝　藻塩草（京都国立博物館蔵）』（東京　角川書店　昭和六〇〈一九八五〉・一）　『古筆手鑑大成』第四巻
『古筆手鑑大成』編集委員会編　『手鑑（石川県美術館蔵）』（東京　角川書店　平成五〈一九九三〉・九）　『古筆手鑑大成』第十三巻
『古筆手鑑大成』編集委員会編　『重美　手鑑（京都・観音寺蔵）』（東京　角川書店　平成六〈一九九四〉・八）　『古筆手鑑大成』第十四巻

〔魏〕何晏集解梁皇侃義疏『論語義疏』一〇巻首序一巻附武内義雄撰『論語義疏校勘記』一巻　影印大正十二年〔大阪〕懐徳堂翻刊龍谷大學蔵文明九年写本（『武内義雄全集　第一巻　論語篇』所収）

唐陸徳明撰『經典釋文』三〇巻（上海　上海古籍出版社　一九八五・一〇）影印北京図書館蔵宋刊宋元逓修本

唐陸徳明撰　清盧文弨等校『經典釋文』三〇巻攷證（清盧文弨編）三〇巻（湖北崇文書局　清同治八〈一八六九〉）

唐陸徳明撰　民国呉承仕疏『經典釋文序録疏證』（北平　中國學院出版科　民国二二〈一九三三〉　中國學院國學系叢書之一

嚴靈峰編『老子音義』（台北　藝文印書館　民国五四〈一九六五〉）（『無求備齋老子集成初編』所収）

漢司馬遷撰　中華書局校訂『史記』一三〇巻（香港　中華書局　一九六九）

唐房玄齢等撰　中華書局編集部校訂『晋書』一三〇巻音義三巻（北京　中華書局　一九七四・一一）

唐李延壽撰　中華書局編集部校訂『南史』八〇巻（北京　中華書局　一九七五・六）

晋劉昫等奉勅撰　中華書局校訂『舊唐書』二〇〇巻（北京　中華書局　一九七五・五）

宋歐陽修・宋祁等奉勅撰　中華書局校訂『唐書』二二五巻（北京　中華書局　一九七五・二）

宋薛居正等奉勅撰　中華書局校訂『舊五代史』一五〇巻（北京　中華書局　一九七六・五）

元脱脱等奉勅撰（中華書局校訂）『宋史』四九六巻（北京　中華書局　一九七七・一一）

二十五史刊行委員會『二十五史補編』（台北　臺灣開明書店　民国四六〈一九五七〉・六刊同五六・一二印　臺二版）

宋李燾撰　上海師範學院・上海師範大學古籍整理研究室點校『續資治通鑑長編』第十六冊（北京　中華書局　一九八六・五）

隋杜臺卿撰『玉燭寶典』一二巻　摹刻旧鈔巻子本（『古逸叢書』所収）

唐玄宗撰　李林甫注　近衛家熙校　廣池千九郎点　内田智雄補訂『大唐六典』三〇巻（柏市　広池学園事業部　昭和四八〈一九七三〉・一二）

唐杜佑撰　長沢規矩也・尾崎康編『宮内庁書陵部蔵　北宋版　通典　第一巻』（東京　古典研究会　昭和五五〈一九八〇〉・五）

宋王溥編『唐會要』一〇〇巻（台北　世界書局　民国五七〈一九六八〉・一一〈三版〉）中國學術名著第二輯歴代會要第一期書

清徐松編『宋會要輯本』（台北　世界書局　民国五三〈一九六四〉・六）　歴代會要第一期書

宋陳思『御覽書苑菁華』二〇巻（錢塘振綺堂汪氏〔清乾隆〕）

北齊顔之推撰　清趙曦明注　盧文弨補注　民国周法高補正『顔氏家訓彙注』二巻附録補遺各一巻』（台北　中央研究院歴史語言研究所民国四九〈一九六〇〉）中央研究院歴史語言研究所専刊之四十一

梁元帝撰『金樓子』六巻（台北　世界書局　民国五六〈一九六七〉・一二〈再版〉）影印國立中央圖書館蔵清謝章鋌手校〔清〕写本

趙貞信　『封氏聞見記校證』一〇巻首目一巻附録一巻附引得（北平　哈佛燕京社　民国二二〈一九三三〉・一一）燕京大学図書館引得編纂処刊引得特刊之七吾志凝是求齋整理古籍第二種

宋黄伯思撰『東観餘論』二巻附説明（陳先行撰）（北京　中華書局　一九八六）影印上海図書館蔵宋嘉定三年温陵莊夏刊本　古逸叢書三編之二十五

宋張淏撰『雲谷雜紀』四巻首末各一巻（台北　藝文印書館　民国五八〈一九六九〉）影印臺灣大學圖書館蔵〔清乾隆〕刊武英殿聚珍版書所収本　百部叢書集成之二十七武英殿聚珍版叢書所収

宋王欽若等奉勅撰『冊府元龜』一〇〇〇巻（台北　臺灣中華書局　民国五六〈一九六七〉・五）

宋王欽若等奉勅撰　中華書局編集部編『宋本冊府元龜』一〇〇〇巻（有欠）（北京　中華書局　一九八九・一）影印静嘉堂文庫等蔵宋刊本

宋王應麟『玉海』二〇〇巻（台北　華文書局　民国五三〈一九六四〉・一刊　同五六〈一九六七〉・三印〈再版〉）

宋王應麟『中日合璧本玉海』（京都　中文出版社　一九八六・一〇〈再版〉）

唐釈法琳『辯正論』八巻（『大正新脩大藏經　第五十二巻　史傳部四』所収）

唐釈玄嶷『甄正論』三巻（『大正新脩大藏經　第五十二巻　史傳部四』所収）

唐傅奕校『道德經古本篇』二巻（上海　涵芬樓　民国一三〈一九二四〉）影印明正統刊清道光修道蔵本　道蔵（洞神部本文類）第三四六冊

〔漢〕河上公章句　古典籍覆製叢刊刊行会編『老子道德經』二巻附米山寅太郎撰解説・釋文（東京　梅沢記念館蔵版〈雄松堂書店制作發賣〉　昭和五三〈一九七八〉・五）影印梅沢記念館蔵應安六年写本　原装影印古典籍覆製叢刊

漢河上公章句　明陳元贇注『老子道德經（序題「老子經通考」）』四巻附梁容若撰陳元贇傳（台北　藝文印書館　民国五四〈一九六五〉刊）影印延寶八年刊本（『無求備齋老子集成初編』所収）

漢嚴遵撰　王德有點校『老子指歸』（北京　中華書局　一九九四・三）道教典籍選刊

魏王弼注　唐陸德明音義　宇〔佐美灊水〕（惠）考訂『老子道德眞經』二巻　影印明和七年（一七七〇）江戸松本善兵衛・須原屋平助・須原屋茂兵衛刊本（『和刻本諸子大成　第九輯』所収）

嚴靈峰輯『輯成玄英道德經開題序訣義疏』（台北　藝文印書館　民国五四〈一九六五〉）（『無求備齋老子集成初編』所収）

題〔南齊〕顧歡述『道德眞經注疏』八巻（上海　涵芬樓　民国一三〈一九二四〉）影印明正統刊清道光修道蔵本　道蔵（洞神部玉訣類）第四〇四―四〇七冊

唐強思齊編『道德眞經玄德纂疏』二〇巻（上海　涵芬樓　民国一三〈一九二四〉）影印明正統刊清道光修道蔵本　道蔵（洞神部玉

訣類）第四〇七―四一三冊

宋闕名者編（漢河上公・魏王弼・唐玄宗・宋王雱注）『道德眞經集註』一〇巻（上海　涵芬樓　民国一三〈一九二四〉）影印明正統刊清道光修道藏本　道藏（洞神部玉訣類）第三九五―三九八冊

宋謝守灝『混元聖紀』九巻（上海　涵芬樓　民国一三〈一九二四〉）影印明正統刊清道光修道藏本　道藏（洞神部譜籙類）第五五一―五五三冊

宋陳景元『道德眞經藏室纂微篇』一〇巻（上海　涵芬樓　民国一三〈一九二四〉）影印明正統刊清道光修道藏本　道藏（洞神部玉訣類）第四一八―四二〇冊

宋薛致玄『道德眞經藏室纂微開題科文疏』五巻（上海　涵芬樓　民国一三〈一九二四〉）影印明正統刊清道光修道藏本　道藏（洞神部玉訣類）第四二〇―四二一冊

宋彭耜編『道德眞經集注』一八巻首序一巻（上海　涵芬樓　民国一三〈一九二四〉）影印明正統刊清道光修道藏本　道藏（洞神部玉訣類）第三九八―四〇二冊

宋彭耜編『道德眞經集注雜説』二巻（上海　涵芬樓　民国一三〈一九二四〉）影印明正統刊清道光修道藏本　道藏（洞神部玉訣類）第四〇三冊所収

宋范應元『老子道德經古本集註』二巻（上海　涵芬樓　民国一一〈一九二二〉）影印江安傅氏雙鑑樓（北京図書館現）藏南宋刊本　續古逸叢書之十七

宋宋鸞『道德篇章玄頌』二巻（上海　涵芬樓　民国一三〈一九二四〉）影印明正統刊清道光修道藏本　道藏（洞神部讃頌類）第六一四・六一五冊

明太祖『大明太祖高皇帝御註道德真經』二巻（上海　涵芬樓　民国一三〈一九二四〉）影印明正統刊清道光修道藏本　道藏（洞神部玉訣類）第三五四冊

明危大有『道德眞經集義』一〇巻（上海　涵芬樓　民国一三〈一九二四〉）影印明正統刊清道光修道藏本　道藏（洞神部玉訣類）第四一四―四一六冊

高亨『重訂老子正詁』（一九四三刊、北京　中華書局　一九五六修、一九五九・九〈三次印〉）

朱謙之『老子校釋』（北京　中華書局　一九八四・一一）新編諸子集成第一輯

高明『帛書老子校注』（北京　中華書局　一九九六・五）新編諸子集成第一輯

蔣錫昌『老子校詁』（四川　成都古籍書店　一九八八・九）影印一九三七年商務印書館刊鉛印本

馬敍倫『老子校詁』（北京　中華書局　一九七四・一二）

饒宗頤『敦煌六朝寫本張天師道陵著老子想爾注校箋』（Hong Kong, Tong Nan Printers & Publishers, 1956.4）

鄭成海『老子河上公注斠理』（台北　台湾中華書局　民国六〇〈一九七一〉・五）

王卡『老子道德經河上公章句』（北京　中華書局　一九九三・八）道教典籍選刊

蒙文通『道書輯校十種』（成都　巴蜀書社　二〇〇一・八）蒙文通文集第六巻

陳國符『道藏源流考』（台北　明文書局　民国）影印民国六四年（一九七五）台北古亭書屋印本

車柱環『朝鮮の道教』（京都　人文書院　一九九〇・六）

小長谷恵吉『日本國見在書目録解説稿』（東京　くにたち本の會　昭和一一〈一九三六〉・五）

矢島玄亮『日本国見在書目録－集証と研究－』（東京　汲古書院　昭和五九〈一九八四〉・九）

宮内省圖書寮編『圖書寮漢籍善本書目』（東京　編者　昭和五〈一九三〇〉・一二）

宮内省圖書寮編『圖書寮漢籍善本書目』（東京　文求堂書店・松雲堂書店　昭和六〈一九三一〉・九）

宮内廳書陵部編『圖書寮典籍解題　漢籍篇』（東京　編者　昭和三五〈一九六〇〉・三）

東洋文庫日本研究委員会編『岩崎文庫貴重書書誌解題Ⅰ』（東京　東洋文庫　平成二〈一九九〇〉・五）

東洋文庫日本研究委員会編『岩崎文庫貴重書書誌解題Ⅲ』（東京　東洋文庫　平成一二〈二〇〇〇〉・三）

長澤規矩也編『足利學校秘本書目』（東京　編者　昭和八〈一九三三〉・六）

長澤規矩也編『足利學校貴重特別書目解題』（足利　足利学校遺蹟図書館　昭和一二〈一九三七〉・六、『長澤規矩也著作集　第四巻　蔵書書目・書誌學史』収載）

長澤規矩也編『足利學校善本圖録』（足利　足利学校遺蹟図書館後援會　昭和四八〈一九七三〉・二　汲古書院製作発売）

佐川繭子・清水信子・高山節也共編「諫早市立圖書館藏諫早文庫漢籍目録」（漢籍研究会『漢籍－整理と研究』第十一号　平成一五〈二〇〇三〉・三）

大阪府立図書館編『大阪府立図書館蔵稀書解題目録　和漢書之部』（大阪　編者　昭和三八〈一九六三〉・一二）大阪府立図書館シリーズ第八輯

大阪府立図書館編『大阪府立圖書館藏漢籍目録　四部之部』（大阪　編者　昭和四一〈一九六六〉・三）大阪府立圖書館シリーズ第十五號

大阪府立圖書館編『恭仁山莊善本書影』（京都　小林写眞製版所　昭和一〇〈一九三五〉・三）

杏雨書屋編『新修恭仁山荘善本書影』（大阪　武田科学振興財団　昭和六〇〈一九八五〉・五）
川瀬一馬編『龍門文庫善本書目』（上市町　同文庫　昭和二七〈一九五二〉・一二）
蘇峰先生古稀祝賀記念刊行會編『成簣堂善本書目』（東京　民友社　昭和七〈一九三二〉・五）
川瀬一馬編『（お茶の水図書館蔵）新修成簣堂文庫善本書目』（東京　石川文化事業財団お茶の水図書館　平成四〈一九九二〉・一〇）
慶應義塾大学附属研究所斯道文庫編『創立十周年記念近蒐善本展観書目録』（東京　編者　昭和四五〈一九七〇〉・一二）
慶應義塾大学附属研究所斯道文庫編『慶應義塾大学附属研究所斯道文庫貴重書蒐選図録解題』（東京　編者　平成九〈一九九七〉・一二）
慶應義塾圖書館『慶應義塾圖書館藏和漢書善本解題』（東京　文祥堂　昭和三三〈一九五八〉・一一）
高木三男編『筑波大学和漢貴重図書目録稿―旧分類の部―』（つくば　筑波大学附属図書館　昭和六二〈一九八七〉・三刊同六三・三印〈第二刷〉）
天理圖書館編『天理圖書館稀書目録』（丹波　編者　昭和一五〈一九四〇〉・一〇）天理圖書館叢書第十二輯
天理大学附属天理図書館編『天理図書館稀書目録　和漢書之部　第四』（天理　天理大学出版部　平成一〇〈一九九八〉・一〇）天理図書館叢書第四十三輯
木村省吾編『昭和法寶總目録　第三巻』（大正新修大藏經別巻）（東京　大藏出版　昭和九〈一九三四〉・一一）
『普門院經論章疏語録儒書等目録』（『昭和法寶總目録　第三巻』〈『大正新脩大藏經』別巻〉所収）
奥田勲編「高山寺聖教目録（影印・翻字　書名索引　事項索引）」（高山寺資料叢書第十四冊『高山寺經藏古目録』所収）
奥田勲「『高山寺聖教目録』解題」（高山寺資料叢書第十四冊『高山寺經藏古目録』所収）
高山寺典籍文書綜合調査團編『高山寺經藏古目録』（東京　東京大學出版會　一九八五・二）高山寺資料叢書第十四冊
文求堂編『文求堂善本書目』（東京　文求堂書店　昭和五〈一九三〇〉）
反町茂雄編『弘文荘待賈古書目　第十二號』（昭和一三〈一九三八〉・一二）
反町茂雄編『弘文荘待賈古書目　第十四號』（昭和一五〈一九四〇〉・五）
反町茂雄編『弘文荘待賈古書目　第十七號』（昭和二四〈一九四九〉・四）
反町茂雄編『弘文荘待賈古書目　第二十一号』（昭和二六〈一九五一〉・一一）
反町茂雄編『弘文荘善本目録』（『弘文荘待賈古書目』第三十號）（昭和三二〈一九五七〉・一〇）
反町茂雄編『弘文荘待賈古書目　第三十七號』（昭和四五〈一九七〇〉・六）
反町茂雄編『弘文荘古活字版目録』（『弘文荘待賈古書目　第四十二號』）（昭和四七〈一九七二〉・一）

反町茂雄編『弘文荘古版本目録』（『弘文荘待賈古書目　第四十五號』）（昭和四九〈一九七四〉・一）
反町茂雄編『弘文荘善本目録』（『弘文荘待賈古書目　第五十號』）（昭和五二〈一九七七〉・一）
潮音堂編『潮音堂典籍書蹟目録』第五号（京都　編者　平成一五〈二〇〇三〉・秋）
『ABAJ創立40周年記念世界の古書・日本の古書展』〈平成一七〈二〇〇五〉・一）
中尾松泉堂編『―ABAJ「世界の古書　日本の古書」展―古典目録』〈大阪　編者　平成一七〈二〇〇五〉・一）
渋江全善・森立之『經籍訪古志』八巻（『解題叢書』所収）
島田翰『古文舊書考』四巻（台北　廣文書局　民国五六〈一九六七〉・八）影印明治三十八年東京民友社鉛印本　書目叢編所収
和田維四郎『訪書餘録　本文篇・圖録篇』（京都　臨川書店　昭和五三〈一九七八〉・五）
阿部隆一『中国訪書志』（東京　汲古書院　昭和五一〈一九七六〉・一一）
阿部隆一『增訂中国訪書志』（東京　汲古書院　昭和五八〈一九八三〉・三）
川瀬一馬『增補古活字版之研究　上巻・中巻・下巻（図録篇）』（東京　Antiquarian Booksellers Association of Japan　昭和四二〈一九六七〉・一二）
阿部隆一「本邦現存漢籍古写本類所在略目録」（『阿部隆一遺稿集　第一巻　宋元版篇』所収）
大村西崖・中野義照『日本大藏經　解題上』（東京　藏經書院　大正一〇〈一九二一〉・一二）
大村西崖・中野義照『日本大藏經　解題下』（東京　藏經書院　大正一一〈一九二二〉・五）
大淵忍爾『敦煌道經―目録篇―』（東京　福武書店　一九七八・三）
大淵忍爾『敦煌道經―図録篇―』（東京　福武書店　一九七九・二）
石田憲司主編『道教関係文献総覧』（東京　風響社　二〇〇一・一二）
宋王應麟『漢藝文志考證』（『二十五史補編』第二冊所収）
興膳宏・川合康三『隋書經籍志詳攷』（東京　汲古書院　一九九五・七）
楊家駱等『唐書經籍藝文合志』（台北　世界書局　民国五二〈一九六三〉・四）中國目録學名著第三集第二冊
楊家駱編『宋史藝文志廣編』（台北　世界書局　民国五二〈一九六三〉・四）中國目録學名著第三集第三・四冊
清永瑢等『四庫全書總目』（台北　藝文印書館　民国五八〈一九六九〉・三〈三版〉）
北京圖書館編『北京圖書館古籍善本書目』（北京　書目文獻出版社　一九八七・七序）
北京師範大學圖書館古籍部編『北京師範大學圖書館古籍善本書目』（北京　北京圖書館出版社　二〇〇二・七）

中國古籍善本書目編集委員會編　『中國古籍善本書目　子部』（上海　上海古籍出版社　一九九六・一二）
國立中央圖書館編　『國立中央圖書館善本書目　增訂本』（台北　國立中央圖書館　民国五六〈一九六七〉・一二）
國家圖書館特藏組編　『國家圖書館善本書誌初稿　子部㈢』（台北　國家圖書館　民国八七〈一九九八〉・六）
呉哲夫　「故宮善本書志」（『故宮圖書季刊』第一巻第一期、一九七〇・七）
宋晁公武撰　姚應績編　清王先謙校注　『昭德先生郡齋讀書志』二〇巻附志一巻（袁本巻五）校補・考異各一巻（台北　廣文書局　民国五六〈一九六七〉・一二）　影印清光緒十年長沙王氏刊本　書目續編所収
清孫星衍　『平津館鑒藏書籍記』三巻續編・補遺各一巻（台北　廣文書局　民国五八〈一九六九〉・二）　書目三編所収
清葉昌熾　『滂喜齋藏書記』三巻附滂喜齋宋元本書目一巻（海寧陳氏愼初堂　民国一三〈一九二四〉序刊）
清陸心源　『儀古堂續跋』一六巻（台北　廣文書局　民国五七〈一九六八〉・三）　書目續編所収
清陸心源　『皕宋樓藏書志』一二〇巻續志四巻（台北　廣文書局　民国五七〈一九六八〉・三）　書目續編所収
清莫友芝　『宋元舊本書經眼録』三巻附録二巻（〔獨山莫氏〕〔清同治〕刊）
清莫友芝・莫繩孫編　『郘亭知見伝本書目』一六巻（上海　掃葉山房　民国七〈一九一八〉　石印）
莫伯驥　『五十萬巻樓藏書目録初編』二二巻（台北　廣文書局　民国五六〈一九六七〉・八）　書目叢編所収
莫伯驥　『五十萬巻樓羣書跋文』（台北　文海出版社　民国〔五六〈一九六七〉〕）　影印民国三十七年刊排印本　國學集要二編所収
瞿鏞編　『鐵琴銅劍樓藏書目録』二四巻（台北　廣文書局　民国五六〈一九六七〉・八）　書目叢編所収
瞿啓甲・丁祖蔭編　『鐵琴銅劍樓宋金元本書影』（台北　廣文書局　民国五九〈一九七〇〉・六）　書目四編所収
明李杰撰　李楨等校　『道藏目録詳註』四巻（台北　廣文書局　民国六四〈一九七五〉・四）　中國哲學思想要籍叢編
任繼愈・鍾肇鵬編　『道藏提要』（北京　中國社會科學出版社　一九九一・七）
嚴靈峰　『老莊列三子知見書目』（台北　中華叢書編審委員会　民国五四〈一九六五〉・一〇）
清王國維　『五代兩宋監本考』三巻（台北　臺灣商務印書館　民国六五〈一九七六〉・一二）　人人文庫
王重民　『敦煌古籍叙録』（京都　中文出版社　一九七八・一）
陳堅・馬文大編　『宋元版刻図釈』（北京　学苑出版社　二〇〇〇・一〇）
杜信孚等編　『明代版刻綜録』（揚州　揚州古籍書店　一九八三・五）
張靜廬編注　『中國現代出版史料　甲編』（北京　中華書局　一九五四・一二）
宿白　『唐宋時期的雕版印刷』（北京　文物出版社　一九九九・三）

諸本異同表・附表

諸本異同表凡例

一、此表は、河上公注『老子道德經』諸本の経文並びに注文を全巻に亙って比校し、相互に異同のある箇所の全てに就いて、対照表示したものである。

一、底本は、「老子道德經二巻　旧題漢河上公章句〔慶長〕刊古活字版」である。従って、各条首の標出字句は、底本の字句に従う。

一、標出字句の漢字は、異同字として対処する必要を認めない場合、通行常用字体を用いている。

例：體→體　含→含　滅→滅　高→高　雖→雖　銳→鋭

飬→養

一、標出字句中の■符は、以下に挙げる諸本異文に照らして、該当部分の文字が無いことを示す。

一、標出字句は、前後の文意文節を勘案し、適宜断句して掲出したが、それぞれの同異に対して、後に述べるようなポイント数を与える関係上、文脈上必ずしも妥当な区切り方にはなっていない場合がある。

一、標出字句の下、－符に続いて同文を有つ諸本を略称で列挙した。

一、続いて、標出字句と対照し異文を掲げ、同様に同異文を有する諸本を列挙する。

一、□符は、標出字句即ち底本の経注文と同字、■符は、該当文字が無い状態、◇符は、虫損或いは破損し欠字の状態であることを示す。

一、各異文頭に冠した①②③の数字は、底本本文との隔たりを計量する為当該異文を有つ諸本に便宜上与えた量数である。原則として此の量数は、以下の基準に従って付与する。

①－異体字（俗字・譌字・略字・通用字等）使用及び誤写に因る文字の異同　例：暗闇、乎兮、歸皈、苦若、縣懸、堅賢、嘆歎、耻恥、着著、冲沖、妊任、樸朴、弁辨辯、無无、邪耶、喩諭、欲慾、他

②－単字の有無・異字・熟語等文字の転倒

③－複字句の有無・異字句異文

④－複数句の異文

尚、同文句内の異同が複数有る場合には、基準量数の合数で示す。

一、標出字句に冠した数字並びに符標は、上から、底本の葉数（序、巻上、巻下で更改）、その表裏を「オ」「ウ」で示す。オウに併記された数字は表裏内での行数である。次に「経」「注」で経文、注文の別を示し、その下に各標出字句に対して通し番号を付した（序、巻上、巻下で更改）。

一、「経」「注」の符は、各経文句或いは注文の初出字句に冠し、以下は、略してある。従って「経」「注」を冠しないものは、首・尾題、章題等の字句を除けば、其の直前の字句と同一句或いは同一文内の辞句である。

一、異同字句に就いて、虫損破損等で判読し難い場合は、最も蓋然性が認められる箇所に暫定措入し、該当本略称下に「?:」符を付した。

一、干于、己已巳、未末、旦且、日曰等、各字の判別が困難な場合が殆どで、また書写者が明確に弁別使用していたか疑わしい場合も多い。依って、これらの文字に就いてはその校異は概ね省略した。

一、楊揚、樸撲、楗揵、挺梃等、てへん、きへんの別も同様で、異字識別の対象から原則として除いた。

一、ごく一般的な本字、古字、別体字、俗字、誤字等の異体字も、繁雑を避けて、原則として異同認定の対象から除外した。

例：悪惡悪、爲為、一壹、淫滛、隠隱、栄榮、渕淵、応應、往徃、花華、盖蓋、観觀、奸姧姦、弃棄、帰歸、気氣、挙擧、虚虗、強彊、群羣、恵惠慧、顕顯、効效、号號、国國、事叓、児兒、辞辭辤、釈釋、修脩、従從、獣獸、処處、称稱、乗乘、縄繩、譲讓、餝餝飾、真眞、尽盡、随隨、髄髓、数數、静靜、声聲、疎踈、争爭、蔵藏、総惣捴、体躰體、才弟第、寵竉寵、珍玠、答荅、徳德悳、独獨、廃癈、冨富、変變、万萬、綿緜、与與、誉譽、来來、乱亂、龍竜、隣鄰、厉厲、礼禮、等

其の他、此処に掲出した字体に相似類型する種々諸様の異体字に就いても同様に取り扱う。

一、略称で示した校異対象本、及び校合作業に使用した主たる依拠本は次の諸本である。書誌事項等の詳細は、緒論七「対校諸本略解題」参照。

底本　〔慶長〕刊古活字版　　拠斯道文庫蔵本

活Ⅱ　〔慶長〕刊古活字版　異植字版　拠天理図書館蔵本

陽Ⅰ　陽明文庫蔵〔室町末近世初〕写本二冊
　拠昭和三十六年斯道文庫撮影引伸写真副本

書陵　宮内庁書陵部蔵〔室町〕写至徳三年（一三八六）識語本二冊　拠昭和四十年斯道文庫撮影引伸写真副本

龍門　阪本龍門文庫蔵〔室町中期〕写本存首一巻一冊
　拠原本

無窮　無窮会図書館蔵（井上頼圀旧蔵）〔近世初〕伝写天文五年（一五三六）書写清家本一冊
　拠斯道文庫蒐集引伸写真副本

足利　足利学校遺蹟図書館蔵〔室町〕写本二冊
　拠昭和三十四年斯道文庫撮影引伸写真副本

杏Ⅱ　杏雨書屋蔵（内藤湖南旧蔵）〔室町中期〕写本存巻下徳經一冊　拠斯道文庫蒐集電子複写副本

筑波　筑波大学附属図書館蔵天文二十一年（一五五二）写本一冊　拠昭和三十六年斯道文庫撮影引伸写真副本

弘文　戸川濱男旧蔵〔室町末〕写元和五年（一六一九）付与識語本合一冊
　拠昭和三十五年斯道文庫撮影引伸写真副本

斯Ⅱ　斯道文庫蔵（伊藤有不為斎・戸川濱男旧蔵）天文一五年（一五四六）写本二冊
　拠昭和三十五年斯道文庫蒐集引伸写真副本

梅沢　梅沢記念館蔵（戸川濱男旧蔵）應安六年（一三七三）写本二冊 拠昭和三十五年斯道文庫撮影引伸写真副本及昭和五十三年東京梅沢記念館刊原装影印古典籍覆製叢刊本

慶Ⅰ　慶應義塾図書館蔵（戸川濱男旧蔵）天正六年（一五七八）足利学校南春写本一冊
　拠昭和三十七年斯道文庫撮影引伸写真副本

大東　大東文化大学図書館蔵天正六年（一五七八）足利学校真瑞写本一冊宝素堂旧蔵経籍訪古志著録本
　拠斯道文庫蒐集電子複写副本

慶Ⅱ　慶應義塾図書館蔵大永五年（一五二五）写本存巻上

道経一冊　拠平成五年斯道文庫撮影引伸写真副本

武内　瀧川君山・武内義雄旧蔵〔室町〕写本一冊
拠斯道文庫蒐集引伸写真副本

東大　東京大学総合図書館蔵（南葵文庫旧蔵）〔室町末〕写本一冊　拠斯道文庫蒐集引伸写真副本

東洋　東洋文庫蔵〔室町末〕写本一冊
拠斯道文庫蒐集引伸写真副本

聖語　正倉院聖語蔵〔鎌倉〕写本存巻下一軸
拠大正十三年佐々木信綱刊影印複製本

東急　大東急記念文庫蔵〔室町〕写本二冊
拠昭和三十七年斯道文庫撮影引伸写真副本

斯Ⅰ　斯道文庫蔵〔南北朝〕写康應二年（一三九〇）施入識語本二冊　拠原本

杏Ⅰ　杏雨書屋蔵（内藤湖南旧蔵）〔鎌倉末〕写存巻上道經零巻一軸　拠斯道文庫蒐集電子複写副本

六地　六地蔵寺蔵〔室町末〕写単経本一冊
拠昭和四十二年斯道文庫撮影引伸写真副本及昭和六十年汲古書院刊六地蔵寺善本叢刊第六巻所収本

陽Ⅱ　陽明文庫蔵〔近世初〕写単経本一冊
拠原本（対校未了）

仁和　仁和寺蔵〔室町末近世初〕写本一冊
拠原本（対校未了）

宋版　北京図書館蔵（常熟瞿氏鐵琴銅劍樓旧蔵）〔南宋〕建安虞氏家塾刊本
拠〔民国〕刊上海涵芬樓影印四部叢刊子部所収本

世徳〔明嘉靖十二年（一五三三）〕世徳堂顧春刊本
拠民国五十四年台北藝文印書館刊無求備齋老子集成初編所収本

道蔵　明正統刊道蔵本（道徳眞經註四巻）道蔵洞神部玉訣類知字号　拠〔民国〕刊上海涵芬樓影印道蔵擧要本

敦Ⅰ　大英図書館蔵〔唐〕写零巻（存第三章～二十章、首尾欠）敦煌出土スタイン蒐集本（S四七七）

敦Ⅱ　大英図書館蔵〔唐〕写零巻（存第三十九章～八十一章、首欠）敦煌出土スタイン蒐集本（S三九二六）

敦ⅢA大英図書館蔵〔唐〕写零巻（存第三十八章、後半欠）
敦煌出土スタイン蒐集本（S四六八一）
B国立パリ図書館蔵〔唐〕写零巻（存第三十八章～七十七章、首尾欠）敦煌出土ペリオ蒐集本（P二六三九）
以上拠昭和五四年福武書店刊敦煌道經圖録篇所収図版

治要　羣書治要巻三十四所収本　宮内庁書陵部蔵〔鎌倉〕写金沢文庫本
拠昭和十六年宮内省圖書寮刊影印複製本

天理　天理図書館蔵『老子道徳經河上公解〔抄〕』寛永四年（一六一八）写本存道經三十七章掲出経注文
拠斯道文庫蒐集引伸写真副本

諸本異同表

序

1オ1

1老子經序―活Ⅱ・陽Ⅰ・書陵・龍門・無窮・足利・筑波・弘文・斯Ⅱ・梅沢・慶Ⅰ・大東・慶Ⅱ・武内・東大・東洋・斯Ⅰ・六地・陽Ⅱ」②□□□■―東急」

2葛洪■―活Ⅱ・陽Ⅰ・書陵」②□□序―無窮・筑波・慶Ⅰ・大東・武内・東大・東洋」③■■■―龍門・足利・弘文・斯Ⅱ・梅沢・慶Ⅱ・東急・斯Ⅰ・六地・陽Ⅱ」

3■■■■―活Ⅱ・陽Ⅰ・書陵・龍門・無窮・足利・弘文・斯Ⅱ・梅沢・慶Ⅱ・東洋・東急・斯Ⅰ・六地・陽Ⅱ」③見述義■―武内」③見述義二―筑波・慶Ⅰ・大東・東大」

4■■■■■■■■■■■■■■■■―活Ⅱ・陽Ⅰ・龍門・書陵・無窮・足利・弘文・斯Ⅱ・梅沢・慶Ⅱ・東急・斯Ⅰ・六地・陽Ⅱ」③述云凡五千三百二言■■■■■■■■■―慶Ⅰ・大東」③述云凡五千三百二言道經二千三百八十二字／悳經二千九百二十字■―筑波・東洋」③述云凡五千三百二言道經二千三百八十二字／德經二千九百二十字也―武内」③述云凡五百三百二言道■二千三百八十二字／悳■二千九百二十字■―東大」

1オ4

5楚苦縣―活Ⅱ・陽Ⅰ・書陵・無窮・足利・筑波・弘文・斯Ⅱ・梅沢・慶Ⅰ・大東・東大・東洋・東急・斯Ⅰ・六地・陽Ⅱ」①□若□―龍門」①□□懸―慶Ⅱ・武内」

6李氏女妊之―活Ⅱ・書陵・無窮・弘文・斯Ⅱ・慶Ⅱ・武内・東洋」①□□□任□―陽Ⅰ・龍門・足利・筑波・慶Ⅰ・大東・東大・東急・斯Ⅰ・六地・陽Ⅱ」③□□□任■―梅沢」

1オ5

7太陽曆數―活Ⅱ・書陵・無窮・筑波・弘文・斯Ⅱ・梅沢・慶Ⅰ・大東・慶Ⅱ・武内・東大・東洋・陽Ⅱ」①大□□□―陽Ⅰ・龍門・足利・東急・斯Ⅰ・六地」

1オ6

8不見其少―活Ⅱ・陽Ⅰ・書陵・龍門・無窮・足利・弘文・斯Ⅱ・梅沢・慶Ⅰ・大東・慶Ⅱ・武内・東大・東洋・東急・斯Ⅰ・六地・陽Ⅱ」②□□少其―筑波」

1ウ1

9仕周■―活Ⅱ・陽Ⅰ・書陵・龍門・無窮・足利・筑波・弘文・斯Ⅱ・梅沢・慶Ⅰ・大東・慶Ⅱ・武内・東大・東洋・斯Ⅰ・六地・陽Ⅱ」②□□而―東急」

1ウ2

10問禮於老子―活Ⅱ・陽Ⅰ・書陵・龍門・無窮・足利・筑波・斯Ⅱ・梅沢・慶Ⅰ・大東・慶Ⅱ・武内・東大・東洋・東急・斯Ⅰ・六地・陽Ⅱ」②□於礼□□―弘文」

11子之所言―活Ⅱ・陽Ⅰ・書陵・龍門・無窮・足利・筑波・弘文・斯Ⅱ・梅沢・慶Ⅰ・大東・慶Ⅱ・東大・東急・斯Ⅰ・六地・陽Ⅱ」②□■□□―武内・東洋」

1ウ3

12則嘉祥―活Ⅱ・陽Ⅰ・書陵・龍門・無窮・足利・筑波・弘文・斯Ⅱ・梅沢・慶Ⅰ・大東・武内・東大・東洋・東急・斯Ⅰ・六地・陽Ⅱ」①□喜□―慶Ⅱ」

1ウ4

13不得其人則■―活Ⅱ・陽Ⅰ・書陵・龍門・無窮・足利・筑波・弘文・斯Ⅱ・梅沢・慶Ⅰ・大東・武内・東大・東洋・東急・斯Ⅰ・六地・陽Ⅱ」②□□□□□々―慶Ⅱ」

14蓬■累而行―活Ⅱ・陽Ⅰ・書陵・龍門・無窮・足利・筑波・弘文・梅沢・慶Ⅰ・大東・慶Ⅱ・武内・東大・東洋・斯Ⅰ・六地・陽Ⅱ」②□萊□□□―東急」②□■□■□―斯Ⅱ」

15深藏若虚―活Ⅱ・陽Ⅰ・書陵・龍門・無窮・足利・筑波・弘文・斯Ⅱ・梅沢・慶Ⅰ・大東・武内・東大・東洋・東急・斯Ⅰ・六地・陽Ⅱ」②□□為□―慶Ⅱ」

1ウ5

16盛德容貌―活Ⅱ・陽Ⅰ・書陵・龍門・無窮・足利・弘文・斯Ⅱ・梅沢・慶Ⅱ・武内・東大・東洋・東急・斯Ⅰ・六地・陽Ⅱ」□悳□□―筑波」①□得□□―慶Ⅰ・大東」

17去■子之驕氣―活Ⅱ・陽Ⅰ・書陵・龍門・足利・筑波・弘文・斯Ⅱ・梅沢・慶Ⅰ・大東・慶Ⅱ・武内・東大・東洋・東急・斯Ⅰ・六地・陽Ⅱ」②□之□□□□―無窮」

18與多欲―活Ⅱ・陽Ⅰ・書陵・龍門・無窮・筑波・弘文・斯Ⅱ・梅沢・慶Ⅰ・大東・慶Ⅱ・武内・東大・東洋・東急・斯Ⅰ・六地・陽Ⅱ」①□夢□―足利」

19態色與淫志―活Ⅱ・陽Ⅰ・書陵・龍門・無窮・足利・筑波・弘

文・斯Ⅱ・梅沢・慶Ⅰ・慶Ⅱ・武内・東洋・東急・斯Ⅰ・六地・陽Ⅱ」①熊□□□－大東」①□□□皴□－東大」

1ウ6 20是皆－活Ⅱ・陽Ⅰ・書陵・龍門・無窮・筑波・弘文・斯Ⅱ・梅沢・慶Ⅰ・大東・慶Ⅱ・武内・東大・東洋・東急・斯Ⅰ・六地・陽Ⅱ」②皆是－足利」

21無益於子之身也－活Ⅱ・陽Ⅰ・書陵・龍門・無窮・足利・筑波・弘文・斯Ⅱ・梅沢・慶Ⅱ・東大・東洋・東急・斯Ⅰ・陽Ⅱ」①无□□□□□□－慶Ⅰ・大東・武内・六地」

1ウ7 22若是而已－活Ⅱ・陽Ⅰ・書陵・龍門・足利・筑波・弘文・斯Ⅱ・慶Ⅰ・大東・慶Ⅱ・武内・東大・東洋・斯Ⅰ・六地」②□□■已－無窮・梅沢・東急・陽Ⅱ」

23謂諸弟子曰－活Ⅱ・書陵・龍門・無窮・足利・筑波・弘文・斯Ⅱ・梅沢・慶Ⅰ・大東・慶Ⅱ・武内・東大・東洋・東急・斯Ⅰ・六地・陽Ⅱ」②□■□□□－陽Ⅰ」

2オ2 24至於龍－活Ⅱ・陽Ⅰ・書陵・龍門・無窮・足利・筑波・弘文・斯Ⅱ・梅沢・慶Ⅰ・大東・慶Ⅱ・武内・東大・東洋・斯Ⅰ・六地・陽Ⅱ」②□■□－東急」

2オ3 25乗風雲而上－活Ⅱ・無窮・足利・筑波・弘文・斯Ⅱ・慶Ⅰ・大東・慶Ⅱ・武内・東洋・斯Ⅰ」②□雲風□□－陽Ⅰ・書陵・龍門・梅沢・東大・東急・六地・陽Ⅱ」

26吾今日見老子－活Ⅱ・書陵・龍門・無窮・足利・筑波・弘文・斯Ⅱ・梅沢・慶Ⅰ・大東・慶Ⅱ・武内・東大・東洋・東急・斯Ⅰ・六地・陽Ⅱ」②■□□□□□－陽Ⅰ」

27其猶龍耶－活Ⅱ・書陵・龍門・無窮・足利・筑波・弘文・斯Ⅱ・慶Ⅰ・大東・慶Ⅱ・武内・東大・東洋・斯Ⅰ」①□□□邪－陽Ⅰ・梅沢・東急・六地・陽Ⅱ」

2オ4 28以自隠無名－活Ⅱ・陽Ⅰ・書陵・龍門・無窮・足利・筑波・弘文・斯Ⅱ・梅沢・慶Ⅱ・武内・東大・東洋・東急・斯Ⅰ」①□□□无□－慶Ⅰ・大東・六地・陽Ⅱ」

29平王時－活Ⅱ・陽Ⅰ・書陵・龍門・無窮・足利・筑波・弘文・斯Ⅱ・梅沢・慶Ⅰ・大東・武内・東大・東洋・東急・斯Ⅰ・六地・陽Ⅱ」①□生□－慶Ⅱ」

2オ5 30見周衰－活Ⅱ・陽Ⅰ・書陵・龍門・無窮・足利・弘文・斯Ⅱ・梅沢・大東・慶Ⅱ・武内・東大・東洋・東急・斯Ⅰ・六地・陽Ⅱ」①□□哀－筑波・慶Ⅰ」

31望見東方－活Ⅱ・陽Ⅰ・書陵・龍門・無窮・足利・筑波・斯Ⅱ・梅沢・慶Ⅰ・大東・慶Ⅱ・武内・東大・東洋・東急・斯Ⅰ・六地・陽Ⅱ」②東方望見－弘文」

2オ6 32有來人－活Ⅱ・陽Ⅰ・書陵・龍門・無窮・足利・筑波・弘文・斯Ⅱ・梅沢・慶Ⅰ・大東・慶Ⅱ・東大・東洋・東急・斯Ⅰ・六地・陽Ⅱ」②■□□－武内」

33變化無常－活Ⅱ・陽Ⅰ・書陵・龍門・無窮・足利・筑波・弘文・斯Ⅱ・梅沢・慶Ⅰ・大東・慶Ⅱ・東洋・東急・斯Ⅰ・陽Ⅱ」①□□无□－武内・東大・六地」

2オ7 34■喜曰－活Ⅱ・陽Ⅰ・書陵・龍門・足利・筑波・弘文・斯Ⅱ・梅沢・慶Ⅰ・大東・慶Ⅱ・武内・東大・東洋・東急・斯Ⅰ・六地・陽Ⅱ」②曰□□－無窮」

2ウ2 35已而去－活Ⅱ・陽Ⅰ・書陵・龍門・無窮・足利・筑波・斯Ⅱ・梅沢・慶Ⅰ・大東・慶Ⅱ・武内・東大・東洋・東急・斯Ⅰ・六地・陽Ⅱ」②□■□－弘文」

36莫知其所終－活Ⅱ・陽Ⅰ・書陵・無窮・足利・筑波・弘文・斯Ⅱ・梅沢・慶Ⅰ・大東・慶Ⅱ・武内・東大・東洋・東急・斯Ⅰ・陽Ⅱ」②□□■□□－龍門・六地」

37■蓋－活Ⅱ・陽Ⅰ・書陵・龍門・無窮・足利・筑波・斯Ⅱ・梅沢・慶Ⅰ・大東・慶Ⅱ・武内・東大・東洋・東急・斯Ⅰ・六地・陽Ⅱ」②而□－弘文」

2ウ3 38或■言－活Ⅱ・陽Ⅰ・書陵・龍門・無窮・足利・筑波・斯Ⅱ・梅沢・慶Ⅰ・大東・慶Ⅱ・武内・東大・東洋・東急・斯Ⅰ・杏Ⅰ・六地・陽Ⅱ」②□人□－弘文」

39二百餘歳－活Ⅱ・陽Ⅰ・書陵・龍門・無窮・足利・筑波・弘文・

斯Ⅱ・梅沢・慶Ⅰ・大東・慶Ⅱ・武内・東大・東洋・斯Ⅰ・杏
Ⅰ・六地・陽Ⅱ」②■□□□－東急」

2ウ4

40 養壽■也－活Ⅱ・陽Ⅰ・無窮・足利・弘文・斯Ⅱ・慶Ⅰ・大東・
斯Ⅰ・杏Ⅰ・陽Ⅱ」②□□故□－書陵・龍門・筑波・梅沢・慶
Ⅱ・武内・東大・東洋・東急・六地」

41 封於段干－活Ⅱ・陽Ⅰ・書陵・龍門・無窮・筑波・弘文・斯Ⅱ・
梅沢・慶Ⅰ・大東・慶Ⅱ・武内・東大・東洋・東急・斯Ⅰ・杏
Ⅰ・六地・陽Ⅱ」①□□改□－足利」

2ウ5

42 瑶子宮－活Ⅱ・陽Ⅰ・書陵・龍門・無窮・足利・筑波・弘文・
斯Ⅱ・梅沢・慶Ⅰ・大東・武内・東大・東洋・東急・斯Ⅰ・杏
Ⅰ・六地・陽Ⅱ」①□□官－慶Ⅱ」

43 ■仕於漢孝文帝－活Ⅱ・陽Ⅰ・書陵・龍門・無窮・足利・筑波・
弘文・斯Ⅱ・梅沢・慶Ⅰ・大東・東大・東洋・東急・斯Ⅰ・六
地・陽Ⅱ」①■任□□□□－慶Ⅱ」①■□□□老□□－武内」
②瑕□□□□□－杏Ⅰ」

44 瑕之子解－活Ⅱ・陽Ⅰ・書陵・龍門・無窮・足利・筑波・斯Ⅱ・
梅沢・慶Ⅰ・大東・慶Ⅱ・武内・東大・東洋・東急・斯Ⅰ・杏
Ⅰ・六地・陽Ⅱ」②瑶□□□－弘文」

2ウ6

45 膠西王卬太傅－活Ⅱ・陽Ⅰ・無窮・書陵・足利・筑波・弘文・
斯Ⅱ・梅沢・慶Ⅰ・大東・慶Ⅱ・武内・東大・東洋・東急・杏
Ⅰ・六地・陽Ⅱ」①□□□□大□－龍門・斯Ⅰ」

46 因家于齊－活Ⅱ・陽Ⅰ・書陵・龍門・無窮・足利・筑波・弘文・
斯Ⅱ・梅沢・慶Ⅰ・大東・慶Ⅱ・武内・東大・東洋・東急・斯
Ⅰ・杏Ⅰ・六地」①□□□齋－陽Ⅱ」

47 興用經道－活Ⅱ・陽Ⅰ・書陵・龍門・足利・筑波・弘文・斯Ⅱ・
梅沢・慶Ⅰ・大東・武内・東大・東洋・東急・斯Ⅰ・杏Ⅰ・六
地・陽Ⅱ」①與□□□－無窮・慶Ⅱ」

2ウ7

48 竇太后－活Ⅱ・陽Ⅰ・書陵・無窮・足利・筑波・弘文・斯Ⅱ・
梅沢・慶Ⅰ・大東・慶Ⅱ・武内・東大・東洋・東急・斯Ⅰ・杏
Ⅰ・陽Ⅱ」①□大□－龍門・六地」

49 景帝－活Ⅱ・陽Ⅰ・書陵・龍門・無窮・足利・筑波・弘文・斯
Ⅱ・梅沢・慶Ⅰ・大東・武内・東大・東洋・東急・斯Ⅰ・六地・
陽Ⅱ」①京□－慶Ⅱ」

3オ1

50 不得仕朝－活Ⅱ・陽Ⅰ・書陵・龍門・無窮・足利・筑波・弘文・
斯Ⅱ・梅沢・慶Ⅰ・大東・武内・東大・東洋・東急・斯Ⅰ・六
地・陽Ⅱ」①□□任□－慶Ⅱ」

51 無爲－活Ⅱ・陽Ⅰ・書陵・龍門・無窮・足利・筑波・弘文・斯
Ⅱ・梅沢・大東・慶Ⅱ・東大・東洋・東急・斯Ⅰ・六地・陽Ⅱ」
①无□－慶Ⅰ・武内」

52 自化－活Ⅱ・陽Ⅰ・書陵・龍門・無窮・足利・筑波・弘文・斯
Ⅱ・梅沢・慶Ⅰ・大東・慶Ⅱ・東大・東洋・東急・斯Ⅰ・六地・
陽Ⅱ」①□佗－武内」

53 清淨自正－活Ⅱ・武内」①□静□□－陽Ⅰ・書陵・龍門・無窮・
足利・筑波・弘文・斯Ⅱ・梅沢・慶Ⅰ・大東・慶Ⅱ・東大・東
洋・東急・斯Ⅰ・六地・陽Ⅱ」

3オ2

54 太史公－活Ⅱ・書陵・龍門・無窮・足利・弘文・斯Ⅱ・梅沢・
慶Ⅱ・武内・東大・東洋・東急・斯Ⅰ・六地・陽Ⅱ」①大□□－
陽Ⅰ・筑波・慶Ⅰ・大東」

3オ3

55 孔子上聖－活Ⅱ・陽Ⅰ・書陵・龍門・無窮・足利・筑波・弘文・
斯Ⅱ・梅沢・慶Ⅰ・大東・武内・東大・東洋・東急・斯Ⅰ・六
地・陽Ⅱ」②□□■□－慶Ⅱ」

3オ5

56 吾聞之老聃－活Ⅱ・陽Ⅰ・龍門・無窮・足利・筑波・弘文・斯
Ⅱ・梅沢・慶Ⅰ・大東・慶Ⅱ・武内・東大・東洋・東急・斯Ⅰ・
六地・陽Ⅱ」②□□■□□－書陵」

3オ6

57 取■象■天地－活Ⅱ・陽Ⅰ・書陵・龍門・足利・筑波・弘文・
斯Ⅱ・梅沢・慶Ⅰ・大東・慶Ⅱ・武内・東大・東急・斯Ⅰ・六
地・陽Ⅱ」②□斯□■□□－無窮」②□■□於□□－東洋」

58 先道而後徳－活Ⅱ・陽Ⅰ・書陵・龍門・無窮・足利・筑波・弘
文・斯Ⅱ・梅沢・慶Ⅰ・大東・武内・東大・東洋・斯Ⅰ・六地・
陽Ⅱ」①□□□后□－慶Ⅱ」②□□□誘□－東急」

3オ7
59尊故爲上－活Ⅱ・陽Ⅰ・無窮・足利・筑波・斯Ⅱ・梅沢・慶Ⅰ・大東・武内・東大・東洋・東急・斯Ⅰ・六地・陽Ⅱ」②■□□□－書陵・龍門・弘文・慶Ⅱ」

3ウ1
60故三十六－活Ⅱ・陽Ⅰ・書陵・龍門・無窮・弘文・東洋」①□卅□－足利・筑波・斯Ⅱ・梅沢・慶Ⅰ・大東・慶Ⅱ・武内・東大・東急・斯Ⅰ・六地・陽Ⅱ」

61萬物之剛柔－活Ⅱ・陽Ⅰ・書陵・龍門・無窮・足利・筑波・弘文・斯Ⅱ・慶Ⅰ・大東・慶Ⅱ・武内・東大・東洋・東急・六地・陽Ⅱ」②□□■□□－梅沢・斯Ⅰ」

3ウ2
62故世四十五－足利・弘文・斯Ⅱ」②□■□□□－活Ⅱ・陽Ⅰ・書陵・龍門・無窮・慶Ⅱ・東洋・斯Ⅰ・六地」③□■卅　□－筑波・梅沢・慶Ⅰ・大東・武内・東大・東急・陽Ⅱ」

3ウ3
63故法備－活Ⅱ・慶Ⅰ・大東・武内」②■□□－陽Ⅰ・書陵・龍門・無窮・足利・筑波・弘文・斯Ⅱ・梅沢・慶Ⅱ・東大・東洋・東急・斯Ⅰ・六地・陽Ⅱ」

3ウ4
64數之極也－活Ⅱ・陽Ⅰ・書陵・龍門・無窮・足利・弘文・斯Ⅱ・梅沢・慶Ⅰ・大東・慶Ⅱ・武内・東大・東洋・六地」②□□□■－筑波・東急・斯Ⅰ・陽Ⅱ」

65楚縣今陳國苦縣是也－活Ⅱ・陽Ⅰ・書陵・無窮・足利・筑波・弘文・斯Ⅱ・梅沢・慶Ⅰ・大東・慶Ⅱ・東大・東急・六地・陽Ⅱ」①□□□□圀□□□□－斯Ⅰ」①□□□□若□□□－龍門」②□□□陣□若□□□－武内」③楚縣今陳國苦縣是也－東洋」

3ウ5
66孝文皇帝－活Ⅱ・陽Ⅰ・書陵・龍門・無窮・足利・筑波・弘文・斯Ⅱ・梅沢・慶Ⅰ・大東・武内・東大・東洋・東急・斯Ⅰ・六地・陽Ⅱ」①□父□□－慶Ⅱ」

3ウ6
67皆不得居官－活Ⅱ・陽Ⅰ・龍門・無窮・足利・筑波・斯Ⅱ・梅沢・慶Ⅰ・大東・慶Ⅱ・武内・東大・東洋・東急・六地・陽Ⅱ」①□□□□宮－書陵・弘文」②■□□□□－斯Ⅰ」

4オ1
68公在草庵中－活Ⅱ・書陵・筑波・弘文・慶Ⅱ・武内」①□□□菴□－陽Ⅰ・無窮・足利・斯Ⅱ・梅沢・慶Ⅰ・大東・東大・東洋・東急・斯Ⅰ・陽Ⅱ」②■□□□□－龍門・六地」

4オ2
69河上公乃出曰－活Ⅱ・陽Ⅰ・書陵・龍門・無窮・足利・筑波・弘文・斯Ⅱ・梅沢・慶Ⅰ・大東・武内・東大・東洋・東急・斯Ⅰ・六地・陽Ⅱ」①□□□□□云－慶Ⅱ」

4オ3
70階下－活Ⅱ・武内」①陛□－陽Ⅰ・書陵・龍門・無窮・足利・筑波・弘文・斯Ⅱ・梅沢・慶Ⅰ・大東・慶Ⅱ・東大・東洋・東急・斯Ⅰ・六地・陽Ⅱ」

4オ4
71冨貴貧賤－活Ⅱ・陽Ⅰ・書陵・無窮・足利・筑波・弘文・斯Ⅱ・梅沢・慶Ⅰ・大東・慶Ⅱ・武内・東大・東洋・東急・斯Ⅰ・六地・陽Ⅱ」②□□■□－龍門」

72忽然而舉上－活Ⅱ・陽Ⅰ・書陵・龍門・無窮・足利・弘文・斯Ⅱ・梅沢・慶Ⅰ・大東・慶Ⅱ・武内・東洋・東急・斯Ⅰ・六地・陽Ⅱ」①□□□攀□－東大・筑波」

73高七百餘丈－活Ⅱ・無窮・筑波・弘文・斯Ⅱ・梅沢・慶Ⅰ・大東・慶Ⅱ・武内・東大・東洋・陽Ⅱ」②□■□□□－陽Ⅰ・書陵・龍門・足利・東急・斯Ⅰ・六地」

4オ5
74上無所舉－」①□□□攀－活Ⅱ・陽Ⅰ・書陵・無窮・足利・筑波・弘文・斯Ⅱ・梅沢・慶Ⅱ・東洋・東急・斯Ⅰ・六地・陽Ⅱ」②□无□攀－慶Ⅰ・大東・武内・東大」③■□□攀－龍門」

75下無所據－活Ⅱ・陽Ⅰ・書陵・龍門・無窮・足利・筑波・弘文・斯Ⅱ・梅沢・慶Ⅱ・東大・東洋・東急・斯Ⅰ・六地・陽Ⅱ」①□无□□－慶Ⅰ・大東・武内」

76禮■謝之－活Ⅱ・陽Ⅰ・書陵・無窮・足利・筑波・斯Ⅱ・梅沢・慶Ⅰ・大東・慶Ⅱ・武内・東大・東洋・東急・斯Ⅰ・六地・陽Ⅱ」①□禮□□－龍門」②礼■□■－弘文」

4オ6
77作老子經章句■－活Ⅱ・陽Ⅰ・書陵・龍門・無窮・足利・筑波・斯Ⅱ・梅沢・慶Ⅰ・大東・慶Ⅱ・武内・東大・東洋・東急・斯Ⅰ・六地・陽Ⅱ」②□□□□□之－弘文」

78隱其姓■字－活Ⅱ・陽Ⅰ・書陵・龍門・無窮・足利・筑波・斯Ⅱ・梅沢・慶Ⅰ・大東・慶Ⅱ・武内・東大・東洋・東急・斯Ⅰ・

六地・陽Ⅱ」②□□□名□—弘文」

4オ7

79無知者—活Ⅱ・陽Ⅰ・書陵・龍門・無窮・足利・筑波・弘文・斯Ⅱ・梅沢・慶Ⅱ・東洋・東急・斯Ⅰ・六地」①无□□—慶Ⅰ・大東・武内・東大・陽Ⅱ」

80故號曰河上公焉—活Ⅱ・陽Ⅰ・書陵・龍門・無窮・筑波・斯Ⅱ・梅沢・慶Ⅰ・大東・武内・東大・東洋・東急・斯Ⅰ・六地・陽Ⅱ」②□□□□□□■—足利・弘文」③■号□□□□■—慶Ⅱ」

巻上

1オ1

1老子道經■上—活Ⅱ・陽Ⅰ・書陵・龍門・無窮・足利・筑波・斯Ⅱ・東大・東洋・六地・陽Ⅱ・天理・弘文?」①□□□□■上—慶Ⅰ・大東」②□□□□■■—梅沢・東急・杏Ⅰ・斯Ⅰ・宋版」②□□□□卷□—仁和・世徳」③□□經上■道—慶Ⅱ」③■■■■■—武内」③道德眞經註卷之一—道蔵」

2河上公章句■■■—活Ⅱ・陽Ⅰ・筑波・梅沢・慶Ⅰ・大東・武内・東大・東洋・東急・仁和・六地・陽Ⅱ・道蔵・天理」③□□□□□第一■—書陵・龍門・足利・弘文・斯Ⅱ・慶Ⅱ・杏Ⅰ・斯Ⅰ・宋版・世徳」③□□□□□第一品—無窮」

1オ2

3體道■■第一—活Ⅱ・陽Ⅰ・梅沢・斯Ⅰ・宋版・世徳・道蔵・天理」②□□■章□□—武内・東大・東洋」③道可道章□□—筑波・弘文・慶Ⅰ・大東・慶Ⅱ・仁和」③■■■■■■—書陵・龍門・無窮・足利・斯Ⅱ・東急・杏Ⅰ・六地・陽Ⅱ」

1オ3

注4謂經術政教之道也—活Ⅱ・陽Ⅰ・書陵・龍門・無窮・足利・筑波・弘文・斯Ⅱ・梅沢・慶Ⅱ・武内・東大・東洋・東急・杏Ⅰ・斯Ⅰ・仁和・宋版・世徳・道蔵・天理」②□□□□□□■—慶Ⅰ・大東」

注5非自然長生之道也—活Ⅱ・陽Ⅰ・書陵・龍門・無窮・足利・筑波・弘文・斯Ⅱ・梅沢・慶Ⅰ・大東・慶Ⅱ・武内・東大・東洋・東急・杏Ⅰ・斯Ⅰ・仁和・宋版・世徳・天理」②□□□□□□□■—道蔵」

6以無爲養神—活Ⅱ・陽Ⅰ・書陵・龍門・無窮・足利・筑波・弘文・斯Ⅱ・梅沢・慶Ⅱ・東急・杏Ⅰ・仁和・宋版・世徳・道蔵・天理」①□无□□□—慶Ⅰ・大東・武内・東大・東洋・斯Ⅰ」

1オ4

7無事安民—活Ⅱ・陽Ⅰ・書陵・龍門・無窮・足利・筑波・弘文・斯Ⅱ・梅沢・慶Ⅱ・東急・杏Ⅰ・仁和・宋版・世徳・道蔵・天理」①无□□□—慶Ⅰ・大東・武内・東大・東洋・斯Ⅰ」

8含光藏暉—活Ⅱ・陽Ⅰ・書陵・龍門・無窮・足利・筑波・弘文・斯Ⅱ・梅沢・慶Ⅰ・大東・慶Ⅱ・武内・東大・東洋・東急・杏Ⅰ・斯Ⅰ・仁和・宋版・世徳・天理」①□□□輝—道蔵」

9滅跡匿端—活Ⅱ・陽Ⅰ・書陵・龍門・無窮・足利・筑波・弘文・斯Ⅱ・梅沢・慶Ⅰ・大東・慶Ⅱ・武内・東大・東洋・東急・杏Ⅰ・斯Ⅰ・仁和・道蔵・天理」①□迹□□—宋版・世徳」

10不可稱道也—活Ⅱ・陽Ⅰ・書陵・龍門・無窮・足利・筑波・弘文・斯Ⅱ・梅沢・慶Ⅰ・大東・慶Ⅱ・武内・東大・東洋・東急・杏Ⅰ・仁和・道蔵・天理」②□□□□■—斯Ⅰ・宋版・世徳」

1オ5

注11謂冨貴尊榮高世之名也—活Ⅱ・陽Ⅰ・書陵・龍門・無窮・足利・筑波・弘文・斯Ⅱ・梅沢・慶Ⅰ・大東・慶Ⅱ・武内・東大・東洋・東急・杏Ⅰ・斯Ⅰ・仁和・宋版・世徳・道蔵」②□□□□□□□□■—天理」

注12非自然常在之名也—活Ⅱ・陽Ⅰ・書陵・龍門・無窮・足利・筑波・弘文・斯Ⅱ・梅沢・慶Ⅰ・大東・慶Ⅱ・武内・東大・東洋・東急・杏Ⅰ・斯Ⅰ・仁和・宋版・世徳」②□□□□□□□■—天理・道蔵」

13當如嬰兒之未言—活Ⅱ・書陵・龍門・足利・筑波・斯Ⅱ・梅沢・慶Ⅱ・武内・東大・東洋・東急・杏Ⅰ・道蔵・天理」①□知□□□□□—無窮」①□始□□□□□—弘文」①□□攖□□□□—陽Ⅰ・斯Ⅰ」②□□□□■□□—慶Ⅰ・大東・仁和」②愛□□□□□□—世徳」③愛□攖□□□□—宋版」

14鷄子之未分—活Ⅱ・陽Ⅰ・書陵・龍門・無窮・筑波・慶Ⅰ・大東・武内・東大・東洋・東急・天理」①雞□□□—足利・弘

文・斯Ⅱ・慶Ⅱ・杏Ⅰ・斯Ⅰ・仁和・宋版・世徳・道蔵」③雞□■□□－梅沢」
15明珠在蚌中－活Ⅱ・陽Ⅰ・足利・筑波・弘文・慶Ⅰ・大東・慶Ⅱ・武内・東大・東洋・東急・斯Ⅰ・仁和・宋版・世徳・道蔵・天理」①□□□蜯□－書陵・龍門・無窮・梅沢」①□□□蚌□－斯Ⅱ・杏Ⅰ」
1オ6
16美玉處石間－活Ⅱ・陽Ⅰ・書陵・龍門・無窮・足利・筑波・弘文・斯Ⅱ・梅沢・慶Ⅰ・大東・慶Ⅱ・武内・東大・東洋・東急・杏Ⅰ・斯Ⅰ・仁和・宋版・世徳・天理」②□□在□□－道蔵」
17内雖昭昭－活Ⅱ・陽Ⅰ・書陵・龍門・筑波・斯Ⅱ・梅沢・慶Ⅰ・大東・武内・東大・東洋・東急・杏Ⅰ・斯Ⅰ・仁和・宋版・世徳・道蔵・天理」①□□照々－無窮・足利・弘文・慶Ⅱ」
18外如愚頑者也■－活Ⅱ・陽Ⅰ・書陵・龍門・無窮・足利・筑波・弘文・斯Ⅱ・梅沢・慶Ⅰ・大東・武内・東大・杏Ⅰ・仁和・天理」□□□□□々－東洋（見消ち有り）」□□□□□矣－慶Ⅱ（字間に書写）」②□□□□之■－東急」②□□□■■■－斯Ⅰ・世徳」③□□□頭■■■－宋版」④□□頑愚■■■－道蔵」
経
19無名－活Ⅱ・陽Ⅰ・書陵・龍門・無窮・足利・筑波・弘文・斯Ⅱ・梅沢・慶Ⅰ・大東・慶Ⅱ・東大・東洋・東急・杏Ⅰ・斯Ⅰ・仁和・宋版・世徳・道蔵・六地・陽Ⅱ・天理」①无□－武内」
注
20無名者謂道－活Ⅱ・陽Ⅰ・無窮・足利・筑波・弘文・梅沢・慶Ⅱ・杏Ⅰ・宋版・世徳・天理」①无□□□□－斯Ⅱ・斯Ⅰ・仁和」②□□■□□－書陵・龍門・大東・東急・道蔵」③无□■□□－慶Ⅰ・武内・東大・東洋」
1オ7
21道無形－活Ⅱ・陽Ⅰ・書陵・龍門・無窮・足利・筑波・弘文・斯Ⅱ・梅沢・大東・慶Ⅱ・東大・東急・杏Ⅰ・宋版・世徳・道蔵・天理」①□无□－慶Ⅰ・武内・東洋・斯Ⅰ・仁和」
22故不可名也－活Ⅱ・陽Ⅰ・書陵・龍門・無窮・足利・筑波・弘文・斯Ⅱ・梅沢・慶Ⅰ・大東・武内・東大・東洋・東急・杏Ⅰ・斯Ⅰ・仁和・宋版・世徳・道蔵・天理」②□□□□■－慶Ⅱ」
23天地始者－活Ⅱ・陽Ⅰ・書陵・龍門・無窮・足利・筑波・弘文・斯Ⅱ・慶Ⅱ・東洋・杏Ⅰ・斯Ⅰ・仁和・天理」③■■□□－梅沢・慶Ⅰ・大東・武内・東大・東急・宋版・世徳・道蔵」
24道■■■吐氣布化－活Ⅱ・書陵・龍門・無窮・足利・筑波・弘文・斯Ⅱ・梅沢・慶Ⅰ・大東・慶Ⅱ・武内・東大・杏Ⅰ・仁和・天理」②□■■也□□□□－陽Ⅰ・東洋・東急・斯Ⅰ」③□■本也□□□□－宋版・世徳」③□之本也□□□□－道蔵」
25出於虚無－活Ⅱ・陽Ⅰ・書陵・無窮・足利・筑波・弘文・慶Ⅱ・東急・杏Ⅰ・仁和・世徳・道蔵・天理」①□□□无－龍門・斯Ⅱ・慶Ⅰ・大東・武内・東大・東洋・斯Ⅰ・宋版」②□■□□－梅沢」
26爲天地■本始■也■－活Ⅱ・陽Ⅰ・書陵・龍門・筑波・慶Ⅰ・大東・東大・東洋・斯Ⅰ・仁和・宋版・世徳・天理」②□□□■□□■■■－武内」②□□□之□□■□■－無窮・足利・弘文・斯Ⅱ・慶Ⅱ・東急・杏Ⅰ」②□□□■□□者□■－道蔵」④□□□之□□■□之－梅沢」
1ウ1
注
27有陰陽－活Ⅱ・陽Ⅰ・書陵・龍門・無窮・足利・筑波・弘文・斯Ⅱ・梅沢・慶Ⅰ・大東・慶Ⅱ・武内・東大・東洋・東急・杏Ⅰ・斯Ⅰ・仁和・天理」②■□□－宋版・世徳・道蔵」
28有柔剛－活Ⅱ・陽Ⅰ・書陵・龍門・無窮・足利・筑波・弘文・斯Ⅱ・梅沢・慶Ⅰ・大東・慶Ⅱ・武内・東大・東洋・東急・杏Ⅰ・斯Ⅰ・仁和・宋版・世徳・天理」②□剛柔－道蔵」
29是其■名也－活Ⅱ・陽Ⅰ・書陵・龍門・無窮・足利・筑波・弘文・斯Ⅱ・慶Ⅰ・大東・慶Ⅱ・武内・東洋・東急・杏Ⅰ・斯Ⅰ・仁和・道蔵・天理」②□□有□□－梅沢・宋版・世徳」③□■有□□－東大」
30萬物母者－活Ⅱ・陽Ⅰ・書陵・龍門・無窮・足利・筑波・弘文・斯Ⅱ・梅沢・慶Ⅰ・大東・慶Ⅱ・武内・東大・東洋・杏Ⅰ・斯Ⅰ・宋版・世徳・道蔵・天理」②□□■□－東急」②□□□■－

仁和」

1ウ2

31天地含氣―活Ⅱ・書陵・龍門・無窮・足利・筑波・弘文・斯Ⅱ・梅沢・慶Ⅰ・大東・慶Ⅱ・武内・東大・東洋・東急・杏Ⅰ・斯Ⅰ・仁和・宋版・世徳・道蔵・天理」①□□合□―陽Ⅰ」

32長大成就―活Ⅱ・陽Ⅰ・龍門・筑波・慶Ⅰ・大東・慶Ⅱ・武内・東大・東洋・斯Ⅰ・仁和・道蔵・天理」②□□□熟―書陵・無窮・足利・弘文・斯Ⅱ・梅沢・東急・杏Ⅰ・宋版・世徳」

33如母之■養子也■―活Ⅱ・陽Ⅰ・書陵・龍門・無窮・足利・筑波・斯Ⅱ・梅沢・慶Ⅰ・大東・武内・東大・東洋・東急・杏Ⅰ・仁和・道蔵・天理」②□□□■□□□矣―慶Ⅱ」②□□□如□□□■―弘文」②□□□■□□■■―斯Ⅰ・宋版・世徳」

経

34故常無欲―活Ⅱ・陽Ⅰ・書陵・龍門・無窮・足利・筑波・弘文・斯Ⅱ・梅沢・慶Ⅱ・東洋・東急・杏Ⅰ・斯Ⅰ・仁和・陽Ⅱ・宋版・世徳・道蔵・天理」①□□无□―慶Ⅰ・大東・武内・東大・六地」

注

35妙■要也―活Ⅱ・陽Ⅰ・書陵・龍門・無窮・筑波・梅沢・慶Ⅰ・大東・武内・東大・東洋・東急・杏Ⅰ・斯Ⅰ・仁和・宋版・世徳・道蔵・天理」②□者□□―足利・弘文・斯Ⅱ・慶Ⅱ」

36人常能無欲―活Ⅱ・陽Ⅰ・書陵・龍門・無窮・足利・筑波・弘文・斯Ⅱ・梅沢・東急・杏Ⅰ・宋版・世徳・道蔵・天理・仁和?」①□□□无□―慶Ⅰ・大東・武内・東大・東洋・斯Ⅰ」③□□已无□―慶Ⅱ」

37■■則―活Ⅱ・陽Ⅰ・書陵・龍門・無窮・足利・筑波・弘文・斯Ⅱ・梅沢・慶Ⅰ・慶Ⅱ・武内・東大・東洋・東急・杏Ⅰ・斯Ⅰ・仁和・宋版・世徳・道蔵・天理」②無欲□―大東」

1ウ3

38可以―活Ⅱ・陽Ⅰ・書陵・龍門・無窮・足利・筑波・弘文・斯Ⅱ・梅沢・慶Ⅰ・大東・慶Ⅱ・武内・東大・東洋・東急・杏Ⅰ・斯Ⅰ・仁和・宋版・世徳・天理」②■□―道蔵」

39観■道―陽Ⅰ・書陵・龍門・足利・筑波・弘文・梅沢・慶Ⅱ・東大・東洋・東急・斯Ⅰ・仁和・宋版・世徳・道蔵」②□大□―活Ⅱ・無窮・斯Ⅱ・慶Ⅰ・大東・武内・杏Ⅰ・天理」

40■之要―活Ⅱ・陽Ⅰ・書陵・龍門・無窮・足利・筑波・斯Ⅱ・梅沢・慶Ⅰ・大東・慶Ⅱ・武内・東大・東洋・東急・杏Ⅰ・斯Ⅰ・仁和・宋版・世徳・道蔵・天理」②々□□―弘文」

41要―活Ⅱ・陽Ⅰ・書陵・龍門・無窮・足利・筑波・斯Ⅱ・梅沢・慶Ⅰ・大東・慶Ⅱ・武内・東大・東洋・東急・杏Ⅰ・斯Ⅰ・仁和・宋版・世徳・天理」②■―弘文」②妙―道蔵」

42謂■一也―活Ⅱ・陽Ⅰ・書陵・龍門・無窮・足利・筑波・弘文・斯Ⅱ・梅沢・慶Ⅰ・大東・武内・東大・東洋・東急・杏Ⅰ・斯Ⅰ・仁和・宋版・世徳・道蔵・天理」②□之□□―慶Ⅱ」

43一出布名道―活Ⅱ・陽Ⅰ・龍門・書陵・無窮・足利・筑波・梅沢・慶Ⅰ・大東・武内・東大・東洋・東急・杏Ⅰ・斯Ⅰ・仁和・宋版・道蔵・天理」②□□□□也―弘文・斯Ⅱ・慶Ⅱ」③■■■■■―世徳」

44讃叙明是非也―活Ⅱ・陽Ⅰ・書陵・龍門・無窮・足利・筑波・弘文・斯Ⅱ・梅沢・慶Ⅰ・大東・慶Ⅱ・武内・東大・東洋・東急・杏Ⅰ・斯Ⅰ・仁和・宋版・道蔵・天理」③■■■■■■―世徳」

経

45■常有欲―活Ⅱ・陽Ⅰ・書陵・龍門・無窮・梅沢・慶Ⅰ・大東・東大・東洋・東急・杏Ⅰ・六地・陽Ⅱ・斯Ⅰ・仁和・宋版・世徳・道蔵・天理」②故□□□―足利・筑波・弘文・斯Ⅱ・慶Ⅱ・武内」

1ウ4

46以観其徼―活Ⅱ・陽Ⅰ・書陵・龍門・足利・筑波・弘文・斯Ⅱ・梅沢・慶Ⅰ・大東・慶Ⅱ・武内・東大・東洋・東急・杏Ⅰ・斯Ⅰ・六地・陽Ⅱ・仁和・宋版・世徳・道蔵・天理」②□□■□―無窮」

注

47徼歸也―活Ⅱ・陽Ⅰ・書陵・龍門・足利・斯Ⅱ・梅沢・慶Ⅰ・大東・東大・東急・杏Ⅰ・斯Ⅰ・宋版・世徳・道蔵・天理」①□皈□―無窮・筑波・弘文・慶Ⅱ・武内・東洋・仁和」

48■■常有欲之人―活Ⅱ・陽Ⅰ・書陵・龍門・無窮・弘文・斯Ⅱ・

梅沢・慶Ⅰ・大東・慶Ⅱ・武内・東大・東洋・東急・杏Ⅰ・斯Ⅰ・仁和・宋版・世徳・道蔵・天理」②故■□□□□□－筑波」③常也□□□□□－足利」

49■可以觀－活Ⅱ・陽Ⅰ・書陵・龍門・無窮・足利・筑波・弘文・斯Ⅱ・梅沢・慶Ⅰ・大東・慶Ⅱ・武内・東大・東洋・杏Ⅰ・斯Ⅰ・仁和・宋版・世徳・道蔵・天理」②則□□□－東急」

50世俗之所歸趣也－活Ⅱ・陽Ⅰ・書陵・龍門・足利・弘文・斯Ⅱ・梅沢・慶Ⅰ・大東・東大・東急・杏Ⅰ・斯Ⅰ・宋版・世徳・道蔵・天理」①□□□□皈□□－無窮・筑波・慶Ⅱ・武内・東洋」③□□□□皈□■－仁和」

経

51此兩者同出而異名－活Ⅱ・陽Ⅰ・書陵・龍門・無窮・足利・筑波・弘文・斯Ⅱ・梅沢・慶Ⅱ・東急・杏Ⅰ・六地・陽Ⅱ・斯Ⅰ・仁和・宋版・世徳・道蔵・天理」②□□□□■□□－慶Ⅰ・大東・武内・東大・東洋」

1ウ5

注

52有欲無欲也－活Ⅱ・陽Ⅰ・書陵・龍門・無窮・足利・筑波・弘文・梅沢・慶Ⅱ・東急・杏Ⅰ・宋版・世徳・道蔵・天理」①□□无□□－斯Ⅱ・慶Ⅰ・大東・武内・東大・東洋・斯Ⅰ・仁和」

53同出者－活Ⅱ・陽Ⅰ・書陵・龍門・無窮・足利・筑波・弘文・斯Ⅱ・梅沢・慶Ⅰ・大東・武内・東大・東洋・東急・杏Ⅰ・斯Ⅰ・仁和・宋版・世徳・道蔵・天理」②□□■－慶Ⅱ」

54■同出－活Ⅱ・陽Ⅰ・書陵・龍門・無窮・足利・斯Ⅱ・梅沢・慶Ⅰ・大東・東大・東洋・東急・杏Ⅰ・斯Ⅰ・宋版・世徳・天理」②有□□－筑波・武内」③■■■－弘文・慶Ⅱ」③謂□於－道蔵」

55人之心也－活Ⅱ・陽Ⅰ・書陵・龍門・無窮・足利・筑波・慶Ⅰ・大東・慶Ⅱ・武内・東大・東洋・東急・杏Ⅰ・仁和・天理」②□■□□－弘文・斯Ⅱ・斯Ⅰ・宋版・世徳」②□□□■－梅沢」④□■□■－道蔵」

56而異名者－活Ⅱ・陽Ⅰ・書陵・龍門・無窮・足利・筑波・弘文・斯Ⅱ・梅沢・慶Ⅰ・大東・慶Ⅱ・武内・東大・東洋・杏Ⅰ・斯Ⅰ・仁和・宋版・世徳・天理」②□名異□－東急」②■□□□－道蔵」

57所名各異也－活Ⅱ・陽Ⅰ・書陵・龍門・無窮・足利・筑波・弘文・梅沢・慶Ⅰ・大東・慶Ⅱ・武内・東大・東洋・東急・杏Ⅰ・斯Ⅰ・仁和・宋版・世徳・天理」②□□々□□－斯Ⅱ」④□□曰□■－道蔵」

58名無欲者－活Ⅱ・陽Ⅰ・書陵・無窮・足利・筑波・弘文・梅沢・慶Ⅱ・東急・杏Ⅰ・宋版・世徳・道蔵・天理」①□无□□－龍門・斯Ⅱ・慶Ⅰ・大東・武内・東大・東洋・斯Ⅰ・仁和」

1ウ6

59亡身者也■－活Ⅱ・陽Ⅰ・書陵・龍門・無窮・足利・筑波・弘文・斯Ⅱ・梅沢・慶Ⅰ・大東・武内・東大・東洋・東急・杏Ⅰ・斯Ⅰ・仁和・天理」②□□□□矣－慶Ⅱ」②□□■□■－宋版・世徳」②□□■■■－道蔵」

注

60玄■天也－活Ⅱ・陽Ⅰ・書陵・龍門・無窮・足利・筑波・弘文・斯Ⅱ・梅沢・慶Ⅰ・大東・武内・東大・東洋・東急・杏Ⅰ・斯Ⅰ・仁和・宋版・世徳・道蔵・天理」②□者□□－慶Ⅱ」

61言－活Ⅱ・陽Ⅰ・書陵・龍門・無窮・足利・筑波・弘文・斯Ⅱ・梅沢・慶Ⅰ・大東・慶Ⅱ・武内・東大・東洋・東急・斯Ⅰ・仁和・宋版・世徳・天理」②謂－道蔵」

62有欲之人■－活Ⅱ・陽Ⅰ・書陵・龍門・無窮・足利・筑波・弘文・斯Ⅱ・梅沢・慶Ⅰ・大東・慶Ⅱ・武内・東大・東急・斯Ⅰ・仁和・宋版・世徳・道蔵・天理」②□□□者－東洋」

63無欲之人－活Ⅱ・陽Ⅰ・書陵・龍門・無窮・足利・弘文・梅沢・東洋・東急・宋版・世徳・道蔵・天理・仁和？」①无□□□－筑波・斯Ⅱ・慶Ⅰ・大東・慶Ⅱ・武内・東大・斯Ⅰ」

64同受■氣於天也－活Ⅱ・陽Ⅰ・龍門・無窮・足利・筑波・弘文・斯Ⅱ・梅沢・大東・慶Ⅱ・武内・東大・東洋・仁和・天理」①□愛■□□□－書陵・慶Ⅰ」②□□■□□□■－東急・宋版・世徳・道蔵」④□□於□□□■－斯Ⅰ」

1ウ7

注

65有厚薄－活Ⅱ・陽Ⅰ・斯Ⅰ・宋版・世徳・道蔵・天理」②□薄

厚—書陵・龍門・無窮・足利・筑波・弘文・斯Ⅱ・梅沢・慶Ⅰ・
大東・慶Ⅱ・武内・東大・東洋・東急・仁和」

2オ1
66夫人得中和滋液—活Ⅱ・陽Ⅰ・書陵・龍門・筑波・慶Ⅰ・大東・
武内・東大・東洋・仁和・天理」③■■□□□□—無窮・足
利・弘文・斯Ⅱ・梅沢・慶Ⅱ・東急・斯Ⅰ・宋版・世徳・道蔵」

67則生賢聖—活Ⅱ・陽Ⅰ・書陵・龍門・無窮・足利・筑波・弘文・
斯Ⅱ・梅沢・慶Ⅰ・大東・武内・東大・東洋・東急・斯Ⅰ・仁
和・宋版・世徳・道蔵・天理」②□□聖賢—慶Ⅱ」

68得錯亂濁辱—活Ⅱ・陽Ⅰ・梅沢・東急・道蔵・天理」①□□□
□溽—書陵・龍門・無窮・足利・筑波・弘文・斯Ⅱ・慶Ⅰ・大
東・慶Ⅱ・武内・東大・東洋・斯Ⅰ・仁和」②□□□汚□—宋
版・世徳」

69則生貪淫也—活Ⅱ・陽Ⅰ・書陵・龍門・無窮・足利・弘文・斯
Ⅱ・梅沢・慶Ⅰ・大東・慶Ⅱ・武内・東大・東洋・東急・斯Ⅰ・
仁和・宋版・世徳」②□□□□■—筑波・道蔵・天理」

注70稟氣—活Ⅱ・大東・慶Ⅰ・武内・東大・東洋・宋版・世徳・道
蔵・天理」②天□—陽Ⅰ・書陵・龍門・無窮・足利・筑波・弘
文・斯Ⅱ・梅沢・東急・斯Ⅰ・仁和」②■□—慶Ⅱ」

71有薄厚除情■欲—活Ⅱ・陽Ⅰ・書陵・龍門・無窮・足利・筑波・
弘文・斯Ⅱ・梅沢・慶Ⅰ・大東・慶Ⅱ・武内・東大・東洋・東
急・仁和・天理」②□厚薄□□■□—斯Ⅰ・道蔵」④□厚薄□
□去□—宋版・世徳」

2オ2
72謂知道要之門戸者也—活Ⅱ・陽Ⅰ・龍門・無窮・足利・筑波・
弘文・斯Ⅱ・梅沢・慶Ⅰ・大東・慶Ⅱ・武内・東大・東洋・東
急・斯Ⅰ・仁和・天理」①□和□□□□□□□—書陵」②□□
□□□□□■□—宋版・世徳」②□□□□□□□■■—道蔵」

2オ3
73養身■■第二—活Ⅱ・陽Ⅰ・梅沢・斯Ⅰ・宋版・世徳・道蔵・
天理」②□□■章□□—武内・東大・東洋」③天下■章□□—
慶Ⅰ・大東」③天下皆章□□—筑波・弘文・慶Ⅱ」③■■■■
■■—書陵・龍門・無窮・足利・斯Ⅱ・東急・六地・陽Ⅱ」

2オ4
注74自揚已美—活Ⅱ・陽Ⅰ・書陵・龍門・筑波・弘文・慶Ⅰ・大東・
慶Ⅱ・武内・東大・東洋・東急・斯Ⅰ・宋版・世徳・道蔵・天
理」①□楊□□—無窮・足利・斯Ⅱ・梅沢」

注75有危亡也—活Ⅱ・陽Ⅰ・書陵・龍門・無窮・足利・弘文・筑波・
斯Ⅱ・梅沢・慶Ⅱ・武内・東大・東洋・東急・宋版・世徳・道
蔵・天理」②□□□者—慶Ⅰ・大東」②□□巳□—斯Ⅰ」

2オ5
注76有功名也—活Ⅱ・陽Ⅰ・書陵・龍門・無窮・足利・筑波・弘文・
斯Ⅱ・梅沢・慶Ⅰ・慶Ⅱ・武内・東大・東洋・東急・斯Ⅰ・宋
版・世徳・道蔵・天理」①□切□□—大東」

77人所■争也—活Ⅱ・陽Ⅰ・書陵・龍門・足利・筑波・斯Ⅱ・梅
沢・慶Ⅰ・大東・慶Ⅱ・武内・東大・東洋・東急・斯Ⅰ・宋版・
世徳・道蔵・天理」②□□■尚□—弘文」②□□故□□—無窮」

2オ6
経78故有無之相生—活Ⅱ・陽Ⅰ・書陵・龍門・無窮・足利・筑波・
弘文・斯Ⅱ・梅沢・慶Ⅱ・東大・東洋・陽Ⅱ・東急・天理」①
□□无□□□—慶Ⅰ・大東・武内・六地」②□□□■□□—斯
Ⅰ・宋版・世徳・道蔵」

注79而爲無也—活Ⅱ・陽Ⅰ・書陵・無窮・足利・筑波・弘文・梅沢・
東急・宋版・世徳・道蔵・天理」①□□无□—龍門・斯Ⅱ・慶
Ⅰ・大東・慶Ⅱ・武内・東大・東洋・斯Ⅰ」

経80難易之相成—活Ⅱ・陽Ⅰ・書陵・龍門・無窮・足利・筑波・弘
文・斯Ⅱ・梅沢・慶Ⅰ・大東・慶Ⅱ・東大・東洋・六地・陽Ⅱ・
東急・道蔵・天理」②□□■□□—斯Ⅰ・宋版・世徳」②□□
□□生—武内」

経81長短之相形—活Ⅱ・陽Ⅰ・書陵・龍門・無窮・足利・筑波・弘
文・斯Ⅱ・梅沢・慶Ⅰ・大東・慶Ⅱ・武内・東大・東洋・東急・
六地・陽Ⅱ・道蔵・天理」②□□■□□—斯Ⅰ・宋版・世徳」

2オ7
注82見短而爲長也—活Ⅱ・陽Ⅰ・書陵・龍門・無窮・足利・筑波・
弘文・斯Ⅱ・梅沢・慶Ⅰ・大東・慶Ⅱ・武内・東大・東洋・東
急・斯Ⅰ・宋版・世徳・天理」④□□之相形□—道蔵」

経83高下之相傾—活Ⅱ・陽Ⅰ・書陵・龍門・無窮・足利・筑波・弘

文・斯Ⅱ・梅沢・慶Ⅰ・大東・慶Ⅱ・武内・東大・東洋・六地・陽Ⅱ・東急・道蔵・天理」②□□■□□－斯Ⅰ・宋版・世徳」

注84見高而爲下也－活Ⅱ・陽Ⅰ・書陵・龍門・無窮・足利・筑波・弘文・斯Ⅱ・梅沢・慶Ⅰ・大東・慶Ⅱ・武内・東大・東洋・斯Ⅰ・宋版・世徳・道蔵・天理」③■■■■■■－東急」

経85音聲之相和－活Ⅱ・陽Ⅰ・書陵・龍門・無窮・足利・筑波・弘文・斯Ⅱ・梅沢・慶Ⅰ・大東・慶Ⅱ・武内・東洋・東急・六地・陽Ⅱ・道蔵・天理」②□□■□□－東大・斯Ⅰ・宋版・世徳」

2ウ1

注86上唱下必和也－活Ⅱ・陽Ⅰ・書陵・龍門・無窮・足利・筑波・弘文・斯Ⅱ・梅沢・慶Ⅰ・大東・慶Ⅱ・武内・東大・東洋・東急・宋版・世徳・道蔵・天理」②□□□如□□－斯Ⅰ」

経87前後之相隨－活Ⅱ・陽Ⅰ・書陵・龍門・無窮・足利・筑波・弘文・斯Ⅱ・梅沢・慶Ⅰ・大東・武内・東大・東洋・東急・六地・陽Ⅱ・天理」①□后□□□－慶Ⅱ」②□□■□□－斯Ⅰ・宋版・世徳・道蔵」

注88上行下必隨也－活Ⅱ・陽Ⅰ・書陵・龍門・無窮・足利・筑波・弘文・斯Ⅱ・梅沢・慶Ⅰ・大東・慶Ⅱ・武内・東大・東洋・東急・斯Ⅰ・宋版・世徳・天理」②□□□□□■－道蔵」

2ウ2

経89處無爲之事－活Ⅱ・陽Ⅰ・書陵・無窮・足利・筑波・弘文・斯Ⅱ・大東・慶Ⅱ・東大・東洋・東急・斯Ⅰ・宋版・世徳・道蔵・天理」①□无□□□－龍門・慶Ⅰ・武内・六地・治要」②□□□■□－梅沢・陽Ⅱ」

注90以身師導之也－活Ⅱ・龍門・無窮・足利・筑波・梅沢・慶Ⅱ・東洋・斯Ⅰ・宋版・世徳・天理」①□□帥□□□－陽Ⅰ・弘文・東大」①□□□道□□－書陵・武内・治要」②□□□□□■－慶Ⅰ・大東」②□□□□■■－東急」③□□帥之導□－斯Ⅱ」③□□□道■■－道蔵」

2ウ3

経91萬物作焉－活Ⅱ・陽Ⅰ・書陵・龍門・無窮・足利・筑波・弘文・梅沢・慶Ⅰ・大東・慶Ⅱ・武内・東大・東洋・東急・斯Ⅰ・六地・陽Ⅱ・宋版・世徳・道蔵・天理・治要」②□□□■－斯Ⅱ」

注92各自動作也－活Ⅱ・書陵・龍門・無窮・足利・筑波・弘文・斯Ⅱ・梅沢・慶Ⅰ・大東・慶Ⅱ・東大・斯Ⅰ・天理」②□□□□■－陽Ⅰ・武内・東洋・東急・治要」②□□□■□－宋版・世徳」⑤□□□□■－道蔵（此の注、次の経文句下に有り）」

経93而不辭－活Ⅱ・陽Ⅰ・書陵・龍門・無窮・足利・筑波・弘文・斯Ⅱ・梅沢・慶Ⅰ・大東・慶Ⅱ・武内・東大・東洋・東急・斯Ⅰ・六地・陽Ⅱ・宋版・世徳・道蔵・天理」②■□□－治要」

注94不辞謝而逆止也■－活Ⅱ・無窮・足利・弘文・斯Ⅱ・慶Ⅰ・大東・慶Ⅱ・東大・天理」②□□□□□□之■－筑波」②□□□□□□□之－梅沢」②□□□□□□之也－治要」②□□□□□□■■－書陵・龍門・武内・東洋・東急・斯Ⅰ・宋版・世徳・道蔵」③□□□□□上■■－陽Ⅰ」

注95元氣生萬物－活Ⅱ・陽Ⅰ・書陵・龍門・無窮・足利・筑波・弘文・梅沢・慶Ⅰ・大東・慶Ⅱ・武内・東大・東洋・東急・斯Ⅰ・宋版・世徳・道蔵・天理・治要」②无□□□□－斯Ⅱ」

2ウ4

96而不有也－活Ⅱ・無窮・足利・筑波・弘文・斯Ⅱ・慶Ⅰ・大東・武内・東大・東洋・天理」②■□□□－陽Ⅰ・書陵・龍門・梅沢・慶Ⅱ」②□□□■－東急・斯Ⅰ・宋版・世徳・道蔵・治要」

経97爲而不特－活Ⅱ・大東・慶Ⅱ」①□□□侍－陽Ⅰ・書陵・龍門・無窮・足利・筑波・弘文・斯Ⅱ・梅沢・慶Ⅰ・武内・東大・東洋・東急・斯Ⅰ・六地・陽Ⅱ・宋版・世徳・道蔵・天理・治要」

注98不特望－活Ⅱ・書陵・弘文・慶Ⅰ・大東・慶Ⅱ」①□侍□－陽Ⅰ・龍門・無窮・足利・筑波・斯Ⅱ・梅沢・武内・東大・東洋・斯Ⅰ・宋版・世徳・天理・治要」②□■□－道蔵」③□侍■－東急」

99其報也－活Ⅱ・陽Ⅰ・書陵・龍門・無窮・足利・筑波・弘文・斯Ⅱ・梅沢・慶Ⅰ・大東・慶Ⅱ・武内・東大・東洋・斯Ⅰ・宋版・世徳・天理・治要」②□□■－東急・道蔵」

経100功成而弗居－活Ⅱ・陽Ⅰ・書陵・龍門・筑波・梅沢・慶Ⅰ・大東・慶Ⅱ・武内・東大・東洋・東急・斯Ⅰ・六地・陽Ⅱ・宋版・

世徳」①□□□不□－無窮・足利・弘文・斯Ⅱ・天理」②□□■□□－道蔵」

2ウ5 注 101 功成事就－活Ⅱ・陽Ⅰ・書陵・龍門・無窮・足利・筑波・弘文・斯Ⅱ・慶Ⅰ・大東・慶Ⅱ・武内・東大・東洋・東急・斯Ⅰ・宋版・世徳・道蔵・天理」②成功□□－梅沢」

102 退避－活Ⅱ・陽Ⅰ・書陵・龍門・無窮・足利・筑波・弘文・斯Ⅱ・梅沢・慶Ⅰ・大東・慶Ⅱ・武内・東洋・東急・斯Ⅰ・宋版・世徳・道蔵・天理」①□辟－東大」

103 不居其位也－活Ⅱ・陽Ⅰ・書陵・龍門・無窮・足利・筑波・弘文・斯Ⅱ・梅沢・慶Ⅰ・大東・慶Ⅱ・武内・東大・東洋・天理」②□□□■－東急・斯Ⅰ・宋版・世徳・道蔵」

経 104 夫唯弗居－活Ⅱ・陽Ⅰ・書陵・龍門・無窮・足利・筑波・弘文・梅沢・慶Ⅰ・大東・慶Ⅱ・武内・東大・東洋・東急・斯Ⅰ・六地・陽Ⅱ」①□□不□－天理」①□惟□□－宋版・世徳」②□惟不□－道蔵」③■■■■－斯Ⅱ」

注 105 夫唯功成不居其位也■－活Ⅱ・陽Ⅰ・書陵・龍門・無窮・足利・筑波・弘文・梅沢・慶Ⅰ・大東・慶Ⅱ・武内・東大・斯Ⅰ・天理」①□□□□□□□□々－東洋」②□□□□□□□□■■－東急」③□惟□□□□□■■－宋版・世徳・道蔵」③■■■■■■■－斯Ⅱ」

2ウ6 注 106 不去其身也－活Ⅱ・陽Ⅰ・書陵・龍門・無窮・足利・筑波・弘文・斯Ⅱ・梅沢・慶Ⅰ・大東・慶Ⅱ・武内・東大・東洋・斯Ⅰ・宋版・世徳・天理」②□□□■－東急・道蔵」

107 此言不行－活Ⅱ・陽Ⅰ・書陵・龍門・無窮・足利・筑波・弘文・斯Ⅱ・梅沢・慶Ⅰ・慶Ⅱ・武内・東大・東洋・東急・斯Ⅰ・宋版・世徳・道蔵・天理」②■□□□－大東」

108 不言不可知－活Ⅱ・無窮・梅沢・大東・東洋・宋版・世徳・道蔵・天理」②□□□和－陽Ⅰ・書陵・龍門・足利・筑波・弘文・斯Ⅱ・慶Ⅰ・慶Ⅱ・武内・東大・東急・斯Ⅰ」

109 疾■上六句－活Ⅱ・陽Ⅰ・書陵・龍門・無窮・足利・筑波・斯Ⅱ・梅沢・慶Ⅰ・大東・慶Ⅱ・武内・東大・東洋・東急・斯Ⅰ・宋版・道蔵・天理」②即■□□□－世徳」②□下□□□－弘文」

2ウ7 110 君開一源－活Ⅱ・陽Ⅰ・書陵・龍門・無窮・足利・筑波・弘文・斯Ⅱ・梅沢・慶Ⅰ・大東・慶Ⅱ・武内・東大・東洋・東急・斯Ⅰ・宋版・天理」②若□□□－世徳・道蔵」

111 生百端百端之變－活Ⅱ・陽Ⅰ・書陵・龍門・無窮・足利・筑波・弘文・梅沢・慶Ⅰ・大東・慶Ⅱ・武内・東大・東洋・東急・宋版・世徳・道蔵・天理」②□□□■□■□－斯Ⅱ」②□■■□□□□－斯Ⅰ」

121 無不動亂也■－活Ⅱ・書陵・無窮・足利・筑波・梅沢・東急・天理」①无□□□□■－陽Ⅰ・弘文・斯Ⅱ・慶Ⅰ・大東・慶Ⅱ・武内・東大」②□□□□■■－世徳・道蔵」③无□□□□之－東洋」③无□□□■■－龍門・斯Ⅰ・宋版」

3オ1 113 安民■■第三－活Ⅱ・陽Ⅰ・梅沢・斯Ⅰ・宋版・世徳・道蔵・天理」②□□■章□□－武内・東大・東洋」③不尚賢章□□－筑波・弘文・慶Ⅰ・大東・慶Ⅱ」③■■■■■■－書陵・龍門・無窮・足利・斯Ⅱ・東急・六地・陽Ⅱ」

3オ2 注 114 賢謂世俗之賢－活Ⅱ・陽Ⅰ・書陵・龍門・無窮・筑波・弘文・斯Ⅱ・梅沢・慶Ⅰ・大東・慶Ⅱ・武内・東大・東洋・東急・斯Ⅰ・宋版・世徳・道蔵・天理・治要」①□□□欲□□－足利」

115 辯口明文離道行權－活Ⅱ・書陵・慶Ⅰ・東急・宋版・世徳・道蔵・天理」①辨□□□□□□□－陽Ⅰ・龍門・無窮・足利・筑波・弘文・斯Ⅱ・梅沢・大東・慶Ⅱ・斯Ⅰ」①弁□□□□□□□－武内・東大・東洋」③■■■■■■■■－治要」

116 去質爲文也－活Ⅱ・陽Ⅰ・書陵・龍門・無窮・足利・筑波・弘文・斯Ⅱ・梅沢・慶Ⅰ・大東・慶Ⅱ・武内・東大・東洋・東急・斯Ⅰ・宋版・世徳・天理」②□□□□■－道蔵」③■■■■■－治要」

117 不尚者－活Ⅱ・陽Ⅰ・書陵・龍門・無窮・足利・筑波・弘文・斯Ⅱ・梅沢・慶Ⅰ・大東・慶Ⅱ・武内・東大・東洋・東急・斯

Ⅰ・宋版・世徳・道蔵・天理」③■■□－治要」

注118 不貴之以禄－活Ⅱ・陽Ⅰ・書陵・龍門・無窮・足利・筑波・弘文・斯Ⅱ・梅沢・慶Ⅰ・大東・慶Ⅱ・武内・東大・東洋・東急・斯Ⅰ・宋版・世徳・道蔵・天理」③□□□■■－治要」

3オ3

119 不尊之－活Ⅱ・陽Ⅰ・書陵・龍門・無窮・足利・筑波・弘文・斯Ⅱ・梅沢・慶Ⅰ・大東・慶Ⅱ・武内・東大・東洋・東急・道蔵・天理」②□貴□－斯Ⅰ・宋版・世徳」③■■■－治要」

120 以官也■－活Ⅱ・陽Ⅰ・書陵・龍門・無窮・足利・筑波・弘文・斯Ⅱ・梅沢・慶Ⅰ・大東・慶Ⅱ・武内・東大・東急・道蔵・天理」②□□□之－東洋」②□□■■－斯Ⅰ・宋版・世徳」③■■□■－治要」

注121 反自然也－活Ⅱ・陽Ⅰ・書陵・龍門・無窮・足利・筑波・弘文・慶Ⅰ・大東・慶Ⅱ・武内・東大・東洋・梅沢・天理・治要」①返□□□－東急・斯Ⅰ・宋版・世徳」②乃□□□－道蔵」②□□□矣－斯Ⅱ」

経121b 難得之貨－活Ⅰ・活Ⅱ・陽Ⅰ・書陵・龍門・無窮・足利・筑波・弘文・斯Ⅱ・梅沢・慶Ⅰ・大東・慶Ⅱ・武内・東大・東洋・東急・六地・陽Ⅱ・宋版・世徳・道蔵・天理・治要」①□行□□－斯Ⅰ」

3オ4

注122 言人君不御好珎■－活Ⅱ・陽Ⅰ・書陵・足利・筑波・斯Ⅱ・梅沢・慶Ⅰ・大東・慶Ⅱ・武内・東大・東洋・東急・天理」①□□□□□□珍■－龍門・無窮・杏Ⅰ・斯Ⅰ」②□□□□□□珎－弘文」②□□□□□□寶－宋版・世徳」③□□□□□□珍寶－道蔵」③■■■■■■■■－治要」

123 ■黄金弃於山－活Ⅱ・陽Ⅰ・龍門・筑波・梅沢・慶Ⅱ・武内・東大・東洋・東急・斯Ⅰ・天理」①■□□棄□□－書陵・無窮・足利・弘文・斯Ⅱ・慶Ⅰ・大東・杏Ⅰ・宋版・世徳」②則□□□□□－道蔵」③■■■■■■－治要」

124 珠玉捐於淵也－活Ⅱ・書陵・龍門・無窮・弘文・梅沢・慶Ⅰ・大東・慶Ⅱ・武内・東大・東洋・杏Ⅰ・東急・斯Ⅰ・道蔵・天理」①□□損□□□－足利」①□□指□□□－筑波・斯Ⅱ」①□□□□閔□－陽Ⅰ」②□□□□□■－宋版・世徳」③■■■■■■－治要」

注125 上化清静■－活Ⅱ・陽Ⅰ・書陵・龍門・無窮・足利・筑波・斯Ⅱ・梅沢・慶Ⅰ・大東・慶Ⅱ・武内・杏Ⅰ・東急・治要」①□□□淨■－東大・斯Ⅰ・宋版・世徳・道蔵・天理」②□□□□者－東洋」③□□□淨不－弘文（左旁見消ち有り）」

126 下無貪人也－活Ⅱ・書陵・無窮・足利・筑波・弘文・斯Ⅱ・杏Ⅰ・東急・天理」①□无□□□－陽Ⅰ・龍門・梅沢・慶Ⅰ・武内・東大・東洋・治要」①■□□□□－慶Ⅱ」②□□□□■－道蔵・世徳」②不无□□□－大東」③□无□□■－斯Ⅰ・宋版」

3オ5

注127 放鄭聲－活Ⅱ・陽Ⅰ・書陵・龍門・無窮・筑波・弘文・斯Ⅱ・梅沢・慶Ⅰ・大東・慶Ⅱ・武内・東大・杏Ⅰ・東急・斯Ⅰ・宋版・世徳・道蔵・天理・治要」①救□□－足利（右旁見消ち、眉上「放」字加筆）」①於□□－東洋（左旁見消ち、右旁「放」字加筆）」

128 遠美人■也－活Ⅱ・陽Ⅰ・無窮・弘文・斯Ⅱ・杏Ⅰ・天理」①閑□■□－足利（左旁見消ち、右旁「遠」字加筆）」②□□□也之－梅沢」②□□□者□－書陵・龍門・筑波・慶Ⅰ・大東・慶Ⅱ・武内・東大・東洋」②□□□■■－東急・斯Ⅰ・宋版・世徳・治要」④□佞□■■－道蔵」

注129 不邪淫■■■也－活Ⅱ・陽Ⅰ・龍門・筑波・弘文・梅沢・慶Ⅰ・大東・慶Ⅱ・武内・東洋・東急・道蔵・天理」①□耶□■■■□－書陵・無窮・足利・斯Ⅱ・治要」①□□婬■■■□－杏Ⅰ」③□□淫不惑乱□－東大・斯Ⅰ・宋版・世徳」

3オ6

経130 是以聖人之治－活Ⅱ・陽Ⅰ・書陵・龍門・無窮・足利・筑波・弘文・斯Ⅱ・梅沢・慶Ⅰ・大東・慶Ⅱ・武内・東大・東洋・杏Ⅰ・東急・斯Ⅰ・道蔵・六地・陽Ⅱ・天理・治要」②□□□■□－宋版・世徳」

注131 謂聖人治國－活Ⅱ・陽Ⅰ・書陵・龍門・無窮・足利・筑波・弘

文・斯Ⅱ・梅沢・慶Ⅰ・大東・慶Ⅱ・武内・東大・東洋・杏Ⅰ・天理」②説□□□□－東急・斯Ⅰ・宋版・世徳・道蔵・治要」

132 猶■治身■也－活Ⅱ・陽Ⅰ・書陵・龍門・無窮・足利・筑波・弘文・斯Ⅱ・慶Ⅰ・大東・慶Ⅱ・武内・東大・東洋・杏Ⅰ・斯Ⅰ・天理・治要」②□■□□■■－梅沢」④□如□□■■－東急」④與■□□同□－宋版・世徳」④與■□□■■－道蔵」

注 133 除嗜欲－活Ⅱ・陽Ⅰ・書陵・龍門・足利・筑波・弘文・斯Ⅱ・梅沢・慶Ⅰ・大東・慶Ⅱ・武内・東大・東洋・杏Ⅰ・東急・斯Ⅰ・宋版・世徳・道蔵・天理」①□□慾－無窮」

134 去亂煩也■－活Ⅱ・陽Ⅰ・書陵・龍門・無窮・足利・筑波・弘文・斯Ⅱ・慶Ⅰ・大東・慶Ⅱ・武内・東大・杏Ⅰ・東急・天理」②□□□之－梅沢・東洋」②□□□■■－斯Ⅰ・宋版・世徳」④□煩亂■■－道蔵」

3オ7 経 135 實其腹－活Ⅱ・陽Ⅰ・書陵・龍門・無窮・足利・筑波・弘文・斯Ⅱ・梅沢・慶Ⅰ・大東・武内・東大・東洋・杏Ⅰ・東急・斯Ⅰ・宋版・世徳・道蔵・六地・陽Ⅱ・天理」①□□腸－慶Ⅱ」

注 136 懐道抱一－活Ⅱ・陽Ⅰ・書陵・龍門・無窮・足利・筑波・弘文・斯Ⅱ・梅沢・慶Ⅰ・大東・慶Ⅱ・武内・東大・東洋・杏Ⅰ・東急・宋版・世徳・道蔵・天理」②□□於□－斯Ⅰ」

注 137 不處權也－活Ⅱ・陽Ⅰ・書陵・龍門・無窮・足利・筑波・斯Ⅱ・梅沢・慶Ⅱ・武内・東大・東洋・杏Ⅰ・東急・斯Ⅰ・宋版・世徳・道蔵・天理」②□□□■－弘文・慶Ⅰ・大東・敦Ⅰ」

3ウ1 注 138 髓滿骨堅也■－活Ⅱ・陽Ⅰ・書陵・龍門・無窮・梅沢・慶Ⅱ・杏Ⅰ・東急・道蔵・天理」①□□□陘□■－武内」①□□□賢□■－筑波」②□□□□□之－東洋」②□□□□■■－足利・弘文・斯Ⅱ・東大・斯Ⅰ・宋版・世徳」③□□□賢■■－慶Ⅰ・大東」

経 139 無知無欲－活Ⅱ・陽Ⅰ・書陵・無窮・足利・弘文・斯Ⅱ・慶Ⅱ・東洋・杏Ⅰ・梅沢・東急・斯Ⅰ・宋版・世徳・道蔵・天理・治要」①□□无□－筑波・東大・陽Ⅱ」②无□无□－龍門・慶Ⅰ・大東・武内・六地・敦Ⅰ」

注 140 反朴－活Ⅱ・陽Ⅰ・書陵・龍門・無窮・筑波・慶Ⅱ・武内・東大・東洋・東急・斯Ⅰ・宋版・世徳・道蔵・天理」①□樸－弘文・斯Ⅱ・慶Ⅰ・杏Ⅰ・敦Ⅰ」①□撲－梅沢・大東」①□樸－足利・治要」

141 守淳■也－活Ⅱ・陽Ⅰ・書陵・龍門・無窮・足利・筑波・弘文・斯Ⅱ・慶Ⅰ・大東・慶Ⅱ・武内・東大・杏Ⅰ・東急・天理」②□□也之－東洋」②□□之□－梅沢」②□□■■－斯Ⅰ・宋版・世徳・道蔵・治要」

3ウ2 経 142 使夫知者不敢爲也－活Ⅱ・陽Ⅰ・書陵・龍門・無窮・足利・筑波・弘文・斯Ⅱ・梅沢・慶Ⅰ・大東・慶Ⅱ・武内・東大・杏Ⅰ・東急・斯Ⅰ・宋版・世徳・道蔵・六地・陽Ⅱ・天理・治要」②□□□□□□■－東洋」

注 143 不輕言也■－活Ⅱ・無窮・足利・筑波・弘文・斯Ⅱ・慶Ⅰ・大東・慶Ⅱ・東大・杏Ⅰ・東急・天理」②□□□■■－陽Ⅰ・書陵・龍門・武内・東洋・敦Ⅰ・斯Ⅰ・宋版・世徳・道蔵・治要」②□□□□之－梅沢」

経 144 爲無爲－活Ⅱ・陽Ⅰ・書陵・無窮・足利・筑波・弘文・斯Ⅱ・梅沢・慶Ⅱ・東洋・杏Ⅰ・東急・斯Ⅰ・宋版・世徳・道蔵・天理・治要」①□无□－龍門・慶Ⅰ・大東・武内・東大・敦Ⅰ・六地・陽Ⅱ」

注 145 動因循■也－活Ⅱ・陽Ⅰ・書陵・龍門・弘文・慶Ⅰ・大東・慶Ⅱ・武内・東大・東洋・天理」①□□修■□－足利（作「修」）・斯Ⅱ（作「脩」）・杏Ⅰ」②□□□之□－無窮」②□□□■■－筑波・梅沢・東急・斯Ⅰ・宋版・世徳・道蔵」③□□脩■■－治要」

3ウ3 経 146 則無不治矣－活Ⅱ・陽Ⅰ・書陵・龍門・無窮・足利・筑波・弘文・斯Ⅱ・慶Ⅱ・杏Ⅰ・陽Ⅱ・天理」①□无□□□－慶Ⅰ・大東・武内・東大・六地」②□□□□■－梅沢・東洋・敦Ⅰ（「則無」二字欠）・東急・斯Ⅰ・宋版・世徳・道蔵・治要」

注147徳化厚—活Ⅱ・陽Ⅰ・書陵・龍門・無窮・足利・筑波・斯Ⅱ・
梅沢・慶Ⅰ・大東・慶Ⅱ・武内・東大・東洋・杏Ⅰ・東急・斯
Ⅰ・宋版・世徳・道蔵・天理」①悳□□—治要」①□□原—弘
文」②□□淳—敦Ⅰ」
注148百姓安■也—活Ⅱ・陽Ⅰ・龍門・無窮・東大・足利・筑波・弘
文・斯Ⅱ・慶Ⅰ・大東・慶Ⅱ・杏Ⅰ・斯Ⅰ・天理・治要」②□
□□之■—武内」②□□□之□—梅沢・東急」②□□□■■—
書陵・東洋・宋版・世徳・道蔵」
3ウ4 149無源■第四—活Ⅱ・陽Ⅰ・梅沢・斯Ⅰ・宋版・世徳・道蔵・天
理」②□□章□□—東大・東洋」②无□章□□—武内」③道沖
章□□—慶Ⅰ・大東」③道沖章□□—筑波・弘文・慶Ⅱ」③■
■■■■—書陵・龍門・無窮・足利・斯Ⅱ・杏Ⅰ・東急・六地・
陽Ⅱ・敦Ⅰ」
3ウ5 経150道沖而用之—活Ⅱ・陽Ⅰ・書陵・龍門・無窮・斯Ⅱ・梅沢・慶
Ⅰ・大東・六地・陽Ⅱ・東急・斯Ⅰ・敦Ⅰ・道蔵・天理」①□
冲□□□—足利・筑波・弘文・慶Ⅱ・武内・東大・東洋・杏Ⅰ・
宋版・世徳」
注151沖中也—活Ⅱ・陽Ⅰ・書陵・龍門・無窮・斯Ⅱ・梅沢・慶Ⅰ・
大東・東急・斯Ⅰ・敦Ⅰ・道蔵・天理」①冲□□—足利・筑波・
弘文・慶Ⅱ・武内・東大・東洋・杏Ⅰ・宋版・世徳」
152其用在中者也■—活Ⅱ・陽Ⅰ・書陵・龍門・足利・筑波・弘文・
斯Ⅱ・慶Ⅰ・大東・慶Ⅱ・武内・東大・東洋・杏Ⅰ・斯Ⅰ・天
理」②□□□□□□之—梅沢」②□□□□■□■—無窮・東急」
②□□□□■■■—宋版・世徳・道蔵」
注153或常也—活Ⅱ・陽Ⅰ・書陵・龍門・無窮・筑波・弘文・斯Ⅱ・
梅沢・慶Ⅰ・大東・慶Ⅱ・武内・東大・東洋・杏Ⅰ・東急・斯
Ⅰ・宋版・世徳・敦Ⅰ・道蔵・天理」①域□□—足利」
3ウ6 154不盈満也■—活Ⅱ・陽Ⅰ・書陵・龍門・無窮・足利・筑波・弘
文・斯Ⅱ・慶Ⅰ・大東・東大・杏Ⅰ・天理」②□□■之—慶
Ⅱ」②□□□□之—梅沢」②□□□■■—武内・東洋・東急・
斯Ⅰ・宋版・世徳・道蔵」
経155淵兮—活Ⅱ・陽Ⅰ・書陵・龍門・無窮・足利・筑波・弘文・斯
Ⅱ・梅沢・慶Ⅰ・大東・慶Ⅱ・武内・東大・東洋・杏Ⅰ・東急・
斯Ⅰ・六地・陽Ⅱ・道蔵・天理」①□乎—宋版・世徳」
注156道淵深—活Ⅱ・書陵・龍門・無窮・足利・筑波・弘文・斯Ⅱ・
梅沢・慶Ⅰ・大東・慶Ⅱ・武内・東大・東洋・杏Ⅰ・敦Ⅰ・東
急・斯Ⅰ・宋版・世徳・道蔵・天理」①□□除—陽Ⅰ」
157不可知也—活Ⅱ・陽Ⅰ・書陵・龍門・無窮・足利・筑波・弘文・
斯Ⅱ・慶Ⅰ・大東・慶Ⅱ・武内・東大・東洋・杏Ⅰ・斯Ⅰ・宋
版・世徳・道蔵・天理」②□□□■—梅沢・敦Ⅰ・東急」
158似為萬物■宗祖也—活Ⅱ・陽Ⅰ・書陵・龍門・無窮・足利・筑
波・弘文・斯Ⅱ・梅沢・慶Ⅰ・大東・慶Ⅱ・武内・東大・東洋・
杏Ⅰ・天理」②□□□■□□■—東急」④□□□□之□□■—
斯Ⅰ・宋版・世徳・道蔵」
3ウ7 注159欲鋭情進取功名—活Ⅱ・陽Ⅰ・書陵・龍門・無窮・足利・筑波・
弘文・斯Ⅱ・梅沢・慶Ⅰ・大東・慶Ⅱ・武内・東大・東洋・杏
Ⅰ・東急・敦Ⅰ・道蔵・天理」①□□精□□□□—斯Ⅰ・宋版・
世徳」
160當挫止之—活Ⅱ・陽Ⅰ・書陵・龍門・無窮・足利・筑波・弘文・
斯Ⅱ・梅沢・慶Ⅰ・大東・慶Ⅱ・武内・東大・東洋・杏Ⅰ・東
急・斯Ⅰ・世徳・道蔵・天理」①□□上□—宋版」
161法道不自見也—活Ⅱ・陽Ⅰ・書陵・龍門・無窮・足利・筑波・
弘文・斯Ⅱ・慶Ⅰ・大東・慶Ⅱ・武内・東大・東洋・杏Ⅰ・東
急・道蔵・天理」②□□□□■—梅沢・敦Ⅰ（上四字欠）」
②□□□■□—斯Ⅰ・宋版」③□□□同■□—世徳」
4オ1 経162解其紛—活Ⅱ・陽Ⅰ・書陵・龍門・無窮・足利・筑波・弘文・
斯Ⅱ・梅沢・慶Ⅰ・大東・慶Ⅱ・武内・東大・東洋・杏Ⅰ・東
急・斯Ⅰ・六地・陽Ⅱ・宋版・世徳・道蔵・天理」①□□忿—
敦Ⅰ」
注163紛結恨也—活Ⅱ・陽Ⅰ・書陵・龍門・無窮・足利・筑波・弘文・

斯Ⅱ・梅沢・慶Ⅰ・大東・慶Ⅱ・武内・東大・東洋・杏Ⅰ・東急・斯Ⅰ・道蔵・天理」①忿□□□－敦Ⅰ」①□□根□－宋版・世徳」

164念道無爲－活Ⅱ・書陵・龍門・無窮・足利・弘文・斯Ⅱ・梅沢・杏Ⅰ・東急・世徳・道蔵・天理」①□□无□－陽Ⅰ・筑波・慶Ⅰ・大東・慶Ⅱ・武内・東大・東洋・斯Ⅰ・宋版」

165以解釋之也－活Ⅱ・陽Ⅰ・書陵・龍門・無窮・足利・筑波・弘文・斯Ⅱ・梅沢・慶Ⅰ・大東・慶Ⅱ・武内・東大・東洋・杏Ⅰ・東急・天理」②□□■■－斯Ⅰ・宋版・世徳・道蔵」

注
166獨見之明－活Ⅱ・陽Ⅰ・書陵・龍門・無窮・筑波・弘文・斯Ⅱ・梅沢・慶Ⅰ・大東・慶Ⅱ・武内・東大・東洋・杏Ⅰ・東急・斯Ⅰ・宋版・世徳・敦Ⅰ・道蔵・天理」②□□■□－足利」

167當如闇昧－活Ⅱ・陽Ⅰ・書陵・龍門・無窮・筑波・弘文・斯Ⅱ・梅沢・慶Ⅰ・大東・慶Ⅱ・武内・東大・東洋・杏Ⅰ・東急・斯Ⅰ・道蔵・天理」①□知□□－宋版・世徳」①□□暗□－足利」

4オ2
168不當以曜亂■人也－活Ⅱ・陽Ⅰ・書陵・龍門・無窮・足利・筑波・弘文・斯Ⅱ・梅沢・慶Ⅰ・大東・慶Ⅱ・武内・東大・杏Ⅰ・東急・斯Ⅰ・世徳・道蔵・天理」①□□□擢□■□□－宋版」②□□□□於□□－東洋」②□□□□□■□■－敦Ⅰ」

経
169同其塵－活Ⅱ・陽Ⅰ・書陵・龍門・無窮・足利・筑波・弘文・梅沢・慶Ⅰ・大東・慶Ⅱ・武内・東大・東洋・杏Ⅰ・東急・斯Ⅰ・六地・陽Ⅱ・宋版・世徳・敦Ⅰ・道蔵・天理」③■■■－斯Ⅱ」

注
170與衆庶同垢塵－活Ⅱ・陽Ⅰ・書陵・龍門・無窮・筑波・弘文・梅沢・慶Ⅰ・大東・慶Ⅱ・武内・東大・東洋・東急・斯Ⅰ・宋版・世徳・天理」①□□塵□□□－斯Ⅱ・杏Ⅰ」②□□塵洞□□－足利（洞右旁見消ち、眉上に「同」字を加筆）」③□□□□■■－道蔵」

171不當自別殊■也－活Ⅱ・無窮・足利・筑波・弘文・斯Ⅱ・慶Ⅰ・大東・杏Ⅰ・天理」②□□□□□之□－東急」②□□□□□■■－陽Ⅰ・書陵・龍門・梅沢・慶Ⅱ・武内・東大・東洋・斯Ⅰ・宋版・世徳」④□□殊別■■－道蔵」

経
172湛兮似或存－活Ⅱ・陽Ⅰ・書陵・龍門・無窮・足利・筑波・弘文・斯Ⅱ・梅沢・慶Ⅰ・大東・慶Ⅱ・武内・東大・東洋・杏Ⅰ・東急・斯Ⅰ・六地・陽Ⅱ・敦Ⅰ・天理」②□□若□－宋版・世徳・道蔵」

4オ3
注
173道湛然安靜－活Ⅱ・陽Ⅰ・書陵・龍門・無窮・足利・筑波・弘文・斯Ⅱ・梅沢・慶Ⅰ・大東・慶Ⅱ・武内・東大・東洋・杏Ⅰ・東急・斯Ⅰ・敦Ⅰ・道蔵・天理」②當□□□－宋版・世徳」

174故能長存－活Ⅱ・陽Ⅰ・書陵・龍門・無窮・足利・筑波・弘文・斯Ⅱ・梅沢・慶Ⅰ・大東・慶Ⅱ・武内・東大・東洋・杏Ⅰ・東急・斯Ⅰ・宋版・世徳・道蔵」②□■□□－天理」

175不亡也■－活Ⅱ・陽Ⅰ・無窮・筑波・弘文・斯Ⅱ・慶Ⅰ・大東・東大・杏Ⅰ・東急・天理」②□□□之－梅沢」②□□人■－慶Ⅱ」②□已□■－足利」②□□■■－書陵・龍門・武内・東洋・斯Ⅰ・宋版・道蔵」③□忘■■－世徳」

経
176不知其誰之子－活Ⅱ・陽Ⅰ・書陵・龍門・無窮・足利・筑波・弘文・斯Ⅱ・梅沢・慶Ⅰ・大東・慶Ⅱ・武内・東大・東洋・杏Ⅰ・東急・斯Ⅰ・六地・陽Ⅱ・敦Ⅰ・道蔵・天理」②□□■□□□－宋版・世徳」

4オ4
注
177不知道所從生也■－活Ⅱ・陽Ⅰ・書陵・龍門・無窮・足利・筑波・弘文・斯Ⅱ・慶Ⅱ・武内・東大・東洋・杏Ⅰ・天理」②□□□□□□之－梅沢」②□□□□□之也－東急」②□□□□□■■－慶Ⅰ・大東・斯Ⅰ・宋版・世徳」②□□□□□□之矣－道蔵」

経
178象帝之先－活Ⅱ・陽Ⅰ・書陵・龍門・無窮・足利・筑波・弘文・斯Ⅱ・梅沢・慶Ⅰ・大東・慶Ⅱ・武内・東大・東洋・杏Ⅰ・東急・斯Ⅰ・陽Ⅱ・宋版・世徳・敦Ⅰ・道蔵・天理」①□常□□－六地」

注
179道似存－活Ⅱ・陽Ⅰ・書陵・龍門・無窮・足利・筑波・弘文・

斯Ⅱ・梅沢・慶Ⅰ・大東・慶Ⅱ・武内・東大・東洋・杏Ⅰ・東急・斯Ⅰ・天理」①□□在－敦Ⅰ」③□自在－宋版・世徳・道蔵」

180 天帝之前－活Ⅱ・陽Ⅰ・書陵・龍門・筑波・梅沢・慶Ⅱ・武内・東大・東洋・東急・斯Ⅰ・宋版・世徳・道蔵・天理」②□□□先－無窮・足利・慶Ⅰ・大東・杏Ⅰ」④□□者先－弘文・斯Ⅱ」

181 此言－活Ⅱ・陽Ⅰ・書陵・龍門・無窮・足利・筑波・弘文・斯Ⅱ・梅沢・慶Ⅰ・大東・慶Ⅱ・武内・杏Ⅰ・東急・斯Ⅰ・宋版・世徳・道蔵・天理」②■□－東大・東洋」

4オ5

182 先天地生也－活Ⅱ・陽Ⅰ・書陵・龍門・無窮・足利・筑波・弘文・梅沢・慶Ⅰ・大東・慶Ⅱ・武内・東大・東洋・杏Ⅰ・東急・斯Ⅰ・宋版・世徳・道蔵・天理」③□□■■－斯Ⅱ・敦Ⅰ」

183 至今存者－活Ⅱ・陽Ⅰ・書陵・龍門・無窮・足利・筑波・弘文・斯Ⅱ・梅沢・慶Ⅰ・大東・慶Ⅱ・武内・東大・東洋・杏Ⅰ・東急・斯Ⅰ・天理」①□□在□－敦Ⅰ・宋版・世徳」②□□■□－道蔵」

184 以能安静－活Ⅱ・陽Ⅰ・書陵・龍門・無窮・足利・筑波・弘文・斯Ⅱ・梅沢・慶Ⅰ・大東・武内・東大・東洋・杏Ⅰ・東急・斯Ⅰ・宋版・世徳・道蔵・天理」①似□□□－慶Ⅱ」

185 不勞煩也－活Ⅱ・陽Ⅰ・書陵・龍門・無窮・足利・筑波・弘文・斯Ⅱ・慶Ⅰ・大東・慶Ⅱ・杏Ⅰ・天理」②□□□■－梅沢・武内・東大・東洋・東急・斯Ⅰ・宋版・世徳・道蔵」

186 欲使人修身法道也－活Ⅱ・陽Ⅰ・書陵・龍門・無窮・足利・筑波・弘文・斯Ⅱ・梅沢・慶Ⅰ・大東・慶Ⅱ・武内・東大・東洋・杏Ⅰ・東急・天理」②□□□□□□□■－敦Ⅰ・斯Ⅰ・宋版・世徳・道蔵」

4オ6

187 虚用■第五－活Ⅱ・陽Ⅰ・梅沢・斯Ⅰ・宋版・世徳・道蔵・天理」②□□章□□－武内・東大・東洋」③天地章□□－筑波・弘文・慶Ⅰ・大東・慶Ⅱ」③■■■■■－書陵・龍門・無窮・足利・斯Ⅱ・杏Ⅰ・東急・六地・陽Ⅱ・敦Ⅰ」

4オ7注

188 任自然也－活Ⅱ・陽Ⅰ・書陵・龍門・無窮・足利・筑波・弘文・斯Ⅱ・梅沢・慶Ⅰ・大東・武内・東大・東洋・杏Ⅰ・東急・斯Ⅰ・宋版・世徳・天理・治要」①住□□□－慶Ⅱ」②□□□■－道蔵」

経

189 以萬物爲蒭狗－活Ⅱ・陽Ⅰ・書陵・龍門・無窮・足利・筑波・斯Ⅱ・慶Ⅰ・大東・慶Ⅱ・杏Ⅰ・六地・敦Ⅰ・道蔵・天理・治要」①□□□□芻□－弘文・梅沢・武内・東大・東洋・東急・斯Ⅰ・陽Ⅱ・宋版・世徳」

4ウ1注

190 人最爲貴－活Ⅱ・陽Ⅰ・書陵・龍門・無窮・足利・筑波・弘文・斯Ⅱ・梅沢・慶Ⅰ・大東・慶Ⅱ・武内・東大・東洋・杏Ⅰ・東急・斯Ⅰ・宋版・世徳・敦Ⅰ・道蔵・天理」③■■■■－治要」

191 天地視之－活Ⅱ・陽Ⅰ・書陵・龍門・足利・筑波・弘文・梅沢・慶Ⅰ・大東・慶Ⅱ・武内・東大・東洋・杏Ⅰ・東急・斯Ⅰ・宋版・世徳・敦Ⅰ・道蔵・天理」②□□□■－無窮・斯Ⅱ」②■■□□－治要」

192 如蒭草狗畜－活Ⅱ・陽Ⅰ・書陵・龍門・無窮・足利・筑波・弘文・斯Ⅱ・慶Ⅰ・大東・杏Ⅰ・敦Ⅰ・道蔵・天理・治要」①□芻□□□－梅沢・武内・東大・東洋・東急・斯Ⅰ・宋版・世徳」①□□屮□□－慶Ⅱ」

193 不責望其■報也■－活Ⅱ・陽Ⅰ・書陵・龍門・無窮・足利・筑波・斯Ⅱ・慶Ⅰ・大東・慶Ⅱ・武内・東大・東洋・杏Ⅰ・東急・斯Ⅰ・世徳・天理」①□貴□□■□□■－宋版」②□□□■□□之－梅沢」②□□□□於□□■－弘文」②□□□□■□■■－敦Ⅰ・道蔵・治要」

4ウ2注

194 愛養萬民－活Ⅱ・陽Ⅰ・書陵・龍門・無窮・足利・弘文・斯Ⅱ・慶Ⅰ・大東・慶Ⅱ・武内・東大・東洋・杏Ⅰ・東急・斯Ⅰ・宋版・世徳・敦Ⅰ・道蔵・治要・天理」②□□□物－筑波・梅沢」

195 法天地■行自然者也－活Ⅱ・陽Ⅰ・書陵・龍門・筑波・弘文・斯Ⅱ・慶Ⅱ・武内・東大・東洋・天理」②□□□■□□□■□－足利・梅沢・慶Ⅰ・大東・杏Ⅰ・無窮」②□□□■□□□■■－

斯Ⅰ・宋版・世徳・敦Ⅰ・治要」④□□□之■□□■□－東急」
④□□之□□□■■－道蔵」
経 196 以百姓爲蒭狗－活Ⅱ・陽Ⅰ・書陵・龍門・無窮・足利・筑波・
弘文・斯Ⅱ・慶Ⅰ・大東・慶Ⅱ・杏Ⅰ・六地・敦Ⅰ・道蔵・治
要」①□□□蒭□－梅沢・武内・東大・東洋・東急・斯Ⅰ・
陽Ⅱ・宋版・世徳・天理」
注 197 如蒭草狗畜－活Ⅱ・陽Ⅰ・書陵・龍門・無窮・足利・筑波・弘
文・斯Ⅱ・慶Ⅱ・杏Ⅰ・敦Ⅰ・道蔵・治要」①□芻□□□－梅
沢・武内・東大・東洋・東急・斯Ⅰ・宋版・世徳・天理」①□
□中□□－慶Ⅰ・大東」
4ウ3 198 不責望■其禮意■也－活Ⅱ・陽Ⅰ・書陵・龍門・無窮・足利・
弘文・斯Ⅱ・慶Ⅰ・大東・慶Ⅱ・武内・東大・杏Ⅰ・東急・天
理」①□青□■□□■□－筑波」②□□□■□□□者□－東
洋」②□□□■□□□也之－梅沢」②□□□■□□□■■－斯
Ⅰ・敦Ⅰ・宋版・世徳」④□□□於□□□■■－道蔵」
注 199 萬物自生－活Ⅱ・陽Ⅰ・書陵・龍門・無窮・足利・筑波・斯Ⅱ・
梅沢・慶Ⅰ・大東・慶Ⅱ・武内・東大・東洋・杏Ⅰ・東急・斯
Ⅰ・宋版・世徳・敦Ⅰ・道蔵・天理」②□□■□－弘文」
4ウ4 200 人能除情欲－活Ⅱ・陽Ⅰ・無窮・筑波・慶Ⅰ・大東・慶Ⅱ・武
内・東大・東洋・東急・斯Ⅰ・宋版・世徳・敦Ⅰ・道蔵・天理」
①□□□慾－書陵・龍門・足利・弘文・斯Ⅱ・梅沢・杏Ⅰ」
201 節滋味－活Ⅱ・陽Ⅰ・書陵・龍門・無窮・足利・筑波・弘文・
斯Ⅱ・梅沢・慶Ⅰ・大東・慶Ⅱ・武内・東大・東洋・杏Ⅰ・東
急・斯Ⅰ・宋版・世徳・敦Ⅰ・天理」②却□□－道蔵」
注 202 清五臟－活Ⅱ・陽Ⅰ・道蔵・天理」①□□蔵－書陵・龍門・無
窮・足利・筑波・弘文・斯Ⅱ・梅沢・慶Ⅰ・大東・慶Ⅱ・武内・
東大・東洋・杏Ⅰ・東急・斯Ⅰ・宋版・世徳・敦Ⅰ」
203 則神明居之也－活Ⅱ・陽Ⅰ・書陵・無窮・足利・筑波・弘文・
斯Ⅱ・梅沢・慶Ⅱ・東大・杏Ⅰ・東急・斯Ⅰ・宋版・世徳・天
理」②□□□□矣－東洋」②□□□□■－龍門・慶Ⅰ・大
東・武内・敦Ⅰ」②□□□□■■－道蔵」
経 204 其猶橐籥乎－活Ⅱ・陽Ⅰ・書陵・龍門・足利・筑波・弘文・斯
Ⅱ・梅沢・慶Ⅰ・大東・慶Ⅱ・武内・東大・東洋・杏Ⅰ・東急・
斯Ⅰ・六地・陽Ⅱ・宋版・世徳・道蔵・天理」①□□嚢□□－
敦Ⅰ」①□□□兮－無窮」
注 205 橐籥中空虚■■－活Ⅱ・陽Ⅰ・書陵・龍門・無窮・足利・筑波・
弘文・梅沢・慶Ⅰ・大東・慶Ⅱ・杏Ⅰ・東急・斯Ⅰ・宋版・世
徳・敦Ⅰ・道蔵・天理」②□□□虚空■■－武内・東大・東洋」
③□□□□无虚－斯Ⅱ」
206 故能有聲氣也■－活Ⅱ・陽Ⅰ・書陵・龍門・無窮・足利・筑波・
弘文・斯Ⅱ・慶Ⅰ・大東・慶Ⅱ・武内・東大・杏Ⅰ・東急・天
理」②□□□□□之－梅沢・東洋」②□□□□■■－斯Ⅰ
・敦Ⅰ・道蔵」④人□□□■■－宋版」④又□□□□■■－
世徳」
4ウ5 注 207 無有屈竭－活Ⅱ・書陵・無窮・弘文・梅沢・大東・杏Ⅰ・東急・
世徳・天理」①无□□□－陽Ⅰ・龍門・足利・筑波・斯Ⅱ・慶
Ⅰ・慶Ⅱ・武内・東大・東洋・斯Ⅰ・宋版・敦Ⅰ」②□□■□－
道蔵」
208 時揺動之益－活Ⅱ・陽Ⅰ・書陵・龍門・無窮・足利・弘文・斯
Ⅱ・梅沢・慶Ⅱ・武内・東大・東洋・杏Ⅰ・斯Ⅰ・敦Ⅰ・天理」
①□瑶□□□－筑波」②□□□■□－東急」②■□□□□－慶
Ⅰ・大東」②□動揺□□－宋版・世徳・道蔵」
209 ■出聲氣也－活Ⅱ・陽Ⅰ・書陵・龍門・無窮・足利・筑波・弘
文・斯Ⅱ・慶Ⅱ・武内・東大・東洋・東急・杏Ⅰ・斯Ⅰ・宋版・
世徳・天理」②■□□□之－梅沢」②時□□□□－慶Ⅰ・大東」
②■□□□■－敦Ⅰ・道蔵」
4ウ6 経 210 多言數窮－活Ⅱ・陽Ⅰ・書陵・龍門・無窮・筑波・弘文・斯Ⅱ・
梅沢・慶Ⅰ・大東・慶Ⅱ・武内・東大・東洋・杏Ⅰ・東急・斯
Ⅰ・六地・陽Ⅱ・宋版・世徳・敦Ⅰ・道蔵・天理」①夢□□□－
足利」

注 211 口開舌舉－活Ⅱ・陽Ⅰ・書陵・無窮・足利・筑波・弘文・斯Ⅱ・梅沢・慶Ⅰ・大東・慶Ⅱ・武内・東大・東洋・杏Ⅰ・東急・斯Ⅰ・六地・陽Ⅱ・宋版・世徳・敦Ⅰ・道蔵・天理」①□聞□□－龍門」

212 有禍患也■－陽Ⅰ・書陵・龍門・無窮・足利・筑波・弘文・斯Ⅱ・慶Ⅰ・大東・慶Ⅱ・武内・東大・東洋・杏Ⅰ・東急・天理」①□□忠□■－活Ⅱ」②□□□□之－梅沢」②□□□■■－斯Ⅰ・宋版・世徳・敦Ⅰ・道蔵」

4ウ7 注 213 愛氣希言也■－活Ⅱ・陽Ⅰ・書陵・龍門・無窮・足利・筑波・弘文・斯Ⅱ・梅沢・慶Ⅰ・大東・慶Ⅱ・武内・東大・杏Ⅰ・東急・天理」②□□□□之－東洋」②□□□□■■－斯Ⅰ・宋版・世徳・敦Ⅰ・道蔵」

5オ1 214 成象■■■第六－活Ⅱ・陽Ⅰ・梅沢・斯Ⅰ・宋版・世徳・道蔵・天理」②□□■■章□□－武内・東大・東洋」③谷神■■章□□－慶Ⅰ・大東」③谷神不死章□□－筑波・弘文・慶Ⅱ」③■■■■■■－書陵・龍門・無窮・足利・斯Ⅱ・杏Ⅰ・東急・六地・陽Ⅱ・敦Ⅰ」

5オ2 経 215 谷神不死－活Ⅱ・陽Ⅰ・龍門・無窮・足利・筑波・弘文・斯Ⅱ・梅沢・慶Ⅰ・大東・慶Ⅱ・武内・東大・東洋・杏Ⅰ・東急・斯Ⅰ・六地・陽Ⅱ・宋版・世徳・敦Ⅰ・道蔵・天理」②浴□□□－書陵」

注 216 谷養也－活Ⅱ・陽Ⅰ・龍門・無窮・足利・筑波・弘文・斯Ⅱ・梅沢・慶Ⅰ・大東・慶Ⅱ・武内・東大・東洋・杏Ⅰ・東急・斯Ⅰ・宋版・世徳・道蔵・天理」②浴□□－書陵」②□□神－敦Ⅰ」

217 則不死也－活Ⅱ・陽Ⅰ・書陵・龍門・無窮・足利・筑波・弘文・斯Ⅱ・梅沢・慶Ⅰ・大東・慶Ⅱ・武内・東大・東洋・杏Ⅰ・東急・宋版・世徳・天理」②□□□■－敦Ⅰ・斯Ⅰ・道蔵」

218 謂五臓之神也－活Ⅱ・陽Ⅰ・天理」①□□蔵□□□－書陵・龍門・無窮・足利・筑波・斯Ⅱ・梅沢・慶Ⅰ・大東・慶Ⅱ・武内・東洋・杏Ⅰ・東急・斯Ⅰ・宋版・世徳・弘文？」③□□蔵魂□□－東大」③□□蔵□□■－敦Ⅰ」③□□蔵■□□－道蔵」

5オ3 219 ■腎藏精－活Ⅱ・陽Ⅰ・書陵・龍門・無窮・筑波・弘文・斯Ⅱ・梅沢・慶Ⅰ・大東・慶Ⅱ・武内・東大・東洋・杏Ⅰ・東急・斯Ⅰ・宋版・世徳・敦Ⅰ・天理」②賢□□□－足利（見消ち有り）」④■脾□意－道蔵」

220 脾藏■■志－活Ⅱ・陽Ⅰ・書陵・龍門・無窮・足利・筑波・弘文・斯Ⅱ・梅沢・慶Ⅰ・大東・慶Ⅱ・武内・東大・東洋・杏Ⅰ・東急・斯Ⅰ・宋版・世徳・敦Ⅰ・天理」④腎□精與□－道蔵」

221 五臓盡傷－活Ⅱ・陽Ⅰ・天理」①□蔵□□－書陵・龍門・無窮・足利・筑波・弘文・斯Ⅱ・梅沢・慶Ⅰ・大東・慶Ⅱ・武内・東大・東洋・杏Ⅰ・東急・斯Ⅰ・宋版・世徳・敦Ⅰ・道蔵

222 則五神去也■－活Ⅱ・陽Ⅰ・書陵・龍門・無窮・筑波・慶Ⅱ・武内・東大・東洋・杏Ⅰ・天理」②□□□□矣－足利・弘文・斯Ⅱ・慶Ⅰ・大東」②□□□□■矣－梅沢・東急・斯Ⅰ・宋版・世徳・敦Ⅰ」②□□□□■■－道蔵」

注 223 言不死之道－活Ⅱ・陽Ⅰ・書陵・龍門・無窮・足利・筑波・弘文・斯Ⅱ・梅沢・慶Ⅰ・大東・慶Ⅱ・武内・東大・東洋・杏Ⅰ・東急・斯Ⅰ・敦Ⅰ・道蔵・天理」②□□□□有－宋版・世徳」

224 在於玄牝－活Ⅱ・陽Ⅰ・書陵・龍門・無窮・筑波・梅沢・慶Ⅱ・武内・東大・東洋・東急・斯Ⅰ・宋版・世徳・敦Ⅰ・道蔵・天理」②□■□□－足利・弘文・斯Ⅱ・慶Ⅰ・大東・杏Ⅰ」

5オ4 注 225 玄天也－活Ⅱ・陽Ⅰ・書陵・龍門・無窮・足利・筑波・弘文・斯Ⅱ・梅沢・大東・慶Ⅱ・武内・東大・東洋・杏Ⅰ・東急・斯Ⅰ・宋版・世徳・敦Ⅰ・道蔵・天理」①□□世－慶Ⅰ」

226 従鼻入蔵於心－陽Ⅰ・書陵・龍門・無窮・足利・筑波・弘文・斯Ⅱ・梅沢・慶Ⅰ・大東・慶Ⅱ・武内・東大・東洋・杏Ⅰ・東急・斯Ⅰ・宋版・世徳・敦Ⅰ・道蔵・天理」①徙□□□□□－活Ⅱ」

227 五氣清微－活Ⅱ・陽Ⅰ・書陵・龍門・無窮・足利・筑波・弘文・

斯Ⅱ・梅沢・慶Ⅰ・大東・慶Ⅱ・武内・東大・東洋・杏Ⅰ・斯Ⅰ・宋版・世徳・敦Ⅰ・道蔵・天理」①□□□徴－東急」

5
オ5

228 其鬼曰魂－活Ⅱ・陽Ⅰ・書陵・龍門・無窮・足利・筑波・弘文・斯Ⅱ・梅沢・慶Ⅰ・大東・慶Ⅱ・武内・東大・東洋・杏Ⅰ・東急・斯Ⅰ・宋版・道蔵・天理」①□□□魄－敦Ⅰ」②□□□兆－世徳」

229 魂者雄也－活Ⅱ・陽Ⅰ・書陵・龍門・無窮・足利・筑波・斯Ⅱ・梅沢・慶Ⅰ・大東・慶Ⅱ・武内・東大・東洋・杏Ⅰ・東急・斯Ⅰ・宋版・世徳・敦Ⅰ・道蔵・天理」②□■□□－弘文」

230 於人鼻－活Ⅱ・陽Ⅰ・書陵・龍門・無窮・足利・筑波・弘文・斯Ⅱ・梅沢・慶Ⅰ・大東・慶Ⅱ・武内・東大・杏Ⅰ・天理」②■□□－東洋・東急・斯Ⅰ・宋版・世徳・敦Ⅰ・道蔵」

231 與天■通－活Ⅱ・陽Ⅰ・書陵・龍門・無窮・足利・筑波・弘文・斯Ⅱ・梅沢・慶Ⅰ・大東・慶Ⅱ・武内・東大・東洋・杏Ⅰ・東急・斯Ⅰ・宋版・世徳・敦Ⅰ・天理」②□□道□－道蔵」

5
オ6

232 從口入蔵於腪－活Ⅱ・陽Ⅰ・書陵・龍門・無窮・筑波・東大・天理」①□□□□□胃－足利・弘文・斯Ⅱ・慶Ⅰ・大東・慶Ⅱ・武内・東洋・杏Ⅰ・東急・斯Ⅰ・宋版・世徳・敦Ⅰ・道蔵」③□□■□□胃－梅沢」

233 五性－陽Ⅰ・書陵・龍門・足利・筑波・弘文・斯Ⅱ・慶Ⅰ・大東・慶Ⅱ・杏Ⅰ・斯Ⅰ・宋版・世徳」②□味－活Ⅱ・無窮・梅沢・武内・東大・東洋・東急・敦Ⅰ・道蔵・天理」

234 濁■辱－活Ⅱ・陽Ⅰ・弘文・東大・東急・宋版・道蔵・敦Ⅰ・天理」①□■溽－書陵・龍門・無窮・足利・筑波・斯Ⅱ・慶Ⅰ・大東・慶Ⅱ・武内・東洋・杏Ⅰ・斯Ⅰ」②□■厚－世徳」②□乱□－梅沢」

235 爲形體－活Ⅱ・陽Ⅰ・天理」②□□骸－書陵・龍門・無窮・足利・筑波・弘文・斯Ⅱ・梅沢・慶Ⅰ・大東・慶Ⅱ・武内・東大・東洋・杏Ⅰ・東急・斯Ⅰ・宋版・世徳・敦Ⅰ・道蔵」

236 骨肉－活Ⅱ・陽Ⅰ・書陵・龍門・無窮・足利・弘文・斯Ⅱ・梅沢・慶Ⅰ・大東・慶Ⅱ・武内・東大・東洋・杏Ⅰ・東急・斯Ⅰ・宋版・世徳・道蔵・天理」①□内－筑波」①□宍－敦Ⅰ」

237 其鬼曰魄－活Ⅱ・陽Ⅰ・書陵・龍門・無窮・足利・筑波・弘文・斯Ⅱ・梅沢・慶Ⅰ・大東・慶Ⅱ・武内・東大・東洋・杏Ⅰ・東急・斯Ⅰ・宋版・敦Ⅰ・道蔵・天理」①□□□魂－世徳」

238 魄者雌也－活Ⅱ・陽Ⅰ・書陵・龍門・無窮・足利・筑波・弘文・斯Ⅱ・梅沢・慶Ⅰ・大東・慶Ⅱ・武内・東大・東洋・杏Ⅰ・東急・斯Ⅰ・宋版・世徳・敦Ⅰ・天理」②□■□□－道蔵」

239 主出入－活Ⅱ・陽Ⅰ・書陵・龍門・無窮・足利・筑波・弘文・斯Ⅱ・梅沢・慶Ⅰ・大東・慶Ⅱ・武内・東大・東洋・杏Ⅰ・斯Ⅰ・世徳・宋版・天理」②■□□－敦Ⅰ・東急・道蔵」

240 於人口－活Ⅱ・陽Ⅰ・書陵・龍門・無窮・足利・筑波・弘文・斯Ⅱ・梅沢・慶Ⅰ・大東・慶Ⅱ・武内・東大・東洋・杏Ⅰ・東急・斯Ⅰ・天理」②■□□－敦Ⅰ」②□■□－宋版・世徳・道蔵」

241 與■地通－活Ⅱ・陽Ⅰ・書陵・龍門・無窮・足利・筑波・弘文・斯Ⅱ・梅沢・慶Ⅰ・大東・慶Ⅱ・武内・東大・東洋・杏Ⅰ・東急・斯Ⅰ・敦Ⅰ・道蔵・天理」②□天□□－宋版・世徳」

5
オ7

242 口爲牝也■－活Ⅱ・陽Ⅰ・書陵・龍門・無窮・足利・筑波・弘文・斯Ⅱ・慶Ⅰ・大東・慶Ⅱ・武内・東大・東洋・杏Ⅰ・東急・斯Ⅰ・宋版・天理」②□□□□之－梅沢」②□□□■■－敦Ⅰ・道蔵」②曰□□□■－世徳」

経

243 謂天地之根－活Ⅱ・陽Ⅰ・書陵・龍門・無窮・足利・筑波・弘文・斯Ⅱ・梅沢・慶Ⅰ・大東・慶Ⅱ・武内・東大・東洋・杏Ⅰ・東急・斯Ⅰ・六地・陽Ⅱ・敦Ⅰ・道蔵・天理」②□□□■□－宋版・世徳」

5
ウ1

注

244 根元也－活Ⅱ・陽Ⅰ・書陵・龍門・無窮・足利・筑波・弘文・斯Ⅱ・梅沢・慶Ⅰ・大東・武内・東大・東洋・杏Ⅰ・東急・斯Ⅰ・宋版・世徳・敦Ⅰ・道蔵・天理」①□天□－慶Ⅱ」

245 是乃－活Ⅱ・陽Ⅰ・書陵・龍門・無窮・足利・筑波・弘文・斯

Ⅱ・梅沢・慶Ⅰ・大東・慶Ⅱ・武内・東大・東洋・杏Ⅰ・東急・斯Ⅰ・宋版・世徳・敦Ⅰ・天理」②乃是－道蔵」

246 ■天地之元氣－活Ⅱ・陽Ⅰ・書陵・龍門・無窮・足利・筑波・弘文・斯Ⅱ・梅沢・大東・慶Ⅰ・慶Ⅱ・武内・東大・東洋・東急・斯Ⅰ・敦Ⅰ・天理」②通□□□□□－杏Ⅰ・宋版・世徳・道蔵」

247 所從往來也－活Ⅱ・陽Ⅰ・書陵・龍門・無窮・足利・筑波・弘文・斯Ⅱ・梅沢・慶Ⅰ・大東・慶Ⅱ・武内・東大・東洋・杏Ⅰ・東急・斯Ⅰ・天理」②□□□□■－宋版・世徳・敦Ⅰ・道蔵」

経 248 綿綿乎若存－活Ⅱ・陽Ⅰ・書陵・龍門・無窮・足利・筑波・弘文・斯Ⅱ・慶Ⅱ・武内・東大・東洋・杏Ⅰ・東急・六地・天理」②□□■□□－梅沢・慶Ⅰ・大東・斯Ⅰ・陽Ⅱ・宋版・世徳・敦Ⅰ・道蔵」

注 249 呼吸喘息－活Ⅱ・陽Ⅰ・書陵・龍門・無窮・足利・筑波・弘文・斯Ⅱ・梅沢・慶Ⅰ・大東・慶Ⅱ・武内・東大・東洋・杏Ⅰ・東急・道蔵・天理」①□嗡□□－斯Ⅰ・宋版・世徳・敦Ⅰ」

5ウ2

250 復若■無有■也－活Ⅱ・書陵・無窮・筑波・弘文・杏Ⅰ・東急・天理」①□□■无□■□－龍門・足利・斯Ⅱ・慶Ⅰ・大東・慶Ⅱ・武内・東大・東洋・斯Ⅰ」②□□■□□之□－梅沢」②□□■□□■■－世徳」③□□■无□■■－陽Ⅰ・宋版・敦Ⅰ」④□□可□□■■－道蔵」

注 251 當寛舒－活Ⅱ・陽Ⅰ・書陵・龍門・無窮・足利・筑波・弘文・斯Ⅱ・梅沢・慶Ⅰ・大東・慶Ⅱ・武内・東大・東洋・東急・斯Ⅰ・宋版・敦Ⅰ・道蔵・天理」②常□□－世徳」

252 ■急疾勤勞也－活Ⅱ・陽Ⅰ・書陵・龍門・無窮・足利・筑波・弘文・斯Ⅱ・梅沢・慶Ⅰ・大東・慶Ⅱ・東大・東洋・東急・斯Ⅰ・世徳・天理」②■□□勲□□－宋版」②■□□□□■－武内・敦Ⅰ」④爲□□□□■－道蔵」

5ウ3

253 韜光■■■第七－活Ⅱ・陽Ⅰ・梅沢・斯Ⅰ・宋版・道蔵・天理」②□□■■章□□－武内・東大・東洋」③天長■■章□□－慶Ⅰ・大東」③天長地久章□□－筑波・弘文・慶Ⅱ」③■■■■■■■－書陵・龍門・無窮・足利・斯Ⅱ・東急・六地・陽Ⅱ・敦Ⅰ」

5ウ4

注 254 諭教人也－活Ⅱ・陽Ⅰ・書陵・龍門・無窮・弘文・斯Ⅱ・梅沢・慶Ⅰ・大東・慶Ⅱ・武内・東大・東洋・天理」①論□□□－足利」①喩□□□－東急・斯Ⅰ・宋版・世徳」②□□□■－筑波」③喩□□■－敦Ⅰ」③教喩□□－道蔵」

5ウ5

注 255 獨■長且久者－活Ⅱ・陽Ⅰ・書陵・龍門・無窮・足利・筑波・弘文・斯Ⅱ・梅沢・慶Ⅰ・大東・慶Ⅱ・武内・東大・東洋・東急・斯Ⅰ・宋版・世徳・敦Ⅰ・天理」②□能□□□□－道蔵」

256 以其安靜■■－活Ⅱ・陽Ⅰ・書陵・無窮・足利・筑波・弘文・斯Ⅱ・梅沢・慶Ⅰ・大東・東洋・東急・斯Ⅰ・宋版・世徳・敦Ⅰ・天理」②□■□□■■－龍門・慶Ⅱ・武内・東大」③□□□自然－道蔵」

257 施不求報－活Ⅱ・陽Ⅰ・書陵・龍門・無窮・足利・筑波・弘文・斯Ⅱ・梅沢・慶Ⅰ・武内・東大・東洋・東急・斯Ⅰ・敦Ⅰ・道蔵・天理」②□□■□－慶Ⅱ」②□□榮□－宋版」②□□責□－世徳」②□□□神－大東」

5ウ6

258 求自饒之利－活Ⅱ・陽Ⅰ・書陵・龍門・無窮・足利・筑波・弘文・斯Ⅱ・梅沢・慶Ⅰ・大東・慶Ⅱ・武内・東大・東洋・東急・斯Ⅰ・宋版・敦Ⅰ・道蔵・天理」②□□□□私－世徳」

259 自與也■－無窮・足利・弘文・斯Ⅱ・大東・天理」①□輿□■－活Ⅱ」②與自□■－東急」②□□□之－梅沢」②□□之也－陽Ⅰ・書陵・龍門・筑波・慶Ⅰ・慶Ⅱ・武内・東大・東洋」②□□矣■－道蔵」②□□■■－斯Ⅰ・宋版・世徳・敦Ⅰ」

経 260 故能長生－活Ⅱ・陽Ⅰ・書陵・龍門・無窮・足利・筑波・斯Ⅱ・梅沢・慶Ⅰ・大東・慶Ⅱ・武内・東大・東洋・東急・斯Ⅰ・六地・陽Ⅱ・宋版・世徳・敦Ⅰ・道蔵・天理」②□□自□－弘文」

5ウ7

注 261 長生不終也－活Ⅱ・陽Ⅰ・書陵・無窮・足利・筑波・弘文・斯Ⅱ・梅沢・慶Ⅰ・大東・慶Ⅱ・武内・東大・東洋・東急・斯Ⅰ・

宋版・世徳・道蔵・天理」②□□□■－龍門・敦Ⅰ」

注262 後己■也－活Ⅱ・陽Ⅰ・書陵・龍門・無窮・足利・筑波・弘文・斯Ⅱ・梅沢・慶Ⅰ・大東・慶Ⅱ・武内・東大・東洋・東急・斯Ⅰ・天理」②□□■■－敦Ⅰ・道蔵」②□□者□－宋版・世徳」

注263 天下敬之－活Ⅱ・陽Ⅰ・書陵・龍門・無窮・足利・弘文・斯Ⅱ・慶Ⅰ・大東・慶Ⅱ・東大・東洋・敦Ⅰ・東急・斯Ⅰ・宋版・世徳・道蔵・天理」②□地□□－梅沢」②□□欲□－筑波・武内」

6オ1

264 爲官長也－活Ⅱ・陽Ⅰ・書陵・龍門・無窮・足利・筑波・弘文・斯Ⅱ・梅沢・慶Ⅰ・大東・慶Ⅱ・武内・東大・東洋・東急・天理」②□□□■－斯Ⅰ・敦Ⅰ」④□■□■－宋版・世徳・道蔵」

注265 厚人也－活Ⅱ・陽Ⅰ・書陵・龍門・無窮・足利・筑波・斯Ⅱ・梅沢・慶Ⅰ・大東・慶Ⅱ・武内・東大・東洋・東急・斯Ⅰ・宋版・世徳・天理」①原□□－弘文」②□□■－敦Ⅰ・道蔵」

注266 ■■■神明－活Ⅱ・陽Ⅰ・書陵・龍門・無窮・足利・筑波・弘文・斯Ⅱ・梅沢・慶Ⅰ・大東・慶Ⅱ・武内・東大・東洋・敦Ⅰ・東急・斯Ⅰ・宋版・世徳・天理」③敬之如□□－道蔵」

267 祐之若赤子－活Ⅱ・陽Ⅰ・書陵・龍門・足利・筑波・弘文・斯Ⅱ・梅沢・慶Ⅰ・大東・慶Ⅱ・武内・東大・東洋・東急・斯Ⅰ・宋版・世徳・敦Ⅰ・道蔵・天理」②□■□□□－無窮」

268 故身常存也－活Ⅱ・陽Ⅰ・書陵・龍門・無窮・足利・筑波・弘文・斯Ⅱ・梅沢・慶Ⅰ・大東・慶Ⅱ・武内・東大・東洋・東急・道蔵・天理」②□□□□■－斯Ⅰ・宋版・世徳・敦Ⅰ」

6オ2

経269 非以其無私耶－活Ⅱ・書陵・龍門・無窮・足利・筑波・斯Ⅱ・慶Ⅱ・東洋・東急・斯Ⅰ・天理・弘文？」①□□□无□□－慶Ⅰ・大東・武内・東大・敦Ⅰ」①□□□□□邪－宋版・世徳」②□□■□□□－梅沢」②□□□无□邪－陽Ⅰ・六地」③□□■无□□－陽Ⅱ」④■□□□□■－道蔵」

注270 非以其公正無私■所致乎－活Ⅱ・書陵・無窮・筑波・弘文・宋版・世徳・道蔵・天理」①□□□□无□■□□□－陽Ⅰ・龍門・足利・斯Ⅱ・慶Ⅰ・慶Ⅱ・武内・東大・東洋・斯Ⅰ・敦Ⅰ」③□□□□□无□■□■□－大東」③■□□□□□不□□□－梅沢」④□□□□□双■□□耳－東急」

6オ3

注271 人所以爲私者－活Ⅱ・陽Ⅰ・書陵・龍門・無窮・足利・弘文・斯Ⅱ・梅沢・慶Ⅰ・大東・慶Ⅱ・武内・東大・東洋・東急・斯Ⅰ・天理」①□□□和□－筑波」②□■□□□□－宋版・世徳・敦Ⅰ」④□■□■□□－道蔵」

272 欲以厚己也－活Ⅱ・陽Ⅰ・書陵・龍門・無窮・足利・筑波・斯Ⅱ・梅沢・慶Ⅰ・大東・慶Ⅱ・武内・東大・東洋・東急・斯Ⅰ・宋版・世徳・敦Ⅰ・道蔵・天理」①□□原□□－弘文」

273 聖人無私－活Ⅱ・書陵・無窮・筑波・弘文・斯Ⅱ・梅沢・東急・世徳・道蔵・天理」①□□无□－陽Ⅰ・龍門・足利・慶Ⅰ・大東・慶Ⅱ・武内・東大・東洋・斯Ⅰ・宋版・敦Ⅰ」

274 而已自厚－活Ⅱ・陽Ⅰ・書陵・龍門・無窮・足利・筑波・斯Ⅱ・梅沢・慶Ⅰ・大東・武内・東洋・東急・斯Ⅰ・宋版・世徳・敦Ⅰ・道蔵・天理」①□□□原－弘文」②□■□□－東大」②□耳□□－慶Ⅱ」

6オ4

275 故能成其私■也■－活Ⅱ・陽Ⅰ・書陵・龍門・無窮・足利・弘文・斯Ⅱ・慶Ⅰ・大東・武内・東大・東洋・東急・斯Ⅰ・宋版・世徳・道蔵・天理」②□□□□■■■－敦Ⅰ」②□□□□□者□■－筑波」②□□□□□者□矣－慶Ⅱ」②□□□□□也之矣－梅沢」

6オ5

276 易性■■■第八－活Ⅱ・陽Ⅰ・梅沢・斯Ⅰ・宋版・世徳・道蔵・天理」②□□■■章□□－武内・東大・東洋」③上善■■章□□－慶Ⅰ・大東」③上善如水章□□－筑波・弘文・慶Ⅱ」③■■■■■■－書陵・龍門・無窮・足利・斯Ⅱ・六地・陽Ⅱ・敦Ⅰ・東急」

6オ6

経277 上善若水－活Ⅱ・陽Ⅰ・書陵・龍門・筑波・慶Ⅱ・武内・東大・東洋・東急・斯Ⅰ・六地・陽Ⅱ・宋版・世徳・敦Ⅰ・道蔵・天理」①□□如□－無窮・足利・弘文・斯Ⅱ・梅沢・慶Ⅰ・大東」

注278 如水之性也－活Ⅱ・陽Ⅰ・書陵・龍門・無窮・足利・筑波・弘

文・斯Ⅱ・梅沢・武内・東大・東洋・東急・天理」①□□□姓□—慶Ⅱ」②□□□□■—慶Ⅰ・大東・斯Ⅰ・宋版・世徳・敦Ⅰ・道蔵」

注279 水在天爲霧露—活Ⅱ・陽Ⅰ・書陵・龍門・無窮・足利・弘文・斯Ⅱ・梅沢・慶Ⅰ・大東・慶Ⅱ・武内・東大・東洋・東急・斯Ⅰ・宋版・世徳・敦Ⅰ・道蔵・天理」②□□□□露々—筑波」

6オ7 280 在地■爲泉源也—活Ⅱ・陽Ⅰ・無窮・足利・筑波・弘文・斯Ⅱ・梅沢・慶Ⅰ・大東・慶Ⅱ・武内・東洋・東急・斯Ⅰ・宋版・世徳・天理」②□□■□衆□□—書陵・龍門」②□□而□□□□—東大」②□□■□□□■—敦Ⅰ」④□□■□□■■—道蔵」

経281 而不争—活Ⅱ・陽Ⅰ・書陵・龍門・無窮・足利・筑波・弘文・斯Ⅱ・慶Ⅰ・大東・慶Ⅱ・東洋・斯Ⅰ・六地・宋版・世徳・敦Ⅰ・道蔵・天理」②又□□—梅沢・武内・東大・東急・陽Ⅱ」

注282 水獨静—活Ⅱ・慶Ⅱ・武内・東大・東洋・斯Ⅰ・宋版・世徳・敦Ⅰ・道蔵・天理」②□□争—陽Ⅰ・無窮・梅沢・東急」②□□弾—書陵・龍門・足利・筑波・斯Ⅱ」②□□殫—弘文・慶Ⅰ・大東」

6ウ1 283 流居之也—活Ⅱ・陽Ⅰ・書陵・龍門・無窮・足利・筑波・弘文・斯Ⅱ・梅沢・慶Ⅰ・大東・慶Ⅱ・武内・東大・東洋・東急・斯Ⅰ・宋版・世徳・天理」②□□□■—敦Ⅰ」②□□□矣—道蔵」

経284 故幾於道矣—活Ⅱ・陽Ⅰ・書陵・龍門・無窮・足利・筑波・弘文・梅沢・慶Ⅰ・大東・慶Ⅱ・武内・東大・東洋・六地・陽Ⅱ・東急・敦Ⅰ・天理」②□□□□■—斯Ⅱ・斯Ⅰ・宋版・世徳・道蔵」

注285 水性—活Ⅱ・陽Ⅰ・書陵・龍門・無窮・足利・筑波・弘文・斯Ⅱ・慶Ⅰ・大東・慶Ⅱ・武内・東大・東洋・東急・斯Ⅰ・宋版・世徳・敦Ⅰ・道蔵・天理」③■■—梅沢」

286 幾■與道同也—活Ⅱ・無窮・足利・筑波・弘文・斯Ⅱ・梅沢・慶Ⅱ・東急・天理」②□于□□□—慶Ⅰ・大東」②□■□□□■—陽Ⅰ・書陵・龍門・武内・東大・東洋・斯Ⅰ・宋版・世徳・敦Ⅰ・道蔵」

注287 水性善喜於地—活Ⅱ・陽Ⅰ・書陵・龍門・足利・筑波・弘文・斯Ⅱ・梅沢・慶Ⅰ・大東・慶Ⅱ・武内・東大・東洋・東急・斯Ⅰ・宋版・道蔵・敦Ⅰ・天理」①□□□憙□□—無窮」

6ウ2 注288 在草木之上—活Ⅱ・陽Ⅰ・書陵・龍門・無窮・足利・筑波・弘文・斯Ⅱ・梅沢・慶Ⅰ・大東・慶Ⅱ・武内・東大・東洋・東急・斯Ⅰ・敦Ⅰ・道蔵・天理」②■□□□□—宋版・世徳」

289 即流而下—活Ⅱ・陽Ⅰ・書陵・龍門・無窮・足利・筑波・弘文・斯Ⅱ・梅沢・慶Ⅰ・大東・慶Ⅱ・武内・東大・東洋・東急・宋版・世徳・敦Ⅰ・道蔵・天理」②則□□□—斯Ⅰ」

290 有似—活Ⅱ・陽Ⅰ・書陵・龍門・無窮・足利・筑波・弘文・斯Ⅱ・梅沢・慶Ⅰ・大東・武内・東大・東洋・東急・斯Ⅰ・宋版・世徳・敦Ⅰ・道蔵・天理」①在□—慶Ⅱ」

291 於牝動—活Ⅱ・陽Ⅰ・書陵・龍門・無窮・足利・筑波・弘文・斯Ⅱ・梅沢・慶Ⅰ・大東・慶Ⅱ・武内・東大・東洋・東急・宋版・世徳・敦Ⅰ・道蔵・天理」②■□□—斯Ⅰ」

292 而■下人■也—活Ⅱ・陽Ⅰ・書陵・足利・弘文・斯Ⅱ・慶Ⅰ・大東・慶Ⅱ・武内・東大・東洋・東急・斯Ⅰ・宋版・世徳・道蔵・天理」②□■□者□—筑波・梅沢」②□従□□■□—無窮」②□■□□■■—龍門・敦Ⅰ」

経293 心善淵—活Ⅱ・陽Ⅰ・書陵・龍門・無窮・足利・筑波・弘文・斯Ⅱ・梅沢・慶Ⅰ・大東・慶Ⅱ・武内・東大・東洋・六地・陽Ⅱ・東急・斯Ⅰ・宋版・世徳・道蔵・天理」②善心□—敦Ⅰ」

注294 水性空虚—活Ⅱ・陽Ⅰ・書陵・龍門・無窮・足利・筑波・弘文・斯Ⅱ・梅沢・慶Ⅰ・大東・慶Ⅱ・武内・東大・東洋・世徳・天理」②□心□□—東急・敦Ⅰ」②□深□□—斯Ⅰ・宋版・道蔵」

295 淵深清明也■—活Ⅱ・陽Ⅰ・書陵・龍門・無窮・足利・筑波・弘文・斯Ⅱ・慶Ⅰ・大東・慶Ⅱ・武内・東大・天理」②□□□□□之—梅沢」②□□□者也—東洋」②□□□□■■—東急・斯Ⅰ・宋版・世徳・敦Ⅰ・道蔵」

6ウ3 経 296 與善仁―活Ⅱ・陽Ⅰ・書陵・龍門・無窮・足利・筑波・弘文・斯Ⅱ・梅沢・慶Ⅰ・大東・慶Ⅱ・武内・東大・東洋・東急・斯Ⅰ・六地・陽Ⅱ・宋版・世徳・敦Ⅰ・天理」①□□人―道蔵」

注 297 不與盈也―活Ⅱ・陽Ⅰ・書陵・龍門・無窮・足利・筑波・弘文・斯Ⅱ・梅沢・慶Ⅰ・大東・慶Ⅱ・武内・東大・東洋・東急・斯Ⅰ・宋版・世徳・道蔵・天理」②□□□■―敦Ⅰ」

注 298 水内影■照形―活Ⅱ・陽Ⅰ・書陵・龍門・無窮・足利・弘文・斯Ⅱ・梅沢・慶Ⅰ・大東・慶Ⅱ・武内・東大・東洋・東急・斯Ⅰ・宋版・世徳・敦Ⅰ・道蔵・天理」②□□□々□□―筑波」

299 不失其■情也―活Ⅱ・陽Ⅰ・書陵・龍門・無窮・足利・筑波・弘文・斯Ⅱ・梅沢・慶Ⅰ・大東・慶Ⅱ・武内・東大・東洋・東急・斯Ⅰ・宋版・世徳・天理」②□□□■□■―道蔵」④□□□物□■―敦Ⅰ」

6ウ4 経 300 政善治―活Ⅱ・陽Ⅰ・書陵・龍門・無窮・足利・筑波・弘文・斯Ⅱ・梅沢・慶Ⅰ・大東・慶Ⅱ・武内・東大・東洋・東急・六地・陽Ⅱ・道蔵・天理」①正□□―斯Ⅰ・宋版・世徳・敦Ⅰ」

注 301 無有―活Ⅱ・陽Ⅰ・書陵・無窮・足利・筑波・弘文・斯Ⅱ・梅沢・東急・世徳・道蔵・天理」①无□―龍門・慶Ⅰ・大東・慶Ⅱ・武内・東大・東洋・斯Ⅰ・宋版・敦Ⅰ」

302 不洗清且平也―活Ⅱ・陽Ⅰ・書陵・無窮・筑波・弘文・斯Ⅱ・梅沢・慶Ⅰ・大東・慶Ⅱ・武内・東大・東洋・東急・斯Ⅰ・宋版・世徳・道蔵・天理」②□流□□□□―足利」②□□□□□■―龍門・敦Ⅰ」

注 303 能方能圓―活Ⅱ・陽Ⅰ・書陵・龍門・筑波・斯Ⅱ・梅沢・慶Ⅰ・大東・慶Ⅱ・武内・東大・東洋・斯Ⅰ・宋版・世徳・敦Ⅰ・道蔵・天理」①□□□員―無窮・足利・東急」③□□■員―弘文」

304 曲直随形也―活Ⅱ・陽Ⅰ・書陵・龍門・無窮・足利・筑波・弘文・斯Ⅱ・慶Ⅰ・大東・慶Ⅱ・武内・東大・東洋・天理」②□□□□之―梅沢」②□□□□■―東急・斯Ⅰ・宋版・世徳・敦Ⅰ・道蔵」

6ウ5 注 305 應期而■動―活Ⅱ・陽Ⅰ・書陵・龍門・無窮・斯Ⅱ・梅沢・慶Ⅰ・大東・慶Ⅱ・武内・東大・東洋・東急・斯Ⅰ・宋版・世徳・敦Ⅰ・道蔵・天理」①□斯□■□―足利（右旁に見消ち、眉上に「期」字を加筆）」②□□上■□―筑波」②□□□能□―弘文」

306 不失天時也―活Ⅱ・陽Ⅰ・書陵・龍門・無窮・足利・筑波・弘文・梅沢・慶Ⅰ・慶Ⅱ・武内・東大・東洋・東急・道蔵・天理」②□□□□■―斯Ⅱ・斯Ⅰ・宋版・世徳」④□□■□■―敦Ⅰ」①有怨尤水者―大東」

注 307 壅之則止―活Ⅱ・書陵・龍門・無窮・足利・筑波・弘文・斯Ⅱ・梅沢・慶Ⅰ・大東・慶Ⅱ・武内・東大・東洋・東急・斯Ⅰ・宋版・世徳・敦Ⅰ・道蔵・天理」①□□□上―陽Ⅰ」

308 聽從人也―活Ⅱ・陽Ⅰ・書陵・龍門・無窮・足利・筑波・弘文・斯Ⅱ・梅沢・慶Ⅱ・武内・東大・東洋・東急・斯Ⅰ・宋版・龍門・道蔵・天理」①听□□□―慶Ⅰ・大東」②□□□■―敦Ⅰ」

6ウ6 経 309 故無尤■―活Ⅱ・陽Ⅰ・書陵・斯Ⅱ・梅沢・東洋・東急・斯Ⅰ・陽Ⅱ・宋版・世徳・道蔵・天理」①□无□■―龍門・慶Ⅱ・武内・東大・六地・敦Ⅰ」②□□□矣―無窮・足利・筑波・弘文・慶Ⅰ・大東」

注 310 無有―活Ⅱ・書陵・無窮・足利・弘文・梅沢・大東・杏Ⅰ・東急・世徳・道蔵・天理」①无□―陽Ⅰ・龍門・筑波・斯Ⅱ・慶Ⅰ・慶Ⅱ・武内・東大・東洋・斯Ⅰ・宋版・敦Ⅰ」

311 怨尤水者也―活Ⅱ・慶Ⅰ・無窮・足利・梅沢・大東・杏Ⅰ・斯Ⅰ・宋版・世徳・敦Ⅰ・道蔵・天理」②悪□□□□―陽Ⅰ・書陵・龍門・筑波・弘文・斯Ⅱ・慶Ⅱ・武内・東大・東洋・東急」

6ウ7 312 運夷■■■第九―活Ⅱ・陽Ⅰ・梅沢・斯Ⅰ・宋版・世徳・道蔵・天理」②□□■■章□□―武内・東大・東洋」③恃而■■章□□―慶Ⅰ・大東」③恃而盈之章□□―筑波」③特而盈之章□□―弘文・慶Ⅱ」③■■■■■■―書陵・龍門・無窮・足利・斯Ⅱ・杏Ⅰ・六地・陽Ⅱ・東急・敦Ⅰ」

7オ1
経
313侍而盈之｜書陵・龍門・足利・筑波・慶Ⅰ・大東・武内・東洋・杏Ⅰ・六地」①持□□｜陽Ⅰ・無窮・梅沢・東大・東急・斯Ⅰ・陽Ⅱ・宋版・世徳・敦Ⅰ・道蔵・天理」①特□□｜活Ⅱ・弘文・斯Ⅱ・慶Ⅱ」

314不如其已｜活Ⅱ・陽Ⅰ・龍門・無窮・足利・筑波・弘文・斯Ⅱ・梅沢・慶Ⅰ・大東・慶Ⅱ・武内・東大・東洋・杏Ⅰ・東急・斯Ⅰ・六地・陽Ⅱ・宋版・世徳・敦Ⅰ・道蔵・天理」②□□也｜書陵」

注
315恃満必傾｜活Ⅱ・書陵・龍門・足利・筑波・慶Ⅰ・大東・武内・東洋・杏Ⅰ」①持□□｜陽Ⅰ・無窮・梅沢・東大・東急・斯Ⅰ・宋版・世徳・敦Ⅰ・道蔵・天理」①特□□｜弘文・斯Ⅱ・慶Ⅱ」

316不如止■也｜活Ⅱ・陽Ⅰ・書陵・無窮・足利・筑波・弘文・斯Ⅱ・梅沢・慶Ⅰ・大東・慶Ⅱ・武内・東大・杏Ⅰ・東急・斯Ⅰ・宋版・世徳・道蔵・天理」②□□■■｜龍門」②□□□者□｜東洋」②□□之□｜敦Ⅰ」

7オ2
経
317揣而鋭之｜活Ⅱ・陽Ⅰ・書陵・龍門・無窮・足利・筑波・弘文・斯Ⅱ・梅沢・慶Ⅰ・大東・慶Ⅱ・武内・東大・東洋・陽Ⅱ・東急・斯Ⅰ・杏Ⅰ・六地・宋版・世徳・道蔵・天理」①□□挩□｜敦Ⅰ」

注
318先揣之後｜活Ⅱ・陽Ⅰ・書陵・龍門・無窮・足利・弘文・斯Ⅱ・梅沢・大東・慶Ⅱ・武内・東大・東洋・杏Ⅰ・東急・斯Ⅰ・宋版・世徳・敦Ⅰ・道蔵・天理」①□惴□□｜慶Ⅰ」③□■□后｜筑波」

319必棄捐也｜活Ⅱ・陽Ⅰ・書陵・龍門・無窮・足利・弘文・斯Ⅱ・慶Ⅰ・大東・慶Ⅱ・武内・東大・杏Ⅰ・東急・天理」①□□指□｜筑波」①□□損□｜梅沢・東洋」②□□□■｜斯Ⅰ・宋版・世徳・敦Ⅰ・道蔵」

7オ3
注
320嗜欲傷神｜活Ⅱ・陽Ⅰ・書陵・龍門・足利・弘文・斯Ⅱ・梅沢・慶Ⅰ・大東・慶Ⅱ・武内・東大・東洋・杏Ⅰ・東急・斯Ⅰ・宋版・敦Ⅰ・天理・治要」①□慾□□｜無窮・筑波・世徳」①耆□□□｜道蔵」

321財多■累身也■｜活Ⅱ・陽Ⅰ・書陵・龍門・無窮・筑波・斯Ⅱ・慶Ⅰ・大東・慶Ⅱ・武内・東大・杏Ⅰ・東急・天理」①賎□■□□□■｜足利（左旁に見消ち、眉上に「財」字を加筆）」②□□■□□之｜梅沢」②□□則□□□■｜東洋」②□□■□□■■｜弘文・斯Ⅰ・宋版・世徳・敦Ⅰ・道蔵・治要」

経
322■自遺其咎｜活Ⅱ・陽Ⅰ・書陵・龍門・弘文・梅沢・慶Ⅱ・東大・東洋・東急・六地・陽Ⅱ・宋版・世徳・敦Ⅰ・道蔵・天理」②還□□□｜無窮・足利・筑波・斯Ⅱ・慶Ⅰ・大東・武内・杏Ⅰ・斯Ⅰ」④還□□■□｜治要」

注
323夫富｜活Ⅱ・陽Ⅰ・書陵・龍門・無窮・足利・筑波・弘文・斯Ⅱ・梅沢・慶Ⅰ・大東・慶Ⅱ・武内・東大・東洋・杏Ⅰ・東急・斯Ⅰ・世徳・敦Ⅰ・道蔵・天理・治要」①大□｜宋版」

7オ4
324當賑貧貴｜陽Ⅰ・書陵・龍門・無窮・足利・筑波・弘文・斯Ⅱ・梅沢・慶Ⅰ・大東・慶Ⅱ・武内・東大・東洋・杏Ⅰ・東急・斯Ⅰ・宋版・世徳・道蔵・天理・治要」①□□貪□｜活Ⅱ」③■■■■｜敦Ⅰ」

325當憐賤｜活Ⅱ・陽Ⅰ・書陵・龍門・無窮・足利・筑波・斯Ⅱ・梅沢・慶Ⅱ・武内・東大・東洋・杏Ⅰ・東急・斯Ⅰ・宋版・世徳・天理・治要」①□□財｜弘文」①□矜□｜慶Ⅰ・大東・敦Ⅰ・道蔵」

326被禍患者也｜活Ⅱ・陽Ⅰ・書陵・龍門・筑波・慶Ⅱ・武内・東大・天理」②□□□■□｜無窮・足利・弘文・斯Ⅱ・梅沢・慶Ⅰ・大東・杏Ⅰ・東急・斯Ⅰ・宋版・世徳」②□□□□■｜東洋（地脚に「也」加筆）」②□□□■■｜敦Ⅰ・治要」④□□害■■｜道蔵」

経
327退天之道■｜活Ⅱ・陽Ⅰ・書陵・龍門・無窮・筑波・弘文・斯Ⅱ・梅沢・慶Ⅰ・大東・慶Ⅱ・武内・東大・東洋・杏Ⅰ・東急・斯Ⅰ・六地・陽Ⅱ・宋版・世徳・敦Ⅰ・道蔵・天理」②□□■

□■－足利」②□□□□也－治要」

7
オ5
注

328 名跡稱－活Ⅱ・陽Ⅰ・書陵・龍門・無窮・足利・筑波・弘文・斯Ⅱ・慶Ⅰ・大東・慶Ⅱ・杏Ⅰ・敦Ⅰ・道蔵・天理」①□迹□－梅沢・武内・東大・東洋・東急・斯Ⅰ・宋版・世徳・治要」

329 遂不退－活Ⅱ・陽Ⅰ・書陵・龍門・無窮・足利・筑波・斯Ⅱ・梅沢・慶Ⅰ・大東・慶Ⅱ・武内・東大・東洋・杏Ⅰ・東急・斯Ⅰ・宋版・世徳・敦Ⅰ・道蔵・天理・治要」①逐□□－弘文」

330 身避位－活Ⅱ・陽Ⅰ・無窮・足利・筑波・斯Ⅱ・梅沢・慶Ⅰ・大東・慶Ⅱ・武内・東大・東洋・杏Ⅰ・東急・斯Ⅰ・宋版・世徳・敦Ⅰ・道蔵・治要・天理」①□辟□－書陵・龍門」③■■□－弘文」

331 天之常道也－活Ⅱ・陽Ⅰ・書陵・龍門・無窮・足利・筑波・弘文・斯Ⅱ・梅沢・慶Ⅰ・大東・慶Ⅱ・武内・東大・東洋・杏Ⅰ・東急・斯Ⅰ・宋版・世徳・天理」②□□□□■－敦Ⅰ・道蔵・治要」

7
オ6

332 譬如－活Ⅱ・陽Ⅰ・書陵・無窮・足利・筑波・弘文・斯Ⅱ・梅沢・慶Ⅰ・慶Ⅱ・武内・東大・東洋・杏Ⅰ・東急・斯Ⅰ・宋版・世徳・敦Ⅰ・治要・天理」①辟□－龍門・大東」②□■－道蔵」

333 月満則虧－活Ⅱ・陽Ⅰ・書陵・龍門・無窮・足利・弘文・斯Ⅱ・慶Ⅰ・大東・慶Ⅱ・武内・東大・東洋・杏Ⅰ・東急・斯Ⅰ・宋版・世徳・敦Ⅰ・道蔵・天理・治要」①因□□□－筑波」②満月□□－梅沢」

334 物盛則衰－活Ⅱ・陽Ⅰ・書陵・龍門・無窮・足利・筑波・弘文・斯Ⅱ・梅沢・大東・慶Ⅱ・武内・東大・東洋・杏Ⅰ・東急・斯Ⅰ・宋版・世徳・敦Ⅰ・道蔵・天理・治要」①□□□哀－慶Ⅰ」

7
オ7

335 樂極則衰■也－活Ⅱ・天理」①□□□哀■□－陽Ⅰ・書陵・無窮・足利・筑波・弘文・斯Ⅱ・慶Ⅰ・大東・慶Ⅱ・武内・東大・杏Ⅰ・東急・斯Ⅰ」③□□□哀之□－梅沢」③□□□哀者□－東洋」③□□□哀■■－龍門・宋版・世徳・敦Ⅰ・道蔵・治要」

336 能爲■■第十－活Ⅱ・陽Ⅰ・梅沢・斯Ⅰ・宋版・世徳・道蔵・天理」②□□■章□□－武内・東大・東洋」③載營■章□□－慶Ⅰ」③載榮■■■■－大東」③載営魄章□□－筑波・弘文・慶Ⅱ」③■■■■■■－書陵・龍門・無窮・足利・斯Ⅱ・杏Ⅰ・六地・陽Ⅱ・敦Ⅰ・東急」

7
ウ1
注

337 營魄魂魄也－活Ⅱ・陽Ⅰ・慶Ⅰ・大東・武内・宋版・世徳・道蔵・天理」③□□■■□－無窮」③□■□■□－書陵・龍門・足利・筑波・弘文・斯Ⅱ・梅沢・慶Ⅱ・東大・東洋・東急・杏Ⅰ・斯Ⅰ・敦Ⅰ」

338 人載魂魄之上－活Ⅱ・陽Ⅰ・無窮・足利・筑波・弘文・斯Ⅱ・梅沢・慶Ⅰ・大東・慶Ⅱ・武内・東大・東洋・杏Ⅰ・東急・斯Ⅰ・宋版・世徳・敦Ⅰ・道蔵・天理」②■□□□□－書陵・龍門」

339 ■當愛養之－活Ⅱ・陽Ⅰ・書陵・龍門・無窮・足利・筑波・弘文・斯Ⅱ・慶Ⅰ・大東・慶Ⅱ・武内・東大・東洋・杏Ⅰ・東急・斯Ⅰ・宋版・世徳・敦Ⅰ・道蔵・天理」②或□□□□－梅沢」

340 喜怒亡魂－活Ⅱ・陽Ⅰ・書陵・龍門・筑波・斯Ⅱ・梅沢・慶Ⅰ・大東・慶Ⅱ・武内・東大・東洋・杏Ⅰ・東急・斯Ⅰ・宋版・世徳・敦Ⅰ・道蔵・天理」①憙□□－無窮・弘文」②憙□巳□－足利（右旁見消ち「亡」字を加筆）」

7
ウ2

241 魂在肝■－活Ⅱ・陽Ⅰ・書陵・龍門・無窮・足利・筑波・弘文・斯Ⅱ・梅沢・慶Ⅰ・大東・慶Ⅱ・武内・東大・東洋・杏Ⅰ・斯Ⅰ・宋版・世徳・敦Ⅰ・道蔵・天理」②□□肺－東急（右旁見消ち）」

342 魄在肺－活Ⅱ・陽Ⅰ・書陵・龍門・無窮・足利・弘文・斯Ⅱ・梅沢・慶Ⅰ・大東・慶Ⅱ・武内・東大・東洋・杏Ⅰ・東急・斯Ⅰ・宋版・世徳・敦Ⅰ・道蔵・天理」②□□肝－筑波」

343 美酒甘肴－活Ⅱ・陽Ⅰ・書陵・龍門・無窮・足利・弘文・斯Ⅱ・梅沢・慶Ⅰ・大東・慶Ⅱ・武内・東大・東洋・杏Ⅰ・東急・斯Ⅰ・宋版・世徳・敦Ⅰ・道蔵・天理」①□□□者－筑波」

344 腐人肝肺－活Ⅱ・陽Ⅰ・書陵・無窮・筑波・弘文・斯Ⅱ・梅沢・

慶Ⅰ・大東・慶Ⅱ・武内・東大・東洋・杏Ⅰ・東急・斯Ⅰ・世徳・敦Ⅰ・天理」①□□□肝—龍門」②□□肺肝—足利」②□□膵□—宋版」②傷□□□—道蔵」

345 魂静志道—活Ⅱ・陽Ⅰ・書陵・龍門・無窮・足利・筑波・弘文・斯Ⅱ・梅沢・慶Ⅰ・大東・慶Ⅱ・武内・東大・東洋・東急・斯Ⅰ・宋版・世徳・敦Ⅰ・道蔵・天理」②魄□□□—杏Ⅰ」

346 魄安修徳■—活Ⅱ・陽Ⅰ・書陵・龍門・無窮・足利・筑波・弘文・斯Ⅱ・梅沢・慶Ⅰ・大東・慶Ⅱ・武内・東大・東洋・杏Ⅰ・東急・斯Ⅰ・天理」②□□□□壽—敦Ⅰ」③□□■得壽—宋版・世徳・道蔵」

347 延年也■—活Ⅱ・陽Ⅰ・書陵・龍門・無窮・足利・筑波・弘文・斯Ⅱ・慶Ⅰ・大東・慶Ⅱ・武内・東大・東洋・杏Ⅰ・東急・斯Ⅰ・宋版・世徳・道蔵・天理」②□□□矣—梅沢」②□□長■—敦Ⅰ」

経

348 能無離乎—活Ⅱ・陽Ⅰ・書陵・龍門・無窮・足利・筑波・弘文・斯Ⅱ・梅沢・慶Ⅰ・大東・慶Ⅱ・武内・東洋・杏Ⅰ・東急・斯Ⅰ・道蔵・天理」①□无□□—東大・六地・陽Ⅱ・敦Ⅰ」②□□□■—宋版・世徳」

7ウ3

注

349 則■長存也—活Ⅱ・陽Ⅰ・書陵・龍門・無窮・足利・筑波・弘文・斯Ⅱ・梅沢・慶Ⅰ・大東・慶Ⅱ・武内・東大・東洋・杏Ⅰ・東急・天理」②□■□□■—斯Ⅰ・宋版・世徳・道蔵」④□身□□■—敦Ⅰ」

350 一者道始所生—活Ⅱ・陽Ⅰ・書陵・龍門・足利・筑波・弘文・斯Ⅱ・梅沢・慶Ⅰ・大東・慶Ⅱ・武内・東大・東洋・杏Ⅰ・東急・斯Ⅰ・宋版・敦Ⅰ・天理」①□□□治□□—無窮」②□□□徳□□—道蔵」

351 太和之■精氣也—活Ⅱ・陽Ⅰ・書陵・龍門・無窮・足利・筑波・弘文・斯Ⅱ・梅沢・武内・慶Ⅱ・杏Ⅰ・斯Ⅰ・世徳・道蔵・天理」①大□□■□□□—慶Ⅰ・大東・東洋・宋版」①天□□■□□□—東大」②□□□元□□□—東急」②□□□■□炁■—敦Ⅰ」

352 ■布名於天下—活Ⅱ・陽Ⅰ・書陵・龍門・無窮・足利・筑波・斯Ⅱ・梅沢・慶Ⅰ・大東・慶Ⅱ・武内・東大・東洋・杏Ⅰ・東急・斯Ⅰ・宋版・世徳・天理」②以□□□□—弘文」②一□□□□—道蔵」②■□□下□□—敦Ⅰ」

7ウ4

353 地得一以寧—活Ⅱ・陽Ⅰ・書陵・龍門・無窮・足利・筑波・弘文・斯Ⅱ・梅沢・慶Ⅰ・大東・武内・東大・東洋・杏Ⅰ・東急・斯Ⅰ・宋版・世徳・敦Ⅰ・道蔵・天理」②□□□■□—慶Ⅱ」

354 出爲行—活Ⅱ・陽Ⅰ・書陵・龍門・無窮・足利・筑波・斯Ⅱ・梅沢・慶Ⅰ・大東・慶Ⅱ・武内・東大・東洋・杏Ⅰ・東急・斯Ⅰ・宋版・世徳・敦Ⅰ・道蔵・天理」②□□法—弘文」

355 布施爲徳—活Ⅱ・陽Ⅰ・書陵・龍門・無窮・足利・筑波・弘文・斯Ⅱ・梅沢・慶Ⅰ・大東・慶Ⅱ・東大・東洋・杏Ⅰ・東急・斯Ⅰ・宋版・世徳・敦Ⅰ・道蔵・天理」①□□□得—武内」

7ウ5

356 一之爲言—活Ⅱ・陽Ⅰ・無窮・慶Ⅰ・大東・慶Ⅱ・武内・杏Ⅰ・東急・斯Ⅰ・宋版・世徳・敦Ⅰ・道蔵・天理」②□■□□—足利・筑波・弘文・斯Ⅱ・梅沢・東大・東洋」③■■□□—龍門・書陵」

357 至一—活Ⅱ・陽Ⅰ・書陵・龍門・無窮・足利・筑波・弘文・斯Ⅱ・梅沢・慶Ⅰ・大東・慶Ⅱ・武内・東大・東洋・杏Ⅰ・東急・斯Ⅰ・敦Ⅰ・天理」①志□—宋版・世徳・道蔵」

358 ■無二也■—活Ⅱ・書陵・無窮・足利・弘文・斯Ⅱ・杏Ⅰ・世徳・天理」①■无□□■—陽Ⅰ・龍門・筑波・慶Ⅰ・大東・慶Ⅱ・武内・東大・東洋・斯Ⅰ・宋版」②■□□□之—梅沢」②■□□□矣—東急」②而□□□■—道蔵」③■无□■■—敦Ⅰ」

注

359 ■專■精氣—活Ⅱ・陽Ⅰ・書陵・龍門・無窮・足利・筑波・弘文・斯Ⅱ・梅沢・慶Ⅰ・大東・慶Ⅱ・武内・東大・東洋・杏Ⅰ・東急・斯Ⅰ・天理」②■□守□□—宋版・世徳・道蔵」②能□■□炁—敦Ⅰ」

360 形體能應物—活Ⅱ・陽Ⅰ・天理」②□□□□之—書陵・龍門・

無窮・足利・筑波・弘文・斯Ⅱ・梅沢・慶Ⅰ・大東・慶Ⅱ・武内・東大・東洋・杏Ⅰ・東急・斯Ⅰ・宋版・世徳・敦Ⅰ・道蔵」

7ウ6

361而柔順也―活Ⅱ・陽Ⅰ・書陵・龍門・無窮・足利・筑波・弘文・斯Ⅱ・梅沢・慶Ⅰ・大東・慶Ⅱ・武内・東大・東洋・杏Ⅰ・東急・天理」②□□■―敦Ⅰ・斯Ⅰ・世徳・宋版」②□□矣―道蔵」

経362能如嬰兒乎―活Ⅱ・書陵・龍門・無窮・足利・筑波・弘文・斯Ⅱ・梅沢・慶Ⅰ・大東・慶Ⅱ・武内・東大・東洋・東急・道蔵・六地・陽Ⅱ・天理」①□□攖□□―陽Ⅰ・杏Ⅰ・斯Ⅰ」②□■□□□―敦Ⅰ」⑤□■攖□■―宋版・世徳」

注363能如嬰兒―活Ⅱ・書陵・龍門・無窮・足利・筑波・弘文・斯Ⅱ・梅沢・慶Ⅰ・大東・慶Ⅱ・武内・東大・東洋・東急・敦Ⅰ・天理」①□□攖□―陽Ⅰ・杏Ⅰ・斯Ⅰ・宋版・世徳」③■■■■―道蔵」

注364内無思慮―活Ⅱ・書陵・無窮・筑波・弘文・斯Ⅱ・梅沢・杏Ⅰ・東急・世徳・道蔵・天理」①□无□□―陽Ⅰ・龍門・足利・慶Ⅰ・大東・慶Ⅱ・武内・東大・東洋・斯Ⅰ・宋版・敦Ⅰ」

注365外無政事―活Ⅱ・陽Ⅰ・書陵・無窮・弘文・梅沢・杏Ⅰ・東急・宋版・世徳・道蔵・天理」①□无□□―龍門・足利・筑波・斯Ⅱ・慶Ⅰ・大東・慶Ⅱ・武内・東大・東洋・斯Ⅰ」②□无正□―敦Ⅰ」

366精神不去也■―活Ⅱ・陽Ⅰ・書陵・龍門・無窮・足利・筑波・弘文・斯Ⅱ・慶Ⅰ・大東・慶Ⅱ・武内・東大・東洋・杏Ⅰ・東急・斯Ⅰ・宋版・世徳・天理」②□□□□之―梅沢」②□□□□■■―敦Ⅰ・道蔵」

7ウ7

注367使潔清也―活Ⅱ・陽Ⅰ・書陵・龍門・無窮・足利・筑波・弘文・斯Ⅱ・梅沢・慶Ⅰ・大東・慶Ⅱ・武内・東大・東洋・杏Ⅰ・東急・斯Ⅰ・道蔵・天理」②□□■―敦Ⅰ」②□淨□―宋版」②□□靜□―世徳」

368居玄冥之處―活Ⅱ・陽Ⅰ・書陵・龍門・無窮・足利・筑波・弘文・斯Ⅱ・梅沢・慶Ⅰ・大東・慶Ⅱ・東大・東洋・杏Ⅰ・東急・斯Ⅰ・宋版・世徳・敦Ⅰ・道蔵・天理」②□□■□―武内」

369謂之玄覧也―活Ⅱ・陽Ⅰ・書陵・龍門・無窮・足利・筑波・弘文・斯Ⅱ・梅沢・慶Ⅰ・大東・慶Ⅱ・武内・東大・東洋・杏Ⅰ・東急・斯Ⅰ・世徳・宋版・天理」②□□□■―敦Ⅰ・道蔵」

経370能無疵乎―活Ⅱ・陽Ⅰ・書陵・無窮・足利・筑波・弘文・斯Ⅱ・梅沢・慶Ⅰ・大東・東洋・杏Ⅰ・東急・斯Ⅰ・道蔵・天理」①□无□□―龍門・慶Ⅱ・武内・六地・陽Ⅱ・敦Ⅰ」②□□□■―宋版・世徳」③无能□□―東大」

8オ1

注371不淫邪也―活Ⅱ・陽Ⅰ・書陵・龍門・筑波・弘文・斯Ⅱ・梅沢・慶Ⅰ・大東・慶Ⅱ・武内・東大・東洋・杏Ⅰ・東急・斯Ⅰ・宋版・世徳・敦Ⅰ・道蔵・天理」①□□耶□―無窮・足利」

372■■■■■■―活Ⅱ・陽Ⅰ・書陵・龍門・無窮・足利・筑波・弘文・斯Ⅱ・梅沢・慶Ⅰ・大東・慶Ⅱ・武内・東洋・杏Ⅰ・東急・敦Ⅰ・道蔵・天理」④浄能无疵病乎―東大・斯Ⅰ・宋版・世徳」

注373則國安也―活Ⅱ・陽Ⅰ・書陵・龍門・無窮・足利・筑波・弘文・斯Ⅱ・梅沢・慶Ⅰ・大東・慶Ⅱ・武内・東大・東洋・杏Ⅰ・東急・天理」②□□□■―斯Ⅰ・宋版・世徳・敦Ⅰ・道蔵」

8オ2

経374能無知乎―活Ⅱ・陽Ⅰ・書陵・無窮・足利・筑波・弘文・斯Ⅱ・梅沢・大東・東洋・杏Ⅰ・陽Ⅱ・東急・斯Ⅰ・天理」①□无□□―龍門・慶Ⅰ・慶Ⅱ・武内・東大・六地・敦Ⅰ」②□□□■―宋版・世徳」②□□爲□―道蔵」

注375治身者―活Ⅱ・陽Ⅰ・書陵・龍門・無窮・足利・筑波・弘文・斯Ⅱ・梅沢・慶Ⅰ・大東・慶Ⅱ・武内・東大・東洋・杏Ⅰ・東急・斯Ⅰ・宋版・世徳・道蔵・天理」②□□■―敦Ⅰ」

376無令耳聞也―活Ⅱ・書陵・無窮・筑波・弘文・杏Ⅰ・東急・世徳・天理」①无□□□―陽Ⅰ・龍門・足利・斯Ⅱ・梅沢・慶Ⅰ・大東・慶Ⅱ・武内・東大・東洋・斯Ⅰ・宋版」②□□□□■―道蔵」③无□□□■―敦Ⅰ」

377布徳施恵－活Ⅱ・陽Ⅰ・書陵・龍門・無窮・足利・筑波・弘文・斯Ⅱ・梅沢・慶Ⅰ・大東・慶Ⅱ・武内・東大・東洋・杏Ⅰ・東急・斯Ⅰ・敦Ⅰ・天理」③□施徳□－道蔵」③□施恵徳－宋版・世徳」

378無令下知也－活Ⅱ・書陵・無窮・筑波・弘文・梅沢・大東・杏Ⅰ・東急・世徳・天理」①无□□□□－陽Ⅰ・龍門・足利・斯Ⅱ・慶Ⅰ・慶Ⅱ・武内・東大・東洋・斯Ⅰ・宋版」②□□□□■－道蔵」③无□□□■－敦Ⅰ」

8オ3注

379天門－活Ⅱ・陽Ⅰ・書陵・龍門・無窮・足利・筑波・弘文・斯Ⅱ・梅沢・慶Ⅰ・大東・慶Ⅱ・武内・東大・東洋・杏Ⅰ・東急・斯Ⅰ・宋版・世徳・道蔵・天理」③■■－敦Ⅰ」

380謂北極紫■宮－活Ⅱ・陽Ⅰ・書陵・龍門・無窮・足利・筑波・弘文・斯Ⅱ・梅沢・慶Ⅰ・大東・慶Ⅱ・武内・東大・東洋・杏Ⅰ・東急・敦Ⅰ・天理」②□□□□微□－斯Ⅰ・宋版・世徳」④■□□□微□－道蔵」

381開闔－活Ⅱ・陽Ⅰ・書陵・龍門・無窮・足利・筑波・斯Ⅱ・梅沢・慶Ⅰ・大東・慶Ⅱ・武内・東大・東洋・杏Ⅰ・東急・斯Ⅰ・宋版・世徳・敦Ⅰ・道蔵・天理」①□闢－弘文」

382謂終始五際也－活Ⅱ・陽Ⅰ・書陵・龍門・無窮・足利・筑波・斯Ⅱ・梅沢・慶Ⅰ・大東・慶Ⅱ・武内・東大・東洋・杏Ⅰ・東急・斯Ⅰ・宋版・世徳・天理」②□□□□□■－弘文・敦Ⅰ」②■□□□□□－道蔵」

383■■■天門－活Ⅱ・無窮・慶Ⅰ・大東・天理」③治身■□□－陽Ⅰ・書陵・龍門・足利・筑波・弘文・斯Ⅱ・梅沢・慶Ⅱ・武内・東大・東洋・杏Ⅰ・敦Ⅰ・斯Ⅰ・宋版・世徳」③於身■□□－東急」③治身之□□－道蔵」

384謂鼻孔－活Ⅱ・陽Ⅰ・書陵・龍門・無窮・足利・筑波・斯Ⅱ・梅沢・慶Ⅰ・大東・慶Ⅱ・武内・東大・東洋・東急・杏Ⅰ・斯Ⅰ・宋版・世徳・敦Ⅰ・道蔵・天理」①□□吼－弘文」

385謂喘息■－活Ⅱ・陽Ⅰ・書陵・龍門・無窮・足利・筑波・弘文・斯Ⅱ・梅沢・慶Ⅰ・大東・慶Ⅱ・武内・東大・東洋・東急・杏Ⅰ・斯Ⅰ・宋版・世徳・敦Ⅰ・天理」②□□□也－道蔵」

注

386謂呼吸也－活Ⅱ・陽Ⅰ・書陵・龍門・無窮・足利・筑波・弘文・斯Ⅱ・梅沢・慶Ⅰ・大東・慶Ⅱ・武内・東大・東洋・杏Ⅰ・斯Ⅰ・宋版・世徳・道蔵・天理」②□□□■－敦Ⅰ・東急」

8オ4経

387能爲雌乎－活Ⅱ・陽Ⅰ・書陵・龍門・無窮・足利・筑波・弘文・斯Ⅱ・梅沢・慶Ⅰ・大東・慶Ⅱ・武内・東大・東洋・東急・杏Ⅰ・斯Ⅰ・六地・陽Ⅱ・敦Ⅰ・天理」②□無□□－道蔵」④□無□■－宋版・世徳」

注

388當如應變－活Ⅱ・陽Ⅰ・書陵・龍門・筑波・慶Ⅱ・武内・東大・東洋・天理」②□■□□－無窮・足利・弘文・斯Ⅱ・梅沢・慶Ⅰ・大東・杏Ⅰ」③■■□□－東急・斯Ⅰ・宋版・世徳・敦Ⅰ・道蔵」

389和而不唱■也－活Ⅱ・陽Ⅰ・書陵・無窮・足利・筑波・弘文・斯Ⅱ・梅沢・慶Ⅰ・大東・慶Ⅱ・武内・東大・東洋・杏Ⅰ・天理」②□□□喟■□－龍門」②□□□□之□－東急」②□□□□■■－斯Ⅰ・宋版・世徳・敦Ⅰ」②■□□□■□－道蔵」

8オ5注

390言道明白－活Ⅱ・陽Ⅰ・書陵・龍門・無窮・足利・筑波・弘文・斯Ⅱ・梅沢・慶Ⅰ・大東・慶Ⅱ・武内・東大・東洋・東急・杏Ⅰ・敦Ⅰ・天理」②□達□□－宋版・世徳」②□■□□－斯Ⅰ」②□□□■－道蔵」

391聽之不聞－活Ⅱ・陽Ⅰ・書陵・龍門・無窮・足利・筑波・斯Ⅱ・梅沢・慶Ⅰ・大東・慶Ⅱ・武内・東大・東洋・東急・杏Ⅰ・斯Ⅰ・宋版・世徳・敦Ⅰ・道蔵・天理」①听□□□－弘文」

392彰布之於十方－活Ⅱ・陽Ⅰ・書陵・龍門・無窮・足利・筑波・弘文・斯Ⅱ・梅沢・慶Ⅰ・大東・慶Ⅱ・武内・東大・東洋・東急・杏Ⅰ・斯Ⅰ・宋版・世徳・天理」④■□□■□□－敦Ⅰ」④□□■■□□－道蔵」

8オ6

393煥煥煌煌也－活Ⅱ・陽Ⅰ・書陵・龍門・無窮・筑波・斯Ⅱ・梅沢・慶Ⅰ・大東・慶Ⅱ・武内・東大・東洋・東急・杏Ⅰ・斯Ⅰ・

宋版・世徳・天理」①煖□□□□―弘文」①煥ミ□ミ□―足利」②□□□■―敦Ⅰ」②□□□□矣―道蔵」

経394 能無知乎―活Ⅱ・陽Ⅰ・書陵・龍門・足利・筑波・弘文・斯Ⅱ・梅沢・慶Ⅰ・大東・慶Ⅱ・武内・東大・東洋・東急・杏Ⅰ・斯Ⅰ・道蔵・天理」①□无□□―六地・陽Ⅱ・敦Ⅰ」①□□□呼―無窮」②□□□■―宋版・世徳」

注395 無有能知―活Ⅱ・書陵・無窮・足利・弘文・梅沢・東急・世徳・道蔵・天理」①无□□□―陽Ⅰ・龍門・筑波・斯Ⅱ・慶Ⅰ・大東・慶Ⅱ・武内・東大・東洋・斯Ⅰ・宋版・敦Ⅰ」①□不□□―杏Ⅰ」

396 道満於天下者也■―活Ⅱ・陽Ⅰ・書陵・龍門・無窮・筑波・慶Ⅱ・武内・東大・東洋・東急・天理」②□□□□□□之―梅沢」②□□□□□■□■―足利・弘文・斯Ⅱ・慶Ⅰ・大東・杏Ⅰ」②□□□□□□■■―斯Ⅰ・宋版・世徳・敦Ⅰ」②□□□□□■矣■―道蔵」

経397 生之畜之―活Ⅱ・陽Ⅰ・書陵・龍門・無窮・足利・筑波・斯Ⅱ・梅沢・慶Ⅰ・大東・慶Ⅱ・武内・東大・東洋・東急・杏Ⅰ・斯Ⅰ・六地・陽Ⅱ・宋版・世徳・敦Ⅰ・道蔵・天理」③■■■■―弘文」

8オ7 注398 道生萬物而畜養■也―活Ⅱ・陽Ⅰ・書陵・龍門・無窮・足利・斯Ⅱ・梅沢・慶Ⅰ・大東・慶Ⅱ・武内・東大・東洋・天理」②□□□□□□之□―筑波・東急・杏Ⅰ」②□□□□□□□之■―斯Ⅰ・宋版・世徳・敦Ⅰ・道蔵」③■■■■■■■■■―弘文」

経399 生而不有―活Ⅱ・陽Ⅰ・書陵・龍門・無窮・足利・筑波・斯Ⅱ・梅沢・慶Ⅰ・大東・慶Ⅱ・武内・東大・東洋・東急・斯Ⅰ・六地・陽Ⅱ・宋版・世徳・敦Ⅰ・道蔵・天理」③■■■―弘文」

注400 道生萬物―活Ⅱ・陽Ⅰ・書陵・龍門・無窮・足利・筑波・斯Ⅱ・梅沢・慶Ⅰ・大東・慶Ⅱ・武内・東大・東洋・東急・斯Ⅰ・宋版・敦Ⅰ・道蔵・天理」③■■■■―弘文」

401 無所取有也―活Ⅱ・書陵・龍門・無窮・足利・東急・天理」①无□□□□―陽Ⅰ・筑波・斯Ⅱ・慶Ⅰ・大東・慶Ⅱ・東大」②□□□□■―世徳・道蔵」③无□□□■―梅沢・武内・東洋・斯Ⅰ・宋版」③无有所取■―敦Ⅰ」③■■■■―弘文」

8ウ1 経402 爲而不恃―活Ⅱ・陽Ⅰ・書陵・龍門・無窮・足利・筑波・弘文・斯Ⅱ・慶Ⅱ・東洋・東急・斯Ⅰ・六地・陽Ⅱ・宋版・世徳・敦Ⅰ・道蔵・天理」①□□□時―梅沢」①□□□特―慶Ⅰ・大東・武内・東大」

注403 不恃望其報也―活Ⅱ・陽Ⅰ・書陵・龍門・無窮・足利・弘文・梅沢・東洋・東急・斯Ⅰ・宋版・世徳・道蔵」①□特□□□□―慶Ⅰ・大東・慶Ⅱ・斯Ⅱ・武内・東大」②□□■□□□―天理」②□□□□■―筑波・敦Ⅰ」

注404 道長養萬物■■―活Ⅱ・陽Ⅰ・書陵・龍門・無窮・足利・筑波・弘文・斯Ⅱ・梅沢・慶Ⅰ・大東・慶Ⅱ・武内・東大・東洋・東急・斯Ⅰ・宋版・世徳・道蔵・天理」③□■□□長大―敦Ⅰ」

405 爲器用也―活Ⅱ・陽Ⅰ・書陵・龍門・無窮・足利・筑波・弘文・斯Ⅱ・梅沢・慶Ⅰ・大東・慶Ⅱ・武内・東大・東洋・東急・天理」②□□□■―斯Ⅰ・宋版・世徳・敦Ⅰ・道蔵」

8ウ2 注406 道行徳―活Ⅱ・陽Ⅰ・書陵・龍門・無窮・足利・筑波・弘文・斯Ⅱ・梅沢・慶Ⅰ・大東・慶Ⅱ・武内・東大・東洋・東急・斯Ⅰ・宋版・世徳・敦Ⅰ・天理」②□■□―道蔵」

注407 欲使人如道也―活Ⅱ・陽Ⅰ・書陵・龍門・無窮・足利・筑波・弘文・斯Ⅱ・梅沢・慶Ⅰ・大東・慶Ⅱ・武内・東大・東洋・東急・斯Ⅰ・宋版・天理」①□□□知□□―道蔵」②□□□□□■―敦Ⅰ」②□徳□□□□―世徳」

8ウ3 408 無用■■第十一―活Ⅱ・陽Ⅰ・梅沢・斯Ⅰ・宋版・世徳・道蔵・天理」②□□■章□□□―武内・東大・東洋」③三十輻章□□□―筑波・弘文・慶Ⅰ・大東・慶Ⅱ」③■■■■■■■―書陵・龍門・無窮・足利・斯Ⅱ・東急・六地・陽Ⅱ・敦Ⅰ」

8ウ4 経409 三十輻―活Ⅱ・陽Ⅰ・足利・筑波・弘文・斯Ⅱ・東急・斯Ⅰ・

宋版・世徳・道蔵・天理」①卅　□－書陵・龍門・無窮・梅沢・慶Ⅰ・大東・慶Ⅱ・武内・東大・東洋・六地・陽Ⅱ・敦Ⅰ」

410 共一轂－活Ⅱ・書陵・龍門・無窮・足利・筑波・弘文・斯Ⅱ・梅沢・慶Ⅰ・大東・慶Ⅱ・武内・東大・東洋・東急・斯Ⅰ・六地・陽Ⅱ・宋版・世徳・敦Ⅰ・道蔵・天理」①□□淫－陽Ⅰ」

注411 古者車－活Ⅱ・陽Ⅰ・書陵・龍門・無窮・足利・弘文・斯Ⅱ・梅沢・慶Ⅰ・大東・慶Ⅱ・武内・東大・東洋・東急・斯Ⅰ・宋版・世徳・敦Ⅰ・道蔵・天理」②□車者－筑波」

412 三十輻－活Ⅱ・陽Ⅰ・筑波・弘文・東急・斯Ⅰ・宋版・世徳・道蔵・天理」①卅　□－書陵・龍門・無窮・足利・斯Ⅱ・慶Ⅰ・慶Ⅱ・武内・東大・東洋・梅沢・敦Ⅰ」②卅　輪－大東」

413 法■月數也－活Ⅱ・陽Ⅰ・書陵・龍門・無窮・足利・弘文・斯Ⅱ・慶Ⅰ・大東・武内・東大・東洋・東急・斯Ⅰ・宋版・世徳・道蔵・天理」①□■日□□－梅沢・慶Ⅱ」②□同□□□－筑波」②□■□□■－敦Ⅰ」

414 共一轂者－活Ⅱ・陽Ⅰ・書陵・龍門・無窮・足利・筑波・弘文・梅沢・慶Ⅰ・大東・慶Ⅱ・武内・東大・東洋・東急・斯Ⅰ・宋版・世徳・敦Ⅰ・道蔵・天理」②□□□■－斯Ⅱ」

415 轂中有孔－活Ⅱ・陽Ⅰ・書陵・龍門・無窮・足利・筑波・梅沢・慶Ⅰ・大東・慶Ⅱ・武内・東大・東洋・東急・斯Ⅰ・宋版・世徳・敦Ⅰ・天理」②■□□□－弘文・斯Ⅱ・道蔵」

注416 故衆輻共湊之－活Ⅱ・陽Ⅰ・書陵・龍門・無窮・足利・筑波・斯Ⅱ・梅沢・慶Ⅰ・大東・慶Ⅱ・武内・東大・東洋・東急・宋版・世徳・敦Ⅰ」②□□■□□□－弘文」②□□□■□□－道蔵・天理」②□□□□□也－斯Ⅰ」

8ウ5

417 五臟－活Ⅱ・陽Ⅰ・天理」①□蔵－書陵・龍門・無窮・足利・筑波・弘文・斯Ⅱ・梅沢・慶Ⅰ・大東・慶Ⅱ・武内・東大・東洋・東急・斯Ⅰ・宋版・世徳・敦Ⅰ・道蔵」

注418 神乃歸之也－活Ⅱ・陽Ⅰ・書陵・龍門・無窮・足利・弘文・斯Ⅱ・慶Ⅰ・武内・斯Ⅰ・宋版・世徳」①□□皈□□－筑波・大東・慶Ⅱ・東洋・天理」①□及帰□□－東大」②□□□□■－敦Ⅰ・道蔵」

419 治國者寡能惣衆－活Ⅱ・陽Ⅰ・書陵・龍門・無窮・足利・筑波・弘文・斯Ⅱ・梅沢・慶Ⅰ・大東・慶Ⅱ・武内・東大・東洋・東急・斯Ⅰ・宋版・世徳・敦Ⅰ・天理」③■■■■■■■－道蔵」

420 弱■共扶強■也－活Ⅱ・陽Ⅰ・書陵・龍門・無窮・弘文・斯Ⅱ・慶Ⅰ・慶Ⅱ・東大・東洋・東急・斯Ⅰ・敦Ⅰ・天理」①□■供□□■□－足利」②□去□□■□－大東」②□■□□□之□－筑波・梅沢・武内」④□■□使□■■－宋版」⑤□■能使□■■－世徳」③■■■■■■■－道蔵」

8ウ6経

421 當其無－活Ⅱ・陽Ⅰ・書陵・無窮・足利・筑波・弘文・斯Ⅱ・梅沢・東洋・東急・斯Ⅰ・宋版・世徳・道蔵・天理」①□□无－龍門・慶Ⅰ・大東・慶Ⅱ・武内・東大・六地・陽Ⅱ・敦Ⅰ」

注422 無－活Ⅱ・書陵・龍門・無窮・足利・筑波・弘文・梅沢・東急・世徳・道蔵・天理」①无－陽Ⅰ・斯Ⅱ・慶Ⅰ・大東・慶Ⅱ・武内・東大・東洋・斯Ⅰ・宋版・敦Ⅰ」

423 謂空虛也－活Ⅱ・陽Ⅰ・書陵・龍門・無窮・足利・筑波・弘文・斯Ⅱ・梅沢・慶Ⅰ・大東・慶Ⅱ・武内・東大・東洋・東急・天理」②□□□■－斯Ⅰ・宋版・世徳・敦Ⅰ」④爲□□■－道蔵」

424 轂中空虛－活Ⅱ・書陵・龍門・無窮・足利・筑波・弘文・斯Ⅱ・梅沢・慶Ⅰ・大東・慶Ⅱ・武内・東大・東急・斯Ⅰ・宋版・世徳・敦Ⅰ・道蔵・天理」①淫□□□－陽Ⅰ・東洋」

425 輪得■轉行－活Ⅱ・陽Ⅰ・書陵・龍門・無窮・足利・筑波・斯Ⅱ・梅沢・慶Ⅰ・大東・慶Ⅱ・武内・東大・東洋・斯Ⅰ・敦Ⅰ・道蔵・天理」②□□輪□□－弘文」②□□■□■－東急」④車□■去□－宋版」④車□■其□－世徳」

426 人得載其上也－活Ⅱ・陽Ⅰ・書陵・龍門・無窮・筑波・弘文・斯Ⅱ・梅沢・慶Ⅰ・大東・慶Ⅱ・東大・東洋・東急・斯Ⅰ」②□□□□■－武内・足利・敦Ⅰ・道蔵・天理」②□能□□□□－宋版・世徳」

8ウ7 注427 爲食飲之器也―活Ⅱ・陽Ⅰ・書陵・龍門・無窮・足利・筑波・弘文・斯Ⅱ・梅沢・慶Ⅰ・大東・慶Ⅱ・武内・東大・東洋・東急」②□□□□■―敦Ⅰ」④□飲食□□■―斯Ⅰ・宋版・世徳・道蔵・天理」

経428 當其無有器之用―活Ⅱ・書陵・無窮・足利・筑波・斯Ⅱ・梅沢・東洋・東急・斯Ⅰ・宋版・世徳・道蔵・天理」①□□无□□□□―陽Ⅰ・龍門・慶Ⅰ・大東・慶Ⅱ・武内・東大・六地・陽Ⅱ・敦Ⅰ」①■■■■■■―弘文」

9オ1 注429 ■器中空虚―活Ⅱ・陽Ⅰ・書陵・龍門・無窮・足利・筑波・斯Ⅱ・梅沢・慶Ⅰ・大東・慶Ⅱ・武内・東大・東洋・斯Ⅰ・宋版・世徳・敦Ⅰ・道蔵・天理」①■■■■■―弘文」②挻□□□□―東急」

430 故得有所盛受也―活Ⅱ・陽Ⅰ・書陵・龍門・無窮・足利・筑波・斯Ⅱ・梅沢・慶Ⅰ・大東・慶Ⅱ・武内・東大・東洋・東急・斯Ⅰ・天理」①■■■■■■■―弘文」②□□□□□■―宋版・世徳」④□■□□□□■―敦Ⅰ」⑥□■□□■□■―道蔵」

9オ2 注431 謂作室屋■也―活Ⅱ・陽Ⅰ・無窮・足利・筑波・弘文・斯Ⅱ・梅沢・慶Ⅰ・大東・慶Ⅱ・武内・東大・東洋・天理」②□□空□■□―書陵・龍門」②□□□□之□―東急」②□□□□■■―敦Ⅰ・道蔵」④□□屋室■■―斯Ⅰ・宋版・世徳」

経432 當其無―活Ⅱ・陽Ⅰ・書陵・無窮・足利・筑波・弘文・斯Ⅱ・梅沢・東急・斯Ⅰ・宋版・世徳・道蔵・天理」①□□无―龍門・慶Ⅰ・大東・慶Ⅱ・武内・東大・東洋・六地・陽Ⅱ・敦Ⅰ」

注433 言戸牖空虚―活Ⅱ・陽Ⅰ・書陵・龍門・無窮・足利・筑波・弘文・斯Ⅱ・梅沢・慶Ⅰ・大東・慶Ⅱ・武内・東大・東洋・東急・斯Ⅰ・宋版・世徳・敦Ⅰ・天理」②■□□□□―道蔵」

434 人得以出入―活Ⅱ・陽Ⅰ・書陵・龍門・無窮・足利・筑波・弘文・斯Ⅱ・梅沢・慶Ⅰ・大東・慶Ⅱ・武内・東大・東洋・東急・斯Ⅰ・宋版・世徳・敦Ⅰ・道蔵」②□以得□□―天理」

注435 觀視室中空虚―活Ⅱ・陽Ⅰ・書陵・龍門・無窮・足利・筑波・弘文・斯Ⅱ・梅沢・慶Ⅰ・大東・慶Ⅱ・武内・東大・東洋・東急・斯Ⅰ・宋版・世徳・敦Ⅰ・天理」②■■□□□□―道蔵」

9オ3 436 是其用也―活Ⅱ・陽Ⅰ・書陵・龍門・無窮・足利・筑波・弘文・斯Ⅱ・梅沢・慶Ⅰ・大東・慶Ⅱ・武内・東大・東洋・東急・斯Ⅰ・天理」②□□□■―宋版・世徳・敦Ⅰ」③■■■■―道蔵」

注437 ■物■利於形―活Ⅱ・陽Ⅰ・書陵・龍門・無窮・足利・筑波・弘文・斯Ⅱ・梅沢・慶Ⅰ・大東・慶Ⅱ・武内・東大・東洋・東急・斯Ⅰ・敦Ⅰ・天理」③利□也□□□―宋版・世徳」⑤利□也□■□―道蔵」

438 ■■器中有物―活Ⅱ・陽Ⅰ・書陵・龍門・無窮・足利・筑波・弘文・斯Ⅱ・梅沢・慶Ⅰ・大東・慶Ⅱ・武内・東大・東洋・東急・斯Ⅰ・敦Ⅰ・天理」②■用□□□□―宋版・世徳」③於用□□□□―道蔵」

9オ4 439 恐其屋之破壊―活Ⅱ・陽Ⅰ・書陵・龍門・無窮・弘文・斯Ⅱ・慶Ⅰ・大東・慶Ⅱ・天理」①□□□□□懐―足利」②□□□■□□―筑波・梅沢・武内・東大・東洋・東急・斯Ⅰ・宋版・世徳・敦Ⅰ・道蔵」

注440 腹中有神―活Ⅱ・陽Ⅰ・書陵・龍門・無窮・足利・筑波・弘文・斯Ⅱ・梅沢・慶Ⅰ・大東・慶Ⅱ・武内・東大・東洋・東急・宋版・世徳・敦Ⅰ・道蔵・天理」①腸□□□―斯Ⅰ」

441 畏■形之消亡也■―活Ⅱ・陽Ⅰ・書陵・龍門・無窮・足利・筑波・弘文・斯Ⅱ・慶Ⅰ・大東・慶Ⅱ・武内・東大・東洋・斯Ⅰ・宋版・世徳・天理」②□■□□□■■―敦Ⅰ」②□■□□□□□之―梅沢」②□其□□□□■―東急」④□其□■□□■■―道蔵」

経442 無之以爲用―活Ⅱ・陽Ⅰ・書陵・無窮・足利・筑波・弘文・斯Ⅱ・梅沢・慶Ⅰ・大東・慶Ⅱ・東急・斯Ⅰ・宋版・世徳・道蔵・天理」①无□□□□―龍門・武内・東大・東洋・六地・陽Ⅱ・敦Ⅰ」

注443 言虚空者―活Ⅱ・陽Ⅰ・書陵・龍門・弘文・斯Ⅱ・梅沢・武内・

東大・東急・斯Ⅰ・宋版・世徳・敦Ⅰ・道蔵」②□□無□－天理」②□空虚□－無窮・足利・筑波・慶Ⅱ・東洋」②□室虚□－慶Ⅰ・大東」

9オ5

444乃可用盛受■物也－活Ⅱ・陽Ⅰ・書陵・龍門・無窮・足利・筑波・弘文・斯Ⅱ・梅沢・慶Ⅰ・慶Ⅱ・東洋・東急・天理」②□□□□■□■－斯Ⅰ」②□□□□□万□□－大東・武内・東大・敦Ⅰ」④□□□□□萬□■－宋版・世徳」⑥謂■■□□萬□■－道蔵」

445虚無－活Ⅱ・書陵・無窮・弘文・梅沢・大東・慶Ⅱ・東急・世徳・道蔵・天理」①□无－陽Ⅰ・龍門・足利・筑波・斯Ⅱ・慶Ⅰ・武内・東大・東洋・斯Ⅰ・宋版・敦Ⅰ」

446能制有形－活Ⅱ・陽Ⅰ・宋版・世徳・道蔵・天理」②■□□□－書陵・龍門・無窮・梅沢・慶Ⅱ・武内・東大・東洋・斯Ⅰ・敦Ⅰ」②者□□□－足利・筑波・弘文・斯Ⅱ・慶Ⅰ・大東・東急」

447道者■空也－活Ⅱ・陽Ⅰ・書陵・龍門・無窮・足利・筑波・弘文・斯Ⅱ・梅沢・慶Ⅰ・大東・慶Ⅱ・武内・東大・東洋・東急・斯Ⅰ・宋版・世徳・敦Ⅰ・天理」②□□虚□□－道蔵」

9オ6

448撿欲■第十二－活Ⅱ・梅沢・斯Ⅰ・宋版・世徳・道蔵・天理」①□慾■弟□□－陽Ⅰ」②□□章□□□－武内・東大・東洋」③五色章□□□－筑波・弘文・慶Ⅰ・大東・慶Ⅱ」③■■■■■■－書陵・龍門・無窮・足利・斯Ⅱ・六地・陽Ⅱ・敦Ⅰ・東急」

9オ7注

449貪淫好色－活Ⅱ・陽Ⅰ・書陵・龍門・無窮・足利・弘文・斯Ⅱ・梅沢・慶Ⅰ・大東・慶Ⅱ・武内・東大・東洋・東急・斯Ⅰ・宋版・世徳・天理・治要」①□婬□□－筑波・敦Ⅰ」②□好淫□－道蔵」

450失明也－活Ⅱ・陽Ⅰ・書陵・龍門・無窮・足利・筑波・弘文・斯Ⅱ・梅沢・慶Ⅰ・大東・慶Ⅱ・武内・東大・東洋・東急・斯Ⅰ・宋版・世徳・天理」②□□■－敦Ⅰ・道蔵・治要」

経

451五音令人耳聾－活Ⅱ・陽Ⅰ・書陵・龍門・無窮・足利・筑波・弘文・斯Ⅱ・梅沢・慶Ⅰ・大東・慶Ⅱ・武内・東洋・東急・斯Ⅰ・六地・陽Ⅱ・宋版・世徳・敦Ⅰ・道蔵・天理・治要」②□□耳人□－東大」

9ウ1注

452好聴五音－活Ⅱ・陽Ⅰ・書陵・龍門・無窮・筑波・斯Ⅱ・梅沢・慶Ⅰ・大東・慶Ⅱ・武内・東大・東洋・東急・斯Ⅰ・宋版・世徳・敦Ⅰ・道蔵・天理・治要」①□聴□□－足利」①□听□□－弘文」

453不能聴－活Ⅱ・陽Ⅰ・書陵・龍門・無窮・足利・筑波・斯Ⅱ・梅沢・慶Ⅰ・大東・慶Ⅱ・武内・東大・東洋・東急・斯Ⅰ・宋版・世徳・敦Ⅰ・道蔵・天理」①□□听－弘文」③■■■－治要」

454無聲之－活Ⅱ・書陵・無窮・弘文・東急・宋版・世徳・道蔵・天理」①无□□－陽Ⅰ・龍門・足利・筑波・斯Ⅱ・梅沢・慶Ⅰ・大東・慶Ⅱ・武内・東大・東洋・斯Ⅰ・敦Ⅰ」②■■□－治要」

455聲也－活Ⅱ・陽Ⅰ・書陵・龍門・無窮・足利・筑波・弘文・斯Ⅱ・梅沢・慶Ⅰ・大東・慶Ⅱ・武内・東大・東洋・東急・斯Ⅰ」②□■－宋版・世徳・敦Ⅰ・道蔵・天理」②■也－治要」

経

456令人口爽－活Ⅱ・陽Ⅰ・書陵・龍門・無窮・足利・筑波・斯Ⅱ・梅沢・慶Ⅰ・大東・慶Ⅱ・武内・東大・東洋・東急・斯Ⅰ・六地・陽Ⅱ・宋版・世徳・敦Ⅰ・道蔵・天理・治要」②□■□□－弘文」

注

457爽妄也－活Ⅱ・陽Ⅰ・書陵・龍門・無窮・足利・筑波・弘文・斯Ⅱ・梅沢・慶Ⅰ・大東・慶Ⅱ・武内・東大・東洋・東急・斯Ⅰ・天理・治要」①□亡□－宋版・世徳・敦Ⅰ・道蔵」

9ウ2注

458人嗜於五味－活Ⅱ・陽Ⅰ・書陵・龍門・無窮・足利・筑波・弘文・斯Ⅱ・梅沢・慶Ⅰ・大東・慶Ⅱ・武内・東洋・東急・斯Ⅰ・敦Ⅰ・天理・治要」①□耆□□□－東大」②□□■□□－宋版・世徳・道蔵」

459■■則口妄－活Ⅱ・陽Ⅰ・書陵・龍門・無窮・足利・筑波・弘文・斯Ⅱ・梅沢・慶Ⅰ・大東・慶Ⅱ・武内・東大・東洋・東急・

斯Ⅰ・天理・治要」①■■□□亡－敦Ⅰ」③於口□□亡－宋版・世徳」③■■□■亡－道蔵」

注460 言失於道■也－活Ⅱ・陽Ⅰ・書陵・龍門・無窮・足利・筑波・弘文・斯Ⅱ・梅沢・慶Ⅰ・大東・慶Ⅱ・武内・東大・東洋・東急・斯Ⅰ・天理」②□□□味□－宋版・世徳」②□□□□■■－敦Ⅰ・治要」⑥■□□□味■－道蔵」

9ウ3 注461 精神散亡－活Ⅱ・陽Ⅰ・書陵・龍門・無窮・筑波・弘文・斯Ⅱ・梅沢・慶Ⅰ・大東・慶Ⅱ・武内・東大・東洋・東急・斯Ⅰ・宋版・世徳・敦Ⅰ・道蔵・治要・天理」①□□□巳－足利」

462 故發狂也－活Ⅱ・陽Ⅰ・書陵・龍門・無窮・足利・筑波・弘文・斯Ⅱ・梅沢・慶Ⅰ・大東・慶Ⅱ・武内・東大・東洋・東急・斯Ⅰ・宋版・世徳・道蔵・天理・治要」②□□□■－敦Ⅰ」

注463 難得之貨謂－活Ⅱ・陽Ⅰ・書陵・龍門・無窮・足利・筑波・弘文・斯Ⅱ・梅沢・慶Ⅰ・大東・慶Ⅱ・武内・東大・東洋・斯Ⅰ・宋版・世徳・敦Ⅰ・天理・治要」①□行□□□－東急」③■■■■■－道蔵」

9ウ4 464 心貪意■■欲－活Ⅱ・陽Ⅰ・書陵・龍門・無窮・筑波・弘文・斯Ⅱ・梅沢・慶Ⅰ・大東・慶Ⅱ・武内・東大・東洋・東急・斯Ⅰ・宋版・世徳・敦Ⅰ・道蔵・天理・治要」②□□□玉心□－足利」

465 不知厭足－活Ⅱ・陽Ⅰ・書陵・龍門・無窮・足利・筑波・弘文・斯Ⅱ・梅沢・慶Ⅰ・大東・慶Ⅱ・武内・東大・東洋・東急・斯Ⅰ・宋版・世徳・敦Ⅰ・道蔵・天理」③■■■■－治要」

466 身辱也■－活Ⅱ・陽Ⅰ・書陵・龍門・無窮・足利・筑波・弘文・斯Ⅱ・梅沢・慶Ⅰ・大東・慶Ⅱ・武内・東大・東洋・斯Ⅰ・宋版・世徳・道蔵・天理・治要」②□□□矣－東急」②□□■■－敦Ⅰ」

経467 聖人爲腹－活Ⅱ・陽Ⅰ・書陵・龍門・無窮・足利・弘文・梅沢・慶Ⅰ・大東・慶Ⅱ・武内・東大・東洋・東急・六地・陽Ⅱ・宋版・世徳・敦Ⅰ・道蔵・天理」①□□□腸－筑波・斯Ⅱ・斯Ⅰ」

9ウ5 注468 養神明也－活Ⅱ・陽Ⅰ・書陵・龍門・無窮・足利・筑波・弘文・斯Ⅱ・梅沢・慶Ⅰ・大東・慶Ⅱ・武内・東大・東洋・東急・天理」②□□□■－斯Ⅰ・宋版・世徳・敦Ⅰ・道蔵」

注469 不妄視■■■－活Ⅱ・陽Ⅰ・書陵・龍門・無窮・足利・筑波・斯Ⅱ・梅沢・慶Ⅰ・大東・武内・東洋・東急・斯Ⅰ・天理」③□□□妄視■－弘文・慶Ⅱ・東大・宋版・世徳・敦Ⅰ」⑤□□□妄視則－道蔵」

470 泄精於外■也－活Ⅱ・陽Ⅰ・無窮・足利・弘文・斯Ⅱ・大東・慶Ⅰ・斯Ⅰ・天理」①洩□□■□－筑波・梅沢」②□□□■■－宋版・世徳・敦Ⅰ・道蔵」②□□□者□－書陵・龍門・慶Ⅱ・武内・東大・東洋」②□□□之□－東急」

9ウ6 経471 去彼取■此－活Ⅱ・陽Ⅰ・書陵・龍門・無窮・足利・筑波・弘文・斯Ⅱ・梅沢・慶Ⅰ・大東・慶Ⅱ・武内・東大・東洋・東急・斯Ⅰ・六地・陽Ⅱ・宋版・世徳・道蔵・天理」①□□□取□－敦Ⅰ」

注472 腹之養性也－活Ⅱ・陽Ⅰ・書陵・龍門・無窮・足利・筑波・弘文・斯Ⅱ・梅沢・慶Ⅰ・大東・慶Ⅱ・武内・東大・東急・天理」①腸□□□□－東洋・斯Ⅰ」②□□□□■－宋版・世徳・敦Ⅰ」④□□□神■－道蔵」

9ウ7 473 厭耻■第十三－活Ⅱ・陽Ⅰ・梅沢・斯Ⅰ・宋版・世徳・道蔵・天理」②□□章□□□－武内・東大・東洋」③寵辱章□□□－筑波・弘文・慶Ⅰ・大東・慶Ⅱ」③■■■■■－書陵・龍門・無窮・足利・斯Ⅱ・東急・六地・陽Ⅱ・敦Ⅰ」

10オ1 注474 身寵亦驚－活Ⅱ・陽Ⅰ・書陵・龍門・無窮・足利・筑波・斯Ⅱ・梅沢・慶Ⅰ・大東・慶Ⅱ・武内・東大・東洋・東急・斯Ⅰ・宋版・世徳・敦Ⅰ・道蔵・天理」①□□安□－弘文」

475 身辱亦驚也－活Ⅱ・陽Ⅰ・書陵・龍門・無窮・足利・梅沢・慶Ⅰ・大東・慶Ⅱ・武内・東大・東洋・東急・斯Ⅰ」②□□□□■－筑波・斯Ⅱ・宋版・世徳・敦Ⅰ・道蔵・天理・弘文?」

10オ2 注476 故皆驚也－活Ⅱ・陽Ⅰ・書陵・龍門・無窮・足利・筑波・斯Ⅱ・

梅沢・慶Ⅰ・大東・慶Ⅱ・武内・東大・東洋・東急・斯Ⅰ・天理・弘文？」②□□□■－宋版・世徳・敦Ⅰ・道蔵」

注477 問何謂■寵■－活Ⅱ・書陵・龍門・無窮・足利・筑波・弘文・斯Ⅱ・梅沢・慶Ⅰ・大東・慶Ⅱ・武内・東大・東洋・東急・斯Ⅰ・敦Ⅰ・天理」①□□□■□寵－陽Ⅰ」②□□為■□■－宋版・世徳」②□□□之□■－道蔵」

478 何謂■辱－活Ⅱ・陽Ⅰ・書陵・龍門・無窮・足利・筑波・弘文・斯Ⅱ・梅沢・慶Ⅰ・大東・慶Ⅱ・武内・東大・東洋・東急・敦Ⅰ・天理」②□為■□－斯Ⅰ・宋版・世徳」②□□之□－道蔵」

479 寵者尊榮■－活Ⅱ・陽Ⅰ・書陵・龍門・無窮・足利・筑波・弘文・斯Ⅱ・梅沢・慶Ⅰ・大東・慶Ⅱ・武内・東大・東洋・東急・斯Ⅰ・宋版・世徳・敦Ⅰ・天理」④□■□□也－道蔵」

480 辱者耻■及身－活Ⅱ・陽Ⅰ・書陵・龍門・無窮・足利・筑波・斯Ⅱ・梅沢・慶Ⅰ・大東・慶Ⅱ・武内・東大・東洋・東急・敦Ⅰ・天理」②□□□之□□－弘文」②□□□辱□□－斯Ⅰ・宋版・世徳」④□■□辱也■－道蔵」

10オ3

481 以曉■人也－活Ⅱ・陽Ⅰ・書陵・龍門・無窮・足利・弘文・斯Ⅱ・梅沢・慶Ⅰ・大東・慶Ⅱ・武内・東大・東洋・東急・宋版・世徳・天理」①□□人□□－筑波」②□□■□■－斯Ⅰ・敦Ⅰ」④為□於□■－道蔵」

経482 寵爲上－活Ⅱ・陽Ⅰ・書陵・龍門・無窮・足利・筑波・弘文・斯Ⅱ・慶Ⅰ・大東・慶Ⅱ・武内・東大・東洋・東急・斯Ⅰ・六地・天理」③■■■－梅沢・陽Ⅱ・宋版・世徳・敦Ⅰ・道蔵」

注483 寵爲尊榮也－活Ⅱ・筑波・弘文・天理」②□□□□■－陽Ⅰ・書陵・龍門・無窮・足利・斯Ⅱ・慶Ⅰ・大東・慶Ⅱ・武内・東大・東洋・東急・斯Ⅰ」③■■■■■－梅沢・敦Ⅰ・宋版・世徳・道蔵」

注484 辱爲下賤也■－活Ⅱ・書陵・龍門・無窮・足利・筑波・弘文・斯Ⅱ・慶Ⅰ・大東・慶Ⅱ・武内・東大・東急・天理」②□□□□□□之－梅沢」②□□□□■■－陽Ⅰ・東洋・斯Ⅰ・宋版・世徳・敦Ⅰ・道蔵」

10オ4

注485 得寵榮驚者－活Ⅱ・陽Ⅰ・書陵・龍門・無窮・足利・筑波・弘文・斯Ⅱ・梅沢・慶Ⅰ・大東・慶Ⅱ・武内・東大・東洋・東急・斯Ⅰ・宋版・敦Ⅰ・世徳・天理」②□□□者驚－道蔵」

486 如臨■危也－活Ⅱ・陽Ⅰ・書陵・龍門・無窮・足利・筑波・弘文・斯Ⅱ・慶Ⅰ・大東・慶Ⅱ・斯Ⅰ・道蔵・天理」②□□■□■－梅沢・武内・東大・東洋・東急・敦Ⅰ」②□□深□□－宋版・世徳」

487 冨不敢奢■也－活Ⅱ・陽Ⅰ・書陵・龍門・無窮・足利・筑波・弘文・斯Ⅱ・慶Ⅱ・東大・東洋・東急・斯Ⅰ・天理」②□□□□者□－梅沢」②□□□者■□－武内」②□■□□■□－慶Ⅰ・大東」②□□□□■■－宋版・世徳・敦Ⅰ・道蔵」

10オ5

注488 失寵處辱也－活Ⅱ・陽Ⅰ・書陵・龍門・無窮・足利・筑波・弘文・斯Ⅱ・慶Ⅰ・大東・慶Ⅱ・敦Ⅰ・斯Ⅰ・宋版・世徳・天理」②□□□□■－梅沢・武内・東大・東洋・東急・道蔵」

489 恐禍重來也－活Ⅱ・陽Ⅰ・龍門・無窮・足利・筑波・弘文・斯Ⅱ・梅沢・慶Ⅰ・大東・慶Ⅱ・東急・斯Ⅰ・宋版・世徳・天理」②□□□□■－書陵・武内・東大・東洋・敦Ⅰ・道蔵」

注490 得之■而驚－活Ⅱ・陽Ⅰ・書陵・龍門・無窮・足利・筑波・斯Ⅱ・梅沢・慶Ⅰ・大東・慶Ⅱ・武内・東大・東洋・東急・敦Ⅰ・天理」②□□驚□□－弘文」②□□■■□－斯Ⅰ」②□□■若□－宋版・世徳・道蔵」

10オ6

491 失之而－活Ⅱ・陽Ⅰ・書陵・龍門・足利・筑波・弘文・斯Ⅱ・梅沢・慶Ⅰ・大東・慶Ⅱ・武内・東大・東洋・東急・敦Ⅰ・天理」②□□■－無窮・斯Ⅰ」②□□若－宋版・世徳・道蔵」

492 驚■也－活Ⅱ・陽Ⅰ・書陵・龍門・筑波・梅沢・慶Ⅱ・武内・東大・東洋・東急・天理」②□者□－無窮・足利・弘文・斯Ⅱ・慶Ⅰ・大東」②□■■－斯Ⅰ・宋版・世徳・敦Ⅰ・道蔵」

注493 何故畏大患至身也－活Ⅱ・陽Ⅰ・書陵・龍門・無窮・足利・筑波・弘文・斯Ⅱ・梅沢・慶Ⅰ・大東・慶Ⅱ・武内・東大・東洋・

東急・天理」②□□□□□□□■－斯Ⅰ・敦Ⅰ」④□□□人若■□■－宋版・世徳」③■■■■■■■－道蔵」

経494 吾所以有大患者－活Ⅱ・陽Ⅰ・書陵・龍門・無窮・足利・斯Ⅱ・梅沢・慶Ⅰ・大東・慶Ⅱ・武内・東大・斯Ⅰ・六地・陽Ⅱ・宋版・世徳・敦Ⅰ・道蔵・天理」①五□□□□□□－筑波」②□□□□□■－東洋・東急」①■■■■■■■－弘文」

10オ7 注495 坐吾有身－活Ⅱ・陽Ⅰ・書陵・龍門・無窮・足利・筑波・弘文・斯Ⅱ・梅沢・慶Ⅰ・大東・慶Ⅱ・武内・東大・東洋・東急・斯Ⅰ・敦Ⅰ・天理」②爲□□□－宋版・世徳・道蔵」

496 ■■憂其勤勞－活Ⅱ・陽Ⅰ・書陵・龍門・無窮・足利・筑波・弘文・斯Ⅱ・梅沢・慶Ⅰ・大東・慶Ⅱ・東洋・東急・斯Ⅰ・天理」③有身□□□□－武内・東大・宋版・世徳・敦Ⅰ・道蔵」

10ウ1 497 從欲－活Ⅱ・陽Ⅰ・書陵・龍門・無窮・足利・筑波・弘文・斯Ⅱ・梅沢・慶Ⅰ・大東・慶Ⅱ・東急・斯Ⅰ・宋版・世徳・敦Ⅰ・天理」①縦□－武内・東大・東洋」②□辱－道蔵」

498 遇禍患也－活Ⅱ・陽Ⅰ・書陵・龍門・無窮・足利・筑波・弘文・斯Ⅱ・梅沢・慶Ⅰ・大東・慶Ⅱ・武内・東大・東洋・東急・斯Ⅰ・宋版・世徳・天理」②□□□■－敦Ⅰ・道蔵」

経499 及吾無身－活Ⅱ・陽Ⅰ・書陵・梅沢・慶Ⅱ・武内・東洋・東急・斯Ⅰ・宋版・世徳・道蔵・天理」①□□无□－龍門・東大・六地・陽Ⅱ・敦Ⅰ」②□無吾□－無窮・足利・筑波・斯Ⅱ」③□无吾□－弘文・慶Ⅰ・大東」

500 吾有何患乎－活Ⅱ・陽Ⅰ・書陵・龍門・無窮・足利・筑波・弘文・斯Ⅱ・梅沢・慶Ⅰ・大東・慶Ⅱ・武内・東大・東洋・東急・斯Ⅰ・六地・陽Ⅱ・敦Ⅰ・天理」②□□□□■－宋版・世徳・道蔵」

10ウ2 注501 吾無■身－活Ⅱ・書陵・無窮・東急・道蔵・天理・弘文?」①□无■□－陽Ⅰ・龍門・足利・筑波・斯Ⅱ・梅沢・慶Ⅰ・大東・慶Ⅱ・武内・東洋・斯Ⅰ」②□□有□－世徳」③□无有□－東大・敦Ⅰ・宋版」

502 體■道自然－活Ⅱ・無窮・足利・筑波・弘文・梅沢・慶Ⅰ・大東・慶Ⅱ・武内・東大・東洋・東急・斯Ⅰ・道蔵・天理」②□■■□□－陽Ⅰ・書陵・龍門」②□通□□□－斯Ⅱ」②□得□□□－宋版・世徳・敦Ⅰ」

503 出入無間－活Ⅱ・書陵・無窮・足利・弘文・梅沢・東急・世徳・道蔵・天理」①□□无□－陽Ⅰ・龍門・筑波・斯Ⅱ・慶Ⅰ・大東・慶Ⅱ・武内・東大・東洋・斯Ⅰ・宋版・敦Ⅰ」

504 當有何患也■■－活Ⅱ・陽Ⅰ・書陵・龍門・無窮・足利・筑波・弘文・斯Ⅱ・慶Ⅰ・大東・慶Ⅱ・武内・東大・東洋・天理」②□□□□之矣－梅沢」②□□□□之也■－東急」②□□□矣■■－斯Ⅰ」②□□□□■■■－宋版・世徳・敦Ⅰ・道蔵」

10ウ3 経505 爲天下者－活Ⅱ・無窮・足利・筑波・斯Ⅱ・梅沢・慶Ⅰ・大東・慶Ⅱ・武内・東大・東洋・東急・斯Ⅰ・陽Ⅱ・宋版・世徳・敦Ⅰ・道蔵・天理」②□□□■－陽Ⅰ・書陵・龍門・弘文・六地」

506 則可以－活Ⅱ・陽Ⅰ・書陵・龍門・無窮・足利・筑波・弘文・斯Ⅱ・慶Ⅰ・大東・慶Ⅱ・武内・東大・東洋・斯Ⅰ・六地・敦Ⅰ・道蔵・天理」②■□□－梅沢・陽Ⅱ・東急」②□□■－宋版・世徳」

507 寄於天下矣－活Ⅱ・陽Ⅰ・書陵・龍門・無窮・足利・筑波・弘文・斯Ⅱ・梅沢・慶Ⅰ・大東・慶Ⅱ・武内・東洋・東急・六地・陽Ⅱ・天理」②□□□□■－東大・宋版・世徳・敦Ⅰ・道蔵」④□■□□■－斯Ⅰ」

注508 人君自貴其身－活Ⅱ・陽Ⅰ・書陵・龍門・無窮・足利・筑波・弘文・斯Ⅱ・梅沢・慶Ⅰ・大東・慶Ⅱ・武内・東大・東洋・東急・斯Ⅰ・天理」②□□故□□□－敦Ⅰ」②□□■□□□－宋版・世徳・道蔵」

10ウ4 509 欲爲天下■主■－活Ⅱ・陽Ⅰ・東急・天理」②□□□■□者－書陵・龍門・無窮・足利・筑波・弘文・斯Ⅱ・梅沢・慶Ⅰ・大東・慶Ⅱ・武内・東大・東洋・斯Ⅰ・宋版・世徳・敦Ⅰ」④□□□□之□者－道蔵」

510 則可寄立—活Ⅱ・陽Ⅰ・書陵・龍門・無窮・足利・筑波・弘文・斯Ⅱ・慶Ⅰ・大東・慶Ⅱ・武内・東大・東洋・東急・斯Ⅰ・宋版・世徳・敦Ⅰ・天理」②□□■□—梅沢」②□□□止—道蔵」

511 不可以■久也—活Ⅱ・陽Ⅰ・書陵・龍門・梅沢・武内・東大・東洋・東急・斯Ⅰ・宋版・世徳」②□□□■□■—敦Ⅰ・天理」②□□□長□□—無窮・足利・筑波・弘文・斯Ⅱ・慶Ⅰ・大東・慶Ⅱ」④□□■■託□—道蔵」

経
512 愛■以身—活Ⅱ・陽Ⅰ・書陵・龍門・無窮・梅沢・慶Ⅱ・武内・東大・東洋・東急・斯Ⅰ・六地・陽Ⅱ・宋版・世徳・道蔵・天理」②□身□□—足利・筑波・弘文・斯Ⅱ・慶Ⅰ・大東」③□身■■—敦Ⅰ」

513 ■爲天下者—活Ⅱ・書陵・龍門・無窮・筑波・弘文・慶Ⅰ・大東・慶Ⅱ・武内・東大・東洋・東急・斯Ⅰ・六地・宋版・世徳・道蔵・天理」②■□□□■—陽Ⅰ」②以□□□□—足利・斯Ⅱ・梅沢・陽Ⅱ・敦Ⅰ」

514 乃可以託於天下矣—活Ⅱ・陽Ⅰ・書陵・龍門・無窮・足利・筑波・弘文・斯Ⅱ・梅沢・慶Ⅰ・大東・慶Ⅱ・武内・東大・東洋・陽Ⅱ・斯Ⅰ・六地・天理」②□■□□□□□□—東急」②□□□□□□■—宋版・世徳・敦Ⅰ・道蔵」

10
ウ5
注
515 人君能愛其身—活Ⅱ・陽Ⅰ・書陵・龍門・無窮・足利・筑波・斯Ⅱ・梅沢・慶Ⅰ・大東・慶Ⅱ・武内・東大・東洋・東急・斯Ⅰ・宋版・世徳・敦Ⅰ・道蔵・天理」③□□□■■■—弘文」

516 非爲巳也—活Ⅱ・陽Ⅰ・書陵・龍門・無窮・足利・筑波・弘文・斯Ⅱ・慶Ⅰ・大東・慶Ⅱ・武内・東大・東洋・東急・斯Ⅰ・宋版・世徳・道蔵・天理」②□□□■—梅沢・敦Ⅰ」

517 以此徳—活Ⅱ・陽Ⅰ・書陵・龍門・無窮・足利・筑波・弘文・斯Ⅱ・梅沢・慶Ⅰ・大東・慶Ⅱ・武内・東大・東洋・東急・道蔵・天理」②□□得—斯Ⅰ・宋版・世徳・敦Ⅰ」

518 爲天下■主者—活Ⅱ・陽Ⅰ・書陵・龍門・無窮・足利・筑波・弘文・斯Ⅱ・梅沢・慶Ⅰ・大東・慶Ⅱ・武内・東大・東洋・東急・斯Ⅰ・宋版・世徳・敦Ⅰ・天理」③□□□之□■—道蔵」

10
ウ6
519 乃可以託其身—活Ⅱ・陽Ⅰ・書陵・龍門・無窮・足利・筑波・弘文・斯Ⅱ・梅沢・慶Ⅰ・大東・武内・東大・東洋・東急・斯Ⅰ・宋版・世徳・敦Ⅰ・天理」②□以可□□□—慶Ⅱ」②□□□■□—道蔵」

520 於萬民之上—活Ⅱ・陽Ⅰ・書陵・龍門・無窮・足利・筑波・弘文・斯Ⅱ・梅沢・慶Ⅰ・大東・慶Ⅱ・武内・東大・東洋・東急・斯Ⅰ・宋版・世徳・敦Ⅰ・天理」④□■□■□—道蔵」

521 長無咎也—活Ⅱ・無窮・足利・弘文・斯Ⅱ・梅沢・東急・世徳・道蔵・天理」①□无□□—陽Ⅰ・龍門・筑波・慶Ⅰ・大東・慶Ⅱ・武内・東大・東洋・斯Ⅰ・宋版」②□□□■—書陵」③□无□■—敦Ⅰ」

10
ウ7
522 贊玄■■■第十四—活Ⅱ・陽Ⅰ・梅沢・斯Ⅰ・宋版・世徳・道蔵・天理」②□□■■章□□□—武内・東大・東洋」③視之不見章□□□—筑波・弘文・慶Ⅰ・大東・慶Ⅱ」③■■■■■■—書陵・龍門・無窮・足利・斯Ⅱ・東急・六地・陽Ⅱ・敦Ⅰ」

11
オ1
注
523 無色曰夷—活Ⅱ・書陵・龍門・無窮・足利・弘文・梅沢・慶Ⅱ・東急・斯Ⅰ・宋版・世徳・道蔵・天理」①无□□□—陽Ⅰ・筑波・斯Ⅱ・慶Ⅰ・大東・武内・東大・東洋・敦Ⅰ」

524 言一無—活Ⅱ・書陵・龍門・無窮・足利・弘文・斯Ⅱ・梅沢・慶Ⅱ・東急・斯Ⅰ・宋版・世徳・道蔵・天理」①□□无—陽Ⅰ・筑波・慶Ⅰ・大東・武内・東大・東洋・敦Ⅰ」

525 彩色—活Ⅱ・陽Ⅰ・書陵・龍門・弘文・慶Ⅱ・道蔵・天理」①綵□—無窮・足利・筑波・斯Ⅱ・慶Ⅰ・大東・武内・東大・東洋・斯Ⅰ」①采□—梅沢・東急・宋版・世徳・敦Ⅰ」

526 不可得視而見之也—活Ⅱ・無窮・足利・弘文・斯Ⅱ・慶Ⅰ・大東・武内・東大・東洋・天理」②□□□□□■□—陽Ⅰ・書陵・龍門・筑波・梅沢・慶Ⅱ・東急」②□□□□□□□■—斯Ⅰ・宋版・世徳・敦Ⅰ」④□□□而視■□矣—道蔵」

11オ2注
527 無聲曰希－活Ⅱ・書陵・龍門・梅沢・慶Ⅱ・東急・宋版・世徳・道蔵・天理」①无□□－陽Ⅰ・武内・東大・東洋・斯Ⅰ・敦Ⅰ」②□音□□－無窮・足利・筑波・弘文・斯Ⅱ」③无音□□－慶Ⅰ・大東」
528 言一－活Ⅱ・陽Ⅰ・書陵・龍門・無窮・足利・筑波・斯Ⅱ・梅沢・慶Ⅰ・大東・慶Ⅱ・武内・東大・東洋・東急・斯Ⅰ・宋版・世徳・敦Ⅰ・道蔵・天理」②■□－弘文」
529 無音聲－活Ⅱ・書陵・龍門・無窮・足利・弘文・梅沢・東急・宋版・世徳・道蔵・天理」①无□□－陽Ⅰ・筑波・斯Ⅱ・慶Ⅰ・大東・慶Ⅱ・武内・東大・東洋・斯Ⅰ・敦Ⅰ」
530 不可得聽而聞之也－活Ⅱ・無窮・天理」②□□□□□■□－陽Ⅰ・書陵・龍門・足利・筑波・斯Ⅱ・梅沢・慶Ⅰ・大東・慶Ⅱ・武内・東大・東洋・東急」②□□□□□■－斯Ⅰ・宋版・世徳」②□□□□□■■－敦Ⅰ」③□□□听□□■□－弘文」④□■□□□□□矣－道蔵」

11オ2経
531 搏之不得名曰微－活Ⅱ・書陵・筑波・慶Ⅰ・大東・武内」①搏□□□□□－龍門・無窮・足利・弘文・斯Ⅱ・梅沢・慶Ⅱ・東大・東洋・斯Ⅰ・六地・陽Ⅱ・敦Ⅰ・宋版・天理」①搏□□□□□□－陽Ⅰ・世徳・道蔵」①□□□□□□徴－東急」

11オ3注
532 無形曰微－活Ⅱ・書陵・龍門・無窮・足利・弘文・斯Ⅱ・梅沢・慶Ⅱ・宋版・世徳・道蔵・天理」①无□□□－陽Ⅰ・筑波・慶Ⅰ・大東・武内・東大・東洋・斯Ⅰ・敦Ⅰ」①□□□徴－東急」
533 言一無形體－活Ⅱ・書陵・龍門・無窮・足利・弘文・斯Ⅱ・梅沢・東急・宋版・世徳・天理」①□□无□□－陽Ⅰ・筑波・慶Ⅰ・大東・慶Ⅱ・武内・東大・東洋・斯Ⅰ・敦Ⅰ」②□□□■□－道蔵」
534 搏持而得之也－活Ⅱ・陽Ⅰ」①搏□□□□□－筑波・慶Ⅰ・大東・慶Ⅱ」①搏□□□□□－書陵・龍門・無窮・足利・弘文・斯Ⅱ・梅沢・東大・東洋・天理」②□□□□□■－道蔵」③搏□□□也之－武内」③搏□□□■□－東急」③搏□□□□■－斯Ⅰ・敦Ⅰ・宋版・世徳」

11オ4経
535 不可致詰－活Ⅱ・陽Ⅰ・書陵・龍門・筑波・弘文・斯Ⅱ・梅沢・慶Ⅰ・大東・慶Ⅱ・武内・東大・東洋・東急・斯Ⅰ・六地・陽Ⅱ・宋版・世徳・敦Ⅰ・道蔵・天理」①□□□詰－無窮・足利」

注
536 謂夷希微也－活Ⅱ・陽Ⅰ・書陵・龍門・無窮・筑波・弘文・斯Ⅱ・梅沢・慶Ⅰ・大東・慶Ⅱ・武内・東大・東洋・斯Ⅰ・宋版・世徳・敦Ⅰ・天理」①□□□徴□－東急」②□希夷□□－足利」②■□□□□－道蔵」
537 不可致詰者－活Ⅱ・陽Ⅰ・書陵・龍門・筑波・弘文・斯Ⅱ・梅沢・慶Ⅰ・大東・慶Ⅱ・武内・東大・東洋・東急・斯Ⅰ・宋版・世徳・敦Ⅰ・道蔵・天理」①□□□詰□－無窮・足利」
538 夫無色－活Ⅱ・書陵・龍門・無窮・弘文・斯Ⅱ・梅沢・慶Ⅱ・東急・宋版・世徳・天理」①□无□－陽Ⅰ・足利・筑波・慶Ⅰ・大東・武内・東大・東洋・斯Ⅰ・敦Ⅰ」②■□□－道蔵」
539 無聲－活Ⅱ・書陵・龍門・無窮・足利・筑波・弘文・梅沢・東急・宋版・世徳・道蔵・天理」①无□－陽Ⅰ・斯Ⅱ・慶Ⅰ・大東・慶Ⅱ・武内・東大・東洋・斯Ⅰ・敦Ⅰ」
540 無形－活Ⅱ・書陵・龍門・無窮・筑波・弘文・梅沢・東急・宋版・世徳・道蔵・天理」①无□－陽Ⅰ・足利・斯Ⅱ・慶Ⅰ・大東・慶Ⅱ・武内・東大・東洋・斯Ⅰ・敦Ⅰ」

11オ5
541 當受之以靜－活Ⅱ・陽Ⅰ・書陵・龍門・無窮・足利・斯Ⅱ・梅沢・慶Ⅱ・東大・東洋・斯Ⅰ・宋版・世徳・敦Ⅰ・天理」②□愛□□□－筑波・弘文・慶Ⅰ・大東・武内・東急」②■□□□□－道蔵」
542 強詰－活Ⅱ・陽Ⅰ・筑波・弘文・斯Ⅱ・慶Ⅰ・大東・武内・東大・東洋・東急・斯Ⅰ・天理」①□詰－無窮・足利」①彊□－書陵・龍門・梅沢・慶Ⅱ」②■□－宋版・世徳・敦Ⅰ・道蔵」
543 問而■得之也－活Ⅱ・無窮・東急・斯Ⅰ・宋版・世徳」②□□■□□■－慶Ⅱ・天理」②□□■□■□－陽Ⅰ・書陵・龍門・足利・筑波・弘文・斯Ⅱ・梅沢・慶Ⅰ・大東・武内・東大・東

洋」②□□■□■■－敦Ⅰ」④□□能□■□－道蔵」

11オ6

注544 合■於三■－活Ⅱ・陽Ⅰ・書陵・龍門・足利・筑波・斯Ⅱ・梅沢・慶Ⅰ・大東・慶Ⅱ・武内・東大・東洋・東急・斯Ⅰ・宋版・世徳・敦Ⅰ・天理」②□■□□者－弘文」②□而□□■－無窮」③■■■□■－道蔵」

545 名之而－活Ⅱ・陽Ⅰ・書陵・龍門・無窮・足利・筑波・弘文・斯Ⅱ・梅沢・慶Ⅰ・大東・慶Ⅱ・武内・東大・東洋・東急・斯Ⅰ・宋版・世徳」②□□■－敦Ⅰ・天理」②□合□－道蔵」

注546 爲一■也－活Ⅱ・陽Ⅰ・書陵・龍門・無窮・足利・筑波・弘文・斯Ⅱ・慶Ⅱ・東急・斯Ⅰ・天理」②□□之□－慶Ⅰ・大東」②□□也之－梅沢」②□□■■－武内・東大・東洋・敦Ⅰ・宋版・世徳・道蔵」

経547 其上不皦－活Ⅱ・陽Ⅰ・弘文・斯Ⅱ・宋版・世徳・道蔵・天理」①□□□皦－書陵・龍門・無窮・筑波・梅沢・慶Ⅰ・大東・慶Ⅱ・武内・東大・東洋・東急・斯Ⅰ・六地・陽Ⅱ・敦Ⅰ」①□□□皦－足利」

注548 不皦皦－活Ⅱ・陽Ⅰ・弘文・斯Ⅱ・宋版・世徳・天理」①□皦皦－書陵・龍門・無窮・筑波・梅沢・慶Ⅰ・大東・慶Ⅱ・武内・東大・東洋・東急・斯Ⅰ・敦Ⅰ」①□皦ゝ－足利」①□皎皎－道蔵」

549 光明■■■■■也■－活Ⅱ・陽Ⅰ・書陵・龍門・無窮・足利・筑波・弘文・斯Ⅱ・慶Ⅰ・大東・慶Ⅱ・武内・東大・東洋・東急・天理」②□□■■■■■□之－梅沢」②□□■■■■■■■－斯Ⅰ・宋版・世徳・敦Ⅰ」④□□上下無窮極□■－道蔵」

11オ7

注550 不昧昧有■所闇冥也－活Ⅱ・陽Ⅰ・書陵・龍門・無窮・筑波・斯Ⅱ・梅沢・慶Ⅱ・武内・東大・東洋・東急・斯Ⅰ・天理」②□□□■□□真□－足利・慶Ⅰ・大東」②□□□■□□□■－宋版・世徳」③□□□有□□□■－敦Ⅰ」③□□□□■□暗□■－道蔵」④昧々不□■■□□□－弘文」

経551 縄縄■－活Ⅱ・陽Ⅰ・書陵・龍門・足利・弘文・斯Ⅱ・梅沢・慶Ⅰ・大東・慶Ⅱ・東大・東洋・東急・斯Ⅰ・六地・陽Ⅱ・宋版・世徳・天理」②□□兮－無窮・筑波・武内・敦Ⅰ・道蔵」

注552 無窮極也－活Ⅱ・書陵・龍門・無窮・足利・筑波・弘文・梅沢・慶Ⅱ・東急・宋版・世徳・道蔵・天理」①无□□－陽Ⅰ・斯Ⅱ・慶Ⅰ・大東・武内・東大・東洋・斯Ⅰ」④无寵□■－敦Ⅰ」

11ウ1

553 一非色也－活Ⅱ・陽Ⅰ・書陵・龍門・無窮・足利・筑波・斯Ⅱ・梅沢・慶Ⅰ・武内・東大・東洋・東急・斯Ⅰ・天理」①□□危□－慶Ⅱ」①□□□不－大東」②□□□■－弘文」②非一□□－宋版・世徳・敦Ⅰ・道蔵」

554 不可以青黄赤白黒別■－活Ⅱ・陽Ⅰ・書陵・龍門・無窮・足利・筑波・弘文・斯Ⅱ・慶Ⅰ・大東・慶Ⅱ・武内・東大・東洋・斯Ⅰ・天理」②□□□□■◇□□□■－梅沢」②□□□□□■□□□■－東急・宋版・世徳」②□□□□□白黒赤□■－敦Ⅰ」②□□□□□□□□□也－道蔵」

555 一非聲也－活Ⅱ・陽Ⅰ・書陵・龍門・無窮・足利・筑波・弘文・斯Ⅱ・梅沢・慶Ⅰ・大東・慶Ⅱ・武内・東大・東洋・東急・斯Ⅰ・天理」②非一□□－宋版・世徳・敦Ⅰ・道蔵」

注556 不可以宮商角徴羽聽■－活Ⅱ・陽Ⅰ・龍門・無窮・足利・筑波・斯Ⅱ・梅沢・大東・慶Ⅱ・武内・東大・東洋・東急・斯Ⅰ・宋版・世徳・敦Ⅰ・天理」①□□□□□微□□■－書陵・慶Ⅰ」①□□□□□□□听■－弘文」②□□□□□□□□□□也－道蔵」

557 一非形也－活Ⅱ・陽Ⅰ・書陵・龍門・無窮・足利・筑波・弘文・斯Ⅱ・梅沢・慶Ⅰ・大東・慶Ⅱ・武内・東大・東洋・東急・斯Ⅰ・天理」②非一□□－宋版・世徳・敦Ⅰ・道蔵」

11ウ2

558 不可以長短大小度■也－活Ⅱ・陽Ⅰ・書陵・龍門・無窮・足利・筑波・斯Ⅱ・梅沢・慶Ⅰ・大東・慶Ⅱ・武内・東大・東洋・東急・天理」①□□□□□少□■□－弘文」②□□□□□□□□□之□－斯Ⅰ・宋版・世徳」②□□□□□□□□■■－敦Ⅰ」②□□□□□小大□■□－道蔵」

経559復歸－活Ⅱ・陽Ⅰ・書陵・龍門・無窮・足利・弘文・斯Ⅱ・梅沢・慶Ⅰ・大東・武内・東大・東洋・東急・斯Ⅰ・六地・陽Ⅱ・宋版・世徳・敦Ⅰ・道蔵」①□皈－筑波・慶Ⅱ・天理」

560於無物－活Ⅱ・陽Ⅰ・書陵・龍門・無窮・足利・筑波・弘文・斯Ⅱ・梅沢・慶Ⅱ・武内・東洋・東急・斯Ⅰ・陽Ⅱ・宋版・世徳・道蔵・天理」①□无□－慶Ⅰ・大東・東大・六地・敦Ⅰ」

注561復當歸之－活Ⅱ・陽Ⅰ・書陵・龍門・無窮・足利・梅沢・慶Ⅰ・大東・東急・宋版・世徳・敦Ⅰ」①□□皈□－筑波・弘文・斯Ⅱ・慶Ⅱ・武内・東大・東洋・斯Ⅰ・天理」②物□□□－道蔵」

562於無質也－活Ⅱ・無窮・足利・弘文・斯Ⅱ」①□无□□－筑波・慶Ⅰ・大東」②□□實□－天理」②□□□■－書陵・龍門・梅沢・慶Ⅱ・東急・斯Ⅰ・宋版・世徳」③□无□■－陽Ⅰ・東大・東洋・敦Ⅰ」④无於□■－武内」④以□□■－道蔵」

11ウ3経563是■謂－活Ⅱ・陽Ⅰ・書陵・龍門・無窮・足利・筑波・弘文・斯Ⅱ・梅沢・慶Ⅰ・大東・慶Ⅱ・武内・東洋・東急・斯Ⅰ・六地・陽Ⅱ・宋版・世徳・敦Ⅰ・道蔵・天理」②□以□－東大」

564無狀之狀－活Ⅱ・陽Ⅰ・書陵・龍門・無窮・足利・弘文・斯Ⅱ・梅沢・慶Ⅱ・武内・東大・東洋・東急・斯Ⅰ・宋版・世徳・道蔵・天理」①无□□□－慶Ⅰ・大東・六地・陽Ⅱ・敦Ⅰ」①□將□□－筑波」

注565一無形狀－活Ⅱ・書陵・龍門・無窮・梅沢・東急・斯Ⅰ・宋版・世徳・道蔵・天理」①□无□□－陽Ⅰ・足利・筑波・斯Ⅱ・慶Ⅰ・大東・慶Ⅱ・武内・東大・東洋・敦Ⅰ」②□□□質－弘文」

注566作形狀也－活Ⅱ・陽Ⅰ・書陵・龍門・無窮・足利・筑波・斯Ⅱ・梅沢・慶Ⅰ・大東・慶Ⅱ・武内・東大・東洋・東急・斯Ⅰ・宋版・世徳・天理」②形狀作□－弘文」②□□□■－敦Ⅰ・道蔵」

経567無物之象－活Ⅱ・陽Ⅰ・書陵・龍門・無窮・足利・筑波・弘文・斯Ⅱ・梅沢・慶Ⅰ・大東・慶Ⅱ・武内・東洋・東急・斯Ⅰ・陽Ⅱ・宋版・世徳・道蔵・天理」①无□□□－東大・六地・敦Ⅰ」

11ウ4注568言一無物質－活Ⅱ・書陵・龍門・無窮・弘文・梅沢・東急・天理」①□□无□□－陽Ⅰ・足利・筑波・斯Ⅱ・慶Ⅰ・大東・慶Ⅱ・武内・東大・東洋・敦Ⅰ・斯Ⅰ」②■□□□□－宋版・世徳・道蔵」

569而能爲萬物－活Ⅱ・陽Ⅰ・書陵・龍門・無窮・足利・筑波・弘文・斯Ⅱ・梅沢・慶Ⅰ・大東・慶Ⅱ・武内・東大・東洋・東急・斯Ⅰ・天理」②□■□□□－宋版・世徳・敦Ⅰ・道蔵」

570設形象也－活Ⅱ・陽Ⅰ・書陵・龍門・無窮・足利・筑波・弘文・斯Ⅱ・梅沢・慶Ⅰ・大東・慶Ⅱ・武内・東大・東洋・東急・斯Ⅰ・宋版・世徳・天理」②□□□■－敦Ⅰ・道蔵」

経571是謂忽怳－活Ⅱ・陽Ⅰ・書陵・龍門・無窮・足利・筑波・斯Ⅱ・梅沢・慶Ⅱ・武内・東洋・東急・斯Ⅰ・六地・陽Ⅱ・道蔵・天理・弘文？」①□□□恍－東大・敦Ⅰ」①□□□怳－慶Ⅰ・大東」③□爲□恍－宋版・世徳」

注572言一－活Ⅱ・陽Ⅰ・書陵・龍門・無窮・足利・筑波・弘文・斯Ⅱ・梅沢・慶Ⅰ・大東・慶Ⅱ・武内・東大・東洋・東急・斯Ⅰ・敦Ⅰ・道蔵・天理」②■□－宋版・世徳」

573忽忽怳怳■－活Ⅱ・陽Ⅰ・書陵・龍門・無窮・足利・筑波・弘文・斯Ⅱ・梅沢・慶Ⅱ・武内・東洋・東急・道蔵・天理」①□□恍々■－東大・敦Ⅰ」①□□怳々■－慶Ⅰ・大東」②□□□□者－斯Ⅰ」③□□恍恍者－宋版・世徳」

574若存若亡－活Ⅱ・陽Ⅰ・書陵・龍門・無窮・筑波・弘文・斯Ⅱ・梅沢・慶Ⅰ・大東・武内・東大・東洋・東急・斯Ⅰ・宋版・敦Ⅰ・道蔵・天理」①□□□已－足利（右旁に見消ち、眉上に「亡」字を加筆）」②□有□□－慶Ⅱ」

575不可■見■也－活Ⅱ・陽Ⅰ・書陵・龍門・無窮・足利・筑波・弘文・斯Ⅱ・梅沢・慶Ⅰ・大東・慶Ⅱ・武内・東大・東洋・東急・天理」②□□■□■■－敦Ⅰ」②□□■□之□－斯Ⅰ・宋版・世徳」④□□得□■■－道蔵」

11ウ5経576隨之不見其後－活Ⅱ・陽Ⅰ・書陵・龍門・無窮・足利・筑波・弘文・斯Ⅱ・梅沢・慶Ⅰ・大東・慶Ⅱ・武内・東大・東洋・東

急・六地・陽Ⅱ・敦Ⅰ・天理」④迎□□□□首－斯Ⅰ・宋版・世徳・道藏」

注
577 言一無影迹－活Ⅱ・書陵・龍門・無窮・弘文・梅沢・慶Ⅱ・東急・宋版・天理」①□□无□□－陽Ⅰ・足利・斯Ⅱ・慶Ⅰ・大東・武内・東大・東洋・斯Ⅰ・敦Ⅰ」①□□□□跡－道藏」①□□□形□－世徳」②□□无景□－筑波」

578 不可得－活Ⅱ・陽Ⅰ・足利・斯Ⅱ・梅沢・慶Ⅰ・大東・武内・斯Ⅰ・宋版・世徳・道藏・天理・弘文？」②■□□－書陵・龍門・無窮・筑波・慶Ⅱ・東大・東洋・東急・敦Ⅰ」

579 而隨也－活Ⅱ・陽Ⅰ・書陵・龍門・足利・筑波・弘文・斯Ⅱ・梅沢・慶Ⅰ・大東・慶Ⅱ・武内・東大・東洋・東急・天理」②□□之－無窮」②□□■－斯Ⅰ」③□看■－宋版・世徳・敦Ⅰ」③□見■－道藏」

経
580 迎之不見其首－活Ⅱ・陽Ⅰ・書陵・龍門・無窮・足利・筑波・弘文・斯Ⅱ・梅沢・慶Ⅰ・大東・慶Ⅱ・武内・東大・東洋・東急・六地・陽Ⅱ・敦Ⅰ・天理」④隨□□□□後－斯Ⅰ・宋版・世徳・道藏」

11ウ6
注
581 一無端－活Ⅱ・書陵・龍門・無窮・弘文・梅沢・東急・宋版・世徳・道藏・天理」①□无□－陽Ⅰ・足利・筑波・斯Ⅱ・慶Ⅰ・大東・慶Ⅱ・武内・東大・東洋・斯Ⅰ」③□端无－敦Ⅰ」

582 末不可－活Ⅱ・斯Ⅰ・宋版・世徳・道藏・天理」②■□□－陽Ⅰ」②□■□－弘文・斯Ⅱ・武内・東大」③未■□－書陵・龍門・無窮・足利・筑波・梅沢・慶Ⅰ・大東・慶Ⅱ・東洋・東急・敦Ⅰ」

583 預待也－活Ⅱ・陽Ⅰ・東大・東洋・斯Ⅰ・宋版・世徳・道藏・天理」①須□□－書陵・龍門・無窮・足利・筑波・弘文・斯Ⅱ・梅沢・慶Ⅰ・大東・慶Ⅱ・武内・東急」③須□■－敦Ⅰ」

584 除情去欲－活Ⅱ・陽Ⅰ・書陵・龍門・無窮・足利・筑波・弘文・斯Ⅱ・慶Ⅰ・大東・慶Ⅱ・武内・東大・東洋・東急・斯Ⅰ・宋版・世徳・道藏・天理」②□■□□－梅沢・敦Ⅰ」

585 一■自－活Ⅱ・陽Ⅰ・書陵・龍門・足利・筑波・弘文・斯Ⅱ・梅沢・慶Ⅰ・大東・慶Ⅱ・武内・東大・東洋・斯Ⅰ・東急・宋版・世徳・敦Ⅰ・天理」②□曰□－無窮」②■■□－道藏」

注
586 歸巳也－活Ⅱ・陽Ⅰ・書陵・龍門・無窮・足利・筑波・斯Ⅱ・梅沢・慶Ⅰ・大東・東大」①皈□□－弘文・慶Ⅱ・武内・東洋・斯Ⅰ・天理」②□□■－東急・敦Ⅰ」②□之□－宋版・世徳」④□之■－道藏」

11ウ7
注
587 執守古■道－活Ⅱ・陽Ⅰ・書陵・龍門・無窮・足利・筑波・弘文・斯Ⅱ・梅沢・慶Ⅰ・大東・慶Ⅱ・武内・東大・東洋・東急・斯Ⅰ・宋版・世徳・敦Ⅰ・天理」④□■□之□－道藏」

588 主一－活Ⅱ・陽Ⅰ・書陵・龍門・無窮・足利・弘文・斯Ⅱ・梅沢・慶Ⅰ・慶Ⅱ・東大・東洋・東急・斯Ⅰ・天理」②至□－筑波・大東・武内」②生□－宋版・世徳・敦Ⅰ・道藏」

589 以御■物－活Ⅱ・斯Ⅰ・宋版・世徳・天理」②□□■■－陽Ⅰ・書陵・龍門・無窮・足利・筑波・弘文・斯Ⅱ・梅沢・慶Ⅰ・大東・慶Ⅱ・武内・東大・東洋・東急・敦Ⅰ」②□□萬□－道藏」

590 知今之當有一也－活Ⅱ・陽Ⅰ・書陵・龍門・無窮・足利・弘文・斯Ⅱ・慶Ⅰ・大東・慶Ⅱ・天理」②□□■□□□□－筑波・梅沢・武内・東大・東洋・東急・斯Ⅰ・宋版・世徳・道藏」④□□■□□□■－敦Ⅰ」

経
591 能知古始－活Ⅱ・陽Ⅰ・天理」②以□□□－書陵・龍門・無窮・足利・筑波・弘文・斯Ⅱ・梅沢・慶Ⅰ・大東・慶Ⅱ・武内・東大・東洋・東急・斯Ⅰ・六地・陽Ⅱ・宋版・世徳・敦Ⅰ・道藏」

12オ1
注
592 謂知道之綱紀■也－活Ⅱ・陽Ⅰ・書陵・龍門・足利・筑波・弘文・斯Ⅱ・慶Ⅰ・大東・慶Ⅱ・武内・東大・東洋」②□■□□□□■□－天理」②□□□■□□■□－宋版・世徳」②□□□□紀綱■□－道藏」②□□□□□□者□－無窮・梅沢・東急」④□□■□□者□－斯Ⅰ」④□□□■□■■－敦Ⅰ」

12オ2
593 顕德■■■■第十五－活Ⅱ・陽Ⅰ・梅沢・斯Ⅰ・宋版・世徳・道藏・天理」②□□■■■章□□□－武内・東大・東洋」③古

之善■■章□□□―筑波・慶Ⅰ・大東」③古之善爲士章□□□―弘文・慶Ⅱ」③■■■■■■■■■―書陵・龍門・無窮・足利・斯Ⅱ・東急・六地・陽Ⅱ・敦Ⅰ」

12オ3 注 594 謂得道之君也―活Ⅱ・陽Ⅰ・龍門・書陵・無窮・足利・筑波・弘文・斯Ⅱ・梅沢・慶Ⅰ・大東・慶Ⅱ・武内・東大・東洋・東急・杏Ⅰ・斯Ⅰ・宋版・世徳・道蔵・天理」②□□□□■―敦Ⅰ」

経 595 微妙玄通―活Ⅱ・陽Ⅰ・書陵・龍門・無窮・足利・筑波・弘文・斯Ⅱ・梅沢・慶Ⅱ・大東・武内・東大・東洋・杏Ⅰ・斯Ⅰ・六地・陽Ⅱ・宋版・世徳・敦Ⅰ・道蔵・天理」①徴□□□―東急」①□妙□□―慶Ⅰ」

注 596 志節微妙―活Ⅱ・陽Ⅰ・書陵・龍門・無窮・足利・筑波・弘文・斯Ⅱ・梅沢・大東・慶Ⅱ・武内・東大・東洋・杏Ⅰ・天理」①□□徴□―東急」①□□□妙―慶Ⅰ」②□□玄□―斯Ⅰ・宋版・世徳・敦Ⅰ・道蔵」

12オ4 597 精與天通也―活Ⅱ・陽Ⅰ・書陵・龍門・無窮・足利・筑波・弘文・斯Ⅱ・梅沢・慶Ⅰ・大東・慶Ⅱ・武内・東大・東洋・東急・杏Ⅰ・斯Ⅰ・宋版・世徳・天理」②□□□■―敦Ⅰ・道蔵」

注 598 内視若盲―活Ⅱ・陽Ⅰ・書陵・龍門・無窮・足利・筑波・弘文・斯Ⅱ・梅沢・慶Ⅰ・大東・慶Ⅱ・武内・東大・東洋・東急・杏Ⅰ・斯Ⅰ・宋版・世徳・敦Ⅰ・天理」②□□如□―道蔵」

599 反聽若聾―活Ⅱ・陽Ⅰ・書陵・龍門・無窮・足利・筑波・斯Ⅱ・梅沢・慶Ⅰ・大東・慶Ⅱ・武内・東洋・東急・斯Ⅰ・宋版・世徳・道蔵・天理」①及□□□―東大」①□听□□―弘文」①□□聲―敦Ⅰ」②□□■□―杏Ⅰ」

12オ5 600 莫知所長也―活Ⅱ・陽Ⅰ・書陵・龍門・無窮・足利・筑波・弘文・斯Ⅱ・梅沢・慶Ⅰ・大東・慶Ⅱ・武内・東大・東洋・東急・杏Ⅰ・天理」②□□□■―斯Ⅰ・宋版・世徳・敦Ⅰ・道蔵」

注 601 謂下句也―活Ⅱ・陽Ⅰ・書陵・無窮・足利・筑波・弘文・斯Ⅱ・梅沢・慶Ⅰ・大東・慶Ⅱ・武内・東大・東洋・東急・斯Ⅰ・宋版・世徳・天理」②□□□■―龍門・敦Ⅰ・道蔵」

経 602 與■兮―活Ⅱ・陽Ⅰ・無窮・筑波・弘文・斯Ⅱ・梅沢・慶Ⅰ・大東・慶Ⅱ・武内・東大・東洋・斯Ⅰ・陽Ⅱ・宋版・世徳・天理」②興■□―書陵・龍門・六地」②■豫□―東急・敦Ⅰ」②与豫□―足利（豫の右旁見消ちカ）」③屯豫□―道蔵」

12オ6 経 603 若冬涉川―活Ⅱ・陽Ⅰ・書陵・龍門・無窮・足利・弘文・斯Ⅱ・慶Ⅰ・大東・慶Ⅱ・武内・東大・東洋・東急・斯Ⅰ・六地・陽Ⅱ・宋版・世徳・敦Ⅰ・道蔵・天理」①□□□河―筑波・梅沢」

注 604 與與兮―活Ⅱ・陽Ⅰ・無窮・筑波・斯Ⅱ・慶Ⅰ・大東・慶Ⅱ・武内・東大・斯Ⅰ・宋版・世徳・天理」②□■□―弘文・東洋」②興興□―書陵・龍門」②与々■―梅沢・足利」②豫豫□―敦Ⅰ・道蔵」④豫々■―東急」

605 若■冬涉川―活Ⅱ・陽Ⅰ・書陵・龍門・無窮・足利・筑波・弘文・斯Ⅱ・慶Ⅰ・大東・慶Ⅱ・武内・東大・東洋・東急・斯Ⅰ・宋版・世徳・敦Ⅰ・道蔵・天理」③□人□□河―梅沢」

606 心■難之也―活Ⅱ・陽Ⅰ・龍門・足利・筑波・弘文・斯Ⅱ・梅沢・慶Ⅰ・大東・慶Ⅱ・武内・東大・東洋・天理」②□猶□□□―書陵・無窮・斯Ⅰ・宋版・世徳」②□■□■□―東急」②□■□□■―敦Ⅰ・道蔵」

12オ7 注 607 其進退―活Ⅱ・陽Ⅰ・書陵・龍門・無窮・足利・筑波・弘文・斯Ⅱ・梅沢・慶Ⅰ・大東・慶Ⅱ・武内・東大・東洋・東急・斯Ⅰ・宋版・世徳・敦Ⅰ・天理」②□□■―道蔵」

608 猶猶■拘制―活Ⅱ・陽Ⅰ・書陵・龍門・無窮・足利・弘文・梅沢・慶Ⅰ・大東・武内・東大・東洋・東急・天理」①□□■抱□―筑波・慶Ⅱ」①□□■拍□―斯Ⅱ」②□□如□□―斯Ⅰ・宋版・世徳・敦Ⅰ」②□□若□□―道蔵」

609 若人犯法―活Ⅱ・陽Ⅰ・書陵・龍門・無窮・足利・筑波・斯Ⅱ・梅沢・慶Ⅰ・大東・慶Ⅱ・武内・東大・東洋・東急・斯Ⅰ・宋版・世徳・敦Ⅰ・道蔵・天理」②□犯人□―弘文」

610 畏四隣知之也―活Ⅱ・無窮・梅沢・東洋・斯Ⅰ・宋版・世徳・

天理」②□□□□■□－陽Ⅰ・書陵・龍門・足利・弘文・斯Ⅱ・慶Ⅰ・大東・慶Ⅱ・武内・東大」②□□□□■－敦Ⅰ・東急」③□□□□己■－筑波」④□□鄰之知■－道蔵」

経611儼兮其如客－活Ⅱ・陽Ⅰ・書陵・龍門・無窮・足利・弘文・斯Ⅱ・慶Ⅰ・大東・慶Ⅱ・六地」②□□□若□－筑波・梅沢・武内・東大・東洋・東急・斯Ⅰ・陽Ⅱ・宋版・世徳・敦Ⅰ・道蔵・天理」

注612若客因主人－活Ⅱ・陽Ⅰ・龍門・無窮・足利・筑波・弘文・斯Ⅱ・慶Ⅰ・大東・慶Ⅱ・天理」②如□□□－書陵・梅沢・武内・東大・東洋・東急・斯Ⅰ・敦Ⅰ」④如□畏□□－宋版・世徳」④如□對□□－道蔵」

12ウ1

613無所造作也－活Ⅱ・書陵・龍門・無窮・弘文・東急・斯Ⅰ・宋版・世徳・道蔵・天理」①无□□□－陽Ⅰ・足利・筑波・斯Ⅱ・梅沢・慶Ⅰ・大東・慶Ⅱ・武内・東大・東洋」②□□□□■－敦Ⅰ」

経614氷之將釋－活Ⅱ・陽Ⅰ・無窮・足利・筑波・弘文・梅沢・慶Ⅰ・大東・慶Ⅱ・武内・東大・東急・六地・陽Ⅱ・世徳・敦Ⅰ・天理」①冰□□□－書陵・龍門・斯Ⅱ・斯Ⅰ・宋版・道蔵」②□■□－東洋」

注615渙者解散■－活Ⅱ・陽Ⅰ・書陵・龍門・無窮・足利・筑波・弘文・斯Ⅱ・梅沢・慶Ⅰ・大東・慶Ⅱ・武内・東大・東洋・東急・斯Ⅰ・宋版・世徳・敦Ⅰ・天理」②□□□□也－道蔵」

616釋者消亡■－活Ⅱ・陽Ⅰ・書陵・龍門・無窮・足利・筑波・弘文・斯Ⅱ・梅沢・慶Ⅰ・大東・慶Ⅱ・武内・東大・東洋・東急・斯Ⅰ・宋版・世徳・敦Ⅰ・天理」②□□□□也－道蔵」

注617■除情去欲－活Ⅱ・陽Ⅰ・書陵・龍門・無窮・足利・筑波・弘文・斯Ⅱ・梅沢・慶Ⅰ・大東・慶Ⅱ・武内・東洋・東急・斯Ⅰ・宋版・世徳・敦Ⅰ・天理」①■□□敬－東大」②謂□□□□－道蔵」

12ウ2

618日以空虚也－活Ⅱ・陽Ⅰ・書陵・龍門・無窮・足利・筑波・弘文・斯Ⅱ・慶Ⅰ・大東・慶Ⅱ・武内・東大・東洋・東急・道蔵・天理」②□□□□■－梅沢・斯Ⅰ・宋版・世徳・敦Ⅰ」

経619敦兮其若樸－活Ⅱ・陽Ⅰ・筑波・東急・陽Ⅱ・敦Ⅰ・道蔵・天理」①□□□□朴－書陵・龍門・無窮・足利・弘文・斯Ⅱ・慶Ⅰ・大東・慶Ⅱ・武内・東大・東洋・斯Ⅰ・六地・宋版・世徳」②□□□■□－梅沢」

注620敦者質厚■－活Ⅱ・陽Ⅰ・書陵・龍門・無窮・足利・筑波・弘文・斯Ⅱ・梅沢・慶Ⅰ・大東・慶Ⅱ・武内・東大・東洋・東急・斯Ⅰ・宋版・世徳・敦Ⅰ・天理」②□□□□也－道蔵」

621樸者－活Ⅱ・陽Ⅰ・梅沢・東急・敦Ⅰ・道蔵・天理」①朴□－書陵・龍門・無窮・足利・筑波・弘文・斯Ⅱ・慶Ⅰ・大東・慶Ⅱ・武内・東大・東洋・斯Ⅰ・宋版・世徳」

注622形未分■－活Ⅱ・陽Ⅰ・書陵・龍門・無窮・足利・筑波・弘文・斯Ⅱ・梅沢・慶Ⅰ・大東・慶Ⅱ・武内・東大・東洋・東急・斯Ⅰ・宋版・世徳・敦Ⅰ・天理」②□□□也－道蔵」

注623外無－活Ⅱ・書陵・龍門・無窮・弘文・梅沢・大東・東急・宋版・世徳・道蔵・天理」①□无－陽Ⅰ・足利・筑波・斯Ⅱ・慶Ⅰ・慶Ⅱ・武内・東大・東洋・斯Ⅰ・敦Ⅰ」

624彩文也－活Ⅱ・陽Ⅰ・書陵・龍門・無窮・足利・筑波・弘文・斯Ⅱ・梅沢・慶Ⅰ・大東・慶Ⅱ・天理」①采□□－東急」②□色□－武内・東大・東洋」②□□■－斯Ⅰ」③文采□－宋版・世徳」③采□■－敦Ⅰ」④文彩■－道蔵」

12ウ3

注625寛大■－活Ⅱ・陽Ⅰ・書陵・龍門・無窮・足利・筑波・弘文・斯Ⅱ・梅沢・慶Ⅰ・大東・慶Ⅱ・武内・東大・東洋・東急・斯Ⅰ・宋版・世徳・敦Ⅰ・天理」②□□也－道蔵」

626有徳名功－活Ⅱ・陽Ⅰ・書陵・龍門・無窮・足利・筑波・弘文・斯Ⅱ・梅沢・慶Ⅰ・大東・慶Ⅱ・武内・東大・東洋・東急・敦Ⅰ・天理」②□□功名－斯Ⅰ・宋版・世徳・道蔵」

627無所－活Ⅱ・書陵・龍門・無窮・足利・弘文・梅沢・大東・東急・斯Ⅰ・世徳・道蔵・天理」①无□－陽Ⅰ・筑波・斯Ⅱ・慶

Ⅰ・慶Ⅱ・武内・東大・東洋・宋版・敦Ⅰ」

628 不包客也－活Ⅱ」①□□容□－陽Ⅰ・筑波・慶Ⅱ・武内・東大・東洋・斯Ⅰ・天理」②□苞容□－書陵・龍門・無窮・足利・斯Ⅱ・梅沢・慶Ⅰ・大東」②□□■□－宋版・世徳・道蔵」③■□容□－弘文」④□苞容■－東急・敦Ⅰ」

12ウ4
注
629 守本真■－活Ⅱ・陽Ⅰ・書陵・龍門・無窮・足利・筑波・弘文・斯Ⅱ・梅沢・慶Ⅰ・大東・慶Ⅱ・武内・東大・東洋・東急・斯Ⅰ・敦Ⅰ・天理」②□舉□■－宋版・世徳」②□□□也－道蔵」

630 不照然也－活Ⅱ・陽Ⅰ・書陵・龍門・無窮・足利・筑波・弘文・斯Ⅱ・慶Ⅰ・大東・慶Ⅱ・武内・東大・東洋・斯Ⅰ・宋版・世徳・天理」①□昭□□－東急・道蔵」②□□□■－敦Ⅰ」③□昭□■－梅沢」

631 不自尊也－活Ⅱ・陽Ⅰ・書陵・龍門・無窮・足利・筑波・弘文・斯Ⅱ・梅沢・慶Ⅰ・大東・慶Ⅱ・武内・東大・斯Ⅰ・天理」①□□導□－東洋（左旁「尊」字加筆）」②□□□■－東急・宋版・敦Ⅰ・道蔵」④□□專■－世徳」

632 ■■－活Ⅱ・陽Ⅰ・無窮・足利・筑波・弘文・斯Ⅱ・梅沢・慶Ⅰ・大東・慶Ⅱ・武内・東大・東洋・東急・斯Ⅰ・宋版・世徳・敦Ⅰ・道蔵・天理」①孰能－龍門・書陵」

経
633 孰能－活Ⅱ・陽Ⅰ・弘文・斯Ⅱ・慶Ⅱ・東大・斯Ⅰ・宋版・世徳・道蔵・天理」①敦□－足利」③■■－書陵・龍門・無窮・筑波・梅沢・慶Ⅰ・大東・武内・東洋・東急・六地・陽Ⅱ・敦Ⅰ」

634 濁以■静之－活Ⅱ・陽Ⅰ・書陵・龍門・無窮・足利・筑波・弘文・斯Ⅱ・梅沢・慶Ⅰ・大東・慶Ⅱ・武内・東大・東洋・東急・斯Ⅰ・六地・陽Ⅱ・宋版・世徳・敦Ⅰ・天理」②□□止□□－道蔵」

12ウ5
注
635 孰誰也－活Ⅱ・宋版・世徳・道蔵・天理」③■■■－陽Ⅰ・書陵・龍門・無窮・足利・筑波・弘文・斯Ⅱ・梅沢・慶Ⅰ・大東・慶Ⅱ・武内・東大・東洋・斯Ⅰ・東急・敦Ⅰ」

636 誰能知－活Ⅱ・宋版・世徳・天理」①□□如－道蔵」③■■■－陽Ⅰ・書陵・龍門・無窮・足利・筑波・弘文・斯Ⅱ・梅沢・慶Ⅰ・大東・慶Ⅱ・武内・東大・東洋・斯Ⅰ・東急・敦Ⅰ」

637 水之濁止－活Ⅱ・斯Ⅰ・宋版・世徳・道蔵・天理」②□■□□－陽Ⅰ・書陵・無窮・足利・筑波・弘文・斯Ⅱ・梅沢・慶Ⅰ・大東・慶Ⅱ・武内・東大・東洋・東急」③□■□上－龍門」③■■■■－敦Ⅰ」

638 而静之■－活Ⅱ・陽Ⅰ・書陵・龍門・無窮・足利・斯Ⅱ・梅沢・慶Ⅰ・大東・武内・東洋・東急・斯Ⅰ・世徳・道蔵・天理」①□清□■－東大」①□淨□■－宋版」②□□■■－筑波・弘文」②□□□久－慶Ⅱ」③■■■■－敦Ⅰ」

639 徐徐■－活Ⅱ・陽Ⅰ・書陵・龍門・無窮・足利・筑波・弘文・斯Ⅱ・梅沢・慶Ⅰ・大東・慶Ⅱ・武内・東大・東洋・東急・斯Ⅰ・宋版・世徳・天理」②□■■－敦Ⅰ」②□□而－道蔵」

640 自清也■－活Ⅱ・書陵・龍門・足利・筑波・弘文・斯Ⅱ・慶Ⅰ・大東・慶Ⅱ・武内・東大・東洋・東急・斯Ⅰ・宋版・世徳・天理」②□□□之－梅沢」②□□■之－無窮」②□□■■－陽Ⅰ・敦Ⅰ・道蔵」

経
641 孰能安－活Ⅱ・陽Ⅰ・書陵・龍門・無窮・足利・筑波・弘文・斯Ⅱ・梅沢・慶Ⅰ・大東・慶Ⅱ・武内・東大・東洋・東急・斯Ⅰ・六地・陽Ⅱ・宋版・世徳・道蔵・天理」②□■□－敦Ⅰ」

12ウ6
642 以久■■之－活Ⅱ・陽Ⅰ・書陵・龍門・無窮・足利・筑波・慶Ⅰ・大東・慶Ⅱ・武内・東大・東洋・東急・斯Ⅰ・六地・天理」②□□■■■－梅沢・陽Ⅱ」②□□動■□－斯Ⅱ・宋版・世徳・敦Ⅰ・道蔵」②□□動々□－弘文」

注
643 ■■■－活Ⅱ・宋版・世徳・道蔵・天理」③孰誰也－陽Ⅰ・書陵・龍門・無窮・足利・筑波・弘文・斯Ⅱ・梅沢・慶Ⅰ・大東・慶Ⅱ・武内・東大・東洋・東急・斯Ⅰ・敦Ⅰ」

644 誰能■安静－活Ⅱ・陽Ⅰ・書陵・龍門・無窮・筑波・弘文・斯Ⅱ・梅沢・慶Ⅰ・大東・慶Ⅱ・武内・東大・東洋・東急・斯Ⅰ・

宋版・世徳・敦Ⅰ・道蔵・天理」②□□々□□－足利」

645徐徐以長生也－活Ⅱ・陽Ⅰ・書陵・龍門・無窮・足利・筑波・弘文・斯Ⅱ・梅沢・慶Ⅰ・大東・慶Ⅱ・武内・東大・東洋・東急・宋版・世徳・道蔵・天理」①□■□□□□－斯Ⅰ」②□□□□□■－敦Ⅰ」

経 646■不欲盈－活Ⅱ・陽Ⅰ・書陵・龍門・足利・筑波・弘文・斯Ⅱ・梅沢・慶Ⅰ・大東・慶Ⅱ・武内・東大・東洋・東急・斯Ⅰ・六地・陽Ⅱ・宋版・世徳・敦Ⅰ・道蔵・天理」②動□□□－無窮」

12ウ7 注 647保此徐生之道者－活Ⅱ・陽Ⅰ・書陵・龍門・無窮・足利・筑波・弘文・斯Ⅱ・梅沢・慶Ⅰ・大東・武内・東大・東洋・東急・敦Ⅰ・天理」②□□條□□□□－慶Ⅱ」②□□□□□□■－斯Ⅰ・宋版・世徳」④□□長□□□■－道蔵」

648不欲奢泰盈溢也－活Ⅱ・陽Ⅰ・書陵・龍門・無窮・筑波・斯Ⅱ・梅沢・慶Ⅰ・大東・慶Ⅱ・武内・東大・東洋・東急・道蔵・天理」②□□□□満□－弘文」②□□□□□□■－斯Ⅰ・宋版・世徳・敦Ⅰ」③□□■■□□□－足利」

経 649弊不新成－活Ⅱ・陽Ⅰ・書陵・龍門・無窮・足利・筑波・弘文・斯Ⅱ・梅沢・慶Ⅰ・大東・慶Ⅱ・武内・東大・東洋・東急・斯Ⅰ・六地・陽Ⅱ・敦Ⅰ・道蔵・天理」①蔽□□□－宋版・世徳」

13オ1 注 650不盈満之人－活Ⅱ・陽Ⅰ・書陵・龍門・無窮・足利・筑波・弘文・梅沢・慶Ⅱ・東大・東洋・東急・斯Ⅰ・宋版・世徳・敦Ⅰ・道蔵・天理」②□□溢□□－慶Ⅰ・大東・武内」②□□清□□－斯Ⅱ」

651能守弊－活Ⅱ・陽Ⅰ・書陵・龍門・無窮・足利・筑波・弘文・斯Ⅱ・梅沢・慶Ⅰ・大東・慶Ⅱ・武内・東大・東洋・東急・斯Ⅰ・道蔵・天理」①□□蔽－宋版・世徳」②□弊守－敦Ⅰ」

652不■爲新成－活Ⅱ・陽Ⅰ・書陵・龍門・無窮・筑波・弘文・斯Ⅱ・梅沢・慶Ⅰ・大東・慶Ⅱ・武内・東大・東洋・東急・斯Ⅰ・宋版・世徳・道蔵・天理」①□不□□□－足利（「不」字左旁に見消ち）」①□■□雜□－敦Ⅰ」

653■弊者－活Ⅱ・陽Ⅰ・書陵・龍門・無窮・足利・筑波・弘文・斯Ⅱ・梅沢・慶Ⅰ・大東・慶Ⅱ・武内・東大・東洋・東急・敦Ⅰ・天理」①■蔽□－斯Ⅰ・宋版・世徳」②守□□－道蔵」

654匿光榮也－活Ⅱ・陽Ⅰ・書陵・龍門・無窮・足利・筑波・弘文・斯Ⅱ・梅沢・慶Ⅰ・大東・慶Ⅱ・武内・東大・東洋・東急・斯Ⅰ・宋版・世徳・天理」②□□□■－敦Ⅰ」②□□盈□－道蔵」

655新成者－活Ⅱ・陽Ⅰ・書陵・龍門・無窮・足利・筑波・弘文・斯Ⅱ・梅沢・慶Ⅰ・大東・慶Ⅱ・斯Ⅰ・宋版・世徳・敦Ⅰ・道蔵・天理」②□□■－武内・東大・東洋・東急」

656謂貴功名者也－活Ⅱ・書陵・龍門・無窮・足利・筑波・弘文・斯Ⅱ・梅沢・慶Ⅰ・大東・慶Ⅱ・武内・東大・東洋・東急・斯Ⅰ・天理」①□責□□□□－陽Ⅰ」②□□□□■■－敦Ⅰ」④■□□■□－道蔵」④■□□■■－宋版・世徳」

13オ2 657歸根■■第十六－活Ⅱ・陽Ⅰ・梅沢・斯Ⅰ・宋版・世徳・道蔵」①皈□■■□□□－天理」②□□■章□□□－武内・東大・東洋」③皈□■章□□□－筑波」③致虚極章□□□－弘文・慶Ⅰ・大東」③至虚極章□□□－慶Ⅱ」③■■■■■■－書陵・龍門・無窮・足利・斯Ⅱ・東急・六地・陽Ⅱ・敦Ⅰ」

13オ3 経 658至虚極也－活Ⅱ・陽Ⅰ・書陵・龍門・無窮・足利・筑波・弘文・斯Ⅱ・慶Ⅰ・大東・慶Ⅱ・武内・東大・東洋・天理」②□□□■－梅沢・東急・斯Ⅰ・六地・陽Ⅱ・宋版・世徳・敦Ⅰ」③致□□■－道蔵」

注 659■■■－活Ⅱ・陽Ⅰ・書陵・龍門・無窮・足利・筑波・弘文・斯Ⅱ・梅沢・慶Ⅰ・大東・慶Ⅱ・武内・東大・東洋・東急・斯Ⅰ・宋版・世徳・敦Ⅰ・天理」③致至也－道蔵」

660■道■人－活Ⅱ・陽Ⅰ・書陵・龍門・無窮・足利・筑波・弘文・斯Ⅱ・梅沢・慶Ⅰ・大東・慶Ⅱ・武内・東大・東洋・東急・斯Ⅰ・敦Ⅰ・道蔵・天理」④得□之□－宋版・世徳」

661■損情去欲－活Ⅱ・陽Ⅰ・書陵・龍門・無窮・足利・慶Ⅱ・天理」①■捐□□□－筑波・弘文・斯Ⅱ・梅沢・慶Ⅰ・大東・武

内・東大・東洋・東急・斯Ⅰ・宋版・世徳・道蔵」③能捐□□□－敦Ⅰ」

662 五内－活Ⅱ・陽Ⅰ・書陵・龍門・無窮・足利・筑波・弘文・斯Ⅱ・梅沢・慶Ⅰ・大東・慶Ⅱ・武内・東大・東洋・東急・斯Ⅰ・宋版・世徳・敦Ⅰ・天理」②□藏－道蔵」

663 清静－活Ⅱ・陽Ⅰ・書陵・龍門・無窮・筑波・弘文・斯Ⅱ・慶Ⅰ・大東・慶Ⅱ・武内・東洋・敦Ⅰ・道蔵・天理」②□浄－足利・梅沢・東大・東急・斯Ⅰ・宋版・世徳」

664 至於虚極也－活Ⅱ・陽Ⅰ・書陵・龍門・無窮・足利・筑波・弘文・斯Ⅱ・梅沢・慶Ⅰ・大東・慶Ⅱ・武内・東大・東洋・東急・斯Ⅰ・道蔵・天理」②□□□□■－宋版・世徳」④□■□□■－敦Ⅰ」

経 665 守静篤也－活Ⅱ・陽Ⅰ・書陵・龍門・無窮・足利・筑波・弘文・慶Ⅰ・大東・慶Ⅱ・武内・東大・東洋・斯Ⅰ・六地・天理」②□□□■－斯Ⅱ・梅沢・東急・陽Ⅱ・宋版・世徳・敦Ⅰ・道蔵」

注 666 守清静－活Ⅱ・陽Ⅰ・書陵・龍門・無窮・足利・筑波・弘文・斯Ⅱ・梅沢・武内・東洋・東急・敦Ⅰ・道蔵・天理」①□精□－慶Ⅱ」②□□浄－慶Ⅰ・大東・東大・斯Ⅰ・宋版・世徳」

13オ4 667 行篤厚也－活Ⅱ・陽Ⅰ・書陵・龍門・無窮・足利・筑波・弘文・慶Ⅰ・大東・武内・東大・東洋・斯Ⅰ・天理」②□□□■－斯Ⅱ・梅沢・慶Ⅱ・東急・宋版・世徳・敦Ⅰ・道蔵」

経 668 萬物並作■－活Ⅱ・陽Ⅰ・書陵・無窮・足利・弘文・斯Ⅱ・梅沢・慶Ⅰ・大東・慶Ⅱ・武内・東大・東洋・東急・斯Ⅰ・六地・陽Ⅱ・宋版・世徳・敦Ⅰ・道蔵・天理」①□□□□作－龍門」②□□煎□■－筑波」

注 669 並生也■－活Ⅱ・陽Ⅰ・書陵・龍門・無窮・足利・筑波・弘文・斯Ⅱ・慶Ⅰ・大東・慶Ⅱ・武内・東大・東洋・東急・斯Ⅰ・宋版・世徳・敦Ⅰ・道蔵・天理」②□□□之－梅沢」

経 670 吾以■觀其復－活Ⅱ・陽Ⅰ・書陵・龍門・無窮・足利・弘文・斯Ⅱ・梅沢・慶Ⅰ・大東・慶Ⅱ・武内・東大・東洋・東急・杏Ⅰ・斯Ⅰ・六地・陽Ⅱ・宋版・世徳・敦Ⅰ・天理」①五□■□□□－筑波」②□□是□□□－道蔵」

13オ5 注 671 吾以観見－活Ⅱ・陽Ⅰ・書陵・龍門・無窮・足利・弘文・斯Ⅱ・梅沢・慶Ⅰ・大東・慶Ⅱ・武内・東大・東洋・東急・斯Ⅰ・杏Ⅰ・宋版・世徳・敦Ⅰ・天理」②□□□■－道蔵」②五□視□－筑波」

672 無不皆－活Ⅱ・書陵・無窮・弘文・梅沢・東急・杏Ⅰ・宋版・世徳・道蔵・天理」①无□□－陽Ⅰ・龍門・足利・筑波・斯Ⅱ・慶Ⅰ・大東・慶Ⅱ・武内・東大・東洋・斯Ⅰ・敦Ⅰ」

673 歸復其本■－活Ⅱ・陽Ⅰ・書陵・龍門・足利・斯Ⅱ・慶Ⅰ・東急・杏Ⅰ」①皈□□□■－無窮・筑波・弘文・大東・慶Ⅱ・斯Ⅰ・天理」②復歸□□■－梅沢・武内」②復皈□□■－東大・東洋」②□■□□■－敦Ⅰ」③□■□□也－宋版・世徳・道蔵」

674 念重■本也－活Ⅱ・陽Ⅰ・書陵・龍門・無窮・足利・筑波・弘文・斯Ⅱ・梅沢・慶Ⅰ・大東・慶Ⅱ・武内・東大・東洋・東急・斯Ⅰ・杏Ⅰ・宋版・世徳・天理」②□□■□■－敦Ⅰ」⑥■□其□■－道蔵」

注 675 芸芸■－活Ⅱ・陽Ⅰ・書陵・龍門・無窮・足利・弘文・斯Ⅱ・梅沢・慶Ⅰ・大東・慶Ⅱ・杏Ⅰ・敦Ⅰ・天理」②□□者－筑波・武内・東大・東洋・東急・斯Ⅰ・宋版・世徳・道蔵」

676 華葉■盛也■－活Ⅱ・陽Ⅰ・書陵・龍門・無窮・足利・筑波・弘文・斯Ⅱ・慶Ⅰ・大東・慶Ⅱ・武内・東大・東急・杏Ⅰ・天理」②□□■□□之－梅沢」②□□之□□■－東洋」②□□■□■■－斯Ⅰ・宋版・世徳・敦Ⅰ」④花□茂□之貌－道蔵」

13オ6 経 677 復歸其根－活Ⅱ・陽Ⅰ・書陵・龍門・無窮・足利・弘文・斯Ⅱ・梅沢・慶Ⅰ・武内・東洋・東急・斯Ⅰ・杏Ⅰ・六地・陽Ⅱ・宋版・世徳・敦Ⅰ・道蔵」①□皈□□－筑波・大東・慶Ⅱ・東大・天理」

注 678 無不枯落－活Ⅱ・書陵・龍門・無窮・足利・弘文・斯Ⅱ・梅沢・慶Ⅱ・東急・宋版・世徳・道蔵・天理」①无□□□－陽Ⅰ・筑

波・慶Ⅰ・大東・武内・東大・東洋・斯Ⅰ・杏Ⅰ・敦Ⅰ」

679 各復反其根―活Ⅱ・陽Ⅰ・書陵・龍門・無窮・足利・筑波・弘文・斯Ⅱ・梅沢・慶Ⅱ・武内・東大・東洋・東急・斯Ⅰ・杏Ⅰ・宋版・世徳・敦Ⅰ・天理」②□□歸□□―慶Ⅰ・大東」④■反復□□―道蔵」

680 而更生也―活Ⅱ・陽Ⅰ・書陵・龍門・無窮・足利・筑波・弘文・斯Ⅱ・梅沢・慶Ⅰ・大東・慶Ⅱ・武内・東大・東洋・東急・斯Ⅰ・杏Ⅰ・宋版・世徳・天理」②□□□■―敦Ⅰ・道蔵」

経 681 歸根曰静―活Ⅱ・陽Ⅰ・書陵・龍門・無窮・足利・筑波・弘文・斯Ⅱ・梅沢・慶Ⅰ・武内・東洋・東急・斯Ⅰ・杏Ⅰ・六地・陽Ⅱ・宋版・世徳・敦Ⅰ・道蔵」①皈□□□―大東・慶Ⅱ・東大・天理」

13オ7

注 682 不復死■也―活Ⅱ・陽Ⅰ・龍門・無窮・足利・筑波・弘文・斯Ⅱ・慶Ⅰ・大東・慶Ⅱ・斯Ⅰ・宋版・世徳・天理」②復不□■□―武内」②□■□■□―東大・東洋・東急」②□□□■■―書陵・敦Ⅰ・道蔵」④□■□之□―梅沢」

経 683 静曰復命―活Ⅱ・陽Ⅰ・書陵・龍門・無窮・足利・筑波・弘文・斯Ⅱ・梅沢・慶Ⅰ・大東・慶Ⅱ・武内・東大・東洋・東急・斯Ⅰ・六地・陽Ⅱ・道蔵・天理」③是謂□□―宋版・世徳・敦Ⅰ」

注 684 言■安静者―活Ⅱ・陽Ⅰ・書陵・龍門・無窮・足利・筑波・弘文・斯Ⅱ・梅沢・慶Ⅰ・大東・慶Ⅱ・武内・東大・東洋・東急・斯Ⅰ・宋版・世徳・天理」①玄■□□□―敦Ⅰ」②□能□□□―道蔵」

685 爲復還性命―活Ⅱ・陽Ⅰ・書陵・龍門・無窮・足利・筑波・弘文・斯Ⅱ・梅沢・慶Ⅰ・大東・慶Ⅱ・武内・東大・東洋・東急・斯Ⅰ・宋版・世徳・敦Ⅰ・天理」②謂□□□□―道蔵」

13ウ1

686 使不死也―活Ⅱ・陽Ⅰ・書陵・龍門・無窮・足利・筑波・弘文・斯Ⅱ・梅沢・慶Ⅰ・大東・慶Ⅱ・武内・東大・東洋・東急・斯Ⅰ・宋版・世徳・天理」②□□□■―敦Ⅰ」③便□□■―道蔵」

注 687 復命■■使不死―活Ⅱ・陽Ⅰ・書陵・龍門・無窮・足利・筑波・弘文・斯Ⅱ・梅沢・慶Ⅰ・大東・慶Ⅱ・武内・東大・東洋・東急・斯Ⅰ・宋版・世徳・道蔵・天理」③□□曰常□□□―敦Ⅰ」

688 此■乃―活Ⅱ・陽Ⅰ・書陵・龍門・無窮・足利・筑波・弘文・斯Ⅱ・慶Ⅰ・大東・慶Ⅱ・武内・東大・東洋・天理」①■是□―梅沢・東急」②■■□―敦Ⅰ・宋版・世徳・道蔵」②□是□―斯Ⅰ」

689 道之所常行■也―活Ⅱ・陽Ⅰ・書陵・龍門・無窮・足利・筑波・弘文・慶Ⅰ・大東・武内・東大・東急・斯Ⅰ・宋版・世徳・道蔵・天理」①導□□□□■□―斯Ⅱ」②□□□□□者□―東洋」②□□□□■之―慶Ⅱ」②□□□□□■■―梅沢・敦Ⅰ」

13ウ2

注 690 知道之所常行■―活Ⅱ・陽Ⅰ・書陵・龍門・無窮・足利・筑波・弘文・斯Ⅱ・梅沢・慶Ⅰ・大東・慶Ⅱ・武内・東大・東洋・東急・斯Ⅰ・宋版・世徳・敦Ⅰ・天理」②□□□□□□者―道蔵」

691 則爲明■也―活Ⅱ・陽Ⅰ・書陵・龍門・無窮・足利・筑波・弘文・斯Ⅱ・梅沢・慶Ⅰ・大東・慶Ⅱ・武内・東大・東急・道蔵・天理」②□□□者□―東洋」②□□□■■―斯Ⅰ・宋版・世徳・敦Ⅰ」

経 692 妄作凶―活Ⅱ・陽Ⅰ・書陵・龍門・無窮・足利・筑波・弘文・斯Ⅱ・梅沢・慶Ⅱ・武内・東大・東洋・東急・斯Ⅰ・六地・陽Ⅱ・敦Ⅰ・道蔵・天理」①忘□□―慶Ⅰ・大東」②萎□□―宋版・世徳」

注 693 道之所常行―活Ⅱ・陽Ⅰ・書陵・龍門・無窮・足利・筑波・弘文・斯Ⅱ・梅沢・慶Ⅰ・大東・慶Ⅱ・武内・東大・東洋・東急・宋版・世徳・敦Ⅰ・道蔵・天理」②□■□□□―斯Ⅰ」

694 ■妄作巧詐―活Ⅱ・陽Ⅰ・書陵・龍門・無窮・足利・筑波・弘文・斯Ⅱ・梅沢・慶Ⅰ・大東・武内・東大・東洋・東急・斯Ⅰ・宋版・世徳・敦Ⅰ・天理」②■□□□誰―慶Ⅱ（眉上「詐」字を加筆）」②而□□□□―道蔵」

13ウ3

695 故凶■也―活Ⅱ・陽Ⅰ・書陵・龍門・梅沢・慶Ⅰ・大東・慶Ⅱ・武内・東大・東洋・東急・斯Ⅰ・宋版・世徳・天理」②□□者

□―無窮・足利・筑波・弘文・斯Ⅱ」②□□■■―敦Ⅰ」④而□■■―道藏」

経 696 知常曰容―活Ⅱ・東大・陽Ⅱ・敦Ⅰ・天理」①□□日□―陽Ⅰ・書陵・龍門・無窮・足利・筑波・弘文・斯Ⅱ・梅沢・慶Ⅰ・大東・慶Ⅱ・武内・六地」②□□■□―東洋・東急・斯Ⅰ・宋版・世徳・道藏」

注 697 道之所常行―活Ⅱ・陽Ⅰ・書陵・龍門・無窮・足利・筑波・弘文・斯Ⅱ・梅沢・慶Ⅰ・大東・慶Ⅱ・武内・東大・東洋・斯Ⅰ・宋版・世徳・道藏・天理」②□■□□□―東急」②□□■□□―敦Ⅰ」

698 則■去情■欲―活Ⅱ・陽Ⅰ・書陵・足利・筑波・弘文・斯Ⅱ・梅沢・慶Ⅰ・大東・慶Ⅱ・武内・東大・東洋・東急・敦Ⅰ・天理」②□■□□■■―龍門」②□欲□□■□―無窮」②□■除□■□―道藏」②□■□□忘□―斯Ⅰ」④■■□□忘□―宋版・世徳」

699 無■■■―活Ⅱ・書陵・天理」①无■■■―陽Ⅰ・龍門・慶Ⅱ」②□■■所―足利・梅沢・東急・斯Ⅰ・世徳・道藏」③无■■所―無窮・筑波・斯Ⅱ・慶Ⅰ・大東・武内・東大・東洋・敦Ⅰ・宋版」④□私則所―弘文」

700 不包容也―活Ⅱ・陽Ⅰ・弘文・慶Ⅱ・武内・東大・東洋・斯Ⅰ・宋版・世徳・道藏・天理」①□匄□□―無窮」①□苞□□―龍門・足利・筑波・斯Ⅱ・梅沢・慶Ⅰ・大東・東急」③□苞□■―書陵・敦Ⅰ」

13ウ4 注 701 無■―活Ⅱ・陽Ⅰ・書陵・梅沢・東急・天理」①无■―龍門・慶Ⅱ・武内・東大・東洋・敦Ⅰ」②□所―無窮・足利・筑波・弘文・大東・斯Ⅰ・宋版・世徳・道藏」③无所―斯Ⅱ・慶Ⅰ」

702 不包容―活Ⅱ・陽Ⅰ・慶Ⅱ・武内・東大・東洋・斯Ⅰ・宋版・世徳・道藏・天理」①□苞□―書陵・龍門・無窮・足利・筑波・弘文・斯Ⅱ・梅沢・慶Ⅰ・大東・敦Ⅰ・東急」

703 公正―活Ⅱ・陽Ⅰ・龍門・梅沢・慶Ⅰ・大東・慶Ⅱ・武内・東大・東洋・東急・宋版・世徳・敦Ⅰ・道藏・天理」①□政―書陵・無窮・足利・筑波・弘文・斯Ⅱ・斯Ⅰ」

704 無私―活Ⅱ・無窮・足利・弘文・斯Ⅱ・梅沢・慶Ⅰ・大東・慶Ⅱ・東急・宋版・世徳・道藏・天理」①无□―陽Ⅰ・龍門・武内・東大・東洋・斯Ⅰ・敦Ⅰ」①□和―書陵（左旁見消ち「私」字を加筆）」②无和―筑波」

705 衆邪■―活Ⅱ・陽Ⅰ・無窮・足利・筑波・弘文・斯Ⅱ・慶Ⅰ・大東・東急・宋版・世徳・敦Ⅰ・道藏・天理」②□□者―書陵・龍門・梅沢・慶Ⅱ・武内・東大・東洋・斯Ⅰ」

706 莫當■也―活Ⅱ・陽Ⅰ・書陵・龍門・無窮・足利・筑波・弘文・斯Ⅱ・梅沢・慶Ⅱ・武内・東大・東急・斯Ⅰ・天理」②□□也矣―慶Ⅰ・大東」②□□之□―東洋」②□□■■―宋版・世徳・敦Ⅰ・道藏」

注 707 公正―活Ⅱ・陽Ⅰ・書陵・龍門・梅沢・慶Ⅰ・大東・慶Ⅱ・武内・東大・東洋・東急・斯Ⅰ・宋版・敦Ⅰ・道藏・天理」①□政―無窮・足利・弘文・斯Ⅱ」②□王―筑波」

708 無私則―活Ⅱ・書陵・無窮・足利・弘文・梅沢・東急・斯Ⅰ・道藏・天理」①无□□―陽Ⅰ・龍門・斯Ⅱ・慶Ⅰ・大東・慶Ⅱ・武内・東大・東洋・敦Ⅰ」②无和□―筑波」②□□■―宋版・世徳」

709 可■爲天下王―活Ⅱ・陽Ⅰ・書陵・龍門・無窮・足利・筑波・弘文・斯Ⅱ・梅沢・慶Ⅰ・大東・慶Ⅱ・武内・東大・東洋・東急・斯Ⅰ・敦Ⅰ・天理」②□以□□□□―宋版・世徳・道藏」

13ウ5 710 形一■■―活Ⅱ・陽Ⅰ・書陵・龍門・無窮・足利・筑波・弘文・斯Ⅱ・梅沢・慶Ⅰ・大東・慶Ⅱ・武内・東大・東洋・東急・斯Ⅰ・宋版・世徳・敦Ⅰ・天理」③□□而静―道藏」

711 湊己躬■也―活Ⅱ・陽Ⅰ・書陵・龍門・筑波・慶Ⅰ・大東・慶Ⅱ・武内・東大・東急・斯Ⅰ・宋版・世徳・天理」①□□身■□―無窮・弘文・斯Ⅱ」②倭□身■□―足利」②□□■■―敦Ⅰ・道藏」②□□□之□―梅沢」②□□□者□―東洋」

注 712 能王－活Ⅱ・陽Ⅰ・書陵・龍門・無窮・足利・筑波・弘文・斯Ⅱ・梅沢・慶Ⅰ・大東・慶Ⅱ・武内・東大・東洋・東急・斯Ⅰ・宋版・敦Ⅰ・道蔵・天理」②□正－世徳」

713 則徳合神明－活Ⅱ・陽Ⅰ・書陵・龍門・無窮・足利・筑波・弘文・斯Ⅱ・梅沢・慶Ⅰ・大東・慶Ⅱ・武内・東大・東洋・東急・天理」②■□□□□－斯Ⅰ・宋版・世徳・敦Ⅰ」②□□洽□□－道蔵」

714 ■與天通也－活Ⅱ・陽Ⅰ・天理」②乃□□□□－書陵・龍門・無窮・足利・筑波・弘文・斯Ⅱ・梅沢・慶Ⅰ・大東・慶Ⅱ・武内・東大・東洋・東急・斯Ⅰ」④乃□□□■－敦Ⅰ」④乃□□□矣－道蔵」⑥乃□□子■－宋版・世徳」

13ウ6

注 715 合同也－活Ⅱ・陽Ⅰ・書陵・龍門・無窮・足利・筑波・弘文・斯Ⅱ・梅沢・慶Ⅰ・大東・慶Ⅱ・武内・東大・東洋・東急・斯Ⅰ・宋版・世徳・道蔵・天理」②□□■－敦Ⅰ」

注 716 長久■也－活Ⅱ・陽Ⅰ・書陵・龍門・無窮・足利・筑波・弘文・斯Ⅱ・慶Ⅰ・大東・慶Ⅱ・武内・東大・東急・斯Ⅰ・天理」②□□也之－梅沢」②□□之□－東洋」②□□■■－宋版・世徳・敦Ⅰ・道蔵」

経 717 没身－活Ⅱ・陽Ⅰ・書陵・龍門・足利・弘文・斯Ⅱ・慶Ⅱ・武内・東大・東洋・東急・斯Ⅰ・六地・宋版・世徳・敦Ⅰ・道蔵」①歿□－無窮・筑波・梅沢・慶Ⅰ・大東・陽Ⅱ・天理」

13ウ7

注 718 能公能王－活Ⅱ・陽Ⅰ・書陵・龍門・無窮・足利・筑波・弘文・斯Ⅱ・梅沢・慶Ⅰ・大東・慶Ⅱ・武内・東大・東洋・東急・斯Ⅰ・敦Ⅰ・道蔵・天理」②□□□天－宋版・世徳」

719 弘遠－活Ⅱ・陽Ⅰ・書陵・龍門・無窮・足利・筑波・弘文・斯Ⅱ・梅沢・慶Ⅰ・大東・慶Ⅱ・武内・東大・東洋・東急・宋版・世徳・敦Ⅰ・道蔵・天理」①引□－斯Ⅰ」

720 無殃－活Ⅱ・書陵・足利・弘文・梅沢・東急・宋版・世徳・道蔵・天理」①无□－陽Ⅰ・龍門・斯Ⅱ・慶Ⅰ・大東・慶Ⅱ・武内・東大・東洋・敦Ⅰ」①远□－筑波」①□歿－無窮」①□殆－斯Ⅰ」

721 無咎－活Ⅱ・書陵・無窮・足利・筑波・弘文・梅沢・東急・斯Ⅰ・宋版・世徳・道蔵・天理」①无□－陽Ⅰ・龍門・斯Ⅱ・慶Ⅰ・大東・慶Ⅱ・武内・東大・東洋・敦Ⅰ」

722 乃與天地－活Ⅱ・陽Ⅰ・書陵・龍門・無窮・足利・筑波・弘文・斯Ⅱ・梅沢・慶Ⅰ・大東・慶Ⅱ・武内・東大・東洋・東急・斯Ⅰ・宋版・世徳・道蔵・天理」③■■□□－敦Ⅰ」

注 723 倶没－活Ⅱ・陽Ⅰ・書陵・龍門・足利・筑波・弘文・斯Ⅱ・梅沢・慶Ⅱ・武内・東大・東洋・東急・斯Ⅰ・宋版・世徳・敦Ⅰ」①□歿－無窮・慶Ⅰ・大東・天理」②同□－道蔵」

注 724 ■不危殆也－活Ⅱ・陽Ⅰ・書陵・龍門・足利・筑波・弘文・斯Ⅱ・梅沢・慶Ⅰ・大東・慶Ⅱ・武内・東大・東洋・東急・斯Ⅰ・宋版・世徳・天理」②■□□□■－敦Ⅰ」②無□□□□－無窮」②終□□□□－道蔵」

725 ■■■■■■■■－活Ⅱ・陽Ⅰ・書陵・龍門・無窮・足利・筑波・弘文・斯Ⅱ・梅沢・慶Ⅰ・大東・慶Ⅱ・武内・東大・東洋・東急・斯Ⅰ・宋版・世徳・天理」③老子道經■■■■－敦Ⅰ」③道徳眞經註巻之二－道蔵」

726 ■■■■■■■■－活Ⅱ・陽Ⅰ・書陵・龍門・無窮・足利・筑波・弘文・斯Ⅱ・梅沢・慶Ⅰ・大東・慶Ⅱ・武内・東大・東洋・東急・天理」③河上公章句第二品－敦Ⅰ」③河上公章句第二■－斯Ⅰ・宋版・世徳」③河上公章句■■■－道蔵」

14オ1

727 淳風■第十七－活Ⅱ・陽Ⅰ・梅沢・斯Ⅰ・宋版・世徳・道蔵・天理」②□□章□□□－筑波・武内・東大・東洋」③太上章□□□－弘文・慶Ⅰ・大東」③大上章□□□－慶Ⅱ」③■■■■■■－書陵・龍門・無窮・足利・斯Ⅱ・六地・陽Ⅱ・東急・敦Ⅰ」

14オ2

経 728 太上－活Ⅱ・陽Ⅰ・書陵・無窮・足利・筑波・弘文・斯Ⅱ・慶Ⅰ・大東・慶Ⅱ・武内・東大・東洋・東急・斯Ⅰ・宋版・世徳・敦Ⅰ・道蔵・天理・治要」①大□－龍門・梅沢・六地・陽Ⅱ」

注

729太上—活Ⅱ・陽Ⅰ・書陵・龍門・無窮・足利・筑波・弘文・斯Ⅱ・慶Ⅰ・大東・慶Ⅱ・武内・東大・東洋・東急・斯Ⅰ・宋版・世徳・敦Ⅰ・道蔵・天理・治要」①大□—梅沢」

730上古—陽Ⅰ・書陵・龍門・無窮・足利・筑波・弘文・斯Ⅱ・梅沢・慶Ⅰ・大東・慶Ⅱ・武内・東大・東洋・天理」①□占—活Ⅱ」②大□—東急」②太□—斯Ⅰ・宋版・世徳・敦Ⅰ・道蔵・治要」

731無名■之—書陵・足利・弘文・梅沢・東急・世徳」①无□■□—陽Ⅰ・龍門・斯Ⅱ・慶Ⅰ・大東・慶Ⅱ・武内・東大・宋版・治要」②□□號□—活Ⅱ・無窮・斯Ⅰ・道蔵・天理」③无□号□—筑波・東洋」③无為■□—敦Ⅰ」

732君也—活Ⅱ・書陵・龍門・無窮・足利・筑波・弘文・斯Ⅱ・梅沢・慶Ⅰ・大東・慶Ⅱ・武内・東大・東洋・東急・斯Ⅰ・宋版・世徳・道蔵・天理」①若□—陽Ⅰ」②□■—敦Ⅰ・治要」

733下知■有之—活Ⅱ・陽Ⅰ・書陵・龍門・足利・筑波・弘文・斯Ⅱ・梅沢・慶Ⅱ・武内・東大・東洋・東急・斯Ⅰ・宋版・世徳・敦Ⅰ・道蔵・天理・治要」②□□上□□—無窮」③□■■■■—慶Ⅰ・大東」

734不臣事之—活Ⅱ・陽Ⅰ・書陵・龍門・無窮・足利・筑波・弘文・斯Ⅱ・梅沢・慶Ⅰ・大東・慶Ⅱ・武内・東大・東洋・斯Ⅰ・天理」②□□□■—東急・宋版・世徳・道蔵・敦Ⅰ・治要」

14オ3

735質朴淳也■—活Ⅱ・陽Ⅰ・龍門・無窮・足利・筑波・弘文・慶Ⅰ・大東・慶Ⅱ・東大・東洋・天理・治要」①□利□□■—斯Ⅱ」②□□□■■—書陵・敦Ⅰ・道蔵」②□□□□也—東急」②□□□□之—梅沢」②□□■□■—斯Ⅰ・宋版・世徳」③□□烹■■—武内」

経

736親之譽之—活Ⅱ・陽Ⅰ・書陵・龍門・無窮・足利・筑波・弘文・斯Ⅱ・梅沢・慶Ⅰ・大東・慶Ⅱ・武内・東大・東洋・東急・六地・陽Ⅱ・宋版・世徳・敦Ⅰ・天理・治要」②□■□□—斯Ⅰ」②□而□□—道蔵」

注

737恩恵可称—活Ⅱ・陽Ⅰ・書陵・龍門・無窮・足利・筑波・弘文・梅沢・慶Ⅰ・大東・慶Ⅱ・武内・東大・東洋・東急・斯Ⅰ・宋版・世徳・敦Ⅰ・道蔵・天理・治要」②□徳□□—斯Ⅱ」

738而譽之也—活Ⅱ・陽Ⅰ・書陵・龍門・無窮・足利・弘文・斯Ⅱ・慶Ⅰ・大東・慶Ⅱ・東大・天理」②□□■□—梅沢」②□□□■—筑波・武内・東洋・東急・斯Ⅰ・宋版・世徳・敦Ⅰ・道蔵・治要」

14オ4

注

739設刑法—活Ⅱ・陽Ⅰ・書陵・龍門・無窮・筑波・弘文・斯Ⅱ・慶Ⅰ・大東・慶Ⅱ・武内・東大・東洋・東急・斯Ⅰ・宋版・世徳・敦Ⅰ・道蔵・天理・治要」①□形□—足利・梅沢」

740以治之也—活Ⅱ・陽Ⅰ・書陵・龍門・無窮・足利・筑波・弘文・斯Ⅱ・梅沢・慶Ⅰ・大東・慶Ⅱ・東急・天理」②□□□■—武内・東大・東洋・斯Ⅰ・宋版・世徳・敦Ⅰ・治要」②□□■□—道蔵」

注

741禁多令煩—活Ⅱ・陽Ⅰ・龍門・無窮・足利・筑波・弘文・斯Ⅱ・梅沢・慶Ⅰ・大東・慶Ⅱ・武内・東大・東洋・東急・斯Ⅰ・世徳・敦Ⅰ・道蔵・天理・治要」①□□命□—書陵」①□□□須—宋版」

742不可歸誠—活Ⅱ・陽Ⅰ・書陵・龍門・梅沢・東急・宋版・世徳・敦Ⅰ・道蔵・治要」①□□皈□—無窮・筑波・弘文・斯Ⅱ・慶Ⅰ・大東・慶Ⅱ・武内・東大・東洋・斯Ⅰ・天理」①□□□識—足利（「識」字に見消ち）」

14オ5

743故欺侮之■也—活Ⅱ・陽Ⅰ・書陵・龍門・無窮・足利・筑波・弘文・斯Ⅱ・梅沢・慶Ⅰ・大東・慶Ⅱ・武内・東大・東急・治要」②□□□□■■—斯Ⅰ・宋版・世徳・敦Ⅰ・道蔵・天理」②□□□者□—東洋」

経

744信不足焉—活Ⅱ・陽Ⅰ・書陵・龍門・無窮・足利・筑波・弘文・梅沢・慶Ⅰ・大東・慶Ⅱ・武内・東大・東洋・東急・斯Ⅰ・六地・陽Ⅱ・宋版・世徳・敦Ⅰ・天理・治要」②□□□■—斯Ⅱ」②有□□□—道蔵」

注745 君信不足於下■也—活Ⅱ・無窮・慶Ⅰ・大東・東大・東洋・天理」②□□□□□■■—陽Ⅰ・書陵・龍門・足利・筑波・弘文・斯Ⅱ・慶Ⅱ・武内・東急・斯Ⅰ・敦Ⅰ・道蔵」②□□□□□之□—梅沢」③■■■■■■■—宋版・世徳・治要」

746 ■■■■■■—活Ⅱ・陽Ⅰ・無窮・足利・梅沢・慶Ⅰ・大東・東洋・宋版・世徳・天理・治要」③則有巧詐民也—書陵・龍門・筑波・弘文・斯Ⅱ・慶Ⅱ・武内・東急・斯Ⅰ」③則有巧詐民■—東大・敦Ⅰ」③下則欺詐於上—道蔵」

経747 有不信焉—活Ⅱ・陽Ⅰ・書陵・龍門・無窮・足利・筑波・弘文・斯Ⅱ・梅沢・慶Ⅰ・大東・慶Ⅱ・武内・東大・東洋・斯Ⅰ・六地・陽Ⅱ・道蔵・天理・治要」②□□□■—東急・世徳・敦Ⅰ」③■■■■■—宋版」

注748 ■■■■■■—活Ⅱ・無窮・天理」③君信不足於下—陽Ⅰ・書陵・龍門・足利・筑波・弘文・斯Ⅱ・梅沢・慶Ⅰ・大東・慶Ⅱ・武内・東大・東洋・東急・斯Ⅰ・宋版・世徳・敦Ⅰ・道蔵・治要」

749 下則應之—活Ⅱ・陽Ⅰ・書陵・龍門・無窮・足利・筑波・弘文・斯Ⅱ・梅沢・慶Ⅰ・大東・慶Ⅱ・武内・東大・東急・斯Ⅰ・宋版・世徳・敦Ⅰ・道蔵・天理・治要」②則下□□—東洋」

14オ6

750 欺其君也—活Ⅱ・陽Ⅰ・書陵・龍門・無窮・足利・筑波・弘文・斯Ⅱ・梅沢・慶Ⅰ・大東・慶Ⅱ・武内・東大・東洋・東急・斯Ⅰ・宋版・世徳・天理・治要」②□□■—敦Ⅰ・道蔵」

経751 猶兮其貴言—活Ⅱ・陽Ⅰ・無窮・足利・筑波・弘文・斯Ⅱ・梅沢・慶Ⅰ・大東・慶Ⅱ・武内・東大・東洋・東急・斯Ⅰ・陽Ⅱ・宋版・世徳・敦Ⅰ・道蔵・天理」②□□■□□—書陵・龍門・六地」

注752 太上之君—活Ⅱ・陽Ⅰ・書陵・無窮・足利・筑波・弘文・斯Ⅱ・梅沢・慶Ⅰ・大東・慶Ⅱ・武内・東洋・東急・斯Ⅰ・宋版・世徳・敦Ⅰ・天理」①大□□□—龍門」②□□■□—東大」②□古□□—道蔵」

753 猶猶■—活Ⅱ・陽Ⅰ・書陵・龍門・無窮・足利・筑波・弘文・斯Ⅱ・梅沢・慶Ⅰ・大東・慶Ⅱ・武内・東大・東洋・東急・斯Ⅰ・道蔵・天理」②□■■—宋版・世徳」②□□然—敦Ⅰ」

14オ7

754 失自然也—活Ⅱ・陽Ⅰ・書陵・龍門・無窮・足利・筑波・弘文・斯Ⅱ・梅沢・慶Ⅰ・大東・慶Ⅱ・武内・東大・東洋・東急・道蔵・天理」②□□□■—斯Ⅰ・宋版・世徳・敦Ⅰ」

経755 成功遂事—活Ⅱ・陽Ⅰ・書陵・龍門・無窮・足利・筑波・弘文・斯Ⅱ・梅沢・慶Ⅰ・大東・慶Ⅱ・武内・東大・東洋・東急・六地・陽Ⅱ・敦Ⅰ・天理」③功成事遂—斯Ⅰ・宋版・世徳・道蔵」

注756 謂天下太平也—活Ⅱ・陽Ⅰ・無窮・足利・筑波・弘文・斯Ⅱ・梅沢・慶Ⅰ・大東・武内・東大・東洋・東急・斯Ⅰ・宋版・世徳・天理」②□□□□■—書陵・龍門・慶Ⅱ・敦Ⅰ・道蔵」

14ウ1

注757 君上之徳■厚—活Ⅱ・陽Ⅰ・書陵・龍門・無窮・足利・筑波・弘文・斯Ⅱ・梅沢・慶Ⅰ・大東・慶Ⅱ・武内・東大・東洋・東急・天理」②□■□□■□—敦Ⅰ」②□□□□淳□—斯Ⅰ・宋版・世徳・道蔵」

758 反以爲■自當然也—活Ⅱ・陽Ⅰ・書陵・龍門・無窮・足利・筑波・弘文・斯Ⅱ・梅沢・慶Ⅰ・大東・慶Ⅱ・武内・東洋・東急・斯Ⅰ・天理」②□□□只□□□□—宋版・世徳」②□□□■□□□■—東大」③乃□□■□□□■—敦Ⅰ」⑥□□□已□如□■—道蔵」

14ウ2

759 俗薄■■第十八—活Ⅱ・陽Ⅰ・梅沢・斯Ⅰ・宋版・世徳・道蔵・天理」②□□■章□□□—筑波・武内・東大・東洋」③大道■章□□—慶Ⅰ・大東」③大道廢章□□—弘文・慶Ⅱ」③■■■■■■■—書陵・龍門・無窮・足利・斯Ⅱ・六地・陽Ⅱ・敦Ⅰ・東急」

14ウ3

経760 大道廢焉—活Ⅱ・陽Ⅰ・書陵・龍門・無窮・足利・筑波・弘文・斯Ⅱ・梅沢・慶Ⅰ・大東・慶Ⅱ・武内・東大・東洋・東急・斯Ⅰ・六地・陽Ⅱ・天理」②□□□■—宋版・世徳・敦Ⅰ・道蔵」

注761 家■有孝子—活Ⅱ・陽Ⅰ・書陵・龍門・足利・筑波・弘文・斯

Ⅱ・梅沢・慶Ⅰ・大東・慶Ⅱ・武内・東大・東洋・東急・斯Ⅰ・宋版・世徳・敦Ⅰ・道蔵・天理」①□々□□－無窮」

762 戸有忠信－活Ⅱ・陽Ⅰ・書陵・龍門・無窮・足利・筑波・弘文・斯Ⅱ・梅沢・慶Ⅰ・大東・慶Ⅱ・武内・東大・東洋・東急・斯Ⅰ・宋版・世徳・敦Ⅰ」②□□□臣－天理」②國□□□－道蔵」

763 仁義不見也－活Ⅱ・陽Ⅰ・書陵・龍門・無窮・足利・弘文・斯Ⅱ・慶Ⅰ・大東・慶Ⅱ・斯Ⅰ・宋版・世徳・天理」②□□□■－筑波・梅沢・武内・東大・東洋・敦Ⅰ・東急」④□□■□■－道蔵」

14ウ4

764 大道廢■■■－活Ⅱ・陽Ⅰ・書陵・龍門・無窮・足利・筑波・弘文・斯Ⅱ・梅沢・慶Ⅰ・大東・慶Ⅱ・武内・東大・東洋・東急・天理」③□□□不用■－斯Ⅰ・宋版・世徳・敦Ⅰ」③□□□不用而－道蔵」

765 有仁義－活Ⅱ・陽Ⅰ・書陵・龍門・足利・筑波・弘文・斯Ⅱ・梅沢・慶Ⅰ・大東・慶Ⅱ・武内・東大・東洋・東急・斯Ⅰ・宋版・世徳・敦Ⅰ・道蔵・天理」①在□□－無窮」

766 可傳道也－活Ⅱ・陽Ⅰ・書陵・龍門・無窮・足利・筑波・斯Ⅱ・梅沢・慶Ⅰ・大東・慶Ⅱ・武内・東大・東洋・東急・斯Ⅰ・天理」①□得□□－弘文」②□□□耳－敦Ⅰ」②□□□■－宋版・世徳・道蔵」

経 767 智惠出焉－活Ⅱ・陽Ⅰ・書陵・龍門・無窮・足利・筑波・弘文・斯Ⅱ・梅沢・慶Ⅰ・大東・慶Ⅱ・武内・東大・東洋・東急・斯Ⅰ・六地・陽Ⅱ・天理」②□□□■－宋版・世徳・敦Ⅰ・道蔵」

注 768 賤德而貴言－活Ⅱ・陽Ⅰ・書陵・龍門・無窮・足利・筑波・弘文・斯Ⅱ・梅沢・慶Ⅰ・大東・慶Ⅱ・武内・東大・東洋・東急・斯Ⅰ・宋版・世徳・敦Ⅰ・天理」②□□■□□－道蔵」

14ウ5

769 賤質而貴文－活Ⅱ・陽Ⅰ・書陵・龍門・無窮・足利・筑波・弘文・斯Ⅱ・梅沢・慶Ⅰ・大東・慶Ⅱ・武内・東大・東洋・敦Ⅰ・東急・斯Ⅰ・宋版・世徳・天理」②□□■□□－道蔵」

770 爲大僞晃詐也－活Ⅱ・陽Ⅰ・書陵・龍門・無窮・足利・筑波・弘文・斯Ⅱ・梅沢・慶Ⅰ・大東・慶Ⅱ・武内・東大・東洋・東急・斯Ⅰ・天理」②□□□□□■－宋版・世徳・敦Ⅰ」④■□□□■－道蔵」

経 771 六親不和焉－活Ⅱ・陽Ⅰ・書陵・龍門・無窮・足利・筑波・斯Ⅱ・慶Ⅰ・大東・慶Ⅱ・武内・東大・六地・天理」②□□□知□－弘文・東洋」②□□□□■－梅沢・東急・敦Ⅰ・斯Ⅰ・陽Ⅱ・宋版・世徳・道蔵」

14ウ6

注 772 六紀廢絶－活Ⅱ・陽Ⅰ・龍門・無窮・足利・筑波・弘文・斯Ⅱ・慶Ⅰ・大東・慶Ⅱ・武内・東大・東洋・天理」①□□□紀－斯Ⅰ」②□親□□－書陵・梅沢」②□□■□－東急・敦Ⅰ」④□絶■□－宋版」④□親■□－世徳・道蔵」

773 相収■養也－活Ⅱ・陽Ⅰ・龍門・無窮・足利・弘文・斯Ⅱ・梅沢・大東・慶Ⅰ・武内・東洋・東急・斯Ⅰ・天理」②□牧■□□－東大・宋版・世徳」②□□■□之－書陵」②□□■□■－敦Ⅰ」②□□救□□－慶Ⅱ」②□■救□□－筑波」④□牧■□■－道蔵」

経 774 國家昬亂焉－活Ⅱ・陽Ⅰ・書陵・龍門・無窮・足利・筑波・弘文・斯Ⅱ・慶Ⅰ・大東・慶Ⅱ・武内・東大・東洋・斯Ⅰ・天理」②□□□□■－梅沢・東急・六地・陽Ⅱ・宋版・世徳・敦Ⅰ・道蔵」

注 775 政令不行－活Ⅱ・陽Ⅰ・書陵・龍門・無窮・足利・筑波・弘文・斯Ⅱ・梅沢・慶Ⅰ・大東・慶Ⅱ・武内・東大・東洋・東急・斯Ⅰ・宋版・世徳・道蔵・天理」①正□□□－敦Ⅰ」

14ウ7

注 776 邪僻爭權－活Ⅱ・陽Ⅰ・書陵・龍門・無窮・足利・筑波・弘文・斯Ⅱ・梅沢・慶Ⅰ・大東・武内・東大・東洋・東急・斯Ⅰ・宋版・敦Ⅰ・天理」①□□□縱－慶Ⅱ」①□辟□□－世徳・道蔵」

777 忠臣－活Ⅱ・陽Ⅰ・書陵・龍門・無窮・足利・弘文・斯Ⅱ・梅沢・慶Ⅱ・武内・東大・東洋・東急・斯Ⅰ・宋版・世徳・敦Ⅰ・道蔵・天理」②□信－筑波・慶Ⅰ・大東」

778 匡救其君■－活Ⅱ・陽Ⅰ・書陵・龍門・無窮・足利・筑波・弘

文・斯Ⅱ・梅沢・慶Ⅰ・大東・慶Ⅱ・武内・東大・東洋・東急・敦Ⅰ・天理」②□□□□也－斯Ⅰ・道蔵」④□正□□也－宋版・世徳」

779 此言－活Ⅱ・陽Ⅰ・書陵・龍門・無窮・足利・筑波・斯Ⅱ・梅沢・慶Ⅰ・大東・慶Ⅱ・武内・東大・東洋・東急・斯Ⅰ・宋版・世徳・敦Ⅰ・道蔵・天理」②■□－弘文」

780 天下太平－活Ⅱ・陽Ⅰ・書陵・龍門・無窮・足利・筑波・弘文・斯Ⅱ・梅沢・慶Ⅰ・大東・慶Ⅱ・武内・東大・東洋・斯Ⅰ・宋版・世徳・敦Ⅰ・道蔵・天理」①□□大□－東急」

注

781 人盡無欲－活Ⅱ・書陵・無窮・梅沢・東急・斯Ⅰ・宋版・道蔵・天理・弘文？」①□□无□－陽Ⅰ・龍門・足利・筑波・斯Ⅱ・慶Ⅰ・大東・慶Ⅱ・武内・東大・東洋・敦Ⅰ」②義□□□－世徳」

15オ1

782 各自潔已－活Ⅱ・陽Ⅰ・書陵・龍門・無窮・足利・筑波・弘文・斯Ⅱ・梅沢・慶Ⅰ・大東・慶Ⅱ・武内・東大・東洋・東急・斯Ⅰ・敦Ⅰ・天理」②□■□□－宋版・世徳・道蔵」

783 ■大道之世■－活Ⅱ・陽Ⅰ・書陵・龍門・無窮・足利・筑波・弘文・斯Ⅱ・梅沢・慶Ⅰ・大東・慶Ⅱ・武内・東大・東洋・東急・敦Ⅰ・天理」②故□□□□■－道蔵」②■□□□□君－斯Ⅰ」②■□□□■君－宋版・世徳」

784 仁義没孝慈滅－活Ⅱ・陽Ⅰ・書陵・龍門・無窮・足利・筑波・弘文・斯Ⅱ・梅沢・慶Ⅰ・大東・慶Ⅱ・武内・東大・東洋・東急・斯Ⅰ・宋版・世徳・敦Ⅰ・天理」③孝慈滅仁義没－道蔵」

785 日中盛明■－活Ⅱ・陽Ⅰ・書陵・龍門・無窮・足利・筑波・弘文・斯Ⅱ・梅沢・慶Ⅰ・大東・慶Ⅱ・武内・東大・東急・斯Ⅰ・敦Ⅰ・天理」②□□□時■－宋版・世徳」②□月□□■－道蔵」②□□□而－東洋」

786 失光者也■－活Ⅱ・陽Ⅰ・書陵・龍門・無窮・足利・筑波・弘文・慶Ⅰ・大東・武内・斯Ⅰ・天理」②□□■□■－東大・東洋・東急」②□□□□矣－斯Ⅱ・梅沢・慶Ⅱ」②□□■■■－宋版・世徳・敦Ⅰ・道蔵」

15オ2

787 還淳■■■第十九－活Ⅱ・陽Ⅰ・梅沢・斯Ⅰ・宋版・世徳・道蔵・天理」②□□■■章□□□－筑波・武内・東大・東洋」③絶聖■■章□□□－慶Ⅰ・大東」③絶聖棄智章□□□－弘文・慶Ⅱ」③■■■■■■■■－書陵・龍門・無窮・足利・斯Ⅱ・東急・六地・陽Ⅱ・敦Ⅰ」

15オ3

注

788 反初－活Ⅱ・陽Ⅰ・書陵・龍門・無窮・足利・弘文・斯Ⅱ・梅沢・慶Ⅰ・大東・武内・東大・東洋・東急・斯Ⅰ・宋版・世徳・敦Ⅰ・道蔵・天理」②復□－筑波・慶Ⅱ」

789 守無－」①□无－陽Ⅰ」②□元－活Ⅱ・書陵・龍門・無窮・足利・筑波・弘文・斯Ⅱ・梅沢・慶Ⅰ・大東・慶Ⅱ・武内・東大・東洋・東急・斯Ⅰ・宋版・世徳・敦Ⅰ・道蔵・天理」

790 五■帝－活Ⅱ・陽Ⅰ・書陵・龍門・無窮・足利・弘文・斯Ⅱ・梅沢・慶Ⅰ・大東・慶Ⅱ・武内・東大・東洋・斯Ⅰ・宋版・世徳・敦Ⅰ・道蔵・天理」②□■章－筑波」②□常□－東急（右旁見消カ）」

791 畫象－活Ⅱ・陽Ⅰ・東急・斯Ⅰ・道蔵・天理」①□像－書陵・龍門・無窮・足利・筑波・弘文・斯Ⅱ・梅沢・慶Ⅰ・大東・慶Ⅱ・武内・東大・東洋・敦Ⅰ」②垂□－宋版・世徳」

792 蒼頡－活Ⅱ・陽Ⅰ・書陵・龍門・無窮・足利・筑波・弘文・斯Ⅱ・慶Ⅰ・大東・慶Ⅱ・斯Ⅰ・宋版・世徳・天理」①倉□－梅沢・武内・東大・東洋・東急・敦Ⅰ・道蔵」

793 作書－陽Ⅰ・書陵・龍門・筑波・梅沢・慶Ⅱ・武内・東大・東洋・東急・斯Ⅰ・宋版・世徳・敦Ⅰ・道蔵」②造□－活Ⅱ・無窮・足利・弘文・斯Ⅱ・慶Ⅰ・大東・天理」

794 無文■■也－活Ⅱ・書陵・龍門・無窮・弘文・斯Ⅱ・斯Ⅰ・天理」①无□■■□－陽Ⅰ・足利・筑波・慶Ⅰ・大東・慶Ⅱ・武内・東大・東洋」②□□者■□－梅沢」②□□■■■－東急・宋版・世徳」③无□■■■－敦Ⅰ」④□□而治□－道蔵」

経

795 棄智－活Ⅱ・陽Ⅰ・書陵・龍門・無窮・足利・筑波・弘文・斯

Ⅱ・梅沢・慶Ⅰ・大東・慶Ⅱ・武内・東大・東洋・斯Ⅰ・六地・陽Ⅱ・宋版・世徳・敦Ⅰ・道蔵・天理」①弃知－東急」

15オ4 注796 反■無爲也■－活Ⅱ・書陵・無窮・筑波・弘文・梅沢・斯Ⅰ・天理」①□■无□□■－陽Ⅰ・龍門・足利・斯Ⅱ・慶Ⅰ・大東・慶Ⅱ・武内・東大」②□■□□■■－東急・世徳・道蔵」③□■无□□矣－東洋」③□■无□■■－宋版」④□不无□■■－敦Ⅰ」

経797 民利百倍－活Ⅱ・陽Ⅰ・龍門・無窮・足利・筑波・弘文・斯Ⅱ・梅沢・慶Ⅰ・大東・慶Ⅱ・武内・東大・東洋・東急・斯Ⅰ・陽Ⅱ・宋版・世徳・敦Ⅰ・道蔵・天理」①昏□□□－六地」①□□□陪－書陵」

注798 無私■也－活Ⅱ・書陵・無窮・弘文・東急・斯Ⅰ・天理」①无□■□－陽Ⅰ・龍門・足利・斯Ⅱ・慶Ⅰ・大東・慶Ⅱ・武内・東大」②无和■□－筑波」②□□也之－梅沢」②□□■■－宋版・世徳・道蔵」③无□■■－敦Ⅰ」③无□者□－東洋」

15オ5 注799 絶仁之■－活Ⅱ・陽Ⅰ・書陵・龍門・無窮・足利・筑波・弘文・斯Ⅱ・梅沢・慶Ⅱ・武内・東大・東洋・東急・斯Ⅰ・宋版・世徳・道蔵・天理」①□□□之－敦Ⅰ」②□□■■－慶Ⅰ・大東」

800 見恩惠也－活Ⅱ・陽Ⅰ・書陵・龍門・無窮・足利・筑波・弘文・斯Ⅱ・慶Ⅰ・大東・慶Ⅱ・武内・東大・東洋・天理」②□□□■－梅沢・東急・斯Ⅰ・宋版・世徳・敦Ⅰ」③□■■■－道蔵」

801 尚華言也■－活Ⅱ・陽Ⅰ・書陵・龍門・無窮・足利・筑波・弘文・斯Ⅱ・慶Ⅰ・大東・慶Ⅱ・武内・東大・東洋・東急・斯Ⅰ・天理」②□□□□之－梅沢」②□□□■■－敦Ⅰ」④□□信■■－宋版・世徳」④□□■■■－道蔵」

注802 德化淳也－活Ⅱ・陽Ⅰ・書陵・龍門・無窮・足利・筑波・弘文・斯Ⅱ・梅沢・慶Ⅰ・大東・慶Ⅱ・武内・東大・東洋・東急・斯Ⅰ・宋版・世徳・天理」②□□□■－敦Ⅰ」②□□純□－道蔵」

注803 絶巧■詐偽亂真也－陽Ⅰ・龍門・足利・弘文・斯Ⅱ・慶Ⅱ・東急」②□□言□□□□□－活Ⅱ・書陵・無窮・筑波・梅沢・慶Ⅰ・大東・武内・東大・東洋・天理」②□□■□□□□■－敦Ⅰ」④□□者□□□□■－道蔵」④□□■□■■■□－治要」④■■■■■■■■－斯Ⅰ・宋版・世徳」

15オ6 注804 ■■■■■■■■■■■－活Ⅱ・陽Ⅰ・書陵・龍門・無窮・足利・筑波・弘文・斯Ⅱ・梅沢・慶Ⅰ・大東・慶Ⅱ・武内・東大・東洋・東急・敦Ⅰ・道蔵・天理・治要」③絶巧者詐偽乱真也棄利者－斯Ⅰ・宋版・世徳」

805 塞貧路－活Ⅱ」①□貪□－陽Ⅰ・書陵・龍門・無窮・足利・筑波・弘文・斯Ⅱ・梅沢・慶Ⅰ・大東・慶Ⅱ・武内・東大・東洋・東急・斯Ⅰ・宋版・世徳・敦Ⅰ・道蔵・天理・治要」

806 閉權門■也－活Ⅱ・陽Ⅰ・書陵・龍門・無窮・足利・筑波・弘文・斯Ⅱ・慶Ⅰ・大東・慶Ⅱ・武内・東大・東洋・斯Ⅰ・宋版・世徳・天理」②□□□之□－梅沢」②□□□■■－東急・敦Ⅰ・道蔵」③■■■■□－治要」

経807 盗賊無有－活Ⅱ・陽Ⅰ・書陵・無窮・足利・筑波・弘文・斯Ⅱ・梅沢・慶Ⅱ・東洋・東急・斯Ⅰ・陽Ⅱ・宋版・世徳・道蔵・天理」①□□无□－龍門・慶Ⅰ・大東・武内・東大・六地・敦Ⅰ・治要」

注808 上化公正－活Ⅱ・陽Ⅰ・書陵・龍門・無窮・足利・筑波・弘文・斯Ⅱ・梅沢・慶Ⅰ・大東・慶Ⅱ・武内・東大・東洋・東急・斯Ⅰ・敦Ⅰ・道蔵・天理・治要」①□□□政－宋版・世徳」

809 ■■－活Ⅱ・陽Ⅰ・書陵・龍門・無窮・足利・弘文・斯Ⅱ・梅沢・東急・斯Ⅰ・敦Ⅰ・天理・治要」②■下－筑波・慶Ⅰ・大東・慶Ⅱ・武内・東大・宋版・世徳・道蔵」③而下－東洋」

810 無邪私也－活Ⅱ・書陵・足利・弘文・梅沢・東急・天理・治要」①无□□□－陽Ⅰ・龍門・斯Ⅱ・慶Ⅰ・大東・慶Ⅱ・武内・東大・東洋」②无□和□－筑波」②□耶心□－無窮」②□□□■－斯Ⅰ・宋版・世徳」③无耶□■－敦Ⅰ」④□私邪■－道蔵」

15オ7 注811 所絶棄也－活Ⅱ・陽Ⅰ・書陵・龍門・無窮・足利・筑波・弘文・斯Ⅱ・梅沢・慶Ⅰ・大東・慶Ⅱ・武内・東大・東洋・天理」①

□□奇□—東急」②□棄絶□—斯Ⅰ・宋版・世徳」②□□□■—敦Ⅰ」④□私弃■—道蔵」

注 812以爲文不足者—活Ⅱ・陽Ⅰ・書陵・龍門・無窮・足利・筑波・弘文・斯Ⅱ・梅沢・慶Ⅰ・大東・慶Ⅱ・武内・東大・東洋・東急・斯Ⅰ・宋版・世徳・敦Ⅰ・道蔵・天理」③■■■■■■—治要」

813不足以教民也—活Ⅱ・陽Ⅰ・書陵・龍門・無窮・足利・筑波・弘文・斯Ⅱ・梅沢・慶Ⅰ・大東・慶Ⅱ・武内・東大・東洋・東急・斯Ⅰ・天理・治要」②□□□□□■—宋版・世徳・敦Ⅰ」④□□□化□■—道蔵」

15ウ1

注 814當如下句也—活Ⅱ・陽Ⅰ・書陵・龍門・足利・筑波・弘文・斯Ⅱ・慶Ⅱ・天理」②□□□□■—無窮・梅沢・慶Ⅰ・大東・武内・東大・東洋・東急・斯Ⅰ・宋版・世徳・敦Ⅰ・道蔵」

経 815見素抱朴—活Ⅱ・陽Ⅰ・書陵・龍門・無窮・足利・筑波・弘文・斯Ⅱ・慶Ⅰ・大東・慶Ⅱ・武内・東大・東洋・斯Ⅰ・六地・宋版・世徳・天理」①□□□樸—梅沢・東急・陽Ⅱ・敦Ⅰ・道蔵・治要」

注 816見素者當—活Ⅱ・陽Ⅰ・書陵・龍門・無窮・足利・筑波・弘文・斯Ⅱ・梅沢・慶Ⅰ・大東・慶Ⅱ・武内・東大・東洋・東急・斯Ⅰ・宋版・世徳・道蔵・天理」②□■□□—敦Ⅰ」③■■■■—治要」

817見素—活Ⅱ・陽Ⅰ・書陵・龍門・無窮・足利・筑波・弘文・斯Ⅱ・梅沢・慶Ⅰ・大東・慶Ⅱ・東急・斯Ⅰ・敦Ⅰ・天理」②抱□—武内・東大・東洋・宋版・世徳・道蔵・治要」

818守眞—活Ⅱ・陽Ⅰ・書陵・龍門・足利・弘文・斯Ⅱ・梅沢・慶Ⅰ・大東・東大・東急・斯Ⅰ・宋版・世徳・敦Ⅰ・道蔵・治要」②□貞—無窮・筑波・慶Ⅱ・武内・東洋・天理」

15ウ2

819抱朴■者—活Ⅱ・陽Ⅰ・書陵・龍門・無窮・足利・筑波・弘文・斯Ⅱ・慶Ⅰ・大東・武内・東大・東洋・斯Ⅰ・宋版・世徳・天理」①□樸■□—梅沢・東急・敦Ⅰ・道蔵」②□□則□—慶Ⅱ」③■■■■—治要」

820當見—陽Ⅰ・書陵・龍門・宋版・世徳・道蔵」②□抱—活Ⅱ・無窮・足利・筑波・弘文・斯Ⅱ・梅沢・慶Ⅰ・大東・慶Ⅱ・武内・東大・東洋・東急・斯Ⅰ・敦Ⅰ・天理」②■見—治要」

821其質朴—活Ⅱ・陽Ⅰ・書陵・龍門・無窮・足利・筑波・弘文・斯Ⅱ・慶Ⅰ・大東・慶Ⅱ・武内・東大・東洋・斯Ⅰ・道蔵・治要」①□□樸—梅沢・東急・敦Ⅰ・天理」②□篤□—宋版・世徳」

822以示■下—活Ⅱ・陽Ⅰ・龍門・無窮・足利・筑波・弘文・斯Ⅱ・慶Ⅰ・大東・慶Ⅱ・武内・東大・東洋・東急・斯Ⅰ・宋版・世徳・敦Ⅰ・天理」②□□天□—書陵・梅沢・道蔵」③■■■■—治要」

823■■法則也—活Ⅱ・陽Ⅰ・書陵・龍門・無窮・足利・筑波・弘文・斯Ⅱ・梅沢・慶Ⅰ・大東・慶Ⅱ・東大・東急・天理」②■■□□■—武内・東洋」④■可□□■—道蔵」④故可□□■—宋版・世徳・敦Ⅰ」④故下□□■—斯Ⅰ」④■■■■■—治要」

経 824少私—活Ⅱ・陽Ⅰ・書陵・龍門・無窮・足利・筑波・弘文・斯Ⅱ・慶Ⅰ・大東・慶Ⅱ・武内・東大・東洋・東急・六地・陽Ⅱ・宋版・世徳・敦Ⅰ・道蔵・天理・治要」①小□—梅沢・斯Ⅰ」

注 825正無私也—活Ⅱ・陽Ⅰ・書陵・無窮・足利・弘文・斯Ⅱ・梅沢・慶Ⅱ・東急・天理」①□无□□—龍門・慶Ⅰ・大東・武内・東大・東洋」②□无和□—筑波」③□无□■—敦Ⅰ」③■■■■—斯Ⅰ・宋版・世徳・道蔵・治要」

注 826■■■■■■■■■■—活Ⅱ・陽Ⅰ・書陵・龍門・無窮・足利・筑波・弘文・斯Ⅱ・梅沢・慶Ⅰ・大東・慶Ⅱ・武内・東大・東洋・東急・斯Ⅰ・敦Ⅰ・天理・治要」③少私者正無私也寡欲者—宋版・世徳・道蔵」

827當知足也—活Ⅱ・陽Ⅰ・書陵・龍門・無窮・足利・筑波・弘文・斯Ⅱ・梅沢・慶Ⅰ・大東・慶Ⅱ・武内・東大・東洋・東急・斯Ⅰ・宋版・世徳・道蔵・天理」①□□□■—敦Ⅰ」③■■■■

－治要」

15ウ3 828 異俗■■■第二十－活Ⅱ・陽Ⅰ・斯Ⅰ・宋版・世徳・道蔵・天理」□□■■□廿　－梅沢」②□□■■章□□□－武内・東大・東洋」②□偽■■章□廿　－筑波」③絶学■■章□□□－慶Ⅰ・大東」③絶学無憂章□□□－弘文・慶Ⅱ」③■■■■■■■－書陵・龍門・無窮・足利・斯Ⅱ・東急・六地・陽Ⅱ・敦Ⅰ」

15ウ4 注 829 絶學不眞■不合道文也－活Ⅱ・陽Ⅰ・書陵・龍門・無窮・足利・筑波・弘文・斯Ⅱ・慶Ⅰ・大東・慶Ⅱ・武内・東大・東急・天理」②□□□□而□□□□□－東洋」②□□□□□■□□□□■－梅沢・斯Ⅰ・宋版・世徳・敦Ⅰ・道蔵」

経 830 無憂－活Ⅱ・陽Ⅰ・書陵・無窮・足利・筑波・弘文・斯Ⅱ・梅沢・慶Ⅰ・大東・慶Ⅱ・武内・東大・東洋・東急・斯Ⅰ・陽Ⅱ・宋版・世徳・道蔵・天理」①无□－龍門・六地・敦Ⅰ」

注 831 除浮華－活Ⅱ・陽Ⅰ・書陵・龍門・無窮・足利・筑波・斯Ⅱ・梅沢・慶Ⅰ・大東・慶Ⅱ・武内・東大・東洋・東急・斯Ⅰ・宋版・世徳・敦Ⅰ・道蔵・天理」②□花浮－弘文」

832 無憂患也－活Ⅱ・書陵・無窮・弘文・梅沢・東急・宋版・世徳・天理」①无□□□－陽Ⅰ・龍門・筑波・斯Ⅱ・慶Ⅰ・大東・慶Ⅱ・武内・東大・東洋・斯Ⅰ」②□■□□－足利」②□□□■－道蔵」③无□□■－敦Ⅰ」

経 833 唯之與阿－活Ⅱ・陽Ⅰ・書陵・龍門・無窮・弘文・慶Ⅰ・大東・慶Ⅱ・武内・東大・宋版・世徳・道蔵・天理・敦Ⅰ・梅沢？」②□□□何－足利・筑波・斯Ⅱ・東洋・東急・斯Ⅰ・六地・陽Ⅱ」

15ウ5 注 834 ■而相去－活Ⅱ・陽Ⅰ・龍門・無窮・足利・筑波・弘文・斯Ⅱ・梅沢・慶Ⅰ・大東・慶Ⅱ・武内・東大・東洋・東急・斯Ⅰ・宋版・世徳・敦Ⅰ・道蔵・天理」②化□□□－書陵」

835 疾時■賤質－活Ⅱ・陽Ⅰ・書陵・龍門・無窮・足利・筑波・弘文・斯Ⅱ・梅沢・慶Ⅰ・大東・武内・東大・東洋・東急・斯Ⅰ・宋版・世徳・敦Ⅰ・天理」①□□■賊□－慶Ⅱ」②□□君□□－道蔵」

836 而貴文■也－活Ⅱ・陽Ⅰ・書陵・龍門・無窮・足利・筑波・弘文・斯Ⅱ・慶Ⅰ・大東・慶Ⅱ・武内・東大・東洋・東急・天理」②□□□之□－梅沢」②□□□□■■－斯Ⅰ・宋版・世徳・敦Ⅰ・道蔵」

15ウ6 注 837 善者稱譽－活Ⅱ・陽Ⅰ・書陵・龍門・無窮・足利・筑波・弘文・斯Ⅱ・梅沢・慶Ⅰ・大東・慶Ⅱ・武内・東大・東洋・東急・斯Ⅰ・敦Ⅰ・道蔵・天理」②□□和□－宋版・世徳」

838 諫諍也－活Ⅱ・陽Ⅰ・書陵・龍門・無窮・足利・筑波・弘文・斯Ⅱ・慶Ⅰ・大東・慶Ⅱ・天理」②□□■－梅沢・武内・東大・東急・斯Ⅰ・敦Ⅰ」③□静■－東洋」③□爭■－宋版・世徳・道蔵」

839 時■惡忠直－活Ⅱ・陽Ⅰ・書陵・龍門・無窮・足利・筑波・弘文・斯Ⅱ・梅沢・慶Ⅰ・大東・慶Ⅱ・武内・東大・東洋・東急・斯Ⅰ・宋版・世徳・敦Ⅰ・天理」②□君□□□－道蔵」

840 用佞邪■也－活Ⅱ・陽Ⅰ・書陵・龍門・無窮・足利・弘文・斯Ⅱ・梅沢・慶Ⅰ・大東・慶Ⅱ・武内・東大・東洋・東急・天理」②□□□者□－筑波」②□□□■■－敦Ⅰ」②□邪佞■□－宋版・世徳」④□邪佞■■－斯Ⅰ・道蔵」

15ウ7 注 841 謂道人也－活Ⅱ・陽Ⅰ・書陵・龍門・無窮・足利・筑波・弘文・斯Ⅱ・梅沢・慶Ⅰ・大東・慶Ⅱ・武内・東大・東洋・東急・宋版・世徳・道蔵・天理」②□□□■－斯Ⅰ・敦Ⅰ」

842 人之所畏者－活Ⅱ・陽Ⅰ・書陵・龍門・無窮・足利・筑波・斯Ⅱ・慶Ⅰ・大東・武内・東大・東洋・天理」②■□□□□－弘文・慶Ⅱ」②□■□□□－梅沢・東急・斯Ⅰ・宋版・世徳・敦Ⅰ・道蔵」

843 畏不絶學之君也－活Ⅱ・書陵・龍門・無窮・足利・筑波・弘文・斯Ⅱ・梅沢・慶Ⅰ・大東・慶Ⅱ・武内・東大・東洋・東急・斯Ⅰ・宋版・世徳・天理」①□□□□□若□－陽Ⅰ」②□□□□

□□■－敦Ⅰ・道藏」

注
844 ■■■■－活Ⅱ・陽Ⅰ・書陵・龍門・無窮・足利・筑波・弘文・斯Ⅱ・梅沢・慶Ⅰ・大東・慶Ⅱ・武内・東大・東洋・東急・斯Ⅰ・敦Ⅰ・道藏・天理」③不可不畏－宋版・世徳」

845 近令色－活Ⅱ・陽Ⅰ・書陵・龍門・無窮・足利・筑波・弘文・慶Ⅰ・大東・慶Ⅱ・武内・東大・東洋・斯Ⅰ・宋版・世徳・敦Ⅰ・道藏・天理」①□合□－斯Ⅱ」①□□危－梅沢・東急」

16オ1
846 斂仁賢也■－活Ⅱ・陽Ⅰ・書陵・足利・弘文・慶Ⅰ・斯Ⅰ」①殺□□□■－龍門・筑波・斯Ⅱ・大東・武内・東大・東洋・天理」②移□□□■－無窮」②□□□■■－敦Ⅰ」③殺□□■■－慶Ⅱ・東急・宋版・世徳」③殺□□□之－梅沢」⑥殺賢人■■－道藏」

注
847 ■言－活Ⅱ・陽Ⅰ・書陵・龍門・無窮・足利・筑波・弘文・斯Ⅱ・梅沢・慶Ⅰ・大東・慶Ⅱ・武内・東大・東洋・東急・斯Ⅰ・敦Ⅰ・道藏・天理」②或□－宋版・世徳」

848 世俗■人－活Ⅱ・陽Ⅰ・書陵・龍門・無窮・足利・筑波・弘文・斯Ⅱ・梅沢・慶Ⅰ・大東・慶Ⅱ・武内・東大・東洋・東急・斯Ⅰ・宋版・敦Ⅰ・天理」②□□之□－道藏」

849 欲進學■文－活Ⅱ・陽Ⅰ・書陵・龍門・無窮・足利・筑波・弘文・斯Ⅱ・梅沢・慶Ⅰ・大東・慶Ⅱ・武内・東大・東洋・東急・斯Ⅰ・敦Ⅰ・天理」②□□□爲□－宋版・世徳」②□□□邪□－道藏」

850 未央止也－活Ⅱ・陽Ⅰ・書陵・龍門・無窮・足利・筑波・弘文・斯Ⅱ・梅沢・慶Ⅰ・大東・慶Ⅱ・武内・東大・東洋・東急・斯Ⅰ・宋版・世徳・道藏・天理」②□□□■－敦Ⅰ」

16オ2
注
851 熙熙－活Ⅱ・陽Ⅰ・書陵・龍門・足利・筑波・弘文・斯Ⅱ・梅沢・慶Ⅰ・大東・慶Ⅱ・武内・東大・東洋・東急・斯Ⅰ・宋版・世徳・敦Ⅰ・道藏・天理」②□多－無窮」

852 ■■多情欲也－活Ⅱ・陽Ⅰ・書陵・龍門・足利・筑波・弘文・斯Ⅱ・梅沢・慶Ⅰ・大東・慶Ⅱ・武内・東大・東洋・天理」①■■々□□□－無窮」②■■□□□■－東急・敦Ⅰ」③淫放□□□□－斯Ⅰ・宋版・世徳・道藏」

経
853 如享大牢－活Ⅱ・陽Ⅰ・龍門・筑波・慶Ⅰ・大東・慶Ⅱ・武内・東大・六地・天理」①□□太□－書陵・無窮・足利・弘文・斯Ⅱ・東洋・斯Ⅰ・宋版・世徳・敦Ⅰ・道藏」②若□□□－梅沢・東急・陽Ⅱ」

注
854 思大牢－活Ⅱ・陽Ⅰ・龍門・弘文・梅沢・慶Ⅰ・大東・慶Ⅱ・武内・東大・敦Ⅰ・天理」①□太□－書陵・無窮・足利・筑波・斯Ⅱ・東洋・東急・斯Ⅰ・宋版・世徳・道藏」

855 具■－活Ⅱ・陽Ⅰ・書陵・龍門・無窮・足利・筑波・弘文・斯Ⅱ・慶Ⅰ・大東・慶Ⅱ・斯Ⅰ・宋版・世徳・敦Ⅰ・道藏・天理」①且■－東急」②□食－梅沢」②■食－武内・東大・東洋」

856 意無足時也－活Ⅱ・書陵・無窮・足利・東急・宋版・世徳・道藏・天理・弘文？」①□无□□□－陽Ⅰ・龍門・筑波・斯Ⅱ・慶Ⅰ・大東・慶Ⅱ・武内・東大・東洋・斯Ⅰ」②□□□□■－梅沢・敦Ⅰ」

経
857 如春登臺－活Ⅱ・陽Ⅰ・書陵・龍門・無窮・足利・筑波・弘文・斯Ⅱ・慶Ⅰ・大東・慶Ⅱ・武内・東大・東洋・斯Ⅰ・六地・宋版・敦Ⅰ・道藏・天理」②若□□□－梅沢・東急・陽Ⅱ」②□登春□－世徳」

16オ3
注
858 萬物感動－活Ⅱ・陽Ⅰ・書陵・龍門・無窮・筑波・弘文・斯Ⅱ・梅沢・慶Ⅰ・大東・慶Ⅱ・武内・東大・東洋・東急・斯Ⅰ・宋版・世徳・道藏・天理」①□□咸□－足利」

859 志意淫淫也■－活Ⅱ・陽Ⅰ・書陵・龍門・無窮・足利・筑波・弘文・斯Ⅱ・慶Ⅰ・大東・慶Ⅱ・武内・東大・東洋・東急・天理」②□□□□之－梅沢」④意志□□然■－斯Ⅰ・宋版・世徳・道藏」

16オ4
注
860 怕然安静－活Ⅱ・陽Ⅰ・書陵・龍門・無窮・足利・筑波・弘文・斯Ⅱ・梅沢・慶Ⅰ・大東・慶Ⅱ・武内・東大・東洋・東急・斯Ⅰ・宋版・世徳・天理」②□兮□□－道藏」

861 未有情欲之形兆也ー活Ⅱ・陽Ⅰ・書陵・龍門・無窮・足利・筑波・弘文・斯Ⅱ・梅沢・慶Ⅰ・大東・慶Ⅱ・武内・東大・東洋・斯Ⅰ・宋版・世徳・天理」①□□□□□刑□□ー東急」⑥無■□□■□□■ー道蔵」

経
862 如嬰兒之ー活Ⅱ・書陵・龍門・無窮・足利・筑波・弘文・慶Ⅰ・大東・慶Ⅱ・武内・東大・東洋・六地・道蔵・天理」①□孾□□ー陽Ⅰ・宋版・世徳」②若□□□ー斯Ⅱ・梅沢・東急・陽Ⅱ」③若孾□□ー斯Ⅰ」

863 未㱾ー活Ⅱ・陽Ⅰ・天理」①□咳ー書陵・龍門・無窮・足利・筑波・弘文・斯Ⅱ・梅沢・慶Ⅰ・大東・慶Ⅱ・武内・東大・東洋・東急・斯Ⅰ・六地・陽Ⅱ」①□孩ー宋版・世徳・道蔵」

16
オ5
注
864 未能荅偶人之時■也ー活Ⅱ・陽Ⅰ・書陵・龍門・無窮・足利・筑波・弘文・斯Ⅱ・慶Ⅰ・大東・慶Ⅱ・武内・東大・天理」②□□□□□□者□ー東洋」②□□□□□■□■□ー梅沢・東急・斯Ⅰ・宋版・世徳」④□□答□□■□■■ー道蔵」

経
865 儡儡兮ー活Ⅱ・陽Ⅰ・書陵・龍門・無窮・足利・筑波・弘文・斯Ⅱ・梅沢・慶Ⅰ・大東・慶Ⅱ・武内・東大・東洋・斯Ⅰ・六地・陽Ⅱ・天理」②□■□ー東急」③乗乗□ー宋版・世徳・道蔵」

866 其若ー活Ⅱ・陽Ⅰ・書陵・龍門・無窮・足利・筑波・弘文・斯Ⅱ・梅沢・慶Ⅰ・大東・慶Ⅱ・武内・東大・東洋・東急・六地・陽Ⅱ・天理」②■□ー斯Ⅰ・宋版・世徳・道蔵」

867 無所歸ー活Ⅱ・陽Ⅰ・書陵・龍門・無窮・弘文・斯Ⅱ・梅沢・東洋・東急・宋版・世徳・道蔵」①无□□ー足利・武内・東大・斯Ⅰ・六地・陽Ⅱ」①□□皈ー筑波・慶Ⅱ・天理」②无□皈ー慶Ⅰ・大東」

注
868 我獨儡儡ー活Ⅱ・陽Ⅰ・書陵・龍門・無窮・足利・筑波・弘文・斯Ⅱ・梅沢・慶Ⅰ・大東・慶Ⅱ・武内・東大・東洋・東急・天理」②□■□□ー斯Ⅰ」④□■乗乗ー宋版・世徳・道蔵」

869 無所ー活Ⅱ・書陵・無窮・足利・筑波・弘文・梅沢・東急・宋版・世徳・道蔵・天理」①无□ー陽Ⅰ・龍門・斯Ⅱ・慶Ⅰ・大東・慶Ⅱ・武内・東大・東洋・斯Ⅰ」

870 歸就也ー活Ⅱ・陽Ⅰ・書陵・無窮・足利・斯Ⅱ・梅沢・東急・道蔵」①皈□□ー龍門・筑波・弘文・慶Ⅰ・大東・慶Ⅱ・武内・東大・東洋・天理」②□□■ー宋版・世徳」③皈□■ー斯Ⅰ」

16
オ6
注
871 衆人■■餘財ー活Ⅱ・陽Ⅰ・書陵・龍門・無窮・足利・筑波・斯Ⅱ・梅沢・慶Ⅰ・大東・東大・東洋・東急・斯Ⅰ・宋版・世徳・天理」①□□■■□賊ー慶Ⅱ・武内」①□□■■余□ー弘文」③□□皆有□□ー道蔵」

872 餘智ー活Ⅱ・陽Ⅰ・書陵・龍門・無窮・足利・筑波・斯Ⅱ・梅沢・慶Ⅰ・大東・慶Ⅱ・武内・東大・東洋・東急・斯Ⅰ・宋版・世徳・道蔵・天理」①余□ー弘文」

873 以爲詐■也ー活Ⅱ・陽Ⅰ・書陵・龍門・無窮・足利・筑波・斯Ⅱ・慶Ⅰ・大東・慶Ⅱ・武内・東大・斯Ⅱ・天理」②□□□之□ー梅沢」②□□□者□ー東洋」②□□□■■ー弘文・東急・宋版・世徳・道蔵」

経
874 ■我獨若遺ー活Ⅱ・陽Ⅰ・東大・東洋・東急・天理」②而□□□□ー書陵・龍門・無窮・足利・筑波・弘文・斯Ⅱ・梅沢・慶Ⅰ・大東・慶Ⅱ・武内・斯Ⅰ・六地・陽Ⅱ・宋版・世徳・道蔵」

16
オ7
注
875 如遺棄ー活Ⅱ・陽Ⅰ・書陵・無窮・足利・筑波・弘文・斯Ⅱ・梅沢・慶Ⅰ・大東・慶Ⅱ・武内・東大・東洋・東急・斯Ⅰ・宋版・世徳・道蔵・天理」①□貴□ー龍門」

876 以於不足也ー活Ⅱ」②似□□□□ー陽Ⅰ・書陵・龍門・無窮・筑波・弘文・斯Ⅱ・梅沢・慶Ⅰ・大東・慶Ⅱ・武内・東大・東急・斯Ⅰ・宋版・世徳・道蔵・天理」④似□□□者ー東洋」④似我□□□ー足利」

経
877 愚人之心■哉ー活Ⅱ・陽Ⅰ・書陵・龍門・無窮・足利・筑波・弘文・斯Ⅱ・梅沢・慶Ⅰ・大東・慶Ⅱ・武内・東大・東洋・東急・六地・陽Ⅱ・天理」②□□□□也□ー斯Ⅰ・宋版・世徳・道蔵」

16ウ1 経 878 ■■沌沌兮―活Ⅱ・陽Ⅰ・書陵・龍門・無窮・弘文・斯Ⅱ・慶Ⅰ・大東・慶Ⅱ・東洋・東急・斯Ⅰ・六地・宋版・世徳・天理」①■■□□乎―梅沢・陽Ⅱ」①■■純純□―道蔵」②■■范々□―足利」③我獨□□□―筑波・武内・東大」

注 879 無所分別也■―活Ⅱ・陽Ⅰ・書陵・無窮・足利・弘文・東急・天理」①无□□□□■―龍門・筑波・斯Ⅱ・慶Ⅰ・大東・慶Ⅱ・武内・東大・東洋」②□□□□□之―梅沢」②□□□□■■―世徳・道蔵」③无□□□■■―斯Ⅰ・宋版」

経 880 俗人昭昭―活Ⅱ・陽Ⅰ・龍門・無窮・足利・弘文・梅沢・慶Ⅰ・大東・慶Ⅱ・武内・東大・東洋・東急・斯Ⅰ・六地・陽Ⅱ・宋版・世徳・天理」①□□照々―書陵・筑波・斯Ⅱ」②衆□□□―道蔵」

経 881 我獨若昏―活Ⅱ・陽Ⅰ・書陵・龍門・無窮・足利・弘文・斯Ⅱ・梅沢・慶Ⅰ・大東・慶Ⅱ・東急・斯Ⅰ・六地・陽Ⅱ・宋版・世徳・道蔵・天理」②□□如□―筑波・武内・東大・東洋」

16ウ2 注 882 如闇昧也―活Ⅱ・陽Ⅰ・書陵・龍門・無窮・足利・筑波・弘文・斯Ⅱ・梅沢・慶Ⅰ・大東・慶Ⅱ・武内・東大・東洋・東急・斯Ⅰ・宋版・世徳・天理」①□暗□□―道蔵」

経 883 俗人察察―活Ⅱ・陽Ⅰ・書陵・龍門・無窮・足利・筑波・弘文・斯Ⅱ・梅沢・慶Ⅰ・大東・慶Ⅱ・武内・東大・東洋・東急・斯Ⅰ・六地・陽Ⅱ・宋版・世徳・天理」②衆□□□―道蔵」

注 884 察察―活Ⅱ・陽Ⅰ・書陵・龍門・無窮・足利・筑波・弘文・斯Ⅱ・梅沢・慶Ⅰ・大東・慶Ⅱ・武内・東大・東洋・斯Ⅰ・宋版・世徳・天理」③■■―東急・道蔵」

885 急且疾也―活Ⅱ・陽Ⅰ・書陵・無窮・足利・筑波・弘文・斯Ⅱ・梅沢・慶Ⅱ・武内・東大・東洋・東急・斯Ⅰ・宋版・世徳・道蔵・天理」②□是□□―龍門」②□□□■―慶Ⅰ・大東」

注 886 悶悶―活Ⅱ・陽Ⅰ・書陵・龍門・無窮・足利・筑波・弘文・斯Ⅱ・梅沢・大東・慶Ⅰ・慶Ⅱ・武内・東大・東洋・斯Ⅰ・宋版・世徳・道蔵・天理」③■■―東急」

887 無所割截也―活Ⅱ・書陵・無窮・足利・弘文・梅沢・東急・天理」①无□□□□―龍門・斯Ⅱ・慶Ⅰ・大東・慶Ⅱ・武内・東大・東洋」②□□□□■―筑波・世徳」③无□□□■―陽Ⅰ・斯Ⅰ・宋版」④□□截割■―道蔵」

16ウ3 経 888 忽■兮―活Ⅱ・陽Ⅰ・書陵・龍門・無窮・足利・筑波・斯Ⅱ・慶Ⅰ・大東・慶Ⅱ・武内・東大・東洋・東急・斯Ⅰ・六地・宋版・世徳・道蔵・天理」①□々□―弘文」①□■乎―梅沢・陽Ⅱ」

889 ■若海―活Ⅱ・陽Ⅰ・書陵・龍門・無窮・足利・弘文・斯Ⅱ・梅沢・慶Ⅰ・大東・慶Ⅱ・東急・六地・陽Ⅱ・宋版・世徳・道蔵・天理」②其□□―筑波・武内・東大・東洋・斯Ⅰ」

注 890 忽忽■―活Ⅱ・陽Ⅰ・書陵・龍門・無窮・足利・筑波・弘文・斯Ⅱ・梅沢・慶Ⅰ・大東・慶Ⅱ・武内・東大・東洋・東急・斯Ⅰ・宋版・世徳・天理」②□□兮―道蔵」

891 如江海之流―活Ⅱ・陽Ⅰ・書陵・龍門・無窮・足利・弘文・慶Ⅰ・大東・慶Ⅱ・斯Ⅰ・宋版・世徳・道蔵・天理」①□□□□洗―斯Ⅱ」②若□□□□―梅沢・武内・東急」④若海江□□―筑波・東大・東洋」

892 莫知其所窮極也―活Ⅱ・陽Ⅰ・書陵・龍門・無窮・足利・筑波・弘文・斯Ⅱ・梅沢・慶Ⅰ・大東・武内・東大・東洋・東急・斯Ⅰ・宋版・世徳・天理」②□□■□□□□―慶Ⅱ」②□□□□□□■―道蔵」

経 893 漂兮―活Ⅱ・筑波・武内・東大・東洋・宋版・世徳・道蔵・天理」①潲□―陽Ⅰ・書陵・龍門・無窮・足利・弘文・斯Ⅱ・梅沢・慶Ⅱ・東急・斯Ⅰ・六地・陽Ⅱ」①瀰□―慶Ⅰ・大東」

894 若無所止―活Ⅱ・陽Ⅰ・書陵・龍門・無窮・足利・筑波・弘文・斯Ⅱ・梅沢・武内・東洋・東急・斯Ⅰ・陽Ⅱ・宋版・道蔵・天理」①□无□□―慶Ⅰ・大東・慶Ⅱ・六地」②□■□□―東大」

16ウ4 注 895 我獨漂漂―活Ⅱ・筑波・武内・東大・東洋・宋版・世徳・道蔵・②□□■□―世徳」

天理」①□□潚々－陽Ⅰ・書陵・龍門・無窮・足利・弘文・斯Ⅱ・梅沢・慶Ⅱ・東急・斯Ⅰ」①□□瀏々－慶Ⅰ・大東」

896若飛■楊－活Ⅱ・無窮・足利・梅沢・大東・武内」①□□■揚－陽Ⅰ・書陵・龍門・筑波・弘文・斯Ⅱ・慶Ⅰ・慶Ⅱ・東大・東洋・東急・斯Ⅰ・天理」③□□若揚－宋版・世徳・道蔵」

897無所止也－活Ⅱ・書陵・足利・筑波・弘文・梅沢・慶Ⅱ・宋版・世徳・道蔵・天理」①无□□□－陽Ⅰ・龍門・無窮・斯Ⅱ・慶Ⅰ・大東・武内・東大・東洋・斯Ⅰ」②□□□■－東急」

898在神域也－活Ⅱ・陽Ⅰ・書陵・龍門・無窮・弘文・斯Ⅱ・慶Ⅰ・大東・慶Ⅱ・武内・東大・東洋・東急・斯Ⅰ・宋版・世徳・天理」①□□城□－足利」②□□□■－筑波・梅沢・道蔵」

注 899以■有爲也－活Ⅱ・陽Ⅰ・書陵・龍門・無窮・足利・筑波・斯Ⅱ・梅沢・慶Ⅰ・大東・慶Ⅱ・武内・東大・東洋・東急・斯Ⅰ・宋版・世徳・道蔵・天理」②□似□□□－弘文」

16ウ5 経 900■我獨頑－活Ⅱ・陽Ⅰ・書陵・龍門・六地・天理」②而□□□－無窮・足利・筑波・弘文・斯Ⅱ・梅沢・慶Ⅰ・大東・慶Ⅱ・武内・東大・東洋・東急・斯Ⅰ・陽Ⅱ・宋版・世徳・道蔵」

注 901無爲■也－活Ⅱ・書陵・無窮・足利・筑波・弘文・東急・天理」①无□■□－陽Ⅰ・龍門・斯Ⅱ・慶Ⅰ・大東・慶Ⅱ・武内・東大」②□□之□－梅沢」②□□■■－宋版・世徳・道蔵」③无□■■－斯Ⅰ」③无□也矣－東洋」

注 902似鄙－活Ⅱ・陽Ⅰ・書陵・龍門・無窮・足利・筑波・弘文・斯Ⅱ・梅沢・慶Ⅰ・大東・慶Ⅱ・武内・東大・東洋・東急・斯Ⅰ・天理」②鄙似－宋版・世徳・道蔵」

903若不逮也－活Ⅱ・陽Ⅰ・書陵・龍門・無窮・足利・筑波・弘文・斯Ⅱ・梅沢・慶Ⅰ・大東・慶Ⅱ・武内・東大・東洋・宋版・世徳・道蔵・天理」①□□建□－東急」①□□遠□－斯Ⅰ」

16ウ6 注 904我獨－活Ⅱ・陽Ⅰ・書陵・龍門・無窮・足利・筑波・弘文・斯Ⅱ・梅沢・慶Ⅰ・大東・慶Ⅱ・武内・東大・東洋・東急・斯Ⅰ・宋版・世徳・天理」③■■－道蔵」

905與人異也－活Ⅱ・陽Ⅰ・書陵・無窮・足利・筑波・弘文・斯Ⅱ・梅沢・慶Ⅰ・大東・慶Ⅱ・武内・東大・東洋・東急・斯Ⅰ・宋版・世徳・天理」②□□□■－道蔵」②□□■□－龍門」

注 906食用也－活Ⅱ・陽Ⅰ・書陵・龍門・足利・筑波・弘文・斯Ⅱ・梅沢・慶Ⅰ・大東・慶Ⅱ・武内・東大・東洋・斯Ⅰ・宋版・世徳・道蔵・天理」②貧□□－無窮」②□□■－東急」

907母道也－活Ⅱ・陽Ⅰ・書陵・龍門・無窮・足利・筑波・弘文・斯Ⅱ・梅沢・慶Ⅰ・大東・慶Ⅱ・武内・東大・東洋・斯Ⅰ・宋版・世徳・道蔵・天理」②□□■－東急」

908■我獨－活Ⅱ・陽Ⅰ・書陵・龍門・無窮・足利・筑波・弘文・斯Ⅱ・梅沢・慶Ⅰ・大東・慶Ⅱ・武内・東大・東洋・東急・斯Ⅰ・宋版・世徳・天理」②唯□□－道蔵」

909貴用道也－活Ⅱ・陽Ⅰ・書陵・龍門・無窮・足利・筑波・弘文・斯Ⅱ・梅沢・慶Ⅰ・大東・慶Ⅱ・武内・東大・東洋・東急・斯Ⅰ・宋版・世徳・天理」②□□□■－道蔵」

16ウ7 910虚心■■■第二十一－活Ⅱ・陽Ⅰ・斯Ⅰ・宋版・世徳・道蔵・天理」□□■■■□廿　一－梅沢」②□□■■章□廿　一－武内・東大・東洋」③孔德■■章□□□□－慶Ⅰ・大東」③孔德■容章□廿　一－慶Ⅱ」③孔德之■章□□□□－弘文」③孔德之容章□□□□－筑波」③■■■■■■■■■－書陵・龍門・無窮・足利・斯Ⅱ・東急・六地・陽Ⅱ」

17オ1 注 911■大德之人－活Ⅱ・陽Ⅰ・書陵・龍門・筑波・梅沢・慶Ⅱ・武内・東大・東洋・東急・天理」②有□□□□－無窮・足利・弘文・斯Ⅱ・慶Ⅰ・大東・斯Ⅰ・宋版・世徳・道蔵」

912無所不容－書陵・無窮・足利・弘文・斯Ⅱ・梅沢・大東・東急・宋版・世徳・道蔵・天理」①□□□客－活Ⅱ」①无□□□－陽Ⅰ・龍門・筑波・慶Ⅰ・慶Ⅱ・武内・東大・東洋・斯Ⅰ」

913處謙卑也－活Ⅱ・陽Ⅰ・書陵・龍門・無窮・足利・筑波・弘文・斯Ⅱ・梅沢・慶Ⅰ・大東・慶Ⅱ・武内・東大・東洋・東急・斯Ⅰ・宋版・世徳・天理」④□□沖■－道蔵」

17オ2 注
914 大徳之人—活Ⅱ・陽Ⅰ・書陵・龍門・無窮・足利・筑波・弘文・斯Ⅱ・梅沢・慶Ⅰ・大東・慶Ⅱ・武内・東大・東洋・東急・宋版・世徳・道蔵・天理」①太□□□—斯Ⅰ」

915 世俗■所行—活Ⅱ・陽Ⅰ・書陵・龍門・無窮・足利・筑波・弘文・梅沢・慶Ⅰ・大東・慶Ⅱ・東急・斯Ⅰ・宋版・世徳・道蔵」②□□之□□—武内・東大・東洋・天理」②□□■□■—斯Ⅱ」

916 從於道也■—活Ⅱ・陽Ⅰ・書陵・龍門・無窮・足利・弘文・斯Ⅱ・梅沢・慶Ⅰ・大東・慶Ⅱ・武内・東大・東洋・東急・斯Ⅰ・宋版・世徳・道蔵・天理」②□□□□矣—筑波」

経
917 道之■爲物—活Ⅱ・陽Ⅰ・書陵・龍門・無窮・梅沢・慶Ⅰ・大東・慶Ⅱ・武内・東大・東洋・東急・斯Ⅰ・六地・陽Ⅱ・宋版・世徳・道蔵・天理」②□□於□□—足利・筑波・弘文・斯Ⅱ」

918 唯怳唯忽—活Ⅱ・陽Ⅰ・書陵・無窮・足利・筑波・弘文・斯Ⅱ・梅沢・慶Ⅰ・大東・武内・東大・東洋・東急・斯Ⅰ・陽Ⅱ・宋版・世徳・道蔵・天理」①□恍□□—龍門・慶Ⅱ・六地」

17オ3 注
919 獨怳忽—活Ⅱ・無窮・足利・筑波・弘文・斯Ⅱ・梅沢・慶Ⅰ・大東・武内・東大・東洋・東急・斯Ⅰ・宋版・世徳・道蔵・天理」②■□□—陽Ⅰ・書陵」②独恍急—慶Ⅱ」③■恍□—龍門」

920 往來於其■■所■也—活Ⅱ・陽Ⅰ・書陵・龍門・無窮・足利・筑波・弘文・斯Ⅱ・梅沢・慶Ⅰ・大東・武内・東大・東洋・東急・天理」③□□□□■無□定□—世徳」③□□□□■无□定□—宋版」③□□□□中無□定□—慶Ⅱ」③□□□□中无□定■—斯Ⅰ」③□□□而■無□定■—道蔵」

経
921 忽兮怳兮—活Ⅱ・陽Ⅰ・書陵・無窮・足利・筑波・弘文・斯Ⅱ・梅沢・慶Ⅰ・大東・武内・東大・東洋・東急・斯Ⅰ・陽Ⅱ・宋版・世徳・天理」①□□恍□—龍門・慶Ⅱ・六地」③怳□忽□—道蔵」

922 其中有象—活Ⅱ・陽Ⅰ・書陵・龍門・無窮・足利・筑波・弘文・斯Ⅱ・梅沢・慶Ⅰ・大東・慶Ⅱ・武内・東大・東洋・東急・六地・陽Ⅱ・天理」①□□□像—斯Ⅰ・宋版・世徳」②□□□物—道蔵（下句と位置転倒）」

17オ4 注
923 道■唯—活Ⅱ・陽Ⅰ・書陵・龍門・無窮・足利・筑波・斯Ⅱ・梅沢・慶Ⅰ・大東・慶Ⅱ・武内・東大・東洋・東急・斯Ⅰ・宋版・世徳・道蔵・天理」②□独□—弘文」

924 忽怳無形—活Ⅱ・書陵・無窮・足利・弘文・斯Ⅱ・梅沢・東急・世徳・天理」①□□无□—陽Ⅰ・筑波・慶Ⅰ・大東・武内・東大・東洋・斯Ⅰ・宋版」②□恍无□—龍門・慶Ⅱ」③窈冥□□—道蔵」

925 無形之中—活Ⅱ・書陵・無窮・足利・弘文・斯Ⅱ・梅沢・東急・天理」①无□□□—陽Ⅰ・龍門・筑波・慶Ⅰ・大東・慶Ⅱ・武内・東大・東洋・斯Ⅰ」③■■□□—宋版・世徳」③■■其□—道蔵」

926 爲萬物設法象也—活Ⅱ・陽Ⅰ・書陵・龍門・無窮・足利・斯Ⅱ・梅沢・慶Ⅰ・大東・慶Ⅱ・武内・東大・東洋・東急・天理」①□□□説□□□—筑波」②□□□□□□■—弘文」③□□□□像■—斯Ⅰ」⑤□□□■□像■—宋版・世徳」⑥有□□■□□■—道蔵」

経
927 怳兮忽兮—活Ⅱ・陽Ⅰ・書陵・無窮・足利・筑波・弘文・斯Ⅱ・梅沢・慶Ⅰ・大東・武内・東大・東洋・東急・斯Ⅰ・陽Ⅱ・宋版・世徳・天理」①恍□□□—龍門・慶Ⅱ・六地」③忽□怳□—道蔵」

928 其中有物—活Ⅱ・陽Ⅰ・書陵・龍門・無窮・足利・筑波・弘文・斯Ⅱ・梅沢・慶Ⅰ・大東・慶Ⅱ・武内・東大・東洋・東急・斯Ⅰ・六地・陽Ⅱ・宋版・世徳・天理」②□□□象—道蔵」

17オ5 注
929 道唯怳忽—活Ⅱ・無窮・梅沢・武内・東大・東洋・東急・斯Ⅰ・宋版・世徳・道蔵・天理」②□□忽怳—陽Ⅰ・書陵・龍門・足利・筑波・弘文・斯Ⅱ・慶Ⅰ・大東」③□□忽恍—慶Ⅱ」

930 因氣立質也■—活Ⅱ・陽Ⅰ・書陵・龍門・無窮・足利・筑波・弘文・斯Ⅱ・慶Ⅰ・大東・慶Ⅱ・武内・東大・東洋・東急・斯Ⅰ・天理」②□□□□□之—梅沢」②□□□□■■—宋版・世

徳・道蔵」

17オ6 注 931 窈冥無形－活Ⅱ・無窮・足利・弘文・梅沢・慶Ⅱ・東急・世徳・天理」①□□无□－陽Ⅰ・書陵・龍門・筑波・斯Ⅱ・慶Ⅰ・大東・武内・東大・東洋・斯Ⅰ・宋版」②□□■■－道蔵」

932 陰陽交會■也－活Ⅱ・陽Ⅰ・書陵・龍門・無窮・足利・筑波・弘文・斯Ⅱ・梅沢・慶Ⅰ・大東・慶Ⅱ・武内・東大・東洋・斯Ⅰ・宋版・世徳・天理」②□□□□之□－東急」②□□□□之■－道蔵」

注 933 言道精氣－活Ⅱ・陽Ⅰ・書陵・龍門・無窮・足利・筑波・弘文・斯Ⅱ・梅沢・慶Ⅰ・大東・慶Ⅱ・武内・東大・東洋・東急・斯Ⅰ・道蔵・天理」②□存□□－宋版・世徳」

934 ■神妙甚真－活Ⅱ・陽Ⅰ・書陵・龍門・無窮・足利・筑波・弘文・斯Ⅱ・梅沢・慶Ⅰ・大東・慶Ⅱ・武内・東大・東洋・東急・道蔵・天理」②■其□□□－宋版・世徳」④道□□是□－斯Ⅰ」

17オ7 注 935 道匿功■名－活Ⅱ・陽Ⅰ・書陵・龍門・無窮・筑波・弘文・斯Ⅱ・梅沢・慶Ⅰ・大東・慶Ⅱ・武内・東大・東洋・東急・斯Ⅰ・天理」②□□□藏□－足利・宋版・世徳・道蔵」

936 其信－活Ⅱ・陽Ⅰ・書陵・龍門・無窮・足利・筑波・弘文・斯Ⅱ・梅沢・武内・東大・東洋・東急・斯Ⅰ・宋版・世徳・天理」②■□－慶Ⅱ・道蔵」②□神－慶Ⅰ・大東」

937 在■中■也－活Ⅱ・陽Ⅰ・書陵・龍門・無窮・足利・筑波・弘文・斯Ⅱ・慶Ⅰ・大東・慶Ⅱ・武内・東大・東洋・東急・斯Ⅰ・宋版・世徳・天理」②□■□之□－梅沢」③□其□■■－道蔵」

経 938 其名不去－活Ⅱ・陽Ⅰ・書陵・龍門・無窮・足利・筑波・弘文・斯Ⅱ・梅沢・慶Ⅱ・武内・東大・東洋・東急・斯Ⅰ・宋版・世徳・道蔵・天理」③■■□□－慶Ⅰ・大東」

17ウ1 注 939 従古至今－活Ⅱ・陽Ⅰ・書陵・龍門・無窮・足利・筑波・弘文・斯Ⅱ・梅沢・慶Ⅰ・大東・慶Ⅱ・武内・東大・東洋・東急・道蔵・天理」②自□□□－斯Ⅰ・宋版・世徳」

940 不去■也－活Ⅱ・陽Ⅰ・書陵・龍門・無窮・足利・筑波・弘文・斯Ⅱ・梅沢・慶Ⅰ・大東・慶Ⅱ・武内・東大・東急・天理」②□□者□－東洋」②□□■■－斯Ⅰ・宋版・世徳・道蔵」

17ウ2 注 941 道禀與萬物－活Ⅱ・陽Ⅰ・書陵・龍門・無窮・足利・筑波・弘文・斯Ⅱ・梅沢・慶Ⅰ・大東・慶Ⅱ・武内・東大・東洋・東急・斯Ⅰ・宋版・世徳・天理」②□□■□□－道蔵」

942 始生－活Ⅱ・陽Ⅰ・書陵・龍門・無窮・梅沢・足利・筑波・弘文・慶Ⅰ・大東・慶Ⅱ・武内・東大・東洋・東急・斯Ⅰ・宋版・世徳・道蔵・天理」②■□－斯Ⅱ」

943 受氣■也■■－活Ⅱ・陽Ⅰ・書陵・龍門・無窮・足利・筑波・弘文・慶Ⅰ・大東・慶Ⅱ・武内・東急・天理」②□□之□■■－梅沢」②□□■■■■－東大・東洋・斯Ⅰ・宋版・世徳・道蔵」③□□■□始也－斯Ⅱ」

注 944 我何以知從道受氣也－活Ⅱ・陽Ⅰ・龍門・無窮・足利・筑波・弘文・斯Ⅱ・梅沢・慶Ⅰ・大東・慶Ⅱ・武内・東大・東洋・東急・斯Ⅰ・天理」②□□□□□□□□■－書陵・宋版・世徳」④■■■■■■■■■－道蔵」

17ウ3 注 945 此今也以今萬物皆得道精氣而生－活Ⅱ・陽Ⅰ・書陵・龍門・無窮・足利・筑波・弘文・斯Ⅱ・梅沢・慶Ⅰ・大東・武内・東大・東洋・東急・斯Ⅰ・宋版・世徳・天理」②□□□□□□□□□□□□■□－慶Ⅱ」④■■■■■■■■■■■■■■－道蔵」

946 人動作起居－活Ⅱ・陽Ⅰ・書陵・龍門・無窮・足利・筑波・弘文・斯Ⅱ・梅沢・慶Ⅰ・大東・慶Ⅱ・武内・東大・東洋・東急・斯Ⅰ・天理」②■□□□□－宋版・世徳」③■■■■■－道蔵」

947 非道不然■也■－活Ⅱ・陽Ⅰ・書陵・龍門・無窮・足利・筑波・弘文・慶Ⅰ・大東・慶Ⅱ・武内・東大・東洋・東急・斯Ⅰ・天理」②□□□□■□矣－斯Ⅱ」②□□□□之□矣－梅沢」②□□□□■■■－宋版・世徳」③■■■■■■■－道蔵」

17ウ4 948 益謙■■第二十二－活Ⅱ・陽Ⅰ・斯Ⅰ・宋版・世徳・道蔵・天理」□□■■□廿　二－梅沢」②□□■章□廿　二－武内・東大・東洋」③曲則■章□□□□－慶Ⅰ・大東」③曲則全章□廿

二―弘文・慶Ⅱ」③曲則金章□□□□―筑波」③■■■■■■■■―書陵・龍門・無窮・足利・斯Ⅱ・東急・六地・陽Ⅱ」

17ウ5 注 949 則全■■也―活Ⅱ・陽Ⅰ・書陵・龍門・無窮・筑波・弘文・斯Ⅱ・梅沢・慶Ⅰ・大東・武内・東大・東洋・東急・天理・治要」②□□■■■―足利・道蔵」③□□其身□―宋版・世徳」③□□■身□―慶Ⅱ・斯Ⅰ」

経 950 枉則直―陽Ⅰ・足利・筑波・武内・東急・天理」①枉□□―書陵・龍門・弘文・斯Ⅱ・梅沢・慶Ⅰ・大東・慶Ⅱ・東大・斯Ⅰ・六地・陽Ⅱ・宋版・世徳・道蔵・治要」①狂□□―無窮・東洋」①□□真―活Ⅱ」

注 951 枉■■屈已―活Ⅱ・陽Ⅰ・足利・筑波・慶Ⅱ・武内・東急・天理」①枉■■□□―書陵・龍門・弘文・斯Ⅱ・梅沢・慶Ⅰ・大東・東大・斯Ⅰ・宋版・世徳」①狂■■□□―無窮・東洋」③枉屈也□□―道蔵」③■■■■■―治要」

952 而申人久久―活Ⅱ・陽Ⅰ・書陵・龍門・無窮・足利・筑波・弘文・斯Ⅱ・梅沢・慶Ⅰ・大東・慶Ⅱ・武内・東大・東洋・東急・斯Ⅰ・宋版・世徳・天理」①□伸□□□―道蔵」③■■■■■―治要」

953 ■自得直也―活Ⅱ・陽Ⅰ・書陵・龍門・無窮・足利・筑波・弘文・斯Ⅱ・梅沢・慶Ⅰ・大東・慶Ⅱ・武内・東大・東洋・東急・斯Ⅰ・宋版・世徳・天理」③而□□□巳―道蔵」③■■■■■―治要」

17ウ6 経 954 窪則盈―活Ⅱ・陽Ⅰ・筑波・梅沢・慶Ⅰ・大東・東大・東洋・東急・斯Ⅰ・陽Ⅱ・宋版・世徳・天理」①窪□□―武内」①窪□□―龍門・書陵・慶Ⅱ・六地」①窪□□―無窮・弘文・斯Ⅱ・治要」①窪□□―足利」①窊□□―道蔵」

注 955 地窪下―活Ⅱ・陽Ⅰ・筑波・梅沢・慶Ⅰ・大東・東大・東洋・東急・斯Ⅰ・宋版・世徳・天理」①□窪□―武内」①□窪□―書陵・龍門・慶Ⅱ」①□窪□―無窮・弘文・斯Ⅱ・治要」①□窪□―足利」①□窊□―道蔵」

956 水流之■―活Ⅱ・陽Ⅰ・書陵・龍門・無窮・足利・筑波・弘文・斯Ⅱ・梅沢・慶Ⅰ・大東・慶Ⅱ・武内・東大・東急・斯Ⅰ・宋版・世徳・天理・治要」②□□□也―東洋」②□歸□■―道蔵」

957 人謙下―活Ⅱ・陽Ⅰ・書陵・龍門・無窮・足利・筑波・弘文・斯Ⅱ・梅沢・慶Ⅰ・大東・慶Ⅱ・武内・東大・東洋・東急・斯Ⅰ・世徳・道蔵・天理・治要」②□則□―宋版」

958 徳歸之也―活Ⅱ・陽Ⅰ・書陵・龍門・足利・斯Ⅱ・慶Ⅰ・大東・武内・東大・斯Ⅰ・宋版・世徳」①□皈□□―無窮・筑波・弘文・慶Ⅱ・東洋・天理」②□□■□―梅沢」②□□□■―東急・道蔵・治要」

注 959 後已先人―活Ⅱ・陽Ⅰ・書陵・龍門・無窮・足利・筑波・弘文・斯Ⅱ・梅沢・慶Ⅰ・大東・武内・東大・東洋・東急・斯Ⅰ・宋版・世徳・道蔵・天理・治要」①后□□□―慶Ⅱ」

17ウ7 960 久久―活Ⅱ・陽Ⅰ・書陵・龍門・無窮・足利・弘文・斯Ⅱ・梅沢・慶Ⅰ・大東・慶Ⅱ・武内・東大・東洋・東急・斯Ⅰ・宋版・世徳・道蔵・天理・治要」①反々―筑波」

961 自新■也―活Ⅱ・陽Ⅰ・書陵・龍門・無窮・足利・筑波・弘文・斯Ⅱ・慶Ⅰ・大東・慶Ⅱ・武内・東大・東洋・東急・斯Ⅰ・宋版・世徳・天理・治要」②□□■■―梅沢」②□□之□―道蔵」

注 962 自得■少―活Ⅱ・陽Ⅰ・書陵・龍門・無窮・足利・筑波・弘文・斯Ⅱ・慶Ⅰ・大東・慶Ⅱ・斯Ⅰ・天理」②□受■□―梅沢・武内・東大・東洋・東急・道蔵・治要」③□受取□―宋版・世徳」

963 則得多也―活Ⅱ・陽Ⅰ・書陵・龍門・無窮・足利・筑波・弘文・斯Ⅱ・梅沢・慶Ⅰ・大東・慶Ⅱ・武内・東大・東洋・東急・宋版・世徳・道蔵・天理」②□□□■―斯Ⅰ・治要」

964 天道祐謙神明託虚也―活Ⅱ・陽Ⅰ・書陵・龍門・無窮・足利・筑波・弘文・斯Ⅱ・梅沢・慶Ⅰ・大東・慶Ⅱ・武内・東大・東洋・東急・天理」②□□□□□□□■―斯Ⅰ・宋版・世徳」④□□□□鬼神益□■―道蔵」④■■■■■■■■■■―治要」

18オ1注965■財多者－活Ⅱ・陽Ⅰ・書陵・龍門・無窮・筑波・弘文・斯Ⅱ・梅沢・慶Ⅰ・大東・慶Ⅱ・武内・東大・東洋・東急・斯Ⅰ・宋版・世徳・道蔵・天理・治要」②則□□□－足利（見消ち有り）」

966惑於■守身－活Ⅱ・陽Ⅰ・書陵・龍門・無窮・足利・筑波・弘文・斯Ⅱ・梅沢・慶Ⅰ・大東・慶Ⅱ・武内・東大・東洋・東急・斯Ⅰ・天理・治要」③□□所□■－宋版・世徳・道蔵」

967惑於所聞■也－活Ⅱ・陽Ⅰ・書陵・龍門・無窮・足利・筑波・弘文・斯Ⅱ・慶Ⅰ・大東・慶Ⅱ・武内・東大・東急・天理・治要」②□□□之□－梅沢」②□□□□■■－東洋・斯Ⅰ・宋版・世徳・道蔵」

経968■為天下式－活Ⅱ・陽Ⅰ・書陵・龍門・足利・筑波・斯Ⅱ・梅沢・慶Ⅰ・大東・慶Ⅱ・武内・東大・東洋・東急・斯Ⅰ・六地・陽Ⅱ・宋版・世徳・道蔵・天理・治要」②以□□□□－無窮・弘文」

18オ2注969抱守也■－活Ⅱ・陽Ⅰ・書陵・龍門・無窮・足利・弘文・斯Ⅱ・梅沢・慶Ⅰ・大東・慶Ⅱ・武内・東大・東洋・道蔵・天理・治要」①□□□也－筑波」②□□■－東急・斯Ⅰ・宋版・世徳」

970式法也－活Ⅱ・陽Ⅰ・書陵・龍門・無窮・足利・筑波・弘文・斯Ⅱ・梅沢・慶Ⅰ・大東・慶Ⅱ・武内・東大・東洋・斯Ⅰ・道蔵・天理・治要」②法式□－東急・宋版・世徳」

971故能為天下■法式也－活Ⅱ・陽Ⅰ・書陵・龍門・無窮・足利・筑波・斯Ⅱ・梅沢・慶Ⅰ・大東・慶Ⅱ・武内・東大・東洋・東急・斯Ⅰ・宋版・世徳・天理・治要」②□■□□□■□□□－弘文」④□□□□之□□■－道蔵」

18オ3注972不以其目視千里之外也－活Ⅱ・陽Ⅰ・書陵・龍門・無窮・足利・筑波・弘文・斯Ⅱ・慶Ⅰ・大東・慶Ⅱ・宋版・世徳・天理」②□□□□□□□□■－梅沢・武内・東大・東洋・東急・斯Ⅰ・道蔵」④■■■■■■■■－治要」

973乃因天下之目－活Ⅱ・陽Ⅰ・書陵・龍門・無窮・足利・筑波・弘文・斯Ⅱ・梅沢・大東・慶Ⅱ・武内・東大・東洋・東急・斯Ⅰ・宋版・世徳・道蔵・天理」①□□□□□自－慶Ⅰ」②■□□□□□－治要」

974故能明達也－活Ⅱ・陽Ⅰ・書陵・龍門・無窮・足利・筑波・弘文・斯Ⅱ・梅沢・慶Ⅰ・大東・慶Ⅱ・武内・東大・東洋・東急・宋版・世徳・天理」②□□□□■－斯Ⅰ・道蔵・治要」

経975不自是故彰－活Ⅱ・陽Ⅰ・書陵・龍門・無窮・足利・筑波・弘文・斯Ⅱ・梅沢・慶Ⅰ・大東・慶Ⅱ・武内・東大・東洋・東急・六地・陽Ⅱ・宋版・世徳・道蔵・天理・治要」④■■■■■－斯Ⅰ」

18オ4注976聖人不自以為是而非人－活Ⅱ・陽Ⅰ・書陵・龍門・無窮・足利・筑波・弘文・斯Ⅱ・梅沢・慶Ⅰ・大東・慶Ⅱ・武内・東大・東洋・東急・宋版・世徳・道蔵・天理」②□□□□■□□□□□－治要」②■■■■■■■■－斯Ⅰ」

977故■－活Ⅱ・陽Ⅰ・書陵・龍門・慶Ⅱ・天理」②□能－無窮・足利・筑波・弘文・斯Ⅱ・梅沢・慶Ⅰ・大東・武内・東大・東洋・東急・宋版・世徳・道蔵・治要」②■■－斯Ⅰ」

978彰顯於世■也－活Ⅱ・陽Ⅰ・書陵・龍門・無窮・足利・筑波・弘文・斯Ⅱ・慶Ⅰ・大東・東急・天理」②□□□□者□－梅沢・慶Ⅱ・武内・東大・東洋」②□□□□矣■－道蔵」②□□□□■■－宋版・世徳・治要」③■■■■■■－斯Ⅰ」

経979故有功－活Ⅱ・陽Ⅰ・書陵・龍門・無窮・筑波・弘文・斯Ⅱ・梅沢・慶Ⅰ・大東・慶Ⅱ・武内・東大・東洋・東急・斯Ⅰ・六地・陽Ⅱ・宋版・世徳・道蔵・天理・治要」①□□巧－足利」

18オ5注980伐取也－活Ⅱ・陽Ⅰ・書陵・龍門・無窮・足利・弘文・斯Ⅱ・梅沢・慶Ⅰ・大東・慶Ⅱ・武内・東大・東洋・東急・斯Ⅰ・宋版・世徳・道蔵・天理」①代□□－筑波」③■■■－治要」

981不自取其美－活Ⅱ・陽Ⅰ・無窮・足利・筑波・弘文・斯Ⅱ・梅沢・慶Ⅰ・大東・慶Ⅱ・武内・東大・東洋・東急・斯Ⅰ・宋版・世徳・道蔵・天理・治要」②□□□□義－書陵・龍門」

982有功於天下也■－活Ⅱ・陽Ⅰ・書陵・龍門・無窮・足利・筑波・

弘文・斯Ⅱ・慶Ⅰ・大東・東急・天理・治要」②□□□□□□之－梅沢」②□□□□■之－慶Ⅱ」②□□□□□■■－武内・東大・東洋・斯Ⅰ・宋版・世徳・道蔵」

18オ6

注983 矜大也－活Ⅱ・陽Ⅰ・書陵・龍門・無窮・足利・筑波・弘文・斯Ⅱ・梅沢・慶Ⅰ・大東・慶Ⅱ・武内・東大・東洋・東急・斯Ⅰ・宋版・世徳・道蔵・天理」③■■■－治要」

984 不自貴大－活Ⅱ・陽Ⅰ・書陵・龍門・無窮・足利・筑波・弘文・斯Ⅱ・梅沢・慶Ⅰ・大東・武内・東大・東洋・東急・斯Ⅰ・宋版・世徳・道蔵・天理・治要」②□□■□－慶Ⅱ」

985 能■長久－活Ⅱ・陽Ⅰ・書陵・龍門・無窮・足利・筑波・弘文・斯Ⅱ・梅沢・慶Ⅰ・大東・武内・東大・東洋・東急・斯Ⅰ・道蔵・天理・治要」②□危□□－慶Ⅱ」②□■■□－宋版・世徳」

986 不危也－活Ⅱ・書陵・龍門・無窮・足利・筑波・弘文・斯Ⅱ・梅沢・慶Ⅰ・大東・慶Ⅱ・武内・東大・東洋・東急・斯Ⅰ・天理・治要」②□□■－陽Ⅰ・宋版・世徳・道蔵」

経987 夫唯不争－活Ⅱ・陽Ⅰ・書陵・龍門・足利・筑波・梅沢・慶Ⅱ・武内・東大・東洋・東急・斯Ⅰ・六地・陽Ⅱ・宋版・世徳・天理・治要」①□惟□□－無窮・弘文・斯Ⅱ・慶Ⅰ・大東」②□□矜－道蔵」

988 莫■與之争－活Ⅱ・慶Ⅱ・世徳・天理」②□能□□□－陽Ⅰ・書陵・龍門・無窮・足利・筑波・弘文・斯Ⅱ・梅沢・慶Ⅰ・大東・武内・東大・東洋・東急・斯Ⅰ・六地・陽Ⅱ・宋版・道蔵・治要」

18オ7

注989 無能－活Ⅱ・書陵・無窮・弘文・梅沢・慶Ⅱ・世徳・道蔵・天理」①无□－陽Ⅰ・龍門・足利・筑波・斯Ⅱ・慶Ⅰ・大東・武内・東大・東洋・斯Ⅰ・宋版・治要」②□■－東急」

990 與不争者争也－活Ⅱ・陽Ⅰ・書陵・龍門・無窮・足利・筑波・弘文・斯Ⅱ・梅沢・慶Ⅰ・大東・慶Ⅱ・武内・東大・東洋・東急・斯Ⅰ・宋版・世徳・天理」②□□□□■－道蔵・治要」

18ウ1

注991 曲従則全身－活Ⅱ・陽Ⅰ・書陵・龍門・無窮・足利・弘文・斯Ⅱ・梅沢・慶Ⅰ・大東・武内・東大・東洋・東急・斯Ⅰ・宋版・世徳・天理」①□後□□□－筑波」②■□□□□－慶Ⅱ」②□□□□■－道蔵」

992 非虚空也－活Ⅱ・陽Ⅰ・書陵・龍門・無窮・足利・斯Ⅱ・梅沢・慶Ⅰ・東急・斯Ⅰ」②□□言□－筑波・弘文・大東・武内・東大・東洋・天理」②□空虚□－慶Ⅱ」②□□妄□－宋版・世徳」②□□■□－道蔵」

経993 ■誠全－活Ⅱ・陽Ⅰ・書陵・龍門・無窮・足利・筑波・弘文・斯Ⅱ・梅沢・慶Ⅰ・大東・慶Ⅱ・武内・東大・東洋・東急・斯Ⅰ・六地・陽Ⅱ・宋版・世徳・天理」②故□□－道蔵」

994 而歸之－活Ⅱ・陽Ⅰ・書陵・龍門・足利・弘文・斯Ⅱ・慶Ⅰ・武内・東大・東洋・東急・斯Ⅰ・六地・陽Ⅱ・宋版・世徳・道蔵」①□皈□－無窮・筑波・大東・慶Ⅱ・天理」②■□□－梅沢」

18ウ2

注995 誠實也－活Ⅱ・陽Ⅰ・書陵・龍門・無窮・足利・筑波・弘文・斯Ⅱ・梅沢・慶Ⅰ・大東・武内・東大・東洋・東急・斯Ⅰ・宋版・世徳・道蔵・天理」②□□之－慶Ⅱ」

996 ■能行曲従者－活Ⅱ・陽Ⅰ・書陵・龍門・無窮・足利・筑波・弘文・斯Ⅱ・梅沢・慶Ⅱ・武内・東大・東洋・東急・斯Ⅰ・宋版・世徳・道蔵・天理」②已□□□□－慶Ⅰ・大東」

997 實全其肌體－活Ⅱ・陽Ⅰ・書陵・龍門・無窮・足利・筑波・弘文・梅沢・慶Ⅰ・大東・慶Ⅱ・武内・東大・東洋・東急・斯Ⅰ」①□□□飢□－斯Ⅱ・天理」②□■□□□－世徳・道蔵」③□■□飢□－宋版」

998 歸之於父母－活Ⅱ・陽Ⅰ・書陵・龍門・無窮・足利・斯Ⅱ・梅沢・東洋・東急・宋版・世徳・道蔵」①皈□□□－筑波・弘文・慶Ⅰ・大東・慶Ⅱ・武内・東大・斯Ⅰ・天理」

999 無有－活Ⅱ・書陵・無窮・弘文・梅沢・大東・東急・宋版・世徳・道蔵・天理」①无□－陽Ⅰ・龍門・足利・筑波・斯Ⅱ・慶Ⅰ・慶Ⅱ・武内・東大・東洋・斯Ⅰ」

1000 傷害之■也－活Ⅱ・陽Ⅰ・書陵・龍門・無窮・足利・筑波・弘文・斯Ⅱ・慶Ⅰ・大東・慶Ⅱ・武内・東大・東洋・天理」②□□□者□－梅沢」②□□□者■－東急」②□□■■□－斯Ⅰ・宋版・世徳・道蔵」

18ウ3

1001 虚無■■■第二十三－活Ⅱ・陽Ⅰ・斯Ⅰ・宋版・世徳・道蔵・天理」□□■■■□廿　三－梅沢」②□□■■章□廿　三－武内・東大・東洋」③希言■■章□□□□－慶Ⅰ・大東」③希言自然章□□□□－筑波」③希言自然章□廿　三－弘文・慶Ⅱ」③■■■■■■■■■－書陵・龍門・無窮・足利・斯Ⅱ・東急・六地・陽Ⅱ」

18ウ4 注

1002 希言謂■愛言也－活Ⅱ・陽Ⅰ・書陵・龍門・無窮・足利・筑波・弘文・斯Ⅱ・梅沢・慶Ⅰ・大東・慶Ⅱ・武内・東大・東洋・斯Ⅰ・道蔵・天理」②□□■■□□□－東急」③□□者是□□□－宋版・世徳」

1003 自然之道也－活Ⅱ・陽Ⅰ・書陵・龍門・無窮・足利・筑波・弘文・斯Ⅱ・梅沢・慶Ⅰ・大東・慶Ⅱ・武内・東大・東洋・東急・天理」②□□□□■－斯Ⅰ・宋版・世徳・道蔵」

18ウ5 注

1004 言疾■不能長－活Ⅱ・陽Ⅰ・書陵・龍門・無窮・足利・筑波・弘文・斯Ⅱ・梅沢・慶Ⅰ・大東・慶Ⅱ・武内・東大・東洋・東急・斯Ⅰ・宋版・世徳・治要」②□□則□□□－天理」②■□■□□□－道蔵」

1005 暴不能久也－活Ⅱ・陽Ⅰ・書陵・龍門・無窮・足利・筑波・弘文・斯Ⅱ・慶Ⅰ・大東・慶Ⅱ・武内・東大・東洋・東急・斯Ⅰ・宋版・世徳・道蔵・天理・治要」②□□□□■－梅沢」

18ウ6 経

1006 天地也－活Ⅱ・陽Ⅰ・書陵・龍門・無窮・足利・筑波・弘文・斯Ⅱ・慶Ⅰ・大東・慶Ⅱ・武内・東大・東洋・六地・陽Ⅱ・東急・斯Ⅰ・治要・天理」②□□■－梅沢（也、地字下字間に加筆）・宋版・世徳・道蔵」

注

1007 孰誰也－活Ⅱ・陽Ⅰ・書陵・龍門・無窮・足利・筑波・弘文・斯Ⅱ・梅沢・慶Ⅰ・大東・慶Ⅱ・武内・東大・東洋・宋版・世徳・天理・治要」③■■■－東急・斯Ⅰ・道蔵」

1008 誰爲此飄風暴雨者乎－活Ⅱ・陽Ⅰ・書陵・龍門・無窮・足利・筑波・弘文・斯Ⅱ・梅沢・慶Ⅰ・大東・慶Ⅱ・武内・東大・東洋・東急・宋版・世徳・天理」②□□□□□□■□－斯Ⅰ」②□□□□□□□■－道蔵」③■■■■■■■■■－治要」

1009 天地之所爲■也－活Ⅱ・陽Ⅰ・書陵・龍門・無窮・足利・筑波・弘文・斯Ⅱ・慶Ⅰ・大東・慶Ⅱ・武内・東洋・天理」②□□■□□■□－東大・東急・道蔵」④□□■□□之□－梅沢」④□□□□■■－斯Ⅰ」④□□■□□■■－宋版・世徳」⑤■■■■■■■－治要」

18ウ7 注

1010 不■終於朝暮也－活Ⅱ・陽Ⅰ・書陵・龍門・無窮・足利・筑波・弘文・斯Ⅱ・梅沢・慶Ⅰ・大東・慶Ⅱ・武内・東大・東洋・東急・斯Ⅰ・宋版・世徳・天理」④□能□□□至夕－道蔵」⑤■■■■■■■－治要」

注

1011 尚不能－活Ⅱ・陽Ⅰ・書陵・龍門・無窮・足利・弘文・斯Ⅱ・梅沢・慶Ⅰ・大東・慶Ⅱ・武内・東大・東洋・東急・斯Ⅰ・宋版・世徳・道蔵・天理・治要」②■□□－筑波」

19オ1

1012 使終朝至暮■－活Ⅱ・陽Ⅰ・書陵・龍門・無窮・足利・筑波・斯Ⅱ・梅沢・慶Ⅰ・大東・慶Ⅱ・武内・東大・東洋・東急・斯Ⅰ・宋版・世徳・天理・治要」②□從□□□■－道蔵」②□□□□□也－弘文」

1013 何況於人－活Ⅱ・陽Ⅰ・書陵・龍門・無窮・足利・筑波・弘文・斯Ⅱ・梅沢・慶Ⅰ・大東・慶Ⅱ・武内・東大・東洋・東急・道蔵・天理」②□□■□－斯Ⅰ・宋版・世徳」④■□■□－治要」

1014 ■欲爲暴卒■乎－活Ⅱ・陽Ⅰ・書陵・龍門・無窮・足利・筑波・斯Ⅱ・慶Ⅰ・大東・慶Ⅱ・東急・斯Ⅰ・宋版・世徳・天理」②■□□□□■也－弘文」②■□□□□之也－梅沢」②■□□□□者□－治要」②■□□□疾■□－武内・東大」④■□□□疾者也－東洋」④而□■慕□■□－道蔵」

経

1015 從事於道者－活Ⅱ・陽Ⅰ・書陵・龍門・無窮・足利・筑波・弘

文・斯Ⅱ・梅沢・慶Ⅰ・大東・慶Ⅱ・武内・東大・東洋・斯Ⅰ・六地・陽Ⅱ・宋版・世德・道蔵・天理」②□□□□■―東急・治要」

注
1016 從爲也―活Ⅱ・陽Ⅰ・書陵・龍門・無窮・足利・筑波・弘文・斯Ⅱ・梅沢・慶Ⅰ・大東・慶Ⅱ・武内・東大・東洋・東急・斯Ⅰ・宋版・世德・道蔵・天理」③■■■―治要」

19
オ2
1017 不當如飄風驟雨■也―活Ⅱ・陽Ⅰ・書陵・龍門・足利・筑波・弘文・慶Ⅰ・大東・慶Ⅱ・武内・東大・東洋・東急・斯Ⅰ・天理・治要」②□□□□□□□者□―無窮」②□□□□□□□□也之―梅沢」②□□□□□□□■■―斯Ⅱ・宋版・世德」④□□□□□暴□■■―道蔵」

注
1018 謂好道■人也―活Ⅱ・陽Ⅰ・書陵・龍門・無窮・足利・筑波・弘文・斯Ⅱ・梅沢・慶Ⅰ・大東・慶Ⅱ・武内・東大・東洋・東急・斯Ⅰ・宋版・世德・天理」④□□□之□■―道蔵」

19
オ3
1019 所爲―活Ⅱ・陽Ⅰ・書陵・龍門・無窮・足利・筑波・弘文・斯Ⅱ・梅沢・慶Ⅰ・大東・慶Ⅱ・武内・東大・東洋・東急・斯Ⅰ・道蔵・天理」②□謂―宋版・世德」

1020 與道同也―活Ⅱ・陽Ⅰ・書陵・龍門・無窮・足利・筑波・弘文・斯Ⅱ・梅沢・慶Ⅰ・大東・慶Ⅱ・武内・東大・東洋・斯Ⅰ・道蔵・天理」②□□□■―東急・宋版・世德」

注
1021 德者―活Ⅱ・陽Ⅰ・書陵・龍門・無窮・足利・筑波・弘文・斯Ⅱ・慶Ⅰ・大東・慶Ⅱ・東洋・斯Ⅰ・道蔵・天理」②□■―梅沢・武内・東大・東急・宋版・世德」

1022 謂好德■人也―活Ⅱ・陽Ⅰ・書陵・龍門・無窮・足利・筑波・弘文・斯Ⅱ・梅沢・慶Ⅰ・大東・慶Ⅱ・武内・東大・東洋・東急・斯Ⅰ・宋版・世德・天理」⑥■有□之□□―道蔵」

1023 所爲―活Ⅱ・陽Ⅰ・書陵・龍門・無窮・足利・筑波・弘文・斯Ⅱ・梅沢・慶Ⅰ・大東・慶Ⅱ・武内・東大・東洋・東急・斯Ⅰ・道蔵・天理」②□謂―宋版・世德」

1024 與德同■也―活Ⅱ・陽Ⅰ・書陵・龍門・無窮・足利・筑波・弘文・斯Ⅱ・慶Ⅰ・大東・慶Ⅱ・武内・東大・東洋・東急・斯Ⅰ・宋版・世德・道蔵・天理」②□□□之□―梅沢」

19
オ4
注
1025 失者―活Ⅱ・陽Ⅰ・書陵・龍門・無窮・足利・筑波・斯Ⅱ・慶Ⅰ・大東・慶Ⅱ・東洋・斯Ⅰ・天理」②□■―弘文・梅沢・武内・東大・東急・宋版・世德・道蔵」

1026 謂■任已■失人也―活Ⅱ・陽Ⅰ・書陵・龍門・無窮・足利・筑波・弘文・斯Ⅱ・梅沢・慶Ⅰ・大東・慶Ⅱ・武内・東大・東洋・東急・斯Ⅰ・宋版・世德・天理」④□自□已而□□□―道蔵」

1027 ■所爲與失同也―活Ⅱ・陽Ⅰ・書陵・龍門・無窮・足利・筑波・弘文・斯Ⅱ・梅沢・慶Ⅰ・大東・慶Ⅱ・武内・東大・東洋・東急・斯Ⅰ・天理」②■□謂□□□□―宋版・世德」④謂□□□□■―道蔵」

19
オ5
経
1028 道亦樂得之―活Ⅱ・陽Ⅰ・書陵・龍門・無窮・足利・筑波・弘文・梅沢・慶Ⅰ・大東・慶Ⅱ・武内・東大・東洋・東急・斯Ⅰ・陽Ⅱ・宋版・世德・道蔵・天理」②■□□□□―斯Ⅱ・六地」

注
1029 與道同者道亦樂得之也―活Ⅱ・陽Ⅰ・書陵・龍門・無窮・足利・筑波・慶Ⅰ・大東・武内・東大・東洋・東急・斯Ⅰ・宋版・世德」②□□□□□□□□□■―斯Ⅱ・天理」②□□□□□□□■□―弘文」③□□□□■■□□□□―慶Ⅱ」③■■□□□□□□□□―梅沢」④■■■■■■■■■―道蔵」

19
オ6
注
1030 與德同者―活Ⅱ・陽Ⅰ・書陵・無窮・足利・筑波・弘文・斯Ⅱ・梅沢・慶Ⅱ・武内・東大・東洋・東急・斯Ⅰ・宋版・世德・天理」①与得□□―慶Ⅰ・大東」②□道□□―龍門」③■■■■―道蔵」

1031 德亦樂得之也―活Ⅱ・陽Ⅰ・書陵・龍門・無窮・足利・筑波・弘文・斯Ⅱ・梅沢・慶Ⅰ・大東・慶Ⅱ・武内・東洋・東急・斯Ⅰ・宋版・世德」②□□□□□■―天理」②■□□□□□―東大」③■■■■■■―道蔵」

経
1032 同於失者失亦樂得之―活Ⅱ・陽Ⅰ・書陵・龍門・無窮・足利・筑波・弘文・斯Ⅱ・梅沢・慶Ⅰ・大東・慶Ⅱ・武内・東大・東

急・斯Ⅰ・陽Ⅱ・道蔵・天理」②□□□■□□□□—東洋」②□□□□□□失□—宋版・世徳」③■■■■■■■■■—六地」

19オ7注 1033 與失同者失亦樂得之也—活Ⅱ・陽Ⅰ・書陵・龍門・無窮・足利・筑波・弘文・斯Ⅱ・梅沢・慶Ⅰ・大東・慶Ⅱ・武内・東大・東洋・東急・斯Ⅰ」②□□□□□□□□■—天理」②□□□□□□失□—宋版・世徳」③■■■■■■■■■■—道蔵」

注 1034 應君以不信也—活Ⅱ・陽Ⅰ・書陵・龍門・無窮・足利・筑波・弘文・斯Ⅱ・梅沢・慶Ⅰ・大東・慶Ⅱ・武内・東大・東洋・東急・斯Ⅰ・杏Ⅰ・天理」②□□□□足□—宋版・世徳」④□之□□□■—道蔵」

19ウ1経 1035 有不信■—活Ⅱ・陽Ⅰ・書陵・龍門・無窮・足利・筑波・弘文・斯Ⅱ・梅沢・慶Ⅰ・大東・慶Ⅱ・武内・東大・東洋・東急・斯Ⅰ・杏Ⅰ・六地・陽Ⅱ・天理」②□□□焉—宋版・世徳・道蔵」

注 1036 ■■■■■■■■—活Ⅱ・宋版・世徳・道蔵・天理」③下即應君以不信也—陽Ⅰ・書陵・龍門・無窮・足利・筑波・弘文・斯Ⅱ・梅沢・慶Ⅰ・大東・慶Ⅱ・杏Ⅰ」③下則應君以不信也—武内・東大・東洋」③下則應君以不信■—斯Ⅰ」③下■應君以不信■—東急」

1037 物類相歸■—活Ⅱ・陽Ⅰ・書陵・龍門・足利・弘文・斯Ⅱ・梅沢・慶Ⅰ・武内・東急・斯Ⅰ・杏Ⅰ・宋版・世徳・天理」①□□□皈■—無窮・筑波・大東・慶Ⅱ・東大・東洋」②□□□□也—道蔵」

1038 ■水流濕—活Ⅱ・陽Ⅰ・書陵・龍門・無窮・足利・筑波・弘文・斯Ⅱ・慶Ⅰ・大東・慶Ⅱ・武内・東大・東洋・東急・斯Ⅰ・杏Ⅰ・宋版・世徳・道蔵・天理」②風□□□—梅沢」

1039 火就燥■也—活Ⅱ・陽Ⅰ・書陵・龍門・無窮・足利・筑波・弘文・斯Ⅱ・梅沢・慶Ⅰ・大東・慶Ⅱ・武内・東大・東洋・東急・杏Ⅰ・天理」②□□□之□—斯Ⅰ」②□□□■■—宋版・世徳・道蔵」

1040 ■■■■■■—活Ⅱ・陽Ⅰ・書陵・龍門・無窮・足利・筑波・弘文・斯Ⅱ・梅沢・大東・慶Ⅱ・東急・斯Ⅰ・杏Ⅰ・天理」③自然之類■也—慶Ⅰ・武内・東洋・宋版・世徳」③自然之數■也—道蔵」③自然之類虛也—東大」

19ウ2 1041 苦恩■■■第二十四—活Ⅱ・陽Ⅰ・斯Ⅰ・宋版・世徳・道蔵・天理」②善思■■■□廿 四—梅沢」③善思■■章第廿 四—武内・東大・東洋」③跂者■■章□□□□—慶Ⅰ・大東」③跂者不立章■□□□—筑波」③跂者不立章□廿 四—弘文・慶Ⅱ」③■■■■■■■■—書陵・龍門・無窮・足利・斯Ⅱ・東急・杏Ⅰ・六地・陽Ⅱ」

19ウ3経 1042 跂者不立—活Ⅱ・陽Ⅰ・書陵・龍門・無窮・筑波・弘文・斯Ⅱ・梅沢・慶Ⅰ・大東・慶Ⅱ・武内・東大・東洋・東急・斯Ⅰ・杏Ⅰ・六地・陽Ⅱ・宋版・世徳・道蔵・天理」①跋□□□—足利」

注 1043 跂■進也—活Ⅱ・陽Ⅰ・書陵・龍門・無窮・筑波・弘文・斯Ⅱ・梅沢・慶Ⅰ・大東・慶Ⅱ・武内・東大・東急・斯Ⅰ・杏Ⅰ・宋版・世徳・道蔵・天理」①跋■□□—足利」②□者□□—東洋」

1044 貪權慕名—活Ⅱ・陽Ⅰ・書陵・龍門・無窮・足利・筑波・弘文・斯Ⅱ・梅沢・慶Ⅰ・大東・慶Ⅱ・武内・東大・東洋・東急・斯Ⅰ・杏Ⅰ・宋版・世徳・天理」②□□冒□—道蔵」

1045 取功榮也—活Ⅱ・陽Ⅰ・書陵・龍門・無窮・足利・筑波・弘文・斯Ⅱ・慶Ⅰ・大東・慶Ⅱ・斯Ⅰ・杏Ⅰ・宋版・世徳・天理」②□□□■—梅沢・武内・東大・東急・道蔵」④□□名■—東洋」

1046 ■■則—活Ⅱ・陽Ⅰ・書陵・龍門・無窮・足利・筑波・弘文・斯Ⅱ・梅沢・慶Ⅰ・大東・慶Ⅱ・武内・東大・東洋・斯Ⅰ・杏Ⅰ・宋版・世徳・道蔵・天理」③如此□—東急」

1047 不可■—活Ⅱ・陽Ⅰ・書陵・龍門・無窮・足利・弘文・梅沢・慶Ⅰ・大東・慶Ⅱ・斯Ⅰ・杏Ⅰ・宋版・世徳・道蔵・天理」②□□以—筑波・斯Ⅱ・武内・東大・東洋」③□能以—東急」

1048 久立身—活Ⅱ・陽Ⅰ・書陵・龍門・無窮・足利・筑波・弘文・斯Ⅱ・梅沢・慶Ⅰ・大東・慶Ⅱ・武内・東大・東洋・斯Ⅰ・杏

Ⅰ・宋版・世徳・道蔵・天理」②■□□―東急」
1049 行道■也―活Ⅱ・陽Ⅰ・書陵・龍門・無窮・足利・筑波・弘文・梅沢・慶Ⅰ・大東・慶Ⅱ・武内・東大・東急・斯Ⅰ・宋版・世徳・天理」②□□者□―東洋」②□□■■―斯Ⅱ・道蔵」

経
1050 跨者不行―活Ⅱ・陽Ⅰ・書陵・龍門・無窮・足利・筑波・弘文・斯Ⅱ・梅沢・慶Ⅰ・大東・慶Ⅱ・東大・東洋・東急・斯Ⅰ・宋版・世徳・道蔵・天理」①跂□□□―武内」

19ウ4 注
1051 自以■為貴―活Ⅱ・陽Ⅰ・書陵・龍門・無窮・足利・筑波・弘文・斯Ⅱ・梅沢・慶Ⅰ・大東・慶Ⅱ・武内・東洋・東急・宋版・世徳・道蔵・天理」①身□■□□―斯Ⅰ」②□□貴□□―東大」

1052 而跨■於人―活Ⅱ・陽Ⅰ・書陵・龍門・無窮・足利・筑波・弘文・斯Ⅱ・梅沢・慶Ⅰ・大東・慶Ⅱ・武内・東大・東洋・東急・斯Ⅰ・宋版・世徳・天理」②□□之□□―道蔵」

1053 衆共蔽之―活Ⅱ・陽Ⅰ・書陵・龍門・無窮・足利・筑波・弘文・斯Ⅱ・梅沢・慶Ⅰ・大東・慶Ⅱ・東大・東洋・東急・斯Ⅰ・宋版・世徳・道蔵・天理」①□其□□―武内」

1054 使不得行■也―活Ⅱ・梅沢・武内・東大・東洋・東急・天理」②□□□□之□―陽Ⅰ・書陵・龍門・無窮・足利・筑波・弘文・斯Ⅱ・慶Ⅰ・大東・慶Ⅱ・斯Ⅰ」②□□□□■■―宋版・世徳・道蔵」

注
1055 ■人自―活Ⅱ・陽Ⅰ・書陵・龍門・無窮・足利・筑波・弘文・斯Ⅱ・梅沢・慶Ⅰ・大東・慶Ⅱ・武内・東大・東洋・東急・斯Ⅰ・宋版・世徳・天理・治要」②凡□□―道蔵」

19ウ5
1056 見其■形容―活Ⅱ・陽Ⅰ・書陵・龍門・無窮・足利・筑波・弘文・梅沢・慶Ⅰ・大東・慶Ⅱ・東大・東洋・東急・斯Ⅰ・宋版・世徳・道蔵・天理・治要」①□□■□害―武内（右旁容字加筆）」②■□形□□―斯Ⅱ」

1057 見■所行―陽Ⅰ・書陵・龍門・足利・筑波・弘文・斯Ⅱ・梅沢・慶Ⅰ・大東・慶Ⅱ・武内・東大・東洋・東急・斯Ⅰ・宋版・世徳・治要」②□其□□―活Ⅱ・無窮・道蔵・天理」

1058 以為應道―活Ⅱ・陽Ⅰ・書陵・龍門・無窮・足利・筑波・弘文・斯Ⅱ・梅沢・慶Ⅰ・大東・慶Ⅱ・武内・東大・東洋・東急・斯Ⅰ・宋版・世徳・天理・治要」②□□人□―道蔵」

1059 殊―活Ⅱ・陽Ⅰ・書陵・龍門・無窮・足利・筑波・弘文・斯Ⅱ・梅沢・慶Ⅰ・大東・慶Ⅱ・武内・東大・東洋・東急・斯Ⅰ・宋版・世徳・道蔵・天理」②■―治要」

1060 不自知其形醜■操行之鄙■也―活Ⅱ・陽Ⅰ・書陵・龍門・無窮・足利・筑波・弘文・斯Ⅱ・梅沢・慶Ⅰ・大東・慶Ⅱ・武内・東大・東急・天理・治要」②□□□□□□■□□□□者□―東洋」②□□□□□□■□□□■■―斯Ⅰ・宋版」④□□□□□貌■□□□□■■―世徳」④□□□□□□而□□□■■―道蔵」

19ウ6 注
1061 而非■人■―活Ⅱ・陽Ⅰ・書陵・龍門・足利・筑波・弘文・斯Ⅱ・梅沢・慶Ⅰ・大東・慶Ⅱ・武内・東大・東洋・東急・斯Ⅰ・宋版・世徳・天理・治要」②□□於□■―無窮」②□□■□者―道蔵」

1062 衆人共蔽之―活Ⅱ・無窮・足利・筑波・弘文・斯Ⅱ・梅沢・慶Ⅱ・武内・東大・東洋・天理・治要」②□■□□□―陽Ⅰ・書陵・龍門・慶Ⅰ・大東・東急・斯Ⅰ・宋版・世徳・道蔵」

1063 使不得彰明也―活Ⅱ・陽Ⅰ・書陵・龍門・無窮・足利・筑波・弘文・斯Ⅱ・梅沢（使不字間に「共」字有り）・慶Ⅰ・大東・慶Ⅱ・武内・東大・東洋・東急・斯Ⅰ・治要・天理」②□□□□□■―宋版・世徳」④□□■□顯■―道蔵」

経
1064 自伐者―活Ⅱ・陽Ⅰ・書陵・龍門・無窮・足利・弘文・斯Ⅱ・梅沢・慶Ⅰ・大東・慶Ⅱ・武内・東大・東洋・東急・斯Ⅰ・六地・陽Ⅱ・宋版・世徳・道蔵・天理・治要」①□代□―筑波」

1065 無功―活Ⅱ・書陵・無窮・足利・筑波・弘文・斯Ⅱ・梅沢・慶Ⅱ・東洋・東急・斯Ⅰ・宋版・世徳・道蔵・天理」①无□―陽Ⅰ・龍門・慶Ⅰ・大東・武内・東大・六地・陽Ⅱ・治要」

注
1066 所為―活Ⅱ・陽Ⅰ・書陵・龍門・無窮・足利・筑波・弘文・斯Ⅱ・梅沢・慶Ⅰ・大東・慶Ⅱ・武内・東大・東洋・東急・斯Ⅰ・

道蔵・天理・治要」②□謂－宋版・世德」

19ウ7

1067 伐取其功美－活Ⅱ・陽Ⅰ・書陵・龍門・無窮・足利・筑波・弘文・斯Ⅱ・慶Ⅰ・大東・慶Ⅱ・武内・東大・東洋・斯Ⅰ・宋版・世德・道蔵・天理」②□□□■□－梅沢・東急」③□■■■■－治要」

1068 則■－活Ⅱ・陽Ⅰ・書陵・龍門・無窮・筑波・弘文・斯Ⅱ・慶Ⅰ・大東・慶Ⅱ・東洋・斯Ⅰ・天理」②即■－梅沢・武内・東大・東急・宋版・世德・治要」②□又－足利」③即自－道蔵」

1069 失■功於人■也－活Ⅱ・陽Ⅰ・書陵・龍門・無窮・筑波・弘文・斯Ⅱ・梅沢・慶Ⅰ・大東・慶Ⅱ・武内・東大・東急・斯Ⅰ・天理」②□■□■□■□－足利」②□■□□□者□－東洋」②□有□□□■□－宋版・世德」④□有□□□■■－道蔵」⑤□有□■■■□－治要」

経

1070 自矜者不長－活Ⅱ・陽Ⅰ・書陵・龍門・無窮・足利・筑波・弘文・斯Ⅱ・梅沢・慶Ⅰ・大東・慶Ⅱ・武内・東大・東洋・東急・斯Ⅰ・陽Ⅱ・宋版・世德・道蔵・天理・治要」①□務□□□－六地（地脚矜字加筆）」

注

1071 好自矜大者－活Ⅱ・陽Ⅰ・書陵・龍門・無窮・足利・筑波・弘文・斯Ⅱ・梅沢・慶Ⅰ・大東・慶Ⅱ・武内・東大・東洋・東急・斯Ⅰ・宋版・世德・道蔵・天理」②□□□■□－治要」

1072 不可以久長也－活Ⅱ・陽Ⅰ・書陵・龍門・無窮・足利・弘文・斯Ⅱ・梅沢・慶Ⅰ・大東・慶Ⅱ・武内・東大・東洋・天理」②□□■□□□－筑波」②□□□□□■－東急・斯Ⅰ・道蔵」④□■□□□■－治要」④□□□長久■－宋版・世德」

20オ1

経

1073 其於道也－活Ⅱ・陽Ⅰ・書陵・龍門・無窮・足利・筑波・弘文・斯Ⅱ・梅沢・慶Ⅱ・武内・東大・東洋・東急・斯Ⅰ・六地・陽Ⅱ・宋版・世德・道蔵・天理」②□□□■－慶Ⅰ・大東」

1074 日餘食贅行－活Ⅱ・陽Ⅰ・書陵・龍門・無窮・足利・筑波・弘文・斯Ⅱ・梅沢・慶Ⅰ・大東・慶Ⅱ・武内・東大・東洋・東急・斯Ⅰ・陽Ⅱ・天理」①曰□□□□－宋版・世德・道蔵」①自□□□□－六地」

注

1075 此自矜伐之－活Ⅱ・陽Ⅰ・書陵・龍門・無窮・足利・筑波・弘文・斯Ⅱ・梅沢・慶Ⅰ・慶Ⅱ・武内・東大・東洋・東急・斯Ⅰ・宋版・世德・道蔵・天理」①□□務□□－大東」

20オ2

1076 在治國之道日賦斂－活Ⅱ・陽Ⅰ・書陵・龍門・無窮・足利・筑波・弘文・斯Ⅱ・梅沢・慶Ⅰ・大東・慶Ⅱ・武内・東大・東洋・東急・斯Ⅰ・天理」①任□□□□□□－道蔵」③□□□□□曰然□－宋版・世德」

1077 餘禄食－活Ⅱ・陽Ⅰ・書陵・龍門・無窮・足利・筑波・斯Ⅱ・梅沢・慶Ⅰ・大東・慶Ⅱ・武内・東大・東洋・東急・斯Ⅰ・宋版・世德・道蔵・天理」②□■□－弘文」

1078 爲貪行■也－活Ⅱ・無窮・筑波・武内・東大・東急・天理」②□□□者□－陽Ⅰ・書陵・龍門・足利・弘文・斯Ⅱ・梅沢・慶Ⅰ・大東・慶Ⅱ・東洋」②□□□■■－斯Ⅰ・宋版・世德・道蔵」

注

1079 動欲傷害－活Ⅱ・陽Ⅰ・書陵・龍門・無窮・足利・筑波・斯Ⅱ・梅沢・慶Ⅰ・大東・慶Ⅱ・武内・東大・東洋・東急・斯Ⅰ・宋版・世德・道蔵・天理」②□■□□－弘文」

1080 故物無有－活Ⅱ・書陵・無窮・足利・梅沢・慶Ⅱ・東急・宋版・世德・道蔵・天理」①□□无□－陽Ⅰ・龍門・筑波・斯Ⅱ・慶Ⅰ・大東・武内・東大・東洋・斯Ⅰ」②□□□■－弘文」

20オ3

1081 不畏惡之■也－活Ⅱ・無窮・東急・天理」②□□□□者□－陽Ⅰ・書陵・龍門・足利・筑波・弘文・斯Ⅱ・梅沢・慶Ⅰ・大東・慶Ⅱ・武内・東大・東洋」②□□□■■□－斯Ⅰ・世德」②□□□■■－道蔵」④□□□地■■－宋版」

経

1082 故有道者不處■－活Ⅱ・陽Ⅰ・書陵・龍門・無窮・足利・筑波・弘文・斯Ⅱ・梅沢・慶Ⅰ・大東・慶Ⅱ・武内・東大・東洋・東急・斯Ⅰ・六地・陽Ⅱ・道蔵・天理・治要」②□□□□□□也－宋版・世德」

注

1083 言有道之人不處其國也－活Ⅱ・陽Ⅰ・書陵・龍門・無窮・足利・

筑波・弘文・斯Ⅱ・梅沢・慶Ⅰ・大東・慶Ⅱ・武内・東大・東洋・東急・天理」②□□□□□居□□□－斯Ⅰ・宋版・世徳」④□□□□□居□□■－道蔵」⑤■■■■■■■■■－治要」

20オ4
1084 象元■■■第二十五－活Ⅱ・斯Ⅰ・宋版・世徳・道蔵・天理」②□□■■■弟廿 □－梅沢」②□無■■■弟□□□－陽Ⅰ」②□□■■章□廿 □－武内・東大・東洋」③有物■■章□□□□－慶Ⅰ」③有物■■章□廿 □－大東」③有物混成章□□□□－筑波」③有物混成章□廿 □－弘文・慶Ⅱ」③■■■■■■■■■－書陵・龍門・無窮・足利・斯Ⅱ・東急・六地・陽Ⅱ」

20オ5 経
1085 先天地生－活Ⅱ・陽Ⅰ・書陵・無窮・足利・筑波・弘文・斯Ⅱ・梅沢・慶Ⅰ・大東・慶Ⅱ・武内・東大・東洋・東急・斯Ⅰ・六地・陽Ⅱ・宋版・世徳・道蔵・天理」①光□□□－龍門」

注
1086 謂道■■－活Ⅱ・陽Ⅰ・書陵・龍門・無窮・足利・筑波・弘文・斯Ⅱ・梅沢・慶Ⅰ・大東・慶Ⅱ・武内・東大・東洋・東急・斯Ⅰ・宋版・世徳・天理」③□□也道－道蔵」

1087 無形混沌－活Ⅱ・書陵・足利・弘文・梅沢・東急・宋版・世徳・道蔵・天理」①无□□□－陽Ⅰ・龍門・筑波・斯Ⅱ・慶Ⅰ・大東・慶Ⅱ・武内・東大・東洋・斯Ⅰ」①□□□純－無窮」

1088 在天地之前也－活Ⅱ・陽Ⅰ・書陵・龍門・無窮・足利・筑波・弘文・斯Ⅱ・梅沢・慶Ⅱ・東大・東洋」②□□□□□■－慶Ⅰ・大東・東急・斯Ⅰ・宋版・世徳・道蔵・天理」②□□□■□□－武内」

20オ6 経
1089 獨立而不改－活Ⅱ・陽Ⅰ・書陵・龍門・足利・筑波・弘文・斯Ⅱ・梅沢・慶Ⅰ・大東・慶Ⅱ・武内・東大・東洋・東急・斯Ⅰ・六地・陽Ⅱ・宋版・世徳・道蔵・天理」②猶□□□□－無窮」

注
1090 寂者無音聲－活Ⅱ・書陵・無窮・足利・弘文・梅沢・慶Ⅱ・東急・斯Ⅰ・宋版・世徳・道蔵・天理」①□□无□□－陽Ⅰ・龍門・筑波・斯Ⅱ・慶Ⅰ・大東・武内・東大・東洋」

1091 寥者－活Ⅱ・陽Ⅰ・書陵・龍門・無窮・足利・筑波・弘文・斯Ⅱ・梅沢・大東・慶Ⅱ・武内・東大・東洋・東急・斯Ⅰ・宋版・世徳・道蔵・天理」②寂□－慶Ⅰ」

1092 空無形－活Ⅱ・書陵・無窮・足利・弘文・斯Ⅱ・梅沢・東急・斯Ⅰ・宋版・世徳・道蔵・天理」①□无□－陽Ⅰ・龍門・筑波・慶Ⅰ・大東・慶Ⅱ・武内・東大・東洋」

1093 獨立者－活Ⅱ・陽Ⅰ・書陵・龍門・足利・筑波・弘文・斯Ⅱ・梅沢・慶Ⅰ・大東・慶Ⅱ・武内・東大・東洋・東急・斯Ⅰ・宋版・世徳・道蔵・天理」②猶□□－無窮」

1094 無匹雙－活Ⅱ・書陵・無窮・足利・弘文・梅沢・大東・宋版・世徳・道蔵・天理」①无□□－陽Ⅰ・龍門・筑波・斯Ⅱ・慶Ⅰ・慶Ⅱ・武内・東大・東洋」①□疋□－東急」②□■□－斯Ⅰ」

20オ7
1095 化有常也－活Ⅱ・陽Ⅰ・書陵・龍門・無窮・足利・筑波・弘文・斯Ⅱ・梅沢・慶Ⅰ・大東・慶Ⅱ・武内・東大・東洋・東急・斯Ⅰ・天理」②□□□■－宋版・世徳・道蔵」

経
1096 周行而不殆－活Ⅱ・陽Ⅰ・足利・筑波・弘文・斯Ⅱ・梅沢・慶Ⅰ・大東・慶Ⅱ・武内・東大・東洋・東急・斯Ⅰ・陽Ⅱ・宋版・世徳・道蔵・天理」②同□□□□－書陵・龍門・無窮・六地」

注
1097 無所不入－活Ⅱ・書陵・無窮・足利・筑波・弘文・梅沢・慶Ⅱ・東急・斯Ⅰ・世徳・道蔵・天理」①无□□□－陽Ⅰ・龍門・斯Ⅱ・慶Ⅰ・大東・武内・東大・東洋・宋版」

1098 在陽不燋－活Ⅱ・陽Ⅰ・天理」①□□□焦－書陵・龍門・無窮・足利・筑波・弘文・斯Ⅱ・梅沢・慶Ⅰ・大東・慶Ⅱ・武内・東大・東洋・東急・斯Ⅰ・宋版・世徳・道蔵」

20ウ1
1099 無不貫穿－活Ⅱ・書陵・無窮・足利・筑波・弘文・梅沢・慶Ⅱ・東急・世徳・天理」①无□□□－陽Ⅰ・龍門・斯Ⅱ・慶Ⅰ・大東・武内・東大・東洋・斯Ⅰ・宋版」②□□由□－道蔵」

1100 ■不危■殆也－活Ⅱ・天理」②■□□■□■－斯Ⅰ・宋版・世徳」②而□□■□□－道蔵」②■□□不□□－陽Ⅰ・書陵・龍門・無窮・足利・弘文・斯Ⅱ・慶Ⅱ・梅沢・東大・東洋・東急」③■□殆不危□－筑波・慶Ⅰ・大東・武内」

経

1101 可以爲天下母―活Ⅱ・陽Ⅰ・書陵・龍門・足利・筑波・弘文・斯Ⅱ・梅沢・慶Ⅰ・大東・慶Ⅱ・武内・東大・東洋・東急・斯Ⅰ・六地・陽Ⅱ・宋版・世徳・道蔵・天理」②□□□□地□―無窮」

注

1102 萬物精氣―活Ⅱ・陽Ⅰ・書陵・無窮・足利・筑波・弘文・斯Ⅱ・梅沢・慶Ⅰ・大東・慶Ⅱ・武内・東大・東洋・東急・斯Ⅰ・宋版・世徳・道蔵・天理」①□□情□―龍門」

1103 如母之養子■也―活Ⅱ・陽Ⅰ・書陵・龍門・無窮・足利・筑波・弘文・斯Ⅱ・梅沢・慶Ⅰ・大東・慶Ⅱ・武内・東大・東急・天理」②□□□□者□―東洋」②□□□□□■■―斯Ⅰ・宋版・世徳・道蔵」

20ウ2 経

1104 吾不知其名―活Ⅱ・陽Ⅰ・書陵・龍門・無窮・足利・弘文・斯Ⅱ・梅沢・慶Ⅰ・大東・慶Ⅱ・武内・東大・東洋・東急・斯Ⅰ・六地・陽Ⅱ・宋版・世徳・道蔵・天理」①五□□□□―筑波」

1105 故字之曰道―活Ⅱ・陽Ⅰ・書陵・龍門・足利・筑波・弘文・斯Ⅱ・慶Ⅰ・大東・慶Ⅱ・武内・六地・天理」②■□□□□―無窮・梅沢・東大・東洋・東急・斯Ⅰ・陽Ⅱ・宋版・世徳・道蔵」

注

1106 我不知―活Ⅱ・陽Ⅰ・書陵・龍門・筑波・弘文・斯Ⅱ・慶Ⅰ・大東・慶Ⅱ・武内・東大・東洋・天理」②□□見―無窮・足利・梅沢・東急・斯Ⅰ・宋版・世徳・道蔵」

1107 道之形容―活Ⅱ・陽Ⅰ・書陵・龍門・無窮・足利・筑波・弘文・斯Ⅱ・梅沢・慶Ⅰ・大東・慶Ⅱ・武内・東大・東洋・東急・天理」②□■□□―斯Ⅰ・宋版・世徳・道蔵」

20ウ3

1108 從道之所生―活Ⅱ・陽Ⅰ・書陵・龍門・無窮・足利・筑波・弘文・斯Ⅱ・慶Ⅰ・大東・慶Ⅱ・天理」②□□■□□―梅沢・武内・東大・東洋・東急・斯Ⅰ・宋版・世徳」③□□而■□―道蔵」

1109 字之曰道也―活Ⅱ・陽Ⅰ・書陵・龍門・無窮・足利・筑波・弘文・斯Ⅱ・梅沢・慶Ⅰ・大東・慶Ⅱ・武内・東大・東洋・東急・斯Ⅰ・宋版・世徳・天理」②□□□□■―道蔵」

経

1110 強爲之名曰大―活Ⅱ・陽Ⅰ・書陵・龍門・無窮・足利・筑波・弘文・斯Ⅱ・梅沢・慶Ⅰ・大東・慶Ⅱ・武内・東大・東洋・東急・斯Ⅰ・六地・陽Ⅱ・宋版・世徳・天理」③□■名之□□―道蔵」

20ウ4 注

1111 不知其名之―活Ⅱ・陽Ⅰ・書陵・龍門・無窮・足利・筑波・弘文・斯Ⅱ・梅沢・慶Ⅰ・大東・慶Ⅱ・武内・東大・東洋・東急・天理」②□□□■―斯Ⅰ・宋版・世徳・道蔵」

1112 強■曰大―活Ⅱ・陽Ⅰ・書陵・龍門・無窮・足利・筑波・弘文・斯Ⅱ・梅沢・慶Ⅰ・大東・慶Ⅱ・武内・東大・東洋・東急・斯Ⅰ・宋版・世徳・天理」②□名□□―道蔵」

1113 大者―活Ⅱ・陽Ⅰ・書陵・龍門・無窮・足利・筑波・弘文・斯Ⅱ・梅沢・慶Ⅰ・大東・慶Ⅱ・武内・東大・東洋・東急・斯Ⅰ・天理」②■□―宋版・世徳」③■■―道蔵」

1114 高而無上―活Ⅱ・書陵・無窮・足利・弘文・斯Ⅱ・梅沢・世徳・道蔵・天理」①□□无□―陽Ⅰ・龍門・筑波・慶Ⅰ・大東・慶Ⅱ・武内・東大・東洋・斯Ⅰ・宋版」②□■□□―東急」

1115 羅而無外―活Ⅱ・書陵・無窮・足利・弘文・梅沢・慶Ⅱ・世徳・道蔵・天理」①□□无□―陽Ⅰ・龍門・筑波・斯Ⅱ・慶Ⅰ・大東・武内・東大・東洋・斯Ⅰ・宋版」③□■不□―東急」

1116 無不―活Ⅱ・書陵・龍門・無窮・足利・弘文・斯Ⅱ・梅沢・東洋・東急・世徳・道蔵・天理」①无□―陽Ⅰ・筑波・慶Ⅰ・大東・慶Ⅱ・武内・東大・斯Ⅰ・宋版」

1117 包容―活Ⅱ・陽Ⅰ・無窮・弘文・武内・東大・東洋・斯Ⅰ・宋版・世徳・道蔵・天理」①苞□―書陵・龍門・足利・筑波・斯Ⅱ・梅沢・慶Ⅰ・大東・慶Ⅱ・東急」

1118 故曰大也―活Ⅱ・陽Ⅰ・書陵・龍門・無窮・足利・筑波・弘文・斯Ⅱ・梅沢・慶Ⅰ・大東・慶Ⅱ・武内・東大・東洋・東急・斯Ⅰ・宋版・世徳・天理」②□□□■―道蔵」

20ウ5 注

1119 在上非若地■常在下―活Ⅱ・陽Ⅰ・書陵・無窮・足利・筑波・弘文・斯Ⅱ・梅沢・慶Ⅰ・大東・慶Ⅱ・武内・東大・東洋・斯

Ⅰ・宋版・世徳・道蔵・天理」①□□□□□地□□□－龍門」③□■■■■■■■□－東急」

1120 無常處所也－活Ⅱ・書陵・無窮・足利・弘文・梅沢・大東・慶Ⅱ・東急・世徳・天理」①无□□□－陽Ⅰ・龍門・筑波・斯Ⅱ・慶Ⅰ・武内・東大・東洋・宋版」②□□□□■－道蔵」③无□□□■－斯Ⅰ」

注

1121 窮於無■窮－活Ⅱ・書陵・無窮・足利・弘文・斯Ⅱ・梅沢・道蔵・天理」①□□无■□－陽Ⅰ・龍門・筑波・慶Ⅰ・大東・慶Ⅱ・武内・東大・東洋」①□□□常□－東急（見消ち有り）」②□乎□■□－斯Ⅰ・宋版・世徳」

20ウ6

1122 無所不通也－活Ⅱ・書陵・無窮・足利・弘文・梅沢・大東・東急・宋版・世徳・道蔵・天理」①无□□□－陽Ⅰ・龍門・筑波・慶Ⅰ・慶Ⅱ・武内・東大・東洋・斯Ⅰ」②无□□　□－斯Ⅱ（「不也」の間空一格）」

経

1123 遠曰反－活Ⅱ・陽Ⅰ・書陵・龍門・無窮・足利・筑波・弘文・斯Ⅱ・梅沢・慶Ⅰ・大東・慶Ⅱ・武内・東大・東洋・東急・斯Ⅰ・陽Ⅱ・宋版・道蔵・天理」①□□返－六地」

注

1124 言其遠－活Ⅱ・陽Ⅰ・書陵・龍門・無窮・足利・筑波・斯Ⅱ・梅沢・慶Ⅰ・大東・慶Ⅱ・武内・東大・東洋・東急・斯Ⅰ・宋版・世徳・道蔵・天理」②□■□－弘文」

1125 不超絶－活Ⅱ・筑波・武内・東洋・天理」②□起□－陽Ⅰ・書陵・龍門・斯Ⅱ・慶Ⅰ・大東」②□越□－無窮・足利・弘文・梅沢・慶Ⅱ・東大・東急・斯Ⅰ・宋版・世徳・道蔵」

1126 乃復反－活Ⅱ・陽Ⅰ・書陵・龍門・無窮・足利・筑波・弘文・斯Ⅱ・梅沢・慶Ⅰ・大東・慶Ⅱ・武内・東大・東洋・東急・斯Ⅰ・道蔵・天理」②□□■－宋版・世徳」

1127 在人身■也－活Ⅱ・陽Ⅰ・書陵・龍門・足利・弘文・斯Ⅱ・梅沢・慶Ⅰ・大東・武内・東大・東急・宋版・世徳・天理」②□□□■■－慶Ⅱ・道蔵」②□□□者□－東洋」②□□□中□－無窮・筑波・斯Ⅰ」

20ウ7

注

1128 道大者－活Ⅱ・陽Ⅰ・書陵・龍門・無窮・足利・筑波・弘文・斯Ⅱ・梅沢・慶Ⅰ・大東・慶Ⅱ・武内・東大・東洋・東急・斯Ⅰ・宋版・世徳・道蔵・天理」③■■■－治要」

1129 ■■■■■－活Ⅱ・陽Ⅰ・書陵・龍門・無窮・足利・筑波・弘文・斯Ⅱ・梅沢・慶Ⅰ・大東・慶Ⅱ・武内・東大・東洋・東急・天理・治要」③包羅■天地－道蔵」③包羅諸天地－斯Ⅰ・宋版・世徳」

1130 無■－活Ⅱ・書陵・無窮・足利・筑波・弘文・斯Ⅱ・梅沢・東急・天理」①无■－龍門・慶Ⅰ・大東・慶Ⅱ・武内・東大・東洋・治要」②□所－斯Ⅰ・宋版・世徳・道蔵」③无所－陽Ⅰ」

1131 不容也－活Ⅱ・陽Ⅰ・書陵・龍門・無窮・足利・筑波・弘文・斯Ⅱ・慶Ⅰ・大東・慶Ⅱ・斯Ⅰ・宋版・世徳・天理・治要」②□□■－梅沢・武内・東大・東洋・東急・道蔵」

1132 無■－活Ⅱ・書陵・無窮・足利・弘文・斯Ⅱ・梅沢・東急・天理・斯Ⅰ」①无■－陽Ⅰ・龍門・筑波・慶Ⅰ・大東・慶Ⅱ・武内・東大・東洋・治要」②□所－宋版・世徳・道蔵」

1133 不蓋■－活Ⅱ・陽Ⅰ・書陵・龍門・無窮・足利・筑波・弘文・斯Ⅱ・梅沢・慶Ⅰ・大東・慶Ⅱ・武内・東大・東洋・東急・道蔵・治要・天理」②□□也－斯Ⅰ・宋版・世徳」

1134 無■－活Ⅱ・書陵・無窮・足利・弘文・梅沢・東急・天理」①无■－陽Ⅰ・龍門・筑波・斯Ⅱ・慶Ⅰ・大東・慶Ⅱ・武内・東大・東洋・斯Ⅰ・治要」②□所－宋版・世徳・道蔵」

1135 不載■－活Ⅱ・陽Ⅰ・書陵・龍門・無窮・足利・筑波・弘文・斯Ⅱ・梅沢・慶Ⅰ・大東・慶Ⅱ・武内・東大・東洋・東急・道蔵・天理・治要」②□□也－斯Ⅰ・宋版・世徳」

1136 王■大者－陽Ⅰ・書陵・龍門・無窮・足利・筑波・弘文・斯Ⅱ・梅沢・慶Ⅰ・大東・慶Ⅱ・武内・東大・東洋・東急・斯Ⅰ・宋版・世徳・道蔵・天理・治要」②□亦□□－活Ⅱ」

21オ1

1137 無■－活Ⅱ・書陵・無窮・足利・弘文・梅沢・東洋・東急・天理」①无■－陽Ⅰ・龍門・筑波・斯Ⅱ・慶Ⅰ・大東・慶Ⅱ・武

内・東大・斯Ⅰ・治要」②□所—宋版・世徳・道蔵」

1138 不制也—活Ⅱ・陽Ⅰ・書陵・龍門・無窮・足利・筑波・弘文・斯Ⅱ・梅沢・慶Ⅰ・大東・慶Ⅱ・武内・東大・東洋・斯Ⅰ・宋版・世徳・天理」②□□■—東急・道蔵・治要」

注

1139 ■■■■■■■■■■■■■■———活Ⅱ・陽Ⅰ・書陵・龍門・無窮・足利・筑波・弘文・斯Ⅱ・梅沢・慶Ⅰ・大東・慶Ⅱ・武内・東大・東洋・東急・斯Ⅰ・道蔵・天理・治要」④四大道天地王也凡有稱有名則非其極也云々—宋版・世徳」

経

1140 而王居其一焉—活Ⅱ・陽Ⅰ・書陵・龍門・無窮・足利・筑波・弘文・斯Ⅱ・梅沢・慶Ⅰ・大東・慶Ⅱ・武内・東大・東洋・東急・斯Ⅰ・六地・陽Ⅱ・宋版・世徳・天理・治要」②■□□□□—道蔵」

注

1141 八極之内—活Ⅱ・陽Ⅰ・書陵・龍門・無窮・足利・筑波・弘文・斯Ⅱ・梅沢・慶Ⅰ・大東・慶Ⅱ・武内・東大・東洋・東急・斯Ⅰ・宋版・道蔵・天理・治要」②□□□功—世徳」

21オ2

1142 王居其一■也—活Ⅱ・陽Ⅰ・書陵・龍門・無窮・足利・筑波・弘文・斯Ⅱ・梅沢・慶Ⅰ・大東・慶Ⅱ・武内・東大・東洋・斯Ⅰ・宋版・世徳・天理・治要」②□□□□者□—東急」②□□□□■■—道蔵」

注

1143 法地安静和柔也—活Ⅱ・陽Ⅰ・龍門・無窮・足利・筑波・斯Ⅱ・慶Ⅰ・大東・慶Ⅱ・武内・斯Ⅰ・道蔵・天理・治要」②□□□□柔和□—宋版・世徳」②□□□□□□■—書陵・弘文・梅沢・東大・東洋・東急」

1144 種之得五穀—活Ⅱ・陽Ⅰ・書陵・龍門・無窮・足利・筑波・弘文・斯Ⅱ・梅沢・慶Ⅰ・大東・慶Ⅱ・武内・東大・東洋・東急・斯Ⅰ・宋版・世徳・道蔵・天理」③■■■■■—治要」

1145 掘之■—活Ⅱ・無窮・足利・筑波・弘文・斯Ⅱ・慶Ⅰ・武内・東大・東洋・東急・斯Ⅰ・宋版・世徳・道蔵・天理」①堀□■—陽Ⅰ・書陵・龍門・梅沢・慶Ⅱ」①□□之—大東」②■■■—治要」

1146 得甘泉—活Ⅱ・陽Ⅰ・龍門・無窮・足利・弘文・斯Ⅱ・梅沢・慶Ⅰ・大東・慶Ⅱ・武内・東大・東洋・東急・斯Ⅰ・宋版・世徳・道蔵・天理」①□□衆—筑波」①□耳□—書陵（右旁甘字加筆訂正）」②■■■—治要」

1147 ■■■■—活Ⅱ・陽Ⅰ・書陵・龍門・無窮・足利・筑波・弘文・斯Ⅱ・梅沢・慶Ⅰ・大東・武内・東大・東洋・東急・斯Ⅰ・宋版・世徳・道蔵・天理・治要」③湛泊静形—慶Ⅱ（右旁に見消）」

1148 ■勞而—陽Ⅰ・書陵・龍門・無窮・足利・筑波・弘文・斯Ⅱ・梅沢・慶Ⅰ・大東・慶Ⅱ・東急・斯Ⅰ・宋版・世徳・道蔵・天理・治要」①■榮□—活Ⅱ」②有□□—武内・東大・東洋」

1149 不怨■—活Ⅱ・陽Ⅰ・書陵・龍門・無窮・足利・筑波・弘文・斯Ⅱ・梅沢・慶Ⅰ・大東・慶Ⅱ・武内・東大・東洋・東急・斯Ⅰ・道蔵・天理・治要」②□□也—宋版・世徳」

21オ3

1150 不宣者也—活Ⅱ・陽Ⅰ・書陵・龍門・無窮・足利・筑波・弘文・斯Ⅱ・梅沢・慶Ⅰ・大東・慶Ⅱ・武内・東大・東洋・東急・天理」②□□■■—治要」②□制□□—斯Ⅰ」④□制■□—宋版・世徳」④□置■■—道蔵」

注

1151 天湛泊不動—活Ⅱ・陽Ⅰ・書陵・龍門・無窮・足利・筑波・弘文・斯Ⅱ・慶Ⅰ・大東・慶Ⅱ・武内・東大・東洋・宋版・世徳・道蔵・天理」①□憺□□—東急」②□憺怕□□—梅沢・斯Ⅰ」③■■■■■—治要」

1152 施■而■不求報—活Ⅱ・陽Ⅰ・書陵・龍門・無窮・足利・筑波・斯Ⅱ・慶Ⅰ・大東・慶Ⅱ・東急・宋版・世徳・天理・治要」②於■□■□□□—武内」②□■■■□□□—梅沢・東大・東洋・斯Ⅰ」②□■之■□□□—道蔵」④□無□所□□□—弘文」

1153 生長萬物—活Ⅱ・陽Ⅰ・書陵・龍門・無窮・足利・筑波・弘文・斯Ⅱ・梅沢・慶Ⅰ・大東・慶Ⅱ・武内・東洋・東急・斯Ⅰ・宋版・世徳・道蔵・天理・治要」②長生□□—東大」

1154 無所収取也—活Ⅱ・書陵・無窮・足利・筑波・弘文・梅沢・道蔵・天理」①无□□□□—陽Ⅰ・龍門・斯Ⅱ・慶Ⅰ・大東・慶

Ⅱ・武内・東大・東洋」②□□□□■－東急・斯Ⅰ・宋版・世徳」③无□□□■－治要」

経 1155 天法道｜｜－活Ⅱ・陽Ⅰ・書陵・龍門・無窮・足利・弘文・斯Ⅱ・梅沢・慶Ⅰ・大東・慶Ⅱ・武内・東大・東洋・東急・斯Ⅰ・六地・陽Ⅱ・宋版・世徳・道蔵・天理・治要」④■■■｜｜｜筑波（以下經文二句並注欠）」

21オ4 注 1156 天當法道以－活Ⅱ・天理」③■道□■■－陽Ⅰ・書陵・龍門・無窮・足利・弘文・斯Ⅱ・慶Ⅰ・大東・慶Ⅱ・武内・道蔵」③■■■□■－梅沢・東大・東洋・東急・斯Ⅰ・宋版・世徳」③■■■■■－治要」

1157 清静不言－活Ⅱ・陽Ⅰ・書陵・龍門・無窮・足利・弘文・梅沢・慶Ⅰ・大東・慶Ⅱ・東洋・東急・斯Ⅰ・天理・治要」②□浄□□－斯Ⅱ・武内・東大・宋版・世徳・道蔵」

1158 陰行精氣－活Ⅱ・陽Ⅰ・書陵・龍門・無窮・足利・弘文・斯Ⅱ・梅沢・慶Ⅰ・大東・慶Ⅱ・武内・東大・東洋・東急・斯Ⅰ・宋版・世徳・道蔵・天理」③■■■■－治要」

1159 萬物自■成也－活Ⅱ・陽Ⅰ・書陵・龍門・無窮・足利・弘文・斯Ⅱ・梅沢・慶Ⅰ・大東・慶Ⅱ・武内・東大・東洋・東急・斯Ⅰ・宋版・世徳・天理」②□□□■□■－治要」③□□□然生長－道蔵」

21オ5 注 1160 無所■法也－活Ⅱ・梅沢・東急・宋版・世徳・道蔵・天理」①无□■□□－陽Ⅰ・龍門・慶Ⅱ・東大・東洋・治要」②□□可□□－書陵・足利・弘文・斯Ⅱ・斯Ⅰ」③无□可□□－無窮・慶Ⅰ・大東・武内」

21オ6 1161 重德■■■第二十六－活Ⅱ・陽Ⅰ・斯Ⅰ・宋版・世徳・道蔵・天理」□□■■■弟廿　□－梅沢」②□□■■章□廿　□－武内・東大・東洋」③□為■■章□□□□－慶Ⅰ・大東」③□為輕根章□□□□－筑波」③□為輕根章□廿　□－弘文」③□為輕根章■廿　□－慶Ⅱ」③■■■■■■■■－書陵・龍門・無窮・足利・斯Ⅱ・六地・陽Ⅱ・東急」

21オ7 注 1162 則失神－活Ⅱ・陽Ⅰ・書陵・龍門・無窮・足利・筑波・弘文・斯Ⅱ・梅沢・慶Ⅰ・大東・慶Ⅱ・武内・東大・東洋・東急・斯Ⅰ・宋版・世徳・道蔵・治要」②□去□－天理」

1163 草木之花葉－活Ⅱ・陽Ⅰ・書陵・龍門・無窮・足利・筑波・弘文・斯Ⅱ・梅沢・慶Ⅰ・大東・慶Ⅱ・武内・東大・東洋・東急・天理」②□□■□□－道蔵」②□□□華■－宋版・世徳」③□本□華■－斯Ⅰ」④■■■■■－治要」

1164 根■重－活Ⅱ・陽Ⅰ・書陵・龍門・無窮・筑波・弘文・梅沢・慶Ⅱ・東急・斯Ⅰ・宋版・世徳・道蔵・天理」②□其□－足利・斯Ⅱ・慶Ⅰ・大東・武内・東大・東洋」③■■■－治要」

21ウ1 1165 故■長存也■－活Ⅱ・陽Ⅰ・書陵・無窮・足利・筑波・弘文・斯Ⅱ・慶Ⅰ・大東・慶Ⅱ・武内・東大・東洋・斯Ⅰ・宋版・世徳・天理」①□■□在□■－龍門」②□■□□□矣－東急」②□■□□■■－梅沢」②□能□□□■－道蔵」③■■■■■■－治要」

注 1166 龍静故能變化－活Ⅱ・陽Ⅰ・書陵・龍門・無窮・足利・筑波・弘文・斯Ⅱ・梅沢・慶Ⅰ・大東・慶Ⅱ・武内・東大・東洋・東急・斯Ⅰ・宋版・世徳・道蔵・天理」③■■■■■■－治要」

1167 虎躁■－活Ⅱ・陽Ⅰ・書陵・龍門・無窮・足利・筑波・弘文・梅沢・慶Ⅰ・大東・武内・東大・東洋・東急・斯Ⅰ・宋版・世徳・道蔵・天理」①虚□■－斯Ⅱ」①□□静－慶Ⅱ（見消ち有り）」②■■■－治要」

21ウ2 1168 故■夭虧也－活Ⅱ・陽Ⅰ・書陵・龍門・無窮・筑波・弘文・斯Ⅱ・慶Ⅰ・大東・慶Ⅱ・東大・東洋・東急・斯Ⅰ・宋版・世徳・天理」①□■吠□□－足利」①□■□虚□－武内」②□■虧夭□－道蔵」②□能□□□－梅沢」③■■■■■－治要」

経 1169 君子終日行－活Ⅱ・陽Ⅰ・書陵・龍門・無窮・足利・筑波・弘文・斯Ⅱ・梅沢・慶Ⅰ・大東・慶Ⅱ・武内・東大・東洋・東急・斯Ⅰ・六地・陽Ⅱ・天理」③聖人□□□－宋版・世徳・道蔵」

1170 不離輜重－活Ⅱ・陽Ⅰ・書陵・龍門・無窮・足利・筑波・弘文・

斯Ⅱ・慶Ⅰ・大東・慶Ⅱ・武内・東大・東洋・斯Ⅰ・六地・陽Ⅱ・宋版・世徳・道蔵・天理」②□□轜□－梅沢・東急」

注
1171 輜静也－活Ⅱ・陽Ⅰ・書陵・龍門・無窮・足利・筑波・弘文・斯Ⅱ・慶Ⅰ・大東・慶Ⅱ・武内・東大・東洋・斯Ⅰ・宋版・世徳・道蔵・天理」②轜□□－梅沢・東急」

1172 君子終日行－活Ⅱ・陽Ⅰ・書陵・龍門・無窮・足利・筑波・弘文・斯Ⅱ・梅沢・慶Ⅰ・大東・慶Ⅱ・武内・東大・東洋・東急・斯Ⅰ・道蔵・天理」③聖人□□□－宋版・世徳」

21ウ3

1173 道不離－活Ⅱ・陽Ⅰ・書陵・龍門・無窮・足利・筑波・弘文・斯Ⅱ・梅沢・慶Ⅰ・大東・慶Ⅱ・武内・東大・東洋・東急・斯Ⅰ・宋版・世徳・道蔵」②■□□－天理」

1174 其静與重也－活Ⅱ・陽Ⅰ・無窮・筑波・弘文・斯Ⅱ・慶Ⅰ・大東・斯Ⅰ・宋版・世徳」②■□□□□－天理」②於□□□□－梅沢・武内・東大・東洋・東急」②□輜□□□－足利」②□□□□■－書陵・龍門・慶Ⅱ」④□□■□■－道蔵」

注
1075 謂宮闕－活Ⅱ・陽Ⅰ・書陵・龍門・無窮・筑波・弘文・斯Ⅱ・梅沢・慶Ⅰ・大東・武内・東大・東洋・東急・斯Ⅰ・宋版・道蔵・天理」①□官□－足利」①□営□－慶Ⅱ」②□□觀－世徳」

21ウ4

1176 后妃所居也－活Ⅱ・陽Ⅰ・書陵・龍門・無窮・足利・筑波・弘文・斯Ⅱ・梅沢・慶Ⅰ・大東・慶Ⅱ・武内・東大・東洋・東急・斯Ⅰ・宋版・世徳・天理」②□□□■－道蔵」

1177 遠避而不處也－活Ⅱ・陽Ⅰ・書陵・龍門・無窮・足利・筑波・弘文・斯Ⅱ・梅沢・慶Ⅰ・大東・慶Ⅱ・武内・東大・東洋・東急・斯Ⅰ・宋版・世徳・天理」②□□□□□■－道蔵」

注
1178 疾■時主－活Ⅱ・陽Ⅰ・書陵・龍門・無窮・足利・筑波・弘文・斯Ⅱ・梅沢・大東・慶Ⅱ・武内・東大・東洋・東急・斯Ⅰ・宋版・世徳・天理・治要」①□■□王－慶Ⅰ」④□其□■－道蔵」

1179 傷痛之■也－活Ⅱ・陽Ⅰ・書陵・龍門・無窮・足利・弘文・斯Ⅱ・慶Ⅰ・大東・慶Ⅱ・東急・天理」②□□□■■－梅沢・武内・東大・斯Ⅰ・治要」②□□□辞□－筑波」④□□□辞■－東洋・宋版・世徳・道蔵」

1180 萬乗之主謂王者也－活Ⅱ・陽Ⅰ・書陵・龍門・無窮・足利・筑波・弘文・斯Ⅱ・梅沢・慶Ⅰ・大東・慶Ⅱ・武内・東大・東洋・東急・天理」②□□□□□□□■－斯Ⅰ」②□□□□□□■■－宋版・世徳」③■■■■■■■■－道蔵・治要」

21ウ5

経
1181 輕於天下－活Ⅱ・陽Ⅰ・書陵・龍門・無窮・足利・筑波・弘文・斯Ⅱ・梅沢・慶Ⅰ・大東・慶Ⅱ・武内・東大・東洋・六地・陽Ⅱ・道蔵・天理・治要」②□■□□－東急・斯Ⅰ・世徳・宋版」

注
1182 王者至尊而以其身行輕躁乎－活Ⅱ・陽Ⅰ・書陵・龍門・無窮・足利・筑波・弘文・斯Ⅱ・梅沢・慶Ⅰ・大東・慶Ⅱ・武内・東大・東洋・東急・杏Ⅰ・宋版・世徳・天理」②□□□□於□□□□□□□－道蔵」②□□□□□□□□□□□兮－斯Ⅰ」③■■■■■■■■■■■■－治要」

21ウ6

1183 疾時王奢恣輕淫■■■也－活Ⅱ・陽Ⅰ・書陵・龍門・無窮・足利・筑波・弘文・斯Ⅱ・梅沢・慶Ⅰ・大東・慶Ⅱ・武内・東大・東洋・東急・杏Ⅰ・斯Ⅰ・宋版・世徳・天理・治要」③□□□□□□失其精□－道蔵」

注
1184 王者輕淫－活Ⅱ・陽Ⅰ・書陵・龍門・無窮・足利・筑波・弘文・斯Ⅱ・梅沢・慶Ⅰ・大東・慶Ⅱ・武内・東大・東洋・東急・杏Ⅰ・斯Ⅰ・世徳・道蔵・天理・治要」①□□□滔－宋版」

1185 治身輕淫■－活Ⅱ・陽Ⅰ・書陵・龍門・無窮・筑波・弘文・斯Ⅱ・梅沢・慶Ⅰ・大東・慶Ⅱ・武内・東大・東洋・東急・杏Ⅰ・斯Ⅰ・宋版・世徳・天理・治要」②□□□躁■－道蔵」②□□□□也－足利」

1186 則失其精■也－活Ⅱ・陽Ⅰ・書陵・龍門・無窮・足利・筑波・弘文・斯Ⅱ・梅沢・慶Ⅰ・大東・慶Ⅱ・武内・東大・東急・杏Ⅰ・道蔵・天理」②□□□□者□－東洋」②□□□□■■－斯Ⅰ・宋版・世徳・治要」

経
1187 躁則失君－活Ⅱ・陽Ⅰ・書陵・龍門・無窮・足利・筑波・弘文・梅沢・慶Ⅰ・大東・慶Ⅱ・武内・東大・東洋・東急・杏Ⅰ・斯

Ⅰ・六地・陽Ⅱ・宋版・世徳・道蔵・天理・治要」③■■■■―斯Ⅱ」

21ウ7注 1188 王者■躁疾―活Ⅱ・陽Ⅰ・書陵・龍門・無窮・足利・筑波・弘文・梅沢・慶Ⅰ・大東・慶Ⅱ・武内・東大・東洋・東急・杏Ⅰ・斯Ⅰ」②□□■□失―天理」②□□行□□―宋版・世徳・道蔵・治要」③■■■■―斯Ⅱ」

1189 則失其精神也―活Ⅱ・陽Ⅰ・書陵・龍門・無窮・筑波・梅沢・慶Ⅰ・大東・慶Ⅱ・武内・東大・東洋・東急・杏Ⅰ・斯Ⅰ・宋版・世徳・天理・治要」②■□□□□―足利」②□□□□□■―弘文・道蔵」③■■■■■―斯Ⅱ」

22オ1 1190 巧用■第二十七―活Ⅱ・陽Ⅰ・斯Ⅰ・宋版・世徳・道蔵・天理」□□■弟廿　□―梅沢」②□□章□廿　□―武内・東大・東洋」③善行章□□□□―筑波・慶Ⅰ」③善行章□廿　□―弘文・大東・慶Ⅱ」③■■■■■■■―書陵・龍門・無窮・足利・斯Ⅱ・六地・陽Ⅱ・東急」

22オ2経 1191 善行者―活Ⅱ・陽Ⅰ・書陵・龍門・無窮・足利・筑波・弘文・斯Ⅱ・梅沢・慶Ⅰ・大東・慶Ⅱ・武内・東大・東洋・東急・斯Ⅰ・六地・陽Ⅱ・道蔵・天理」②□□■―宋版・世徳」

1192 無轍跡―活Ⅱ・陽Ⅰ・書陵・無窮・足利・筑波・弘文・斯Ⅱ・慶Ⅱ・東洋・斯Ⅰ・道蔵・天理」①无□□―龍門・慶Ⅰ・大東・六地」①□徹□―梅沢・陽Ⅱ・東急」①□□迹―宋版・世徳」③无蹤迹―武内・東大」

注 1193 善行道者―活Ⅱ・陽Ⅰ・書陵・龍門・無窮・足利・筑波・弘文・斯Ⅱ・梅沢・慶Ⅰ・大東・慶Ⅱ・武内・東大・東洋・斯Ⅰ・宋版・世徳・道蔵・天理」②□□■□―東急」

1194 無轍跡■也―活Ⅱ・書陵・無窮・足利・弘文・慶Ⅱ・天理」①无□□■□―陽Ⅰ・龍門・筑波・斯Ⅱ・慶Ⅰ・大東」①□徹□■□―梅沢・東急」②无□迹■□―武内」②□□□■■―道蔵」③无蹤迹■□―東大」③无□□■■―斯Ⅰ」③□□迹■■―宋版・世徳」④无□迹者□―東洋」

22オ3経 1195 善言者―活Ⅱ・陽Ⅰ・書陵・龍門・無窮・足利・筑波・弘文・斯Ⅱ・梅沢・慶Ⅰ・大東・慶Ⅱ・武内・東大・東洋・東急・斯Ⅰ・六地・陽Ⅱ・天理」②□□■―宋版・世徳・道蔵」

1196 無瑕讁―活Ⅱ・書陵・無窮・足利・筑波・弘文・斯Ⅱ・梅沢・東急・斯Ⅰ・宋版・世徳・天理」①无□□―陽Ⅰ・龍門・慶Ⅰ・大東・慶Ⅱ・武内・東大・東洋・六地・陽Ⅱ」①□□謫―道蔵」

注 1197 善言者―活Ⅱ・陽Ⅰ・書陵・龍門・無窮・足利・筑波・弘文・斯Ⅱ・慶Ⅰ・大東・慶Ⅱ・天理」②□□■―梅沢・武内・東大・東洋・東急・斯Ⅰ・宋版・世徳・道蔵」

1198 擇言而出之―活Ⅱ・陽Ⅰ・書陵・龍門・無窮・足利・筑波・弘文・斯Ⅱ・梅沢・慶Ⅰ・大東・慶Ⅱ・武内・東大・東洋・東急・道蔵・天理」②□□□□■―斯Ⅰ・宋版・世徳」

1199 無瑕疵讁過―活Ⅱ・書陵・無窮・足利・筑波・弘文・梅沢・大東・慶Ⅱ・東急・世徳・天理」①无□□□□―陽Ⅰ・龍門・慶Ⅰ・武内・東大・斯Ⅰ・宋版」②无□□適□―東洋」②无□□謫□―斯Ⅱ」③□□■謫□―道蔵」

1200 於天下也―活Ⅱ・陽Ⅰ・書陵・龍門・無窮・足利・筑波・弘文・斯Ⅱ・梅沢・慶Ⅰ・大東・慶Ⅱ・武内・東大・東洋・東急・道蔵・天理」②□□□■―斯Ⅰ・宋版・世徳」

22オ4経 1201 善計者―活Ⅱ・陽Ⅰ・書陵・龍門・無窮・足利・筑波・弘文・斯Ⅱ・梅沢・慶Ⅰ・大東・慶Ⅱ・武内・東大・東洋・東急・斯Ⅰ・六地・陽Ⅱ・天理」②□□■―宋版・世徳・道蔵」

注 1202 計事者―活Ⅱ・陽Ⅰ・書陵・龍門・無窮・足利・弘文・斯Ⅱ・梅沢・慶Ⅰ・大東・慶Ⅱ・武内・東大・東洋・東急・斯Ⅰ・宋版・世徳・道蔵・天理」①討□□―筑波」

1203 ■守一不移―活Ⅱ・陽Ⅰ・書陵・龍門・無窮・足利・筑波・弘文・斯Ⅱ・梅沢・慶Ⅰ・大東・慶Ⅱ・武内・東大・東洋・東急・天理」②則□□□□―斯Ⅰ・宋版・世徳・道蔵」

1204 所計不多―活Ⅱ・陽Ⅰ・書陵・龍門・無窮・足利・弘文・斯Ⅱ・梅沢・慶Ⅰ・大東・慶Ⅱ・武内・東大・東洋・東急・斯Ⅰ・宋

版・世徳・道蔵・天理」①□討□□－筑波」
1205 ■不用籌策－活Ⅱ・陽Ⅰ・書陵・龍門・無窮・足利・筑波・弘
文・斯Ⅱ・梅沢・慶Ⅰ・大東・慶Ⅱ・武内・東大・東洋・東急・
天理」②則□□□□－斯Ⅰ・宋版・世徳・道蔵」
1206 而可知也－活Ⅱ・陽Ⅰ・龍門・無窮・足利・筑波・弘文・斯Ⅱ・
梅沢・慶Ⅰ・大東・慶Ⅱ・武内・東大・東洋・東急・斯Ⅰ・宋
版・世徳・天理」②□不□□－書陵」②□■□□－道蔵」
22オ5
経
1207 善閉者－活Ⅱ・陽Ⅰ・書陵・龍門・無窮・足利・筑波・弘文・
斯Ⅱ・梅沢・慶Ⅰ・大東・慶Ⅱ・武内・東大・東洋・東急・斯
Ⅰ・六地・陽Ⅱ・道蔵・天理」②□□■－宋版・世徳」
1208 無關楗－活Ⅱ・陽Ⅰ・足利・筑波・東洋・斯Ⅰ・天理」①无□
□－龍門・慶Ⅰ・大東・六地・陽Ⅱ」①□□揵－書陵・弘文・
斯Ⅱ・梅沢・武内・宋版・世徳」①□□鍵－東急・道蔵」②无
□揵－慶Ⅱ・東大」②□開揵－無窮」
注
1209 守精神－活Ⅱ・陽Ⅰ・書陵・龍門・無窮・足利・筑波・弘文・
斯Ⅱ・梅沢・慶Ⅰ・大東・慶Ⅱ・武内・東大・東洋・東急・斯
Ⅰ・宋版・道蔵・天理」①□精□－世徳」
1210 門戸－活Ⅱ・陽Ⅰ・書陵・龍門・無窮・足利・筑波・弘文・梅
沢・慶Ⅰ・大東・慶Ⅱ・武内・東大・東洋・東急・斯Ⅰ・宋版・
世徳・道蔵・天理」②閉□－斯Ⅱ」
1211 有關楗－活Ⅱ・陽Ⅰ・龍門・足利・大東・東洋・斯Ⅰ・天理」
①□□揵－書陵・無窮・筑波・弘文・斯Ⅱ・慶Ⅰ・慶Ⅱ・武内・
東大・宋版・世徳」①□□鍵－東急」②□開揵－梅沢」②□□
■－道蔵」
22オ6
1212 ■可得開也－活Ⅱ・陽Ⅰ・書陵・龍門・無窮・足利・筑波・弘
文・斯Ⅱ・梅沢・慶Ⅰ・大東・武内・東大・東洋・東急・道蔵・
天理」②不□□□－慶Ⅱ」②■□□■－斯Ⅰ・宋版・世徳」
経
1213 善結者－活Ⅱ・陽Ⅰ・書陵・龍門・無窮・足利・筑波・弘文・
斯Ⅱ・梅沢・慶Ⅰ・大東・慶Ⅱ・武内・東大・東洋・東急・斯
Ⅰ・六地・陽Ⅱ・道蔵・天理」②□□■－宋版・世徳」
1214 無繩約－活Ⅱ・書陵・足利・筑波・弘文・慶Ⅱ・武内・東洋・
東急・斯Ⅰ・陽Ⅱ・宋版・世徳・道蔵・天理」①无□□－陽Ⅰ・
慶Ⅰ・大東・東大」①□□紉－斯Ⅱ・梅沢」①□□紉－無窮・
六地」②无□紉－龍門」
注
1215 乃■結其心－活Ⅱ・陽Ⅰ・書陵・龍門・無窮・足利・筑波・弘
文・斯Ⅱ・梅沢・慶Ⅰ・大東・慶Ⅱ・武内・東大・東洋・東急・
道蔵・天理」②□可□□□－斯Ⅰ・宋版・世徳」
22オ7
1216 不如繩索－活Ⅱ・陽Ⅰ・書陵・龍門・無窮・足利・筑波・弘文・
梅沢・慶Ⅰ・慶Ⅱ・武内・東大・東洋・東急・斯Ⅰ・宋版・世
徳・道蔵・天理」①□□□素－斯Ⅱ・大東」
1217 可得解也■－活Ⅱ・陽Ⅰ・書陵・龍門・無窮・足利・弘文・斯
Ⅱ・慶Ⅰ・大東・慶Ⅱ・武内・東大・東洋・東急・斯Ⅰ・宋版・
世徳・天理」②□□□□之－梅沢」②□□□之也－筑波」②□
□□■■－道蔵」
経
1218 聖人■■常善救人－活Ⅱ・陽Ⅰ・書陵・龍門・無窮・足利・筑
波・弘文・斯Ⅱ・梅沢・慶Ⅰ・大東・武内・東大・東洋・東急・
斯Ⅰ・六地・陽Ⅱ・宋版・道蔵・天理・治要」②□□々々□□
□□－慶Ⅱ」②□□■■□救善□－世徳」
注
1219 所以常教人忠孝者－活Ⅱ・陽Ⅰ・書陵・龍門・無窮・足利・筑
波・弘文・斯Ⅱ・梅沢・慶Ⅰ・大東・武内・東大・東急・斯Ⅰ・
宋版・天理・治要」②□□■□□□□□－東洋」②□□□□□
□□■－慶Ⅱ・道蔵」
22ウ1
1220 欲以救人性命也■－活Ⅱ・陽Ⅰ・書陵・龍門・無窮・足利・筑
波・弘文・斯Ⅱ・慶Ⅰ・大東・慶Ⅱ・武内・東大・東洋・天理・
治要」②□□□□□□之－梅沢」②□□□□□□■■－東急・
斯Ⅰ・道蔵」④□□□□在□■■－宋版・世徳」
経
1221 故無棄人－活Ⅱ・陽Ⅰ・書陵・龍門・無窮・足利・筑波・弘文・
斯Ⅱ・梅沢・慶Ⅰ・大東・慶Ⅱ・武内・東大・東洋・東急・斯
Ⅰ・宋版・世徳・道蔵・天理」①□无□□－六地・陽Ⅱ・治要」
22ウ2
注
1222 所以常教民－活Ⅱ・陽Ⅰ・書陵・龍門・足利・筑波・弘文・斯

Ⅱ・梅沢・慶Ⅰ・大東・慶Ⅱ・武内・東大・東洋・東急・斯Ⅰ・天理」②□□□民教—無窮」②□□■□□—宋版・世徳・治要」③□□■■■—道蔵」

1223 順四時者—活Ⅱ・陽Ⅰ・書陵・龍門・無窮・足利・筑波・弘文・斯Ⅱ・梅沢・慶Ⅰ・大東・慶Ⅱ・武内・東大・東洋・東急・天理」②□□□■—斯Ⅰ・宋版・世徳・道蔵・治要」

1224 救萬物之■残傷也—活Ⅱ・陽Ⅰ・書陵・無窮・足利・筑波・弘文・斯Ⅱ・梅沢・大東・武内・東大・東洋・東急・天理・治要」②□□□□之□□□—慶Ⅰ」②□□□也■□□□—龍門」②□□□□■□□■—慶Ⅱ・斯Ⅰ・宋版・世徳」④□□□□■傷残■—道蔵」

経 1225 故無棄物—活Ⅱ・書陵・龍門・無窮・足利・筑波・弘文・斯Ⅱ・梅沢・慶Ⅱ・武内・東洋・東急・斯Ⅰ・陽Ⅱ・宋版・世徳・道蔵・天理」①□无□□—陽Ⅰ・慶Ⅰ・大東・東大・六地・治要」

注 1226 聖人不賤石—活Ⅱ・陽Ⅰ・書陵・龍門・無窮・足利・筑波・弘文・斯Ⅱ・梅沢・慶Ⅰ・大東・慶Ⅱ・武内・東大・東洋・東急・斯Ⅰ・宋版・世徳・道蔵・天理」②■■□□□—治要」

22ウ3

1227 視之如一■也—活Ⅱ・陽Ⅰ・書陵・龍門・無窮・足利・筑波・弘文・斯Ⅱ・梅沢・慶Ⅰ・大東・慶Ⅱ・武内・東大・東急・天理」②□□□□者□—東洋」②□□□□■■—宋版・世徳・道蔵」④□■□□■■—斯Ⅰ」⑤■■■■■■—治要」

注 1228 是謂襲明—活Ⅱ・陽Ⅰ・書陵・龍門・無窮・足利・筑波・弘文・斯Ⅱ・梅沢・慶Ⅰ・大東・慶Ⅱ・武内・東大・東洋・東急・斯Ⅰ・道蔵・天理」②■□□—宋版・世徳」

1229 大道■也—活Ⅱ・陽Ⅰ・無窮・東急・斯Ⅰ・宋版・世徳・天理」①天□■□—書陵・龍門・足利・筑波・弘文・斯Ⅱ・梅沢・慶Ⅰ・大東・慶Ⅱ・武内・東大」②□□■■—道蔵」③天□者□—東洋」

22ウ4

経 1230 善人者—活Ⅱ・陽Ⅰ・書陵・龍門・無窮・足利・筑波・弘文・斯Ⅱ・梅沢・慶Ⅰ・大東・慶Ⅱ・武内・東大・東急・斯Ⅰ・六地・陽Ⅱ・宋版・世徳・道蔵・天理・治要」②□□■—東洋」

1231 不善人之師也—活Ⅱ・陽Ⅰ・書陵・龍門・無窮・足利・筑波・弘文・斯Ⅱ・梅沢・慶Ⅰ・大東・慶Ⅱ・武内・東大・東洋・六地・陽Ⅱ・天理」②□□□□□■—東急・斯Ⅰ・宋版・世徳・道蔵」③□■■□□□—治要」

注 1232 即以—活Ⅱ・陽Ⅰ・書陵・龍門・無窮・足利・筑波・弘文・斯Ⅱ・梅沢・慶Ⅰ・大東・慶Ⅱ・武内・東大・東洋・東急・斯Ⅰ・宋版・世徳・天理・治要」②則□—道蔵」

1233 爲人師■也—活Ⅱ・陽Ⅰ・書陵・龍門・無窮・足利・筑波・斯Ⅱ・梅沢・慶Ⅰ・大東・慶Ⅱ・武内・東大・東急・道蔵・天理・治要」②□□□者□—東洋」②□□□□■■—斯Ⅰ・宋版・世徳」②□■□■□—弘文」

22ウ5

経 1234 善人之■資也—活Ⅱ・陽Ⅰ・書陵・龍門・無窮・足利・弘文・斯Ⅱ・慶Ⅰ・大東・武内・東大・東洋・六地・陽Ⅱ・天理」①□□□之□□—慶Ⅱ」②□□■■□□—筑波」②□□□■□■—梅沢・東急・宋版・世徳・道蔵・治要」④□□■■□■—斯Ⅰ」

注 1235 行不善者—活Ⅱ・陽Ⅰ・書陵・龍門・無窮・足利・筑波・弘文・斯Ⅱ・梅沢・慶Ⅰ・大東・慶Ⅱ・武内・東大・東洋・東急・天理」②□□□■—斯Ⅰ・宋版・世徳・道蔵・治要」

1236 聖人獨—陽Ⅰ」②□□猶—活Ⅱ・書陵・龍門・無窮・足利・筑波・弘文・斯Ⅱ・梅沢・慶Ⅰ・大東・慶Ⅱ・武内・東大・東洋・東急・斯Ⅰ・宋版・世徳・天理」②□□■—治要」③■■猶—道蔵」

1237 教導使爲善—活Ⅱ・陽Ⅰ・書陵・龍門・無窮・足利・筑波・弘文・斯Ⅱ・梅沢・慶Ⅰ・大東・慶Ⅱ・武内・東大・東洋・東急・宋版・世徳・道蔵・天理」①□道□□□—斯Ⅰ・治要」

1238 得以■給用也—陽Ⅰ・書陵・龍門・慶Ⅱ・東急・宋版・世徳」②□□■□□■—道蔵」②□□為□□□—活Ⅱ・無窮・足利・筑波・弘文・斯Ⅱ・梅沢・慶Ⅰ・大東・武内・東大・東洋・斯Ⅰ・天理」④□□為□□■—治要」

22ウ6 経 1239 不貴其師－活Ⅱ・陽Ⅰ・書陵・龍門・無窮・足利・筑波・弘文・斯Ⅱ・梅沢・慶Ⅰ・大東・慶Ⅱ・武内・東大・東洋・東急・斯Ⅰ・六地・陽Ⅱ・宋版・世徳・道蔵・天理」③■■■■－治要」

注 1240 獨無輔也－活Ⅱ・書陵・無窮・弘文・梅沢・慶Ⅱ・東急・斯Ⅰ・宋版・世徳・道蔵・天理」①□无□□－陽Ⅰ・龍門・筑波・斯Ⅱ・慶Ⅰ・大東・武内・東大・東洋」②□□■■－足利（此の二字大字、右旁に小圏有り）」③■■■■－治要」

注 1241 無所使也－活Ⅱ・書陵・無窮・足利・筑波・弘文・梅沢・慶Ⅱ・東急・斯Ⅰ・宋版・世徳・道蔵・天理」①无□□□－陽Ⅰ・龍門・斯Ⅱ・慶Ⅰ・大東・武内・東大・東洋・治要」

経 1242 雖智大迷－活Ⅱ・陽Ⅰ・書陵・龍門・無窮・足利・筑波・弘文・斯Ⅱ・梅沢・慶Ⅰ・大東・慶Ⅱ・武内・東大・東洋・東急・斯Ⅰ・六地・陽Ⅱ・宋版・世徳・天理・治要」①□知□□－道蔵」

22ウ7 注 1243 乃大迷惑■也－活Ⅱ・陽Ⅰ・無窮・筑波・弘文・斯Ⅱ・梅沢・慶Ⅰ・大東・慶Ⅱ・武内・東急・道蔵・天理」①□□□或■□－足利」②■□□□■□－書陵・龍門」②□□□□者□－東洋」

注 1244 能通此意－活Ⅱ・陽Ⅰ・書陵・龍門・無窮・足利・筑波・弘文・斯Ⅱ・梅沢・慶Ⅰ・大東・慶Ⅱ・武内・東大・東洋・東急・斯Ⅰ・宋版・世徳・天理・治要」②□□□□道－道蔵」②□□□□■■－東大・斯Ⅰ・宋版・世徳・治要」

1245 謂知微妙要道也－活Ⅱ・陽Ⅰ・書陵・龍門・無窮・足利・筑波・弘文・斯Ⅱ・梅沢・慶Ⅰ・大東・慶Ⅱ・武内・東洋・東急・斯Ⅰ・宋版・世徳・道蔵・天理」①□智□□□□□－東大」②□□□□□■－治要」

23オ1 1246 反朴■■第二十八－活Ⅱ・陽Ⅰ・斯Ⅰ・宋版・世徳・道蔵・天理」□□■弟廿　□－梅沢」②□□■章□□□□－筑波」②□□■章□廿　□－武内・東大・東洋」③知其■章□□□□－慶Ⅰ・大東」③知其雄章□廿　□－弘文・慶Ⅱ」③■■■■■■■■－書陵・龍門・無窮・足利・斯Ⅱ・東急・六地・陽Ⅱ」

23オ2 経 1247 爲天下谿－活Ⅱ・陽Ⅰ・書陵・龍門・無窮・足利・筑波・弘文・斯Ⅱ・梅沢・慶Ⅰ・大東・慶Ⅱ・武内・東大・東洋・斯Ⅰ・六地・陽Ⅱ・宋版・世徳・道蔵・天理」①□□□渓－東急・治要」

注 1248 雄以喩尊－活Ⅱ・陽Ⅰ・書陵・龍門・無窮・足利・弘文・斯Ⅱ・慶Ⅰ・大東・慶Ⅱ・斯Ⅰ・宋版・世徳・道蔵・天理・治要」①□□諭□－筑波・梅沢・武内・東大・東洋・東急」

1249 雌以喩卑－活Ⅱ・陽Ⅰ・書陵・龍門・無窮・足利・弘文・斯Ⅱ・慶Ⅰ・大東・慶Ⅱ・斯Ⅰ・宋版・世徳・道蔵・天理・治要」①□□諭□－筑波・梅沢・武内・東大・東洋・東急」

1250 自知其尊顯－活Ⅱ・陽Ⅰ・書陵・龍門・無窮・足利・筑波・斯Ⅱ・慶Ⅰ・大東・慶Ⅱ・武内・東大・東洋・斯Ⅰ・道蔵・天理」②■□□□□－弘文」②□□■□□－梅沢・東急・治要」④知自■□□－宋版・世徳」

23オ3 1251 守之以卑微－活Ⅱ・陽Ⅰ・書陵・龍門・無窮・足利・筑波・弘文・斯Ⅱ・梅沢・慶Ⅰ・大東・慶Ⅱ・武内・東大・東洋・東急・斯Ⅰ・宋版・世徳・天理・治要」②□■其□□－道蔵」

1252 去雄之強梁－活Ⅱ・陽Ⅰ・書陵・龍門・無窮・足利・筑波・弘文・斯Ⅱ・梅沢・慶Ⅰ・大東・慶Ⅱ・武内・東大・東洋・東急・斯Ⅰ・世徳・道蔵・天理・治要」②□■□□□－宋版」

1253 就■雌之柔和－活Ⅱ・陽Ⅰ・書陵・龍門・無窮・足利・筑波・弘文・斯Ⅱ・梅沢・慶Ⅰ・大東・慶Ⅱ・武内・東大・東洋・東急・斯Ⅰ・宋版・世徳・天理・治要」②□其□□□□－道蔵」

1254 如是則－活Ⅱ・陽Ⅰ・書陵・龍門・無窮・足利・筑波・弘文・斯Ⅱ・梅沢・慶Ⅰ・大東・慶Ⅱ・武内・東大・東洋・東急・斯Ⅰ・宋版・世徳・道蔵・天理」②■□□－治要」

1255 天下歸之－活Ⅱ・陽Ⅰ・書陵・龍門・足利・斯Ⅱ・梅沢・東急・宋版・世徳・道蔵・治要」①□□皈□－無窮・筑波・弘文・慶Ⅰ・大東・慶Ⅱ・武内・東大・東洋・斯Ⅰ・天理」

1256 水■之流－活Ⅱ・陽Ⅰ・書陵・龍門・無窮・足利・筑波・斯Ⅱ・梅沢・慶Ⅰ・大東・武内・東大・東洋・東急・天理・治要」①□水□□－慶Ⅱ」②□■■□－弘文・斯Ⅰ・宋版・世徳」②□

■□游－道蔵」

1257 入深谿■也－活Ⅱ・陽Ⅰ・書陵・龍門・無窮・足利・弘文・斯Ⅱ・梅沢・慶Ⅰ・大東・慶Ⅱ・武内・斯Ⅰ・宋版・世徳・天理」①□□溪■□－筑波・東急」②□□□者□－東洋」②□□□■■－東大・治要」④■□□■■－道蔵」

23オ4 経

1258 爲天下谿－活Ⅱ・陽Ⅰ・書陵・龍門・無窮・足利・筑波・弘文・斯Ⅱ・梅沢・慶Ⅰ・大東・慶Ⅱ・武内・東大・東洋・斯Ⅰ・六地・陽Ⅱ・宋版・世徳・道蔵・天理」①□□□溪－東急・治要」

注

1259 如深谿－活Ⅱ・陽Ⅰ・書陵・龍門・無窮・足利・筑波・斯Ⅱ・梅沢・慶Ⅰ・大東・慶Ⅱ・武内・東大・東洋・斯Ⅰ・宋版・世徳・道蔵・天理」①□□溪－弘文・東急・治要」

1260 不■離－活Ⅱ・陽Ⅰ・書陵・龍門・足利・弘文・斯Ⅱ・梅沢・慶Ⅰ・大東・慶Ⅱ・東急・天理」②□復□－無窮・筑波・武内・東大・東洋・斯Ⅰ・宋版・世徳・治要」②□能□－道蔵」

1261 ■已也■－活Ⅱ・陽Ⅰ・書陵・龍門・無窮・足利・筑波・弘文・斯Ⅱ・慶Ⅰ・大東・慶Ⅱ・武内・東大・東洋・東急・天理」②■□□之－梅沢」②於□□■－道蔵」②■□■■－治要」④於□■■－斯Ⅰ・宋版・世徳」

23オ5 経

1262 復歸－活Ⅱ・陽Ⅰ・書陵・龍門・無窮・足利・弘文・斯Ⅱ・梅沢・慶Ⅰ・武内・東大・東洋・東急・斯Ⅰ・六地・陽Ⅱ・宋版・世徳・道蔵」①□皈－筑波・大東・慶Ⅱ・天理」

1263 於嬰兒－活Ⅱ・書陵・龍門・無窮・足利・筑波・弘文・斯Ⅱ・梅沢・慶Ⅰ・大東・慶Ⅱ・武内・東大・東洋・東急・六地・陽Ⅱ・道蔵・天理」①□嫛□－陽Ⅰ・宋版」①□孾□－斯Ⅰ・世徳」

注

1264 復當－活Ⅱ・陽Ⅰ・書陵・龍門・無窮・足利・筑波・弘文・斯Ⅱ・梅沢・慶Ⅰ・大東・慶Ⅱ・武内・東大・東洋・東急・道蔵・天理」②□常－斯Ⅰ」③常復－宋版・世徳」

1265 歸志－活Ⅱ・陽Ⅰ・書陵・龍門・無窮・足利・斯Ⅱ・梅沢・慶Ⅰ・東急・斯Ⅰ・宋版・世徳」①皈□－筑波・弘文・大東・慶Ⅱ・武内・東大・東洋・天理」②復□－道蔵」

1266 於嬰兒－活Ⅱ・書陵・龍門・無窮・足利・筑波・弘文・斯Ⅱ・梅沢・慶Ⅰ・大東・慶Ⅱ・武内・東大・東洋・東急・斯Ⅰ・道蔵・天理」①□嫛□－陽Ⅰ・宋版」①□孾□－世徳」

1267 惷然－活Ⅱ・陽Ⅰ・書陵・龍門・無窮・足利・筑波・弘文・斯Ⅱ・梅沢・慶Ⅰ・大東・慶Ⅱ・武内・東大・東洋・東急・斯Ⅰ・宋版・天理」①惷□－世徳・道蔵」

1268 而無所知也－活Ⅱ・書陵・無窮・足利・弘文・慶Ⅱ・斯Ⅰ・宋版・世徳・天理」①□无□□□－陽Ⅰ・龍門・筑波・斯Ⅱ・慶Ⅰ・大東・武内・東大・東洋」②■□□□□－梅沢・道蔵」④■□□□■－東急」

23オ6 注

1269 喩昭昭－活Ⅱ・陽Ⅰ・書陵・無窮・足利・弘文・斯Ⅱ・慶Ⅰ・大東・慶Ⅱ・斯Ⅰ・宋版・世徳・道蔵・天理・治要」①諭□□－筑波・梅沢・武内・東大・東洋・東急」①□照照－龍門」

1270 喩默默－活Ⅱ・陽Ⅰ・書陵・龍門・無窮・足利・弘文・斯Ⅱ・慶Ⅰ・大東・東洋・斯Ⅰ・宋版・世徳・道蔵・天理・治要」①諭□□－筑波・梅沢・武内・東大・東急」①□黙々－慶Ⅱ」

1271 知昭昭明達－活Ⅱ・陽Ⅰ・書陵・無窮・足利・筑波・弘文・斯Ⅱ・梅沢・慶Ⅰ・大東・慶Ⅱ・武内・東大・東洋・東急・斯Ⅰ・道蔵・天理・治要」①□照照□□－龍門」②□□□□白－宋版・世徳」

1272 復守之－活Ⅱ・陽Ⅰ・書陵・龍門・無窮・足利・筑波・斯Ⅱ・梅沢・慶Ⅰ・大東・慶Ⅱ・武内・東大・東洋・東急・斯Ⅰ・宋版・世徳・天理・治要」②□□■－弘文」②■□□－道蔵」

1273 以默默－活Ⅱ・陽Ⅰ・書陵・龍門・無窮・足利・筑波・弘文・斯Ⅱ・梅沢・慶Ⅰ・大東・武内・東大・東洋・東急・斯Ⅰ・宋版・世徳・天理・治要」①□□■－道蔵」①□黙々－慶Ⅱ」

23オ7

1274 無所見－活Ⅱ・書陵・無窮・足利・弘文・斯Ⅱ・梅沢・東急・宋版・世徳・天理・道蔵」①无□□－陽Ⅰ・龍門・筑波・慶Ⅰ・大東・慶Ⅱ・武内・東大・東洋・斯Ⅰ・治要」

1275 可以爲―活Ⅱ・陽Ⅰ・書陵・龍門・無窮・足利・筑波・弘文・斯Ⅱ・梅沢・慶Ⅰ・大東・慶Ⅱ・武内・東大・東洋・斯Ⅰ・天理」②□■□―東急・宋版・世徳・道蔵・治要」

1276 天下法式也―活Ⅱ・陽Ⅰ・書陵・龍門・無窮・足利・筑波・弘文・斯Ⅱ・梅沢・慶Ⅰ・大東・慶Ⅱ・武内・東大・東洋・東急・斯Ⅰ・天理・治要」②□□□■―宋版・世徳・道蔵」

1277 ■■■■―活Ⅱ・陽Ⅰ・書陵・龍門・無窮・足利・筑波・弘文・斯Ⅱ・梅沢・慶Ⅰ・大東・慶Ⅱ・武内・東大・東洋・東急・天理・治要」③則得常在―斯Ⅰ・宋版」③則徳常在―世徳」③其徳常在―道蔵」

経 1278 常徳不惑―活Ⅱ・足利・天理」②□□□戓―陽Ⅰ・書陵・龍門・無窮・筑波・弘文・斯Ⅱ・慶Ⅰ・大東・慶Ⅱ・武内・東急・斯Ⅰ・六地・陽Ⅱ・治要」②□□□戓―梅沢」②□□□弍―東洋」②□□□戚―東大」②□□□弍―宋版・世徳・道蔵」

23ウ1 注 1279 爲天下法式―活Ⅱ・陽Ⅰ・書陵・龍門・無窮・足利・筑波・弘文・斯Ⅱ・梅沢・慶Ⅰ・大東・慶Ⅱ・武内・東大・東洋・東急・道蔵・天理・治要」②□□□■―斯Ⅰ・宋版・世徳」

1280 常在於已―活Ⅱ・陽Ⅰ・書陵・龍門・無窮・弘文・斯Ⅱ・梅沢・慶Ⅰ・大東・慶Ⅱ・斯Ⅰ・宋版・世徳・天理・治要」②□□■□―足利・筑波・武内・東大・東洋・東急・道蔵」

1281 不復■―活Ⅱ・陽Ⅰ・書陵・龍門・無窮・足利・筑波・弘文・斯Ⅱ・梅沢・慶Ⅰ・大東・慶Ⅱ・武内・東大・東洋・斯Ⅰ・宋版・世徳・天理・治要」②□■■―東急」②□□有―道蔵」

1282 差惑也―活Ⅱ・足利・天理」②□戓□―陽Ⅰ・書陵・龍門・無窮・筑波・弘文・斯Ⅱ・慶Ⅰ・大東・慶Ⅱ・武内・東急・斯Ⅰ・治要」②□戚□―東大」②□戓□―梅沢」④□弍■―東洋」④□弍■―宋版・世徳・道蔵」

経 1283 復歸―活Ⅱ・陽Ⅰ・書陵・龍門・無窮・足利・弘文・斯Ⅱ・梅沢・慶Ⅰ・武内・東大・東洋・東急・斯Ⅰ・陽Ⅱ・宋版・世徳・道蔵」①□皈―筑波・大東・慶Ⅱ・天理」④□■―六地（以下四十二字欠）」

1284 於無極―活Ⅱ・書陵・無窮・足利・筑波・弘文・斯Ⅱ・梅沢・慶Ⅱ・東洋・東急・斯Ⅰ・陽Ⅱ・宋版・世徳・道蔵・天理」①□无□―陽Ⅰ・龍門・慶Ⅰ・大東・武内・東大」

注 1285 ■徳―活Ⅱ・陽Ⅰ・書陵・龍門・無窮・足利・筑波・斯Ⅱ・梅沢・慶Ⅰ・大東・慶Ⅱ・武内・東大・東洋・東急・斯Ⅰ・宋版・世徳・道蔵・天理」②復□―弘文」

1286 不差惑―活Ⅱ・足利・天理」②□□戓―陽Ⅰ・書陵・龍門・無窮・筑波・弘文・斯Ⅱ・慶Ⅰ・大東・武内・東急・斯Ⅰ」②□□弍―東洋」②□□戓―梅沢」②□□戚―東大」②□□戎―慶Ⅱ」②□□弍―宋版・世徳・道蔵」

1287 長生久壽―活Ⅱ・陽Ⅰ・書陵・龍門・無窮・足利・筑波・弘文・斯Ⅱ・梅沢・慶Ⅰ・大東・慶Ⅱ・武内・東大・東洋・東急・斯Ⅰ・宋版・世徳・天理」③久壽長生―道蔵」

23ウ2 1288 復歸身―活Ⅱ・陽Ⅰ・龍門・無窮・足利・梅沢・武内・慶Ⅰ・東急」①□皈□―書陵・筑波・弘文・斯Ⅱ・大東・慶Ⅱ・東大・東洋・天理」②■□□―斯Ⅰ・宋版・世徳・道蔵」

1289 於無窮極也―活Ⅱ・書陵・無窮・足利・弘文・梅沢・慶Ⅱ・東急・宋版・世徳・天理」①□无□□□―陽Ⅰ・龍門・筑波・斯Ⅱ・慶Ⅰ・大東・武内・東大・東洋・斯Ⅰ」④□■□□■―道蔵」

注 1290 喩尊貴―活Ⅱ・陽Ⅰ・書陵・龍門・無窮・足利・弘文・斯Ⅱ・慶Ⅰ・大東・慶Ⅱ・斯Ⅰ・宋版・世徳・道蔵・天理」①諭□□―筑波・梅沢・武内・東大・東洋・東急」④□□■―治要（以下九字無し）」

23ウ3 1291 喩汗濁也―活Ⅱ・陽Ⅰ・書陵・龍門・無窮・足利・筑波・弘文・斯Ⅱ・慶Ⅰ・大東・慶Ⅱ・東洋・道蔵・天理」①諭□□□―梅沢・武内・東大・東急」②□□□■―斯Ⅰ・宋版・世徳」③■■■■―治要」

1292 人能知―活Ⅱ・陽Ⅰ・書陵・龍門・無窮・足利・筑波・弘文・

斯Ⅱ・梅沢・慶Ⅰ・大東・慶Ⅱ・武内・東急・天理」②■□□－東大・東洋」③■■□－斯Ⅰ・宋版・世徳・道蔵・治要」

1293 天下歸之－活Ⅱ・陽Ⅰ・書陵・龍門・無窮・足利・梅沢・慶Ⅰ・東急・斯Ⅰ・宋版・世徳・道蔵・治要」①□□皈□－筑波・弘文・斯Ⅱ・大東・慶Ⅱ・武内・東大・東洋・天理」

1294 水流入於深谷■也－活Ⅱ・陽Ⅰ・書陵・龍門・無窮・足利・筑波・梅沢・慶Ⅰ・大東・慶Ⅱ・武内・東大・天理」②□□□□□者□－東洋」②□□□□□□■焉－弘文・斯Ⅱ」②□□□■□■□－東急・斯Ⅰ・宋版・世徳・道蔵」④□□■■□□■□－治要」

23ウ4 注

1295 常止於已也－活Ⅱ・陽Ⅰ・書陵・龍門・無窮・足利・筑波・弘文・斯Ⅱ・梅沢・慶Ⅰ・大東・慶Ⅱ・武内・東大・東洋・東急・天理」②□□□□■－斯Ⅰ」④■□□□■－宋版・世徳・道蔵」

23ウ5 経

1296 ■復歸－活Ⅱ・陽Ⅰ・龍門・無窮・足利・弘文・斯Ⅱ・梅沢・慶Ⅰ・武内・東洋・東急・斯Ⅰ・陽Ⅱ・宋版・世徳・道蔵」①■□皈－書陵・筑波・大東・慶Ⅱ・天理」③德□皈－東大」

1297 於樸－活Ⅱ・陽Ⅰ・書陵・龍門・無窮・足利・筑波・弘文・斯Ⅱ・梅沢・慶Ⅰ・大東・慶Ⅱ・東急・陽Ⅱ・道蔵・天理」①□朴－武内・東大・東洋・斯Ⅰ・宋版・世徳」

注

1298 當■歸身－活Ⅱ・陽Ⅰ・龍門・無窮・足利・弘文・梅沢・慶Ⅰ・武内・東大・斯Ⅰ・宋版・世徳・道蔵」①□■皈□－書陵・筑波・斯Ⅱ・大東・慶Ⅱ・東洋・天理」②□常□□－東急」

1299 於質樸－活Ⅱ・陽Ⅰ・書陵・龍門・無窮・足利・弘文・斯Ⅱ・梅沢・慶Ⅰ・大東・慶Ⅱ・東急・道蔵・天理」①□□朴－筑波・武内・東大・東洋・斯Ⅰ・宋版・世徳」

1300 ■■－活Ⅱ・陽Ⅰ・書陵・龍門・無窮・足利・筑波・弘文・斯Ⅱ・梅沢・慶Ⅰ・大東・武内・東大・東洋・東急・斯Ⅰ・宋版・世徳・道蔵・天理」③散則－慶Ⅱ」

1301 不■■－活Ⅱ・陽Ⅰ・書陵・龍門・慶Ⅱ・東急・天理」②□復■－足利・筑波・弘文・斯Ⅱ・梅沢・慶Ⅰ・大東・武内・東洋・斯Ⅰ・宋版・世徳・道蔵」②■復不－東大」③□復不－無窮」

1302 爲文飾也－活Ⅱ・陽Ⅰ・書陵・龍門・無窮・足利・筑波・弘文・斯Ⅱ・慶Ⅰ・大東・武内・東大・東洋・東急・天理」②□□□■－梅沢・慶Ⅱ・斯Ⅰ・宋版・世徳・道蔵」

経

1303 樸散則爲器－活Ⅱ・陽Ⅰ・書陵・龍門・無窮・足利・筑波・弘文・斯Ⅱ・梅沢・慶Ⅰ・大東・慶Ⅱ・陽Ⅱ・東急・道蔵・天理」①朴□□□□－武内・東大・東洋・斯Ⅰ・宋版・世徳」

注

1304 萬物之樸－活Ⅱ・陽Ⅰ・書陵・龍門・無窮・足利・筑波・斯Ⅱ・梅沢・慶Ⅰ・大東・慶Ⅱ・東急・道蔵・天理」①□□□朴－武内・東大・東洋・斯Ⅰ・宋版・世徳」②□□■□－弘文」

1305 爲器用也－活Ⅱ・陽Ⅰ・書陵・龍門・無窮・足利・筑波・弘文・斯Ⅱ・梅沢・慶Ⅰ・大東・慶Ⅱ・武内・東大・東洋・東急・斯Ⅰ・宋版・世徳・天理」②□□□■－道蔵」

23ウ6

1306 道散■爲神明－活Ⅱ・陽Ⅰ・書陵・龍門・無窮・足利・筑波・弘文・斯Ⅱ・梅沢・慶Ⅰ・大東・慶Ⅱ・武内・東大・東洋・東急・天理」②□□則□□□－斯Ⅰ・宋版・世徳・道蔵」

1307 流爲日月－活Ⅱ・陽Ⅰ・書陵・龍門・無窮・足利・筑波・弘文・斯Ⅱ・梅沢・慶Ⅰ・大東・慶Ⅱ・武内・東大・東洋・東急・斯Ⅰ・宋版・世徳・天理」②■□□□－道蔵」

1308 分爲五行■也－活Ⅱ・陽Ⅰ・書陵・龍門・無窮・足利・筑波・弘文・斯Ⅱ・慶Ⅰ・大東・慶Ⅱ・東大・東急・斯Ⅰ・宋版・世徳・天理」②□□□□■■－梅沢・武内・道蔵」②□□□□者□－東洋」

経

1309 用之則爲官長－活Ⅱ・陽Ⅰ・書陵・龍門・無窮・足利・筑波・斯Ⅱ・慶Ⅰ・大東・慶Ⅱ・武内・東大・東急・斯Ⅰ・宋版・世徳・道蔵・天理」②□□■□□□－弘文・梅沢・東洋・陽Ⅱ」

23ウ7 注

1310 聖人升用－活Ⅱ・陽Ⅰ・書陵・龍門・無窮・足利・筑波・弘文・斯Ⅱ・梅沢・慶Ⅰ・大東・慶Ⅱ・武内・東大・東洋・東急・宋版・世徳・道蔵・天理」①□□外□－斯Ⅰ」

1311 爲■百官之元長也－活Ⅱ・陽Ⅰ・書陵・龍門・無窮・足利・筑

波・梅沢・慶Ⅰ・大東・慶Ⅱ・武内・東大・東洋・東急・斯Ⅰ・宋版・世徳・道藏」①□■□□□无□―斯Ⅱ」②□■□□□□■―天理」②□散□□□□□□―弘文」

24オ1注

1312 制御天下―活Ⅱ・陽Ⅰ・書陵・龍門・無窮・足利・筑波・弘文・斯Ⅱ・梅沢・慶Ⅰ・大東・慶Ⅱ・斯Ⅰ・宋版・世徳・道藏・天理」②御制□□―武内・東大・東洋・東急」

1313 無所傷割―活Ⅱ・書陵・無窮・足利・弘文・梅沢・慶Ⅱ・東急・世徳・天理」①无□□□―陽Ⅰ・龍門・筑波・斯Ⅱ・慶Ⅰ・大東・武内・東大・東洋・宋版」②□□□害―道藏」④无■復□―斯Ⅰ」

1314 治身則以大道―活Ⅱ・陽Ⅰ・書陵・龍門・無窮・足利・筑波・弘文・斯Ⅱ・梅沢・慶Ⅰ・大東・慶Ⅱ・武内・東大・東洋・東急・道藏・天理」②□□□□天□―斯Ⅰ・宋版・世徳」

1315 制■情欲―活Ⅱ・陽Ⅰ・書陵・龍門・無窮・足利・筑波・弘文・斯Ⅱ・梅沢・慶Ⅰ・大東・慶Ⅱ・武内・東大・東洋・東急・斯Ⅰ・宋版・世徳・天理」②□御□□―道藏」

1316 不害■精神也―活Ⅱ・陽Ⅰ・書陵・龍門・無窮・足利・筑波・弘文・斯Ⅱ・梅沢・慶Ⅰ・大東・慶Ⅱ・武内・東大・東洋・東急・斯Ⅰ・宋版・世徳・天理」④□□於□□■―道藏」

24オ2

1317 無爲■第二十九―活Ⅱ・陽Ⅰ・斯Ⅰ・宋版・世徳・道藏・天理」□□■□廿　□―梅沢」②□□章□廿　□―武内・東大・東洋」③將欲章□□□□―筑波・慶Ⅰ」③將欲章□廿　□―弘文・大東・慶Ⅱ」③■■■■■■■■―書陵・龍門・無窮・足利・斯Ⅱ・東急・六地・陽Ⅱ」

24オ3注

1318 欲爲天下主也―活Ⅱ・陽Ⅰ・書陵・龍門・無窮・足利・筑波・弘文・斯Ⅱ・梅沢・慶Ⅰ・大東・慶Ⅱ・武内・東大・東洋・東急・斯Ⅰ・宋版・世徳・天理・治要」③■■■■■■―道藏（次経文句下に有り）」

注

1319 ■■■■■■■■■■■■■■―活Ⅱ・陽Ⅰ・書陵・龍門・無窮・足利・筑波・弘文・斯Ⅱ・梅沢・慶Ⅰ・大東・慶Ⅱ・武内・東大・東洋・東急・斯Ⅰ・宋版・世徳・天理・治要」④將欲取天下欲爲天下主也而爲之―道藏」

1320 治民也―活Ⅱ・陽Ⅰ・書陵・龍門・無窮・足利・筑波・弘文・斯Ⅱ・梅沢・慶Ⅰ・大東・慶Ⅱ・天理・治要」②□□■―武内・東大・東洋・東急・斯Ⅰ・宋版・世徳・道藏」

24オ4注

1321 天道■惡煩濁―活Ⅱ・陽Ⅰ・書陵・龍門・足利・筑波・弘文・斯Ⅱ・梅沢・慶Ⅰ・大東・慶Ⅱ・武内・東大・東洋・東急・斯Ⅰ・宋版・世徳・道藏・治要・天理」②□□已□□□―無窮」

1322 惡多欲也―活Ⅱ・陽Ⅰ・書陵・龍門・無窮・足利・筑波・斯Ⅱ・梅沢・慶Ⅰ・大東・慶Ⅱ・東急・道藏・天理」②□□□■―弘文・武内・東大・東洋・斯Ⅰ・宋版・世徳・治要」

24オ5経

1323 不可爲也―活Ⅱ・陽Ⅰ・無窮・梅沢・武内・東大・東洋・斯Ⅰ・陽Ⅱ・宋版・世徳・道藏・天理・治要」②□□□■―書陵・龍門・足利・筑波・弘文・斯Ⅱ・慶Ⅰ・大東・慶Ⅱ・東急・六地」

注

1324 天下之神物也―活Ⅱ・陽Ⅰ・書陵・龍門・無窮・足利・筑波・弘文・梅沢・慶Ⅰ・大東・慶Ⅱ・東急・斯Ⅰ・宋版・世徳・道藏・天理・治要」②□□□□■―斯Ⅱ・武内・東大・東洋」

1325 神物好安静―活Ⅱ・陽Ⅰ・書陵・龍門・無窮・足利・筑波・弘文・梅沢・慶Ⅰ・大東・慶Ⅱ・武内・東大・東洋・東急・斯Ⅰ・宋版・世徳・道藏・天理・治要」③■■□□□―斯Ⅱ」

24オ6

1326 不可以有爲治■也―活Ⅱ・陽Ⅰ・書陵・龍門・無窮・足利・筑波・弘文・斯Ⅱ・慶Ⅰ・大東・慶Ⅱ・東急・天理・治要」②□□□□□□■■―梅沢・斯Ⅰ・宋版・世徳・道藏」②□□□□□□之■―武内」②□□□□□之□―東大・東洋」

経

1327 爲者則敗之―活Ⅱ・陽Ⅰ・書陵・龍門・足利・筑波・弘文・斯Ⅱ・慶Ⅰ・大東・慶Ⅱ・武内・東大・東洋・六地・天理」②□□■□□―無窮・梅沢・東急・斯Ⅰ・陽Ⅱ・宋版・世徳・道藏・治要」

注

1328 敗■其質性■也―活Ⅱ・陽Ⅰ・書陵・龍門・無窮・足利・筑波・弘文・斯Ⅱ・梅沢・慶Ⅰ・大東・慶Ⅱ・武内・東大・東急・斯

Ⅰ・天理」②□■□□者□－東洋」②□■□□□■■－宋版・世徳・道蔵」②□則□□□■□－治要」

24オ7 注

1329 強執教之－活Ⅱ・陽Ⅰ・書陵・龍門・無窮・足利・筑波・弘文・斯Ⅱ・梅沢・慶Ⅰ・大東・慶Ⅱ・武内・東大・東洋・東急・斯Ⅰ・宋版・世徳・道蔵・治要」②□□取□－天理」

1330 ■則－活Ⅱ・陽Ⅰ・書陵・龍門・無窮・足利・筑波・弘文・斯Ⅱ・梅沢・慶Ⅰ・大東・慶Ⅱ・武内・東大・東洋・東急・道蔵・天理・治要」②人□－斯Ⅰ・宋版・世徳」

1331 失其情■實－活Ⅱ・無窮・足利・筑波・弘文・斯Ⅱ・梅沢・慶Ⅰ・大東・慶Ⅱ・武内・東大・東洋・斯Ⅰ・世徳・天理・治要」①□□倩■□－宋版」②□□■■□－陽Ⅰ・書陵・龍門」②□□欲□－東急」③□■精■□－道蔵」

1332 ■生■－活Ⅱ・陽Ⅰ・書陵・龍門・無窮・足利・筑波・弘文・斯Ⅱ・梅沢・慶Ⅰ・大東・武内・東大・東洋・東急・天理」②■□於－斯Ⅰ・宋版・世徳・道蔵・治要」②是□■－慶Ⅱ」

1333 詐偽■也－活Ⅱ・宋版・世徳・天理」①□譌■□－治要」②□□■■－道蔵」②奸□■□－陽Ⅰ・書陵・龍門・無窮・足利・筑波・弘文・斯Ⅱ・梅沢・慶Ⅰ・大東・慶Ⅱ・武内・東大・東急・斯Ⅰ」④姦□者□－東洋」

経

1334 故物或行或隨－活Ⅱ・陽Ⅰ・書陵・龍門・無窮・足利・筑波・弘文・斯Ⅱ・梅沢・慶Ⅰ・大東・慶Ⅱ・武内・東大・東洋・東急・六地・陽Ⅱ・宋版・世徳・道蔵・天理」②夫□□□□□－斯Ⅰ」

注

1335 上所行■－活Ⅱ・陽Ⅰ・書陵・龍門・無窮・足利・筑波・弘文・斯Ⅱ・梅沢・慶Ⅰ・大東・慶Ⅱ・武内・東大・東洋・東急・斯Ⅰ・宋版・世徳・天理」②□□□之－道蔵」

1336 下必隨之也－活Ⅱ・陽Ⅰ・書陵・龍門・無窮・足利・筑波・弘文・斯Ⅱ・梅沢・慶Ⅰ・大東・慶Ⅱ・武内・東大・東洋・東急・斯Ⅰ・宋版・世徳・天理」②□□□□■－道蔵」

24ウ1 経

1337 或呴或吹－活Ⅱ・陽Ⅰ・書陵・龍門・足利・筑波・弘文・斯Ⅱ・慶Ⅰ・大東・慶Ⅱ・六地・陽Ⅱ・東急・斯Ⅰ・宋版・世徳・道蔵・天理」①□喣□□－無窮・梅沢・武内・東大・東洋」

注

1338 呴温也－活Ⅱ・陽Ⅰ・書陵・龍門・足利・筑波・弘文・斯Ⅱ・慶Ⅰ・大東・慶Ⅱ・斯Ⅰ・宋版・世徳・道蔵・天理」①呴□□－無窮・梅沢・武内・東洋」②喣湿□－東大」②□□■－東急」

1339 有所温－活Ⅱ・陽Ⅰ・武内・慶Ⅰ・大東・慶Ⅱ・筑波・弘文・足利・斯Ⅱ・無窮・書陵・龍門・東洋・梅沢・東急・斯Ⅰ・宋版・世徳・道蔵・天理」①□□湿－東大」

1340 必有所寒也－活Ⅱ・陽Ⅰ・書陵・龍門・無窮・足利・筑波・弘文・斯Ⅱ・梅沢・慶Ⅰ・大東・慶Ⅱ・武内・東大・東洋・東急・斯Ⅰ・宋版・世徳・天理」②□□□□■－道蔵」

注

1341 有所強大－活Ⅱ・陽Ⅰ・書陵・龍門・無窮・足利・筑波・弘文・斯Ⅱ・梅沢・慶Ⅰ・大東・武内・東大・東洋・東急・斯Ⅰ・宋版・世徳・道蔵・天理」②□■□□－慶Ⅱ」

1342 有所羸弱也－活Ⅱ・天理・陽Ⅰ・書陵・龍門・無窮・足利・筑波・弘文・斯Ⅱ・梅沢・慶Ⅰ・大東・慶Ⅱ・武内・東大・東洋・東急・斯Ⅰ・宋版・世徳」②□□□□■－道蔵」

24ウ2 経

1343 或載或隳－活Ⅱ・陽Ⅰ・龍門・無窮・梅沢・東大・六地・宋版・世徳・道蔵・天理」①□□□隳－足利・筑波・弘文・斯Ⅱ・慶Ⅱ・武内」①□□□隳－慶Ⅰ・大東・東洋・斯Ⅰ」①□□□隳－書陵」①□□□墮－東急・陽Ⅱ」

1344 隳危也－活Ⅱ・梅沢・東大・六地・宋版・世徳・道蔵・天理」①隳□□－陽Ⅰ・無窮・足利・筑波・弘文・斯Ⅱ・慶Ⅱ・武内」①隳□□－慶Ⅰ・大東・東洋・斯Ⅰ」①隳□□－書陵」①墮□□－東急」①隨□□－龍門」

注

1345 有所危也－活Ⅱ・陽Ⅰ・書陵・龍門・無窮・足利・筑波・弘文・斯Ⅱ・梅沢・慶Ⅰ・大東・慶Ⅱ・武内・東大・東洋・東急・天理」②□□□■－斯Ⅰ・宋版・世徳・道蔵」

24ウ3

1346 與治身也－活Ⅱ・陽Ⅰ・書陵・龍門・無窮・足利・筑波・弘文・斯Ⅱ・梅沢・慶Ⅰ・大東・慶Ⅱ・武内・東大・東洋・東急・斯

I・宋版・世徳・天理」④■□□■—道蔵」

24ウ4注

1347 謂貪淫聲色也—活Ⅱ・陽Ⅰ・書陵・龍門・無窮・足利・筑波・弘文・斯Ⅱ・梅沢・慶Ⅰ・大東・慶Ⅱ・武内・東大・東洋・東急・天理・治要」②□□□□■—斯Ⅰ・宋版・世徳・道蔵」

1348 謂服飾飲食也—活Ⅱ・陽Ⅰ・書陵・龍門・無窮・足利・筑波・弘文・斯Ⅱ・梅沢・慶Ⅰ・大東・武内・東大・東洋・東急・斯Ⅰ・天理・治要」①□□□飯□□—慶Ⅱ」②□□□□□■—宋版・世徳・道蔵」

1349 謂宮室臺榭也—活Ⅱ」①□□□□撤□—慶Ⅱ」①□□□□榭□—陽Ⅰ・書陵・龍門・足利・筑波・弘文・斯Ⅱ・梅沢・慶Ⅰ・大東・武内・東大・東洋・東急・天理・治要」③□□□■榭□—無窮」③□□□榭■—斯Ⅰ・宋版・世徳・道蔵」

1350 行無爲—活Ⅱ・陽Ⅰ・書陵・無窮・足利・筑波・弘文・斯Ⅱ・梅沢・東急・斯Ⅰ・宋版・世徳・道蔵・天理」①□无□—龍門・慶Ⅰ・大東・慶Ⅱ・東大・東洋・治要」③得天□—武内」

1351 天下自化■也—活Ⅱ・陽Ⅰ・書陵・龍門・無窮・足利・筑波・弘文・斯Ⅱ・梅沢・慶Ⅰ・大東・慶Ⅱ・武内・東大・東急・天理・治要」②□□□□者□—東洋」②□□□□□■■—斯Ⅰ・宋版・世徳・道蔵」

24ウ5

1352 儉武■■■■第三十—活Ⅱ・陽Ⅰ・梅沢・斯Ⅰ・宋版・世徳・道蔵・天理」②□□■■■章□□□—武内・東大・東洋」③以道佐■■章□□□—慶Ⅰ・大東」③以道佐人主章□□□—筑波・弘文・慶Ⅱ」③■■■■■■■■■—書陵・龍門・無窮・足利・斯Ⅱ・東急・六地・陽Ⅱ」

24ウ6経

1353 佐人主者—活Ⅱ・陽Ⅰ・書陵・龍門・無窮・足利・筑波・弘文・斯Ⅱ・梅沢・慶Ⅰ・大東・慶Ⅱ・武内・東大・東洋・東急・斯Ⅰ・六地・陽Ⅱ・宋版・世徳・道蔵・天理」②□□□■—治要」

注

1354 人主能以道—活Ⅱ・陽Ⅰ・書陵・龍門・無窮・足利・筑波・弘文・斯Ⅱ・梅沢・慶Ⅰ・大東・慶Ⅱ・武内・東急・斯Ⅰ・宋版・世徳・道蔵・天理・治要」②□□■□□—東大・東洋」

1355 自輔佐也■—活Ⅱ・陽Ⅰ・書陵・無窮・足利・弘文・斯Ⅱ・梅沢・慶Ⅰ・大東・慶Ⅱ・武内・東大・東洋・東急・斯Ⅰ・宋版・世徳・天理」①陷□□□■—龍門」①□□化□■—筑波」②□□之矣—道蔵」②□□□□■■—治要」

経

1356 強於天下—活Ⅱ・陽Ⅰ・書陵・龍門・無窮・足利・筑波・弘文・斯Ⅱ・梅沢・慶Ⅰ・大東・慶Ⅱ・武内・東大・東洋・東急・斯Ⅰ・六地・陽Ⅱ・道蔵・天理・治要」②□■□□—宋版・世徳」

24ウ7注

1357 以道自佐之主不以兵革—活Ⅱ・陽Ⅰ・書陵・龍門・無窮・足利・弘文・斯Ⅱ・梅沢・慶Ⅰ・大東・慶Ⅱ・武内・東大・東洋・東急・斯Ⅰ・宋版・世徳・道蔵・天理」①□□□□□□□□□韋—筑波」④■■■■■■■■■■—治要」

1358 敵人自服也—活Ⅱ・陽Ⅰ・書陵・龍門・無窮・足利・筑波・弘文・梅沢・慶Ⅰ・大東・慶Ⅱ・武内・東大・東洋・東急・天理」②□□□■□—斯Ⅱ」②□□□□■—斯Ⅰ・宋版・世徳・道蔵・治要」

25オ1注

1359 不怨於人也—活Ⅱ・陽Ⅰ・書陵・龍門・無窮・足利・筑波・弘文・斯Ⅱ・梅沢・慶Ⅰ・慶Ⅱ・武内・東大・東洋・東急・斯Ⅰ・宋版・世徳・天理」②□□□□■—大東・道蔵」

経

1360 師之所處—活Ⅱ・陽Ⅰ・書陵・龍門・無窮・足利・筑波・弘文・斯Ⅱ・梅沢・武内・東大・東洋・東急・六地・陽Ⅱ・宋版・世徳・道蔵・天理・治要」①帥□□□—慶Ⅰ・大東・慶Ⅱ」②歸□□□—斯Ⅰ」

注

1361 ■農事廢—活Ⅱ・陽Ⅰ・書陵・龍門・無窮・足利・筑波・弘文・斯Ⅱ・梅沢・慶Ⅰ・大東・慶Ⅱ・武内・東大・東洋・東急・斯Ⅰ・宋版・世徳・天理・治要」②謂□□□—道蔵」

1362 田不修也■—活Ⅱ・陽Ⅰ・書陵・龍門・無窮・足利・筑波・斯Ⅱ・慶Ⅰ・大東・慶Ⅱ・武内・東大・東洋・東急・斯Ⅰ・天理」②而□□□■—弘文」②□□□□之—梅沢」②□□□■■—宋版・世徳・道蔵・治要」

25オ2経

1363 大軍之後—活Ⅱ・陽Ⅰ・書陵・無窮・足利・筑波・弘文・斯Ⅱ・

梅沢・慶Ⅰ・大東・東急・斯Ⅰ・六地・陽Ⅱ・宋版・世徳・道蔵・天理・治要」①□□□后－慶Ⅱ」①□□□復－龍門」②□□■□－武内・東大・東洋」

1364 必有凶年－活Ⅱ・陽Ⅰ・書陵・龍門・無窮・足利・筑波・斯Ⅱ・梅沢・慶Ⅰ・大東・武内・東大・東洋・東急・斯Ⅰ・六地・陽Ⅱ・宋版・世徳・道蔵・天理・治要」①□□□秊－慶Ⅱ」②□□□支－弘文」

注
1365 以悪氣－活Ⅱ・陽Ⅰ・書陵・龍門・無窮・足利・弘文・斯Ⅱ・梅沢・慶Ⅰ・大東・慶Ⅱ・武内・東大・東洋・東急・斯Ⅰ・宋版・世徳・天理・治要」②□□鬼－筑波」②□殺□－道蔵」

1366 害五穀－活Ⅱ・陽Ⅰ・書陵・龍門・無窮・足利・筑波・弘文・斯Ⅱ・梅沢・慶Ⅰ・大東・慶Ⅱ・武内・東大・東洋・東急・斯Ⅰ・宋版・世徳・天理・治要」②傷□□－道蔵」

1367 五穀盡－活Ⅱ・無窮・筑波・弘文・斯Ⅱ・梅沢・慶Ⅰ・大東・武内・東大・東洋・東急・宋版・世徳・道蔵・天理」②■□□－陽Ⅰ・書陵・龍門・足利・慶Ⅱ・斯Ⅰ」③■■■－治要」

1368 則傷人■也－活Ⅱ・陽Ⅰ・書陵・無窮・足利・筑波・弘文・斯Ⅱ・梅沢・慶Ⅰ・大東・慶Ⅱ・武内・東大・東急・天理」②□□□者□－東洋」②□■□■□－龍門」②■□□■□－斯Ⅰ・宋版・世徳」②即□□■□－道蔵」③■■■■□－治要」

経
1369 ■善者－活Ⅱ・陽Ⅰ・書陵・龍門・斯Ⅰ・六地・宋版・世徳・道蔵・治要」②故□□－無窮・足利・筑波・弘文・斯Ⅱ・梅沢・慶Ⅰ・大東・慶Ⅱ・武内・東大・東洋・陽Ⅱ・東急・天理」

25
オ3
1370 果而已■－活Ⅱ・無窮・梅沢・武内・東大・東洋・東急・斯Ⅰ・陽Ⅱ・宋版・世徳・道蔵・天理・治要」②□□□矣－陽Ⅰ・書陵・龍門・足利・筑波・弘文・斯Ⅱ・慶Ⅰ・大東・慶Ⅱ・六地」

注
1371 行善■■者當果敢－活Ⅱ・陽Ⅰ・書陵・龍門・無窮・足利・筑波・弘文・斯Ⅱ・梅沢・慶Ⅰ・大東・慶Ⅱ・武内・東大・東洋・東急・斯Ⅰ・治要・天理」④■□■兵□□□□－宋版・世徳」⑤■□用兵□□■□－道蔵」

1372 不休■也－活Ⅱ・陽Ⅰ・書陵・龍門・足利・筑波・斯Ⅱ・梅沢・慶Ⅰ・大東・慶Ⅱ・武内・東大・東洋・東急・天理・治要」①□体■□－弘文」②□□之□－無窮」②□□■■－斯Ⅰ・宋版・世徳」④□美之■－道蔵」

経
1373 不敢以取強焉－活Ⅱ・陽Ⅰ・書陵・龍門・無窮・足利・筑波・弘文・斯Ⅱ・梅沢・慶Ⅱ・武内・東大・東洋・斯Ⅰ・六地・陽Ⅱ・天理」②敢不□□□□－慶Ⅰ・大東」②□■□□□□－東急」②□□□□□■－宋版・世徳・道蔵・治要」

注
1374 不■以－活Ⅱ・陽Ⅰ・書陵・龍門・無窮・足利・筑波・弘文・斯Ⅱ・梅沢・慶Ⅰ・大東・慶Ⅱ・東急・斯Ⅰ・宋版・世徳・道蔵・天理」②□敢□－武内・東大・東洋・治要」

25
オ4
1375 取強大之名■也－活Ⅱ・陽Ⅰ・書陵・龍門・無窮・足利・筑波・弘文・斯Ⅱ・梅沢・慶Ⅰ・大東・慶Ⅱ・武内・東大・東急・斯Ⅰ・宋版・世徳・道蔵・天理」②□□□□□者□－東洋」②□□□□□■■－治要」

経
1376 果而勿矜－活Ⅱ・陽Ⅰ・書陵・龍門・無窮・足利・筑波・弘文・斯Ⅱ・梅沢・慶Ⅰ・大東・慶Ⅱ・武内・東洋・東急・斯Ⅰ・六地・陽Ⅱ・宋版・世徳・道蔵・天理・治要」②□□矜勿－東大」

注
1377 當果敢謙卑－活Ⅱ・陽Ⅰ・書陵・龍門・無窮・足利・筑波・弘文・梅沢・慶Ⅰ・大東・慶Ⅱ・武内・東大・東洋・東急・斯Ⅰ・宋版・世徳・道蔵・天理・治要」①□□□謹□－斯Ⅱ」

1378 ■勿自矜大也－活Ⅱ・陽Ⅰ・書陵・龍門・無窮・足利・筑波・弘文・梅沢・慶Ⅰ・大東・武内・東大・東洋・東急・斯Ⅰ・宋版・世徳・道蔵・天理」②忽□□□□□－斯Ⅱ」②■□■□□□－慶Ⅱ」②■□□□□■－治要」

経
1379 果而勿伐－陽Ⅰ・書陵・龍門・無窮・足利・筑波・弘文・斯Ⅱ・梅沢・慶Ⅰ・大東・慶Ⅱ・武内・東大・東洋・東急・斯Ⅰ・六地・陽Ⅱ・宋版・世徳・道蔵・天理・治要」①□□□代－活Ⅱ」

25
オ5
注
1380 勿自伐－活Ⅱ・陽Ⅰ・書陵・龍門・無窮・足利・筑波・弘文・斯Ⅱ・梅沢・慶Ⅰ・大東・慶Ⅱ・武内・東大・東洋・東急・斯

Ⅰ・世徳・道蔵・天理・治要」①乃□□－宋版」

1381 取其美也－活Ⅱ・陽Ⅰ・無窮・足利・筑波・弘文・斯Ⅱ・慶Ⅰ・大東・慶Ⅱ・武内・宋版・世徳・道蔵・天理」②□甚□□－斯Ⅰ」②□□義□－書陵・龍門・梅沢・東大・東洋」②□□□■－東急」③■■■□－治要」

注

1382 驕欺也－活Ⅱ・陽Ⅰ・書陵・龍門・無窮・足利・筑波・弘文・斯Ⅱ・梅沢・慶Ⅰ・大東・慶Ⅱ・武内・東大・東洋・東急・斯Ⅰ・宋版・世徳・道蔵・天理」②□□■－治要」

1383 果敢－活Ⅱ・陽Ⅰ・書陵・龍門・無窮・足利・筑波・弘文・斯Ⅱ・梅沢・慶Ⅰ・大東・慶Ⅱ・武内・東大・東洋・東急・斯Ⅰ・宋版・道蔵・天理」③■■－治要」

1384 勿以驕欺也－活Ⅱ・陽Ⅰ・書陵・龍門・無窮・足利・弘文・斯Ⅱ・梅沢・慶Ⅰ・大東・慶Ⅱ・武内・東大・東洋・東急・天理」②□□□■□－筑波」②□□□□人－斯Ⅰ・宋版・世徳・道蔵」

25オ6 注

1385 當果敢至誠－活Ⅱ・陽Ⅰ・書陵・龍門・無窮・足利・筑波・弘文・斯Ⅱ・梅沢・慶Ⅰ・大東・武内・東大・東洋・東急・斯Ⅰ・宋版・世徳・道蔵・天理」②□■□□□－慶Ⅱ」

1386 不當■迫－活Ⅱ・陽Ⅰ・書陵・龍門・足利・筑波・弘文・斯Ⅱ・梅沢・慶Ⅰ・大東・慶Ⅱ・武内・東大・東洋・東急・斯Ⅰ・宋版・世徳・天理」②□□■道－無窮」②□□偪□－道蔵」

1387 不得巳也－活Ⅱ・陽Ⅰ・龍門・無窮・足利・筑波・弘文・斯Ⅱ・梅沢・慶Ⅰ・大東・慶Ⅱ・武内・東大・東洋・東急・斯Ⅰ・宋版・世徳・天理」②□□□■－書陵・道蔵」

注

1388 勿以■－活Ⅱ・陽Ⅰ・書陵・龍門・無窮・足利・筑波・弘文・斯Ⅱ・梅沢・慶Ⅰ・大東・慶Ⅱ・武内・東大・東洋・東急・天理」②□□為－斯Ⅰ・宋版・世徳・道蔵・治要」

1389 強兵堅甲－活Ⅱ・陽Ⅰ・書陵・龍門・足利・筑波・弘文・斯Ⅱ・梅沢・慶Ⅰ・慶Ⅱ・武内・東大・東洋・東急・斯Ⅰ・宋版・世徳・道蔵・天理」①□□□用－大東」②□□□牢－無窮」③□■■■－治要」

1390 ■■－活Ⅱ・陽Ⅰ・書陵・龍門・慶Ⅱ・東急・天理」②以■－無窮・筑波・弘文・斯Ⅱ・梅沢・慶Ⅰ・大東・武内・東大・東洋・斯Ⅰ・宋版・世徳・道蔵・治要」③以㑴－足利（下字に見消ち）」

25オ7

1391 侵凌■人也－活Ⅱ・陽Ⅰ・書陵・龍門・無窮・筑波・弘文・斯Ⅱ・慶Ⅱ・武内・東急・宋版・道蔵・天理・治要」①□陵■□□－梅沢・慶Ⅰ・大東・東大・斯Ⅰ・世徳」②□清■□□－足利（見消ち、「凌」を加筆）」②□□於□□－東洋」

経

1392 物壯則老－活Ⅱ・陽Ⅰ・書陵・龍門・無窮・足利・筑波・弘文・斯Ⅱ・梅沢・慶Ⅱ・武内・東大・東洋・東急・斯Ⅰ・六地・陽Ⅱ・宋版・世徳・天理・道蔵」②□□■□－慶Ⅰ・大東」

注

1393 草木壯極－活Ⅱ・陽Ⅰ・書陵・龍門・無窮・足利・筑波・弘文・斯Ⅱ・梅沢・慶Ⅱ・東大・東洋・東急・斯Ⅰ・宋版・世徳・道蔵・天理」①中□□－慶Ⅰ・大東・武内」

1394 則衰老也－活Ⅱ・陽Ⅰ・書陵・龍門・無窮・足利・筑波・弘文・斯Ⅱ・梅沢・慶Ⅰ・大東・慶Ⅱ・武内・東大・東洋・東急・斯Ⅰ・宋版・世徳・天理」②□□□■－道蔵」

1395 不可以■久■也－活Ⅱ・陽Ⅰ・書陵・龍門・慶Ⅱ・東急・斯Ⅰ・道蔵・天理」②□□□長□■□－無窮・筑波・弘文・斯Ⅱ・梅沢・慶Ⅰ・大東・武内・東大」④□□□長□者□－東洋」④□□□長□■■－足利」④□□□壯■■■－宋版・世徳」

25ウ1 注

1396 坐不行道也－活Ⅱ・陽Ⅰ・書陵・龍門・無窮・足利・筑波・弘文・斯Ⅱ・梅沢・慶Ⅰ・大東・慶Ⅱ・武内・東大・東洋・斯Ⅰ・宋版・天理」②生□□□－世徳」②□□□□■－東急・道蔵」

経

1397 不道早巳－活Ⅱ・陽Ⅰ・龍門・無窮・足利・筑波・弘文・斯Ⅱ・慶Ⅰ・大東・慶Ⅱ・武内・東大・東洋・東急・六地・陽Ⅱ・宋版・世徳・道蔵・天理」①□□杲□－書陵」②□□□亡－梅沢・斯Ⅰ」

注

1398 早死也－陽Ⅰ・書陵・龍門・無窮・足利・筑波・弘文・斯Ⅱ・梅沢・慶Ⅰ・大東・慶Ⅱ・武内・東大・東洋・東急・天理」①

甲□□－活Ⅱ」②□□■－斯Ⅰ・宋版・世徳・道蔵」

25ウ2

1399 偃武■■第三十一－活Ⅱ・陽Ⅰ・斯Ⅰ・宋版・世徳・道蔵・天理」□□■■□卅　□－梅沢」②□□■章□□□□－東大」②□□■章□卅　□－武内・東洋」③夫飾■章□□□□－筑波・慶Ⅰ・大東」③夫佳■章□卅　□－弘文」③夫佳兵章□卅　□－慶Ⅱ」③■■■■■■■－書陵・龍門・無窮・足利・斯Ⅱ・東急・六地・陽Ⅱ」

25ウ3 経

1400 夫餝兵者－活Ⅱ・陽Ⅰ・書陵・龍門・無窮・足利・筑波・弘文・斯Ⅱ・梅沢・慶Ⅰ・大東・慶Ⅱ・武内・東大・東洋・六地・陽Ⅱ・天理」②□佳□□－東急・斯Ⅰ・道蔵」④□佳□■－宋版・世徳」

注

1401 祥善也－活Ⅱ・陽Ⅰ・書陵・龍門・無窮・足利・筑波・弘文・斯Ⅱ・梅沢・慶Ⅰ・大東・慶Ⅱ・武内・東大・東洋・東急・斯Ⅰ・宋版・道蔵・天理」①□喜□－世徳」

1402 不善人之器也－活Ⅱ・陽Ⅰ・書陵・龍門・無窮・足利・筑波・弘文・梅沢・慶Ⅰ・大東・慶Ⅱ・武内・東大・東洋・東急・斯Ⅰ・宋版・世徳・道蔵・天理」②□□■□□□－斯Ⅱ」

25ウ4

1403 不當修餝也－活Ⅱ・陽Ⅰ・書陵・龍門・無窮・足利・筑波・弘文・斯Ⅱ・梅沢・大東・慶Ⅱ・東大・天理」②□□□□之－武内・東洋・斯Ⅰ・宋版・世徳」②□□□□而－慶Ⅰ」②□□□□■－東急・道蔵」

経

1404 物有悪之－活Ⅱ・陽Ⅰ・書陵・龍門・無窮・足利・筑波・弘文・斯Ⅱ・慶Ⅰ・大東・慶Ⅱ・東急・六地・陽Ⅱ・天理」②□或□□－梅沢・武内・東大・東洋・斯Ⅰ・宋版・世徳・道蔵」

注

1405 無有－活Ⅱ・書陵・無窮・足利・弘文・梅沢・大東・慶Ⅱ・東急・宋版・世徳・道蔵・天理」①无□－陽Ⅰ・龍門・筑波・斯Ⅱ・慶Ⅰ・東大・東洋・斯Ⅰ」②无无－武内」

1406 不悪之■也－活Ⅱ・武内・書陵・龍門・無窮・足利・筑波・弘文・斯Ⅱ・慶Ⅰ・大東・慶Ⅱ・東大・梅沢・天理」②□□□者□－東洋・東急」②□□□■■－陽Ⅰ・斯Ⅰ・宋版・世徳・道蔵」

25ウ5 注

1407 ■有道之人－活Ⅱ・陽Ⅰ・龍門・書陵・東急・斯Ⅰ・宋版・世徳・道蔵・天理」②言□□□－無窮・足利・筑波・弘文・斯Ⅱ・梅沢・慶Ⅰ・大東・慶Ⅱ・武内・東大・東洋」

1408 不處其國也■－活Ⅱ・陽Ⅰ・書陵・龍門・無窮・足利・筑波・弘文・斯Ⅱ・慶Ⅰ・大東・慶Ⅱ・武内・東大・東洋・天理」②□□□□之－梅沢」②□□□□■■－東急・斯Ⅰ・宋版・世徳・道蔵」

経

1409 ■■君子居則貴左－活Ⅱ・陽Ⅰ・書陵・龍門・無窮・梅沢・東急・六地・陽Ⅱ・宋版・世徳・道蔵・天理」③是以□□□□□－足利・筑波・弘文・慶Ⅰ・大東・慶Ⅱ・武内・東大・東洋・斯Ⅰ」④■■■■■■■■－斯Ⅱ」

注

1410 貴柔弱也－活Ⅱ・陽Ⅰ・書陵・龍門・無窮・足利・筑波・弘文・梅沢・慶Ⅰ・大東・慶Ⅱ・武内・東大・東洋・東急・斯Ⅰ・宋版・世徳・道蔵・天理」④■■■■－斯Ⅱ」

25ウ6 注

1411 貴剛強也－活Ⅱ・陽Ⅰ・書陵・龍門・無窮・足利・弘文・斯Ⅱ・梅沢・慶Ⅰ・大東・武内・東大・東洋・東急・斯Ⅰ・宋版・世徳・道蔵・天理」②□□族□－慶Ⅱ」②□強剛□－筑波」

1412 與君子■道反－活Ⅱ・陽Ⅰ・書陵・龍門・無窮・足利・筑波・弘文・斯Ⅱ・梅沢・慶Ⅰ・大東・慶Ⅱ・武内・東大・東洋・東急・斯Ⅰ・宋版・世徳・天理」②□□□之□□－道蔵」

1413 所貴者異■也－活Ⅱ・陽Ⅰ・書陵・龍門・無窮・足利・筑波・弘文・斯Ⅱ・梅沢・慶Ⅰ・大東・慶Ⅱ・東急・斯Ⅰ・宋版・世徳・天理」②□□□□之■－武内」②□□□□之□－東大・東洋」③□□■■■□－道蔵」

経

1414 故兵者－活Ⅱ・陽Ⅰ・書陵・龍門・足利・筑波・弘文・斯Ⅱ・慶Ⅰ・大東・慶Ⅱ・武内・東洋・六地・天理」②■□□－無窮・梅沢・東大・東急・斯Ⅰ・陽Ⅱ・宋版・世徳・道蔵」

25ウ7 注

1415 兵革者－活Ⅱ・陽Ⅰ・龍門・無窮・足利・筑波・弘文・斯Ⅱ・梅沢・慶Ⅰ・大東・慶Ⅱ・武内・東大・東洋・東急・斯Ⅰ・宋

版・世徳・天理・治要」②□事□－書陵」③■■■－道蔵」

1416 不善人之器也■－活Ⅱ・陽Ⅰ・書陵・龍門・無窮・足利・弘文・斯Ⅱ・慶Ⅰ・大東・慶Ⅱ・武内・東大・東洋・斯Ⅰ・天理」②□□□□□矣－東急」②□□■□□□■－筑波・梅沢・宋版・世徳・治要」③■■■■■■■－道蔵」

注
1417 君子之－活Ⅱ・陽Ⅰ・書陵・龍門・無窮・足利・弘文・斯Ⅱ・慶Ⅰ・大東・慶Ⅱ・天理」②□□■－筑波・梅沢・武内・東大・東洋・東急・斯Ⅰ・宋版・世徳・道蔵」③■■■－治要」

1418 所貴重■器也－活Ⅱ・陽Ⅰ・書陵・龍門・無窮・足利・筑波・弘文・斯Ⅱ・梅沢・慶Ⅰ・慶Ⅱ・武内・東大・東洋・東急・斯Ⅰ・宋版・世徳・天理」④□□□之□■－大東・道蔵」⑤■■■■■■－治要」

26オ1 経
1419 而■用之－活Ⅱ・陽Ⅰ・書陵・龍門・無窮・足利・筑波・弘文・梅沢・慶Ⅰ・大東・武内・東大・東洋・東急・斯Ⅰ・六地・陽Ⅱ・宋版・世徳・道蔵・天理・治要」①□而□□－慶Ⅱ」②□■□■－斯Ⅱ」

注
1420 遭衰逢亂－活Ⅱ・陽Ⅰ・書陵・龍門・無窮・足利・筑波・弘文・斯Ⅱ・梅沢・慶Ⅰ・慶Ⅱ・武内・東大・東洋・東急・斯Ⅰ・天理・治要」②□□□見－大東」②□□逆□－宋版・世徳」②□□□禍－道蔵」

1421 禍欲加萬民－活Ⅱ・陽Ⅰ・書陵・龍門・無窮・足利・筑波・弘文・斯Ⅱ・梅沢・慶Ⅰ・大東・慶Ⅱ・武内・東大・東洋・東急・斯Ⅰ・宋版・世徳・天理」②亂□□□□－道蔵」③■■■■■－治要」

1422 以自守■也－活Ⅱ・陽Ⅰ・書陵・龍門・無窮・足利・弘文・斯Ⅱ・梅沢・慶Ⅰ・大東・慶Ⅱ・天理・治要」②□□□之□－東大・東洋」②□□□之■－武内」②□□□■■－筑波・東急・斯Ⅰ・宋版・世徳」④■□□■■－道蔵」

26オ2 経
1423 恬憺爲上－活Ⅱ・陽Ⅰ・龍門・無窮・筑波・弘文・斯Ⅱ・梅沢・慶Ⅰ・大東・慶Ⅱ・東急・六地・陽Ⅱ・天理」①□憺□□－書陵・足利」①□惔□□－武内・東大・東洋・斯Ⅰ・宋版・世徳・治要」②□淡□□－道蔵」

注
1424 不貪土地－活Ⅱ・陽Ⅰ・書陵・龍門・無窮・足利・筑波・弘文・斯Ⅱ・梅沢・慶Ⅰ・大東・慶Ⅱ・武内・東洋・東急・斯Ⅰ・宋版・世徳・天理・治要」②■□□□－東大」③雖得勝■－道蔵」

1425 ■利人■財寶也■－活Ⅱ・陽Ⅰ・書陵・龍門・無窮・足利・筑波・弘文・斯Ⅱ・慶Ⅰ・大東・慶Ⅱ・武内・東急・天理」②不□□■□□□■－東大」②■□□■□□□之－梅沢」②■□□■□□■■－斯Ⅰ・宋版・世徳・治要」②■□□之□□□■－東洋」③不以爲美利■■■－道蔵」

経
1426 勝而不美■－活Ⅱ・無窮・梅沢・東洋・東急・斯Ⅰ・陽Ⅱ・宋版・世徳・道蔵・天理・治要」②□□□也－陽Ⅰ・書陵・龍門・足利・筑波・弘文・斯Ⅱ・慶Ⅰ・大東・慶Ⅱ・武内・東大・六地」

注
1427 ■不以－活Ⅱ・陽Ⅰ・書陵・龍門・無窮・足利・筑波・弘文・斯Ⅱ・梅沢・慶Ⅰ・大東・慶Ⅱ・武内・東大・東洋・東急・道蔵・天理・治要」②而□□－斯Ⅰ・宋版・世徳」

1428 爲利美也■－活Ⅱ・陽Ⅰ・書陵・龍門・無窮・足利・筑波・弘文・斯Ⅱ・慶Ⅰ・大東・慶Ⅱ・武内・東大・東急・斯Ⅰ・天理」②□□□□矣－東洋」②□□□□■■－梅沢・治要」②□□己□■－宋版・世徳」④□美利■■－道蔵」

26オ3 経
1429 樂殺人也－活Ⅱ・陽Ⅰ・書陵・龍門・無窮・足利・筑波・弘文・斯Ⅱ・梅沢・慶Ⅰ・大東・慶Ⅱ・東急・六地・陽Ⅱ・天理・治要」①□致□□－武内・東大・東洋」②□□□■－斯Ⅰ・宋版・世徳・道蔵」

注
1430 美得勝者－活Ⅱ・陽Ⅰ・書陵・龍門・無窮・足利・筑波・弘文・斯Ⅱ・梅沢・慶Ⅰ・大東・慶Ⅱ・武内・東大・東洋・東急・斯Ⅰ・六地・陽Ⅱ・宋版・道蔵・天理・治要」②□□□若－世徳」

注
1431 爲喜樂殺人■也－活Ⅱ・陽Ⅰ・書陵・龍門・無窮・足利・筑波・弘文・斯Ⅱ・梅沢・慶Ⅰ・大東・慶Ⅱ・東急・天理」①□□□

敳□■□—武内・東大・東洋」②□□□□□者□—斯Ⅰ・宋版・世徳」③□樂美□□■□—治要」④謂□□□□■■—道蔵」

26オ4

経 1432 樂殺人者—活Ⅱ・陽Ⅰ・書陵・龍門・無窮・足利・筑波・弘文・斯Ⅱ・梅沢・慶Ⅰ・大東・慶Ⅱ・東急・斯Ⅰ・六地・陽Ⅱ・宋版・世徳・道蔵・天理・治要」①□敳□□—武内・東大・東洋」

1433 不可以得志於天下矣—活Ⅱ・陽Ⅰ・書陵・龍門・杏Ⅰ・無窮・足利・筑波・弘文・斯Ⅱ・梅沢・慶Ⅱ・武内・東大・東急・斯Ⅰ・六地・陽Ⅱ・宋版・世徳・道蔵・治要」②□□■□□□□□□—慶Ⅰ・大東・天理」②□□□□□□■—東洋」

注 1434 ■■■■—活Ⅱ・陽Ⅰ・書陵・龍門・杏Ⅰ・無窮・足利・筑波・弘文・斯Ⅱ・梅沢・慶Ⅰ・大東・慶Ⅱ・武内・東大・東洋・斯Ⅰ・天理・治要」③爲人君而—東急・宋版・世徳・道蔵」

1435 樂教人者—」①□殺□□—活Ⅱ・陽Ⅰ・書陵・龍門・杏Ⅰ・無窮・足利・筑波・弘文・斯Ⅱ・梅沢・慶Ⅰ・大東・慶Ⅱ・武内・東大・東洋・天理」③□殺□■—東急・斯Ⅰ・宋版・世徳・道蔵」③■■■■—治要」

1436 此■不可使得志—活Ⅱ・陽Ⅰ・書陵・龍門・杏Ⅰ・無窮・足利・筑波・弘文・斯Ⅱ・梅沢・慶Ⅰ・大東・慶Ⅱ・武内・東大・東洋・東急・斯Ⅰ・宋版・世徳・天理」②□則□□□□□—道蔵」③■■■■■■—治要」

26オ5

1437 制人■命—活Ⅱ・陽Ⅰ・書陵・龍門・杏Ⅰ・無窮・弘文・斯Ⅱ・梅沢・慶Ⅰ・大東・慶Ⅱ・武内・東大・東洋・東急・斯Ⅰ・宋版・世徳・天理」①制□■□—足利」②□□人■—筑波」②□□性□—道蔵」③■■■■—治要」

1438 妄■行刑誅■也—活Ⅱ・陽Ⅰ・書陵・龍門・杏Ⅰ・無窮・足利・筑波・弘文・斯Ⅱ・梅沢・慶Ⅰ・大東・慶Ⅱ・武内・東大・天理」②□■□□□■■—斯Ⅰ・宋版・世徳」③□■□誅戮■□—道蔵」③□■□則□■■—東急」④□不□□□者□—東洋」④■■■■■■■—治要」

経 1439 ■吉事上左—活Ⅱ・陽Ⅰ・書陵・龍門・杏Ⅰ・無窮・梅沢・東急・斯Ⅰ・六地・陽Ⅱ・天理・治要」②故□□□□—足利・筑波・弘文・斯Ⅱ・慶Ⅰ・大東・慶Ⅱ・武内・東大・東洋」②■□□尚□—宋版・世徳・道蔵」

注 1440 左生位也—活Ⅱ・陽Ⅰ・書陵・龍門・杏Ⅰ・無窮・足利・筑波・斯Ⅱ・梅沢・慶Ⅰ・大東・慶Ⅱ・武内・東大・東洋・東急・斯Ⅰ・宋版・世徳・道蔵・天理」①□□住□—弘文」②□□□■—治要」

26オ6

経 1441 凶事上右—活Ⅱ・陽Ⅰ・書陵・龍門・杏Ⅰ・無窮・足利・筑波・弘文・斯Ⅱ・梅沢・慶Ⅰ・大東・慶Ⅱ・武内・東大・東洋・東急・斯Ⅰ・六地・陽Ⅱ・天理・治要」②□□尚□—宋版・世徳・道蔵」

注 1442 陰道■殺人■也■■—活Ⅱ・陽Ⅰ・書陵・龍門・杏Ⅰ・無窮・足利・筑波・弘文・斯Ⅱ・慶Ⅰ・大東・天理」①□□■□□■□是以—慶Ⅱ」①□□■敳□■□■■—武内・東大」②□□■□□■■■■—東急・斯Ⅰ・宋版・世徳」②□□■□□之□■■—梅沢」②□□■□■■□■■—治要」③□□■敳□者□■■—東洋」④□□主□■■■■■—道蔵」

経 1443 ■■偏將軍—活Ⅱ・陽Ⅰ・書陵・龍門・杏Ⅰ・無窮・梅沢・東洋・東急・六地・陽Ⅱ・宋版・世徳・道蔵・天理・治要」③是以□□□—足利・筑波・弘文・斯Ⅱ・慶Ⅰ・大東・慶Ⅱ・武内・東大・斯Ⅰ」

1444 居左—活Ⅱ・陽Ⅰ・書陵・龍門・杏Ⅰ・無窮・足利・筑波・弘文・斯Ⅱ・梅沢・慶Ⅱ・武内・東大・東洋・六地・陽Ⅱ・宋版・世徳・天理」②処□—慶Ⅰ・大東・東急・斯Ⅰ・道蔵・治要」

注 1445 居左者—活Ⅱ・陽Ⅰ・書陵・龍門・無窮・足利・筑波・弘文・斯Ⅱ・梅沢・慶Ⅰ・大東・慶Ⅱ・武内・東大・東洋・東急・斯Ⅰ・天理」②□陽□—宋版・世徳・治要」③□陽位—道蔵」

1446 ■■以其—活Ⅱ・陽Ⅰ・書陵・龍門・無窮・足利・筑波・弘文・斯Ⅱ・梅沢・慶Ⅰ・大東・慶Ⅱ・武内・東大・東洋・東急・宋版・世徳・道蔵・天理・治要」②陽者□□—斯Ⅰ」

1447 不専殺也—活Ⅱ・陽Ⅰ・書陵・龍門・無窮・足利・弘文・斯Ⅱ・梅沢・慶Ⅰ・大東・東急・斯Ⅰ・宋版・世徳・天理・治要」①□□敍□—武内・東大・東洋」②□□□■—筑波・慶Ⅱ」③■■■■—道蔵」

26オ7経

1448 上將軍居右—活Ⅱ・陽Ⅰ・書陵・龍門・無窮・足利・筑波・弘文・斯Ⅱ・梅沢・慶Ⅰ・大東・慶Ⅱ・武内・東大・東洋・六地・陽Ⅱ・宋版・世徳・天理」②□□□處□—東急・斯Ⅰ・道蔵・治要」

注

1449 尊而—活Ⅱ・陽Ⅰ・書陵・龍門・無窮・足利・弘文・斯Ⅱ・梅沢・慶Ⅰ・大東・慶Ⅱ・武内・東大・東洋・東急・斯Ⅰ・宋版・世徳・道蔵・天理」①專□—筑波」②□■—治要」

1450 居右者—活Ⅱ・陽Ⅰ・書陵・龍門・無窮・足利・筑波・弘文・斯Ⅱ・梅沢・慶Ⅰ・大東・慶Ⅱ・武内・東大・東洋・東急・斯Ⅰ・宋版・世徳・天理」②□□位—道蔵」②□□■—治要」

1451 以其主殺也■—活Ⅱ・陽Ⅰ・書陵・龍門・無窮・足利・筑波・弘文・斯Ⅱ・梅沢・慶Ⅰ・大東・慶Ⅱ・斯Ⅰ・天理」①□□□敍□■—武内・東大」②□□□■矣—道蔵」②□□■□□■—治要」②言□□□□■—宋版・世徳」③□□□敍□矣—東洋」③主□■□□■—東急」

26ウ1注

1452 上將軍於右—活Ⅱ・陽Ⅰ・書陵・龍門・無窮・足利・筑波・弘文・斯Ⅱ・梅沢・慶Ⅰ・大東・慶Ⅱ・武内・東大・東洋・東急・斯Ⅰ・宋版・世徳・天理」②□□□居□—道蔵」③■■■■■—治要」

1453 ■■■—活Ⅱ・陽Ⅰ・書陵・龍門・無窮・足利・筑波・弘文・斯Ⅱ・梅沢・慶Ⅰ・大東・慶Ⅱ・武内・東大・東洋・東急・斯Ⅰ・宋版・世徳・天理・治要」③主喪禮—道蔵」

1454 喪禮上右—陽Ⅰ・書陵・龍門・無窮・足利・筑波・弘文・斯Ⅱ・梅沢・慶Ⅰ・大東・慶Ⅱ・武内・東大・東洋・東急・天理・治要」②□□尚□—斯Ⅰ・宋版・世徳・道蔵」②□■□—活Ⅱ」

1455 死人貴陰也—活Ⅱ・陽Ⅰ・書陵・龍門・無窮・足利・筑波・弘文・斯Ⅱ・梅沢・慶Ⅰ・大東・慶Ⅱ・武内・東大・東洋・東急・斯Ⅰ・宋版・世徳・道蔵・天理」④■■■■■—治要」

経

1456 殺■人■衆■—活Ⅱ・陽Ⅰ・書陵・龍門・無窮・慶Ⅱ・六地・天理」②□■□之□■—梅沢・東洋・東急・斯Ⅰ・陽Ⅱ・宋版・世徳」②□■□■□多—足利・筑波・弘文・斯Ⅱ・慶Ⅰ・大東」③敍■□之□■—東大」④□■□之□多—武内・道蔵」④□之□■□多—治要」

1457 以悲哀泣之—活Ⅱ・陽Ⅰ・書陵・龍門・無窮・筑波・弘文・斯Ⅱ・梅沢・慶Ⅰ・大東・慶Ⅱ・武内・東大・東洋・東急・六地・陽Ⅱ・宋版・世徳・道蔵・天理・治要」①□□□位□—足利」②■■□□□—斯Ⅰ」

26ウ2注

1458 以道化人—活Ⅱ・陽Ⅰ・書陵・無窮・足利・筑波・弘文・斯Ⅱ・梅沢・慶Ⅰ・大東・慶Ⅱ・武内・東大・東洋・東急・斯Ⅰ・宋版・世徳・天理・治要」②□□□民—龍門・道蔵」

1459 害無辜之民也—活Ⅱ・書陵・無窮・足利・弘文・斯Ⅱ・梅沢・大東・東急・天理」①□无□□□□—龍門・筑波・慶Ⅰ・慶Ⅱ・武内・東洋」②□□□□□■—道蔵・世徳」②□无事□□□—陽Ⅰ・東大」③□无□□□■—斯Ⅰ・宋版」⑤□无□□臣■—治要」

経

1460 戰勝■以喪禮—活Ⅱ・陽Ⅰ・書陵・龍門・慶Ⅱ・武内・東大・東洋・東急・斯Ⅰ・六地・宋版・世徳・天理」②□□則□□□—足利・筑波・弘文・斯Ⅱ・梅沢・慶Ⅰ・大東・陽Ⅱ・道蔵・治要」②□□利□□□—無窮」

26ウ3注

1461 居喪主■之位—活Ⅱ・書陵・龍門・無窮・足利・筑波・弘文・斯Ⅱ・梅沢・慶Ⅰ・大東・慶Ⅱ・天理・治要」②□□■礼□□—陽Ⅰ・武内・東大・東洋・東急・斯Ⅰ」②□□□禮□□—宋版・世徳・道蔵」

1462 素服而哭之—活Ⅱ・陽Ⅰ・書陵・龍門・無窮・足利・弘文・斯Ⅱ・梅沢・慶Ⅰ・大東・慶Ⅱ・武内・東大・東洋・東急・斯Ⅰ・宋版・世徳・道蔵・天理・治要」①□□□器□—筑波」

1463 ■誅不祥■－活Ⅱ・陽Ⅰ・書陵・龍門・無窮・足利・筑波・弘文・斯Ⅱ・梅沢・慶Ⅰ・大東・慶Ⅱ・武内・東大・東洋・東急・斯Ⅰ・宋版・世徳・天理・治要」④而□□□也－道蔵」

1464 比於喪也－活Ⅱ・書陵・龍門・無窮・足利・筑波・弘文・斯Ⅱ・梅沢・慶Ⅰ・大東・慶Ⅱ・武内・東大・東洋・東急・宋版・世徳・道蔵・天理・治要」②□□□■－斯Ⅰ」②□■□□－陽Ⅰ」

1465 ■■■■■■■■■■■■■－活Ⅱ・陽Ⅰ・書陵・龍門・無窮・足利・筑波・弘文・斯Ⅱ・梅沢・慶Ⅰ・大東・慶Ⅱ・武内・東大・東洋・東急・斯Ⅰ・天理・治要」④知後世用兵不已故悲■痛之■－宋版・世徳」④知後世用兵不已故悲而痛之矣－道蔵」

26ウ4

1466 聖徳■■■第三十二－活Ⅱ・陽Ⅰ・斯Ⅰ・宋版・世徳・道蔵・天理」□□■■■弟卅　□－梅沢」②□□■■章□卅　□－武内・東洋」②□□■■章■□□□－東大」③道常■■章□□□□－慶Ⅰ」③道常■■章□卅　□－大東」③道常無名章□□□□－筑波」③道常無名章□卅　□－弘文・慶Ⅱ」③■■■■■■■■■－書陵・龍門・無窮・足利・斯Ⅱ・東急・六地・陽Ⅱ」

26ウ5

経

1467 道常無名－活Ⅱ・陽Ⅰ・書陵・龍門・無窮・足利・筑波・弘文・斯Ⅱ・梅沢・慶Ⅰ・大東・慶Ⅱ・東洋・東急・斯Ⅰ・陽Ⅱ・宋版・世徳・道蔵・天理」①□□无□－武内・東大・六地」

注

1468 能弛－活Ⅱ・陽Ⅰ・書陵・龍門・無窮・足利・筑波・斯Ⅱ・梅沢・慶Ⅰ・大東・慶Ⅱ・東大・東洋・東急・斯Ⅰ・道蔵・天理」①□施－弘文・武内・宋版」

1469 能張能存－活Ⅱ・陽Ⅰ・書陵・龍門・無窮・筑波・弘文・斯Ⅱ・梅沢・慶Ⅰ・大東・慶Ⅱ・武内・東大・東洋・東急・斯Ⅰ・宋版・世徳・道蔵・天理」③■■■■－足利（此四字次経文句上大字）」

1470 能亡－活Ⅱ・陽Ⅰ・書陵・龍門・無窮・筑波・弘文・斯Ⅱ・梅沢・慶Ⅰ・大東・慶Ⅱ・武内・東大・東洋・東急・斯Ⅰ・宋版・世徳・道蔵・天理」①□已－足利」

1471 無常名也－活Ⅱ・書陵・無窮・足利・弘文・斯Ⅱ・梅沢・東急・宋版・世徳・道蔵・天理」①无□□□－陽Ⅰ・龍門・筑波・慶Ⅰ・大東・慶Ⅱ・武内・東大・東洋・斯Ⅰ」

経

1472 樸雖小－活Ⅱ・陽Ⅰ・東急・道蔵・天理」①朴□□－書陵・龍門・無窮・足利・筑波・弘文・斯Ⅱ・梅沢・慶Ⅰ・大東・慶Ⅱ・武内・東大・東洋・斯Ⅰ・六地・陽Ⅱ・宋版・世徳」

26ウ6

1473 天下不敢臣－活Ⅱ・陽Ⅰ・書陵・無窮・足利・筑波・弘文・斯Ⅱ・梅沢・慶Ⅰ・大東・慶Ⅱ・武内・東大・東洋・東急・斯Ⅰ・六地・陽Ⅱ・宋版・世徳・道蔵・天理」②□□■□□－龍門」

注

1474 道樸雖小－活Ⅱ・陽Ⅰ・筑波・東大・東急・道蔵・天理」①□朴□□－書陵・龍門・無窮・足利・弘文・斯Ⅱ・梅沢・慶Ⅰ・大東・慶Ⅱ・武内・東洋・斯Ⅰ・宋版・世徳」

1475 微妙無形－活Ⅱ・書陵・無窮・足利・筑波・弘文・梅沢・大東・東急・宋版・世徳・道蔵・天理」①□□无□－陽Ⅰ・龍門・斯Ⅱ・慶Ⅰ・慶Ⅱ・武内・東大・東洋・斯Ⅰ」

1476 天下－活Ⅱ・陽Ⅰ・書陵・龍門・無窮・足利・筑波・弘文・斯Ⅱ・梅沢・慶Ⅰ・大東・慶Ⅱ・武内・東大・東洋・東急・斯Ⅰ・宋版・世徳・天理」②■□－道蔵」

1477 不敢有臣使道者也－活Ⅱ・陽Ⅰ・書陵・龍門・無窮・足利・筑波・弘文・斯Ⅱ・梅沢・慶Ⅰ・慶Ⅱ・武内・東大・東洋・東急・宋版・世徳・天理」②□□□□伎□□■－大東」②□□□□□□□■－斯Ⅰ・道蔵」

26ウ7

経

1478 若能守之－活Ⅱ・陽Ⅰ・書陵・龍門・無窮・足利・筑波・弘文・斯Ⅱ・梅沢・慶Ⅱ・武内・東大・東洋・東急・斯Ⅰ・六地・陽Ⅱ・宋版・世徳・道蔵・天理」②□□□■－慶Ⅰ・大東」

注

1479 守道無爲－活Ⅱ・陽Ⅰ・書陵・無窮・足利・弘文・斯Ⅱ・梅沢・大東・慶Ⅱ・東急・世徳・天理」①□□无□－龍門・筑波・慶Ⅰ・武内・東大・東洋・斯Ⅰ・宋版」③□■■■－道蔵」

1480 從於德化■也－活Ⅱ・陽Ⅰ・書陵・龍門・無窮・足利・筑波・斯Ⅱ・慶Ⅰ・大東・慶Ⅱ・武内・東大・東急・斯Ⅰ・天理」②□□□□者□－東洋」②□□□□也之－梅沢」②□□□□■■

—弘文・道蔵」②□□□■■□—宋版・世徳」

27オ1 注

1481 與天地相應合—活Ⅱ・陽Ⅰ・書陵・龍門・無窮・足利・筑波・弘文・斯Ⅱ・梅沢・慶Ⅰ・大東・慶Ⅱ・武内・東大・東洋・東急・斯Ⅰ・天理」②□□■□□□—宋版・世徳」②□□□□■□—道蔵」

1482 天則—活Ⅱ・陽Ⅰ・書陵・龍門・無窮・足利・筑波・弘文・斯Ⅱ・梅沢・慶Ⅰ・大東・慶Ⅱ・武内・東大・東洋・東急・天理」②■□—斯Ⅰ」②□即—宋版・世徳」②則天—道蔵」

1483 下甘露■善瑞也—活Ⅱ・陽Ⅰ・龍門・無窮・筑波・弘文・斯Ⅱ・梅沢・大東・慶Ⅰ・慶Ⅱ・東大・東急・斯Ⅰ・宋版・世徳・天理」②□□□■□□■—足利」②□□□■□□之—書陵」②□□之□□□□—武内・東洋」②降□□■□□□—道蔵」

27オ2 経

1484 民莫之令—活Ⅱ・陽Ⅰ・書陵・龍門・無窮・足利・筑波・弘文・斯Ⅱ・慶Ⅰ・大東・慶Ⅱ・武内・東大・東洋・東急・斯Ⅰ・六地・宋版・世徳・道蔵・天理」②人□□□—梅沢・陽Ⅱ」

1485 而自均焉—活Ⅱ・陽Ⅰ・書陵・龍門・無窮・足利・筑波・弘文・斯Ⅱ・梅沢・慶Ⅰ・大東・慶Ⅱ・武内・東大・東洋・東急・六地・陽Ⅱ・天理」②□□□■—斯Ⅰ・宋版・世徳・道蔵」

注

1486 天降■■善瑞—活Ⅱ・陽Ⅰ・書陵・龍門・無窮・足利・筑波・弘文・斯Ⅱ・梅沢・慶Ⅰ・大東・慶Ⅱ・武内・東大・東洋・東急・斯Ⅰ・宋版・世徳・天理」③□□甘露□□—道蔵」

1487 莫有教令之者—活Ⅱ・陽Ⅰ・書陵・龍門・無窮・筑波・弘文・斯Ⅱ・梅沢・慶Ⅰ・大東・慶Ⅱ・武内・東大・東洋・東急・斯Ⅰ・宋版・世徳・道蔵・天理」①□□殺□□□—足利」

1488 ■皆自均調—活Ⅱ・陽Ⅰ・書陵・龍門・無窮・筑波・弘文・斯Ⅱ・梅沢・慶Ⅰ・大東・慶Ⅱ・武内・東大・東洋・東急・斯Ⅰ・宋版・世徳・天理」①■□□洦□—足利」②而□□□□—道蔵」

27オ3

1489 若一也—活Ⅱ・陽Ⅰ・書陵・龍門・無窮・足利・筑波・弘文・斯Ⅱ・梅沢・慶Ⅰ・大東・慶Ⅱ・武内・東大・東洋・東急・斯Ⅰ・宋版・世徳・天理」③如□■—道蔵」

注

1490 有名萬物也—活Ⅱ・陽Ⅰ・書陵・無窮・足利・筑波・弘文・斯Ⅱ・梅沢・慶Ⅰ・大東・慶Ⅱ・武内・東大・東洋・東急・斯Ⅰ・宋版・世徳・天理」②■□□□—龍門」②□□□□■—道蔵」

1491 道無名—活Ⅱ・書陵・無窮・足利・弘文・梅沢・東急・宋版・世徳・道蔵・天理」①□无□—陽Ⅰ・龍門・筑波・斯Ⅱ・慶Ⅰ・大東・慶Ⅱ・武内・東大・東洋・斯Ⅰ」

1492 制於有名—活Ⅱ・陽Ⅰ・書陵・龍門・足利・筑波・弘文・斯Ⅱ・慶Ⅰ・大東・慶Ⅱ・斯Ⅰ・宋版・世徳・道蔵・天理」②□■□□—無窮・梅沢・武内・東大・東洋・東急」

1493 無形—活Ⅱ・書陵・無窮・足利・弘文・斯Ⅱ・梅沢・東急・宋版・世徳・道蔵・天理」①无□—陽Ⅰ・龍門・筑波・慶Ⅰ・大東・慶Ⅱ・武内・東大・東洋・斯Ⅰ」

1494 能制■有形■也—活Ⅱ・陽Ⅰ・書陵・無窮・足利・筑波・弘文・斯Ⅱ・梅沢・慶Ⅱ・天理」①□□■□刑■□—龍門・慶Ⅰ・大東」②□□■□□之□—武内・東大・東洋」②■□■□□■□—東急」②□□於□□■□—斯Ⅰ・宋版・世徳」④□□於□□■■—道蔵」

27オ4 注

1495 有名之物—活Ⅱ・陽Ⅰ・書陵・龍門・無窮・足利・筑波・弘文・斯Ⅱ・梅沢・慶Ⅰ・大東・武内・東大・東洋・東急・斯Ⅰ・宋版・世徳・道蔵・天理」②□□□■—慶Ⅱ」

1496 盡有情欲—活Ⅱ・陽Ⅰ・書陵・龍門・無窮・足利・弘文・斯Ⅱ・梅沢・慶Ⅰ・大東・慶Ⅱ・武内・東大・東洋・東急・斯Ⅰ・宋版・世徳・道蔵・天理」①益□□□—筑波」

1497 叛道—活Ⅱ・陽Ⅰ・書陵・龍門・無窮・足利・筑波・弘文・斯Ⅱ・梅沢・慶Ⅰ・大東・武内・東大・東洋・東急・斯Ⅰ・宋版・世徳・道蔵・天理」①類□—慶Ⅱ」

1498 身毀辱也—活Ⅱ・陽Ⅰ・書陵・龍門・無窮・足利・筑波・弘文・斯Ⅱ・梅沢・慶Ⅰ・大東・慶Ⅱ・武内・東大・東急・斯Ⅰ・宋版・世徳・天理」②□□□■—東洋・道蔵」

27オ5 注

1499 法道行徳—活Ⅱ・陽Ⅰ・書陵・龍門・無窮・足利・筑波・弘文・

斯Ⅱ・梅沢・慶Ⅰ・大東・慶Ⅱ・武内・東大・東洋・東急・斯Ⅰ・道蔵・天理」②去□□□－宋版・世徳」

1500 將自知之■也－活Ⅱ・書陵・龍門・無窮・足利・筑波・弘文・斯Ⅱ・慶Ⅰ・大東・慶Ⅱ・東大・天理」②□□□■■－陽Ⅰ・武内・東急・斯Ⅰ・宋版・世徳・道蔵」②□□□■■□－梅沢」②□□□□者□－東洋」

27オ6
注
1501 則神霊祐助－活Ⅱ・陽Ⅰ・書陵・龍門・無窮・足利・筑波・弘文・斯Ⅱ・梅沢・慶Ⅰ・大東・慶Ⅱ・武内・東大・東洋・東急・斯Ⅰ・宋版・世徳・天理」②□□明□□－道蔵」

1502 ■不復危殆■也－活Ⅱ・陽Ⅰ・書陵・龍門・無窮・弘文・慶Ⅱ・天理」（上欠）□－杏Ⅰ」②■□□□■■－梅沢・武内・東洋・斯Ⅰ・宋版・世徳・道蔵」②則□□□■□－足利・筑波・斯Ⅱ・慶Ⅰ・大東」③■下□□■■－東大」④則□□□之□－東急」

経
1503 道之在天下－活Ⅱ・陽Ⅰ・書陵・龍門・無窮・足利・筑波・弘文・斯Ⅱ・慶Ⅰ・大東・慶Ⅱ・武内・東大・東洋・斯Ⅰ・杏Ⅰ・六地・宋版・世徳・道蔵・天理」②□■□□□－梅沢・東急・陽Ⅱ」

1504 猶川谷之與■江海■－活Ⅱ・無窮・慶Ⅰ・大東・東洋・東急・斯Ⅰ・杏Ⅰ・宋版・世徳・道蔵・天理」②□□□□□■□□也－陽Ⅰ・書陵・龍門・足利・筑波・斯Ⅱ・慶Ⅱ・武内・六地」②□□□□■海江■－東大」②□□□■□■□□■－梅沢・陽Ⅱ」④□□□□於□□也－弘文」

27オ7
注
1505 譬言－活Ⅱ・陽Ⅰ・書陵・龍門・無窮・足利・筑波・弘文・斯Ⅱ・梅沢・慶Ⅰ・慶Ⅱ・東大・東洋・東急・斯Ⅰ・杏Ⅰ・天理」①辟□－大東」②□■－武内・道蔵」②■□－世徳」②言□－宋版」

1506 道之在天下－活Ⅱ・陽Ⅰ・書陵・龍門・無窮・足利・筑波・弘文・斯Ⅱ・梅沢・慶Ⅰ・大東・慶Ⅱ・武内・東大・東洋・斯Ⅰ・杏Ⅰ・宋版・世徳・天理」②□■□□□－東急・道蔵」

1507 川谷■與江海■－陽Ⅰ・書陵・龍門・慶Ⅰ・大東・慶Ⅱ・武内・東大・東洋・斯Ⅰ・宋版・世徳」②□□之□□□■－活Ⅱ・無窮・足利・筑波・弘文・斯Ⅱ・梅沢・東急・杏Ⅰ・天理」②□□■□□□之－道蔵」

1508 流相通■也－活Ⅱ・陽Ⅰ・書陵・龍門・無窮・筑波・弘文・斯Ⅱ・慶Ⅰ・大東・慶Ⅱ・武内・東大・東洋・斯Ⅰ・杏Ⅰ・天理」②□□□之□－梅沢」②□□□■■－足利」②■□□■□－東急」②相流□■□－宋版・世徳」④相流□■■－道蔵」

27ウ1
1509 辨徳■■■第三十三－活Ⅱ・陽Ⅰ・天理」□□■■■弟卅 □－梅沢」①辯□■■■□□□□－斯Ⅰ・宋版・世徳・道蔵」②□□■■章□□□□－東大」②□□■■章第卅 □－武内・東洋」③知人■■章□□□□－慶Ⅰ」③知人■■章第卅 □－大東」③知人■智章第卅 □－慶Ⅱ」③知人者■章第卅 □－弘文」③知人者智章□□□□－筑波」③■■■■■■■■－書陵・龍門・無窮・足利・斯Ⅱ・杏Ⅰ・東急・六地・陽Ⅱ」

27ウ2
注
1510 是■智也－活Ⅱ・陽Ⅰ・書陵・龍門・無窮・足利・筑波・弘文・斯Ⅱ・梅沢・慶Ⅰ・大東・慶Ⅱ・武内・東大・東洋・東急・杏Ⅰ・天理」②□■□■－斯Ⅰ・道蔵・治要」④□爲□■－宋版・世徳」

注
1511 知賢■不肖－活Ⅱ・陽Ⅰ・書陵・龍門・無窮・足利・筑波・弘文・斯Ⅱ・梅沢・慶Ⅰ・大東・慶Ⅱ・武内・東大・東洋・東急・宋版・世徳・治要・杏Ⅰ・天理」②□□与□□－斯Ⅰ・道蔵」

1512 是爲■反－活Ⅱ・陽Ⅰ・龍門・無窮・斯Ⅱ・梅沢・武内・東大・東急・斯Ⅰ・杏Ⅰ・宋版・世徳・治要・天理」②□□外■－書陵・東洋」②□□外□－弘文」②□□反外－足利」②□□智□－筑波・慶Ⅰ・大東・慶Ⅱ」②□謂■□－道蔵」

27ウ3
1513 聽無聲－活Ⅱ・書陵・無窮・足利・梅沢・東急・杏Ⅰ・宋版・世徳・道蔵・天理」①□无□－陽Ⅰ・龍門・筑波・斯Ⅱ・慶Ⅰ・大東・慶Ⅱ・武内・東大・東洋・斯Ⅰ・治要」①听□□－弘文」

1514 内視無形－活Ⅱ・陽Ⅰ・書陵・無窮・足利・斯Ⅱ・梅沢・大東・

杏Ⅰ・宋版・世徳・道蔵・天理」①□□无□－龍門・筑波・弘文・慶Ⅰ・慶Ⅱ・武内・東大・東洋・斯Ⅰ・治要」②□■□□－東急」

1515 爲明■也－活Ⅱ・陽Ⅰ・書陵・龍門・無窮・足利・筑波・弘文・斯Ⅱ・梅沢・慶Ⅰ・大東・慶Ⅱ・武内・東大・東急・道蔵・治要・杏Ⅰ・天理」②□□■■－斯Ⅰ・宋版・世徳」②□□者□－東洋」

注 1516 不過以盛力也－陽Ⅰ・書陵・龍門・無窮・足利・弘文・斯Ⅱ・慶Ⅰ・大東・杏Ⅰ」②□□□■□□－活Ⅱ・天理」②□□□威□□－梅沢・武内・東大・東洋・東急・斯Ⅰ・宋版・世徳・治要・慶Ⅱ？」④□□□威□■－筑波」⑥□□有威□■－道蔵」

27ウ4 注 1517 勝■已情欲－活Ⅱ・陽Ⅰ・書陵・龍門・無窮・足利・筑波・弘文・斯Ⅱ・梅沢・慶Ⅰ・大東・慶Ⅱ・武内・東大・東洋・東急・斯Ⅰ・杏Ⅰ・宋版・世徳・治要・天理」③□除去□□－道蔵」

1518 天下無有－活Ⅱ・書陵・無窮・足利・弘文・斯Ⅱ・梅沢・大東・東急・杏Ⅰ・宋版・世徳・道蔵・天理」①□□无□－陽Ⅰ・龍門・筑波・慶Ⅰ・慶Ⅱ・武内・東大・東洋・斯Ⅰ・治要」

1519 能與已爭者－活Ⅱ・陽Ⅰ・書陵・龍門・無窮・足利・筑波・弘文・斯Ⅱ・梅沢・慶Ⅰ・大東・慶Ⅱ・武内・東大・東洋・東急・斯Ⅰ・杏Ⅰ・宋版・世徳・天理・治要」②□□■□□－道蔵」

1520 爲強也■■－活Ⅱ・陽Ⅰ・書陵・龍門・無窮・足利・筑波・弘文・斯Ⅱ・慶Ⅰ・大東・慶Ⅱ・武内・東大・東洋・東急・天理・治要」②□□□矣也－梅沢」②□□■■■－杏Ⅰ・斯Ⅰ・宋版・世徳」②■□□■■－道蔵」

27ウ5 注 1521 知足■■■－活Ⅱ・陽Ⅰ・書陵・龍門・無窮・筑波・斯Ⅱ・梅沢・慶Ⅱ・武内・東大・東洋・東急・杏Ⅰ・道蔵・天理」②□□之■■－斯Ⅰ」③□□之爲足－足利・弘文・慶Ⅰ・大東・宋版・世徳」③□■之爲足－治要」

1522 則長保福禄－活Ⅱ・陽Ⅰ・書陵・龍門・無窮・足利・筑波・弘文・斯Ⅱ・梅沢・慶Ⅰ・大東・慶Ⅱ・武内・東大・東洋・東急・斯Ⅰ・杏Ⅰ・宋版・世徳・道蔵・天理」②□■□□□－治要」

1523 爲富■也－活Ⅱ・陽Ⅰ・書陵・龍門・無窮・足利・筑波・弘文・斯Ⅱ・梅沢・慶Ⅰ・大東・慶Ⅱ・武内・東大・東急・斯Ⅰ・宋版・世徳・治要・杏Ⅰ・天理」②□□者□－東洋」②□□■■－道蔵」

経 1524 強行者■有志－活Ⅱ・陽Ⅰ・書陵・龍門・無窮・足利・筑波・弘文・斯Ⅱ・梅沢・慶Ⅰ・大東・慶Ⅱ・武内・東大・東洋・東急・斯Ⅰ・杏Ⅰ・六地・陽Ⅱ・宋版・世徳・道蔵・天理」②□□□則□□－治要」

注 1525 強力行善－活Ⅱ・陽Ⅰ・書陵・龍門・無窮・足利・筑波・斯Ⅱ・梅沢・慶Ⅰ・大東・慶Ⅱ・武内・東大・東洋・東急・斯Ⅰ・杏Ⅰ・宋版・世徳・治要・天理」②□人□□－弘文」②□立□□－道蔵」

27ウ6 1526 有意於道－活Ⅱ・陽Ⅰ・書陵・龍門・無窮・足利・筑波・弘文・梅沢・慶Ⅰ・大東・慶Ⅱ・武内・東大・東洋・東急・斯Ⅰ・杏Ⅰ・宋版・世徳・治要・天理」①□　□□－斯Ⅱ（「有於」の間空格）」②□志□□－道蔵」

1527 道亦有意於人■也－活Ⅱ・陽Ⅰ・書陵・龍門・無窮・足利・筑波・弘文・斯Ⅱ・慶Ⅰ・大東・慶Ⅱ・東急・斯Ⅰ・杏Ⅰ・天理」②□□□□□□之□－梅沢」②□□□□□□■■－武内・東大・東洋・宋版・世徳」④□□□志□□■■－道蔵」④■■■■■■■－治要」

注 1528 其所受天之精氣－活Ⅱ・陽Ⅰ・書陵・龍門・無窮・足利・筑波・弘文・斯Ⅱ・梅沢・慶Ⅰ・大東・慶Ⅱ・武内・東洋・東急・斯Ⅰ・杏Ⅰ・宋版・世徳・天理」②■□□□□□－東大」②□□愛□□□□－道蔵」③□□■■■■－治要」

27ウ7 1529 可以長久也－活Ⅱ・陽Ⅰ・書陵・龍門・無窮・足利・筑波・弘文・斯Ⅱ・梅沢・慶Ⅰ・大東・慶Ⅱ・武内・東大・東洋・東急・杏Ⅰ・天理」②□□□■－斯Ⅰ」②□□■□□－治要」④□□■□■－宋版・世徳・道蔵」

経 1530 不妄者壽—活Ⅱ・陽Ⅰ・書陵・龍門・無窮・足利・筑波・弘文・斯Ⅱ・梅沢・慶Ⅰ・大東・慶Ⅱ・武内・東大・東洋・東急・杏Ⅰ・六地・陽Ⅱ・天理」②□亡□□—斯Ⅰ・宋版・世徳・道蔵・治要」

注 1531 目不妄視—活Ⅱ・書陵・龍門・無窮・足利・筑波・弘文・梅沢・慶Ⅰ・大東・慶Ⅱ・武内・東大・東洋・東急・斯Ⅰ・杏Ⅰ・宋版・世徳・道蔵・天理・治要」①日□□□—陽Ⅰ」①自□□□—斯Ⅱ」

1532 耳不妄聽—活Ⅱ・陽Ⅰ・書陵・龍門・無窮・足利・筑波・斯Ⅱ・梅沢・慶Ⅰ・大東・慶Ⅱ・武内・東大・東洋・東急・斯Ⅰ・杏Ⅰ・宋版・世徳・道蔵・天理・治要」①□□□听—弘文」

1533 口不妄語—活Ⅱ・陽Ⅰ・書陵・龍門・無窮・足利・筑波・弘文・斯Ⅱ・梅沢・慶Ⅰ・大東・慶Ⅱ・武内・東大・東洋・斯Ⅰ・杏Ⅰ・天理・治要」②□□□言—東急・宋版・世徳・道蔵」

28オ1

1534 無怨惡—活Ⅱ・書陵・無窮・足利・筑波・弘文・梅沢・東急・杏Ⅰ・世徳・道蔵・天理」①无□□—陽Ⅰ・龍門・斯Ⅱ・慶Ⅰ・大東・慶Ⅱ・武内・東大・東洋・斯Ⅰ・宋版・治要」

1535 故■長壽■也—活Ⅱ・陽Ⅰ・書陵・龍門・無窮・足利・筑波・弘文・梅沢・慶Ⅰ・大東・慶Ⅱ・武内・東大・東急・杏Ⅰ・天理・治要」②□■□□也矣—斯Ⅱ」②□■□□者□—東洋」②□■□□■■—斯Ⅰ・宋版・世徳」④□得□□■□—道蔵」

28オ2

1536 任成■■第三十四—活Ⅱ・陽Ⅰ・斯Ⅰ・宋版・世徳・道蔵・天理」□□■■□卅　□—梅沢」②□□■章□□□□—東大」②□□■章□卅　□—武内・東洋」③大道■章□□□□—慶Ⅰ」③大道■章□卅　□—大東」③大道汜章□□□□—筑波」③大道汜章□卅　□—慶Ⅱ」③大道汎章□卅　□—弘文」③■■■■■■■■—書陵・龍門・無窮・足利・斯Ⅱ・東急・杏Ⅰ・六地・陽Ⅱ」

28オ3 経

1537 大道—活Ⅱ・陽Ⅰ・書陵・龍門・足利・筑波・弘文・斯Ⅱ・梅沢・慶Ⅰ・大東・慶Ⅱ・武内・東大・東洋・杏Ⅰ・六地・陽Ⅱ・宋版・世徳・道蔵・天理」②■□—無窮・東急・斯Ⅰ」

1538 汜兮—活Ⅱ・陽Ⅰ・書陵・龍門・無窮・足利・筑波・斯Ⅱ・梅沢・慶Ⅰ・大東・慶Ⅱ・武内・東大・東急・斯Ⅰ・杏Ⅰ・六地・陽Ⅱ・宋版・世徳・天理」①□兮—東洋」①汎□—弘文・道蔵」

注 1539 言大道—活Ⅱ・陽Ⅰ・書陵・龍門・無窮・足利・筑波・弘文・斯Ⅱ・梅沢・慶Ⅰ・大東・慶Ⅱ・武内・東大・東洋・東急・杏Ⅰ・天理」②□■□—斯Ⅰ・宋版・世徳・道蔵」

1540 汜汜—活Ⅱ・陽Ⅰ・書陵・龍門・無窮・足利・筑波・弘文・斯Ⅱ・梅沢・慶Ⅰ・大東・慶Ⅱ・武内・東大・東洋・東急・杏Ⅰ・宋版・世徳・天理」①□■—斯Ⅰ」①汎汎—道蔵」

1541 若浮若沈—活Ⅱ・陽Ⅰ・宋版・世徳・天理」②□沈□浮—書陵・龍門・無窮・足利・筑波・弘文・斯Ⅱ・梅沢・慶Ⅰ・大東・慶Ⅱ・武内・東大・東洋・東急・斯Ⅰ・杏Ⅰ・道蔵」

1542 若有若無—活Ⅱ・陽Ⅰ・書陵・無窮・足利・筑波・弘文・斯Ⅱ・梅沢・東急・杏Ⅰ・宋版・世徳・道蔵・天理」①□□□无—龍門・慶Ⅰ・大東・慶Ⅱ・武内・東大・東洋・斯Ⅰ」

1543 視之不見—活Ⅱ・陽Ⅰ・書陵・龍門・無窮・足利・筑波・弘文・斯Ⅱ・梅沢・慶Ⅰ・大東・慶Ⅱ・武内・東大・東洋・東急・斯Ⅰ・宋版・世徳・杏Ⅰ・天理」②□□□有—道蔵」

1544 難殊也—活Ⅱ・陽Ⅰ・書陵・龍門・無窮・足利・筑波・弘文・斯Ⅱ・梅沢・慶Ⅰ・大東・慶Ⅱ・武内・東大・東洋・東急・杏Ⅰ・天理」②□□■—斯Ⅰ・宋版・世徳・道蔵」

28オ4 注

1545 可左可右—活Ⅱ・陽Ⅰ・書陵・龍門・無窮・足利・筑波・弘文・斯Ⅱ・梅沢・慶Ⅰ・大東・慶Ⅱ・武内・東大・東洋・東急・斯Ⅰ・杏Ⅰ・道蔵・天理」②□□■□—宋版・世徳」

1546 ■無所—活Ⅱ・書陵・無窮・梅沢・東急・杏Ⅰ・世徳・道蔵・天理」①■无□—陽Ⅰ・龍門・筑波・慶Ⅱ・武内・東大・東洋・斯Ⅰ・宋版」②而□□—足利・弘文・斯Ⅱ」③而无□—慶Ⅰ・大東」

1547 不宜也—活Ⅱ・陽Ⅰ・龍門・無窮・足利・筑波・斯Ⅱ・梅沢・

慶Ⅰ・大東・慶Ⅱ・武内・東大・東洋・東急・杏Ⅰ・天理」①□宣□－書陵・弘文」②□□■－斯Ⅰ・宋版・世徳・道蔵」

経 1548 萬物恃之－活Ⅱ・陽Ⅰ・書陵・龍門・無窮・足利・弘文・斯Ⅱ・梅沢・慶Ⅰ・大東・慶Ⅱ・武内・東大・東洋・東急・斯Ⅰ・杏Ⅰ・六地・宋版・世徳・道蔵・天理」①□□特□－筑波」①□□持□－陽Ⅱ」

1549 而生－活Ⅱ・陽Ⅰ・書陵・龍門・無窮・足利・筑波・弘文・斯Ⅱ・慶Ⅰ・大東・慶Ⅱ・武内・東大・東洋・東急・斯Ⅰ・杏Ⅰ・六地・陽Ⅱ・宋版・世徳・道蔵・天理」②以□－梅沢」

注 1550 恃待也－活Ⅱ・陽Ⅰ・書陵・龍門・無窮・足利・弘文・斯Ⅱ・梅沢・慶Ⅰ・大東・武内・東大・東洋・東急・斯Ⅰ・杏Ⅰ・宋版・世徳・道蔵・天理」①特□□－筑波・慶Ⅱ」

1551 皆待道－活Ⅱ・陽Ⅰ・書陵・龍門・無窮・足利・筑波・梅沢・慶Ⅰ・大東・慶Ⅱ・武内・東大・東洋・東急・斯Ⅰ・道蔵・杏Ⅰ・天理」①□恃□－宋版・世徳」②□得□－弘文・斯Ⅱ」

28オ5

1552 而生■也－活Ⅱ・陽Ⅰ・書陵・龍門・無窮・足利・筑波・弘文・慶Ⅰ・大東・慶Ⅱ・武内・東大・東急・天理」②□□者□－東洋」②□□之□－梅沢」②□□■焉－杏Ⅰ」②□□■■－斯Ⅱ・斯Ⅰ・宋版・世徳・道蔵」

注 1553 不辭謝■－活Ⅱ・陽Ⅰ・書陵・龍門・足利・筑波・弘文・斯Ⅱ・梅沢・慶Ⅰ・大東・慶Ⅱ・武内・東大・東洋・東急・斯Ⅰ・杏Ⅰ・宋版・世徳・道蔵・天理」②□□□功－無窮」

1554 而逆止之也－活Ⅱ・陽Ⅰ・書陵・無窮・足利・筑波・弘文・斯Ⅱ・慶Ⅰ・大東・杏Ⅰ・天理」①□□上□□－龍門」②□□□□■－慶Ⅱ」②□□□■□－武内・東大・東洋・斯Ⅰ・宋版・世徳」②■□□□□－梅沢・東急」④□■□■■－道蔵」

経 1555 功成而不名有－活Ⅱ・陽Ⅰ・書陵・龍門・無窮・足利・筑波・弘文・斯Ⅱ・梅沢・慶Ⅰ・大東・慶Ⅱ・武内・東大・東洋・東急・杏Ⅰ・六地・陽Ⅱ・道蔵・天理」②□□■□□□－斯Ⅰ・宋版・世徳」

注 1556 ■道－活Ⅱ・陽Ⅰ・書陵・龍門・無窮・足利・筑波・弘文・斯Ⅱ・梅沢・慶Ⅰ・大東・慶Ⅱ・武内・東大・東洋・東急・杏Ⅰ・天理」②有□－斯Ⅰ・宋版・世徳・道蔵」

28オ6

1557 不名有其功■也－活Ⅱ・陽Ⅰ・書陵・龍門・無窮・足利・弘文・斯Ⅱ・慶Ⅰ・大東・武内・東大・東急・杏Ⅰ・天理」②□□□□者□－東洋」②□□□□□也之－梅沢」②□□□□□■■－筑波・慶Ⅱ」②□□其有□■□－斯Ⅰ・宋版・世徳」④□□其有□■■－道蔵」

経 1558 愛養萬物而不爲主－活Ⅱ・陽Ⅰ・無窮・足利・弘文・斯Ⅱ・梅沢・慶Ⅰ・大東・武内・東大・東洋・東急・斯Ⅰ・杏Ⅰ・六地・陽Ⅱ・宋版・世徳・道蔵・天理」②□□□□■□□□－書陵・龍門・筑波・慶Ⅱ」

注 1559 不如■人主－活Ⅱ・陽Ⅰ・書陵・龍門・足利・筑波・弘文・斯Ⅱ・梅沢・慶Ⅰ・大東・慶Ⅱ・武内・東大・東洋・東急・斯Ⅰ・杏Ⅰ・宋版・世徳・道蔵」②□□常□□－無窮」②□□■主人－天理」

28オ7

1560 有所収取也－活Ⅱ・足利・筑波・杏Ⅰ・天理」②□□□□■－斯Ⅰ・道蔵」②□□聚□－陽Ⅰ・書陵・龍門・無窮・弘文・斯Ⅱ・慶Ⅰ・大東・慶Ⅱ・東急」④□□□聚■－武内・東大・東洋」④□□□集■－梅沢」④□□放□■－宋版・世徳」

経 1561 常無欲－活Ⅱ・書陵・無窮・足利・筑波・弘文・斯Ⅱ・梅沢・慶Ⅱ・武内・東洋・東急・斯Ⅰ・杏Ⅰ・宋版・世徳・道蔵・天理」①□无□－陽Ⅰ・龍門・慶Ⅰ・大東・東大・六地・陽Ⅱ」

1562 可名於小矣－活Ⅱ・陽Ⅰ・書陵・龍門・無窮・足利・筑波・弘文・斯Ⅱ・梅沢・慶Ⅰ・大東・慶Ⅱ・武内・東大・東洋・東急・杏Ⅰ・六地・陽Ⅱ・道蔵・天理」②□□□□■－斯Ⅰ・宋版・世徳」

注 1563 ■■■■－活Ⅱ・陽Ⅰ・書陵・龍門・無窮・足利・筑波・弘文・斯Ⅱ・梅沢・慶Ⅰ・大東・武内・東大・東洋・東急・斯Ⅰ・杏Ⅰ・宋版・世徳・道蔵・天理」②怕然静形－慶Ⅱ」

1564 道匿徳—活Ⅱ・陽Ⅰ・書陵・龍門・無窮・足利・筑波・弘文・斯Ⅱ・梅沢・慶Ⅰ・大東・慶Ⅱ・武内・東大・東洋・東急・斯Ⅰ・杏Ⅰ・宋版・世徳・天理」②□□跡—道蔵」

1565 怕然—活Ⅱ・陽Ⅰ・書陵・龍門・無窮・足利・筑波・弘文・斯Ⅱ・梅沢・慶Ⅰ・大東・慶Ⅱ・武内・東大・東洋・斯Ⅰ・杏Ⅰ・天理」①泊□—東急・道蔵」②恒□—宋版・世徳」

1566 無爲—活Ⅱ・書陵・無窮・足利・弘文・斯Ⅱ・梅沢・東急・杏Ⅰ・宋版・世徳・道蔵・天理」①无□—陽Ⅰ・龍門・筑波・慶Ⅰ・大東・慶Ⅱ・武内・東大・東洋・斯Ⅰ」

1567 似若微小■也—活Ⅱ・陽Ⅰ・書陵・龍門・無窮・足利・弘文・斯Ⅱ・慶Ⅰ・大東・慶Ⅱ・武内・東大・東洋・東急・杏Ⅰ・宋版・世徳・天理」①□□□少■□—筑波・梅沢」②□□□□者□—斯Ⅰ」②□□□□■■—道蔵」

28ウ1経

1568 萬物歸焉而—活Ⅱ・陽Ⅰ・書陵・龍門・足利・弘文・斯Ⅱ・梅沢・慶Ⅰ・武内・東大・東洋・東急・斯Ⅰ・杏Ⅰ・六地・陽Ⅱ・宋版・世徳・道蔵」①□□皈□□—無窮・筑波・大東・天理」③□□皈而焉—慶Ⅱ」

注

1569 皆歸道—活Ⅱ・陽Ⅰ・書陵・龍門・無窮・足利・弘文・斯Ⅱ・梅沢・東急・斯Ⅰ・杏Ⅰ・宋版・世徳・道蔵」①□皈□—筑波・慶Ⅰ・大東・慶Ⅱ・武内・東大・東洋・天理」

1570 受氣■—活Ⅱ・陽Ⅰ・書陵・無窮・足利・筑波・梅沢・慶Ⅰ・大東・慶Ⅱ・武内・東大・東洋・東急・斯Ⅰ・杏Ⅰ・宋版・世徳・天理」②愛□■—龍門・弘文・斯Ⅱ」②□□也—道蔵」

1571 人主有所禁止也—活Ⅱ・無窮・足利・筑波・弘文・梅沢・東大・東急・斯Ⅰ・杏Ⅰ・宋版・世徳・天理」②□□□□□□■—道蔵」②□■□□□□□—陽Ⅰ・書陵・龍門・斯Ⅱ・慶Ⅰ・大東・武内・東洋」③■■□□□□□—慶Ⅱ」

28ウ2経

1572 可名爲大矣—活Ⅱ・陽Ⅰ・書陵・龍門・無窮・足利・筑波・弘文・斯Ⅱ・梅沢・慶Ⅰ・大東・慶Ⅱ・武内・東大・東洋・東急・杏Ⅰ・六地・陽Ⅱ・天理」②□□□□■—斯Ⅰ・宋版・世徳」②□□於□□—道蔵」

注

1573 使各自在—活Ⅱ・陽Ⅰ・無窮・足利・弘文・梅沢・慶Ⅰ・慶Ⅱ・武内・東大・東急・斯Ⅰ・杏Ⅰ・世徳・天理」①□名□□—書陵・龍門・筑波・斯Ⅱ・大東・東洋・宋版」②各使□□—道蔵」

1574 故可名於大也—活Ⅱ・陽Ⅰ・書陵・龍門・無窮・足利・筑波・斯Ⅱ・梅沢・慶Ⅰ・大東・慶Ⅱ・武内・東大・東洋・東急・斯Ⅰ・杏Ⅰ・道蔵・天理」②□□□□□■—弘文」③□不若□□□—宋版・世徳」

28ウ3注

1575 不爲■滿大■也—活Ⅱ・陽Ⅰ・書陵・龍門・足利・筑波・弘文・斯Ⅱ・梅沢・慶Ⅰ・大東・慶Ⅱ・武内・東大・東急・天理」②□□■□□■■—斯Ⅰ・宋版・世徳・道蔵」②□□■□□者□—東洋」②□□自□□■□—無窮」

経

1576 故能成其大■—活Ⅱ・陽Ⅰ・無窮・筑波・梅沢・武内・東大・東洋・東急・斯Ⅰ・陽Ⅱ・宋版・世徳・道蔵・天理」②□□□□□也—書陵・龍門・足利・弘文・斯Ⅱ・慶Ⅰ・大東・慶Ⅱ・東洋・東急・斯Ⅰ・陽Ⅱ・宋版・世徳・道蔵・天理」②□□□□□也—書陵・龍門・足利・弘文・斯Ⅱ・慶Ⅰ・大東・慶Ⅱ・六地」

28ウ4注

1577 以身師導—活Ⅱ・陽Ⅰ・書陵・龍門・足利・筑波・弘文・斯Ⅱ・梅沢・慶Ⅱ・武内・東大・東洋・東急・斯Ⅰ・宋版・世徳・天理」①□□帥□—慶Ⅰ・大東」②□□皈□—無窮」③□□率道—道蔵」

1578 故■—活Ⅱ・陽Ⅰ・書陵・龍門・無窮・足利・筑波・弘文・斯Ⅱ・梅沢・慶Ⅰ・大東・慶Ⅱ・武内・東大・東洋・東急・斯Ⅰ・天理」②□能—宋版・世徳・道蔵」

1579 成其大■也—活Ⅱ・陽Ⅰ・書陵・龍門・無窮・足利・筑波・弘文・斯Ⅱ・梅沢・慶Ⅰ・大東・慶Ⅱ・武内・東大・東急・天理」②□□□者□—東洋」②□□□■■—斯Ⅰ・宋版・世徳・道蔵」

28ウ5

1580 仁德■■第三十五—活Ⅱ・陽Ⅰ・斯Ⅰ・宋版・世徳・道蔵・天理」□□■■□卅　□—梅沢」②□□■章□□□□—東大」②□□■章□卅　□—武内・東洋」③執大象章□□□□—筑波・慶Ⅰ」③執大象章□卅　□—弘文・大東・慶Ⅱ」③■■■■■

28ウ6 経

1581 執大象■天下往－活Ⅱ・陽Ⅰ・書陵・龍門・無窮・足利・筑波・弘文・斯Ⅱ・梅沢・慶Ⅰ・大東・慶Ⅱ・武内・東大・東急・斯Ⅰ・六地・陽Ⅱ・宋版・世徳・道蔵・天理」②□□□於□□□－東洋」■■■－書陵・龍門・無窮・足利・斯Ⅱ・東急・六地・陽Ⅱ」

注

1582 天下萬民－活Ⅱ・陽Ⅰ・書陵・龍門・無窮・足利・筑波・弘文・斯Ⅱ・梅沢・慶Ⅰ・大東・慶Ⅱ・武内・東大・東洋・東急・斯Ⅰ・宋版・道蔵・天理」②□□□物－世徳」

1583 歸往之■－活Ⅱ・陽Ⅰ・書陵・龍門・足利・梅沢・慶Ⅰ」①皈□□■－無窮・筑波・弘文・斯Ⅱ・大東・慶Ⅱ・武内・東大・東洋・天理」②□□□也－東急・斯Ⅰ・宋版・世徳」②□□■也－道蔵」

28ウ7

1584 往來於已■也－活Ⅱ・陽Ⅰ・書陵・龍門・無窮・足利・筑波・弘文・斯Ⅱ・慶Ⅰ・大東・慶Ⅱ・武内・東大・東急・斯Ⅰ・宋版・世徳・天理」②□□□□■■－梅沢・道蔵」②□□□□者□－東洋」

経

1585 安平大－活Ⅱ・陽Ⅰ・書陵・足利・慶Ⅱ・武内・東大・東洋・東急・陽Ⅱ」①□□太－龍門・無窮・筑波・弘文・斯Ⅱ・梅沢・慶Ⅰ・大東・斯Ⅰ・六地・宋版・世徳・天理」②□□泰－道蔵」

注

1586 萬民－活Ⅱ・陽Ⅰ・書陵・龍門・無窮・足利・筑波・弘文・斯Ⅱ・梅沢・慶Ⅰ・大東・慶Ⅱ・武内・東大・東洋・東急・天理」②□物－斯Ⅰ・宋版・世徳・道蔵」

1587 歸往－活Ⅱ・陽Ⅰ・書陵・龍門・足利・斯Ⅱ・梅沢・慶Ⅰ・東急・斯Ⅰ・宋版・世徳・道蔵」①皈□－無窮・筑波・弘文・大東・慶Ⅱ・武内・東大・東洋・天理」

29オ1

1588 國家安寧－活Ⅱ・陽Ⅰ・書陵・龍門・無窮・足利・筑波・弘文・斯Ⅱ・梅沢・慶Ⅰ・大東・慶Ⅱ・武内・東大・東洋・東急・斯Ⅰ・道蔵・天理」②□安家□－宋版・世徳」

1589 而■太平矣－活Ⅱ・陽Ⅰ・書陵・龍門・無窮・筑波・弘文・斯Ⅱ・梅沢・慶Ⅰ・大東・慶Ⅱ・武内・東洋・東急・天理」①□■大□□－足利・東大」②□致□□□－斯Ⅰ・宋版・世徳・道蔵」

1590 ■身躰安－活Ⅱ・陽Ⅰ・梅沢・天理」②則□□□－書陵・龍門・無窮・足利・筑波・弘文・斯Ⅱ・慶Ⅰ・大東・慶Ⅱ・武内・東大・東洋・東急・道蔵」④則□■□－斯Ⅰ・宋版・世徳」

1591 大壽■也－活Ⅱ・陽Ⅰ・無窮・東大・斯Ⅰ・宋版・世徳・天理」①太□■□－書陵・龍門・足利・筑波・弘文・斯Ⅱ・慶Ⅰ・大東・慶Ⅱ・武内・東急」②□□矣□－東洋」②□□之□－梅沢」

経

1592 樂與餌－活Ⅱ・陽Ⅰ・龍門・無窮・足利・筑波・弘文・斯Ⅱ・梅沢・慶Ⅰ・大東・東大・東洋・東急・斯Ⅰ・六地・陽Ⅱ・宋版・世徳・道蔵・天理」①□□餡－書陵・慶Ⅱ・武内」②□□■■－道蔵」

29オ2 注

1593 餌美也－活Ⅱ・陽Ⅰ・龍門・無窮・足利・筑波・弘文・斯Ⅱ・梅沢・慶Ⅰ・大東・東大・東洋・東急・斯Ⅰ・宋版・世徳・道蔵・天理」①餡□□－書陵・慶Ⅱ・武内」

1594 ■能－活Ⅱ・陽Ⅰ・東大・東洋・天理」②人□－書陵・龍門・無窮・足利・筑波・弘文・斯Ⅱ・梅沢・慶Ⅰ・大東・慶Ⅱ・武内・東急・斯Ⅰ・宋版・世徳・道蔵」

1595 則一留止也一者－活Ⅱ・陽Ⅰ・書陵・龍門・無窮・筑波・弘文・梅沢・慶Ⅰ・大東・慶Ⅱ・武内・東大・東洋・東急・斯Ⅰ・宋版・世徳・天理」②□□□□一也□－足利」②□□居□□□□－道蔵」②■□□□□□□－斯Ⅱ」

1596 去盈而處虛－活Ⅱ・陽Ⅰ・書陵・龍門・無窮・足利・筑波・弘文・斯Ⅱ・梅沢・慶Ⅰ・大東・慶Ⅱ・武内・東大・東洋・東急・斯Ⅰ・宋版・世徳・天理」②□□□■□－道蔵」

1597 忽忽－活Ⅱ・陽Ⅰ・書陵・龍門・無窮・足利・筑波・弘文・斯Ⅱ・梅沢・慶Ⅰ・大東・慶Ⅱ・武内・東大・東洋・東急・斯Ⅰ・宋版・世徳・天理」②□處－道蔵」

1598 如過客也－活Ⅱ・陽Ⅰ・書陵・龍門・無窮・足利・筑波・弘文・斯Ⅱ・梅沢・慶Ⅰ・大東・慶Ⅱ・武内・東大・東洋・東急・天

理」②□□□■—斯Ⅰ・宋版・世徳・道蔵」

29オ3経

1599 淡■兮—活Ⅱ・陽Ⅰ・書陵・龍門・無窮・足利・筑波・斯Ⅱ・梅沢・慶Ⅰ・大東・慶Ⅱ・武内・東大・東洋・東急・六地・陽Ⅱ・天理」①□■乎—斯Ⅰ・宋版・世徳・道蔵」①□々□—弘文」

1600 其無味—活Ⅱ・陽Ⅰ・書陵・無窮・足利・斯Ⅱ・梅沢・慶Ⅰ・大東・慶Ⅱ・東洋・東急・斯Ⅰ・宋版・世徳・道蔵・天理」①□无□—龍門・筑波・武内・東大・六地・陽Ⅱ」②□味無—弘文」

注

1601 道■出入於口—活Ⅱ・陽Ⅰ・書陵・龍門・無窮・足利・筑波・弘文・斯Ⅱ・梅沢・慶Ⅰ・大東・慶Ⅱ・武内・東大・東洋・東急・斯Ⅰ・宋版・世徳・天理」②□止□□□□—道蔵」

1602 淡淡—活Ⅱ・陽Ⅰ・書陵・龍門・無窮・足利・筑波・弘文・斯Ⅱ・梅沢・慶Ⅰ・大東・武内・東大・東洋・東急・斯Ⅰ・宋版・世徳・天理」①□■—慶Ⅱ」②□然—道蔵」

1603 有酸鹹甘苦辛也—活Ⅱ・陽Ⅰ・斯Ⅰ・天理」①□□鹹□□□□—書陵・龍門・無窮・足利・筑波・弘文・斯Ⅱ・梅沢・慶Ⅰ・大東・慶Ⅱ・武内・東大・東洋・東急」②□□□苦甘□□—宋版・世徳」②□□□□□□■—道蔵」

29オ4注

1604 足得也—活Ⅱ・陽Ⅰ・書陵・龍門・無窮・足利・筑波・弘文・斯Ⅱ・梅沢・慶Ⅰ・大東・慶Ⅱ・武内・東大・東洋・東急・斯Ⅰ・世徳・道蔵・天理」②□徳□—宋版」

1605 道無形—活Ⅱ・書陵・無窮・足利・弘文・梅沢・慶Ⅱ・東急・宋版・世徳・道蔵・天理」①□无□—陽Ⅰ・龍門・筑波・斯Ⅱ・慶Ⅰ・大東・武内・東大・東洋・斯Ⅰ」

1606 有青黄白黒赤—活Ⅱ・陽Ⅰ・書陵・龍門・無窮・足利・筑波・弘文・斯Ⅱ・梅沢・慶Ⅰ・大東・東洋・東急・斯Ⅰ・天理」②□□□赤白黒—慶Ⅱ・武内・東大・宋版・世徳・道蔵」

1607 可得見之也—活Ⅱ・天理」②□□□□■—陽Ⅰ・龍門・弘文・斯Ⅱ・慶Ⅱ」②□□□■□—書陵・無窮・足利・筑波・梅沢・慶Ⅰ・大東・武内・東大・東洋・東急・斯Ⅰ・宋版・世徳・道蔵」

29オ5注

1608 有宮商角徴羽—活Ⅱ・陽Ⅰ・書陵・龍門・無窮・足利・弘文・斯Ⅱ・梅沢・武内・東洋・東急・斯Ⅰ・宋版・世徳・道蔵・天理」①□□□□微□—筑波・慶Ⅰ・大東・東大」②□害□□微□—慶Ⅱ」

1609 可得聽聞也■—活Ⅱ・陽Ⅰ・書陵・龍門・無窮・足利・筑波・弘文・斯Ⅱ・慶Ⅰ・大東・武内・東大・東洋・東急・斯Ⅰ・宋版・世徳・天理」②□□□□之■—慶Ⅱ」②□□□□之矣—梅沢」②□□而□□■—道蔵」

注

1610 ■■■—活Ⅱ・陽Ⅰ・書陵・龍門・無窮・足利・筑波・弘文・斯Ⅱ・梅沢・慶Ⅰ・大東・慶Ⅱ・武内・東大・東洋・東急・斯Ⅰ・宋版・世徳・天理」④既盡也—道蔵」

1611 ■用道■—活Ⅱ・陽Ⅰ・書陵・龍門・無窮・筑波・梅沢・慶Ⅱ・東大・東洋・東急・斯Ⅰ・宋版・世徳・天理」②■□□也—足利・弘文・斯Ⅱ・慶Ⅰ・大東・武内」②謂□□■—道蔵」

29オ6

1612 國冨民昌—活Ⅱ・書陵・無窮・筑波・斯Ⅱ・梅沢・慶Ⅰ・大東・慶Ⅱ・武内・東大・東洋・道蔵・天理」②□安□□—斯Ⅰ・宋版・世徳」③□■■□—陽Ⅰ・龍門・足利・東急」③富民国□—弘文」

1613 無有—活Ⅱ・書陵・無窮・足利・弘文・斯Ⅱ・梅沢・慶Ⅱ・東急・宋版・世徳・道蔵・天理」①无□—陽Ⅰ・龍門・筑波・慶Ⅰ・大東・武内・東大・東洋・斯Ⅰ」

1614 既盡■時也—活Ⅱ・陽Ⅰ・書陵・龍門・無窮・足利・筑波・弘文・斯Ⅱ・梅沢・慶Ⅰ・大東・慶Ⅱ・武内・東大・東洋・東急・斯Ⅰ・宋版・世徳・天理」②□□之□□—道蔵」

29オ7

1615 微明■■■第三十六—活Ⅱ・陽Ⅰ・斯Ⅰ・宋版・世徳・道蔵・天理」□□■■■□卅　□—梅沢」②□□■■章□□□□—東大」②□□■■章□卅　□—武内・東洋」③將欲■■章□□□□—慶Ⅰ」③將欲■■章□卅　□—大東」③將欲翕■章□卅

□－慶Ⅱ」③將欲翕之章□卅　□－弘文」③將欲噏之章□□□□－筑波」③■■■■■■■－書陵・龍門・無窮・足利・斯Ⅱ・東急・六地・陽Ⅱ」

29ウ1 経 1616 將欲噏之－活Ⅱ・陽Ⅰ・武内・東大・東急・斯Ⅰ・宋版・世徳」①□□翕□－書陵・龍門・無窮・足利・筑波・弘文・斯Ⅱ・梅沢・慶Ⅰ・大東・慶Ⅱ・東洋・六地・陽Ⅱ・道蔵・天理」

1617 必固張之－活Ⅱ・陽Ⅰ・書陵・龍門・無窮・筑波・弘文・斯Ⅱ・梅沢・慶Ⅰ・大東・慶Ⅱ・武内・東大・東洋・東急・斯Ⅰ・六地・陽Ⅱ・宋版・世徳・道蔵・天理」①□□悵□－足利」

注 1618 先開張之者－活Ⅱ・陽Ⅰ・書陵・龍門・無窮・足利・筑波・弘文・斯Ⅱ・梅沢・慶Ⅰ・大東・慶Ⅱ・武内・東大・東洋・東急・斯Ⅰ・宋版・世徳・天理」②□□□■－道蔵」

1619 欲極其奢淫也－活Ⅱ・陽Ⅰ・書陵・龍門・無窮・足利・筑波・弘文・斯Ⅱ・梅沢・慶Ⅰ・大東・慶Ⅱ・武内・東大・東洋」②□□□□■－東急・斯Ⅰ・宋版・世徳・道蔵」②■□□□□□－天理」

経 1620 將欲弱之－活Ⅱ・陽Ⅰ・書陵・龍門・無窮・足利・筑波・弘文・斯Ⅱ・梅沢・慶Ⅰ・大東・慶Ⅱ・武内・東大・東洋・東急・斯Ⅰ・六地・陽Ⅱ・道蔵・天理」②□使□□－宋版・世徳」

29ウ2 1621 必固強之－活Ⅱ・陽Ⅰ・書陵・龍門・無窮・足利・筑波・弘文・斯Ⅱ・慶Ⅰ・大東・慶Ⅱ・武内・東大・東洋・東急・斯Ⅰ・六地・陽Ⅱ・宋版・世徳・道蔵・天理」②□□□■－梅沢」

注 1622 強大■之者－活Ⅱ・陽Ⅰ・書陵・龍門・無窮・足利・筑波・弘文・斯Ⅱ・梅沢・慶Ⅰ・大東・慶Ⅱ・武内・東大・東急・斯Ⅰ・宋版・世徳・天理」②□■□■－道蔵」②□□也□□－東洋」

1623 欲使遇禍患也－活Ⅱ・陽Ⅰ・書陵・龍門・無窮・足利・弘文・斯Ⅱ・梅沢・慶Ⅰ・大東・慶Ⅱ・武内・東大・東洋・東急・天理」①□□□□志□－筑波」②□□□□□■－斯Ⅰ・宋版・世徳」⑥□□過□害■－道蔵」

29ウ3 経 1624 必固興之－活Ⅱ・陽Ⅰ・龍門・無窮・弘文・斯Ⅱ・慶Ⅰ・大東・慶Ⅱ・武内・東大・東洋・東急・斯Ⅰ・六地・陽Ⅱ・宋版・世徳・道蔵・天理」②□□與□－書陵」②□□与□－筑波・足利」②□□□■－梅沢」

注 1625 先興之者－活Ⅱ・陽Ⅰ・龍門・無窮・筑波・弘文・斯Ⅱ・梅沢・慶Ⅰ・大東・慶Ⅱ・武内・東大・東洋・東急・斯Ⅰ・宋版・世徳・道蔵・天理」②□與□□－書陵」②□与□□－足利」

1626 欲使其驕■■危也－活Ⅱ・陽Ⅰ・書陵・龍門・無窮・足利・筑波・弘文・斯Ⅱ・梅沢・慶Ⅰ・大東・慶Ⅱ・武内・東大・東洋・東急・斯Ⅰ・宋版・世徳・天理」②□□□□奢至□■－道蔵」

経 1627 將欲奪之－活Ⅱ・陽Ⅰ・書陵・龍門・無窮・足利・筑波・斯Ⅱ・梅沢・慶Ⅰ・大東・慶Ⅱ・武内・東大・東洋・東急・斯Ⅰ・六地・陽Ⅱ・宋版・世徳・道蔵・天理」②□■□□－弘文」

29ウ4 注 1628 欲極其貪心也－活Ⅱ・陽Ⅰ・書陵・龍門・無窮・足利・弘文・斯Ⅱ・梅沢・慶Ⅰ・大東・慶Ⅱ・武内・東大・東洋・東急・斯Ⅰ・宋版・世徳」②□□□□□■－筑波・道蔵」②□使□□□□－天理」

経 1629 是謂微明－活Ⅱ・陽Ⅰ・書陵・龍門・無窮・足利・筑波・弘文・斯Ⅱ・慶Ⅰ・大東・慶Ⅱ・武内・東大・東洋・東急・斯Ⅰ・六地・陽Ⅱ・宋版・世徳・道蔵・天理」①□□徴□－梅沢」

注 1630 其道微－活Ⅱ・陽Ⅰ・書陵・龍門・無窮・足利・筑波・弘文・斯Ⅱ・慶Ⅰ・大東・慶Ⅱ・武内・東大・東洋・東急・斯Ⅰ・宋版・世徳・道蔵・天理」①□□徴－梅沢」

29ウ5 注 1631 柔弱者久長－活Ⅱ・陽Ⅰ・書陵・龍門・無窮・足利・筑波・弘文・斯Ⅱ・梅沢・慶Ⅰ・大東・慶Ⅱ・武内・東大・東洋・東急・斯Ⅰ・宋版・世徳・道蔵」②□□□長久－天理」

1632 先亡也－活Ⅱ・陽Ⅰ・書陵・龍門・無窮・筑波・弘文・斯Ⅱ・梅沢・慶Ⅰ・大東・慶Ⅱ・武内・東大・東洋・東急・斯Ⅰ・宋版・世徳・天理・足利？」②□□■－道蔵」

経 1633 魚不可脱■淵－活Ⅱ・天理」②□□□於□－陽Ⅰ・書陵・龍門・無窮・足利・筑波・弘文・斯Ⅱ・梅沢・慶Ⅰ・大東・慶Ⅱ・

武内・東大・東洋・東急・斯Ⅰ・六地・陽Ⅱ・宋版・世徳」④□□■□於□－道蔵」

注
1634 魚脱入於淵－活Ⅱ・陽Ⅰ・書陵・龍門・無窮・足利・筑波・弘文・斯Ⅱ・梅沢・慶Ⅰ・大東・慶Ⅱ・武内・東大・東洋・東急・斯Ⅰ・天理」②□□■□□－宋版・世徳・道蔵」

1635 爲去剛得柔－活Ⅱ・陽Ⅰ・書陵・龍門・無窮・足利・筑波・弘文・斯Ⅱ・梅沢・慶Ⅰ・大東・慶Ⅱ・武内・東大・東洋・東急・斯Ⅰ・宋版・天理」②謂□□□－世徳・道蔵」

29ウ6

1636 不可復制■也－活Ⅱ・陽Ⅰ・書陵・龍門・無窮・足利・筑波・弘文・斯Ⅱ・梅沢・慶Ⅰ・大東・慶Ⅱ・武内・東大・東急・斯Ⅰ・宋版・世徳・道蔵・天理」②□□□者□－東洋」

注
1637 利器者－活Ⅱ・陽Ⅰ・書陵・龍門・無窮・足利・筑波・弘文・斯Ⅱ・梅沢・慶Ⅰ・大東・慶Ⅱ・武内・東大・東洋・東急・道蔵・天理」②□□■－斯Ⅰ・宋版・世徳」

1638 謂權道也－活Ⅱ・陽Ⅰ・書陵・龍門・無窮・足利・筑波・弘文・斯Ⅱ・梅沢・慶Ⅰ・大東・慶Ⅱ・武内・東大・東洋・東急・斯Ⅰ・杏Ⅰ・道蔵・天理」②■□□－宋版・世徳」

29ウ7

1639 示■執事之臣也－活Ⅱ・陽Ⅰ・書陵・龍門・無窮・足利・弘文・斯Ⅱ・梅沢・慶Ⅰ・大東・慶Ⅱ・武内・東洋・東急・斯Ⅰ・杏Ⅰ・宋版・世徳・道蔵・天理」②□非□□□□－筑波・東大」

1640 治身■道者－活Ⅱ・陽Ⅰ・書陵・龍門・無窮・梅沢・慶Ⅱ・東急・斯Ⅰ・杏Ⅰ・宋版・世徳・道蔵・天理」②□□之□□－足利・筑波・弘文・斯Ⅱ・慶Ⅰ・大東・武内・東大・東洋」

1641 示非其人■也－活Ⅱ・陽Ⅰ・書陵・龍門・無窮・足利・筑波・弘文・斯Ⅱ・梅沢・慶Ⅰ・大東・慶Ⅱ・武内・東大・東急・斯Ⅰ・杏Ⅰ・宋版・世徳・道蔵・天理」②□□□者□－東洋」

30オ1

1642 爲政■■■第三十七－活Ⅱ・陽Ⅰ・斯Ⅰ・宋版・世徳・道蔵・天理」□□■■■□卅　□－梅沢」②□□■■章□□□□－東大」②□□■■章□卅　□－武内・東洋」③道常■■章□□□□－慶Ⅰ」③道常■■章□卅　□－大東」③道常無■章□卅　□－弘文」③道常無為章□□□□－筑波」③道常無為章□卅　□－慶Ⅱ」③■■■■■■■■■－書陵・龍門・無窮・足利・斯Ⅱ・東急・六地・陽Ⅱ」

30オ2
経
1643 道常無爲－活Ⅱ・陽Ⅰ・書陵・龍門・無窮・足利・筑波・弘文・斯Ⅱ・梅沢・大東・慶Ⅱ・武内・東洋・東急・斯Ⅰ・宋版・世徳・道蔵・天理・治要」①□□无□－慶Ⅰ・東大・六地・陽Ⅱ」

注
1644 ■■■■■■－活Ⅱ・陽Ⅰ・書陵・龍門・無窮・足利・筑波・弘文・斯Ⅱ・梅沢・慶Ⅰ・大東・慶Ⅱ・武内・東大・東洋・東急・斯Ⅰ・道蔵・天理・治要」③道以無爲爲常也－宋版・世徳」（諸本此の注文次句の下に有り）

経
1645 而無不爲－活Ⅱ・書陵・龍門・無窮・足利・筑波・弘文・斯Ⅱ・梅沢・東大・東洋・東急・斯Ⅰ・宋版・世徳・道蔵・天理」①□无□□－陽Ⅰ・慶Ⅰ・大東・慶Ⅱ・武内・六地・陽Ⅱ」③■无□□－治要」

注
1646 道以無爲－活Ⅱ・書陵・無窮・足利・弘文・梅沢・大東・東洋・東急・宋版・世徳・道蔵・天理」①□□无□－陽Ⅰ・龍門・筑波・斯Ⅱ・慶Ⅰ・慶Ⅱ・武内・東大・斯Ⅰ・治要」

1647 爲常也－活Ⅱ・陽Ⅰ・書陵・龍門・無窮・足利・筑波・斯Ⅱ・梅沢・慶Ⅰ・大東・慶Ⅱ・武内・東大・東洋・東急・斯Ⅰ・宋版・世徳・天理・治要」②□□■－弘文・道蔵」

経
1648 侯王若能守之－活Ⅱ・陽Ⅰ・書陵・龍門・無窮・足利・筑波・弘文・斯Ⅱ・梅沢・慶Ⅰ・大東・慶Ⅱ・武内・東大・東洋・東急・六地・陽Ⅱ・道蔵・天理」②□□□□■－斯Ⅰ・宋版・世徳」②□□而□□□－治要」

30オ3
注
1649 侯王而能守道－陽Ⅰ・書陵・龍門・無窮・弘文・斯Ⅱ・慶Ⅰ・大東・慶Ⅱ（而能字間に若字有り、加筆か）・道蔵・治要」②□□若□□□－活Ⅱ・足利・筑波・梅沢・武内・東大・東洋・東急・斯Ⅰ・宋版・世徳・天理」

1650 效於巳也－活Ⅱ・無窮・足利・筑波・斯Ⅱ・梅沢・慶Ⅰ・大東・慶Ⅱ・武内・東大・東洋・東急・斯Ⅰ・宋版・世徳・道蔵・天

理・治要」②□□□■－弘文」②□■□□－陽Ⅰ」③□■■□－書陵・龍門」

30オ4 経

1651 無名之樸－活Ⅱ・陽Ⅰ・東急・道蔵・天理」①□□□朴－書陵・龍門・無窮・足利・筑波・弘文・斯Ⅱ・梅沢・大東・慶Ⅱ・武内・東洋・陽Ⅱ・斯Ⅰ・宋版・世徳」②无□□朴－慶Ⅰ・東大・六地」

注

1652 吾身也－活Ⅱ・陽Ⅰ・書陵・龍門・無窮・足利・筑波・弘文・斯Ⅱ・梅沢・慶Ⅰ・大東・慶Ⅱ・武内・東大・東洋・斯Ⅰ・宋版・世徳・道蔵・天理」②□□■－東急」

1653 無名之樸－活Ⅱ・東急・道蔵・天理」①□□□朴－書陵・無窮・足利・弘文・斯Ⅱ・梅沢・大東・慶Ⅱ・東洋・斯Ⅰ・宋版・世徳」①无□□□－陽Ⅰ」②无□□朴－龍門・筑波・慶Ⅰ・武内・東大」

1654 道■也－活Ⅱ・陽Ⅰ・書陵・龍門・無窮・梅沢・慶Ⅱ・東大・東洋・東急・斯Ⅰ・宋版・世徳・道蔵・天理」②□徳□－足利・筑波・弘文・斯Ⅱ・慶Ⅰ・大東・武内」

1655 萬物已化－活Ⅱ・陽Ⅰ・書陵・龍門・無窮・足利・筑波・弘文・斯Ⅱ・梅沢・慶Ⅰ・大東・武内・東大・東洋・東急・斯Ⅰ・天理」②□□以□－宋版・世徳・道蔵」③□□■■－慶Ⅱ」

30オ5

1656 效■已■－活Ⅱ・陽Ⅰ・書陵・龍門・無窮・足利・筑波・弘文・斯Ⅱ・梅沢・慶Ⅰ・大東・慶Ⅱ・武内・東大・東洋・東急・天理」③□於□也－斯Ⅰ・宋版・世徳・道蔵」

1657 效已－活Ⅱ・陽Ⅰ・斯Ⅰ・天理」③■■－書陵・龍門・無窮・足利・筑波・弘文・斯Ⅱ・梅沢・慶Ⅰ・大東・慶Ⅱ・武内・東大・東洋・東急・宋版・世徳・道蔵」

1658 欲作巧偽者－活Ⅱ・陽Ⅰ・無窮・弘文・斯Ⅱ・梅沢・慶Ⅰ・大東・慶Ⅱ・武内・東大・東洋・東急・斯Ⅰ・宋版・世徳・道蔵・天理」①□□功□□－書陵・龍門・足利・筑波」

1659 侯王－活Ⅱ・陽Ⅰ・東大・斯Ⅰ・宋版・世徳・天理」②王侯－書陵・龍門・無窮・足利・筑波・弘文・斯Ⅱ・梅沢・慶Ⅰ・大東・慶Ⅱ・武内・東洋・東急・道蔵」

1660 當身－活Ⅱ・陽Ⅰ・書陵・龍門・無窮・足利・筑波・弘文・斯Ⅱ・梅沢・慶Ⅱ・東洋・斯Ⅰ・宋版・世徳・天理」②□■－慶Ⅰ・大東・武内・東大・東急・道蔵」

1661 鎮撫之－活Ⅱ・陽Ⅰ・書陵・龍門・無窮・足利・筑波・弘文・斯Ⅱ・梅沢・慶Ⅰ・大東・慶Ⅱ・武内・東大・東洋・東急・道蔵・天理」②□□■－斯Ⅰ・宋版・世徳」

1662 以道徳也－活Ⅱ・陽Ⅰ・書陵・龍門・無窮・足利・筑波・弘文・斯Ⅱ・梅沢・慶Ⅰ・大東・慶Ⅱ・武内・東大・東洋・東急・天理」②□□□■－斯Ⅰ・宋版・世徳・道蔵」

経

1663 無名之樸－活Ⅱ・陽Ⅰ・道蔵・天理」①□□□朴－書陵・龍門・無窮・足利・筑波・弘文・斯Ⅱ・梅沢・慶Ⅰ・慶Ⅱ・武内・東大・東洋・陽Ⅱ・東急・斯Ⅰ・宋版・世徳」②无□□朴－六地」（大東、以下一行脱）

30オ6 注

1664 侯王－活Ⅱ・陽Ⅰ・書陵・龍門・無窮・足利・筑波・弘文・斯Ⅱ・梅沢・慶Ⅰ・慶Ⅱ・武内・東大・東洋・東急・斯Ⅰ・宋版・世徳・天理」②王侯－道蔵」

1665 鎮撫之－活Ⅱ・陽Ⅰ・書陵・龍門・無窮・足利・筑波・弘文・斯Ⅱ・慶Ⅰ・慶Ⅱ・斯Ⅰ・天理」②□□■－梅沢・武内・東大・東洋・東急・宋版・世徳・道蔵」

1666 以道徳■－活Ⅱ・陽Ⅰ・書陵・龍門・無窮・足利・筑波・弘文・斯Ⅱ・梅沢・慶Ⅰ・慶Ⅱ・武内・東大・東洋・東急・斯Ⅰ・宋版・世徳・天理」②□□□化－道蔵」

1667 將不欲改■－活Ⅱ・陽Ⅰ・無窮・筑波・弘文・斯Ⅱ・梅沢・慶Ⅰ・慶Ⅱ・武内・東大・東洋・東急・宋版・世徳・天理」①□□□□改－斯Ⅰ」①□□□攻■－足利」①□□□政■－龍門」①□□□故■－書陵・道蔵」

1668 當以清静－活Ⅱ・陽Ⅰ・書陵・龍門・無窮・足利・筑波・弘文・斯Ⅱ・梅沢・慶Ⅱ・東洋・宋版・世徳・道蔵・天理」②□□□浄－慶Ⅰ・大東・武内・東大・東急・斯Ⅰ」

1669 導化之也－活Ⅱ・陽Ⅰ・足利・弘文・梅沢・慶Ⅰ・大東・慶Ⅱ・武内・東大・東洋・斯Ⅰ・宋版・世徳・天理」①道□□□－書陵・龍門・筑波・斯Ⅱ」②□□□■－東急」③道□□■－無窮」③道□■■－道藏」

30オ7経 1670 將自正－活Ⅱ・陽Ⅰ・書陵・龍門・無窮・足利・筑波・弘文・斯Ⅱ・梅沢・慶Ⅰ・大東・慶Ⅱ・武内・東大・東洋・東急・斯Ⅰ・六地・陽Ⅱ・道藏・天理」②□□定－宋版・世徳」

注 1671 將自正安定也■－活Ⅱ・陽Ⅰ・書陵・龍門・無窮・足利・筑波・弘文・斯Ⅱ・慶Ⅰ・大東・慶Ⅱ・武内・東大・東洋・東急・斯Ⅰ・天理」②□□□■□□■－宋版・世徳・道藏」④□□■□□□之－梅沢」

30ウ2 1672 ■■■老子道■經■■上■－活Ⅱ・陽Ⅰ・書陵・龍門・無窮・筑波・斯Ⅱ・慶Ⅰ・大東・東急・六地」②■■■□□□■□■■■■－梅沢・杏Ⅰ・陽Ⅱ」②■■■□□■□■■□終－慶Ⅱ」②■■■□□■□■之■終－東洋」②■■■□□□■□巻■■終－世徳」③■■■□□■■□■■□■－弘文」③■■■□□■■□■■□終－足利」③■■■□□■■□巻之□■－東大」③■■■□□□徳□巻■□■－武内」③■■■□□經■道徳■□■－斯Ⅰ」③河上公□□■□巻■□■－宋版」③道徳眞經註■■■巻之二■－道藏」③■■■■■■■■■■■■－天理」

巻下

1オ1 1老子徳經■■下－活Ⅱ・書陵・杏Ⅱ・無窮・筑波・斯Ⅱ・梅沢・慶Ⅰ・大東・武内・東洋・六地・陽Ⅱ・東急・宋版・世徳・敦Ⅲ」②□□□□■■■－陽Ⅰ」②□□□■□■■□－弘文・斯Ⅰ」③□□■□巻之□－東大」④■■悳□■■■－治要」④■■■■■■－聖語」④道徳眞經註巻之三－道藏」（足利、以下首一葉闕）

2河上公章句■■－活Ⅱ・陽Ⅰ・書陵・杏Ⅱ・無窮・筑波・梅沢・慶Ⅰ・大東・武内・東大・東洋・六地・道藏・敦Ⅲ」③□□□□□第三－弘文・斯Ⅱ・聖語・東急・斯Ⅰ・陽Ⅱ・宋版・世徳」③■■■■■■－治要」

1オ2 3論徳■■■第三十八－活Ⅱ・陽Ⅰ・梅沢・聖語・斯Ⅰ・宋版・世徳・道藏」②□□■■章□□□□－武内・東大」②□□■■章□卅　□－東洋」③上□■■章□□□□－慶Ⅰ・大東」③上□■■章□卅　□－杏Ⅱ」③上□不佗章■□□□－筑波」③上德不德章□卅　□－弘文」③■■■■■■■■■－書陵・無窮・斯Ⅱ・東急・六地・陽Ⅱ・敦Ⅲ・治要」

1オ3注 4謂太古無名號之君也－活Ⅱ・書陵・無窮」①□□□无□□□□□－陽Ⅰ」②□□□□□□□□■－弘文・斯Ⅱ・慶Ⅰ・大東・東洋・東急・宋版・世徳・道藏」③□□□无□号□□■－杏Ⅱ・武内・東大・聖語・斯Ⅰ・敦Ⅲ・治要」③□大□□□号□□■－梅沢」④□大□无□号□□■－筑波」

5徳大無上－活Ⅱ・書陵・無窮・弘文・斯Ⅱ・聖語・斯Ⅰ・宋版・世徳・道藏」①□□无□－陽Ⅰ・杏Ⅱ・筑波・梅沢・慶Ⅰ・大東・武内・東大・東洋」②□□□名－東急」③□□无名－敦Ⅲ・治要」

6言上徳也－活Ⅱ・陽Ⅰ・書陵・杏Ⅱ・無窮・筑波・弘文・斯Ⅱ・梅沢・慶Ⅰ・大東・武内・東大・東洋・聖語・斯Ⅰ・宋版・世徳・道藏・治要」②□□□■－東急・敦Ⅲ」

7不徳者言其不以徳教民－活Ⅱ・陽Ⅰ・書陵・杏Ⅱ・無窮・筑波・斯Ⅱ・梅沢・慶Ⅰ・大東・武内・東大・東洋・聖語・東急・斯Ⅰ・宋版・世徳」②□□□■□□□□□－弘文」②□□□■□□□□－道藏」②□□□□□□□□□■－敦Ⅲ」④■■■■■■■■■■－治要」

1オ4 8因循自然－活Ⅱ・陽Ⅰ・書陵・杏Ⅱ・無窮・筑波・弘文・斯Ⅱ・慶Ⅰ・大東・武内・東大・東洋・聖語・東急・斯Ⅰ・宋版・世徳・道藏」①□脩□□－梅沢・敦Ⅲ・治要」

9言不徳也－活Ⅱ・陽Ⅰ・書陵・杏Ⅱ・無窮・筑波・弘文・斯Ⅱ・

梅沢・慶Ⅰ・大東・武内・東大・東洋・聖語・東急・斯Ⅰ・宋版・世徳・道蔵・治要」②□□□■－敦Ⅲ」

1オ5 注10和氣流行－活Ⅱ・陽Ⅰ・書陵・杏Ⅱ・無窮・筑波・弘文・斯Ⅱ・梅沢・慶Ⅰ・大東・武内・東大・東洋・聖語・東急・斯Ⅰ・宋版・世徳・敦Ⅲ・治要」③□□游衍－道蔵」

11民得以全也－活Ⅱ・陽Ⅰ・書陵・杏Ⅱ・無窮・筑波・弘文・斯Ⅱ・梅沢・慶Ⅰ・大東・武内・東大・東洋・聖語・斯Ⅰ・宋版・世徳・道蔵・治要」②□□□■－東急」④□徳□□■－敦Ⅲ」

注12謂號謚之君■－活Ⅱ・陽Ⅰ・書陵・杏Ⅱ・筑波・弘文・斯Ⅱ・梅沢・慶Ⅰ・大東・武内・東大・東洋・聖語・東急・斯Ⅰ・宋版・世徳・道蔵・治要」②□号□□也－無窮」②□謚号□□■－敦Ⅲ」

1オ6 13故言下徳也－活Ⅱ・陽Ⅰ・書陵・杏Ⅱ・無窮・筑波・弘文・斯Ⅱ・梅沢・慶Ⅰ・大東・武内・東大・東洋・聖語・東急・斯Ⅰ・宋版・世徳・道蔵・治要」④□下言徳■－敦Ⅲ」

14其功可稱也－活Ⅱ・陽Ⅰ・書陵・杏Ⅱ・無窮・筑波・弘文・斯Ⅱ・慶Ⅰ・大東・武内・東大・東洋・聖語・斯Ⅰ・宋版・世徳・道蔵・治要」②□□□■－梅沢・東急・敦Ⅲ」

経15是以無徳－活Ⅱ・陽Ⅰ・書陵・杏Ⅱ・無窮・筑波・弘文・斯Ⅱ・梅沢・慶Ⅰ・大東・東洋・聖語・東急・斯Ⅰ・宋版・世徳・道蔵」①□□无□－武内・東大・六地・陽Ⅱ・敦Ⅲ・治要」

1オ7 注16及其身故也－活Ⅱ・陽Ⅰ・書陵・杏Ⅱ・無窮・筑波・弘文・斯Ⅱ・梅沢・慶Ⅰ・大東・武内・東大・東洋・治要」②□□□□■－聖語・東急・斯Ⅰ・宋版・世徳・敦Ⅲ・道蔵」

経17上徳無爲－活Ⅱ・陽Ⅰ・書陵・杏Ⅱ・無窮・筑波・弘文・斯Ⅱ・梅沢・慶Ⅰ・大東・武内・東洋・聖語・東急・斯Ⅰ・陽Ⅱ・宋版・世徳・道蔵」①□□无□－東大・六地・敦Ⅲ・治要」

注18言法道－活Ⅱ・陽Ⅰ・書陵・杏Ⅱ・無窮・筑波・弘文・斯Ⅱ・梅沢・慶Ⅰ・大東・武内・東大・東洋・聖語・東急・斯Ⅰ・敦Ⅲ・道蔵・治要」②謂□□－宋版・世徳」

19無所改爲也－活Ⅱ・無窮・弘文・梅沢・東急・斯Ⅰ・宋版・世徳・敦Ⅲ・道蔵」①无□□□□－杏Ⅱ・慶Ⅰ・大東・武内・東大・東洋・聖語・治要」①□□攻□□－書陵・斯Ⅱ」②无□攻□□－陽Ⅰ」②□□□□■－筑波」

経20而無以爲－活Ⅱ・陽Ⅰ・書陵・杏Ⅱ・無窮・筑波・弘文・斯Ⅱ・梅沢・大東・武内・東洋・聖語・東急・斯Ⅰ・陽Ⅱ・宋版・世徳・道蔵・治要」①□无□□－慶Ⅰ・東大・六地・敦Ⅲ」

注21無以名號爲也－活Ⅱ・無窮・筑波・弘文・斯Ⅱ・梅沢・東急・道蔵」①无□□□□－杏Ⅱ・慶Ⅰ・大東・武内・東大・東洋・聖語・斯Ⅰ・治要」②□□□□■－書陵・宋版・世徳」③无□□号□■－陽Ⅰ・敦Ⅲ」

1ウ1 注22爲教令－活Ⅱ・陽Ⅰ・書陵・杏Ⅱ・無窮・筑波・弘文・斯Ⅱ・慶Ⅰ・大東・武内・東大・東洋・聖語・東急・斯Ⅰ・宋版・世徳・敦Ⅲ・道蔵・治要」①□□命－梅沢」

23施政事也－活Ⅱ・陽Ⅰ・書陵・杏Ⅱ・無窮・筑波・弘文・斯Ⅱ・梅沢・慶Ⅰ・大東・武内・東大・東洋・聖語・斯Ⅰ・宋版・世徳・道蔵・治要」②□□□■－東急」④■□□■－敦Ⅲ」

経24而有以爲－活Ⅱ・陽Ⅰ・書陵・杏Ⅱ・無窮・筑波・弘文・梅沢・慶Ⅰ・大東・武内・東大・東洋・聖語・東急・斯Ⅰ・六地・陽Ⅱ・宋版・世徳・敦Ⅲ・道蔵・治要」③■■■■－斯Ⅱ」

注25言以爲已取名号也－活Ⅱ・陽Ⅰ・書陵・杏Ⅱ・無窮・筑波・弘文・梅沢・慶Ⅰ・大東・武内・東大・東洋・聖語・東急・斯Ⅰ・宋版・世徳・道蔵」②□□□□□□■－敦Ⅲ・治要」③■■■■■■■■－斯Ⅱ」

1ウ2 注26謂行仁之君■－活Ⅱ・陽Ⅰ・書陵・杏Ⅱ・筑波・弘文・斯Ⅱ・梅沢・慶Ⅰ・大東・武内・東大・東洋・東急・宋版・世徳・敦Ⅲ・道蔵・治要」②□□□□□也－無窮・聖語・斯Ⅰ」

27其仁無上－活Ⅱ・書陵・無窮・弘文・斯Ⅱ・東急・聖語・斯Ⅰ・道蔵」①□□无□－陽Ⅰ・杏Ⅱ・筑波・梅沢・慶Ⅰ・大東・武内・東大・東洋・敦Ⅲ」②□□爲□－宋版・世徳」

28言上仁也―活Ⅱ・陽Ⅰ・書陵・杏Ⅱ・無窮・筑波・弘文・斯Ⅱ・梅沢・慶Ⅰ・大東・武内・東大・東洋・聖語・東急・斯Ⅰ・宋版・世徳・道蔵」②□□□■―敦Ⅲ」

29爲仁恩■也―活Ⅱ・陽Ⅰ・杏Ⅱ・無窮・道蔵」②□□□之□―書陵・筑波・弘文・斯Ⅱ・梅沢・慶Ⅰ・武内・東大・東洋・聖語・斯Ⅰ」②□□□云□―大東」②□□□■■―東急・宋版・世徳・敦Ⅲ」

1ウ3
経30無以爲―活Ⅱ・陽Ⅰ・書陵・杏Ⅱ・無窮・弘文・斯Ⅱ・梅沢・武内・東洋・聖語・東急・斯Ⅰ・陽Ⅱ・宋版・世徳・道蔵」①无□□―筑波・慶Ⅰ・大東・東大・六地・敦Ⅲ」

注31無■■執爲也―活Ⅱ・書陵」①无■■□□□―陽Ⅰ・筑波」②□以■□□□―梅沢・聖語・斯Ⅰ」③无以■□□□―杏Ⅱ」③□以所□□□―無窮・弘文・斯Ⅱ・慶Ⅰ・大東」④□以■□□■―東急・宋版・世徳・道蔵」⑤无以■□□■―武内・東大・東洋・敦Ⅲ」

注32爲義以斷割也―活Ⅱ・陽Ⅰ・書陵・杏Ⅱ・無窮・筑波・弘文・斯Ⅱ・梅沢・慶Ⅰ・大東・武内・東大・東洋・宋版・世徳」②□□□□□■―東急・敦Ⅲ」②□□□□害□―聖語・斯Ⅰ」②謂□□□□□―道蔵」

1ウ4
注33爲已殺人―活Ⅱ・陽Ⅰ・無窮・弘文・斯Ⅱ・大東・聖語・東急・斯Ⅰ・宋版・世徳」①□□敍■□―書陵・杏Ⅱ・筑波・慶Ⅰ・武内・東大・東洋」①□□敍□―梅沢・敦Ⅲ」②□□救□―道蔵」

34以成威―活Ⅱ・陽Ⅰ・書陵・杏Ⅱ・無窮・筑波・弘文・斯Ⅱ・梅沢・慶Ⅰ・大東・武内・東大・東洋・聖語・東急・斯Ⅰ・宋版・世徳・敦Ⅲ」②□爲□―道蔵」

35■自以奉也―活Ⅱ・陽Ⅰ・書陵」②以□■□□―杏Ⅱ・無窮・筑波・弘文・斯Ⅱ・慶Ⅰ・大東・武内・東大・東洋・聖語・斯Ⅰ・宋版・世徳・道蔵」②以□□□□―梅沢」④以□■□■―東急・敦Ⅲ」

注36謂上禮之君■―活Ⅱ・陽Ⅰ・書陵・杏Ⅱ・筑波・弘文・斯Ⅱ・梅沢・慶Ⅰ・大東・武内・東大・東洋・東急・宋版・世徳・敦Ⅲ・道蔵」②□□□□□也―無窮・聖語・斯Ⅰ」

37■■■■―活Ⅱ・陽Ⅰ・書陵・杏Ⅱ・無窮・筑波・斯Ⅱ・梅沢・慶Ⅰ・大東・武内・東大・東洋・聖語・東急・斯Ⅰ・宋版・世徳・敦Ⅲ・道蔵」③爲之者言―弘文」

38其禮無上也―活Ⅱ・書陵・無窮・弘文・斯Ⅰ・梅沢・聖語・東急・斯Ⅰ」①□礼无□□―陽Ⅰ・杏Ⅱ・筑波・慶Ⅰ・大東・武内・東大・東洋・敦Ⅲ」②□□□□■―宋版・世徳・道蔵」

1ウ5
39■■■■■―活Ⅱ・陽Ⅰ・書陵・無窮・筑波・弘文・斯Ⅱ・梅沢・慶Ⅰ・大東・聖語・東急・斯Ⅰ・敦Ⅲ」③故言上礼■―武内・東大・東洋・宋版・世徳・道蔵」③故言上礼也―杏Ⅱ」

40序威儀也―活Ⅱ・陽Ⅰ・書陵・杏Ⅱ・無窮・筑波・弘文・斯Ⅱ・梅沢・慶Ⅰ・大東・東洋・聖語・斯Ⅰ・道蔵」①□□義□―武内・東大」②□□□■―東急・宋版・世徳・敦Ⅲ」

注41華盛實衰―活Ⅱ・陽Ⅰ・書陵・杏Ⅱ・筑波・弘文・斯Ⅰ・梅沢・慶Ⅰ・大東・武内・東大・東洋・聖語・東急・斯Ⅰ・宋版・世徳・道蔵」③□□弃實―無窮」③□實盛□―敦Ⅲ」

42餝僞煩多―活Ⅱ・陽Ⅰ・書陵・杏Ⅱ・無窮・筑波・弘文・斯Ⅱ・梅沢・慶Ⅰ・大東・武内・東大・東洋・聖語・東急・斯Ⅰ・宋版・世徳・敦Ⅲ」②盛□□□―道蔵」

1ウ6
43不可■應也―活Ⅱ・陽Ⅰ・書陵・杏Ⅱ・無窮・筑波・弘文・斯Ⅱ・梅沢・慶Ⅰ・大東・武内・東大・東洋・聖語・斯Ⅰ・宋版・世徳」②□□■□■―東急・敦Ⅲ」②□□得□□―道蔵」

注44不可應■―活Ⅱ・陽Ⅰ・書陵・杏Ⅱ・筑波・弘文・斯Ⅱ・梅沢・慶Ⅰ・大東・武内・東大・東洋・東急・宋版・世徳・道蔵・敦Ⅲ」②□□□也―無窮・聖語・斯Ⅰ」

45上下忿爭―活Ⅱ・陽Ⅰ・書陵・杏Ⅱ・無窮・筑波・弘文・斯Ⅱ・梅沢・慶Ⅰ・大東・武内・東大・東洋・聖語・東急・斯Ⅰ・宋版・世徳」②□□怨□―道蔵」②□□急□―敦Ⅲ」

46攘臂－活Ⅱ・陽Ⅰ・書陵・杏Ⅱ・無窮・筑波・弘文・斯Ⅱ・梅沢・慶Ⅰ・大東・東大・東洋・聖語・東急・斯Ⅰ・宋版・世徳・道蔵・敦Ⅲ」①□辟－武内」

1ウ7 47相仍引■■也－活Ⅱ・陽Ⅰ・書陵・無窮・筑波・弘文・斯Ⅱ・梅沢・聖語・斯Ⅰ・道蔵」②□□□之■■－杏Ⅱ・武内・東大」②□□□之者□－東洋」②□□□■■■－慶Ⅰ・大東・東急・宋版・世徳・敦Ⅲ」

注 48道衰■－活Ⅱ・陽Ⅰ・書陵・筑波・弘文・斯Ⅱ・梅沢・慶Ⅰ・大東・東急」②□□而－杏Ⅱ・無窮・武内・東大・東洋・聖語・斯Ⅰ・宋版・世徳・道蔵・敦Ⅲ」

49徳化生也－活Ⅱ・陽Ⅰ・書陵・杏Ⅱ・無窮・筑波・弘文・斯Ⅱ・梅沢・慶Ⅰ・大東・武内・東大・東洋・聖語・斯Ⅰ・宋版・世徳・道蔵」②□□□■－東急・敦Ⅲ」

2オ1 注 50仁愛見也－活Ⅱ・陽Ⅰ・書陵・杏Ⅱ・無窮・筑波・弘文・斯Ⅱ・梅沢・慶Ⅰ・大東・武内・東大・東洋・聖語・斯Ⅰ・宋版・世徳・道蔵」②□□□■－東急・敦Ⅲ」

注 51仁衰而－活Ⅱ・陽Ⅰ・書陵・杏Ⅱ・筑波・弘文・斯Ⅱ・梅沢・慶Ⅰ・大東・武内・東大・東洋・聖語・斯Ⅰ・宋版・世徳・道蔵」②□□■－東急・敦Ⅲ」②徳□□－無窮」

52■義分明也－活Ⅱ・陽Ⅰ・書陵・杏Ⅱ・筑波・弘文・梅沢・慶Ⅰ・大東・武内・東大・東洋・聖語・斯Ⅰ」②■□□■－東急・道蔵」②分□□□－無窮」②分□■□□－斯Ⅱ・宋版・世徳」③分□■□■－敦Ⅲ」

経 53失■義而後禮－活Ⅱ・陽Ⅰ・書陵・杏Ⅱ・無窮・筑波・弘文・斯Ⅱ・梅沢・慶Ⅰ・大東・武内・東大・東洋・聖語・東急・斯Ⅰ・六地・宋版・世徳・道蔵・敦Ⅲ」②□而□□□礼－陽Ⅱ」

2オ2 注 54言義衰則－活Ⅱ・杏Ⅱ・無窮・筑波・弘文・斯Ⅱ・梅沢・慶Ⅰ・大東・武内・東洋・聖語・斯Ⅰ・宋版・世徳・道蔵・敦Ⅲ」②■□□□－陽Ⅰ・書陵・東大・東急」

55行玉帛■也－活Ⅱ・陽Ⅰ・書陵・杏Ⅱ・無窮・筑波・弘文・斯Ⅱ・梅沢・慶Ⅰ・大東・武内・東大・道蔵」②□□□者□－東洋」②□□□■■－聖語・東急・斯Ⅰ・宋版・世徳・敦Ⅲ」

2オ3 注 56衰薄■也－活Ⅱ・陽Ⅰ・書陵・杏Ⅱ・無窮・筑波・弘文・斯Ⅱ・慶Ⅰ・大東・武内・東大・聖語・道蔵」◇◇◇□－足利」（「衰薄■」迄闕）②□□者□－東洋」②□□■■－東急・斯Ⅰ・宋版・世徳・敦Ⅲ」□□◇◇－梅沢」（以下次章前半迄缺）

経 57亂之首也－活Ⅱ・陽Ⅰ・書陵・杏Ⅱ・無窮・足利・筑波・弘文・斯Ⅱ・慶Ⅰ・大東・武内・東大・東洋・聖語・斯Ⅰ・六地・陽Ⅱ」②□□□■－東急・宋版・世徳・道蔵・敦Ⅲ」

注 58賤質而貴文－活Ⅱ・陽Ⅰ・書陵・杏Ⅱ・無窮・足利・筑波・弘文・斯Ⅱ・慶Ⅰ・大東・武内・東大・東洋・聖語・東急・斯Ⅰ・宋版・世徳・敦Ⅲ」②□□■□□－道蔵」

59正直日以少－活Ⅱ・陽Ⅰ・書陵・杏Ⅱ・無窮・足利・筑波・弘文・斯Ⅱ・慶Ⅰ・大東・武内・東大・東洋・聖語・斯Ⅰ・宋版・世徳・道蔵・敦Ⅲ」②□貢□□□－東急」

60邪亂日以生也－活Ⅱ・陽Ⅰ・書陵・杏Ⅱ・無窮・足利・筑波・弘文・斯Ⅱ・慶Ⅰ・大東・武内・東大・東洋・聖語・斯Ⅰ」②□□□□■－東急・宋版・世徳・道蔵」③耶乱□□□■－敦Ⅲ」

2オ4 注 61爲前識■－活Ⅱ・陽Ⅰ・書陵・杏Ⅱ・無窮・足利・筑波・弘文・斯Ⅱ・慶Ⅰ・大東・武内・東大・東洋・聖語・東急・斯Ⅰ・宋版・世徳・道蔵」②謂□□■－敦Ⅲ」②□□□也－治要」

62得道之華者也－活Ⅱ・陽Ⅰ・書陵・杏Ⅱ・無窮・足利・筑波・弘文・斯Ⅱ・慶Ⅰ・大東・武内・東大・東洋」②□□□□■■－聖語・東急・斯Ⅰ・宋版・世徳・道蔵・敦Ⅲ・治要」

2オ5 経 63而愚之始也－活Ⅱ・陽Ⅰ・無窮・筑波・慶Ⅰ・大東・聖語・東急・斯Ⅰ・六地」①□禺□□□－書陵」②□□□□■－杏Ⅱ・足利・弘文・斯Ⅱ・武内・東大・東洋・陽Ⅱ・宋版・世徳・敦Ⅲ・治要」④□□□□■－道蔵」（前句に直結、従って前句注は本句下に有る）

注64言前識之人—活Ⅱ・陽Ⅰ・書陵・杏Ⅱ・無窮・足利・筑波・弘文・斯Ⅱ・慶Ⅰ・大東・武内・東大・東洋・聖語・東急・斯Ⅰ・宋版・世徳・敦Ⅲ・治要」③■■■人之—道蔵」

65愚闇之—活Ⅱ・陽Ⅰ・書陵・杏Ⅱ・無窮・足利・筑波・弘文・斯Ⅱ・慶Ⅰ・大東・武内・東大・東洋・聖語・斯Ⅰ・宋版・世徳・敦Ⅲ・治要」①□暗□—東急・道蔵」

66倡■始也—活Ⅱ・陽Ⅰ・書陵・無窮・足利・筑波・弘文・斯Ⅱ・東大・敦Ⅲ」①唱■□□—杏Ⅱ・武内・聖語・斯Ⅰ・治要」②□■□■—慶Ⅰ・大東・宋版・世徳・道蔵」③唱之□□—東洋」③唱■□■—東急」

2オ6 注67謂道徳之君也—活Ⅱ・陽Ⅰ・書陵・杏Ⅱ・足利・筑波・弘文・斯Ⅱ・慶Ⅰ・大東・武内・東大・東洋・東急・治要」②□□□□□■—聖語・斯Ⅰ・敦Ⅲ」③□得道□□□—無窮・宋版・世徳・道蔵」

68■處身於敦朴也—活Ⅱ・陽Ⅰ・書陵・杏Ⅱ・無窮・足利・筑波・弘文・斯Ⅱ・慶Ⅰ・大東・武内・東大・東洋・東急」②謂□□□□□□—道蔵」②■□□□□□■—聖語・宋版・世徳・敦Ⅲ」③■□□□淳□■—斯Ⅰ」③■□□□□撲■—治要」

経69不居其薄—活Ⅱ・陽Ⅰ・書陵・足利・筑波・弘文・斯Ⅱ・慶Ⅰ・大東・聖語・東急・斯Ⅰ・宋版・世徳」②□處□□—杏Ⅱ・無窮・武内・東大・東洋・道蔵・敦Ⅲ・治要」

2オ7 経70處其實—活Ⅱ・陽Ⅰ・書陵・杏Ⅱ・無窮・足利・筑波・弘文・斯Ⅱ・慶Ⅰ・大東・武内・東大・東洋・聖語・東急・斯Ⅰ・六地・陽Ⅱ・宋版・世徳・敦Ⅲ・治要」②居□□—道蔵」

注71處忠信也—活Ⅱ・陽Ⅰ・書陵・杏Ⅱ・無窮・足利・筑波・弘文・斯Ⅱ・慶Ⅰ・大東・武内・東大・東洋・聖語・東急・斯Ⅰ・宋版・世徳・道蔵・治要」②□□□■—敦Ⅲ」

経72不處其華—活Ⅱ・陽Ⅰ・書陵・杏Ⅱ・筑波・慶Ⅰ・大東・武内・東大・東洋・六地・陽Ⅱ・治要」②□居□□—無窮・足利・弘文・斯Ⅱ・聖語・東急・斯Ⅰ・宋版・世徳・道蔵・敦Ⅲ」

注73不尚言也—活Ⅱ・陽Ⅰ・書陵・杏Ⅱ・無窮・足利・筑波・弘文・斯Ⅱ・慶Ⅰ・大東・武内・東大・東洋・聖語・斯Ⅰ・宋版・世徳・道蔵」②□□□■—東急・敦Ⅲ」②□上□□—治要」

2ウ1 注74取此淳厚■也—活Ⅱ・陽Ⅰ・書陵・無窮・足利・筑波・弘文・斯Ⅱ」②□□□□■■—慶Ⅰ・大東・敦Ⅲ」②□□敦□■□—杏Ⅱ・武内・東大」③□□厚實■□—聖語・斯Ⅰ」④□□敦□者□—東洋」④□□敦□■■—東急」④□□實□■■—道蔵」⑤□□厚實■■—宋版・世徳」

2ウ2 75法本■■■第三十九—活Ⅱ・陽Ⅰ・聖語・斯Ⅰ・宋版・世徳・道蔵」②□□■■章□□□□—武内・東大」②□□■■章□卌□—東洋」③昔之■■章□□□□—慶Ⅰ」③昔之■■章□卌□—杏Ⅱ・大東」③昔之得一章□卌□—筑波・弘文」③■■■■■■■■■—書陵・無窮・足利・斯Ⅱ・東急・六地・陽Ⅱ・敦Ⅲ」

2ウ3 注76一無■也—活Ⅱ・陽Ⅰ・書陵・杏Ⅱ・弘文・斯Ⅱ」①□无■□—慶Ⅰ・大東」②□□■■—聖語・斯Ⅰ・宋版・世徳・道蔵」②□元■□—筑波・武内・東大・東洋」②□亡■□—足利」③□无■■—治要」③□元氣□—無窮」⑤□元氣■—東急・敦Ⅲ」

77■道之子也—活Ⅱ・陽Ⅰ・書陵・杏Ⅱ・無窮・足利・筑波・弘文・斯Ⅱ・慶Ⅰ・大東・武内・東大・東洋・東急」②為□□□—聖語・斯Ⅰ・宋版・世徳・道蔵」④爲□□□■—敦Ⅲ」④為■■■■—治要」

経78天得一以清—活Ⅱ・陽Ⅰ・書陵・杏Ⅱ・無窮・足利・筑波・弘文・斯Ⅱ・慶Ⅰ・大東・武内・東大・東洋・東急・聖語・斯Ⅰ・六地・陽Ⅱ・宋版・世徳・道蔵・治要」②□□以一□—敦Ⅲ」

注79言天得一故能垂象清明也—活Ⅱ・無窮」③■■■■■■■■■—陽Ⅰ・書陵・杏Ⅱ・足利・筑波・弘文・斯Ⅱ・慶Ⅰ・大東・武内・東大・東洋・聖語・東急・斯Ⅰ・宋版・世徳・道蔵・敦Ⅲ・治要」（諸本此の注文次句の下に有り）

2ウ4 注80能垂象—活Ⅱ・陽Ⅰ・書陵・杏Ⅱ・無窮・足利・筑波・弘文・

斯Ⅱ・慶Ⅰ・大東・武内・東大・東洋・聖語・東急・斯Ⅰ・宋版・世徳・道蔵・治要」①□□像－敦Ⅲ」

81清明也－活Ⅱ・陽Ⅰ・書陵・杏Ⅱ・無窮・足利・筑波・弘文・斯Ⅱ・慶Ⅰ・大東」②□□■－武内・東大・東洋・聖語・東急・斯Ⅰ・宋版・世徳・道蔵・敦Ⅲ・治要」

注82言地得一－活Ⅱ・無窮・聖語・斯Ⅰ」②■□□□－陽Ⅰ・書陵・杏Ⅱ・筑波・弘文・斯Ⅱ・慶Ⅰ・大東・武内・東大・東洋・東急・宋版・世徳・道蔵・敦Ⅲ・治要・足利？」

83不動揺■也－活Ⅱ・陽Ⅰ・書陵・杏Ⅱ・無窮・筑波・弘文・斯Ⅱ・慶Ⅰ・大東・武内・東大・聖語・斯Ⅰ・足利？」②□□□者□－東洋」②□□□■■－東急・宋版・世徳・道蔵・敦Ⅲ・治要」

2ウ5 注84變化無形也－活Ⅱ・書陵・無窮・足利・弘文・斯Ⅱ」①□□无□□－陽Ⅰ・杏Ⅱ・筑波・慶Ⅰ・大東・武内・東大・東洋・聖語・斯Ⅰ」②□□□□■－東急・宋版・世徳」③□□无□■－敦Ⅲ・治要」④□□□爲■－道蔵」

注85能盈滿而－活Ⅱ・陽Ⅰ・書陵・杏Ⅱ・無窮・足利・筑波・弘文・斯Ⅱ・慶Ⅰ・大東・武内・東大・東洋・聖語・東急・斯Ⅰ・宋版・世徳・敦Ⅲ」②■□□□－治要」②□□□■－道蔵」

2ウ6 86不■絶也－活Ⅱ・陽Ⅰ・書陵・杏Ⅱ・無窮・足利・筑波・弘文・斯Ⅱ・慶Ⅰ・大東・武内・東大・東洋・聖語・東急・斯Ⅰ・宋版・世徳」②□■□■－敦Ⅲ・治要」③□枯竭□－道蔵」

注87■生成■也－活Ⅱ・陽Ⅰ」②■□□之□－足利・弘文・斯Ⅱ・慶Ⅰ・大東」②■□□之■－筑波」②■□□■■－東急・敦Ⅲ」④以□□之□－武内」④以□□■□－書陵・杏Ⅱ・無窮・東大・東洋・聖語・斯Ⅰ・宋版・世徳・道蔵」④■□■■□－治要」

経88侯王得一－活Ⅱ・陽Ⅰ・書陵・杏Ⅱ・足利・筑波・弘文・斯Ⅱ・慶Ⅰ・大東・武内・東大・東洋・東急・六地・宋版・世徳・道蔵・敦Ⅲ・治要」②王侯□□－無窮・聖語・斯Ⅰ・陽Ⅱ」

2ウ7 89■爲天下■正－活Ⅱ・陽Ⅰ・書陵・六地」②以□□□■□－杏Ⅱ・筑波・武内・東大・東洋・陽Ⅱ・世徳・道蔵・敦Ⅲ」④以□□□■貞－無窮・足利・弘文・斯Ⅱ・慶Ⅰ・大東・聖語・東急・斯Ⅰ・治要」④以■□□爲□－宋版」

注90言侯王得一－活Ⅱ・陽Ⅰ・書陵・無窮・足利・筑波・弘文・斯Ⅱ・慶Ⅰ・大東・東洋・東急・宋版・世徳・道蔵・敦Ⅲ・治要」②□王侯□□－杏Ⅱ・武内・東大・聖語・斯Ⅰ」

91能■爲天下■平正也－活Ⅱ・陽Ⅰ・書陵・杏Ⅱ・無窮・弘文・斯Ⅱ・慶Ⅰ・大東・武内・東大・聖語・斯Ⅰ・治要」①飛■為□□■□□□－筑波」②□■□□□■□□■－東急・宋版・世徳・道蔵」②□本□□□■□□□－足利」②□■□□□之□□□－東洋」④□■□□□■正平■－敦Ⅲ■」

注92致誠也－活Ⅱ・陽Ⅰ・書陵・杏Ⅱ・無窮・足利・筑波・弘文・斯Ⅱ・慶Ⅰ・大東・武内・東大・東洋・聖語・東急・斯Ⅰ・宋版」①□戒□－道蔵」②□誠□－世徳」②□成□－敦Ⅲ」

93謂下五事也－活Ⅱ・陽Ⅰ・足利・弘文・斯Ⅱ・武内・東大・聖語・斯Ⅰ・宋版・世徳・敦Ⅲ？」②□□□□■－東急」②故□□□－道蔵」②□□六□□－書陵・杏Ⅱ・無窮・筑波・慶Ⅰ・大東・東洋」

3オ1 経94天無以清－活Ⅱ・陽Ⅰ・書陵・杏Ⅱ・無窮・足利・筑波・弘文・斯Ⅱ・武内・東洋・聖語・斯Ⅰ・陽Ⅱ・宋版・世徳・道蔵・治要」①□无□□－東大・慶Ⅰ・大東・六地・敦Ⅲ」②苋□□□－東急」

注95言天當有－活Ⅱ・陽Ⅰ・書陵・杏Ⅱ・無窮・足利・筑波・弘文・斯Ⅱ・慶Ⅰ・大東・武内・東大・東洋・聖語・東急・斯Ⅰ・宋版・世徳・敦Ⅲ・治要」②□□□以－道蔵」

96陰陽■弛張－活Ⅱ・陽Ⅰ・書陵・杏Ⅱ・無窮・足利・筑波・弘文・斯Ⅱ・慶Ⅰ・大東・東大・東洋・聖語・斯Ⅰ・道蔵・敦Ⅲ？」①□□張□□－武内」①□□■施□－東急・宋版・世徳」③□■■■－治要」

97晝夜更用事－活Ⅱ・陽Ⅰ・書陵・杏Ⅱ・無窮・筑波・弘文・斯

Ⅱ・慶Ⅰ・大東・武内・東大・東洋・聖語・東急・斯Ⅰ・敦Ⅲ」②□□□□■－足利・宋版・世徳・道蔵」③□□■■■－治要」

3オ2

98欲清明無已時－活Ⅱ・書陵・無窮・足利・筑波・斯Ⅱ・東急・宋版・世徳」①□□□无□□－陽Ⅰ・杏Ⅱ・弘文・慶Ⅰ・大東・武内・東大・東洋・聖語・斯Ⅰ・敦Ⅲ・治要」③□安静□□□－道蔵」

99恐分裂不爲天■也－活Ⅱ・陽Ⅰ・書陵・杏Ⅱ・無窮・武内・東大・東洋・東急・聖語・斯Ⅰ・敦Ⅲ・治要」②□□□□□□下□－足利・筑波・弘文・斯Ⅱ・慶Ⅰ・大東」②□□□□□□■■－宋版・世徳」②□發□□□□■□－道蔵」

経

100地無以寧－活Ⅱ・陽Ⅰ・書陵・杏Ⅱ・無窮・足利・筑波・弘文・斯Ⅱ・慶Ⅰ・大東・武内・東洋・聖語・東急・斯Ⅰ・陽Ⅱ・宋版・世徳・道蔵・治要」①□无□□－東大・六地・敦Ⅲ」

3オ3
注

101氣節五行－活Ⅱ・陽Ⅰ・書陵・杏Ⅱ・無窮・足利・筑波・弘文・斯Ⅱ・慶Ⅰ・大東・武内・東大・東洋・聖語・東急・斯Ⅰ・宋版・世徳・道蔵・敦Ⅲ」③■■■■－治要」

102安静無已時－活Ⅱ・書陵・無窮・足利・弘文・東急・宋版・世徳・道蔵」①□□无□□－陽Ⅰ・杏Ⅱ・筑波・斯Ⅱ・慶Ⅰ・大東・武内・東大・東洋・聖語・斯Ⅰ・敦Ⅲ・治要」

103將恐發泄不爲地也－活Ⅱ・陽Ⅰ・書陵・杏Ⅱ・無窮・足利・筑波・弘文・斯Ⅱ・慶Ⅰ・大東・武内・東大・東洋・聖語・斯Ⅰ」②□□□□□□□■－東急・宋版・世徳・治要」②■□□□□□□□－道蔵」③□□□洩□□□■－敦Ⅲ」

経

104神無以靈－活Ⅱ・書陵・杏Ⅱ・無窮・足利・筑波・弘文・斯Ⅱ・慶Ⅰ・大東・武内・東大・東洋・聖語・東急・斯Ⅰ・宋版・世徳・道蔵」①□无□□－陽Ⅰ・六地・敦Ⅲ・治要」

3オ4
注

105王相囚死休廢－活Ⅱ・書陵・杏Ⅱ・無窮・足利・弘文・斯Ⅱ・梅沢・慶Ⅰ・大東・武内・東大・東洋・聖語・斯Ⅰ・宋版・世徳・敦Ⅲ？」①□□□□体□－陽Ⅰ・筑波」②□□死囚□□－道蔵」③□□■■□□－治要」

注

106靈無已時－活Ⅱ・書陵・杏Ⅱ・無窮・足利・筑波・弘文・斯Ⅱ・梅沢・東急・宋版・世徳・道蔵」①□无□□－陽Ⅰ・慶Ⅰ・大東・武内・東大・東洋・聖語・斯Ⅰ・敦Ⅲ・治要」

107恐虚歇不爲神也－活Ⅱ・陽Ⅰ・書陵・杏Ⅱ・無窮・足利・筑波・弘文・梅沢・慶Ⅰ・大東・武内・東大・東洋・聖語・斯Ⅰ・宋版・世徳・道蔵・敦Ⅲ」②□□□□□□■－斯Ⅱ・東急・治要」

経

108谷無以盈將恐竭－活Ⅱ・書陵・杏Ⅱ・無窮・足利・筑波・弘文・斯Ⅱ・梅沢・武内・東洋・聖語・斯Ⅰ・陽Ⅱ・宋版・世徳・敦Ⅲ」①□无□□□□□－陽Ⅰ・慶Ⅰ・大東・東大・治要」②□无□□□□歇－六地」②□□□靈□□□－道蔵」⑥■■■■■■■－東急（本句及び注文並闕脱）」

3オ5
注

109谷當有盈縮－活Ⅱ・陽Ⅰ・書陵・杏Ⅱ・無窮・足利・筑波・弘文・斯Ⅱ・梅沢・慶Ⅰ・大東・武内・東大・東洋・聖語・宋版・世徳・道蔵・敦Ⅲ・治要」②■□□□□－斯Ⅰ」

110盈滿無已時－活Ⅱ・書陵・無窮・足利・弘文・斯Ⅱ・梅沢・宋版・世徳・道蔵」①□□无□□－陽Ⅰ・杏Ⅱ・筑波・慶Ⅰ・大東・武内・東大・東洋・聖語・斯Ⅰ・敦Ⅲ・治要」

3オ6

111恐枯竭不爲谷也－活Ⅱ・陽Ⅰ・書陵・杏Ⅱ・無窮・足利・筑波・弘文・斯Ⅱ・梅沢・慶Ⅰ・大東・武内・東大・東洋・聖語・斯Ⅰ・道蔵」②□□□□□□■－宋版・世徳・敦Ⅲ・治要」

経

112萬物無以生－活Ⅱ・書陵・杏Ⅱ・無窮・足利・筑波・弘文・斯Ⅱ・梅沢・慶Ⅰ・大東・武内・東大・東洋・聖語・東急・斯Ⅰ・陽Ⅱ・宋版・世徳・道蔵・敦Ⅲ？」①□□无□□－陽Ⅰ・六地・治要」

注

113當隨時死生－活Ⅱ・陽Ⅰ・書陵・杏Ⅱ・無窮・足利・筑波・弘文・斯Ⅱ・梅沢・慶Ⅰ・大東・武内・東大・東洋・聖語・東急・斯Ⅰ・治要・敦Ⅲ？」②□□□生死－宋版・世徳・道蔵」

114不可■■■但欲常生－活Ⅱ・無窮」②□□■■■■■□□－陽Ⅰ・書陵・杏Ⅱ・足利・斯Ⅱ・梅沢・武内・東大・東洋・聖語・東急・斯Ⅰ・敦Ⅲ・治要」②□□■■■□□■□－宋版・世徳・

道蔵」③□□无已時□□□□－筑波・大東」④□□无已時□□當□－弘文・慶Ⅰ」

3オ7

115 無已時－活Ⅱ・無窮・東洋・宋版・世徳・道蔵」③■■■－陽Ⅰ・書陵・杏Ⅱ・足利・筑波・弘文・斯Ⅱ・梅沢・慶Ⅰ・大東・武内・東大・聖語・東急・斯Ⅰ・敦Ⅲ・治要」

116 將恐滅亡－活Ⅱ・陽Ⅰ・書陵・杏Ⅱ・無窮・足利・筑波・弘文・斯Ⅱ・梅沢・慶Ⅰ・大東・武内・東大・東洋・聖語・東急・斯Ⅰ・宋版・世徳・敦Ⅲ・治要」②□■□□－道蔵」

経 117 王侯無以貴高－活Ⅱ・陽Ⅰ・書陵・無窮・武内・聖語・東急・斯Ⅰ」①□□无□□□－東大・六地」②侯王□□□□－杏Ⅱ・足利・弘文・斯Ⅱ・梅沢・東洋・宋版・世徳・道蔵」③侯王无□□□－筑波・敦Ⅲ・治要」④侯王□□□尚－慶Ⅰ・大東」

注 118 言侯王當－活Ⅱ・陽Ⅰ・書陵・杏Ⅱ・足利・筑波・弘文・斯Ⅱ・梅沢・慶Ⅰ・大東・東洋・東急・宋版・世徳・敦Ⅲ・敦Ⅱ・道蔵・治要」②□王侯□－無窮・武内・東大・聖語・斯Ⅰ」

119 屈已■下■人－活Ⅱ・陽Ⅰ・書陵・杏Ⅱ・無窮・足利・筑波・弘文・斯Ⅱ・梅沢・慶Ⅰ・大東・武内・東大・東洋・聖語・東急・斯Ⅰ・敦Ⅲ・敦Ⅱ・治要」②□□以□■□－宋版・世徳」④□□以□於□－道蔵」

3ウ1

120 汲汲■求賢－活Ⅱ・陽Ⅰ・杏Ⅱ・無窮・筑波・弘文・梅沢・慶Ⅰ・大東・武内・東大・聖語・斯Ⅰ・宋版・世徳・敦Ⅲ・敦Ⅱ・道蔵・治要」①吸々■□□－書陵・足利・斯Ⅱ・東急」②□々而□□－東洋」

121 欲貴高於人－活Ⅱ・陽Ⅰ・書陵・無窮・足利・筑波・弘文・斯Ⅱ・梅沢・東大・聖語・東急・斯Ⅰ・道蔵・敦Ⅲ・敦Ⅱ・治要」②□□□■□－杏Ⅱ・武内・東洋」②□□尚□□－慶Ⅰ・大東」②□■□□□－宋版・世徳」

122 ■■■將－活Ⅱ・陽Ⅰ・書陵・杏Ⅱ・無窮・足利・筑波・弘文・斯Ⅱ・梅沢・慶Ⅰ・大東・武内・東大・東洋・聖語・東急・斯Ⅰ・宋版・世徳・道蔵・敦Ⅲ・治要」③无已時□－敦Ⅱ」

123 恐顛蹶失其位也－活Ⅱ・陽Ⅰ・杏Ⅱ・無窮・筑波・武内・東洋・東急・宋版・世徳・治要」①□巔□□□□－書陵・足利・弘文・斯Ⅱ・梅沢・慶Ⅰ・大東・東大・聖語・斯Ⅰ」②□□□□□■－敦Ⅱ」②■□□□□□－道蔵」③欲巔□□□□□－敦Ⅲ」

経 124 貴必以賤爲本－活Ⅱ・陽Ⅰ・書陵・杏Ⅱ・無窮・足利・筑波・弘文・斯Ⅱ・梅沢・慶Ⅰ・大東・武内・東大・東洋・東急・聖語・斯Ⅰ・六地・道蔵・敦Ⅱ・治要」②□■□□□－宋版・世徳」

3ウ2 注 125 必欲尊貴－活Ⅱ・陽Ⅰ・書陵・杏Ⅱ・無窮・足利・筑波・弘文・斯Ⅱ・梅沢・慶Ⅰ・大東・武内・東大・東洋・聖語・東急・斯Ⅰ・宋版・世徳・敦Ⅱ・治要」②□□貴□－道蔵」

126 禹稷躬耕－活Ⅱ・陽Ⅰ・書陵・杏Ⅱ・筑波・梅沢・慶Ⅰ・大東・武内・東大・東洋・東急」②□□□稼－無窮・足利・弘文・斯Ⅱ・聖語・斯Ⅰ・宋版・世徳・道蔵・敦Ⅱ・治要」

127 舜陶河濱－活Ⅱ・陽Ⅰ・書陵・杏Ⅱ・無窮・足利・筑波・弘文・斯Ⅱ・梅沢・大東・武内・東大・東洋・聖語・東急・斯Ⅰ・宋版・世徳・道蔵・敦Ⅱ・治要」①□□阿□－慶Ⅰ」

128 下白屋■也－活Ⅱ・陽Ⅰ・杏Ⅱ・無窮・筑波・梅沢・慶Ⅰ・大東・武内・東大・東洋・聖語・東急・斯Ⅰ・宋版・世徳・治要」②□□□■■－書陵・道蔵・敦Ⅱ」②□□□者□－足利・弘文・斯Ⅱ」

3ウ3 注 129 欲■尊貴－活Ⅱ・陽Ⅰ・無窮・筑波・東急・宋版・世徳・道蔵・敦Ⅱ・治要」②□立□□－書陵・足利・弘文・斯Ⅱ・慶Ⅰ・大東」④□立■高－梅沢」④□■□高－武内・東大・東洋・聖語・斯Ⅰ」④■立□高－杏Ⅱ」

130 當以下爲本基－活Ⅱ・陽Ⅰ・書陵・杏Ⅱ・無窮・足利・筑波・弘文・斯Ⅱ・慶Ⅰ・大東・武内・東大・東洋・聖語・東急・斯Ⅰ・宋版・世徳・道蔵・敦Ⅱ」②□□□□□■－治要」④■□□貴□□－梅沢」

131猶築墻造功－活Ⅱ・陽Ⅰ・書陵・杏Ⅱ・無窮・足利・筑波・弘文・斯Ⅱ・梅沢・武内・東大・東洋・慶Ⅰ・大東・斯Ⅰ」①□□牆□□－宋版・世徳・道蔵・敦Ⅱ」②□□墟□□－聖語」②由□□□□－東急」④■■■■－治要（本注此れ以下無し）」

132後必傾■危■也－活Ⅱ・陽Ⅰ・書陵・杏Ⅱ・無窮・筑波・斯Ⅱ・梅沢・慶Ⅰ・大東・東大・聖語・斯Ⅰ」②□□□■□■■－武内・東急・宋版・世徳・道蔵・敦Ⅱ」②□□□■□者□－東洋」②□□□差□■□－弘文」②□□□養□■□－足利」

3ウ4

経

133是以王侯－活Ⅱ・陽Ⅰ・書陵・無窮・足利・斯Ⅱ・梅沢・武内・東大・東洋・聖語・斯Ⅰ・六地」②□□侯王－杏Ⅱ・筑波・弘文・慶Ⅰ・大東・東急・宋版・世徳・道蔵・敦Ⅱ・治要」

134自稱■－活Ⅱ・陽Ⅰ・書陵・杏Ⅱ・梅沢・武内・東大・東洋・聖語・東急・斯Ⅰ・治要」②□■曰－足利・斯Ⅱ・慶Ⅰ・大東・敦Ⅱ」②□□曰－無窮・筑波・弘文・六地」②□謂■－宋版・世徳」③□謂曰－道蔵」

135弧寡不轂－活Ⅱ・陽Ⅰ・書陵・杏Ⅱ・無窮・筑波・弘文・斯Ⅱ・梅沢・慶Ⅰ・大東・武内・東洋・聖語・東急・斯Ⅰ・六地・宋版・世徳・敦Ⅱ・治要」①□□□穀－東大・足利・道蔵」

注

136弧寡■喩弧獨■－活Ⅱ・陽Ⅰ・書陵・杏Ⅱ・足利・筑波・弘文・斯Ⅱ・大東・東急・宋版・世徳・道蔵・敦Ⅱ・治要」①□□■論□□■－梅沢・慶Ⅰ・武内・東大・東洋」②□□■□□□也－聖語・斯Ⅰ」③□□者□□□也－無窮」

137不轂喩不能－活Ⅱ・陽Ⅰ・書陵・杏Ⅱ・無窮・筑波・弘文・斯Ⅱ・慶Ⅰ・東洋・聖語・東急・斯Ⅰ・宋版・世徳・道蔵・敦Ⅱ・治要」①□□論□□－梅沢・武内」①□穀□□□－足利・大東」②□穀論□□－東大」

3ウ5

138車轂－活Ⅱ・陽Ⅰ・書陵・杏Ⅱ・無窮・足利・筑波・弘文・斯Ⅱ・梅沢・慶Ⅰ・武内・東洋・東急・斯Ⅰ・宋版・世徳・道蔵・敦Ⅱ・治要・聖語?」①□穀－大東・東大」

139衆輻所湊■也－活Ⅱ・陽Ⅰ・書陵・杏Ⅱ・無窮・足利・筑波・弘文・斯Ⅱ・武内・東大・聖語・東急・斯Ⅰ・道蔵・治要」①□輪□□■□－梅沢」②□□□□者□－東洋」②□□□□■■－慶Ⅰ・大東・宋版・敦Ⅱ」③□轂□□■■－世徳」

経

140非■以賤爲本邪－活Ⅱ・陽Ⅰ・杏Ⅱ・武内・東大・東洋」①□■□□□耶－書陵・無窮・足利・筑波・弘文・斯Ⅱ・梅沢・慶Ⅰ・大東・聖語・斯Ⅰ・宋版・世徳・道蔵」②□■□□□□■－敦Ⅱ・治要」④□其□□□□■－東急」

注

141言侯王－活Ⅱ・陽Ⅰ・書陵・杏Ⅱ・無窮・筑波・弘文・慶Ⅰ・大東・東急・宋版・世徳・道蔵・敦Ⅱ」②□王侯－足利・斯Ⅱ・梅沢・武内・東大・東洋・聖語・斯Ⅰ」②■□□－治要」

142至尊貴－活Ⅱ・陽Ⅰ・書陵・杏Ⅱ・無窮・足利・筑波・弘文・斯Ⅱ・慶Ⅰ・大東・武内・東大・東洋・東急・斯Ⅰ・宋版・世徳・道蔵・敦Ⅱ・治要」②□□■－梅沢・聖語」

3ウ6

143■此非以賤爲■本乎－活Ⅱ・陽Ⅰ・書陵・無窮・足利・筑波・斯Ⅱ・梅沢・慶Ⅰ・大東・武内・東大・東洋・聖語・東急・斯Ⅰ・宋版・世徳・敦Ⅱ・治要」①■□□□□為□□－杏Ⅱ」②以□□□□■□□－弘文」③■言■□□□■□■－道蔵」

144以曉■人也－活Ⅱ・陽Ⅰ・書陵・杏Ⅱ・無窮・足利・筑波・弘文・斯Ⅱ・梅沢・慶Ⅰ・大東・武内・東大・東洋・聖語・東急・斯Ⅰ・敦Ⅱ」②□□■□■－宋版・世徳」②□□於□□－道蔵」③■■■■■－治要」

経

145非乎－活Ⅱ・陽Ⅰ・書陵・杏Ⅱ・無窮・足利・筑波・弘文・斯Ⅱ・梅沢・慶Ⅱ・大東・武内・東大・東洋・聖語・東急・斯Ⅰ・六地・宋版・世徳・道蔵・治要」①悲□－敦Ⅱ」

注

146嗟歎之辭也－活Ⅱ・陽Ⅰ・書陵・足利・筑波・弘文・斯Ⅱ」①□嘆□□□－杏Ⅱ・無窮・慶Ⅰ・大東・武内・東大・東洋・斯Ⅰ」②差嘆□□□－梅沢・聖語」②□□□□■－宋版・世徳・道蔵・敦Ⅱ」③□嘆□□■－東急」

経

147致數車無車－活Ⅱ・書陵・杏Ⅱ・無窮・足利・筑波・弘文・斯Ⅱ・梅沢・武内・東洋・東急・宋版・世徳・道蔵」①□□□无

□－陽Ⅰ・慶Ⅰ・大東・東大・聖語・斯Ⅰ・六地・敦Ⅱ」

3ウ7注 148 ■■■－活Ⅱ・陽Ⅰ・書陵・杏Ⅱ・無窮・足利・筑波・弘文・斯Ⅱ・梅沢・慶Ⅰ・大東・武内・東大・東洋・聖語・東急・斯Ⅰ」③致就也－宋版・世徳・道蔵・敦Ⅱ」

149 人致就車數之－活Ⅱ・陽Ⅰ・書陵・杏Ⅱ・無窮・足利・弘文・斯Ⅱ・梅沢・慶Ⅰ・大東・武内・東大・東洋・聖語・東急・斯Ⅰ」②■□□□□－筑波」②□■□□□－宋版・世徳・道蔵・敦Ⅱ」

150 爲輻爲輪－活Ⅱ・陽Ⅰ・書陵・杏Ⅱ・無窮・足利・筑波・弘文・慶Ⅰ・大東・武内・東大・東洋・聖語・斯Ⅰ・宋版・世徳・道蔵・敦Ⅱ」①□□□輪－斯Ⅱ」②□輪□輻－梅沢」②■□□□－東急」

151 爲轂爲衡－活Ⅱ・陽Ⅰ・書陵・杏Ⅱ・無窮・足利・筑波・弘文・斯Ⅱ・梅沢・慶Ⅰ・大東・武内・東洋・聖語・東急・斯Ⅰ・宋版・世徳・敦Ⅱ」①□轂□□－東大」②□□■■－道蔵」

152 無有名爲車者■－活Ⅱ・書陵・足利・弘文・斯Ⅱ・梅沢・東急・宋版・世徳・敦Ⅱ」①无□□□□■－陽Ⅰ・杏Ⅱ・無窮・慶Ⅰ・大東・武内・東大・東洋・聖語・斯Ⅰ」②□□□□□□也－筑波」②□□□■□□■－道蔵」

153 以喩王侯－活Ⅱ・陽Ⅰ・書陵・東急・道蔵」①□諭□□－武内・東大」②□□侯王－杏Ⅱ・無窮・足利・筑波・弘文・斯Ⅱ・梅沢・慶Ⅰ・大東・東洋・聖語・斯Ⅰ・宋版・世徳・敦Ⅱ」

154 不以尊号自名－活Ⅱ・陽Ⅰ・書陵・杏Ⅱ・足利・筑波・弘文・斯Ⅱ・梅沢・慶Ⅰ・大東・武内・東洋・東急・宋版・世徳・道蔵・敦Ⅱ」②□□□□号－東大」②□□貴□□□－無窮・聖語・斯Ⅰ」

4オ1 155 成其■貴■也■－活Ⅱ・陽Ⅰ・書陵・杏Ⅱ・足利・筑波・弘文・斯Ⅱ・梅沢・武内・東大・聖語・東急・斯Ⅰ・道蔵」②□□高□■□■－無窮」②□□■□者□■－東洋」②□□■□■□矣－慶Ⅰ・大東」②□□■□■■■－宋版・世徳・敦Ⅱ」

経156 球球如玉－活Ⅱ・陽Ⅰ・杏Ⅱ・足利・筑波・弘文・斯Ⅱ・慶Ⅰ・大東・武内・東大・東洋・聖語・東急・斯Ⅰ・宋版・世徳・敦Ⅱ・梅沢？」②琢々□□－書陵・六地」②碌碌□□－無窮・道蔵」

157 落落如石－活Ⅱ・陽Ⅰ・書陵・杏Ⅱ・無窮・足利・筑波・弘文・斯Ⅱ・梅沢・慶Ⅰ・大東・武内・東大・東洋・聖語・東急・斯Ⅰ・六地・宋版・世徳・道蔵」②硌硌□□－敦Ⅱ」

注158 球球喩少－活Ⅱ・陽Ⅰ・杏Ⅱ・足利・筑波・弘文・斯Ⅱ・慶Ⅰ・大東・聖語・東急・斯Ⅰ・宋版・世徳・敦Ⅱ」①□々諭□－梅沢・武内・東大・東洋」②碌碌□□－無窮・道蔵」②琢々□□－書陵」

4オ2 159 落落喩多－活Ⅱ・陽Ⅰ・書陵・杏Ⅱ・無窮・足利・筑波・弘文・斯Ⅱ・慶Ⅰ・大東・東洋・聖語・東急・斯Ⅰ・宋版・世徳・道蔵」①□□諭□－梅沢・武内・東大」②硌硌□□－敦Ⅱ」

160 玉少故見貴－活Ⅱ・陽Ⅰ・書陵・杏Ⅱ・足利・筑波・弘文・斯Ⅱ・梅沢・慶Ⅰ・大東・武内・東大・東洋・聖語・東急・斯Ⅰ・宋版・世徳・敦Ⅱ」②□故少□□－無窮」②□□□■□－道蔵」

161 石多故見賤－活Ⅱ・陽Ⅰ・書陵・杏Ⅱ・無窮・足利・筑波・弘文・斯Ⅱ・梅沢・慶Ⅰ・大東・武内・東大・東洋・聖語・東急・斯Ⅰ・宋版・世徳・敦Ⅱ」②□□□■□－道蔵」

162 言■不欲－活Ⅱ・陽Ⅰ・書陵・杏Ⅱ・無窮・足利・筑波・弘文・斯Ⅱ・梅沢・慶Ⅰ・大東・武内・東大・東洋・聖語・東急・斯Ⅰ・宋版・世徳」②■■□□－敦Ⅱ」②□人□□－道蔵」

163 如玉爲人所貴■－活Ⅱ・陽Ⅰ・書陵・杏Ⅱ・足利・筑波・弘文・斯Ⅱ・梅沢・慶Ⅰ・大東・武内・東大・東洋・聖語・東急・斯Ⅰ・宋版・世徳・道蔵・敦Ⅱ」②□□□□□□而－無窮」

164 當處其中也－活Ⅱ・陽Ⅰ・書陵・杏Ⅱ・無窮・足利・筑波・弘文・斯Ⅱ・梅沢・慶Ⅰ・大東・武内・東大・東洋・聖語・東急・斯Ⅰ・宋版・世徳・敦Ⅱ」②□□□□■－道蔵」

4オ3 165 去用■■■■第四十－活Ⅱ・陽Ⅰ・梅沢・聖語・斯Ⅰ・宋版・

世徳・道蔵」②□□■■■章□□□−武内・東大・東洋」③反者■■■章□□□−杏Ⅱ・慶Ⅰ・大東」③反者道之動章□□□−弘文」③反者道之動章■□□−筑波」③■■■■■■■■■−書陵・無窮・足利・斯Ⅱ・東急・六地・敦Ⅱ」

4オ4 注

166 反■■本也−活Ⅱ・陽Ⅰ・書陵・杏Ⅱ・無窮・足利・筑波・弘文・斯Ⅱ・梅沢・慶Ⅰ・大東・武内・東大・東洋・聖語・東急・斯Ⅰ・宋版・世徳・道蔵」③□者反□■−敦Ⅱ」

167 本者−活Ⅱ・陽Ⅰ・書陵・杏Ⅱ・無窮・足利・筑波・弘文・斯Ⅱ・梅沢・慶Ⅰ・大東・武内・東大・東洋・聖語・東急・斯Ⅰ・宋版・世徳・道蔵」②□■−敦Ⅱ」

168 道之所以■−活Ⅱ・陽Ⅰ・書陵・杏Ⅱ・無窮・足利・筑波・弘文・斯Ⅱ・梅沢・武内・東大・東洋・大東・慶Ⅰ・東急・敦Ⅱ」②□■□□■−聖語・斯Ⅰ」②□□□□動−道蔵」③□■□□動−宋版・世徳」

169 背之則亡也−活Ⅱ・陽Ⅰ・書陵・杏Ⅱ・無窮・足利・筑波・弘文・斯Ⅱ・梅沢・慶Ⅰ・大東・武内・東大・東洋・聖語・斯Ⅰ・宋版・世徳」②□□□□■−東急・道蔵・敦Ⅱ」

4オ5 注

170 所以常用■−活Ⅱ・無窮」②□■□□■−陽Ⅰ・書陵・杏Ⅱ・足利・筑波・弘文・斯Ⅱ・梅沢・慶Ⅰ・大東・武内・東大・東洋・聖語・東急・斯Ⅰ・宋版・世徳・敦Ⅱ」④□■□□也−道蔵」

171 故能久長■也−活Ⅱ・陽Ⅰ・書陵・杏Ⅱ・無窮・足利・筑波・弘文・斯Ⅱ・慶Ⅰ・大東・武内・東大・東洋」②□□□□之□−梅沢」②□□□□■■−聖語・東急・斯Ⅰ」②□□長久■□−道蔵」④□□長久■■−宋版・世徳」④■■■■■■−敦Ⅱ」

経

172 天下之萬物生■於有−活Ⅱ・陽Ⅰ・無窮・足利・梅沢」②□□□■□□■□□−書陵・杏Ⅱ・筑波・弘文・斯Ⅱ・慶Ⅰ・武内・東大・東洋・東急・六地」②□□■□□□■□□−聖語・斯Ⅰ・宋版・世徳・敦Ⅱ」③□□生■□□■□□−大東」④□□■□□□之□□−道蔵」

4オ6 注

173 天下萬物−活Ⅱ・陽Ⅰ・書陵・杏Ⅱ・無窮・足利・筑波・弘文・斯Ⅱ・梅沢・慶Ⅰ・大東・聖語・東急・斯Ⅰ・敦Ⅱ」③■■□□−武内・東大・東洋・宋版・世徳・道蔵」

174 言生於有■也■−活Ⅱ・陽Ⅰ・書陵・杏Ⅱ・無窮・足利・筑波・弘文・斯Ⅱ・慶Ⅰ・大東・東大・東洋・聖語・東急・斯Ⅰ・宋版・世徳」②□□□□■□之−武内」②□□□□之□■−梅沢」

経

175 有生於無−活Ⅱ・陽Ⅰ・書陵・杏Ⅱ・無窮・足利・筑波・弘文・梅沢・武内・東洋・聖語・東急・斯Ⅰ・宋版・世徳・道蔵」①□□□无−東大・慶Ⅰ・大東・六地・敦Ⅱ」②□□■□−斯Ⅱ」

4オ7 注

176 道無形−活Ⅱ・書陵・無窮・足利・弘文・斯Ⅱ・東急・世徳・道蔵」①□无□−陽Ⅰ・杏Ⅱ・筑波・梅沢・慶Ⅰ・大東・武内・東大・東洋・聖語・斯Ⅰ・宋版・敦Ⅱ」

177 故言生於無也−活Ⅱ・書陵・無窮・足利・弘文・梅沢・武内・東洋・東急・道蔵」①□□□□无□−陽Ⅰ・杏Ⅱ・筑波・斯Ⅱ・慶Ⅰ・大東・東大」②□□□□□■−世徳」③□□□□无■−聖語・斯Ⅰ・宋版・敦Ⅱ」

178 本勝於華−活Ⅱ・陽Ⅰ・無窮・弘文・宋版・世徳・道蔵・敦Ⅱ」②□□□葉−書陵・杏Ⅱ・筑波・梅沢・東洋・慶Ⅰ・大東・武内・東大・聖語・東急・斯Ⅰ」②□□葉□−足利」②□□従□−斯Ⅱ」

179 謙虚勝■盈滿也−活Ⅱ・陽Ⅰ・書陵・杏Ⅱ・無窮・足利・筑波・斯Ⅱ・梅沢・武内・東大・聖語・斯Ⅰ・宋版・世徳」②□□□於□□□−慶Ⅰ・大東・東洋・東急」②□□□■□□■−弘文」④□□□■滿盈■−敦Ⅱ」④□□□於□□■−道蔵」

4ウ1

180 同異■■■第四十一−活Ⅱ・陽Ⅰ・梅沢・聖語・斯Ⅰ・宋版・世徳・道蔵」②□□■■章□□□□−武内・東大・東洋」③上士■■章□□□□−杏Ⅱ・慶Ⅰ」③上士■■章□卌　□−大東」③上士聞道章■□□□−筑波」③上士聞道■□□□□−弘文」③■■■■■■■■■−書陵・無窮・足利・斯Ⅱ・東急・六地・

敦Ⅱ」

4ウ2 注181 竭■力而－活Ⅱ・杏Ⅱ・無窮・筑波・斯Ⅱ・慶Ⅰ・大東・武内・東大・東洋・聖語・東急・斯Ⅰ・宋版・世徳・敦Ⅱ」②□心□□－陽Ⅰ・書陵・足利・弘文」②□■功□－梅沢」②□■□■－道蔵」

注182 行■也－活Ⅱ・陽Ⅰ・書陵・無窮・筑波・弘文・斯Ⅱ・梅沢・慶Ⅰ・大東・武内・東大・東急」②□之■－杏Ⅱ・東洋・聖語・斯Ⅰ・宋版・世徳・敦Ⅱ」②□■■－足利」②□之□－道蔵」

4ウ3 注183 聞道治身－活Ⅱ・書陵・杏Ⅱ・無窮・足利・筑波・弘文・斯Ⅱ・梅沢・慶Ⅰ・大東・武内・東大・東洋・聖語・東急・斯Ⅰ・宋版・世徳・道蔵・敦Ⅱ」①開□□□－陽Ⅰ」

184 治國以太平－活Ⅱ・陽Ⅰ・書陵・杏Ⅱ・無窮・筑波・弘文・斯Ⅱ・梅沢・慶Ⅰ・大東・武内・東大・東洋・聖語・東急・斯Ⅰ・宋版・世徳・道蔵・敦Ⅱ」①□□□大手－足利」

185 見財色榮譽－活Ⅱ・陽Ⅰ・杏Ⅱ・無窮・足利・弘文・梅沢・慶Ⅰ・大東・武内・東大・東洋・聖語・東急・斯Ⅰ・宋版・世徳・道蔵・敦Ⅱ」①□□□営□－斯Ⅱ」②□賤□□□－筑波・書陵」

186 惑於情欲－活Ⅱ・陽Ⅰ・杏Ⅱ・無窮・足利・筑波・弘文・斯Ⅱ・梅沢・慶Ⅰ・大東・武内・東大・東洋・聖語・東急・斯Ⅰ・道蔵」①□□□慾－書陵」①或□□□－宋版・世徳・敦Ⅱ」

4ウ4 187 復亡■也－活Ⅱ・陽Ⅰ・書陵・足利・筑波・弘文・斯Ⅱ・慶Ⅰ・大東・聖語・斯Ⅰ」②□□之□－杏Ⅱ・無窮・梅沢・武内・東大・東洋・宋版・世徳」②□□之■－敦Ⅱ」②□□之矣－道蔵」④後□■■－東急」

経188 聞道大笑之－活Ⅱ・陽Ⅰ・書陵・杏Ⅱ・無窮・筑波・弘文・斯Ⅱ・武内・東大・東洋・聖語・東急・斯Ⅰ・六地・宋版・世徳・道蔵」①□□□咲□－足利・梅沢・慶Ⅰ・大東・敦Ⅱ」

注189 貪狼－活Ⅱ・陽Ⅰ・書陵・杏Ⅱ・無窮・足利・筑波・弘文・斯Ⅱ・梅沢・慶Ⅰ・大東・武内・東大・東洋・東急・宋版・世徳・道蔵」①□很－聖語・斯Ⅰ」

190 多慾■－活Ⅱ・陽Ⅰ・書陵・杏Ⅱ・武内・足利・筑波・弘文・斯Ⅱ・慶Ⅰ・大東」①□欲■－無窮・梅沢・東洋・聖語・東急・斯Ⅰ・宋版・世徳・道蔵・敦Ⅱ」③□欲心－東大」

4ウ5 191 謂之恐懼－活Ⅱ・陽Ⅰ・書陵・杏Ⅱ・無窮・筑波・弘文・斯Ⅱ・梅沢・慶Ⅰ・大東・武内・東大・東洋・聖語・東急・宋版・世徳・道蔵・敦Ⅱ」②■□□□－足利」②□□怨□－斯Ⅰ」

192 見道質朴－活Ⅱ・陽Ⅰ・書陵・杏Ⅱ・無窮・足利・筑波・弘文・斯Ⅱ・梅沢・慶Ⅰ・大東・武内・東大・東洋・聖語・斯Ⅰ・宋版・世徳・道蔵・敦Ⅱ」①□□□樸－東急」

193 大■笑之也－活Ⅱ・陽Ⅰ・書陵・杏Ⅱ・筑波・弘文・斯Ⅱ」①□■咲□□－足利・慶Ⅰ・大東」②□■□■□－武内・東大・東洋・東急」②□■□□■－聖語・斯Ⅰ・宋版・世徳」②□■□□矣－道蔵」②□而□□□－無窮」③□而咲□□－梅沢」④□而咲□■－敦Ⅱ」

経194 不笑－活Ⅱ・陽Ⅰ・杏Ⅱ・無窮・弘文・斯Ⅱ・武内・東大・東洋・聖語・東急・斯Ⅰ・六地・宋版・世徳・道蔵」①□咲－書陵・足利・筑波・梅沢・慶Ⅰ・大東・敦Ⅱ」

4ウ6 注195 不爲下士所笑－活Ⅱ・陽Ⅰ・杏Ⅱ・無窮・斯Ⅱ・武内・東大・東洋・聖語・東急・斯Ⅰ・宋版・世徳・道蔵」①□□□□□咲－書陵・足利・筑波・弘文・梅沢・慶Ⅰ・大東・敦Ⅱ」

196 不足名以爲道■也－活Ⅱ・陽Ⅰ・書陵・杏Ⅱ・無窮・筑波・弘文・梅沢・慶Ⅰ・大東・武内・東大・東急」②□□□□□□者□－東洋」②□□□□□□■■－足利・斯Ⅱ・聖語・斯Ⅰ・敦Ⅱ」④□□以名□□■■－宋版・世徳」④□□以多□□■■－道蔵」

経197 ■建言有之－活Ⅱ・陽Ⅰ・書陵・無窮・足利・筑波・梅沢・慶Ⅰ・大東・武内・東大・東洋・東急・六地・敦Ⅱ」②故□□□□－杏Ⅱ・弘文・斯Ⅱ・聖語・斯Ⅰ・宋版・世徳・道蔵」

注198 ■建設也－活Ⅱ・陽Ⅰ・書陵・杏Ⅱ・無窮・筑波・弘文・梅沢・大東・武内・東大・東洋・聖語・東急・斯Ⅰ・宋版・世徳・道

蔵・敦Ⅱ」①不□□□—慶Ⅰ」②■□□之—足利・斯Ⅱ」

199 ■設言—活Ⅱ・陽Ⅰ・書陵・無窮・筑波・梅沢・東大・東洋・聖語・東急・斯Ⅰ・宋版・世徳・道蔵・敦Ⅱ」②道□□—杏Ⅱ・足利・弘文・斯Ⅱ・武内・慶Ⅰ・大東」

200 已有道—活Ⅱ・陽Ⅰ・書陵・無窮・足利・弘文・斯Ⅱ・東急」②以□□—杏Ⅱ・筑波・梅沢・慶Ⅰ・大東・武内・東大・東洋・聖語・斯Ⅰ・宋版・世徳・道蔵」②■□□—敦Ⅱ」

201 如下句■也—活Ⅱ・無窮・聖語・東急・斯Ⅰ・道蔵」②□□□之□—陽Ⅰ・書陵・足利・筑波・弘文・斯Ⅱ・梅沢・慶Ⅰ・大東」②□□□■■—杏Ⅱ・武内・東大・東洋・宋版・世徳・敦Ⅱ」

4ウ7 注 202 若暗昧—活Ⅱ・陽Ⅰ・書陵・足利・筑波・弘文・斯Ⅱ・梅沢・慶Ⅰ・大東・東急・道蔵」①□闇□—杏Ⅱ・無窮・武内・東大・東洋・聖語・斯Ⅰ・宋版・世徳・敦Ⅱ」

203 無所見■也—活Ⅱ・無窮・足利・筑波・弘文・斯Ⅱ・梅沢・大東」①无□□■□—杏Ⅱ・慶Ⅰ・武内・東大・聖語・斯Ⅰ」②□□□■■—書陵・東急・世徳」②□□□知□—道蔵」③无□□■■—陽Ⅰ・宋版・敦Ⅱ」③无□□者□—東洋」

注 204 進取道者—活Ⅱ・陽Ⅰ・書陵・杏Ⅱ・無窮・足利・弘文・斯Ⅱ・梅沢・慶Ⅰ・大東・武内・東大・東洋・聖語・斯Ⅰ・宋版・世徳・道蔵・敦Ⅱ」②□□□■—筑波・東急」

5オ1 205 若退不及■也—活Ⅱ・陽Ⅰ・書陵・杏Ⅱ・無窮・足利・筑波・弘文・斯Ⅱ・慶Ⅰ・大東・武内・東大・東急」②□□□□者□—東洋」②□□□□之□—梅沢」②□□□□■■—聖語・斯Ⅰ・宋版・世徳・道蔵・敦Ⅱ」

注 206 大道之人—活Ⅱ・陽Ⅰ・書陵・杏Ⅱ・無窮・足利・筑波・弘文・斯Ⅱ・慶Ⅰ・大東・武内・東大・東洋・聖語・東急・斯Ⅰ・宋版・世徳・道蔵・敦Ⅱ」①太□□□—梅沢」

207 不自別殊—活Ⅱ・陽Ⅰ・書陵・杏Ⅱ・無窮・足利・筑波・弘文・斯Ⅱ・梅沢・慶Ⅰ・大東・武内・東大・東洋・聖語・東急・斯Ⅰ・宋版・世徳・敦Ⅱ」②□□殊別—道蔵」

208 若多比類■也—活Ⅱ・杏Ⅱ・無窮・足利・筑波・弘文・斯Ⅱ・慶Ⅰ・大東・武内・東大・東洋・聖語・東急・斯Ⅰ・宋版・世徳」②□□□□之□—陽Ⅰ・書陵・梅沢」②□□□□■■—道蔵・敦Ⅱ」

5オ2 注 209 不耻垢濁—活Ⅱ・陽Ⅰ・書陵・杏Ⅱ・無窮・足利・筑波・弘文・斯Ⅱ・慶Ⅰ・大東・武内・東大・東洋・東急・斯Ⅰ・世徳・敦Ⅱ」①□恥□□—梅沢・聖語・宋版・道蔵」

経 210 大白若辱—活Ⅱ・陽Ⅰ・書陵・杏Ⅱ・無窮・足利・弘文・斯Ⅱ・梅沢・慶Ⅰ・大東・武内・東大・東洋・聖語・東急・斯Ⅰ・六地・宋版・世徳・道蔵・敦Ⅱ」①太□□□—筑波」

注 211 大潔白之人—活Ⅱ・陽Ⅰ・書陵・杏Ⅱ・無窮・足利・弘文・斯Ⅱ・梅沢・慶Ⅰ・大東・武内・東大・東洋・聖語・東急・斯Ⅰ・宋版・世徳・道蔵・敦Ⅱ」①太□□□□—筑波」

5オ3 212 不自彰顯■也—活Ⅱ・陽Ⅰ・杏Ⅱ・無窮・足利・筑波・弘文・斯Ⅱ・梅沢・慶Ⅰ・大東・武内・東大・聖語・斯Ⅰ」②□□□□者□—東洋」②□□□□■■—書陵・東急・宋版・世徳・道蔵・敦Ⅱ」

注 213 廣大之人—活Ⅱ・陽Ⅰ・書陵・杏Ⅱ・無窮・足利・弘文・斯Ⅱ・梅沢・慶Ⅰ・大東・武内・東大・東洋・聖語・東急・斯Ⅰ・宋版・世徳・敦Ⅱ・道蔵」①□太□□—筑波」

214 愚頑—活Ⅱ・陽Ⅰ・書陵・杏Ⅱ・無窮・足利・筑波・弘文・斯Ⅱ・梅沢・大東・武内・東大・東洋・聖語・東急・斯Ⅰ・敦Ⅱ」①遇□—慶Ⅰ」①□須—宋版・世徳」②頑愚—道蔵」

215 不足■也—活Ⅱ・陽Ⅰ・書陵・杏Ⅱ・無窮・足利・筑波・弘文・斯Ⅱ・慶Ⅰ・大東・武内・東大・東洋・聖語・東急・斯Ⅰ・宋版・世徳」②□□人□—敦Ⅱ・道蔵」②□□■■—梅沢」

経 216 建徳若揄—活Ⅱ・陽Ⅰ・書陵・杏Ⅱ・無窮・足利・筑波・弘文・斯Ⅱ・慶Ⅰ・大東・武内・東大・東洋・聖語・東急・斯Ⅰ・六地・敦Ⅱ」②□□□偷—梅沢・宋版・世徳・道蔵」

5オ4 注 217 揄引使空虚也－活Ⅱ・陽Ⅰ・書陵・杏Ⅱ・無窮・足利・筑波・弘文・斯Ⅱ・梅沢・慶Ⅰ・武内・東大・東洋・聖語・東急・斯Ⅰ」②□□□虚□□－大東」②偷□□□□□－宋版・世徳・道蔵」②□□□□□■－敦Ⅱ」

経 218 質直若渝－活Ⅱ・陽Ⅰ・書陵・杏Ⅱ・無窮・足利・筑波・弘文・斯Ⅱ・梅沢・慶Ⅰ・大東・武内・東大・東洋・聖語・東急・斯Ⅰ・六地・敦Ⅱ」②□眞□□－宋版・世徳・道蔵」

注 219 渝淺不明也－活Ⅱ・陽Ⅰ・書陵・杏Ⅱ・無窮・足利・筑波・弘文・斯Ⅱ・梅沢・慶Ⅰ・大東・武内・東大・東洋・聖語・斯Ⅰ」②□□□□■－東急・宋版・世徳・敦Ⅱ・道蔵」

5オ5 経 220 大方無隅－活Ⅱ・書陵・杏Ⅱ・無窮・足利・弘文・斯Ⅱ・慶Ⅰ・大東・武内・東洋・聖語・東急・斯Ⅰ・宋版・世徳・道蔵」①□□无□－陽Ⅰ・東大・筑波・梅沢・六地・敦Ⅱ」

注 221 大方正之人－活Ⅱ・陽Ⅰ・書陵・杏Ⅱ・無窮・足利・筑波・弘文・斯Ⅱ・慶Ⅰ・大東・武内・東大・東洋・聖語・東急・斯Ⅰ・宋版・世徳・道蔵・敦Ⅱ」①太□□□□－梅沢」

222 無委曲廉隅■也■－活Ⅱ・陽Ⅰ・書陵・無窮・弘文・梅沢」①无□□□□■□■－杏Ⅱ・慶Ⅰ・大東・武内・東大・東洋・聖語・斯Ⅰ」②□□□□□■■■－足利・東急・世徳・道蔵」③无□□□□■■■－斯Ⅱ・宋版・敦Ⅱ」③无□□□□者□矣－筑波」

経 223 大器晩成－活Ⅱ・陽Ⅰ・書陵・杏Ⅱ・無窮・足利・筑波・斯Ⅱ・梅沢・慶Ⅰ・大東・武内・東大・東洋・聖語・東急・斯Ⅰ・六地・宋版・世徳・道蔵・敦Ⅱ」①□□脱□－弘文」

5オ6 注 224 不可卒成也－活Ⅱ・陽Ⅰ・杏Ⅱ・無窮・足利・筑波・弘文・斯Ⅱ・梅沢・慶Ⅰ・大東・武内・東大・東洋・東急・斯Ⅰ・宋版・世徳」②□■□□□－聖語」②□□□□■－書陵・道蔵・敦Ⅱ」

注 225 大音猶雷霆－活Ⅱ・陽Ⅰ・書陵・杏Ⅱ・無窮・足利・筑波・弘文・斯Ⅱ・慶Ⅰ・大東・武内・東大・東洋・聖語・東急・斯Ⅰ・宋版・世徳・敦Ⅱ」①□□□當□－梅沢」②□□獨□□－道蔵」

226 喻常愛氣希言也－活Ⅱ・陽Ⅰ・書陵・杏Ⅱ・足利・筑波・弘文・斯Ⅱ・慶Ⅰ・大東・東急・宋版・世徳・道蔵」①諭□□□□□－無窮・梅沢・武内・東大・東洋・聖語・斯Ⅰ」②□□□□□□■－敦Ⅱ」

5オ7 経 227 大象無形－活Ⅱ・書陵・杏Ⅱ・無窮・足利・筑波・弘文・斯Ⅱ・梅沢・武内・東洋・聖語・東急・斯Ⅰ・宋版・世徳・道蔵」①□□无□－陽Ⅰ・慶Ⅰ・大東・東大・六地・敦Ⅱ」

注 228 質朴■無形容也－活Ⅱ・陽Ⅰ・書陵・無窮・足利・弘文・斯Ⅱ・梅沢」①□□■无□□□－杏Ⅱ・筑波・慶Ⅰ・大東・武内・東大・聖語・斯Ⅰ」②□□■□□□■－東急・世徳・道蔵」③□□■无□□■－宋版・敦Ⅱ」③□□而无□□□－東洋」

経 229 道隠無名－活Ⅱ・書陵・杏Ⅱ・無窮・足利・筑波・弘文・斯Ⅱ・梅沢・慶Ⅰ・大東・東洋・聖語・東急・斯Ⅰ・宋版・世徳・道蔵」①□□无□－陽Ⅰ・武内・東大・六地・敦Ⅱ」

注 230 使人－活Ⅱ・陽Ⅰ・書陵・杏Ⅱ・無窮・足利・筑波・弘文・斯Ⅱ・梅沢・慶Ⅰ・大東・武内・東大・東洋・聖語・東急・斯Ⅰ・宋版・世徳・敦Ⅱ」②伏□－道蔵」

231 無能－活Ⅱ・書陵・無窮・足利・筑波・弘文・東急・世徳・道蔵」①无□－陽Ⅰ・杏Ⅱ・斯Ⅱ・梅沢・慶Ⅰ・大東・武内・東大・東洋・聖語・斯Ⅰ・宋版・敦Ⅱ」

232 指名■也－活Ⅱ・杏Ⅱ・無窮・足利・梅沢・武内・東大・東洋・東急・聖語・斯Ⅰ・宋版・世徳」②□□者□－陽Ⅰ・書陵・弘文」②□□■■－筑波・道蔵・敦Ⅱ」②旨□■□－慶Ⅰ・大東」④旨□者□－斯Ⅱ」

5ウ1 注 233 且成就之■也－活Ⅱ・陽Ⅰ・書陵・杏Ⅱ・足利・弘文・斯Ⅱ・慶Ⅰ・大東・宋版・世徳」②□□□□■■－筑波・道蔵・敦Ⅱ」②□□□■■□－無窮・聖語・東急・斯Ⅰ」②■□□□■□－梅沢・武内・東大」④■□□□者□－東洋」

5ウ2 234 道化■■第四十二－活Ⅱ・陽Ⅰ・梅沢・聖語・斯Ⅰ・宋版・世徳・道蔵」②□□■章□□□□－武内・東大・東洋」③□生■

章□□□□－慶Ⅰ」③□生■章□卌　□－大東」③□生一章□□□□－杏Ⅱ・筑波・弘文」③■■■■■■■■－書陵・無窮・足利・斯Ⅱ・東急・六地・敦Ⅱ」

5ウ3注
235始所生者一也－活Ⅱ・陽Ⅰ・書陵・杏Ⅱ・無窮・足利・筑波・弘文・斯Ⅱ・梅沢・武内・東大・東洋・聖語・斯Ⅰ・道蔵・敦Ⅱ」②□□□□■－慶Ⅰ・東急・世徳」②□□□□■□－大東」④□□□□■■－宋版」

注
236一生陰與陽也－活Ⅱ・陽Ⅰ・書陵・杏Ⅱ・無窮・足利・筑波・弘文・斯Ⅱ・梅沢・慶Ⅰ・大東・武内・東大・東洋・聖語・東急・斯Ⅰ・宋版・世徳」②□□□□■－敦Ⅱ・道蔵」

5ウ4注
237和■清濁－活Ⅱ・陽Ⅰ・書陵・杏Ⅱ・無窮・足利・筑波・弘文・斯Ⅱ・梅沢・慶Ⅰ・大東・武内・東大・東洋・東急・敦Ⅱ」②□氣□□－聖語・斯Ⅰ・道蔵」③□氣■□－宋版・世徳」

238爲天地人也－活Ⅱ・陽Ⅰ・書陵・杏Ⅱ・無窮・足利・筑波・弘文・斯Ⅱ・梅沢・慶Ⅰ・大東・武内・東大・東洋・聖語・東急・斯Ⅰ・宋版・世徳・道蔵」②□□□□■－敦Ⅱ」

注
239天地人共生萬物也－活Ⅱ・陽Ⅰ・書陵・杏Ⅱ・無窮・足利・筑波・弘文・斯Ⅱ・梅沢・慶Ⅰ・大東・武内・東大・東洋・聖語・東急・斯Ⅰ・道蔵」②□□■□□□□□－宋版・世徳」②□□□□□□■－敦Ⅱ」

240天施地化人長養之也－活Ⅱ・書陵・無窮・足利・筑波・弘文・斯Ⅱ・梅沢・慶Ⅰ・大東・武内・聖語・斯Ⅰ・宋版・世徳」②□□□□□□□■－陽Ⅰ・杏Ⅱ・東洋・道蔵」②□□□□□■□－東大・東急」④■■■■■■■■－敦Ⅱ」

5ウ5経
241肩陰而抱陽－活Ⅱ・陽Ⅰ・書陵・杏Ⅱ・無窮・足利・筑波・梅沢・慶Ⅰ・大東・武内・東大・東洋・聖語・東急・斯Ⅰ・宋版・世徳・敦Ⅱ・道蔵」②□□□枕□－斯Ⅱ」④□□■枕□－弘文」

注
242無不負陰而向陽－活Ⅱ・書陵・無窮・足利・弘文・斯Ⅱ・梅沢・東急・世徳」①无□□□□□－陽Ⅰ・杏Ⅱ・筑波・慶Ⅰ・大東・武内・東大・東洋・聖語・斯Ⅰ・宋版・敦Ⅱ」②□□背□□□□－道蔵」

243廻心－活Ⅱ・陽Ⅰ・書陵・杏Ⅱ・無窮・足利・筑波・弘文・斯Ⅱ・梅沢・慶Ⅰ・大東・武内・東大・東洋・聖語・斯Ⅰ・宋版・世徳・敦Ⅱ」①回□－東急・道蔵」

244始■就日■也－陽Ⅰ・書陵・足利・弘文？」②■如□□■□－活Ⅱ・杏Ⅱ・筑波・斯Ⅱ・慶Ⅰ・大東・武内・東大・東急」②□■□□者□－無窮」②而■□□■□－敦Ⅱ」④■如□□者□－東洋」④而如□□者□－梅沢」④■如□□■■－聖語・斯Ⅰ」④而■□□■■－宋版・世徳」④而■□□者□－道蔵」

5ウ6経
245沖氣以爲和－活Ⅱ・陽Ⅰ・書陵・無窮・弘文・斯Ⅱ・梅沢・慶Ⅰ・大東・武内・東大・六地・道蔵」①冲□□□□－杏Ⅱ・足利・筑波・東洋・聖語・東急・斯Ⅰ・宋版・世徳」③（此五字注）－敦Ⅱ」

注
246萬物■中－活Ⅱ・陽Ⅰ・書陵・杏Ⅱ・無窮・足利・筑波・弘文・斯Ⅱ・梅沢・慶Ⅰ・大東・武内・東大・東洋・聖語・東急・斯Ⅰ・宋版・世徳・敦Ⅱ」②□□之□－道蔵」

247皆有元氣－活Ⅱ・陽Ⅰ・書陵・杏Ⅱ・無窮・足利・筑波・弘文・斯Ⅱ・梅沢・武内・東大・東洋・聖語・東急・斯Ⅰ・宋版・世徳・道蔵・敦Ⅱ」①□□无□－慶Ⅰ・大東」

248得以和柔－活Ⅱ・陽Ⅰ・書陵・杏Ⅱ・無窮・足利・筑波・弘文・斯Ⅱ・梅沢・慶Ⅰ・大東・武内・東大・東洋・聖語・斯Ⅰ・宋版・世徳・道蔵・敦Ⅱ」②□■□□－東急」

249骨中有髓－活Ⅱ・陽Ⅰ・書陵・杏Ⅱ・無窮・足利・筑波・斯Ⅱ・梅沢・慶Ⅰ・大東・武内・東大・東洋・聖語・東急・斯Ⅰ・宋版・世徳・道蔵・敦Ⅱ」②□□■□－弘文」

250草木之中－活Ⅱ・陽Ⅰ・書陵・足利・斯Ⅱ・梅沢・武内・東大・東洋・弘文？」①中□□□－杏Ⅱ・慶Ⅰ・大東」①□本□□－筑波」②□□■□－無窮・聖語・東急・斯Ⅰ・宋版・世徳・道蔵・敦Ⅱ」

5ウ7
251與氣■通－活Ⅱ・陽Ⅰ・書陵・杏Ⅱ・無窮・足利・筑波・弘文・

斯Ⅱ・梅沢・慶Ⅰ・大東・武内・東大・東洋・聖語・東急・斯Ⅰ・宋版・世徳・敦Ⅱ」③和□潜□—道蔵」

252 故得久生也—活Ⅱ・陽Ⅰ・書陵・杏Ⅱ・無窮・足利・筑波・弘文・斯Ⅱ・梅沢・慶Ⅰ・大東・武内・東大・東洋・聖語・東急・斯Ⅰ・宋版・世徳」②□□□■—敦Ⅱ」②□長□□—道蔵」

経

253 孤寡不轂—活Ⅱ・陽Ⅰ・書陵・杏Ⅱ・無窮・足利・筑波・斯Ⅱ・梅沢・武内・東洋・慶Ⅰ・大東・聖語・東急・斯Ⅰ・宋版・世徳・敦Ⅱ・治要」①□□□穀—東大・道蔵」②■□□□—弘文」

6オ1

注

254 孤寡不轂者—活Ⅱ・陽Ⅰ・書陵・杏Ⅱ・無窮・足利・筑波・弘文・斯Ⅱ・梅沢・慶Ⅰ・大東・武内・東洋・聖語・東急・斯Ⅰ・宋版・世徳・敦Ⅱ」①□□□穀□—東大・道蔵」②□□□□■—治要」

255 不祥之名■—活Ⅱ・陽Ⅰ・書陵・杏Ⅱ・足利・筑波・弘文・斯Ⅱ・梅沢・慶Ⅰ・大東・武内・東大・東洋・聖語・東急・斯Ⅰ・宋版・世徳・道蔵・敦Ⅱ」②□□□□也—無窮」

256 以爲稱者—活Ⅱ・陽Ⅰ・書陵・杏Ⅱ・無窮・足利・筑波・弘文・斯Ⅱ・梅沢・慶Ⅰ・大東・武内・東大・東洋・聖語・東急・斯Ⅰ・宋版・世徳・敦Ⅱ・治要」②□□□■—道蔵」

257 處謙■—活Ⅱ・陽Ⅰ・足利・筑波・弘文・慶Ⅰ・大東・東急・治要」②□□卑—書陵・杏Ⅱ・無窮・斯Ⅱ・梅沢・武内・東大・東洋・聖語・斯Ⅰ・宋版・世徳・道蔵・敦Ⅱ」

258 ■法空虚和柔■也—活Ⅱ・陽Ⅰ・杏Ⅱ・足利・弘文・斯Ⅱ・梅沢・慶Ⅰ・大東・武内・東大・東急・道蔵」①■□□□□楽■□—筑波」②■□□□□者□—東洋」②■□□□□■■—書陵・敦Ⅱ・治要」②以□□□□■□—無窮」②■□虚空□□■□—聖語・斯Ⅰ」④■□虚空□□■■—宋版・世徳」

6オ2

注

259 推讓■—活Ⅱ・陽Ⅰ・書陵・杏Ⅱ・無窮・足利・筑波・弘文・斯Ⅱ・梅沢・慶Ⅰ・大東・武内・東大・東急・敦Ⅱ・治要」②□□則—東洋」②□□之—聖語・斯Ⅰ」②□■之—宋版・世徳・道蔵」

260 必還■也—活Ⅱ・杏Ⅱ・無窮・足利・筑波・弘文・斯Ⅱ・慶Ⅰ・大東・武内・東大・東洋」②□□之□—陽Ⅰ・書陵・梅沢」②□□■■—聖語・東急・斯Ⅰ・宋版・世徳・道蔵・敦Ⅱ・治要」

注

261 增高者速崩—活Ⅱ・陽Ⅰ・書陵・杏Ⅱ・無窮・足利・筑波・弘文・梅沢・大東・武内・東大・東洋・聖語・東急・斯Ⅰ」①憎□□□□—慶Ⅰ」②□□■□□—斯Ⅱ」②□□□■□—宋版・世徳・敦Ⅱ・治要」②□□□致□—道蔵」

6オ3

262 ■貪富■者—活Ⅱ・杏Ⅱ・無窮・筑波・弘文・梅沢・慶Ⅰ・大東・東大・東洋・聖語・東急・斯Ⅰ・宋版・世徳・敦Ⅱ・治要」②故□□■□—陽Ⅰ・書陵・足利」②■□□■■—斯Ⅱ・武内」②■□富貴□—道蔵」

263 致患■也—活Ⅱ・陽Ⅰ・書陵・杏Ⅱ・足利・筑波・弘文・斯Ⅱ・梅沢・慶Ⅰ・大東・武内・東大・東洋・世徳」②□□之□—無窮」②□□■■—聖語・東急・斯Ⅰ・宋版・道蔵・敦Ⅱ・治要」

注

264 衆人所以教—活Ⅱ・陽Ⅰ・書陵・杏Ⅱ・無窮・足利・筑波・弘文・斯Ⅱ・梅沢・慶Ⅰ・大東・武内・東大・東洋・聖語・東急・斯Ⅰ・宋版・世徳・敦Ⅱ・治要」②□□□■□—道蔵」

265 去柔爲剛也—活Ⅱ・陽Ⅰ・書陵・杏Ⅱ・無窮・足利・筑波・弘文・斯Ⅱ・梅沢・慶Ⅰ・大東・武内・東大・東洋・聖語・東急・斯Ⅰ・治要」②□□□□■—宋版・世徳・道蔵・敦Ⅱ」

6オ4

経

266 我亦教人—活Ⅱ・陽Ⅰ・書陵・杏Ⅱ・無窮・足利・筑波・弘文・斯Ⅱ・梅沢・慶Ⅰ・大東・武内・東大・東洋・六地・治要」②□□□之—聖語・東急・斯Ⅰ・宋版・世徳・道蔵・敦Ⅱ」

注

267 我教衆人—活Ⅱ・陽Ⅰ・書陵・杏Ⅱ・無窮・足利・筑波・弘文・斯Ⅱ・梅沢・慶Ⅰ・大東・武内・東大・東洋・聖語・東急・斯Ⅰ・宋版・世徳・敦Ⅱ・治要」②□■□□—道蔵」

268 使去強爲弱—活Ⅱ・陽Ⅰ・書陵・杏Ⅱ・無窮・足利・筑波・弘文・斯Ⅱ・梅沢・慶Ⅰ・大東・武内・東大・東洋・聖語・東急・斯Ⅰ・宋版・世徳・敦Ⅱ・治要」②■□□□□—道蔵」

269 去剛爲柔■也—活Ⅱ・陽Ⅰ・書陵・杏Ⅱ・無窮・足利・筑波・

弘文・斯Ⅱ・慶Ⅰ・大東・武内・東大・聖語・斯Ⅰ・道蔵・治要」②□□□者□－東洋」②□□□□之□－梅沢」②□□□□■■－東急・宋版・世徳・敦Ⅱ」

6オ5
注

270強梁者－活Ⅱ・陽Ⅰ・書陵・杏Ⅱ・無窮・足利・筑波・弘文・斯Ⅱ・梅沢・慶Ⅰ・大東・武内・東大・東洋・聖語・東急・斯Ⅰ・道蔵・敦Ⅱ・治要」②□□■－宋版・世徳」

271謂不信玄妙－活Ⅱ・陽Ⅰ・書陵・杏Ⅱ・無窮・足利・筑波・弘文・斯Ⅱ・梅沢・慶Ⅰ・大東・武内・東大・東洋・聖語・東急・斯Ⅰ・宋版・世徳・敦Ⅱ」②爲□□□□－道蔵」③□■■■■－治要」

272背叛道徳不従經教－活Ⅱ・陽Ⅰ・書陵・杏Ⅱ・無窮・足利・筑波・弘文・斯Ⅱ・梅沢・慶Ⅰ・大東・武内・東大・東洋・聖語・東急・斯Ⅰ・宋版・世徳・敦Ⅱ」①皆□□□□□□□－道蔵」③■■■■■■■－治要」

273尚勢任力也－活Ⅱ・陽Ⅰ・書陵・杏Ⅱ・無窮・足利・筑波・弘文・斯Ⅱ・梅沢・慶Ⅰ・大東・武内・東大・東洋・聖語・東急・斯Ⅰ・宋版・世徳・道蔵」②□□□□■－敦Ⅱ・治要」

274■不得其死者－活Ⅱ・陽Ⅰ・書陵・杏Ⅱ・無窮・足利・筑波・弘文・斯Ⅱ・梅沢・慶Ⅰ・大東・武内・東大・東洋・聖語・斯Ⅰ・宋版・世徳・敦Ⅱ」②■□□■□□－東急」②云□□□□□－道蔵」③■■■■■■－治要」

275爲天■所絶－活Ⅱ・陽Ⅰ・書陵・弘文・聖語・斯Ⅰ・宋版・世徳・敦Ⅱ・治要」②謂□■□□－道蔵」②□□地□□－杏Ⅱ・無窮・足利・筑波・斯Ⅱ・梅沢・慶Ⅰ・大東・武内・東大・東洋」②□□命□□－東急」

6オ6

276■■兵刄所伐－活Ⅱ・無窮・斯Ⅱ・慶Ⅰ・大東・聖語・東急・斯Ⅰ・宋版・敦Ⅱ・治要」①■■□刀□□－世徳」②■為□□□□－陽Ⅰ・書陵・杏Ⅱ・足利・筑波・弘文・梅沢・東大・東洋」②為為□□□□－武内」②■■□□□加－道蔵」

277王法所斂－活Ⅰ・活Ⅱ・陽Ⅰ・書陵・梅沢・聖語」①□□□殺－杏Ⅱ・無窮・東大・足利・筑波・弘文・斯Ⅱ・慶Ⅰ・大東・武内・東洋・東急・斯Ⅰ・宋版・世徳・道蔵・敦Ⅱ」③■■■－治要」

278不得以■命死也－活Ⅱ・陽Ⅰ・書陵・杏Ⅱ・足利・無窮・筑波・弘文・斯Ⅱ・慶Ⅰ・大東・東大・東洋・東急・治要」②□□□■□□■－武内・敦Ⅱ」②□□□壽□□□－梅沢・聖語・斯Ⅰ・宋版・世徳」④□□□壽□□■－道蔵」

経

279以爲教父－活Ⅱ・陽Ⅰ・書陵・杏Ⅱ・無窮・足利・筑波・弘文・斯Ⅱ・梅沢・慶Ⅰ・大東・武内・東大・東洋・聖語・斯Ⅰ・六地・宋版・世徳・道蔵・敦Ⅱ・治要」①□□□文－東急」

注

280父始也－活Ⅱ・陽Ⅰ・書陵・杏Ⅱ・無窮・足利・筑波・弘文・斯Ⅱ・梅沢・慶Ⅰ・大東・武内・東大・東洋・聖語・斯Ⅰ・宋版・世徳・道蔵・敦Ⅱ・治要」①文□□－東急」

281老子－活Ⅱ・陽Ⅰ・杏Ⅱ・無窮・足利・筑波・弘文・斯Ⅱ・梅沢・慶Ⅰ・大東・武内・東大・東洋・聖語・東急・斯Ⅰ・宋版・世徳・道蔵・敦Ⅱ・治要」①孝□－書陵」

6オ7

282爲教戒之始也－活Ⅱ・陽Ⅰ・杏Ⅱ・足利・筑波・弘文・斯Ⅱ・梅沢・慶Ⅰ・大東・武内・東大・東洋・聖語・東急・宋版・世徳・道蔵」①□□誡□□□－書陵・無窮」①□□形□□□－斯Ⅰ」②□□□□□■－敦Ⅱ・治要」

6ウ1

283偏用■■■第四十三－活Ⅱ・陽Ⅰ・聖語・斯Ⅰ・宋版・世徳」①偏□■■■□□□□－梅沢・道蔵」②□□■章■□□□□－武内・東大・東洋」③天下■章■□□□□－杏Ⅱ・慶Ⅰ」③天下■章■□卅　□－大東」③天下之章■■□□□－筑波」③天下之至柔□□□□－弘文」③■■■■■■■■■－書陵・無窮・足利・斯Ⅱ・東急・六地・敦Ⅱ」

6ウ2
経

284■馳騁天下之至堅－活Ⅱ・書陵・杏Ⅱ・無窮・足利・筑波・弘文・梅沢・慶Ⅰ・大東・武内・東大・東洋・聖語・東急・斯Ⅰ・六地・宋版・世徳・道蔵・敦Ⅱ・治要」①馳□□□□□□□－陽Ⅰ」①■□■□□□□□－斯Ⅱ」

注285至柔者水也－活Ⅱ・陽Ⅰ・書陵・杏Ⅱ・無窮・足利・筑波・弘文・梅沢・慶Ⅰ・大東・武内・東大・東洋・東急・敦Ⅱ・治要」②□□■□□－斯Ⅱ」②□□□□■－聖語・斯Ⅰ・宋版・世徳・道蔵」

注286至堅者金石也－活Ⅱ・陽Ⅰ・書陵・杏Ⅱ・無窮・足利・弘文・梅沢・慶Ⅰ・大東・武内・東大・東洋・聖語・東急・敦Ⅱ・治要」①□賢□□□□－筑波」②□□■□□□－斯Ⅱ」②□□□□□■－斯Ⅰ」④□□■□□■－宋版・世徳」④□剛□□□■－道蔵」

6
ウ3

287水能貫堅－活Ⅱ・陽Ⅰ・書陵・杏Ⅱ・無窮・足利・弘文・斯Ⅱ・梅沢・慶Ⅰ・大東・武内・東大・東洋・聖語・東急・斯Ⅰ・宋版・世徳・道蔵・敦Ⅱ・治要」①□□□賢－筑波」

288無所不通也－活Ⅱ・無窮・書陵・足利・筑波・弘文・斯Ⅱ・梅沢・東急」①无□□□□－陽Ⅰ・杏Ⅱ・慶Ⅰ・大東・武内・東大・東洋・治要」②□□□□■－世徳・道蔵」③无□□□■－聖語・斯Ⅰ・宋版・敦Ⅱ」

経289無有－活Ⅱ・陽Ⅰ・書陵・杏Ⅱ・無窮・足利・弘文・斯Ⅱ・梅沢・慶Ⅰ・武内・東洋・大東・聖語・東急・宋版・世徳・道蔵」①无□－東大・筑波・六地・斯Ⅰ・敦Ⅱ・治要」

290入於無間－活Ⅱ・陽Ⅰ・書陵・杏Ⅱ・無窮・足利・筑波・弘文・斯Ⅱ・慶Ⅰ・大東・武内・東洋・聖語・東急・斯Ⅰ・道蔵」①□□无□－梅沢・東大・六地・敦Ⅱ・治要」②□■□□－宋版・世徳」

注291■■－活Ⅱ・陽Ⅰ・書陵・杏Ⅱ・足利・筑波・弘文・斯Ⅱ・梅沢・慶Ⅰ・大東・武内・東大・東洋・聖語・斯Ⅰ・宋版・世徳・治要」②夫■－無窮・東急・敦Ⅱ」③夫言－道蔵」

292無有■謂道也－活Ⅱ・書陵・無窮・足利・斯Ⅱ・梅沢・東急・宋版・世徳」①无□■□□□－陽Ⅰ・杏Ⅱ・弘文・武内・東大・東洋・聖語・斯Ⅰ・敦Ⅱ・治要」②□□者□□□－筑波」②□□者■□□－道蔵」③无□者□□□－慶Ⅰ・大東」

293道無形質－活Ⅱ・書陵・無窮・足利・弘文・斯Ⅱ・東急・宋版・世徳・道蔵」①□无□□－陽Ⅰ・杏Ⅱ・筑波・梅沢・慶Ⅰ・大東・武内・東大・東洋・聖語・斯Ⅰ・敦Ⅱ・治要」

6
ウ4

294出入■無間－活Ⅱ・書陵・足利・弘文・梅沢・大東・東急・世徳」①□□■无□－陽Ⅰ・杏Ⅱ・筑波・斯Ⅱ・慶Ⅰ・武内・東大・東洋・聖語・斯Ⅰ・宋版・道蔵・敦Ⅱ・治要」②□□於□□－無窮」

295通■神■■■群生■也－活Ⅱ・陽Ⅰ・杏Ⅱ・無窮・足利・筑波・斯Ⅱ・慶Ⅰ・大東・武内・東大・東洋・聖語・斯Ⅰ・世徳」②□■□■■■□□■■－弘文・東急・宋版・治要」②□■□■■■□□之□－書陵・梅沢」②□■養■■■羣□■□－敦Ⅱ」④□於□明濟於羣□■■－道蔵」

経296吾是以－活Ⅱ・陽Ⅰ・書陵・杏Ⅱ・無窮・足利・筑波・弘文・斯Ⅱ・梅沢・慶Ⅰ・大東・武内・東大・東洋・聖語・東急・斯Ⅰ・六地・宋版・道蔵・敦Ⅱ・治要」②□以是－世徳」

297知無爲之有益■－活Ⅱ・陽Ⅰ・杏Ⅱ・無窮・筑波・梅沢・東洋・聖語・東急・斯Ⅰ・宋版・世徳・道蔵・治要」①□无□□□□■－武内・東大・敦Ⅱ」②□□□□□□也－書陵・足利・弘文・斯Ⅱ・慶Ⅰ・大東」③□无□□□□也－六地」

注298道■無爲而－活Ⅱ・書陵・無窮・足利・弘文・梅沢・東急・世徳」①□■无□□－陽Ⅰ・杏Ⅱ・筑波・斯Ⅱ・慶Ⅰ・大東・聖語・武内・東大・東洋・斯Ⅰ・宋版・敦Ⅱ」②□之□□□－道蔵」

6
ウ5

299萬物■自化成■－活Ⅱ・陽Ⅰ・書陵・杏Ⅱ・足利・筑波・弘文・斯Ⅱ・梅沢・慶Ⅰ・大東・武内・東大・東洋・聖語・東急・斯Ⅰ・宋版・世徳・敦Ⅱ」②万□之□□□■－無窮」②□□■□□□也－道蔵」

300知無爲之有■益於人也－活Ⅱ・書陵・足利・筑波・斯Ⅱ・梅沢・大東・聖語・東急・斯Ⅰ・世徳」①□无□□□■□□□□－陽Ⅰ・杏Ⅱ・弘文・慶Ⅰ・武内・東大・東洋・宋版」②□□□□

□所□□□□－無窮」②□□□□□■□□□■－道蔵」③□无□□□■□□□■－敦Ⅱ」

注 301 法道不言－活Ⅱ・陽Ⅰ・書陵・杏Ⅱ・無窮・足利・筑波・弘文・斯Ⅱ・梅沢・慶Ⅰ・大東・武内・東大・東洋・聖語・東急・斯Ⅰ・宋版・世徳・敦Ⅱ・治要」②道法□□－道蔵」

302 師之－活Ⅱ・書陵・杏Ⅱ・足利・梅沢・慶Ⅰ・大東・東洋・聖語・東急・斯Ⅰ・世徳・宋版・道蔵・敦Ⅱ・治要」①帥□－陽Ⅰ・無窮・筑波・弘文・斯Ⅱ・武内・東大」

303 以身■也－活Ⅱ・陽Ⅰ・書陵・杏Ⅱ・無窮・足利・筑波・弘文・斯Ⅱ・梅沢・慶Ⅰ・大東・武内・東大・治要」②□□者□－東洋」②□□■■－聖語・東急・斯Ⅰ・宋版・世徳・敦Ⅱ」④於□■■－道蔵」

6ウ6 経 304 無爲之■益－活Ⅱ・陽Ⅰ・書陵・杏Ⅱ・足利・筑波・弘文・斯Ⅱ・梅沢・慶Ⅰ・大東・武内・東大・東洋・聖語・東急・斯Ⅰ・宋版・世徳・道蔵」①无□■□－六地・敦Ⅱ・治要」②□□□有□－無窮」

注 305 法道無爲－活Ⅱ・書陵・無窮・足利・筑波・弘文・梅沢・東洋・聖語・東急・世徳・道蔵」①□无□－陽Ⅰ・杏Ⅱ・斯Ⅱ・慶Ⅰ・大東・武内・東大・斯Ⅰ・宋版・敦Ⅱ・治要」

306 治身則有益■精神－活Ⅱ・陽Ⅰ・書陵・杏Ⅱ・無窮・足利・筑波・弘文・斯Ⅱ・梅沢・慶Ⅰ・大東・武内・東大・東洋・聖語・斯Ⅰ・宋版・世徳・敦Ⅱ」②□□■□□■□□－東急・治要」②□□□□於□□－道蔵」

307 有益■萬民－活Ⅱ・陽Ⅰ・書陵・杏Ⅱ・無窮・梅沢・武内・東大・東洋・東急・宋版・世徳・道蔵・敦Ⅱ・治要」②□□於万□－足利・筑波・弘文・斯Ⅱ・慶Ⅰ・大東・聖語・斯Ⅰ」

308 不勞煩也－活Ⅱ・陽Ⅰ・書陵・杏Ⅱ・無窮・足利・筑波・弘文・斯Ⅱ・梅沢・慶Ⅰ・大東・武内・東大・東洋・東急・宋版・世徳・道蔵」②□□■－聖語・斯Ⅰ・敦Ⅱ・治要」

6ウ7 経 309 希及之－活Ⅱ・陽Ⅰ・書陵・無窮・足利・弘文・斯Ⅱ・梅沢・武内・東大・東洋・聖語・東急・斯Ⅰ・六地・宋版・世徳・道蔵・敦Ⅱ・治要」②□□矣－杏Ⅱ・筑波・慶Ⅰ・大東」

注 310 天下■人主也－活Ⅱ・陽Ⅰ・書陵・杏Ⅱ・足利・筑波・弘文・斯Ⅱ・梅沢・慶Ⅰ・大東・武内・東大・東洋・聖語・東急・斯Ⅰ・宋版・世徳・道蔵・敦Ⅱ」②□□者□□－無窮」②□□謂□□□－治要」

311 道■無爲之治－活Ⅱ・無窮・梅沢・聖語・斯Ⅰ・世徳」①□■无□□□－杏Ⅱ・武内・東大・東洋・宋版・治要」②□之□□□□－書陵・足利・弘文」③□之无□□□－陽Ⅰ・筑波・斯Ⅱ・慶Ⅰ・大東」③□■□□■■－東急」③■■无□■□－敦Ⅱ」③□之□□■■－道蔵」

312 無爲之治－活Ⅱ・書陵・無窮・足利・弘文・梅沢・聖語・東急・斯Ⅰ・道蔵」①无□□□－陽Ⅰ・杏Ⅱ・筑波・斯Ⅱ・慶Ⅰ・大東・武内・東大・東洋・治要」③■■■－宋版・世徳・敦Ⅱ」

313 ■治身－活Ⅱ・陽Ⅰ・書陵・杏Ⅱ・無窮・足利・筑波・弘文・斯Ⅱ・梅沢・慶Ⅰ・大東・武内・東大・東洋・聖語・斯Ⅰ・道蔵・治要」②身□□－東急」②■■□－宋版・世徳・敦Ⅱ」

314 治國■■■■也－活Ⅱ・陽Ⅰ・杏Ⅱ・筑波・弘文・慶Ⅰ・大東・武内・東大・東洋・東急・宋版・世徳・道蔵・治要」②□□■■■■者□－書陵・足利・斯Ⅱ・梅沢・聖語・斯Ⅰ」②□□■■■者■－敦Ⅱ」④□□皆同矣者□－無窮」

7オ1 315 立戒■■第四十四－活Ⅱ・陽Ⅰ・梅沢・聖語・斯Ⅰ・宋版・世徳・道蔵」②□□■章□□□□－武内・東大・東洋」③名与身章□□□□－杏Ⅱ・筑波・弘文・慶Ⅰ」③名與身章□卌　□－大東」③■■■■■■■■－書陵・無窮・足利・斯Ⅱ・東急・六地・敦Ⅱ」

7オ2 注 316 則身■退也－活Ⅱ・陽Ⅰ・書陵・杏Ⅱ・無窮・足利・筑波・弘文・斯Ⅱ・慶Ⅰ・大東・武内・東大・東洋・聖語・斯Ⅰ・宋版・世徳」②身則■□□－梅沢・東急」④身則■□■－敦Ⅱ」④■□必□□－道蔵」

注 317 財多則害身也―活Ⅱ・陽Ⅰ・杏Ⅱ・無窮・足利・筑波・弘文・斯Ⅱ・梅沢・慶Ⅰ・大東・武内・東大・東洋・聖語・東急・斯Ⅰ・宋版・世徳・道蔵」①賎□□□□□―書陵」②□□□□□■―敦Ⅱ」

7オ3

注 318 好得利則病於行也―活Ⅱ・陽Ⅰ・書陵・杏Ⅱ・無窮・足利・筑波・弘文・斯Ⅱ・梅沢・慶Ⅰ・大東・武内・東大・東洋・聖語・東急・斯Ⅰ・宋版・世徳」②□於□□□□□□―道蔵」④□□□■□□□■―敦Ⅱ」

経 319 甚愛必大費―活Ⅱ・陽Ⅰ・書陵・杏Ⅱ・無窮・足利・弘文・斯Ⅱ・梅沢・慶Ⅰ・大東・武内・東大・東洋・聖語・東急・斯Ⅰ・六地・宋版・世徳・道蔵・敦Ⅱ」①其□□□□―筑波」

注 320 甚愛色■費精神■―活Ⅱ・陽Ⅰ・書陵・杏Ⅱ・足利・筑波・弘文・斯Ⅱ・梅沢・慶Ⅰ・大東・武内・東大・東洋・聖語・斯Ⅰ・宋版・世徳」②□□□者□□□■―無窮・東急・敦Ⅱ・治要」④□□□者□□□也―道蔵」

7オ4

321 甚愛財■―活Ⅱ・陽Ⅰ・書陵・杏Ⅱ・筑波・慶Ⅰ・大東・武内・東大・東洋・聖語・斯Ⅰ・宋版・世徳」②□□□者―無窮・足利・弘文・斯Ⅱ・東急・敦Ⅱ・道蔵・治要」③□□賎者―梅沢」

322 ■遇禍患■―活Ⅱ・陽Ⅰ・書陵・杏Ⅱ・足利・斯Ⅱ・梅沢・武内・東大・東洋・聖語・東急・斯Ⅰ・宋版・世徳・敦Ⅱ・治要」①■□過□■―弘文」②則□□□■―無窮・筑波・慶Ⅰ・大東」②■□□□也―道蔵」

経 323 多藏必厚■亡―活Ⅱ・陽Ⅰ・書陵・杏Ⅱ・無窮・斯Ⅱ・梅沢・武内・東大・東洋・聖語・東急・斯Ⅰ・六地・宋版・世徳・道蔵・敦Ⅱ・治要」②□□□■大□―筑波・弘文・慶Ⅰ・大東」②□□□□大□―足利」

7オ5

注 324 藏於■丘墓―活Ⅱ・陽Ⅰ・杏Ⅱ・無窮・足利・筑波・斯Ⅱ・梅沢・慶Ⅰ・大東・武内・東大・東洋・聖語・東急・斯Ⅰ・宋版・世徳・道蔵・敦Ⅱ」①□□■兵□―書陵・弘文」①□□於□□―治要」

325 攻劫之憂死―活Ⅱ・陽Ⅰ・書陵・杏Ⅱ・無窮・筑波・弘文・斯Ⅱ・梅沢・慶Ⅰ・大東・武内・東大・東洋・聖語・東急・斯Ⅰ・宋版・世徳・道蔵・敦Ⅱ・治要」②□□□死憂―足利」

326 有發掘■■■之患■也―活Ⅱ・筑波・武内・東大・東急」①□□堀■■■□□■□―陽Ⅰ・書陵」②□□□■■■□□者□―東洋」②□□■塚■■□□■□―杏Ⅱ・弘文・大東」③□□拙埭■■□□■□―斯Ⅱ・慶Ⅰ」③□■□冢探柩□□■□―無窮・斯Ⅰ」③□■堀冢探槌□□■□―梅沢」③□□□冢■柩□□■□―治要」④□掘發■■■□□■■―道蔵」⑤□□堀埭■■□□■■―足利」⑤□■□冢探柩□□■■―聖語・宋版・世徳・敦Ⅱ」

注 327 絶利去欲―活Ⅱ・陽Ⅰ・杏Ⅱ・無窮・筑波・弘文・斯Ⅱ・梅沢・慶Ⅰ・大東・武内・東大・東洋・聖語・東急・斯Ⅰ・宋版・世徳・道蔵・敦Ⅱ・治要」①施□□□―足利」①□□□慾―書陵」

7オ6

328 不辱於■身■也―活Ⅱ・陽Ⅰ・書陵・杏Ⅱ・無窮・足利・弘文・斯Ⅱ・慶Ⅰ・大東・治要」②□□□其□■□―筑波・梅沢・武内・東大・聖語・斯Ⅰ」②□□□■□者□―東洋」②□□□■□■■―東急・宋版・道蔵」③□□□於□■■―敦Ⅱ」④□□■其□■■―世徳」

注 329 知可止■則■止―活Ⅱ・陽Ⅰ・書陵・杏Ⅱ・無窮・足利・斯Ⅱ・梅沢・慶Ⅰ・大東・武内・東大・東洋・聖語・東急・斯Ⅰ・敦Ⅱ・治要」②□□□□■□須□―道蔵」②□□□□■□■■―宋版・世徳」②□□□々□■■―筑波・弘文?」

330 ■財利不累於身■―活Ⅱ・陽Ⅰ・書陵・杏Ⅱ・無窮・足利・筑波・弘文・斯Ⅱ・梅沢・武内・東大・東洋・聖語・東急・斯Ⅰ・敦Ⅱ・治要」①■則□□□□□■―慶Ⅰ・大東」②■□□□□■□■―宋版・世徳」④乃□□□□□□心―道蔵」

331 聲色不亂於耳目―活Ⅱ・陽Ⅰ・書陵・杏Ⅱ・無窮・足利・筑波・弘文・斯Ⅱ・梅沢・大東・武内・東大・東洋・聖語・東急・斯Ⅰ・宋版・世徳・道蔵・敦Ⅱ・治要」②■□□乱□□□―慶Ⅰ」

7オ7

332終身不危殆也─活Ⅱ・陽Ⅰ・書陵・杏Ⅱ・無窮・足利・筑波・弘文・斯Ⅱ・梅沢・慶Ⅰ・大東・武内・東洋・聖語・道蔵・治要」②□□□□■─東大・東急・斯Ⅰ・敦Ⅱ」②■□□□□─宋版」③■□□□怠□─世徳」

注
333知■止■足─活Ⅱ・陽Ⅰ・書陵・杏Ⅱ・無窮・足利・筑波・弘文・斯Ⅱ・梅沢・慶Ⅰ・大東・武内・東大・東洋・聖語・東急・斯Ⅰ・宋版・世徳・治要」②□於□■□─道蔵」②□■□知□─敦Ⅱ」

334福禄在■已─活Ⅱ・陽Ⅰ・書陵・杏Ⅱ・無窮・足利・筑波・弘文・斯Ⅱ・梅沢・慶Ⅰ・大東・武内・東大・東洋・聖語・東急・斯Ⅰ・宋版・世徳・敦Ⅱ・治要」②□□□於□─道蔵」

7ウ1

335民不擾─活Ⅱ・陽Ⅰ・書陵・杏Ⅱ・無窮・足利・筑波・弘文・斯Ⅱ・梅沢・慶Ⅰ・大東・武内・東大・東洋・聖語・東急・斯Ⅰ・宋版・世徳・道蔵・敦Ⅱ」②人□□─治要」

336故可長久也─活Ⅱ・陽Ⅰ・書陵・杏Ⅱ・無窮・足利・筑波・弘文・斯Ⅱ・梅沢・武内・東大・東洋・慶Ⅰ・大東・聖語・斯Ⅰ・治要」②□□□□■─東急・宋版・世徳・敦Ⅱ」④□能□□■─道蔵」

7ウ2

337洪徳■■■第四十五─活Ⅱ・陽Ⅰ・梅沢・聖語・斯Ⅰ・宋版・世徳・道蔵」②□□■■章□□□□─武内・東大・東洋」③大成■■章□□□□─杏Ⅱ・慶Ⅰ」③大成■■章□冊　□─大東」③大成■■章才□■□─筑波」③大成若缺章□□□□─弘文」③■■■■■■■■─書陵・無窮・足利・斯Ⅱ・東急・六地・敦Ⅱ」

7ウ3

注
338■■■─活Ⅱ・陽Ⅰ・書陵・杏Ⅱ・無窮・足利・筑波・弘文・斯Ⅱ・梅沢・慶Ⅰ・大東・武内・東大・東洋・聖語・東急・斯Ⅰ・宋版・世徳・道蔵・治要」③大成者─敦Ⅱ」

339謂道徳大成之君也─活Ⅱ・無窮・聖語・斯Ⅰ・治要」②□□□□□□■─陽Ⅰ・書陵・杏Ⅱ・足利・筑波・弘文・斯Ⅱ・梅沢・慶Ⅰ・大東・武内・東大・東洋・東急・宋版・世徳・道蔵・敦Ⅱ」

340若缺者─活Ⅱ・陽Ⅰ・書陵・杏Ⅱ・無窮・足利・筑波・弘文・斯Ⅱ・梅沢・慶Ⅰ・大東・武内・東大・東洋・東急・宋版・世徳・道蔵・敦Ⅱ」②■□□─聖語・斯Ⅰ」②如□□─治要」

341如毀缺不備也─活Ⅱ・陽Ⅰ・書陵・杏Ⅱ・無窮・足利・筑波・弘文・斯Ⅱ・梅沢・武内・東大・東洋・慶Ⅰ・大東・聖語・斯Ⅰ・宋版・世徳」②□□□□修□─東急」②□□□□□■─道蔵・敦Ⅱ・治要」

7ウ4

経
342其用不弊─活Ⅱ・陽Ⅰ・書陵・杏Ⅱ・無窮・足利・筑波・弘文・斯Ⅱ・梅沢・慶Ⅰ・大東・武内・東大・東洋・聖語・東急・斯Ⅰ・六地・宋版・世徳・道蔵・治要」①□□□敝─敦Ⅱ」

注
343其用心如是─活Ⅱ・陽Ⅰ・書陵・杏Ⅱ・無窮・足利・筑波・弘文・斯Ⅱ・梅沢・慶Ⅰ・大東・武内・東大・東洋・聖語・東急・斯Ⅰ・宋版・世徳・敦Ⅱ・治要」②□□□□此─道蔵」

344無弊盡■時也─活Ⅱ・書陵・無窮・足利・弘文・梅沢」①无□□■□□─陽Ⅰ・杏Ⅱ・斯Ⅱ・慶Ⅰ・大東・武内・東大・東洋・聖語・斯Ⅰ・治要」②□□□■□■─東急・世徳・敦Ⅱ」③无□□■□■─宋版」③无□尽之□□─筑波」④□□□之□■─道蔵」

経
345大盈若沖─活Ⅱ・陽Ⅰ・書陵・無窮・筑波・斯Ⅱ・梅沢・慶Ⅰ・大東・武内・東大・東急・六地・世徳・道蔵・治要」①□□□沖─杏Ⅱ・足利・弘文・東洋・聖語・斯Ⅰ・宋版」②□滿□□─敦Ⅱ」

注
346謂道徳大盈滿之君也─活Ⅱ・陽Ⅰ・書陵・杏Ⅱ・無窮・足利・筑波・弘文・斯Ⅱ・梅沢・慶Ⅰ・大東・武内・東大・東洋・聖語・東急・斯Ⅰ・宋版・世徳・敦Ⅱ・治要」②□□□□□□□□□■─道蔵」

347如沖者─活Ⅱ・陽Ⅰ・書陵・無窮・筑波・斯Ⅱ・梅沢・大東・武内・東大・東急・道蔵・敦Ⅱ・治要」①□冲□─杏Ⅱ・足利・弘文・東洋・聖語・斯Ⅰ・宋版・世徳」①処□□─慶Ⅰ」

7ウ5
348貴不敢驕■―活Ⅱ・陽Ⅰ・書陵・杏Ⅱ・無窮・足利・筑波・弘文・斯Ⅱ・梅沢・慶Ⅰ・大東・武内・東大・東洋・東急・道蔵・敦Ⅱ・治要」②□□□□也―聖語・斯Ⅰ・宋版・世徳」

349冨不敢奢■也―活Ⅱ・陽Ⅰ・書陵・杏Ⅱ・足利・筑波・弘文・斯Ⅱ・梅沢・慶Ⅰ・大東・東大・東洋・聖語・斯Ⅰ・宋版・世徳・治要」②□□□□■■―武内・東急・道蔵・敦Ⅱ」②□□□者□―無窮」

注
350其用心如是―活Ⅱ・陽Ⅰ・書陵・杏Ⅱ・無窮・足利・筑波・弘文・斯Ⅱ・梅沢・慶Ⅰ・大東・武内・東大・東洋・聖語・東急・斯Ⅰ・宋版・世徳・敦Ⅱ・治要」②□□□□此―道蔵」

351無窮盡■時也―活Ⅱ・書陵・足利・筑波・弘文・大東・世徳」①无□□■□□―陽Ⅰ・杏Ⅱ・斯Ⅱ・慶Ⅰ・武内・東大・宋版」②□□極■□□―無窮」②□□□■■□―梅沢・東急」②□□□■□■―道蔵」③无□尽之□□―東洋」③无□□■■□―聖語・斯Ⅰ」④无□□■■■―敦Ⅱ・治要」

7ウ6
注
352大直―活Ⅱ・陽Ⅰ・書陵・杏Ⅱ・無窮・足利・筑波・弘文・斯Ⅱ・梅沢・慶Ⅰ・大東・武内・東大・東洋・聖語・東急・斯Ⅰ・宋版・世徳・道蔵・敦Ⅱ」②■□―治要」

353謂修道法度正直如一也―活Ⅱ・無窮・聖語・斯Ⅰ・宋版・世徳・治要」②□□□□□□□□□■―陽Ⅰ・書陵・杏Ⅱ・足利・筑波・弘文・斯Ⅱ・梅沢・慶Ⅰ・大東・武内・東大・東洋・東急・敦Ⅱ」②若□□□□□□□□□―道蔵」

354如可屈折■也―活Ⅱ・陽Ⅰ・書陵・杏Ⅱ・無窮・足利・弘文・斯Ⅱ・慶Ⅰ・大東・武内・東大・東洋・聖語・東急・斯Ⅰ・治要」①□何□□■□―道蔵」②□□□□■■―筑波・宋版・世徳・敦Ⅱ」②□□□□者□―梅沢」

7ウ7
経
355大巧若拙―活Ⅱ・陽Ⅰ・書陵・無窮・足利・筑波・弘文・斯Ⅱ・梅沢・慶Ⅰ・大東・聖語・東急・斯Ⅰ・六地・宋版・世徳・道蔵・敦Ⅱ・治要」②□□如□―杏Ⅱ・武内・東大・東洋」

注
356大巧■―活Ⅱ・陽Ⅰ・書陵・杏Ⅱ・無窮・足利・筑波・弘文・斯Ⅱ・慶Ⅰ・大東・武内・東大・東洋・聖語・東急・斯Ⅰ・宋版・世徳・道蔵・治要」②□□者―梅沢・敦Ⅱ」

357謂多才術也―活Ⅱ・陽Ⅰ・書陵・杏Ⅱ・無窮・足利・弘文・斯Ⅱ・梅沢・慶Ⅰ・大東・武内・東洋・聖語・東急・斯Ⅰ・宋版・世徳・道蔵・治要」①□□財□□―東大」①□□方□□―筑波」②□□□□■―敦Ⅱ」

358亦不敢見其能■也―活Ⅱ・東大」②□□□□□□■■―聖語・東急・斯Ⅰ・宋版・世徳・道蔵」②■□□□□□■□―梅沢」②示□□□□□■□―陽Ⅰ・書陵・杏Ⅱ・無窮・弘文・治要」④示□□□□□之□―足利・筑波・斯Ⅱ・慶Ⅰ・大東・武内」④示□□□□□者□―東洋」④■□□□□□■■―敦Ⅱ」

経
359大辨若訥―活Ⅱ・書陵・無窮・足利・筑波・弘文・斯Ⅱ・梅沢・武内・東大・東洋・治要」①□辯□□―陽Ⅰ・杏Ⅱ・慶Ⅰ・大東・聖語・東急・斯Ⅰ・六地・宋版・世徳・道蔵・敦Ⅱ」

注
360大辨■―陽Ⅰ・書陵・足利・弘文・斯Ⅱ・治要」①□辯■―梅沢・東急」②□□者―活Ⅱ・無窮・筑波・敦Ⅱ」③□弁者―武内・東大・東洋」③□辯者―杏Ⅱ・慶Ⅰ・大東・聖語・斯Ⅰ・宋版・世徳・道蔵」

8オ1
361■知無疑也―活Ⅱ・書陵・無窮・足利・筑波・弘文・慶Ⅰ・大東・東急」①■□无□□―陽Ⅰ・杏Ⅱ・斯Ⅱ・梅沢・武内・東大・東洋・治要」③■□无□■―聖語・斯Ⅰ」③■智□□■―宋版・世徳・道蔵」⑤言□无□■―敦Ⅱ」

362如訥者―活Ⅱ・陽Ⅰ・書陵・杏Ⅱ・無窮・足利・筑波・斯Ⅱ・梅沢・大東・武内・東大・東洋・聖語・東急・斯Ⅰ・宋版・世徳・道蔵・敦Ⅱ・治要」①□納□―弘文・慶Ⅰ」

363無口辭也―活Ⅱ・陽Ⅰ・書陵・無窮・足利・梅沢・大東」①无□□□―杏Ⅱ・筑波・慶Ⅰ・東洋・聖語・斯Ⅰ・治要」①□□辨□―弘文」②无□辨□―武内」②无□弁□―東大」②无□乱□―斯Ⅱ」②□□□■―東急」③无□□■―敦Ⅱ」④口无□■―宋版」④口無□■―世徳・道蔵」

経364 躁勝寒—活Ⅱ・陽Ⅰ・書陵・杏Ⅱ・無窮・足利・筑波・弘文・斯Ⅱ・慶Ⅰ・大東・武内・東大・東洋・聖語・斯Ⅰ・六地・宋版・世徳・道蔵・敦Ⅱ」①蹲□□—梅沢・東急」

注365 春夏—活Ⅱ・陽Ⅰ・書陵・杏Ⅱ・無窮・足利・弘文・斯Ⅱ・梅沢・慶Ⅰ・大東・武内・東大・東洋・聖語・東急・斯Ⅰ・宋版・世徳・道蔵・敦Ⅱ」①□憂—筑波」

366 陽氣躁疾於上—活Ⅱ・陽Ⅰ・書陵・杏Ⅱ・無窮・足利・筑波・弘文・斯Ⅱ・慶Ⅰ・大東・武内・東大・東洋・聖語・斯Ⅰ・宋版・世徳・道蔵・敦Ⅱ」①□□蹲□□□—梅沢」③□□疾蹲□□—東急」

8オ2

367 寒則零落死亡也—活Ⅱ・陽Ⅰ・書陵・杏Ⅱ・無窮・足利・筑波・弘文・斯Ⅱ・梅沢・慶Ⅰ・大東・武内・東大・東洋・聖語・東急・斯Ⅰ・宋版・世徳」②□□□□散□□—道蔵」⑥則寒□死落□■—敦Ⅱ」

368 不當剛躁■也—活Ⅱ・陽Ⅰ・書陵・杏Ⅱ・無窮・足利・弘文・斯Ⅱ・慶Ⅰ・大東・武内・東大・東洋・宋版・世徳・道蔵」①□□□蹲■□—梅沢・東急・聖語・斯Ⅰ」②□□□□之□—筑波」②□□□□■■—敦Ⅱ」

経369 静勝熱—活Ⅱ・陽Ⅰ・杏Ⅱ・無窮・足利・筑波・弘文・斯Ⅱ・梅沢・慶Ⅰ・大東・武内・東大・東洋・聖語・東急・斯Ⅰ・宋版・世徳・道蔵・敦Ⅱ」①□□勢—書陵」

注370 黄泉之下—活Ⅱ・陽Ⅰ・書陵・杏Ⅱ・無窮・足利・筑波・弘文・梅沢・慶Ⅰ・大東・武内・東大・東洋・聖語・東急・斯Ⅰ・宋版・世徳・道蔵・敦Ⅱ」②□■□□—斯Ⅱ」

8オ3

371 極則熱熱者—活Ⅱ・陽Ⅰ・書陵・杏Ⅱ・無窮・足利・筑波・斯Ⅱ・梅沢・慶Ⅰ・大東・武内・東大・東洋・聖語・東急・斯Ⅰ・宋版・世徳・道蔵」②□□□■□—弘文・敦Ⅱ」

372 生之源■也—活Ⅱ・陽Ⅰ・書陵・杏Ⅱ・無窮・筑波・弘文・梅沢・武内・東大・聖語・東急・斯Ⅰ・道蔵」②□■□■□—東洋」②□□□之□—足利・斯Ⅱ・慶Ⅰ・大東」②□□□■■—宋版・世徳・敦Ⅱ」

経373 清静■爲天下正—活Ⅱ・陽Ⅰ・書陵・弘文・聖語・斯Ⅰ・六地・宋版・世徳・敦Ⅱ」②□□以□□□□—杏Ⅱ・無窮・足利・筑波・斯Ⅱ・梅沢・慶Ⅰ・大東・武内・東洋・東急・道蔵・治要」④□浄以□□□□—東大」

注374 能清能静—活Ⅱ・陽Ⅰ・書陵・杏Ⅰ・無窮・足利・筑波・弘文・斯Ⅱ・梅沢・慶Ⅰ・大東・武内・東大・東洋・聖語・東急・斯Ⅰ・道蔵・敦Ⅱ・治要」②□□■□—宋版・世徳」

375 爲天下■長—活Ⅱ・陽Ⅰ・書陵・杏Ⅱ・無窮・足利・筑波・弘文・斯Ⅱ・梅沢・慶Ⅰ・大東・武内・東大・東洋・聖語・東急・斯Ⅰ・宋版・世徳・敦Ⅱ」②□□□之□—道蔵」②■□□■□—治要」

376 持正則—活Ⅱ・陽Ⅰ・書陵・杏Ⅱ・無窮・足利・筑波・弘文・斯Ⅱ・梅沢・大東・武内・東大・東洋・聖語・東急・斯Ⅰ・宋版・世徳・道蔵・治要」①特□□—慶Ⅰ」②□□■—敦Ⅱ」

377 無■終已時也■—活Ⅱ・書陵・無窮・足利・筑波・斯Ⅱ・宋版・世徳・道蔵」①无■□□□■—陽Ⅰ・治要」②□■■□□■—弘文」②□■□□□□矣—梅沢」③无有□□□□■—杏Ⅱ・武内・東大・東洋・聖語・斯Ⅰ」③无■□止□□■—慶Ⅰ・大東」③无■□□□■■—敦Ⅱ」④□有□□□■■—東急」

8オ5

378 儉慾■■■第四十六—活Ⅱ・陽Ⅰ」①□欲■■■□□□□—梅沢・聖語・斯Ⅰ・宋版・世徳・道蔵」③□欲■■章□□□□—武内・東大・東洋」③天下■■章□□□□—杏Ⅱ・慶Ⅰ」③天下■■章□冊　□—大東」③天下有道章□□□□—弘文」③天道有道章■□□□—筑波」③■■■■■■■■■—書陵・無窮・足利・斯Ⅱ・東急・六地・敦Ⅱ」

8オ6

注379 謂人主有道也—活Ⅱ・陽Ⅰ・書陵・杏Ⅱ・無窮・足利・筑波・弘文・斯Ⅱ・梅沢・慶Ⅰ・大東・武内・東大・東洋・聖語・東急・斯Ⅰ・宋版・世徳・治要」②□□□□□■—道蔵・敦Ⅱ」

注380 糞者治田也—活Ⅱ・陽Ⅰ・書陵・杏Ⅱ・無窮・足利・筑波・弘

文・斯Ⅱ・梅沢・慶Ⅰ・大東・武内・東洋・聖語・斯Ⅰ・治要」
②□□□■ー東大」②□□糞□□ー東急・宋版・世徳・道蔵・
敦Ⅱ」

8オ7

381 ■■■ー活Ⅱ・陽Ⅰ・書陵・杏Ⅱ・無窮・足利・筑波・弘文・
斯Ⅱ・梅沢・慶Ⅰ・大東・武内・東大・東洋・聖語・東急・斯
Ⅰ・宋版・世徳・道蔵・治要」③治國者ー敦Ⅱ」

382 以治農田■ー活Ⅱ・陽Ⅰ・書陵・杏Ⅱ・足利・筑波・弘文・斯
Ⅱ・梅沢・慶Ⅰ・大東・武内・東大・東洋・東急・治要」②□
□□□也ー無窮・道蔵」②■□□□■ー聖語・斯Ⅰ・宋版・世
徳」②□糞□□■ー敦Ⅱ」

383 治身者却陽精以糞其身■也ー活Ⅱ・陽Ⅰ・書陵・杏Ⅱ・足利・
筑波・弘文・斯Ⅱ・梅沢・慶Ⅰ・大東・武内・東大・道蔵」②
□□□□□□□□□者□ー東洋」②□□□□□■□□■
□ー無窮」②□□□□□□□□□■■ー東急・宋版・世徳・
敦Ⅱ」④□□□□□■□□□■■ー聖語・斯Ⅰ」④■■■■
■■■■■■■ー治要」

経 384 天下無道ー活Ⅱ・陽Ⅰ・書陵・杏Ⅱ・無窮・足利・筑波・弘文・
斯Ⅱ・梅沢・慶Ⅰ・大東・武内・東洋・聖語・東急・斯Ⅰ・宋
版・世徳・道蔵・治要」①□□无□ー東大・六地・敦Ⅱ」

注 385 謂人主■無道也ー活Ⅱ・書陵・無窮・足利・筑波・弘文・斯Ⅱ・
梅沢・大東・聖語・斯Ⅰ・宋版・世徳・道蔵・治要」①□□□
■无□□ー陽Ⅰ・杏Ⅱ・慶Ⅰ・武内・東大・東洋」③□□□■
无□■ー敦Ⅱ」④□□□之□□■ー東急」

8ウ1

注 386 戰伐不止ー活Ⅱ・陽Ⅰ・書陵・杏Ⅱ・無窮・筑波・弘文・斯Ⅱ・
梅沢・慶Ⅰ・大東・武内・東大・東洋・聖語・東急・斯Ⅰ・宋
版・世徳・道蔵・敦Ⅱ・治要」②征□□□ー足利」

387 戎馬生於郊境之上ー活Ⅱ・陽Ⅰ・書陵・杏Ⅱ・無窮・足利・筑
波・弘文・斯Ⅱ・梅沢・慶Ⅰ・大東・武内・東大・東洋・聖語・
東急・宋版・世徳・道蔵・敦Ⅱ・治要」②□□□□邦□□□ー
斯Ⅰ」

経 388 罪莫大於可欲ー活Ⅱ・陽Ⅰ・書陵・杏Ⅱ・無窮・足利・筑波・
弘文・斯Ⅱ・慶Ⅰ・大東・武内・東大・東洋・聖語・東急・斯
Ⅰ・六地・宋版・世徳・道蔵・敦Ⅱ・治要」②禍□□□□ー
梅沢」

8ウ2

注 389 好色淫也ー活Ⅱ・陽Ⅰ・書陵・杏Ⅱ・無窮・足利・筑波・弘文・
斯Ⅱ・梅沢・慶Ⅰ・大東・武内・東大・東洋・聖語・斯Ⅰ」②
□淫色□ー宋版・世徳・治要」②□□□■ー敦Ⅱ」②□□□欲ー
道蔵」③□婬色□ー東急」

注 390 冨貴而ー活Ⅱ・陽Ⅰ・弘文」②□□■ー書陵・杏Ⅱ・無窮・足
利・筑波・斯Ⅱ・梅沢・慶Ⅰ・大東・武内・東大・東洋・聖語・
東急・斯Ⅰ・宋版・世徳・敦Ⅱ・道蔵・治要」

391 不能自■禁止也ー陽Ⅰ・書陵・杏Ⅱ・足利・筑波・弘文・斯Ⅱ・
梅沢・慶Ⅰ・大東・武内・東大・東洋・聖語・東急・斯Ⅰ・宋
版・世徳・治要」②□□□■□□■ー敦Ⅱ」②□□□知□□□
ー無窮」②□□知自□□□ー活Ⅱ」④□□□知□□■ー道蔵」

8ウ3

経 392 故知足之足ー活Ⅱ・陽Ⅰ・書陵・杏Ⅱ・無窮・足利・筑波・弘
文・斯Ⅱ・梅沢・慶Ⅰ・大東・六地・武内・東大・東洋・聖語・
東急・斯Ⅰ・宋版・世徳・道蔵・敦Ⅱ」②□□□■ー治要」

注 393 守真根也ー活Ⅱ・陽Ⅰ・書陵・杏Ⅱ・無窮・足利・筑波・弘文・
斯Ⅱ・梅沢・慶Ⅰ・大東・武内・東大・東洋・聖語・東急・斯
Ⅰ・宋版・世徳・道蔵」②□□□■ー敦Ⅱ」③■■■■ー治要」

8ウ4

経 394 常足矣ー活Ⅱ・陽Ⅰ・書陵・杏Ⅱ・無窮・足利・筑波・弘文・
斯Ⅱ・梅沢・慶Ⅰ・大東・武内・東大・東洋・聖語・東急・斯
Ⅰ・六地・道蔵・治要」②□□■ー宋版・世徳・敦Ⅱ」

注 395 無■欲心也ー活Ⅱ・書陵・無窮・足利・筑波・弘文・梅沢・東
急・世徳」①无■□□□ー陽Ⅰ・杏Ⅱ・斯Ⅱ・慶Ⅰ・大東・武
内・東大・東洋・聖語・斯Ⅰ・宋版・治要」③无■□□■ー敦
Ⅱ」④□有□□■ー道蔵」

8ウ5

396 鑒遠■■第四十七ー活Ⅱ・陽Ⅰ・梅沢・聖語・斯Ⅰ・宋版・世
徳・道蔵」②□□■章□□□□ー武内・東大・東洋」③不出戸

章□□□□－杏Ⅱ・弘文・慶Ⅰ」③不出戸章□冊　□－大東」③不出戸章■□□□－筑波」③■■■■■■■■－書陵・無窮・足利・斯Ⅱ・東急・六地・敦Ⅱ」

8ウ6 経 397 不出戸以知天下－活Ⅱ・陽Ⅰ・書陵・杏Ⅱ・無窮・足利・筑波・弘文・斯Ⅱ・梅沢・慶Ⅰ・大東・武内・東大・東洋・聖語・東急・斯Ⅰ・六地・道蔵・敦Ⅱ・治要」②□□□■□□□－宋版・世徳」

注 398 知人身－活Ⅱ・陽Ⅰ・杏Ⅱ・無窮・足利・筑波・弘文・斯Ⅱ・梅沢・慶Ⅰ・大東・武内・東大・東洋・聖語・東急・斯Ⅰ・宋版・世徳・道蔵・敦Ⅱ・治要」①□入□－書陵」

8ウ7 399 所以見天下也－活Ⅱ・陽Ⅰ・書陵・杏Ⅱ・無窮・足利・筑波・弘文・斯Ⅱ・慶Ⅰ・大東・聖語・斯Ⅰ・宋版・世徳・道蔵」②□□知□□□－武内・東大・東洋」②□□□□□矣－東急・敦Ⅱ・治要」④□□知□□矣－梅沢」

経 400 不闚牖－活Ⅱ・陽Ⅰ・書陵・杏Ⅱ・無窮・足利・筑波・弘文・斯Ⅱ・梅沢・慶Ⅰ・大東・武内・東大・東洋・聖語・斯Ⅰ・六地・敦Ⅱ」①□窺□－東急・宋版・世徳・道蔵・治要」

401 以見天道－活Ⅱ・陽Ⅰ・書陵・杏Ⅱ・無窮・足利・筑波・弘文・斯Ⅱ・梅沢・慶Ⅰ・大東・武内・東大・東洋・聖語・東急・斯Ⅰ・六地・敦Ⅱ・治要」②■□□□－宋版・世徳・道蔵」

注 402 天人相通精氣相貫－活Ⅱ・陽Ⅰ・書陵・杏Ⅱ・無窮・足利・筑波・弘文・斯Ⅱ・梅沢・慶Ⅰ・大東・武内・東大・東洋・聖語・東急・斯Ⅰ・世徳・道蔵・敦Ⅱ」①大□□□□□□□－宋版」④■■■■■■■■－治要」

9オ1 403 人君清静天氣自正－活Ⅱ・陽Ⅰ・杏Ⅱ・無窮・筑波・弘文・斯Ⅱ・梅沢・慶Ⅰ・大東・武内・東洋・東急・道蔵・敦Ⅱ・治要」②□□□浄□□□□－足利・東大・聖語・斯Ⅰ・宋版・世徳」③□□淨清□□□□－書陵」

404 人君多欲天氣煩濁－活Ⅱ・陽Ⅰ・書陵・杏Ⅱ・無窮・足利・筑波・弘文・斯Ⅱ・梅沢・慶Ⅰ・大東・武内・聖語・東急・斯Ⅰ・宋版・世徳・道蔵・敦Ⅱ・治要」②□■□□□□□□－東大・東洋」

405 皆由於已■也－活Ⅱ・陽Ⅰ・書陵・杏Ⅱ・無窮・足利・筑波・弘文・斯Ⅱ・梅沢・慶Ⅰ・大東・武内・東大・東洋・東急・治要」②□□□□■■－宋版・世徳・敦Ⅱ」②□□□□者□－道蔵」④□出□□■■－聖語・斯Ⅰ」

9オ2 注 406 觀■人身－活Ⅱ・陽Ⅰ・書陵・杏Ⅱ・無窮・足利・筑波・斯Ⅱ・梅沢・慶Ⅰ・大東・武内・東大・東洋・聖語・東急・斯Ⅰ・宋版・世徳・道蔵・敦Ⅱ・治要」①□人□□－弘文」

407 所觀益遠■－活Ⅱ・陽Ⅰ・書陵・杏Ⅱ・無窮・筑波・弘文・斯Ⅱ・梅沢・慶Ⅰ・大東・武内・東大・東洋・聖語・東急・斯Ⅰ・宋版・世徳・道蔵・敦Ⅱ・治要」①□□□□閈－足利（「遠」に見消ち）

408 所■知益少也－活Ⅱ・陽Ⅰ・書陵・杏Ⅱ・足利・筑波・弘文・斯Ⅱ・梅沢・慶Ⅰ・大東・武内・東大・東洋・聖語・東急・斯Ⅰ」②□■用□□□－世徳」②□見□□□□－無窮」②□見■□□□－宋版・治要」④□見■□□■－道蔵・敦Ⅱ」

9オ3 注 409 聖人不上天不入淵－活Ⅱ・陽Ⅰ・書陵・杏Ⅱ・無窮・足利・筑波・弘文・斯Ⅱ・梅沢・慶Ⅰ・武内・東大・東洋・聖語・東急・斯Ⅰ・宋版・世徳・道蔵・敦Ⅱ」①□□□□□□□関－大東」③■■■■■■■■－治要」

410 能知天地者－活Ⅱ・陽Ⅰ・書陵・杏Ⅱ・無窮・足利・筑波・弘文・斯Ⅱ・慶Ⅰ・大東・武内・東大・東洋」②□□□□■－梅沢・聖語・東急・斯Ⅰ・宋版・世徳」②□□□下□－道蔵・敦Ⅱ」③■■■■■－治要」

411 以心知■之也－活Ⅱ・陽Ⅰ・書陵・杏Ⅱ・無窮・足利・筑波・弘文・斯Ⅱ・慶Ⅰ・大東・武内・東大・東洋・道蔵」②□□□也□□－梅沢」②□□□■□■－東急・宋版・世徳・敦Ⅱ」②□□□■■□－聖語・斯Ⅰ」③■■■■■■－治要」

9オ4 注 412 聖人原小■知大－活Ⅱ・陽Ⅰ・杏Ⅱ・足利・筑波・弘文・斯Ⅱ・

武内・東洋・聖語・東急・斯Ⅰ・宋版・世徳・敦Ⅱ・治要」①□□厚□■□□－東大」①□□□少■□□－書陵・梅沢」②□□□□而□□－道蔵」③□□厚□而□□－慶Ⅰ・大東」③□□□少以□□－無窮」

413 察内以知外■也－活Ⅱ・陽Ⅰ・書陵・杏Ⅱ・無窮・足利・筑波・弘文・斯Ⅱ・慶Ⅰ・大東・武内」②□□■□□■□－梅沢・東大・聖語・斯Ⅰ」②□□而□□■□－道蔵」④□□■□□者□－東洋」④□□■□□■■－東急・宋版・世徳・敦Ⅱ・治要」

経

414 不爲而成－活Ⅱ・陽Ⅰ・書陵・杏Ⅱ・無窮・足利・筑波・弘文・斯Ⅱ・梅沢・慶Ⅰ・大東・武内・東大・東洋・聖語・東急・斯Ⅰ・世徳・道蔵・敦Ⅱ・治要」②無□□□－宋版」

9オ5 注

415 上■無所爲－活Ⅱ・書陵・無窮・足利・筑波・弘文・東急・世徳・治要」①□■无□□－陽Ⅰ・杏Ⅱ・斯Ⅱ・梅沢・慶Ⅰ・大東・東・武内・東大・東洋・聖語・斯Ⅰ・宋版・敦Ⅱ」③□好无■□－道蔵」

416 則下無事－活Ⅱ・書陵・無窮・足利・弘文・斯Ⅱ・東急・宋版・世徳・道蔵」①□□无□－陽Ⅰ・杏Ⅱ・筑波・梅沢・慶Ⅰ・大東・武内・東大・東洋・聖語・斯Ⅰ・敦Ⅱ・治要」

417 萬物自■化－活Ⅱ・陽Ⅰ・杏Ⅱ・足利・筑波・弘文・斯Ⅱ・梅沢・慶Ⅰ・大東・武内・東大・東洋・聖語・東急・斯Ⅰ・宋版・世徳・道蔵・敦Ⅱ」②万□□而□－無窮」②万■□■□－書陵」②■□■□－治要」

418 ■■就也－活Ⅱ・陽Ⅰ・書陵・無窮・足利・筑波・弘文・斯Ⅱ・梅沢・慶Ⅰ・大東・聖語・斯Ⅰ・宋版」②■■□■－敦Ⅱ」②■成□□－杏Ⅱ・武内・東大・東急」②■成■□－世徳」③而成□□－東洋」③■■■□－道蔵・治要」

9オ6

419 亡知■■■第四十八－活Ⅱ・陽Ⅰ」①忘□■■■□□□□－梅沢・聖語・斯Ⅰ・宋版・世徳・道蔵」③忘□■■章□□□□－東大・東洋」③志□■■章□□□□－武内」③為学■■章□□□□－杏Ⅱ・筑波・慶Ⅰ」③爲学■■章□卌　□－大東」③為學日益章□□□□－弘文」③■■■■■■■■■－書陵・無窮・足利・斯Ⅱ・東急・六地・敦Ⅱ」

9オ7 注

420 學謂政教■禮樂之學也－活Ⅱ・陽Ⅰ・書陵・杏Ⅱ・無窮・足利・筑波・斯Ⅱ・梅沢・慶Ⅰ・大東・武内・東大・東洋・聖語・斯Ⅰ・宋版・世徳」②■□□■□□□□－東急・道蔵」②□□□■礼□□□■－敦Ⅱ」④学□□□之礼□□学之－弘文」

421 情欲文餝－活Ⅱ・陽Ⅰ・書陵・杏Ⅱ・無窮・足利・筑波・斯Ⅱ・慶Ⅰ・大東・武内・東大・東洋・聖語・東急・斯Ⅰ・宋版・世徳・道蔵・敦Ⅱ」①精□□□－梅沢」②□□之□－弘文」

422 日以■■益多也－活Ⅱ・陽Ⅰ・書陵・杏Ⅱ・無窮・足利・筑波・弘文・斯Ⅱ・梅沢・慶Ⅰ・大東・武内・東大・東洋」②□□■■□□■－聖語・斯Ⅰ・宋版・世徳・道蔵・敦Ⅱ」③□□消損□□□－東急」

9ウ1 注

423 謂自然之道也－活Ⅱ・陽Ⅰ・書陵・杏Ⅱ・無窮・足利・筑波・弘文・斯Ⅱ・武内・東大・東洋・聖語・東急・斯Ⅰ・宋版・世徳」②□□□□□■－梅沢・慶Ⅰ・大東・道蔵・敦Ⅱ」

424 情欲文餝－活Ⅱ・陽Ⅰ・杏Ⅱ・無窮・足利・筑波・弘文・斯Ⅱ・慶Ⅰ・大東・武内・東大・東洋・聖語・東急・斯Ⅰ・宋版・世徳・道蔵・敦Ⅱ」①精□□□－梅沢」①□慾□□－書陵」

425 日以消損■也－活Ⅱ・陽Ⅰ・書陵・杏Ⅱ・斯Ⅱ・梅沢・武内・東大・東洋・聖語・斯Ⅰ」①□□清□■□－無窮」②□□□□之□－慶Ⅰ・大東」②□□□□■■－足利・筑波・弘文・東急・宋版・世徳・敦Ⅱ」③□□銷□■■－道蔵」

経

426 損之又損之－活Ⅱ・陽Ⅰ・書陵・杏Ⅱ・無窮・足利・筑波・弘文・斯Ⅱ・梅沢・慶Ⅰ・大東・武内・東大・東急・六地・敦Ⅱ」②□□□□■－東洋・聖語・斯Ⅰ・宋版・世徳・道蔵・治要」

9ウ2 注

427 ■■損情欲■－活Ⅱ・陽Ⅰ・杏Ⅱ・無窮・足利・筑波・弘文・斯Ⅱ・梅沢・慶Ⅰ・大東・武内・東大・東洋・聖語・東急・斯Ⅰ・宋版・世徳・敦Ⅱ・治要」①■■□□慾■－書陵」④損之□□□也－道蔵」

428 又損之■—活Ⅱ・陽Ⅰ・書陵・杏Ⅱ・無窮・足利・筑波・弘文・斯Ⅱ・梅沢・慶Ⅰ・大東・武内・東大・東洋・聖語・東急・斯Ⅰ・宋版・世徳・敦Ⅱ・治要」②□□□者—道蔵」

429 所以漸去之也—活Ⅱ・陽Ⅰ・書陵・杏Ⅱ・無窮・足利・筑波・弘文・斯Ⅱ・梅沢・慶Ⅰ・大東・武内・東大・道蔵」②□□□□■□—東急・聖語・斯Ⅰ」②□□□□□■—東洋・敦Ⅱ・治要」②□□□□■■—宋版・世徳」

経 430 以至於無爲—活Ⅱ・書陵・杏Ⅱ・無窮・足利・弘文・斯Ⅱ・梅沢・慶Ⅰ・大東・武内・東洋・聖語・東急・斯Ⅰ・宋版・世徳・道蔵」①□□□无□—陽Ⅰ・筑波・東大・六地・敦Ⅱ・治要」

注 431 當恬■如嬰兒—活Ⅱ・書陵・杏Ⅱ・無窮・筑波・弘文・武内・東大・東洋・聖語・東急・斯Ⅰ」①□□■□孆□—陽Ⅰ・足利・梅沢・大東」①□□■□孆□—慶Ⅰ・斯Ⅱ?」②□□淡□□□—道蔵」③□□淡□孆□—世徳」③□□惔□孆□—宋版」④■■■■■■—治要」

432 無所造爲也—活Ⅱ・書陵・無窮・足利・弘文・斯Ⅱ・梅沢・東急」①无□□□□—陽Ⅰ・杏Ⅱ・筑波・慶Ⅰ・大東・武内・東大・東洋・聖語・斯Ⅰ」②□□□□■—世徳・道蔵」③无□□□■—宋版・敦Ⅱ」④■■■■■—治要」

経 433 無爲而—活Ⅱ・陽Ⅰ・書陵・杏Ⅱ・無窮・足利・弘文・斯Ⅱ・梅沢・慶Ⅰ・大東・武内・東大・東洋・聖語・東急・斯Ⅰ・六地・宋版・世徳・道蔵」①无□□—筑波・敦Ⅱ・治要」

9ウ3 434 無不爲—活Ⅱ・書陵・杏Ⅱ・無窮・足利・筑波・弘文・斯Ⅱ・梅沢・慶Ⅰ・大東・武内・東洋・聖語・東急・斯Ⅰ・宋版・世徳・道蔵」①无□□—陽Ⅰ・東大・六地・敦Ⅱ・治要」

注 435 情欲斷絶—活Ⅱ・陽Ⅰ・杏Ⅱ・無窮・足利・筑波・弘文・斯Ⅱ・梅沢・慶Ⅰ・大東・武内・東大・東洋・聖語・東急・斯Ⅰ・宋版・世徳・道蔵・敦Ⅱ・治要」①□慾□□—書陵」

436 無所不施—活Ⅱ・無窮・足利・筑波・弘文・梅沢・東急・世徳・道蔵」①无□□□—陽Ⅰ・杏Ⅱ・斯Ⅱ・慶Ⅰ・大東・武内・東大・東洋・聖語・斯Ⅰ・宋版・敦Ⅱ・治要」①□□□絶—書陵」

437 無所不爲■也—活Ⅱ・書陵・無窮・足利・筑波・弘文・斯Ⅱ・世徳・道蔵」①无□□□■□—陽Ⅰ・杏Ⅱ・慶Ⅰ・大東・武内・東大・東洋・聖語・斯Ⅰ・宋版」②□□□□取□—梅沢」②□□□■■—東急」③无□□□■■—敦Ⅱ・治要」

9ウ4 経 438 常以無事—活Ⅱ・書陵・杏Ⅱ・無窮・足利・筑波・弘文・斯Ⅱ・梅沢・慶Ⅰ・大東・武内・東洋・聖語・東急・斯Ⅰ・宋版・世徳・道蔵」①□□无□—陽Ⅰ・東大・六地・敦Ⅱ・治要」

注 439 常當以無事—活Ⅱ・筑波・弘文・東急・世徳」①□□□无□—陽Ⅰ・杏Ⅱ・斯Ⅱ・慶Ⅰ・大東・武内・東大・東洋・聖語・斯Ⅰ・宋版・治要」②■□□□□—道蔵」②□■□□□—書陵・足利・梅沢」③□■□无□—無窮」③當常□无□—敦Ⅱ」

440 不當勞煩■也—活Ⅱ・陽Ⅰ・道蔵」②□□□□民□—書陵・杏Ⅱ・足利・筑波・弘文・斯Ⅱ・梅沢・慶Ⅰ・大東・武内・東大・東洋・治要」②□□□□之□—無窮・東急」②□□煩勞■□—宋版」④□畜煩勞■□—世徳」④□□煩勞■■—聖語・斯Ⅰ・敦Ⅱ」

9ウ5 経 441 不足以取天下—活Ⅱ・陽Ⅰ・書陵・杏Ⅱ・無窮・足利・筑波・弘文・斯Ⅱ・梅沢・慶Ⅰ・大東・武内・東大・東洋・聖語・東急・斯Ⅰ・六地・宋版・世徳・敦Ⅱ・治要」②□可□□□□—道蔵」

注 442 及其好有事—活Ⅱ・陽Ⅰ・書陵・杏Ⅱ・無窮・足利・筑波・弘文・斯Ⅱ・梅沢・慶Ⅰ・大東・武内・聖語・斯Ⅰ・宋版・世徳・道蔵・敦Ⅱ・治要」②■□□□□—東大・東洋・東急」

443 不足以治■天下也—活Ⅱ・陽Ⅰ・書陵・杏Ⅱ・無窮・足利・筑波・弘文・斯Ⅱ・梅沢・慶Ⅰ・大東・武内・東大・聖語・東急・斯Ⅰ・宋版・世徳・治要」②□□□□於□□□—東洋」②□□□□■□□□■—道蔵・敦Ⅱ」

9ウ6 444 任徳■■■■第四十九—活Ⅱ・陽Ⅰ・梅沢・聖語・斯Ⅰ・宋版・世徳・道蔵」②□□■■■章□□□□—武内・東大・東洋」③

聖人■■■章□□□□―杏Ⅱ」③聖人無常■章□□□□―慶Ⅰ」③聖人無常■章□冊　□―大東」③聖人無常心章□□□□―筑波・弘文」③■■■■■■■■■■―書陵・無窮・足利・斯Ⅱ・東急・六地・敦Ⅱ」

9ウ7 経 445 聖人無常心―活Ⅱ・書陵・杏Ⅱ・無窮・足利・筑波・弘文・斯Ⅱ・梅沢・慶Ⅰ・大東・武内・東洋・聖語・東急・斯Ⅰ・宋版・世徳・道蔵」①□□无□□―陽Ⅰ・東大・六地・敦Ⅱ・治要」

注 446 貴因循―活Ⅱ・陽Ⅰ・書陵・杏Ⅱ・無窮・筑波・弘文・斯Ⅱ・梅沢・慶Ⅰ・大東・武内・東大・東洋・聖語・東急・斯Ⅰ・宋版・世徳・道蔵・敦Ⅱ・治要」①□□終―足利」

447 若自無心也―活Ⅱ・書陵・足利・弘文・梅沢」①□□无□□―陽Ⅰ・杏Ⅱ・無窮・筑波・斯Ⅱ・慶Ⅰ・大東・武内・東大・東洋・聖語・斯Ⅰ・治要」②□似□□□―道蔵」②□□□□□■―東急・世徳」③□□无□■―宋版・敦Ⅱ」

10オ1 注 448 百姓心之所便―活Ⅱ・陽Ⅰ・書陵・杏Ⅱ・無窮・足利・弘文・斯Ⅱ・梅沢・慶Ⅰ・大東・武内・東洋・聖語・東急・斯Ⅰ・宋版・世徳・道蔵・敦Ⅱ・治要」①□□□□□使―筑波」②□□之心□□―東大」

449 ■■因而從之■也―活Ⅱ・杏Ⅱ・無窮・足利・筑波・弘文・斯Ⅱ・梅沢・慶Ⅰ・大東・武内・東大」②■■□□□■■□―陽Ⅰ・斯Ⅰ」②■■□□□者□―東洋」②■■□□□□■■―書陵・聖語・東急・宋版・世徳・道蔵・治要」④聖人□□□□■■―敦Ⅱ」

注 450 百姓爲善■―活Ⅱ・陽Ⅰ・書陵・杏Ⅱ・無窮・足利・筑波・弘文・斯Ⅱ・梅沢・慶Ⅰ・大東・武内・東大・東洋・聖語・東急・斯Ⅰ・宋版・世徳・道蔵・治要」②□□□□者―敦Ⅱ」

451 聖人因而―活Ⅱ・陽Ⅰ・書陵・杏Ⅱ・無窮・足利・弘文・斯Ⅱ・梅沢・慶Ⅰ・大東・武内・東大・東洋・聖語・東急・斯Ⅰ・宋版・世徳・道蔵・敦Ⅱ・治要」②□也□□―筑波」

452 善之■也―活Ⅱ・陽Ⅰ・書陵・杏Ⅰ・無窮・筑波・弘文・斯Ⅱ・武内・東大」②□□者□―東洋」②□■■□―足利・慶Ⅰ・大東」②□□■矣―東急」②□□■■―梅沢・聖語・斯Ⅰ・宋版・世徳・道蔵・敦Ⅱ・治要」

10オ2 注 453 雖有不善者聖人■化之―活Ⅱ・陽Ⅰ・書陵・杏Ⅱ・無窮・足利・筑波・弘文・斯Ⅱ・慶Ⅰ・大東・武内・東大・東洋・聖語・東急・斯Ⅰ・宋版・世徳・道蔵・敦Ⅱ」③為■□□■□□■□□―治要」④徳化■■■□□人□■―梅沢」

454 使■善■也■―活Ⅱ・無窮・武内・東大・東洋・聖語・斯Ⅰ・宋版・世徳・道蔵」②□■□之□■―陽Ⅰ・書陵・足利・筑波・弘文・斯Ⅱ・慶Ⅰ・大東」②□■□之■■―杏Ⅱ」②□■□■□矣―東急」③□為□■■■―敦Ⅱ」③■為□■■■―治要」④■■■■■■―梅沢」

経 455 徳善■矣―活Ⅱ・陽Ⅰ・書陵・杏Ⅱ・無窮・足利・筑波・弘文・梅沢・慶Ⅰ・大東・武内・東大・東洋・聖語・東急・斯Ⅰ」②□□善□―斯Ⅱ」②□□■■―宋版・世徳・道蔵」③得□■■―敦Ⅱ」

10オ3 注 456 百姓徳―活Ⅱ・陽Ⅰ・書陵・杏Ⅱ・無窮・足利・筑波・弘文・斯Ⅱ・梅沢・慶Ⅰ・大東・武内・東大・東洋・聖語・東急・斯Ⅰ・宋版・世徳・道蔵」②□□得―敦Ⅱ」

457 化聖人爲善也―活Ⅱ・陽Ⅰ・書陵・無窮・足利・筑波・弘文・斯Ⅱ・梅沢・慶Ⅰ・大東・武内・東大・東洋・聖語・斯Ⅰ」②□□□□□矣―杏Ⅱ」②□□□□□■―東急・宋版・世徳・道蔵・敦Ⅱ」

経 458 信者吾信之―活Ⅱ・陽Ⅰ・書陵・杏Ⅱ・無窮・足利・筑波・弘文・斯Ⅱ・慶Ⅰ・大東・武内・東大・東洋・聖語・東急・斯Ⅰ・六地・宋版・世徳・道蔵・敦Ⅱ・治要」②□□□□■―梅沢」

注 459 百姓爲信■―活Ⅱ・陽Ⅰ・書陵・杏Ⅱ・無窮・足利・筑波・弘文・斯Ⅱ・慶Ⅰ・大東・武内・東大・東洋・聖語・東急・斯Ⅰ・宋版・世徳・道蔵・治要」②□□□者―梅沢・敦Ⅱ」

460 因而信之■也―活Ⅱ・陽Ⅰ・書陵・杏Ⅱ・無窮・足利・筑波・

弘文・斯Ⅱ・梅沢・慶Ⅰ・大東・武内・東大」②□□□□者□ー東洋」②□□□□■■ー聖語・東急・斯Ⅰ・宋版・世徳・道蔵・敦Ⅱ・治要」

10オ4 経 461 不信者吾亦信之ー活Ⅱ・陽Ⅰ・書陵・杏Ⅱ・無窮・足利・筑波・弘文・斯Ⅱ・梅沢・武内・東大・東洋・聖語・東急・斯Ⅰ・六地・宋版・世徳・道蔵・敦Ⅱ・治要」②□□□■□□□ー慶Ⅰ・大東」

注 462 百姓爲不信■ー活Ⅱ・陽Ⅰ・書陵・杏Ⅱ・無窮・足利・筑波・弘文・斯Ⅱ・梅沢・慶Ⅰ・大東・武内・東大・東洋・聖語・東急・斯Ⅰ・宋版・世徳・道蔵・治要」②□□□□者ー敦Ⅱ」

463 聖人化之ー活Ⅱ・陽Ⅰ・書陵・無窮・足利・筑波・弘文・斯Ⅱ・梅沢・慶Ⅰ・大東・武内・聖語・斯Ⅰ・宋版・世徳・道蔵・敦Ⅱ・治要」②□□□■ー杏Ⅱ・東大・東洋・東急」

464 使■信■也ー活Ⅱ・無窮・梅沢・武内・東大・聖語・東急・斯Ⅰ・宋版・世徳・道蔵・治要」②□■□之□ー陽Ⅰ・書陵・足利・筑波・弘文・斯Ⅱ・慶Ⅰ・大東」②□■□者□ー東洋」②□■□之■ー杏Ⅱ」③□為□■■ー敦Ⅱ」

経 465 徳信矣ー活Ⅱ・陽Ⅰ・書陵・杏Ⅱ・無窮・足利・筑波・弘文・斯Ⅱ・梅沢・慶Ⅰ・大東・武内・東大・東洋・聖語・斯Ⅰ・六地」①得□□ー敦Ⅱ」②□□■ー東急・宋版・世徳・道蔵」

20オ5 注 466 徳化聖人ー活Ⅱ・陽Ⅰ・書陵・杏Ⅱ・無窮・足利・筑波・弘文・斯Ⅱ・梅沢・慶Ⅰ・大東・武内・東大・東洋・聖語・東急・斯Ⅰ・宋版・世徳・道蔵・治要」①得□□□ー敦Ⅱ」

467 爲信■也ー活Ⅱ・杏Ⅱ・無窮・斯Ⅰ」②□□之□ー陽Ⅰ・書陵・足利・筑波・弘文・斯Ⅱ・梅沢・慶Ⅰ・大東・武内・東大・東洋」②□□之■ー聖語」②□□■■ー東急・宋版・世徳・道蔵・敦Ⅱ」

経 468 故聖人之在天下ー活Ⅱ・無窮」②□□□■□□□ー陽Ⅰ・書陵・杏Ⅱ・足利・筑波・弘文・斯Ⅱ・慶Ⅰ・大東・武内・東大・東洋・六地」②■□□□□□□ー梅沢」④■□□■□□□ー聖語・東急・斯Ⅰ・宋版・世徳・道蔵・敦Ⅱ」

469 怵怵焉ー活Ⅱ・陽Ⅰ・書陵・杏Ⅱ・無窮・足利・筑波・弘文・斯Ⅱ・梅沢・慶Ⅰ・大東・武内・東大・東洋・東急・六地」②□□■ー聖語・斯Ⅰ・宋版・世徳・道蔵・敦Ⅱ」

10オ6 注 470 怵怵常恐怖■■ー活Ⅱ・陽Ⅰ・書陵・杏Ⅱ・無窮・足利・筑波・弘文・斯Ⅱ・慶Ⅰ・大東・武内・東大・東洋・聖語・東急・斯Ⅰ・宋版・世徳」②□□□□懼■■ー道蔵・敦Ⅱ」③□□□□□冨怖ー梅沢」

471 不敢驕奢■也ー活Ⅱ・陽Ⅰ・書陵・杏Ⅱ・無窮・足利・筑波・弘文・斯Ⅱ・慶Ⅰ・大東・武内・東大・聖語・斯Ⅰ」②□□□者□ー東洋」②□□□■■ー東急・宋版・世徳・道蔵」③□■■□■□ー梅沢」③□□憍□■■ー敦Ⅱ」

注 472 渾■濁其心ー活Ⅱ・杏Ⅱ・無窮・足利・筑波・斯Ⅱ・梅沢・慶Ⅰ・大東・武内・東大・東洋・聖語・東急・斯Ⅰ・宋版・世徳・道蔵」②□々□□□ー陽Ⅰ・書陵・弘文」②□■■□□ー敦Ⅱ」

10オ7 473 闇不通也ー活Ⅱ・陽Ⅰ・書陵・杏Ⅱ・無窮・足利・筑波・弘文・斯Ⅱ・梅沢・慶Ⅰ・大東・武内・東大・東洋・聖語・東急・斯Ⅰ・宋版・世徳」②□□□■ー敦Ⅱ」③暗□□■ー道蔵」

経 474 注其耳目ー活Ⅱ・陽Ⅰ・書陵・杏Ⅱ・無窮・足利・筑波・弘文・斯Ⅱ・梅沢・大東・武内・東大・東洋・聖語・東急・斯Ⅰ・宋版・世徳・道蔵・敦Ⅱ」①註□□□ー慶Ⅰ」

注 475 注用也ー活Ⅱ・陽Ⅰ・書陵・杏Ⅱ・無窮・足利・筑波・弘文・斯Ⅱ・大東・武内・東大・東洋・聖語・東急・斯Ⅰ・宋版・世徳・道蔵・敦Ⅱ」①註□□ー慶Ⅰ」②□□■ー梅沢」

476 用■耳目■ー陽Ⅰ・書陵・弘文・東急」②□其□□■ー活Ⅱ・杏Ⅱ・無窮・足利・筑波・斯Ⅱ・慶Ⅰ・大東・武内・東大・東洋・聖語・斯Ⅰ・宋版・世徳・道蔵・敦Ⅱ」④□其□□也ー梅沢」

10ウ1 477 爲聖人視聽也ー活Ⅱ・陽Ⅰ・書陵・杏Ⅱ・無窮・足利・筑波・弘文・斯Ⅱ・梅沢・慶Ⅰ・大東・武内・東大・東洋・聖語・東

急・斯Ⅰ・宋版・世徳・道蔵」②□□□□□■―敦Ⅱ」

注478 ■聖人愛念百姓―活Ⅱ・陽Ⅰ・書陵・杏Ⅱ・足利・筑波・弘文・斯Ⅱ・梅沢・慶Ⅰ・大東・武内・東大・東洋・聖語・東急・斯Ⅰ・宋版・世徳・道蔵」②言□□□□□―無窮・敦Ⅱ」

479 孩育■■赤子―活Ⅱ」①□弃■■□□―無窮」②□孾■■□□―宋版・世徳」②□兒■■□□―敦Ⅱ」③孾孩■■□□―聖語・斯Ⅰ」③嬰孩■■□□―道蔵」③■■蠕虫□□―陽Ⅰ・杏Ⅱ・足利・筑波・弘文・斯Ⅱ・慶Ⅰ・大東・武内・東大・東洋・東急」③■■蠕忠□□―書陵」③□□蠕虫□□―梅沢」

480 長養之―活Ⅱ・陽Ⅰ・書陵・無窮・足利・筑波・弘文・斯Ⅱ・梅沢・慶Ⅰ・大東・武内・東洋・聖語・宋版・世徳・道蔵・敦Ⅱ」②養長□―杏Ⅱ・東大・東急・斯Ⅰ」

481 而不責望其報■也―活Ⅱ・陽Ⅰ・書陵・杏Ⅱ・無窮・足利・弘文・斯Ⅱ・梅沢・慶Ⅰ・大東・武内・東大・聖語・東急・斯Ⅰ」②■□□□□■□―筑波」②□□□□□□者□―東洋」②□□□□□■■―宋版・世徳・道蔵・敦Ⅱ」

10ウ3

482 貴生■■■第五十―活Ⅱ・陽Ⅰ・梅沢・聖語・斯Ⅰ・宋版・世徳・道蔵」②□□■■章□□□―武内・東大・東洋」③出生入死章□□□―杏Ⅱ・弘文・慶Ⅰ・大東」③出生入死章■□□―筑波」③■■■■■■■■―書陵・無窮・足利・斯Ⅱ・東急・六地・敦Ⅱ」

10ウ4

注483 情欲出於五内―活Ⅱ・陽Ⅰ・書陵・杏Ⅱ・無窮・足利・筑波・弘文・斯Ⅱ・梅沢・慶Ⅰ・大東・武内・東大・東洋・聖語・東急・斯Ⅰ・道蔵・敦Ⅱ」②□□□□■□―世徳」③□□□无■□―宋版」

484 魂定魄静―活Ⅱ・陽Ⅰ・書陵・杏Ⅱ・無窮・足利・筑波・弘文・梅沢・慶Ⅰ・大東・武内・東大・東洋・聖語・東急・斯Ⅰ・宋版・世徳・道蔵・敦Ⅱ」③□■■□―斯Ⅱ」

485 故生■―活Ⅱ・陽Ⅰ・書陵・杏Ⅱ・足利・筑波・弘文・斯Ⅱ・梅沢・慶Ⅰ・大東・武内・東大・東洋・東急・敦Ⅱ」②□□也―無窮・聖語・斯Ⅰ・宋版・世徳・道蔵」

486 情欲■入於胸臆―活Ⅱ・陽Ⅰ・書陵・杏Ⅱ・無窮・筑波・弘文・斯Ⅱ・梅沢・慶Ⅰ・大東・武内・東大・東洋・聖語・東急・斯Ⅰ・宋版・世徳」①□□■□□匈□―敦Ⅱ」②□□故□□□□―足利」②□□■□■□□―道蔵」

487 精神勞惑―活Ⅱ・陽Ⅰ・書陵・杏Ⅱ・無窮・足利・筑波・弘文・斯Ⅱ・慶Ⅰ・大東・武内・東大・東洋・東急・宋版・世徳・道蔵」①情□□□―梅沢」②□□□感―聖語・斯Ⅰ」③□勞神或―敦Ⅱ」

10ウ5

488 故死也―活Ⅱ・陽Ⅰ・書陵・杏Ⅱ・無窮・足利・筑波・弘文・斯Ⅱ・梅沢・慶Ⅰ・大東・武内・東大・東洋・聖語・東急・斯Ⅰ・道蔵」②□□■―宋版・世徳・敦Ⅱ」

経489 生之徒十有三―活Ⅱ・陽Ⅰ・書陵・杏Ⅱ・無窮・足利・筑波・弘文・斯Ⅱ・梅沢・慶Ⅰ・大東・東大・東洋・聖語・東急・斯Ⅰ・六地・宋版・世徳・道蔵・敦Ⅱ」①□□從□□□―武内」

490 死之徒十有三―活Ⅱ・陽Ⅰ・書陵・杏Ⅱ・無窮・足利・筑波・弘文・斯Ⅱ・梅沢・慶Ⅰ・大東・東大・東洋・聖語・東急・斯Ⅰ・六地・宋版・世徳・道蔵・敦Ⅱ」①□□從□□□―武内」

注491 言生死之類―活Ⅱ・陽Ⅰ・書陵・杏Ⅱ・無窮・足利・筑波・弘文・斯Ⅱ・梅沢・慶Ⅰ・大東・武内・東大・東洋・聖語・東急・斯Ⅰ・宋版・道蔵・敦Ⅱ」②□死生□□―世徳」

10ウ6

492 各有十三―活Ⅱ・陽Ⅰ・書陵・杏Ⅱ・無窮・足利・筑波・弘文・斯Ⅱ・梅沢・慶Ⅰ・大東・武内・東大・東洋・聖語・東急・斯Ⅰ・宋版・世徳・敦Ⅱ」②□十有□―道蔵」

493 謂九竅四關也―活Ⅱ・陽Ⅰ・書陵・杏Ⅱ・無窮・足利・筑波・弘文・斯Ⅱ・梅沢・慶Ⅰ・大東・武内・東大・東洋・聖語・東急・斯Ⅰ・宋版・世徳・道蔵」③□□□■■―敦Ⅱ」

494 鼻不妄臭■―活Ⅱ・陽Ⅰ・書陵・杏Ⅱ・足利・筑波・斯Ⅱ・梅沢・慶Ⅰ・大東・武内・東大・東洋・聖語・斯Ⅰ」②□□□香■―無窮・東急」③□□□香臯―世徳・敦Ⅱ」③□□□香晃―

宋版」③□□□香臭―道蔵」③□□■嗅■―弘文」
495 口不妄言■―活Ⅱ・陽Ⅰ・書陵・杏Ⅱ・無窮・足利・筑波・弘文・斯Ⅱ・梅沢・慶Ⅰ・大東・武内・東大・東洋・聖語・東急・斯Ⅰ」②□□□□味―宋版・世徳・道蔵・敦Ⅱ」
496 手不妄持■―活Ⅱ・陽Ⅰ・書陵・杏Ⅱ・無窮・足利・筑波・弘文・斯Ⅱ・慶Ⅰ・大東・武内・東大・東洋・聖語・斯Ⅰ・宋版・世徳・道蔵・敦Ⅱ」②□妄不□■―梅沢」②□□□□之―東急」
10ウ7 497 足不妄行■―活Ⅱ・陽Ⅰ・書陵・杏Ⅱ・無窮・足利・筑波・弘文・斯Ⅱ・梅沢・武内・東大・東洋・慶Ⅰ・大東・聖語・斯Ⅰ・宋版・世徳・道蔵・敦Ⅱ」①□□□□行―東急」
498 精■不妄施―活Ⅱ・陽Ⅰ・書陵・杏Ⅱ・無窮・足利・弘文・斯Ⅱ・梅沢・慶Ⅰ・大東・武内・東大・東洋・聖語・東急・斯Ⅰ・道蔵・敦Ⅱ」①情■□□―筑波」②□神□□□―宋版・世徳」
499 其死也反是也―活Ⅱ・陽Ⅰ・書陵・無窮・足利・弘文・斯Ⅱ・梅沢・慶Ⅰ・大東・武内・東大・東洋・聖語・東急・斯Ⅰ・世徳」①□□□及□□―筑波・宋版」②□□■□□□―杏Ⅱ」③□□□□此■―敦Ⅱ」④□□■□□■―道蔵」
経500 皆之死地十有三―活Ⅱ・陽Ⅰ・書陵・杏Ⅱ・無窮・足利・筑波・弘文・斯Ⅱ・梅沢・慶Ⅰ・大東・武内・東大・東洋・聖語・東急・斯Ⅰ・敦Ⅱ」②■□□□□□□―宋版・世徳・道蔵」
11オ1 注501 求生動作―活Ⅱ・陽Ⅰ・書陵・杏Ⅱ・無窮・足利・筑波・弘文・斯Ⅱ・慶Ⅰ・大東・武内・東大・東洋・聖語・東急・斯Ⅰ・宋版・世徳・道蔵・敦Ⅱ」①□□勧□―梅沢」
502 反之十■三死地也―活Ⅱ・杏Ⅱ・無窮・筑波・斯Ⅱ・慶Ⅰ・大東・東・聖語・斯Ⅰ」②□□□有□□□□―陽Ⅰ・書陵・足利・弘文・梅沢・武内・東大・東洋・道蔵」②□□□■□□□■―東急・敦Ⅱ」②□□□■□□■□―宋版・世徳」
経503 夫何故哉―活Ⅱ・陽Ⅰ・書陵・杏Ⅱ・無窮・足利・筑波・弘文・斯Ⅱ・梅沢・慶Ⅰ・大東・武内・東大・東洋・聖語・斯Ⅰ・敦Ⅱ」②□□□■―東急・宋版・世徳・道蔵」
注504 問之何故動之死地也―活Ⅱ・陽Ⅰ・書陵・杏Ⅱ・無窮・足利・筑波・弘文・斯Ⅱ・梅沢・武内・東大・東洋・東急」②□□□□□□□□■―慶Ⅰ・大東」②□■□□□□□□□―聖語・斯Ⅰ・宋版・世徳・道蔵」④□■□□□□□□■―敦Ⅱ」
11オ2 経505 以其生生之厚也―活Ⅱ・陽Ⅰ・書陵・杏Ⅱ・無窮・足利・筑波・弘文・斯Ⅱ・梅沢・慶Ⅰ・大東・武内・東大・東洋・東急・六地・道蔵」②□□□□□■―聖語・斯Ⅰ・宋版・世徳・敦Ⅱ」
注506 ■■所以動之死地者―活Ⅱ・陽Ⅰ・書陵・弘文・聖語・東急・斯Ⅰ・宋版・世徳」②■■□□□□□□也―道蔵」②言■□□□□□□□―杏Ⅱ・無窮・足利・筑波・斯Ⅱ・梅沢・慶Ⅰ・大東・武内・東大・東洋」③言人□□□□□□□―敦Ⅱ」
507 求生活之事―活Ⅱ・陽Ⅰ・書陵・杏Ⅱ・足利・筑波・弘文・斯Ⅱ・梅沢・大東・武内・東大・東洋・聖語・東急・斯Ⅰ・宋版・世徳・敦Ⅱ」②□□治□□―慶Ⅰ・無窮」③□□■■■―道蔵」
508 大厚―活Ⅱ・陽Ⅰ・無窮・斯Ⅱ」①太□―書陵・杏Ⅱ・足利・筑波・弘文・梅沢・慶Ⅰ・大東・武内・東大・東洋・聖語・東急・斯Ⅰ・宋版・世徳・道蔵・敦Ⅱ」
11オ3 509 妄行失紀也―活Ⅱ・陽Ⅰ・書陵・杏Ⅱ・無窮・足利・筑波・斯Ⅱ・梅沢・慶Ⅰ・大東・武内・東洋・聖語・斯Ⅰ」①□□□記□―弘文」②□□□□■―東大・東急・宋版・世徳・敦Ⅱ」③□□於已■―道蔵」
注510 攝■養也―活Ⅱ・陽Ⅰ・書陵・杏Ⅱ・無窮・足利・筑波・弘文・斯Ⅱ・梅沢・慶Ⅰ・大東・武内・東大・聖語・東急・斯Ⅰ・宋版・世徳・道蔵・敦Ⅱ」②□者□□―東洋」
経511 陸行不遇兕虎―活Ⅱ・陽Ⅰ・書陵・杏Ⅱ・無窮・足利・筑波・弘文・斯Ⅱ・梅沢・慶Ⅰ・武内・東大・東洋・聖語・斯Ⅰ・六地・宋版・世徳・道蔵・敦Ⅱ」①□□□□□虚―大東」②□□□猛□―東急」
11オ4 経512 入軍不被甲兵―活Ⅱ・陽Ⅰ・書陵・杏Ⅱ・無窮・足利・筑波・弘文・斯Ⅱ・梅沢・慶Ⅰ・大東・武内・東大・東洋・聖語・東

急・斯Ⅰ・六地・敦Ⅱ・道蔵」②□□□避□□－宋版・世徳」

注 513 ■以斂人也－活Ⅱ・陽Ⅰ・書陵・足利・筑波・慶Ⅰ・大東」①■□殺□□－無窮・弘文・斯Ⅱ・聖語・斯Ⅰ」②■□□□■－杏Ⅱ・武内・東大・東洋・敦Ⅱ」②楽□□□□－梅沢」③■□殺□■－東急・宋版・世徳・道蔵」

経 514 無所投其角－活Ⅱ・陽Ⅰ・書陵・杏Ⅱ・無窮・足利・筑波・斯Ⅱ・梅沢・東洋・聖語・東急・斯Ⅰ・世徳・道蔵」①无□□□□－慶Ⅰ・大東・武内・東大・六地・敦Ⅱ」②□□捉□□－弘文」②□■□□□－宋版」

11オ5

515 無所措其爪－活Ⅱ・書陵・無窮・足利・筑波・弘文・斯Ⅱ・梅沢・慶Ⅰ・大東・武内・東洋・東急・世徳・道蔵」①无□□□□－陽Ⅰ・東大・六地・聖語・斯Ⅰ・敦Ⅱ」①□□□昔□－杏Ⅱ」②□□□■□－宋版」

516 無所容其刃－活Ⅱ・書陵・杏Ⅱ・無窮・足利・筑波・弘文・斯Ⅱ・梅沢・慶Ⅰ・大東・武内・東洋・聖語・東急・斯Ⅰ・宋版・世徳・道蔵」①无□□□□－陽Ⅰ・東大・六地・敦Ⅱ」

11オ6

注 517 虎兕無由傷－活Ⅱ・書陵・弘文・梅沢・武内・東洋・東急・世徳・道蔵」①□□无□□－陽Ⅰ・杏Ⅱ・東大・聖語・斯Ⅰ・宋版」②兕虎□□□－足利・筑波」③兕虎无□□－無窮・慶Ⅰ・大東・敦Ⅱ」④兕虎无田□－斯Ⅱ」

518 兵刄無従加之也－活Ⅱ・書陵・無窮・足利・弘文・斯Ⅱ・梅沢・東急・宋版・世徳」①□□无□□□□－陽Ⅰ・杏Ⅱ・筑波・慶Ⅰ・大東・武内・東大・東洋・聖語・斯Ⅰ」②□□□□□■□－道蔵」③□□无従□■■－敦Ⅱ」

経 519 夫何故哉－活Ⅱ・陽Ⅰ・書陵・杏Ⅱ・無窮・足利・筑波・弘文・斯Ⅱ・梅沢・慶Ⅰ・大東・武内・東大・東洋・聖語・斯Ⅰ・六地・敦Ⅱ」②□□□■－東急・宋版・世徳・道蔵」

注 520 問虎兕兵甲－活Ⅱ・陽Ⅰ・書陵・杏Ⅱ・無窮・足利・筑波・弘文・斯Ⅱ・梅沢・慶Ⅰ・大東・武内・東大・東洋・聖語・東急・斯Ⅰ・宋版・世徳」①聞□□□□－道蔵」②□兕虎□□－敦Ⅱ」

521 何故不害■■也－陽Ⅰ・書陵・杏Ⅱ・足利・筑波・弘文・斯Ⅱ・慶Ⅰ・大東・武内・東大・東洋」②□□□□■人□－活Ⅱ」②□□□□之人□－無窮」②□□□□之■□－梅沢・聖語・斯Ⅰ」②□□□□之■■－東急・宋版・世徳・道蔵・敦Ⅱ」

経 522 以其無死地■－活Ⅱ・陽Ⅰ・書陵・杏Ⅱ・足利・弘文・武内・東洋・聖語・東急・斯Ⅰ・宋版・世徳・道蔵」①□□无□□■－筑波・梅沢・慶Ⅰ・大東・東大・六地・敦Ⅱ」②□無其□□■－斯Ⅱ」②□□□□□也－無窮」

11オ7

注 523 以其不犯上十三之死地也－活Ⅱ・陽Ⅰ・書陵・杏Ⅱ・無窮・筑波・弘文・斯Ⅱ・梅沢・慶Ⅰ・大東・武内・東大・東洋・東急」①□□□妃□□□□□□□－足利」②□□□□□□□□□□■－聖語・斯Ⅰ・敦Ⅱ」④□□□□■□□□□□■－宋版・世徳・道蔵」

524 神明■營護之■－活Ⅱ・陽Ⅰ・書陵・梅沢・聖語・東急・斯Ⅰ・宋版・世徳・道蔵」②□■■□□□■－敦Ⅱ」②□□當営□□■－杏Ⅱ・無窮・筑波・弘文・慶Ⅰ・武内・東大」③□□當衛□□■－東洋」④□□當勞□□■－足利・斯Ⅱ」④□□當営□□也－大東」

525 此物－活Ⅱ・陽Ⅰ・書陵・杏Ⅱ・無窮・足利・筑波・弘文・斯Ⅱ・梅沢・慶Ⅰ・大東・武内・東大・東洋・聖語・東急・斯Ⅰ・宋版・世徳・敦Ⅱ」③兵兕－道蔵」

526 不敢害人■也－活Ⅱ・陽Ⅰ・書陵・杏Ⅱ・足利・筑波・弘文・斯Ⅱ・梅沢・慶Ⅰ・大東・武内・東大・東洋」②□□□□者□－無窮」②□□□□之□－斯Ⅰ・聖語」②□□□□■■－東急」④□□□■■■－宋版・世徳・道蔵・敦Ⅱ」

11ウ1

527 養徳■■第五十一－活Ⅱ・陽Ⅰ・梅沢・聖語・斯Ⅰ・宋版・世徳・道蔵」②□□■章□□□□－武内・東大・東洋」③道生■章□□□□－杏Ⅱ」③道生之章□□□□－筑波・弘文・大東」③道生之章□□□二－慶Ⅰ」③■■■■■■■－書陵・無窮・足利・斯Ⅱ・東急・六地・敦Ⅱ」

11ウ2

注528 道生萬物■也－活Ⅱ・陽Ⅰ・書陵・杏Ⅱ・無窮・梅沢・武内・東大・聖語・斯Ⅰ」②□□□之□－足利・斯Ⅱ・慶Ⅰ・大東・東洋」②□□□□■■－筑波・弘文・東急・宋版・世徳・道蔵・敦Ⅱ」

注529 一主布氣而畜養■也－活Ⅱ・無窮・聖語・斯Ⅰ」②□□□□□□之□－陽Ⅰ・書陵・杏Ⅱ・足利・筑波・弘文・斯Ⅱ・慶Ⅰ・大東・武内・東大・東洋」②□□□□□□之■－梅沢・東急・敦Ⅱ」②□□□□□□□■■－宋版」③□生□□□□□■■－世徳・道蔵」

経530 物形之－活Ⅱ・陽Ⅰ・書陵・杏Ⅱ・無窮・足利・筑波・弘文・梅沢・慶Ⅰ・大東・武内・東大・東洋・聖語・東急・斯Ⅰ・六地・宋版・世徳・道蔵・敦Ⅱ」③■■■－斯Ⅱ」

11ウ3

注531 一爲萬物設形像也－活Ⅱ・陽Ⅰ・書陵・杏Ⅱ・無窮・足利・筑波・弘文・梅沢・慶Ⅰ・大東・武内・東大・東洋・東急」①□□□□□□象□－聖語・斯Ⅰ・宋版・世徳・道蔵」②□□□□□□□■－敦Ⅱ」④■■■■■■■■－斯Ⅱ」

注532 以成之也－活Ⅱ・陽Ⅰ・書陵・杏Ⅱ・足利・筑波・弘文・斯Ⅱ・武内・東大・聖語・斯Ⅰ」②□□□者－東洋」②□□□■－無窮・慶Ⅰ・大東・東急・宋版・世徳・道蔵・敦Ⅱ」②□□■□－梅沢」

11ウ4

注533 道徳所爲－活Ⅱ・陽Ⅰ・書陵・杏Ⅱ・無窮・足利・弘文・斯Ⅱ・梅沢・慶Ⅰ・大東・武内・東大・東洋・聖語・東急・斯Ⅰ・宋版・世徳・道蔵・敦Ⅱ」②□□□作－筑波」

534 ■■無不盡驚動－活Ⅱ・書陵・無窮・足利・筑波・弘文・斯Ⅱ・梅沢・東急・宋版・世徳」①■■无□□□□－陽Ⅰ・杏Ⅱ・慶Ⅰ・大東・武内・東大・東洋・聖語・斯Ⅰ」②■■莫□□□□－道蔵」④万物无□□□□－敦Ⅱ」

535 ■尊敬之也－活Ⅱ・陽Ⅰ・書陵・筑波・弘文・斯Ⅱ・慶Ⅰ・大東」②而□□□－杏Ⅱ・無窮・足利・梅沢・武内・東大・東洋・東急・聖語・斯Ⅰ」④而□□□■－敦Ⅱ」④而□□■■－宋版・世徳・道蔵」

11ウ5

経536 莫之命而常自然－活Ⅱ・陽Ⅰ・書陵・杏Ⅱ・無窮・足利・筑波・弘文・斯Ⅱ・梅沢・慶Ⅰ・大東・武内・聖語・東急・斯Ⅰ・六地・宋版・世徳・道蔵・敦Ⅱ」②□■□□□□□－東大・東洋」

注537 而常自然－活Ⅱ・陽Ⅰ・書陵・杏Ⅱ・無窮・足利・弘文・斯Ⅱ・梅沢・慶Ⅰ・大東・武内・東大・東洋・東急・宋版・世徳・道蔵・敦Ⅱ」②■□□□－筑波・聖語・斯Ⅰ」

11ウ6

538 如影響■也－活Ⅱ・陽Ⅰ・書陵・杏Ⅱ・無窮・足利・筑波・弘文・斯Ⅱ・慶Ⅰ・大東・武内・東大・東洋・聖語・斯Ⅰ」②□□□之□－梅沢」②□□□■■－東急・宋版・世徳・道蔵・敦Ⅱ」

経539 道生之徳畜之－活Ⅱ・陽Ⅰ・書陵・足利・筑波・斯Ⅱ・慶Ⅰ・大東・武内・聖語・東急・斯Ⅰ・六地・宋版・世徳・道蔵・敦Ⅱ」②□□□■□□－杏Ⅱ・弘文・梅沢・東大・東洋」②□□徳之□□－無窮」

11ウ7

540 成之熟之－活Ⅱ・陽Ⅰ・書陵・杏Ⅱ・無窮・足利・筑波・梅沢・慶Ⅰ・大東・武内・東大・聖語・斯Ⅰ・六地・世徳・道蔵・敦Ⅱ」①□□毓□－東洋・弘文」①□□孰□－斯Ⅱ・宋版」①□□就□－東急」

注541 道之於萬物－活Ⅱ・陽Ⅰ・書陵・杏Ⅱ・無窮・足利・弘文・斯Ⅱ・梅沢・慶Ⅰ・大東・武内・東大・東洋・聖語・東急・斯Ⅰ・宋版・世徳・敦Ⅱ」②□■□万□－筑波」②□生□□□－道蔵」

542 非但生之而已－活Ⅱ・陽Ⅰ・書陵・杏Ⅱ・無窮・足利・筑波・弘文・斯Ⅱ・梅沢・慶Ⅰ・大東・武内・東大・東洋・聖語・東急・斯Ⅰ・宋版・世徳・敦Ⅱ」②□□□■□□－道蔵」

543 養長－活Ⅱ・陽Ⅰ・書陵・杏Ⅱ・無窮・足利・筑波・弘文・斯Ⅱ・梅沢・慶Ⅰ・大東・武内・東大・東洋・聖語・東急・斯Ⅰ」②長養－宋版・世徳・敦Ⅱ・道蔵」

544 成熟－活Ⅱ・陽Ⅰ・書陵・杏Ⅱ・足利・筑波・慶Ⅰ・大東・聖語・東大・東洋・斯Ⅰ・世徳・敦Ⅱ」①□就－無窮・武内・東

急・道蔵」①□羮―弘文・梅沢」①□孰―宋版」③育成―斯Ⅱ」

12オ1

545 覆育―活Ⅱ・陽Ⅰ・書陵・杏Ⅱ・無窮・足利・筑波・弘文・梅沢・慶Ⅰ・大東・武内・東大・東洋・聖語・東急・斯Ⅰ・宋版・世徳・道蔵・敦Ⅱ」③孰覆―斯Ⅱ」

546 全其性命―活Ⅱ・陽Ⅰ・書陵・杏Ⅱ・無窮・足利・筑波・弘文・斯Ⅱ・梅沢・慶Ⅰ・大東・武内・東大・東洋・東急・道蔵・敦Ⅱ」②□於□□―聖語・斯Ⅰ・宋版・世徳」

547 治國治身―活Ⅱ・陽Ⅰ・書陵・杏Ⅱ・無窮・足利・筑波・弘文・斯Ⅱ・梅沢・慶Ⅰ・大東・武内・東大・東洋・聖語・東急・斯Ⅰ・宋版・世徳・道蔵」②□□■□―敦Ⅱ」

548 亦當■如是也―活Ⅱ・陽Ⅰ・書陵・杏Ⅱ・無窮・足利・筑波・弘文・斯Ⅱ・慶Ⅰ・大東・武内・東洋・聖語・斯Ⅰ・宋版・世徳・道蔵」②□□知□□□―東大」②□□■□之□―梅沢・東急」③□□■□之■―敦Ⅱ」

注

549 不有■取以爲利■■―活Ⅱ・陽Ⅰ・書陵・東急・治要」②□□■□□□□■也―杏Ⅱ・無窮・足利・筑波・弘文・斯Ⅱ・梅沢・慶Ⅰ・大東・武内・東大」②□□■□□□□之也―東洋」②□□所□□□□■■―敦Ⅱ」④□□所□□□□□■也―聖語・斯Ⅰ・宋版・世徳」④□□所□□□□用■―道蔵」

12オ2

経

550 爲而不恃―活Ⅱ・陽Ⅰ・書陵・杏Ⅱ・無窮・足利・筑波・弘文・斯Ⅱ・梅沢・武内・東大・東洋・聖語・東急・斯Ⅰ・六地・宋版・世徳・道蔵・敦Ⅱ・治要」①□□□特―慶Ⅰ・大東」

注

551 不恃望其報也―活Ⅱ・陽Ⅰ・書陵・杏Ⅱ・無窮・足利・筑波・弘文・梅沢・武内・東大・東洋・聖語・東急・斯Ⅰ・宋版・世徳・道蔵・治要」①□特□□□□―慶Ⅰ・大東」②■□□□□□―斯Ⅱ」②□□□□■―敦Ⅱ」

経

552 長而不宰―活Ⅱ・陽Ⅰ・書陵・杏Ⅱ・無窮・足利・筑波・弘文・斯Ⅱ・梅沢・慶Ⅰ・大東・武内・東洋・聖語・東急・斯Ⅰ・六地・宋版・世徳・道蔵・敦Ⅱ・治要」②□□寄―東大」

注

553 不宰割―活Ⅱ・陽Ⅰ・書陵・杏Ⅱ・無窮・足利・筑波・弘文・斯Ⅱ・梅沢・慶Ⅰ・大東・東洋・聖語・東急・斯Ⅰ・宋版・世徳・敦Ⅱ・治要」①□□害―武内・道蔵」②□寄□―東大」

12オ3

554 以爲利用■也―活Ⅱ・陽Ⅰ・書陵・無窮・足利・筑波・弘文・斯Ⅱ・慶Ⅰ・大東・武内・東大・聖語・東急・斯Ⅰ・治要」②□□□□之□―梅沢・東洋」②□□□養■□―杏Ⅱ」②□□□■■□―宋版・世徳」④□□器□■■―敦Ⅱ」④□□□■■■―道蔵」

注

555 玄闇―活Ⅱ・陽Ⅰ・書陵・杏Ⅱ・無窮・武内・東大・東洋・聖語・東急・斯Ⅰ・宋版・世徳・敦Ⅱ・治要」①□暗―足利・筑波・弘文・梅沢・慶Ⅰ・大東・道蔵」①□晴―斯Ⅱ」

556 不可得見■也―活Ⅱ・杏Ⅱ・武内・東大・聖語・斯Ⅰ・治要」②□□謂□■□―無窮」②□□□□之□―陽Ⅰ・書陵・足利・筑波・弘文・斯Ⅱ・梅沢・慶Ⅰ・大東・東洋」②□□□□■■―東急・宋版・世徳・道蔵・敦Ⅱ」

12オ4

557 歸元■■■第五十二―活Ⅱ・梅沢・聖語・斯Ⅰ・宋版・世徳・道蔵」②□□■■章□□□□―武内・東大」②□□■■章■□□□―東洋」③滞無■■■弟□□□―陽Ⅰ」③天下■■章□□□―杏Ⅱ・慶Ⅰ・大東」③天下有始章□□□□―筑波・弘文」③■■■■■■■■■―書陵・無窮・足利・斯Ⅱ・東急・六地・敦Ⅱ」

12オ5

注

558 始■道也―活Ⅱ・陽Ⅰ・書陵・杏Ⅱ・無窮・足利・筑波・弘文・斯Ⅱ・慶Ⅰ・大東・武内・東大・東洋・敦Ⅱ」②□有□□―梅沢・宋版・世徳」④□者□□―聖語・斯Ⅰ・道蔵」②□■□■―東急」

注

559 萬物■母也―活Ⅱ・陽Ⅰ・書陵・杏Ⅱ・無窮・足利・筑波・弘文・斯Ⅱ・梅沢・慶Ⅰ・大東・武内・東大・東洋・東急・敦Ⅱ」②□□之□□―道蔵」④□□之□■―聖語・斯Ⅰ・宋版・世徳」

経

560 既知其母―活Ⅱ・陽Ⅰ・書陵・杏Ⅱ・無窮・足利・筑波・弘文・斯Ⅱ・梅沢・慶Ⅰ・大東・武内・東大・東洋・聖語・東急・斯Ⅰ・六地・宋版・世徳・道蔵」②□得□□―敦Ⅱ」

12オ6
561又以知其子－活Ⅱ・陽Ⅰ・書陵・杏Ⅱ・無窮・足利・筑波・弘文・斯Ⅱ・慶Ⅰ・大東・武内・東大・東洋・六地」②復□□□－梅沢」②□■□□□－東急」②■□□□□－敦Ⅱ」③復■□□□－聖語・斯Ⅰ・宋版・世徳・道蔵」

注562既知得道－活Ⅱ・陽Ⅰ・書陵・杏Ⅱ・無窮・足利・筑波・弘文・斯Ⅱ・梅沢・慶Ⅰ・大東・武内・東大・東洋・聖語・東急・斯Ⅰ」②□□■□－宋版・世徳・道蔵」②□■□□－敦Ⅱ」

563當復知一也－活Ⅱ・陽Ⅰ・書陵・杏Ⅱ・無窮・足利・筑波・弘文・斯Ⅱ・梅沢・慶Ⅰ・大東・武内・東大・東洋・聖語・斯Ⅰ・宋版」②□□□□■－東急・道蔵・敦Ⅱ」②□□立□□－世徳」

12オ7
注564已知其一－活Ⅱ・陽Ⅰ・書陵・杏Ⅱ・無窮・足利・筑波・弘文・斯Ⅱ・梅沢・慶Ⅰ・大東・武内・東大・東洋・聖語・東急・斯Ⅰ」②□□■□－宋版・世徳・敦Ⅱ」②既□□□－道蔵」

565反無爲也－活Ⅱ・書陵・足利・弘文・斯Ⅱ・梅沢・大東・聖語・道蔵」①□无□□－陽Ⅰ・杏Ⅱ・無窮・筑波・慶Ⅰ・武内・東大・東洋・斯Ⅰ」②□□□■－東急・宋版・世徳」③□无□■－敦Ⅱ」

経566没身不殆－活Ⅱ・陽Ⅰ・杏Ⅱ・足利・筑波・弘文・斯Ⅱ・梅沢・慶Ⅰ・大東・武内・東大・東洋・東急・六地・宋版・世徳・道蔵・敦Ⅱ」①歿□□□－書陵・無窮・聖語・斯Ⅰ」

注567不■危殆也－活Ⅱ・陽Ⅰ・書陵・杏Ⅱ・足利・筑波・弘文・斯Ⅱ・梅沢・慶Ⅰ・大東・武内・東大・東洋・聖語・東急・斯Ⅰ・宋版・世徳・道蔵」②□傾□□□－無窮」②□■□□■－敦Ⅱ」

12ウ1
注568目不妄視也－活Ⅱ・陽Ⅰ・書陵・杏Ⅱ・無窮・足利・弘文・斯Ⅱ・梅沢・慶Ⅰ・大東・武内・東大・東洋・聖語・東急・斯Ⅰ・宋版・世徳」①日□□□□－筑波」②□□□□■－道蔵・敦Ⅱ」

経569閉其門－活Ⅱ・陽Ⅰ・書陵・杏Ⅱ・無窮・足利・筑波・弘文・斯Ⅱ・梅沢・慶Ⅰ・大東・武内・東大・東洋・聖語・東急・斯Ⅰ・六地・道蔵・敦Ⅱ」②閇□□－宋版・世徳」

注570■口不妄言■－活Ⅱ・陽Ⅰ・書陵・杏Ⅱ・無窮・筑波・慶Ⅰ・大東・武内・東急」②■□□□□也－東大・東洋・聖語・斯Ⅰ」②使□□□□■－足利・弘文・斯Ⅱ・梅沢・宋版・世徳・道蔵」④使■□□□■－敦Ⅱ」

571説是非■也－活Ⅱ・陽Ⅰ・書陵・杏Ⅱ・無窮・足利・筑波・弘文・斯Ⅱ・慶Ⅰ・大東・武内・東洋・東急」②□□□之□－梅沢」④■■■■■－東大・聖語・斯Ⅰ・宋版・世徳・道蔵・敦Ⅱ」

12ウ2
注572閉口不妄言則終身不勤苦■也－活Ⅱ・杏Ⅱ・無窮・足利・筑波・弘文・斯Ⅱ・慶Ⅰ・大東・聖語・斯Ⅰ」②□□□□□□□□□□□之□－陽Ⅰ・書陵・武内・東大・東洋」②□□□□□□□□□□□□□■■－東急・敦Ⅱ」④閇□□□□□□□□□■■－宋版・世徳」④□□□□□□□□■□□□之□－梅沢」④□□□□□■□□□□■■－道蔵」

注573開■目－活Ⅱ・陽Ⅰ・書陵・杏Ⅱ・無窮・足利・筑波・弘文・斯Ⅱ・梅沢・慶Ⅰ・大東・武内・東大・東洋・聖語・東急・斯Ⅰ・宋版・世徳・敦Ⅱ」②□其□－道蔵」

12ウ3
574視情欲也－活Ⅱ・陽Ⅰ・無窮・足利・筑波・弘文・斯Ⅱ・梅沢・慶Ⅰ・大東・武内・東大・東洋・聖語・東急・斯Ⅰ・宋版・世徳」①□□慾□－書陵・杏Ⅱ」②□□□■－敦Ⅱ・道蔵」

注575益情欲之事也－活Ⅱ・陽Ⅰ・杏Ⅱ・無窮・足利・筑波・弘文・武内・東大・東洋・聖語・斯Ⅰ」①□□慾□□□－書陵」①□□益□□□－梅沢」②■□□□□□－斯Ⅱ」②□□□□□□■－慶Ⅰ・大東・東急・宋版・世徳・道蔵・敦Ⅱ」

12ウ4
注576萠牙未動－活Ⅱ・陽Ⅰ・書陵・足利・弘文・斯Ⅱ・梅沢・東大・東洋・聖語・斯Ⅰ・宋版・道蔵・敦Ⅱ」①□芽□□－杏Ⅱ・無窮・筑波・慶Ⅰ・大東・武内・東急・世徳」

577爲小昭然■獨見－活Ⅱ・陽Ⅰ・書陵・聖語・東急・斯Ⅰ・宋版・世徳・道蔵」①□□照□■□□－杏Ⅱ・足利・筑波・弘文・梅沢・慶Ⅰ・大東・武内・東大・東洋・敦Ⅱ」③□□照々■□□－斯Ⅱ」③□□□□之猶□－無窮」

578 爲明■也―活Ⅱ・陽Ⅰ・書陵・杏Ⅱ・無窮・足利・筑波・弘文・斯Ⅱ・慶Ⅰ・大東・武内・東大・聖語・斯Ⅰ」①□朋■□―梅沢」②□□者□―東洋」②□□■■―東急・宋版・世徳・道蔵・敦Ⅱ」

経 579 守柔日強―活Ⅱ・陽Ⅰ・書陵・杏Ⅱ・足利・筑波・弘文・斯Ⅱ・梅沢・慶Ⅰ・大東・武内・東大・東洋・聖語・東急・斯Ⅰ・六地・宋版・世徳・敦Ⅱ」①□□曰□―無窮・道蔵」

12ウ5 注 580 日■以強大■也―活Ⅱ・陽Ⅰ・書陵・杏Ⅱ・足利・筑波・弘文・斯Ⅱ・慶Ⅰ・大東・武内・聖語・東急・斯Ⅰ・宋版・世徳」①曰■□□□■□―無窮・道蔵」②□已□□□■□―東大」②□已■□□■□―梅沢」②□已□□□者□―東洋」④□已■□□■■―敦Ⅱ」

経 581 目用其光―活Ⅱ・陽Ⅰ・書陵・杏Ⅱ・無窮・足利・筑波・弘文・斯Ⅱ・梅沢・慶Ⅰ・大東・武内・東大・東洋・六地」②■□□□―聖語・東急・斯Ⅰ・宋版・世徳・道蔵・敦Ⅱ」

注 582 ■用其目光於外―活Ⅱ・陽Ⅰ・書陵・筑波・梅沢・武内・東大・東洋・東急・宋版・道蔵・敦Ⅱ」①■□□日□□□―世徳」②開□□□□□□―杏Ⅱ・無窮・足利・弘文・慶Ⅰ・大東・聖語・斯Ⅰ」③開□□日□□□―斯Ⅱ」

583 視時世之利害也―活Ⅱ・陽Ⅰ・書陵・杏Ⅱ・無窮・足利・筑波・弘文・斯Ⅱ・梅沢・慶Ⅰ・大東・武内・東大・東洋・聖語・斯Ⅰ・道蔵」②□□□□□□■―東急・宋版・世徳・敦Ⅱ」

経 584 復歸其明―活Ⅱ・陽Ⅰ・書陵・足利・弘文・斯Ⅱ・梅沢・慶Ⅰ・武内・東洋・聖語・東急・斯Ⅰ・六地・宋版・世徳・道蔵・敦Ⅱ」①□皈□□―杏Ⅱ・無窮・筑波・大東・東大」

12ウ6 注 585 復■反其光明於内■―活Ⅱ・陽Ⅰ・書陵」②言復□□□□□□■―道蔵」②當復□□□□□■―杏Ⅱ・無窮・足利・筑波・弘文・斯Ⅱ・慶Ⅰ・大東・武内・聖語・斯Ⅰ・敦Ⅱ」②□當□□□□□□■―東大・東洋・東急・宋版・世徳」④□當□□□□□□外―梅沢」

586 無使精神洩外也―活Ⅱ・書陵・弘文・斯Ⅱ」①无□□□□□□―杏Ⅱ・筑波」①□□□□泄□□―足利」②无□□□泄□□―無窮」②□□□□□■□―梅沢」②□□□□□□■―大東」③□□□□泄■□―聖語・東急・斯Ⅰ・宋版・世徳・道蔵」③无□□□□■□―陽Ⅰ・東大・東洋」③无□□□外洩□―武内」③无□□□□□■―慶Ⅰ」⑤无□□□□■■―敦Ⅱ」

経 587 無遺身殃―活Ⅱ・書陵・杏Ⅱ・無窮・足利・筑波・弘文・斯Ⅱ・梅沢・大東・武内・東洋・聖語・東急・斯Ⅰ・宋版・世徳・道蔵」①无□□□―陽Ⅰ・慶Ⅰ・東大・六地・敦Ⅱ」

注 588 内視存神―活Ⅱ・陽Ⅰ・書陵・杏Ⅱ・無窮・足利・弘文・斯Ⅱ・梅沢・慶Ⅰ・大東・武内・東大・東洋・聖語・東急・斯Ⅰ・宋版・世徳・敦Ⅱ」②□神□□―筑波」②□□全□―道蔵」

589 不爲漏失■也―活Ⅱ・陽Ⅰ・書陵・杏Ⅱ・無窮・足利・筑波・梅沢・慶Ⅰ・大東・武内・東大」②□□□□矣□―東洋」②□□□□■■―弘文・斯Ⅱ・聖語・東急・斯Ⅰ・宋版・世徳・道蔵・敦Ⅱ」

12ウ7 注 590 習修常道■也―活Ⅱ・陽Ⅰ・書陵・杏Ⅱ・無窮・足利・筑波・弘文・斯Ⅱ・梅沢・慶Ⅰ・大東・武内・東大・聖語・東急・斯Ⅰ」②□□□□者□―東洋」②□□□□■■―宋版・世徳・敦Ⅱ・道蔵」

13オ1 591 益證■■■第五十三―活Ⅱ・陽Ⅰ・梅沢・聖語・斯Ⅰ・宋版・世徳・道蔵」②□□■■章□□□―武内・東大・東洋」③使我■■章□□□―杏Ⅱ・慶Ⅰ・大東」③使我介然章□□□―筑波・弘文」③■■■■■■■■―書陵・無窮・足利・斯Ⅱ・東急・六地・敦Ⅱ」

13オ2 注 592 介大也―活Ⅱ・陽Ⅰ・書陵・杏Ⅱ・無窮・足利・筑波・弘文・斯Ⅱ・梅沢・慶Ⅰ・大東・武内・東大・東洋・聖語・東急・斯Ⅰ・宋版・世徳・道蔵」④■■■―敦Ⅱ」

593 時王―活Ⅱ・陽Ⅰ・書陵・杏Ⅱ・無窮・足利・弘文・斯Ⅱ・梅沢・慶Ⅰ・大東・武内・東大・東洋・聖語・東急・斯Ⅰ・宋版・

世徳・道蔵・敦Ⅱ」①侍□－筑波」

13オ3

594 故設此言■■－活Ⅱ・陽Ⅰ・無窮・弘文・斯Ⅱ・慶Ⅰ・大東・東急・宋版・世徳・敦Ⅱ」②□□■□■■－杏Ⅱ・筑波・梅沢・武内・東大・東洋・聖語・斯Ⅰ・道蔵」③□□□□設言－書陵・足利」

595 有知■於政事－活Ⅱ・陽Ⅰ・書陵・杏Ⅱ・無窮・足利・筑波・弘文・梅沢・慶Ⅰ・大東・武内・東大・東洋・聖語・東急・斯Ⅰ・宋版・世徳・道蔵・敦Ⅱ」②□□躬□□□－斯Ⅱ」

596 我則行於大道－活Ⅱ・陽Ⅰ・書陵・杏Ⅱ・無窮・足利・筑波・斯Ⅱ・梅沢・慶Ⅰ・大東・武内・東大・東洋・聖語・東急・斯Ⅰ・宋版・世徳・道蔵・敦Ⅱ」②□□於行□□－弘文」

597 躬■無爲之化也－活Ⅱ・書陵・無窮・足利・弘文・梅沢・大東・東急」①□■无□□□□－陽Ⅰ・杏Ⅱ・筑波・慶Ⅰ・武内・東大・東洋・聖語・斯Ⅰ」②■■□□□□□－斯Ⅱ」②□■□□□□■－世徳」②□行□□□□□－道蔵」③□■无□□□■－宋版」③□行无□□□■－敦Ⅱ」

13オ4

598 ■欲賞善－活Ⅱ・陽Ⅰ・書陵・杏Ⅱ・無窮・足利・筑波・弘文・斯Ⅱ・慶Ⅰ・大東・武内・東大・東洋・聖語・東急・斯Ⅰ・宋版・世徳・道蔵・敦Ⅱ」②故□□□－梅沢」

599 恐僞善生－活Ⅱ・陽Ⅰ・書陵・杏Ⅱ・無窮・足利・筑波・弘文・斯Ⅱ・梅沢・慶Ⅰ・大東・武内・東大・東洋・聖語・東急・斯Ⅰ・宋版・世徳・敦Ⅱ」②■□□□－道蔵」

600 欲信忠－活Ⅱ・陽Ⅰ・書陵・杏Ⅱ・無窮・足利・筑波・弘文・斯Ⅱ・梅沢・慶Ⅰ・大東・武内・東大・東洋・聖語・東急・斯Ⅰ・宋版・世徳・敦Ⅱ」②□性□－道蔵」

601 恐詐忠起■也－活Ⅱ・陽Ⅰ・書陵・杏Ⅱ・無窮・足利・弘文・斯Ⅱ・慶Ⅰ・大東・聖語・斯Ⅰ・道蔵」②□□□之□－梅沢」②□□□■■－筑波・武内・東大・東洋・宋版・世徳」③□作□□■■－敦Ⅱ」④■□□□■■－東急」

経

602 大道甚夷－活Ⅱ・陽Ⅰ・書陵・杏Ⅱ・無窮・足利・筑波・弘文・斯Ⅱ・梅沢・慶Ⅰ・大東・武内・東大・東洋・聖語・東急・宋版・世徳・道蔵・敦Ⅱ」②□□其□－斯Ⅰ」

13オ5

注

603 夷平■■■易也－活Ⅱ・宋版・世徳・道蔵・敦Ⅱ」③□□也■■□□－武内・聖語・斯Ⅰ」③□□也■大□□－陽Ⅰ・書陵・杏Ⅱ・無窮・足利・筑波・斯Ⅱ・梅沢・慶Ⅰ・大東・東大・東洋・東急」③□□也高大□□－弘文」

経

604 而民好徑－活Ⅱ・陽Ⅰ・書陵・杏Ⅱ・足利・筑波・弘文・斯Ⅱ・梅沢・慶Ⅰ・大東・武内・東洋・聖語・東急・斯Ⅰ・六地・宋版・世徳・道蔵」①□□□侳－無窮・東大・敦Ⅱ・治要」

注

605 徑邪■－活Ⅱ・陽Ⅰ・書陵・杏Ⅱ・筑波・弘文・斯Ⅱ・慶Ⅰ・大東・武内・聖語・東急・斯Ⅰ・宋版・世徳・道蔵」①侳□■－東大」①□耶■－足利・梅沢」②侳耶■－無窮・敦Ⅱ・治要」②□□也－東洋」

606 不平正也－活Ⅱ・陽Ⅰ・書陵・杏Ⅱ・無窮・足利・筑波・弘文・斯Ⅱ・梅沢・慶Ⅰ・大東・武内・東大・東洋・聖語・東急・斯Ⅰ・宋版・世徳・道蔵・敦Ⅱ」②□□■□－治要」

607 大道甚平易－活Ⅱ・陽Ⅰ・書陵・杏Ⅱ・無窮・足利・筑波・弘文・斯Ⅱ・梅沢・慶Ⅰ・大東・武内・東大・東洋・聖語・斯Ⅰ・世徳・道蔵・敦Ⅱ・治要」②□□□■□－東急」②□□世□□－宋版」

608 而民好從邪徑－活Ⅱ・梅沢・聖語・斯Ⅰ・宋版・世徳・道蔵」②□□□□耶侳－無窮・敦Ⅱ」②□□□□□■－陽Ⅰ・書陵・杏Ⅱ・筑波・弘文・斯Ⅱ・慶Ⅰ・大東・武内・東大・東洋」③□□□□耶■－足利」④□□也□□■－東急」④□人□□耶■－治要」

609 不平正■也－活Ⅱ・陽Ⅰ・書陵・杏Ⅱ・無窮・足利・筑波・弘文・斯Ⅱ・慶Ⅰ・大東・武内・東大・東洋・聖語・東急・斯Ⅰ」②□□□之□－梅沢」②□□□■■－治要」③■■■■也－宋版・世徳・道蔵」③■■■■－敦Ⅱ」

13オ6

経

610 朝甚除■－活Ⅱ・陽Ⅰ・書陵・杏Ⅱ・無窮・足利・筑波・弘文・

慶Ⅰ・大東・武内・東大・東洋・聖語・東急・斯Ⅰ・六地・宋版・世徳・道蔵・敦Ⅱ・治要」②□□終■－梅沢」②□□□修－斯Ⅱ」

注611 ■臺榭宮室－活Ⅱ・陽Ⅰ・書陵・無窮・梅沢・東大・東洋・聖語・東急・斯Ⅰ」①■□□宮□－武内」①■□樹□□－足利」②高□□□－杏Ⅱ・筑波・弘文・斯Ⅱ・慶Ⅰ・大東・宋版・世徳・道蔵・敦Ⅱ・治要」

612 修也－活Ⅱ・陽Ⅰ・書陵・杏Ⅱ・無窮・筑波・梅沢・武内・東大・東洋」②□■－足利・弘文・慶Ⅰ・大東・聖語・東急・斯Ⅰ・宋版・世徳・道蔵・敦Ⅱ・治要」③循■－斯Ⅱ」

注613 治失時■也－活Ⅱ・陽Ⅰ・書陵・杏Ⅱ・無窮・足利・筑波・弘文・斯Ⅱ・梅沢・慶Ⅰ・大東・武内・東大・聖語・東急・斯Ⅰ・道蔵」②□□□之□－東洋」③□■■■■－宋版・世徳・敦Ⅱ・治要」

経614 倉甚虚－活Ⅱ・陽Ⅰ・書陵・杏Ⅱ・無窮・足利・筑波・弘文・斯Ⅱ・梅沢・慶Ⅰ・武内・東大・東洋・聖語・東急・斯Ⅰ・六地・宋版・世徳・道蔵・敦Ⅱ・治要」①□□唐－大東」

13オ7 注615 五穀傷害－活Ⅱ・陽Ⅰ・書陵・杏Ⅱ・無窮・弘文・斯Ⅱ・梅沢・慶Ⅰ・大東・東大・東洋・聖語・東急・斯Ⅰ・宋版・世徳・道蔵・治要」①□穀□□－足利・筑波・武内」②□□□■－敦Ⅱ」

616 國無儲也－活Ⅱ・書陵・無窮・足利・弘文・斯Ⅱ・梅沢・大東・東急・宋版・世徳・道蔵」①□无□□－陽Ⅰ・杏Ⅱ・筑波・慶Ⅰ・武内・東大・東洋・聖語・斯Ⅰ・治要」③□无□■－敦Ⅱ」

経617 服文繍－活Ⅱ・陽Ⅰ・書陵・梅沢・六地」②□□綵－杏Ⅱ・無窮・筑波・斯Ⅱ・慶Ⅰ・大東・武内・東大・東洋・聖語・東急・斯Ⅰ・宋版・世徳・敦Ⅱ」②□□絿－足利」②□□彩－弘文・道蔵」②□□采－治要」

注618 好餝偽－活Ⅱ・陽Ⅰ・書陵・杏Ⅱ・無窮・足利・筑波・弘文・斯Ⅱ・梅沢・慶Ⅰ・大東・武内・東大・東洋・聖語・東急・斯Ⅰ・宋版・世徳・敦Ⅱ・治要」②□僞飾－道蔵」

619 貴外華也－活Ⅱ・陽Ⅰ・書陵・杏Ⅱ・無窮・足利・筑波・弘文・梅沢・慶Ⅰ・大東・武内・東大・東洋・聖語・斯Ⅰ」②■□□□－斯Ⅱ」②□□□■－東急・道蔵・敦Ⅱ・治要」④□内□■－宋版」④□尚□■－世徳」

注620 武■且奢■也－活Ⅱ・陽Ⅰ・書陵・杏Ⅱ・無窮・足利・筑波・弘文・斯Ⅱ・慶Ⅰ・大東・武内・東大・聖語・斯Ⅰ」②□而□□■□－東洋」②□■□□之□－梅沢」②□■□□■■－東急・宋版・世徳・道蔵・敦Ⅱ・治要」

13ウ1 経621 厭飲食財貨－活Ⅱ・陽Ⅰ・書陵・杏Ⅱ・無窮・足利・筑波・斯Ⅱ・梅沢・慶Ⅰ・大東・武内・東大・東洋・聖語・東急・斯Ⅰ・六地・宋版・世徳・道蔵」①饜□□□□－敦Ⅱ」②□□□貨財－弘文」

注622 多嗜欲－活Ⅱ・陽Ⅰ・書陵・杏Ⅱ・無窮・足利・筑波・弘文・斯Ⅱ・梅沢・武内・東大・東洋・東急・斯Ⅰ・宋版・世徳・道蔵・敦Ⅱ・治要」①□耆□－聖語」①□□慾－慶Ⅰ・大東」

623 無足時■也－活Ⅱ・書陵・無窮・足利・弘文・斯Ⅱ・大東・道蔵」①无□□■□－陽Ⅰ・杏Ⅱ・筑波・慶Ⅰ・東大・東洋・聖語・斯Ⅰ」②□□□之□－梅沢」②□□□■■－東急・宋版・世徳」③无□□■■－武内・敦Ⅱ・治要」

経624 是謂盗夸－活Ⅱ・陽Ⅰ・書陵・杏Ⅱ・無窮・足利・筑波・弘文・斯Ⅱ・梅沢・慶Ⅰ・大東・武内・東大・東洋・聖語・東急・斯Ⅰ・六地・宋版・世徳・敦Ⅱ・治要」①□□盜誇－道蔵」

13ウ2 注625 百姓不足而－活Ⅱ・陽Ⅰ・書陵・杏Ⅱ・無窮・足利・筑波・弘文・斯Ⅱ・梅沢・慶Ⅰ・大東・武内・東大・東洋・聖語・東急・斯Ⅰ・世徳・道蔵・敦Ⅱ・治要」③□□■■□－宋版」

626 是猶劫盜－活Ⅱ・陽Ⅰ・書陵・杏Ⅱ・無窮・足利・筑波・斯Ⅱ・梅沢・慶Ⅰ・大東・武内・東洋・聖語・斯Ⅰ・敦Ⅱ・治要」①□□却□－弘文・東大」②□由□□－東急・宋版・世徳・道蔵」

627 以爲服飾－活Ⅱ・陽Ⅰ・書陵・杏Ⅱ・無窮・足利・筑波・弘文・斯Ⅱ・梅沢・慶Ⅰ・大東・武内・東大・東洋・聖語・東急・斯

Ⅰ・宋版・世徳・治要」②□□飾服－敦Ⅱ」②□致□□－道蔵」

628 持行夸人－活Ⅱ・陽Ⅰ・無窮・弘文・斯Ⅱ・慶Ⅰ・大東・武内・東大・宋版・世徳・敦Ⅱ・治要」①特□□□－書陵・杏Ⅱ・足利・東洋」①恃□□□－筑波・斯Ⅰ」①□□誇□－道蔵」②獨□□□－東急」②◇□奢□－梅沢」③特□奢□－聖語」

629 親戚并隨之也－活Ⅱ・無窮・梅沢・武内・治要」②□□□□■－陽Ⅰ・書陵・足利・弘文・斯Ⅱ・慶Ⅰ・大東・東急・敦Ⅱ」②□□□□■□－杏Ⅱ・筑波・東大・東洋・聖語・斯Ⅰ・宋版・世徳・道蔵」

経 630 ■■非道也哉－活Ⅱ・陽Ⅰ・書陵・杏Ⅱ・足利・筑波・弘文・斯Ⅱ・梅沢・慶Ⅰ・大東・武内・東大・東洋・聖語・東急・斯Ⅰ・六地・敦Ⅱ・治要」②■■□□■□－無窮・宋版・世徳」③盜誇□□□－道蔵」

13ウ3 注 631 人君所行如是－活Ⅱ・陽Ⅰ・書陵・杏Ⅱ・無窮・足利・弘文・斯Ⅱ・梅沢・慶Ⅰ・大東・武内・東大・東洋・聖語・東急・斯Ⅰ・宋版・世徳・敦Ⅱ・治要」②□□□□□此－筑波」②■□□□□□－道蔵」

632 此非道■－活Ⅱ・陽Ⅰ・書陵・道蔵」②□□□也－杏Ⅱ・無窮・足利・筑波・弘文・斯Ⅱ・梅沢・慶Ⅰ・大東・武内・東大・東洋・聖語・東急・斯Ⅰ・宋版・世徳・敦Ⅱ・治要」

633 復言也哉者－活Ⅱ・陽Ⅰ・書陵・杏Ⅱ・無窮・足利・筑波・弘文・斯Ⅱ・梅沢・慶Ⅰ・大東・武内・東大・東洋・聖語・東急・斯Ⅰ・宋版・道蔵・敦Ⅱ」②□□■□□－世徳」③■■■■－治要」

634 痛傷之辭也－活Ⅱ・陽Ⅰ・書陵・杏Ⅱ・無窮・足利・筑波・弘文・斯Ⅱ・梅沢・慶Ⅰ・大東・武内・東大・東洋・聖語・斯Ⅰ」②□□□辞■－東急・宋版・世徳・敦Ⅱ」④傷痛□□■－道蔵」④■■■■■－治要」

13ウ4 635 修觀■■■■第五十四－活Ⅱ・陽Ⅰ・梅沢・聖語・斯Ⅰ・宋版・世徳・道蔵」②□□■■■章□□□□－武内・東大・東洋」③善建■■■章□□□□－杏Ⅱ・慶Ⅰ・大東」③善建者不抜章□□□□－筑波・弘文」③■■■■■■■■■■－書陵・無窮・足利・斯Ⅱ・東急・六地・敦Ⅱ」

13ウ5 注 636 不可得引而抜■也－活Ⅱ・陽Ⅰ・書陵・杏Ⅱ・無窮・足利・筑波・弘文・斯Ⅱ・慶Ⅰ・大東・武内・東大・東洋・聖語・東急・斯Ⅰ・宋版・世徳・治要」②□□□□□□之□－梅沢」②□□□□□之■－敦Ⅱ・道蔵」

13ウ6 注 637 不可抜引■解脱也－活Ⅱ・陽Ⅰ・杏Ⅱ・無窮・筑波・弘文・斯Ⅱ・梅沢・慶Ⅰ・大東・武内・東大・聖語・東急・斯Ⅰ」②□□□□而□□□－東洋」②□□□□■□□■－書陵・足利・宋版・世徳・道蔵」⑤□□■■■□□■－敦Ⅱ」

経 638 子孫以祭祀不輟－活Ⅱ・陽Ⅰ・書陵・杏Ⅱ・無窮・足利・筑波・弘文・斯Ⅱ・梅沢・慶Ⅰ・大東・武内・東大・東洋・東急・聖語・六地・敦Ⅱ」②□□■□□□□－斯Ⅰ・宋版・世徳・道蔵」

13ウ7 注 639 ■長生不死■－活Ⅱ・陽Ⅰ・書陵・杏Ⅱ・無窮・足利・筑波・弘文・斯Ⅱ・梅沢・慶Ⅰ・大東・武内・東大・東洋・聖語・斯Ⅰ・宋版・世徳・道蔵」②■□□□□也－東急」②則□□□□■－敦Ⅱ」

640 世世以■久－活Ⅱ・陽Ⅰ・書陵・杏Ⅱ・無窮・足利・弘文・斯Ⅱ・梅沢・慶Ⅰ・大東・武内・東大・東洋・宋版・世徳・道蔵・敦Ⅱ」②□■□■□－筑波・聖語・斯Ⅰ」②□々□必□－東急」

641 祭祀先祖■宗廟－活Ⅱ・陽Ⅰ・書陵・杏Ⅱ・無窮・足利・筑波・弘文・斯Ⅱ・梅沢・武内・東大・東急・宋版・世徳・道蔵」②□□□之□□－慶Ⅰ・大東・東洋」③□□□□■■■－聖語・斯Ⅰ・敦Ⅱ」

642 無■絶時也－活Ⅱ・書陵・無窮・足利・筑波・弘文・梅沢・慶Ⅰ・大東」①无■□□□－陽Ⅰ・杏Ⅱ・斯Ⅱ・武内・東洋・聖語・斯Ⅰ」②无■終□□－東大」②□■□□■－東急・世徳・道蔵」③无■□□■－宋版」⑤无有□□■－敦Ⅱ」

14オ1 注 643 益壽延年－活Ⅱ・陽Ⅰ・書陵・杏Ⅱ・無窮・足利・筑波・弘文・

斯Ⅱ・梅沢・慶Ⅰ・大東・武内・東大・東洋・聖語・東急・斯Ⅰ・宋版・世徳・道蔵・敦Ⅱ」③■■■■─治要」

644 爲真人■也─活Ⅱ・陽Ⅰ・書陵・杏Ⅱ・無窮・筑波・梅沢・武内・東大・聖語・斯Ⅰ・道蔵・弘文？」②□□者□─東洋」②□□□■■─足利・斯Ⅱ・慶Ⅰ・大東・東急・宋版・世徳・敦Ⅱ・治要」

14オ2 経

645 修之於家─活Ⅱ・陽Ⅰ・書陵・杏Ⅱ・無窮・足利・筑波・弘文・斯Ⅱ・梅沢・慶Ⅰ・大東・武内・東大・東洋・聖語・斯Ⅰ・六地・宋版・世徳・道蔵・敦Ⅱ・治要」②□□身─東急」

646 其徳乃有餘─活Ⅱ・陽Ⅰ・書陵・杏Ⅱ・足利・筑波・弘文・斯Ⅱ・慶Ⅰ・大東・武内・東大・東洋・東急・六地・敦Ⅱ」②□□■□─無窮・世徳・道蔵・治要」②□□■□□─梅沢・聖語・斯Ⅰ・宋版」

注

647 兄友弟順─活Ⅱ・陽Ⅰ・書陵・杏Ⅱ・無窮・足利・筑波・斯Ⅱ・梅沢・慶Ⅰ・大東・武内・東大・東洋・聖語・東急・斯Ⅰ・宋版・世徳・道蔵・敦Ⅱ・治要」①□□第□─弘文」

648 夫信妻貞─活Ⅱ・陽Ⅰ・書陵・杏Ⅱ・無窮・筑波・斯Ⅱ・梅沢・慶Ⅰ・大東・武内・東洋・聖語・東急・斯Ⅰ・宋版・世徳・敦Ⅱ・治要・弘文？」①□□□真─東大・足利」②□□□正─道蔵」

14オ3

649 及於■來世子孫■也─活Ⅱ・陽Ⅰ・書陵・杏Ⅱ・無窮・弘文・斯Ⅱ・梅沢・慶Ⅰ・大東・武内・東大・聖語・斯Ⅰ・道蔵」①乃□■□□□■□─筑波」②□□■末□□□■□─足利」②□□■□□□者□─東洋」②□□未□■□□■□─東急」②□□■□□□■■─宋版・世徳・敦Ⅱ」④■■■■■■■■■─治要」

14オ4 注

650 愛養幼少─活Ⅱ・陽Ⅰ・書陵・杏Ⅱ・無窮・足利・筑波・弘文・斯Ⅱ・梅沢・慶Ⅰ・大東・武内・東大・東洋・東急・道蔵・敦Ⅱ・治要」①□□□小─聖語・斯Ⅰ・宋版・世徳」

651 教誨愚鄙■─活Ⅱ・陽Ⅰ・書陵・杏Ⅱ・無窮・足利・筑波・斯Ⅱ・梅沢・慶Ⅰ・大東・武内・東大・東洋・聖語・斯Ⅰ・宋版・世徳・道蔵・敦Ⅱ」①□□□□幼─弘文」④誨教□□也─東急」④■■■■■─治要」

652 乃無不覆及也─活Ⅱ・書陵・無窮・足利・弘文・斯Ⅱ・梅沢・大東・聖語・東急・斯Ⅰ・宋版・世徳・道蔵」①□无□□□□─陽Ⅰ・杏Ⅱ・慶Ⅰ・東大・東洋」①□□□□乃□─筑波」②□□□□□■─敦Ⅱ」③■无□□□□─武内」③□无□□□■─治要」

経

653 修之■■於國─活Ⅱ・陽Ⅰ・書陵・杏Ⅱ・無窮・足利・筑波・斯Ⅱ・梅沢・慶Ⅰ・大東・武内・東大・東洋・聖語・東急・斯Ⅰ・六地・宋版・世徳・敦Ⅱ・道蔵・治要」③□□天下■□─弘文」

14オ5 注

654 君信臣忠─活Ⅱ・陽Ⅰ・書陵・杏Ⅱ・無窮・足利・筑波・弘文・斯Ⅱ・梅沢・慶Ⅰ・大東・武内・東大・東洋・聖語・東急・斯Ⅰ・宋版・世徳・敦Ⅱ・治要」②□聖□□─道蔵」

655 仁義自生禮樂自興─活Ⅱ・陽Ⅰ・書陵・杏Ⅱ・無窮・足利・弘文・斯Ⅱ・梅沢・慶Ⅰ・大東・武内・東大・東洋・聖語・東急・斯Ⅰ・宋版・世徳・道蔵・敦Ⅱ」①□□□□礼□□與─筑波」④■■■■■■■■─治要」

656 政平無私─活Ⅱ・書陵・無窮・足利・筑波・弘文・斯Ⅱ・梅沢・大東・宋版・世徳」①□□无□─陽Ⅰ・杏Ⅱ・慶Ⅰ・武内・東大・東洋・聖語・斯Ⅰ・治要」②正□无□─敦Ⅱ」②□亊□□─東急」②□□□修─道蔵」

657 乃爲豐厚也─活Ⅱ・陽Ⅰ・書陵・杏Ⅱ・無窮・足利・筑波・斯Ⅱ・梅沢・慶Ⅰ・大東・武内・東大・東洋・聖語・東急・斯Ⅰ・宋版・世徳・道蔵」②□□□□■─弘文・敦Ⅱ・治要」

14オ6 経

658 修之於天下─活Ⅱ・陽Ⅰ・書陵・杏Ⅱ・無窮・筑波・梅沢・慶Ⅰ・大東・聖語・斯Ⅰ・六地・宋版・世徳・道蔵・敦Ⅱ・治要」②□□■□□─足利・弘文・斯Ⅱ・武内・東大・東洋・東急」

14オ7 注

659 下之應上─活Ⅱ・陽Ⅰ・書陵・杏Ⅱ・無窮・足利・筑波・弘文・

斯Ⅱ・慶Ⅰ・大東・武内・東大・東洋・聖語・東急・斯Ⅰ・宋版・世徳・道蔵・敦Ⅱ・治要」②□■□□－梅沢」

660 信如影響－活Ⅱ・陽Ⅰ・書陵・杏Ⅱ・無窮・足利・筑波・弘文・斯Ⅱ・梅沢・慶Ⅰ・大東・武内・東大・東洋・聖語・東急・斯Ⅰ・宋版・世徳・敦Ⅱ・治要」②■□□□－道蔵」

661 乃■■爲普博也－活Ⅱ・陽Ⅰ・書陵・杏Ⅱ・無窮・足利・筑波・弘文・斯Ⅱ・梅沢・慶Ⅰ・大東・武内・東大・東洋・聖語・東急・斯Ⅰ」②□■■□□□■－世徳・敦Ⅱ・治要」③□■■□□傳■－宋版」③□可以□□□□－道蔵」

注 662 以修道之身－活Ⅱ・陽Ⅰ・書陵・杏Ⅱ・無窮・足利・筑波・弘文・梅沢・慶Ⅰ・大東・武内・東大・東洋・聖語・東急・斯Ⅰ・宋版・世徳・道蔵・敦Ⅱ・治要」②□□□■□－斯Ⅱ」

14ウ1 663 觀不修道之人－活Ⅱ・陽Ⅰ・書陵・足利・筑波・斯Ⅱ・慶Ⅰ・大東・聖語・斯Ⅰ」②□□□□□身－杏Ⅱ・無窮・弘文・梅沢・武内・東大・東洋・東急・宋版・世徳・道蔵・敦Ⅱ」

664 孰存孰亡也－活Ⅱ・杏Ⅱ・無窮・足利・筑波・弘文・斯Ⅱ・慶Ⅰ・大東・聖語・斯Ⅰ」②□亡□存□－陽Ⅰ・書陵・梅沢・武内・東大・東洋・東急・宋版・世徳・道蔵」④熟□■■■－敦Ⅱ」

注 665 觀不修道之家也－活Ⅱ・陽Ⅰ・書陵・杏Ⅱ・無窮・足利・筑波・弘文・斯Ⅱ・梅沢・慶Ⅰ・大東・武内・東大・東洋・聖語・東急・斯Ⅰ・宋版・世徳・道蔵」②□□□□□■－敦Ⅱ」

14ウ2 注 666 觀不修道之郷也－活Ⅱ・陽Ⅰ・書陵・杏Ⅱ・無窮・足利・筑波・弘文・斯Ⅱ・梅沢・慶Ⅰ・大東・武内・東大・東洋・聖語・東急・斯Ⅰ・宋版・世徳」②□□□□□■－道蔵・敦Ⅱ」

注 667 以修道之國－活Ⅱ・陽Ⅰ・書陵・杏Ⅱ・無窮・足利・筑波・弘文・斯Ⅱ・慶Ⅰ・大東・武内・東大・東洋・聖語・東急・斯Ⅰ・宋版・世徳・道蔵・敦Ⅱ」②□倏□■国－梅沢」

668 觀不修道之國也－活Ⅱ・陽Ⅰ・書陵・杏Ⅱ・無窮・足利・筑波・弘文・斯Ⅱ・梅沢・慶Ⅰ・大東・武内・東大・東洋・聖語・東急・斯Ⅰ・宋版・世徳」②□□□□□□■－敦Ⅱ・道蔵」

14ウ3 注 669 觀不修道之主也－活Ⅱ・陽Ⅰ・書陵・杏Ⅱ・無窮・足利・筑波・弘文・斯Ⅱ・梅沢・慶Ⅰ・大東・武内・東大・東洋・聖語・東急・斯Ⅰ・宋版・世徳・道蔵」②□□□□□□■－敦Ⅱ」

経 670 吾何以知－活Ⅱ・陽Ⅰ・書陵・杏Ⅱ・無窮・足利・筑波・弘文・斯Ⅱ・梅沢・慶Ⅰ・大東・武内・東大・東洋・聖語・東急・斯Ⅰ・六地・世徳・道蔵・敦Ⅱ」②■□□□－宋版」

14ウ4 注 671 吾何以知－活Ⅱ・陽Ⅰ・書陵・杏Ⅱ・無窮・足利・筑波・弘文・梅沢・慶Ⅰ・大東・武内・東大・東洋・聖語・東急・斯Ⅰ」②■□□□－斯Ⅱ」②□□■□－宋版・世徳」②我□□□－道蔵・敦Ⅱ」

672 天下修道者昌－活Ⅱ・陽Ⅰ・書陵・杏Ⅱ・無窮・足利・筑波・弘文・斯Ⅱ・梅沢・慶Ⅰ・大東・武内・東大・東洋・聖語・東急・斯Ⅰ・宋版・世徳・敦Ⅱ」②□□□■□－道蔵」

673 背道者亡－活Ⅱ・陽Ⅰ・書陵・杏Ⅱ・無窮・足利・筑波・弘文・斯Ⅱ・梅沢・慶Ⅰ・大東・武内・東大・東洋・聖語・東急・斯Ⅰ・宋版・世徳・敦Ⅱ」②□□■□－道蔵」

674 此■■觀而－活Ⅱ・陽Ⅰ・書陵・杏Ⅱ・無窮・足利・筑波・弘文・斯Ⅱ・梅沢・慶Ⅰ・大東・武内・東大・東洋・東急・敦Ⅱ」③□五事□□－聖語・斯Ⅰ・宋版・世徳・道蔵」

14ウ5 675 知之■也－活Ⅱ・陽Ⅰ・書陵・杏Ⅱ・無窮・足利・筑波・弘文・斯Ⅱ・梅沢・慶Ⅰ・大東・武内・東大・東洋・東急・宋版・世徳」②□□矣□－聖語・斯Ⅰ」②□□■■－敦Ⅱ・道蔵」

14ウ6 676 玄符■■■第五十五－活Ⅱ・陽Ⅰ・梅沢・聖語・斯Ⅰ・宋版・世徳・道蔵」②□□■■章□□□－武内・東大・東洋」③含徳■■章□□□－杏Ⅱ・慶Ⅰ・大東」③含徳之厚章□□□－筑波・弘文」③■■■■■■■■■－書陵・無窮・足利・斯Ⅱ・東急・六地・敦Ⅱ」

14ウ7 注 677 謂含懐道徳之厚者也－活Ⅱ・陽Ⅰ・書陵・杏Ⅱ・無窮・足利・筑波・弘文・斯Ⅱ・梅沢・慶Ⅰ・大東・武内・東大・東洋・聖

語・斯Ⅰ」②□□□□□□□□■－東急」②□□□□□□□■□－宋版・世徳」②□□□□□□□■■－敦Ⅱ」③□□□進□□□□■－道蔵」

経 678 比之於赤子－活Ⅱ・陽Ⅰ・書陵・足利・筑波・弘文・斯Ⅱ・梅沢・慶Ⅰ・大東・六地」②□□■□□－杏Ⅱ・武内・東大・東洋・東急」②□■□□□－無窮・聖語・斯Ⅰ・宋版・世徳・道蔵・敦Ⅱ」

15オ1 注 679 比若父母之於赤子■也■－活Ⅱ・陽Ⅰ・書陵・杏Ⅱ・無窮・武内・東大」②□□□□□□□□■□矣－東洋」②□□□□□□□□者□■－足利・筑波・弘文・斯Ⅱ・慶Ⅰ・大東」②□□□□□□□□■■■－梅沢・東急・敦Ⅱ」②■□□□□□□□■□■－聖語・斯Ⅰ・宋版・世徳・道蔵」

注 680 不螫■也■－活Ⅱ・陽Ⅰ・書陵・杏Ⅱ・足利・筑波・弘文・斯Ⅱ・梅沢・慶Ⅰ・大東・武内・東大」②□□者□■－東洋」②□□之□■－無窮」②□□之■■－聖語・斯Ⅰ」②□□■■■－東急・宋版・世徳・道蔵・敦Ⅱ」

経 681 猛獸不據－活Ⅱ・陽Ⅰ・書陵・杏Ⅱ・無窮・足利・筑波・弘文・斯Ⅱ・梅沢・慶Ⅰ・大東・武内・東大・東洋・聖語・斯Ⅰ・六地・宋版・世徳・道蔵」②□狩□□－東急・敦Ⅱ」

15オ2 682 攫鳥不搏－筑波・慶Ⅰ・武内・東急」①□□□搏－活Ⅱ・陽Ⅰ・書陵・杏Ⅱ・無窮・足利・弘文・斯Ⅱ・梅沢・大東・東大・東洋・聖語・六地」①□□□搏－斯Ⅰ・宋版・世徳・道蔵」②□□□博－敦Ⅱ」

注 683 赤子不害－活Ⅱ・陽Ⅰ・書陵・杏Ⅱ・無窮・足利・筑波・弘文・斯Ⅱ・梅沢・慶Ⅰ・大東・武内・東大・東洋・聖語・東急・斯Ⅰ・世徳・道蔵・敦Ⅱ」②□鳥□□－宋版」

684 物亦不害之也－活Ⅱ・陽Ⅰ・書陵・杏Ⅱ・無窮・足利・筑波・弘文・斯Ⅱ・梅沢・慶Ⅰ・大東・武内・東大・東洋・聖語・東急・斯Ⅰ」②□□□□□■－宋版・世徳・敦Ⅱ」④□■□□□■－道蔵」

685 人無貴賤－活Ⅱ・書陵・無窮・足利・筑波・弘文・斯Ⅱ・梅沢・東急・宋版・世徳・道蔵」①□无□□－陽Ⅰ・杏Ⅱ・慶Ⅰ・大東・武内・東大・東洋・聖語・斯Ⅰ・敦Ⅱ」

686 皆有仁心－活Ⅱ・陽Ⅰ・書陵・杏Ⅱ・無窮・足利・筑波・弘文・斯Ⅱ・梅沢・慶Ⅰ・大東・武内・東大・東洋・聖語・東急・斯Ⅰ・敦Ⅱ・道蔵」②■■□□－宋版」③■■之□－世徳」

15オ3 687 還返其本－活Ⅱ・陽Ⅰ・書陵・足利・筑波・弘文・斯Ⅱ・梅沢・慶Ⅰ・大東」①□反□□－杏Ⅱ・無窮・武内・東大・東洋・聖語・東急・斯Ⅰ・宋版・世徳・道蔵・敦Ⅱ」

688 不傷於人也－活Ⅱ・陽Ⅰ・書陵・杏Ⅱ・無窮・足利・筑波・弘文・斯Ⅱ・梅沢・慶Ⅰ・大東・武内・東大・東洋・東急」②□□□■－聖語・斯Ⅰ・宋版・世徳・敦Ⅱ・道蔵」

経 689 而握固－活Ⅱ・陽Ⅰ・書陵・杏Ⅱ・無窮・足利・筑波・弘文・斯Ⅱ・梅沢・武内・東大・東洋・聖語・東急・斯Ⅰ・宋版・世徳・道蔵・敦Ⅱ」①□掘□－慶Ⅰ・大東・六地」

15オ4 注 690 ■持物堅固－活Ⅱ・陽Ⅰ・書陵・杏Ⅱ・足利・筑波・弘文・斯Ⅱ・武内・東大・東洋・聖語・東急・斯Ⅰ・宋版・世徳・道蔵・敦Ⅱ」①■特□□－梅沢・慶Ⅰ・大東」②握□□□□－無窮」

691 以其意專■心不移也－活Ⅱ・陽Ⅰ・書陵・杏Ⅱ・無窮・足利・筑波・弘文・斯Ⅱ・梅沢・慶Ⅰ・大東・武内・東大・東洋・聖語・斯Ⅰ」②□□□■□□□■－東急・敦Ⅱ」②□□■■□□□□－宋版・世徳」②□□□而□□□－道蔵」

15オ4 経 692 合而峻作精之至也－活Ⅰ・活Ⅱ・陽Ⅰ」①□□峻□□□□－武内・東大・東洋・杏Ⅱ・筑波・慶Ⅰ・大東・弘文・斯Ⅱ・書陵・六地・東急・聖語・斯Ⅰ・宋版・世徳・道蔵」①□□酸□□□□□－無窮」①□□酸□□□□□－足利」①□□朘□□□□□－梅沢」③□□酸□□□□■－敦Ⅱ」

注 693 由精氣多之所致也－活Ⅱ・陽Ⅰ・杏Ⅱ・足利・弘文・斯Ⅱ・梅沢・慶Ⅰ・大東・武内・東大・東洋・聖語・東急・斯Ⅰ・宋版・世徳」②□□□□■□□□－書陵・無窮・筑波」②□□□□□

□□■－道藏」④■□□□□□□■－敦Ⅱ」

15オ6 経

694 終日號而－活Ⅱ・陽Ⅰ・書陵・杏Ⅱ・無窮・足利・筑波・斯Ⅱ・梅沢・慶Ⅰ・大東・武内・東大・東洋・聖語・東急・斯Ⅰ・六地・宋版・世德・道藏・敦Ⅱ」②□□啼□－弘文」

695 ■不啞－活Ⅱ・陽Ⅰ・書陵・無窮・筑波・弘文・斯Ⅱ・慶Ⅰ・大東・聖語・東急・斯Ⅰ・六地・宋版・世德」①■□嗢－足利」②■□嗄－杏Ⅱ・梅沢・武内・東大・東洋・敦Ⅱ」④嗌□嗄－道藏」

696 和之至也－活Ⅱ・陽Ⅰ・書陵・杏Ⅱ・無窮・足利・筑波・弘文・斯Ⅱ・梅沢・慶Ⅰ・大東・武内・東大・東洋・聖語・東急・斯Ⅰ・六地・宋版・世德」②□□□■－道藏・敦Ⅱ」

注

697 從朝至暮－活Ⅱ・陽Ⅰ・書陵・杏Ⅱ・無窮・足利・筑波・斯Ⅱ・梅沢・慶Ⅰ・大東・武内・東大・東洋・聖語・東急・斯Ⅰ・宋版・世德・道藏・敦Ⅱ」①従□□慕－弘文」

698 啼號－活Ⅱ・陽Ⅰ・書陵・杏Ⅱ・無窮・足利・筑波・弘文・斯Ⅱ・梅沢・慶Ⅰ・大東・武内・東大・東洋・聖語・東急・斯Ⅰ・宋版・世德・道藏」②■□－敦Ⅱ」

699 ■聲不變易者－活Ⅱ・陽Ⅰ・書陵・足利・筑波・弘文・斯Ⅱ・梅沢・慶Ⅰ・大東・武内・東大・東洋・宋版・世德・道藏・敦Ⅱ」①■□□戀□□－東急」②而□□□□□□－杏Ⅱ・無窮・聖語・斯Ⅰ」

15オ7

700 和氣多之所致也■－活Ⅱ・陽Ⅰ・書陵・杏Ⅱ・無窮・足利・筑波・弘文・梅沢・慶Ⅰ・大東・武内・東大・東洋・東急・世德」②□□□□□■■－聖語・斯Ⅰ・宋版・敦Ⅱ」②□□□■□□□■－道藏」④□□□■□□□之－斯Ⅱ」

経

701 知和曰常－活Ⅱ・陽Ⅰ・杏Ⅱ・無窮・筑波・斯Ⅱ・梅沢・慶Ⅰ・大東・武内・東大・東洋・聖語・東急・斯Ⅰ・六地・宋版・世德・道藏・敦Ⅱ」②□□日□－書陵・足利・弘文」

注

702 和氣之柔弱－活Ⅱ・陽Ⅰ・書陵・杏Ⅱ・無窮・足利・弘文・斯Ⅱ・梅沢・武内・東大・東洋・聖語・東急・斯Ⅰ・宋版・世德・道藏」②□□■□□－筑波・慶Ⅰ・大東・敦Ⅱ」

703 有益於人者－活Ⅱ・陽Ⅰ・書陵・杏Ⅱ・無窮・足利・筑波・弘文・斯Ⅱ・慶Ⅰ・大東・武内・東大・東洋・聖語・斯Ⅰ・宋版・世德・道藏・敦Ⅱ」②□□□□■－梅沢」②■□□□□－東急」

704 則爲知道之常也－活Ⅱ・陽Ⅰ・書陵・杏Ⅱ・無窮・足利・筑波・弘文・斯Ⅱ・梅沢・慶Ⅰ・大東・東大・東洋・東急・宋版・世德・道藏」①□□和□□□□－武内」②■□□□□□□－聖語・斯Ⅰ」②□□□□□□■－敦Ⅱ」

15ウ1 経

705 知常日明－活Ⅱ・陽Ⅰ・書陵・杏Ⅱ・無窮・足利・筑波・弘文・斯Ⅱ・梅沢・慶Ⅰ・大東・武内・東大・東洋・聖語・東急・斯Ⅰ・六地・敦Ⅱ」②□□曰□－宋版・世德・道藏」

注

706 日以明－活Ⅱ・陽Ⅰ・書陵・杏Ⅱ・無窮・足利・筑波・弘文・斯Ⅱ・梅沢・慶Ⅰ・武内・東大・東洋・聖語・東急・斯Ⅰ・宋版・世德・道藏・敦Ⅱ」②□知□－大東」

707 達於玄妙也－活Ⅱ・陽Ⅰ・書陵・杏Ⅱ・無窮・足利・筑波・弘文・斯Ⅱ・梅沢・慶Ⅰ・大東・武内・東大・東洋・聖語・東急・斯Ⅰ・宋版・世德」②□□□□■－道藏」③□■■■■－敦Ⅱ」

注

708 祥長也－活Ⅱ・陽Ⅰ・書陵・杏Ⅱ・無窮・足利・筑波・弘文・斯Ⅱ・梅沢・慶Ⅰ・大東・武内・東大・東洋・聖語・東急・斯Ⅰ・宋版・世德・敦Ⅱ」②□道□－道藏」

709 言益生■欲自生－活Ⅱ・陽Ⅰ・書陵・杏Ⅱ・無窮・足利・筑波・弘文・斯Ⅱ・梅沢・慶Ⅰ・大東・武内・東大・東洋・聖語・東急・斯Ⅰ・宋版・道藏」②■□□言□□□－世德」②□□■■□□□－敦Ⅱ」

15ウ2

710 日以長大也－活Ⅱ・陽Ⅰ・書陵・杏Ⅱ・無窮・足利・筑波・弘文・斯Ⅱ・梅沢・慶Ⅰ・大東・武内・東大・東洋・東急・道藏」②□□□□■－聖語・斯Ⅰ・宋版・世德・敦Ⅱ」

経

711 心使氣日強－活Ⅱ・陽Ⅰ・書陵・杏Ⅱ・足利・筑波・弘文・斯Ⅱ・梅沢・慶Ⅰ・大東・武内・東大・東洋・聖語・東急・斯Ⅰ・六地・宋版・世德・敦Ⅱ」②□□□曰□－無窮・道藏」

注712當專一爲和柔—活Ⅱ・陽Ⅰ・書陵・杏Ⅱ・足利・筑波・弘文・斯Ⅱ・梅沢・慶Ⅰ・大東・武内・東大・東洋・聖語・東急・斯Ⅰ・敦Ⅱ」②□□□□□氣—無窮」②□□□■□□—宋版・世德・道藏」

713而神氣實内—活Ⅱ・陽Ⅰ・書陵・杏Ⅱ・無窮・足利・筑波・弘文・斯Ⅱ・梅沢・慶Ⅰ・大東・武内・東大・東洋・聖語・東急・斯Ⅰ・道藏・敦Ⅱ」②□■□□□—宋版・世德」

15ウ3
714■和氣去於中—活Ⅱ・陽Ⅰ・書陵・杏Ⅱ・無窮・足利・筑波・弘文・斯Ⅱ・梅沢・慶Ⅰ・大東・武内・東大・東洋・聖語・斯Ⅰ・宋版・世德」②■□□實□□—東急」②則□□□□□—敦Ⅱ・道藏」

715日以強剛也—活Ⅱ・陽Ⅰ・書陵」②□□剛強□—杏Ⅱ・無窮・足利・筑波・弘文・斯Ⅱ・梅沢・慶Ⅰ・大東・武内・東大・東洋・東急・宋版・世德」②□□□□■—聖語・斯Ⅰ」④□□剛強■—道藏・敦Ⅱ」

経716物壯則老—活Ⅱ・陽Ⅰ・書陵・杏Ⅱ・無窮・足利・筑波・弘文・斯Ⅱ・梅沢・慶Ⅰ・大東・武内・東大・東洋・聖語・東急・斯Ⅰ・六地・世德・道藏・敦Ⅱ」②□□將□—宋版」

注717萬物壯■極則枯老也—活Ⅱ・陽Ⅰ・書陵・杏Ⅱ・無窮・足利・弘文・斯Ⅱ・梅沢・慶Ⅰ・大東・武内・東大・東洋・聖語・東急・斯Ⅰ・宋版・世德」②□□□精□□□□—筑波」②□□□□□□□■—敦Ⅱ」②■■■■■■■■■—道藏（次句下に在り）」

15ウ4
注718老不得道者也—活Ⅱ・陽Ⅰ・書陵・杏Ⅱ・無窮・足利・筑波・弘文・斯Ⅱ・慶Ⅰ・大東・武内・東大・東洋・聖語・東急・斯Ⅰ」②□□□■□—梅沢・道藏」②□□□□■■—宋版・世德・敦Ⅱ」

注719■早已死也■—活Ⅱ・陽Ⅰ・書陵・杏Ⅱ・無窮・筑波・弘文・斯Ⅱ・武内・聖語・斯Ⅰ・宋版・世德」②■□■□□■—梅沢・東大・東洋」②■□□□□矣—慶Ⅰ・大東」②則□□□□■—足利」②■□死已□■—東急」③■□□□亡■—道藏」④■□■□■■—敦Ⅱ」

15ウ5
720玄德■■■第五十六—活Ⅱ・陽Ⅰ・梅沢・聖語・斯Ⅰ・宋版・世德・道藏」②□□■■章□□□□—武内・東大・東洋」③知者■■章□□□□—杏Ⅱ・慶Ⅰ・大東」③知者不言章■□□□—筑波」③知者不◇章□□□□—弘文」③■■■■■■■■■—書陵・無窮・足利・斯Ⅱ・東急・六地・敦Ⅱ」

15ウ6
注721貴■行■—活Ⅱ・陽Ⅰ・書陵・杏Ⅱ・無窮・足利・筑波・弘文・斯Ⅱ・梅沢・慶Ⅰ・大東・武内・東大・東洋・聖語・東急・斯Ⅰ・宋版・世德・敦Ⅱ」④□於□道—道藏」

722不貴■言也—活Ⅱ・陽Ⅰ・書陵・杏Ⅱ・無窮・足利・筑波・弘文・斯Ⅱ・梅沢・慶Ⅰ・大東・武内・東大・東洋・聖語・東急・斯Ⅰ・宋版・世德」②□□■□■—敦Ⅱ」④□□於□■—道藏」

注723駟不■及舌多言多患■也—活Ⅱ・杏Ⅱ・無窮・足利・弘文・斯Ⅱ・梅沢・慶Ⅰ・大東・武内・東大」②□□■□□□□□■■—陽Ⅰ・書陵・筑波・聖語・東急・斯Ⅰ・宋版・世德」②□□■□□□□□之□—東洋」③□□不□□□□□■■—敦Ⅱ」④多言多患駟不及舌■■■—道藏」

15ウ7
注724塞閉之者—活Ⅱ・陽Ⅰ・書陵・杏Ⅱ・無窮・足利・筑波・斯Ⅱ・梅沢・慶Ⅰ・大東・武内・東大・東洋・聖語・東急・斯Ⅰ・道藏・敦Ⅱ」②□□□■—弘文」②□門□□—宋版」②□閑□□—世德」

725欲絶其源■也—活Ⅱ・陽Ⅰ・書陵・杏Ⅱ・無窮・足利・弘文・斯Ⅱ・梅沢・慶Ⅰ・大東・武内・東大」①□施□□■□—筑波」②□□□者□—東洋」②□□□□■■—聖語・斯Ⅰ・宋版・世德・道藏・敦Ⅱ」③□□□厚■■—東急」

注726有所鋭爲■—活Ⅱ・陽Ⅰ・書陵・杏Ⅱ・無窮・足利・筑波・弘文・斯Ⅱ・梅沢・慶Ⅰ・大東・武内・東大・東洋・聖語・東急・斯Ⅰ・宋版・世德・敦Ⅱ」②□□□□者—道藏」

16オ1
727念道無爲—活Ⅱ・書陵・無窮・足利・弘文・斯Ⅱ・梅沢・斯Ⅰ・

東急・宋版・世徳・道蔵」①□□无□－陽Ⅰ・杏Ⅱ・筑波・慶Ⅰ・大東・武内・東大・東洋・聖語・敦Ⅱ」

728 以挫止之也－活Ⅱ・陽Ⅰ・書陵・杏Ⅱ・無窮・足利・筑波・弘文・斯Ⅱ・慶Ⅰ・大東・武内・東大・東洋・東急・世徳」②□□□□■－聖語・斯Ⅰ・宋版・道蔵・敦Ⅱ」②□□□■■－梅沢」

経729 解其忿－活Ⅱ・陽Ⅰ・書陵・足利・筑波・弘文・斯Ⅱ・梅沢・慶Ⅰ・大東・東急・六地・敦Ⅱ」②□□紛－杏Ⅱ・無窮・武内・東大・東洋・聖語・斯Ⅰ・宋版・世徳・道蔵」

注730 忿結恨－活Ⅱ・陽Ⅰ・書陵・筑波・斯Ⅱ・梅沢・慶Ⅰ・大東・東急」②紛□□－杏Ⅱ・無窮・弘文・武内・東大・東洋・聖語・斯Ⅰ・宋版・世徳・道蔵」②言□□－敦Ⅱ」③紛□根－足利」

731 不休也－活Ⅱ・道蔵」②□□■－書陵・杏Ⅱ・無窮・足利・筑波・斯Ⅱ・梅沢・慶Ⅰ・大東・武内・東大・東洋・聖語・東急・斯Ⅰ・宋版・世徳・敦Ⅱ」③□体■－陽Ⅰ・弘文」

732 念道■恬怕－活Ⅱ・陽Ⅰ・書陵・杏Ⅱ・無窮・足利・筑波・弘文・斯Ⅱ・梅沢・慶Ⅰ・大東・武内・東大・東洋・聖語・東急・斯Ⅰ・敦Ⅱ」③□□■無爲－宋版・世徳」③□□之淡薄－道蔵」

733 以解釋之也－活Ⅱ・陽Ⅰ・書陵・杏Ⅱ・無窮・足利・筑波・弘文・斯Ⅱ・梅沢・慶Ⅰ・大東・東大・東洋」②□□□□■－武内・東急・世徳・敦Ⅱ」②□□□■□－聖語・斯Ⅰ」②□□□■■－道蔵」⑤□挫止□■－宋版」

16オ2 注734 當和之－活Ⅱ・陽Ⅰ・書陵・杏Ⅱ・無窮・足利・筑波・斯Ⅱ・梅沢・慶Ⅰ・大東・武内・東大・東洋・聖語・東急・斯Ⅰ・宋版・世徳・道蔵・敦Ⅱ」①□知□－弘文」

735 使闇昧－活Ⅱ・陽Ⅰ・書陵・杏Ⅱ・無窮・武内・東大・東洋・聖語・東急・斯Ⅰ・宋版・世徳・道蔵・敦Ⅱ」①□暗□－足利・筑波・弘文・斯Ⅱ・梅沢・慶Ⅰ・大東」

736 不使■曜亂人■也－活Ⅱ・陽Ⅰ・書陵・足利・筑波・弘文・斯Ⅱ・慶Ⅰ・聖語・斯Ⅰ」②未□■□□□■□－大東」②□□■□□□■■－敦Ⅱ」②□□以□□□■□－杏Ⅱ・無窮・武内・東大・東急」④□□以□□□者□－東洋」④□□以□□□之□－梅沢」④□□■□□■■■－宋版・道蔵」⑤□□■曜眩■■■－世徳」

注737 不當自別殊也－活Ⅱ・陽Ⅰ・書陵・杏Ⅱ・無窮・足利・筑波・斯Ⅱ・慶Ⅰ・大東・武内・東大・東洋・聖語・東急・斯Ⅰ・宋版・世徳」①□□□引□□－梅沢」②□□□□□■－敦Ⅱ」②□□別自□□－弘文」②□□□殊別□－道蔵」

16オ3 注738 謂與天同道也－活Ⅱ・陽Ⅰ・書陵・杏Ⅱ・無窮・筑波・弘文・斯Ⅱ・梅沢・慶Ⅰ・大東・武内・東大・東洋・聖語・斯Ⅰ・宋版・世徳」②□与□因□□－足利」②□与□□通□－東急」②□□□□□■－敦Ⅱ・道蔵」

経739 故不可得而親－活Ⅱ・陽Ⅰ・書陵・杏Ⅱ・無窮・足利・筑波・弘文・斯Ⅱ・梅沢・慶Ⅰ・大東・武内・東大・東洋・東急・六地・宋版・世徳・道蔵・敦Ⅱ」②■□□□□□－聖語・斯Ⅰ」

16オ4 注740 以獨立爲哀■也－活Ⅱ・陽Ⅰ・書陵・杏Ⅱ・無窮・筑波・斯Ⅱ・慶Ⅰ・大東・武内・東大・東洋」②□極□□□■□－弘文」②□□□□■■－足利」②□□□□□之□－梅沢」②■□□□■□－東急」④■□□□□■■－聖語・斯Ⅰ・宋版・世徳・敦Ⅱ」④■同□而□■■－道蔵」

経741 不可得而疏－活Ⅱ・陽Ⅰ・書陵・杏Ⅱ・無窮・足利・筑波・弘文・斯Ⅱ・梅沢・慶Ⅰ・大東・武内・東大・東洋・東急・道蔵」①□□□□疎－聖語・斯Ⅰ・宋版・世徳・敦Ⅱ」

注742 志静無欲－活Ⅱ・無窮・筑波・弘文・斯Ⅱ・聖語・東急・斯Ⅰ・道蔵」①□□无□－陽Ⅰ・杏Ⅱ・足利・梅沢・慶Ⅰ・大東・武内・東大・東洋・敦Ⅱ」①□□□慾－書陵」②□□□故－宋版・世徳」

743 與人無怨■也－活Ⅱ・書陵・無窮・足利・弘文・斯Ⅱ・梅沢・大東」①□□无□■□－陽Ⅰ・杏Ⅱ・慶Ⅰ・武内・東大・聖語・斯Ⅰ」②与□无死■□－筑波」②□□□□■■－東急・宋版・

世徳・道蔵」③与□无□之□－東洋」③□□无□■■－敦Ⅱ」

16オ5 注 744 口不欲五味也－活Ⅱ・陽Ⅰ・書陵・杏Ⅱ・無窮・足利・筑波・弘文・斯Ⅱ・梅沢・慶Ⅰ・大東・武内・東大・東洋」②□□□□■－聖語・東急・斯Ⅰ・宋版・世徳・道蔵・敦Ⅱ」

16オ6 注 745 不與勇争氣也－活Ⅱ・陽Ⅰ・書陵・杏Ⅱ・無窮・筑波・弘文・斯Ⅱ・梅沢・武内・東大・東洋」②□□□□■－足利・慶Ⅰ・大東・聖語・東急・斯Ⅰ・宋版・世徳・道蔵・敦Ⅱ」

経 746 ■不可得而貴－活Ⅱ・陽Ⅰ・書陵・杏Ⅱ・無窮・足利・筑波・弘文・斯Ⅱ・梅沢・慶Ⅰ・大東・武内・東大・東洋・聖語・東急・斯Ⅰ・六地・宋版・世徳・道蔵」②亦□□□□－敦Ⅱ」

注 747 不爲亂世主－陽Ⅰ・書陵・杏Ⅱ・足利・筑波・弘文・斯Ⅱ・梅沢・慶Ⅰ・大東・武内・東大・東洋・聖語・東急・斯Ⅰ・宋版・世徳・道蔵・敦Ⅱ」②□事□□□－活Ⅱ・無窮」

748 不處闇君■位也－活Ⅱ・陽Ⅰ・書陵・杏Ⅱ・無窮・足利・筑波・弘文・斯Ⅱ・梅沢・慶Ⅰ・大東・武内・東大」②□処□□之□□－東洋」②□□□□■□■－東急・道蔵・敦Ⅱ」③□□暗□■□■－斯Ⅰ・宋版・世徳」④□所暗□■□■－聖語」

16オ7 経 749 ■不可得而賤－活Ⅱ・陽Ⅰ・書陵・六地」②亦□□□□－杏Ⅱ・無窮・足利・筑波・弘文・斯Ⅱ・慶Ⅰ・大東・武内・東大・東洋・聖語・東急・斯Ⅰ・宋版・世徳・道蔵・敦Ⅱ」②又□□□□□－梅沢」

注 750 不以乗權故驕－活Ⅱ・陽Ⅰ・書陵・杏Ⅱ・無窮・足利・筑波・弘文・斯Ⅱ・梅沢・慶Ⅰ・大東・武内・東大・東洋・聖語・東急・斯Ⅰ・宋版・世徳・敦Ⅱ」②□□□□而□－道蔵」

751 不以失志故屈■也－活Ⅱ・陽Ⅰ・書陵・杏Ⅱ・無窮・足利・筑波・弘文・斯Ⅱ・慶Ⅰ・大東・東大」②□□□□□之□－梅沢・東洋」②□□□□□■■－武内・聖語・東急・斯Ⅰ・宋版・世徳・敦Ⅱ」④□□□□爲□■■－道蔵」

16ウ1 注 752 諸侯不得屈－活Ⅱ・陽Ⅰ・書陵・杏Ⅱ・無窮・足利・筑波・弘文・斯Ⅱ・梅沢・慶Ⅰ・大東・武内・東大・東洋・東急・宋版・世徳・道蔵・敦Ⅱ」②□□□□■□－聖語・斯Ⅰ」

753 與世沈浮－活Ⅱ・陽Ⅰ・杏Ⅱ・無窮・足利・筑波・弘文・斯Ⅱ・梅沢・慶Ⅰ・大東・武内・東大・東洋・聖語・東急・斯Ⅰ・宋版・世徳・敦Ⅱ」②□□流□－書陵」②□□浮沈－道蔵」

754 故爲天下■貴也－活Ⅱ・陽Ⅰ・書陵・杏Ⅱ・無窮・足利・筑波・弘文・斯Ⅱ・慶Ⅰ・大東・武内・東大・東洋・聖語・東急・斯Ⅰ・宋版・世徳」②□■□□■□□－梅沢」②□□□□■□■－敦Ⅱ」④□□□□之□■－道蔵」

16ウ2 755 淳風■■■第五十七－活Ⅱ・陽Ⅰ・聖語・斯Ⅰ・宋版・世徳・道蔵」①涼□■■■□□□□－梅沢」②□□■■章□□□□－武内・東大」③□朴■■章□□□□－東洋」③以正■■章□□□□－杏Ⅱ・慶Ⅰ・大東」③以正之国章■□□□－筑波」③以正治國章■□□□－弘文」③■■■■■■■■■－書陵・無窮・足利・斯Ⅱ・東急・六地・敦Ⅱ」

16ウ3 経 756 以正之國■－活Ⅱ・陽Ⅰ・書陵・杏Ⅱ・無窮・足利・筑波・斯Ⅱ・梅沢・慶Ⅰ・大東・武内・東大・東洋・聖語・東急・斯Ⅰ・六地・敦Ⅱ」②□□□□之－弘文」②□□治□■－宋版・世徳・道蔵」

注 757 之至也－活Ⅱ・陽Ⅰ・書陵・杏Ⅱ・無窮・足利・筑波・弘文・斯Ⅱ・梅沢・慶Ⅰ・大東・武内・東大・東洋・聖語・東急・斯Ⅰ・敦Ⅱ」②以□□－宋版・世徳・道蔵」

758 正身之人－活Ⅱ・陽Ⅰ・書陵・杏Ⅱ・無窮・足利・筑波・斯Ⅱ・梅沢・慶Ⅰ・大東・武内・東大・東洋・聖語・東急・斯Ⅰ・宋版・世徳・道蔵・敦Ⅱ」②□□■□－弘文」

759 ■至有國也■－活Ⅱ・陽Ⅰ・書陵・杏Ⅱ・無窮・足利・筑波・弘文・斯Ⅱ・梅沢・慶Ⅰ・大東・武内・東大」②■□□国□矣－東洋」②使□□□□■－聖語・東急・斯Ⅰ・宋版・世徳・道蔵」④使□□□■■－敦Ⅱ」

16ウ4 注 760 使詐僞之人－活Ⅱ・陽Ⅰ・書陵・杏Ⅱ・無窮・足利・筑波・弘文・斯Ⅱ・梅沢・慶Ⅰ・大東・武内・東大・東洋・聖語・東急・

斯Ⅰ・敦Ⅱ・道蔵」②□□爲□□－宋版・世徳」

761 ■用兵■也－活Ⅱ・杏Ⅱ・足利・筑波・弘文・斯Ⅱ・梅沢・慶Ⅰ・大東・武内・東大・東洋」②使□□■□－陽Ⅰ・無窮・東急・宋版・世徳・道蔵」②必□□■□－書陵」②■□□之□－聖語・斯Ⅰ」④令□□■■－敦Ⅱ」

経 762 以無事取天下－活Ⅱ・陽Ⅰ・書陵・杏Ⅱ・無窮・足利・筑波・弘文・斯Ⅱ・武内・東洋・聖語・東急・斯Ⅰ・宋版・世徳・道蔵・敦Ⅱ」①□无□□□□－梅沢・慶Ⅰ・大東・東大・六地」

注 763 以無事無爲之人－活Ⅱ・書陵・無窮・足利・筑波・弘文・梅沢・東急・宋版・世徳・道蔵」①□□□无□□□－陽Ⅰ・斯Ⅱ」②□无□无□□□－杏Ⅱ・武内・東大・東洋・聖語・斯Ⅰ・敦Ⅱ」③□无□□意□□－慶Ⅰ・大東」

764 使取天下爲之主也－活Ⅱ・杏Ⅱ・無窮・足利・筑波・弘文・斯Ⅱ・梅沢・慶Ⅰ・大東」②□□□□□□□■－陽Ⅰ・書陵・武内・東洋・聖語・東急・斯Ⅰ・宋版・世徳・道蔵・敦Ⅱ」④取使□□□□□■－東大」

16ウ5 経 765 何以知其■■然哉－活Ⅱ・陽Ⅰ・書陵・杏Ⅱ・無窮・足利・筑波・弘文・斯Ⅱ・慶Ⅰ・大東・武内・東大・東洋・聖語・斯Ⅰ・六地・宋版・世徳・敦Ⅱ」②□□□□■■□■－梅沢・東急」③□□□天下之□□－道蔵」

注 766 我何以知天意■哉－活Ⅱ・陽Ⅰ・書陵・無窮・梅沢・武内・東大・聖語・斯Ⅰ・敦Ⅱ」②□□□□□■■－東急」②□□□□□□然□－杏Ⅱ・足利・筑波・弘文・斯Ⅱ・慶Ⅰ・大東・東洋・宋版・世徳」④■□□□□□然□－道蔵」

16ウ6 767 知之也－活Ⅱ・陽Ⅰ・書陵・杏Ⅱ・無窮・足利・筑波・弘文・斯Ⅱ・梅沢・慶Ⅰ・大東・武内・東大・東洋・道蔵」②□□■－敦Ⅱ」②□■□－東急」②□■■－聖語・斯Ⅰ・宋版・世徳」

経 768 而民彌貧－活Ⅱ・陽Ⅰ・書陵・杏Ⅱ・無窮・筑波・弘文・斯Ⅱ・梅沢・慶Ⅰ・大東・武内・東大・東洋・聖語・東急・斯Ⅰ・宋版・世徳・道蔵・敦Ⅱ・治要」②□□弥貧－足利・六地」

16ウ7 注 769 下詐相殆－活Ⅱ・陽Ⅰ・書陵・杏Ⅱ・無窮・足利・弘文・斯Ⅱ・梅沢・慶Ⅰ・大東・武内・東大・聖語・東急・斯Ⅰ・宋版・世徳・道蔵」②□□□紿－筑波・東洋」②□□□紹－敦Ⅱ」

770 故■貧■也－活Ⅱ・陽Ⅰ・杏Ⅱ・無窮・梅沢・東大・東洋・治要」②□多□■□－書陵・足利・弘文・斯Ⅱ・慶Ⅰ・大東・武内」②□■□之□－東急」②□■□■■－斯Ⅰ・宋版・世徳・道蔵・敦Ⅱ」②□■貪■□－筑波」④□■貪■■－聖語」

17オ1 注 771 聽者惑於耳－活Ⅱ・陽Ⅰ・書陵・杏Ⅱ・無窮・足利・筑波・斯Ⅱ・梅沢・慶Ⅰ・大東・武内・東大・東洋・聖語・東急・斯Ⅰ・宋版・世徳・道蔵・治要」①听□□□□－弘文」①□□或□□－敦Ⅱ」

772 上下不親－活Ⅱ・陽Ⅰ・書陵・杏Ⅱ・足利・筑波・弘文・斯Ⅱ・梅沢・慶Ⅰ・大東・武内・東大・東洋・聖語・東急・斯Ⅰ・宋版・世徳・道蔵・敦Ⅱ・治要」②□□□観－無窮」

773 國家昏■亂■也－活Ⅱ・陽Ⅰ・書陵・杏Ⅱ・無窮・足利・筑波・弘文・斯Ⅱ・慶Ⅰ・大東・武内・東大・治要」②国□□■乱者□－東洋」②国□□■乱之□－梅沢」②□□□■□■■－聖語・東急・斯Ⅰ・宋版・世徳・道蔵」④□□□親□■■－敦Ⅱ」

17オ2 経 774 人多技巧－活Ⅱ・陽Ⅰ・道蔵・敦Ⅱ」①□□伎□－書陵・杏Ⅱ・無窮・足利・筑波・弘文・斯Ⅱ・梅沢・慶Ⅰ・大東・武内・東大・東洋・聖語・東急・斯Ⅰ・六地・宋版・世徳・治要」

注 775 人君百里諸侯也－活Ⅱ・陽Ⅰ・書陵・杏Ⅱ・無窮・足利・筑波・弘文・斯Ⅱ・梅沢・慶Ⅰ・大東・武内・東大・東洋・聖語・東急・斯Ⅰ・宋版・世徳・道蔵・敦Ⅱ」③□□■■■■□－治要」

776 多■技巧－活Ⅱ・陽Ⅰ」①□■伎□－書陵・杏Ⅱ・無窮・足利・筑波・弘文・斯Ⅱ・梅沢・慶Ⅰ・大東・武内・東大・東洋・聖語・東急・斯Ⅰ」②□知□□－敦Ⅱ」②□招□□－道蔵」③□知伎□－宋版・世徳・治要」

777 ■刻畫宮觀－活Ⅱ・陽Ⅰ・書陵・杏Ⅱ・無窮・足利・筑波・弘文・斯Ⅱ・梅沢・慶Ⅰ・大東・武内・東大・東洋・聖語・東急・

斯Ⅰ・敦Ⅱ・治要」②謂□□□□—宋版・世徳・道蔵」

778 彫琢章服—活Ⅱ・陽Ⅰ・書陵・足利・筑波・弘文・斯Ⅱ・慶Ⅰ・大東・聖語・斯Ⅰ・敦Ⅱ」①雕□□□—杏Ⅱ・武内・東大・東洋・道蔵・治要」①□琭□□—無窮・梅沢・東急」②□□服章—宋版・世徳」

17オ3

779 奇物滋起—活Ⅱ・陽Ⅰ・書陵・杏Ⅱ・無窮・足利・筑波・弘文・斯Ⅱ・梅沢・慶Ⅰ・大東・武内・東大・東洋・聖語・東急・斯Ⅰ・宋版・世徳・道蔵・敦Ⅱ」③■■■■—治要」

780 餝金鏤玉—活Ⅱ・陽Ⅰ・書陵・杏Ⅱ・無窮・足利・筑波・弘文・斯Ⅱ・梅沢・慶Ⅰ・大東・武内・東大・東洋・聖語・東急・斯Ⅰ・宋版・世徳・道蔵・敦Ⅱ」③■■■■—治要」

781 文繍綵色—活Ⅱ・陽Ⅰ・杏Ⅱ・無窮・足利・筑波・弘文・斯Ⅱ・梅沢・慶Ⅰ・大東・武内・東大・東洋・聖語・斯Ⅰ・宋版・敦Ⅱ」①□鏽□□—書陵」①□綉□□—東急・世徳」①□□采□—道蔵」③■■■■—治要」

782 日■以滋起■也—活Ⅱ・陽Ⅰ・書陵・筑波・大東・武内・東急・治要」②□己□□■□—杏Ⅱ・梅沢・東大・東洋」②□■□□甚■□—道蔵」②□■□□□之□—足利・弘文・斯Ⅱ・慶Ⅰ」②□■□□□■■—聖語・斯Ⅰ」④□已□□□之□—無窮」④□已■□□□■■—敦Ⅱ」④□■□□甚■■—宋版・世徳」

17オ4注

783 法■好■也—活Ⅱ・陽Ⅰ・書陵・杏Ⅱ・無窮・足利・筑波・弘文・斯Ⅱ・梅沢・慶Ⅰ・大東・武内・東大・東洋・東急・治要」③□物□物□—聖語・斯Ⅰ・宋版・世徳・道蔵・敦Ⅱ」

784 彰著■則—活Ⅱ・陽Ⅰ・書陵・杏Ⅱ・無窮・足利・筑波・弘文・斯Ⅱ・梅沢・慶Ⅰ・大東・武内・東大・東洋・聖語・斯Ⅰ・宋版・世徳・道蔵・敦Ⅱ・治要」②□□著□—東急」

785 飢寒並至—活Ⅱ・陽Ⅰ・書陵・杏Ⅱ・無窮・足利・筑波・弘文・斯Ⅱ・梅沢・慶Ⅰ・武内・東大・東洋・聖語・東急・斯Ⅰ・宋版・世徳・敦Ⅱ・治要」①□□并□—大東」②□□近□—道蔵」

786 盗賊多有■也—活Ⅱ・陽Ⅰ・杏Ⅱ・無窮・足利・筑波・弘文・斯Ⅱ・梅沢・慶Ⅰ・大東・武内・東大・聖語・東急・斯Ⅰ・宋版・世徳」②□□□□之□—東洋」②□□□□者□—書陵」②□□□□■■—道蔵・敦Ⅱ・治要」

経

787 故聖人云—活Ⅱ・陽Ⅰ・杏Ⅱ・無窮・足利・筑波・弘文・斯Ⅱ・梅沢・慶Ⅰ・大東・武内・東大・東洋・聖語・東急・斯Ⅰ・六地・宋版・世徳・道蔵・敦Ⅱ」①□□□玄—書陵」③■■■■—治要」

17オ5注

788 謂下事也—活Ⅱ・陽Ⅰ・書陵・杏Ⅱ・無窮・足利・筑波・弘文・斯Ⅱ・梅沢・慶Ⅰ・大東・武内・東大・東洋・聖語・東急・斯Ⅰ・宋版・世徳」②□□□■—敦Ⅱ」④■■■■—道蔵・治要」

経

789 我無爲而—活Ⅱ・書陵・杏Ⅱ・無窮・足利・筑波・弘文・斯Ⅱ・梅沢・大東・武内・東洋・聖語・東急・斯Ⅰ・宋版・世徳・道蔵」①□无□□—陽Ⅰ・慶Ⅰ・東大・六地・敦Ⅱ・治要」

注

790 聖人言我脩道承天—活Ⅱ・陽Ⅰ・書陵・杏Ⅱ・無窮・足利・筑波・弘文・斯Ⅱ・梅沢・慶Ⅰ・大東・武内・東大・東洋・聖語・東急・斯Ⅰ・宋版・世徳・道蔵・敦Ⅱ」③■■■■■■■■—治要」

791 無所改作—活Ⅱ・書陵・無窮・足利・筑波・弘文・梅沢・東急・道蔵」①无□□□—陽Ⅰ・杏Ⅱ・斯Ⅱ・慶Ⅰ・大東・武内・東大・東洋・聖語・斯Ⅰ・宋版・敦Ⅱ・治要」③□□作爲—世徳」

17オ6

792 而民自化成■也—活Ⅱ・無窮・足利・筑波・弘文・斯Ⅱ・慶Ⅰ・大東・聖語・東急・斯Ⅰ・宋版・世徳」②□□□□□之□—陽Ⅰ・書陵・杏Ⅱ・梅沢・武内・東大・東洋」②□□□□□□■■—道蔵・敦Ⅱ・治要」

注

793 聖人言—活Ⅱ・陽Ⅰ・書陵・杏Ⅱ・無窮・足利・筑波・弘文・斯Ⅱ・梅沢・慶Ⅰ・大東・武内・東大・東洋・聖語・東急・斯Ⅰ・宋版・世徳・道蔵・敦Ⅱ」③■■■—治要」

794 我好■静不言不教—活Ⅱ・陽Ⅰ・書陵・杏Ⅱ・足利・筑波・弘文・斯Ⅱ・慶Ⅰ・大東・東急・宋版・世徳・敦Ⅱ」②□□清□□□□□—無窮・梅沢・武内・東大・東洋・聖語・斯Ⅰ」②□

□安□□□□□－道蔵」③□■■■□□□□－治要」

795 民皆自忠正■也－活Ⅱ・無窮・足利・筑波・弘文・斯Ⅱ・梅沢・慶Ⅰ・大東・武内・東大・聖語・東急・斯Ⅰ・宋版・世徳・道蔵・治要」②□□■□□■□－杏Ⅱ」②□□□□□□之□－陽Ⅰ・書陵」②□□□□□者□－東洋」②□□□□□□■■－敦Ⅱ」

17オ7

経 796 我無事而－活Ⅱ・書陵・杏Ⅱ・無窮・足利・筑波・弘文・斯Ⅱ・梅沢・大東・武内・東洋・聖語・東急・斯Ⅰ・宋版・世徳・道蔵」①□无□□－慶Ⅰ・東大・六地・敦Ⅱ・治要」③□无爲□－陽Ⅰ」

注 797 我無傜役徴召之事－書陵・足利・筑波・弘文・梅沢」①□无□□□□□□－陽Ⅰ・杏Ⅱ・斯Ⅱ・大東・武内・東大・聖語・斯Ⅰ・宋版・敦Ⅱ」①□□□促□□□□－無窮」②□无傜□□□□□－東洋」②□无□□微□□□－慶Ⅰ」②□□傜□微□□□－東急」②□□□□征□□□－世徳」②□□係□□□□□－活Ⅱ」②■□□□□□□□－道蔵」④□无□□■■■■－治要」

798 使民安其業－活Ⅱ・陽Ⅰ・書陵・杏Ⅱ・無窮・足利・筑波・弘文・梅沢・慶Ⅰ・武内・東大・東洋・聖語・東急・斯Ⅰ」②□■□□□－斯Ⅱ」②■□□□□－宋版・世徳・道蔵・敦Ⅱ」③■■□□□－大東」④■■■■■－治要」

799 故皆自冨也－活Ⅱ・陽Ⅰ・書陵・杏Ⅱ・無窮・足利・筑波・弘文・斯Ⅱ・梅沢・慶Ⅰ・大東・武内・東大・東洋・東急・道蔵」②□□□□■－聖語・斯Ⅰ・宋版・世徳・敦Ⅱ・治要」

17ウ1

経 800 我無欲而－活Ⅱ・書陵・杏Ⅱ・無窮・足利・筑波・弘文・斯Ⅱ・梅沢・慶Ⅰ・大東・武内・東洋・聖語・東急・斯Ⅰ・宋版・世徳・道蔵」①□无□□－陽Ⅰ・東大・六地・敦Ⅱ・治要」

801 民自朴－活Ⅱ・陽Ⅰ・書陵・杏Ⅱ・無窮・足利・筑波・弘文・斯Ⅱ・梅沢・慶Ⅰ・大東・武内・東大・東洋・聖語・東急・斯Ⅰ・六地・宋版・世徳・敦Ⅱ」①□□樸－道蔵」①□□撲－治要」

注 802 我常無欲■－活Ⅱ・書陵・無窮・足利・筑波・弘文・梅沢・東急・宋版・世徳・道蔵」①□□无□■－陽Ⅰ・杏Ⅱ・斯Ⅱ・慶Ⅰ・大東・武内・東大・東洋・聖語・斯Ⅰ」③□□无□心－敦Ⅱ」③□■■■■－治要」

803 去華文微服餝－活Ⅱ・陽Ⅰ・書陵・杏Ⅱ・無窮・筑波・弘文・斯Ⅱ・梅沢・慶Ⅰ・大東・東大・聖語・斯Ⅰ・道蔵・敦Ⅱ」①□□□徴□□－足利・武内・宋版」②□□□□□■－東洋・東急」③□□■■■飾－世徳」③□□□■■■－治要」

804 隨我爲■質朴也－活Ⅱ・陽Ⅰ・書陵・杏Ⅱ・無窮・足利・筑波・弘文・斯Ⅱ・梅沢・慶Ⅰ・大東・武内・東大・東急・聖語・斯Ⅰ」②□□□■□□■－東洋・敦Ⅱ」②□□□多□□□－宋版・世徳」③□□□■□撲■－治要」④□□■■□樸■－道蔵」

経 805 ■■■■■■■■－活Ⅱ・陽Ⅰ・書陵・杏Ⅱ・無窮・足利・筑波・弘文・斯Ⅱ・梅沢・慶Ⅰ・大東・武内・東大・東洋・聖語・東急・斯Ⅰ・六地・宋版・世徳・敦Ⅱ・治要」④我無情而民自清－道蔵」

注 806 ■■■■■■■■■■■■■■■■－活Ⅱ・陽Ⅰ・書陵・杏Ⅱ・無窮・足利・筑波・弘文・斯Ⅱ・梅沢・慶Ⅰ・大東・武内・東大・東洋・聖語・東急・斯Ⅰ・宋版・世徳・敦Ⅱ・治要」④聖人言我修道眞絶去六情而民隨我而清－道蔵」

17ウ2

807 順化■■■第五十八－活Ⅱ・陽Ⅰ・聖語・斯Ⅰ・宋版・世徳・道蔵」①□佗■■■□□□□－梅沢」②□□■■章□□□□－武内・東大・東洋」③其政■■章□□□□－杏Ⅱ・慶Ⅰ・大東」③其政悶々章□□□□－筑波・弘文」③■■■■■■■■■－書陵・無窮・足利・斯Ⅱ・東急・六地・敦Ⅱ」

17ウ3

注 808 其政教寛大－活Ⅱ・陽Ⅰ・書陵・杏Ⅱ・無窮・足利・筑波・弘文・斯Ⅱ・梅沢・慶Ⅰ・大東・武内・東大・東洋・聖語・東急・斯Ⅰ・宋版・世徳・敦Ⅱ・治要」③□□■弘□－道蔵」

809 悶悶昧昧－活Ⅱ・陽Ⅰ・書陵・杏Ⅱ・無窮・足利・弘文・斯Ⅱ・梅沢・慶Ⅰ・大東・武内・東大・東洋・聖語・東急・斯Ⅰ・宋版・世徳・道蔵・敦Ⅱ・治要」②□々時々－筑波」

810似若不明也－活Ⅱ・陽Ⅰ・書陵・杏Ⅱ・無窮・足利・筑波・弘
文・斯Ⅱ・梅沢・慶Ⅰ・大東・武内・東大・東洋・聖語・東急・
斯Ⅰ・宋版・世徳・治要」②□□□■－道蔵・敦Ⅱ」
経 811其民醇醇－活Ⅱ・陽Ⅰ・書陵・杏Ⅱ・無窮・足利・筑波・弘文・
斯Ⅱ・慶Ⅰ・大東・武内・東大・東洋・聖語・東急・斯Ⅰ・六
地・宋版・世徳・道蔵・敦Ⅱ・治要」①□□淳々－梅沢」
注 812政教寛大－活Ⅱ・陽Ⅰ・書陵・杏Ⅱ・無窮・足利・筑波・弘文・
斯Ⅱ・梅沢・慶Ⅰ・大東・武内・東大・東洋・聖語・東急・斯
Ⅰ・宋版・世徳・敦Ⅱ・治要」②□□弘□－道蔵」
17ウ4 813民醇醇冨－活Ⅱ・陽Ⅰ・書陵・杏Ⅱ・無窮・足利・筑波・弘文・
斯Ⅱ・慶Ⅰ・大東・武内・東大・東洋・聖語・東急・斯Ⅰ・宋
版・世徳・道蔵・敦Ⅱ・治要」①□淳々□－梅沢」
814厚相親睦也－活Ⅱ・陽Ⅰ・書陵・杏Ⅱ・無窮・足利・筑波・弘
文・斯Ⅱ・梅沢・慶Ⅰ・大東・武内・東大・東洋・聖語・東急・
斯Ⅰ・宋版・道蔵・治要」②貴□□□□－世徳」②□□□□■
－敦Ⅱ」
注 815其政教急疾－活Ⅱ・陽Ⅰ・書陵・杏Ⅱ・無窮・筑波・慶Ⅰ・大
東・聖語・斯Ⅰ・宋版・世徳・敦Ⅱ・治要」②□□■□□－足
利・弘文・斯Ⅱ・梅沢・武内・東大・東洋・東急」③□□□疾
隠－道蔵」
816言决於■口－活Ⅱ・陽Ⅰ・書陵・杏Ⅱ・足利・筑波・弘文・斯
Ⅱ・梅沢・慶Ⅰ・大東・武内・東大・東洋・聖語・東急・斯Ⅰ・
宋版・世徳・道蔵・敦Ⅱ・治要」①□□□於□－無窮」
817聴决於耳也－活Ⅱ・陽Ⅰ・書陵・杏Ⅱ・無窮・足利・筑波・斯
Ⅱ・梅沢・慶Ⅰ・大東・東大・聖語・斯Ⅰ・宋版・世徳・道蔵」
①听□□□□－弘文」②□□□□■－武内・東洋・東急・治要」
④□斷□□■－敦Ⅱ」
17ウ5 経 818其民缺缺－活Ⅱ・陽Ⅰ・書陵・杏Ⅱ・筑波・斯Ⅱ・慶Ⅰ・大東・
武内・東大・聖語・東急・斯Ⅰ・六地・道蔵・敦Ⅱ」①□□鈌
鈌－無窮・足利・弘文・梅沢・東洋・宋版・世徳・治要」

注 819政教急疾－活Ⅱ・陽Ⅰ・書陵・杏Ⅱ・無窮・足利・筑波・弘文・
斯Ⅱ・梅沢・慶Ⅰ・大東・武内・東大・聖語・斯Ⅰ」②□□□
■－東洋・東急・宋版・世徳・敦Ⅱ」②□□煩□－道蔵」③■
■■■－治要」
820民不聊生－活Ⅱ・陽Ⅰ・書陵・杏Ⅱ・無窮・足利・筑波・弘文・
斯Ⅱ・梅沢・慶Ⅰ・大東・武内・東大・東洋・聖語・東急・斯
Ⅰ・宋版・世徳・道蔵・治要」②□无□□－敦Ⅱ」
821故缺缺－活Ⅱ・陽Ⅰ・書陵・杏Ⅱ・筑波・弘文・斯Ⅱ・慶Ⅰ・
大東・武内・東大・聖語・東急・斯Ⅰ・道蔵・敦Ⅱ」①□鈌鈌
－無窮・足利・梅沢・東洋・宋版・世徳・治要」
822日以疏薄■也－活Ⅱ・陽Ⅰ・書陵・杏Ⅱ・足利・筑波・弘文・
斯Ⅱ・梅沢・慶Ⅰ・大東・武内・東大」①□□踈□■□－無窮」
②□□□者□－東洋」②□□□□■■－東急・道蔵・敦Ⅱ・
治要」③□□踈□■■－聖語・斯Ⅰ・宋版・世徳」
経 823禍兮福之所倚－活Ⅱ・陽Ⅰ・書陵・杏Ⅱ・無窮・武内・東大・
東洋・聖語・東急・斯Ⅰ・六地・宋版・世徳・道蔵・敦Ⅱ・治
要」②□乎□□□□－足利・筑波・弘文・斯Ⅱ・梅沢・慶Ⅰ・
大東」
17ウ6 注 824倚因也－活Ⅱ・陽Ⅰ・書陵・杏Ⅱ・無窮・足利・筑波・弘文・
斯Ⅱ・梅沢・慶Ⅰ・大東・武内・東大・東洋・聖語・東急・斯
Ⅰ・宋版・世徳・道蔵・敦Ⅱ」②□□■－治要」
825禍因福而生－活Ⅱ・陽Ⅰ・書陵・杏Ⅱ・足利・筑波・弘文・斯
Ⅱ・梅沢・大東・武内・東大・東洋・聖語・東急・斯Ⅰ・宋版・
世徳・道蔵」②福□□□□－慶Ⅰ」③福□禍□□－敦Ⅱ・治要・
無窮?」
826人■遭禍－活Ⅱ・陽Ⅰ・書陵・杏Ⅱ・無窮・足利・筑波・弘文・
斯Ⅱ・梅沢・慶Ⅰ・大東・武内・東大・東洋・聖語・東急・斯
Ⅰ・世徳・道蔵・治要」②天■□□－宋版」②□能□□－敦Ⅱ」
827而能悔過－活Ⅱ・陽Ⅰ・書陵・杏Ⅱ・無窮・足利・筑波・弘文・
斯Ⅱ・梅沢・慶Ⅰ・大東・武内・東大・東洋・聖語・東急・斯

Ⅰ・宋版・世徳・治要」②□■□□―道蔵」③■■□□―敦Ⅱ」

828 禍去而福來■也―活Ⅱ・陽Ⅰ・書陵・杏Ⅱ・無窮・足利・筑波・弘文・斯Ⅱ・慶Ⅰ・大東・武内・東大」②□□□□者□―東洋」②□□□□■■―聖語・斯Ⅰ・宋版・世徳」②□□■□□■□―梅沢」④□□■□□■■―東急・道蔵・治要」⑤福□■□□■■―敦Ⅱ」

17ウ7 注 829 人■得福而―活Ⅱ・陽Ⅰ・書陵・無窮・足利・筑波・弘文・斯Ⅱ・梅沢・慶Ⅰ・武内・東大・東洋・聖語・東急・斯Ⅰ・宋版・世徳・道蔵・敦Ⅱ・治要」①□■□禍□―大東」②□而□□□―杏Ⅱ」

830 福去而禍來也―活Ⅱ・陽Ⅰ・書陵・杏Ⅱ・無窮・筑波・弘文・斯Ⅱ・慶Ⅰ・大東・武内・東大・東洋」②□□□□■―足利・聖語・斯Ⅰ」②□□■□□□―梅沢」④□□■□□■―東急・宋版・世徳・道蔵・敦Ⅱ・治要」

18オ1 注 831 禍福更相生―活Ⅱ・陽Ⅰ・書陵・杏Ⅱ・無窮・足利・筑波・弘文・斯Ⅱ・梅沢・慶Ⅰ・大東・武内・東大・東洋・聖語・東急・斯Ⅰ・宋版・世徳・敦Ⅱ・治要」②□□□□■―道蔵」

832 誰■能知―活Ⅱ・陽Ⅰ・書陵・杏Ⅱ・足利・筑波・弘文・斯Ⅱ・慶Ⅰ・大東・武内・宋版・世徳」②□無□□―東大・東洋」②孰■□□―道蔵」②■無□□―無窮・梅沢・聖語・東急・斯Ⅰ・治要」②■■□□―敦Ⅱ」

833 其窮極■時也―活Ⅱ・陽Ⅰ・書陵・杏Ⅱ・無窮・足利・弘文・斯Ⅱ・梅沢・慶Ⅰ・武内・東大・東洋・東急・治要」②□□□之□□―筑波・大東」②□□□■□■―聖語・斯Ⅰ・宋版・世徳・敦Ⅱ」②□□□■■□―道蔵」

経 834 其無正■―活Ⅱ・書陵・杏Ⅱ・足利・筑波・弘文・斯Ⅱ・慶Ⅰ・武内・東洋・聖語・斯Ⅰ・宋版・世徳・道蔵」①□无□■―陽Ⅰ・大東・東大・六地・敦Ⅱ」②□□□耶―無窮・梅沢・東急」

注 835 無不也―活Ⅱ・書陵・無窮・足利・筑波・斯Ⅱ・梅沢・大東・東急・世徳・道蔵」①无□□―陽Ⅰ・杏Ⅱ・弘文・慶Ⅰ・武内・東大・東洋・聖語・斯Ⅰ・宋版・敦Ⅱ」

836 其無國也―活Ⅱ・書陵・足利・筑波・弘文・斯Ⅱ・梅沢・東急・世徳・敦Ⅱ」①□无□□―陽Ⅰ・杏Ⅱ・慶Ⅰ・大東・武内・東大・東洋・聖語・斯Ⅰ・宋版」②□□正□―道蔵」③夫无□□―無窮」

18オ2 注 837 下雖正―活Ⅱ・陽Ⅰ・書陵・杏Ⅱ・無窮・足利・筑波・弘文・斯Ⅱ・梅沢・慶Ⅰ・大東・武内・東大・東洋・聖語・東急・斯Ⅰ・宋版・世徳・敦Ⅱ」②■□□―道蔵」

838 化上爲詐也―活Ⅱ・陽Ⅰ・書陵・杏Ⅱ・無窮・足利・筑波・弘文・斯Ⅱ・梅沢・慶Ⅰ・大東・武内・東大・東洋・聖語・東急・斯Ⅰ・宋版・世徳」②□□□□■―敦Ⅱ」④□下□□■―道蔵」

経 839 善復爲妖―活Ⅱ・陽Ⅰ・書陵・杏Ⅱ・無窮・筑波・梅沢・慶Ⅰ・大東・武内・東大・東洋・聖語・斯Ⅰ・六地」①□□□祓―弘文・斯Ⅱ」①□□□秡―足利」①□□□訞―東急・宋版・世徳・敦Ⅱ・道蔵」

18オ3 注 840 皆復化■上―活Ⅱ・陽Ⅰ・書陵・杏Ⅱ・無窮・足利・筑波・弘文・斯Ⅱ・慶Ⅰ・大東・武内・東大・東洋・宋版・世徳・道蔵・敦Ⅱ」②□□□妖□―梅沢」②背□□■□―東急」②□□□■正―聖語・斯Ⅰ」

841 爲妖祥也―活Ⅱ・陽Ⅰ・書陵・杏Ⅱ・無窮・筑波・梅沢・大東・武内・東洋・聖語・斯Ⅰ」①□秡□□―足利・斯Ⅱ・慶Ⅰ」①□祓□□―弘文」①□訞□□―東急・宋版・世徳・道蔵」②□□□■―東大」②□訞詳□―敦Ⅱ」

経 842 人之迷■―活Ⅱ・陽Ⅰ・書陵・杏Ⅱ・足利・筑波・弘文・斯Ⅱ・梅沢・慶Ⅰ・大東・武内・東大・東洋・聖語・東急・斯Ⅰ・六地・宋版・道蔵・敦Ⅱ」②□□□也―無窮」②民□□■―世徳」

843 其日固久矣―活Ⅱ・陽Ⅰ・書陵・無窮・足利・筑波・斯Ⅱ・慶Ⅰ・大東・六地」②□□□□■―杏Ⅱ・弘文・梅沢・武内・東大・東洋・聖語・東急・斯Ⅰ・宋版・世徳・敦Ⅱ」④□固日□■―道蔵」

注844人君迷惑－活Ⅱ・陽Ⅰ・書陵・杏Ⅱ・無窮・足利・筑波・弘文・斯Ⅱ・梅沢・慶Ⅰ・大東・武内・東大・東洋・聖語・東急・斯Ⅰ・宋版・世徳・道蔵」①□□□或－敦Ⅱ」

845失正以來－活Ⅱ・書陵・杏Ⅱ・無窮・足利・筑波・弘文・斯Ⅱ・梅沢・慶Ⅰ・大東・武内・東大・東洋・聖語・東急・斯Ⅰ・宋版・世徳・道蔵」①矢□□－陽Ⅰ」②□■□□－敦Ⅱ」

18オ4

846其日■固■久也－活Ⅱ・陽Ⅰ・書陵・杏Ⅱ・無窮・足利・筑波・弘文・斯Ⅱ・梅沢・慶Ⅰ・大東・武内・東大・東洋」②□□■□以□□－東急」②□□■□■□■－聖語・斯Ⅰ・道蔵・敦Ⅱ」④□□巳□■□■－宋版・世徳」

経847聖人方而不割－活Ⅱ・陽Ⅰ・書陵・杏Ⅱ・無窮・足利・筑波・弘文・斯Ⅱ・梅沢・慶Ⅰ・大東・武内・東大・東洋・聖語・東急・斯Ⅰ・六地・宋版・世徳・道蔵」②□■□□□□－敦Ⅱ」

18オ5

注848不以割截人也－活Ⅱ・陽Ⅰ・書陵・杏Ⅱ・無窮・足利・筑波・弘文・斯Ⅱ・梅沢・慶Ⅰ・大東・武内・東大・東洋・聖語・東急・斯Ⅰ・宋版・世徳」②□□□□□■－道蔵・敦Ⅱ」

注849聖人廉清－活Ⅱ・陽Ⅰ・書陵・杏Ⅱ・無窮・足利・筑波・弘文・斯Ⅱ・梅沢・慶Ⅰ・大東・武内・東大・東洋・聖語・東急・斯Ⅰ・宋版・世徳・道蔵」②人聖□□－敦Ⅱ」

850不以傷害人也－活Ⅱ・陽Ⅰ・書陵・杏Ⅱ・無窮・足利・筑波・弘文・斯Ⅱ・慶Ⅰ・大東・武内・東大・東洋・聖語・東急・斯Ⅰ・宋版・世徳・道蔵」②□□復□□□－梅沢」②□□□□□■－敦Ⅱ」

851正已以割人清已以害人也－活Ⅱ・陽Ⅰ・書陵・杏Ⅱ・無窮・足利・筑波・弘文・斯Ⅱ・梅沢・慶Ⅰ・大東・武内・東大・聖語・斯Ⅰ」②□□□□□□□□■－東洋」③□□□□□■■■□□□■■■■□□□－東急」③□□□□□■■■■□□□－宋版・世徳・道蔵」⑤■■■■■□□□□□■－敦Ⅱ」

18オ6

経852直而不肆－活Ⅱ・陽Ⅰ・書陵・杏Ⅱ・無窮・足利・弘文・斯Ⅱ・梅沢・慶Ⅰ・大東・武内・東大・東洋・聖語・東急・斯Ⅰ・六地・宋版・世徳・道蔵・敦Ⅱ」①真□□□－筑波」

注853聖人雖直－活Ⅱ・陽Ⅰ・書陵・杏Ⅱ・無窮・足利・弘文・斯Ⅱ・梅沢・慶Ⅰ・大東・武内・東大・東洋・聖語・東急・斯Ⅰ・宋版・世徳・道蔵・敦Ⅱ」①□□□真－筑波」

854曲已■從人－活Ⅱ・陽Ⅰ・書陵・無窮・足利・筑波・弘文・斯Ⅱ・梅沢・慶Ⅰ・大東・武内・東大・東洋・聖語・東急・斯Ⅰ・宋版・世徳・道蔵・敦Ⅱ」②□□以□□－杏Ⅱ」

855不自申■也－活Ⅱ・陽Ⅰ・書陵・杏Ⅱ・無窮・足利・筑波・弘文・斯Ⅱ・梅沢・武内・東大・東洋・道蔵」②□□□■■－慶Ⅰ・大東・東急・敦Ⅱ」②□□□之□－聖語・斯Ⅰ・宋版・世徳」

18オ7

経856光而不曜－活Ⅱ・陽Ⅰ・書陵・杏Ⅱ・無窮・足利・筑波・弘文・斯Ⅱ・梅沢・慶Ⅰ・大東・武内・東大・東洋・聖語・東急・斯Ⅰ・六地・宋版・世徳・敦Ⅱ」①□□□耀－道蔵」

注857有獨知之明－活Ⅱ・陽Ⅰ・書陵・杏Ⅱ・足利・筑波・弘文・斯Ⅱ・梅沢・慶Ⅰ・大東・武内・東大・東洋・聖語・斯Ⅰ・宋版・世徳・敦Ⅱ」②□□見□□－無窮・東急・道蔵」

858常如闇昧－活Ⅱ・陽Ⅰ・書陵・無窮・弘文・武内・東大・東洋・聖語・東急・斯Ⅰ・宋版・敦Ⅱ」①□□□味－杏Ⅱ」①□□暗□－足利・筑波・斯Ⅱ・梅沢・慶Ⅰ・大東・世徳・道蔵」

859不以曜亂人也－活Ⅱ・陽Ⅰ・書陵・杏Ⅱ・無窮・足利・筑波・弘文・斯Ⅱ・梅沢・慶Ⅰ・大東・武内・東大・東洋・聖語・東急・斯Ⅰ・宋版」②□□眩□□□－世徳」②□□□□□■－敦Ⅱ」③□□耀□□■－道蔵」

18ウ1

860守道■■■第五十九－活Ⅱ・陽Ⅰ・梅沢・聖語・斯Ⅰ・宋版・世徳・道蔵」②□□■■章□□□□－東洋」②□□■■章■□□□－武内・東大」③治人■■章□□□－杏Ⅱ・慶Ⅰ」③治人■■章■□□□－筑波・大東」③治人叏天章□□□－弘文」③■■■■■■■■■－書陵・無窮・足利・斯Ⅱ・東急・六地・敦Ⅱ」

18ウ2 注
861 謂人君欲治理人民■也—活Ⅱ・陽Ⅰ・杏Ⅱ・無窮・筑波・斯Ⅱ・梅沢・慶Ⅰ・大東・武内・東大」②□□□□□□□者□—東洋」②□□□□□□□之□—書陵」②□□□□□□□□■■—足利・弘文・聖語・東急・斯Ⅰ・宋版・世徳・道蔵・敦Ⅱ」

注
862 當用天道順四時也—活Ⅱ・陽Ⅰ・書陵・杏Ⅱ・無窮・足利・筑波・弘文・斯Ⅱ・梅沢・慶Ⅰ・大東・武内・東大・東洋」②□□□□□□□■—聖語・東急・斯Ⅰ・宋版・世徳・道蔵・敦Ⅱ」

18ウ3 注
863 嗇愛也—活Ⅱ・杏Ⅱ・筑波・斯Ⅱ・慶Ⅰ・大東・道蔵」②□貪□—陽Ⅰ・書陵・無窮・足利・弘文・梅沢・武内・東大・東洋・聖語・東急・斯Ⅰ・宋版・世徳・敦Ⅱ」

864 治國者—活Ⅱ・陽Ⅰ・書陵・杏Ⅱ・無窮・足利・筑波・弘文・斯Ⅱ・慶Ⅰ・大東・武内・東大・東洋・聖語・斯Ⅰ・宋版・世徳・道蔵・敦Ⅱ」②□□■—梅沢・東急」

865 愛民財不爲奢泰—活Ⅱ・陽Ⅰ・書陵・杏Ⅱ・無窮・足利・筑波・弘文・斯Ⅱ・梅沢・慶Ⅰ・大東・武内・東大・東洋・聖語・東急・斯Ⅰ・世徳・道蔵・敦Ⅱ」②□□則□□□□—宋版」

866 治身者—活Ⅱ・陽Ⅰ・書陵・杏Ⅱ・無窮・足利・筑波・弘文・斯Ⅱ・慶Ⅰ・大東・武内・東大・東洋・聖語・東急・斯Ⅰ・宋版・世徳・道蔵・敦Ⅱ」②□□■—梅沢」

867 當愛精氣■—活Ⅱ・陽Ⅰ・書陵・杏Ⅱ・無窮・足利・筑波・弘文・斯Ⅱ・梅沢・慶Ⅰ・大東・武内・東大・東洋・聖語・斯Ⅰ・宋版・世徳」②□受□□■—東急」②■□□□■—敦Ⅱ」②□□□□而—道蔵」

868 不■放逸■也—陽Ⅰ・杏Ⅱ・武内・東大」②□■□□■■—東急・宋版・世徳」②□■□□者□—東洋」②□■□□之□—書陵・足利・筑波・弘文・斯Ⅱ・梅沢・慶Ⅰ・大東」②□爲□□■□—活Ⅱ・無窮」④□爲□□■■—聖語・斯Ⅰ・道蔵・敦Ⅱ」

経
869 夫唯嗇—活Ⅱ・陽Ⅰ・書陵・杏Ⅱ・無窮・足利・筑波・弘文・斯Ⅱ・梅沢・慶Ⅰ・大東・武内・東大・東洋・聖語・東急・斯Ⅰ・六地・宋版・道蔵・敦Ⅱ」②□惟□—世徳」

18ウ4 注
870 早先也—活Ⅱ・陽Ⅰ・書陵・杏Ⅱ・無窮・足利・筑波・弘文・斯Ⅱ・梅沢・慶Ⅰ・大東・武内・東大・聖語・東急・斯Ⅰ・宋版・世徳・道蔵・敦Ⅱ」②□□■—東洋」

871 服■得也—活Ⅱ・陽Ⅰ・書陵・杏Ⅱ・無窮・足利・筑波・弘文・斯Ⅱ・梅沢・慶Ⅰ・大東・武内・東大・東洋・聖語・斯Ⅰ・宋版・世徳・道蔵」①□■徳□—敦Ⅱ」③□者徳□—東急」

872 則能先得天道也—活Ⅱ・陽Ⅰ・書陵・杏Ⅱ・足利・筑波・弘文・斯Ⅱ・梅沢・慶Ⅰ・大東・武内・東大・東洋・聖語・東急・斯Ⅰ・宋版・世徳・道蔵」①財□□□□□—無窮」②□□□□□□■—敦Ⅱ」

18ウ5 経
873 謂之重積徳—活Ⅱ・陽Ⅰ・書陵・杏Ⅱ・無窮・筑波・弘文・斯Ⅱ・梅沢・慶Ⅰ・大東・武内・東大・東洋・聖語・東急・斯Ⅰ・六地・宋版・世徳・道蔵・敦Ⅱ」①□□□□得—足利」

注
874 謂重積徳於已也—活Ⅱ・陽Ⅰ・書陵・杏Ⅱ・無窮・足利・筑波・弘文・斯Ⅱ・梅沢・慶Ⅰ・大東・武内・東大・東洋・聖語・東急・斯Ⅰ・宋版・世徳・道蔵」②□□□□□□■—敦Ⅱ」

経
875 則無不尅—活Ⅱ・書陵・杏Ⅱ・無窮・足利・筑波・斯Ⅱ・梅沢・大東・武内・東洋」①□无□□—陽Ⅰ・慶Ⅰ・東大」①□□□剋—聖語・東急・斯Ⅰ・宋版・世徳・道蔵」①□□□克—弘文」②□无□剋—六地」②□无□克—敦Ⅱ」

18ウ6 注
876 尅勝也—活Ⅱ・陽Ⅰ・書陵・杏Ⅱ・無窮・足利・筑波・斯Ⅱ・梅沢・慶Ⅰ・大東・武内・東大・東洋」①克□□—弘文・敦Ⅱ」①剋□□—聖語・東急・斯Ⅰ・宋版・世徳・道蔵」

877 重■積徳於已—活Ⅱ・陽Ⅰ・書陵・杏Ⅱ・無窮・足利・弘文・斯Ⅱ・梅沢・慶Ⅰ・大東・武内・東大・東洋・聖語・東急・斯Ⅰ・宋版・世徳・道蔵」②□種■□□己—筑波」②□種□□□□—敦Ⅱ」

878 則無不勝■也—活Ⅱ・書陵・無窮・足利・筑波・弘文・斯Ⅱ・梅沢」①□无□■□—陽Ⅰ・杏Ⅱ・慶Ⅰ・大東・武内・東大」②□□□□■■—東急・世徳・道蔵」③□无□□者□—東洋」

③□无□□■■－聖語・斯Ⅰ・宋版・敦Ⅱ」

経

879 無不尅則－活Ⅱ・書陵・杏Ⅱ・無窮・足利・筑波・斯Ⅱ・梅沢・大東・武内・東洋」①无□□□－陽Ⅰ・慶Ⅰ・東大」①□□剋□－聖語・東急・斯Ⅰ・宋版・世徳・道蔵」①□□克□－弘文」②无□剋□－六地」②无□克□－敦Ⅱ」

880 莫知其極■－活Ⅱ・陽Ⅰ・書陵・杏Ⅱ・足利・筑波・弘文・斯Ⅱ・梅沢・慶Ⅰ・大東・武内・東大・東洋・聖語・東急・斯Ⅰ・六地・宋版・世徳・道蔵・敦Ⅱ」②□□□□也－無窮」

注

881 無不尅勝－活Ⅱ・陽Ⅰ・書陵・無窮・足利・筑波・斯Ⅱ・梅沢」①无□□□－杏Ⅱ・慶Ⅰ・大東・武内・東大・東洋」①□□克□－弘文」①□□剋□－東急・宋版・世徳・道蔵」②无□剋□－聖語・斯Ⅰ」③无□■□－敦Ⅱ」

18ウ7

882 ■窮極■也－陽Ⅰ・書陵・聖語・東急・斯Ⅰ・宋版・世徳」②■□□■■－道蔵・敦Ⅱ」②所□□■□－活Ⅱ・杏Ⅱ・無窮・足利・筑波・弘文・斯Ⅱ・梅沢・慶Ⅰ・大東・武内・東大」④所□□者□－東洋」

経

883 莫知其極■可以有國－活Ⅱ・陽Ⅰ・書陵・杏Ⅱ・無窮・足利・筑波・弘文・斯Ⅱ・梅沢・慶Ⅰ・大東・武内・東大・東洋・聖語・東急・斯Ⅰ・六地・宋版・世徳・道蔵」②□□□□則□□□□－敦Ⅱ」

19オ1

注

884 爲民致福■也■－活Ⅱ・陽Ⅰ・杏Ⅱ・無窮・筑波・大東・武内・東急」②□□□□者□■－東洋」②□□□□■□矣－慶Ⅰ」②□□□□之□■－書陵・足利・弘文・斯Ⅱ・梅沢」②□□□□■■■－東大・聖語・斯Ⅰ・宋版・世徳・道蔵・敦Ⅱ」

注

885 國■身同也－活Ⅱ・陽Ⅰ・書陵・杏Ⅱ・無窮・足利・弘文・斯Ⅱ・梅沢・慶Ⅰ・武内・聖語・東急・斯Ⅰ・宋版・世徳・道蔵・敦Ⅱ」②□■□固□－東大」②□与□□□－筑波・大東・東洋」

19オ2

886 人■能保身中之道－活Ⅱ・杏Ⅱ・無窮・筑波・弘文・斯Ⅱ・梅沢・慶Ⅰ・武内・東大・東洋・聖語・東急・斯Ⅰ・宋版・世徳・道蔵・敦Ⅱ」②□常□□□□□□－陽Ⅰ・書陵・足利」②□■□□□□■□－大東」

887 精氣■不勞－活Ⅱ・陽Ⅰ・書陵・杏Ⅱ・無窮・足利・弘文・斯Ⅱ・梅沢・慶Ⅰ・武内・東大・東洋・聖語・東急・斯Ⅰ・宋版・世徳・道蔵・敦Ⅱ」②□□以□労－筑波・大東」

888 則可以長久也－活Ⅱ・陽Ⅰ・書陵・杏Ⅱ・無窮・足利・筑波・弘文・斯Ⅱ・梅沢・慶Ⅰ・大東・武内・東大・東洋・斯Ⅰ」②□□□□□■－聖語・東急・宋版・世徳・道蔵」④□□□□生■－敦Ⅱ」

19オ3

注

889 樹根不深則抜－活Ⅱ・陽Ⅰ・書陵・杏Ⅱ・無窮・足利・筑波・弘文・梅沢・慶Ⅰ・大東・武内・東大・東洋・聖語・東急・斯Ⅰ・道蔵・敦Ⅱ」②■□□□□□－斯Ⅱ」②□□□□□枝－宋版・世徳」

890 蔕不■堅則落－活Ⅱ・陽Ⅰ・書陵・杏Ⅱ・無窮・足利・筑波・斯Ⅱ・梅沢・慶Ⅰ・大東・武内・東大・東洋・聖語・東急・斯Ⅰ・宋版・世徳・道蔵・敦Ⅱ」②□□固□□□－弘文」

891 言當深藏其氣－活Ⅱ・陽Ⅰ・書陵・杏Ⅱ・無窮・足利・筑波・弘文・梅沢・慶Ⅰ・大東・武内・東大・東洋・聖語・東急・斯Ⅰ・宋版・道蔵・敦Ⅱ」②■□□□□□－斯Ⅱ」②□■□□□□－世徳」

19オ4

892 無使泄漏■也－活Ⅱ・書陵・無窮・東急」①无□□□■□－陽Ⅰ・聖語・斯Ⅰ」①□□洩□■□－筑波・足利・弘文・梅沢」②无□洩□■□－杏Ⅱ・斯Ⅱ・慶Ⅰ・大東・武内・東大」④无□洩□之□－東洋」⑤无□漏泄■■－敦Ⅱ」⑥使無漏泄■■－宋版・世徳・道蔵」

経

893 長生久視之道■－活Ⅱ・陽Ⅰ・書陵・杏Ⅱ・足利・弘文・斯Ⅱ・梅沢・慶Ⅰ・武内・東大・東洋・聖語・東急・斯Ⅰ・六地・宋版・世徳・道蔵・敦Ⅱ」②□□□□□□也－無窮・筑波・大東」

注

894 長生久視之道也－活Ⅱ・陽Ⅰ・書陵・杏Ⅱ・無窮・筑波・弘文・斯Ⅱ・梅沢・慶Ⅰ・大東・武内・東大・東洋・東急」②□□□□□□■－足利・聖語・斯Ⅰ・宋版・世徳・道蔵・敦Ⅱ」

895 ■■■■■■■■－活Ⅱ・陽Ⅰ・書陵・杏Ⅱ・無窮・足利・筑波・弘文・斯Ⅱ・梅沢・慶Ⅰ・大東・武内・東大・東洋・聖語・東急・斯Ⅰ・六地・宋版・世徳・敦Ⅱ」③道德眞經註卷之三－道蔵」

19オ5

896 ■■■■■■■■－活Ⅱ・陽Ⅰ・書陵・杏Ⅱ・無窮・足利・筑波・弘文・斯Ⅱ・梅沢・慶Ⅰ・大東・武内・東大・東洋・聖語・斯Ⅰ・六地・宋版・世徳」③老子德經■■■■－東急」③老子德經下■■■－敦Ⅱ」③道德眞經註卷之四－道蔵」

897 ■■■■■■■－活Ⅱ・陽Ⅰ・書陵・杏Ⅱ・無窮・足利・筑波・弘文・斯Ⅱ・梅沢・慶Ⅰ・大東・武内・東大・東洋・六地」③河上公章句第四－聖語・東急・斯Ⅰ・宋版・世徳・敦Ⅱ」③河上公章句■■－道蔵」

898 居位■■第六十－活Ⅱ・陽Ⅰ・梅沢・聖語・斯Ⅰ・宋版・世徳・道蔵」②□□■章□□□－武内・東大・東洋」③治大国章□□□－杏Ⅱ・筑波・弘文・大東」③治大■章□□□－慶Ⅰ」③■■■■■■－書陵・無窮・足利・斯Ⅱ・東急・六地・敦Ⅱ」

19オ6

経899 若烹小鮮－活Ⅱ・陽Ⅰ・書陵・杏Ⅱ・無窮・足利・筑波・弘文・斯Ⅱ・梅沢・慶Ⅰ・大東・武内・東大・東洋・聖語・斯Ⅰ・六地・宋版・世徳・道蔵」①□享□□－東急・敦Ⅱ・治要」

注900 鮮魚也－活Ⅱ・陽Ⅰ・書陵・杏Ⅱ・無窮・足利・筑波・弘文・斯Ⅱ・梅沢・慶Ⅰ・大東・武内・東大・東洋・聖語・東急・斯Ⅰ・道蔵・敦Ⅱ・治要」②□□■－宋版・世徳」

901 亨小魚－活Ⅱ・陽Ⅰ・書陵・杏Ⅱ・無窮・足利・筑波・弘文・斯Ⅱ・梅沢・慶Ⅰ・大東・武内・東大・東洋・聖語・斯Ⅰ・宋版・世徳・道蔵」①享□□－東急・敦Ⅱ・治要」

902 不去腸－活Ⅱ・陽Ⅰ・書陵・杏Ⅱ・足利・筑波・斯Ⅱ・梅沢・慶Ⅰ・大東・武内・東洋・聖語・東急・斯Ⅰ・宋版・世徳・道蔵・敦Ⅱ」②□□腹－無窮・弘文・東大」③■■■－治要」

903 不去鱗－活Ⅱ・陽Ⅰ・書陵・杏Ⅱ・足利・筑波・弘文・斯Ⅱ・梅沢・慶Ⅰ・大東・武内・東洋・聖語・東急・斯Ⅰ・宋版・世徳・道蔵・敦Ⅱ」②□□鮮－東大」②□削□－無窮」③■■■－治要」

904 恐其糜也－活Ⅱ・陽Ⅰ・書陵・杏Ⅱ・無窮・梅沢・大東・武内・東大・東洋・聖語・東急・斯Ⅰ・宋版・世徳・道蔵・治要」①□□糜□－足利・筑波」①□□麋□－弘文・斯Ⅱ・慶Ⅰ」②□□□■－敦Ⅱ」

19オ7

905 精氣散去■也－活Ⅱ・陽Ⅰ・書陵・杏Ⅱ・無窮・足利・筑波・弘文・斯Ⅱ・梅沢・大東・武内・東大・東洋・聖語・斯Ⅰ」②□□□□之□－慶Ⅰ」②□■□□■□－東急」③□■■□■□－治要」⑤□■□■■■－宋版・世徳・道蔵」⑤■□□■■■－敦Ⅱ」

経906 以道莅天下者－活Ⅱ・陽Ⅰ・書陵・杏Ⅱ・無窮・足利・筑波・弘文・斯Ⅱ・梅沢・慶Ⅰ・大東・武内・東大・東洋・聖語・東急・斯Ⅰ・六地・敦Ⅱ・治要」②□□□□□■－宋版・世徳・道蔵」

19ウ1

注907 治天下■則－活Ⅱ・陽Ⅰ・書陵・杏Ⅱ・無窮・足利・筑波・弘文・斯Ⅱ・梅沢・慶Ⅰ・大東・武内・東大・東洋・聖語・東急・斯Ⅰ・宋版・世徳・治要」②□□□者□－敦Ⅱ」②蒞□□■□－道蔵」

908 鬼■不敢見其精神以犯人也－活Ⅱ・陽Ⅰ・書陵・杏Ⅱ・無窮・足利・筑波・弘文・斯Ⅱ・梅沢・慶Ⅰ・大東・武内・東大・東洋・聖語・東急・斯Ⅰ・宋版・世徳・治要」②□■□□□□□□□□□■－道蔵」④□神□□□□□□□□□■－敦Ⅱ」

経909 非其鬼不神其神不傷人－活Ⅱ・陽Ⅰ・書陵・杏Ⅱ・無窮・足利・筑波・弘文・斯Ⅱ・梅沢・慶Ⅰ・大東・武内・東大・東洋・聖語・東急・斯Ⅰ・六地・宋版・世徳・敦Ⅱ・治要」④■■■■■■■■■■－道蔵」

19ウ2

注910 其鬼非無精神也－活Ⅱ・書陵・無窮・足利・筑波・弘文・梅沢・東急・世徳」①□□□无□□□－陽Ⅰ・杏Ⅱ・慶Ⅰ・大東・武内・東大・東洋・聖語・斯Ⅰ・宋版」③□□□无□□■－敦Ⅱ・

治要」④■■■■■■■－斯Ⅱ・道蔵」

911邪不入正－活Ⅱ・陽Ⅰ・書陵・杏Ⅱ・足利・筑波・弘文・梅沢・慶Ⅰ・大東・武内・東大・東洋・聖語・斯Ⅰ・世徳」①耶□□□－無窮・敦Ⅱ・治要」②□□■□－東急」③非□八□－宋版」③■■■■－斯Ⅱ・道蔵」

912不能傷自然之民也－活Ⅱ・陽Ⅰ・書陵・杏Ⅱ・無窮・足利・弘文・梅沢・慶Ⅰ・大東・武内・東大・治要」②□□□□□□□者－東洋」②□□□□□□□■－筑波・東急」④□□□□□□人■－聖語・斯Ⅰ・宋版・世徳」④□傷能□□□□■－敦Ⅱ」④■■■■■■■■－斯Ⅱ・道蔵」

経

913非其神不傷人－活Ⅱ・陽Ⅰ・書陵・杏Ⅱ・無窮・足利・筑波・弘文・梅沢・慶Ⅰ・大東・武内・東大・東洋・聖語・東急・斯Ⅰ・六地・宋版・世徳・道蔵・敦Ⅱ・治要」③■■■■■■－斯Ⅱ」

19ウ3

914聖人亦不傷人－活Ⅱ・陽Ⅰ・書陵・杏Ⅱ・無窮・足利・筑波・弘文・斯Ⅱ・梅沢・慶Ⅰ・大東・武内・東大・東洋・聖語・東急・斯Ⅰ・六地・世徳・敦Ⅱ・道蔵・治要」②□□□□□■－宋版」

注

915非■鬼神不能傷害■人－活Ⅱ・杏Ⅱ・無窮・足利・筑波・弘文・斯Ⅱ・慶Ⅰ・大東・武内・東洋・東急・宋版・世徳・治要」②□■■□□□□□■□－陽Ⅰ・書陵・梅沢・東大・聖語・斯Ⅰ」②□其□□□□□□■□－敦Ⅱ」②□■□□□□□□於□－道蔵」

916不■傷害■人－活Ⅱ・陽Ⅰ・書陵・無窮・筑波・梅沢・大東・武内・東大・東洋・聖語・東急・斯Ⅰ・宋版・世徳・敦Ⅱ・治要」②□■□于□－杏Ⅱ・足利・弘文・斯Ⅱ・慶Ⅰ」④□敢□■■□－道蔵」

19ウ4

917鬼■－活Ⅱ・陽Ⅰ・書陵・杏Ⅱ・足利・筑波・弘文・斯Ⅱ・梅沢・慶Ⅰ・大東・武内・東大・東洋・聖語・東急・斯Ⅰ・宋版・世徳・治要」②□神－無窮・道蔵・敦Ⅱ」

918不敢干人■也－活Ⅱ・陽Ⅰ・書陵・杏Ⅱ・無窮・足利・弘文・梅沢・慶Ⅰ・武内・東大・東洋」②□□■之□－筑波・大東・宋版・世徳」②□□□之□－斯Ⅱ」②□□■■□－東急・治要」②□□□■■－聖語・斯Ⅰ・道蔵」③□□□■■■－敦Ⅱ」

注

919而兩不相傷也－活Ⅱ・陽Ⅰ・書陵・足利・筑波・梅沢・大東」②■□□□□□－杏Ⅱ・無窮・弘文・斯Ⅱ・慶Ⅰ・武内・東大・東洋・聖語・東急・斯Ⅰ・宋版・世徳」④■□□□□■－敦Ⅱ」⑤■■□□□■－道蔵」

経

920故徳交■歸焉－活Ⅱ・陽Ⅰ・書陵・無窮・足利・弘文・斯Ⅱ・慶Ⅰ・武内・東大・東洋・聖語・東急・斯Ⅰ・六地・宋版・世徳・道蔵」①□□□■皈□－杏Ⅱ・筑波・大東」①□□□交□□－梅沢」①□得□■□□－敦Ⅱ」

19ウ5

注

921夫兩不相傷則－活Ⅱ・陽Ⅰ・書陵・杏Ⅱ・無窮・足利・筑波・弘文・斯Ⅱ・梅沢・慶Ⅰ・大東・武内・東大・東洋・聖語・斯Ⅰ・敦Ⅱ」②□□□□□■－宋版・世徳・道蔵」③■■■■■■－東急」

922人得治於陽鬼得治於陰－活Ⅱ・陽Ⅰ・書陵・杏Ⅱ・無窮・足利・筑波・弘文・斯Ⅱ・慶Ⅰ・大東・武内・東大・東洋・聖語・斯Ⅰ・宋版・世徳・道蔵・敦Ⅱ」③□□□□□□□□■■－梅沢」③■■■■■■■■■■－東急」

923人得全其性命鬼得保其精神－活Ⅱ・陽Ⅰ・書陵・杏Ⅱ・無窮・足利・弘文・斯Ⅱ・梅沢・慶Ⅰ・大東・武内・東大・東洋・聖語・斯Ⅰ・宋版・世徳・敦Ⅱ」①□□金□□□□□□□□□－筑波」②□□□人□□□□□□□□－道蔵」③■■■■■■■■■■■■－東急」

924故徳－活Ⅱ・陽Ⅰ・書陵・杏Ⅱ・無窮・足利・筑波・弘文・斯Ⅱ・梅沢・慶Ⅰ・大東・東洋・聖語・斯Ⅰ・宋版・世徳」①□得－敦Ⅱ」②□■－武内・東大・道蔵」③■■－東急」

19ウ6

925交歸之也－活Ⅱ・陽Ⅰ・書陵・足利・斯Ⅱ・慶Ⅰ」①□皈□□

－杏Ⅱ・無窮・筑波・弘文・大東・東洋」②□□□■－武内」②□□焉□－梅沢」②□□焉■－聖語・斯Ⅰ・宋版・世徳・道蔵」②□□■■－敦Ⅱ」③□皈■□－東大」③■■■■－東急」

19ウ7
926 謙徳■■■■第六十一－活Ⅱ・陽Ⅰ・梅沢・聖語・斯Ⅰ・宋版・世徳・道蔵」②□□■■■章□□□－武内・東大・東洋」③大國者■■章□□□－杏Ⅱ・慶Ⅰ・大東」③大国者下流章□□□□－筑波・弘文」③■■■■■■■■■■－書陵・無窮・足利・斯Ⅱ・東急・六地・敦Ⅱ」

20オ1経
927 大國者下流－活Ⅱ・陽Ⅰ・書陵・杏Ⅱ・無窮・足利・筑波・弘文・斯Ⅱ・慶Ⅰ・大東・武内・東大・東洋・聖語・東急・斯Ⅰ・六地・宋版・世徳・道蔵・敦Ⅱ」①□圀□□□－梅沢」

注
928 治大國■－活Ⅱ・陽Ⅰ・書陵・杏Ⅱ・無窮・足利・筑波・弘文・斯Ⅱ・梅沢・慶Ⅰ・大東・武内・東大・東洋・聖語・東急・斯Ⅰ・宋版・世徳・道蔵」②□□□者－敦Ⅱ」

929 當如■■居下流－活Ⅱ・陽Ⅰ・書陵・杏Ⅱ・無窮・筑波・弘文・斯Ⅱ・梅沢・慶Ⅰ・大東・東大・東洋・聖語・東急・斯Ⅰ・宋版・世徳」②□知■■□□□－武内」②□□君■□□□－足利」③□□江海□□□－敦Ⅱ」④■□江海者□□－道蔵」

930 不逆■細微也－活Ⅱ・陽Ⅰ・書陵・杏Ⅱ・無窮・筑波・弘文・斯Ⅱ・梅沢・慶Ⅰ・大東・武内・東洋・東急」①□□■□徴□－足利・東大」②□□■□□■－聖語・斯Ⅰ・宋版・世徳・道蔵」④□□於□□■－敦Ⅱ」

20オ2注
931 大國者－活Ⅱ・陽Ⅰ・書陵・杏Ⅱ・無窮・足利・武内・東大・東洋・敦Ⅱ」②□□■－筑波・弘文・斯Ⅱ・梅沢・慶Ⅰ・大東・聖語・東急・斯Ⅰ・宋版・世徳・道蔵」

932 天下■士民之－活Ⅱ・陽Ⅰ・杏Ⅱ・無窮・足利・筑波・弘文・斯Ⅱ・梅沢・慶Ⅰ・大東・武内・東大・東洋・聖語・東急・斯Ⅰ・宋版・世徳・敦Ⅱ」①□□■士□□－書陵」②□□之□□□－道蔵」

933 所交會■也－活Ⅱ・陽Ⅰ・杏Ⅱ・無窮・梅沢・大東・武内・東大・東洋」①□支□■□－筑波」②□□□之□－足利・弘文・斯Ⅱ・慶Ⅰ」②□□□■■－書陵・聖語・東急・斯Ⅰ・宋版・世徳・道蔵・敦Ⅱ」

注
934 牝■陰類也－活Ⅱ・陽Ⅰ・書陵・杏Ⅱ・足利・筑波・弘文・斯Ⅱ・梅沢・慶Ⅰ・大東・武内・東洋」②□■陽□□－東大」②□者□□□－無窮・聖語・東急・斯Ⅰ・宋版・世徳・道蔵・敦Ⅱ」

935 柔■和－活Ⅱ・陽Ⅰ・書陵」②□謙□－杏Ⅱ・無窮・足利・筑波・弘文・斯Ⅱ・梅沢・慶Ⅰ・大東・武内・東大・東洋・聖語・東急・斯Ⅰ・宋版・世徳・道蔵・敦Ⅱ」

936 而不倡也－活Ⅱ・杏Ⅱ・足利・筑波・斯Ⅱ・慶Ⅰ・大東・道蔵」①□□唱□－陽Ⅰ・書陵・無窮・梅沢・東大・聖語・東急・斯Ⅰ」①□□昌□－宋版・世徳」②□□□■－弘文」③□□唱■－武内・東洋・敦Ⅱ」

20オ3経
937 牝常以■静勝牡－活Ⅱ・陽Ⅰ・書陵・無窮・足利・筑波・弘文・梅沢・慶Ⅰ・大東・武内・東大・東洋・聖語・東急・斯Ⅰ・六地・宋版・世徳・道蔵・敦Ⅱ」②□□□其□□□－杏Ⅱ」④□□□其□□牝－斯Ⅱ」

注
938 女所以能屈■男－活Ⅱ・陽Ⅰ・書陵・杏Ⅱ・無窮・足利・筑波・弘文・斯Ⅱ・梅沢・慶Ⅰ・大東・武内・東大・東洋・東急・敦Ⅱ」②□□□□□於□－聖語・斯Ⅰ・道蔵」④□□□勝□於□－宋版・世徳」

939 陰勝陽－活Ⅱ・陽Ⅰ・書陵・杏Ⅱ・無窮・足利・筑波・弘文・斯Ⅱ・梅沢・慶Ⅰ・大東・武内・東大・東洋・聖語・東急・斯Ⅰ・宋版・世徳・敦Ⅱ」③勝陽陰－道蔵」

940 以其安静－活Ⅱ・陽Ⅰ・書陵・杏Ⅱ・無窮・足利・筑波・弘文・斯Ⅱ・梅沢・慶Ⅰ・大東・武内・東大・東洋・東急・敦Ⅱ」②□■□□－聖語・斯Ⅰ・世徳・道蔵」④□■□盡－宋版」

941 不先求■也－活Ⅱ・陽Ⅰ・書陵・杏Ⅱ・無窮・足利・筑波・弘文・斯Ⅱ・梅沢・慶Ⅰ・大東・武内・東大・東洋・聖語・斯Ⅰ」

②□□□■■—東急・敦Ⅱ」②□□□之□—宋版・世徳」②□□□之■—道蔵」

経 942 以静■爲下—活Ⅱ・陽Ⅰ・書陵・杏Ⅱ・無窮・足利・弘文・斯Ⅱ・梅沢・慶Ⅰ・武内・東大・東洋・聖語・東急・斯Ⅰ・六地・宋版・世徳・道蔵・敦Ⅱ」②□□故□□—筑波・大東」

20オ4 注 943 陰道以安静—活Ⅱ・陽Ⅰ・書陵・杏Ⅱ・無窮・足利・筑波・弘文・斯Ⅱ・梅沢・慶Ⅰ・大東・武内・東大・東洋・聖語・東急・斯Ⅰ・宋版・世徳・敦Ⅱ」②□□□□■—道蔵」

944 爲謙下■也—活Ⅱ・陽Ⅰ・書陵・杏Ⅱ・無窮・足利・筑波・弘文・斯Ⅱ・梅沢・慶Ⅰ・大東・武内・東大」②□□□者□—東洋」②□□□■■—聖語・東急・斯Ⅰ・宋版・世徳・敦Ⅱ」③■■■■■—道蔵」

経 945 則取■小國—活Ⅱ・陽Ⅰ・杏Ⅱ・無窮・足利・筑波・弘文・斯Ⅱ・梅沢・慶Ⅰ・大東・武内・東大・東洋・聖語・東急・斯Ⅰ・宋版・世徳・道蔵・敦Ⅱ」②□□於□□—書陵・六地」

注 946 能謙下之則常有之■也—活Ⅱ・陽Ⅰ・書陵・杏Ⅱ・無窮・筑波・弘文・梅沢・慶Ⅰ・大東・武内・東大」②□□□□□□□者□—東洋」②□□□□□□□■■—足利・斯Ⅱ・聖語・斯Ⅰ・宋版・世徳・敦Ⅱ・道蔵」④■■■■■■■■■■—東急」

20オ5 経 947 則取■大國—活Ⅱ・陽Ⅰ・書陵・杏Ⅱ・無窮・足利・筑波・弘文・斯Ⅱ・梅沢・慶Ⅰ・大東・武内・東大・東洋・聖語・東急・斯Ⅰ・六地・宋版・世徳・敦Ⅱ」②□聚■□□—道蔵」

注 948 此言國無大小—活Ⅱ・書陵・足利・筑波・弘文・斯Ⅱ・世徳」①□□□无□□—陽Ⅰ・杏Ⅱ・無窮・梅沢・慶Ⅰ・大東・武内・東大・東洋・聖語・斯Ⅰ・宋版・敦Ⅱ」②□□□□小大—道蔵」③■■■■■■—東急」

949 能執謙畜人則無過失也—活Ⅱ・書陵・無窮・足利・筑波・弘文・梅沢・世徳」①□□□□□无□□□—陽Ⅰ・杏Ⅱ・斯Ⅱ・慶Ⅰ・大東・武内・東大・東洋・聖語・斯Ⅰ・宋版」③□□□□□无□□■—敦Ⅱ」③□□□□□□□□生■—道蔵」④■■■■■■■■■■—東急」

20オ6 経 950 或下而取—活Ⅱ・陽Ⅰ・書陵・杏Ⅱ・無窮・足利・筑波・弘文・斯Ⅱ・梅沢・慶Ⅰ・大東・武内・東大・東洋・聖語・東急・斯Ⅰ・六地・宋版・世徳・敦Ⅱ」③□□以聚—道蔵」

20オ7 注 951 小國以下大國—活Ⅱ・陽Ⅰ・書陵・杏Ⅱ・無窮・足利・筑波・弘文・斯Ⅱ・慶Ⅰ・大東・武内・東大・東洋・聖語・東急・斯Ⅰ・宋版・世徳・道蔵・敦Ⅱ」③■■□□□□—梅沢」

952 更以義相取也—活Ⅱ・陽Ⅰ・書陵・杏Ⅱ・無窮・足利・筑波・弘文・斯Ⅱ・梅沢・慶Ⅰ・大東・武内・東大・東洋・道蔵」②□□□□■—東急・聖語・斯Ⅰ・宋版・世徳・敦Ⅱ」

経 953 大國■不過—活Ⅱ・陽Ⅰ・書陵・無窮・足利・筑波・弘文・斯Ⅱ・梅沢・慶Ⅰ・大東・聖語・東急・斯Ⅰ・六地・宋版・世徳・敦Ⅱ・道蔵」②□□之□□—杏Ⅱ・武内・東大・東洋」

注 954 大國不可失■—活Ⅱ・陽Ⅰ・書陵・杏Ⅱ・無窮・足利・筑波・弘文・斯Ⅱ・梅沢・慶Ⅰ・大東・武内・東大・東洋・聖語・東急・斯Ⅰ・宋版・世徳・敦Ⅱ」③□□■□下—道蔵」

20ウ1 955 則兼并人國—活Ⅱ・陽Ⅰ・書陵・杏Ⅱ・無窮・足利・筑波・弘文・斯Ⅱ・梅沢・慶Ⅰ・大東・武内・東大・東洋・聖語・東急・斯Ⅰ・宋版・世徳・敦Ⅱ」②□□□小□—道蔵」

956 而牧畜之■也—活Ⅱ・陽Ⅰ・杏Ⅱ・無窮・足利・筑波・弘文・斯Ⅱ・慶Ⅰ・大東」②□□□■■□—梅沢・武内・東大」②□□□者□—東洋」②□□□□■■—聖語・斯Ⅰ・宋版・世徳・道蔵・敦Ⅱ」③□牡□■■□—書陵」④□□□■■—東急」

注 957 使爲臣僕■也—活Ⅱ・陽Ⅰ・杏Ⅱ・無窮・足利・筑波・弘文・斯Ⅱ・梅沢・慶Ⅰ・大東・武内・東大・聖語・斯Ⅰ」②□□□□之□—東洋」②□□□□人■—書陵」②□□□□■■—宋版・世徳」④入□□■■—敦Ⅱ」④欲□□□■■—道蔵」④■■■■■■—東急」

20ウ2 経 958 ■■■—活Ⅱ・書陵・杏Ⅱ・無窮・足利・筑波・弘文・斯Ⅱ・梅沢・慶Ⅰ・大東・武内・東大・東洋・聖語・東急・斯Ⅰ・六

地・敦Ⅱ」③夫兩者—陽Ⅰ・宋版・世徳・道蔵」
959各得其所欲■—活Ⅱ・陽Ⅰ・書陵・杏Ⅱ・足利・筑波・弘文・
斯Ⅱ・梅沢・慶Ⅰ・大東・武内・東大・東洋・聖語・東急・斯
Ⅰ・六地・宋版・世徳・道蔵・敦Ⅱ」②□□□□也—無窮」
960■大者宜爲下—活Ⅱ・陽Ⅰ・書陵・無窮・足利・弘文・斯Ⅱ・
梅沢・慶Ⅰ・聖語・東急・斯Ⅰ・六地・宋版・世徳・敦Ⅱ」②
故□□□□□—杏Ⅱ・大東・武内・東大・東洋・道蔵」②散□
□□□□—筑波」
注961各欲得其所■—活Ⅱ・書陵・無窮・筑波・梅沢・大東・武内・
東大・東洋・聖語・東急・斯Ⅰ・宋版・世徳・敦Ⅱ」①□□□
□処■—杏Ⅱ」②□□■□□■—陽Ⅰ」②□□□□□欲—足利・
弘文・斯Ⅱ・慶Ⅰ・道蔵」
962又宜爲謙下也—活Ⅱ・陽Ⅰ・書陵・杏Ⅱ・無窮・足利・筑波・
弘文・斯Ⅱ・梅沢・慶Ⅰ・大東・武内・東大・東洋・聖語・斯
Ⅰ」②□□□□□■—東急・宋版・世徳・敦Ⅱ」④尤□■□□
□—道蔵」
20ウ4
963爲道■■■■■第六十二—活Ⅱ・陽Ⅰ・聖語・斯Ⅰ・宋版・世
徳・道蔵」②□□■■■■章□□□□—武内・東大・東洋」③
道者■■■■章□□□□—杏Ⅱ・慶Ⅰ・大東」③道者万物之奥
章□□□□—筑波・弘文」③■■■■■■■■■■■—書陵・
無窮・足利・斯Ⅱ・六地・東急・敦Ⅱ・梅沢（空一行、以下六
十九章迄同）」
20ウ5
経964道者萬物之奥■—活Ⅱ・陽Ⅰ・書陵・杏Ⅱ・無窮・梅沢・武内・
東大・東洋・聖語・東急・斯Ⅰ・宋版・世徳・道蔵・敦Ⅱ・治
要」②□□□□□□也—足利・筑波・弘文・斯Ⅱ・慶Ⅰ・大東・
六地」
注965道爲萬物之藏—活Ⅱ・陽Ⅰ・書陵・杏Ⅱ・無窮・足利・筑波・
弘文・斯Ⅱ・梅沢・慶Ⅰ・大東・武内・東大・東洋・聖語・東
急・斯Ⅰ・宋版・世徳・敦Ⅱ・治要」②□以□□□□—道蔵」
966無所不容也—活Ⅱ・書陵・無窮・足利・弘文・斯Ⅱ・慶Ⅰ・東
急・宋版・世徳・道蔵」①无□□□□—陽Ⅰ・杏Ⅱ・梅沢・大
東・武内・東大・東洋・斯Ⅰ」①□□□害□—筑波」③无■□
□□—聖語」③无□□□■—敦Ⅱ・治要」
経967善人之寶■—活Ⅱ・陽Ⅰ・梅沢・東急・斯Ⅰ・宋版・世徳・道
蔵・敦Ⅱ」②□□□□也—書陵・杏Ⅱ・無窮・足利・筑波・弘
文・斯Ⅱ・慶Ⅰ・大東・武内・東大・東洋・聖語・六地・治要」
20ウ6
注968以道爲身■寶—活Ⅱ・陽Ⅰ・書陵・杏Ⅱ・無窮・足利・筑波・
弘文・斯Ⅱ・梅沢・慶Ⅰ・大東・武内・東大・東洋・東急・斯
Ⅰ・宋版・世徳・道蔵・敦Ⅱ」②□■□□■□—聖語」②□□
□□之□—治要」
969■不敢違失也—活Ⅱ・杏Ⅱ・無窮・足利・筑波・弘文・斯Ⅱ・
慶Ⅰ・大東・斯Ⅰ」②■□□□■□—陽Ⅰ・書陵・武内・東大・
道蔵」②■□□□之□—東洋」④■□□□■■—東急・宋版・
世徳・敦Ⅱ・治要」④故□□□■□—梅沢」⑤故□□建■■—
聖語」
注970道者—活Ⅱ・陽Ⅰ・書陵・杏Ⅱ・無窮・足利・筑波・弘文・斯
Ⅱ・梅沢・慶Ⅰ・大東・武内・東洋・聖語・東急・斯Ⅰ・宋版・
世徳・道蔵・敦Ⅱ・治要」②□■—東大」
971不善人之所保倚■—活Ⅱ・陽Ⅰ・聖語・敦Ⅱ」②□□□□□
□也—書陵・杏Ⅱ・無窮・足利・筑波・弘文・斯Ⅱ・梅沢・慶
Ⅰ・大東・武内・東大・東洋・東急・斯Ⅰ・道蔵・治要」④□
□□■□□也—宋版・世徳」
972■遭患逢急—活Ⅱ・陽Ⅰ・書陵・杏Ⅱ・無窮・足利・筑波・弘
文・斯Ⅱ・梅沢・慶Ⅰ・大東・武内・東大・東洋・聖語・東急・
斯Ⅰ・宋版・世徳・道蔵・治要」②謂□□□□—敦Ⅱ」
20ウ7
973猶■知自悔卑下■也—活Ⅱ・陽Ⅰ・書陵・杏Ⅱ・無窮・足利・
筑波・弘文・斯Ⅱ・慶Ⅰ・大東・武内・東大・東急・聖語」②
□■□□□□□者□—東洋」②□■□□□□□之□—梅沢」②
□■□□□□□■■—敦Ⅱ・治要」②□■自知□□□■□—斯
Ⅰ」④□■自知□□□■■—宋版・世徳」④□能□□□□柔■

□—道蔵」

注

974 美言者—活Ⅱ・陽Ⅰ・書陵・杏Ⅱ・無窮・足利・筑波・弘文・斯Ⅱ・慶Ⅰ・大東・武内・東大・東洋・東急・斯Ⅰ・宋版・世徳・敦Ⅱ」②□□■—梅沢・聖語・道蔵」

975 獨■可■於市耳—活Ⅱ・無窮・聖語・東急・斯Ⅰ・宋版・世徳」②□■□以□□□—陽Ⅰ・書陵・梅沢」②□以□■□□□—杏Ⅱ・足利・筑波・弘文・斯Ⅱ・慶Ⅰ・大東・武内・東大・東洋」⑥■■□以□□■—敦Ⅱ」⑥■■□以■□者—道蔵」

976 夫市交易而退—活Ⅱ・陽Ⅰ・書陵・杏Ⅱ・無窮・足利・筑波・斯Ⅱ・梅沢・慶Ⅰ・大東・武内・東大・東洋・聖語・斯Ⅰ・宋版・世徳・道蔵」②□■□□□□—東急」③■■□□□□—弘文・敦Ⅱ」

21オ1

977 不以相宜■—活Ⅱ・陽Ⅰ・書陵・杏Ⅱ・無窮・足利・筑波・弘文・斯Ⅱ・慶Ⅰ・大東・武内・東大・東洋・聖語・斯Ⅰ」②□■□□■—梅沢・東急・宋版・世徳・敦Ⅱ」④□■□□售—道蔵」

978 善言美語—活Ⅱ・陽Ⅰ・書陵・足利・筑波・弘文・斯Ⅱ・梅沢・大東・武内・東大・東洋・聖語・東急・斯Ⅰ・宋版・世徳・道蔵・敦Ⅱ」②美□□□—杏Ⅱ・慶Ⅰ」②□□善□—無窮」

979 求者欲疾得—活Ⅱ・陽Ⅰ・書陵・杏Ⅱ・無窮・足利・筑波・弘文・斯Ⅱ・梅沢・慶Ⅰ・大東・武内・東大・東洋・聖語・東急・斯Ⅰ・宋版・世徳・道蔵」②□□疾欲□—敦Ⅱ」

980 賣者欲疾售也—活Ⅱ・陽Ⅰ・書陵・杏Ⅱ・無窮・足利・筑波・弘文・斯Ⅱ・梅沢・慶Ⅰ・大東・武内・東大・東洋・聖語・東急・斯Ⅰ・宋版・世徳」②□□□□□■—道蔵・敦Ⅱ」

経

981 尊行可以加■人—活Ⅱ・陽Ⅰ・書陵・杏Ⅱ・無窮・梅沢・武内・東大・東洋・聖語・東急・斯Ⅰ・六地・宋版・世徳・道蔵・敦Ⅱ」②□□□□□於□—足利・筑波・弘文・斯Ⅱ・慶Ⅰ・大東」

21オ2

注

982 人有尊貴之行—活Ⅱ・陽Ⅰ・書陵・杏Ⅱ・無窮・梅沢・武内・東大・東洋・聖語・東急・斯Ⅰ・宋版・世徳・道蔵・敦Ⅱ」②□□□□■□—足利・筑波・弘文・斯Ⅱ・慶Ⅰ・大東」

983 自別異於凡人—活Ⅱ・陽Ⅰ・書陵・杏Ⅱ・無窮・足利・筑波・弘文・斯Ⅱ・梅沢・慶Ⅰ・大東・武内・東大・東洋・聖語・東急・斯Ⅰ・敦Ⅱ」②■□□□□□—道蔵」③凡■□□□□—宋版」③■□□□几□—世徳」

984 未足以尊道■也—活Ⅱ・陽Ⅰ・書陵・杏Ⅱ・無窮・足利・筑波・弘文・斯Ⅱ・梅沢・慶Ⅰ・大東・武内・東大・聖語・東急」②□□□□之□—東洋」②□□□□□■■—斯Ⅰ・宋版・世徳・道蔵・敦Ⅱ」

21オ3

注

985 人雖■不善—活Ⅱ・陽Ⅰ・書陵・杏Ⅱ・無窮・足利・筑波・弘文・斯Ⅱ・梅沢・慶Ⅰ・大東・武内・東大・東洋・東急・斯Ⅰ・宋版・世徳・道蔵・敦Ⅱ」②□□有□□—聖語」

986 無有■■■棄民—活Ⅱ・書陵・足利・弘文・斯Ⅱ・東急・宋版・世徳・道蔵」①无□■■■□□—陽Ⅰ・杏Ⅱ・筑波・梅沢・慶Ⅰ・大東・武内・東大・東洋・聖語・斯Ⅰ・敦Ⅱ」③□□立天子□□—無窮」

987 德化淳也—活Ⅱ・陽Ⅰ・書陵・杏Ⅱ・無窮・足利・筑波・弘文・斯Ⅱ・梅沢・慶Ⅰ・大東・武内・東洋・聖語・東急・斯Ⅰ・宋版・世徳・道蔵」②■□□□—東大」②□□□■—敦Ⅱ」

21オ4

注

988 教化不善■人也—活Ⅱ・陽Ⅰ・書陵・杏Ⅱ・無窮・足利・筑波・弘文・斯Ⅱ・梅沢・慶Ⅰ・大東・武内・東大・東洋・聖語・東急」②□□□□■□■—斯Ⅰ・敦Ⅱ」④□□□□之□■—宋版・世徳・道蔵」

経

989 有拱璧—活Ⅱ・陽Ⅰ・杏Ⅱ・無窮・筑波・弘文・斯Ⅱ・慶Ⅰ・武内・東洋・聖語・東急・斯Ⅰ・六地・宋版・世徳・道蔵・敦Ⅱ」①□□璧—書陵・足利・梅沢・大東・東大」

21オ5

990 坐進此道—活Ⅱ・陽Ⅰ・書陵・杏Ⅱ・無窮・足利・筑波・弘文・斯Ⅱ・梅沢・慶Ⅰ・大東・武内・東大・東洋・聖語・東急・斯Ⅰ・六地・宋版・世徳・道蔵」②□□■□—敦Ⅱ」

注

991 雖有美璧—活Ⅱ・陽Ⅰ・杏Ⅱ・無窮・筑波・弘文・斯Ⅱ・慶Ⅰ・

大東・武内・東洋・聖語・東急・斯Ⅰ・宋版・世徳・敦Ⅱ」①
□□□壁－書陵・足利・梅沢・東大」②□□□玉－道蔵」
992 以先駟馬而至－活Ⅱ・陽Ⅰ・書陵・無窮・足利・筑波・弘文・
斯Ⅱ・梅沢・慶Ⅰ・大東・武内・道蔵」②■□□□□－杏Ⅱ・
東大・東洋・聖語・東急・斯Ⅰ・宋版・世徳・敦Ⅱ」
993 ■不如－活Ⅱ・陽Ⅰ・書陵・杏Ⅱ・無窮・足利・筑波・弘文・
斯Ⅱ・梅沢・慶Ⅰ・大東・武内・東大・東洋・斯Ⅰ・道蔵・敦
Ⅱ」②故□□－東急・聖語・宋版・世徳」
994 坐進此道也－活Ⅱ・陽Ⅰ・書陵・杏Ⅱ・無窮・足利・筑波・弘
文・斯Ⅱ・梅沢・慶Ⅰ・大東・武内・東大・東洋・聖語・道蔵」
②□□□■－東急・斯Ⅰ・宋版・世徳・敦Ⅱ」
経 995 古之所以貴此道者何■－活Ⅱ・陽Ⅰ・書陵・無窮・梅沢・聖語・
東急・斯Ⅰ・六地・宋版・世徳・敦Ⅱ」②□□□■□□□□□□
■－道蔵」②□□□□□□□□也－杏Ⅱ・足利・筑波・弘文・
斯Ⅱ・慶Ⅰ・大東・武内・東大・東洋」

21オ6

996 不日求以得－活Ⅱ・陽Ⅰ・書陵・杏Ⅱ・無窮・足利・筑波・弘
文・斯Ⅱ・慶Ⅰ・大東・武内・東大・東洋・東急・斯Ⅰ・六地・
道蔵・敦Ⅱ」②□□以求□－梅沢・聖語・宋版・世徳」
注 997 古之所以貴此道者－活Ⅱ・陽Ⅰ・書陵・杏Ⅱ・無窮・足利・筑
波・弘文・斯Ⅱ・梅沢・慶Ⅰ・大東・武内・東大・東洋・聖語・
斯Ⅰ・宋版・世徳・道蔵・敦Ⅱ」②□■□□□□□□－東急」
998 ■■不日■遠行求索－活Ⅱ・陽Ⅰ・書陵・無窮・足利・筑波・
弘文・梅沢・慶Ⅰ・大東・武内・東大・東洋・東急」①■■□
□■□□素－杏Ⅱ・斯Ⅱ」②■■□□日□□□□－斯Ⅰ・宋
版・世徳・道蔵・敦Ⅱ」④以其□□日□□□□－聖語」

21オ7

999 近得之於身也－活Ⅱ・陽Ⅰ・書陵・杏Ⅱ・無窮・足利・筑波・
弘文・斯Ⅱ・梅沢・慶Ⅰ・大東・武内・東大・聖語」②□在□
□□□－東洋」②□■□□□－東急」②□□□□■－斯Ⅰ・
宋版・世徳・道蔵・敦Ⅱ」
経 1000 有罪以免邪－活Ⅱ・陽Ⅰ・書陵・杏Ⅱ・無窮・筑波・弘文・梅
沢・慶Ⅰ・大東・武内・東大・東洋・東急・六地・斯Ⅰ」①□
□□耶－足利・斯Ⅱ・聖語・宋版・世徳・道蔵・敦Ⅱ」
注 1001 有罪■－活Ⅱ・陽Ⅰ・書陵・杏Ⅱ・無窮・足利・筑波・弘文・
斯Ⅱ・梅沢・慶Ⅰ・大東・武内・東大・東洋・聖語・東急・斯
Ⅰ・宋版・世徳・敦Ⅱ」②□者－道蔵」
1002 亂世■闇君－活Ⅱ・陽Ⅰ・書陵・杏Ⅱ・無窮・梅沢・武内・東
大・東洋・聖語・斯Ⅰ・宋版・世徳・敦Ⅱ」①□□■暗□－足
利・筑波・弘文・斯Ⅱ・慶Ⅰ・大東・道蔵」③□□時暗□－東
急」
1003 妄行刑誅也－活Ⅱ・無窮・斯Ⅰ」②□□□□■－陽Ⅰ・書陵・
杏Ⅱ・足利・筑波・弘文・斯Ⅱ・梅沢・慶Ⅰ・大東・武内・東
大・東洋・聖語・東急・宋版・世徳・道蔵・敦Ⅱ」
1004 解死■免於衆邪也－活Ⅱ・陽Ⅰ・杏Ⅱ・筑波・弘文・梅沢・慶
Ⅰ・大東・武内・東大・東洋・斯Ⅰ」①□□■□□□耶□－無
窮・足利・斯Ⅱ・聖語・宋版」②□□■■□□□－書陵」②
□□也□□□□□－東急」③□□■□□□耶■－世徳・敦Ⅱ」
⑤□□厄□□□耶■－道蔵」

21ウ1

注 1005 道徳洞達－活Ⅱ・陽Ⅰ・書陵・杏Ⅱ・足利・筑波・弘文・斯Ⅱ・
梅沢・慶Ⅰ・大東・武内・東大・斯Ⅰ」②□□遠－無窮・東
洋・聖語・東急・宋版・世徳・道蔵・敦Ⅱ」③■■■－治要」
1006 無不覆濟－活Ⅱ・書陵・無窮・足利・筑波・弘文・東急・世徳・
道蔵」①无□□□－陽Ⅰ・杏Ⅱ・斯Ⅱ・梅沢・慶Ⅰ・大東・武
内・東大・東洋・聖語・斯Ⅰ・宋版・敦Ⅱ・治要」
1007 全身治國－活Ⅱ・陽Ⅰ・書陵・杏Ⅱ・無窮・足利・筑波・斯Ⅱ・
梅沢・慶Ⅰ・大東・武内・東大・東洋・聖語・東急・斯Ⅰ・宋
版・世徳・道蔵・敦Ⅱ」②□□□■－弘文」③■■■■－治要」
1008 恬然無爲－活Ⅱ・書陵・無窮・足利・弘文・斯Ⅱ・梅沢・東急・
世徳・道蔵」①□无□－陽Ⅰ・杏Ⅱ・筑波・慶Ⅰ・大東・武
内・東大・東洋・聖語・斯Ⅰ・宋版・敦Ⅱ・治要」

21ウ2

1009 故可■爲天下■貴也－活Ⅱ・陽Ⅰ・書陵・杏Ⅱ・無窮・足利・

弘文・斯Ⅱ・梅沢・慶Ⅰ・武内・東大・聖語・斯Ⅰ・宋版・世徳」②□□■□□之□□－東洋」②□□■□□□■□■－筑波・大東・東急・敦Ⅱ・治要」④□□以□□□■□■－道蔵」

21ウ3
1010 恩始■■第六十三－活Ⅱ・陽Ⅰ・斯Ⅰ・宋版・世徳・道蔵」②□□■章□□□□－武内・東大・東洋」③爲無■章□□□□－杏Ⅱ・慶Ⅰ」③爲無爲章□□□□－筑波・弘文・大東」③■■■■■■■－書陵・無窮・足利・斯Ⅱ・梅沢・聖語（空一行、以下同）・東急・六地・敦Ⅱ」

21ウ4 経
1011 爲無爲－活Ⅱ・陽Ⅰ・書陵・杏Ⅱ・無窮・足利・筑波・弘文・斯Ⅱ・梅沢・慶Ⅰ・大東・武内・東大・東洋・聖語・東急・斯Ⅰ・宋版・世徳・道蔵」①□无□－六地・敦Ⅱ・治要」

注
1012 因成循故－活Ⅱ・陽Ⅰ・杏Ⅱ・足利・筑波・斯Ⅱ・慶Ⅰ・大東・武内・東大・東洋・斯Ⅰ・道蔵」①□□脩□－書陵・無窮・弘文・梅沢・東急・聖語・宋版・世徳・敦Ⅱ」③■■■■－治要」

1013 無所造作■也－活Ⅱ・書陵・杏Ⅱ・足利・弘文・斯Ⅱ」①无□□□■□－陽Ⅰ・無窮・筑波・大東・聖語」②□□□□■■－東急・斯Ⅰ・宋版・世徳」③无□□■■－梅沢・慶Ⅰ・治要」③无□□□之□－武内・東大・東洋」④□□改□■■－道蔵」⑤无□□為■■－敦Ⅱ」

経
1014 事無事－活Ⅱ・陽Ⅰ・書陵・杏Ⅱ・無窮・足利・筑波・弘文・斯Ⅱ・梅沢・慶Ⅰ・武内・東洋・聖語・東急・斯Ⅰ・宋版・世徳・道蔵」①□无□－大東・東大・六地・敦Ⅱ・治要」

注
1015 豫設備－活Ⅱ・陽Ⅰ・書陵・杏Ⅱ・無窮・足利・筑波・弘文・斯Ⅱ・梅沢・慶Ⅰ・大東・武内・東洋・聖語・東急・斯Ⅰ・敦Ⅱ」①□説□－東大」①預□□－道蔵」②□有□－宋版・世徳」③■■■－治要」

1016 除煩省事也－活Ⅱ・陽Ⅰ・書陵・杏Ⅱ・無窮・足利・筑波・弘文・斯Ⅱ・梅沢・大東・武内・東大・東洋・聖語・東急・斯Ⅰ・宋版・世徳」①□順□□□－慶Ⅰ」②□□□□■－道蔵・敦Ⅱ・治要」

経
1017 味無味－活Ⅱ・陽Ⅰ・書陵・杏Ⅱ・無窮・足利・筑波・弘文・斯Ⅱ・梅沢・武内・東洋・聖語・東急・斯Ⅰ・宋版・世徳・道蔵」①□无□－慶Ⅰ・東大・大東・六地・敦Ⅱ・治要」

21ウ5 注
1018 味道意也－活Ⅱ・陽Ⅰ・書陵・杏Ⅱ・無窮・足利・筑波・弘文・斯Ⅱ・梅沢・慶Ⅰ・大東・武内・東大・東洋・聖語・東急・斯Ⅰ・宋版・世徳・道蔵・治要」②□□□■－敦Ⅱ」

経
1019 大小多少－活Ⅱ・陽Ⅰ・書陵・杏Ⅱ・無窮・足利・筑波・弘文・斯Ⅱ・梅沢・慶Ⅰ・大東・武内・東大・東洋・聖語・東急・六地・宋版・世徳・道蔵・敦Ⅱ」①□少□□－斯Ⅰ」

注
1020 陳其戒令也－活Ⅱ・陽Ⅰ・書陵・杏Ⅱ・無窮・足利・筑波・弘文・斯Ⅱ・梅沢・慶Ⅰ・大東・武内・東大・東洋・聖語・東急・斯Ⅰ・宋版・世徳・道蔵」②□□□□■－敦Ⅱ」

1021 欲大反小－活Ⅱ・陽Ⅰ・書陵・杏Ⅱ・無窮・足利・筑波・弘文・斯Ⅱ・梅沢・慶Ⅰ・大東・武内・東大・東洋・聖語・東急・宋版・世徳・道蔵・敦Ⅱ」①□□□少－斯Ⅰ」

1022 欲多反少－活Ⅱ・陽Ⅰ・書陵・杏Ⅱ・無窮・足利・筑波・弘文・梅沢・慶Ⅰ・大東・武内・東大・東洋・聖語・東急・斯Ⅰ・宋版・世徳・道蔵・敦Ⅱ」①□□及□－斯Ⅱ」

1023 自然之道也－活Ⅱ・陽Ⅰ・書陵・杏Ⅱ・無窮・足利・筑波・弘文・斯Ⅱ・梅沢・大東・武内・東大・東洋・東急・斯Ⅰ・宋版・世徳・道蔵」②□□■□□－慶Ⅰ・聖語」②□□□□■－敦Ⅱ」

21ウ6 注
1024 絶禍於未生也－活Ⅱ・陽Ⅰ・書陵・杏Ⅱ・無窮・足利・筑波・斯Ⅱ・梅沢・慶Ⅰ・大東・武内・東大・東洋・聖語・東急・斯Ⅰ・宋版・世徳」①□過□□□□－弘文」②□□□□□■－敦Ⅱ・治要」②□□□□萌□－道蔵」

注
1025 欲圖難事－活Ⅱ・陽Ⅰ・書陵・杏Ⅱ・無窮・足利・筑波・弘文・斯Ⅱ・梅沢・慶Ⅰ・大東・武内・東大・東洋・聖語・東急・斯Ⅰ・宋版・世徳・敦Ⅱ・治要」③■■□□－道蔵」

21ウ7
1026 當於■易時未及成■也－活Ⅱ・陽Ⅰ・書陵・杏Ⅱ・無窮・足利・筑波・梅沢・大東・東大・東洋・東急・斯Ⅰ・宋版・道蔵・治

要」②□□■□□□□□之□－武内」②□□■□□□□□之■－慶Ⅰ」②□□■□□□□□■■－敦Ⅱ」②□□大□□□□□■□－弘文」②□□■□□□時□■□－聖語」③□□大□□□□反□■□－斯Ⅱ」④先□■□者□□■□－世徳」

注
1027 欲爲大事－活Ⅱ・陽Ⅰ・書陵・杏Ⅱ・無窮・筑波・弘文・斯Ⅱ・梅沢・慶Ⅰ・大東・武内・東大・東洋・聖語・東急・斯Ⅰ・宋版・世徳・道蔵・敦Ⅱ・治要」②□□□小－足利」

1028 必■■■作於小■－活Ⅱ・陽Ⅰ・書陵・杏Ⅱ・無窮・足利・斯Ⅱ・慶Ⅰ・武内・東大・東洋・聖語・東急・斯Ⅰ・宋版・世徳・道蔵・治要」①□■■■□□少■－筑波・大東」②□■■■□□細■－敦Ⅱ」②亦■■■□□□■－梅沢」④□乱従小□□少時－弘文」

1029 禍亂従小來也－活Ⅱ・陽Ⅰ・書陵・杏Ⅱ・無窮・足利・筑波・弘文・斯Ⅱ・梅沢・慶Ⅰ・武内・東大・東洋・聖語・東急・斯Ⅰ・宋版・世徳・道蔵・治要」①□□□少□□－大東」②□□□□□■－敦Ⅱ」

22オ1
経
1030 難事必作於易－活Ⅱ・陽Ⅰ・書陵・杏Ⅱ・無窮・足利・筑波・弘文・斯Ⅱ・慶Ⅰ・大東・武内・東大・東洋・聖語・東急・斯Ⅰ・六地・宋版・世徳・道蔵・敦Ⅱ・治要」②□□亦□□□－梅沢」

1031 大事必作於細－活Ⅱ・陽Ⅰ・杏Ⅱ・無窮・足利・筑波・弘文・斯Ⅱ・梅沢・慶Ⅰ・大東・武内・東大・東洋・聖語・東急・斯Ⅰ・宋版・世徳・道蔵・敦Ⅱ・治要」②□□■□□□－書陵・六地」

22オ2
1032 聖人終不爲大－活Ⅱ・陽Ⅰ・書陵・杏Ⅱ・無窮・足利・筑波・弘文・斯Ⅱ・梅沢・慶Ⅰ・大東・武内・東大・東洋・聖語・東急・斯Ⅰ・六地・宋版・世徳・敦Ⅱ・治要」②大□□□□□－道蔵」

注
1033 處謙虚也－活Ⅱ・陽Ⅰ・書陵・杏Ⅱ・無窮・足利・筑波・弘文・斯Ⅱ・梅沢・慶Ⅰ・大東・武内・東大・東洋・聖語・東急・斯Ⅰ・宋版・道蔵・治要」②□□□■－敦Ⅱ」④■■■■－世徳」

注
1034 共歸之也－活Ⅱ・陽Ⅰ・書陵・足利・弘文・斯Ⅱ・梅沢・慶Ⅰ・武内・聖語・斯Ⅰ・宋版・世徳・道蔵・治要」①□皈□□－杏Ⅱ・無窮・筑波・大東・東大・東洋」②□□□■－東急・敦Ⅱ」

22オ3
経
1035 輕諾必寡信－活Ⅱ・陽Ⅰ・書陵・杏Ⅱ・無窮・足利・筑波・弘文・斯Ⅱ・梅沢・慶Ⅰ・大東・武内・東大・東洋・東急・斯Ⅰ・六地・宋版・世徳・敦Ⅱ・道蔵・治要」②□□□寘□－聖語」

注
1036 不重言■也－活Ⅱ・陽Ⅰ・杏Ⅱ・無窮・筑波・梅沢・慶Ⅰ・大東・武内・東大・東洋・聖語・東急・斯Ⅰ・宋版・世徳・道蔵・治要」②□□□之□－弘文・足利・書陵」②□□□之■－斯Ⅱ」②□□□■■－敦Ⅱ」

注
1037 不慎患也－活Ⅱ・陽Ⅰ・書陵・杏Ⅱ・無窮・足利・筑波・弘文・斯Ⅱ・梅沢・慶Ⅰ・大東・武内・東大・東洋・聖語・東急・斯Ⅰ・宋版・世徳・道蔵・治要」②□□□■－敦Ⅱ」

22オ4
注
1038 猶■進退重－活Ⅱ・陽Ⅰ・書陵・杏Ⅱ・無窮・足利・筑波・弘文・斯Ⅱ・慶Ⅰ・大東・武内・東大・東洋・聖語・東急・斯Ⅰ・宋版・世徳・道蔵・治要」②於■□□□－梅沢」②□猶□□□－敦Ⅱ」

1039 欲塞其■源也－活Ⅱ・陽Ⅰ・書陵・杏Ⅱ・無窮・足利・筑波・弘文・斯Ⅱ・梅沢・慶Ⅰ・大東・武内・東大・東洋・聖語・東急・治要」②□□□■□■－斯Ⅰ・宋版・世徳・敦Ⅱ」②□□□故□□－道蔵」

経
1040 故■終無難■－活Ⅱ・陽Ⅰ・書陵・杏Ⅱ・無窮・足利・斯Ⅱ・梅沢・東洋・聖語・東急・斯Ⅰ・宋版・世徳・道蔵」①□■□无□■－東大・敦Ⅱ・治要」②□聖□□■－弘文」②□■□□□矣－筑波・慶Ⅰ・武内」③□■□无□矣－大東・六地」

22オ5
注
1041 無患難之事－活Ⅱ・書陵・無窮・足利・筑波・弘文・斯Ⅱ・東急・世徳・道蔵」①无□□□□－陽Ⅰ・杏Ⅱ・梅沢・慶Ⅰ・大東・武内・東大・東洋・聖語・斯Ⅰ・宋版・敦Ⅱ・治要」

1042 由避害■深也－活Ⅱ・陽Ⅰ・書陵・杏Ⅱ・無窮・足利・筑波・

弘文・斯Ⅱ・梅沢・大東・武内・東大・東洋・聖語・東急・斯Ⅰ・道蔵・治要」②□□□之□□－慶Ⅰ」②猶□□■□□－宋版・世徳」②□□□■□■－敦Ⅱ」

22オ6

1043 守微■■■第六十四－活Ⅱ・陽Ⅰ・斯Ⅰ・宋版・世徳・道蔵」②□□■■章□□□□－武内・東大・東洋」③其安■■章□□□□－杏Ⅱ・慶Ⅰ・大東」③其安易持章□□□□－筑波・弘文」③■■■■■■■■■－書陵・無窮・足利・斯Ⅱ・梅沢・聖語・東急・六地・敦Ⅱ」

22オ7 経

1044 其安易持－活Ⅱ・陽Ⅰ・杏Ⅱ・無窮・足利・筑波・弘文・斯Ⅱ・梅沢・慶Ⅰ・大東・東大・東洋・聖語・東急・斯Ⅰ・六地・宋版・世徳・道蔵・敦Ⅱ・治要」①□□□特－書陵」②□守□□－武内」

注

1045 易守持■也－活Ⅱ・陽Ⅰ・杏Ⅱ・無窮・足利・筑波・弘文・斯Ⅱ・梅沢・慶Ⅰ・大東・武内・東大・聖語・斯Ⅰ・宋版・世徳・治要」①□□特■□－書陵」②□□□之□－東洋」②□□□■■－東急・敦Ⅱ・道蔵」

注

1046 情欲禍患－活Ⅱ・陽Ⅰ・書陵・杏Ⅱ・無窮・足利・筑波・弘文・斯Ⅱ・梅沢・慶Ⅰ・大東・武内・東大・聖語・東急・斯Ⅰ・宋版・世徳・道蔵・敦Ⅱ・治要」②□□□乱－東洋」

22ウ1

1047 易謀止■也－活Ⅱ・陽Ⅰ・書陵・杏Ⅱ・無窮・足利・筑波・弘文・斯Ⅱ・梅沢・慶Ⅰ・大東・武内・東大・聖語・道蔵」②□□之□－東洋」②□□□■■－東急・敦Ⅱ・治要」②□□正■□－斯Ⅰ・宋版・世徳」

注

1048 禍亂未動於朝－活Ⅱ・陽Ⅰ・書陵・杏Ⅱ・無窮・足利・筑波・弘文・斯Ⅱ・梅沢・慶Ⅰ・大東・武内・東大・東洋・聖語・東急・斯Ⅰ・宋版・世徳・敦Ⅱ・治要」③□□□至萌■－道蔵」

1049 情欲未見於色－活Ⅱ・陽Ⅰ・書陵・杏Ⅱ・無窮・足利・筑波・弘文・斯Ⅱ・梅沢・慶Ⅰ・武内・東大・東洋・聖語・東急・斯Ⅰ・宋版・世徳・道蔵・敦Ⅱ・治要」①□□□施□－大東」

22ウ2

1050 易破除■也－活Ⅱ・陽Ⅰ・書陵・杏Ⅱ・無窮・足利・筑波・弘文・斯Ⅱ・梅沢・慶Ⅰ・大東・武内・東大・聖語・斯Ⅰ・道蔵・治要」②□□□者□－東洋」②□□□■■－東急・宋版・敦Ⅱ」④□除破■■－世徳」

注

1051 其未彰著－活Ⅱ・陽Ⅰ・書陵・無窮・足利・筑波・斯Ⅱ・梅沢・大東・東大・東急・斯Ⅰ・宋版・世徳・道蔵・敦Ⅱ」①□□□着－杏Ⅱ・弘文・慶Ⅰ・武内・東洋・聖語・治要」

1052 微小時－活Ⅱ・陽Ⅰ・無窮・足利・斯Ⅱ・梅沢・東急」①□少□－弘文」②□□■－書陵・杏Ⅱ・武内・東大・東洋・聖語・斯Ⅰ・宋版・世徳・道蔵・敦Ⅱ・治要」③□少■－筑波・慶Ⅰ・大東」

1053 易散去也－活Ⅱ・陽Ⅰ・書陵・杏Ⅱ・無窮・足利・筑波・弘文・斯Ⅱ・梅沢・大東・武内・東大・東洋・聖語・斯Ⅰ・宋版・世徳・道蔵・治要」②□□□■－慶Ⅰ・敦Ⅱ」④□□亡■－東急」

経

1054 爲之於未有－活Ⅱ・陽Ⅰ・書陵・杏Ⅱ・足利・筑波・弘文・斯Ⅱ・梅沢・慶Ⅰ・大東・武内・東大・東洋・聖語・東急・斯Ⅰ・宋版・世徳・道蔵・敦Ⅱ・治要」②□□兮□□－無窮」

22ウ3 注

1055 以■未有－活Ⅱ・陽Ⅰ・書陵・無窮・足利・筑波・弘文・斯Ⅱ・梅沢・慶Ⅰ・大東・東急・治要」②□於□□－杏Ⅱ・武内・東大・東洋」②■於□□－聖語・斯Ⅰ・宋版・世徳・道蔵・敦Ⅱ」

1056 萠牙之時－活Ⅱ・陽Ⅰ・書陵・無窮・足利・筑波・弘文・斯Ⅱ・梅沢・慶Ⅰ・大東・東大・聖語・斯Ⅰ・宋版・敦Ⅱ・治要」①□芽□□－杏Ⅱ・武内・東洋・東急・世徳・道蔵」

1057 ■塞其端■也－活Ⅱ・陽Ⅰ・書陵・杏Ⅱ・無窮・足利・筑波・斯Ⅱ・梅沢・慶Ⅰ・大東・東大・聖語・東急・斯Ⅰ・宋版・世徳・治要」①■寒□□■□－弘文」②■□□□也之－武内」②■□□□之□－東洋」②■□□□■■－道蔵」④豫□□□■■－敦Ⅱ」

経

1058 治之於未亂－活Ⅱ・陽Ⅰ・書陵・杏Ⅱ・足利・筑波・弘文・斯Ⅱ・梅沢・慶Ⅰ・大東・武内・東大・東洋・聖語・東急・斯Ⅰ・宋版・六地・世徳・道蔵・敦Ⅱ・治要」②□□乎□乱－無窮」

注 1059 ■於未亂之時－活Ⅱ・陽Ⅰ・書陵・杏Ⅱ・無窮・足利・筑波・弘文・斯Ⅱ・梅沢・慶Ⅰ・大東・武内・東大・東洋・聖語・東急・斯Ⅰ・宋版・世徳・道蔵・治要」②當□□□□－敦Ⅱ」

22ウ4
1060 當豫閉其門也－活Ⅱ・陽Ⅰ・書陵・杏Ⅱ・無窮・足利・筑波・弘文・斯Ⅱ・梅沢・慶Ⅰ・大東・武内・東大・東洋・聖語・東急・斯Ⅰ・宋版・治要」①□□閑□□□－世徳」②□□□□□□■－敦Ⅱ」③□預□□□■－道蔵」

経 1061 生於毫末－活Ⅱ・陽Ⅰ・杏Ⅱ・筑波・弘文・斯Ⅱ・慶Ⅰ・大東・武内・東大・東洋・東急・斯Ⅰ・宋版・世徳・道蔵」①□□豪□－書陵・無窮・足利・梅沢・聖語・六地・敦Ⅱ・治要」

注 1062 從小成大■也－活Ⅱ・陽Ⅰ・書陵・杏Ⅱ・無窮・足利・筑波・弘文・斯Ⅱ・慶Ⅰ・大東・武内・東大・聖語・治要・梅沢？」②□□□□者□－東洋」②□□□□■■－東急・斯Ⅰ・宋版・世徳・道蔵・敦Ⅱ」

経 1063 九層之臺－活Ⅱ・陽Ⅰ・書陵・杏Ⅱ・無窮・足利・筑波・弘文・斯Ⅱ・梅沢・慶Ⅰ・大東・武内・東大・東洋・聖語・斯Ⅰ・六地・宋版・世徳・道蔵・敦Ⅱ・治要」①□曽□□－東急」

22ウ5
注 1064 從卑立高■也－活Ⅱ・陽Ⅰ・書陵・杏Ⅱ・無窮・足利・筑波・弘文・斯Ⅱ・梅沢・慶Ⅰ・大東・武内・聖語・東急」②□□爲□■□－東大」②□□□□者□－東洋」②□□□□■■－治要」④□□至□■■－斯Ⅰ・宋版・世徳・道蔵・敦Ⅱ」

22ウ6
注 1065 從近至遠■也－活Ⅱ・陽Ⅰ・書陵・杏Ⅱ・無窮・足利・筑波・弘文・斯Ⅱ・梅沢・慶Ⅰ・大東・武内・聖語」②□□為□■□－東大」②□□□□者□－東洋」②□□□□■■－東急・斯Ⅰ・宋版・世徳・道蔵・敦Ⅱ・治要」

経 1066 爲者■敗之－活Ⅱ・杏Ⅱ・無窮・梅沢・武内・東大・東洋・東急・聖語・宋版・世徳・道蔵・敦Ⅱ・治要」②□■則□□－陽Ⅰ・書陵・足利・筑波・弘文・斯Ⅱ・慶Ⅰ・大東・六地」②□□則□□－斯Ⅰ」

注 1067 廢於自然－活Ⅱ・陽Ⅰ・書陵・杏Ⅱ・足利・筑波・弘文・斯Ⅱ・梅沢・慶Ⅰ・大東・武内・東大・東洋・聖語・東急・斯Ⅰ・宋版・世徳・道蔵・敦Ⅱ・治要」②□■□□－無窮」

1068 有爲於義廢於仁恩－活Ⅱ・無窮・足利・筑波・弘文・斯Ⅱ・梅沢・慶Ⅰ・大東」①□□□□□□□思－東洋」②□□□□□□□■－陽Ⅰ・書陵・武内・東大・聖語・東急・斯Ⅰ・道蔵・敦Ⅱ」③□□□□□□化■－杏Ⅱ」④□□□□反□□■－宋版・世徳」④■■■■■■■■－治要」

1069 有爲於色廢於精神也－活Ⅱ・陽Ⅰ・書陵・杏Ⅱ・足利・筑波・斯Ⅱ・慶Ⅰ・大東・武内・東大・東洋・聖語・東急・斯Ⅰ・宋版・世徳・道蔵」①□□□□□□情□□－無窮・梅沢」②□□□□□□□□■－弘文・敦Ⅱ」④■■■■■■■■■－治要」

22ウ7
注 1070 執利遇患－活Ⅱ・陽Ⅰ・書陵・無窮・足利・弘文・斯Ⅱ・梅沢・慶Ⅰ・武内・東大・東洋・聖語・東急・斯Ⅰ・宋版・世徳・道蔵・敦Ⅱ・治要」②□□□害－杏Ⅱ・筑波・大東」

1071 執道全身－活Ⅱ・陽Ⅰ・書陵・杏Ⅱ・無窮・足利・筑波・弘文・斯Ⅱ・梅沢・慶Ⅰ・大東・武内・東大・東洋・聖語・東急・斯Ⅰ・宋版・世徳・道蔵・敦Ⅱ」③■■■■－治要」

1072 妄■持不得－活Ⅱ・陽Ⅰ・書陵・無窮・足利・弘文・斯Ⅱ・東急・治要」②堅■□□－杏Ⅱ・筑波・梅沢・慶Ⅰ・大東・武内・東大・東洋・宋版・世徳・道蔵・敦Ⅱ」②□堅□□□－斯Ⅰ」②堅妄□□□－聖語」

1073 推讓反還之也－活Ⅱ・無窮・東洋」②□□□□■□－陽Ⅰ・書陵・杏Ⅱ・足利・斯Ⅱ・梅沢・慶Ⅰ・武内・東大・聖語・東急」②□□□□■■－斯Ⅰ・宋版・世徳・敦Ⅱ・治要」③□□□返■□－大東」③□□返□■□－弘文」④□□□■■□－筑波」④□□還反■■－道蔵」

経 1074 ■■－活Ⅱ・杏Ⅱ・無窮・筑波・弘文・斯Ⅱ・梅沢・大東・武内・東大・東洋・聖語・東急・斯Ⅰ・宋版・世徳・道蔵・敦Ⅱ・治要」③是以－陽Ⅰ・書陵・足利・慶Ⅰ・六地」

23オ1
1075 聖人無爲－活Ⅱ・書陵・杏Ⅱ・無窮・足利・筑波・弘文・斯Ⅱ・

梅沢・慶Ⅰ・東洋・東急・斯Ⅰ・宋版・世徳・道蔵」①□□无□—陽Ⅰ・大東・武内・東大・聖語・六地・敦Ⅱ・治要」

1076 故無敗—活Ⅱ・書陵・杏Ⅱ・無窮・足利・筑波・弘文・斯Ⅱ・慶Ⅰ・武内・東洋・聖語・東急・斯Ⅰ・宋版・世徳・道蔵」①□无□—陽Ⅰ・梅沢・大東・東大・六地・敦Ⅱ・治要」

注

1077 不爲華文—活Ⅱ・陽Ⅰ・書陵・杏Ⅱ・無窮・足利・筑波・弘文・斯Ⅱ・梅沢・慶Ⅰ・大東・武内・東大・東洋・聖語・東急・斯Ⅰ・宋版・世徳・敦Ⅱ・治要」②□□文華—道蔵」

1078 ■■■■■■■■—活Ⅱ・陽Ⅰ・書陵・杏Ⅱ・無窮・足利・筑波・弘文・斯Ⅱ・慶Ⅰ・大東・武内・東大・東洋・聖語・斯Ⅰ・宋版・世徳・道蔵・敦Ⅱ・治要」③■■■■■故不敗—東急」④无為故无為故无敗—梅沢」

1079 ■不爲利色—活Ⅱ・陽Ⅰ・書陵・杏Ⅱ・足利・筑波・斯Ⅱ・梅沢・慶Ⅰ・大東・武内・東大・東洋・聖語・東急・治要」②故□□□□—無窮」②■□□□■—弘文」②■□□色利—斯Ⅰ・宋版・世徳・敦Ⅱ」③■□□己利—道蔵」

1080 ■不爲殘賤—陽Ⅰ」②■□□□賊—活Ⅱ・書陵・足利・筑波・宋版・世徳・道蔵・大東?」②■□□□害—敦Ⅱ」②■□□□敗—治要」④故□□□害—無窮・東大・東洋」④故□■□■—梅沢・東急」④■■■■害—聖語」④■■■■■—杏Ⅱ・弘文・斯Ⅱ・慶Ⅰ・武内・斯Ⅰ」

1081 故無壊敗也—活Ⅱ・書陵・無窮・足利・筑波・弘文・斯Ⅱ・東急」①□无□□□—杏Ⅱ・梅沢・慶Ⅰ・大東・武内・東大・東洋」②□无懐□□—陽Ⅰ」②□□□□■—世徳・道蔵」③□无□□■—宋版・聖語・敦Ⅱ」③□无敗壊□—治要」⑤■无□□■—斯Ⅰ」

経

1082 ■■■■—活Ⅱ・陽Ⅰ・書陵・杏Ⅱ・梅沢・武内・東大・東洋・六地・宋版・世徳・道蔵・敦Ⅱ」③■■聖人—無窮・足利・弘文・斯Ⅱ・慶Ⅰ・聖語・東急・斯Ⅰ」③是以聖人—筑波・大東」

1083 無執故無失—活Ⅱ・陽Ⅰ・書陵・杏Ⅱ・無窮・足利・筑波・弘文・梅沢・慶Ⅰ・東洋・東急・斯Ⅰ・世徳・道蔵」①无□□□□—聖語・宋版」②无□□无□—大東・武内・東大・六地・敦Ⅱ」②□□■□□—斯Ⅱ」

23オ2

注

1084 有財以與貧—活Ⅱ・陽Ⅰ・書陵・杏Ⅱ・無窮・足利・筑波・弘文・斯Ⅱ・梅沢・慶Ⅰ・大東・東大・東洋・聖語・東急・斯Ⅰ・宋版・世徳・道蔵・敦Ⅱ」②□□□与貪—武内」

1085 無所執藏—活Ⅱ・書陵・無窮・足利・筑波・弘文・東急・聖語・世徳・道蔵」①无□□□—陽Ⅰ・杏Ⅱ・斯Ⅱ・梅沢・慶Ⅰ・大東・武内・東大・東洋・斯Ⅰ・宋版・敦Ⅱ」

1086 故無所失於人■也—活Ⅱ・書陵・無窮・足利・弘文・聖語・世徳」①□无□□□■□—陽Ⅰ・杏Ⅱ・筑波・斯Ⅱ・梅沢・慶Ⅰ・大東・東大・斯Ⅰ・宋版」②□□□□□■■—東急・道蔵」③□无□□□■■—武内・敦Ⅱ」③□无□□□者□—東洋」

経

1087 ■民之従事—活Ⅱ・陽Ⅰ・書陵・無窮・梅沢・武内・東大・東洋・聖語・東急・斯Ⅰ・六地・宋版・世徳・道蔵・敦Ⅱ・治要」②故□□□□—杏Ⅱ・足利・筑波・弘文・斯Ⅱ・慶Ⅰ・大東」

23オ3

1088 於幾成而敗之—活Ⅱ・陽Ⅰ・書陵・杏Ⅱ・無窮・足利・筑波・弘文・斯Ⅱ・梅沢・慶Ⅰ・大東・武内・東洋・聖語・東急・斯Ⅰ・六地・宋版・世徳・道蔵・敦Ⅱ・治要」②□□□□之敗—東大」

注

1089 民人之爲事—活Ⅱ・無窮・聖語」②□□■□□—陽Ⅰ・書陵・杏Ⅱ・足利・筑波・弘文・斯Ⅱ・梅沢・慶Ⅰ・大東・武内・東大・東洋・東急・宋版・世徳・敦Ⅱ・治要」②□■□□□—斯Ⅰ・道蔵」

1090 ■於■功■幾成—活Ⅱ・陽Ⅰ・書陵」②常□■□□□□—杏Ⅱ・足利・筑波・弘文・斯Ⅱ・慶Ⅰ・大東・武内・東大・東洋・東急・斯Ⅰ・宋版・世徳・道蔵」④常□其□□□□—無窮・梅沢・聖語・敦Ⅱ・治要」

1091 而■貪位—活Ⅱ・陽Ⅰ・書陵・杏Ⅱ・無窮・筑波・弘文・斯Ⅱ・

慶Ⅰ・大東・武内・東大・東洋・斯Ⅰ・宋版・世徳・道蔵・敦Ⅱ・治要」①□■貧□－足利」②■■□□－梅沢」②■於□□－東急」②□於□□－聖語」

23オ4

1092 ■奢泰盈滿－活Ⅱ・陽Ⅰ・書陵・杏Ⅱ・無窮・足利・筑波・弘文・斯Ⅱ・梅沢・慶Ⅰ・大東・武内・東大・東洋・聖語・東急・斯Ⅰ・宋版・世徳・敦Ⅱ・治要」②而□□□□－道蔵」

1093 而■敗之也－活Ⅱ・陽Ⅰ・書陵・杏Ⅱ・無窮・足利・筑波・弘文・斯Ⅱ・慶Ⅰ・大東・武内・東大・東洋・聖語・東急・治要」②□■□□■－梅沢・敦Ⅱ」②□自□□□－道蔵」④□自□■□－斯Ⅰ・宋版・世徳」

経

1094 愼終如始■則－活Ⅱ・陽Ⅰ・書陵・杏Ⅱ・無窮・足利・筑波・斯Ⅱ・梅沢・慶Ⅰ・武内・東洋・聖語・東急・斯Ⅰ・六地・宋版・世徳・道蔵・敦Ⅱ・治要」②□□□□敗■－大東・東大」②□□□敗□－弘文」

1095 無敗事■－活Ⅱ・陽Ⅰ・書陵・杏Ⅱ・無窮・東洋・東急・聖語・斯Ⅰ・宋版・世徳・道蔵」①无□□■－梅沢・武内・東大・六地・敦Ⅱ・治要」②□□□矣－足利・筑波・弘文・斯Ⅱ」③无□□矣－慶Ⅰ・大東」

注

1096 ■終當如始－活Ⅱ・陽Ⅰ・書陵・杏Ⅱ・無窮・足利・筑波・弘文・梅沢・慶Ⅰ・大東・武内・東大・聖語・東急・斯Ⅰ・宋版・世徳・道蔵・敦Ⅱ・治要」②愼□□□□－東洋」②■□□■□－斯Ⅱ」

1097 不當懈怠也－活Ⅱ・陽Ⅰ・杏Ⅱ・無窮・足利・筑波・弘文・斯Ⅱ・梅沢・大東・武内・東大・東洋・聖語」②■□□□□－慶Ⅰ」②□□□□■－書陵・東急・斯Ⅰ・宋版・世徳・道蔵・敦Ⅱ・治要」

23オ5
注

1098 欲人所不欲■－活Ⅱ・陽Ⅰ・書陵・杏Ⅱ・無窮・足利・筑波・斯Ⅱ・梅沢・慶Ⅰ・大東・武内・東大・東洋・聖語・東急・斯Ⅰ・宋版・世徳・敦Ⅱ・治要」②□□■□□■－弘文」②□□□□□也－道蔵」

1099 人■欲彰顯－活Ⅱ・陽Ⅰ・書陵・杏Ⅱ・無窮・足利・筑波・弘文・斯Ⅱ・梅沢・慶Ⅰ・大東・武内・東大・東洋・聖語・斯Ⅰ・宋版・世徳・道蔵」②□人□□□－東急」②□■■□□－敦Ⅱ」③■■■■■－治要」

1100 聖人欲伏■光－活Ⅱ・陽Ⅰ・書陵・杏Ⅱ・無窮・足利・筑波・弘文・斯Ⅱ・梅沢・慶Ⅰ・大東・武内・東大・東洋・東急・斯Ⅰ・宋版・世徳・敦Ⅱ」②□□□□蔵□－聖語」②□□□□韜■□－道蔵」③■■■■■■－治要」

23オ6

1101 聖人欲質朴－活Ⅱ・陽Ⅰ・書陵・杏Ⅱ・無窮・足利・筑波・弘文・斯Ⅱ・梅沢・慶Ⅰ・大東・武内・東大・東洋・聖語・東急・斯Ⅰ・宋版・世徳・道蔵・敦Ⅱ」①□□□□樸－治要」

1102 人欲於色－活Ⅱ・陽Ⅰ・書陵・杏Ⅱ・無窮・足利・筑波・弘文・斯Ⅱ・梅沢・慶Ⅰ・大東・武内・東大・東洋・聖語・東急・斯Ⅰ・道蔵・敦Ⅱ・治要」②□□■□－宋版・世徳」

1103 聖人欲於德■也－活Ⅱ・陽Ⅰ・杏Ⅱ・無窮・梅沢・武内・斯Ⅰ・宋版・世徳」②□□□□□也□－聖語」②□□□□□□■■－東大・東洋・東急・道蔵・敦Ⅱ・治要」②□□□□□□之□－書陵・足利・筑波・弘文・斯Ⅱ・慶Ⅰ・大東」

経

1104 ■■■■■－活Ⅱ・陽Ⅰ・書陵・杏Ⅱ・無窮・足利・筑波・斯Ⅱ・梅沢・慶Ⅰ・大東・武内・東大・東洋・聖語・東急・斯Ⅰ・六地・宋版・世徳・道蔵・敦Ⅱ・治要」③是以聖人欲－弘文」

23オ7
注

1105 不■眩晃■爲服■－陽Ⅰ・書陵・足利・筑波・弘文・斯Ⅱ・慶Ⅰ・大東・東急・斯Ⅰ」②□欲□□■□□■－活Ⅱ・無窮・梅沢」②□以□□■□□■－杏Ⅱ・武内・東大・東洋」②□■□■■□□■－宋版・世徳」②□■□□以□□■－敦Ⅱ」②□■□□■□□玩－道蔵」③玄■□□不為□■－聖語」③■■■■■■■■－治要」

1106 不賤石■而貴玉■也－活Ⅱ・陽Ⅰ・書陵・杏Ⅱ・無窮・足利・筑波・弘文・梅沢・慶Ⅰ・大東・武内・東大・聖語・東急・治要」①□□□々□□□■□－斯Ⅱ」②□□□■□□□者□－東

洋」②□□□■□□□■■－斯Ⅰ・宋版・世徳・敦Ⅱ」②□□□■■□□■□－道藏」

注
1107 學人所不■學■－活Ⅱ・陽Ⅰ」②□□□能□■－書陵・杏Ⅱ・足利・筑波・弘文・斯Ⅱ・梅沢・大東・武内・東大・東洋・聖語・東急・宋版・世徳・道藏・治要」②□□□□學能■－敦Ⅱ」④□□□能□也－無窮・斯Ⅰ」④□□□能■■－慶Ⅰ」

1108 人學智詐－活Ⅱ・陽Ⅰ・書陵・無窮・足利・筑波・弘文・斯Ⅱ・梅沢・慶Ⅰ・大東・武内・東洋・聖語・斯Ⅰ・宋版・世徳・道藏・敦Ⅱ・治要」①□□知□－杏Ⅱ・東大・東急」

23ウ1

1109 人學治世■－活Ⅱ・陽Ⅰ・書陵・杏Ⅱ・無窮・足利・筑波・弘文・斯Ⅱ・梅沢・慶Ⅰ・大東・武内・東大・東洋・聖語・東急・斯Ⅰ・宋版・世徳・道藏・敦Ⅱ」②□□□事－治要」

1110 聖人學治身■－活Ⅱ・陽Ⅰ・書陵・杏Ⅱ・無窮・足利・筑波・弘文・斯Ⅱ・梅沢・慶Ⅰ・大東・東大・東洋・聖語・東急・斯Ⅰ・宋版・世徳・道藏・敦Ⅱ・治要」②□□□□也－武内」

1111 守道真■也－活Ⅱ・陽Ⅰ・書陵・杏Ⅱ・筑波・弘文・斯Ⅱ・梅沢・慶Ⅰ・大東・東大・東洋・聖語・斯Ⅰ・宋版・世徳・道藏」②□□■矣－武内」②□□□之□－足利」②□□□■■－敦Ⅱ」②□□■■□－無窮」③□■■■□－東急」③■■■■■－治要」

経
1112 ■復衆人之所過－活Ⅱ・陽Ⅰ・書陵・無窮・梅沢・武内・東大・聖語・東急・斯Ⅰ・宋版・世徳・道藏・敦Ⅱ・治要」②以□□□□□□－杏Ⅱ・足利・筑波・弘文・斯Ⅱ・慶Ⅰ・大東・東洋・六地」

注
1113 衆人學問■反■－活Ⅱ・陽Ⅰ・書陵・杏Ⅱ・無窮・足利・筑波・弘文・斯Ⅱ・梅沢・慶Ⅰ・大東・武内・東大・東洋・聖語・東急・斯Ⅰ・宋版・世徳・敦Ⅱ・治要」③□□□皆□也－道藏」

23ウ2

1114 過本爲末－活Ⅱ・陽Ⅰ・書陵・杏Ⅱ・無窮・足利・筑波・弘文・斯Ⅱ・梅沢・慶Ⅰ・大東・武内・東大・東洋・聖語・東急・斯Ⅰ・宋版・世徳・敦Ⅱ・治要」②□□□實－道藏」

1115 復■者－活Ⅱ・杏Ⅱ」②□之□－陽Ⅰ・書陵・無窮・足利・筑波・弘文・斯Ⅱ・梅沢・慶Ⅰ・大東・武内・東大・東洋・聖語・東急・斯Ⅰ・宋版・世徳・道藏・敦Ⅱ・治要」

1116 使反本■■也－活Ⅱ・陽Ⅰ・書陵・杏Ⅱ・足利・筑波・弘文・斯Ⅱ・梅沢・慶Ⅰ・大東・武内・東大・東洋・宋版・世徳」②□□□■■■－東急・敦Ⅱ・治要」②□□□實■□－無窮・聖語・斯Ⅰ」③□□□實者□－道藏」

注
1117 反本■■實者－活Ⅱ・陽Ⅰ・書陵・杏Ⅱ・無窮・弘文・斯Ⅱ・梅沢・慶Ⅰ・武内・東大・東洋・聖語・東急・斯Ⅰ・宋版・世徳・道藏・敦Ⅱ・治要」①□□■■真□－筑波・大東」②□□反本□□－足利」

23ウ3

1118 輔助萬物自然之性■也－活Ⅱ・陽Ⅰ・書陵・杏Ⅱ・無窮・足利・筑波・弘文・斯Ⅱ・梅沢・慶Ⅰ・大東・武内・東大・聖語・東急・斯Ⅰ・宋版・世徳」②□□万□□□□者□－東洋」②□□万□□□□□■■－敦Ⅱ」②□■□□□□□■□－治要」④□□□□□□□■■■－道藏」

経
1119 而不敢爲焉－活Ⅱ・陽Ⅰ・書陵・杏Ⅱ・足利・筑波・弘文・斯Ⅱ・梅沢・慶Ⅰ・大東・武内・東大・東洋・聖語・東急・敦Ⅱ・治要」②□□□□也－無窮」②□□□□■－斯Ⅰ・宋版・世徳・道藏」

注
1120 動作因循－活Ⅱ・陽Ⅰ・書陵・杏Ⅱ・筑波・弘文・斯Ⅱ・梅沢・慶Ⅰ・大東・武内・東大・東洋・聖語・東急・斯Ⅰ・宋版・世徳・道藏・敦Ⅱ」①□□□脩－無窮・足利・治要」

1121 不敢有■■所造爲－活Ⅱ・陽Ⅰ・書陵・杏Ⅱ・足利・筑波・弘文・斯Ⅱ・梅沢・慶Ⅰ・大東・武内・東大・東洋・聖語・東急・斯Ⅰ・宋版・世徳・道藏・敦Ⅱ・治要」③□□□自然□□□－無窮」

1122 恐遠本也－活Ⅱ・陽Ⅰ・書陵・杏Ⅱ・無窮・足利・筑波・弘文・斯Ⅱ・梅沢・慶Ⅰ・大東・武内・東大・東洋・聖語・東急・斯Ⅰ・宋版・世徳」②□離□□－道藏」②□□□■－敦Ⅱ・治要」

23ウ5
1123淳徳■■■■■第六十五－活Ⅱ・陽Ⅰ・斯Ⅰ・宋版・世徳・道蔵」②□□■■■■章□□□□－武内・東大・東洋」③古之善■■■章□□□□－杏Ⅱ・筑波・慶Ⅰ・大東」③古之善爲道者章□□□□－弘文」③■■■■■■■■■■■－書陵・無窮・足利・斯Ⅱ・梅沢・聖語・東急・六地・敦Ⅱ」

23ウ6
注
1124説古之善－活Ⅱ・陽Ⅰ・書陵・杏Ⅱ・無窮・足利・筑波・弘文・斯Ⅱ・梅沢・慶Ⅰ・大東・武内・東大・東洋・聖語・東急・斯Ⅰ・道蔵・敦Ⅱ・治要」②治□□□－宋版」②謂□□□－世徳」

1125以道■治身－活Ⅱ・陽Ⅰ・書陵・杏Ⅱ・足利・筑波・弘文・斯Ⅱ・梅沢・慶Ⅰ・大東・武内・東大・東洋・聖語・東急・斯Ⅰ・宋版・世徳・道蔵・治要」②□□之□□－無窮・敦Ⅱ」

1126治國■也－活Ⅱ・陽Ⅰ・書陵・杏Ⅱ・無窮・足利・筑波・弘文・斯Ⅱ・慶Ⅰ・大東・武内・東大・東洋・東急」②□□者□－梅沢・聖語」②□□者■－斯Ⅰ・宋版・世徳・道蔵・敦Ⅱ・治要」

経
1127非以明民－活Ⅱ・陽Ⅰ・書陵・杏Ⅱ・無窮・足利・筑波・弘文・斯Ⅱ・慶Ⅰ・大東・武内・東大・東洋・東急・聖語・斯Ⅰ・六地・宋版・世徳・道蔵・敦Ⅱ・治要」②□□□人－梅沢」

注
1128不以道教民－活Ⅱ・陽Ⅱ・書陵・杏Ⅱ・無窮・足利・筑波・弘文・斯Ⅱ・梅沢・慶Ⅰ・大東・武内・東大・東洋・聖語・東急・斯Ⅰ・宋版・世徳・道蔵」②非□□□□－治要」③□□■■■－敦Ⅱ」

23ウ7
1129■明知－活Ⅱ・陽Ⅰ・書陵・弘文・梅沢・大東・武内・東大・聖語・東急・世徳」①■□智－宋版・道蔵・治要」②使□□－杏Ⅱ・無窮・足利・筑波・斯Ⅱ・慶Ⅰ・東洋」③使□智－斯Ⅰ」③■■■－敦Ⅱ」

1130■晃巧也－活Ⅱ・陽Ⅰ・書陵・杏Ⅱ・無窮・弘文・斯Ⅱ・梅沢・慶Ⅰ・大東・武内・東大・東洋・聖語・斯Ⅰ」①■□功□－筑波」②民□□□－足利・東急」②■□□■－治要」③■巧詐□－宋版・世徳・道蔵」③■■■■－敦Ⅱ」

経
1131將以愚之－活Ⅱ・陽Ⅰ・書陵・杏Ⅱ・無窮・足利・筑波・弘文・梅沢・慶Ⅰ・大東・武内・東大・東洋・聖語・東急・斯Ⅰ・六地・宋版・世徳・道蔵・治要」②□□□■－斯Ⅱ」③■■■■－敦Ⅱ」

注
1132將以道徳教民－活Ⅱ・陽Ⅰ・書陵・杏Ⅱ・無窮・足利・筑波・弘文・斯Ⅱ・梅沢・慶Ⅰ・大東・武内・東大・東洋・聖語・東急・斯Ⅰ・宋版・世徳・道蔵・治要」③■■□□□□－敦Ⅱ」

1133使質朴－活Ⅱ・陽Ⅰ・書陵・杏Ⅱ・無窮・足利・筑波・弘文・斯Ⅱ・梅沢・慶Ⅰ・大東・武内・東大・東洋・道蔵・敦Ⅱ」①□□撲－治要」②□朴質－聖語・東急・斯Ⅰ・宋版・世徳」

1134不詐僞■也－活Ⅱ・陽Ⅰ・書陵・無窮・足利・筑波・弘文・斯Ⅱ・梅沢・慶Ⅰ・大東・武内・東大・聖語・治要」②□□□者□－東洋」②□□□之□－杏Ⅱ」②□□□■■－斯Ⅰ・宋版・世徳・道蔵・敦Ⅱ」③□□為■■－東急」

24オ1
経
1135以其智多－活Ⅱ・無窮・武内・東大・東洋・聖語・東急・宋版・世徳・道蔵・敦Ⅱ」①□□知□－杏Ⅱ・治要」②□□多智－陽Ⅰ・書陵・足利・筑波・弘文・斯Ⅱ・梅沢・慶Ⅰ・大東・六地・斯Ⅰ」

注
1136■■■■■■－活Ⅱ・陽Ⅰ・書陵・杏Ⅱ・無窮・足利・筑波・弘文・斯Ⅱ・梅沢・慶Ⅰ・大東・武内・東大・東洋・聖語・東急・斯Ⅰ・宋版・世徳・治要」③民之所以難治者－敦Ⅱ」③民之不可治理者－道蔵」

1137以其智大多－活Ⅱ・陽Ⅰ・書陵・筑波・弘文・斯Ⅱ」①□□□太□－杏Ⅱ・無窮・足利・梅沢・慶Ⅰ・大東・武内・東大・東洋・東急・斯Ⅰ・道蔵・敦Ⅱ・治要」②□□知太□－聖語」②□□□■□－宋版・世徳」

1138而爲巧僞也－活Ⅱ・陽Ⅰ・書陵・杏Ⅱ・無窮・足利・筑波・弘文・斯Ⅱ・梅沢・慶Ⅰ・大東・武内・東大・東洋・聖語・東急・治要」②□□□□■－敦Ⅱ」④故□□□■－斯Ⅰ・宋版・世徳」④必□□□■－道蔵」

経
1139以智治■國國之賊■－活Ⅱ・陽Ⅰ・書陵・杏Ⅱ・足利・筑波・

弘文・斯Ⅱ・梅沢・慶Ⅰ・大東・武内・東大・東洋・東急・斯Ⅰ・六地・宋版・世徳・道蔵・敦Ⅱ・治要」②□□□■□々□□也－無窮」③□知□々□々□□■－聖語」

24オ2 注

1140 治國■■■■－活Ⅱ・陽Ⅰ・書陵・無窮・足利・弘文・斯Ⅱ・東急・斯Ⅰ・治要」②□国之■■■－東大・東洋」②□国■■事■－梅沢」③□国之■事■－武内」③□国■政事■－筑波・慶Ⅰ・大東」③□□之政事■－聖語・宋版・世徳」③□□之正事■－敦Ⅱ」③理□之政事■－道蔵」⑤□国之政事則－杏Ⅱ」

1141 妄作威福－活Ⅱ・陽Ⅰ・書陵・杏Ⅱ・無窮・足利・筑波・弘文・斯Ⅱ・梅沢・慶Ⅰ・大東・武内・東大・東洋・聖語・東急・斯Ⅰ・宋版・世徳・敦Ⅱ・治要」②□□禍□－道蔵」

1142 ■爲國之賊■也－活Ⅱ・陽Ⅰ・書陵・杏Ⅱ・無窮・足利・筑波・弘文・斯Ⅱ・梅沢・慶Ⅰ・大東・武内・東大・聖語・東急」②■□国□□者□－東洋」②■□□□□■■－斯Ⅰ・宋版・世徳・敦Ⅱ・治要」②而□□□□■□－道蔵」

経

1143 不以智■治國國之福■－活Ⅱ・陽Ⅰ・書陵・杏Ⅱ・足利・筑波・弘文・斯Ⅱ・梅沢・慶Ⅰ・大東・武内・東大・東洋・東急・斯Ⅰ・六地・宋版・世徳・道蔵・敦Ⅱ・治要」②□□□■□国々□□也－無窮」③□□知々□国々□□■－聖語」

24オ3 注

1144 知國之政事－活Ⅱ・陽Ⅰ・書陵・杏Ⅱ・無窮・足利・筑波・弘文・斯Ⅱ・梅沢・慶Ⅰ・大東・武内・東大・東洋・聖語・東急・斯Ⅰ・宋版・敦Ⅱ・治要」②治□□□□－世徳・道蔵」

1145 民守正直－活Ⅱ・陽Ⅰ・書陵・杏Ⅱ・無窮・足利・筑波・弘文・斯Ⅱ・梅沢・慶Ⅰ・大東・武内・東大・東洋・聖語・東急・斯Ⅰ・宋版・世徳・道蔵・治要」②人□□□－敦Ⅱ」

1146 不■爲邪餝－活Ⅱ・陽Ⅰ・書陵・杏Ⅱ・無窮・筑波・梅沢・慶Ⅰ・大東・武内・東大・東洋・聖語・東急・斯Ⅰ・宋版・世徳・道蔵」①□■□耶□－足利・斯Ⅱ・敦Ⅱ」②□使□□□－弘文」③■■■■■－治要」

1147 君臣同力－活Ⅱ・陽Ⅰ・書陵・杏Ⅱ・無窮・足利・筑波・弘文・斯Ⅱ・梅沢・慶Ⅰ・大東・武内・東大・東洋・聖語・東急・斯Ⅰ・宋版・世徳・道蔵・敦Ⅱ」③■■■■－治要」

24オ4

1148 故爲國之福也－活Ⅱ・陽Ⅰ・書陵・杏Ⅱ・無窮・足利・筑波・弘文・斯Ⅱ・梅沢・慶Ⅰ・大東・武内・東大・東洋・聖語・東急・斯Ⅰ・宋版・世徳・道蔵・治要」②□□□□■－敦Ⅱ」

経

1149 亦揩式－活Ⅱ・陽Ⅰ・書陵・無窮・足利・大東・東急・六地」①□楷□－杏Ⅱ・筑波・弘文・斯Ⅱ・梅沢・慶Ⅰ・武内・東大・東洋・聖語・斯Ⅰ・宋版・世徳・道蔵・敦Ⅱ」

注

1150 兩者－活Ⅱ・陽Ⅰ・書陵・杏Ⅱ・無窮・足利・筑波・弘文・斯Ⅱ・梅沢・慶Ⅰ・大東・武内・東大・東洋・聖語・東急・斯Ⅰ・宋版・世徳・道蔵」②□■－敦Ⅱ」

1151 謂智與不智也－活Ⅱ・陽Ⅰ・書陵・杏Ⅱ・無窮・弘文・斯Ⅱ・梅沢・慶Ⅰ・大東・武内・東大・東洋・斯Ⅰ」①□知与□□□－筑波」①□□与□知□－足利」②□知□□知□－聖語・東急」②□□□□□者－宋版・世徳」②□□□□□□■－敦Ⅱ」②□□■□□□□－道蔵」

1152 常能知－活Ⅱ・陽Ⅰ・書陵・杏Ⅱ・無窮・足利・筑波・弘文・斯Ⅱ・梅沢・慶Ⅰ・武内・東大・東洋・聖語・東急・斯Ⅰ・道蔵」①□□智－大東」②□□■－宋版・敦Ⅱ」③當■□－世徳」

1153 智者爲賊－活Ⅱ・陽Ⅰ・書陵・杏Ⅱ・無窮・足利・筑波・弘文・斯Ⅱ・梅沢・慶Ⅰ・大東・武内・東大・東洋・聖語・東急・斯Ⅰ・宋版・世徳・敦Ⅱ」②□□■□－道蔵」

24オ5

1154 不智者能爲福－活Ⅱ・陽Ⅰ・書陵・無窮・足利・梅沢・聖語・東急・宋版・世徳」②□□□■□□－杏Ⅱ・弘文・斯Ⅱ・慶Ⅰ・武内・東大・東洋・斯Ⅰ・敦Ⅱ」④□□■■□□－筑波・大東」④□□■■□－道蔵」

1155 治國之法式■也－活Ⅱ・陽Ⅰ・無窮・梅沢・東急・斯Ⅰ・宋版・世徳・道蔵」②□□□□□者□－杏Ⅱ・武内・東大・東洋・聖語」②□□□□之□－書陵・足利・筑波・弘文・斯Ⅱ・慶Ⅰ・大東」②□□□□□■■－敦Ⅱ」

経 1156 常知揩式－活Ⅱ・陽Ⅰ・書陵・杏Ⅱ・無窮・足利・慶Ⅰ・大東・武内・六地」①□□楷□－筑波・弘文・斯Ⅱ・梅沢・東大・東洋・聖語・東急・斯Ⅰ・宋版・世徳・道蔵・敦Ⅱ」

注 1157 ■能知－活Ⅱ・陽Ⅰ・書陵・杏Ⅱ・無窮・足利・筑波・弘文・斯Ⅱ・梅沢・慶Ⅰ・武内・東大・東洋・聖語・東急・斯Ⅰ・宋版・世徳・道蔵」①■□智－大東」②常□□－敦Ⅱ」

24オ6

1158 治身及治國之法式－活Ⅱ・陽Ⅰ・書陵・杏Ⅱ・無窮・足利・筑波・弘文・斯Ⅱ・梅沢・慶Ⅰ・大東・武内・東大・東洋・聖語・東急・斯Ⅰ・宋版・世徳」②□□■□□□□□－道蔵・敦Ⅱ」

1159 謂與天同德也－活Ⅱ・陽Ⅰ・杏Ⅱ・無窮・足利・筑波・弘文・斯Ⅱ・梅沢・慶Ⅰ・大東・武内・東大・東洋・聖語・斯Ⅰ・宋版・世徳・道蔵」②□□□□□■－書陵・東急・敦Ⅱ」

経 1160 深矣遠矣－活Ⅱ・陽Ⅰ・書陵・杏Ⅱ・無窮・足利・筑波・斯Ⅱ・梅沢・慶Ⅰ・大東・武内・東大・東洋・聖語・東急・斯Ⅰ・六地・宋版・世徳・道蔵・敦Ⅱ」②□■□□－弘文」

注 1161 ■玄■徳之人－活Ⅱ・陽Ⅰ・書陵・杏Ⅱ・無窮・足利・筑波・弘文・斯Ⅱ・梅沢・慶Ⅰ・大東・武内・東大・東洋・斯Ⅰ・宋版・世徳・道蔵・敦Ⅱ」②■□礼□□□－東急」④言□■□□■－聖語」

1162 深不可測－活Ⅱ・陽Ⅰ・書陵・杏Ⅱ・無窮・足利・筑波・弘文・斯Ⅱ・梅沢・慶Ⅰ・大東・武内・東大・東洋・聖語・東急・斯Ⅰ・世徳・道蔵・敦Ⅱ」①□□□則－宋版」

24オ7

1163 遠不可極■也－活Ⅱ・陽Ⅰ・書陵・杏Ⅱ・無窮・足利・筑波・弘文・斯Ⅱ・梅沢・慶Ⅰ・大東・武内・東大・聖語・東急・斯Ⅰ・宋版・世徳・道蔵」②□□□□之□－東洋」②□□□□■■－敦Ⅱ」

1164 欲施與■人■也－活Ⅱ・陽Ⅰ・書陵・杏Ⅱ・無窮・足利・筑波・梅沢・慶Ⅰ・大東・武内・東大・聖語・斯Ⅰ・道蔵」②□□与於□■□－東洋」②□□与■□之□－弘文・斯Ⅱ」②□□□■□■■－東急・敦Ⅱ」②■□□■□■□－宋版・世徳」

24ウ1

経 1165 ■■乃至■大順－活Ⅱ・陽Ⅰ・書陵・杏Ⅱ・無窮・足利・筑波・弘文・斯Ⅱ・梅沢・慶Ⅰ・大東・武内・東大・東洋・聖語・東急・六地・敦Ⅱ」②■■□□於□□－斯Ⅰ・宋版・世徳」③然後□□■□□－道蔵」

注 1166 故能至■■大順－活Ⅱ・陽Ⅰ・書陵・杏Ⅱ・足利・筑波・梅沢・慶Ⅰ・大東・武内・東大・東洋・東急・斯Ⅰ・宋版・世徳・道蔵・敦Ⅱ」②□□□■乎□□－弘文・斯Ⅱ・聖語」③□□□於乎□□－無窮」

1167 ■順■天■理■也－活Ⅱ・杏Ⅱ・無窮・足利・筑波・弘文・斯Ⅱ・梅沢・慶Ⅰ・大東・武内・東大・東洋・斯Ⅰ・宋版・世徳」②■□■□■□之□－陽Ⅰ・書陵」②■□■□■□■■－敦Ⅱ」④■□■□之□■■－東急」④■■之■■□■□－聖語」④大□者□■□■□－道蔵」

24ウ2

1168 後巳■■■■■第六十六－活Ⅱ・陽Ⅰ・斯Ⅰ・宋版・世徳・道蔵」②□□■■■■章□□□□－武内・東大・東洋」③江海■■■■章□□□□－杏Ⅱ・慶Ⅰ」③江海■■■■章■□□□－筑波・大東」③江海爲百谷王章□□□□－弘文」③■■■■■■■■■■■－書陵・無窮・足利・斯Ⅱ・梅沢・聖語・東急・六地・敦Ⅱ」

24ウ3

経 1169 所以能爲百谷王者－活Ⅱ・陽Ⅰ・書陵・杏Ⅱ・無窮・足利・筑波・弘文・斯Ⅱ・梅沢・慶Ⅰ・大東・武内・東大・東洋・東急・聖語・斯Ⅰ・六地・宋版・世徳・道蔵・敦Ⅱ」②□□□□□□□■－治要」

1170 以其善下之故－活Ⅱ・陽Ⅰ・書陵・杏Ⅱ・無窮・足利・筑波・弘文・斯Ⅱ・梅沢・慶Ⅰ・大東・武内・東大・東洋・聖語・東急・斯Ⅰ・六地・敦Ⅱ」②□□□□□■－宋版・道蔵・治要」④□■□□□■－世徳」

注 1171 江海■－活Ⅱ・陽Ⅰ・書陵・杏Ⅱ・無窮・足利・筑波・斯Ⅱ・梅沢・慶Ⅰ・大東・武内・東大・東洋・聖語・東急・斯Ⅰ・宋版・世徳・道蔵・敦Ⅱ・治要」②□□者－弘文」

24ウ4
1172 以卑下故—活Ⅱ・陽Ⅰ・書陵・杏Ⅱ・無窮・足利・筑波・弘文・斯Ⅱ・梅沢・慶Ⅰ・大東・武内・東大・東洋・聖語・東急・斯Ⅰ・道蔵・敦Ⅱ・治要」②□□■□—宋版・世徳」

1173 衆流■歸之—活Ⅱ・陽Ⅰ・書陵・足利・斯Ⅱ・梅沢・東急・宋版・世徳・道蔵・敦Ⅱ・治要」①□□■皈□—弘文・東大・東洋」②□□共□□—慶Ⅰ・武内・聖語・斯Ⅰ」③□□共皈□—杏Ⅱ・無窮・筑波・大東」

1174 ■■若民歸就■王者■也—活Ⅱ・陽Ⅰ・書陵・足利・斯Ⅱ・聖語・斯Ⅰ」①■■□□皈□■□□■□—杏Ⅱ・無窮・筑波・弘文・慶Ⅰ・大東・武内・東大・東洋」②■■□□□□■□□之□—梅沢」②■■□□□□■□□■■—東急・敦Ⅱ」④■■□□□□■□■■■—宋版・世徳」④■■□□□□於□■■□—道蔵」④歸之□□□□■□□■■—治要」

経 1175 故能爲百谷王—活Ⅱ・陽Ⅰ・書陵・無窮・足利・筑波・弘文・斯Ⅱ・慶Ⅰ・大東・武内・東洋・聖語・東急・六地・宋版・世徳・道蔵」②■□□□□□—杏Ⅱ・梅沢・東大・敦Ⅱ」②□■□□□□—斯Ⅰ」

注 1176 ■以卑下故—活Ⅱ・陽Ⅰ・書陵・杏Ⅱ・無窮・足利・筑波・弘文・斯Ⅱ・梅沢・慶Ⅰ・大東・武内・東大・東洋・聖語・東急・斯Ⅰ・宋版・世徳・敦Ⅱ」③直□就□□—道蔵」

1177 ■能爲百谷王也—活Ⅱ・陽Ⅰ・書陵・杏Ⅱ・無窮・筑波・弘文・斯Ⅱ・梅沢・慶Ⅰ・大東・武内・東大・東洋・聖語・東急・斯Ⅰ・宋版・世徳」②故□□□□□□—足利」②■□□□□□■—道蔵・敦Ⅱ」

24ウ5
経 1178 欲上人—活Ⅱ・陽Ⅰ・書陵・杏Ⅱ・無窮・足利・筑波・弘文・斯Ⅱ・梅沢・慶Ⅰ・大東・武内・東大・東洋・聖語・東急・斯Ⅰ・六地・治要」②□□民—宋版・世徳・道蔵・敦Ⅱ」

注 1179 欲在民之上也—活Ⅱ・陽Ⅰ・書陵・杏Ⅱ・無窮・足利・筑波・弘文・斯Ⅱ・梅沢・慶Ⅰ・大東・東大・東洋・聖語・東急・道蔵・治要」②□□□□下□—武内」②□□□□□■—斯Ⅰ・敦Ⅱ」④□□□■□■—宋版・世徳」

経 1180 必以■言下之—活Ⅱ・陽Ⅰ・書陵・杏Ⅱ・無窮・足利・筑波・弘文・斯Ⅱ・慶Ⅰ・大東・武内・東大・東洋・聖語・斯Ⅰ・六地・宋版・世徳・道蔵・敦Ⅱ・治要」②□□其□□□—梅沢・東急」

24ウ6
注 1181 處謙虛■也—活Ⅱ・陽Ⅰ・書陵・杏Ⅱ・無窮・足利・筑波・弘文・斯Ⅱ・慶Ⅰ・大東・武内・東大・東洋・聖語」②□□□之□—梅沢」②□□□■■—東急・斯Ⅰ・宋版・世徳・道蔵・敦Ⅱ・治要」

注 1182 欲在民之前也—活Ⅱ・陽Ⅰ・書陵・杏Ⅱ・足利・筑波・弘文・斯Ⅱ・梅沢・慶Ⅰ・大東・武内・東大・東洋・東急・斯Ⅰ・宋版・世徳・道蔵・治要」②□□人□□□—無窮・聖語」②□□□□□■—敦Ⅱ」

経 1183 必以身後之—活Ⅱ・陽Ⅰ・書陵・杏Ⅱ・無窮・足利・筑波・弘文・斯Ⅱ・慶Ⅰ・大東・武内・東大・東洋・聖語・東急・斯Ⅰ・六地・宋版・世徳・道蔵・敦Ⅱ・治要」②亦□□□□—梅沢」

24ウ7
注 1184 先人而後已也—活Ⅱ・陽Ⅰ・書陵・杏Ⅱ・無窮・足利・筑波・弘文・斯Ⅱ・梅沢・慶Ⅰ・大東・武内・東大・東洋・聖語・東急・斯Ⅰ・宋版・世徳・道蔵・治要」②□□□□□■—敦Ⅱ」

経 1185 處上而民不重—活Ⅱ・陽Ⅰ・書陵・杏Ⅱ・無窮・足利・筑波・弘文・斯Ⅱ・梅沢・慶Ⅰ・大東・武内・東大・東洋・聖語・東急・斯Ⅰ・六地・宋版・世徳・敦Ⅱ・治要」②□民上而□□—道蔵」

注 1186 不以尊貴虐■下—活Ⅱ・陽Ⅰ・書陵・杏Ⅱ・無窮・筑波・弘文・斯Ⅱ・梅沢・慶Ⅰ・大東・武内・東大・東洋・東急・斯Ⅰ・道蔵・敦Ⅱ」①□□□□虎■□—聖語」②□□□□虛■□—宋版・世徳・治要」②□□□□□上□—足利」

25オ1
注 1187 故民戴仰—活Ⅱ・杏Ⅱ・無窮・足利・筑波・弘文・斯Ⅱ・梅沢・慶Ⅰ・大東・東大・東洋・聖語・東急・斯Ⅰ・道蔵・敦Ⅱ・治要」①□□載□—陽Ⅰ・書陵・武内」②□□□而—宋版・世徳」

1188 不以爲重■也―活Ⅱ・陽Ⅰ・書陵・杏Ⅱ・無窮・筑波・弘文・斯Ⅱ・梅沢・慶Ⅰ・大東・武内・東大・東洋・聖語・東急・治要」②□□□□之□―足利」②□□□□■■―敦Ⅱ・道蔵」④□■□□■■―宋版・世徳」④以不□□■■―斯Ⅰ」

経
1189 處前而民不害■―活Ⅱ・陽Ⅰ・書陵・杏Ⅱ・無窮・足利・斯Ⅱ・梅沢・武内・東大・東洋・聖語・東急・斯Ⅰ・六地・宋版・世徳・道蔵・敦Ⅱ・治要」①虚□□□□■―弘文」②□□□□□□也―筑波・慶Ⅰ・大東」

注
1190 以光明蔽後―活Ⅱ・陽Ⅰ・書陵・杏Ⅱ・無窮・筑波・弘文・斯Ⅱ・梅沢・慶Ⅰ・大東・武内・東大・東洋・聖語・東急・斯Ⅰ・宋版・世徳・道蔵・敦Ⅱ・治要」①□先□□□―足利」

25オ2
1191 無有欲害之者也―活Ⅱ・書陵・無窮・足利・筑波・弘文・東急」①无□□□□□□―陽Ⅰ・杏Ⅱ・斯Ⅱ・慶Ⅰ・大東・武内・東大・東洋・聖語・斯Ⅰ」②□□□□□心□―世徳」③无□□□□心□―宋版」③无□□□■□―梅沢」③无□□□□□■―敦Ⅱ・治要」⑥□□傷□□心■―道蔵」

注
1192 聖人■恩深愛厚―活Ⅱ・陽Ⅰ・書陵・杏Ⅱ・無窮・足利・筑波・弘文・梅沢・慶Ⅰ・大東・東大・東洋・東急・斯Ⅰ・宋版・世徳・道蔵・敦Ⅱ・治要」②□□有□□□□―聖語」②□□■思□□□―斯Ⅱ」②□□■□□受□―武内」

25オ3
1193 視民若赤子―活Ⅱ・陽Ⅰ・書陵・杏Ⅱ・無窮・足利・筑波・弘文・斯Ⅱ・梅沢・慶Ⅰ・大東・武内・東大・東洋・聖語・東急・斯Ⅰ・敦Ⅱ」②□□如□□―宋版・世徳・道蔵」

1194 共推進以爲主―活Ⅱ・陽Ⅰ・書陵・杏Ⅱ・無窮・足利・筑波・弘文・斯Ⅱ・梅沢・慶Ⅰ・大東・武内・東大・東洋・聖語・東急」②■□□□□□―斯Ⅰ・宋版・世徳・道蔵・敦Ⅱ」

1195 無有―活Ⅱ・書陵・無窮・足利・筑波・弘文・東急・宋版・世徳・道蔵」①无□―陽Ⅰ・杏Ⅱ・斯Ⅱ・梅沢・慶Ⅰ・大東・武内・東大・東洋・聖語・斯Ⅰ・敦Ⅱ」

1196 厭之者也―活Ⅱ・陽Ⅰ・書陵・聖語」②□■□□―杏Ⅱ・筑波・梅沢・慶Ⅰ・大東・武内・東大・東洋」②□足□□―無窮・東急・斯Ⅰ」②□□■□―道蔵」②□□□■―敦Ⅱ」②□■□■―足利」

経
1197 ■以其不爭―活Ⅱ・陽Ⅰ・書陵・杏Ⅱ・無窮・足利・筑波・弘文・斯Ⅱ・梅沢・慶Ⅰ・大東・武内・東大・東洋・聖語・東急・斯Ⅰ・六地・宋版・世徳・道蔵」②非□□□□―敦Ⅱ」②□■■□―宋版・世徳」④□足□■―弘文・斯Ⅱ」

25オ4
注
1198 無厭聖人■■―活Ⅱ」②□□□□■時―書陵・足利・弘文・斯Ⅱ・東急・宋版・世徳」③无□□□■時―陽Ⅰ・杏Ⅱ・無窮・筑波・梅沢・慶Ⅰ・大東・武内・東大・東洋・聖語・斯Ⅰ・敦Ⅱ」④□□□□之時―道蔵」

1199 是由聖人不與民爭先後也―活Ⅱ・陽Ⅰ・書陵・杏Ⅱ・筑波・弘文・斯Ⅱ・慶Ⅰ・大東・斯Ⅰ」①□□□□□興□□□□□□―足利」②□□□□□□□□上先□―無窮」②□□□□□□□□人□□□―梅沢・武内・東大・東洋・東急・宋版・世徳・道蔵」④□聖人由□□人□□□□―聖語」④□非□□□□人□之所致―敦Ⅱ」

経
1200 莫能與之爭―活Ⅱ・陽Ⅰ・書陵・杏Ⅱ・無窮・足利・筑波・弘文・斯Ⅱ・梅沢・慶Ⅰ・大東・東大・聖語・東急・斯Ⅰ・六地・宋版・世徳・道蔵・敦Ⅱ」②□■□□―武内・東洋」

25オ5
注
1201 皆爭■有爲―活Ⅱ・陽Ⅰ・書陵・杏Ⅱ・無窮・足利・筑波・弘文・斯Ⅱ・梅沢・慶Ⅰ・大東・武内・東大・東洋・聖語・東急・斯Ⅰ・敦Ⅱ」②□■■□□―宋版・世徳」②□□於□□―道蔵」

1202 無■與吾―活Ⅱ・書陵・無窮・筑波・弘文・斯Ⅱ・東急」①□■興□―足利」①无■□□―陽Ⅰ・杏Ⅱ・梅沢・慶Ⅰ・大東・武内・東大・東洋・斯Ⅰ」②□爭□□―宋版・世徳」③无有□□―聖語・敦Ⅱ」④□有■■―道蔵」

1203 爭■無爲者也―活Ⅱ・陽Ⅰ・書陵・杏Ⅱ・足利・筑波・弘文・梅沢・東急・聖語」①□■无□□□―無窮・斯Ⅱ・慶Ⅰ・大東・武内・東大」②□■□□■■―宋版・世徳」③□■无□□■―斯Ⅰ・敦Ⅱ」③■■无□□□―東洋」④□於□□■□―道蔵」

25オ6

1204 三寳■■■第六十七－活Ⅱ・陽Ⅰ・斯Ⅰ・宋版・世徳・道蔵」②□□■■章□□□□－武内・東大・東洋」③天下皆■章□□□□－杏Ⅱ・慶Ⅰ・大東」③天下皆謂章□□□□－筑波・弘文」③■■■■■■■■■－書陵・無窮・足利・斯Ⅱ・梅沢・聖語・東急・六地・敦Ⅱ」

25オ7 経

1205 皆謂我■大－活Ⅱ・陽Ⅰ・書陵・杏Ⅱ・無窮・足利・筑波・弘文・斯Ⅱ・梅沢・慶Ⅰ・大東・武内・東大・東洋・聖語・東急・斯Ⅰ・六地・宋版・世徳・敦Ⅱ」②□□□道□－道蔵」

1206 似■不肖－活Ⅱ・陽Ⅰ・書陵・杏Ⅱ・無窮・足利・筑波・弘文・斯Ⅱ・慶Ⅰ・大東・武内・東大・東洋・聖語・東急・斯Ⅰ・六地・宋版・世徳・道蔵・敦Ⅱ」②□■□背－梅沢」②□傾□□－聖語」

注

1207 ■謂我徳大－活Ⅱ・陽Ⅰ・書陵・足利・筑波・弘文・斯Ⅱ・慶Ⅰ・大東・斯Ⅰ・宋版・世徳」②皆□□□－杏Ⅱ・無窮・梅沢・武内・東大・東洋・聖語・東急・道蔵・敦Ⅱ」

1208 我則詳愚－活Ⅱ・陽Ⅰ・書陵・杏Ⅱ・無窮・弘文・斯Ⅱ・梅沢・慶Ⅰ・武内・東洋・聖語・東急」①□□詐□－足利・東大・斯Ⅰ」①□□佯□－筑波・大東・宋版・世徳・道蔵・敦Ⅱ」

1209 似■不肖■也－活Ⅱ・陽Ⅰ・書陵・無窮・筑波・慶Ⅰ・大東・東急」②□■□□■■－斯Ⅰ・宋版・世徳・道蔵」②□■□□者□－足利・弘文・斯Ⅱ・東洋」②□若□□■□－杏Ⅱ・武内・東大・聖語」④□若□□■■－敦Ⅱ」④□■□背者□－梅沢」

25ウ1 経

1210 夫唯大－活Ⅱ・陽Ⅰ・書陵・杏Ⅱ・無窮・足利・筑波・弘文・斯Ⅱ・梅沢・慶Ⅰ・大東・武内・東大・東洋・東急・斯Ⅰ・六地・宋版・世徳・道蔵・敦Ⅱ」③■■□－聖語」

1211 故似不肖－活Ⅱ・陽Ⅰ・書陵・杏Ⅱ・無窮・足利・筑波・弘文・斯Ⅱ・慶Ⅰ・大東・武内・東大・東洋・聖語・東急・斯Ⅰ・六地・宋版・世徳・道蔵・敦Ⅱ」②□□□背－梅沢」

注

1212 夫獨名徳大者－活Ⅱ・陽Ⅰ・書陵・杏Ⅱ・無窮・足利・筑波・弘文・斯Ⅱ・梅沢・慶Ⅰ・大東・武内・東大・東洋・東急・斯Ⅰ・敦Ⅱ」②唯□□□□□－宋版・世徳」②□自□□□□－道蔵」③■■■■■■－聖語」

1213 爲身■害故－活Ⅱ・陽Ⅰ・書陵・杏Ⅱ・無窮・足利・筑波・弘文・斯Ⅱ・梅沢・慶Ⅰ・大東・武内・東大・東洋・東急・斯Ⅰ・宋版・世徳・敦Ⅱ」②□□之□□－道蔵」③■■■■■－聖語」

1214 詳愚－活Ⅱ・陽Ⅰ・書陵・杏Ⅱ・無窮・弘文・斯Ⅱ・梅沢・慶Ⅰ・武内・東急」①詐□－足利・東大・斯Ⅰ」①洋□－東洋」①佯□－筑波・大東・宋版・世徳・道蔵・敦Ⅱ」②■■－聖語」

1215 似若不肖－活Ⅱ・陽Ⅰ・書陵・杏Ⅱ・無窮・足利・筑波・弘文・斯Ⅱ・慶Ⅰ・大東・武内・東大・東洋・東急・斯Ⅰ・宋版・世徳・道蔵」②□□□背－梅沢」②□■□□－敦Ⅱ」③■■■■－聖語」

1216 無所分別－活Ⅱ・書陵・無窮・足利・筑波・弘文・斯Ⅱ・東急・世徳・道蔵」①无□□□－陽Ⅰ・杏Ⅱ・梅沢・慶Ⅰ・大東・武内・東大・東洋・斯Ⅰ・宋版・敦Ⅱ」②■■■■－聖語」

25ウ2

1217 無所割截－活Ⅱ・陽Ⅰ・書陵・足利・斯Ⅱ・東急・宋版・世徳・道蔵」①无□□□－杏Ⅱ・無窮・筑波・梅沢・慶Ⅰ・大東・武内・東大・東洋・斯Ⅰ・敦Ⅱ」①□祈□□－弘文」②■■■■－聖語」

1218 不賤人而自貴■也－活Ⅱ・陽Ⅰ・書陵・杏Ⅱ・無窮・足利・筑波・弘文・斯Ⅱ・梅沢・慶Ⅰ・大東・東大・東急」①□賊□□□□■□－武内」②□□□□□之□－東洋」②□□□□□□■■－斯Ⅰ・宋版・世徳・道蔵・敦Ⅱ」③■■■■■■■■－聖語」

経

1219 若肖久矣－活Ⅱ・陽Ⅰ・書陵・杏Ⅱ・無窮・足利・筑波・弘文・斯Ⅱ・慶Ⅰ・大東・武内・東大・東洋・聖語・東急・斯Ⅰ・六地・宋版・世徳・道蔵・敦Ⅱ」②□背□□－梅沢」

注

1220 肖善也－活Ⅱ・陽Ⅰ・書陵・杏Ⅱ・無窮・足利・筑波・弘文・斯Ⅱ・慶Ⅰ・大東・武内・東大・東洋・聖語・東急・斯Ⅰ・宋版・世徳・敦Ⅱ」②背□□－梅沢」②□□■－道蔵」

1221 謂辨惠也－活Ⅱ・陽Ⅰ・書陵・無窮・足利・筑波・弘文・斯Ⅱ・梅沢・慶Ⅰ・大東・斯Ⅰ・宋版・世徳」①□弁□□－杏Ⅱ・武内・東大・東洋」①□辯□□－道蔵」②□辯慧□－東急」③□辯慧■－敦Ⅱ」④■■■■－聖語」

1222 若大辨惠之人－活Ⅱ・陽Ⅰ・書陵・杏Ⅱ・無窮・足利・筑波・弘文・斯Ⅱ・梅沢・慶Ⅰ・大東・斯Ⅰ・宋版」①□□弁□□□－武内・東大・東洋」①□□辯□□□－東急・敦Ⅱ・道蔵」②□夫□□□□－聖語・世徳」

25ウ3

1223 身高自貴－活Ⅱ・陽Ⅰ・書陵・杏Ⅱ・無窮・足利・筑波・弘文・斯Ⅱ・梅沢・慶Ⅰ・大東・武内・東大・東洋・東急・斯Ⅰ・宋版・世徳・敦Ⅱ」②□□□■－聖語」②□自高□－道蔵」

1224 行■察察之政－活Ⅱ・陽Ⅰ・書陵・杏Ⅱ・無窮・筑波・弘文・斯Ⅱ・梅沢・慶Ⅰ・大東・武内・東大・東洋・聖語・東急・斯Ⅰ・宋版・世徳・道蔵・敦Ⅱ」②□其□々□□－足利」

1225 所從來久■矣－活Ⅱ・陽Ⅰ・書陵・杏Ⅱ・無窮・筑波・大東・東急・聖語・宋版・世徳・道蔵」②□□□□■也－弘文・斯Ⅱ・慶Ⅰ・武内・東大」②□□□□之也－東洋」②□□□□■■－足利・斯Ⅰ・敦Ⅱ」②□□□□矣也－梅沢」

経 1226 ■其細也■－活Ⅱ・陽Ⅰ・書陵・杏Ⅱ・無窮・足利・筑波・弘文・斯Ⅱ・慶Ⅰ・大東・武内・東大・東洋・六地・敦Ⅱ」②■□□■■－梅沢・東急・宋版・世徳」②久□□□■－聖語」②■□□□夫－斯Ⅰ・道蔵」

注 1227 言辨惠者－活Ⅱ・陽Ⅰ・書陵・無窮・足利・筑波・弘文・斯Ⅱ・梅沢・慶Ⅰ・大東・斯Ⅰ・宋版・世徳」①□弁□□－杏Ⅱ・東大・東洋」①□辯□□－聖語・東急・道蔵・敦Ⅱ」③□弁■□－武内」

1228 唯如小人也－活Ⅱ・陽Ⅰ・書陵・杏Ⅱ・無窮・足利・筑波・弘文・斯Ⅱ・梅沢・慶Ⅰ・大東・武内・東大・東洋・聖語・東急・斯Ⅰ・宋版・世徳・敦Ⅱ」②□□□□■－道蔵」

25ウ4

1229 非長者■也－活Ⅱ・陽Ⅰ・杏Ⅱ・無窮・筑波・梅沢・慶Ⅰ・大東・武内・東大・東洋・聖語」②□□□矣□－足利」②□□□矣■－書陵・弘文・斯Ⅱ・東急・敦Ⅱ」②□□□■■－斯Ⅰ・宋版・世徳・道蔵」

経 1230 夫我有三寶－活Ⅱ・陽Ⅰ・書陵・杏Ⅱ・無窮・足利・筑波・斯Ⅱ・梅沢・慶Ⅰ・大東・武内・東大・東洋・聖語・東急・斯Ⅰ・六地・宋版・世徳・敦Ⅱ」②□■□□□－弘文」②■□□□□－道蔵・治要」

1231 持而寶之－活Ⅱ・陽Ⅰ・書陵・杏Ⅱ・足利・梅沢・武内・東大・東洋・東急・六地・宋版・世徳」②□□保□－無窮・筑波・弘文・斯Ⅱ・慶Ⅰ・大東・聖語・斯Ⅰ・道蔵・敦Ⅱ・治要」

注 1232 ■抱持而保倚之也－活Ⅱ・陽Ⅰ・書陵・杏Ⅱ・筑波・梅沢・大東・武内・東大・東洋・聖語」②可□□□□□□□－無窮」②■□□□□□■□－足利・弘文・斯Ⅱ・慶Ⅰ」②■□□□□□□■－東急・道蔵・敦Ⅱ・治要」②■□□□□□■■－斯Ⅰ・宋版・世徳」

25ウ5

注 1233 愛百姓若赤子■也－活Ⅱ・陽Ⅰ・書陵・杏Ⅱ・無窮・足利・筑波・弘文・斯Ⅱ・梅沢・慶Ⅰ・大東・武内・東大」②□□□□□□者□－東洋」②□□□□□□也々－聖語」②□□□□□□■■－東急・斯Ⅰ・宋版・世徳・敦Ⅱ・治要」④□□□如□□■■－道蔵」

注 1234 賦歛－活Ⅱ・陽Ⅰ・書陵・杏Ⅱ・無窮・足利・筑波・弘文・斯Ⅱ・梅沢・慶Ⅰ・大東・武内・東大・東洋・聖語・東急・斯Ⅰ・世徳・道蔵・敦Ⅱ・治要」①□儉－宋版」

1235 若取之於已也－活Ⅱ・陽Ⅰ・杏Ⅱ・無窮・足利・弘文・斯Ⅱ・梅沢・慶Ⅰ・武内・東大・東洋・聖語・東急・斯Ⅰ・宋版・世徳・道蔵」②□□□□□■－筑波・大東・敦Ⅱ・治要」②□□□■□□－書陵」

25ウ6

注 1236 不爲倡始也－活Ⅱ・書陵・杏Ⅱ・足利・筑波・弘文・斯Ⅱ・慶Ⅰ・大東・東大・宋版・道蔵」①□□唱□□－陽Ⅰ・無窮・梅沢・武内・東洋・聖語・東急・治要」②□□□□■－斯Ⅰ」②

□敢□□□－世徳」③□□唱□■－敦Ⅱ」

経 1237 ■慈故能勇－活Ⅱ・陽Ⅰ・書陵・杏Ⅱ・無窮・足利・筑波・弘文・斯Ⅱ・梅沢・慶Ⅰ・大東・武内・東大・東洋・聖語・東急・斯Ⅰ・六地・宋版・世徳・敦Ⅱ・治要」②夫□□□－道蔵」

注 1238 ■以慈仁故－活Ⅱ・陽Ⅰ・書陵・杏Ⅱ・無窮・足利・筑波・弘文・斯Ⅱ・梅沢・慶Ⅰ・大東・武内・東大・東洋・聖語・東急・斯Ⅰ・敦Ⅱ・治要」②■□爲□□－宋版・世徳」④先□仁慈□－道蔵」

1239 能勇於忠孝也－活Ⅱ・陽Ⅰ・書陵・杏Ⅱ・無窮・足利・弘文・斯Ⅱ・梅沢・武内・東大・東洋・聖語・東急・斯Ⅰ・宋版・世徳」②□□□厚□－筑波・慶Ⅰ・大東」②□□□□□■－敦Ⅱ・治要」④乃□□□■－道蔵」

25ウ7 注 1240 ■■－活Ⅱ・陽Ⅰ・書陵・杏Ⅱ・無窮・足利・筑波・弘文・斯Ⅱ・梅沢・慶Ⅰ・大東・武内・東大・東洋・東急・治要」③天子－聖語・斯Ⅰ・宋版・世徳・道蔵・敦Ⅱ」

1241 身能節倹故－活Ⅱ・無窮・聖語・東急・斯Ⅰ・宋版・世徳・道蔵・敦Ⅱ・治要」①躬□□□－陽Ⅰ・書陵・杏Ⅱ・足利・筑波・弘文・斯Ⅱ・慶Ⅰ・大東・武内・東大・東洋」③能躬□□□－梅沢」

1242 民曰用寛廣也－活Ⅱ」①□日□□□□－無窮・聖語」③□日□■□□－治要」③□用日□□□－陽Ⅰ・書陵・杏Ⅱ・足利・筑波・弘文・斯Ⅱ・慶Ⅰ・大東・武内」⑤□用日■□□－東大・東洋」⑤□用日□■□－梅沢」⑤□用日□□■－東急」⑤□日□■□－斯Ⅰ」⑤□日□■□矣－宋版・世徳・道蔵」⑥□用日■□■－敦Ⅱ」

26オ1 注 1243 不敢爲天下首先也－活Ⅱ・書陵・杏Ⅱ・無窮・足利・筑波・弘文・斯Ⅱ・梅沢・慶Ⅰ・大東・武内・東大・東洋・聖語・東急」②□□□□□□■－陽Ⅰ・斯Ⅰ」④□■□□□□□■－宋版・世徳」④□□□□■□□■－敦Ⅱ」⑤■■■■■■■■－道蔵・治要」

経 1244 故能成器長－活Ⅱ・陽Ⅰ・書陵・杏Ⅱ・無窮・足利・筑波・弘文・斯Ⅱ・梅沢・大東・武内・東大・東洋・聖語・東急・斯Ⅰ・六地・宋版・世徳・道蔵・治要」②■□□□□－慶Ⅰ」②□□□□成－敦Ⅱ」

注 1245 成器長■－活Ⅱ・陽Ⅰ・書陵・杏Ⅱ・無窮・足利・筑波・弘文・斯Ⅱ・梅沢・慶Ⅰ・大東・武内・東大・東洋・聖語・斯Ⅰ・宋版・世徳・道蔵・治要」②□□□者－東急」③■■□■－敦Ⅱ」

1246 謂得道人也－活Ⅱ・陽Ⅰ・書陵・杏Ⅱ・無窮・足利・筑波・弘文・斯Ⅱ・梅沢・慶Ⅰ・大東・武内・東大・東洋・聖語・東急・斯Ⅰ・宋版・世徳・道蔵・治要」②□□□□■－敦Ⅱ」

1247 爲道人之長也－活Ⅱ・陽Ⅰ・書陵・杏Ⅱ・無窮・足利・筑波・弘文・斯Ⅱ・梅沢・慶Ⅰ・大東・武内・東大・東洋・聖語・東急・斯Ⅰ・宋版・世徳・道蔵・治要」④□□□■□■－敦Ⅱ」

26オ2 経 1248 舎■慈且勇－活Ⅱ・陽Ⅰ・書陵・杏Ⅱ・無窮・足利・斯Ⅱ・梅沢・慶Ⅰ・武内・東大・東洋・聖語・東急・斯Ⅰ・敦Ⅱ・治要」①捨■□□□－宋版・世徳」②□其□□□－筑波・弘文・大東・六地・道蔵」

注 1249 今世之人－活Ⅱ・陽Ⅰ・書陵・杏Ⅱ・無窮・足利・筑波・弘文・斯Ⅱ・慶Ⅰ・大東・武内・東大・東洋・東急」②□□■□－梅沢・聖語・斯Ⅰ・宋版・世徳・道蔵・敦Ⅱ・治要」

1250 舎■慈仁－活Ⅱ・陽Ⅰ・書陵・杏Ⅱ・無窮・足利・筑波・弘文・斯Ⅱ・梅沢・慶Ⅰ・大東・武内・東大・東洋・聖語・東急・斯Ⅰ・宋版・世徳・道蔵・治要」②□其□□－敦Ⅱ」

1251 但爲武勇也－活Ⅱ・陽Ⅰ・書陵・杏Ⅱ・足利・筑波・弘文・斯Ⅱ・梅沢・慶Ⅰ・大東・斯Ⅰ」②■□□□□－無窮」②□□勇武□－武内・東大・東洋・聖語・東急・宋版・世徳」④□□勇武■－道蔵・敦Ⅱ・治要」

経 1252 舎■倹且廣－活Ⅱ・陽Ⅰ・杏Ⅱ・無窮・筑波・弘文・斯Ⅱ・梅沢・慶Ⅰ・大東・武内・東大・東洋・聖語・東急・宋版・世徳・敦Ⅱ・治要」②□其□□□－書陵・足利・斯Ⅰ・六地・道蔵」

26オ3 注 1253 但爲奢泰■也—活Ⅱ・陽Ⅰ・書陵・杏Ⅱ・無窮・足利・筑波・弘文・斯Ⅱ・梅沢・慶Ⅰ・大東・武内・東大・聖語」②□□□者□—東洋」②□□□□■■—東急・斯Ⅰ・宋版・世徳・道蔵・治要」④□■□□■■—敦Ⅱ」

経 1254 舍■後且先—活Ⅱ・陽Ⅰ・書陵・杏Ⅱ・無窮・梅沢・慶Ⅰ・武内・東大・東洋・聖語・東急・六地・宋版・世徳・敦Ⅱ・治要」②□其□□□—足利・筑波・弘文・斯Ⅱ・大東・斯Ⅰ・道蔵」

注 1255 爲人先也—活Ⅱ・杏Ⅱ・無窮・筑波・梅沢・大東・東大・聖語」②□□□■—陽Ⅰ・書陵・足利・弘文・斯Ⅱ・慶Ⅰ・武内・東洋・東急・斯Ⅰ・宋版・世徳・敦Ⅱ・治要」④務先人■—道蔵」

経 1256 ■死矣—活Ⅱ・陽Ⅰ・書陵・杏Ⅱ・足利・筑波・弘文・斯Ⅱ・梅沢・慶Ⅰ・大東・武内・東大・東洋・聖語・東急・斯Ⅰ・六地・宋版・世徳・道蔵・敦Ⅱ・治要」則□□—無窮」

26オ4 注 1257 入死道■也—活Ⅱ・陽Ⅰ・書陵・杏Ⅱ・無窮・足利・筑波・弘文・斯Ⅱ・梅沢・慶Ⅰ・大東・東大・聖語」②□□□者□—武内・東洋」②□□□■■—東急・斯Ⅰ・道蔵・敦Ⅱ・治要」④□□地■■—宋版・世徳」

経 1258 ■仁以守則固—活Ⅱ・陽Ⅰ・杏Ⅱ・慶Ⅰ・大東・東洋・東急」②或□□□□□—武内・東大」②■□□家□□—筑波」②■■□□□□—書陵・無窮・足利・弘文・斯Ⅱ・梅沢・聖語・斯Ⅰ・六地・宋版・世徳・道蔵・敦Ⅱ・治要」

26オ5 注 1259 并心一意—活Ⅱ・陽Ⅰ・書陵・杏Ⅱ・無窮・足利・筑波・弘文・斯Ⅱ・梅沢・慶Ⅰ・大東・武内・東大・東洋・聖語・東急・斯Ⅰ・宋版・世徳・道蔵・敦Ⅱ」③■■■■—治要」

1260 故以戰則勝敵—活Ⅱ・陽Ⅰ・書陵・杏Ⅱ・無窮・足利・筑波・弘文・斯Ⅱ・梅沢・慶Ⅰ・大東・武内・東大・東洋・聖語・東急・斯Ⅰ・宋版・世徳・道蔵・敦Ⅱ」②□■□□□□—治要」

1261 則堅固■也—活Ⅱ・陽Ⅰ・書陵・杏Ⅱ・無窮・足利・筑波・弘文・斯Ⅱ・梅沢・慶Ⅰ・大東・武内・東大・聖語・東急・治要」②□□□者□—東洋」②□□□■■—斯Ⅰ・宋版・世徳・道蔵・敦Ⅱ」

経 1262 天將■救之■■—活Ⅱ・陽Ⅰ・書陵・杏Ⅱ・足利・筑波・弘文・斯Ⅱ・梅沢・慶Ⅰ・大東・武内・東大・東洋・聖語・東急・斯Ⅰ・六地・宋版・世徳」②□□以□□■■—無窮」③□□■□□以善—道蔵」③□■■■■■■—敦Ⅱ」

1263 以慈衛之—活Ⅱ・陽Ⅰ・書陵・杏Ⅱ・無窮・足利・筑波・弘文・斯Ⅱ・梅沢・慶Ⅰ・大東・武内・東大・東洋・聖語・東急・斯Ⅰ・六地・宋版・世徳・道蔵」③■■■■—敦Ⅱ」

26オ6 注 1264 天將■■救助善人—活Ⅱ・陽Ⅰ・書陵・杏Ⅱ・筑波・弘文・斯Ⅱ・梅沢・慶Ⅰ・大東・武内・東大・東洋・聖語・東急・斯Ⅰ・宋版・世徳・道蔵」②□□将■□□□□—足利」②□□■以□□□□—無窮」②■□■■□□□□—敦Ⅱ」

1265 能自營助也—活Ⅱ・陽Ⅰ・書陵・杏Ⅱ・無窮・足利・筑波・弘文・斯Ⅱ・梅沢・武内・東大・東洋・慶Ⅰ・大東・聖語・東急・斯Ⅰ・道蔵」②□□當□□—宋版・世徳」④■□□■—敦Ⅱ」

26オ7 1266 配天■■第六十八—活Ⅱ・陽Ⅰ・斯Ⅰ・宋版・世徳・道蔵」②□□■章□□□□—武内・東大・東洋」③善爲■章□□□□—杏Ⅱ・慶Ⅰ」③善爲士章□□□□—筑波・弘文・大東」③■■■■■■■■—書陵・無窮・足利・斯Ⅱ・東急・六地・敦Ⅱ・梅沢・聖語」

26ウ1 経 1267 ■■善爲士者—活Ⅱ・陽Ⅰ・書陵・杏Ⅱ・無窮・足利・筑波・弘文・斯Ⅱ・梅沢・慶Ⅰ・大東・武内・東大・東洋・聖語・東急・斯Ⅰ・六地・宋版・世徳」③古之□□□□—道蔵・敦Ⅱ」

注 1268 不好武力■也—活Ⅱ・陽Ⅰ・書陵・杏Ⅱ・無窮・足利・筑波・弘文・斯Ⅱ・梅沢・武内・東大・聖語」②□□□□者□—東洋」②□毎□□■□—大東」②□□□□■■—慶Ⅰ・東急・斯Ⅰ・宋版・世徳・道蔵・敦Ⅱ」

26ウ2 注 1269 禁邪於胸心—活Ⅱ・陽Ⅰ・書陵・杏Ⅱ・無窮・足利・筑波・弘文・梅沢・慶Ⅰ・大東・武内・東大・東洋・聖語・東急・斯Ⅰ・宋版・世徳」①□耶□□□—斯Ⅱ・敦Ⅱ」②□□□心胸—道蔵」

1270 絶禍於未萠—活Ⅱ・陽Ⅰ・書陵・杏Ⅱ・無窮・足利・弘文・斯Ⅱ・梅沢・大東・武内・東大・東洋・聖語・東急・斯Ⅰ・宋版・世徳・敦Ⅱ・道蔵」②□福□□□—筑波・慶Ⅰ」

1271 無所誅怒■也—活Ⅱ・書陵・足利・弘文・斯Ⅱ・東急・宋版・世徳・道蔵」①无□□□■□—陽Ⅰ・無窮・梅沢・慶Ⅰ・武内・東大・聖語・斯Ⅰ」②□□□□之□—筑波」③无□□□之□—大東」③无■□□■□—杏Ⅱ」③无□□□■■—敦Ⅱ」⑤无■□□之□—東洋」

経 1272 善勝敵者—活Ⅱ・陽Ⅰ・書陵・杏Ⅱ・無窮・足利・筑波・弘文・斯Ⅱ・梅沢・慶Ⅰ・大東・武内・東大・東洋・東急・聖語・斯Ⅰ・六地・道蔵・敦Ⅱ」②□□戦□—宋版・世徳」

1273 不與■—活Ⅱ・陽Ⅰ・書陵・杏Ⅱ・無窮・足利・筑波・弘文・斯Ⅱ・梅沢・慶Ⅰ・大東・武内・東大・東洋・聖語・東急・斯Ⅰ・六地・宋版・世徳・敦Ⅱ」②□□争—道蔵」

26ウ3 注 1274 來遠以徳—活Ⅱ・陽Ⅰ・書陵・杏Ⅱ・無窮・筑波・弘文・斯Ⅱ・梅沢・慶Ⅰ・大東・武内・東大・東洋・聖語・東急・斯Ⅰ・宋版・世徳・道蔵・敦Ⅱ」①□閑□□—足利」

1275 不與敵戦—活Ⅱ・陽Ⅰ・書陵・杏Ⅱ・無窮・足利・筑波・弘文・斯Ⅱ・梅沢・慶Ⅰ・大東・武内・東大・東洋・聖語・東急・斯Ⅰ・敦Ⅱ」②□□□争—宋版・世徳・道蔵」

1276 而敵自服■也■■■—活Ⅱ・陽Ⅰ・書陵・杏Ⅱ・無窮・足利・筑波・斯Ⅱ・梅沢・慶Ⅰ・大東・武内・東大・斯Ⅰ・宋版・世徳」②□■□■□■■■■—弘文」②□□□□之□■■■■—東洋」②□□□□■■■■■■—東急・道蔵・敦Ⅱ」③□□□□■□々々々也—聖語」

経 1277 善用人者—活Ⅱ・陽Ⅰ・書陵・杏Ⅱ・無窮・足利・筑波・斯Ⅱ・梅沢・慶Ⅰ・大東・武内・東大・東洋・聖語・東急・斯Ⅰ・六地・宋版・世徳・道蔵・敦Ⅱ」②■□□□—弘文」

1278 爲之下—活Ⅱ・陽Ⅰ・書陵・杏Ⅱ・無窮・足利・筑波・弘文・斯Ⅱ・梅沢・慶Ⅰ・大東・東大・東洋・東急・聖語・斯Ⅰ・六地」②□人□—武内」②□■□—宋版・世徳・道蔵・敦Ⅱ」

26ウ4 注 1279 善用人自輔佐者—活Ⅱ・陽Ⅰ・書陵・杏Ⅱ・無窮・足利・筑波・弘文・斯Ⅱ・梅沢・慶Ⅰ・大東・武内・東大・東洋・聖語・斯Ⅰ・宋版・世徳・敦Ⅱ」②□□□□□作□—東急」②□□□□□■□—道蔵」

1280 常爲人執謙下也—活Ⅱ・陽Ⅰ・書陵・杏Ⅱ・無窮・足利・筑波・弘文・斯Ⅱ・梅沢・慶Ⅰ・大東・武内・東大・東洋・聖語・東急・宋版・世徳」②□□□□□□■—斯Ⅰ・道蔵・敦Ⅱ」

経 1281 是謂■■不争之徳—活Ⅱ・陽Ⅰ・書陵・杏Ⅱ・無窮・足利・筑波・斯Ⅱ・梅沢・慶Ⅰ・大東・武内・東大・東洋・聖語・東急・斯Ⅰ・六地・宋版・世徳・道蔵・敦Ⅱ」③□□配天□□□□—弘文」

注 1282 謂上■爲之下也—活Ⅱ・陽Ⅰ・書陵・杏Ⅱ・無窮・足利・筑波・弘文・斯Ⅱ・梅沢・慶Ⅰ・大東・東大・東洋・聖語・東急・斯Ⅰ・宋版・世徳・敦Ⅱ」②□□■□人□□—武内」②□□文□□□□—道蔵」

26ウ5 1283 不與人争闘—活Ⅱ・陽Ⅰ・書陵・杏Ⅱ・無窮・足利・筑波・弘文・斯Ⅱ・梅沢・慶Ⅰ・大東・武内・東大・東洋・聖語・東急・斯Ⅰ・道蔵・敦Ⅱ」②□□□□■—宋版・世徳」

1284 ■之道徳也—活Ⅱ・陽Ⅰ・書陵・杏Ⅱ・無窮・足利・筑波・弘文・斯Ⅱ・梅沢・慶Ⅰ・大東・武内・東大・東洋・聖語・斯Ⅰ・宋版・世徳」②■□□□■—東急・敦Ⅱ」⑤乃是□□■—道蔵」

注 1285 能身爲人下■—活Ⅱ・陽Ⅰ・書陵・杏Ⅱ・無窮・足利・筑波・弘文・斯Ⅱ・梅沢・慶Ⅰ・大東・武内・東大・東洋・聖語・東急・斯Ⅰ・宋版・世徳・道蔵」②□□□□□者—敦Ⅱ」

1286 謂用人臣之力也■—活Ⅱ・陽Ⅰ・書陵・杏Ⅱ・無窮・足利・筑波・弘文・斯Ⅱ・梅沢・慶Ⅰ・大東・武内」②□□□□□□■■—東大・東洋・東急・斯Ⅰ・宋版・世徳・敦Ⅱ」②□□□□□□□々—聖語」②□□■□□■—道蔵」

26ウ6 経 1287 是謂配天—活Ⅱ・陽Ⅰ・書陵・杏Ⅱ・無窮・足利・筑波・斯Ⅱ・

梅沢・慶Ⅰ・大東・武内・東大・東洋・聖語・東急・斯Ⅰ・六地・宋版・世徳・道蔵・敦Ⅱ」②■□□□―弘文」

注1288 徳配天也―活Ⅱ・陽Ⅰ・書陵・杏Ⅱ・無窮・足利・筑波・弘文・梅沢・慶Ⅰ・大東・武内・東大・東洋・東急・世徳・道蔵・敦Ⅱ」②□□□■―斯Ⅱ・聖語」②□□□地―斯Ⅰ・宋版」

1289 ■■■■■■■■■■■―活Ⅱ・陽Ⅰ・書陵・杏Ⅱ・無窮・足利・筑波・弘文・斯Ⅱ・梅沢・慶Ⅰ・大東・武内・東大・東洋・東急・斯Ⅰ・宋版・世徳・道蔵・敦Ⅱ」④能行此徳是為与天相配也―聖語」

経1290 古之極也―活Ⅱ・陽Ⅰ・書陵・杏Ⅱ・無窮・足利・筑波・弘文・斯Ⅱ・梅沢・慶Ⅰ・大東・武内・東大・東洋・東急・聖語・六地・道蔵」②□□□■―斯Ⅰ・宋版・世徳・敦Ⅱ」

注1291 古之極約要道也―活Ⅱ・陽Ⅰ・書陵・杏Ⅱ・無窮・足利・弘文・斯Ⅱ・梅沢・大東・武内・東大・東洋・東急」①□□□□□導□―筑波」②□□□□□■―慶Ⅰ・敦Ⅱ」②□□■□□□□―斯Ⅰ」②□□□■□□□―宋版・世徳・道蔵」⑤□□□■■□■―聖語」

27オ1

1292 玄用■■■第六十九―活Ⅱ・陽Ⅰ・斯Ⅰ・宋版・世徳・道蔵」②□□■■章□□□□―武内・東大・東洋」③用兵■■章□□□□―杏Ⅱ・慶Ⅰ・大東」③用兵有言章□□□□―筑波・弘文」③■■■■■■■■■―書陵・無窮・足利・斯Ⅱ・東急・六地・敦Ⅱ・梅沢・聖語」

27オ2

注1293 故託已設其義■也■■―活Ⅱ・陽Ⅰ・杏Ⅱ・無窮・足利・筑波・弘文・慶Ⅰ・大東・武内・東洋・東急・斯Ⅰ・宋版・世徳・治要」②□□□説□□■□■■―斯Ⅱ・東大」②□□□□□■■■■―道蔵・敦Ⅱ」②□□□□□之□■■―書陵」③□□己□□□■□義也―聖語」④■□己□□之□■■―梅沢」

27オ3

注1294 不敢先舉兵■也―活Ⅱ・陽Ⅰ・書陵・杏Ⅱ・無窮・足利・筑波・弘文・斯Ⅱ・梅沢・慶Ⅰ・大東・武内・東大・聖語・治要」②□□□□□者□―東洋」②□□□□■■―東急・斯Ⅰ・宋版・世徳・道蔵・敦Ⅱ」

経1295 而爲客―活Ⅱ・陽Ⅰ・杏Ⅱ・無窮・足利・筑波・弘文・斯Ⅱ・梅沢・慶Ⅰ・大東・武内・東大・東洋・聖語・東急・斯Ⅰ・六地・宋版・世徳・敦Ⅱ・道蔵・治要」①□□容―書陵」

注1296 客者―活Ⅱ・陽Ⅰ・杏Ⅱ・無窮・足利・筑波・弘文・斯Ⅱ・梅沢・慶Ⅰ・大東・武内・東大・東洋・聖語・斯Ⅰ・宋版・世徳・道蔵・敦Ⅱ・治要」①容□―書陵」②能□―東急」

1297 和而不倡―活Ⅱ・書陵・足利・筑波・弘文・斯Ⅱ・慶Ⅰ・大東・東大・宋版・世徳・道蔵・聖語？」①□□唱―陽Ⅰ・杏Ⅱ・無窮・梅沢・武内・東洋・東急・斯Ⅰ・敦Ⅱ・治要」

1298 用兵―活Ⅱ・陽Ⅰ・書陵・杏Ⅱ・無窮・足利・筑波・弘文・斯Ⅱ・梅沢・慶Ⅰ・大東・武内・東大・東洋・聖語・東急・斯Ⅰ・宋版・世徳・敦Ⅱ・治要」②■□―道蔵」

1299 當承天■而後動■也―活Ⅱ・無窮・梅沢・東大・東急・治要」①□□□■□后□■□―杏Ⅱ」②□□□■□□□之□―陽Ⅰ・書陵・足利・弘文・斯Ⅱ・慶Ⅰ・大東・武内」②□□□■□□□者□―東洋」②□□□■□□□■■―斯Ⅰ・宋版・世徳・道蔵・敦Ⅱ」②□□□命□□□■□―聖語」③□□□而□□□之■―筑波」

27オ4

注1300 侵人境堺―活Ⅱ・陽Ⅰ・書陵・足利・弘文・斯Ⅱ・梅沢・武内・東洋」①□□□界―杏Ⅱ・無窮・筑波・慶Ⅰ・大東・東大・聖語・東急・斯Ⅰ・宋版・世徳・道蔵・敦Ⅱ・治要」

1301 爲進■―活Ⅱ・陽Ⅰ・書陵・杏Ⅱ・無窮・足利・筑波・弘文・斯Ⅱ・梅沢・慶Ⅰ・大東・武内・東大・東洋・東急・斯Ⅰ・宋版・世徳・道蔵・敦Ⅱ・治要」②□□寸―聖語」

1302 爲退■也―活Ⅱ・陽Ⅰ・杏Ⅱ・無窮・筑波・大東・武内・東大・東急・道蔵・治要」②□□之□―書陵・足利・弘文・斯Ⅱ・梅沢・慶Ⅰ・東洋」②□□■■―斯Ⅰ・宋版・世徳・敦Ⅱ」②□□尺□―聖語」

27オ5

経1303 行無■行―活Ⅱ・陽Ⅰ・書陵・杏Ⅱ・東洋・聖語・東急・斯Ⅰ・

六地・宋版・世徳・道蔵」①□无■□－梅沢・武内・東大・敦Ⅱ」②□□所□－無窮・足利・筑波・弘文・斯Ⅱ・慶Ⅰ」③□无所□－大東」

注
1304 爲天下賊－活Ⅱ・陽Ⅰ・書陵・杏Ⅱ・無窮・足利・筑波・弘文・斯Ⅱ・大東・武内・東大・東洋・斯Ⅰ・宋版・世徳・敦Ⅱ・道蔵」①□□□賦－慶Ⅰ・聖語」①□□□財－梅沢」①□□□賎－東急」

1305 雖行誅之－活Ⅱ・陽Ⅰ・書陵・杏Ⅱ・無窮・足利・筑波・弘文・梅沢・慶Ⅰ・大東・武内・東大・東洋・聖語・東急・斯Ⅰ・宋版・世徳・道蔵・敦Ⅱ」②■□□□－斯Ⅱ」

1306 不行執者也－活Ⅱ・陽Ⅰ・書陵・杏Ⅱ・足利・筑波・弘文・斯Ⅱ・慶Ⅰ・大東・聖語」②□□□□■－梅沢・武内・東大・東洋」②□□□■□－無窮・斯Ⅰ・宋版・道蔵」②□□□□之－東急」④□□誅■□－世徳」④□□報■■－敦Ⅱ」

経
1307 攘無臂－活Ⅱ・陽Ⅰ・書陵・杏Ⅱ・無窮・足利・筑波・弘文・斯Ⅱ・梅沢・慶Ⅰ・東洋・聖語・東急・斯Ⅰ・宋版・世徳・道蔵」①□无□－大東・武内・東大・六地・敦Ⅱ」

注
1308 雖欲攘臂大怒■－活Ⅱ・陽Ⅰ・書陵・杏Ⅱ・無窮・足利・筑波・弘文・斯Ⅱ・梅沢・慶Ⅰ・大東・武内・東大・東洋・聖語・斯Ⅰ」③□□■■□□■－東急・宋版・世徳」④■■■■□□■－敦Ⅱ」④□有■■□□者－道蔵」

27
オ6
1309 若無臂可攘也－活Ⅱ・書陵・無窮・足利・弘文・東急・宋版・世徳」①□无□□□□－陽Ⅰ・杏Ⅱ・筑波・斯Ⅱ・梅沢・慶Ⅰ・大東・武内・東大・東洋・聖語」③□无□□□■－斯Ⅰ・敦Ⅱ」④■□□□□■－道蔵」

経
1310 仍無敵－活Ⅱ・陽Ⅰ・杏Ⅱ・無窮・足利・筑波・弘文・斯Ⅱ・梅沢・東洋・聖語・東急・斯Ⅰ・宋版・世徳・道蔵・敦Ⅱ」①扔□□－書陵」①□无□－慶Ⅰ・大東・武内・東大・六地」

注
1311 雖欲■仍引之■－活Ⅱ」②□□■□□□心－陽Ⅰ・杏Ⅱ・無窮・足利・筑波・弘文・斯Ⅱ・梅沢・慶Ⅰ・大東・武内・東大・東洋・聖語・東急・斯Ⅰ・宋版・世徳・敦Ⅱ」③□□■扔□□心－書陵」④□□行□□□心－道蔵」

1312 若無敵可仍也－活Ⅱ・無窮・足利・筑波・弘文・東急・宋版・世徳」①□无□□□□－陽Ⅰ・杏Ⅱ・斯Ⅱ・梅沢・慶Ⅰ・大東・武内・東大・東洋・聖語・斯Ⅰ」①□□□□扔□－書陵」②□□□□□■－道蔵」③□无□□□引－敦Ⅱ」

経
1313 執無兵－活Ⅱ・陽Ⅰ・書陵・杏Ⅱ・無窮・足利・弘文・斯Ⅱ・梅沢・慶Ⅰ・東洋・聖語・東急・斯Ⅰ・宋版・世徳・道蔵」①□无□－筑波・大東・武内・東大・六地・敦Ⅱ」

27
オ7
注
1314 雖欲執持之－活Ⅱ・陽Ⅰ・書陵・杏Ⅱ・無窮・足利・筑波・弘文・斯Ⅱ・梅沢・慶Ⅰ・大東・武内・東大・東洋・聖語・東急・斯Ⅰ・宋版・世徳・道蔵」②□□□治□－敦Ⅱ」

1315 若無兵刄可持用也－活Ⅱ・陽Ⅰ・書陵・無窮・足利・筑波・弘文・東急・宋版・世徳・道蔵」①□无□□□□□□－斯Ⅱ・梅沢・大東・武内・東大・東洋・斯Ⅰ」③□无□□□待□□－聖語」③□无□□□□□■－杏Ⅱ・敦Ⅱ」③□无□人□□□□－慶Ⅰ」

1316 ■何者－活Ⅱ・陽Ⅰ・書陵・無窮・足利・筑波・弘文・斯Ⅱ・梅沢・慶Ⅰ・大東・武内・東大・東洋・聖語・東急・斯Ⅰ・宋版・世徳・道蔵・敦Ⅱ」①敵□□－杏Ⅱ」

1317 傷彼之民－活Ⅱ・陽Ⅰ・書陵・杏Ⅱ・無窮・足利・弘文・斯Ⅱ・梅沢・慶Ⅰ・武内・東大・東洋・聖語・東急・斯Ⅰ・宋版・世徳・道蔵・敦Ⅱ」②□□民之－筑波・大東」

1318 ■■羅罪於天－活Ⅱ・陽Ⅰ・無窮・足利・梅沢・慶Ⅰ・東洋・聖語・東急・斯Ⅰ・弘文？」①■■罹□□□－書陵・杏Ⅱ・筑波・斯Ⅱ・大東・武内・東大・宋版・世徳・道蔵」③无事□□□□－敦Ⅱ」

1319 遭■不道之君－活Ⅱ・陽Ⅰ・書陵・杏Ⅱ・無窮・足利・筑波・弘文・斯Ⅱ・梅沢・慶Ⅰ・大東・武内・東大・東洋・聖語・東急・斯Ⅰ・宋版・世徳」②□■无□□□－敦Ⅱ」②□於□□□

□―道蔵」

1320 ■■愍―活Ⅱ・陽Ⅰ・書陵・無窮・足利・筑波・斯Ⅱ・梅沢・慶Ⅰ・大東・東洋・斯Ⅰ・宋版・世徳・道蔵・敦Ⅱ」②■■■―杏Ⅱ・武内・東大・東急・聖語」③傷痛□―弘文」

1321 不忍■喪之痛也―活Ⅱ・陽Ⅰ・書陵・無窮・筑波・大東・斯Ⅰ」②□□■□□■□―東洋」②□□■□■□□―足利・梅沢・慶Ⅰ」②■□■□□□□―宋版・世徳」③□□■□■■□―杏Ⅱ・武内・東大」④□□■□■□■―斯Ⅱ」④□□■□□■■―東急」④■□傷□□□□―道蔵」⑤□□■□■■■―弘文」⑥■□■□■■■―敦Ⅱ」⑥■■■■■■□―聖語」

27ウ1注 1322 欺■輕敵家―活Ⅱ・陽Ⅰ・書陵・杏Ⅱ・無窮・足利・筑波・弘文・斯Ⅱ・梅沢・慶Ⅰ・大東・聖語・東急・斯Ⅰ・宋版・世徳・道蔵」②□■慢□□―東大・東洋」②輕■欺□□―敦Ⅱ」②□軟□□□―治要」③■■慢□□―武内」

1323 侵取不休―活Ⅱ・書陵・杏Ⅱ・無窮・足利・弘文・斯Ⅱ・梅沢・慶Ⅰ・大東・武内・東大・東洋・聖語・東急・斯Ⅰ・宋版・世徳・道蔵・敦Ⅱ・治要」①□□□体―陽Ⅰ・筑波」

1324 輕戰■貪財■也―活Ⅱ・書陵・杏Ⅱ・無窮・足利・筑波・斯Ⅱ・梅沢・慶Ⅰ・大東・武内・東大・聖語・東急・治要」①□□■□賎■□―弘文」②□□■□□者□―東洋」②□□■□□■■―斯Ⅰ・宋版・世徳・敦Ⅱ」③■■■□□■□―陽Ⅰ」④□□而□□寶□―道蔵」

27ウ2経 1325 輕敵■―活Ⅱ・陽Ⅰ・書陵・杏Ⅱ・無窮・足利・筑波・弘文・斯Ⅱ・梅沢・慶Ⅰ・大東・武内・東大・東洋・聖語・東急・斯Ⅰ・六地・宋版・世徳・道蔵」②□□則―敦Ⅱ」②故□■―治要」

1326 幾喪吾寶―活Ⅱ・陽Ⅰ・書陵・無窮・足利・筑波・弘文・斯Ⅱ・梅沢・慶Ⅰ・大東・東急・斯Ⅰ・六地・宋版・世徳・道蔵・治要」②□亡□□―杏Ⅱ・武内・東大・東洋・聖語・敦Ⅱ」

注 1327 寶身也―活Ⅱ・陽Ⅰ・書陵・杏Ⅱ・無窮・足利・筑波・弘文・斯Ⅱ・梅沢・慶Ⅰ・大東・武内・東大・東洋・東急・聖語・斯Ⅰ・宋版・世徳・敦Ⅱ・道蔵」②□■―治要」

1328 欺輕敵家―活Ⅱ・陽Ⅰ・書陵・杏Ⅱ・無窮・足利・筑波・弘文・斯Ⅱ・梅沢・慶Ⅰ・大東・武内・東大・東洋・聖語・東急・斯Ⅰ・治要」②輕欺□□―道蔵・敦Ⅱ」②□□□者―宋版・世徳」

1329 近喪■身也■―活Ⅱ・杏Ⅱ・無窮・足利・筑波・弘文・斯Ⅱ・梅沢・慶Ⅰ・大東・武内・東大・東洋・東急・斯Ⅰ・宋版・世徳・道蔵・治要」②□□於□□■―陽Ⅰ・書陵」④□□於□■■―敦Ⅱ」④□□吾□□也―聖語」

27ウ3経 1330 抗兵相加―活Ⅱ・陽Ⅰ・書陵・杏Ⅱ・無窮・足利・筑波・弘文・斯Ⅱ・梅沢・大東・武内・東大・東洋・聖語・東急・斯Ⅰ・六地・宋版・世徳・道蔵・敦Ⅱ・治要」①□□□如―慶Ⅰ」

注 1331 兩敵戰■也―活Ⅱ・陽Ⅰ・書陵・杏Ⅱ・無窮・足利・筑波・弘文・梅沢・慶Ⅰ・大東・武内・東大・東洋・東急・斯Ⅰ・宋版・世徳・道蔵・敦Ⅱ」②□□□則□―斯Ⅱ」②□□對■□―聖語」④■■■■■―治要」

経 1332 ■哀者勝矣―活Ⅱ・陽Ⅰ・書陵・杏Ⅱ・無窮・足利・筑波・弘文・斯Ⅱ・梅沢・慶Ⅰ・大東・武内・東大・東洋・聖語・東急・斯Ⅰ・六地・宋版・世徳・敦Ⅱ・治要」④則□■□也―道蔵」

注 1333 ■哀者慈仁―活Ⅱ・陽Ⅰ・書陵・杏Ⅱ・無窮・足利・筑波・弘文・斯Ⅱ・梅沢・慶Ⅰ・大東・武内・東大・東洋・聖語・東急・斯Ⅰ・宋版・世徳・治要」②■□□□人―敦Ⅱ」②已□□□□―道蔵」

1334 不遠於死■也―活Ⅱ・陽Ⅰ・杏Ⅰ・無窮・筑波・弘文・斯Ⅱ・梅沢・慶Ⅰ・大東・武内・東大・治要」①□迹□□■□―足利」②□□□者□―東洋」②□□□□■■―書陵・聖語・東急・斯Ⅰ・宋版・世徳・敦Ⅱ」④□□□己■■―道蔵」

27ウ4 1335 知難■■■■第七十―活Ⅱ・陽Ⅰ・梅沢・斯Ⅰ・宋版・世徳・道蔵」②□□■■■章□□□―武内・東大・東洋」③吾言■■■章□□□―杏Ⅱ・慶Ⅰ・大東」③吾言甚易知章□□□―筑波」

③吾言甚易知章■□□—弘文」③■■■■■■■■■—無窮・書陵・足利・斯Ⅱ・東急・聖語・六地・敦Ⅱ」

27ウ5
経
1336 吾言甚易知—活Ⅱ・陽Ⅰ・書陵・杏Ⅱ・足利・筑波・弘文・斯Ⅱ・梅沢・慶Ⅰ・大東・武内・東大・東洋・聖語・東急・斯Ⅰ・六地・宋版・世徳・道藏・敦Ⅱ・治要」②□□其□□—無窮」

1337 甚易行—活Ⅱ・陽Ⅰ・書陵・杏Ⅱ・足利・筑波・弘文・斯Ⅱ・梅沢・慶Ⅰ・大東・武内・東大・東洋・聖語・東急・斯Ⅰ・六地・宋版・世徳・道藏・敦Ⅱ・治要」②其□□—無窮」

注
1338 吾■所言—活Ⅱ・陽Ⅰ・書陵・足利・筑波・弘文・斯Ⅱ・梅沢・慶Ⅰ・大東・東急・斯Ⅰ・宋版・世徳・敦Ⅱ・治要」②我■□□—杏Ⅱ・武内・東大・東洋・聖語」②□之□□—無窮」②□■□■—道藏」

1339 者而易知—」①省□□□—活Ⅱ・陽Ⅰ・書陵・杏Ⅱ・無窮・足利・筑波・弘文・斯Ⅱ・梅沢・慶Ⅰ・大東・武内・東大・東洋・聖語・東急・斯Ⅰ・宋版・世徳・道藏・敦Ⅱ・治要」

1340 約而易行■也—活Ⅱ・陽Ⅰ・書陵・杏Ⅱ・無窮・足利・筑波・弘文・斯Ⅱ・慶Ⅰ・大東・武内・東大・道藏」②□□□□之□—梅沢・東洋」②□□□□■■—聖語・東急・斯Ⅰ・宋版・世徳・敦Ⅱ・治要」

27
ウ6
1341 莫能行—活Ⅱ・陽Ⅰ・書陵・杏Ⅱ・足利・筑波・弘文・斯Ⅱ・梅沢・慶Ⅰ・大東・武内・東大・東洋・聖語・東急・斯Ⅰ・六地・宋版・世徳・道藏・敦Ⅱ・治要」②如□□—無窮」

注
1342 ■■人悪■柔弱—活Ⅱ・杏Ⅱ・無窮・梅沢・武内・東大・東洋・東急・斯Ⅰ・宋版・世徳」②■■悪人■□□—陽Ⅰ・書陵・足利・筑波・弘文・斯Ⅱ・慶Ⅰ・大東・治要」②■■□慈■□□—聖語」③天下□□■□□—敦Ⅱ」③■■□不好□□—道藏」

1343 ■好剛強■也—活Ⅱ・陽Ⅰ・杏Ⅱ・無窮・足利・筑波・弘文・梅沢・慶Ⅰ・大東・武内・東大・東洋・聖語・東急・斯Ⅰ・宋版・世徳・治要」②■□□之□—書陵」②■□□■■—敦Ⅱ」④而□□■■—道藏」④■□□弱之□—斯Ⅱ」

27ウ7
注
1344 有宗祖根本■■—活Ⅱ・陽Ⅰ・書陵・杏Ⅱ・無窮・足利・筑波・斯Ⅱ・梅沢・慶Ⅰ・大東・武内・東大・東洋・聖語・東急・斯Ⅰ・宋版・世徳・道藏・敦Ⅱ」③□□□□々々—弘文」

1345 事有君臣上下—活Ⅱ・陽Ⅰ・書陵・杏Ⅱ・無窮・足利・筑波・弘文・斯Ⅱ・梅沢・慶Ⅰ・大東・武内・東大・東洋・東急・斯Ⅰ・世徳・道藏・敦Ⅱ」②■□□□□□—聖語」②□□□□天□—宋版」

1346 非我之無徳—活Ⅱ・書陵・無窮・足利・筑波・弘文・聖語・東急・宋版・世徳・道藏」①□□□无□—陽Ⅰ・杏Ⅱ・斯Ⅱ・梅沢・慶Ⅰ・大東・武内・東大・東洋・斯Ⅰ・敦Ⅱ」

1347 心與我反■也—活Ⅱ・陽Ⅰ・杏Ⅱ・無窮・梅沢・武内・東大・聖語・道藏」②□□□□者□—東洋」②□□□□之□—書陵・足利・筑波・弘文・斯Ⅱ・慶Ⅰ・大東」②□□□□■■—東急・斯Ⅰ・敦Ⅱ」④不□□□■■—宋版・世徳」

28
オ1
経
1348 夫唯無知—活Ⅱ・陽Ⅰ・書陵・杏Ⅱ・無窮・足利・筑波・弘文・斯Ⅱ・梅沢・慶Ⅰ・武内・東洋・聖語・東急・斯Ⅰ・宋版・世徳・道藏」①□□无□—大東・東大・六地・敦Ⅱ・治要」

1349 是以不我知■—活Ⅱ・陽Ⅰ・杏Ⅱ・無窮・筑波・梅沢・慶Ⅰ・大東・武内・東大・東洋・聖語・東急・斯Ⅰ・宋版・世徳・道藏・敦Ⅱ・治要」②□□□□□也—足利・弘文・斯Ⅱ」④□□□吾□也—書陵・六地」

注
1350 夫唯—活Ⅱ・陽Ⅰ・書陵・杏Ⅱ・無窮・足利・筑波・弘文・斯Ⅱ・梅沢・慶Ⅰ・大東・武内・東大・東洋・聖語・東急・斯Ⅰ・世徳・道藏・敦Ⅱ・治要」①□惟—宋版」

1351 世人也■■■—活Ⅱ・陽Ⅰ・書陵・杏Ⅱ・無窮・足利・筑波・弘文・斯Ⅱ・梅沢・慶Ⅰ・大東・武内・東大・東洋・聖語・東急・斯Ⅰ・敦Ⅱ・治要」③聖□□■■■—宋版・世徳」④□□之無知者—道藏」

1352 是我■徳之暗■—活Ⅱ・陽Ⅰ・書陵・無窮・足利・筑波・弘文・斯Ⅱ・慶Ⅰ・大東・東急・斯Ⅰ・宋版・世徳」①□□■□□闇

■─杏Ⅱ・梅沢・武内・東大・東洋・聖語・敦Ⅱ・治要」④□□道□□□昧─道蔵」

1353 不見於外─活Ⅱ・陽Ⅰ・書陵・杏Ⅱ・無窮・筑波・梅沢・慶Ⅰ・大東・武内・東大・東洋・東急・斯Ⅰ・宋版・世徳・道蔵・敦Ⅱ・治要」②□□■□─足利・弘文・斯Ⅱ」②□□□世─聖語」

1354 窮微極妙─活Ⅱ・陽Ⅰ・書陵・杏Ⅱ・無窮・筑波・弘文・斯Ⅱ・梅沢・慶Ⅰ・大東・武内・東大・東洋・聖語・東急・斯Ⅰ・道蔵・敦Ⅱ・治要」①□徵□□─足利」②□極徵□─宋版・世徳」

1355 故無知■也─活Ⅱ・書陵・足利・弘文・聖語・東急・世徳・道蔵」①□无□■□─陽Ⅰ・杏Ⅱ・無窮・斯Ⅱ・梅沢・武内・東大・東洋・宋版・治要」②□□□之□─筑波」③□无□之□─慶Ⅰ・大東・斯Ⅰ」③□无□■■─敦Ⅱ」

28オ2 経

1356 知我者希─活Ⅱ・陽Ⅰ・書陵・杏Ⅱ・無窮・足利・筑波・弘文・斯Ⅱ・慶Ⅰ・大東・武内・東大・東洋・聖語・東急・斯Ⅰ・六地・宋版・世徳・道蔵・敦Ⅱ」①□□□稀─梅沢・治要」

1357 則我者貴矣─活Ⅱ・陽Ⅰ・書陵・足利・筑波・弘文・斯Ⅱ・慶Ⅰ・大東・武内・聖語・六地・敦Ⅱ」②□□■□□─杏Ⅱ・無窮・梅沢・東大・東急・斯Ⅰ・治要」②□□□□■─東洋・宋版・世徳・道蔵」

注

1358 希少也─活Ⅱ・陽Ⅰ・書陵・杏Ⅱ・無窮・足利・筑波・弘文・斯Ⅱ・慶Ⅰ・大東・武内・東大・東洋・聖語・東急・斯Ⅰ・宋版・世徳・道蔵・敦Ⅱ」①稀□□─梅沢・治要」

1359 唯達道者─活Ⅱ・陽Ⅰ・書陵・杏Ⅱ・無窮・足利・筑波・弘文・斯Ⅱ・慶Ⅰ・大東・武内・東大・東洋・聖語・斯Ⅰ・道蔵・敦Ⅱ」①惟□□□─宋版・世徳」②□□□■─梅沢・東急・治要」

1360 則知我者─活Ⅱ」③故■■■─陽Ⅰ・書陵・杏Ⅱ・無窮・足利・筑波・弘文・斯Ⅱ・梅沢・慶Ⅰ・大東・武内・東大・東洋・聖語・東急・斯Ⅰ・宋版・世徳・道蔵・敦Ⅱ・治要」

28オ3

1361 爲貴■也─活Ⅱ・陽Ⅰ・書陵・無窮・足利・筑波・弘文・斯Ⅱ・梅沢・慶Ⅰ・大東・武内・東大・聖語・東急・斯Ⅰ・宋版・世徳・治要」②□□之□─東洋」②□□■■─杏Ⅱ・道蔵」②□□矣■─敦Ⅱ」

経

1362 是以聖人─活Ⅱ・陽Ⅰ・書陵・杏Ⅱ・足利・筑波・弘文・斯Ⅱ・梅沢・慶Ⅰ・大東・武内・東大・東洋・聖語・東急・斯Ⅰ・六地・宋版・世徳・道蔵・敦Ⅱ・治要」②□人□□─無窮」

注

1363 薄外■─活Ⅱ・陽Ⅰ・書陵・杏Ⅱ・無窮・足利・筑波・弘文・斯Ⅱ・梅沢・慶Ⅰ・大東・武内・東大・東洋・聖語・東急・斯Ⅰ・宋版・世徳・敦Ⅱ・治要」②□□也─道蔵」

1364 厚内■也─活Ⅱ・陽Ⅰ・書陵・杏Ⅱ・足利・筑波・弘文・斯Ⅱ・慶Ⅰ・大東・武内・東大・東洋・聖語・東急・治要」②□□■■─梅沢・斯Ⅰ・宋版・世徳・道蔵・敦Ⅱ」④淳□褐□─無窮」

28オ4

1365 匿寶藏徳─活Ⅱ・陽Ⅰ・書陵・杏Ⅱ・無窮・足利・筑波・弘文・斯Ⅱ・梅沢・慶Ⅰ・大東・武内・東大・東洋・聖語・東急・斯Ⅰ・道蔵・敦Ⅱ・治要」②□□□懐─宋版・世徳」

1366 不以示■人也─活Ⅱ・陽Ⅰ・書陵・杏Ⅱ・無窮・足利・筑波・弘文・斯Ⅱ・梅沢・慶Ⅰ・大東・武内・東大・東洋・聖語・東急・斯Ⅰ・宋版・世徳」②□□□■□■─敦Ⅱ」②□□□於□□─道蔵」④■■為■貴□─治要」

28オ5

1367 知病■■■第七十一─活Ⅱ・陽Ⅰ・梅沢・斯Ⅰ・宋版・世徳・道蔵」②□□■■章□□□□─武内・東大・東洋」③□不知■章□□□□─杏Ⅱ・弘文・慶Ⅰ・大東」③□不知上章□□□□─筑波」③■■■■■■■■■─書陵・無窮・足利・斯Ⅱ・聖語・東急・六地・敦Ⅱ」

28オ6 注

1368 知道■─活Ⅱ・陽Ⅰ・書陵・杏Ⅱ・無窮・足利・筑波・弘文・斯Ⅱ・梅沢・慶Ⅰ・大東・武内・東大・東洋・聖語・東急・斯Ⅰ・宋版・世徳・敦Ⅱ」②□□而─道蔵」

1369 言不知─活Ⅱ・陽Ⅰ・書陵・無窮・足利・筑波・弘文・斯Ⅱ・慶Ⅰ・大東・武内・聖語・東急・斯Ⅰ・宋版・世徳・道蔵・敦Ⅱ」②不言□─杏Ⅱ・梅沢・東大・東洋」

1370 是乃徳之上■也─活Ⅱ・陽Ⅰ・書陵・杏Ⅱ・無窮・足利・筑波・

弘文・斯Ⅱ・梅沢・大東・武内・東大・聖語」②□□□□者□－東洋」②□□□□□■■－慶Ⅰ・東急・斯Ⅰ・宋版・世徳・敦Ⅱ」⑤■■□□□■■－道蔵」

経 1371 不知知病■－活Ⅱ・陽Ⅰ・書陵・無窮・梅沢・東大・東洋・聖語・東急・斯Ⅰ・宋版・世徳・道蔵・敦Ⅱ」②□□□□矣－杏Ⅱ・足利・筑波・弘文・斯Ⅱ・慶Ⅰ・大東・武内・六地」

注 1372 不知道■言知－活Ⅱ・陽Ⅰ・書陵・杏Ⅱ・無窮・足利・筑波・弘文・斯Ⅱ・梅沢・慶Ⅰ・大東・武内・東大・東洋・聖語・東急・斯Ⅰ・宋版・世徳・敦Ⅱ」②□□□而□□－道蔵」

1373 是乃徳之病■也－活Ⅱ・陽Ⅰ・書陵・杏Ⅱ・無窮・足利・筑波・弘文・斯Ⅱ・梅沢・慶Ⅰ・大東・武内・東大・東急」②□□□□□者□－東洋」②□□□□□■■－斯Ⅰ・宋版・敦Ⅱ」②□□□□上■□－聖語」③■■□□□■□－道蔵」④□■□□□■■－世徳」

28オ7 注 1374 夫唯能病苦衆人有■強知之病－活Ⅱ・陽Ⅰ・書陵・杏Ⅱ・無窮・足利・筑波・弘文・斯Ⅱ・梅沢・慶Ⅰ・武内・東大・東洋・東急・斯Ⅰ・宋版・世徳・敦Ⅱ」①□□□□若□□■□□□－大東」②□□□□□□□此彊□□□－聖語」④■■■■■■■■■■■■－道蔵」

28ウ1 1375 是以■不自病也－活Ⅱ・東急・斯Ⅰ・宋版・世徳」②□■乃□□□□－陽Ⅰ・書陵・杏Ⅱ・筑波・弘文・梅沢・慶Ⅰ・大東・武内・東大・東洋・聖語」②□則■□□□－無窮」②□□■□□□■－敦Ⅱ」④以是乃□□□□－足利・斯Ⅱ」④■■■■■■■－道蔵」

経 1376 以其病■－活Ⅱ・弘文」②□□□之－筑波」②□□□病－陽Ⅰ・書陵・杏Ⅱ・無窮・足利・斯Ⅱ・梅沢・慶Ⅰ・大東・武内・東大・東洋・聖語・東急・斯Ⅰ・六地・宋版・世徳・道蔵・敦Ⅱ」

注 1377 無此強知之病者－活Ⅱ・書陵・無窮・足利・筑波・弘文・斯Ⅱ・東急・宋版・世徳・道蔵」①无□□□□□－陽Ⅰ・杏Ⅱ・梅沢・慶Ⅰ・大東・武内・東大・東洋・聖語・斯Ⅰ・敦Ⅱ」

1378 以其常苦衆人有此病■也－活Ⅱ・陽Ⅰ・書陵・杏Ⅱ・無窮・足利・筑波・弘文・斯Ⅱ・梅沢・慶Ⅰ・大東・武内・東大・聖語・東急」②□□□□□□之□－東洋」②□□□□□□□□■■－斯Ⅰ・宋版・世徳・敦Ⅱ」④□□■□□□□□■■－道蔵（此の注文、前句「夫唯病病是以不病」下に在り）」

28ウ2 注 1379 ■以此非人也－活Ⅱ・陽Ⅰ・書陵・杏Ⅱ・無窮・足利・弘文・斯Ⅱ・梅沢・武内・東大・東洋・東急・斯Ⅰ・世徳・敦Ⅱ」①■□比□□□－宋版」②■□□□□■－筑波・慶Ⅰ・大東」②是□□□□□－聖語」④■□□悲□■－道蔵」

1380 故不自病■－活Ⅱ・陽Ⅰ・書陵・杏Ⅱ・足利・筑波・弘文・斯Ⅱ・梅沢・慶Ⅰ・大東・武内・東大・東洋・聖語・東急・斯Ⅰ・宋版・世徳・敦Ⅱ」②□□□□也－無窮」②□□□□云－道蔵」

1381 夫■聖人－活Ⅱ・陽Ⅰ・書陵・杏Ⅱ・無窮・足利・筑波・梅沢・慶Ⅰ・大東・武内・東大・東洋・聖語・東急・斯Ⅰ・宋版・世徳・敦Ⅱ」②□唯□□－弘文・斯Ⅱ」②■■□□－道蔵」

1382 懐通達之智－活Ⅱ・陽Ⅰ・書陵・杏Ⅱ・無窮・足利・筑波・弘文・斯Ⅱ・梅沢・慶Ⅰ・武内・東大・東洋・聖語・東急・斯Ⅰ・敦Ⅱ」①□□□□知－大東・宋版・世徳・道蔵」

1383 託於不智者－活Ⅱ・陽Ⅰ・書陵・杏Ⅱ・無窮・足利・筑波・弘文・斯Ⅱ・慶Ⅰ・大東・武内・東大・東洋・聖語・東急・斯Ⅰ」①□□□知□－宋版・世徳・道蔵・敦Ⅱ」②□■□□□－梅沢」

28ウ3 1384 質朴忠正－活Ⅱ・陽Ⅰ・書陵・杏Ⅱ・無窮・足利・筑波・弘文・斯Ⅱ・梅沢・慶Ⅰ・大東・武内・東大・東洋・聖語・東急・斯Ⅰ・宋版・世徳・敦Ⅱ」②□□中□－道蔵」

1385 小人不知道意－活Ⅱ・陽Ⅰ・書陵・杏Ⅱ・無窮・足利・筑波・弘文・斯Ⅱ・慶Ⅰ・大東・武内・東大・東洋・聖語・東急・斯Ⅰ・宋版・世徳・道蔵・敦Ⅱ」①少□□□□－梅沢」

1386 行強知之事－活Ⅱ・陽Ⅰ・杏Ⅱ・無窮・足利・筑波・弘文・斯Ⅱ・梅沢・慶Ⅰ・大東・武内・東洋・聖語・東急・斯Ⅰ・道蔵・敦Ⅱ」①□□智□□－書陵」②□□□□争－宋版・世徳」③□

疆□□争－東大」

28ウ4
1387 滅壽消年也■－活Ⅱ・陽Ⅰ・書陵・杏Ⅱ・無窮・筑波・弘文・斯Ⅱ・慶Ⅰ・大東・武内・東大・東洋・東急・斯Ⅰ・宋版・世徳」②滅□□□□■－足利・梅沢」②□□□□□也－聖語」②□□□□■■－道蔵・敦Ⅱ」

28ウ5
1388 愛己■■■第七十二－活Ⅱ・陽Ⅰ・梅沢・斯Ⅰ・宋版・世徳・道蔵」②□□■章□□□－武内・東大・東洋」③民不畏■章□□□－杏Ⅱ・慶Ⅰ」③民不畏威章□□□－筑波・弘文・大東」③■■■■■■■■－書陵・無窮・足利・斯Ⅱ・東急・聖語・六地・敦Ⅱ」

28ウ6
注
1389 則大害至■－活Ⅱ・陽Ⅰ・書陵・杏Ⅱ・足利・筑波・弘文・斯Ⅱ・梅沢・慶Ⅰ・大東・武内・東大・東洋・聖語・東急・斯Ⅰ・宋版・世徳・道蔵・敦Ⅱ」③□太□□矣－無窮」

1390 ■■■■－活Ⅱ・陽Ⅰ・書陵・杏Ⅱ・無窮・足利・筑波・弘文・斯Ⅱ・梅沢・慶Ⅰ・大東・武内・東大・聖語・東急・斯Ⅰ・宋版・世徳・道蔵」②■■■是－東洋」③大害者諸－敦Ⅱ」

1391 謂死亡也－活Ⅱ・陽Ⅰ・書陵・杏Ⅱ・無窮・足利・筑波・弘文・斯Ⅱ・梅沢・慶Ⅰ・大東・武内・東大・東洋・聖語・東急・斯Ⅰ・宋版・世徳」②□□□■－敦Ⅱ」②畏□□□－道蔵」

28ウ7
1392 當愛精養神－活Ⅱ・陽Ⅰ・書陵・杏Ⅱ・無窮・足利・筑波・弘文・斯Ⅱ・梅沢・慶Ⅰ・大東・武内・東大・東洋・聖語・東急・斯Ⅰ・敦Ⅱ」②□□□■□－宋版・世徳」③□保養精□－道蔵」

1393 承天順地■也－活Ⅱ・陽Ⅰ・書陵・杏Ⅱ・無窮・足利・筑波・弘文・梅沢・大東・武内・東大・東洋・聖語・斯Ⅰ・宋版・世徳」②□□□之□－慶Ⅰ」②□□□□■■－斯Ⅱ・東急・道蔵」③順地承天■■－敦Ⅱ」

経
1394 無狭其所居－活Ⅱ・陽Ⅰ・書陵・杏Ⅱ・無窮・足利・筑波・弘文・斯Ⅱ・慶Ⅰ・武内・東洋・聖語・東急・斯Ⅰ・宋版・世徳・道蔵」①无□□□□－梅沢・大東・東大・六地・敦Ⅱ」

注
1395 謂■心居神－活Ⅱ・陽Ⅰ・書陵・杏Ⅱ・無窮・足利・筑波・弘文・斯Ⅱ・梅沢・慶Ⅰ・大東・武内・東大・東洋・聖語・東急・斯Ⅰ・宋版・世徳・敦Ⅱ」④□人□藏□－道蔵」

1396 ■當寛柔－活Ⅱ・陽Ⅰ・書陵・杏Ⅱ・無窮・足利・筑波・弘文・斯Ⅱ・梅沢・慶Ⅰ・大東・武内・東大・東洋・聖語・東急・斯Ⅰ・宋版・世徳・敦Ⅱ」④常□安□－道蔵」

1397 不當急狭■也－活Ⅱ・陽Ⅰ・書陵・杏Ⅱ・無窮・足利・弘文・斯Ⅱ・梅沢・武内・東大・東洋・聖語・東急・斯Ⅰ・宋版・世徳」②□□□□也矣－筑波・大東」②□□□□之□－慶Ⅰ」②□□□□■■－道蔵・敦Ⅱ」

29オ1
経
1398 無厭其所生■－活Ⅱ・陽Ⅰ・書陵・杏Ⅱ・無窮・筑波・慶Ⅰ・武内・東洋・聖語・東急・斯Ⅰ・宋版・世徳・道蔵」①无□□□□■－梅沢・大東・東大・六地・敦Ⅱ」②□□□□□之－足利・弘文・斯Ⅱ」

注
1399 人之所以生者－活Ⅱ・陽Ⅰ・書陵・無窮・東洋・東急」②□■□□□□－杏Ⅱ・足利・筑波・弘文・斯Ⅱ・梅沢・慶Ⅰ・大東・武内・東大・聖語・斯Ⅰ・宋版・世徳・道蔵・敦Ⅱ」

1400 以有精神■－活Ⅱ・陽Ⅰ・書陵・杏Ⅱ・足利・筑波・斯Ⅱ・梅沢・慶Ⅰ・大東・武内・東大・東洋・聖語・東急・斯Ⅰ・道蔵・敦Ⅱ」②□□□□也－無窮」②■□□□■－弘文」②爲□□□■－宋版・世徳」

1401 精神託空虚－活Ⅱ・陽Ⅰ・書陵・杏Ⅱ・無窮・足利・筑波・弘文・斯Ⅱ・梅沢・慶Ⅰ・大東・武内・東大・東洋・東急・斯Ⅰ・敦Ⅱ」③■■□□□－聖語・宋版・世徳・道蔵」

1402 喜清静－活Ⅱ・陽Ⅰ・書陵・杏Ⅱ・無窮・足利・梅沢・東大・東洋・聖語・東急・敦Ⅱ・道蔵」②□精□－武内」②□□浄－筑波・弘文・斯Ⅱ・慶Ⅰ・大東・斯Ⅰ」②□□浄－宋版・世徳」

29オ2
1403 邪僻－活Ⅱ・陽Ⅰ・書陵・杏Ⅱ・無窮・足利・筑波・弘文・梅沢・慶Ⅰ・大東・武内・東大・東洋・東急・斯Ⅰ・宋版・世徳・道蔵」①耶□－斯Ⅱ・聖語・敦Ⅱ」

1404 滿腹■－活Ⅱ・陽Ⅰ・書陵・杏Ⅱ・無窮・筑波・慶Ⅰ・大東・

武内・東大・聖語・東急・宋版・世徳・道蔵・敦Ⅱ」②□腸■―弘文・斯Ⅱ・梅沢・東洋・斯Ⅰ」③□腸腹―足利」

1405 ■爲伐本厭神■也―活Ⅱ・陽Ⅰ・書陵・杏Ⅱ・足利・筑波・弘文・斯Ⅱ・梅沢・慶Ⅰ・大東・武内・東大・聖語・東急」②■□□□□者□―東洋」②■□□□□■■―宋版・世徳・敦Ⅱ」②此□□□□■□―無窮」④■□□木□□■■―斯Ⅰ」④爲此□命散□■□―道蔵」

注
1406 不厭精神之人―活Ⅱ・陽Ⅰ・書陵・杏Ⅱ・無窮・足利・筑波・弘文・斯Ⅱ・梅沢・慶Ⅰ・大東・武内・東大・東洋・聖語・斯Ⅰ・宋版・世徳・道蔵・敦Ⅱ」②□蔵□□□□―東急」

29
オ3
1407 洗心■垢濁―活Ⅱ・陽Ⅰ・書陵・杏Ⅱ・無窮・足利・筑波・弘文・斯Ⅱ・梅沢・慶Ⅰ・大東・武内・東大・東洋・聖語・東急・斯Ⅰ・道蔵・敦Ⅱ」③□□濯□■―宋版・世徳」

1408 恬怕無欲―活Ⅱ・書陵・無窮・足利・筑波・弘文・斯Ⅱ・東急」①□□无□―陽Ⅰ・杏Ⅱ・梅沢・慶Ⅰ・大東・東大・東洋・斯Ⅰ・敦Ⅱ」①□泊□□―宋版・世徳・道蔵」③䡘泊无□―武内」③□怡无□―聖語」

1409 則精神居之―活Ⅱ・陽Ⅰ・書陵・杏Ⅱ・無窮・足利・筑波・斯Ⅱ・梅沢・慶Ⅰ・大東・武内・東大・東洋・聖語・東急・斯Ⅰ・宋版・世徳・道蔵・敦Ⅱ」②□■□□□―弘文」

1410 ■不厭■也―活Ⅱ・陽Ⅰ・書陵・杏Ⅱ・無窮・足利・筑波・弘文・斯Ⅱ・梅沢・慶Ⅰ・大東・武内・東大・聖語・東急・斯Ⅰ・宋版・世徳」②■□□者□―東洋」②■□□■■―敦Ⅱ」④而□□■■―道蔵」

29
オ4
注
1411 自知已之得失■也―活Ⅱ・陽Ⅰ・書陵・杏Ⅱ・無窮・足利・弘文・斯Ⅱ・梅沢・慶Ⅰ・武内・東大・聖語」②□□□□□者□―東洋」②□□■□□■□―筑波・大東」②□□□□□■■―東急・斯Ⅰ・宋版・世徳・道蔵・敦Ⅱ」

注
1412 不自顯見徳美於外―活Ⅱ・陽Ⅰ・書陵・杏Ⅱ・無窮・足利・弘文・斯Ⅱ・梅沢・慶Ⅰ・武内・東大・東洋・聖語・東急・斯Ⅰ・宋版・世徳・道蔵・敦Ⅱ」②□□著□□□□―筑波・大東」

1413 藏之於内也―活Ⅱ・陽Ⅰ・書陵・杏Ⅱ・無窮・足利・筑波・弘文・斯Ⅱ・梅沢・慶Ⅰ・大東・武内・東大・東洋・聖語・東急」②□□□■―斯Ⅰ・宋版・世徳・道蔵・敦Ⅱ」

29
オ5
注
1414 以保精氣也―活Ⅱ・陽Ⅰ・書陵・杏Ⅱ・無窮・足利・筑波・弘文・斯Ⅱ・大東・武内・斯Ⅰ・宋版・世徳」②□□□□■―梅沢・東大・東洋・聖語・東急・道蔵・敦Ⅱ」②□□□神□―慶Ⅰ」

注
1415 高榮名於世■也―活Ⅱ・陽Ⅰ・書陵・杏Ⅱ・無窮・足利・筑波・弘文・斯Ⅱ・梅沢・大東・武内・東大・聖語」②□□□□之□―東洋」②□□□□■■―東急・斯Ⅰ・宋版・世徳・道蔵・敦Ⅱ」②尚□□□■□―慶Ⅰ」

29
オ6
注
1416 自見自貴―活Ⅱ・陽Ⅰ・書陵・杏Ⅱ・無窮・足利・筑波・斯Ⅱ・梅沢・慶Ⅰ・大東・武内・東大・東洋・聖語・東急・斯Ⅰ・宋版・世徳・道蔵・敦Ⅱ」②□□貴自―弘文」

1417 取此自知自愛■也―活Ⅱ・陽Ⅰ・書陵・杏Ⅱ・足利・筑波・弘文・斯Ⅱ・梅沢・慶Ⅰ・大東・武内・東大・聖語・東急」②□□□□□之□―東洋」②□□□□□□者□―無窮」②□□□□□■■―宋版・世徳・道蔵・敦Ⅱ」②□□□和□□■□―斯Ⅰ」

29
オ7
1418 任爲■■■■第七十三―活Ⅱ・陽Ⅰ・梅沢・斯Ⅰ・宋版・世徳・道蔵」②□□■■■章□□□□―武内・東大・東洋」③勇於■■■章□□□□―杏Ⅱ・慶Ⅰ」③勇於敢■■章□□□□―弘文・大東」③勇於敢則殺章□□□□―筑波」③■■■■■■■■■■―書陵・無窮・足利・斯Ⅱ・聖語・東急・六地・敦Ⅱ」

29
ウ1
経
1419 勇於敢則殺―活Ⅱ・陽Ⅰ・書陵・梅沢・武内・東大・東洋・六地」①□□□□殺―杏Ⅱ・無窮・足利・筑波・弘文・斯Ⅱ・慶Ⅰ・大東・聖語・東急・斯Ⅰ・宋版・世徳・道蔵・敦Ⅱ」

注
1420 勇於敢有爲―活Ⅱ・陽Ⅰ・書陵・無窮・足利・筑波・弘文・斯Ⅱ・梅沢・慶Ⅰ・大東・武内・道蔵」②□■□□□―杏Ⅱ・東

大・東洋・聖語・東急・斯Ⅰ・宋版・世徳・敦Ⅱ」

1421 則殺■身也─活Ⅱ・陽Ⅰ・杏Ⅱ・無窮・足利・筑波・弘文・斯Ⅱ・慶Ⅰ・大東・聖語・東急」①□玆■□□─書陵・梅沢・武内・東大・東洋」②即□■□□─斯Ⅰ・宋版・世徳」②□□其□□─道蔵」④□□其□■─敦Ⅱ」

29ウ2

注 1422 則活其身■也─活Ⅱ・陽Ⅰ・書陵・杏Ⅱ・無窮・足利・筑波・弘文・斯Ⅱ・梅沢・慶Ⅰ・東大・聖語」②□□□■■─武内・東急・斯Ⅰ・宋版・世徳・道蔵・敦Ⅱ」②□□□□者□─東洋」

経 1423 ■■此兩者─活Ⅱ・陽Ⅰ・書陵・杏Ⅱ・無窮・足利・筑波・弘文・梅沢・慶Ⅰ・大東・武内・東大・東洋・東急・斯Ⅰ・六地・宋版・世徳・道蔵・敦Ⅱ」②■知□□□─聖語」③常知□□□─斯Ⅱ」②□治□□■□─大東」

注 1424 ■謂敢與不敢也─活Ⅱ・陽Ⅰ・書陵・杏Ⅱ・足利・筑波・弘文・斯Ⅱ・梅沢・慶Ⅰ・武内・東大・東洋・聖語・東急・斯Ⅰ・宋版・世徳・道蔵」②■□□□□■─大東・敦Ⅱ」②兩□□□□□□─無窮」

注 1425 活身爲利■─活Ⅱ・陽Ⅰ・書陵・杏Ⅱ・足利・筑波・弘文・斯Ⅱ・梅沢・慶Ⅰ・大東・武内・東大・東洋・聖語・東急・宋版・世徳・道蔵・敦Ⅱ」②□□□□也─無窮・斯Ⅰ」

29ウ3

1426 殺身─活Ⅱ・陽Ⅰ・無窮・足利・筑波・弘文・斯Ⅱ・梅沢・慶Ⅰ・大東・東洋・聖語・東急・宋版・世徳・道蔵・敦Ⅱ」①玆□─書陵・杏Ⅱ・武内・東大・斯Ⅰ」

1427 爲害■也─活Ⅱ・陽Ⅰ・書陵・杏Ⅱ・無窮・足利・筑波・弘文・斯Ⅱ・梅沢・慶Ⅰ・大東・武内・東大・聖語・東急・斯Ⅰ」②□□者□─東洋」②□□■■─宋版・世徳・道蔵・敦Ⅱ」

経 1428 天之所惡─活Ⅱ・陽Ⅰ・書陵・杏Ⅱ・足利・筑波・弘文・斯Ⅱ・梅沢・慶Ⅰ・大東・武内・東大・東洋・聖語・東急・斯Ⅰ・六地・宋版・世徳・道蔵・敦Ⅱ」②□下□□─無窮」

注 1429 知天■意之故─活Ⅱ・陽Ⅰ・書陵・無窮・足利・筑波・弘文・斯Ⅱ・梅沢・慶Ⅰ・大東・武内・東大・東洋・東急・斯Ⅰ・宋版・世徳・道蔵・敦Ⅱ」②□□■□■□─杏Ⅱ」②□□之□■□─聖語」

1430 ■不犯之也─活Ⅱ・書陵・杏Ⅱ・無窮・足利・筑波・弘文・梅沢・慶Ⅰ・大東・東大・東洋・道蔵」②■□□■□─陽Ⅰ・斯Ⅱ」②■□□□■─武内・東急」②■□□□由─聖語」④而□□□■─敦Ⅱ」④而□□■■─斯Ⅰ・宋版・世徳」

29ウ4

経 1431 猶■難之─活Ⅱ・陽Ⅰ・書陵・杏Ⅱ・無窮・足利・筑波・弘文・斯Ⅱ・梅沢・慶Ⅰ・大東・武内・東大・東洋・東急・斯Ⅰ・六地・宋版・世徳・道蔵・敦Ⅱ」②□以□□─聖語」

注 1432 聖人之明德─活Ⅱ・陽Ⅰ・書陵・無窮・足利・筑波・弘文・斯Ⅱ・慶Ⅰ・大東・聖語・東急・斯Ⅰ・宋版・世徳・敦Ⅱ」②□□■□□─杏Ⅱ・梅沢・武内・東大・東洋・道蔵」

1433 難於勇敢─活Ⅱ・陽Ⅰ・書陵・杏Ⅱ・無窮・足利・筑波・梅沢・慶Ⅰ・大東・武内・東大・東洋・聖語・東急・斯Ⅰ・宋版・世徳・道蔵・敦Ⅱ」②□以□□─弘文・斯Ⅱ」

1434 況無聖人之德─活Ⅱ・陽Ⅰ・足利・筑波・弘文・斯Ⅱ・聖語・東急・世徳」①□无□□□□─杏Ⅱ・無窮・梅沢・慶Ⅰ・大東・武内・東大・東洋・斯Ⅰ・宋版・敦Ⅱ」①況□□□□□─書陵・道蔵」

29ウ5

1435 而欲行之乎■─活Ⅱ・陽Ⅰ・書陵・杏Ⅱ・無窮・斯Ⅱ・慶Ⅰ・武内・聖語・東急・斯Ⅰ・宋版・世徳」②□□□□□也─足利・筑波・弘文・梅沢・大東・東大・東洋」②■□□□□■─敦Ⅱ」②□能□□□■─道蔵」

経 1436 天之道不爭─活Ⅱ・陽Ⅰ・書陵・無窮・足利・筑波・弘文・斯Ⅱ・慶Ⅰ・大東・斯Ⅰ・六地・宋版・世徳・道蔵・敦Ⅱ」②□■□□□─杏Ⅱ・梅沢・武内・東大・東洋・東急・聖語」

注 1437 天不與人爭─活Ⅱ・陽Ⅰ・書陵・杏Ⅱ・無窮・足利・筑波・弘文・斯Ⅱ・梅沢・慶Ⅰ・大東・武内・東大・東洋・聖語・斯Ⅰ・宋版・世徳・道蔵・敦Ⅱ・治要」②□下□□□─東急」

1438 而人自畏之■也■■■—活Ⅱ・陽Ⅰ・書陵・杏Ⅱ・無窮・武内・東大」②□□□□者□■■■—東洋」②□□□□□■■■■—筑波・弘文・斯Ⅱ・慶Ⅰ・大東・東急・斯Ⅰ・宋版・世徳・道蔵」②□□□□■■■■—梅沢」②□□■□□■□■■■—治要」③□□□□■□々々—聖語」④□自人□□■■■■■—足利」④□□皆□□■■■■—敦Ⅱ」

29ウ6

注 1439 ■■■■■■■■■■■—活Ⅱ・陽Ⅰ・書陵・杏Ⅱ・無窮・足利・筑波・斯Ⅱ・梅沢・慶Ⅰ・大東・武内・東大・東洋・聖語・東急・斯Ⅰ・宋版・世徳・道蔵・敦Ⅱ・治要」①無聖人之化而欲行之乎也—弘文（誤写）」

経 1440 ■■■■—活Ⅱ・陽Ⅰ・書陵・杏Ⅱ・無窮・足利・筑波・斯Ⅱ・梅沢・慶Ⅰ・大東・武内・東大・東洋・聖語・東急・斯Ⅰ・六地・宋版・世徳・道蔵・敦Ⅱ・治要」①天之道不—弘文（誤写）」

注 1441 自動以應時也—活Ⅱ・陽Ⅰ・書陵・杏Ⅱ・無窮・足利・筑波・弘文・斯Ⅱ・慶Ⅰ・大東・武内・東大・東洋・聖語」②□□□□□■—梅沢・東急・斯Ⅰ・道蔵・敦Ⅱ・治要」④□□應以□■—宋版・世徳」

経 1442 不召而自來—活Ⅱ・陽Ⅰ・書陵・杏Ⅱ・無窮・足利・筑波・斯Ⅱ・梅沢・慶Ⅰ・大東・武内・東大・東洋・聖語・東急・斯Ⅰ・六地・宋版・世徳・道蔵・敦Ⅱ・治要」②□□■□来—弘文」

29オ7

注 1443 天不呼召萬物—活Ⅱ・陽Ⅰ・書陵・杏Ⅱ・足利・筑波・弘文・斯Ⅱ・梅沢・慶Ⅰ・大東・武内・東大・東洋・聖語・東急・斯Ⅰ・宋版・世徳・道蔵・敦Ⅱ・治要」②□下□□□□—無窮」

1444 ■■皆—活Ⅱ・陽Ⅰ・書陵・杏Ⅱ・無窮・足利・筑波・弘文・斯Ⅱ・梅沢・慶Ⅰ・大東・武内・東大・東洋・聖語・東急・斯Ⅰ・宋版・世徳・道蔵・治要」③万物□—敦Ⅱ」

1445 負陰而—活Ⅱ・陽Ⅰ・書陵・杏Ⅱ・無窮・足利・筑波・弘文・斯Ⅱ・慶Ⅰ・大東・武内・東大・東洋・聖語・東急・斯Ⅰ・宋版・世徳・道蔵・敦Ⅱ」①肩□□—梅沢・治要」

1446 向陽■也—活Ⅱ・陽Ⅰ・書陵・杏Ⅱ・無窮・足利・筑波・弘文・梅沢・慶Ⅰ・大東・武内・東大・聖語・東急・道蔵・治要」②□□者□—東洋」②□□■■—斯Ⅱ・斯Ⅰ・宋版・世徳・敦Ⅱ」

経 1447 繟然而善謀—活Ⅱ・陽Ⅰ・書陵・杏Ⅱ・無窮・足利・筑波・弘文・斯Ⅱ・梅沢・慶Ⅰ・大東・武内・東大・東洋・東急・斯Ⅰ・六地・宋版・世徳・道蔵・敦Ⅱ・治要」②□□■□□—聖語」

注 1448 天道雖寛博—活Ⅱ・陽Ⅰ・書陵・杏Ⅱ・無窮・足利・筑波・弘文・梅沢・慶Ⅰ・大東・武内・東大・東洋・聖語・東急・斯Ⅰ・宋版・世徳・道蔵・敦Ⅱ・治要」②□□□□繟—斯Ⅱ」

1449 ■善謀■慮人事—活Ⅱ・陽Ⅰ・書陵・杏Ⅱ・足利・筑波・弘文・梅沢・慶Ⅰ・大東・武内・東大・東洋・聖語・東急・斯Ⅰ・宋版・世徳・道蔵・敦Ⅱ・治要」①■□□■盧□□—斯Ⅱ」④而□□修□□□—無窮」

30オ1

1450 ■修善行惡—活Ⅱ・陽Ⅰ・書陵・杏Ⅱ・足利・筑波・弘文・斯Ⅱ・梅沢・慶Ⅰ・大東・武内・東大・東洋・聖語・斯Ⅰ・宋版・世徳・道蔵・敦Ⅱ・治要」②故□□□□—無窮・東急」

1451 各蒙其報■也—活Ⅱ・陽Ⅰ・書陵・杏Ⅱ・足利・筑波・弘文・斯Ⅱ・梅沢・慶Ⅰ・大東・武内・東大・東洋・聖語・東急・斯Ⅰ・宋版・世徳」②□□□□者□—無窮」②□□□□■■—道蔵・敦Ⅱ・治要」

経 1452 天網恢恢—活Ⅱ・陽Ⅰ・書陵・杏Ⅱ・無窮・筑波・弘文・梅沢・慶Ⅰ・大東・武内・東大・東洋・聖語・東急・斯Ⅰ・六地・宋版・世徳・道蔵・敦Ⅱ・治要」①□□悏々—足利・斯Ⅱ」

1453 踈而不失—活Ⅱ・杏Ⅱ・無窮・足利・筑波・弘文・斯Ⅱ・梅沢・慶Ⅰ・大東・武内・東大・東洋・斯Ⅰ・宋版・世徳・道蔵」①疏□□□—陽Ⅰ・書陵・東急・聖語・六地・敦Ⅱ・治要」

注 1454 天所羅網—活Ⅱ・陽Ⅰ・書陵・杏Ⅱ・無窮・足利・筑波・弘文・斯Ⅱ・梅沢・慶Ⅰ・大東・武内・東大・東洋・聖語・東急・斯Ⅰ・敦Ⅱ・治要」②□□網羅—宋版・世徳」②□之□□—道蔵」

1455 恢恢甚大—活Ⅱ・陽Ⅰ・杏Ⅱ・無窮・筑波・弘文・梅沢・慶Ⅰ・大東・武内・東大・東洋・聖語・東急・斯Ⅰ・宋版・道蔵・敦

Ⅱ・治要」①惔々□□—足利・斯Ⅱ」①□□□太—世徳」①□□其□—書陵」

30オ2

1456 雖■踈遠—活Ⅱ・陽Ⅰ・書陵・杏Ⅱ・足利・筑波・弘文・斯Ⅱ・梅沢・慶Ⅰ・大東・武内・東大・東洋・斯Ⅰ・宋版・世徳・治要」①□■疏□—無窮・東急・聖語・敦Ⅱ」②□則□□—道蔵」

1457 ■司察人■善惡—活Ⅱ・陽Ⅰ・梅沢・慶Ⅰ・大東・聖語・東急・宋版・世徳・敦Ⅱ・治要」①■伺□□■□□—書陵・杏Ⅱ・足利・筑波・弘文・斯Ⅱ・武内・東大・東洋・斯Ⅰ」②若□□□■□□—道蔵」⑤而伺□□之□□—無窮」

1458 無有所失■也—活Ⅱ・書陵・無窮・足利・筑波・弘文」①无□□□■□—陽Ⅰ・杏Ⅱ・斯Ⅱ・梅沢・慶Ⅰ・大東・武内・東大・聖語」②□□□□■■—東急・宋版・世徳」②□■□□■□—道蔵」③无□□□■■—斯Ⅰ・敦Ⅱ・治要」③无□□□之□—東洋」

30オ3

1459 制惑■■■■第七十四—活Ⅱ・陽Ⅰ・梅沢・斯Ⅰ・宋版・世徳・道蔵」②□□■■■章■□□□—武内」②□□■■■章□□□□—東大・東洋」③民■不畏■章□□□□—杏Ⅱ・慶Ⅰ」③民■不畏死章□□□□—筑波・大東」③民常不畏■章□□□□—弘文」③■■■■■■■■■■—書陵・無窮・足利・斯Ⅱ・聖語・東急・六地・敦Ⅱ」

30オ4注

1460 刑罰酷深—活Ⅱ・陽Ⅰ・無窮・足利・筑波・弘文・梅沢・慶Ⅰ・大東・武内・東大・東洋・聖語・東急・斯Ⅰ・敦Ⅱ・治要」①□罰□□—書陵・杏Ⅱ・斯Ⅱ・宋版・世徳」③□罰深酷—道蔵」

1461 民不聊生—活Ⅱ・陽Ⅰ・書陵・杏Ⅱ・無窮・筑波・弘文・斯Ⅱ・梅沢・慶Ⅰ・大東・武内・東大・東洋・聖語・東急・斯Ⅰ・宋版・世徳・治要」①□□耶□—足利」②□无□□—敦Ⅱ」③□无即□—道蔵」

1462 故不畏死■■也—活Ⅱ・陽Ⅰ・書陵・杏Ⅱ・無窮・足利・筑波・弘文・斯Ⅱ・梅沢・慶Ⅰ・大東・武内・東大・東洋・聖語・東急・斯Ⅰ・宋版・世徳・道蔵」①□□□畏死□—治要」②□□□■■■—敦Ⅱ」

1463 治身者—活Ⅱ・書陵・杏Ⅱ・無窮・足利・筑波・弘文・斯Ⅱ・梅沢・慶Ⅰ・大東・武内・東大・東洋・聖語・東急・斯Ⅰ・宋版・世徳・道蔵・敦Ⅱ・治要」①活□□—陽Ⅰ」

1464 ■嗜欲傷神—活Ⅱ・陽Ⅰ・書陵・杏Ⅱ・無窮・足利・筑波・弘文・梅沢・慶Ⅰ・大東・武内・東大・東洋・聖語・東急・斯Ⅰ・宋版・世徳・敦Ⅱ・治要」①■耆□□□—斯Ⅱ」②若□□□□—道蔵」

1465 貪財殺身■—活Ⅱ・陽Ⅰ・足利・筑波・弘文・斯Ⅱ・慶Ⅰ・東洋・聖語・東急・斯Ⅰ・宋版・世徳・敦Ⅱ」①□□敀□■—書陵・杏Ⅱ・梅沢・武内・東大」①□敗□□■—大東」①貧□□□■—治要」②□□喪□■—道蔵」②□□□□也—無窮」

30オ5

1466 民不■■畏之也—活Ⅱ」②□□知■□□□—陽Ⅰ・書陵・杏Ⅱ・無窮・足利・筑波・弘文・斯Ⅱ・梅沢・慶Ⅰ・大東・武内・東大・聖語・宋版・世徳」④□□知■□□■—東洋・東急・敦Ⅱ」④□□知■□■□—斯Ⅰ」⑤□□知所□■□—道蔵」⑥■□知■□□■—治要」

注

1467 不寛其刑罰—活Ⅱ・書陵・無窮・筑波・梅沢・慶Ⅰ・大東・武内・東大・東洋・聖語・東急・敦Ⅱ・治要」①□□□□罰—陽Ⅰ・杏Ⅱ」②□□■□□—足利・弘文・斯Ⅱ・斯Ⅰ」③□□■□罰—宋版・世徳」⑤當□■□罰—道蔵」

1468 教人去■情欲—活Ⅱ・陽Ⅰ・書陵・杏Ⅱ・無窮・足利・筑波・弘文・斯Ⅱ・梅沢・慶Ⅰ・大東・武内・東大・東洋・聖語・東急・治要」②□民□■□□—斯Ⅰ・宋版・世徳・敦Ⅱ」④■□□其□□—道蔵」

30オ6

1469 設刑罰■法—活Ⅱ・書陵・足利・筑波・弘文・斯Ⅱ・梅沢・慶Ⅰ・大東・武内・東大・東洋・東急・治要」①□□罰■□—陽Ⅰ・杏Ⅱ」②□□□之□—無窮・斯Ⅰ」②□□■■□—聖語・宋版・世徳・道蔵・敦Ⅱ」

1470 以死懼之也—活Ⅱ・陽Ⅰ・書陵・杏Ⅱ・無窮・足利・筑波・弘

文・斯Ⅱ・梅沢・慶Ⅰ・大東・武内・東大・東洋・聖語」②□□□■－東急・斯Ⅰ・宋版・世徳・道蔵・敦Ⅱ・治要」

経 1471 若使民常畏死－活Ⅱ・陽Ⅰ・書陵・杏Ⅱ・無窮・足利・筑波・弘文・斯Ⅱ・梅沢・慶Ⅰ・大東・武内・東大・東洋・東急・斯Ⅰ・六地・宋版・世徳・道蔵・敦Ⅱ・治要」②□□人□□□－聖語」

注 1472 除已之所殘尅－活Ⅱ・陽Ⅰ・書陵・杏Ⅱ・無窮・足利・筑波・弘文・斯Ⅱ・梅沢・慶Ⅰ・大東・武内・東大・東洋・東急・敦Ⅱ」①□□□□剋－斯Ⅰ・宋版・世徳」②□□□□刻－聖語・治要」④□□□■□刻－道蔵」

1473 教民■去利欲■也－活Ⅱ・陽Ⅰ・杏Ⅱ・無窮・足利・筑波・弘文・斯Ⅱ・梅沢・慶Ⅰ・大東・武内・東大・聖語・東急・斯Ⅰ・宋版・世徳」①□□■□□慾■□－書陵」②□□■□□□者□－東洋」②□□■□□□■■－敦Ⅱ・治要」④□□之□□□■■－道蔵」

30オ7 経 1474 吾得執而殺之－活Ⅱ・陽Ⅰ・杏Ⅱ・無窮・足利・筑波・弘文・斯Ⅱ・慶Ⅰ・大東・東洋・聖語・東急・斯Ⅰ・宋版・世徳・道蔵・治要」①□□□□敍□－書陵・梅沢・武内・東大・六地」②□執得□□□－敦Ⅱ」

1475 孰敢矣－活Ⅱ・陽Ⅰ・書陵・杏Ⅱ・無窮・足利・筑波・斯Ⅱ・梅沢・慶Ⅰ・大東・武内・東大・東洋・聖語・東急・六地・敦Ⅱ・治要」②敢孰□－弘文」②□□■－斯Ⅰ・宋版・世徳・道蔵」

注 1476 以道教化－活Ⅱ・陽Ⅰ・書陵・杏Ⅱ・無窮・足利・筑波・弘文・斯Ⅱ・梅沢・慶Ⅰ・大東・武内・東大・東洋・聖語・東急・斯Ⅰ・宋版・世徳・敦Ⅱ・治要」②□□□■－道蔵」

1477 而民不従－活Ⅱ・陽Ⅰ・書陵・杏Ⅱ・無窮・足利・筑波・弘文・斯Ⅱ・大東・武内・東大・東洋・聖語・東急・斯Ⅰ・宋版・世徳・道蔵・敦Ⅱ・治要」②□□□後－梅沢・慶Ⅰ」

30ウ1 1478 乃應王法－活Ⅱ・書陵・杏Ⅱ・無窮・足利・筑波・弘文・斯Ⅱ・梅沢・慶Ⅰ・大東・武内・東大・東洋・聖語・東急・斯Ⅰ・宋版・世徳・道蔵・敦Ⅱ・治要」②□□平□－陽Ⅰ」

1479 ■執■而殺之－活Ⅱ・陽Ⅰ・無窮・足利・筑波・弘文・斯Ⅱ・慶Ⅰ・大東・聖語・東急・斯Ⅰ・宋版・世徳・道蔵・治要」①■□■□敍□－書陵・杏Ⅱ・梅沢・武内・東大・東洋」④吾□得□□□－敦Ⅱ」

1480 不先■道徳化之－活Ⅱ・陽Ⅰ・書陵・杏Ⅱ・無窮・足利・筑波・弘文・斯Ⅱ・梅沢・慶Ⅰ・大東・武内・東大・東洋・聖語・東急・斯Ⅰ・宋版・世徳・敦Ⅱ・治要」④□□以□□□人－道蔵」

1481 而先■刑罰■也－活Ⅱ・書陵・足利・筑波・弘文・斯Ⅱ・梅沢・慶Ⅰ・大東・武内・東大・東洋・聖語・東急・治要」①□□■□罰■□－陽Ⅰ」②□□■□□者□－無窮」②□□■□□■■－敦Ⅱ」③□□■□罰■■－斯Ⅰ・宋版・世徳」③■□■□罰■□－杏Ⅱ」⑤□□以□罰者□－道蔵」

30ウ2 経 1482 常有司殺者－活Ⅱ・陽Ⅰ・杏Ⅱ・無窮・足利・筑波・弘文・斯Ⅱ・慶Ⅰ・大東・聖語・東急・斯Ⅰ・宋版・世徳・道蔵・敦Ⅱ」①□□□敍□－書陵・梅沢・武内・東大・東洋・六地」

注 1483 司殺者■天－活Ⅱ・陽Ⅰ・杏Ⅱ・無窮・足利・筑波・弘文・斯Ⅱ・慶Ⅰ・大東・東洋・聖語・東急・斯Ⅰ・宋版・世徳・敦Ⅱ」①□敍□■□－書陵・梅沢・武内・東大」②□□□謂□－道蔵」

1484 居高臨下－活Ⅱ・陽Ⅰ・書陵・杏Ⅱ・無窮・足利・筑波・弘文・斯Ⅱ・梅沢・慶Ⅰ・大東・武内・東大・東洋・東急・斯Ⅰ・宋版・世徳・道蔵・敦Ⅱ」②□■□□－聖語」

1485 司察人■過－活Ⅱ・陽Ⅰ・書陵・杏Ⅱ・無窮・足利・斯Ⅱ・梅沢・慶Ⅰ・武内・東大・東洋・東急・斯Ⅰ・宋版・世徳・敦Ⅱ」②□殺□■□－筑波・弘文・大東」②□寮□■□－聖語」②□□之□－道蔵」

1486 天網恢恢－活Ⅱ・陽Ⅰ・書陵・杏Ⅱ・無窮・足利・筑波・弘文・斯Ⅱ・梅沢・慶Ⅰ・大東・武内・東大・東洋・東急・斯Ⅰ・宋版・世徳・道蔵・敦Ⅱ」②□□□■－聖語」

1487 跡而不失者是也■■■－活Ⅱ・陽Ⅰ・書陵・杏Ⅱ・無窮・足利・筑波・弘文・斯Ⅱ・梅沢・慶Ⅰ・大東・武内・東大・東洋・斯Ⅰ」①疏□□□□□■■■－東急・敦Ⅱ」②□□□□□■■■－道蔵」③疏□□□□□々々々－聖語」③□□□□□■■□■■■－宋版・世徳」

30ウ3 経

1488 夫代司殺者－活Ⅱ・陽Ⅰ・書陵・無窮・足利・筑波・弘文・斯Ⅱ・慶Ⅰ・大東・東洋・聖語・東急・斯Ⅰ・六地・宋版・世徳・道蔵・敦Ⅱ」①□□□敨□－梅沢・武内・東大」①□伐□□□－杏Ⅱ」

注

1489 司殺■有常－活Ⅱ・陽Ⅰ・書陵・無窮・足利・筑波・弘文・斯Ⅱ・梅沢・慶Ⅰ・大東・聖語・東急・敦Ⅱ」②□察■□□－杏Ⅱ・武内・東大・東洋・道蔵」②□□者□□－斯Ⅰ」②□□者■□－宋版・世徳」

30ウ4

1490 秋成冬藏－活Ⅱ・陽Ⅰ・書陵・杏Ⅱ・無窮・足利・筑波・弘文・斯Ⅱ・梅沢・慶Ⅰ・大東・武内・東大・東洋・聖語・東急・斯Ⅰ・敦Ⅱ」②□收□□－宋版・世徳・道蔵」

1491 斗杓運移－活Ⅱ・陽Ⅰ・書陵・杏Ⅱ・無窮・梅沢・慶Ⅰ・武内・東大・東洋・聖語・斯Ⅰ・宋版・世徳・敦Ⅱ」①□柄□□－筑波・弘文・大東・東急」①□枸□□－足利・斯Ⅱ」②□□□■－道蔵」

1492 以節度行之－活Ⅱ・陽Ⅰ・書陵・杏Ⅱ・無窮・足利・筑波・弘文・斯Ⅱ・梅沢・慶Ⅰ・大東・武内・東大・東洋・聖語・東急・斯Ⅰ・宋版・世徳・敦Ⅱ」②□□■□□－道蔵」

1493 ■人君－活Ⅱ・陽Ⅰ・書陵・杏Ⅱ・足利・筑波・弘文・斯Ⅱ・梅沢・慶Ⅰ・大東・武内・東大・東洋・聖語・東急・斯Ⅰ・宋版・世徳・道蔵・敦Ⅱ」②夫□□－無窮」

1494 欲■代■殺之－活Ⅱ・陽Ⅰ・書陵・足利・筑波・弘文・斯Ⅱ・慶Ⅰ・大東・東急・斯Ⅰ・宋版・世徳・道蔵・敦Ⅱ」①□■□■敨□－杏Ⅱ・梅沢」②□■□之□□－東洋」③◇■□之敨□－東大」③□之□■敨□－武内」④□■□之□■－無窮・聖語」

1495 ■勞而無功■也－活Ⅱ・書陵・無窮・足利・斯Ⅱ・梅沢・聖語・宋版・世徳・弘文？」①■□无□■□－陽Ⅰ・杏Ⅱ・慶Ⅰ・大東・武内・東大・斯Ⅰ」①■□□□巧■□－筑波」②■□■□□■□－東急」②乃□□□■□－道蔵」③■□□无□者□－東洋」③■□□无□■■－敦Ⅱ」

30ウ5 経

1496 夫代大匠斲■－活Ⅱ・陽Ⅰ・書陵・杏Ⅱ・無窮・足利・筑波・弘文・斯Ⅱ・梅沢・慶Ⅰ・大東・武内・東大・東洋・東急・六地」②□□□□□者－聖語・斯Ⅰ・宋版・世徳・道蔵」②□□□□■■－敦Ⅱ」

1497 希有不■傷其手■矣－活Ⅱ・陽Ⅰ・書陵・杏Ⅱ・無窮・足利・弘文・斯Ⅱ・梅沢・慶Ⅰ・大東・武内・東大・東洋・東急・斯Ⅰ・六地・道蔵」①□□□■□□乎■□－筑波」②□□□復□□□■□－聖語」②□□□■□■□■□－宋版」②□□□■□□□■■－敦Ⅱ」④□□□■□■□者□－世徳」

注

1498 人君行刑罰－活Ⅱ・陽Ⅰ・書陵・無窮・足利・筑波・弘文・梅沢・慶Ⅰ・大東・武内・東大・東洋・聖語・東急・斯Ⅰ・敦Ⅱ」①□□□□罰－杏Ⅱ・斯Ⅱ・宋版・世徳・道蔵」

1499 猶■拙■人代大匠斲■■－活Ⅱ・陽Ⅰ・足利・筑波・弘文・斯Ⅱ・大東・東急・斯Ⅰ・宋版・世徳」②□■□夫■□□□□■■－杏Ⅱ・慶Ⅰ・武内・東大・東洋」②□■□■□□□□木■－書陵・無窮・梅沢」④□■□夫■□□□木■－敦Ⅱ」⑥□代□夫□□□□木■－聖語」⑥□■□夫■□□□木也－道蔵」

30ウ6

1500 則方圓－活Ⅱ・陽Ⅰ・書陵・杏Ⅱ・無窮・足利・筑波・弘文・斯Ⅱ・梅沢・慶Ⅰ・大東・武内・東大・東洋・聖語・東急・斯Ⅰ・宋版・世徳・敦Ⅱ」②必□□－道蔵」

1501 不得其■理－活Ⅱ・陽Ⅰ・書陵・杏Ⅱ・無窮・足利・筑波・弘文・斯Ⅱ・梅沢・慶Ⅰ・大東・武内・東大・東洋・東急・斯Ⅰ・宋版・世徳・道蔵・敦Ⅱ」②□□得□－聖語」

1502 還自傷■■－活Ⅱ・陽Ⅰ・書陵・杏Ⅱ・梅沢・慶Ⅰ・武内・東

大・東洋・東急・斯Ⅰ・宋版・世徳・敦Ⅱ」②□□□也■－足利・筑波・弘文・斯Ⅱ・大東」②□□□矣■－無窮」③■□□其手－道蔵」④□■■■■－聖語」

1503 ■代天殺者－活Ⅱ・陽Ⅰ・足利・筑波・弘文・斯Ⅱ・慶Ⅰ・大東・東洋・聖語・東急・斯Ⅰ・宋版・世徳・道蔵・敦Ⅱ」①■□□斂□－書陵・杏Ⅱ・梅沢・武内・東大」②夫□□□□－無窮」

1504 ■失■紀網■■－活Ⅱ・陽Ⅰ・書陵・杏Ⅱ・筑波・弘文・斯Ⅱ・梅沢・慶Ⅰ・大東・武内・東大・東洋・聖語・斯Ⅰ・宋版・世徳・敦Ⅱ」①■□■□□還受－足利」②則□■□綱■■－無窮」②■□其□綱■■－東急」④■■■■■■■－道蔵」

1505 不得其紀網－活Ⅱ・陽Ⅰ・書陵・杏Ⅱ・無窮・足利・筑波・弘文・斯Ⅱ・梅沢・慶Ⅰ・大東・武内・東大・東洋・聖語・東急・斯Ⅰ・宋版・世徳」③□□□理■－道蔵」④■■■■■－敦Ⅱ」

1506 還受其殃■也－活Ⅱ・書陵・杏Ⅱ・無窮・足利・梅沢・武内・東大・東急・聖語・斯Ⅰ・宋版・世徳」②□□□□之□－陽Ⅰ・筑波・弘文・斯Ⅱ・慶Ⅰ・大東」②□□□□者□－東洋」②□□□□■■－敦Ⅱ」④反□□□■■－道蔵」

30ウ7 1507 貪損■■第七十五－活Ⅱ・陽Ⅰ・弘文・梅沢・斯Ⅰ・宋版・世徳・道蔵」②□□■章□□□□－武内・東大・東洋」③民之■章□□□□－杏Ⅱ・慶Ⅰ」③民之飢章□□□□－筑波・大東」③■■■■■■■■－書陵・無窮・足利・斯Ⅱ・聖語・東急・六地・敦Ⅱ」

31オ1 経 1508 民之飢－活Ⅱ・陽Ⅰ・書陵・杏Ⅱ・無窮・足利・筑波・弘文・斯Ⅱ・梅沢・慶Ⅰ・大東・武内・東大・東洋・聖語・東急・斯Ⅰ・六地・宋版・道蔵・敦Ⅱ・治要」①□□饑－世徳」

1509 以其上食税之多■－活Ⅱ・陽Ⅰ・書陵・杏Ⅱ・無窮・梅沢・慶Ⅰ・武内・東大・東洋・聖語・東急・斯Ⅰ・六地・宋版・世徳・道蔵・敦Ⅱ・治要」②□□□□□□□也－足利・筑波・弘文・斯Ⅱ・大東」

注 1510 人民■－活Ⅱ・陽Ⅰ・書陵・東急・斯Ⅰ・宋版・世徳・道蔵・敦Ⅱ・治要」②□□之－杏Ⅱ・足利・筑波・弘文・斯Ⅱ・梅沢・慶Ⅰ・大東・武内・東大・東洋・聖語」④天□之－無窮」

1511 所以飢寒者－活Ⅱ・陽Ⅰ・書陵・杏Ⅱ・無窮・足利・筑波・弘文・斯Ⅱ・梅沢・慶Ⅰ・大東・武内・東大・東洋・聖語・東急・斯Ⅰ・道蔵・敦Ⅱ・治要」②□□□深□－宋版」③□□饑深□－世徳」

1512 税食下■－活Ⅱ・陽Ⅰ・書陵・杏Ⅱ・無窮・足利・筑波・弘文・斯Ⅱ・梅沢・慶Ⅰ・大東・武内・東大・聖語・東急・斯Ⅰ・宋版・世徳・敦Ⅱ・治要」②□□□之－東洋」②食税□■－道蔵」

31オ2 1513 太多也－活Ⅱ・陽Ⅰ・書陵・杏Ⅱ・無窮・足利・筑波・弘文・斯Ⅱ・梅沢・慶Ⅰ・大東・東大・東洋・東急・道蔵」①大□□－武内・聖語」②□□■－斯Ⅰ・宋版・敦Ⅱ・治要」③大□■－世徳」

経 1514 是以飢－活Ⅱ・陽Ⅰ・書陵・杏Ⅱ・無窮・足利・筑波・弘文・斯Ⅱ・梅沢・慶Ⅰ・大東・武内・東大・東洋・聖語・東急・斯Ⅰ・六地・宋版・道蔵・敦Ⅱ・治要」①□□饑－世徳」

注 1515 ■■－活Ⅱ・陽Ⅰ・書陵・杏Ⅱ・無窮・足利・筑波・弘文・斯Ⅱ・梅沢・慶Ⅰ・大東・武内・東大・東洋・東急・斯Ⅰ・宋版・世徳・道蔵・治要」③是以－聖語・敦Ⅱ」

1516 人皆－活Ⅱ・陽Ⅰ■・書陵・無窮・足利・筑波・斯Ⅱ・慶Ⅰ・大東・斯Ⅰ」②□■－弘文」②民□－杏Ⅱ・梅沢・武内・東大・東洋・聖語・東急・宋版・世徳・道蔵・敦Ⅱ」③■■－治要」

1517 化上■爲貪－活Ⅱ・杏Ⅱ・無窮・足利・筑波・弘文・斯Ⅱ・慶Ⅰ・大東・武内・東大・聖語・東急・道蔵・敦Ⅱ」②□□生□□－陽Ⅰ・書陵」②□□■■□－梅沢・東洋・斯Ⅰ」②□□■□矣－宋版・世徳」③■■■■■－治要」

1518 叛道違德－活Ⅱ・陽Ⅰ・書陵・杏Ⅱ・無窮・足利・筑波・弘文・斯Ⅱ・梅沢・慶Ⅰ・大東・武内・東大・東洋・聖語・斯Ⅰ・宋版・世徳・道蔵・敦Ⅱ」①救□□□－東急」③■■■■－治要」

1519 故飢也－活Ⅱ・陽Ⅰ・書陵・杏Ⅱ・無窮・足利・筑波・弘文・斯Ⅱ・梅沢・慶Ⅰ・大東・武内・東大・東洋・東急」②□□■－聖語・斯Ⅰ・宋版・道蔵・敦Ⅱ」③□饑■－世徳」③■■■－治要」

31オ3 経

1520 其上之有爲■－活Ⅱ・陽Ⅰ・書陵・無窮・筑波・弘文・梅沢・慶Ⅰ・大東・聖語・東急・斯Ⅰ・六地・宋版・世徳・道蔵・敦Ⅱ・治要」②□□□□□也－杏Ⅱ・足利・斯Ⅱ・武内・東大・東洋」

注

1521 ■民之■不可治者－活Ⅱ・陽Ⅰ・書陵・杏Ⅱ・無窮・足利・筑波・弘文・斯Ⅱ・梅沢・慶Ⅰ・大東・武内・東大・東洋・東急・斯Ⅰ・宋版・世徳・道蔵・敦Ⅱ」②■□所以□□□□－聖語」④人□所以□□□□－治要」

1522 好有爲也－活Ⅱ・陽Ⅰ・書陵・杏Ⅱ・無窮・足利・筑波・弘文・斯Ⅱ・梅沢・慶Ⅰ・大東・武内・東大・東洋・東急・斯Ⅰ・宋版・世徳・道蔵」②□□□■－聖語・敦Ⅱ・治要」

31オ4 注

1523 是以其民－活Ⅱ・陽Ⅰ・書陵・杏Ⅱ・無窮・足利・筑波・弘文・斯Ⅱ・梅沢・慶Ⅰ・大東・武内・東大・東洋・聖語・東急・斯Ⅰ・宋版・世徳・道蔵・敦Ⅱ」③■■■□－治要」

1524 化上有爲－活Ⅱ・陽Ⅰ・書陵・杏Ⅱ・無窮・足利・筑波・弘文・梅沢・慶Ⅰ・大東・武内・東大・東洋・聖語・東急・斯Ⅰ・宋版・世徳・道蔵・敦Ⅱ・治要」②□□■□－斯Ⅱ」

1525 情僞■難治■也－活Ⅱ・陽Ⅰ・書陵・杏Ⅱ・足利・筑波・弘文・梅沢・慶Ⅰ・大東・武内・東大・東急・治要」②□□有□□■□－斯Ⅱ」②□□■□□之□－東洋」②□□■□□者□－無窮」②□□■□□■■－聖語・斯Ⅰ・宋版・世徳・道蔵・敦Ⅱ」

経

1526 人之輕死－活Ⅱ・陽Ⅰ・書陵・杏Ⅱ・無窮・足利・筑波・弘文・斯Ⅱ・梅沢・慶Ⅰ・大東・武内・東大・東洋・東急・聖語・六地・敦Ⅱ・治要」②民□□－斯Ⅰ・宋版・世徳・道蔵」

31オ5

1527 以其求生之厚也－活Ⅱ・陽Ⅰ・書陵・杏Ⅱ・無窮・足利・筑波・弘文・斯Ⅱ・大東・武内・東大・東洋・六地・聖語」②□□□□□□■－梅沢・慶Ⅰ・東急・斯Ⅰ・宋版・世徳・道蔵・敦Ⅱ・治要」

注

1528 人民－活Ⅱ・陽Ⅰ・書陵・杏Ⅱ・無窮・足利・筑波・弘文・斯Ⅱ・梅沢・慶Ⅰ・大東・武内・東大・東洋・東急・斯Ⅰ・宋版・世徳・敦Ⅱ・治要」②□之－聖語・道蔵」

1529 所以輕犯死者－活Ⅱ・陽Ⅰ・書陵・杏Ⅱ・無窮・足利・筑波・弘文・斯Ⅱ・慶Ⅰ・大東・武内・東大・東洋・聖語・東急・斯Ⅰ・敦Ⅱ・治要」②□□□化□□－梅沢」③■■□□□□－宋版・世徳・道蔵」

1530 求生活之道－活Ⅱ・陽Ⅰ・杏Ⅱ・足利・筑波・弘文・梅沢・慶Ⅰ・大東・東大・東洋・聖語・東急・斯Ⅰ・宋版・世徳・敦Ⅱ・治要」②□□治□□－書陵・無窮・斯Ⅱ・武内」②□□□□事－道蔵」

1531 太厚－活Ⅱ・陽Ⅰ・書陵・杏Ⅱ・足利・筑波・弘文・斯Ⅱ・梅沢・慶Ⅰ・大東・武内・東大・東洋・聖語・斯Ⅰ・宋版・世徳・道蔵・敦Ⅱ・治要」①大□－無窮・東急」

1532 貪利以自危■也■■－活Ⅱ・陽Ⅰ・書陵・杏Ⅱ・無窮・慶Ⅰ・武内・東大・道蔵・治要」②□□□□□殆□■■－足利・斯Ⅱ・東洋」②□□□□■殆□■■－梅沢」②□□□□□□■■■■－東急・斯Ⅰ・宋版・世徳・敦Ⅱ」③□□□□□■□々々－聖語」④□□■□□殆□■■－筑波・弘文・大東」

経

1533 是以輕死－活Ⅱ・陽Ⅰ・書陵・杏Ⅱ・無窮・足利・筑波・弘文・梅沢・慶Ⅰ・大東・武内・東大・東洋・聖語・東急・斯Ⅰ・六地・宋版・世徳・道蔵・敦Ⅱ・治要」③■■■■－斯Ⅱ」

31オ6 注

1534 ■以求生■太厚之故－活Ⅱ・陽Ⅰ・書陵・杏Ⅱ・無窮・足利・筑波・弘文・梅沢・大東・武内・東大・東洋・聖語・斯Ⅰ・宋版・世徳・治要」①■□□□■大□□□－東急」②是□□□■□□□□－敦Ⅱ」③■□□□之□□也□－慶Ⅰ」③■□□□■□過■□－道蔵」③■■■■■■■■－斯Ⅱ」

1535 輕入死地也－活Ⅱ・陽Ⅰ・書陵・杏Ⅱ・筑波・弘文・梅沢・慶

Ⅰ・大東・武内・東大・東洋・聖語・東急・斯Ⅰ・宋版・世徳」②□□□大—無窮」②□□□□■—足利・敦Ⅱ」②■□□□□—道蔵」②□□□也地—治要」③■■■■■—斯Ⅱ」

経 1536 夫唯無以生爲者—活Ⅱ・陽Ⅰ・書陵・杏Ⅱ・無窮・足利・筑波・弘文・斯Ⅱ・梅沢・東洋・聖語・東急・斯Ⅰ・宋版・世徳・道蔵」①□□无□□□□—慶Ⅰ・大東・武内・東大・六地・敦Ⅱ・治要」

1537 是■賢於貴生也—活Ⅱ・陽Ⅰ・書陵・杏Ⅱ・足利・筑波・弘文・斯Ⅱ・梅沢・慶Ⅰ・大東・武内・東大・東洋・聖語・六地・道蔵・治要」②□爲□□□□—無窮」②□■□□□■—東急・斯Ⅰ・宋版・世徳・敦Ⅱ」

31オ7注 1538 無以生爲務者—活Ⅱ・書陵・足利・弘文・斯Ⅱ・東急・宋版・世徳・道蔵」①无□□□□□—陽Ⅰ・杏Ⅱ・無窮・筑波・梅沢・慶Ⅰ・大東・武内・東大・東洋・聖語・斯Ⅰ・敦Ⅱ・治要」

31ウ1注 1539 賢於貴生者也—活Ⅱ・陽Ⅰ・書陵・杏Ⅱ・無窮・足利・斯Ⅱ・慶Ⅰ・武内・東大・東洋・治要」②□□□□■□—筑波・弘文・梅沢・大東・聖語・斯Ⅰ・宋版・世徳・道蔵」②□□□□也矣—東急」②□□□□■■—敦Ⅱ」

31ウ2 1540 戒強■■第七十六—活Ⅱ・陽Ⅰ・梅沢・斯Ⅰ・宋版・世徳・道蔵」②□□■章□□□□—弘文・武内・東大・東洋」③人之■章□□□□—杏Ⅱ・慶Ⅰ」③人之生章□□□□—筑波・大東」③■■■■■■■■—書陵・無窮・足利・斯Ⅱ・聖語・東急・六地・敦Ⅱ」

31ウ3注 1541 抱精神—活Ⅱ・陽Ⅰ・書陵・杏Ⅱ・無窮・足利・筑波・弘文・斯Ⅱ・慶Ⅰ・大東・武内・東大・東洋・聖語・東急・斯Ⅰ・宋版・世徳・道蔵・敦Ⅱ」①□情□—梅沢」

1542 故柔弱■也—活Ⅱ・陽Ⅰ・書陵・杏Ⅱ・足利・弘文・斯Ⅱ・梅沢・慶Ⅰ・武内・東大・東洋・聖語・東急・斯Ⅰ・宋版・世徳・道蔵」②□□□■■—筑波・大東・敦Ⅱ」②□□□者□—無窮」

経 1543 其死也堅強—活Ⅱ・陽Ⅰ・書陵・無窮・足利・筑波・弘文・斯Ⅱ・慶Ⅰ・大東・武内・東洋・聖語・東急・斯Ⅰ・六地・宋版・世徳・道蔵・敦Ⅱ」①□□□□疆—東大」②□□■□□—杏Ⅱ・梅沢」

31ウ4注 1544 人死■和氣竭—活Ⅱ・陽Ⅰ・書陵・杏Ⅱ・無窮・足利・筑波・弘文・斯Ⅱ・梅沢・慶Ⅰ・大東・武内・東大・東洋・聖語・東急・斯Ⅰ・宋版・世徳・敦Ⅱ」②□□則□□□—道蔵」

1545 精神亡—活Ⅱ・陽Ⅰ・書陵・杏Ⅱ・無窮・足利・筑波・弘文・斯Ⅱ・慶Ⅰ・大東・武内・東大・東洋・聖語・東急・斯Ⅰ・宋版・世徳・道蔵・敦Ⅱ」①情□□—梅沢」

1546 故堅強也■—活Ⅱ・陽Ⅰ・書陵・杏Ⅱ・無窮・足利・斯Ⅱ・梅沢・慶Ⅰ・武内・東洋・聖語・東急・斯Ⅰ・世徳」①□□疆□■—東大」②□□□□矣—筑波・弘文・大東」②□□□□■■—道蔵・敦Ⅱ」②欲□□□■—宋版」

経 1547 萬物草木之—活Ⅱ・陽Ⅰ・書陵・杏Ⅱ・無窮・足利・斯Ⅱ・梅沢・大東・武内・東大・東洋・聖語・東急・斯Ⅰ・六地・宋版・世徳・道蔵・敦Ⅱ」①□□艸□□—筑波」①□□中□□—慶Ⅰ」③■■□□□—弘文」

1548 生也柔脆—活Ⅱ・陽Ⅰ・書陵・杏Ⅱ・無窮・足利・斯Ⅱ・梅沢・慶Ⅰ・武内・東大・東洋・聖語・東急・斯Ⅰ・六地・宋版・世徳・敦Ⅱ」②□■□□—筑波・弘文・大東・道蔵」

注 1549 和氣存也—活Ⅱ・陽Ⅰ・書陵・杏Ⅱ・無窮・足利・筑波・弘文・斯Ⅱ・梅沢・慶Ⅰ・大東・武内・東大・東洋・聖語・東急・斯Ⅰ・宋版・世徳・道蔵」②□□□■—敦Ⅱ」

31ウ5注 1550 和氣去也—活Ⅱ・陽Ⅰ・書陵・杏Ⅱ・無窮・足利・筑波・弘文・斯Ⅱ・梅沢・慶Ⅰ・大東・武内・東大・東洋・聖語・東急・斯Ⅰ・宋版・世徳」②□□□■—敦Ⅱ」②散□□□—道蔵」

経 1551 故堅強者—活Ⅱ・陽Ⅰ・書陵・杏Ⅱ・無窮・足利・筑波・弘文・斯Ⅱ・慶Ⅰ・大東・武内・聖語・東急・斯Ⅰ・六地・宋版・世徳・道蔵・敦Ⅱ」①□□疆□—東大・東洋」①□豎□□—梅沢」

1552 死之徒■—活Ⅱ・陽Ⅰ・書陵・杏Ⅱ・無窮・筑波・弘文・斯Ⅱ・

梅沢・慶Ⅰ・大東・武内・東大・東洋・聖語・斯Ⅰ・六地・宋版・世徳・道蔵・敦Ⅱ」①□□従徒－足利」②□□□也－東急」

31ウ6

1553 生之徒■－活Ⅱ・陽Ⅰ・杏Ⅱ・無窮・梅沢・武内・東大・東洋・聖語・東急・斯Ⅰ・宋版・世徳・道蔵・敦Ⅱ」②□□□也－書陵・足利・筑波・弘文・斯Ⅱ・慶Ⅰ・大東・六地」

注

1554 以其上二事－活Ⅱ・陽Ⅰ・書陵・杏Ⅱ・無窮・足利・筑波・弘文・斯Ⅱ・梅沢・慶Ⅰ・大東・武内・東大・東洋・聖語・東急・斯Ⅰ・宋版・世徳・敦Ⅱ」②□■□□□－道蔵」

1555 觀■知之－活Ⅱ・陽Ⅰ・書陵・杏Ⅱ・無窮・足利・筑波・弘文・斯Ⅱ・梅沢・慶Ⅰ・大東・武内・東大・東洋・聖語・東急・斯Ⅰ・宋版・敦Ⅱ」②□■■□－世徳」②□而□□－道蔵」

1556 知堅強者死－活Ⅱ・陽Ⅰ・書陵・杏Ⅱ・無窮・足利・弘文・斯Ⅱ・梅沢・慶Ⅰ・大東・武内・東洋・聖語・東急・斯Ⅰ・宋版・世徳・敦Ⅱ」①□□彊□□－東大」①□賢□□□－筑波」②■□□□□－道蔵」

1557 柔弱者生也－活Ⅱ・陽Ⅰ・書陵・杏Ⅱ・無窮・足利・筑波・弘文・斯Ⅱ・梅沢・慶Ⅰ・大東・武内・東大・東洋・聖語・東急・斯Ⅰ・宋版・世徳・道蔵」②□□□□■－敦Ⅱ」

経

1558 兵強則不勝－活Ⅱ・陽Ⅰ・書陵・杏Ⅱ・無窮・足利・筑波・弘文・斯Ⅱ・梅沢・慶Ⅰ・大東・武内・東洋・聖語・東急・斯Ⅰ・六地・宋版・世徳・敦Ⅱ・道蔵」①□彊□□□－東大」

31ウ7

注

1559 強大之兵－活Ⅱ・陽Ⅰ・書陵・杏Ⅱ・無窮・足利・筑波・弘文・斯Ⅱ・梅沢・慶Ⅰ・大東・武内・東洋・聖語・東急・斯Ⅰ・宋版・世徳・道蔵・敦Ⅱ」①彊□□□－東大」

1560 輕戰樂殺－活Ⅱ・陽Ⅰ・無窮・足利・筑波・弘文・斯Ⅱ・梅沢・慶Ⅰ・大東・東洋・聖語・東急・斯Ⅰ・宋版・世徳・道蔵・敦Ⅱ」①□□□敚－書陵・杏Ⅱ・武内・東大」

1561 強故不勝也－活Ⅱ・杏Ⅱ・無窮・足利・筑波・弘文・斯Ⅱ・梅沢・慶Ⅰ・大東・聖語・道蔵」②□□□□■－陽Ⅰ・書陵・武内・東洋・東急・斯Ⅰ・宋版・世徳・敦Ⅱ」③彊□□□■－東大」

経

1562 木強則共－活Ⅱ・陽Ⅰ・書陵・杏Ⅱ・無窮・足利・筑波・弘文・斯Ⅱ・梅沢・慶Ⅰ・大東・武内・東洋・聖語・東急・斯Ⅰ・六地・宋版・世徳・道蔵・敦Ⅱ」①□彊□□－東大」

32オ1

注

1563 木強大■－活Ⅱ・陽Ⅰ・書陵・杏Ⅱ・足利・筑波・弘文・斯Ⅱ・慶Ⅰ・大東・武内・東洋・東急・聖語・斯Ⅰ・宋版・世徳」①□彊□■－東大」②□□□者－無窮・梅沢・敦Ⅱ」②□□□則－道蔵」

1564 枝葉■共生其上■也－活Ⅱ・陽Ⅰ・書陵・杏Ⅱ・無窮・足利・筑波・弘文・斯Ⅱ・梅沢・慶Ⅰ・大東・東急・聖語」②□□弱□□□□■□－武内」④□■弱□□□■□－斯Ⅰ・宋版・世徳」④□□弱□■□□■□－東大」④□□弱□□□□者□－東洋」④□■■□□□■■－道蔵・敦Ⅱ」

経

1565 ■強大處下－活Ⅱ・陽Ⅰ・書陵・杏Ⅱ・無窮・足利・筑波・弘文・斯Ⅱ・梅沢・慶Ⅰ・大東・武内・東洋・聖語・東急・斯Ⅰ・六地・宋版・世徳・道蔵」①■彊□□□－東大」②故彊□□□－敦Ⅱ」

注

1566 興物造功－活Ⅱ・陽Ⅰ・書陵・杏Ⅱ・無窮・足利・筑波・弘文・斯Ⅱ・梅沢・慶Ⅰ・大東・武内・東大・聖語・斯Ⅰ・宋版・世徳・道蔵・敦Ⅱ」②与□□□－東洋・東急」

32オ2

1567 ■小物處上－活Ⅱ・陽Ⅰ・書陵・杏Ⅱ・無窮・足利・筑波・弘文・斯Ⅱ・梅沢・慶Ⅰ・大東・武内・東大・東洋・聖語・東急・宋版・世徳・道蔵」②故□□□□－斯Ⅰ」③■□木在□－敦Ⅱ」

1568 ■天道－活Ⅱ・陽Ⅰ・書陵・杏Ⅱ・無窮・足利・筑波・弘文・斯Ⅱ・梅沢・慶Ⅰ・大東・武内・東洋・聖語・道蔵・敦Ⅱ」②郊□□－東大」②之□□－東急」②■大□－斯Ⅰ・宋版・世徳」

1569 抑強扶弱－活Ⅱ・陽Ⅰ・書陵・杏Ⅱ・足利・筑波・弘文・斯Ⅱ・梅沢・慶Ⅰ・大東・武内・東洋・聖語・東急・斯Ⅰ・宋版・世徳・道蔵・敦Ⅱ」①□彊□□－東大」②□□怾□－無窮」

1570 自然之效也－活Ⅱ・陽Ⅰ・書陵・杏Ⅱ・無窮・足利・筑波・弘

文・斯Ⅱ・梅沢・慶Ⅰ・大東・武内・東洋・聖語・東急」①□□□郊□－東大」②□□□□■－斯Ⅰ・宋版・世徳・敦Ⅱ」②□□■□□－道藏」

32オ3

1571 天■道■第七十七－活Ⅱ・陽Ⅰ・弘文・梅沢・斯Ⅰ・宋版・世德・道藏」②□■□章□□□□－東大・東洋」③□■□章□□□九－武内」③□之■章□□□□－杏Ⅱ」③□之□章□□□□－筑波・慶Ⅰ・大東」③■■■■■■■■－書陵・無窮・足利・斯Ⅱ・聖語・東急・六地・敦Ⅱ」

32オ4経

1572 其猶張弓乎－活Ⅱ・陽Ⅰ・書陵・杏Ⅱ・無窮・足利・筑波・弘文・斯Ⅱ・慶Ⅰ・大東・武内・東大・東洋・聖語・東急・斯Ⅰ・六地・宋版・世徳・道藏・敦Ⅱ」②■□□□□－梅沢」

注

1573 天道暗昧－活Ⅱ・陽Ⅰ・書陵・足利・筑波・弘文・斯Ⅱ・梅沢・慶Ⅰ・大東・斯Ⅰ・宋版・世徳・道藏」①□□闇□－杏Ⅱ・無窮・武内・東大・東洋・聖語・東急・敦Ⅱ」

1574 以爲喩■也－活Ⅱ・陽Ⅰ・書陵・杏Ⅱ・足利・筑波・弘文・斯Ⅱ・梅沢・慶Ⅰ・大東・武内・東大・聖語・斯Ⅰ・宋版・世徳」②□□□者□－東洋」②□□□之□－無窮」②□□□■■－東急・道藏・敦Ⅱ」

32オ5経

1575 不足者與之－活Ⅱ・陽Ⅰ・書陵・杏Ⅱ・無窮・足利・筑波・弘文・斯Ⅱ・梅沢・慶Ⅰ・大東・武内・東大・東洋・聖語・斯Ⅰ・六地・宋版・世徳・道藏・敦Ⅱ」②□□□■－東急」

32オ6注

1576 和■調之－活Ⅱ・陽Ⅰ・書陵・杏Ⅱ・無窮・足利・筑波・弘文・斯Ⅱ・梅沢・慶Ⅰ・大東・武内・東大・東洋・聖語・斯Ⅰ・宋版・世徳・道藏・敦Ⅱ」②□氣□□－東急」

1577 如是乃可用■－活Ⅱ・陽Ⅰ・書陵・杏Ⅱ・無窮・足利・筑波・弘文・斯Ⅱ・梅沢・慶Ⅰ・大東・武内・東大・東洋・聖語・東急・斯Ⅰ・宋版・世徳」②□□□□耳－敦Ⅱ」②□□□□□也－道藏」

1578 抑高舉下－活Ⅱ・陽Ⅰ・書陵・杏Ⅱ・無窮・足利・筑波・弘文・斯Ⅱ・梅沢・慶Ⅰ・大東・武内・東大・東洋・聖語・東急・斯Ⅰ・宋版・世徳・敦Ⅱ」①□□與□－道藏」

1579 損強■益弱－活Ⅱ・陽Ⅰ・書陵・杏Ⅱ・無窮・足利・筑波・弘文・斯Ⅱ・梅沢・慶Ⅰ・大東・武内・聖語・東急・斯Ⅰ・宋版・世徳・道藏・敦Ⅱ」①□彊■□□－東大」②□彊而□□－東洋」

1580 天地之道■也■－活Ⅱ・陽Ⅰ・書陵・足利・筑波・弘文・梅沢・慶Ⅰ・大東・武内・東大・東洋・東急・斯Ⅰ」②□□□□■□矣－斯Ⅱ」②□□□□者□■－無窮」②□□□□■□々－聖語」②■□□■□■－杏Ⅱ」②□■□□■□■－宋版・世徳」④□■□□■■■－道藏・敦Ⅱ」

32オ7経

1581 而補不足也－活Ⅱ・陽Ⅰ・書陵・杏Ⅱ・無窮・足利・筑波・弘文・斯Ⅱ・慶Ⅰ・大東・武内・東大・東洋・聖語・六地」②□□□■－梅沢・東急・斯Ⅰ・宋版・世徳・道藏・敦Ⅱ」

注

1582 損有餘而益謙－活Ⅱ・陽Ⅰ・書陵・杏Ⅱ・無窮・足利・筑波・弘文・斯Ⅱ・梅沢・慶Ⅰ・大東・武内・東大・東洋・聖語・東急・斯Ⅰ・宋版・世徳・敦Ⅱ」③□盈■■□□－道藏」

1583 ■■常－活Ⅱ・陽Ⅰ・書陵・無窮・足利・筑波・弘文・斯Ⅱ・慶Ⅰ・大東・武内・斯Ⅰ・宋版・世徳・敦Ⅱ」③天道□－杏Ⅱ・梅沢・東大・東洋・東急・聖語」④天道■－道藏」

1584 以中和爲上■也－活Ⅱ・陽Ⅰ・書陵・杏Ⅱ・無窮・足利・筑波・弘文・斯Ⅱ・梅沢・慶Ⅰ・大東・武内・東大・敦Ⅱ」②□□□□□者□－東洋」②□□□□□■■－東急・斯Ⅰ・宋版・世徳・道藏」②□□□□□也々－聖語」

経

1585 人之道－活Ⅱ・陽Ⅰ・書陵・杏Ⅱ・無窮・足利・筑波・弘文・斯Ⅱ・慶Ⅰ・大東・武内・東大・東洋・聖語・東急・斯Ⅰ・六地・宋版・世徳・道藏」②□■□－梅沢・敦Ⅱ」

32ウ1注

1586 人■道－活Ⅱ・陽Ⅰ・書陵・杏Ⅱ・足利・筑波・弘文・斯Ⅱ・梅沢・慶Ⅰ・大東・武内・東大・東洋・聖語・東急・斯Ⅰ・宋版・世徳・敦Ⅱ」②□之□－無窮・道藏」

1587 則與天道反也－活Ⅱ・陽Ⅰ・書陵・杏Ⅱ・無窮・足利・筑波・弘文・斯Ⅱ・梅沢・慶Ⅰ・大東・武内・東大・東洋・聖語・東

急・斯Ⅰ・宋版・世徳」②□□□□□■—敦Ⅱ」④■□□□□■—道蔵」

注
1588 損貧以奉冨—活Ⅱ・陽Ⅰ・杏Ⅱ・無窮・足利・弘文・斯Ⅱ・梅沢・慶Ⅰ・東大・東洋・聖語・東急・斯Ⅰ・宋版・世徳・敦Ⅱ」①□貪□□—書陵・筑波・大東・武内」③□■益□—道蔵」

32ウ2
1589 奪弱以益強■也—活Ⅱ・陽Ⅰ・書陵・杏Ⅱ・無窮・足利・筑波・弘文・斯Ⅱ・梅沢・慶Ⅰ・大東・武内・聖語・斯Ⅰ・宋版・世徳」①□□□□彊■□—東大」②□□□□者□—東洋」②□□□□□■■—東急・敦Ⅱ」④□□■與□■■—道蔵」

経
1590 孰能以有餘■奉天下—活Ⅱ・陽Ⅰ・書陵・杏Ⅱ・無窮・足利・筑波・弘文・斯Ⅱ・梅沢・慶Ⅰ・大東・武内・東大・東洋・聖語・六地」②□□□□以□□□—東急」②□□■□□以□□□—斯Ⅰ・宋版・世徳・敦Ⅱ」②■□□□■□□□—道蔵」

1591 唯有道者■—活Ⅱ・陽Ⅰ・書陵・無窮・足利・斯Ⅱ・梅沢・武内・東大・東急・斯Ⅰ・六地・宋版・世徳・道蔵・敦Ⅱ」②□□□□乎—杏Ⅱ・筑波・弘文・慶Ⅰ・大東・東洋・聖語」

32ウ3
注
1592 誰能居有餘之位—活Ⅱ・陽Ⅰ・書陵・杏Ⅱ・無窮・足利・筑波・弘文・斯Ⅱ・梅沢・慶Ⅰ・大東・武内・東大・東洋・聖語・斯Ⅰ・宋版・世徳・敦Ⅱ」②□□□□□■□—東急」②□■□□□□□—道蔵」

1593 奉天下不足者乎—活Ⅱ・陽Ⅰ・書陵・杏Ⅱ・無窮・足利・筑波・弘文・斯Ⅱ・梅沢・慶Ⅰ・大東・東大・東洋・聖語・東急・斯Ⅰ・宋版・世徳・敦Ⅱ」①□□□□□□呼—武内」②□□□□□□■—道蔵」

1594 唯有道■之君—活Ⅱ・陽Ⅰ・書陵・杏Ⅱ・無窮・足利・筑波・弘文・斯Ⅱ・梅沢・慶Ⅰ・大東・武内・東大・東洋・聖語・東急・斯Ⅰ・宋版・世徳・敦Ⅱ」②□□徳□□—道蔵」

1595 ■能行之耳■—活Ⅱ・陽Ⅰ・書陵・杏Ⅱ・無窮・足利・筑波・弘文・斯Ⅱ・慶Ⅰ・大東・武内・東大・東急・斯Ⅰ」②■□□□□也—梅沢・東洋」②■□□□■也—聖語」②■□□■■—敦Ⅱ」③■□□■■也—宋版・世徳」④而□□□■也—道蔵」

32ウ4
経
1596 爲而不恃—活Ⅱ・陽Ⅰ・書陵・杏Ⅱ・無窮・筑波・弘文・斯Ⅱ・梅沢・慶Ⅰ・大東・東大・東洋・聖語・東急・斯Ⅰ・六地・宋版・世徳・道蔵・敦Ⅱ」①□□□特—武内・足利」

注
1597 爲徳施■—活Ⅱ・陽Ⅰ・書陵・杏Ⅱ・無窮・足利・筑波・弘文・斯Ⅱ・梅沢・慶Ⅰ・大東・武内・東大・東洋・聖語・東急・斯Ⅰ・宋版・世徳・敦Ⅱ」②□□□惠—道蔵」

1598 不恃望其報■也—活Ⅱ・陽Ⅰ・書陵・杏Ⅱ・無窮・足利・筑波・斯Ⅱ・慶Ⅰ・大東・東大・聖語・斯Ⅰ」①□特□□□■□—武内」①□持□□□■□—弘文」②□□□□□□之□—東洋」②□□□□□者□—梅沢・東急」②□□■□□■□—宋版・世徳」

経
1599 功成而不處—活Ⅱ・陽Ⅰ・書陵・無窮・足利・筑波・弘文・斯Ⅱ・梅沢・慶Ⅰ・大東・武内・東大・東洋・聖語・東急・斯Ⅰ・六地・宋版・世徳・道蔵・敦Ⅱ」②□□■□処—杏Ⅱ」

32ウ5
注
1600 不處其位■也—活Ⅱ・陽Ⅰ・書陵・杏Ⅱ・無窮・足利・筑波・弘文・斯Ⅱ・梅沢・慶Ⅰ・大東・武内・東大・聖語」②□処□□者□—東洋」②□□□□■■—東急・斯Ⅰ・宋版・世徳・道蔵・敦Ⅱ」

注
1601 不欲使■人知已之賢—活Ⅱ・陽Ⅰ・書陵・杏Ⅱ・無窮・足利・斯Ⅱ・梅沢・慶Ⅰ・大東・武内・東大・東洋・聖語・東急・斯Ⅰ・宋版・世徳・敦Ⅱ」①□□□■□□□□堅—筑波」②□◇□心□□□□—弘文」②□□■■□□□□—道蔵」

1602 不居榮名—活Ⅱ・陽Ⅰ・書陵・杏Ⅱ・無窮・足利・筑波・弘文・斯Ⅱ・梅沢・慶Ⅰ・大東・武内・東大・東洋・聖語・東急・斯Ⅰ・道蔵・敦Ⅱ」②□□□■—宋版・世徳」

1603 畏天■損有餘也—活Ⅱ・陽Ⅰ・書陵・杏Ⅱ・足利・筑波・斯Ⅱ・梅沢・慶Ⅰ・大東・武内・東大・東洋・聖語・東急・斯Ⅰ・宋版・世徳」①□□■□□余□—弘文」②□□之□□□□—無窮」②□□■□□□■—道蔵・敦Ⅱ」

32ウ7
1604 任信■■■第七十八ー活Ⅱ・陽Ⅰ・弘文・梅沢・斯Ⅰ・宋版・世徳・道蔵」②□□■■章□□□□ー東大・東洋」②□□■■章■□□□ー武内」③天下■■章□□□□ー杏Ⅱ・慶Ⅰ・大東」③天下柔弱章□□□□ー筑波」③■■■■■■■■■■ー書陵・無窮・足利・斯Ⅱ・聖語・東急・六地・敦Ⅱ」

33オ1注
1605 ■水■■ー活Ⅱ・陽Ⅰ・書陵・杏Ⅱ・無窮・足利・筑波・弘文・斯Ⅱ・梅沢・慶Ⅰ・大東・武内・東大・東洋・斯Ⅰ」③■■■■ー聖語・東急・宋版・世徳・敦Ⅱ」③言□柔弱ー道蔵」

1606 壅之則止ー活Ⅱ・陽Ⅰ・書陵・杏Ⅱ・無窮・足利・筑波・弘文・斯Ⅱ・梅沢・慶Ⅰ・大東・武内・東大・東洋・聖語・東急・斯Ⅰ・敦Ⅱ」②擁□□□ー宋版・世徳・道蔵」

1607 決之則行也ー活Ⅱ・陽Ⅰ・杏Ⅱ・無窮・筑波・弘文・斯Ⅱ・梅沢・慶Ⅰ・大東・武内・東大・聖語・斯Ⅰ」②□□□□矣ー東洋」②□□□□■ー書陵・足利・東急・宋版・世徳・道蔵・敦Ⅱ」

33オ2経
1608 攻堅強者ー活Ⅱ・陽Ⅰ・杏Ⅱ・無窮・足利・筑波・斯Ⅱ・慶Ⅰ・大東・武内・東洋・聖語・東急・斯Ⅰ・六地・宋版・世徳・道蔵・敦Ⅱ」①□□疆□ー東大」②政□□□ー書陵・弘文・梅沢」

1609 莫之能勝ー活Ⅱ・陽Ⅰ・書陵・杏Ⅱ・無窮・足利・筑波・弘文・斯Ⅱ・梅沢・慶Ⅰ・大東・武内・東大・東洋・聖語・東急・斯Ⅰ・六地・道蔵・敦Ⅱ」②□知□□ー宋版・世徳」

注
1610 能懐山襄陵ー活Ⅱ・陽Ⅰ・書陵・杏Ⅱ・無窮・足利・筑波・弘文・斯Ⅱ・梅沢・大東・武内・東大・東洋・聖語・東急・斯Ⅰ・宋版・世徳・道蔵」①□壊□□□ー慶Ⅰ」③□壌陵壊山ー敦Ⅱ」

1611 摩鐵消銅ー活Ⅱ・陽Ⅰ・書陵・無窮・梅沢・東洋・東急・敦Ⅱ」①□鉄□□ー杏Ⅱ・筑波・大東・武内・東大」①□銕□□ー弘文・斯Ⅱ」①□鐵□□ー足利・斯Ⅰ」②□銅□□ー聖語」②磨鉄□□ー慶Ⅰ」②磨鐵□□ー宋版・世徳」③磨水銷□ー道蔵」

1612 ■莫能勝水而■成■功■也ー活Ⅱ・陽Ⅰ・書陵・杏Ⅱ・無窮・足利・筑波・弘文・斯Ⅱ・慶Ⅰ・大東・東大・東洋・東急・斯Ⅰ・宋版・世徳」②以□□□□□■□■□■□ー武内」②■□□□□□■□■□之□ー梅沢」②■□□□□□■□■□■■ー敦Ⅱ」②■□□□□□■□■□也々ー聖語」④■□□□□□以□其□■□ー道蔵」

33オ3経
1613 ■其無以能易之■ー活Ⅱ・陽Ⅰ・書陵・無窮・聖語・斯Ⅰ」①■□无□□□■ー梅沢・武内・六地」②■□□■□□□■ー東洋」②■□□□■□□■ー宋版・世徳」②以□□□□□□■ー慶Ⅰ」②以□□■□□□■ー杏Ⅱ・東急・道蔵」③■□无■□□□■ー東大」③■□无□■□□■ー敦Ⅱ」④以□□□□□□也ー足利・筑波・弘文・斯Ⅱ」⑤以□无□□□□也ー大東」

注
1614 夫攻堅強者ー活Ⅱ・陽Ⅰ・書陵・杏Ⅱ・無窮・足利・筑波・弘文・斯Ⅱ・梅沢・慶Ⅰ・大東・武内・東洋・聖語・東急・斯Ⅰ・宋版・世徳・道蔵・敦Ⅱ」①□□□疆□ー東大」

1615 無以易於水■也ー活Ⅱ・書陵・足利・斯Ⅱ」①无□□□□■□ー陽Ⅰ・杏Ⅱ・梅沢・慶Ⅰ・武内・東大」②□□□□□也矣ー筑波・弘文」②□□□□■■ー東急・世徳・道蔵」③无□□□□也矣ー大東」③无□□□□者□ー無窮・東洋」③无□□□也々ー聖語」③无□□□■■ー斯Ⅰ・宋版・敦Ⅱ」

経
1616 弱之勝強ー活Ⅱ・陽Ⅰ・書陵・杏Ⅱ・無窮・足利・筑波・弘文・斯Ⅱ・梅沢・慶Ⅰ・大東・武内・東洋・東急・聖語・斯Ⅰ・六地・宋版・世徳・敦Ⅱ」①□□□疆ー東大」③□■□□ー道蔵」

（此の句及び注、次句の下に在り）

33オ4注
1617 陰能消陽也ー活Ⅱ・陽Ⅰ・書陵・杏Ⅱ・無窮・筑波・弘文・斯Ⅱ・梅沢・慶Ⅰ・大東・武内・東大・東洋・聖語」①□□肖□□ー足利」②□□□□■ー東急・斯Ⅰ・宋版・世徳・道蔵・敦Ⅱ」

経
1618 ■柔之勝剛ー活Ⅱ・陽Ⅰ・書陵・杏Ⅱ・無窮・足利・筑波・弘文・斯Ⅱ・梅沢・慶Ⅰ・大東・武内・東大・東洋・聖語・東急・斯Ⅰ・六地・宋版・世徳・敦Ⅱ」③故□■□□ー道蔵」

注
1619 舌柔齒剛ー活Ⅱ・陽Ⅰ・書陵・杏Ⅱ・無窮・足利・筑波・弘文・

斯Ⅱ・慶Ⅰ・大東・武内・東大・東洋・聖語・東急・斯Ⅰ・宋版・世徳・道蔵・敦Ⅱ」①活□□□－梅沢」

1620 齒先舌亡■也－活Ⅱ・陽Ⅰ・無窮・足利・梅沢・武内・東大」②□□□□者□－東洋」②□□□□■■－杏Ⅱ・斯Ⅰ・宋版・世徳・道蔵」②□□□□之□－筑波・弘文・大東」②□□□□之■－書陵・斯Ⅱ・慶Ⅰ」②□□□□也々－聖語」④■□□□■■－敦Ⅱ」⑤舌存齒□■■－東急」

33オ5 注

1621 知柔弱者久長－活Ⅱ・陽Ⅰ・書陵・杏Ⅱ・無窮・足利・筑波・弘文・斯Ⅱ・梅沢・慶Ⅰ・大東・武内・東大・東洋・聖語・東急・斯Ⅰ・道蔵・敦Ⅱ」②□□□□長久－宋版・世徳」

1622 剛強者折傷也－活Ⅱ・陽Ⅰ・書陵・杏Ⅱ・無窮・足利・弘文・斯Ⅱ・梅沢・慶Ⅰ・大東・武内・東洋・聖語・東急・斯Ⅰ・宋版・世徳・敦Ⅱ」①□彊□□□□－東大」②□□□□□■－道蔵」③■■■■■■－筑波」

経

1623 ■莫■能行－活Ⅱ・陽Ⅰ・書陵・杏Ⅱ・無窮・梅沢・慶Ⅰ・武内・東洋・聖語・東急・斯Ⅰ・六地・宋版・世徳・道蔵・敦Ⅱ」②而□■□□－筑波・弘文・大東・東大」④而□之□□－足利・斯Ⅱ」

注

1624 耻謙卑－活Ⅱ・陽Ⅰ・書陵・杏Ⅱ・無窮・足利・筑波・弘文・斯Ⅱ・慶Ⅰ・大東・武内・東大・東洋・聖語・東急・斯Ⅰ・世徳・敦Ⅱ」①恥□□－梅沢・宋版・道蔵」

1625 好強梁■也－活Ⅱ・陽Ⅰ・書陵・杏Ⅱ・無窮・筑波・弘文・斯Ⅱ・梅沢・慶Ⅰ・大東・武内・世徳」①□彊□■□－東大」②□□□者□－東洋」②□□□■■－足利・東急・斯Ⅰ・宋版・道蔵・敦Ⅱ」②□□◇也々－聖語」

33オ6 経

1626 聖人■云－活Ⅱ・陽Ⅰ・書陵・杏Ⅱ・無窮・足利・筑波・弘文・斯Ⅱ・慶Ⅰ・大東・武内・東大・東洋・聖語・東急・斯Ⅰ・六地・宋版・世徳・道蔵」②□□言■－梅沢」②□□言□－敦Ⅱ」

注

1627 謂下事也－活Ⅱ・陽Ⅰ・書陵・杏Ⅱ・無窮・足利・筑波・弘文・斯Ⅱ・梅沢・慶Ⅰ・大東・武内・東大・東洋・聖語・東急・斯Ⅰ・宋版・世徳・敦Ⅱ」④■■■■－道蔵」

経

1628 謂社稷之主－活Ⅱ・陽Ⅰ・書陵・杏Ⅱ・無窮・足利・筑波・弘文・斯Ⅱ・梅沢・慶Ⅰ・大東・武内・東大・東洋・聖語・東急・六地」②□□□■□－斯Ⅰ・宋版・世徳・道蔵・敦Ⅱ」

注

1629 人君－活Ⅱ・陽Ⅰ・書陵・杏Ⅱ・無窮・足利・筑波・弘文・斯Ⅱ・梅沢・慶Ⅰ・大東・武内・東大・東洋・聖語・東急・斯Ⅰ・道蔵・敦Ⅱ」②■□－宋版・世徳」

1630 受國之垢濁者－活Ⅱ・陽Ⅰ・書陵・杏Ⅱ・足利・筑波・弘文・斯Ⅱ・梅沢・慶Ⅰ・大東・武内・東大・東洋・聖語・東急・道蔵・敦Ⅱ」②□国□□□■－無窮」②□□■□□□－斯Ⅰ・世徳」③愛□■□□□－宋版」

33オ7

1631 若江海不逆小流－活Ⅱ・陽Ⅰ・書陵・無窮・足利・筑波・弘文・斯Ⅱ・梅沢・慶Ⅰ・大東・東急・斯Ⅰ・宋版・世徳・道蔵・敦Ⅱ」②□□□□□細□－杏Ⅱ・武内・東大・東洋・聖語」

1632 則能長保■社稷－活Ⅱ・陽Ⅰ・書陵・杏Ⅱ・無窮・足利・筑波・弘文・斯Ⅱ・梅沢・慶Ⅰ・大東・武内・東大・東洋・聖語・東急・道蔵・敦Ⅱ」②□□□□其□□－斯Ⅰ・宋版・世徳」

1633 爲一國之君主■也－活Ⅱ・陽Ⅰ・書陵・杏Ⅱ・無窮・足利・弘文・斯Ⅱ・慶Ⅰ・大東・武内・東大・聖語」②□□国□□□者□－東洋」②□□□□□□■■－道蔵」②□□□■□□■□－筑波・梅沢・東急・斯Ⅰ・宋版・世徳」④□□□■□□■■－敦Ⅱ」

経

1634 受國■不祥－活Ⅱ・陽Ⅰ・書陵・無窮・足利・筑波・斯Ⅰ・梅沢・慶Ⅰ・大東・武内・東大・東洋・聖語・東急・六地・道蔵・敦Ⅱ」②□□之□□－杏Ⅱ・弘文・斯Ⅰ・宋版・世徳」

33ウ1

1635 謂天下之王－活Ⅱ・陽Ⅰ・書陵・無窮・足利・筑波・弘文・斯Ⅱ・慶Ⅰ・大東・武内・六地」②□□□■□－杏Ⅱ・梅沢・東大・東洋・聖語・東急・斯Ⅰ・宋版・世徳・道蔵・敦Ⅱ」

注

1636 自與代民－活Ⅱ・陽Ⅰ・書陵・杏Ⅱ・無窮・足利・筑波・弘文・斯Ⅱ・梅沢・慶Ⅰ・大東・武内・東大・東洋・聖語・東急・斯

Ⅰ・宋版・世徳・敦Ⅱ」③歸己□□－道藏」

1637 愛不祥之殃－」①受□□□－活Ⅱ・陽Ⅰ・書陵・杏Ⅱ・無窮・足利・筑波・弘文・斯Ⅱ・梅沢・慶Ⅰ・大東・武内・東大・東洋・聖語・東急・斯Ⅰ・宋版・世徳・敦Ⅱ」③■□□■■－道藏」

1638 則可以王有天下■也－活Ⅱ・陽Ⅰ・書陵・杏Ⅱ・無窮・筑波・弘文・斯Ⅱ・慶Ⅰ・大東・武内・東大」①□下□□□◇□■□－足利」②□□□□□□者□－東洋」②□□□□□□□■■－斯Ⅰ・宋版・世徳・敦Ⅱ」②□□□□□□也々－聖語」②■□□□□□■□－梅沢・東急」④□□□□■□□■■－道藏」

33ウ2 注

1639 此乃正直之言■－活Ⅱ・陽Ⅰ・書陵・無窮・足利・筑波・弘文・斯Ⅱ・梅沢・慶Ⅰ・大東・東洋・聖語・東急・斯Ⅰ・宋版・世徳・道藏・敦Ⅱ」②□□□□■□■－武内」②□□□□□□也－杏Ⅱ」④□□□□■□也－東大」

1640 以■爲反言也－活Ⅱ・陽Ⅰ・書陵・杏Ⅱ・足利・筑波・弘文・斯Ⅱ・梅沢・慶Ⅰ・大東・武内・東大・東洋・聖語・斯Ⅰ」②□所□□□□－無窮・東急」②□■□□□■－宋版・世徳・道藏・敦Ⅱ」

33ウ3

1641 任契■■第七十九－活Ⅱ・陽Ⅰ・梅沢・斯Ⅰ・宋版・世徳・道藏」②□□■章□□□□－弘文・武内・東大・東洋」③和大■章□□□□－杏Ⅱ・慶Ⅰ・大東」③和大怨章□□□□－筑波」③■■■■■■■－書陵・無窮・足利・斯Ⅱ・聖語・東急・六地・敦Ⅱ」

33ウ4 経

1642 和大怨■－活Ⅱ・陽Ⅰ・書陵・杏Ⅱ・無窮・筑波・弘文・梅沢・慶Ⅰ・大東・武内・東大・東洋・聖語・東急・斯Ⅰ・六地・宋版・世徳・道藏・敦Ⅱ」②□□者－足利・斯Ⅱ」

注

1643 殺人者死－活Ⅱ・陽Ⅰ・無窮・筑波・弘文・慶Ⅰ・大東・東洋・聖語・東急・斯Ⅰ・宋版・世徳・道藏・敦Ⅱ」①敍□□□－書陵・杏Ⅱ・足利・斯Ⅱ・梅沢・武内・東大」

1644 傷人者刑－活Ⅱ・陽Ⅰ・書陵・無窮・足利・筑波・弘文・斯Ⅱ・梅沢・慶Ⅰ・大東・武内・東大・東洋・聖語・東急・斯Ⅰ・宋版・世徳・道藏・敦Ⅱ」②□之□□－杏Ⅱ」

1645 以相和報■■－活Ⅱ・陽Ⅰ・書陵・東急・斯Ⅰ・宋版・世徳・敦Ⅱ」②□□□■也－杏Ⅱ・無窮・足利・筑波・弘文・斯Ⅱ・梅沢・慶Ⅰ・大東・武内・東大・聖語・道藏」②□□□□之也－東洋」

33ウ5 注

1646 必有餘怨－活Ⅱ・陽Ⅰ・書陵・杏Ⅱ・無窮・足利・筑波・斯Ⅱ・梅沢・慶Ⅰ・大東・武内・東大・東洋・聖語・東急・斯Ⅰ・道藏・敦Ⅱ」①□□余□－弘文」②□□■□－宋版・世徳」

1647 及於■良民也■－活Ⅱ・陽Ⅰ・書陵・杏Ⅱ・無窮・筑波・斯Ⅱ・梅沢・慶Ⅰ・武内・東大・東洋・聖語」②□□■□□□矣－弘文・大東」②□□■□□■■－東急・敦Ⅱ」②□□畏□□□■－足利」②□□■□人□■－斯Ⅰ・宋版・世徳」④□□■□人■■－道藏」

注

1648 一人吁嗟－活Ⅱ・杏Ⅱ・無窮・筑波・弘文・大東・武内・東大・東洋・宋版・世徳・道藏」①□□呼□－陽Ⅰ・書陵・足利・斯Ⅱ・梅沢・慶Ⅰ・東急・聖語・斯Ⅰ・敦Ⅱ」

1649 則失天■心－活Ⅱ・陽Ⅰ・書陵・杏Ⅱ・足利・筑波・弘文・斯Ⅱ・梅沢・慶Ⅰ・大東・武内・東大・東洋・聖語・東急・斯Ⅰ・宋版・世徳・道藏・敦Ⅱ」②□□□之□－無窮」

33ウ6

1650 爲善也－活Ⅱ・陽Ⅰ・書陵・杏Ⅱ・無窮・足利・筑波・梅沢・慶Ⅰ・大東・武内・東大・東洋・聖語・東急・斯Ⅰ・宋版・世徳・道藏」②□□■－弘文・斯Ⅱ・敦Ⅱ」

経

1651 執左契－活Ⅱ・陽Ⅰ・杏Ⅱ・無窮・筑波・弘文・斯Ⅱ・梅沢・慶Ⅰ・大東・武内・東大・東洋・聖語・斯Ⅰ・宋版・世徳・道藏・敦Ⅱ・治要」①□□契－書陵・足利・東急」

注

1652 執左契合符信■－活Ⅱ・陽Ⅰ・杏Ⅱ・斯Ⅱ・東大・東洋・聖語・敦Ⅱ」①報□□□□□■－武内」①□□契□□□■－書陵・足利」②□□□□□□也－無窮・筑波・弘文・梅沢・大東・斯Ⅰ・

宋版・世徳・道蔵」③□□㓞□□□也－東急」⑤□右㓞□□□也－慶Ⅰ」⑤■■■■■■■－治要」

1653 無文字法律■－活Ⅱ・書陵」①无□□□□■－陽Ⅰ」②□□書□□■－足利・弘文・斯Ⅱ・東急・宋版・世徳」③无□書□□■－無窮・筑波・梅沢・慶Ⅰ・大東・聖語・斯Ⅰ・敦Ⅱ・治要」④□□書□□刑－道蔵」⑤无□書□□也－杏Ⅱ・武内・東大・東洋」

1654 刻契合符－活Ⅱ・陽Ⅰ・杏Ⅱ・無窮・筑波・弘文・斯Ⅱ・梅沢・大東・武内・東大・東洋・聖語・斯Ⅰ・宋版・世徳・道蔵・敦Ⅱ・治要」①□㓞□□－書陵・足利・慶Ⅰ・東急」

33ウ7

1655 以爲信■也－活Ⅱ・陽Ⅰ・書陵・杏Ⅱ・足利・筑波・弘文・慶Ⅰ・大東・武内・東大・東洋・聖語・東急・斯Ⅰ・宋版・世徳・道蔵・治要」②□□□■■－斯Ⅱ・敦Ⅱ」②□□□之□－無窮・梅沢」

注

1656 ■刻契之信－陽Ⅰ・杏Ⅱ・筑波・弘文・斯Ⅱ・梅沢・大東・武内・東大・東洋・斯Ⅰ・宋版・世徳」①■□㓞□□－書陵・足利・慶Ⅰ」①■剋□□□－敦Ⅱ」②■尅㓞□□－東急」②執□□□□－活Ⅱ・無窮」②■□□爲□－聖語・道蔵」②■□□■□－治要」

1657 不責■人以他事也■－活Ⅱ・無窮・慶Ⅰ・聖語・東急・斯Ⅰ・宋版・世徳」①□□■□□化□□■－梅沢」②□□■□□□□■■－敦Ⅱ・治要」②□□■□於□□□■－道蔵」②□□於□□□□□■－陽Ⅰ・書陵・杏Ⅱ・足利・筑波・弘文・斯Ⅱ・大東・武内・東大」④□□於□□□□□矣－東洋」

34オ1

経

1658 有徳司契－活Ⅱ・陽Ⅰ・杏Ⅱ・無窮・筑波・弘文・斯Ⅱ・梅沢・大東・武内・東大・東洋・聖語・斯Ⅰ・宋版・世徳・道蔵・敦Ⅱ・治要」①□□□㓞－書陵・足利・慶Ⅰ・東急」

注

1659 司察契信而已也－活Ⅱ・無窮・梅沢」②□□□□□□■－陽Ⅰ・杏Ⅱ・筑波・斯Ⅱ・大東・東大・東洋・斯Ⅰ・宋版・世徳・道蔵・敦Ⅱ・治要」②□□□□□■□－弘文」②□容□◇◇◇◇－聖語」③□□□□□耳■－武内」③□□㓞□□□■－書陵・足利・慶Ⅰ・東急」

経

1660 無徳司徹－活Ⅱ・陽Ⅰ・書陵・杏Ⅱ・無窮・足利・筑波・弘文・斯Ⅱ・慶Ⅰ・東大・東洋・聖語・東急・斯Ⅰ・宋版・世徳・道蔵」①无□□□－梅沢・武内・大東・六地・敦Ⅱ・治要」

注

1661 無徳之君－活Ⅱ・書陵・足利・筑波・弘文・斯Ⅱ・東急・宋版・世徳・道蔵」①无□□□－陽Ⅰ・杏Ⅱ・無窮・梅沢・慶Ⅰ・大東・武内・東大・東洋・聖語・斯Ⅰ・敦Ⅱ・治要」

1662 背其契信－活Ⅱ・陽Ⅰ・杏Ⅱ・無窮・筑波・弘文・斯Ⅱ・梅沢・大東・武内・東大・東洋・聖語・斯Ⅰ・世徳・道蔵・敦Ⅱ・治要」①□□㓞□－書陵・慶Ⅰ・東急」①□□□言－宋版」②皆□㓞□－足利」

1663 司人■所失也－活Ⅱ・陽Ⅰ・書陵・杏Ⅱ・無窮・足利・筑波・弘文・斯Ⅱ・梅沢・慶Ⅰ・大東・武内・東大・聖語・治要」②□□之□□□－東洋」②□□■□□■－東急・斯Ⅰ・宋版・世徳・道蔵・敦Ⅱ」

34オ2

経

1664 天道無親－活Ⅱ・書陵・杏Ⅱ・無窮・足利・筑波・弘文・斯Ⅱ・梅沢・慶Ⅰ・東大・東洋・聖語・東急・斯Ⅰ・宋版・世徳・道蔵」①□□无□－陽Ⅰ・大東・武内・六地・敦Ⅱ・治要」

1665 常與善人■－活Ⅱ・陽Ⅰ・書陵・梅沢・聖語・東急・斯Ⅰ・六地・宋版・世徳・道蔵・敦Ⅱ・治要・弘文?」②□□□□也－杏Ⅱ・無窮・足利・筑波・斯Ⅱ・慶Ⅰ・大東・武内・東大・東洋」

注

1666 無有親疏－活Ⅱ・書陵・聖語・東急」①无□□□－陽Ⅰ・武内・斯Ⅰ・治要」①□□□踈－足利・弘文・斯Ⅱ・宋版・世徳・道蔵」②无□□踈－杏Ⅱ・無窮・筑波・梅沢・慶Ⅰ・大東・東大・東洋・敦Ⅱ」

1667 與■司契者也－活Ⅱ・陽Ⅰ・杏Ⅱ・無窮・筑波・弘文・斯Ⅱ・梅沢・大東・武内・東大・東洋・斯Ⅰ・宋版・世徳・治要」①□■□㓞□□－書陵・足利・慶Ⅰ・東急」②□之□□□□－聖

語」②□■□□□■－敦Ⅱ」②□■□□同□－道蔵」

34オ3 1668 獨立■■■第八十－活Ⅱ・陽Ⅰ・梅沢・斯Ⅰ・宋版・世德・道蔵」②□□■■章□□□－武内・東大・東洋」②独□■■章■□□－弘文」③小國■■章□□□－杏Ⅱ・慶Ⅰ・大東」③小國寡民章□□□－筑波」③■■■■■■■－書陵・無窮・足利・斯Ⅱ・聖語・東急・六地・敦Ⅱ」

34オ4 経 1669 小國寡民－活Ⅱ・陽Ⅰ・書陵・杏Ⅱ・足利・筑波・弘文・斯Ⅱ・梅沢・慶Ⅰ・大東・武内・東大・東洋・聖語・東急・斯Ⅰ・六地・宋版・世德・道蔵・敦Ⅱ・治要」①少国□□－無窮」

注 1670 ■猶以爲小－活Ⅱ・陽Ⅰ・書陵・杏Ⅱ・無窮・足利・斯Ⅱ・梅沢・武内・東大・東洋・聖語・東急・斯Ⅰ・宋版・世德・道蔵・敦Ⅱ・治要」①■□□□少－筑波・弘文・大東」②獨□□□□－慶Ⅰ」

1671 ■■儉約－活Ⅱ・陽Ⅰ・書陵・杏Ⅱ・無窮・足利・筑波・弘文・斯Ⅱ・梅沢・慶Ⅰ・大東・武内・東大・東洋・聖語・東急・斯Ⅰ・宋版・世德・敦Ⅱ・治要」③國示□□－道蔵」

1672 不爲奢泰■－活Ⅱ・陽Ⅰ・書陵・足利・筑波・弘文・斯Ⅱ・慶Ⅰ・大東・道蔵」②□■□□■－梅沢・東急・斯Ⅰ・宋版・世德・敦Ⅱ・治要」②□□□□也－無窮・武内・聖語」④□■□□也－杏Ⅱ・東大・東洋」

1673 猶若寡之－活Ⅱ・陽Ⅰ・書陵・足利・筑波・弘文・斯Ⅱ・慶Ⅰ・大東・聖語？」②□□□■－杏Ⅱ・梅沢・武内・東大・東洋・東急」②□□□小－無窮・斯Ⅰ」②□□□少－宋版・世德・敦Ⅱ」②□□□乏－道蔵・治要」

1674 不敢勞■也－活Ⅱ・陽Ⅰ・書陵・杏Ⅱ・無窮・足利・筑波・弘文・斯Ⅱ・梅沢・慶Ⅰ・大東・武内・東大・東洋・東急・斯Ⅰ・聖語？」②□□□■■－道蔵・敦Ⅱ」②□□□之□－宋版・世德」②□■□■□－治要」

34オ5 経 1675 使■有什伯－活Ⅱ・陽Ⅰ・書陵・六地・宋版・世德・道蔵・敦Ⅱ」②□民□□□－杏Ⅱ・足利・筑波・弘文・斯Ⅱ・梅沢・慶Ⅰ・大東・武内・東洋」③□民□□佰－無窮・東大・斯Ⅰ・聖語？」③□民□□百－東急」

注 1676 使民－活Ⅱ・陽Ⅰ・書陵・杏Ⅱ・無窮・足利・筑波・弘文・斯Ⅱ・梅沢・慶Ⅰ・大東・武内・東大・東洋・東急・斯Ⅰ・宋版・世德・道蔵・敦Ⅱ」②□人－聖語」

1677 各有部曲什伯－活Ⅱ・陽Ⅰ・書陵・杏Ⅱ・足利・筑波・弘文・斯Ⅱ・梅沢・慶Ⅰ・大東・武内・東洋・宋版・世德・道蔵・敦Ⅱ・聖語？」①□□□□佰－無窮・東大・斯Ⅰ」①□□□□□百－東急」

1678 ■■貴賤－活Ⅱ・陽Ⅰ・書陵・杏Ⅱ・足利・筑波・斯Ⅱ・梅沢・慶Ⅰ・大東・武内・東大・東洋・聖語・東急・斯Ⅰ・宋版・世德・道蔵・敦Ⅱ」①■■□財－弘文」③貧冨□□－無窮」

1679 不相犯也■－活Ⅱ・陽Ⅰ・杏Ⅱ・弘文・斯Ⅰ・梅沢・慶Ⅰ・武内・東大・東洋・聖語・斯Ⅰ・宋版・世德・道蔵」②□□□矣－筑波・大東」②□□□■■－足利・東急」②□□化□■－書陵・無窮」③□□侵暴■－敦Ⅱ」

34オ6 経 1680 而不用■－活Ⅱ・陽Ⅰ・書陵・杏Ⅱ・無窮・梅沢・武内・東大・東洋・聖語・東急・斯Ⅰ・六地・宋版・世德・道蔵・敦Ⅱ」②□□□也－足利・筑波・弘文・斯Ⅱ・慶Ⅰ・大東」

注 1681 謂農■■器■－活Ⅱ・陽Ⅰ・書陵・杏Ⅱ・足利・筑波・弘文・斯Ⅱ・梅沢・慶Ⅰ・大東・武内・東大・東洋・東急・斯Ⅰ」②□□■■□也－無窮」③□□人之□■－宋版・世德・道蔵・敦Ⅱ」③□□民之□■－聖語」

1682 而不用者－活Ⅱ・陽Ⅰ・書陵・杏Ⅱ・無窮・足利・筑波・弘文・斯Ⅱ・梅沢・慶Ⅰ・大東・武内・東大・東洋・聖語・東急・斯Ⅰ・道蔵・敦Ⅱ」②□□□■－宋版・世德」

1683 不徵召奪民良時也－活Ⅱ・書陵・杏Ⅱ・無窮・足利・筑波・弘文・斯Ⅱ・梅沢・大東・武内・東大・東洋・聖語・斯Ⅰ」①□□占□□□□□－陽Ⅰ」②□□□奢□□□□－慶Ⅰ」②□□□人□□□－宋版・世德」②□□□□□□□■－敦Ⅱ」③□微

□□□□□■―東急」⑥□□實□□之□■―道蔵」

注 1684 君能爲民―活Ⅱ・陽Ⅰ・書陵・杏Ⅱ・無窮・足利・筑波・弘文・斯Ⅱ・梅沢・慶Ⅰ・大東・武内・東大・東洋・聖語・東急・斯Ⅰ・宋版・世徳・道蔵・敦Ⅱ」②□□□人―治要」

1685 興利除害―活Ⅱ・陽Ⅰ・書陵・杏Ⅱ・足利・筑波・弘文・斯Ⅱ・梅沢・慶Ⅰ・大東・武内・東大・東洋・聖語・東急・斯Ⅰ・宋版・世徳・道蔵・敦Ⅱ・治要」②与□□□―無窮」

34オ7

1686 各得■其所―活Ⅱ・陽Ⅰ・書陵・無窮・足利・筑波・弘文・梅沢・慶Ⅰ・大東・武内・東大・東洋・聖語・東急・斯Ⅰ・宋版・世徳・道蔵・敦Ⅱ・治要」①□□■□処―杏Ⅱ」②□□而□□―斯Ⅱ」

1687 則■民重死―活Ⅱ・陽Ⅰ・書陵・杏Ⅱ・無窮・足利・筑波・弘文・斯Ⅱ・梅沢・慶Ⅰ・大東・武内・東大・東洋・東急・斯Ⅰ・宋版・世徳・道蔵・治要」②□■人□◇―聖語」②□使□□□―敦Ⅱ」

1688 而貪生也―活Ⅱ・陽Ⅰ・書陵・杏Ⅱ・無窮・足利・筑波・弘文・斯Ⅱ・梅沢・慶Ⅰ・大東・武内・東大・東洋・聖語・東急・斯Ⅰ・宋版・世徳・道蔵・治要」②□□□■―敦Ⅱ」

経 1689 而不遠徒―活Ⅱ・陽Ⅰ・足利・筑波・弘文・大東・武内・東急・聖語？」①□□□徙―書陵・杏Ⅱ・無窮・斯Ⅱ・梅沢・慶Ⅰ・東大・東洋・斯Ⅰ・六地・宋版・世徳・道蔵・敦Ⅱ」③■□□徙―治要」

注 1690 則民安其業―活Ⅱ・陽Ⅰ・書陵・杏Ⅱ・無窮・足利・筑波・弘文・斯Ⅱ・梅沢・慶Ⅰ・大東・武内・東大・東洋・聖語・東急・治要」②□■□□□―斯Ⅰ・宋版・世徳・道蔵」②□使□□□―敦Ⅱ」

1691 故不遠遷徙―活Ⅱ・陽Ⅰ・足利・筑波・大東・東急・聖語・弘文？」①□□□從―武内」①□□□□徙―書陵・無窮・斯Ⅱ・梅沢・慶Ⅰ・東大・東洋・宋版・世徳・敦Ⅱ」②□□□迁徙―杏Ⅱ・斯Ⅰ」②□□□□■―道蔵・治要」

34ウ1

1692 ■離其常處也―活Ⅱ・陽Ⅰ・書陵・杏Ⅱ・無窮・足利・筑波・弘文・斯Ⅱ・梅沢・慶Ⅰ・大東・武内・東大・東洋・聖語・治要」②■□□■□―東急」②■□□□□■―斯Ⅰ・宋版・世徳」②■■□□□□―道蔵」④以□□□■■―敦Ⅱ」

経 1693 無所乘之―活Ⅱ・陽Ⅰ・書陵・杏Ⅱ・無窮・足利・筑波・弘文・斯Ⅱ・慶Ⅰ・東洋・聖語・東急・斯Ⅰ・宋版・世徳・道蔵」①无□□□―梅沢・大東・武内・東大・六地・敦Ⅱ・治要」

注 1694 清静―活Ⅱ・陽Ⅰ・書陵・杏Ⅱ・無窮・足利・斯Ⅱ・梅沢・慶Ⅰ・武内・東洋・聖語・東急・斯Ⅰ・宋版・道蔵・敦Ⅱ・治要」②□浄―東大・世徳」②静清―筑波・弘文・大東」

1695 無爲―活Ⅱ・書陵・無窮・足利・筑波・弘文・斯Ⅱ・梅沢・東急・宋版・世徳・道蔵」②无□―陽Ⅰ・杏Ⅱ・慶Ⅰ・大東・武内・東大・東洋・聖語・斯Ⅰ・敦Ⅱ・治要」

1696 不作繁華―活Ⅱ・陽Ⅰ・書陵・杏Ⅱ・武内・東大・東洋」②□□煩□―無窮・足利・弘文・斯Ⅱ・梅沢・慶Ⅰ・大東・聖語・斯Ⅰ・宋版・世徳・道蔵・敦Ⅱ」③□□煩業―筑波」④□■煩□―東急」④■■■■―治要」

1697 不好出入遊娯■也■―活Ⅱ・陽Ⅰ・書陵・杏Ⅱ・無窮・足利・筑波・弘文・斯Ⅱ・梅沢・慶Ⅰ・大東・武内・東大・東急・斯Ⅰ」①□□□□游□■□■―宋版・世徳」②□□□□□□者□■―東洋」②□□□□□□■■■―敦Ⅱ」②□□□□□■□々―聖語」④□□□■□□■■■―道蔵」⑤□□□■■■■■―治要」

34ウ2

経 1698 雖有甲兵―活Ⅱ・陽Ⅰ・書陵・杏Ⅱ・無窮・足利・筑波・斯Ⅱ・梅沢・慶Ⅰ・大東・武内・東大・東洋・聖語・東急・斯Ⅰ・六地・宋版・世徳・道蔵・敦Ⅱ・治要」①□□申□―弘文」

1699 無所陳之―活Ⅱ・陽Ⅰ・書陵・杏Ⅱ・無窮・足利・筑波・弘文・慶Ⅰ・東大・東洋・聖語・東急・斯Ⅰ・宋版・世徳・道蔵」①无□□□―梅沢・大東・六地・敦Ⅱ・治要」①□□陣□―斯Ⅱ」②无□陣□―武内」

注 1700 無怨■悪—活Ⅱ・陽Ⅰ・書陵・足利・筑波・梅沢・東急・宋版・世徳・道蔵」①无□■□—杏Ⅱ・無窮・斯Ⅱ・慶Ⅰ・大東・武内・東大・東洋・聖語・斯Ⅰ・敦Ⅱ・治要」②□□害□—弘文」

1701 於天下■也—活Ⅱ・陽Ⅰ・書陵・杏Ⅱ・無窮・足利・筑波・弘文・斯Ⅱ・梅沢・慶Ⅰ・大東・武内・聖語」②□□□者□—東洋」②□□□■■—東大・東急・斯Ⅰ・宋版・世徳・道蔵・敦Ⅱ・治要」

34ウ3 注 1702 信而—活Ⅱ・陽Ⅰ・書陵・杏Ⅱ・無窮・足利・筑波・弘文・斯Ⅱ・梅沢・大東・武内・東大・東洋・聖語」②□■—慶Ⅰ・東急・斯Ⅰ・宋版・世徳・道蔵・敦Ⅱ」

1703 無欺■也—活Ⅱ・書陵・足利・筑波・弘文・斯Ⅱ・東急・宋版・世徳・道蔵」①无□■□—陽Ⅰ・杏Ⅱ・無窮・梅沢・慶Ⅰ・大東・武内・聖語・斯Ⅰ」③无□■■—東大・敦Ⅱ」③无□之□—東洋」

注 1704 甘其■疏食—活Ⅱ・陽Ⅰ・書陵・無窮・足利・斯Ⅱ・慶Ⅰ・聖語・東急・斯Ⅰ」①□□■蔬□—杏Ⅱ・筑波・弘文・梅沢・大東・武内・東大・東洋・宋版・世徳・道蔵・治要」②□□以□□—敦Ⅱ」

1705 不漁食百姓也—活Ⅱ・陽Ⅰ・杏Ⅱ・無窮・足利・筑波・弘文・斯Ⅱ・梅沢・慶Ⅰ・大東・東大・東洋・聖語・東急・斯Ⅰ・宋版・世徳・治要」①□魚□□□□—道蔵」②■□□□□□—武内」②□復□□□□—書陵」③□魚□□□■—敦Ⅱ」

34ウ4 経 1706 美其服—活Ⅱ・陽Ⅰ・書陵・杏Ⅱ・無窮・足利・筑波・弘文・斯Ⅱ・梅沢・慶Ⅰ・大東・武内・東大・東洋・東急・斯Ⅰ・六地・宋版・世徳・道蔵・敦Ⅱ・聖語？」②□□衣—治要」

注 1707 不貴五色也—活Ⅱ・陽Ⅰ・書陵・杏Ⅱ・無窮・足利・筑波・弘文・斯Ⅱ・梅沢・慶Ⅰ・大東・東大・東洋・道蔵」②□□□□■—武内・聖語・東急・斯Ⅰ・宋版・世徳・敦Ⅱ・治要」

経 1708 安其居—活Ⅱ・陽Ⅰ・書陵・杏Ⅱ・無窮・足利・筑波・弘文・斯Ⅱ・梅沢・慶Ⅰ・大東・武内・東大・東洋・聖語・東急・斯Ⅰ・六地・宋版・世徳・道蔵・治要」②□居其—敦Ⅱ」

注 1709 安其茅茨—活Ⅱ・陽Ⅰ・書陵・杏Ⅱ・無窮・足利・筑波・弘文・斯Ⅱ・梅沢・慶Ⅰ・大東・武内・東大・東洋・聖語・東急・斯Ⅰ・宋版・世徳・道蔵・治要」②其安□□—敦Ⅱ」

1710 不好文餝之屋■也—活Ⅱ・陽Ⅰ・書陵・杏Ⅱ・無窮・足利・斯Ⅱ・梅沢・東大」②□□□□□□■■—慶Ⅰ・武内・東急・斯Ⅰ・宋版・世徳・道蔵・敦Ⅱ・治要」②□□□餝□□者□—東洋」②□□□餝■□■□—筑波・弘文・大東」②□◇◇□□居■□—聖語」

34ウ5 注 1711 質朴之俗—活Ⅱ・陽Ⅰ・書陵・杏Ⅱ・無窮・足利・筑波・弘文・斯Ⅱ・梅沢・慶Ⅰ・大東・武内・東大・東洋・聖語・東急・斯Ⅰ・宋版・世徳・道蔵・敦Ⅱ」①□樸□□—治要」

1712 不轉移也—活Ⅱ・陽Ⅰ・書陵・杏Ⅱ・無窮・足利・筑波・弘文・斯Ⅱ・梅沢・慶Ⅰ・大東・武内・東大・東洋・聖語・東急・斯Ⅰ・宋版・世徳」②□□□■—道蔵・敦Ⅱ」③■■■■—治要」

経 1713 雞狗之聲—活Ⅱ・陽Ⅰ・書陵・杏Ⅱ・無窮・足利・筑波・弘文・斯Ⅱ・慶Ⅰ・大東・武内・東大・東洋・聖語・東急・斯Ⅰ・六地・宋版・世徳・敦Ⅱ」①鷄□□□—梅沢・治要」②□犬□□—道蔵」

34ウ6 経 1714 ■民至老■死—活Ⅱ・陽Ⅰ・書陵・杏Ⅱ・無窮・足利・筑波・弘文・斯Ⅱ・慶Ⅰ・大東・武内・東大・東洋・聖語・東急・斯Ⅰ・六地・世徳・道蔵・敦Ⅱ」②使□□□■□—梅沢」②■□□□■■—宋版」②■□□□至□—治要」

注 1715 其無情欲■也—活Ⅱ・陽Ⅰ・書陵・足利・筑波・弘文・斯Ⅱ・東急」①□无□□■□—杏Ⅱ・梅沢・慶Ⅰ・大東・東大・斯Ⅰ・聖語？」②□□□□■■—宋版・世徳・道蔵」③□无□□■■—武内・東洋・敦Ⅱ」③□无□□者□—無窮」③■无□□■□—治要」

34ウ7 1716 顯質■■■第八十一—活Ⅱ・陽Ⅰ・梅沢・斯Ⅰ・宋版・世徳・道蔵」②□□■■章□□□□—武内・東大・東洋」②顕□■■

章■□□□｜弘文」③信言■■章□□□□｜杏Ⅱ・慶Ⅰ・大東」③信言不美章□□□□｜筑波」③■■■■■■■■■｜書陵・無窮・足利・斯Ⅱ・聖語・東急・六地・敦Ⅱ」

35オ1注

1717 信言者｜活Ⅱ・陽Ⅰ・書陵・杏Ⅱ・無窮・足利・筑波・弘文・斯Ⅱ・梅沢・慶Ⅰ・大東・武内・東大・東洋・聖語・斯Ⅰ・道蔵・敦Ⅱ」②□□■｜東急」②□■□｜宋版・世徳」

1718 如其實也｜活Ⅱ・陽Ⅰ・書陵・杏Ⅱ・無窮・足利・筑波・弘文・斯Ⅱ・梅沢・慶Ⅰ・大東・武内・東大・東洋・東急・道蔵」②□□□■｜聖語・斯Ⅰ・宋版・世徳・敦Ⅱ」

1719 ■不美者｜活Ⅱ・陽Ⅰ・杏Ⅱ・無窮・足利・筑波・弘文・斯Ⅱ・梅沢・慶Ⅰ・大東・武内・東大・東洋・聖語・斯Ⅰ・宋版・世徳・道蔵・敦Ⅱ」①不□□□｜東急」②■□□■｜書陵」

1720 朴且質也｜活Ⅱ・陽Ⅰ・書陵・杏Ⅱ・無窮・足利・筑波・弘文・斯Ⅱ・梅沢・慶Ⅰ・大東・武内・東大・東洋・東急・斯Ⅰ・宋版・世徳」①樸□□□｜道蔵」②□□□■｜聖語・敦Ⅱ」

注

1721 ■美■言者｜活Ⅱ・陽Ⅰ・書陵・杏Ⅱ・無窮・足利・筑波・弘文・斯Ⅱ・梅沢・慶Ⅰ・大東・武内・東大・東洋・聖語・東急・敦Ⅱ」②滋□■□□｜斯Ⅰ」④滋□之□□｜宋版・世徳・道蔵」

35オ2

1722 孶孶■華辭也｜活Ⅱ・無窮」②□□■□□■｜陽Ⅰ・書陵・杏Ⅱ・足利・筑波・弘文・斯Ⅱ・梅沢・慶Ⅰ・大東・武内・東大・東洋・聖語・東急・敦Ⅱ」③□□■□詞■｜斯Ⅰ・宋版・世徳」⑤□□之美□■｜道蔵」

1723 不信者｜活Ⅱ・杏Ⅱ・無窮・筑波・弘文・梅沢・大東・武内・東大・東洋・聖語・東急・斯Ⅰ・宋版・世徳・道蔵・敦Ⅱ」②□□■｜陽Ⅰ・書陵・足利・斯Ⅱ・慶Ⅰ」

1724 ■餝僞｜活Ⅱ・陽Ⅰ・書陵・杏Ⅱ・足利・筑波・弘文・斯Ⅱ・梅沢・慶Ⅰ・大東・武内・東大・東洋・聖語・東急・斯Ⅰ・宋版・世徳・道蔵・敦Ⅱ・治要」②好□□｜無窮」

1725 多空虛也｜活Ⅱ・陽Ⅰ・書陵・杏Ⅱ・無窮・足利・筑波・弘文・斯Ⅱ・梅沢・大東・武内・東大・東洋・聖語・東急・斯Ⅰ・宋版・世徳・道蔵・治要」②□□□■｜慶Ⅰ・敦Ⅱ」

経

1726 善者不辨｜活Ⅱ・陽Ⅰ・書陵・無窮・足利・筑波・弘文・斯Ⅱ・梅沢・大東・武内・東大・東洋・斯Ⅰ」①□□辯｜杏Ⅱ・慶Ⅰ・聖語・東急・六地・宋版・世徳・道蔵・敦Ⅱ」

注

1727 善■者｜活Ⅱ・陽Ⅰ・書陵・杏Ⅱ・無窮・筑波・弘文・斯Ⅱ・梅沢・慶Ⅰ・大東・武内・東大・東洋・聖語・東急・斯Ⅰ・宋版・世徳・道蔵・敦Ⅱ」①□者□｜足利」

1728 以道修身也｜活Ⅱ・陽Ⅰ・書陵・杏Ⅱ・無窮・足利・筑波・弘文・斯Ⅱ・慶Ⅰ・大東・武内・東大・東洋・道蔵」②□□□□■｜梅沢・聖語・東急・斯Ⅰ・宋版・世徳・敦Ⅱ」

1729 不辨者｜活Ⅱ・陽Ⅰ・書陵・無窮・足利・筑波・弘文・斯Ⅱ・梅沢・大東・武内・東大・東洋・斯Ⅰ」①□弁□｜杏Ⅱ」①□辯□｜慶Ⅰ・東急・敦Ⅱ・道蔵」③■■■｜聖語・宋版・世徳」

1730 不文采■也｜活Ⅱ・陽Ⅰ・杏Ⅱ・無窮・足利・筑波・弘文・斯Ⅱ・慶Ⅰ・大東・東洋」①□□彩■□｜武内・東大・道蔵」②□□□之□｜書陵」②□采文■□｜梅沢・聖語・敦Ⅱ」③□綵文■□｜斯Ⅰ・宋版・世徳」⑤□采文■■｜東急」

35オ3経

1731 辨者不善｜活Ⅱ・陽Ⅰ・書陵・無窮・足利・筑波・弘文・斯Ⅱ・梅沢・大東・東大・聖語・斯Ⅰ」①辯□□□｜杏Ⅱ・慶Ⅰ・武内・東洋・東急・六地・宋版・世徳・道蔵・敦Ⅱ」

注

1732 辨者｜活Ⅱ・陽Ⅰ・書陵・無窮・足利・筑波・弘文・斯Ⅱ・梅沢・大東・東大・聖語・斯Ⅰ」①弁□｜杏Ⅱ・武内・東洋」①辯□｜慶Ⅰ・東急・宋版・世徳・道蔵・敦Ⅱ」

1733 謂巧言■｜活Ⅱ・陽Ⅰ・書陵・杏Ⅱ・無窮・足利・筑波・弘文・斯Ⅱ・梅沢・慶Ⅰ・大東・武内・東大・東洋・聖語・東急・敦Ⅱ」②□□□也｜斯Ⅰ・宋版・世徳・道蔵」

1734 ■舌致患也｜活Ⅱ・陽Ⅰ・書陵・杏Ⅱ・無窮・足利・筑波・弘文・斯Ⅱ・梅沢・慶Ⅰ・大東・武内・東大・東洋・東急・斯Ⅰ・宋版・世徳・道蔵」②謂◇□□□｜聖語」②■□□□■｜敦Ⅱ」

1735 土有玉掘其山｜活Ⅱ・杏Ⅱ・無窮・筑波・弘文・斯Ⅱ・梅沢・

東大・東急・聖語・斯Ⅰ・道蔵」①□□□堀□□−陽Ⅰ・書陵・
足利・慶Ⅰ」①□□握□□−大東・武内」②山□□□□□−
東洋・宋版・世徳」③□□■□於□−敦Ⅱ」
1736 水有珠■■−活Ⅱ・陽Ⅰ・書陵・杏Ⅱ・無窮・足利・筑波・斯
Ⅱ・梅沢・慶Ⅰ・大東・武内・東大・東洋・聖語・東急・斯Ⅰ・
宋版・世徳・道蔵・敦Ⅱ」②□□□◇也−弘文」
35オ4
1737 辨口多言■−活Ⅱ・陽Ⅰ・書陵・無窮・足利・筑波・弘文・斯
Ⅱ・梅沢・大東・斯Ⅰ・敦Ⅱ・聖語？」①弁□□□■−杏Ⅱ・
武内・東大・東洋」①辯□□□■−慶Ⅰ・東急・宋版・世徳」
③辯□□者−道蔵」
1738 亡其身也−活Ⅱ・陽Ⅰ・書陵・杏Ⅱ・無窮・足利・筑波・弘文・
斯Ⅱ・梅沢・慶Ⅰ・大東・武内・東大・東洋・道蔵・聖語？」
②□□□■−東急・斯Ⅰ・宋版・世徳・敦Ⅱ」
注 1739 守一元也−活Ⅱ・陽Ⅰ・書陵・杏Ⅱ・無窮・筑波・弘文・斯Ⅱ・
梅沢・慶Ⅰ・大東・武内・東大・東洋・聖語・斯Ⅰ・宋版・世
徳・道蔵」②□□無□−足利・東急」②□□□■−敦Ⅱ」
35オ5
注 1740 ■多見聞■−活Ⅱ・陽Ⅰ・書陵・杏Ⅱ・足利・筑波・弘文・斯
Ⅱ・梅沢・慶Ⅰ・大東・武内・東大・東洋・聖語・東急・斯Ⅰ・
宋版・世徳・道蔵・敦Ⅱ」④謂□□□也−無窮」
1741 不知者−活Ⅱ・陽Ⅰ・書陵・杏Ⅱ・無窮・足利・筑波・弘文・
梅沢・慶Ⅰ・大東・武内・東大・東洋・聖語・東急・斯Ⅰ・宋
版・世徳・道蔵・敦Ⅱ」②□□■−斯Ⅱ」
1742 失要真也−活Ⅱ・陽Ⅰ・書陵・杏Ⅱ・無窮・足利・筑波・弘文・
斯Ⅱ・梅沢・慶Ⅰ・大東・武内・東大・東洋・聖語・斯Ⅰ・宋
版・世徳・道蔵」②□□□■−東急・敦Ⅱ」
注 1743 積■徳−活Ⅱ・陽Ⅰ・書陵・杏Ⅱ・無窮・足利・筑波・弘文・
斯Ⅱ・梅沢・慶Ⅰ・武内・東大・東洋・東急・斯Ⅰ・宋版・世
徳・道蔵・治要」②□■行−大東」②□不□−敦Ⅱ」③不積□
−聖語」
1744 不積財■−活Ⅱ・陽Ⅰ・書陵・杏Ⅱ・足利・筑波・弘文・斯Ⅱ・
梅沢・慶Ⅰ・大東・武内・東大・東洋・聖語・東急・斯Ⅰ・宋
版・世徳・道蔵・敦Ⅱ・治要」②□□□也−無窮」
1745 以■教愚−活Ⅱ・陽Ⅰ・書陵・杏Ⅱ・無窮・足利・筑波・弘文・
斯Ⅱ・梅沢・慶Ⅰ・大東・武内・東大・東洋・聖語・東急・斯
Ⅰ・宋版・世徳・道蔵・敦Ⅱ」①□以□□−治要」
35オ6
1746 以與貧也−活Ⅱ・陽Ⅰ・書陵・杏Ⅱ・無窮・足利・筑波・弘文・
斯Ⅱ・梅沢・慶Ⅰ・大東・東大・東洋・聖語・東急・斯Ⅰ・宋
版・世徳・道蔵」①□与貪□−武内」②□□□■−敦Ⅱ・治要」
35オ7
注 1747 已愈有徳■也−活Ⅱ・陽Ⅰ・書陵・杏Ⅱ・無窮・足利・筑波・
弘文・斯Ⅱ・梅沢・慶Ⅰ・大東・武内・東大・聖語」②□□□
□者□−東洋」②□□□□■−東急・斯Ⅰ・宋版・世徳・道
蔵・敦Ⅱ」
注 1748 既以財賄−活Ⅱ・陽Ⅰ・書陵・杏Ⅱ・無窮・足利・筑波・弘文・
斯Ⅱ・梅沢・慶Ⅰ・大東・武内・東大・東洋・聖語・東急・斯
Ⅰ・宋版・世徳・道蔵・治要」②□□□貨−敦Ⅱ」
1749 ■布施與人−活Ⅱ・陽Ⅰ・書陵・杏Ⅱ・足利・筑波・弘文・斯
Ⅱ・慶Ⅰ・大東・武内・聖語・東急・斯Ⅰ・宋版・世徳・道蔵・
治要」②有■□□□−梅沢・東大」②有□□□□−無窮」③■
■□□−敦Ⅱ」④有■□□■−東洋」
1750 ■財益多−活Ⅱ・陽Ⅰ・書陵・無窮・足利・筑波・弘文・斯Ⅱ・
梅沢・慶Ⅰ・大東・聖語・東急・敦Ⅱ・治要」②而□□□−杏
Ⅱ・武内・東大・東洋・斯Ⅰ・宋版・世徳・道蔵」
1751 光無有−活Ⅱ・書陵・無窮・足利・筑波・斯Ⅱ・東急・宋版・
世徳・道蔵」①□无□−陽Ⅰ・杏Ⅱ・梅沢・慶Ⅰ・大東・武内・
東大・東洋・聖語・斯Ⅰ・敦Ⅱ・治要」③无光□−弘文」
35ウ1
1752 盡時■也−活Ⅱ・陽Ⅰ・書陵・杏Ⅱ・無窮・足利・筑波・弘文・
斯Ⅱ・慶Ⅰ・大東・武内・東大・聖語・東急・斯Ⅰ・宋版・世
徳」②□□者□−東洋」②□□之□−梅沢」②□□■■−道蔵
・敦Ⅱ・治要」
注 1753 令長大−活Ⅱ・陽Ⅰ・書陵・杏Ⅱ・無窮・足利・弘文・斯Ⅱ・

梅沢・慶Ⅰ・大東・武内・東大・東洋・聖語・東急・斯Ⅰ・宋
版・世徳・敦Ⅱ・治要」②□□天－筑波・道蔵」
1754 無所傷害之也－活Ⅱ・書陵・無窮・足利・筑波・弘文・斯Ⅱ・
東急」①无□□□□□－陽Ⅰ・梅沢・慶Ⅰ・大東・武内・東大・
東洋」②□□□□■□－宋版・世徳」②□□□□■■－道蔵」
③无□□□■□－杏Ⅱ・聖語・斯Ⅰ」③无□□□□■■－敦Ⅱ」
③无□■□■□－治要」

35ウ2注
1755 法天■所施爲－活Ⅱ・陽Ⅰ・書陵・杏Ⅱ・無窮・足利・梅沢・
慶Ⅰ・武内・東大・東洋・斯Ⅰ・宋版・世徳・道蔵・治要」②
□□有□□□－筑波・斯Ⅱ・大東・聖語・東急・弘文？」②□
□无□□□□－敦Ⅱ」

1756 化■成事就－活Ⅱ・陽Ⅰ・書陵・杏Ⅱ・無窮・足利・筑波・弘
文・斯Ⅱ・梅沢・慶Ⅰ・大東・武内・東大・東洋・聖語・東急・
斯Ⅰ・宋版・世徳・敦Ⅱ・治要」②□功□□□－道蔵」

1757 不與■下爭功名－活Ⅱ・陽Ⅰ・書陵・杏Ⅱ・無窮・足利・筑波・
弘文・斯Ⅱ・梅沢・慶Ⅰ・大東・武内・東大・東洋・聖語・東
急・斯Ⅰ・宋版・世徳・敦Ⅱ・治要」②□□天□□□□－道蔵」

35ウ3
1758 全其聖功■也－活Ⅱ・陽Ⅰ・書陵・杏Ⅱ・無窮・足利・梅沢・
慶Ⅰ・武内・東大・東洋・聖語・斯Ⅰ・宋版・世徳・治要」②
□□□□之□－筑波・弘文・斯Ⅱ・大東」②□□□□□■■－東
急・道蔵・敦Ⅱ」

35ウ5
1759 ■■■老子德經■■下■■－活Ⅱ・陽Ⅰ・書陵・杏Ⅱ・斯Ⅱ・
梅沢・慶Ⅰ・武内・東急・六地・敦Ⅱ」②■■■□□□□■■
□之終－東洋」②■■□□□卷■□■■－無窮」②■■■
□□□卷■■終－世徳」②■■□□■□■■－足
利」③■■□□■□卷之□■■－東大」③■■■□□■◇■
■◇■終－弘文」③■■□□■□■之□■終－筑波・大東」
③河上公□□□■■□■■－斯Ⅰ」③河上公□□□□■■■
■終－宋版」③道徳眞經註卷之四－道蔵」

1760 ■■■■■－活Ⅱ・陽Ⅰ・書陵・杏Ⅱ・無窮・足利・筑波・弘
文・斯Ⅱ・梅沢・慶Ⅰ・大東・武内・東大・東洋・東急・斯Ⅰ・
六地・宋版・世徳・道蔵」③河上公章句－敦Ⅱ」

附表１（活Ⅰと諸本との異同量　巻上）

章次	活Ⅱ	天理	陽Ⅰ	書陵	無窮	龍門	足利	斯Ⅱ	慶Ⅰ	大東	慶Ⅱ	弘文	筑波	梅沢	武内	東大	東急	東洋	斯Ⅰ	世徳	宋版	道蔵	杏Ⅰ	敦Ⅰ	六地	陽Ⅱ	治要
1	2	8	6	18	27	16	27	37	31	30	50	39	19	28	36	24	33	23	38	50	47	61	16	—	4	3	—
2	0	4	13	11	9	16	9	26	14	13	10	13	9	11	17	12	28	13	32	32	29	40	—	—	6	4	12
3	0	1	5	11	10	13	14	13	17	19	8	16	11	19	15	15	18	25	33	40	41	36	5	12	7	5	44
4	0	2	4	7	7	7	15	14	8	8	13	9	6	16	13	11	17	17	22	40	41	31	8	18	4	3	—
5	1	2	1	5	9	9	9	11	14	13	7	10	9	20	12	10	14	18	16	19	21	28	7	22	3	5	9
6	3	2	3	12	10	9	16	14	17	16	11	14	9	19	13	11	17	13	17	35	28	49	13	38	3	5	—
7	1	0	6	5	5	11	6	4	8	10	15	8	12	11	11	11	10	6	9	18	17	29	—	25	5	6	—
8	0	0	8	11	12	18	12	13	15	16	9	15	18	14	11	13	16	10	21	15	19	21	0	39	4	5	—
9	2	2	3	7	11	10	11	10	11	10	6	15	12	13	6	6	9	13	12	13	13	19	8	23	3	4	16
10	0	2	11	16	14	27	27	23	20	18	23	43	24	27	23	31	26	22	44	63	70	75	12	90	7	6	—
11	0	13	5	10	10	15	14	13	15	20	16	15	18	12	21	18	16	17	22	37	38	60	—	38	8	8	—
12	0	2	2	5	3	6	8	5	4	4	9	10	7	2	5	11	8	6	5	19	19	34	—	27	3	3	14
13	0	4	14	15	15	15	18	23	21	21	14	27	18	27	21	24	17	20	31	57	60	83	—	63	6	11	—
14	0	13	28	26	33	26	36	29	47	49	39	39	48	34	49	47	38	43	50	64	63	104	—	100	10	8	—
15	0	3	20	33	27	31	33	29	30	26	27	32	31	38	34	32	43	35	38	44	45	78	—	82	9	10	—
16	0	6	8	16	26	20	21	29	29	31	24	20	36	36	24	29	27	37	38	63	62	86	—	78	6	8	—
17	3	5	7	18	8	18	10	18	11	11	15	12	16	12	19	16	21	17	33	34	37	49	—	49	6	4	17
18	0	2	1	7	5	4	4	6	6	6	9	8	9	10	5	9	14	11	10	34	31	49	—	28	5	7	—
19	8	12	6	12	19	12	14	14	25	25	21	11	25	27	27	23	26	31	28	49	50	59	—	54	5	4	36
20	0	6	15	16	22	26	25	30	26	26	31	26	37	47	33	35	53	44	66	72	70	112	—	30	12	20	—
21	1	2	8	10	5	16	11	19	16	15	22	13	14	8	8	10	5	12	24	32	34	61	—	—	0	0	—
22	2	6	6	11	16	13	16	15	16	17	28	20	18	24	21	21	21	25	37	35	41	61	—	—	7	6	47
23	0	8	3	6	9	8	6	12	10	8	9	14	9	26	14	19	21	15	18	40	40	73	—	—	8	3	24
24	2	2	10	11	9	13	15	16	15	16	9	15	13	12	16	15	21	22	16	32	32	47	—	—	6	4	24
25	3	2	30	20	29	35	16	28	36	32	31	21	28	24	40	44	40	40	58	63	67	76	—	—	6	5	33
26	0	8	0	5	3	6	13	14	6	5	7	5	5	12	9	8	13	12	13	22	21	39	—	—	3	3	29
27	4	4	7	12	13	19	11	19	20	17	19	12	17	19	20	27	19	30	45	59	57	56	—	—	9	7	38
28	0	10	13	12	15	16	7	20	17	24	26	32	33	26	38	42	37	45	52	62	64	76	—	—	9	7	33
29	0	3	6	12	15	12	10	15	11	11	15	12	10	9	20	18	18	24	27	25	26	45	—	—	5	6	11
30	2	2	4	12	15	13	18	16	18	21	16	16	17	13	13	19	11	24	21	29	27	41	—	—	5	5	39
31	3	3	12	9	8	10	23	30	28	30	23	21	36	23	41	44	41	49	58	66	64	117	—	—	5	9	68
32	2	2	8	9	9	17	21	13	15	16	14	14	15	20	25	18	21	23	19	22	24	49	2	—	7	10	—
33	2	2	4	5	3	7	8	9	12	10	11	13	12	6	8	12	9	18	23	26	27	42	5	—	3	3	26
34	0	4	7	15	18	21	9	20	19	21	28	19	17	15	16	15	12	26	36	38	40	46	7	—	6	5	—
35	0	3	7	13	13	18	19	18	17	19	22	23	18	12	21	16	16	17	22	28	28	45	—	—	5	4	—
36	0	7	2	10	6	6	13	8	8	8	6	10	15	9	6	8	7	13	8	16	14	27	0	—	6	6	—
37	2	5	5	17	14	19	20	15	22	17	18	20	19	18	26	23	21	16	21	30	31	31	2	—	9	9	6
異同量	43	162	298	450	482	558	565	648	655	659	661	662	670	699	737	747	784	832	1063	1423	1438	2035	85	816	215	221	526

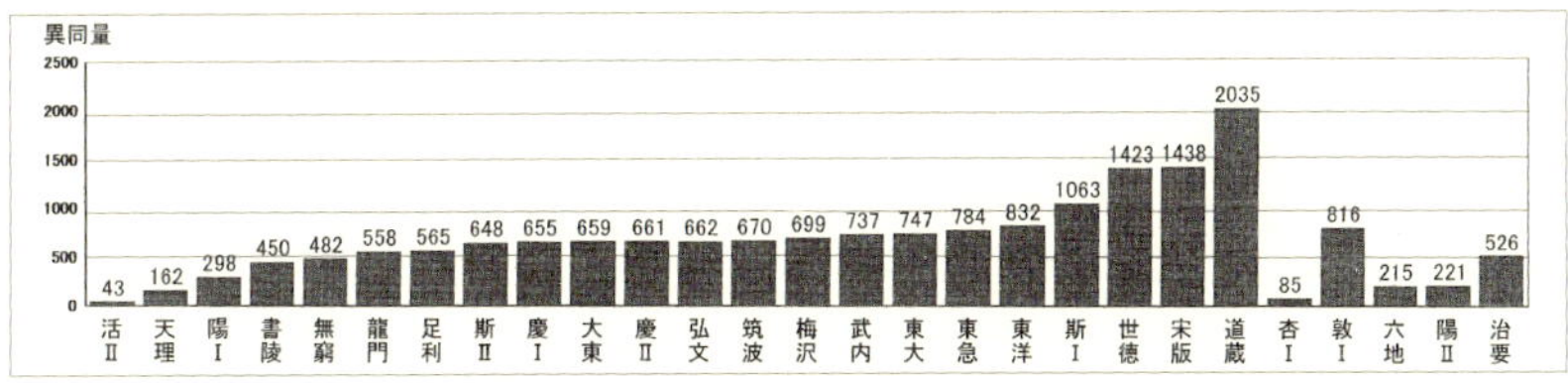

附表2（活Ⅰと諸本との異同量　巻下）

章次	活Ⅱ	陽Ⅰ	書陵	足利	杏Ⅱ	筑波	弘文	武内	無窮	梅沢	斯Ⅱ	慶Ⅰ	大東	東大	斯Ⅰ	東洋	聖語	東急	世徳	宋版	道蔵	敦Ⅱ	六地	治要
38	0	14	12	4	31	19	26	37	32	16	28	26	24	43	44	41	44	72	60	60	73	—	7	41
39	0	21	28	48	40	43	44	47	42	32	42	58	57	52	50	50	53	63	70	69	76	39	13	76
40	0	4	9	7	11	11	9	14	3	9	12	14	15	14	14	14	14	15	16	18	19	29	6	—
41	0	16	22	24	20	26	15	21	12	32	22	21	21	24	24	33	25	25	38	43	52	56	6	—
42	2	9	17	11	17	14	12	16	19	16	16	14	13	16	26	23	24	30	38	42	63	48	3	26
43	0	13	11	11	14	20	14	13	20	7	22	22	20	15	20	12	16	16	19	24	36	35	9	18
44	0	1	7	15	5	12	13	4	12	10	8	13	10	6	7	6	7	15	18	15	30	31	3	10
45	2	11	10	17	26	25	17	27	13	21	22	28	23	24	24	30	24	32	26	29	40	61	4	20
46	2	2	5	7	7	5	3	7	11	5	6	7	6	10	12	9	10	16	13	14	19	31	4	14
47	0	2	10	6	6	4	4	8	10	13	4	8	9	15	14	15	14	16	21	23	19	21	3	28
48	0	8	11	10	9	10	13	9	9	12	8	14	14	14	15	17	15	18	18	20	28	33	6	23
49	2	17	18	19	21	22	16	12	9	33	18	23	21	19	20	26	20	32	30	31	36	63	6	14
50	2	6	6	17	15	14	15	15	23	14	19	18	19	19	19	15	19	26	45	50	53	58	7	—
51	0	5	7	14	14	18	16	11	14	20	28	17	17	19	12	22	12	19	26	27	35	38	3	0
52	0	10	8	11	13	13	12	12	20	23	17	16	14	21	28	23	27	29	48	44	48	57	4	—
53	0	10	14	24	22	28	23	22	17	22	27	22	20	23	19	27	20	36	36	40	40	51	3	37
54	0	5	7	12	8	8	14	13	7	12	12	9	7	13	17	19	15	27	24	28	40	50	3	27
55	1	2	9	14	15	14	14	12	22	15	13	15	18	14	22	18	22	26	34	37	53	63	6	0
56	2	8	10	18	16	14	18	19	15	19	8	13	14	15	35	27	37	30	42	46	61	47	3	0
57	2	17	19	14	19	11	16	19	17	15	17	21	20	24	28	36	30	29	50	44	61	57	10	61
58	0	4	3	14	12	12	14	10	21	24	10	13	13	13	21	22	21	38	35	32	58	69	4	24
59	4	8	13	19	9	16	20	10	14	13	15	15	19	16	23	26	25	26	32	31	33	50	7	—
60	0	3	5	6	10	11	11	9	13	8	24	11	8	16	16	8	16	36	24	30	55	45	3	17
61	0	8	14	14	14	12	13	17	11	12	18	13	13	16	25	21	25	39	34	38	63	41	5	—
62	0	10	17	24	22	25	25	18	15	26	24	23	27	26	20	30	35	34	42	43	54	57	7	25
63	0	2	8	7	5	8	15	10	6	14	9	17	13	11	7	7	12	8	17	10	16	44	11	18
64	4	19	29	38	38	39	45	47	42	38	37	49	48	45	60	56	46	57	56	56	80	84	16	67
65	0	4	11	14	19	20	19	11	15	14	20	16	17	11	24	21	34	24	35	34	44	64	5	18
66	0	7	6	16	17	14	14	23	17	25	14	17	18	17	25	19	22	15	44	43	47	44	3	15
67	0	10	17	29	15	22	28	29	22	38	22	21	21	25	48	35	56	33	53	51	87	95	9	40
68	0	1	3	4	6	8	12	7	4	4	6	10	8	5	13	13	20	13	16	18	30	28	3	—
69	0	13	21	14	22	17	20	27	11	21	25	22	20	26	21	26	39	25	25	23	48	66	6	12
70	1	8	17	16	16	13	18	11	24	17	21	15	16	14	16	19	18	15	22	26	31	28	8	21
71	0	5	8	13	12	11	9	9	9	12	13	14	14	12	9	15	16	7	14	13	40	17	7	—
72	0	1	3	10	6	13	15	9	12	9	14	16	18	9	19	19	14	13	25	25	41	33	5	—
73	0	4	9	13	16	9	15	15	27	14	20	8	14	15	25	24	24	24	26	26	26	41	4	11
74	0	11	14	12	22	14	16	19	25	14	16	11	14	19	23	21	40	15	32	30	90	45	5	14
75	0	3	7	13	10	14	12	13	17	15	23	12	15	10	19	17	27	16	30	25	26	30	4	26
76	0	2	8	6	6	13	11	7	9	7	5	6	11	23	12	11	3	11	12	12	22	28	5	—
77	0	0	4	4	13	7	6	8	12	13	5	5	6	8	8	22	15	27	17	17	53	30	3	—
78	1	2	10	19	18	20	16	12	11	17	15	12	17	23	25	22	24	30	40	45	55	42	4	—
79	2	9	17	29	22	18	18	22	21	16	22	27	23	19	14	22	16	23	13	14	23	27	5	18
80	0	3	9	11	20	18	18	25	30	18	15	23	23	26	29	27	27	30	35	35	43	62	6	45
81	0	7	12	13	16	14	16	14	15	12	13	17	17	15	27	23	28	32	37	38	39	54	5	11
異同量	27	325	505	661	695	699	720	720	730	747	755	772	775	820	979	988	1051	1163	1388	1419	1986	1992	249	777

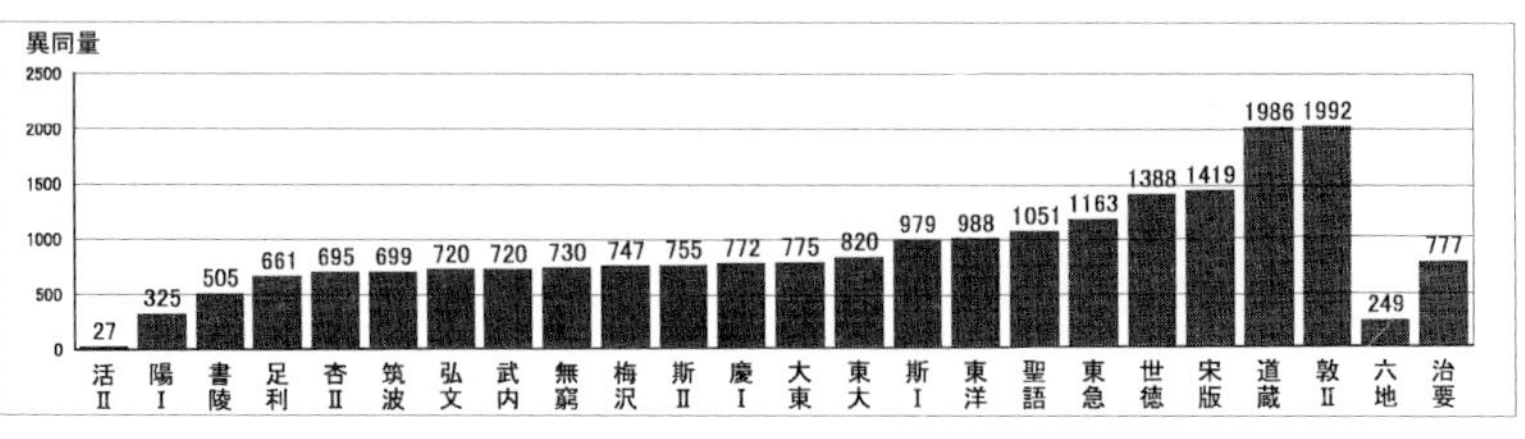

附表３（活Ⅰと諸本との異同量　巻上下）

	活Ⅱ	陽Ⅰ	書陵	無窮	足利	筑波	弘文	斯Ⅱ	慶Ⅰ	大東	梅沢	武内	東大	東洋	東急	斯Ⅰ	世徳	宋版	道蔵
巻上	43	298	450	481	565	670	662	648	655	659	699	737	747	832	784	1063	1423	1438	2035
巻下	27	325	505	730	661	699	720	755	772	775	747	720	820	989	1163	979	1388	1419	1986
異同量	70	623	955	1211	1226	1369	1382	1403	1427	1434	1446	1457	1567	1821	1947	2042	2811	2857	4021

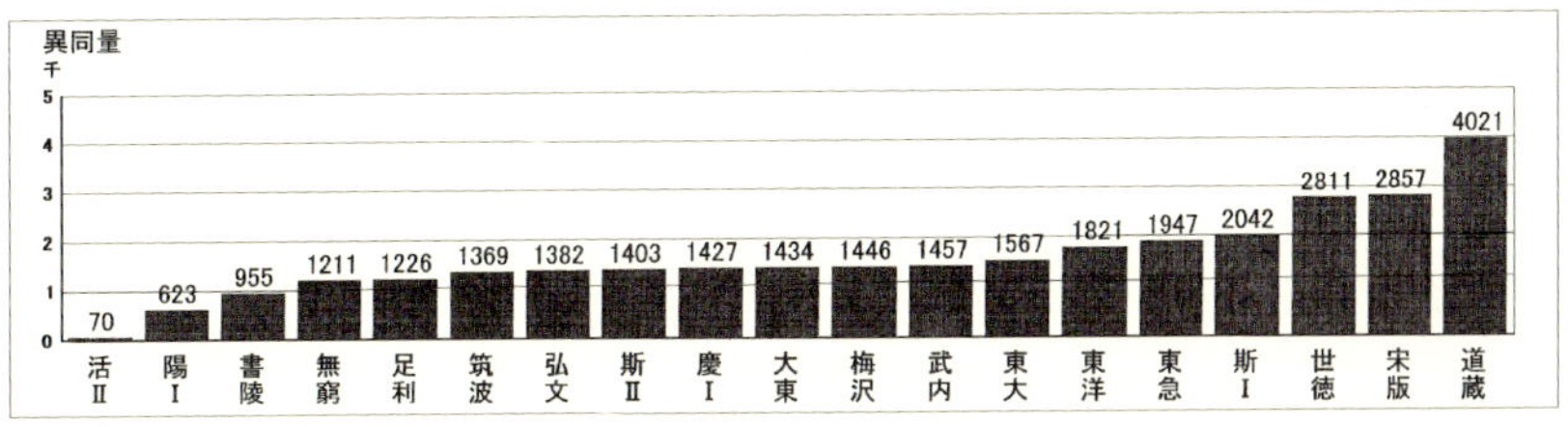

附表４（活Ⅱと諸本との異同量　巻上）

	活Ⅰ	陽Ⅰ	書陵	無窮	足利	筑波	弘文	斯Ⅱ	慶Ⅰ	大東	梅沢	武内	東大	東洋	東急	斯Ⅰ	世徳	宋版	道蔵
巻上	43	336	479	477	578	677	677	659	668	672	705	744	757	839	800	1072	1445	1458	2051
巻下	27	344	520	717	670	702	735	760	777	774	748	721	819	989	1173	979	1393	1423	1987
異同量	70	680	999	1194	1248	1379	1412	1419	1445	1446	1453	1465	1576	1828	1973	2051	2838	2881	4038

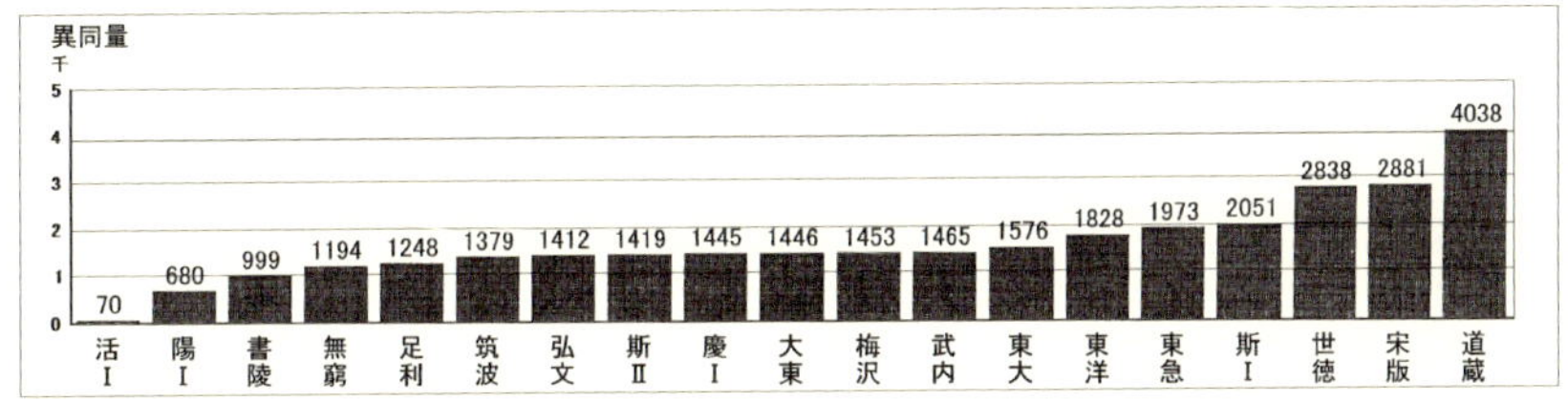

附表5（活Ⅰ活Ⅱの異同箇所における活Ⅱと諸本との一致の状況）

			無窮	筑波	東洋	大東	敦Ⅰ	武内	東大	梅沢	杏Ⅰ	杏Ⅱ	聖語	慶Ⅰ	斯Ⅱ	斯Ⅰ	足利	弘文	敦Ⅱ	慶Ⅱ	東急	道蔵	宋版	世徳	龍門	書陵	治要	陽Ⅰ	通考	天理
1	1	序 62	○	○	○	○	—	○	○	○	—	—	—	○		○			—	○	○	—	—	—	○		—	○	○	—
2	3	上 39	○			○	—	○			○	—	—	○	○				—								—		○	○
3	6	233	○		○		○	○	○	○		—	—						—		○						—		○	○
4	8	313										—	—		○			○	—	○							—			
5	11	731	○	○	○						—	—	—			○			—								○		○	○
6	12	789	○	○	○	○	○	○	○	○	—	—	—	○	○	○	○	○	—	○	○	○	○	○	○	○	—		○	○
7	13	793	○			○					—	—	—	○	○		○	○	—								—		○	○
8	14	803	○	○	○	○		○	○	○	—	—	—	○					—							○			○	○
9	15	820	○	○	○	○	○	○	○	○	—	—	—	○	○	○	○	○	—	○	○								○	○
10	17	950					—				—	—	—						—										○	
11	18	1057	○				—				—	—	—						—			○							○	○
12	19	1136					—				—	—	—						—										○	
13	20	1148					—				—	—	—						—										○	
14	21	1236	○	○	○	○	—	○	○	○	—	—	—	○	○	○	○	○	—	○	○	○	○	○	○	○			○	○
15	22	1238	○	○	○	○	—	○	○	○	—	—	—	○	○	○	○	○	—								○		○	○
16	26	1454					—				—	—	—						—										○	
17	27	1507	○	○			—			○	○	—	—		○		○	○	—		○						—		○	○
18	28	1516					—					—	—						—										○	○
19	29	1649		○	○		—	○	○	○	—	—	—			○	○		—		○		○	○					○	○
20	30	下244		○	○	○	—	○	○		—	○	○	○	○	○				—	○				—		—		○	—
21	31	360	○	○	○	○	—	○	○		—	○	○	○		○			○	—		○	○	○	—				○	—
22	32	391	△				—				—									—		△			—				○	—
23	33	476	○	○	○	○	—	○	○	○	—	○	○	○	○	○	○		○	—		○	○	○	—		—		○	—
24	34	521	△				—				—									—					—		—		○	—
25	35	682	○		○	○	—		○	○	—	○	○		○	△	○	○	△	—		△	△	△	—	○	—	○	○	—
26	36	747	○				—				—									—					—		—		○	—
27	37	797					—				—									—					—				○	—
28	38	868	○				—				—		○			○			○	—		○			—		—		○	—
29	39	882	○	○	○	○	—	○	○	○	—	○		○	○		○	○		—					—		—		○	—
30	40	1080		○		○	—				—						○			—		○	○	○	—	○			○	—
31	41	1105	○				—			○	—									—					—		—		○	—
32	44	1656	○				—				—									—					—				○	—
		件数	21	14	14	14	3	13	13	13	2	5	5	12	12	11.5	11	9	3.5	5	8	8	6.5	6.5	3	5	2	2	31	13
		割合	0.66	0.44	0.44	0.44	0.43	0.41	0.41	0.41	0.40	0.38	0.38	0.36	0.36	0.36	0.34	0.28	0.27	0.26	0.25	0.25	0.20	0.20	0.16	0.16	0.12	0.06	0.97	0.76

活Ⅰ・活Ⅱの異同箇所に於ける諸本との一致率

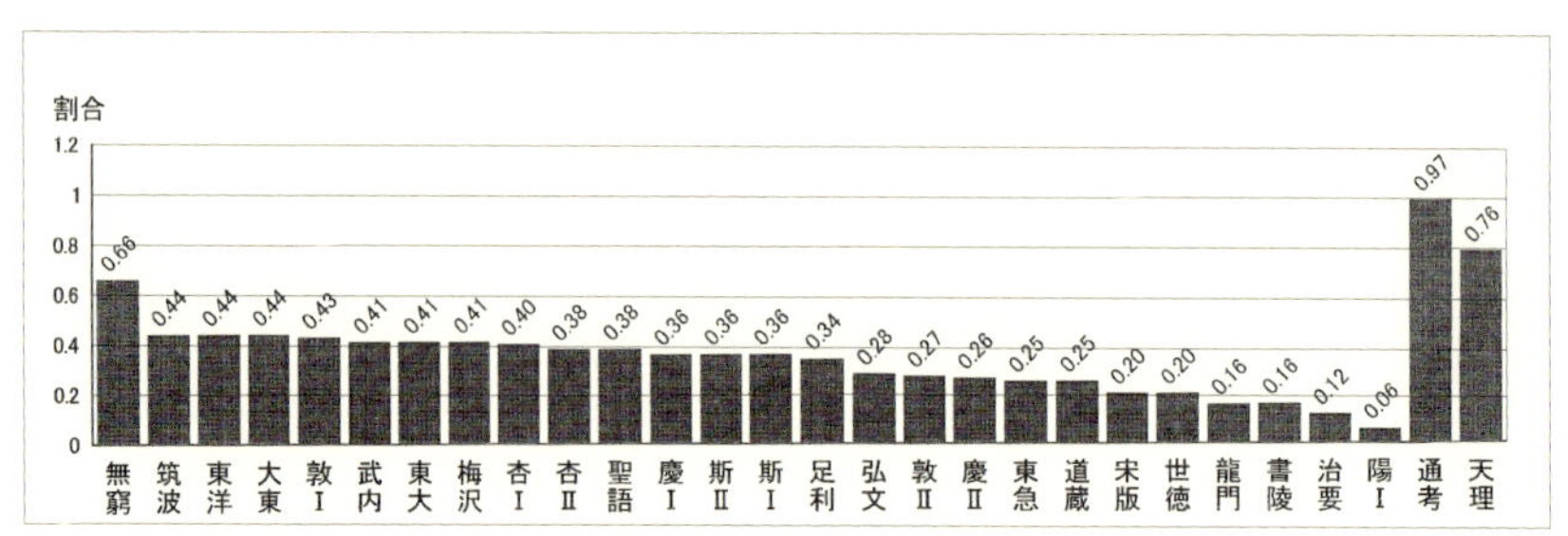

附表 6（宋版と諸本との異同量　巻上）

章次	世徳	斯Ⅰ	活Ⅰ	活Ⅱ	陽Ⅰ	天理	梅沢	東急	東大	武内	書陵	東洋	無窮	龍門	足利	斯Ⅱ	慶Ⅰ	道蔵	大東	弘文	慶Ⅱ	筑波	敦Ⅰ	六地	陽Ⅱ	杏Ⅰ	治要
1	11	36	47	49	48	55	48	49	59	72	54	64	60	54	55	69	69	63	68	64	76	65	—	9	8	46	—
2	5	15	29	29	34	30	36	37	31	36	34	29	34	31	34	45	39	33	40	38	37	32	—	18	16	—	10
3	1	18	41	41	40	40	40	39	40	46	40	42	47	44	49	48	50	30	52	47	47	46	8	11	9	34	46
4	6	19	41	41	39	42	41	40	38	32	40	36	46	40	52	55	43	29	43	46	40	41	29	9	8	45	—
5	3	5	21	22	20	19	23	23	19	21	24	21	26	26	24	28	29	25	30	27	24	26	19	5	3	24	12
6	11	18	28	31	25	30	27	27	29	29	32	25	30	27	30	28	27	43	26	30	27	29	32	7	5	27	—
7	5	10	17	18	17	17	26	25	24	24	20	19	22	24	20	21	21	27	25	25	26	27	20	4	7	—	—
8	4	6	19	19	21	19	29	25	24	22	26	19	31	29	31	22	26	16	26	34	25	35	30	7	8	1	—
9	2	5	13	14	10	11	10	10	11	15	18	18	14	17	18	15	18	12	17	16	15	23	16	4	3	15	11
10	13	36	70	70	59	72	74	78	70	67	76	64	76	77	75	70	67	80	67	93	71	76	97	24	23	48	—
11	6	26	38	38	39	43	42	40	42	43	45	45	46	48	48	45	47	45	50	43	50	46	42	8	8	—	—
12	0	20	19	19	21	17	21	25	19	22	22	23	22	23	27	24	23	17	23	23	20	26	20	3	3	—	24
13	3	46	60	60	61	60	62	72	58	63	68	64	65	62	68	65	67	61	67	73	62	64	46	17	15	—	—
14	2	48	64	64	83	73	69	77	84	89	75	84	86	73	89	82	99	82	99	93	87	96	84	18	16	—	—
15	5	34	45	45	62	43	70	72	59	62	63	63	63	70	68	62	68	71	66	66	65	67	78	14	13	—	—
16	3	48	62	62	67	67	64	54	65	67	73	71	70	73	66	66	67	86	68	66	74	76	75	12	11	—	—
17	5	22	37	40	34	38	39	36	41	37	47	36	45	45	39	45	40	44	40	41	42	39	48	12	10	—	10
18	5	26	32	32	33	34	31	32	35	37	38	40	37	36	36	36	38	32	38	40	38	39	24	9	7	—	—
19	1	29	50	52	50	54	55	54	50	50	54	51	57	53	56	56	56	42	56	55	59	61	53	5	4	—	45
20	6	45	70	70	71	68	74	86	84	80	71	85	74	79	78	75	77	68	77	73	74	82	36	21	25	—	—
21	3	26	36	37	39	38	38	41	37	39	40	37	37	47	39	45	43	55	42	41	52	44	—	7	4	—	—
22	6	40	41	42	37	43	42	41	37	41	44	39	47	44	44	40	43	52	42	47	57	46	—	4	3	—	59
23	0	45	40	40	43	48	46	43	43	40	46	49	47	48	46	48	44	77	48	50	49	49	—	13	9	—	26
24	6	24	32	34	32	34	36	41	41	42	33	48	39	35	40	42	37	39	38	41	35	41	—	8	7	—	30
25	8	41	67	70	75	65	67	75	75	83	79	79	78	84	69	75	81	72	79	78	84	82	—	8	3	—	57
26	3	16	21	21	21	28	29	30	25	26	26	23	24	27	34	34	27	40	26	26	28	22	—	8	8	—	28
27	4	28	57	57	62	57	58	54	62	59	61	67	62	70	63	66	68	53	70	61	64	68	—	25	23	—	36
28	7	30	64	64	62	74	67	80	78	73	67	75	64	69	67	69	66	76	73	77	77	76	—	9	9	—	38
29	1	11	26	26	29	27	25	34	32	34	35	34	35	35	34	39	35	28	35	32	39	34	—	7	4	—	21
30	4	24	27	29	31	29	32	38	40	34	39	43	34	39	36	36	39	35	42	37	43	38	—	9	9	—	40
31	4	44	66	65	69	67	61	55	85	81	72	83	68	72	86	94	88	90	93	85	85	86	—	22	28	—	89
32	3	20	24	26	28	26	34	37	34	32	29	35	29	35	41	33	33	50	35	32	34	35	—	8	11	8	—
33	1	15	27	27	29	27	25	27	28	26	31	30	29	31	28	31	30	39	28	33	31	34	—	5	5	27	27
34	2	22	40	40	4	44	48	50	44	45	52	47	57	56	49	52	56	45	56	57	63	53	—	12	11	39	—
35	4	10	28	28	31	29	30	26	32	33	29	37	27	32	33	34	31	39	33	36	36	32	—	5	4	—	—
36	2	6	14	14	12	21	19	13	18	16	20	23	16	16	23	18	18	25	18	20	16	25	—	6	6	2	—
37	3	21	31	29	36	29	25	36	31	34	36	25	33	38	32	34	41	31	37	36	33	34	—	14	12	3	13
異同量	158	935	1444	1465	1474	1518	1563	1622	1624	1652	1659	1673	1677	1709	1727	1747	1751	1752	1773	1782	1785	1795	757	387	358	319	622

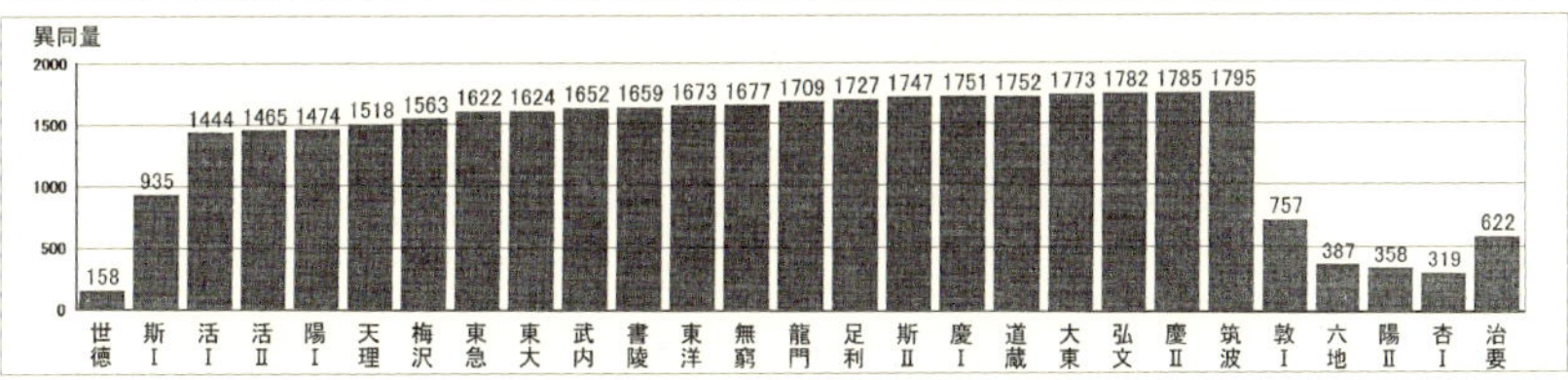

附表７（宋版と諸本との異同量　巻下）

章次	世徳	斯Ⅰ	活Ⅰ	活Ⅱ	聖語	陽Ⅰ	東急	杏Ⅱ	武内	書陵	東洋	東大	慶Ⅰ	斯Ⅱ	大東	弘文	筑波	道蔵	無窮	足利	梅沢	敦Ⅱ	六地	治要
38	0	50	60	60	54	69	60	62	60	66	58	66	60	57	58	59	68	62	69	20	39	—	16	46
39	7	82	69	69	84	79	76	78	89	80	80	98	88	80	88	78	80	78	92	82	60	29	24	74
40	2	9	18	18	9	14	25	21	20	23	20	18	24	24	22	23	21	20	21	21	19	27	6	—
41	5	31	43	43	30	49	42	33	40	55	38	42	51	47	52	52	56	38	47	55	53	42	12	—
42	6	24	42	42	24	47	42	47	48	47	47	48	46	48	45	52	48	61	47	49	42	41	6	34
43	10	22	24	24	24	25	31	26	25	33	24	27	34	33	36	32	37	41	44	35	29	33	11	28
44	3	16	15	15	12	15	22	18	19	21	17	21	25	20	23	24	25	34	21	23	20	29	3	21
45	4	24	29	27	24	30	41	34	40	35	39	39	36	38	34	38	37	40	38	34	42	54	4	39
46	1	10	14	16	8	14	13	14	13	14	13	16	14	13	13	16	14	23	20	16	13	26	6	15
47	8	17	23	23	17	23	21	28	29	30	30	28	29	25	30	27	27	29	31	25	24	24	8	33
48	7	11	20	20	11	19	31	20	20	30	21	24	21	21	22	28	23	27	26	24	29	23	8	20
49	1	20	31	29	16	36	23	38	29	37	33	36	38	35	36	39	39	12	33	36	48	38	10	9
50	11	43	50	51	43	54	43	56	59	54	59	57	64	65	65	57	60	45	59	65	60	57	17	—
51	3	21	27	27	21	28	22	29	27	30	34	36	30	41	30	29	33	17	28	27	30	32	4	8
52	4	32	44	44	31	48	32	55	50	50	51	47	54	51	52	46	55	33	60	47	44	40	11	—
53	10	41	40	40	42	46	37	44	44	52	47	45	42	46	42	46	46	43	45	51	50	39	7	35
54	6	27	28	28	29	27	39	30	31	27	33	32	33	34	31	38	36	40	29	32	28	50	9	25
55	10	31	37	37	32	38	47	41	39	43	42	40	46	41	48	44	45	48	45	45	44	62	11	—
56	10	23	46	48	25	46	32	46	41	47	47	45	47	46	48	52	48	48	45	44	51	34	7	—
57	10	30	44	46	32	49	48	51	49	53	60	56	51	45	50	50	47	52	51	46	53	55	11	71
58	11	19	32	32	19	32	36	36	34	35	34	37	38	40	41	36	44	53	45	36	44	56	8	19
59	7	15	31	35	13	32	25	36	33	34	39	35	38	40	44	34	44	16	41	33	35	34	5	—
60	6	22	30	30	22	31	41	34	31	35	30	38	33	40	32	37	33	48	38	36	36	47	10	29
61	4	14	38	38	14	35	35	44	44	43	42	43	37	40	39	41	42	52	38	42	37	32	8	—
62	7	27	43	43	41	41	41	49	45	48	45	49	54	53	58	60	58	51	48	55	45	45	10	19
63	9	7	10	10	18	10	12	13	16	16	13	16	21	19	21	23	18	18	14	17	16	42	11	19
64	8	28	56	56	64	55	73	58	61	55	67	57	71	69	66	79	63	64	82	72	62	60	15	74
65	9	23	34	34	51	38	47	42	38	45	44	38	43	50	45	49	45	46	48	47	39	64	9	30
66	3	42	43	43	51	44	42	51	53	45	49	47	51	49	52	50	50	42	55	51	50	49	7	24
67	6	33	51	51	79	49	52	62	66	56	57	62	62	58	64	63	67	69	67	62	69	79	12	36
68	2	13	18	18	31	19	23	24	23	21	25	19	24	22	26	30	26	32	22	22	22	30	9	—
69	2	14	23	23	51	30	26	37	40	32	35	39	37	40	33	37	31	40	24	31	38	54	6	23
70	4	20	26	25	32	24	25	32	27	33	27	30	29	35	30	34	29	39	39	32	27	32	10	27
71	3	6	13	13	25	14	12	21	18	17	18	17	19	22	21	22	22	36	18	22	21	12	5	—
72	0	21	25	25	26	26	30	27	28	28	36	30	34	32	36	31	31	36	35	31	30	34	5	—
73	2	11	26	26	42	28	28	34	33	35	34	35	26	34	32	35	29	32	49	33	30	29	5	15
74	2	17	30	30	56	32	37	39	45	38	47	45	37	34	40	38	40	81	47	34	40	53	11	23
75	5	11	25	25	36	28	23	31	34	32	35	31	33	48	36	33	35	21	40	38	27	25	10	40
76	4	4	12	12	15	10	18	18	11	16	15	26	18	17	23	23	25	30	21	18	19	28	5	—
77	0	9	17	17	27	17	30	28	25	21	33	25	22	22	23	23	24	51	29	21	24	28	7	—
78	5	20	45	44	46	43	39	46	52	47	47	57	48	55	53	50	54	52	50	52	48	33	16	—
79	1	8	14	16	24	19	21	26	29	27	26	23	27	26	23	11	18	15	25	33	20	27	5	17
80	4	25	35	35	50	38	49	43	43	40	42	45	42	42	52	47	47	39	52	42	37	49	7	44
81	3	17	38	38	35	41	38	34	39	46	41	40	42	47	48	47	45	39	51	45	38	59	6	11
異同量	225	990	1419	1426	1436	1492	1530	1636	1640	1672	1674	1705	1719	1744	1763	1763	1765	1793	1829	1682	1632	1736	393	908

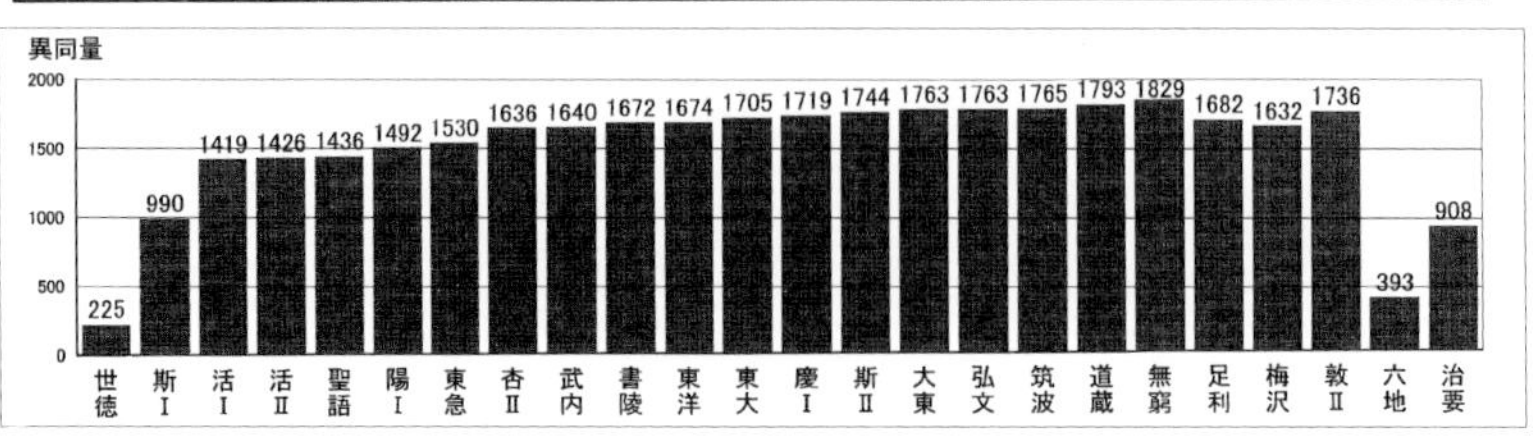

附表 8（宋版と諸本との異同量　巻上下）

	世徳	斯Ⅰ	活Ⅰ	活Ⅱ	陽Ⅰ	東急	梅沢	武内	東大	書陵	東洋	足利	慶Ⅰ	斯Ⅱ	無窮	大東	弘文	道蔵	筑波
巻上	158	935	1444	1465	1474	1622	1563	1652	1624	1659	1673	1727	1751	1747	1677	1773	1782	1752	1795
巻下	225	990	1419	1426	1492	1530	1632	1640	1705	1672	1674	1682	1719	1744	1829	1763	1763	1793	1765
異同量	383	1925	2863	2891	2966	3152	3195	3292	3329	3331	3347	3409	3470	3491	3506	3536	3545	3545	3560

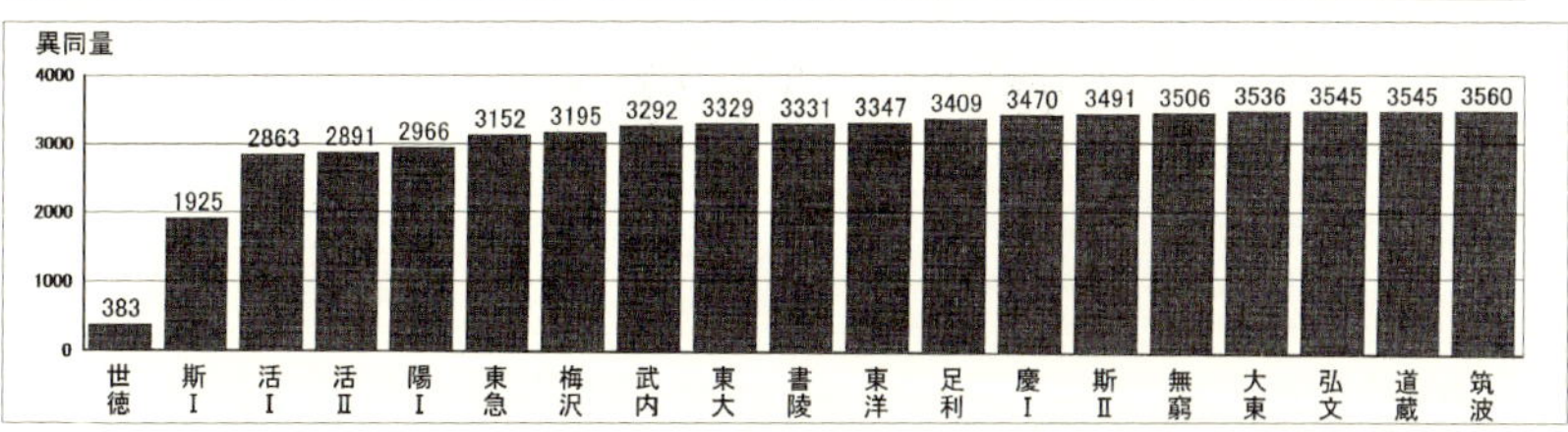

附表 9（天理と諸本との異同量）

章次	活Ⅱ	活Ⅰ	陽Ⅰ	無窮	書陵	足利	龍門	筑波	大東	斯Ⅱ	慶Ⅱ	弘文	慶Ⅰ	梅沢	武内	東大	東洋	東急	斯Ⅰ	世徳	宋版	道蔵	敦Ⅰ	六地	陽Ⅱ	杏Ⅰ	治要
1	6	8	14	31	26	35	24	23	34	41	58	47	35	36	40	32	31	41	46	58	55	61	—	4	3	20	—
2	4	4	13	7	13	7	16	9	17	23	14	13	16	11	17	12	13	28	32	32	29	39	—	7	7	—	10
3	1	1	6	11	12	15	14	12	20	14	9	15	18	20	16	14	26	19	32	39	40	35	12	7	5	6	45
4	2	2	6	9	9	17	9	8	18	16	15	11	10	18	15	13	19	19	24	42	43	33	18	4	3	10	—
5	3	2	3	11	7	11	1	11	15	13	9	12	16	18	10	8	16	12	14	17	19	30	24	4	4	9	11
6	1	2	5	8	14	18	11	11	18	16	13	16	19	17	11	9	11	15	18	37	30	47	36	3	5	15	—
7	1	0	6	5	5	6	11	12	10	4	15	8	8	11	11	11	6	10	9	18	17	29	25	5	6	—	—
8	0	0	8	12	11	12	18	18	16	13	9	15	15	14	11	13	10	16	21	15	19	21	39	4	5	0	—
9	3	2	1	9	9	13	12	14	12	10	6	15	13	11	8	4	15	7	10	11	11	17	21	4	3	10	16
10	2	2	13	16	18	29	29	26	20	25	25	45	22	29	25	33	24	28	46	65	72	77	92	7	6	12	—
11	13	13	18	22	23	22	28	28	30	26	26	28	27	25	30	31	27	29	27	42	43	57	43	8	8	—	—
12	2	2	4	5	7	10	8	9	6	7	11	12	6	4	7	13	8	10	7	17	17	32	25	3	3	—	15
13	4	4	18	19	19	22	19	18	25	23	18	27	25	31	25	28	24	21	35	57	60	83	59	6	11	—	—
14	13	13	38	42	35	43	33	54	59	34	39	42	57	41	55	52	46	50	55	74	72	111	103	10	8	—	—
15	3	3	21	28	34	34	33	28	27	30	28	33	31	35	31	29	32	40	35	42	43	76	79	11	8	—	—
16	6	6	14	25	21	26	25	34	26	34	23	23	30	40	30	30	42	32	42	69	68	92	83	9	9	—	—
17	4	5	12	7	23	15	23	15	14	21	18	15	14	17	22	19	14	26	28	35	38	46	48	6	4	—	22
18	2	2	3	7	9	6	6	11	8	8	11	10	8	12	7	11	13	16	12	36	33	51	30	5	7	—	—
19	4	12	14	9	14	12	18	19	19	12	19	9	19	23	21	21	25	26	28	53	54	63	54	5	4	—	39
20	6	6	15	23	16	27	22	31	22	28	25	24	22	47	31	31	40	51	64	70	68	110	31	13	21	—	—
21	3	2	10	7	12	13	18	16	17	21	24	15	18	10	6	8	10	7	26	34	36	63	—	0	0	—	—
22	8	6	12	18	17	22	19	14	15	19	26	18	20	30	21	21	25	27	41	39	43	65	—	7	6	—	48
23	8	8	11	17	14	14	16	17	16	16	18	20	18	32	22	27	23	29	26	48	48	78	—	8	3	—	26
24	0	2	12	7	13	17	15	15	18	18	11	17	17	14	18	17	24	23	18	34	34	45	—	6	4	—	26
25	5	2	32	31	22	18	37	30	30	30	33	23	34	26	42	46	42	38	56	61	65	74	—	6	5	—	33
26	8	8	8	11	13	21	14	13	13	22	15	13	14	18	15	14	18	19	21	30	29	47	—	3	3	—	33
27	0	4	11	9	12	7	19	13	13	15	19	8	16	15	16	23	26	19	41	59	57	58	—	9	7	—	36
28	10	10	23	23	16	17	26	27	18	24	20	34	25	36	40	42	45	47	60	72	74	86	—	9	7	—	35
29	3	3	7	16	13	11	13	11	12	16	18	13	12	10	21	19	25	19	28	26	27	46	—	5	6	—	12
30	4	2	6	13	14	16	15	15	19	14	14	14	16	11	11	17	22	9	23	31	29	43	—	7	3	—	41
31	4	3	13	9	10	24	11	37	27	31	24	22	25	24	42	45	50	42	59	67	65	118	—	7	11	—	70
32	0	2	10	7	11	19	19	13	18	11	16	12	17	18	27	20	25	19	21	24	26	50	—	7	10	—	—
33	0	2	6	5	7	10	9	12	12	11	11	15	14	6	10	12	18	9	23	26	27	42	—	3	3	7	26
34	4	4	11	19	19	13	25	17	21	24	28	23	21	19	18	17	28	16	40	42	44	50	—	6	5	11	—
35	3	3	10	10	16	22	19	15	16	17	21	20	18	13	20	15	16	19	23	29	29	47	—	4	5	—	—
36	7	7	9	11	15	18	11	20	13	13	11	15	13	14	13	15	18	14	15	23	21	32	—	5	5	0	—
37	3	5	10	19	22	18	24	20	22	20	21	22	22	17	24	21	15	22	19	28	29	33	—	12	10	3	8
異同量	150	162	433	538	571	660	670	696	716	720	721	724	731	773	789	793	872	874	1125	1502	1514	2087	822	229	223	103	552

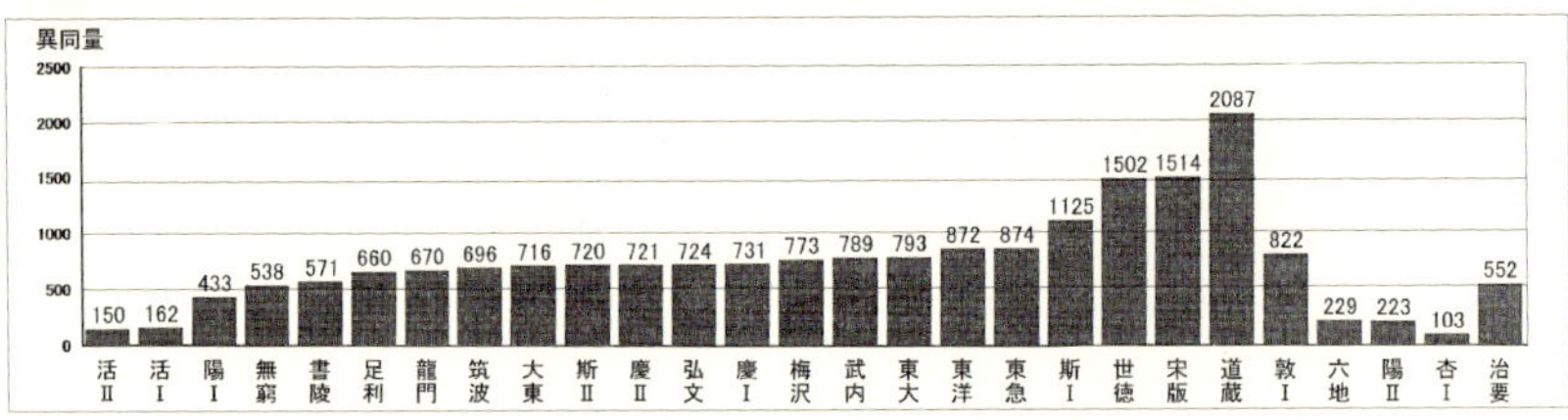

〔慶長〕刊古活字版『老子道德經』翻印

凡　例

一　本翻印の底本は、

　老子道徳經二巻　旧題漢河上公章句〔慶長〕刊　古活字

である。その、経注本文全文および、巻頭序文を翻印した。

一　外題は、陽明文庫蔵本の元題簽に「老子経　上（下）」とある。その他、書誌事項の詳細については、本論第一章第一節を参照されたい。

一　直接使用した本は、斯道文庫所蔵の次の一本である。

　大合一冊（函架番号　〇九一―ト九一）。後補栗皮表紙（二六・七×一八・七糎）、外題無し、題簽剥落した痕跡がある。栗皮表紙が添えられる前の素表紙が、現状では扉となっている。其の左肩に「老子河上公章句全」と墨書、右下方に「酒井誠師」と墨署あり。次に護葉一葉を添える。「月明荘」（朱長方）、「慶應義塾大学／斯道文庫蔵書」（朱長方）の印を捺す。『創立十周年記念近蒐善本展観書目録』（慶應義塾大学附属研究所斯道文庫編　昭和四十五年）著録。『弘文荘待賈古書目第三十七号』（昭和四十五年六月）収載本。詳細は各論三を参照されたい。

一　虫損に因る欠字、印字不良のため判字不能な箇所に就いては、他の伝本等を参照した。異植字版を除けば、諸伝本間で相違する字句は認められない。

一　一頁上下二段組とし、一段に底本の一葉全十四行を当て、行字数は、原本の通りである。

一　各行頭に、半葉毎の行次数（双行注は、行次数に、右行はａ、左行はｂを付して区別した）を、半葉毎の第一行には、巻次、葉次数、表裏（オ・ウで標記）を示す。

一　原本本文の忠実なる復元を期し、原字を出来る限り尊重して誤植字も、底本の通りそのままに翻字した。

一　誤植字は、□で囲み、同行直下の欄脚に正字を示す。

一　原本使用の漢字字体は、今日から見れば別体・俗字・略字と見做される異体字が多い。しかし、いずれも刊行当時の通行字体であり、近世初期の漢字文化の実情を考える上で無視できないと思われる。従って、可能な限り原形の侭に作字して、原状を伝えることに努めた。

一　但し、底本使用の古活字は、楷書もしくは、行書の書写字体によって作製されており、通行明朝体を使用する本翻字とは、当然字様は異なる。書法、運筆の相違、一字を構成する部画の配置の微妙な違いは、これを無視し、最も近似する通行の字様に従った。

序1オ

老子經序

葛洪

老子者蓋上世之真人也其欲見於世則解
形還神入婦人胞中而更生示有所始當周
之時因母氏楚苦縣厲鄉曲仁里李氏女妊
之八十一歲應天太陽曆數而生生有老徵
人皆見其老不見其少欲謂之嬰兒年已八
十矣欲謂之老父又且新生故謂之老子名

序1ウ

重耳字伯陽仕周爲守藏室史孔子適周問
禮於老子老子曰子之所言其人骨已朽矣
獨其言在耳且君子得其人則嘉祥不得其
人則蓬累而行吾聞之良賈深藏若虛君子
盛德容貌若不足去子之驕氣與多欲態色
與淫志是皆無益於子之身也吾所以告子
若是而已孔子去謂諸弟子曰鳥吾知其能

序2オ

飛魚吾知其能游獸吾知其能走走者可爲
羅游者可爲綸飛者可爲矰至於龍吾不能
知乘風雲而上吾今日見老子其猶龍耶老
子修道其學以自隱無名爲務居周久平王
時見周衰乃遂去至關關令尹喜望見東方
有來人變化無常乃謁請之老子知喜入道
於是留與之言喜曰子將隱矣強爲我著書

序2ウ

於是老子著上下二篇八十一章五千餘言
故号曰老子經已而去莫知其所終蓋老子
百六十餘歲或言二百餘歲以其修道而養
壽也老子之子名宗宗爲魏將封於段干宗
子瑶瑶子宮宮子瑕仕於漢孝文帝而瑕之
子解爲膠西王卬太傅因家于齊文帝興用
經道竇太后好老子術令景帝以教群臣不

序3オ

通者不得仕朝見老子無爲自化清浄自正世莫能名太史公謂之爲隱君子世莫能及則黜之唯孔子上聖謂之爲龍古列傳著孔子師事老子者以禮記曾子問禮於孔子孔子曰吾聞之老聃其斯之謂所以分爲二篇者取象天地先道而後德以經云道之尊德之貴尊故爲上天以四時生地以五行成以

序3ウ

四乗九故三十六以應禽獸萬物之剛柔以五乗九故世四十五以應九宮五方四維九州故法備因而九之故九九八十一數之極也楚縣今陳國苦縣是也河上公者居河上蹠履爲業孝文皇帝好老子其州牧二千石有不誦老子經者皆不得居官河上公作兩難與侍郎問文帝老子經意文帝不解出就

序4オ

河上公公在草庵中不時出文帝就謂之曰朕能使人富貴貧賤河上公乃出曰余上不累天下不累地中不累人階下何能使余富貴貧賤乎忽然而舉上高七百餘丈而止上無所[擧]下無所據文帝畢辭禮謝之於是乃下爲文帝作老子經章句隱其姓字時人無知者故號曰河上公焉

攀

上1オ1 老子道經上　河上公章句

2 體道第一

3b3a 道可道謂經術政教之道也非常道非自然長生之道也常道當以無爲

4b4a 養神無事安民含光藏暉滅跡匿端不可稱道也名可名謂富貴尊榮高世之

5b5a 名也非常名非自然常在之名也常名當如嬰兒之未言鷄子之未分明珠在蚌

6b6a 中美玉處石間内雖昭昭外如愚頑者也無名天地之始無名者謂道道

7b7a 無形故不可名也天地始者道吐氣布化出於虛無爲天地本始也有名萬物

上1ウ 1b1a 之母有名謂天地天地有形位有陰陽有柔剛是其名也萬物母者天地含氣生萬

2b2a 物長大成就如母之養子也故常無欲以觀其妙妙要也人常能

3b3a 無欲則可以觀道之要要謂一也一出布名道讚叙明是非也常有欲以觀

4b4a 其徼徼歸也常有欲之人可以觀世俗之所歸趣也此兩者同出而

5b5a 異名兩者謂有欲無欲也同出者同出人之心也而異名者所名各異也名無欲者

6b6a 長存名有欲者亡身者也同謂之玄玄天也言有欲之人與無欲之人同受氣

7b7a 於天也玄之又玄天中復有天也稟氣有厚薄夫人得中和滋液則生賢聖

上2オ 1b1a 得錯亂濁辱則生貪淫也衆妙之門能知天中復有天稟氣有厚薄除情欲守

2b2a 中和是謂知道要之門戶者也

3 養身第二

4b4a 天下皆知美之爲美自揚巳美使顯彰也斯惡巳有危亡也

5b5a 皆知善之爲善有功名也斯不善巳人所爭也故有無

6b6a 之相生見有而爲無也難易之相成見難而爲易也長短之

7b7a 相形見短而爲長也高下之相傾見高而爲下也音聲之相

上2ウ 1b1a 和上唱下必和也前後之相隨上行下必隨也是以聖人處

2b2a 無爲之事以道治也行不言之教以身師導之也萬物作

3b3a 焉各自動作也而不辭不辭謝而逆止也生而不有元氣生萬

4b4a 物而不有也爲而不特道所施爲不特望其報也功成而弗居

5b5a 功成事就退避不居其位也夫唯弗居夫唯功成不居其位也是以

6b6a 不去福德常在不去其身也此言不行不可隨不言不可知疾上六句有高下長短

7b7a 君開一源下生百端百端之變無不動亂也

上3オ

安民第三

不尚賢賢謂世俗之賢辯口明文離道行權去質爲文也不尚者不貴之以祿不

尊之以官也使民不爭不爭功名反自然也不貴難得之貨

言人君不御好珎黃金弃於山珠玉捐於淵也使民不爲盜上化清靜下無

貪人也不見可欲放鄭聲遠美人也使心不亂不邪滛也是

以聖人之治謂聖人治國猶治身也虛其心除嗜欲去亂煩也

實其腹懷道抱一守五神也弱其志和柔謙讓不處權也強其骨

上3ウ

愛精重施髓滿骨堅也常使民無知無欲反朴守淳也使夫

知者不敢爲也思慮深不輕言也爲無爲不造作動因循也

則無不治矣德化厚百姓安也

無源第四

道沖而用之沖中也道匿名藏譬其用在中者也或不盈或常也道

常謙虛不盈滿也淵兮似萬物之宗道淵深不可知也似爲萬物宗

祖也挫其銳銳進也人欲銳情進取功名當挫止之法道不自見也解其

上4オ

紛紛結恨也當念道無爲以解釋之也和其光言雖有獨見之明當如闇昧不

當以曜亂人也同其塵當與衆庶同垢塵不當自別殊也湛兮似或

存言道湛然安靜故能長存不亡也吾不知其誰之子老子言我

不知道所從生也象帝之先道道似存天帝之前此言道乃先天地生也至今

存者以能安靜湛然不勞煩欲使人修身法道也

虛用第五

天地不仁天施地化不以仁恩任自然也以萬物爲芻狗天地

上4ウ

生萬物人最爲貴天地視之如芻草狗畜不責望其報也聖人不仁聖人愛養

萬民不以仁恩法天地行自然者也以百姓爲芻狗聖人視百姓如芻草

狗畜不責望其禮意也天地之間天地之間空虛和氣流行故萬物自生人

能除情欲節滋味清五臟則神明居之也其猶橐籥乎橐籥中空虛故能有

聲氣也虛而不屈動而愈出言空虛無有屈竭時搖動之益出聲

氣也多言數窮多事害神多言害身口開舌擧必有禍患也不如守

中不如守德於中育養精神愛氣希言也

上5オ 1 成象第六

2b 2a 谷神不死谷養也人能養神則不死也神謂五臟之神也肝藏魂肺藏魄心藏

3b 3a 神腎藏精脾藏志五臟盡傷則五神去也是謂玄牝言不死之道在於玄牝玄

4b 4a 天也於人爲鼻牝地也於人爲口天食人以五氣從鼻入藏於心五氣清微爲精神聰明

5b 5a 音聲五性其鬼曰魂魂者雄也主出入於人鼻與天通故鼻爲玄也地食人以五味從口

6b 6a 入藏於胃五性濁辱爲形體骨肉血脉六情其鬼曰魄魄者雌也主出入於人口與地通

7b 7a 故口爲牝也玄牝之門是謂天地之根根元也言鼻口之門

上5ウ 1b 1a 是乃天地之元氣所從徃來也綿綿乎若存鼻口呼吸喘息當綿綿微妙若

2b 2a 可存復若無有也用之不勤用氣當寬舒不當急疾勤勞也

3 韜光第七

4b 4a 天長地久説天地長生久壽以諭教人也天地所以能長且

5b 5a 久者以其不自生天地所以獨長且久者以其安静施不求報不如人

6b 6a 居處汲汲求自饒之利奪人以自與也故能長生以其不求生故能長生不

7b 7a 終也是以聖人後其身先人而後已也而身先天下敬之先以

上6オ 1b 1a 爲官長也外其身薄已而厚人也而身存百姓愛之如父母神明祐之若

2b 2a 赤子故身常存也非以其無私耶聖人爲人所愛神明所祐非以其公

3b 3a 正無私所致乎故能成其私人所以爲私者欲以厚已也聖人無私而已自

4b 4a 厚故能成其私也

5 易性第八

6b 6a 上善若水上善之人如水之性也水善利萬物水在天爲霧露

7b 7a 在地爲泉源也而不爭處衆人之所惡衆人惡卑濕垢濁水獨靜

上6ウ 1b 1a 流居之也故幾於道矣水性幾與道同也居善地水性善喜於地

2b 2a 在草木之上即流而下有似於牝動而下人也心善淵水性空虛淵深清明也

3b 3a 與善仁萬物得水以生與虛不與盈也言善信水內影照形不失其情也

4b 4a 政善治無有不洗清且平也事善能能方能圓曲直隨形也動善

5b 5a 時夏散冬凝應期而動不失天時也夫唯不爭壅之則止決之則流聽從

6b 6a 人也故無尤水性如是故天下無有怨尤水者也

7 運夷第九

上7オ

1b 1a　恃而盈之不如其已 盈滿也已止也恃 / 滿必頎不如止也 揣而
2b 2a　銳之不可長保 揣治也先揣之 / 後必棄捐也 金玉滿堂莫
3b 3a　之能守 嗜欲傷神財 / 多累身也 富貴而驕自遺其咎 夫 / 富
4b 4a　當賑貧貴當憐賤而反 / 驕恣必被禍患者也 功成名遂身退天之
5b 5a　道 言人所爲功成事立名跡稱遂不退身避 / 位則遇於害此乃天之常道也譬如日中
6b 6a　則移月滿則虧物盛 / 則衰樂極則衰也

7　能爲第十

上7ウ

1b 1a　載營魄 營魄魂魄也人載魂魄之上得以生 / 當愛養之喜怒亡魂卒驚傷魄魂在
2b 2a　肝魄在肺美酒甘肴腐人肝肺故 / 魂靜志道不亂魄安修德延年也 抱一能無
3b 3a　離乎 言人能抱一使不離於身則長存也一 / 者道始所生太和之精氣也故曰一布
4b 4a　名於天下天得一以清地得一以寧侯王得 / 一以爲正平入爲心出爲行布施爲德惣名
5b 5a　爲一一之爲言 / 至一無二也 專氣致柔 專精氣使不亂則 / 形體能應物而柔
6b 6a　順 / 也 能如嬰兒乎 能如嬰兒内無思慮外 / 無政事則精神不去也 滌除
7b 7a　玄覽 當洗其心使潔清也心居玄冥 / 之處覽知萬事故謂之玄覽也 能無疵

上8オ

1b 1a　乎 不淫 / 邪也 愛民治國 治身者愛氣則身全治 / 國者愛民則國安也 能
2b 2a　無知乎 治身者呼吸精氣無令耳聞也 / 治國者布德施惠無令下知也 天門
3b 3a　開闔 天門謂北極紫宮開闔謂終始五際也 / 天門謂鼻孔開謂喘息闔謂呼吸也
4b 4a　能爲雌乎 治身當如雌牝安靜柔弱治 / 國當如應變和而不唱也 明白
5b 5a　四達 言道明白如日月四通滿於天下八極 / 之外故曰視之不見聽之不聞彰布之
6b 6a　於十方煥 / 煥煌煌也 能無知乎 無有能知道滿 / 於天下者也 生之畜
7b 7a　之 道生萬物 / 而畜養也 生而不有 道生萬物無 / 所取有也 爲而不

上8ウ

1b 1a　恃 道所施爲不 / 恃望其報也 長而不宰 道長養萬物不宰 / 割以爲器用也
2b 2a　是謂玄德 言道德玄冥不可 / 得見欲使人如道也

3　無用第十一

4b 4a　三十輻共一轂 古者車三十輻法月數也共 / 一轂者轂中有孔故衆輻共
5b 5a　湊之治身者當除情去欲使五臟空虛神 / 乃歸之也治國者寡能惣衆弱共扶強也 當
6b 6a　其無有車之用 無謂空虛也轂中空虛輪得 / 轉行轝中空虛人得載其上
7b 7a　也 埏埴以爲器 埏和也埴土也和土 / 以爲食飲之器也 當其無

上9オ

有器之用器中空虚故得有所盛受也鑿戸牖以爲室謂作室屋也當其無有室之用言戸牖空虚人得以出入觀視室中空虚人得以居處是其用也故有之以爲利物利於形器中有物室中有人恐其屋之破壊腹中有神畏形之消亡也無之以爲用言虚空者乃可用盛受物也故曰虚無能制有形道者空也

撿欲第十二

五色令人目盲貪淫好色則傷精失明也五音令人耳聾

上9ウ

好聽五音則和氣去心不能聽無聲之聲也五味令人口爽爽妄也人嗜於五味則口妄言失於道也馳騁田獵令人心發狂人精神好安静馳騁呼吸精神散亡故發狂也難得之貨令人行妨妨傷也難得之貨謂金銀珠玉心貪意欲不知厭足則行傷身辱也是以聖人爲腹守五性去六情節志氣養神明也不爲目目不妄視泄精於外也故去彼取此去彼目之妄視取此腹之養性也

厭耻第十三

上10オ

寵辱若驚身寵亦驚身辱亦驚也貴大患若身貴畏也若至也畏大患至身故皆驚也何謂寵辱問何謂寵何謂辱寵者尊榮辱者耻及身還自問者以曉人也寵爲上寵爲尊榮也辱爲下辱爲下賤也得之若驚得寵榮驚者處高位如臨危也貴不敢驕富不敢奢也失之若驚失者失寵處辱也驚者恐禍重來也是謂寵辱若驚解上得之而驚失之而驚也何謂貴大患若身復還自問何故畏大患至身也吾所以有大患者爲吾有身吾所以有大患者坐吾有身憂其動

上10ウ

勞念其飢寒觸情從欲則遇禍患也及吾無身吾有何患乎使吾無身體道自然輕擧昇雲出入無間與道通神當有何患也故貴以身爲天下者則可以寄於天下矣言人君自貴其身而賤人欲爲天下主則可寄立不可以久也愛以身爲天下者乃可以託於天下矣言人君能愛其身非爲巳也乃欲爲萬民之父母以此德爲天下主者乃可以託其身於萬民之上長無咎也

贊玄第十四

上11オ 1b 1a 視之不見名曰夷無色曰夷言一無彩色不可得視而見之也聽

2b 2a 之不聞名曰希無聲曰希言一無音聲不可得聽而聞之也搏之

3b 3a 不得名曰微無形曰微言一無形體不可搏持而得之也此三者

4b 4a 不可致詰三者謂夷希微也不可致詰者夫無色無聲無形口不能言書不能

5b 5a 傳當受之以靜求之以神不可強詰問而得之也故混而爲一混合也故

6b 6a 合於三名之而爲一也其上不皦言一在天上不皦皦光明也其下

7b 7a 不昧言一在天下不昧昧有所闇冥也繩繩不可名繩繩者動行無

上11ウ 1b 1a 窮極也不可名者一非色也不可以青黃赤白黑別一非聲也不可以宮商角徵羽聽一

2b 2a 非形也不可以長短大小度也復歸於無物物質也復當歸之於無質也

3b 3a 是謂無狀之狀言一無形狀而能爲萬物作形狀也無物之象

4b 4a 言一無物質而能爲萬物設形象也是謂忽恍言一忽恍忽恍若存若亡不可

5b 5a 見也隨之不見其後言一無影迹不可得而隨也迎之不見

6b 6a 其首一無端末不可預待也除情去欲一自歸已也執古之道以御

7b 7a 今之有聖人執守古道主一以御物知今之當有一也能知古始是

上12オ 1b 1a 謂道紀人能知上古本始有一是謂知道之綱紀也

2 顯德第十五

3b 3a 古之善爲士者謂得道之君也微妙玄通玄天也言其志節微

4b 4a 妙精與天通也深不可識道德深遠不可識知內視若盲反聽若聾莫知所長

5b 5a 也夫唯不可識故強爲之容謂下句也與兮若冬

6b 6a 涉川舉事輒加重慎與與兮若冬涉川心難之也猶兮若畏四隣

7b 7a 其進退猶猶拘制若人犯法畏四隣知之也儼兮其如客若客因主人儼

上12ウ 1b 1a 然無所造作也渙兮若氷之將釋渙者解散釋者消亡除情去欲日以

2b 2a 空虛也敦兮其若樸敦者質厚樸者形未分內守精神外無彩文也曠

3b 3a 兮其若谷曠者寬大谷者空虛不有德名功無所不包容也渾兮其

容

4b 4a 若濁渾者守本真濁者不照然也與衆合同不自尊也孰能濁以靜

5b 5a 之徐清孰誰也誰能知水之濁止而靜之徐徐自清也孰能安以久

6b 6a 之徐生誰能安靜以久徐徐以長生也保此道者不欲盈保此

7b 7a 徐生之道者不欲奢泰盈溢也夫唯不盈故能弊不新成夫唯

上13オ 1b 1a 不盈滿之人能守弊不爲新成弊者匿光榮也新成者謂貴功名者也

2 歸根第十六

3b 3a 至虛極也道人捐情去欲五內清靜至於虛極也守靜篤也守清

4b 4a 靜行篤厚也萬物並作作生也萬物並生也吾以觀其復言吾

5b 5a 以觀見萬物無不皆歸復其本人當念重本也夫物芸芸芸芸華葉盛也各

6b 6a 復歸其根言萬物無不枯落各復反其根而更生也歸根曰靜靜謂

7b 7a 根也根安靜柔弱謙卑處下故不復死也靜曰復命言安靜者是爲復還性命

上13ウ 1b 1a 使不死也復命曰常復命使不死此乃道之所常行也知常曰明

2b 2a 能知道之所常行則爲明也不知常妄作凶不知道之所常行妄作巧

3b 3a 詐則失神明故凶也知常曰容能知道之所常行則去情欲無不包容也容

4b 4a 乃公無不包容則公正無私衆邪莫當也公乃王公正無私則可爲天下王

5b 5a 治身正則形一神明千萬共湊己躬也王乃天能王則德合神明與天通也

6b 6a 天乃道德與天通則與道合同也道乃久與道合同乃能長久也沒

7b 7a 身不殆能公能王通天合道四者純備道德弘遠無殃無咎乃與天地俱沒不危

上14オ 1b 1a 殆也

淳風第十七

2b 2a 太上下知有之太上謂上古無名之君也下知有之者下知上有君而不

3b 3a 臣事之質朴淳也其次親之譽之其德可見恩惠可稱故親愛而譽之

4b 4a 也其次畏之設刑法以治之也其次侮之禁多令煩不可歸誠

5b 5a 故欺侮之也信不足焉君信不足於下也有不信焉下則應之

6b 6a 以不信而欺其君也猶兮其貴言說太上之君舉事猶猶貴重於言恐離道

7b 7a 失自然也成功遂事謂天下太平也百姓皆謂我自然百姓

上14ウ 1b 1a 不知君上之德厚反以爲自當然也

2 俗薄第十八

3b 3a 大道廢焉有仁義大道之時家有孝子戶有忠信仁義不見也大道廢

4b 4a 惡逆生乃有仁義可傳道也智惠出焉有大僞智惠之君賤德而貴

5b 5a 言賤質而貴文下則應之以爲大僞姧詐也六親不和焉有孝慈

6b 6a 六紀廢絕親戚不和乃有孝慈相收養也國家昏亂焉有忠臣政令

7b 7a 不行上下相怨邪僻爭權乃有忠臣匡救其君此言天下太平不知仁人盡無欲不知廉

上15オ

各自潔已不知貞大道之世仁義沒孝慈滅猶日中盛明衆星失光者也

還淳第十九

絶聖絶聖制作反初守無五帝畫象蒼頡作書不如三皇結繩無文也棄智

棄智惠反無爲也民利百倍農事修公無私也絶仁棄義絶仁

之見恩惠也棄義之尚華言也民復孝慈德化淳也絶巧絶巧詐偽亂真

也棄利塞貧路閉權門也盜賊無有上化公正無邪私也此三

者謂上三事所絶棄也以爲文不足以爲文不足者文不足以教民也

上15ウ

故令有所屬當如下句也見素抱朴見素者當見素守眞不尚

文餝也抱朴者當見其質朴以示下法則也少私正無私也寡欲當知足也

異俗第二十

絶學絶學不眞不合道文也無憂除浮華則無憂患也唯之與阿

相去幾何同爲應對而相去幾何疾時賤質而貴文也善之與惡

相去何若善者稱譽惡者諫諍也能相去何如疾時惡忠直用佞邪也人

之所畏人謂道人也人之所畏者畏不絶學之君也不可不畏近令

上16オ

色斂仁賢也荒兮其未央哉言世俗人荒亂欲進學文未央止也衆

人熙熙熙熙多情欲也如享大牢如飢思大牢之具意無足時也如

春登臺春陰陽交通萬物感動登臺觀之志意淫淫也我獨怕兮其

未兆我獨怕然安静未有情欲之形兆也如嬰兒之未孩如小兒未

能荅偶人之時也儡儡兮其若無所歸我獨儡儡如窮鄙無所歸

就也衆人皆有餘衆人餘財以爲奢餘智以爲詐也我獨若遺

我獨如遺棄以於不足也我愚人之心哉不與俗人相隨守一不移如愚

上16ウ

人之心也沌沌兮無所分別也俗人昭昭明且逹也我獨若

昏如闇昧也俗人察察察察急且疾也我獨悶悶悶悶無所割截

也忽兮若海我獨忽忽如江海之流莫知其所窮極也漂兮若無

所止我獨漂漂若飛楊無所止也志意在神域也衆人皆有以以有

爲也我獨頑我獨無爲也似鄙似鄙若不逮也我獨異於人

我獨與人異也而貴食母食用也母道也我獨貴用道也

虛心第二十一

上17オ

孔德之容孔大也大德之人無所不容能受垢濁處謙卑也唯道是從唯獨也大德之人不隨世俗所行獨從於道也道之爲物唯怳唯忽道之於萬物獨怳忽往來於其所也忽兮怳兮其中有象道唯忽怳無形無形之中獨爲萬物設法象也怳兮忽兮其中有物道唯怳忽其中有一經營主化因氣立質也窈兮冥兮其中有精道唯窈冥無形其中有精實神明相薄陰陽交會也其精甚真言道精氣神妙甚真非有餝也其中有信道匿功名其信在中也自古及今其名

上17ウ

不去自從也從古至今道常在不去也以閱衆甫閱稟也甫始也言道稟與萬物始生從道受氣也吾何以知衆甫之然哉我何以知從道受氣也以此此今也以今萬物皆得道精氣而生人動作起居非道不然也

益謙第二十二

曲則全曲已從衆不自專則全也枉則直枉屈已而申人久久自得直也窪則盈地窪下水流之人謙下德歸之也弊則新自受弊薄後已先人天下敬之久久自新也少則得自得少則得多也天道祐謙神明託虛也多

上18オ

則惑財多者惑於守身學多者惑於所聞也是以聖人抱一爲天下式抱守也式法也聖人守一乃知萬事故能爲天下法式也不自見故明聖人不以其目視千里之外也乃因天下之目以視故能明達也不自是故彰聖人不自以爲是而非人故彰顯於世也不自伐故有功伐取也聖人德化流行不自取其美故有功於天下也不自矜故長矜大也聖人不自貴大故能長久不危也夫唯不爭故天下莫與之爭此言天下賢與不肖無能與不爭者爭也古之所謂曲則全者

上18ウ

豈虛言哉傳古言曲從則全身正言非虛空也誠全而歸之誠實也能行曲從者實全其肌體歸之於父母無有傷害之也

虛無第二十三

希言自然希言謂愛言也愛言者自然之道也飄風不終朝驟雨不終日飄風疾風也驟雨暴雨也言疾不能長暴不能久也孰爲此者天地也孰誰也誰爲此飄風暴雨者乎天地之所爲也天地尚不能久不終於朝暮也而況於人乎天地至神合爲飄風暴雨尚不能使

上19オ

終朝至暮何況於人欲爲暴卒乎故從事於道者從爲也人爲事當如
道安靜不當如飄風驟雨也道者同於道道者謂好道人也同於道者所
爲與道同也德者同於德德者謂好德人也同於德者所爲與德同也
失者同於失失者謂任已失人也同於失者所爲與失同也同於道
者道亦樂得之與道同者道亦樂得之也同於德者德亦
樂得之與德同者德亦樂得之也同於失者失亦樂得之
與失同者失亦樂得之也信不足焉君信不足於下下則應君以不信也有

上19ウ

不信此言物類相歸同聲相應雲從龍風從虎水流濕火就燥也

苦恩第二十四

跂者不立跂進也謂貪權慕名進取功榮也則不可久立身行道也跨者
不行自以爲貴而跨於人衆共蔽之使不得行也自見者不明人自
見其形容以爲好自見所行以爲應道殊不自知其形醜操行之鄙也自是者
不彰自以爲是而非人衆人共蔽之使不得彰明也自伐者無功所爲
輒自伐取其功美則失功於人也自矜者不長好自矜大者不可以久長

上20オ

也其於道也曰餘食贅行贅貪也使此自矜伐之人在治國之
道日賦歛餘祿食爲貪行也物或惡之此人在位動欲傷害故物無有不畏
惡之也故有道者不處言有道之人不處其國也

象元第二十五

有物混成先天地生謂道無形混沌而成萬物乃在天地之前也
寂兮寥兮獨立而不改寂者無音聲寥者空無形獨立者無匹雙
不改者化有常也周行而不殆道通行天地無所不入在陽不燋託陰不

上20ウ

腐無不貫穿不危殆也可以爲天下母道育養萬物精氣如母之養子
也吾不知其名故字之曰道我不知道之形容不知當何以
名之見萬物皆從道之所生故字之曰道也強爲之名曰大不知其名
之強曰大大者高而無上羅而無外無不包容故曰大也大曰逝其爲大非若天
常在上非若地常在下乃復逝去無常處所也逝曰遠言遠者窮於無窮布氣天
地無所不通也遠曰反言其遠不超絶乃復反在人身也故道大天
大地大王亦大道大者無不容也天大者無不蓋地大者無不載王大者無

上21オ 1b 1a 無不制也域中有四大而王居其一焉八極之內有四大王

2b 2a 居其一也人法地人當法地安靜和柔也種之得五穀掘之得甘泉勞而不怨有

3b 3a 功而不宣者也地法天天湛泊不動施而不求報生長萬物無所收取也天

4b 4a 法道天當法道以清靜不言陰行精氣萬物自成也道法自然道性自然

5b 5a 無所法也

6 重德第二十六

7b 7a 重爲輕根人君不重則不尊治身不重則失神草木之花葉輕故零落根重故

上21ウ 1b 1a 長存也靜爲躁君人君不靜則失威治身不靜則身危龍靜故能變化虎躁

2b 2a 故夭虧也是以君子終日行不離輜重輜靜也君子終日行

3b 3a 道不離其靜與重也雖有榮觀燕處超然榮觀謂宮闕燕處后妃所

4b 4a 居也超然遠避而不處也奈何萬乘之主奈何者疾時主傷痛之也萬乘

5b 5a 之主謂王者也而以身輕於天下王者至尊而以其身行輕躁乎疾時

6b 6a 王奢恣輕淫也輕則失臣王者輕淫則失其臣治身輕淫則失其精也躁

7b 7a 則失君王者躁疾則失其君位治身躁疾則失其精神也

上22オ 1 巧用第二十七

2b 2a 善行者無轍跡善行道者求之於身不下堂不出門故無轍跡也善

3b 3a 言者無瑕讁善言者謂擇言而出之則無瑕疵讁過於天下也善計

4b 4a 者不用籌策善以道計事者守一不移所計不多不用籌策而可知也善

5b 5a 閉者無關楗而不可開善以道閉情欲守精神者不如門戶有關

6b 6a 楗可得開也善結者無繩約而不可解善以道結事者乃結

7b 7a 其心不如繩索可得解也是以聖人常善救人聖人所以常教人忠

上22ウ 1b 1a 孝者欲以救人性命也故無棄人使貴賤各得其所也常善救物

2b 2a 聖人所以常教民順四時者以救萬物之殘傷也故無棄物聖人不賤石而

3b 3a 貴玉視之如一也是謂襲明聖人善救人物是謂襲明大道也故善

4b 4a 人者不善人之師也人之行善者聖人即以爲人師也人不善

5b 5a 人者善人之資也資用也人行不善者聖人獨教導使爲善得以給用

6b 6a 也不貴其師獨無輔也不愛其資無所使也雖智大迷

7b 7a 雖自以爲智言此人乃大迷惑也是謂要妙能通此意是謂知微妙要道也

上23オ

反朴第二十八

知其雄守其雌爲天下谿雄以喩尊雌以喩卑人雖自知其尊
顯當復守之以卑微去雄之強梁就雌之柔和如是則天下歸之如水之流入深谿也
爲天下谿常德不離人能謙下如深谿則德常在不離已也復
歸於嬰兒復當歸志於嬰兒憃然而無所知也知其白守其黑
爲天下式白以喩昭昭黑以喩黙黙人雖自知昭昭明達當復守之以黙黙如
闇昧無所見如是則可以爲天下法式也爲天下式常德不忒人能

上23ウ

爲天下法式則德常在於已不復差惑也復歸於無極德不差惑則長生久
壽復歸身於無窮極也知其榮守其辱爲天下谷榮以喩尊
貴辱以喩汙濁也人能知已之有榮貴當守之以汗濁如是則天下歸之如水流入於深
谷也爲天下谷常德乃足足止也人能爲天下谷德乃常止於已也
復歸於樸復當歸身於質樸不爲文飾也樸散則爲器萬物之樸
散則爲器用也若道散爲神明流爲日月分爲五行也聖人用之則爲
官長聖人升用則爲百官之元長也故大制不割聖人用之則以大道

上24オ

制御天下無所傷割治身則以大道制情欲不害精神也

無爲第二十九

將欲取天下欲爲天下主也而爲之欲以有爲治民也吾見
其不得已我見其不得天道人心已明矣天道惡煩濁人心惡多欲也天
下神器不可爲也器物也人乃天下之神物也神物好安靜不可以有
爲治也爲者則敗之以有爲治之則敗其質性也執者失之
強執教之則失其情實生詐偽也故物或行或隨上所行下必隨之也

上24ウ

或呴或吹呴溫也吹寒也有所溫必有所寒也或強或羸有所強大
必有所羸弱也或載或隳載安也隳危也有所安有所危也明人君不可以必
有爲治國與治身也是以聖人去甚去奢去泰甚謂貪淫聲色
也奢謂服飾飲食也泰謂宮室臺榭也去此三者處中和行無爲則天下自化也

儉武第三十

以道佐人主者謂人主能以道自輔佐也不以兵強於天
下以道自佐之主不以兵革順天任德歒人自服也其事好還其舉事好

上25オ

1b 1a 還自責不怨於人也師之所處荊棘生焉農事廢田不修也大

2b 2a 軍之後必有凶年天應之以惡氣即害五穀五穀盡則傷人也善

3b 3a 者果而已行善者當果敢而已不休也不敢以取強焉不以

4b 4a 果敢取強大之名也果而勿矜當果敢謙卑勿自矜大也果而勿伐

5b 5a 當果敢推讓勿自伐取其美也果而勿驕驕欺也果敢勿以驕欺也果而

6b 6a 不得已當果敢至誠不當迫不得已也果而勿強果敢勿以強兵堅甲

7b 7a 侵凌人也物壯則老草木壯極則枯落人壯極則衰老也言強者不可以久也

上25ウ

1b 1a 是謂不道枯老者坐不行道也不道早已不行道者早死也

2 偃武第三十一

3b 3a 夫餝兵者不祥之器祥善也兵者驚精神濁和氣不善人之器也不

4b 4a 當修餝也物有惡之兵動則有所害故萬物無有不惡之也故有道

5b 5a 者不處有道之人不處其國也君子居則貴左貴柔弱也用

6b 6a 兵則貴右貴剛強也此言兵道與君子道反所貴者異也故兵者不

7b 7a 祥之器兵革者不善人之器也非君子之器非君子之所貴重器

上26オ

1b 1a 也不得已而用之謂遭衰逢亂禍欲加萬民乃用之以自守也恬

2b 2a 惔爲上不貪土地利人財寶也勝而不美雖得勝不以爲利美也

3b 3a 而美之者是樂殺人也美得勝者是爲喜樂殺人也夫樂

4b 4a 殺人者則不可以得志於天下矣樂殺人者此不可使

殺

5b 5a 得志於天下爲人主必專制人命妄行刑誅也吉事上左左生位也凶事

6b 6a 上右陰道殺人也偏將軍居左偏將軍卑而居左者以其不專殺也

7b 7a 上將軍居右上將軍尊而居右者以其主殺也言以喪禮處

上26ウ

1b 1a 之上將軍於右喪禮上右死人貴陰也殺人衆以悲哀泣之傷已

2b 2a 德薄不能以道化人而害無辜之民也戰勝以喪禮處之古者戰勝

3b 3a 將軍居喪主之位素服而哭之明君子貴德而賤兵不得已誅不祥心不樂之比於喪也

4 聖德第三十二

5b 5a 道常無名道能陰能陽能弛能張能存能亡故無常名也樸雖小天

6b 6a 下不敢臣道樸雖小微妙無形天下不敢有臣使道者也侯王若能

7b 7a 守之萬物將自賓侯王若能守道無爲萬物將自賓服從於德化也

上27オ

1b 1a 天地相合以降甘露侯王動作能與天地相應合天則下甘露善瑞

2b 2a 也民莫之令而自均焉天降善瑞則萬物莫有教令之者皆自均

3b 3a 調若一也始制有名始道也有名萬物也道無名能制於有名無形能制有形

4b 4a 也名亦既有既盡也有名之物盡有情欲叛道離德故身毀辱也天亦

5b 5a 將知之人能法道行德天亦将自知之也知之所以不殆天知

6b 6a 之則神靈祐助不復危殆也譬道之在天下猶川谷之與

7b 7a 江海譬言道之在天下與人相應和如川谷與江海流相通也

上27ウ

1 辨德第三十三

2b 2a 知人者智能知人好惡是智也自知者明人能自知賢不肖是爲反

3b 3a 聽無聲内視無形故爲明也勝人者有力能勝人者不過以盛力也自

4b 4a 勝者強人能自勝已情欲則天下無有能與已爭者故爲強也知足者

5b 5a 富人能知足則長保福祿故爲富也強行者有志人能強力行善則爲

6b 6a 有意於道道亦有意於人也不失其所者久人能自節養不失其所受

7b 7a 天之精氣則可以長久也死而不妄者壽目不妄視耳不妄聽口不妄語

上28オ

1b 1a 則無怨惡於天下故長壽也

2 任成第三十四

3b 3a 大道汎兮言大道汎汎若浮若沈若有若無視之不見說之難殊也其可

4b 4a 左右道可左可右無所不宜也萬物恃之而生恃待也萬物皆待道

5b 5a 而生也而不辭道不辭謝而逆止之也功成而不名有道不

6b 6a 名有其功也愛養萬物而不爲主道雖愛養萬物不如人主有所

7b 7a 收取也常無欲可名於小矣道匿德藏名怕然無爲似若微小也

上28ウ

1b 1a 萬物歸焉而不爲主萬物皆歸道受氣道非如人主有所禁止也

2b 2a 可名爲大矣萬物橫來橫去使各自在故可名於大也是以聖人

3b 3a 終不爲大聖人法道匿德藏名不爲湍大也故能成其大聖人

4b 4a 以身師導不言而化萬事修治故成其大也

5 仁德第三十五

6b 6a 執大象天下往執守也象道也聖人守大道則天下萬民移心歸往之治

7b 7a 身則天降神明往來於已也往而不害安平大萬民歸往而不傷害

上29オ

1b1a 則國家安寧而太平矣治身不害神明身躰安而大壽也樂與餌過客止

2b2a 餌美也過客一也能樂美於道則一留止也一者去盈而處虛忽忽如過客也道之

3b3a 出口淡兮其無味道出入於口淡淡非如五味有酸鹹甘苦辛也視

4b4a 之不足見足得也道無形非若五色有青黃白黒赤可得見之也聽之

5b5a 不足聞道非若五音有宮商角徵羽可得聽聞也用之不可既用道

6b6a 治國則國冨民昌治身則壽命延長無有既盡時也

7 微明第三十六

上29ウ

1b1a 將欲噏之必固張之先開張之者欲極其奢淫也將欲弱

2b2a 之必固強之先強大之者欲使遇禍患也將欲廢之必固

3b3a 興之先興之者欲使其驕危也將欲奪之必固與之先與之者

4b4a 欲極其貪心也是謂微明此四事其道微其效明也柔弱勝剛強

5b5a 柔弱者久長剛強者先亡也魚不可脫淵魚脫入於淵爲去剛得柔不可

6b6a 復制也國之利器不可以示人利器者謂權道也治國權者不

7b7a 可以示執事之臣也治身道者不可以示非其人也

上30オ

1 爲政第三十七

2b2a 道常無爲而無不爲道以無爲爲常也侯王若能守

3b3a 之萬物將自化言侯王而能守道萬物將自化效於巳也化而欲

4b4a 作吾將鎮之以無名之樸吾身也無名之樸道也萬物已化效

5b5a 已效已復欲作巧僞者侯王當身鎮撫之以道德也無名之樸亦將不

6b6a 欲不欲以靜言侯王鎮撫之以道德民亦將不欲改當以清靜導化之也

7b7a 天下將自正能如是者天下將自正安定也

上30ウ

1

2 老子道經上

下1オ

老子德經下　河上公章句

論德第三十八

上德不德上德謂太古無名號之君也德大無上故言上德也不德者言其不
以德教民因循自然養人性命其德不見故言不德也是以有德言其德合
於天地和氣流行民得以全也下德不失德下德謂號謚之君德不及上德
故言下德也不失德者其德可見其功可稱也是以無德以有名號及其身故
也上德無爲言法道安靜無所改爲也而無以爲言無以名號爲

下1ウ

也下德爲之言爲教令施政事也而有以爲言以爲已取名号也
上仁爲之上仁謂行仁之君其仁無上故言上仁也爲之者爲仁恩也而
無以爲功成事立無執爲也上義爲之爲義以斷割也而有以
爲動作以爲已殺人以成威賦下以自奉也上禮爲之謂上禮之君其禮無
上也爲之者言爲禮制度序威儀也而莫之應言禮華盛實衰餝僞煩多動則
離道不可應也則攘臂而仍之言煩多不可應上下忿爭故攘臂相仍引
也故失道而後德言道衰德化生也失德而後仁言德

下2オ

衰而仁愛見也失仁而後義言仁衰而義分明也失義而後禮
言義衰則施禮聘行玉帛也夫禮者忠信之薄言禮廢本治末忠信
日以衰薄也而亂之首也禮者賤質而貴文故正直日以少邪亂日以生
也前識者道之華不知而言知爲前識此人失道之實得道之華者也
而愚之始也言前識之人愚闇之倡始也是以大丈夫處
其厚大丈夫謂道德之君也處其厚者處身於敦朴也不居其薄不處
身違道爲世煩亂也處其實處忠信也不處其華不尚言也故去

下2ウ

彼取此去彼華薄取此淳厚也

法本第三十九

昔之得一者昔往也一無也道之子也天得一以清言天得一
故能垂象清明也地得一以寧言地得一故能安靜不動搖也神得
一以靈言神得一故能變化無形也谷得一以盈言谷得一故能
盈滿而不絶也萬物得一以生言萬物皆須道生成也侯王得
一爲天下正言侯王得一故能爲天下平正也其致之致誠也謂

下3オ

1b1a 下五事也 天無以清將恐裂 言天當有陰陽弛張晝夜更用事不可但

2b2a 欲清明無已時將恐分裂不爲天也 地無以寧將恐發 言地當有高下

3b3a 剛柔氣節五行不可但欲安靜無已時將恐發泄不爲地也 神無以靈將

4b4a 恐歇 言神當有王相囚死休廢不可但欲靈無已時將恐虛歇不爲神也 谷無

5b5a 以盈將恐竭 言谷當有盈縮虛實不可但欲盈滿無已時將恐枯竭不爲谷

6b6a 也 萬物無以生將恐滅 言萬物當隨時死生不可但欲常生無已

7b7a 時將恐滅亡不爲物也 王侯無以貴高將恐蹷 言侯王當屈已

下3ウ

1b1a 下人汲汲求賢不可但欲貴高於人將恐顛蹷失其位也 故貴必以賤爲

2b2a 本 言必欲尊貴當以薄賤爲本若禹稷躬耕舜陶河濱周公下白屋也 高必以

3b3a 下爲基 言必欲尊貴當以下爲本基猶築牆造功因卑成高下不堅固後必傾危

4b4a 也 是以王侯自稱孤寡不轂 孤寡喩孤獨不轂喩不能如車

5b5a 轂爲衆輻所湊也 此非以賤爲本邪 言侯王至尊貴能以孤寡自稱

6b6a 此非以賤爲本乎以曉人也 非乎 嗟歎之辭也 故致數車無車

7b7a 言人致就車數之爲輻爲輪爲轂爲衡爲轝無有名爲車者故成爲車以喩王侯不以尊

下4オ

1b1a 号自名故能成其貴也 不欲琭琭如玉落落如石 琭琭喩少

2b2a 落落喩多玉少故見貴石多故見賤言不欲如玉爲人所貴如石爲人所賤當處其中也

3 去用第四十

4b4a 反者道之動 反本也本者道之所以動生萬物背之則亡也 弱者道

5b5a 之用 柔弱者道之所以常用故能久長也 天下之萬物生於有

6b6a 天下萬物皆從天地生地有形位故言生於有也 有生於無 天地神明蜎飛

7b7a 蠕動皆從道生道無形故言生於無也言本勝於華弱勝於強謙虛勝盈滿也此

下4ウ

1 同異第四十一

2b2a 上士聞道勤而行之 上士聞道自勤苦竭力而行也 中士聞

3b3a 道若存若亡 中士聞道治身以長存治國以太平欣然而存之退見財色榮

4b4a 譬惑於情欲而復亡也 下士聞道大笑之 下士貪狼多慾見道柔弱

5b5a 謂之恐懼見道質朴謂之鄙陋故大笑之也 不笑不足以爲道 不爲

6b6a 下士所笑不足名以爲道也 建言有之 建設也設言已有道當如下句也

7b7a 明道若昧 明道之人若暗昧無所見也 進道若退 進取道者若退

下5オ

1b 1a 不及也夷道若類夷平也大道之人不自別殊若多比類也上德若

2b 2a 谷上德之人若深谷不恥垢濁也大白若辱大潔白之人若汗辱不自彰顯

3b 3a 也廣德若不足德行廣大之人若愚頑不足也建德若揄建設

4b 4a 道德之人若可揄引使空虛也質直若渝質朴之人若五色有渝淺不明也

5b 5a 大方無隅大方正之人無委曲廉隅也大器晚成大器之人若九

6b 6a 鼎瑚璉不可卒成也大音希聲大音猶雷霆待時而動喻常愛氣希言也大

7b 7a 象無形大法象之人質朴無形容也道隱無名道潛隱使人無能指

下5ウ

1b 1a 名也夫唯道善貸且成成就也言道善稟貸人精氣且成就之也

2 道化第四十二

3b 3a 道生一道始所生者一也一生二一生陰與陽也二生三陰陽

4b 4a 生和清濁三氣分爲天地人也三生萬物天地人共生萬物也天施地化人長

5b 5a 養之也萬物負陰而抱陽萬物無不負陰而向陽迴心始就日也

6b 6a 沖氣以爲和萬物中皆有元氣得以和柔若胷中有藏骨中有髓草木之中

7b 7a 有空虛與氣通故得久生也人之所惡唯孤寡不轂而王

下6オ

1b 1a 公以爲稱孤寡不轂者不祥之名而王公以爲稱者處謙法空虛和柔也故

2b 2a 物或損之而益引之不得推讓必還也或益之而損夫增

3b 3a 高者速崩貪富者致患也人之所教謂眾人所以教去弱爲強去柔爲剛也

4b 4a 我亦教人言我教眾人使去強爲弱去剛爲柔也強梁者不得

5b 5a 其死強梁者謂不信玄妙背叛道德不從經教尚勢任力也不得其死者爲天所絕

6b 6a 兵刃所伐王法所斂不得以命死也吾將以爲教父父始也老子以強梁

7b 7a 之人爲教戒之始也

下6ウ

1 徧用第四十三

2b 2a 天下之至柔馳騁天下之至堅至柔者水也至堅者金石

3b 3a 也水能貫堅入剛無所不通也無有入於無間無有謂道也道無形質故

4b 4a 能出入無間通神群生也吾是以知無爲之有益吾見道無爲而

5b 5a 萬物自化成是以知無爲之有益於人也不言之教法道不言師之以身也

6b 6a 無爲之益法道無爲治身則有益精神治國則有益萬民不勞煩也天下

7b 7a 希及之天下人主也希能有及道無爲之治無爲之治治身治國也

下7オ

立戒第四十四

名與身孰親名遂則身退也身與貨孰多財多則害身也得

與亡孰病好得利則病於行也甚愛必大費甚愛色費精神甚愛

財遇禍患所愛者少所亡者多故言大費也多藏必厚亡生多藏於府庫

死多藏於丘墓生有攻劫之憂死有發掘之患也知足不辱知足之人絶利

去欲不辱於身也知止不殆知可止則止財利不累於身聲色不亂於耳目

則終身不危殆也可以長久人能知止足則福禄在已治身者神不勞治國

下7ウ

者民不擾故可長久也

洪德第四十五

大成若缺謂道德大成之君也若缺者滅名藏譽如毀缺不備也其用

不弊其用心如是則無弊盡時也大盈若沖謂道德大盈满之君也如

沖者貴不敢驕富不敢奢也其用不窮其用心如是則無窮盡時也大

直若屈大直謂修道法度正直如一也如屈者不與俗人爭如可屈折也大

巧若拙大巧謂多才術也如拙者亦不敢見其能也大辯若訥大辯

下8オ

知無疑也如訥者無口辭也躁勝寒勝極也春夏陽氣躁疾於上萬物盛大極

則寒寒則零落死亡也言人不當剛躁也靜勝熱秋冬萬物靜於黄泉之下極則

熱熱者生之源也清靜爲天下正能清靜則爲天下長持正則無終

已時也

儉欲第四十六

天下有道謂人主有道也却走馬以糞糞者治田也兵甲不用却

走馬以治農田治身者却陽精以糞其身也天下無道謂人主無道也戎

下8ウ

馬生於郊戰伐不止戎馬生於郊境之上久不還也罪莫大於可

欲好色淫也禍莫大於不知足富貴而不能自禁止也咎莫

大於欲得欲得人物利且貪也故知足之足守真根也常足

矣無欲心也

鑒遠第四十七

不出戸以知天下聖人不出戸以知天下者以已身知人身以已家知

人家所以見天下也不闚牖以見天道天道與人道同天人相通精氣

下9オ

1b 1a 相貫人君清靜天氣自正人君多欲天氣煩濁吉凶利害皆由於已也其出彌

2b 2a 遠其知彌少謂去其家觀人家去其身觀人身所觀益遠所知益少也是

3b 3a 以聖人不行而知聖人不上天不入淵能知天地者以心知之也不

4b 4a 見而名上好道下好德上好武下好力聖人原小知大察內以知外也不爲

5b 5a 而成上無所爲則下無事家給人足萬物自化就也

6 亡知第四十八

7b 7a 爲學日益學謂政教禮樂之學也日益者情欲文飾日以益多也爲道

下9ウ

1b 1a 日損道謂自然之道也日損者情欲文飾日以消損也損之又損之

2b 2a 損情欲又損之所以漸去之也以至於無爲當恬如嬰兒無所造爲也無

3b 3a 爲而無不爲情欲斷絕德與道合則無所不施無所不爲也取天下

4b 4a 常以無事取治也治天下常當以無事不當勞煩也及其有事不

5b 5a 足以取天下及其好有事則政教煩民不安故不足以治天下也

6 任德第四十九

7b 7a 聖人無常心聖人重改更貴因循若自無心也以百姓心爲

下10オ

1b 1a 心百姓心之所便因而從之也善者吾善之百姓爲善聖人因而善之

2b 2a 也不善者吾亦善之百姓雖有不善者聖人化之使善也德善

3b 3a 矣百姓德化聖人爲善也信者吾信之百姓爲信聖人因而信之也

4b 4a 不信者吾亦信之百姓爲不信聖人化之使信也德信矣百姓

5b 5a 德化聖人爲信也故聖人之在天下怵怵焉聖人在天下怵

6b 6a 怵常恐怖富貴不敢驕奢也爲天下渾其心言聖人爲天下百姓渾濁

7b 7a 其心若愚闇不通也百姓皆注其耳目注用也百姓皆用耳目爲聖人

下10ウ

1b 1a 視聽也聖人皆孩之聖人愛念百姓如孩育赤子長養之而不責望其報

2b 2a 也

3 貴生第五十

4b 4a 出生入死出生謂情欲出於五內魂定魄靜故生入死謂情欲入於胷臆精神

5b 5a 勞惑故死也生之徒十有三死之徒十有三言生死之

6b 6a 類各有十三謂九竅四關也其生也目不妄視耳不妄聽鼻不妄臭口不妄言手不妄持

7b 7a 足不妄行精不妄施其死也反是也人之生動皆之死地十有

下11オ

三 人之求生動作反之十三死地也 夫何故哉 問之何故動之死地也 以其生生之厚也 所以動之死地者以其求生活之事大厚違道忤天 妄行失紀也 蓋聞善攝生者 攝養也 陸行不遇兕虎 自然遠避害不干也 入軍不被甲兵 不好戰以斂人也 兕無所投其角虎無所措其爪兵無所容其刃 養生之人 虎兕無由傷兵刃無從加之也 夫何故哉 問虎兕兵甲何故不害也 以其無死地 以其不犯上十三之死地也言神明營護之此物不敢害人也

下11ウ

養德第五十一

道生之 道生萬物也 德畜之 德一也一主布氣而畜養也 物形之 一爲萬物設形像也 勢成之 一爲萬物作寒暑之勢以成之也 是以萬物莫不尊道而貴德 道德所爲無不盡驚動尊敬之也 道之尊德之貴夫莫之命而常自然 道一不命召萬物而常自然應之如影響也 故道生之德畜之長之育之成之熟之養之覆之 道之於萬物非但生之而已乃復養長成熟覆育全

下12オ

其性命人君治國治身亦當如是也 生而不有 道生萬物不有取以爲利 爲而不恃 道所施爲不恃望其報也 長而不宰 道長養萬物不宰割以爲利用也 是謂玄德 道之所行恩德玄闇不可得見也

歸元第五十二

天下有始 始道也 以爲天下母 道爲天下萬物母也 旣知其母又以知其子 子一也旣知得道已當復知一也 旣知其子復守其母 已知其一當復守道反無爲也 沒身不殆 不危殆也

下12ウ

塞其兌 兌目也目不妄視也 閉其門 門口也口不妄言說是非也 終身不勤 人當塞目不妄視閉口不妄言則終身不勤苦也 開其兌 開目視情欲也 濟其事 濟益也益情欲之事也 終身不救 禍亂成也 見小曰明 萠牙未動禍亂未見爲小昭然獨見爲明也 守柔曰強 守柔弱日以強大也 用其光 用其目光於外視時世之利害也 復歸其明 復反其光明於內無使精神洩外也 無遺身殃 內視存神不爲漏失也 是謂習常 人能行此是謂習修常道也

下13オ

益證第五十三
使我介然有知行於大道介大也老子疾時王不行大道故設
此言使我介然有知於政事我則行於大道躬無爲之化也唯施是畏唯獨
也獨畏有所施爲失道意欲賞善恐僞善生欲信忠恐詐忠起也大道甚夷
夷平易也而民好徑徑邪不平正也大道甚平易而民好從邪徑不平正也
朝甚除臺榭宮室修也田甚蕪農事廢不耕治失時也倉甚虛
五穀傷害國無儲也服文綵好餝僞貴外華也帶利劍尚剛強武且奢

下13ウ

也厭飲食財貨有餘多嗜欲無足時也是謂盜夸百姓
不足而君有餘者是猶劫盜以爲服飾持行夸人不知身死家破親戚并隨之也非
道也哉人君所行如是此非道復言也哉者痛傷之辭也

修觀第五十四
善建者不拔建立也善以道立身立國者不可得引而拔也善抱者
不脫善以道抱精神者終不可拔引解脫也子孫以祭祀不輟
爲人子孫能修道如是長生不死世世以久祭祀先祖宗廟無絕時也修之於

下14オ

身其德乃真修道於身愛氣養神益壽延年其德如是乃爲真人也修
之於家其德乃有餘修道於家父慈子孝兄友弟順夫信妻貞其德
如是乃有餘慶及於來世子孫也修之於鄉其德乃長修道於鄉
尊敬長老愛養幼少教誨愚鄙其德如是乃無不覆及也修之於國其德
乃豐修道於國則君信臣忠仁義自生禮樂自興政平無私其德如是乃爲豐厚也
修之於天下其德乃普人主修道於天下不言而化不教而治下
之應上信如影響其德如是乃爲普博也故以身觀身以修道之身觀不修

下14ウ

道之人孰存孰亡也以家觀家以修道之家觀不修道之家也以鄉觀
鄉以修道之鄉觀不修道之鄉也以國觀國以修道之國觀不修道之國也
以天下觀天下以修道之主觀不修道之主也吾何以知天
下之然哉以此老子言吾何以知天下修道者昌背道者亡以此觀而知
之也

玄符第五十五
含德之厚謂含懷道德之厚者也比之於赤子神明保祐含德

下15オ

之人比若父母之於赤子也毒虫不螫蜂蠆蛇虺不螫也猛獸不
攫鳥不搏赤子不害於物物亦不害之也故太平之世人無貴賤皆有仁
心有刺之物還返其本有毒之虫不傷於人也骨弱筋柔而握固赤子
筋骨柔弱而持物堅固以其意專心不移也未知牝牡之合而峻
作精之至也赤子未知男女之合會而陰作怒者由精氣多之所致也終
日號而不啞赤子從朝至暮啼號聲不變易者和氣多
之所致也知和曰常人能知和氣之柔弱有益於人者則爲知道之常也知

下15ウ

常曰明人能知道之常行則日以明達於玄妙也益生曰祥祥長也言
益生欲自生日以長大也心使氣曰強心當專一爲和柔而神氣實内故形
柔而反使妄有所爲和氣去於中故形體日以強剛也物壯則老萬物壯極
則枯老也謂之不道老不得道者也不道早已不得道者早已死也

玄德第五十六

知者不言知者貴行不貴言也言者不知駟不及舌多言多患也
塞其兌閉其門塞閉之者欲絶其源也挫其鋭情欲有所鋭爲

下16オ

當念道無爲以挫止之也解其忿忿結恨不休也當念道恬怕以解釋之也和
其光雖有獨見之明當和之使闇昧不使曜亂人也同其塵不當自别殊也
是謂玄同玄天也人能行此上事是謂與天同道也故不可得而
親不以榮譽爲樂以獨立爲哀也亦不可得而疏志靜無欲與人無怨
也不可得而利身不欲富貴口不欲五味也亦不可得而
害不與貪爭利不與勇爭氣也不可得而貴不爲亂世主不處闇君位
也不可得而賤不以乗權故驕不以失志故屈也故爲天下

下16ウ

貴其德如此天子不得臣諸侯不得屈與世沈浮容身避害故爲天下貴也

淳風第五十七

以正之國之至也天使正身之人至有國也以竒用兵奇詐也天
使詐僞之人用兵也以無事取天下以無事無爲之人使取天下爲之主
也吾何以知其然哉以此此今也老子言我何以知天意哉以
今日所見知之也天下多忌諱而民彌貧天下謂人主也忌諱
者防禁也令煩則奸生禁多則下詐相殆故貧也民多利器國家滋

下17オ

昏利器者權也民多權則視者眩於目聽者惑於耳上下不親故國家昏亂也人
多技巧奇物滋起人謂人君百里諸侯也多技巧刻畫宮觀彫琢章服
奇物滋起下則化上飾金鏤玉文綉綵色日以滋起也法物滋彰盜賊
多有法好也珍好之物滋生彰著則農事廢飢寒並至故盜賊多有也故聖
人云謂下事也我無爲而民自化聖人言我脩道承天無所改作
而民自化成也我好靜而民自正聖人言我好靜不言不教民皆自忠
正也我無事而民自富我無徭役徵召之事使民安其業故皆自富也

下17ウ

我無欲而民自朴我常無欲去華文微服餝民則隨我爲質朴也

順化第五十八

其政悶悶其政教寬大悶悶昧昧似若不明也其民醇醇政教寬大
故民醇醇富厚相親睦也其政察察其政教急疾言決於口聽決於耳也其
民缺缺政教急疾民不聊生故缺缺日以疏薄也禍兮福之所倚
倚因也夫禍因福而生人遭禍而能悔過責已修善行道則禍去而福來也福兮
禍之所伏禍伏匿於福中人得福而爲驕恣則福去而禍來也孰知其

下18オ

極禍福更相生誰能知其窮極時也其無正無不也謂人君不正其身其無
國也正復爲奇奇詐也人君不正下雖正復化上爲詐也善復爲妖
善人皆復化上爲妖祥也人之迷其日固久矣言人君迷惑失正以
來其日固久也是以聖人方而不割聖人行方正者欲以率下不以
割截人也廉而不害聖人廉清欲以化民不以傷害人也今則不然正已以割
人清已以害人也直而不肆肆申也聖人雖直曲已從人不自申也光
而不曜聖人雖有獨知之明常如闇昧不以曜亂人也

下18ウ

守道第五十九

治人謂人君欲治理人民也事天事用也當用天道順四時也莫若
嗇嗇愛也治國者當愛民財不爲奢泰治身者當愛精氣不放逸也夫唯嗇
是謂早服早先也服得也夫獨愛民財愛精氣則能先得天道也早服
謂之重積德先得天道是謂重積德於已也重積德則無不
尅尅勝也重積德於已則無不勝也無不尅則莫知其極無不
尅勝則莫有知已德之窮極也莫知其極可以有國莫知已德有極

下19オ

1b 1a 則可以有社稷爲民致福也有國之母可以長久國身同也母道

2b 2a 也人能保身中之道使精氣不勞五神不苦則可以長久也是謂深根固

3b 3a 蔕人能以氣爲根以精爲蔕如樹根不深則拔蔕不堅則落言當深藏其氣固守其精

4b 4a 無使泄漏也長生久視之道深根固蔕者乃長生久視之道也

5 居位第六十

6b 6a 治大國若烹小鮮鮮魚也烹小魚不去腸不去鱗不敢撓恐其糜也治

7b 7a 國煩則下亂治身煩則精氣散去也以道莅天下者其鬼不神

下19ウ

1b 1a 以道德居位治天下則鬼不敢見其精神以犯人也非其鬼不神其神

2b 2a 不傷人其鬼非無精神也邪不入正不能傷自然之民也非其神不

3b 3a 傷人聖人亦不傷人非鬼神不能傷害人以聖人在位不傷害人故

4b 4a 鬼不敢干人也夫兩不相傷鬼與聖人俱而兩不相傷也故德交

5b 5a 歸焉夫兩不相傷則人得治於陽鬼得治於陰人得全其性命鬼得保其精神故德

6b 6a 交歸之也

7 謙德第六十一

下20オ

1b 1a 大國者下流治大國當如居下流不逆細微也天下之交大

2b 2a 國者天下士民之所交會也天下之牝牝陰類也柔和而不倡也牝常以

3b 3a 靜勝牡女所以能屈男陰勝陽以其安靜不先求也以靜爲下陰道

4b 4a 以安靜爲謙下也故大國以下小國則取小國能謙下之

5b 5a 則常有之也小國以下大國則取大國此言國無大小能執

6b 6a 謙畜人則無過失也故或下以取或下而取下者謂大國以下小

7b 7a 國小國以下大國更以義相取也大國不過欲兼畜人大國不可

下20ウ

1b 1a 失則兼并人國而牧畜之也小國不過欲入事人使爲臣僕也

2b 2a 各得其所欲大者宜爲下大國小國各欲得其所大國又宜爲

3b 3a 謙下也

4 爲道第六十二

5b 5a 道者萬物之奧奧藏也道爲萬物之藏無所不容也善人之寶

6b 6a 善人以道爲身寶不敢違失也不善人之所保道者不善人之所保倚遭

7b 7a 患逢急猶知自悔卑下也美言可以市美言者獨可於市耳夫市交易而退

下21オ

不以相宜善言美語求者欲疾得賣者欲疾售也尊行可以加人加別
也人有尊貴之行可以自別異於凡人未足以尊道也人之不善何棄
之有人雖不善當以道化之蓋三皇之前無有棄民德化淳也故立天子
置三公欲使教化不善人也雖有拱璧以先駟馬不如
坐進此道雖有美璧以先駟馬而至不如坐進此道也古之所以
貴此道者何不日求以得古之所以貴此道者不日遠行求索
近得之於身也有罪以免邪有罪謂遭亂世闇君妄行刑誅修道則可以

下21ウ

解死免於衆邪也故爲天下貴道德洞達無不覆濟全身治國恬然無爲
故可爲天下貴也

恩始第六十三

爲無爲因成循故無所造作也事無事豫設備除煩省事也味無
味深思遠慮味道意也大小多少陳其戒令也欲大反小欲多反少自煞之
道也報怨以德修道行善絶禍於未生也圖難於其易欲圖難事
當於易時未及成也爲大於其細欲爲大事必作於小禍亂從小來也天

下22オ

下難事必作於易天下大事必作於細是以
聖人終不爲大處謙虛也故能成其大天下共歸之也夫
輕諾必寡信不重言也多易必多難不愼患也是以聖
人猶難之聖人動作舉事猶進退重難之欲塞其源也故終無難
聖人終身無患難之事由避害深也

守微第六十四

其安易持治身治國安靜者易守持也其未兆易謀情欲禍患

下22ウ

未有形兆時易謀止也其脆易破禍亂未動於朝情欲未見於色如脆弱易
破除也其微易散其未彰著微小時易散去也爲之於未有
欲有所爲當以未有萌牙之時塞其端也治之於未亂治身治國於未亂之
時當豫閉其門也合抱之木生於毫末從小成大也九層
之臺起於累土從卑立高也千里之行始於足下
從近至遠也爲者敗之有爲於事廢於自然有爲於義廢於仁恩有爲於色
廢於精神也執者失之執利遇患執道全身妄持不得推讓反還之也聖

下23オ

人無爲故無敗聖人不爲華文不爲利色不爲殘賤故無壞敗也無
執故無失聖人有德以教愚有財以與貧無所執藏故無所失於人也民
之從事常於幾成而敗之從爲也民人之爲事於功德幾成而
貪位好名奢泰盈滿而敗之也愼終如始則無敗事終當如始不當
懈怠也是以聖人欲不欲聖人欲人所不欲人欲彰顯聖人欲伏光
人欲文餝聖人欲質朴人欲於色聖人欲於德也不貴難得之貨聖人
不眩晃爲服不賤石而貴玉也學不學聖人學人所不學人學智詐聖人學自然

下23ウ

人學治世聖人學治身守道真也復衆人之所過衆人學問反過本爲
末過實爲華復者使反本也以輔萬物之自然教人反本實者欲以
輔助萬物自然之性也而不敢爲焉聖人動作因循不敢有所造爲恐遠
本也

淳德第六十五

古之善爲道者說古之善以道治身及治國也非以明民不以
道教民明知奸巧也將以愚之將以道德教民使質朴不詐僞也民之

下24オ

難治以其智多以其智大多而爲巧僞也以智治國國之
賊使智惠之人治國必遠道德妄作威福爲國之賊也不以智治國國
之福不使智惠之人知國之政事則民守正直不爲邪餝上下相親君臣同力故爲
國之福也知此兩者亦楷式兩者謂智與不智也常能知智者爲賊不
智者能爲福是治身治國之法式也常知楷式是謂玄德玄天也能
知治身及治國之法式是謂與天同德也玄德深矣遠矣玄德之人深不
可測遠不可極也與物反矣玄德之人與萬物反異萬物欲益己玄德欲施

下24ウ

與人也乃至大順玄德與萬物反異故能至大順順天理也

後已第六十六

江海所以能爲百谷王者以其善下之故江海
以卑下故衆流歸之若民歸就王者也故能爲百谷王以卑下故能爲
百谷王也是以聖人欲上人欲在民之上也必以言下之
法江海處謙虛也欲先民欲在民之前也必以身後之先人而後
已也是以聖人處上而民不重聖人在民上爲主不以尊貴虐

下25オ

1b 1a 下故民戴仰不以爲重也處前而民不害聖人在民前不以光明蔽後民

2b 2a 親之若父母無有欲害之者也是以天下樂推而不厭聖人恩深

3b 3a 愛厚視民若赤子故天下樂共推進以爲主無有厭之者也以其不爭天下

4b 4a 無厭聖人是由聖人不與民爭先後也故天下莫能與之爭言人

5b 5a 皆爭有爲無與吾爭無爲者也

6

三寶第六十七

7b 7a 天下皆謂我大似不肖老子言天下謂我德大我則詳愚似不肖

下25ウ

1b 1a 也夫唯大故似不肖夫獨名德大者爲身害故詳愚似若不肖無所

2b 2a 分別無所割截賤人而自貴也不若肖久矣肖善也謂辨惠也若大辨惠之

3b 3a 人身高自貴行察之政所從來久矣察其細也言辨惠者唯如小人也非長者

4b 4a 也夫我有三寶持而寶之老子言我有三寶抱持而保倚之也

5b 5a 一曰慈愛百姓赤子也若二曰儉賦斂若取之於已也三曰不

6b 6a 敢爲天下先執謙退不爲倡始也慈故能勇以慈仁故能勇於忠

7b 7a 孝也儉故能廣身能節儉故日用寬廣也民不敢爲天下先

下26オ

1b 1a 不敢爲天下首先也故能成器長成器長謂得道人也我能爲道人之長也

2b 2a 今舍慈且勇今世之人舍慈仁但爲武勇也舍儉且廣舍其儉約

3b 3a 但爲泰也奢舍後且先舍其後已爲人先也但死矣所行如此動入

4b 4a 死也道夫慈以戰則勝仁以守則固夫慈仁者百姓親附

5b 5a 并心一意故以戰則敵以守衛則堅固也勝天將救之以慈衛之

6b 6a 天將救助善人必與慈仁之性使能自營助也

7

配天第六十八

下26ウ

1b 1a 善爲士者不武言貴道德好武力也不善戰者不怒善以

2b 2a 道戰者禁邪於胷心絕禍於未萌無所誅怒也善勝敵者不與善以道勝

3b 3a 敵者附近以仁來遠以不與敵戰而敵自服也德善用人者爲之下

4b 4a 善用人人自輔佐者常爲人執謙下也是謂不爭之德謂上爲之下也是乃

5b 5a 不與人爭之道德也闘是謂用人之力能身爲人下是謂用人臣之力

6b 6a 也是謂配天能行此者德配天也古之極也是乃古之極約要道

7b 7a 也

下27オ

1 玄用第六十九
2b2a 用兵有言陳用兵之道老子疾時用兵故託之已設其義也吾不敢爲
3b3a 主主先也不敢先舉兵也而爲客客者和而不倡用兵當兼天而後動也
4b4a 不敢進寸而退尺侵人境堺利人財寶爲進閉門守城爲退也是
5b5a 謂行無行彼遂不止爲天下賊雖行誅之不行執者也攘無臂雖欲
6b6a 攘臂大怒若無臂可攘也仍無敵雖欲仍引之若無敵可仍也執無兵
7b7a 雖欲執持之若無兵叉可持用也何者傷彼之民羅罪於天遭不道之君愍不忍喪之痛

下27ウ

1b1a 也禍莫大於輕敵夫禍亂之害莫大於欺輕敵家侵取不休輕戰貪財
2b2a 也輕敵幾喪吾寶幾近也寶身也欺輕敵家近喪身也故抗兵
3b3a 相加兩敵戰也哀者勝矣哀者慈仁士卒不遠於死也
4 知難第七十
5b5a 吾言甚易知甚易行老子言吾所言者而易知約而易行也天

省

6b6a 下莫能知莫能行人惡柔弱好剛強也言有宗事有君
7b7a 我所言有宗祖根本事有君臣上下世人不知者非我之無德心與我反也夫唯

下28オ

1b1a 無知是以不我知夫唯世人也是我德之暗不見於外窮微極妙故無
2b2a 知也知我者希則我者貴矣希少也唯達道者乃能知我則知我
3b3a 者爲貴也是以聖人被褐懷玉被褐者薄外懷玉者厚內也匿寶藏
4b4a 德不以示人也
5 知病第七十一
6b6a 知不知上知道言不知是乃德之上也不知知病不知道言知是
7b7a 乃德之病也夫唯病病是以不病夫唯能病苦衆人有強知之病

下28ウ

1b1a 是以不自病也聖人不病以其病病聖人無此強知之病者以其常苦衆
2b2a 人有此病也是以不病以此非人也故不自病夫聖人懷通達之智託於不
3b3a 智者欲使天下質朴忠正各守純性小人不知道意而妄行強知之事以自顯著內傷精
4b4a 神減壽消年也
5 愛己第七十二
6b6a 民不畏威大威至矣威害也人不畏小害則大害至謂死亡也畏之
7b7a 者當愛精養神兼天順地也無狹其所居謂心居神當寬柔不當急狹也

下29オ

1b 1a 無厭其所生人之所以生者以有精神精神託空虛喜清靜飲食不節忽道

2b 2a 念色邪僻滿腹爲伐本厭神也夫唯不厭是以不厭夫唯獨不厭精

3b 3a 神之人洗心垢濁恬怕欲則精神居之不厭也無是以聖人自知自知

4b 4a 已之得失也不自見不自顯見德美於外藏之於內也自愛自愛其身

5b 5a 以保精氣也不自貴不自貴高榮名於世也故去彼取此去彼

6b 6a 自見自貴取此自知自愛也

7 任爲第七十三

下29ウ

1b 1a 勇於敢則殺勇於敢有爲則殺身也勇於不敢則活勇於

2b 2a 不敢有爲則活其身也此兩者謂敢與不敢也或利或害活身爲利

3b 3a 殺身爲害也天之所惡惡有爲也孰知其故誰能知天意之故不

4b 4a 犯之也是以聖人猶難之言聖人之明德猶難於勇敢況無聖人之

5b 5a 德而欲行之乎天之道不爭而善勝天不與人爭貴賤而人自畏之

6b 6a 也不言而善應天不言萬物自動以應時也不召而自來

7b 7a 天不呼召萬物皆負陰而向陽也繟然而善謀繟寬也天道雖寬博善謀

下30オ

1b 1a 應人事修善行惡各蒙其報也天網恢恢踈而不失天所羅網恢恢

2b 2a 甚大雖踈遠司察人善惡無有所失也

3 制惑第七十四

4b 4a 民不畏死治國者刑罰酷深民不聊生故不畏死也治身者嗜欲傷神貪財殺

5b 5a 身民不畏之也奈何以死懼之人君不寬其刑罰教人去情欲奈何設刑

6b 6a 罰法以死懼之也若使民常畏死當除已之所殘尅教民去利欲也

7b 7a 而爲奇者吾得執而殺之孰敢矣以道教化而民不從

下30ウ

1b 1a 反爲奇巧乃應王法執而殺之誰敢有犯者老子傷時王不先道德化之而先刑罰也

2b 2a 常有司殺者司殺者天居高臨下司察人過天網恢恢踈而不失者是也

3b 3a 夫代司殺者是謂代大匠斲天道至明司殺有常猶春生夏

4b 4a 長秋成冬藏斗杓運移以節度行之人君欲代殺之是猶拙夫代大匠斲木勞而無功也

5b 5a 夫代大匠斲希有不傷其手矣人君行刑罰猶拙人代大

6b 6a 匠斲則方圓不得其理還自傷代天殺者失紀綱不得其紀綱還受其殃也

7 貪損第七十五

下31オ

1b 1a 民之飢以其上食稅之多 人民所以飢寒者以其君上稅食下

2b 2a 太多也 是以飢 人皆化上爲貪叛道違德故飢也 民之難治以

3b 3a 其上之有爲 民之不可治者以其君上多欲好有爲也 是以難治

4b 4a 是以其民化上有爲情僞難治也 人之輕死以其求生之厚

5b 5a 也 人民所以輕犯死者以其求生活之道太厚貪利以自危也 是以輕死

6b 6a 以求生太厚之故輕入死地也 夫唯無以生爲者是賢於貴

7b 7a 生也 夫唯獨無以生爲務者爵祿不干於意財利不入於身天子不得臣諸侯不得

下31ウ

1b 1a 使則賢於貴生者也

2

戒強第七十六

3b 3a 人之生也柔弱 人生含和氣抱精神故柔弱也 其死也堅強

4b 4a 人死和氣竭精神亡故堅強也 萬物草木之生也柔脆 和氣存也

5b 5a 其死也枯槁 和氣去也 故堅強者死之徒柔弱者

6b 6a 生之徒 以其上二事觀之知堅強者死柔弱者生也 是以兵強則

7b 7a 不勝 強大之兵輕戰樂殺毒流怨結衆弱爲一強故不勝也 木強則共

下32オ

1b 1a 木強大枝葉共生其上也 強大處下柔弱處上 興物造功大木處下

2b 2a 小物處上天道抑強扶弱自然之效也

3

天道第七十七

4b 4a 天之道其猶張弓乎 天道暗昧舉物類以爲喩也 高者抑

5b 5a 之下者舉之有餘者損之不足者與之 言張弓和

6b 6a 調之如是乃可用夫抑高舉下損強益弱天地之道也 天之道損有餘

7b 7a 而補不足也 天道損有餘而益謙常以中和爲上也 人之道則

下32ウ

1b 1a 不然 人道則與天道反也 損不足以奉有餘 世俗之人損貧以奉

2b 2a 富奪弱以益強也 孰能以有餘奉天下唯有道者 言誰

3b 3a 能居有餘之位自省爵祿以奉天下不足者乎唯有道之君能行之耳 是以聖

4b 4a 人爲而不恃 聖人爲德施不恃望其報也 功成而不處 功成

5b 5a 事就不處其位也 其不欲見賢 不欲使人知已之賢匿功不居榮名畏天

6b 6a 損有餘也

7

任信第七十八

下33オ

天下柔弱莫過於水水圓中則圓方中則方壅之則止決之則行也而攻堅強者莫之能勝水能懷山襄陵摩鐵消銅莫能勝水而成功也其無以易之夫攻堅強者無以易於水也弱之勝強水能滅火陰能消陽也柔之勝剛舌柔齒剛齒先舌亡也天下莫不知知柔弱者久長剛強者折傷也莫能行恥謙卑好強梁也故聖人云謂下事也受國之垢是謂社稷之主人君能受國之垢濁者若江海不逆小流則能長保社稷為一國之君主也受國不祥是

下33ウ

謂天下之王君能引過自與代民愛不祥之殃則可以王有天下也正（受）言若反此乃正直之言世人不知以為反言也

任契第七十九

和大怨殺人者死傷人者刑以相和報必有餘怨任刑者失人情必有餘怨及於良民也安可以為善言一人吁嗟則失天心安可以和怨為善也是以聖人執左契古者聖人執左契合符信無文字法律刻契合符以為信也而不責於人但刻契之信不責人以他事也有德司

下34オ

契有德之君司察契信而已也無德司徹無德之君背其契信司人所失也天道無親常與善人天道無有親疏唯與善人則與司契者也

獨立第八十

小國寡民聖人雖治大國猶以為小儉約不為奢泰民雖眾猶若寡之不敢勞也使有什伯使民各有部曲什伯貴賤不相犯也人之器而不用器謂農器而不用者不徵召奪民良時也使民重死君能為民興利除害各得其所則民重死而貪生也而不遠徙政令不煩則民安其業故不遠遷徙

下34ウ

離其常處也雖有舟輿無所乘之清靜無為不作繁華不好出入遊娛也雖有甲兵無所陳之無怨惡於天下也使民復結繩而用之去文反質信而無欺也甘其食甘其蔬食不漁食百姓也美其服美其惡衣不貴五色也安其居安其茅茨不好文飾之屋也樂其俗樂其質朴之俗不轉移也鄰國相望雞狗之聲相聞相去近也民至老死不相往來其無情欲也

顯質第八十一

下35オ

1b 1a 信言不美信言者如其實也不美者朴且質也美言不信美言者孳

2b 2a 孳華辭也不信者餝僞多空虛也善者不辨善者以道修身也不辨者不文

3b 3a 采也辨者不善辨者謂巧言不善者舌致患也土有玉掘其山水有珠濁其淵

4b 4a 辨口多言亡其身也知者不博知者謂知道之士不博者守一元也博者

5b 5a 不知博者多見聞不知者失要眞也聖人不積聖人積德不積財有德以

6b 6a 教愚有財以與貧也既以爲人已愈有既以爲人施設德化已愈有德

7b 7a 也既以與人已愈多既以財賄布施與人財益多如日月之光無有財

下35ウ

1b 1a 盡時也天之道利而不害天生萬物愛育之令長大無所傷害之也

2b 2a 聖人之道爲而不爭聖人法天所施爲化成事就不與下爭功名故

3b 3a 能全其聖功也

4

5 老子德經下

6

7

跋　語

〔慶長〕刊古活字版『老子道德經』の本文は本邦伝来の古鈔本の系統にある。そして、其の本文は、現在知られている河上公注本の伝本の中で、最も信頼のおけるテキストと言える。従って、今後、同書の利用に当っては、第一に此の古活字版に準拠すべきである。以上が、稿者が目論み、縷述を通して導かれたささやかな結論である。

本文系統を考索する為の前段として、古活字版『老子道德經』の全文を翻印して示し、其の本文と、古鈔本及び通行している〔宋版〕即ち宋建安虞氏刊本ほか諸本と対校した上で「諸本異同表」を作成し、一覧として提示した。

本論では先ず、古活字版本文の実態を把握するために、異植字版との同異を考量してみた。その結果、両版の間の本文の差は、同一本と看做して支障ないほどに、僅少であることが確認された。同時に、異植字版の刊行には、先行版の単なる重版増刷ではなく、本文の一部改定、或いは異文両存の企図が窺われる点を指摘しておいた。

次に、その確認の許に古活字版の本文と、古鈔本の本文との親疎の関係を探ってみた。諸伝本間に在って交雑している内容構成上の相違を分析し、且つ「諸本異同表」から導かれる異同量を勘案することによって、古鈔本の中では〔陽Ⅰ〕即ち陽明文庫蔵〔室町末近世初〕写本が最も古活字版の本文に近いと判断された。しかし、本文異同箇所の校勘を通して、〔陽Ⅰ〕を以てしても、古活字版の底本と看做すことは不適切と認められた。加えて、古活字版には、先行する古鈔本の何れとも相違する本文、さらには古鈔本と相違しながら、〔宋版〕とは一致している本文が少なからず存在する事が顕かとなった。しかして、その言うなれば古活字版に孤立した本文の悉くが、後に成立する「通考」

即ち明陳元贇注『老子道徳經』（寛文十年〈一六七〇〉自序、序題『老子經通考』）、或いは〔天理〕即ち寛永四年（一六一八）書写闕名者撰『老子道徳經河上公解〔抄〕』に掲出された経注本文と一致する。故に、両本及びその底本、又異植字版を含む古活字版、更に現在逸失した同類の古鈔本を包摂する伝本の群類と伝系を想定し、その中の或る本を以て古活字版の底本と考えることが最も妥当であろうと推量された。

しからば、〔宋版〕との関係はどうであるのか。古活字版は古鈔本の系統にあるとの命題を確実にするためには、〔宋版〕は古鈔本系本文と対峙する別系の本文であることを立証する必要がある。そのために、双方の間に認められる本書編成上の相違、本文字句の異同について検証を行った。結果として、序文の不一致、音注の有無、王弼注・玄宗注の竄入、章句配文の差違に加え、古活字版及び何れの古鈔本とも異なる四七三条の異文の存在が顕かとなった。その中には九六条に及ぶ誤脱衍文が含まれる。この両本間の懸隔は、〔宋版〕には古鈔本及び古活字版と一致しない本文が、同系とは認め難いほどに甚だ多い事実を例証するものであり、因って〔宋版〕は古鈔本とは本文上別系統であると判明した。以上の考察の経緯をもって、古活字版は古鈔本の系統にあることが論証された。

更に、古活字版の本文の系統を継ぐと予察された〔天理〕及び、「通考」に標掲される経注本文の校異によって、両本ともに、古活字版、特に異植字版と極めて近い関係にあることが慥かとなった。しかし、一方で、異同も僅少とは言えず、直接の祖本として古活字版を想定することは否まれる。よって、古活字版、〔天理〕、「通考」を含み、古活字版、〔天理〕、「通考」それぞれの底本をも含み、さらに現在は逸失した類同の本文を持つ伝写本をも含む同系伝本の群類を想定することが、伝本系の実態に則した最も妥当な理解の仕方と言える。従って其の群類に包摂される古活字版の本文は、紛れもない古鈔本系の一本であると認められる。

如上の古活字版と諸本との校勘の過程において、古活字版の本文は、従来善本とされて通行している〔宋版〕に比べても、遙かに誤植は少なく、テキストとして数等優っていることが分明となった。又、個々に特殊性を有し、伝写につれて揺動しがちな古鈔本の本文と対しても、版として定着した本文には安定性が感じられる。本書の最善本として弘通し、また、懸案の古鈔本校勘のための底本として活用されることが望まれる。

尚、古活字版と諸本との親疎の関係を示す為の方法として、異同量という概念を私に仮設して試用してみた。量数の定義、付与数量の当否、集計異同量の取り扱い等に亙り、理論的な裏付けは無いに等しく、校勘の手法として承認準用されるか否かは未知数であり、また、批判も予想される。しかし、或る一本と諸本との親疎の傾向を大数において概略把握し、見通しを立てるには有効であると実感している。各伝本に即して応用してみたいと考えている。

最後に、伝本の現状に就いて報告しておいた。古活字版が本書誦読に利用された事実の一端を具体的に伝え、伝統の旧学を相承して次代に伝え、新たな校勘の成果が加えられていく経緯が垣間見える。殊に清原宣賢の加点注説を伝える一本が現存していることは、斯界のこの上ない僥倖であり、古鈔本に遺された書入れ群とともに、その類型の分析と伝系の解明は今後に遺された恰好の研鑽課題であろう。

本書は、既に発表した次の拙文を修正し、改編して成ったものである。

「河上公章句『老子道徳経』古活字版本文系統の考索（上）（中）（下）」（『斯道文庫論集』第三十四～三十六輯　平成一二〈二〇〇〇〉・二、同一三〈二〇〇一〉・二、同一四〈二〇〇二〉・二）

特に旧稿（上）の「緒言」は、「緒論」「本論　序章」として大幅に加筆し、それにともなって注釈も倍増している。また、異同表の修正箇所も相当数に上り、本来ならば訂正一覧を掲げるべきであろうが煩労を厭い果せなかった。御諒恕願いたい。校勘の作業は実に秋葉掃くが如くで、完璧は期し難い。更に改正に勉めなければならないと考えている。

昭和三十三年十一月発行の『慶應義塾圖書館藏和漢書善本解題』中、〔慶長〕下村生蔵刊『中庸章句』の項に次の一文を見出す。「慶長時代は凡ゆる意味に於て新旧二大勢力の交替過渡期であった。中世期を通じ成熟せるものは、この期に整理集大成されつ、新しきものは芽ぶき、その成果は活字印刷といふ新武器を得て公刊された。古活字版は旧勢力の引き際の花道であると共に、来るべき文芸復興の胎動期であった。古活字版の形式上の書誌的研究は既にほゞ完備されてをる。残る問題は古活字版のテキストとその内容の検討にある。真に文献文化史的眼光を以て古活字版の各本の内容を照破する時、意外なものが映じ出され、眇たる一出版物にも、活潑な慶長時代の史的潮流が奔迸してゐるのを看取するであらう。」解題執筆者は当時慶應義塾図書館司書であった阿部隆一である。同書が刊行された昭和三十三年、その二年後に創設されることとなる研究所斯道文庫の構想、態勢づくりに腐心せられた日々であったろうと想われる。そして、阿部の学問研究は此の斯道文庫を通して体現されていった。古活字版に限定せずとも、古典籍の「テキストとその内容の検討」は斯道文庫の研究事業の根幹に据えられ、文庫員の研鑽を主導してきたこと言うまでもない。しかし、古活字版のテキストに限ってみても、はや半世紀を閲する今日、何程の事実が明らかにされたと言えるであろうか。文庫の一員として二十年余を務めながら、果せたことの余りの少なさに、所詮怠慢の故にほかならないと、本心忸怩たる思いに苛まれる。

研究所発足に先立って、斯道文庫の蒐書活動は精力的に進められていた。いち早くマイクロフィルム撮影による副本の作成収集に着手せられ、校勘事業に具えられた。『老子道徳経』の古鈔本についてみても「諸本異同表凡例」に列挙した対校諸本に見るように、昭和三十五年には主だった稀覯写本の副本が整えられ、以後も収集の努力が払われている事が察せられる。阿部によって学庸、論孟、孝経、帝範臣軌、三略と進められた本文伝本学術研究の次のターゲットは恐らく老子であったであろう。端なくもその老子に手を染めることとなった浅学菲才としては虞を懐かざるを得ない。学恩に酬いることの難しさを痛感しているが、凡庸愚直の限界を尽くしたと自ら慰めるほかはない。

阿部元文庫長は定年退職後一年を経ずして昭和五十八年一月急逝された。退職されたとはいえ、斯道文庫にとってはかけがえのない柱石を失ったも同然であった。この数奇を凌いでその後も研究所の方針を変更することなく堅持して相応の成果を挙げ続ける事が出来たのは、平沢五郎前文庫長の尽力によるところが大きかった。我々後進若輩に斯道文庫の事業の重要性を感得させるために阿部先生在世中からの懸案であった『慶應義塾大学附属研究所斯道文庫収蔵マイクロフィルム目録初編』を完成刊行させ、斯道文庫の学問の何たるかを体認させるために『阿部隆一遺稿集』全四巻を編集出版し、さらに『斯道文庫三十年略史』編纂の仕事は文庫員各員が斯道文庫の歴史と存在意義を再認識する得難い機会であった。いずれも文庫全体一丸となっての取り組みであった。平沢先生とは専攻は異なっていたが、訪書調査の旅を重ねることによって、また年毎の論集原稿執筆を通して、本文研究の然るべき方法を身をもって示してくださり、学び得たことは量り知れない。常に文庫の行く末を慮り、私個人に対しては研究の進捗具合を懸念し、兎角滞りがちになり、挫けそうになる度毎に励まし、学位取得のための成稿を慫慂し気遣っていて下さった。先生も既に鬼籍の人である。拙い成果であるが出版出来るまでにこぎ着けたことを遅まきながら謹んでご報告申し上げる。

本著は、諸先輩の努力と学問の蓄積があって斯道文庫の事業が継承されてきたればこそ、そして幸運にもその研鑽の場に身を置くことが許されたが故に、曲がりなりに形を成すことが出来たのであって、一個人の著作として公表すべきでは無いのではないかとの思いもある。ただ慣例に甘んじるものであるが、阿部先生を肇とする先輩諸氏に心より敬意を表し感謝申し上げたい。また、此の機会を与えていただいた関場武現斯道文庫長に御礼申し上げる。文庫同僚諸君には、度々諸雑事から離れることの多かった故に、少なからず迷惑と負担を強いることになってしまったことを謝すると共に、諸事寛大に応じて許容し見遣って頂いたことに対して感謝申し上げる。

本稿作成に当っては、数多くの図書館、文庫に於ける閲覧、また撮影複写のご許諾をかたじけなくした。各位のご高配ご厚情に対し、左に芳名を記して深甚の謝意を表する次第である。

陽明文庫殿　天理大学附属天理図書館殿　石川文化事業財団御茶の水図書館殿　宮内庁書陵部殿　東洋文庫殿　大東急記念文庫殿　阪本龍門文庫殿　無窮會殿　足利学校遺蹟図書館殿　武田科学振興財団杏雨書屋殿　筑波大学附属図書館殿　慶應義塾図書館殿　大東文化大学図書館殿　東京大学総合図書館殿　総本山仁和寺殿

国立国会図書館殿　国立公文書館殿　京都国立博物館殿　東北大学附属図書館殿　新潟大学附属図書館殿　東京大学大学院人文社会系研究科文学部図書室殿　東京大学東洋文化研究所殿　京都大学附属図書館殿　京都大学人文科学研究所殿　京都大学文学研究科図書館殿　大阪大学附属図書館殿　岡山大学附属図書館殿　山口大学総合図書館殿　九州大学附属中央図書館殿　九州大学附属六本松図書館殿　九州大学文学部図書室殿　早稲田大学中央図書館殿　早稲田大学大学史資料センター殿　立正大学図書館殿　龍谷大学図書館殿　関西大学総合図書館殿　宮城県図書館殿　新潟県立図書館殿　上越市立高田図書館殿　東京都立中央図書館殿　名古屋市蓬左文庫殿　名古屋市鶴舞中央図書館殿　刈谷市中央図書館殿　西尾市岩瀬文庫殿　金沢市立玉川図書館近世史料館殿　京都府立総合資料館殿　大阪府立中之島図書館殿　小浜市立図書館殿　三原市立図書館殿　広島市立中央図書館殿　佐賀県立図書館殿

前田育徳会尊経閣文庫殿　永青文庫殿　静嘉堂文庫殿　建仁寺両足院殿　叡山文庫殿　神宮文庫殿　大阪天満宮

殿　太宰府天満宮文化研究所殿　祐徳稲荷神社殿

終りに、出版を快く引き受けて頂いた汲古書院社長石坂叡志氏、進行校正を担当し縷々有り難い助言を下さった編集部の大江英夫氏に御礼申し上げる。殊に同社相談役坂本健彦氏のお心遣いは誠に有り難いことであった。兎角悠長に堕しがちな筆者に対して再三の強迫のお手紙を下された。最後通牒に何とか応えられたのは寛厳宜しきを得た氏の励ましのおかげでもある。心より感謝申し上げる。

尚、本書は独立行政法人日本学術振興会平成十七年度科学研究費補助金（研究成果公開促進費）の交付を受けて刊行するものである。

平成十七年十二月

山城喜憲　識

著者略歴

山城　喜憲（やましろ　よしはる）

1947年　山口県下関市生まれ

1980年　慶應義塾大学大学院文学研究科東洋史学専攻

博士課程単位取得退学

現在　慶應義塾大学教授　附属研究所斯道文庫所属

河上公章句『老子道德經』の研究

慶長古活字版を基礎とした本文系統の考索

二〇〇六年二月二十五日　発行

著　者　山城喜憲

発行者　石坂叡志

整版印刷　富士リプロ

発行所　汲古書院

〒102-0072 東京都千代田区飯田橋二-五-四

電　話　〇三（三二六五）九七六四

FAX　〇三（三二二二）一八四五

ISBN4-7629-2760-0　C3010

KYUKO-SHOIN, Co., Ltd. Tokyo.